千 秋 人 物

下 冊

彭 建 方 編撰

文史哲出版社印行

十四、中華學術精英

中華民國中央研究院院士

屆	當選	組　別	姓名	性	生　　歿	專　　　長
01	1948	生命科	貝時璋	男	1903.10.10~2009.10.29.	
01	1948	人文及社會科	王世杰	男	1891.3.10.~ 1981.2.1.	
01	1948	生命科	王家楫	男	1898.3.~ 1976.11.9.	
01	1948	人文及社會科	王寵惠	男	1881.~ 1958.3.15.	
01	1948	生命科	伍獻文	男	1900.3.15.~ 1985.3.	
01	1948	數理科	朱家驊	男	1893.5.30.~ 1964.1.13.	
01	1948	人文及社會科	余嘉錫	男	1884.~ 1955.1.23.	
01	1948	數理科	吳大猷	男	1907.9.29. ~2000.3.4.	
01	1948	數理科	吳有訓	男	1897. ~1977.11.30.	
01	1948	生命科	吳定良	男	1893.1.5. ~1969.3.24.	
01	1948	人文及社會科	吳敬恆	男	1865.3.25. ~1953.10.30.	
01	1948	數理科	吳學周	男	1902.9.20. ~1983.10.31.	
01	1948	數理科	吳憲	男	1893.11.24.~ 1959.8.8.	
01	1948	人文及社會科	李方桂	男	1902.8.20. ~1987.8.21.	
01	1948	數理科	李四光	男	1889.11.18. ~1971.29.	
01	1948	生命科	李先聞	男	1902.11.9. ~1976.4.	
01	1948	生命科	李宗恩	男	1894.9.10. ~1962.1.1.	
01	1948	數理科	李書華	男	1890. ~1979.5.	
01	1948	人文及社會科	李濟	男	1896. ~1979.8.1.	
01	1948	生命科	汪敬熙	男	1896. ~1968.6.20.	
01	1948	數理科	周仁	男	1892.8.5. ~1973.13.	
01	1948	人文及社會科	周鯁生	男	1889.3.6. ~1971.3.6.	

屆	當選	組　　別	姓　名	性	生　　　歿	專　　　長
01	1948	生命科	林可勝	男	1897.10.15. ~1969.8.	
01	1948	生命科	秉　志	男	1889. ~1965.21.	
01	1948	數理科	竺可楨	男	1890.3.8.~ 1974.6.	
01	1948	人文及社會科	金岳霖	男	1895. ~1984.10.19.	
01	1948	數理科	侯德榜	男	1890.8.9. ~1974.8.26.	
01	1948	生命科	俞大紱	男	1901. ~1993.5.15.	
01	1948	數理科	姜立夫	男	1890. ~1978.3.	
01	1948	人文及社會科	柳詒徵	男	1880. ~ 1956.3.	
01	1948	生命科	胡先驌	男	1894.5.24. ~1968.16.	
01	1948	人文及社會科	胡　適	男	1891.11.7. ~1962.24.	
01	1948	數理科	茅以昇	男	1896.1.29. ~1989.11.12.	
01	1948	生命科學組	殷宏章	男	1908.10.1. ~1992.11.30.	
01	1948	數理科	翁文灝	男	1889. ~1971.1.29.	
01	1948	生命科	袁貽瑾	男	1899.10.30. ~2003.3.22.	
01	1948	人文及社會科	馬寅初	男	1882.6.24. ~1982.5.10.	
01	1948	人文及社會科	張元濟	男	1867.10.25. ~1959.8.14.	
01	1948	生命科	張孝騫	男	1897.12.8. ~1987.8.8.	
01	1948	生命科	張景鉞	男	1895.10.29. ~1975.2.	
01	1948	人文及社會科	梁思永	男	1904.11.13. ~1954.2.	
01	1948	人文及社會科	梁思成	男	1901. ~ 1972.1.9.	
01	1948	數理科	莊長恭	男	1894.12.5. ~1962.15.	
01	1948	數理科	許寶騄	男	1910.9.1. ~1970.118.	
01	1948	人文及社會科	郭沫若	男	1892.11.16. ~1978.6.12.	
01	1948	生命科	陳克恢	男	1898. ~1981.11.4.	
01	1948	人文及社會科	陳　垣	男	1880.11.12.~ 1971.6.21.	
01	1948	數理科	陳省身	男	1911.10.28. ~2004.13.	
01	1948	人文及社會科	陳寅恪	男	1890. ~1969.10.7.	
01	1948	生命科	陳　楨	男	1894. ~1957.11.30.	

屆	當選	組　別	姓名	性	生　　歿	專　　長
01	1948	人文及社會科	陳　達	男	1892. ~1975.1.16.	
01	1948	人文及社會科	陶孟和	男	1888.11.5. ~1960.17.	
01	1948	數理科	凌鴻勛	男	1894. ~1981.8.15.	
01	1948	人文及社會科	傅　斯	男	1896.3.26. ~1950.120.	
01	1948	數理科	曾昭掄	男	1899.5.25. ~1967.18.	
01	1948	人文及社會科	湯用彤	男	1893.6.21. ~1964.5.1.	
01	1948	生命科	湯佩松	男	1903.11.12. ~2001.9.6.	
01	1948	生命科	童第周	男	1902.5.28. ~1979.3.31.	
01	1948	數理科	華羅庚	男	1910.11.12. ~1985.6.12.	
01	1948	人文及社會科	馮友蘭	男	1895. ~ 1990.11.26.	
01	1948	生命科	馮德培	男	1907. ~ 1995.10.	
01	1948	數理科	黃汲清	男	1904.3.30. ~1995.3.22.	
01	1948	人文及社會科	楊樹達	男	1885.6.1. ~1956.14.	
01	1948	數理科	楊鍾健	男	1897.6.1.~ 1979.1.15.	
01	1948	數理科	葉企孫	男	1898.~ 1977.1.13.	
01	1948	人文及社會科	董作賓	男	1895.3.20. ~1963.11.23.	
01	1948	人文及社會科	趙元任	男	1892.11.3. ~1982.24.	
01	1948	數理科	趙忠堯	男	1902.6.27. ~1998.5.28.	
01	1948	生命科	蔡　翹	男	1897.10.11. ~1990.29.	
01	1948	生命科學組	鄧叔群	男	1902.112. ~1970.5.10.	
01	1948	人文及社會科	蕭公權	男	1897.11.29. ~1981.11.4.	
01	1948	生命科	錢崇澍	男	1884.11.11. ~1965.128.	
01	1948	人文及社會科	錢端升	男	1900. ~1990.1.21.	
01	1948	生命科	戴芳瀾	男	1893.5.4. ~1973.1.3.	
01	1948	數理科	謝家榮	男	1898.9.7. ~1966.8.14.	
01	1948	數理科	薩本棟	男	1902. ~1949.1.31.	
01	1948	生命科	羅宗洛	男	1898.8.2. ~1978.10.26.	
01	1948	數理科	嚴濟慈	男	1900. ~1996.11.2.	

屆	當選	組　別	姓名	性	生　　殁	專　　　長
01	1948	數理科	蘇步青	男	1902.9.23. ~2003.3.17.	
01	1948	數理科	饒毓泰	男	1891. ~1968.10.16.	
01	1948	人文及社會科	顧頡剛	男	1893.5.8. ~1980.125.	
02	1958	數理科	李政道	男	1926.11.25. ~	物理
02	1958	數理科	林家翹	男	1916. ~	流體力學
02	1958	數理科	楊振寧	男	1922.9.22.	物理
02	1958	生命科	王世濬	男	1910.1.25. ~1993.6.6.	
02	1958	數理科	朱蘭成	男	1913.8.24. ~1973.131.	
02	1958	數理科	吳健雄	女	1912.5.30. ~1997.16.	
02	1958	生命科	李卓皓	男	1913.21. ~1987.11.28.	
02	1958	數理科	林致平	男	1909.7. ~1993.22.	
02	1958	人文及社會科	姚從吾	男	1894.10.7. ~1970.15.	
02	1958	人文及社會科	勞　榦	男	1907.1.13. ~2003.8.30.	
02	1958	生命科	趙連芳	男	1894.5.6. ~1968.5.7.	
02	1958	數理科	潘　貫	男	1907.5.29. ~1974.9.2.	
02	1958	人文及社會科	蔣廷黻	男	1895.17. ~1965.10.9.	
02	1958	人文及社會科	蔣碩傑	男	1918.6.27. ~1993.10.21.	
03	1959	生命科	王世中	男	1913. ~1985.	
03	1959	生命科	汪厥明	男	1897.10.12. ~1978.1.16.	
03	1959	數理科	周煒良	男	1911.10.1. ~1995.8.10.	
03	1959	數理科	范緒筠	男	1912.15. ~2001.5.31.	
03	1959	人文及社會科	凌純聲	男	1901.3.8. ~1978.21.	
03	1959	數理科	袁家騮	男	1912.5. ~2003.11.	
03	1959	人文及社會科	楊聯陞	男	1914.6.4. ~1989.11.16.	
03	1959	人文及社會科	劉大中	男	1914.10.27. ~1975.8.14.	
03	1959	數理科	顧毓琇	男	1902.124. ~2002.9.9.	
04	1962	數理科	任之恭	男	1908.8.15.~1995.11.19.	
04	1962	人文及社會科	何　廉	男	1895. ~1975.5.	

屆	當選	組　　別	姓名	性	生　　　歿	專　　　長
04	1962	生命科	李景均	男	1912.10.27. ~2003.10.20.	
04	1962	數理科	柏實義	男	1913.9.30. ~1996.5.23.	
04	1962	數理科	梅貽琦	男	1889.129. ~1962.5.19.	
04	1962	人文及社會科	陳　槃	男	1905.2. ~1999.7.	
04	1962	數理科	程毓淮	男	1910.1. ~1995.	
05	1964	數理科	王憲鍾	男	1919.18. ~1978.6.25.	
05	1964	數理科	朱汝瑾	男	1919.114. ~2000.11.15.	
05	1964	生命科	李惠林	男	1911.15. ~2002.118.	
05	1964	人文及社會科	周法高	男	1915.9.29. ~1994.6.25.	
05	1964	數理科	錢思亮	男	1908.10. ~1983.9.15.	
05	1964	數理科	樊(土畿)	男	1914.9.19. ~2010.3.22.	
06	1966	人文及社會科	何炳棣	男	1917.6. ~2012.6.7.	
06	1966	數理科	王瑞駪	男	1921.3.16. ~	化學、生物化學、應用物理
06	1966	數理科學組	鄧昌黎	男	1926.9.5.	物理、應用物理科學
07	1968	人文及社會科	顧應昌	男	1918.11.22.	經濟學
07	1968	數理科	王兆振	男	1914.10.20.	應用物理科學工程科學
07	1968	數理科	馮元楨	男	1919.9.15.	工程科學
08	1970	人文及社會科	鄒至莊	男	1929.125.	經濟學
08	1970	數理科	葉　玄	男	1916.11.	工程科學
09	1972	人文及社會科	張　琨	男	1917.11.17.	語言學(漢藏苗瑤梵文)
09	1972		曹安邦	男	1929.17.	
10	1974	人文及社會科	余英時	男	1930.1.22.	歷史學
10	1974	生命科	張伯毅	男	1917.10.10.	細胞生物學
10	1974	生命科	郭宗德	男	1933.27.	微生物學、分子生物學
10	1974	數理科	周元燊	男	1924.9.1.	數學、應用數學科學
11	1976	人文及社會科	刁錦寰	男	1933.11.8.	統計學
11	1976	人文及社會科	陳奇祿	男	1923.27.	人類學
11	1976	生命科學組	張傳炯	男	1928.10.23.	藥理學、電生理神經科

屆	當選	組　別	姓　名	性	生　　殁	專　　　長
						學、神經毒理學
11	1976	生命科	錢　煦	男	1931.6.23.	醫學生理藥理生物醫學工程
11	1976	數理科	丁肇中	男	1936.1.27.	粒子物理
11	1976	數理科	葛守仁	男	1928.10.2.	計算機及資訊科學工程科學
12	1978	生命科	方懷時	男	1914.11.7.	快速減壓生理學
12	1978	生命科	何曼德	男	1927.3.28.	微生物學、病毒學、免疫學、醫學生理學、新陳代謝
12	1978	生命科	彭明聰	男	1917.11.28.	生理學、系統神經科學
12	1978	生命科	蔡作雍	男	1928.17.	生理及藥理系統神經科學
12	1978	數理科	鄭　洪	男	1937.3.2.	理論物理
13	1980	人文及社會科	許倬雲	男	1930.10.	歷史學
13	1980	生命科	何　潛	男	1934.10.23.	生物化學
13	1980	生命科	梁棟材	男	1916.10.	藥理學、毒物學
13	1980	數理科	吳大峻	男	1933.11.	物理
13	1980	數理科	李遠哲	男	1936.11.29.	化學
13	1980	數理科	項武忠	男	1935.12.	數學
14	1982	人文及社會科	劉遵義	男	1944.112.	經濟發展(中國東亞經濟)
14	1982	生命科	王　倬	男	1936.11.18.	生物化學、分子生物學
14	1982	生命科	宋瑞樓	男	1917.8.6.	消化系、肝臟學、內科學
14	1982	生命科	黃周汝吉	女	1932.2.	生物化學、分子生物學、腫瘤學、藥理學
14	1982	數理科	韋潛光	男	1930.17.	化學、工程科學
15	1984	人文及社會科	李亦園	男	1931.8.20.	人類學、宗教學
15	1984	生命科	吳成文	男	1938.6.19.	生物化學、細胞及發展生物學、醫療遺傳學、血液學、腫瘤學
15	1984	生命科	彭汪嘉康	女	1932.9.19.	醫學遺傳學、血液學腫瘤學
15	1984	數理科	丘成桐	男	1949.4.	數學、物理
15	1984	數理科	吳耀祖	男	1924.3.20.	應用數學科學、應用物理科學、工程科學
15	1984	數理科	林聖賢	男	1937.9.17.	化學

屆	當選	組　　別	姓名	性	生　　　歿	專　　　長
16	1986	人文及社會	丁邦新	男	1936.10.15.	語言學
16	1986	生命科	羅　浩	男	1937.5.28.	細胞及分子神經科學、神經藥理學、系統神經科學
16	1986	生命科	黃秉乾	男	1931.13.	分子遺傳學
16	1986	生命科學組	羅銅壁	男	1927.15.	生物化學
16	1986	數理科	鮑亦興	男	1930.1.19.	理論與應用力學、物理聲學、土木工程學
16	1986	數理科	趙佩之	男	1918.118.	機械工程
17	1988	人文及社會科	於宗先	男	1930.9.10.	經濟學
17	1988	人文及社會科	何丙郁	男	1926.4.	歷史學(科學史)
17	1988	人文及社會科	宋文薰	男	1924.5.14.	考古學
17	1988	生命科	簡悅威	男	1936.6.11.	遺傳學、血液學
17	1988	生命科	陳長謙	男	1936.10.5.	生物化學、生物物理
17	1988	生命科	蔡南海	男	1944.8.	細胞生物學、發展生物學、植物生物學
17	1988	數理科	朱經武	男	1941.12.	應用物理科學、物理
17	1988	數理科	田炳耕	男	1919.8.2.	應用物理科學
18	1990	人文及社會科	卞趙如蘭	女	1922.20.	音樂社會人類學
18	1990	人文及社會科	陶晉生	男	1933.5.23.	歷史學
18	1990	生命科學組	錢澤南	男	1949.9.22.	分子生物學
18	1990	生命科	黃詩厚	女	1939.3.22.	微生物學、生物化學(病毒學)
18	1990	數理科	孔祥重	男	1945.11.9.	計算機科學
18	1990	數理科	徐遐生	男	1943.6.2.	天文物理地球物理、物理
18	1990	數理科	沈元壤	男	1935.3.25.	應用物理科學
18	1990	數理科	卓以和	男	1937.10.	應用物理科學、工程科學
18	1990	數理科	韓光渭	男	1930.1.29.	工程科學
18	1990	數理科	鄧大量	男	1937.3.	地球物理、地理應用數學科學
18	1990	數理科	徐皆蘇	男	1922.5.27.	工程科學
18	1990	數理科	許靖華	男	1929.1.7.	地球科學

屆	當選	組　別	姓　名	性	生　　歿	專　　長
19	1992	人文及社會科	杜正勝	男	1944.6.10.	歷史學
19	1992	人文及社會科	王士元	男	1933.8.14.	語言學、認知演化
19	1992	人文及社會科	王賡武	男	1930.10.9.	歷史學、人類學、政治學
19	1992	人文及社會科	張玉法	男	1936.128.	歷史學(中國近代史)
19	1992	人文及社會科	方　聞	男	1930.19.	美術史
19	1992	人文及社會科	張　灝	男	1937.8.24.	歷史學
19	1992	生命科	徐立之	男	1950.121.	人類遺傳疾病、基因組研究
19	1992	生命科	賴明詔	男	1942.9.8.	微生物學
19	1992	生命科學組	陳定信	男	1943.6.	肝臟學、內科學、微生物學
19	1992	生命科	廖一久	男	1936.11.4.	水產養殖學、水族生態學、栽培漁業學、水產養殖管理
19	1992	生命科	王正中	男	1936.10.	生物化學、微生物學
19	1992	數理科	崔　琦	男	1939.28.	物理、應用物理科學
19	1992	數理科	楊祖佑	男	1940.11.29.	航太工程
19	1992	數理科	王佑曾	男	1934.124.	計算機及資訊科學工程科學
19	1992	數理科	高　錕	男	1933.11.4.	光纖通訊
19	1992	數理科	劉太平	男	1945.11.18.	偏微分方程震波論動力學
19	1992	數理科	王義翹	男	1936.3.12.	生物科技、生化工程
19	1992	數理科	梅強中	男	1935.4.	工程科學、應用數學科學
19	1992	數理科	鄭天佐	男	1934.9.6.	物理、應用物理科學
19	1992	數理科	方　復	男	1930.9.11.	物理應用物理科學工程科學
20	1994	人文及社會科	金耀基	男	1935.14.	社會學
20	1994	人文及社會科	王業鍵	男	1930.5.6.	中國經濟史
20	1994	人文及社會科	曾志朗	男	1944.9.8.	認知心理學、神經語言學、記憶、閱讀歷程及注意
20	1994	人文及社會科	梅祖麟	男	1933.14.	語言學、文學
20	1994	人文及社會科	麥朝成	男	1943.26.	經濟學、區域經濟學
20	1994	人文及社會科	林毓生	男	1934.8.7.	中國思想史
20	1994	生命科	李遠川	男	1932.3.30.	生物化學、糖科學

屆	當選	組　別	姓　名	性	生　　殁	專　　長
20	1994	生命科	李文華	男	1950.6.1.	生物化學、細胞腫瘤生物學
20	1994	生命科	伍焜玉	男	1941.6.	血管及幹細胞生物學、血液學、腫瘤學
20	1994	生命科學組	廖述宗	男	1931.1.1.	生物化學、分子醫學
20	1994	生命科	黃以靜	女	1946.8.27.	細菌學、分子生物學
20	1994	生命科	周昌弘	男	1942.9.5.	植物生態學、植物化學生態學、分子生態學
20	1994	生命科	鄭永齊	男	1944.129.	生理、藥理、遺傳、血液、腫瘤、生理學、新陳代謝
20	1994	生命科	王光燦	男	1929.10.19.	生物化學
20	1994	數理科	毛河光	男	1941.6.18.	地球物理學、地質學
20	1994	數理科	朱棣文	男	1948.28.	物理、應用物理科學
20	1994	數理科	李雅達	男	1946.9.8.	物理
20	1994	數理科	黎子良	男	1945.6.28.	應用數學科學
20	1994	數理科	翁啟惠	男	1948.8.3.	化學生物學、合成有機化學
20	1994	數理科	厲鼎毅	男	1931.7.	應用物理科學、電機電子工程、光電科技
20	1994	數理科	湯仲良	男	1934.5.14.	應用物理科學
20	1994	數理科	施　敏	男	1936.3.21.	應用物理科學、半導體物理及裝置
21	1996	人文及社會科	劉翠溶	女	1941.15.	歷史學
21	1996	人文及社會科	郝延平	男	1934.122.	歷史學
21	1996	人文及社會科	蕭　政	男	1943.6.27.	經濟學
21	1996	生命科	陳良博	男	1943.8.23.	細胞生物學
21	1996	生命科	李國雄	男	1940.1.4.	藥物化學、生物活性天然產物、新藥發現與開發、中醫
21	1996	生命科	莊明哲	男	1931.11.16.	遺傳、醫療遺傳系統神經科
21	1996	生命科	錢永佑	男	1945.3.3.	生物物理
21	1996	生命科	林榮耀	男	1934.5.27.	生物化學基因體學蛋白質體
21	1996	生命科	何英剛	男	1939.5.7.	藥理學、神經科學生物化學
21	1996	數理科	黎念之	男	1932.125.	化學工程、工程科學

屆	當選	組　別	姓　名	性	生　　歿	專　　長
21	1996	數理科	崔章琪	男	1937.16.	凝態物理、超導
21	1996	數理科	張俊彥	男	1937.10.12.	應用物理科學、工程科學、物理
21	1996	數理科	朱兆凡	男	1933.5.28.	工程科學、電子致冷
21	1996	數理科	胡流源	男	1942.6.3.	工程科學生物力學組織工程
22	1998	人文及社會	朱敬一	男	1955.10.29.	經濟學、法律學
22	1998	人文及社會	余國藩	男	1938.10.6.	宗教與比較文學
22	1998	人文及社會	楊國樞	男	1932.122.	人格及社會心理學
22	1998	人文及社會科	林南	男	1938.8.21.	社會學
22	1998	人文及社會	曹永和	男	1920.10.27.	歷史學
22	1998	人文及社會科	胡佛	男	1932.5.14.	政治學、憲法學
22	1998	生命科	葉公杼	女	1947.1.20.	神經生理學
22	1998	生命科	詹裕農	男	1946.120.	神經生理學
22	1998	生命科	李文雄	男	1942.9.22.	演化生物學遺傳學基因體
22	1998	生命科	何大一	男	1952.11.3.	免疫學、微生物學傳染病學
22	1998	生命科	龔行健	男	1947.124.	生物化學、微生物學、分子遺傳學
22	1998	生命科	陳建仁	男	1951.6.6.	流行病學、人類遺傳學、公共衛生、預防醫學
22	1998	生命科	林秋榮	男	1928.8.25.	植物生物學
22	1998	數理科	吳茂昆	男	1949.16.	應用物理科學、物理
22	1998	數理科	薩支唐	男	1932.11.10.	物理應用物理科學工程科學
22	1998	數理科	林耕華	男	1938.1.11.	光電科技
22	1998	數理科	魯國鏞	男	1947.10.19.	天文物理學、電波天文學
22	1998	數理科學組	劉兆漢	男	1939.1.3.	工程科學、地球物理學、無線電科學
22	1998	數理科	沈呂九	男	1938.28.	物理、應用物理科學
22	1998	數理科	何志明	男	1945.8.16.	工程科學
22	1998	數理科	彭旭明	男	1949.3.2.	化學
22	1998	數理科	林長壽	男	1951.17.	數學

屆	當選	組　　別	姓　名	性	生　　　殁	專　　　長
22	1998	數理科	陳惠發	男	1936.123.	工程科學
23	2000	人文及社會	夏伯嘉	男	1955.11.15.	歷史學
23	2000	人文及社會	蕭啟慶	男	1937.5.16.	歷史學
23	2000	人文及社會	李龍飛	男	1948.5.5.	經濟學經濟計量學、統計學
23	2000	人文及社會	鄭錦全	男	1936.130.	語言學
23	2000	人文及社會	胡勝正	男	1940.8.5.	經濟學
23	2000	生命科	王惠鈞	男	1945.11.29.	結構生物、生物物理化學
23	2000	生命科	蒲慕明	男	1948.10.31.	細胞及分子神經科學
23	2000	生命科學組	沈哲鯤	男	1949.29.	細胞及發展生物學、分子遺傳學、醫藥遺傳學
23	2000	生命科	劉昉	男	1949.28.	癌症藥理學、癌症學
23	2000	生命科	曹文凱	男	1946.10.23.	醫學、分子生物學
23	2000	生命科	林重慶	男	1943.3.16.	癌症研究
23	2000	生命科	吳姸華	女	1948.11.	生物化學、微生物學、細胞及分子生物學、分子病毒學
23	2000	生命科	廖運範	男	1942.8.15.	內科學、肝臟病學
23	2000	數理科	姚期智	男	1946.124.	計算機原理
23	2000	數理科	李太楓	男	1948.5.	天文物理學、地球化學
23	2000	數理科	陳建德	男	1953.5.23.	物理
23	2000	數理科	吳建福	男	1949.1.15.	應用數學科學(統計)、工程科學(品質工程及工業工程)
23	2000	數理科	虞華.	男	1929.1.17.	工程科學
23	2000	數理科	劉炯朗	男	1934.10.25.	應用數學科學、計算機及資訊科學、工程科學
23	2000	數理科	林明璋	男	1936.10.24.	物理化學(化學動力學、燃燒推進化學、物質科學、可再生能量研究、第一原理分子軌域計算)
23	2000	數理科	蔡振水	男	1935.11.3.	工程科學、應用物理科學
24	2002	人文及社會	李歐梵	男	1942.10.10.	現代中國文學
24	2002	人文及社會	蔡瑞胸	男	1951.18.	統計學、管理學、經濟學
24	2002	人文及社會	龔煌城	男	1934.110.	語言學

屆	當選	組　　別	姓名	性	生　　　歿	專　　　長
24	2002	人文及社會	管中閔	男	1956.8.15.	經濟學
24	2002	人文及社會	勞思光	男	1927.9.3.	哲學、歷史學、文化研究
24	2002	生命科	洪明奇	男	1950.9.4.	細胞及分子生物學、腫瘤學
24	2002	生命科	孫同天	男	1947.20.	生物化學、細胞及發展生物學
24	2002	生命科	梁賡義	男	1951.9.7.	統計遺傳學、遺傳流行病學
24	2002	生命科	陳景虹	女	1942.1.29.	細胞及分子神經科學、生理學及藥理學、生物化學
24	2002	生命科	潘玉華	女	1950.111.	癌症生物學癌症遺傳學
24	2002	生命科	賀端華	男	1948.10.1.	植物生物學
24	2002	生命科	陳垣崇	男	1948.9.24.	遺傳醫學
24	2002	數理科	朱國瑞	男	1942.10.10.	物理、應用物理科學
24	2002	數理科	姚鴻澤	男	1959.6.29.	數學物理
24	2002	數理科	王文一	男	1953.6.11.	應用物理科學工程科學
24	2002	數理科	郭位	男	1951.1.5.	工程科學、可靠度工程
24	2002	數理科	李羅權	男	1947.20.	物理、地球物理學
24	2002	數理科	趙　午	男	1949.2.	物理、應用物理科學
24	2002	數理科	杜經寧	男	1937.130.	薄膜材料
25	2004	人文及社會	王德威	男	1954.11.6.	文學
25	2004	人文及社會	謝　宇	男	1959.10.12.	社會學、統計學、教育學
25	2004	人文及社會	陳永發	男	1944.9.1.	歷史學
25	2004	人文及社會	羅聞全	男	1960.18.	經濟學、財務學
25	2004	人文及社會	王汎森	男	1958.10.25.	歷史學
25	2004	生命科	吳仲義	男	1954.5.3.	演化生物學、遺傳學
25	2004	生命科	於寬仁	男	1938.1.27.	生物化學、細胞與分子神經科學
25	2004	生命科	張文昌	男	1947.11.28.	前列腺素、訊息傳遞、基因調控、抗炎藥理學
25	2004	生命科	王寬	男	1945.9.9.	肌肉生物和生理學、肌肉疾病、收縮系統的結構生物學、肌肉蛋白質體學和納米技術學

屆	當選	組　　別	姓名	性	生　　　歿	專　　　長
25	2004	數理科	蕭蔭堂	男	1943.5.6.	數學
25	2004	數理科	毛昭憲	男	1939.1.10.	應用數學科學、應用物理科學、工程科學
25	2004	數理科	胡正明	男	1947.12.	應用物理科學、工程科學
25	2004	數理科	黃　鍔	男	1937.11.26.	工程科學、應用數學科學、應用物理科學
25	2004	數理科	胡　玲	女	1947.5.15.	微電子科學技術
25	2004	數理科	劉國平	男	1949.1.25.	化學、物理
25	2004	數理科	廖國男	男	1944.11.16.	大氣科學、地球物理
25	2004	數理科	李德財	男	1947	計算機及資訊科學
26	2006	人文及社會科	夏志清	男	1921.1.11.	中國文學、英美文學
26	2006	人文及社會科	李壬癸	男	1936.9.20..	語言學
26	2006	人文及社會科	黃一農	男	1954	歷史學、考古學、宗教學
26	2006	生命科	吳以仲	男		分子細胞學
26	2006	生命科	姚孟肇	男	1949.3.21.	染色體結構與功能、核仁功能、基因體不穩定性
26	2006	生命科	莊德茂	男		神經藥理學神經退化性疾病精神性疾病的神經生物學
26	2006	生命科	葉篤行	男		心臟病學、醫療生理學及新陳代謝
26	2006	生命科	陳培哲	男		微生物學、醫療遺傳學、血液學、腫瘤學、消化內科
26	2006	生命科	楊泮池	男		細胞及發展生物學、醫療遺傳學、血液學、腫瘤學
26	2006	數理科	范良士	男		化學工程、工程科學
26	2006	數理科	陳守信	男		中子、X 光及雷射散射研究、複雜流體和軟物質科學
26	2006	數理科	劉必治	男		信號處理及多媒體技術
26	2006	數理科	陳力俊	男		工程科學、應用物理科學
26	2006	數理科	朱時宜	男		原子、分子及光學物理
26	2006	數理科	莊炳湟	男		計算機及資訊科學、應用數學科學
27	2008	數理科	雷干城	男	1949	物理、應用物理
27	2008	數理科	黃煦濤	男	1936	信號處理及圖形分析
27	2008	數理科	舒維都	男	1946	語言科技人機互動電腦科學
27	2008	數理科	楊祖保	男	1942	化學工程

屆	當選	組　　別	姓名	性	生　　歿	專　　　　長
27	2008	數理科	李雄武	男	1940	電磁學與無線電科學
27	2008	數理科	賀曾樸	男	1951	電波天文學、干涉法、光譜學、恆星與行星形成、鄰近星系、星系中心
27	2008	數理科	伊　林	男	1951	物理
27	2008	數理科	李遠鵬	男	1952	物理化學
27	2008	生物科	蔡立慧	女	1960	細胞生物學、遺傳學、分子生物學
27	2008	生物科	鍾正明	男	1952	幹細胞學、發生學、皮膚生物學
27	2008	生物科	趙　華	男	1947.	結構和計算生物物理學
27	2008	生物科	蔣觀德	男	1958.	生物化學、微生物學、分子遺傳學
27	2008	生物科	沈正韻	女	1957.	植物分子生物學
27	2008	生物科	林仁混	男	1935.	生化腫瘤學(癌症化學預防)
27	2008	生物科	劉鴻文	男	1952.	化學生物學、生物有機化學
27	2008	人文及社會科	段錦泉	男	1956	財務與計量經濟學
27	2008	人文及社會科	黃進興	男	1950	歷史學
27	2008	人文及社會科	王　平	男	1957	經濟學
27	2008	人文及社會科	張廣達	男	1931	中亞文化史、中外文化交流
28	2010	人文及社會科	梁其姿	女	1953	歷史
28	2010	人文及社會科	何大安	男	1948	歷史語言學
28	2010	人文及社會科	邢義田	男	1947	歷史學
28	2010	人文及社會科	黃樹民	男	1945	社會與文化人類學、永續農業發展、醫療與健康
28	2010	數理科	王永雄	男	1953	統計理論暨方法、計算生物
28	2010	數理科	孟懷縈	女	1961	無線通信與數位信號處理
28	2010	數理科	馮又嫦	女	1949	大氣科學、氣候變遷、全球碳循環
28	2010	數理科	王瑜	女	1943	化學
28	2010	數理科	張永山	男	1930-	物理科學-材料科學
28	2010	數理科	李世昌	男	1952	粒子物理
28	2010	數理科	翁玉林	男	1946	大氣化學與環境變遷

屆	當選	組　別	姓　名	性	生　　歿	專　　長
28	2010	數理科	張石麟	男	1946	凝態物理與結晶學
28	2010	數理科	翟敬立	男	1956	數學（算術代數幾何）
28	2010	生物科	錢永健	男	1952	細胞生物學、分子生物學、生理學、生物化學
28	2010	生物科	王學荆	男	1937	細胞信號傳導、細胞調控、蛋白酶學、蛋白激酶及蛋白磷酸酶、細胞鈣研究
28	2010	生物科	蔡明哲	男	1943	分子內分泌學暨發育生物學
28	2010	生物科	王陸海	男	1947	腫瘤學細胞轉化與信息傳導
28	2010	生物科	陳仲瑄	男	1948	物理生物科技
29	2012	人文及社會科	石守謙	男		藝術史學
29	2012	人文及社會科	謝長泰	男		經濟發展與成長
29	2012	人文及社會科	朱雲漢	男		政治學
29	2012	人文及社會科	范劍青	男		計量經濟學金融學、統計學
29	2012	數理科	江博明	男		地球科學
29	2012	數理科	李澤元	男		電力電子、類比電子、高頻電能轉換和系統集成技術
29	2012	數理科	張懋中	男		異質結電晶體與高頻及混合信號電路在通信、聯結與影像系統之應用
29	2012	數理科	張翔	男		光電材料
29	2012	數理科	劉紹臣	男		環境科學、大氣科學
29	2012	數理科	張聖容	女		微分幾何、偏微分方程
29	2012	數理科	李克昭	男		數理統計高維數據生物資訊
29	2012	數理科	馬佐平	男		半導體物理及科技
29	2012	數理科	于靖	男		數學(數論及算術幾何)
29	2012	生物科	劉扶東	男		過敏免疫醣類生物學皮膚學
29	2012	生物科學組	鄭淑珍	女		生化、分子生物
29	2012	生物科學組	謝道時	男		生物化學
29	2012	生物科	吳春放	男		神經科學、生理學、遺傳學
29	2012	生物科	余淑美	女		植物分子生物學、生物科技
29	2012	生物科	蔡明道	男		生物磷酸鹽酵素訊息傳遞化學與結構生物學核磁共振
29	2012	生物科	魏福全	男		醫學/顯微重建及異體複合組織移植

2014 年中華民國中央研院新科院士(2014.7.4 選出)

院　　士	現年	專　　長	現　　　　　職
何文壽	71	化學工程	美國俄亥俄州立大學材料工程系教授
陳　剛	50	奈米傳熱及能源	美國麻省理工學院機械系主任
劉錦川	77	材料科學	香港城市大學材料研究中心教授
林本堅	72	半導體製造技術	台積電技術研發副總經理
張益唐	59	數學	美國新罕布夏大學數學系教授
何文程	61	表面化學與物理學	美國加大學爾灣物理天文系與化學系教授
周美吟(女)	56	凝態物理理論	中研院原分所所長
江安世	56	腦神經基因生物影像	國立清華大學教授
唐俊智	56	代謝系統改造合成生物學	美國加州大學洛杉機生物工程系主任
裴正康	63	小兒癌症	美國孟裴斯市兒童研究醫院瘤癌部主任
高德輝	63	植物分子生物及遺傳學	美國賓州立大學生物與分子生物學系教授
丁邦容(女)	61	免疫學	美國北卡羅萊納大學醫學院生物與免疫教授
張美惠(女)	65	兒科肝炎癌症預防	台灣大學小兒科教授肝炎研究中心主任.
周芷(女)	71	分子病毒學生物化學	美國阿拉巴馬大學伯明罕生化與分子遺傳系教授
李惠儀(女)	55	中國文學	美國哈佛大學東亞語言文化系教授
曾永義	73	戲曲韻文學俗文民俗	世新大學中國文學系教授
王明珂	62	歷史學歷史人類學	中央研究院史語所研究員
戴振華	67	考古學	中央研究院史語所研究員

中華人民共和國最高科技學術得獎人

年度	得獎人	經　　　歷	獲　獎　原　因
2000	吳文俊	數學家，中國科學院院士，第三世界科學院院士，中國科學院系統科學研究所副所長、名譽所長、研究員。	在拓撲學和數學機械化領域，特別是幾何定理的機器證明方面的世界性貢獻。
	袁隆平	水稻育種專家。中國工程院院士，中國國家雜交水稻工作技術中心主任，湖南農業大學教授，中國農業大學客座教授，美國科學院外籍院士。	在雜交水稻育種理論與實踐上的重大突破。
2001	王　選	計算機專家。生前曾任中國科學院院士，中國工程院院士，北京大學教授，北大方正技術研究院院長，方正控股有限公司董事局主席。	漢字雷射照排系統的創始人，為中國新聞出版事業的計算機化奠定了基礎。

年度	得獎人	經歷	獲獎原因
	黃昆	物理學家。生前曾任中國科學院院士，第三世界科學院院士，瑞典皇家科學院外籍院士，北京大學教授。	中國的固體物理學和半導體物理學的奠基人之一，取得了世界級的理論成就。
2002	金怡濂	高性能計算機專家。中國工程院院士，國家並行計算機工程技術研究中心主任。	中國巨型計算機事業的開拓者之一，對中國高性能計算機的發展做出了重大貢獻
2003	劉東生	地球環境科學專家。中國科學院院士，中國科學院地質與地球物理研究所研究員。	在中國的古生物學、古地質學、環境地質學特別是黃土研究方面的原創性研究。
	王永志	太空技術專家。中國工程院院士，中國載人太空工程總設計師。	中國載人太空事業的開創者之一，成功實現中國首次載人太空（2003年10月16日，神舟五號太空船）。
2005	葉篤正	大氣物理學家。中國科學院院士，中國科學院大氣物理研究所名譽所長。	在全球氣候變化領域的重大系統創見。
	吳孟超	肝膽外科專家。中國科學院院士，中國人民解放軍第二軍醫大學東方肝膽外科醫院院長。	在肝膽外科手術實踐中取得的重大突破與理論成果。
2006	李振聲	小麥育種專家。中國科學院院士，第三世界科學院院士，中國科學院遺傳發育所研究員。	在小麥遺傳與遠緣雜交育種、染色體工程育種及黃淮海平原中低產田改造與治理中的貢獻。
2007	閔恩澤	石油化工催化劑專家，中國科學院院士	
	吳征鎰	植物學家，中國科學院院士。	
2008	王忠誠	神經外科專家中國工程院院士	中國神經外科開拓者之一。
	徐光憲	化學家，中國科學院院士。	在稀土元素分離以及應用中做出重要貢獻。
2009	谷超豪	數學家，中國科學院院士。	
	孫家棟	運載火箭與衛星技術專家，中國科學院院士。	
2010	師昌緒	金屬學及材料科學專家，中國科學院、中國工程院院士；中科院金屬研究所名譽所長、研究員，國家自然科學基金委員會特邀顧問。	中國高溫合金開拓者之一，發展了中國第一個鐵基高溫合金。
	王振義	內科血液學專家，中國工程院院士；上海血液學研究所名譽所長，上海交通大學醫學院附屬瑞金醫院終身教授。	在國際上首先創導應用全反式維甲酸誘導分化治療急性早幼粒細胞白血病。
2011	謝家麟	中國科學院院士、中國科學院高能物理研究所原副所長	
	吳良鏞	中國科學院院士、中國工程院院士、清華大學建築與城市研究所所長	

院士姓名	學　　部	選出年
中華人民共和國科學院院士		
錢三強	數學物理學部	1955 年
貝時璋	生命科學和醫學部	1955 年
秉　志	生命科學和醫學部	1955 年
蔡邦華	生命科學和醫學部	1955 年
蔡方蔭	技術科學部	1955 年
蔡　翹	生命科學和醫學部	1955 年
陳煥鏞	生命科學和醫學部	1955 年
陳建功	數學物理學部	1955 年
陳　楨	生命科學和醫學部	1955 年
陳世驤	生命科學和醫學部	1955 年
陳鳳桐	生命科學和醫學部	1955 年
陳文貴	生命科學和醫學部	1955 年
承淡安	生命科學和醫學部	1955 年
程孝剛	技術科學部	1955 年
程裕淇	地學部	1955 年
戴芳瀾	生命科學和醫學部	1955 年
戴松恩	生命科學和醫學部	1955 年
鄧叔群	生命科學和醫學部	1955 年
葛庭燧	數學物理學部	1955 年
馮德培	生命科學和醫學部	1955 年
馮澤芳	生命科學和醫學部	1955 年
丁　穎	生命科學和醫學部	1955 年
傅　鷹	化學部	1955 年
何作霖	地學部	1955 年
侯德榜	技術科學部	1955 年
侯德封	地學部	1955 年
侯光炯	生命科學和醫學部	1955 年
侯祥麟	化學部	1955 年
胡　寧	數學物理學部	1955 年
顧功敘	地學部	1955 年
黃汲清	地學部	1955 年

院士姓名	學　　部	選出年
黃家駟	生命科學和醫學部	1955 年
黃秉維	地學部	1955 年
羅宗洛	生命科學和醫學部	1955 年
褚應璜	技術科學部	1955 年
劉承釗	生命科學和醫學部	1955 年
劉崇樂	生命科學和醫學部	1955 年
黃文熙	技術科學部	1955 年
黃鳴龍	化學部	1955 年
胡經甫	生命科學和醫學部	1955 年
黃　昆	數學物理學部	1955 年
江澤涵	數學物理學部	1955 年
華羅庚	數學物理學部	1955 年
黃子卿	化學部	1955 年
劉仙洲	技術科學部	1955 年
金善寶	生命科學和醫學部	1955 年
靳樹樑	技術科學部	1955 年
柯　召	數學物理學部	1955 年
樂森璕	地學部	1955 年
雷天覺	技術科學部	1955 年
李方訓	化學部	1955 年
李國豪	技術科學部	1955 年
李國平	數學物理學部	1955 年
馬文昭	生命科學和醫學部	1955 年
茅以升	技術科學部	1955 年
孟憲民	地學部	1955 年
孟昭英	技術科學部	1955 年
李繼侗	生命科學和醫學部	1955 年
陸學善	數學物理學部	1955 年
李連捷	生命科學和醫學部	1955 年
錢崇澍	生命科學和醫學部	1955 年
錢臨照	數學物理學部	1955 年
錢令希	技術科學部	1955 年
馬大猷	數學物理學部	1955 年

院士姓名	學　部	選出年
林　鎔	生命科學和醫學部	1955 年
李　強	技術科學部	1955 年
李慶逵	生命科學和醫學部	1955 年
李四光	地學部	1955 年
潘　菽	生命科學和醫學部	1955 年
林巧稚	生命科學和醫學部	1955 年
李文采	技術科學部	1955 年
孫德和	技術科學部	1955 年
裴文中	地學部	1955 年
彭桓武	數學物理學部	1955 年
盧嘉錫	化學部	1955 年
梁伯強	生命科學和醫學部	1955 年
錢偉長	數學物理學部	1955 年
柳大綱	化學部	1955 年
饒毓泰	數學物理學部	1955 年
錢志道	化學部	1955 年
石志仁	技術科學部	1955 年
梁樹權	化學部	1955 年
梁思成	技術科學部	1955 年
吳英愷	生命科學和醫學部	1955 年
吳有訓	數學物理學部	1955 年
吳征鎰	生命科學和醫學部	1955 年
秦仁昌	生命科學和醫學部	1955 年
王家楫	生命科學和醫學部	1955 年
梁　希	生命科學和醫學部	1955 年
劉敦楨	技術科學部	1955 年
沈其震	生命科學和醫學部	1955 年
蘇步青	數學物理學部	1955 年
邵象華	技術科學部	1955 年
盛彤笙	生命科學和醫學部	1955 年
童第周	生命科學和醫學部	1955 年
施汝為	數學物理學部	1955 年
斯行健	地學部	1955 年

院士姓名	學　部	選出年
塗　治	生命科學和醫學部	1955 年
孫雲鑄	地學部	1955 年
涂長望	地學部	1955 年
湯佩松	生命科學和醫學部	1955 年
唐敖慶	化學部	1955 年
陶亨咸	技術科學部	1955 年
田　奇	地學部	1955 年
諸福棠	生命科學和醫學部	1955 年
竺可楨	地學部	1955 年
庄長恭	化學部	1955 年
伍獻文	生命科學和醫學部	1955 年
嚴濟慈	數學物理學部	1955 年
尹贊勛	地學部	1955 年
余瑞璜	數學物理學部	1955 年
俞大紱	生命科學和醫學部	1955 年
張青蓮	化學部	1955 年
曾昭掄	化學部	1955 年
汪　猷	化學部	1955 年
朱　洗	生命科學和醫學部	1955 年
周志宏	技術科學部	1955 年
周澤昭	生命科學和醫學部	1955 年
朱物華	技術科學部	1955 年
周培源	數學物理學部	1955 年
周　仁	技術科學部	1955 年
周同慶	數學物理學部	1955 年
趙忠堯	數學物理學部	1955 年
趙洪璋	生命科學和醫學部	1955 年
楊石先	化學部	1955 年
楊廷寶	技術科學部	1955 年
趙九章	地學部	1955 年
趙飛克	技術科學部	1955 年
趙承嘏	化學部	1955 年
章名濤	技術科學部	1955 年

院士姓名	學　　部	選出年	院士姓名	學　　部	選出年
張肇騫	生命科學和醫學部	1955 年	許寶騄	數學物理學部	1955 年
魏　曦	生命科學和醫學部	1955 年	葉桔泉	生命科學和醫學部	1955 年
王湘浩	數學物理學部	1955 年	楊鍾健	地學部	1955 年
鄭萬鈞	生命科學和醫學部	1955 年	葉企孫	數學物理學部	1955 年
鍾惠瀾	生命科學和醫學部	1955 年	王淦昌	數學物理學部	1955 年
張錫鈞	生命科學和醫學部	1955 年	武　衡	地學部	1955 年
張　維	技術科學部	1955 年	席承藩	地學部	1995 年
張文佑	地學部	1955 年	王應睞	生命科學和醫學部	1955 年
吳學蘭	技術科學部	1955 年	楊惟義	生命科學和醫學部	1955 年
吳學周	化學部	1955 年	夏堅白	地學部	1955 年
張鈺哲	數學物理學部	1955 年	※錢學森	數學物理學部	1957 年
張孝騫	生命科學和醫學部	1955 年	馮蘭洲	生命科學和醫學部	1957 年
張景鉞	生命科學和醫學部	1955 年	馮景蘭	地學部	1957 年
張光斗	技術科學部	1955 年	蔡鎦生	化學部	1957 年
惲子強	化學部	1955 年	郭永懷	數學物理學部	1957 年
袁翰青	化學部	1955 年	劉思職	生命科學和醫學部	1957 年
虞宏正	化學部	1955 年	湯飛凡	生命科學和醫學部	1957 年
張大煜	化學部	1955 年	汪菊潛	技術科學部	1957 年
張德慶	技術科學部	1955 年	張文裕	數學物理學部	1957 年
葉渚沛	技術科學部	1955 年	張香桐	生命科學和醫學部	1957 年
殷宏章	生命科學和醫學部	1955 年	王竹泉	地學部	1957 年
李　薰	技術科學部	1955 年	趙宗燠	化學部	1957 年
段學復	數學物理學部	1955 年	王善源	生命科學和醫學部	1957 年
汪胡楨	技術科學部	1955 年	張宗燧	數學物理學部	1957 年
紀育灃	化學部	1955 年	吳文俊	數學物理學部	1957 年
王之璽	技術科學部	1955 年	吳仲華	技術科學部	1957 年
王大珩	信息技術科學部	1955 年	艾國祥	數學物理學部	1993 年
王竹溪	數學物理學部	1955 年	安芷生	地學部	1991 年
肖龍友	生命科學和醫學部	1955 年	白春禮	化學部	1997 年
謝家榮	地學部	1955 年	白以龍	數學物理學部	1991 年
許　傑	地學部	1955 年	保　錚	信息技術科學部	1991 年
嚴　愷	技術科學部	1955 年	鮑文奎	生命科學和醫學部	1980 年
徐祖耀	技術科學部	1995 年	畢德顯	技術科學部	1980 年

院士姓名	學　部	選出年	院士姓名	學　部	選出年
蔡昌年	技術科學部	1980 年	陳夢熊	地學部	1991 年
蔡金濤	技術科學部	1980 年	陳難先	數學物理學部	1997 年
蔡其鞏	技術科學部	1980 年	陳能寬	技術科學部	1980 年
蔡啟瑞	化學部	1980 年	陳慶宣	地學部	1991 年
蔡睿賢	技術科學部	1991 年	陳慶雲	化學部	1993 年
蔡詩東	數學物理學部	1995 年	陳榮悌	化學部	1980 年
蔡　旭	生命科學和醫學部	1980 年	陳茹玉	化學部	1980 年
曹本熹	化學部	1980 年	陳省身	外籍院士	1994 年
曹楚南	技術科學部	1991 年	陳述彭	地學部	1980 年
曹春曉	技術科學部	1997 年	陳慰峰	生命科學和醫學部	1995 年
曹建猷	技術科學部	1980 年	陳希孺	數學物理學部	1997 年
曹天欽	生命科學和醫學部	1980 年	陳新民	技術科學部	1980 年
曹文宣	生命科學和醫學部	1997 年	陳星弼	信息技術科學部	1999 年
查全性	化學部	1980 年	陳星旦	信息技術科學部	1999 年
常　迥	技術科學部	1980 年	陳學俊	技術科學部	1980 年
常印佛	地學部	1991 年	陳耀祖	化學部	1991 年
巢紀平	地學部	1995 年	陳宜瑜	生命科學和醫學部	1991 年
陳　彪	數學物理學部	1980 年	陳宜張	生命科學和醫學部	1995 年
陳芳允	技術科學部	1980 年	陳　顒	地學部	1993 年
陳冠榮	化學部	1980 年	陳永齡	地學部	1980 年
陳國達	地學部	1980 年	陳運泰	地學部	1991 年
陳翰馥	信息技術科學部	1993 年	陳中偉	生命科學和醫學部	1980 年
陳華癸	生命科學和醫學部	1980 年	陳　竺	生命科學和醫學部	1995 年
陳佳洱	數學物理學部	1993 年	陳子元	生命科學和醫學部	1991 年
陳家鏞	化學部	1980 年	陳宗基	技術科學部	1980 年
陳建生	數學物理學部	1991 年	程純樞	地學部	1980 年
陳鑒遠	化學部	1993 年	程耿東	技術科學部	1995 年
陳景潤	數學物理學部	1980 年	程國棟	地學部	1993 年
陳俊亮	信息技術科學部	1991 年	程開甲	數學物理學部	1980 年
陳俊武	化學部	1991 年	程民德	數學物理學部	1980 年
陳俊勇	地學部	1991 年	程慶國	技術科學部	1993 年
陳凱先	化學部	1999 年	程鎔時	化學部	1991 年
陳可冀	生命科學和醫學部	1991 年	池際尚	地學部	1980 年

院士姓名	學　　部	選出年	院士姓名	學　　部	選出年
丑紀范	地學部	1993 年	馮士筰	地學部	1997 年
慈雲桂	技術科學部	1980 年	馮新德	化學部	1980 年
崔爾傑	數學物理學部	1999 年	馮元楨	外籍院士	1994 年
戴安邦	化學部	1980 年	傅承義	地學部	1957 年
戴傳曾	數學物理學部	1980 年	傅家謨	地學部	1991 年
戴金星	地學部	1995 年	干福熹	信息技術科學部	1980 年
戴立信	化學部	1993 年	甘子釗	數學物理學部	1991 年
戴念慈	技術科學部	1991 年	高鴻	化學部	1980 年
戴汝為	信息技術科學部	1991 年	高濟宇	化學部	1980 年
戴元本	數學物理學部	1980 年	高景德	技術科學部	1980 年
黨鴻辛	技術科學部	1997 年	高　俊	地學部	1999 年
鄧從豪	化學部	1993 年	高　鍉	法籍華人	1996 年
鄧稼先	數學物理學部	1980 年	高慶獅	信息技術科學部	1980 年
鄧景發	化學部	1995 年	高尚蔭	生命科學和醫學部	1980 年
鄧錫銘	技術科學部	1993 年	高世揚	化學部	1997 年
丁大釗	數學物理學部	1991 年	高為炳	技術科學部	1991 年
丁國瑜	地學部	1980 年	高小霞	化學部	1980 年
丁舜年	技術科學部	1980 年	高怡生	化學部	1980 年
丁偉岳	數學物理學部	1997 年	高由禧	地學部	1980 年
丁夏畦	數學物理學部	1991 年	高振衡	化學部	1980 年
丁肇中	美籍華人	1994 年	高振西	地學部	1980 年
董申保	地學部	1980 年	高鎮同	技術科學部	1991 年
董韞美	信息技術科學部	1993 年	葛守仁	外籍院士	1998 年
竇國仁	技術科學部	1991 年	龔岳亭	生命科學和醫學部	1993 年
范海福	數學物理學部	1991 年	龔祖同	技術科學部	1980 年
方　成	數學物理學部	1995 年	谷超豪	數學物理學部	1980 年
方　俊	地學部	1980 年	谷德振	地學部	1980 年
方守賢	數學物理學部	1991 年	顧秉林	技術科學部	1999 年
方心芳	生命科學和醫學部	1980 年	顧誦芬	技術科學部	1991 年
方肇倫	化學部	1997 年	顧翼東	化學部	1980 年
馮純伯	信息技術科學部	1995 年	顧知微	地學部	1980 年
馮　端	數學物理學部	1980 年	關士聰	地學部	1980 年
馮　康	數學物理學部	1980 年	關肇直	數學物理學部	1980 年

院士姓名	學 部	選出年	院士姓名	學 部	選出年
管惟炎	數學物理學部	1980 年	胡和生	數學物理學部	1991 年
郭承基	地學部	1980 年	胡宏紋	化學部	1995 年
郭景坤	化學部	1991 年	胡濟民	數學物理學部	1980 年
郭可信	技術科學部	1980 年	胡仁宇	數學物理學部	1991 年
郭令智	地學部	1993 年	胡世華	數學物理學部	1980 年
郭慕孫	化學部	1980 年	胡文瑞	技術科學部	1995 年
郭尚平	數學物理學部	1995 年	胡 英	化學部	1993 年
郭文魁	地學部	1980 年	胡聿賢	技術科學部	1991 年
郭燮賢	化學部	1980 年	黃葆同	化學部	1991 年
郭仲衡	數學物理學部	1991 年	黃本立	化學部	1993 年
過增元	技術科學部	1997 年	黃宏嘉	信息技術科學部	1980 年
韓濟生	生命科學和醫學部	1993 年	黃克智	技術科學部	1991 年
韓啟德	生命科學和醫學部	1997 年	黃 量	化學部	1980 年
韓禎祥	技術科學部	1999 年	黃乃正	化學部	1999 年
郝柏林	數學物理學部	1980 年	黃榮輝	地學部	1991 年
郝 水	生命科學和醫學部	1993 年	黃潤乾	數學物理學部	1999 年
郝詒純	地學部	1980 年	黃紹顯	地學部	1980 年
何炳林	化學部	1980 年	黃勝年	數學物理學部	1991 年
何國鍾	化學部	1991 年	黃維垣	化學部	1980 年
何鳴元	化學部	1995 年	黃緯祿	信息技術科學部	1991 年
何澤慧	數學物理學部	1980 年	黃耀曾	化學部	1980 年
何祚庥	數學物理學部	1980 年	黃禎祥	生命科學和醫學部	1980 年
賀賢土	數學物理學部	1995 年	黃志鏜	化學部	1991 年
洪朝生	數學物理學部	1980 年	黃祖洽	數學物理學部	1980 年
洪德元	生命科學和醫學部	1991 年	霍裕平	數學物理學部	1993 年
洪國藩	生命科學和醫學部	1997 年	嵇汝運	化學部	1980 年
洪孟民	生命科學和醫學部	1991 年	賈福海	地學部	1980 年
侯朝煥	信息技術科學部	1995 年	賈蘭坡	地學部	1980 年
侯仁之	地學部	1980 年	簡水生	信息技術科學部	1995 年
侯學煜	生命科學和醫學部	1980 年	簡悅威	外籍院士	1996 年
侯 洵	信息技術科學部	1991 年	江元生	化學部	1991 年
侯虞鈞	化學部	1997 年	姜伯駒	數學物理學部	1980 年
胡海昌	技術科學部	1980 年	姜聖階	化學部	1991 年

院士姓名	學　　部	選出年	院士姓名	學　　部	選出年
姜中宏	技術科學部	1999 年	李啟虎	信息技術科學部	1997 年
蔣麗金	化學部	1980 年	李惕碚	數學物理學部	1997 年
蔣民華	技術科學部	1991 年	李廷棟	地學部	1993 年
蔣明謙	化學部	1980 年	李　未	信息技術科學部	1997 年
蔣錫夔	化學部	1991 年	李星學	地學部	1980 年
蔣有緒	生命科學和醫學部	1999 年	李衍達	信息技術科學部	1991 年
金建中	數學物理學部	1980 年	李依依	技術科學部	1993 年
經福謙	數學物理學部	1991 年	李蔭遠	數學物理學部	1980 年
鞠　躬	生命科學和醫學部	1991 年	李約瑟	外籍院士	1994 年
柯　俊	技術科學部	1980 年	李振聲	生命科學和醫學部	1991 年
孔祥復	生命科學和醫學部	1999 年	李正武	數學物理學部	1980 年
匡定波	信息技術科學部	1991 年	李政道	美籍華人院士	1994 年
匡廷雲	生命科學和醫學部	1995 年	李志堅	信息技術科學部	1991 年
雷嘯霖	信息技術科學部	1997 年	梁棟材	生命科學和醫學部	1980 年
黎樂民	化學部	1991 年	梁敬魁	化學部	1993 年
黎尚豪	生命科學和醫學部	1980 年	梁守槃	技術科學部	1980 年
李　博	生命科學和醫學部	1993 年	梁思禮	信息技術科學部	1993 年
李朝義	生命科學和醫學部	1999 年	梁曉天	化學部	1980 年
李春昱	地學部	1980 年	梁植權	生命科學和醫學部	1980 年
李大潛	數學物理學部	1995 年	廖山濤	數學物理學部	1991 年
李德平	數學物理學部	1991 年	林秉南	技術科學部	1991 年
李德仁	地學部	1991 年	林　皋	技術科學部	1997 年
李德生	地學部	1991 年	林惠民	信息技術科學部	1999 年
李方華	數學物理學部	1993 年	林家翹	外籍院士	1994 年
李吉均	地學部	1991 年	林蘭英	技術科學部	1980 年
李季倫	生命科學和醫學部	1995 年	林勵吾	化學部	1993 年
李濟生	技術科學部	1997 年	林　群	數學物理學部	1993 年
李家明	數學物理學部	1991 年	林尚安	化學部	1993 年
李競雄	生命科學和醫學部	1980 年	林同驥	數學物理學部	1980 年
李靜海	化學部	1999 年	林同炎	外籍院士	1996 年
李　鈞	地學部	1991 年	林為干	信息技術科學部	1980 年
李　林	數學物理學部	1980 年	林學鈺	地學部	1997 年
李敏華	技術科學部	1980 年	劉寶珺	地學部	1991 年

院士姓名	學　　　部	選出年	院士姓名	學　　　部	選出年
劉昌明	地學部	1995 年	路甬祥	技術科學部	1991 年
劉東生	地學部	1980 年	呂保維	技術科學部	1980 年
劉高聯	技術科學部	1999 年	呂　敏	數學物理學部	1991 年
劉光鼎	地學部	1980 年	羅沛霖	信息技術科學部	1980 年
劉廣均	技術科學部	1991 年	馬　瑾	地學部	1997 年
劉恢先	技術科學部	1980 年	馬庫斯	外籍院士	1998 年
劉建康	生命科學和醫學部	1980 年	馬世駿	生命科學和醫學部	1980 年
劉瑞玉	生命科學和醫學部	1997 年	馬杏垣	地學部	1980 年
劉若庄	化學部	1999 年	馬在田	地學部	1991 年
劉盛綱	信息技術科學部	1980 年	馬志明	數學物理學部	1995 年
劉頌豪	信息技術科學部	1999 年	馬宗晉	地學部	1991 年
劉新垣	生命科學和醫學部	1991 年	毛漢禮	地學部	1980 年
劉以訓	生命科學和醫學部	1999 年	毛河光	外籍院士	1996 年
劉應明	數學物理學部	1995 年	毛鶴年	技術科學部	1980 年
劉永坦	信息技術科學部	1991 年	毛江森	生命科學和醫學部	1991 年
劉有成	化學部	1980 年	孟少農	技術科學部	1980 年
劉元方	化學部	1991 年	苗永瑞	技術科學部	1991 年
劉振興	地學部	1995 年	閔恩澤	化學部	1980 年
婁成後	生命科學和醫學部	1980 年	閔桂榮	技術科學部	1991 年
樓南泉	化學部	1991 年	閔乃本	數學物理學部	1991 年
盧鶴紱	數學物理學部	1980 年	莫里茨	外籍院士	1998 年
盧佩章	化學部	1980 年	母國光	信息技術科學部	1991 年
盧　強	技術科學部	1991 年	穆恩之	地學部	1980 年
盧衍豪	地學部	1980 年	倪嘉纘	化學部	1980 年
盧永根	生命科學和醫學部	1993 年	鈕經義	生命科學和醫學部	1980 年
盧肇鈞	技術科學部	1991 年	歐陽予	技術科學部	1991 年
陸寶麟	生命科學和醫學部	1980 年	歐陽鍾燦	數學物理學部	1997 年
陸啟鏗	數學物理學部	1980 年	歐陽自遠	地學部	1991 年
陸汝鈐	信息技術科學部	1999 年	潘承洞	數學物理學部	1991 年
陸士新	生命科學和醫學部	1997 年	潘際鑾	技術科學部	1980 年
陸婉珍	化學部	1991 年	潘家錚	技術科學部	1980 年
陸熙炎	化學部	1991 年	龐雄飛	生命科學和醫學部	1997 年
陸元九	信息技術科學部	1980 年	裴　鋼	生命科學和醫學部	1999 年

院士姓名	學　　　部	選出年	院士姓名	學　　　部	選出年
彭少逸	化學部	1980 年	沈文慶	數學物理學部	1999 年
彭一剛	技術科學部	1995 年	沈緒榜	信息技術科學部	1997 年
蒲富恪	數學物理學部	1991 年	沈學礎	數學物理學部	1995 年
蒲蟄龍	生命科學和醫學部	1980 年	沈　元	數學物理學部	1980 年
戚正武	生命科學和醫學部	1999 年	沈元壤	外籍院士	1996 年
齊　康	技術科學部	1993 年	沈允鋼	生命科學和醫學部	1980 年
錢保功	化學部	1980 年	沈韞芬	生命科學和醫學部	1995 年
錢　寧	技術科學部	1980 年	沈之荃	化學部	1995 年
錢人元	化學部	1980 年	沈志雲	技術科學部	1991 年
錢逸泰	化學部	1997 年	沈珠江	技術科學部	1995 年
錢鍾韓	技術科學部	1980 年	沈自尹	生命科學和醫學部	1997 年
強伯勤	生命科學和醫學部	1991 年	盛金章	地學部	1991 年
欽俊德	生命科學和醫學部	1991 年	師昌緒	技術科學部	1980 年
秦馨菱	地學部	1980 年	施教耐	生命科學和醫學部	1991 年
秦蘊珊	地學部	1995 年	施立明	生命科學和醫學部	1991 年
丘成桐	外籍院士	1994 年	施履吉	生命科學和醫學部	1980 年
邱大洪	技術科學部	1991 年	施雅風	地學部	1980 年
邱式邦	生命科學和醫學部	1980 年	施蘊渝	生命科學和醫學部	1997 年
裘法祖	生命科學和醫學部	1993 年	石青雲	技術科學部	1993 年
裘維蕃	生命科學和醫學部	1980 年	石元春	生命科學和醫學部	1991 年
曲欽岳	數學物理學部	1980 年	石鍾慈	數學物理學部	1991 年
闕端麟	信息技術科學部	1991 年	時　鈞	化學部	1980 年
任紀舜	地學部	1997 年	史紹熙	技術科學部	1980 年
任美鍔	地學部	1980 年	宋大祥	生命科學和醫學部	1999 年
任新民	技術科學部	1980 年	宋家樹	技術科學部	1993 年
戎嘉余	地學部	1997 年	宋　健	信息技術科學部	1991 年
沙國河	化學部	1997 年	宋叔和	地學部	1980 年
申泮文	化學部	1980 年	宋玉泉	技術科學部	1997 年
沈　鴻	技術科學部	1980 年	宋振騏	技術科學部	1991 年
沈家驄	化學部	1991 年	蘇定強	數學物理學部	1991 年
沈其韓	地學部	1991 年	蘇國輝	生命科學和醫學部	1999 年
沈善炯	生命科學和醫學部	1980 年	蘇紀蘭	地學部	1991 年
沈天慧	化學部	1980 年	蘇　鏘	化學部	1995 年

院士姓名	學　　部	選出年	院士姓名	學　　部	選出年
蘇元復	化學部	1980 年	童慶禧	地學部	1997 年
蘇肇冰	數學物理學部	1991 年	童憲章	技術科學部	1991 年
孫大中	地學部	1991 年	塗光熾	地學部	1980 年
孫殿卿	地學部	1980 年	屠守鍔	技術科學部	1991 年
孫鴻烈	地學部	1991 年	萬惠霖	化學部	1997 年
孫家棟	技術科學部	1991 年	萬哲先	數學物理學部	1991 年
孫家鍾	化學部	1991 年	汪德熙	化學部	1980 年
孫鈞	技術科學部	1991 年	汪德昭	數學物理學部	1957 年
孫曼霽	生命科學和醫學部	1991 年	汪爾康	化學部	1991 年
孫儒泳	生命科學和醫學部	1993 年	汪耕	技術科學部	1991 年
孫樞	地學部	1991 年	汪集暘	地學部	1995 年
孫義燧	數學物理學部	1997 年	汪家鼎	化學部	1980 年
孫鍾秀	信息技術科學部	1991 年	汪堃仁	生命科學和醫學部	1980 年
談鎬生	數學物理學部	1980 年	汪品先	地學部	1991 年
談家楨	生命科學和醫學部	1980 年	汪聞韶	技術科學部	1980 年
譚其驤	地學部	1980 年	王葆仁	化學部	1980 年
湯定元	數學物理學部	1991 年	王補宣	技術科學部	1980 年
唐崇惕	生命科學和醫學部	1991 年	王承書	數學物理學部	1980 年
唐九華	技術科學部	1991 年	王崇愚	技術科學部	1993 年
唐守正	生命科學和醫學部	1995 年	王大中	技術科學部	1993 年
唐孝威	數學物理學部	1980 年	王德寶	生命科學和醫學部	1980 年
唐有祺	化學部	1980 年	王德滋	地學部	1997 年
唐稚松	信息技術科學部	1991 年	王淀佐	技術科學部	1991 年
唐仲璋	生命科學和醫學部	1980 年	王方定	化學部	1991 年
陶寶祺	技術科學部	1999 年	王佛松	化學部	1991 年
陶詩言	地學部	1980 年	王伏雄	生命科學和醫學部	1980 年
滕吉文	地學部	1999 年	王恆升	地學部	1980 年
田波	生命科學和醫學部	1991 年	王鴻禎	地學部	1980 年
田長霖	外籍院士	1994 年	王景唐	技術科學部	1991 年
田在藝	地學部	1997 年	王夑	化學部	1991 年
田昭武	化學部	1980 年	王立鼎	技術科學部	1995 年
佟振合	化學部	1999 年	王乃彥	數學物理學部	1993 年
童秉綱	數學物理學部	1997 年	王啟明	信息技術科學部	1991 年

院士姓名	學　　部	選出年	院士姓名	學　　部	選出年
王　仁	地學部	1980 年	閏邦椿	技術科學部	1991 年
王世績	數學物理學部	1999 年	翁文波	地學部	1980 年
王世真	生命科學和醫學部	1980 年	吳常信	生命科學和醫學部	1995 年
王守覺	信息技術科學部	1980 年	吳承康	技術科學部	1991 年
王守武	信息技術科學部	1980 年	吳傳鈞	地學部	1991 年
王綬琯	數學物理學部	1980 年	吳德馨	信息技術科學部	1991 年
王　水	地學部	1993 年	吳國雄	地學部	1997 年
王　圩	信息技術科學部	1997 年	吳杭生	數學物理學部	1993 年
王文采	生命科學和醫學部	1993 年	吳浩青	化學部	1980 年
王希季	技術科學部	1993 年	吳建屏	生命科學和醫學部	1991 年
王　序	化學部	1980 年	吳健雄	美籍華人院士	1994 年
王　選	信息技術科學部	1991 年	吳階平	生命科學和醫學部	1980 年
王　迅	數學物理學部	1999 年	吳良鏞	技術科學部	1980 年
王陽元	信息技術科學部	1995 年	吳孟超	生命科學和醫學部	1991 年
王業寧	數學物理學部	1991 年	吳　旻	生命科學和醫學部	1980 年
王育竹	信息技術科學部	1997 年	吳全德	信息技術科學部	1991 年
王　鈺	地學部	1980 年	吳汝康	地學部	1980 年
王　元	數學物理學部	1980 年	吳式樞	數學物理學部	1980 年
王曰倫	地學部	1980 年	吳新濤	化學部	1999 年
王　越	信息技術科學部	1991 年	吳新智	地學部	1999 年
王占國	信息技術科學部	1995 年	吳征鎧	化學部	1980 年
王之江	信息技術科學部	1991 年	吳中倫	生命科學和醫學部	1980 年
王之卓	地學部	1980 年	吳自良	技術科學部	1980 年
王志均	生命科學和醫學部	1980 年	吳祖澤	生命科學和醫學部	1993 年
王志新	生命科學和醫學部	1997 年	伍榮生	地學部	1999 年
王梓坤	數學物理學部	1991 年	伍小平	技術科學部	1997 年
魏寶文	數學物理學部	1995 年	武　遲	化學部	1980 年
魏江春	生命科學和醫學部	1997 年	席澤宗	數學物理學部	1991 年
魏榮爵	數學物理學部	1980 年	夏道行	數學物理學部	1980 年
魏壽昆	技術科學部	1980 年	夏培肅	信息技術科學部	1991 年
溫詩鑄	技術科學部	1999 年	冼鼎昌	數學物理學部	1991 年
文　蘭	數學物理學部	1999 年	肖紀美	技術科學部	1980 年
文聖常	地學部	1993 年	肖　健	數學物理學部	1980 年

院士姓名	學　　部	選出年	院士姓名	學　　部	選出年
肖　倫	化學部	1980 年	許學彥	技術科學部	1993 年
肖序常	地學部	1991 年	許志琴	地學部	1995 年
謝光選	技術科學部	1991 年	許智宏	生命科學和醫學部	1997 年
謝家麟	數學物理學部	1980 年	薛社普	生命科學和醫學部	1991 年
謝聯輝	生命科學和醫學部	1991 年	薛永祺	信息技術科學部	1999 年
謝少文	生命科學和醫學部	1980 年	薛禹群	地學部	1999 年
謝希德	數學物理學部	1980 年	嚴東生	化學部	1980 年
謝學錦	地學部	1980 年	嚴加安	數學物理學部	1999 年
謝義炳	地學部	1980 年	嚴陸光	技術科學部	1991 年
謝毓元	化學部	1991 年	嚴志達	數學物理學部	1993 年
辛克維奇	外籍院士	1998 年	閻隆飛	生命科學和醫學部	1991 年
邢其毅	化學部	1980 年	閻遜初	生命科學和醫學部	1980 年
熊大閏	數學物理學部	1991 年	顏鳴皋	技術科學部	1991 年
熊　毅	生命科學和醫學部	1980 年	陽含熙	生命科學和醫學部	1991 年
熊有倫	技術科學部	1995 年	楊澄中	數學物理學部	1980 年
徐采棟	技術科學部	1980 年	楊芙清	信息技術科學部	1991 年
徐冠華	地學部	1991 年	楊福家	數學物理學部	1991 年
徐冠仁	生命科學和醫學部	1980 年	楊福愉	生命科學和醫學部	1991 年
徐光憲	化學部	1980 年	楊國楨	數學物理學部	1999 年
徐國鈞	生命科學和醫學部	1995 年	楊弘遠	生命科學和醫學部	1991 年
徐建中	技術科學部	1995 年	楊嘉墀	信息技術科學部	1980 年
徐克勤	地學部	1980 年	楊　簡	生命科學和醫學部	1980 年
徐　仁	地學部	1980 年	楊　樂	數學物理學部	1980 年
徐如人	化學部	1991 年	楊立銘	數學物理學部	1991 年
徐士高	技術科學部	1980 年	楊　起	地學部	1991 年
徐　僖	化學部	1991 年	楊叔子	技術科學部	1991 年
徐曉白	化學部	1995 年	楊雄里	生命科學和醫學部	1991 年
徐性初	技術科學部	1993 年	楊應昌	數學物理學部	1997 年
徐敘瑢	數學物理學部	1980 年	楊　槱	技術科學部	1980 年
徐芝綸	技術科學部	1980 年	楊振寧	美籍華人院士	1994 年
徐至展	數學物理學部	1991 年	楊遵儀	地學部	1980 年
許根俊	生命科學和醫學部	1991 年	姚建銓	信息技術科學部	1997 年
許厚澤	地學部	1991 年	姚開泰	生命科學和醫學部	1991 年

院士姓名	學　　　部	選出年	院士姓名	學　　　部	選出年
姚守拙	化學部	1999 年	曾慶存	地學部	1980 年
姚　熹	技術科學部	1991 年	曾融生	地學部	1980 年
姚　鑫	生命科學和醫學部	1980 年	曾　毅	生命科學和醫學部	1993 年
姚振興	地學部	1999 年	翟裕生	地學部	1999 年
業治錚	地學部	1980 年	翟中和	生命科學和醫學部	1991 年
葉大年	地學部	1991 年	張本仁	地學部	1999 年
葉篤正	地學部	1980 年	張炳熹	地學部	1980 年
葉恆強	技術科學部	1991 年	張伯聲	地學部	1980 年
葉連俊	地學部	1980 年	張　鈸	信息技術科學部	1995 年
葉培大	信息技術科學部	1980 年	張春霆	生命科學和醫學部	1995 年
葉叔華	數學物理學部	1980 年	張存浩	化學部	1980 年
殷鴻福	地學部	1993 年	張恩虯	技術科學部	1980 年
殷之文	化學部	1993 年	張恭慶	數學物理學部	1991 年
尹文英	生命科學和醫學部	1991 年	張廣學	生命科學和醫學部	1991 年
印象初	生命科學和醫學部	1995 年	張國偉	地學部	1999 年
應崇福	數學物理學部	1993 年	張涵信	數學物理學部	1991 年
游效曾	化學部	1991 年	張煥喬	數學物理學部	1997 年
於　淥	數學物理學部	1999 年	張景中	信息技術科學部	1995 年
于　敏	數學物理學部	1980 年	張禮和	化學部	1995 年
于天仁	生命科學和醫學部	1995 年	張立綱	外籍院士	1994 年
余國琮	化學部	1991 年	張彌曼	地學部	1991 年
余夢倫	技術科學部	1999 年	張　滂	化學部	1991 年
於崇文	地學部	1995 年	張沛霖	技術科學部	1980 年
俞德浚	生命科學和醫學部	1980 年	張彭熹	地學部	1997 年
俞鴻儒	技術科學部	1991 年	張啟發	生命科學和醫學部	1999 年
俞建章	地學部	1955 年	張乾二	化學部	1991 年
俞汝勤	化學部	1991 年	張仁和	數學物理學部	1991 年
袁承業	化學部	1997 年	張淑儀	數學物理學部	1991 年
袁道先	地學部	1991 年	張樹政	生命科學和醫學部	1991 年
袁見齊	地學部	1980 年	張嗣瀛	信息技術科學部	1997 年
袁　權	化學部	1991 年	張效祥	信息技術科學部	1991 年
岳希新	地學部	1980 年	張新時	生命科學和醫學部	1991 年
曾呈奎	生命科學和醫學部	1980 年	張興鈐	技術科學部	1991 年

院士姓名	學　部	選出年	院士姓名	學　部	選出年
張　煦	信息技術科學部	1980 年	周光召	數學物理學部	1980 年
張佑啟	技術科學部	1999 年	周國治	技術科學部	1995 年
張致一	生命科學和醫學部	1980 年	周　恆	數學物理學部	1993 年
張鍾俊	技術科學部	1980 年	周惠久	技術科學部	1980 年
張宗祜	地學部	1980 年	周　俊	生命科學和醫學部	1999 年
張宗燨	數學物理學部	1999 年	周立三	地學部	1980 年
張作梅	技術科學部	1980 年	周明鎮	地學部	1980 年
章　申	地學部	1993 年	周其鳳	化學部	1999 年
章　綜	數學物理學部	1980 年	周廷沖	生命科學和醫學部	1980 年
趙柏林	地學部	1991 年	周廷儒	地學部	1980 年
趙金科	地學部	1980 年	周同惠	化學部	1991 年
趙鵬大	地學部	1993 年	周維善	化學部	1991 年
趙其國	地學部	1991 年	周錫元	技術科學部	1997 年
趙仁愷	技術科學部	1991 年	周孝信	技術科學部	1993 年
趙善歡	生命科學和醫學部	1980 年	周興銘	信息技術科學部	1993 年
趙玉芬	化學部	1991 年	周秀驥	地學部	1991 年
趙忠賢	數學物理學部	1991 年	周堯和	技術科學部	1991 年
鄭　度	地學部	1999 年	周毓麟	數學物理學部	1991 年
鄭光美	生命科學和醫學部	2003 年	周志炎	地學部	1995 年
鄭國錩	生命科學和醫學部	1980 年	朱道本	化學部	1997 年
鄭厚植	數學物理學部	1995 年	朱棣文	美籍華人院士	1998 年
鄭儒永	生命科學和醫學部	1999 年	朱光亞	數學物理學部	1980 年
鄭耀宗	信息技術科學部	1999 年	朱洪元	數學物理學部	1980 年
鄭哲敏	技術科學部	1980 年	朱既明	生命科學和醫學部	1980 年
鄭作新	生命科學和醫學部	1980 年	朱經武	美籍華人院士	1996 年
支秉彝	技術科學部	1980 年	朱　靜	技術科學部	1995 年
支志明	化學部	1995 年	朱起鶴	化學部	1995 年
鍾萬勰	技術科學部	1993 年	朱清時	化學部	1991 年
鍾香崇	技術科學部	1991 年	朱壬葆	生命科學和醫學部	1980 年
周本濂	技術科學部	1997 年	朱森元	技術科學部	1995 年
周炳琨	信息技術科學部	1991 年	朱　夏	地學部	1980 年
周巢塵	信息技術科學部	1993 年	朱顯謨	地學部	1991 年
周干峙	技術科學部	1991 年	朱亞傑	化學部	1980 年

院士姓名	學　　　部	選出年	院士姓名	學　　　部	選出年
朱兆良	生命科學和醫學部	1993 年	王　穎	地學部	2001 年
朱中梁	信息技術科學部	1999 年	任詠華	化學部	2001 年
朱祖祥	生命科學和醫學部	1980 年	石耀霖	地學部	2001 年
朱作言	生命科學和醫學部	1997 年	唐叔賢	技術科學部	2001 年
庄逢甘	數學物理學部	1980 年	夏建白	信息技術科學部	2001 年
庄巧生	生命科學和醫學部	1991 年	秦國剛	信息技術科學部	2001 年
庄孝僡	生命科學和醫學部	1980 年	李邦河	數學物理學部	2001 年
庄育智	技術科學部	1980 年	郭　雷	信息技術科學部	2001 年
卓仁禧	化學部	1997 年	汪承灝	數學物理學部	2001 年
卓以和	外籍院士	1996 年	塗傳詒	地學部	2001 年
鄒承魯	生命科學和醫學部	1980 年	劉寶鏞	技術科學部	2001 年
鄒　岡	生命科學和醫學部	1980 年	田　剛	數學物理學部	2001 年
鄒世昌	技術科學部	1991 年	馬祖光	技術科學部	2001 年
鄒元爔	技術科學部	1980 年	麥松威	化學部	2001 年
張永山	外籍院士	2000 年	梁智仁	生命科學和醫學部	2001 年
何毓琦	外籍院士	2000 年	李崇銀	地學部	2001 年
周又元	數學物理學部	2001 年	柳百新	技術科學部	2001 年
鄒廣田	數學物理學部	2001 年	林國強	化學部	2001 年
庄逢辰	技術科學部	2001 年	李小文	地學部	2001 年
鍾大賚	地學部	2001 年	金國章	生命科學和醫學部	2001 年
鄭蘭蓀	化學部	2001 年	孫大業	生命科學和醫學部	2001 年
張友尚	生命科學和醫學部	2001 年	賀福初	生命科學和醫學部	2001 年
張永蓮	生命科學和醫學部	2001 年	黃春輝	化學部	2001 年
張　澤	技術科學部	2001 年	金玉玕	地學部	2001 年
張楚漢	技術科學部	2001 年	江　龍	化學部	2001 年
張殿琳	數學物理學部	2001 年	胡敦欣	地學部	2001 年
葉朝輝	數學物理學部	2001 年	郭柏靈	數學物理學部	2001 年
鄭時齡	技術科學部	2001 年	曹　鏞	化學部	2001 年
鄭守儀	生命科學和醫學部	2001 年	陳　達	技術科學部	2001 年
趙爾宓	生命科學和醫學部	2001 年	陳桂林	信息技術科學部	2001 年
趙光達	數學物理學部	2001 年	陳洪淵	化學部	2001 年
葉玉如	生命科學和醫學部	2001 年	陳式剛	數學物理學部	2001 年
王志珍	生命科學和醫學部	2001 年	陳文新	生命科學和醫學部	2001 年

院士姓名	學　　部	選出年	院士姓名	學　　部	選出年
陳新滋	化學部	2001 年	陸　埈	數學物理學部	2003 年
葛昌純	技術科學部	2001 年	沈　岩	陳霖	2003 年
程津培	化學部	2001 年	秦大河	地學部	2003 年
高玉臣	技術科學部	2001 年	彭堃墀	信息技術科學部	2003 年
徐世浙	地學部	2001 年	李　燦	化學部	2003 年
吳耀祖	外籍院士	2002 年	林尊琪	信息技術科學部	2003 年
傅睿思	外籍院士	2002 年	林其誰	陳霖	2003 年
黃煦濤	外籍院士	2002 年	劉嘉麒	地學部	2003 年
朱邦芬	數學物理學部	2003 年	李家春	數學物理學部	2003 年
周　遠	技術科學部	2003 年	李曙光	地學部	2003 年
朱位秋	技術科學部	2003 年	解思深	數學物理學部	2003 年
朱日祥	地學部	2003 年	計亮年	化學部	2003 年
鄭有炓	信息技術科學部	2003 年	賈承造	地學部	2003 年
章梓雄	技術科學部	2003 年	黃　琳	信息技術科學部	2003 年
張亞平	生命科學和醫學部	2003 年	金展鵬	技術科學部	2003 年
張玉奎	化學部	2003 年	洪家興	數學物理學部	2003 年
張　傑	數學物理學部	2003 年	洪茂椿	化學部	2003 年
楊　衛	技術科學部	2003 年	侯建國	化學部	2003 年
葉嘉安	地學部	2003 年	郭愛克	陳霖	2003 年
葉培建	技術科學部	2003 年	郭光燦	信息技術科學部	2003 年
吳宏鑫	信息技術科學部	2003 年	符淙斌	地學部	2003 年
吳　奇	化學部	2003 年	費維揚	化學部	2003 年
吳養潔	化學部	2003 年	范守善	技術科學部	2003 年
劉允怡	生命科學和醫學部	2003 年	陳創天	技術科學部	2003 年
魏於全	生命科學和醫學部	2003 年	陳國良	信息技術科學部	2003 年
邢球痕	技術科學部	2003 年	陳　霖	生命科學和醫學部	2003 年
孫漢董	化學部	2003 年	陳木法	數學物理學部	2003 年
盧　柯	技術科學部	2003 年	方榮祥	陳霖	2003 年
陶瑞寶	數學物理學部	2003 年	陳　旭	地學部	2003 年
陸大道	地學部	2003 年	鄧起東	地學部	2003 年
鄺宇平	數學物理學部	2003 年	葛墨林	數學物理學部	2003 年
黃　憲	化學部	2003 年	楊玉良	化學部	2003 年
饒子和	生命科學和醫學部	2003 年	趙淳生	技術科學部	2005 年

院士姓名	學　　部	選出年
張裕恆	數學物理學部	2005 年
張家鋁	數學物理學部	2005 年
曾益新	生命科學和醫學部	2005 年
顏德岳	化學部	2005 年
詹文龍	數學物理學部	2005 年
楊文采	地學部	2005 年
吳培亨	信息技術科學部	2005 年
王正敏	生命科學和醫學部	2005 年
王鼎盛	數學物理學部	2005 年
魏奉思	地學部	2005 年
田中群	化學部	2005 年
吳碩賢	技術科學部	2005 年
王恩多	生命科學和醫學部	2005 年
吳雲東	化學部	2005 年
王家騏	信息技術科學部	2005 年
丁仲禮	地學部	2005 年
陶文銓	技術科學部	2005 年
邱占祥	地學部	2005 年
汪忠鎬	生命科學和醫學部	2005 年
王大成	生命科學和醫學部	2005 年
王鐵冠	地學部	2005 年
彭實戈	數學物理學部	2005 年
麻生明	化學部	2005 年
李洪鐘	化學部	2005 年
呂達仁	地學部	2005 年
金振民	地學部	2005 年
李　天	技術科學部	2005 年
李述湯	技術科學部	2005 年
黃民強	信息技術科學部	2005 年
賀　林	生命科學和醫學部	2005 年
江　明	化學部	2005 年

院士姓名	學　　部	選出年
何積豐	信息技術科學部	2005 年
馮守華	化學部	2005 年
常文瑞	生命科學和醫學部	2005 年
陳和生	數學物理學部	2005 年
都有為	技術科學部	2005 年
方精雲	生命科學和醫學部	2005 年
陳曉亞	生命科學和醫學部	2005 年
龔昌德	數學物理學部	2005 年
包為民	信息技術科學部	2005 年
陳祖煜	技術科學部	2005 年
陳　懿	化學部	2005 年
鄧子新	生命科學和醫學部	2005 年
顧逸東	技術科學部	2005 年
童坦君	生命科學和醫學部	2005 年
趙國屏	生命科學和醫學部	2005 年
薛其坤	技術科學部	2005 年
姚建年	化學部	2005 年
王詩宬	數學物理學部	2005 年
褚君浩	信息技術科學部	2005 年
段樹民	生命科學和醫學部	2007 年
莫宣學	地學部	2009 年

中華民國十大傑出青年當選人

年	屆	當　選　傑　出　青　年
1963	01	俞瑞璋、孔繁霞、吳耀庭、馮士雄、錢　復、林振福、彭明敏、楊玉成、陳廉良、鄒梅
1964	02	謝敏男、王甲乙、許倬雲、吳清雲、葉九皋、莊本立、潘玉生、林克明、韓光渭、姚明
1965	03	李翰祥、楊振忠、林海峰、商岳衡、郭榮趙、蘇仲卿、王慶麟、吳聯星、許常惠、張祥
1966	04	楊英風、沈君山、傅宗懋、楊建華、郭錦隆、蘇遠志、余光中、張仙芳、姜必寧、徐隆德
1967	05	張建邦、林洋港、高明敏、陳幼石、吳阿明、劉　藝、何景賢、許世達、謝清俊、趙澤修
1968	06	余如季、謝　貴、李俊仁、劉國松、翟宗泉、張家驤、陳蔡鏡堂
1969	07	劉元林、許水德、廖一久、李怡嚴、黃光輝、潘元石、張曼濤、王曉祥、張中平、馮鍾睿
1970	08	黃孝俊、許文富、張正暘、杜弘毅、連戰、黃丁郎、黃鏡峰、詹思聰、張昭鼎
1971	09	呂良煥、丘宏達、吳金贊、戴文昌、吳延玫、姚鳳磐、楊國樞、陳寧生、吳裕慶、喬寶泰
1972	10	胡耀恆、陳繼盛、林秀雄、張錦文、歐鴻鍊、陳汝勤、林慶福、何銘樞、塗勤、王石生
1973	11	李增宗、杜俊元、郭長揚、連倚南、張崑雄、陳明、黃廣志、賴克富、廖修平、謝文欽
1974	12	李淵河、吳東明、朱樹勳、吳隆榮、張訓誥、蔡智明、鄭豐喜、林享能、林治平、陳計南
1975	13	李國欽、周延鑫、徐佳銘、孫明賢、溫隆信、彭元熙、華加志、蕭江寧、鄧有立、謝來發
1976	14	朱　銘、施振榮、毛連塭、李燦然、翁水清、唐　棣、詹啟造、吳澄第、邱聰智、周仁章
1977	15	古德業、杜國夫、李在方、林懷民、吳啟賓、黃勝雄、陳再來、陳清江、陳東震、趙榮耀
1978	16	伍必翔、陳志明、簡又新、孫光中、陳幸一、華阿財、黃秀園、吳炫三、陳義雄、城仲模
1979	17	蔡義本、何懷碩、楊仁壽、洪濬哲、楊朝勝、黃永松、邱輝宗、王秋郎、陳維昭、趙守博
1980	18	林嘉興、伍澤元、許以文、徐瑞東、曹常仁、謝博生、林榮貴、蔡鍾雄、王恩修、郁慕明
1981	19	郭光雄、何恆雄、程邦遠、沈銘鐘、沈守敬、蔡懷玉、劉國志、張煦華、陳進利、蘇金松
1982	20	王瑞正、江瑞明、李安仁、胡錦標、陳駿青、楊盛行、鄭金生、劉錦池、蔡新聲、蔡榮祐
1983	21	王遁愨、林道平、林俊義、許博允、許義宗、黃新川、曾憲榮、羅祥安、林茂通、林茂村
1984	22	李成家、鄭國琪、李琳山、賴振東、洪濬正、陳清源、吳經國、顏大和、湯健明、蔡溫義
1985	23	李四川、陳坤湖、鄧漢昇、楊銀明、孫　嚴、陳志忠、蔡志忠、賴金鑫、戴謙、朱瑞民
1986	24	丁予安、王順成、吳金冽、吳明賢、吳敦義、陳文成、陳天福、劉保伸、鄭登貴、韓國家
1987	25	王榮德、巫文隆、胡榮華、馬以工、洪敏泰、陳景星、陳適庸、黃才郎、張莉莉、黃燦琪
1988	26	黃勝泉、沈清松、黃世銘、蔡漢雄、鄭明俐、朱宗慶、陳　興、邰中和、巴德雄、黃順金
1989	27	秦玉芳、黃茂松、黃德富、鄧文斌、劉正獅、徐仙卿、魏海敏、高德錚、賴聲川
1990	28	林昭亮、李福恩、林貴//、吳則何、李宏道、施崇棠、黃富生、魏　崢、蘇文慶、蘇益仁
1991	29	刁國棟、林允定、黃定國、陳基旺、高志明、何明洲、邵廣昭、王惠珍、李學忠、盧文祥
1992	30	楊永斌、連漢濱、王秋涼、王春雄、江東亮、賴國洲、吳明哲、張申國、陳中申、施治明

年	屆	當　　選　　傑　　出　　青　　年
1993	31	胡紀如、鄧貴友、楊清輝、葛永光、楊泮池、陳明裡、張清風、岑清美、黃美廉、康樹正
1994	32	張宏鈞、姜茂順、賴正鎰、郭美文、陳適安、劉　銘、韓家寰、陳怡安、郭孟雍、蔡正揚
1995	33	蘇顯達、許志聖、林淑端、陳新民、林朝同、李坊良、黃華裕、許源浴、陳勁甫、陳棋清
1996	34	林正忠、郭育良、張秀鑾、謝坤山、陳光禎、魏金明、楊蔚齡、孫翠鳳、陳淑枝、雷輝
1997	35	關曖麗、楊致和、李紀珠、薛銀陞、依　法、許國良、陳為籃、林中隆、楊純明、黃乃輝
1998	36	黃錦玲、黃奕明、熊　麒、黃　松、屠世亮、江伯倫、孫義雄、王金石、藍介洲、王仕賢
1999	37	翁景明、傅立成、王思婷、王志堯、賴東進、何敬歐、李國書、張錫強、杜清富、蕭煌奇
2000	38	林進燈、何晉國、趙鎮豐、蔡淑貞、詹長權、陳俊良、陳信文、張惠妹、謝立功
2001	39	江志忠、張為忠、陳詩欣、蔣澎龍、陳瑞珍、李友專、果尚志、呂宗昕、鄭淑勻、邱文寶
2002	40	李篤中、古錦松、賴家慶、陳義雄、陳儀莊、賴進財、吳錦禎、趙玉平、柳信美、許文融
2003	41	黃俊銘、張　捷、柯明道、王英郎、楊子葆、樊同雲、洪新富、周明傑、莊智淵、廖敏妃
2004	42	周錫增、郭大維、廖晏鮮、詹明才、王鵬惠、郭博昭、方啟泰、陳瑞瑞、盧筱筠、潘生才
2005	43	賀培銘、蕭文雄、劉麗紅、黃志雄、陸瑞漢、丁詩同、洪國盛、俞秀端、唐嘉仁、蔣正男
2006	44	林秀豪、粘錦成、鍾宛貞、李孝屏、林義傑、陳全木、徐祖安、許祥珍、鍾明道
2007	45	胡育誠、莊佳容、吳秋瑩、陳厚全、王金柱、陳姿妃、張安麟、李國賓、楊恩典
2008	46	林良蓉、胡啟章、梁伯嵩、柯利芳、王建民、陳瑞賓、潘敏雄、李光申、阮雪芬、劉孟捷
2009	47	林嘉慶、林　風、彭朋畿、林以鱗、鐘文宏、賴美吟、江秀真、許育典、張栩、王正皓
2010	48	陳榮凱、林謙育、黃文啟、李信達、林依瑩、詹詠然、盧彥勳、李靜芳、黃群雁、廖林彥
2011	49	林智仁、葉宗奇、歐耿良、曾雅妮、李仁燿、廖瑩怡、黃裕峰、李堅志
2012	50	魏榮宗、廖倉祥、紀雅惠、沈芯菱、魏辰洋、布拉瑞揚·帕格勒法、柯景騰、卓俊忠、潘宇翔
2013	51	張加強、溫國智、湯智昕、林麗蟬、陳彥博、許淑淨、林蔚昀、李柏毅、葉文新、蘇振文
2014	52	

十五、中華人民共和國功臣

毛澤東　1893.12.26~1976.9.9.　湖南湘潭韶山沖人

毛澤東，字詠芝，亦名潤芝、潤之，筆名子任．父親毛順生(貽昌)，母文其美，湘鄉棠佳閣人，患腮腺炎，毛澤東時在長沙唸書，聞訊趕回家把母親接往省城醫治，藥石罔效仙逝，終年 53 歲．悲痛親書祭文「吾母高風，首推博愛；遠近新疏，一皆覆載；愷惻慈祥，感動庶滙；愛力所致，原本真誠；不作誑言，不存欺心；潔淨之風，傳遍戚里；不染一塵，心存表裡．」

1901 年，上韶山小學，讀古書，記憶力超強，好詩詞、書法·奠下古文基礎
1906 年，父親要他輟學耕田，他反抗離家到長沙讀書·
1907 年，毛澤東父親為他娶妻羅一秀，但毛澤東不承認這椿婚事。
1909 年，長沙發生暴動，他父親的米被搶，他在宗廟裡，與族長據理力爭·
1910 年，往長沙進入湘鄉中學，當時辛亥革命，他剪掉辮子，參加革命軍·
1911 年，在省立第一中學圖書館中獨自學習·參加革命軍當了六個月兵。
1912 年，考入長沙第一師範，不收學費，但不滿教學方式退學，到圖書館自修·
1913 年，入長沙湖南第一師範，恩師楊昌濟影響，在學校成立「新民學會」，毛
　　的道德觀「我」高於一切·「吾人欲自盡其性，必以他人之利害為其行為之動
　　機，吾不以為然」·他的性格是「破」字。
1918 年，長沙第一師範畢業後到北京，在北京圖書館擔任助理員。
1919 年，回到長沙，擔任《湘江評論》編輯·10 月 15 日母親去世·
1920 年 1 月 23 日，父親死於傷寒·陳獨秀、李漢俊、陳望道、沈玄廬、俞秀松、
　　李達、施存統、邵力子發起成立共產黨。
　　6 月去上海，結識陳獨秀，負責推銷〔新青年〕，與蔡和森等創建〔新民學會〕。
　　8 月「中國共產黨」正式成立(毛不是創建者)，陳獨秀任書記·
　　11 月成立「社會主義青年團」毛是長沙連絡人之一，辦「新青年」
　　年冬，毛澤東與楊昌濟之女楊開慧結婚。
1921 年，共產黨第一次全國代表大會·毛沒參加，在湖南第三師範學校建立共
　　產黨湖南支部據點，毛澤東擔任書記。
1922 年 7 月，中共第二次代表大會，毛沒當上代表·
　　10 月 24 日，毛妻楊開慧在長沙生下長子毛岸英。
1923 年，蘇共政治局決議「全力支持國民黨」·毛擔任陳獨秀秘書·
　　6 月中共第三次代表大會，毛當上中央局秘書·協助陳獨秀處理公文信件。
　　8 月莫斯科堅持「中國共產黨人加入國民黨」鮑羅廷(Mikhail Borodin)來到中國。
1924 年 2 月毛擔任國民黨中央執行委員會候補委員，並任組織部秘書等職。
　　3 月 30 日莫斯科達林(Sergei Dalin)認毛為「機會主義」「右傾」被排斥中央局·
1925 年 2 月 6 日，毛回到家鄉韶山老屋·第一次國共合作，毛澤東擔任國民黨中
　　央宣傳部代理部長，主編國民黨機關刊物《政治周報》。
　　5 月 30 日「五卅慘案」反帝大遊行領導人名單中，毛澤東名字第一次出現美國
　　檔案裡·8 月湖南省發文，要捉拿毛澤東，毛去了廣州·
1926 年，在的廣州農民運動講習所擔任所長·蘇聯鮑羅廷秘密命令逮捕蔣介石·
1927 年，國共合作破裂，蔣介石「清共」，斯大林命令中共從國民黨軍隊裡，
　　盡可能建立「自己的新武裝」·
　　4 月 6 日，國民黨突襲蘇聯使館，搜到大批文件，暴露中共與蘇聯祕密關係，
　　圖謀顛覆政府·中共李大釗等六十多黨員就躲在蘇聯使館中。
　　5 月 3 日，農民運動講習所開學，毛澤東任所長·莫斯科指示湖南農民協會暴動·
　　8 月 1 日蘇聯庫馬寧直接指揮周恩來部隊，舉行兵變，名之「南昌起義」·

11 月 14 日毛被開除出政治局及湖南省委．指毛「在政治上」犯了極嚴重錯誤．

1928 年，與賀子珍結婚．

3 月，中共中央決定取消毛「前委」黨的職務．毛卻當上「師長」．
南昌起義受挫，鑽逃井岡山，寧岡礱市會師，毛召開「萬人大會」，成立紅四軍，朱德任軍長，毛澤東任前委書記兼黨代表．毛的重獲莫斯科青睞．

3 月發表《湖南農民運動考察報告》《湖南農民運動考察報告》．

8 月 7 日「八七會議」上，毛澤東提出「槍桿子裏出政權」口號．

1929 年，毛率領朱德軍隊開出井岡山．

1930 年，周恩來自我批評「有系統的錯誤」．毛說「周恩來同志該打屁股，但不是要他滾蛋，而是工作上糾正他，要他改正錯誤．」

2 月古田會議，毛「誘敵深入赤色區域，待其疲憊而殲滅之．」「堅壁清野」將糧食炊具藏起來，用大石頭把井填死，然後藏身山裡，讓國民黨軍隊沒有糧食、水源、勞工、和響導．毛的策略不得人心，但行之有效．

3 月協助毛在井岡山建立基地井岡山山寨王袁文才、王佐慘死在共產黨手裡．毛取消朱德書記的軍委，剝奪朱德軍事指揮權，把一切權力集中自己手中．

6 月 22 日紅軍黨代表會上，毛前委書記職由陳毅接任，朱德重獲軍權．

9 月 20 日毛恢復政治局候補委員，莫斯科內定毛做中國紅色政權的首腦．

10 月 24 日楊開慧和毛岸英被捕，11 月 14 日楊開慧被湖南省主席何健處決。

1931 年，在瑞金建立中華蘇維埃共和國臨時政府，毛任主席．實施「查田運動」．

1932 年，密令「一切工作停頓起來，用全力去打 AB 團」，弄得人人自危，噤若寒蟬．審訊之殘酷，無奇不有，如「用洋釘將手釘在桌子上、用篾籤插入手指甲內、坐轎子、坐飛機、坐快活椅子、蝦蟆喝水、猴子牽韁、用槍通條燒紅捅肛門、「仙人彈琴」用鐵絲從睪丸穿過，吊在受刑人的耳朵上，然後用手撥拉，像彈琴一樣…剖腹剜心等等」，刑法之多 120 多種．

8 月 8 日毛澤東奪回軍權，當紅軍總政委．

10 月寧都會議，毛的總政委軍權，由周恩來接任．

1934 年 10 月 18 日共產黨放棄瑞金根據地，開始歷史上二萬五千里長征。蔣委員長故意放走紅軍主力、中共中央與毛澤東：
第一道封鎖線：陳濟棠，早與紅軍有交易，會網開一面．
第二道封鎖線：何健殺了毛澤東妻子楊開慧，內疚讓紅軍安然通過．
第三道封鎖線：何健被任命為「追剿總司令」照樣無戰事，放走紅軍．
第四道封鎖線：湖南湘江西岸，江上沒有橋，何健無槍響讓紅軍涉水而過．

1935 年 1 月 15 日〔**遵義會議**〕，確立了毛在黨和軍隊的領袖地位．

1936 年，『西安事變』毛澤東派周恩來前往斡旋．

1937 年，毛澤東將中共中央和中央軍委由保安遷到延安．

1938 年 11 月 19 日，毛澤東與江青結婚．

1939 年毛澤東發表「堅定正確政治方向，艱苦樸素工作作風，靈活機動戰略戰術」．

1940 年，毛澤東指示「儘可能獨立自主地擴大軍隊，建立政權」

1941 年，發出《關於在全黨進行整頓三風學習運動的指示》。

1942 年，毛澤東發表《整頓黨的作風》《反對黨八股》的報告

1945 年 8 月 28 日，毛澤東、周恩來、王若飛在國民黨張治中、美國大使赫爾利
　　　等人陪同下從延安飛抵重慶。

　　　10 月 10 日國共雙方代表簽署《政府與中共代表會談紀要》

1948 年 2 月 24 日毛澤東、周恩來與受李宗仁派遣的顏惠慶、邵力子、章士釗等
　　　人，達成國共和平談判非正式八點協定。

　　　4 月 20 日，解放軍和長江中的英國「紫石英」戰艦發生炮戰。

　　　4 月 21 日，毛澤東朱德發布向全國進軍的命令。

　　　4 月 22 日，毛澤東親自起草新華社社論《抗議英艦暴行》

　　　6 月 30 日，毛澤東發表《論人民民主專政》

1949 年 9 月 21~30 日毛澤東當選中華人民共和國中央人民政府主席，五星紅旗為
　　　國旗、「義勇軍進行曲」為國歌、北平改名為北京，並為中國的首都。

　　　１０月１日毛澤東宣佈中華人民共和國正式成立。

　　　12 月 16 日毛澤東訪問蘇聯簽訂《中蘇友好同盟互助條約》

1950 年，人民志願軍參加韓戰，1953.7.27.簽訂停戰協定。

　　　11 月 25 日毛澤東長子毛岸英在朝鮮陣亡。

1951 年 10 月 12 日《毛澤東選集》相繼出版

1953 年 2 月 19～24 日視察海軍艦艇部隊「長江」「洛陽」艦．

1954 年，通過中華人民共和國《憲法》。

1956 年，國務院成立科學規劃委員會．

1957 年，「整風運動」「大鳴大放」。

1958 年，發動〔大躍進〕誓言 25 年內超越英國趕上美國．實施人民公社制度、
　　　大躍進、總路線、和人民公社被合稱〔三面紅旗〕。

　　　8 月 20 日，毛澤東親自指揮金門炮戰．

　　　毛澤東提出「以階級鬥爭為綱」，視劉少奇(中共副主席和國家主席)等為「走
　　　資派」，要奪回他們的權力，發動文化大革命。

　　　1958.11~1959.7 月盧山會議，彭德懷向毛澤東上萬言書，毛澤東發動批判「彭
　　　德懷反黨集團」的運動。

 1959 年，毛澤東辭去中華人民共和國主席職務，由劉少奇繼任．

1960 年，形式上中止大躍進運動，但實際並未停止。

1962 年，支持農民「三自一包」。

1963 年，毛澤東題詞「向雷鋒同志學習」。

1964 年，發展四清運動，「清政治、清經濟、清思想、清組織」，

1966 年，毛澤東開展〔文化大革命〕「破四舊，立四新」。

　　　8 月 5 日毛澤東用鉛筆在報紙邊角寫上《炮打司令部大字報》

　　　8 月 18 日毛澤東連續在天安門接見全國各地紅衛兵 1200 萬人

　　　劉少奇被批鬥並失去自由遭迫害致死，鄧小平也遭免職。

1967 年，紅衛兵建立「革命委員會」全國陷入無政府狀態。

1968 年，毛澤東號召，上山下鄉運動開始進入高潮。

1969 年，中共「九大」選出接班人林彪，將其寫入中國共產黨黨章。

1971 年，林彪子林立果，密謀五七一工程「打倒當代的秦始皇」，策劃 8 種手法
　　刺殺毛澤東。9 月 11 日暗殺行動失敗，9 月 13 日夜林彪被迫出走墜機而死。

1972 年 1 月 10 日，毛澤東參加陳毅追悼會。

　　2 月初毛澤東病危一度昏迷，九天後 21 日仍會晤美國總統尼克遜

1973 年，毛澤東罹患葛雷克症(又稱冗萎縮側索硬化症)，抬頭困難，口齒不清。

1974 年 7 月 17 日，往湖南長沙養病。

1975.4.15.~1976.4.13.毛澤東分別在武漢、長沙、杭州長時間休養。

　　5 月 4 日蔣中正總統逝世，毛澤東私下為他舉行了一場個人追悼儀式。播放送別
　　詞「賀新郎」擊節詠嘆，情緒悲愴。自語「**目盡青天懷今古，肯兒曹田怨相爾
　　汝！**」「**舉大白，聽金縷**」「**君且去，不須顧**」，毛向蔣介石做了最後的告別。

　　6 月軍方為賀龍舉行「骨灰安放儀式」，周恩來抱病參加，致悼詞，抱著賀龍
　　遺孀說「我很難過」「我沒有保住他」。

1976 年 2 月，尼克遜訪問中國，毛澤東派 707 專機，專程到洛杉磯接他。

　　4 月毛澤東將天安門運動定性為四五反革命事件，撤銷鄧小平一切職務，指
　　定華國鋒為中共中央副主席兼國務院總理。

　　6 月毛澤東心臟病危急，給政治局發出病危通知。

　　7 月 19 日放鄧小平回家。毛淒涼寫下「枯樹賦」『…前年種柳，依依漢南；
　　今看搖落，淒愴江潭；樹猶如此，人何以堪！』

　　8 月 7 日唐山 7.8 級大地震，死亡約六十萬人，毛拒絕外國援助。

　　9 月 9 日 0 時 10 分，毛澤東在北京去世，享年 82 歲。

毛澤東三妻：楊開慧、賀子珍、江青、女友兼護士孟錦雲。

子：毛岸英、毛岸青、毛岸龍、毛岸紅、毛岸新

女：楊月花、李敏、李訥

劉少奇 1898.11.24.~1969.11.12. 湖南寧鄉

劉少奇，譜名紹選，表字渭璜，父親劉壽生為農民，為人忠厚，不熱衷買田置
產，希望孩子多讀點書。

母親劉魯氏為普通農婦。兄弟姐妹六人，大哥劉紹源，二哥劉紹遠，三哥劉紹
達，大姐劉紹德，二姐劉紹懿，他是家中最小的孩子。

1922 年，劉少奇從莫斯科回國，陳獨秀介紹到湖南領導鐵路工人罷工，此期間，
　　劉少奇與毛澤東相識。

1924 年，國共合作劉少奇以個人身份加入中國國民黨。

1925 年，在湖北和上海多次領導政治運動和罷工。

1926 年 4 月，劉少奇與何葆貞結婚。

　　12 月，劉少奇被趙恆惕逮捕，恰逢國共合作，在人勸說下，迅即獲得釋放。

1927 年，領導武漢群眾收回漢口英租界的鬥爭．當選中共委員。
1929 年，中東路事件煽動罷工被捕，法院以「證據不足釋放」。
1930 年，到莫斯科出席赤色職工國際第五次代表大會
1931 年，回國任黨中央職工部部長、全國總工會黨團書記。
1932 年，劉少奇擔任中共浙江省委書記。
1934 年，劉少奇為福建省委書記。同年 10 月參加長征．
1935 年，劉少奇參加遵義會議，毛澤東的堅定支持者之一。劉少奇和謝飛結婚。
1936 年，劉赴天津，擔任中共中央北方局書記，領導抗日。
1937 年，劉少奇與晉系軍閥閻錫山溝通。
1938 年，參加中共「六屆六中全會」
1940 年，劉少奇在延安機場送行，周恩來去蘇聯養病
1941 年，皖南事變後，出任新四軍政治委員兼中央華中局書記。
1942 年 12 月 2 日，劉少奇返回延安．
1943 年，當選為中共中央書記處書記、軍委會副主席．

1945 年，劉少奇作了「減租減息」政策，實現「耕者有其田」。

1947 年《土地法大綱》沒收地主富農土地，分配給貧農、中農。

1949 年，中華人民共和國成立，當選為中央人民政府副主席。

1950 年 6 月 6 日，實施《中華人民共和國土地改革法》

1952 年，參加蘇聯 19 次代表大會和十月革命 35 周年慶祝活動。

1954 年 9 月起草《關於中華人民共和國憲法草案的報告》。

1956 年 9 月當選為中央政治局常委、副主席。

1957 年，劉少奇在中共七屆三中全會上對土地改革的報告

1958 年，當地政府把其故居修建成博物館．

1959 年，當選為中華人民共和國主席，國防委員會主席。

1961 年，劉少奇返鄉得知故居建博物館，立即把房子分配給農民。蒙難期間，
　　民眾隱瞞其祖墳位置使其房屋祖墳得以保存。

1962 年，「四清運動」毛澤東認為當時的社會矛盾是敵我矛盾，主張反對右傾，
　　開展階級鬥爭；劉少奇則說矛盾為「人民內部矛盾」應限制左傾，阻止階級
　　進一步鬥爭．
　　毛澤東「凡是中央犯的錯誤，直接的歸我負責，間接的我也有份」劉少奇「大
　　躍進是三分天災，七分人禍」兩人中南海對話，毛澤東「有的同志把情況估
　　計得過分黑暗了」劉少奇「餓死這麼多人歷史要寫上你我的，人相食，要上
　　書的！」

1964 年，劉少奇提出「農業六十條」「三自一包」實用主義。毛澤東感到劉、
　　鄧執行一條和自己完全不同的政治路線，自己在黨內權威受到挑戰。
　　全國工作會議上毛澤東就四清、五反問題進行批評，雙方產生激烈矛盾，這
　　使劉少奇、鄧小平與毛澤東的關係開始破裂。

1965 年 11 月《海瑞罷官》論爭，文化大革命浮出水面。

1966 年 5 月，文革運動爆發，紅衛兵使整個中國都陷入混亂。指彭真、羅瑞卿、
　　陸定一、楊尚昆是反毛澤東思想，搞地下活動兩者矛盾逐漸擴大。
　　6 月，劉少奇和鄧小平組織工作組進駐大中學校，禁止學生遊行示威和貼大
　　字報。毛澤東非常惱火，認為這是反馬克思主義。」並命令撤銷工作組。
　　8 月中共八屆 11 中全會，毛澤東將「炮打資產階級司令部」目標指向劉少奇。
　　10 月 16 日的政治局擴大會議上，劉少奇遭到陳伯達、林彪等人批評。

1967 年，劉少奇開始被軟禁在北京家中。
　　7 月 18 日，江青、康生、陳伯達趁毛澤東離開北京，擅自組織批鬥劉少奇和
　　王光美的大會。刊物《紅旗》《愛國主義還是賣國主義？》矛頭指向劉少奇

1968 年，中共中央專案審查小組江青、康生、謝富治等提出《關於叛徒、內奸、
　　工賊劉少奇罪行的審查報告》決議「將劉少奇永遠開除出黨，撤銷其黨內外
　　的一切職務，並繼續清算劉少奇及其同夥叛黨叛國的罪行。」

1969 年，劉少奇重病蒙難，中南海特派醫療小組搶救組盡力予以搶救。

10月17日劉少奇被押解到河南開封市內北土街十號「監護」，劉少奇預感訣別的向家人最後說道：「好在歷史是人民寫的」。

「11月9日上午，我替病人熬玉米糊糊。不知為什麼，心裡抖得發荒，可什麼話都不能說。一五五醫院同來的一名女護士向我報告：「劉醫生，病人（劉少奇）的體溫有了」。我問多少？護士回答：「試了四個多小時，39.7度。」「快給他打退燒針！」護士說：「藥已經沒有了」「那D八六０呢？」「您忘了，前天都帶回北京了。」護士沒有話說了，我也沒有話說了。不給藥物，叫治病？領又不給，買又不許，這叫什麼事？明擺著，明擺著⋯讓人死掉。」

11月12日凌晨六時病逝，享年71歲。劉少奇逝世後遺體就地秘密火化，「火化申請單」使用的姓名是「劉衞黃」，職業是「無業」，死因是「病死」。

1980年2月中共十一屆五中全會通過《關於為劉少奇同志平反的決議》恢復他是「黨和國家領導人之一」的名譽。

5月17日在北京人民大會堂舉行「遲到」的追悼會，鄧小平致悼詞，當天全國下半旗誌哀，並停止一切娛樂活動。

5月19日，遵照劉少奇生前的遺言，他的骨灰撒歸大海。

1981年，公審迫害劉少奇致死的江青、謝富治、陳伯達等人，分別被判處死緩、有期徒刑等刑罰。

1988年，劉少奇出生地湖南寧鄉縣花明樓炭子沖居屋重新修葺，並以劉少奇故居命名，為全國重點文物保護單位之一。

2000年，劉少奇逝世處被列為河南省級文物保護單位和中小學德育教育基地⸳⸳

2008年，召開紀念劉少奇誕辰110周年活動，總書記胡錦濤評價劉少奇是「偉大的馬克思主義者，偉大的無產階級革命家、政治家、理論家，黨和國家主要領導人之一，中華人民共和國開國元勛，是以毛澤東同志為核心的黨的第一代中央領導集體的重要成員。」

周恩來 1898.3.5.~1976.1.8.原籍浙江紹興，生於江蘇淮安縣

周恩來，字翔宇，又名伍豪，祖父做過淮安知縣，父親是一個地方小吏。周恩來一歲時，過繼給多病的叔父作養子；叔父死後，嬸娘成了他的養母。養母飽讀詩書，周恩來年幼就開始讀唐詩，十歲時生母和養母先後去世。周恩來伯父周貽康將他帶到東北瀋陽讀書從此他沒有回過故鄉

1910 年，入銀崗書院、東關模範小學

1913 年，入天津南開學校。

1917 年，南開學校畢業，在親友資助下東渡日本明治法律學校（的明治大學）。

1919 年，五四運動回國。入南開學校大學部（後改為南開大學）。

1920 年 1 月，參加天津學生愛國運動被捕，7 月出獄。11 月勤工儉學去法國、英國、德國柏林大學學習，在巴黎結識鄧小平。

1921 年，加入巴黎共青團。為巴黎中國共產黨創建人之一。

1922 年，經張申府、和劉清揚介紹，加入中國共產黨。

1923 年，加入旅歐中國社會主義青年團任書記。

1924 年，途經西歐蘇聯返回國。

　孫中山推行「聯俄容共、扶助農工」的政策，由季米特洛夫的推薦周恩來出任黃埔軍校政治部副主任

　10 月，任中共廣東區委委員長兼宣傳部長。

1925 年 1 月，出席中國共產黨第四次全國代表大會。

　8 月 8 日，和鄧穎超結婚。未有生育，收養了一些孤兒，如中共總理李鵬便是其中之一。

　9 月，任國民革命軍政治部少將總主任，參與第二次東徵。

1926 年，任黃埔軍校政治部主任。

1927 年，"中山艦事件"周辭去黃埔軍校政治部主任之職。

　2 月，任中共上海區委軍委書記。

　3 月，"四一二"事變，主張迅速出師，政治不宜緩和妥協。

　8 月 1 日，與賀龍、葉挺、朱德等人一起發動南昌起義。

1928 年，當選為政治局常務委員。

1929 年，兼任中共中央軍事部長。

1930 年，和瞿秋白一起糾正李立三"左"傾冒險主義錯誤。

1931 年，到瑞金與毛澤東會面，就任中共蘇埃區中央局書記。

1932 年，任紅一方面軍總政治委員。

1933 年，任紅軍總政治委員兼紅一方面軍總政治委員

1934 年，當選軍事委員會副主席。

　12 月，貴州遵義會議，周恩來、毛澤東、和王稼祥成為軍事指揮三人小組。

1935 年，支持毛澤東，周恩來負責軍事上，鄧小平為「祕書長」。

1936 年 4 月 9 日夜，和張學良會談達成停止內戰一致抗日共識。12 月，西安事變，到西安和張學良、楊虎城，迫使蔣介石同意停止內戰、一致抗日。

1937 年，《中共中央為公布國共合作宣言》。

1938 年，任國民政府軍事委員會政治部中將副部長。

1939 年 7 月墜馬，右臂骨折，導致右臂殘疾，8 月赴蘇聯就醫。

1940 年 3 月，回到延安。5 月，到重慶繼續主持中共南方局工作。

1941 年 1 月，皖南事變發生。周恩來為《新華日報》書寫題詞。

1943 年，配合整風教育，黨員幹部會議，講述中共黨史。

1944 年，主張召開國是會議，取消一黨專政，成立聯合政府

1945 年 4～6 月當選中共中央委員、政治局委員、軍委副主席。

　　8 月，抗日戰爭勝利周恩來、毛澤東、王若飛赴重慶與國民黨進行和平談判。

　　10 月 10 日，周恩來和王若飛代表共產黨在《雙十會談紀要》上簽字。

1946 年 1 月上旬，代表共產黨與美國馬歇爾、國民政府張群組　成的三人委員
　　會，通過談判，達成停止軍事衝突的協議。

　　1 月 10～31 日，參加國民黨在重慶召開的政治協商會議。

　　6 月 26 日，全面內戰爆發。

　　11 月 19 日，周恩來率中共代表團返延安。

　　12 月，兼任中央城工部長、中央軍委副主席兼代總參謀長。

1947 年 3 月 18 日和毛澤東等撤離延安。8 月代理軍委總參謀長。

1948 年 4 月下旬，到河北省建屏縣西柏坡（今屬平山縣）協助毛澤東組織指揮
　　遼沈、淮海、平津三大戰役。

1949 年 3 月 25 日，和毛澤東等率中共中央機關進入北平。

　　4 月，率中共代表團同國民黨政府代表團在北平談判，提出《國內和平協定
　　（最後修正案）》南京國民政府拒絕接受。

　　21 日，解放軍強渡長江。

　　10 月 1 日中華人民共和國成立，當選政協會副主席、國務院總理兼外交部長、
　　中國人民革命軍事委員會副主席。

1950.1~2 月，和毛澤東在莫斯科簽署《中蘇友好同盟互助條約》。

　　6 月 25 日，朝鮮戰爭爆發。

　　10 月上旬，協助毛澤東組織和領導抗美援朝戰爭。

1951 年 7 月 10 日朝鮮停戰談判開始，領導中國方面的談判工作。

1952 年 4 月作《我們的外交方針和任務》堅持和平的外交政策。

1953 年 1 月，提出和平共處五項原則。

1954 年 2 月，周恩來主持召開高崗問題座談會。

　　4～6 月，出席日內瓦會議並訪問印度、緬甸、德國、波蘭、蘇聯、蒙古。

1955 年，率團抵印度尼西亞萬隆參加亞非會議．

1956 年，「百花齊放推陳出新」的方針。當選委員、政治局委員、中央副主席

　　11 月，訪問越南、柬埔寨、印度、緬甸、巴基斯坦。

1957 年，訪問蘇聯、波蘭、匈牙利、阿富汗、印度、尼泊爾、斯裏蘭卡。

1958 年 2 月，訪問朝鮮，6 月，批準創辦中國科技大學。

1959 年 1 至 2 月間，率團參加蘇共第 21 次代表大會。

1960 年 4～5 月訪問緬甸、印度、尼泊爾、柬埔寨、越南、蒙古。

　8 月，接見日本鈴木一雄等，提出對日貿易三原則。

　10 月 1 日，和緬甸總理吳努簽訂中緬邊界條約。

1961 年 1 月，率友好代表團訪問緬甸。

　10 月，率團參加蘇共第二十二次代表大會。

1962 年，倡 "說真話，鼓真勁，做實事，收實效" 「實事求是」

1963 年，訪問阿拉伯聯合共和國、阿爾及利亞、摩洛哥、阿爾巴尼亞。

1964 年 1 至 2 月，訪問阿爾巴尼亞、突尼斯、加納、馬裏、幾內亞、蘇丹、埃塞俄比亞、索馬裏、緬甸、巴基斯坦、錫蘭

　10 月，中國第一顆原子彈爆炸成功後，鄭重宣布：在任何時候任何情況下中國都不首先使用核武器，並提出全面禁止和徹底銷毀核武器的建議。

1965 年 1 月，繼續任命為國務院總理、及全國委員會主席。

　3～4 月訪問羅馬尼亞、阿爾巴尼亞、阿爾及利亞、阿拉伯聯合共和國、巴基斯坦、緬甸、印度尼西亞、坦桑尼亞。

1966 年，擔任中共中央政治局常委(1966 年~1976 年)

　6 月訪問羅馬尼亞、阿爾巴尼亞。

1967 年 2 月懷仁堂葉劍英等老一輩對 "文化大革命" 提出批評。

　7 月江青、康生等煽動下中南海西門外成立『揪劉(劉少奇)火線』圍困中南海。周恩來多次批評「造反派」未能得逞。

　在文革高潮時，少數紅衛兵要批鬥周恩來，毛澤東說：「那好吧，讓我也和他一起被批鬥吧！」

　毛澤東在長沙對王洪文說：「對周恩來的任何攻擊，必將遭到人民堅決反對。」鄧小平對周恩來在文革中表現的評價，基本上代表了 1978 年後中共的官方立場，他說：「沒有總理（指周恩來）文革的結果可能更糟.「在文化大革命中，他（指周恩來）所處的地位十分困難，也說了好多違心的話，做了好多違心的事。但人民原諒他。」陳雲在中共十一屆三中全會上也指出：「沒有周恩來同志，文化大革命的後果更不堪設想。」

　文化大革命，不少古蹟文物遭到浩劫，周恩來指示予以保護，部份得以保存。

1968 年極力維護工農業生產，制止武鬥，解放幹部，促進聯合。

1969 年 9 月會見蘇聯主席柯西金，就中蘇邊界衝突等達成諒解。

1970 年 4 月，訪問朝鮮民主主義人民共和國。

　6 月，「防保守，排極左，仍是當前主要任務」

1971 年 3 月，訪問越南。

　7 月，同美國總統國家安全事務助理基辛格在北京秘密會談。

　9 月 13 日起，處理林彪叛國事件，使國家轉危為安。

1972 年 2 月，同美國總統尼克松會談，發表「上海聯合公報」

　5 月，診斷出周恩來患有膀胱癌。

　9 月與日本內閣總理大臣田中角榮會談簽署中日邦交正常化．

1973 年 8 月，中國共產黨第十次全國代表大會當選委員。

1974 年 6 月 1 日，病重住院，在醫院中仍照常工作。

1975 年，繼續被任命為國務院總理。

　9 月 7 日，在醫院最後一次會見外賓。

周恩來遺言：

　11 月 15 日說：「我想在生命最後時期，還是要自我反思、檢討、澄清若干事件。儘管是晚了，但總不能讓其錯、假、繼續下去，歷史誰也篡改不了。1935 年 1 月遵義會議上，確立了張聞天同志為代表的黨中央，是中國共產黨歷史上一個生死攸關的轉捩點，要把歪曲的歷史更正過來，好在當年參加會議的同志還在。」

　11 月 17 日說：「1944 年 5 月 21 日，中共六屆七中全會第一次會議，選出朱德、劉少奇、任弼時、周恩來組成主席團會議，有通過決議：得票最高者為主席團主席。劉少奇最高，朱德第二，毛澤東是第四。但是在內部由我提議：主席還是由毛澤東來擔任。朱老總是很反感的。我又一次做了唯心的政治上錯誤的抉擇。」

　11 月 19 日說：1962 年 1 月，中共中央召開擴大工作會議（即七千人會議）。會上總結人禍帶來災難的教訓，強調要恢復黨的實事求是、群眾路線、健全黨內民主生活。會上有不少同志提出：主席退下。在二月十日的政治局常委會上，毛澤東表示：願服從會議決定，辭去主席退下，搞社會調查。朱老總、陳雲、小平表態：歡迎毛澤東辭去主席。是我堅持：主席暫退二線，主席還是主席。"

　11 月 22 日說：「1956 年 9 月 29 日，中共八屆全會後第一次政治局會議上，通過二項決議：黨的主席規定連任一屆；要限制領導人權力，加強對領導人的監督，黨內要體現民主集中制。是林伯渠、羅榮桓、彭真提議的。十七名政治局委員，十五名贊成，惟有二人棄權（毛澤東、林彪）。決議都給個人意志廢了，我們也有責任和罪過。」

　12 月 3 日說：「一場政治疾風暴雨要降臨，還要鬥，鬥到何日何時方休呢？共產黨哲學是一部鬥爭哲學嗎？社會主義現代化建設是靠鬥爭能建成的嗎？」

　12 月 28 日說：「國家很不幸，建國 26 年，還有 6 億人口飯也吃不飽，只會高歌共產黨、頌揚領袖，這是共產黨敗筆。」

　12 月 30 日，最後一次約中央部門負責人談工作。

鄧穎超日記(周恩來談話)

　5 月 10 日：「小超，我百思不解的是：鬥爭沒完沒了地搞下去，馬克思哲學是一部鬥爭哲學嗎？鬥誰，和誰鬥？」

　怎麼會造成今天的局面？

9 月 12 日：「我快走了，快了。走後，一不要過問政治；二不要留在中南海；
三不要留在北京，回老家養病、休息。記住，記住了，我也可放下些心。」
這還叫人民作主的共和國？

10 月 3 日：「我常在總結自己走過的道路。我堅信馬克思主義道路，堅信共
產主義是人類奮鬥理想的目標。建國二十六年了，政治鬥爭一個接一個，
這樣下去，把國家帶到災難境地，這還叫社會主義社會？還叫人民當家作
主的人民共和國？我的一生還留著書生氣、失望走向歸宿。」

紅衛兵：懷疑一切是不科學的，不能除了毛主席、林副主席都懷疑。懷疑
是允許的，但總要有點根據。

1976 年 1 月 1 日說：「不許放屁，內外樹敵，國家正陷於經濟危機。誰主沉浮？
人民，醒悟了的人民。」

1 月 2 日說「記住：不留骨灰，不建墓碑，要遠離中南海。」

在長期的革命鬥爭中，高崗有其正確的有功於革命的一面，因而博得了黨
的信任，但他的個人主義思想……和私生活的腐化，欲長期沒有得到糾正
和制止，並且在全國勝利後更大的發展了，這就是他的黑暗的一面。

1976 年 1 月 8 日周恩來在北京逝世

周恩來去世後，遺體遵其遺囑火化，骨灰由鄧穎超親自撒到天津渤海灣黃河
入海口。靈車經過天安門廣場的時候，自發組織起來悼念周恩來的數十萬群
眾聚集在道路兩邊，十里長街送總理。全國各地舉行了廣泛的自發紀念活
動，僅僅幾天時間，北京人民英雄紀念碑就放滿了群眾所獻給周恩來的花
圈，聯合國總部也按慣例下半旗致哀。

4 月 5 日，是中國清明節。北京群眾為紀念周恩來，自發在天安門廣場集會
悼念周恩來，聲討「四人幫」，稱為「四五天安門事件」。

華國鋒　1921.2.16.~2008.8.20.　山西交城縣祖籍河南省范縣蘇家堡。

華國鋒，本名蘇鑄，父親蘇慶惠、母親王二女，蘇鑄是家中最年幼的兒子。

1928 年，父親去世，和三哥由母親王二女撫養長大。同年入學交城縣南關小學。

1935 年，就學交城縣商業職業學校。

1938 年，抗日戰爭，參加「中華抗日救國先鋒隊」游擊隊，化名稱華國鋒，並
於同年 10 月，由李伯林介紹加入中國共產黨。

1939 年，擔任抗日根據地晉綏邊區第八專區汾陽縣犧盟會特派員。

1940 年，在山西交城縣擔任工、農、青、婦、武各界抗日救國聯合會主任、縣委書記、兼縣武裝大隊政治委員。

1945 年，華國鋒擔任了中共陽曲縣委書記、縣武裝大隊政治委員[6]。

1949 年，與韓芝俊結婚。8 月任中共湖南湘陰縣委書記、縣武裝大隊政治委員。

1951 年，華國鋒在湖南湘潭任縣委書記、專署專員、地委書記等職務，此後擔任湖南省委第一書記、革委會代主任。

1955 年，華國鋒寫的《克服右傾思想，積極迎接農業合作化運動高潮的到來》《充分研究農村各階層的動態》《在合作化運動中必須堅決依靠貧農》三篇文章獲毛澤東賞識與接見，衣著樸素、相忠厚給毛澤東留下很好的印象。

1959 年，往盧山會議途中，在長沙約見了華國鋒，隨後由華國鋒陪同到湘潭走了一次。會議結束後，毛澤東提名華國鋒擔任中共湖南省委書記處書記。

1963 年，華國鋒率團與湖南幹部到廣東參觀學習農業生產經驗，回來後寫出《關於參觀廣東農業生產情況的報告》，獲毛澤東批示，肯定了他的地位。

1968 年，湖南省「革命委員會」成立，華國鋒擔任副主任。

1969 年，華國鋒在中共九大上當選為中央委員，並擔任中共湖南省委第一書記。

1970 年，毛澤東接見美國新聞記者斯諾時，提到華國鋒。斯諾回國後將此事寫入文章並在美國《生活》雜誌發表後，華國鋒開始受到國外關注。

1971 年，月被調至中央任國務院業務組副組長列席中央政治局會議。

1973 年，華國鋒被提拔為中共中央政治局委員，10 月兼任公安部部長。

1975 年，在四屆人大上華國鋒出任國務院副總理，繼續兼任公安部長。

1976 年，周恩來去世，華被任命為國務院代總理。

2 月，葉劍英元帥被毛澤東勸去養病。毛澤東的晚年言語不清，常使用紙條。據張玉鳳稱，華國鋒的「你辦事，我放心」，「慢慢來，不招（著）急」，「照過去方針辦」。的毛澤東批示就是從毛的一次談話中，由於毛言語不清用字條寫下的。

4 月 5 日，北京發生天安門事件，時任中共中央副主席、第一副總理鄧小平因此下台。華國鋒被任命為中共中央第一副主席兼國務院總理主持中央工作。毛澤東逝世後，華國鋒與四人幫為爭奪領導權展開激烈鬥爭。華國鋒聯合葉劍英、汪東興、李先念等人發動政變，逮捕了四人幫。

10 月 6 日晚，華國鋒以召開政治局常委會討論毛澤東選集第五卷清樣名義，逮捕江青、王洪文、張春橋、姚文元，隨後又逮捕毛遠新、謝靜宜、遲群等人，並連夜控制了中央人民廣播電台，人民日報社等機關。隨後，華國鋒又派遣中央工作組深入四人幫的老家上海，控制了上海市委，粉碎了市委書記馬天水發動民兵叛亂的陰謀。

10 月 14 日，中央公布了粉碎四人幫的消息，全國沸騰，毛澤東去世之後的沉悶局面一掃而空。

粉碎四人幫之後，華國鋒以毛澤東生前留下的題字「你辦事，我放心」，作為他執政合法性的證據，被中共中央政治局一致推舉為中央委員會主席，隨

　　後在天安門城樓接見了百萬群眾慶祝粉碎四人幫遊行，被稱為「英明領袖」。隨後中共十屆三中全會上，華國鋒和鄧小平分別被選為黨中央的正副主席（葉劍英繼續擔任副主席）。

1977 年，中共提前召開了第十一次全國代表大會，華國鋒再次當選為中共中央主席、中央軍委主席，連同 1976 年以來一直擔任的國務院總理於一身，成為中華人民共和國歷史上唯一一位兼職共產黨、解放軍、國務院一把手的領導人（國家主席職務已廢除），甚至超過了毛澤東的兼職（當時總理職務一直由周恩來擔任）。在這次會議上，華國鋒宣布了「第一次文化大革命」的勝利結束。

　　擁戴毛澤東是華國鋒執政的主要合法性來源。在對待毛澤東遺體問題上，華國鋒主持修建了毛主席紀念堂，永遠保留遺體供後人瞻仰。在對待毛澤東思想問題上，1977 年 2 月在人民日報上出現了「兩個凡是」的說法，即「凡是毛主席作出的決策，我們都堅決維護；凡是毛主席的指示，我們都始終不渝地遵循。」支持這一主張的中央領導人主要有汪東興、陳錫聯、紀登奎、吳德和陳永貴，這五人和華國鋒在黨內形成了「凡是派」，以毛澤東的生前指示為綱領「抓綱治國」。華國鋒堅持毛澤東生前提出的「在無產階級專政下繼續革命」的理論，在各個領域維護毛澤東的權威。對待四人幫，華國鋒將其定為「極右派」，避免一切涉及評價文革的言論。

　　「英明領袖」時期，華國鋒和他的副手掀起了對他的個人崇拜，華國鋒的畫像與毛澤東並列懸掛，並享有同毛澤東一樣的擁戴。歌頌華國鋒的歌曲《交城山》也同《東方紅》一併播送，一時間全國把他視為了「偉大領袖」的化身。在各大媒體上，以「英明領袖」作為他的代稱，此代稱與「偉大領袖」（毛澤東）不能混用。

　　華國鋒提出了「抓綱治國」和「大幹快上」等一系列主張，積極發展工農生產，結束了文化大革命以來的混亂狀況。在政治上，華國鋒出版毛澤東選集第五卷，堅守毛澤東的指示，以毛澤東生前的指示為綱領，肯定文化大革命，阻礙黨內對彭德懷及天安門事件平反的要求，把批鬥四人幫與評價文化大革命隔離。

　　外交上，華國鋒積極發展與紅色高棉和羅馬尼亞、南斯拉夫與北韓的關係，繼續敵視蘇聯，延續毛澤東的「三個世界」的外交路線。華國鋒時期，中越開始交惡。經濟上，華國鋒延續了「工業學大慶」與「農業學大寨」的文革路線，繼續以大寨作為農業發展的模範，擴大投資，急躁冒進，撥亂反正時期，他的經濟政策被鄧小平批評為「重複 1958 年的冒進錯誤」。

　　「英明領袖」時期，相繼召開了中共十屆三中全會、十一大和第五屆人民代表大會。在五屆人大上，通過了 1978 年的《中華人民共和國憲法》，憲法繼續保留了「大鳴大放大辯論大字報」的四大自由，繼續了 1975 年憲法黨政不分的模式，是華國鋒時期的綱領文件。同時期，《國歌義勇軍進行曲》被填以新歌詞，歌詞以「我們萬眾一心高舉毛澤東旗幟」為主軸，為華國鋒「新長征」口號吶

喊助威。華國鋒時期，國務院再度簡化漢字，稱為二簡字，二簡字在鄧小平時期被廢除，因而成為華國鋒時期的標誌符號。

對於這一短暫的時期，鄧小平後來評價華國鋒只是一個過渡。在後來宣傳的中國共產黨的三代領導核心中，華國鋒並不能成為第二代的核心。

文革後，華國鋒邀請資歷深厚的鄧小平回到中共最高決策層以穩定局面，而局面穩定後鄧小平與華國鋒展開權力鬥爭。鄧聯合陳雲、胡耀邦等指責華國鋒存在所謂「兩個凡是」的問題，批評華犯了「極左路線錯誤」，華的領導地位隨即被鄧小平取代。

1980 年，中共中央恢復中共中央書記處總書記一職，由胡耀邦擔任。華國鋒相繼辭去國務院總理、中共中央主席、中央軍委主席職位。1981 年 6 月召開的十一屆六中全會上，華正式向中共黨代會提出辭職並經批准同意，離開了權力中心，僅任具象徵性意義的中共中央副主席。

1982 年 9 月，中共十二大，華國鋒落選中央政治局委員完全離開中共領導階層。從此他很少露面，深居簡出，但在黨內仍然受到尊重，是唯一一個全票在中共十五大上當選中央委員的候選人。華國鋒酷愛書法，寫得一手過硬的顏體。毛主席紀念堂匾名、交城城內小學校名均為華題寫。晚年隱居潛心研究筆墨。

2008 年，華國鋒病重住院，8 月 20 日中午 12 時 50 分在北京逝世，終年 87 歲。追悼會在 8 月 31 日於八寶山革命公墓舉行。胡錦濤、江澤民等領導人到八寶山革命公墓送別。

鄧小平　　1904.8.22~1997.2.19.　　四川廣安

鄧小平，原名鄧先聖，學名希賢，父親鄧文明，村子哥老會首領，1914年當警察局長，1936年去世，母親1926年42歲去世．

1908年5歲入學，高小畢業後考入廣安縣中學。

1909年在協興鎮一家較大的私塾學習經典

1911年接受私塾教育並進新式小學讀書，學名鄧希賢。

1915年，進入廣安縣高級小學

1918年，考入廣安縣初級中學

1919年，鄧小平離開廣安到重慶就讀赴法國勤工儉學預備學校。

1920年，「法國勤工儉學」，到諾曼第的巴耶中學．學習法語三個月。

1921年，「勤工儉學計劃」中斷去兵工廠施奈德公司、哈金森橡膠廠、加工橡膠套鞋廠工作．做過飯館招待和火車司機的副手。7.1.中國共產黨在巴黎成立支部．

1922年，復在蒙塔爾紀學校念書。因拒絕工作被開除，然後轉去到巴黎。
　此時鄧小平加入旅歐中國共產主義青年團。

1923年，參加旅歐中國少年共產黨「中國社會青年團」周恩來當選總書記．鄧小平在夏狄戎學院念書．後在「赤光」雜誌社擔任繕寫、刻鋼板、油印工作．

1924年，成為中國共產黨員，擔任青年團旅歐支部的領導。

1925年，做中國共產黨旅歐支部負責人傅鐘的助手。

1926年，離開法國前往莫斯科「中山大學」學習，同班同學有蔣經國、任卓宣。

1927年，回國，奉派馮玉祥地區工作．和同在蘇聯讀書妻子張錫媛到上海，張錫媛因患產褥熱去世，新生兒亦夭折．旋在上海與張茜元結婚，

1928年，任中共中央秘書長。

1929年，到廣西建立蘇維埃根據地。與張雲逸在廣西發動百色起義和龍州起義。

1930年，建立左江和右江蘇維埃政區，創立紅軍第七、八軍。

1931年，張茜元因難產在上海去世．鄧離隊被批評「組織上正確政治上不成熟」。

1932年，到會昌擔任江西省黨第一書記，與在會昌認識的金維映結婚。

1933年，李維漢等左傾勢力抨擊羅明、鄧小平的政治路線，鄧小平一步步被剝奪權力，從省黨委書記的職位上被撤職，並被關進了拘留所，妻子金維映也與他離婚，另與李維漢結了婚。不久鄧放了出來，又恢復到以前的政治地位。

1934年，隨中央長征，負責出版《紅星》，任中共中央秘書長．

1935年，參加遵義會議，被選為中共中央秘書長和紅軍總政治部副主任。

1937年，抗日戰爭，任八路軍總政治部副主任，搞統戰工作。

1938年，與劉伯承深入華北敵後，建立太行、太岳抗日根據地，創「麻雀戰術」。

1939年，回到延安與浦瓊英（卓琳）結婚．卓琳（本姓浦）雲南人，在延安與鄧結識。育有三女鄧林、鄧楠、鄧榕，二子鄧樸、鄧質方.

1940年，「百團大戰」大捷，傷亡日軍4萬4千多人，蔣介石從重慶發電嘉獎。

1942年，支持毛澤東的整風運動。

1943年，被提拔為中共北方局書記。

1945年，在中國共產黨第七次全國代表大會上當選中央委員。

1946 年，國共內戰，鄧小平任第二野戰軍政治委員。

1947 年，同劉伯承率軍南渡黃河，挺進大別山．

1948 年，任總前委書記，與劉伯承、陳毅等指揮淮海戰役（徐蚌會戰）和渡江。

1949 年 4 月 21 日，渡長江，攻克中華民國首都南京。當選中央人民政府委員。

1950 年，提出沒收地主財產，加強對農民的思想和文化教育．

1951 年，搞互助合作運動發展農業。

1952 年，擔任國務院副總理。

1953 年，任政協副主席。並作《關於高崗、饒漱石反黨聯盟的報告》

1954 年，出任中共中央秘書長、組織部部長，國務院副總理。

1955 年，毛澤東百花齊放、百家爭鳴運動。鄧小平言，恐引發反黨群眾運動。

1956 年，赴莫斯科參加蘇共二十大赫魯雪夫祕密報告會議，被提拔擔任總書記

1957 年，鄧小平隨同毛澤東訪問莫斯科會見赫魯曉夫。

1958 年，毛澤東提出了三面紅旗的總路線，開始了大躍進。鄧小平極力贊成。

1959 年，鄧小平打乒乓球意外的折斷了腿。免於捲入廬山會議的漩渦。

1960 年，他反對大躍進，和劉少奇成立緊急委員會搞「農業六十條」「三自一
　　包」調整國民經濟。這使鄧小平與毛澤東的關係開始破裂，導致第二次下臺。

1961 年 9 月提出「工業工作七十條」，將經濟發展從浮誇的理想主義引向了實
　　用主義。毛澤東明顯感到劉、鄧執行了一條和自己完全不同的政治路線，自
　　己在黨內的權威受到挑戰。

1962 年，毛澤東點名批評鄧小平的經濟措施。

1963 年，鄧小平多次赴莫斯科同蘇聯就國際共產主義運動出現問題開展爭論，
　　堅決維護中國共產黨獨立自主原則立場。鄧小平與蘇斯洛夫的交鋒，削弱國
　　際共產主義運動，毛澤東大為欣賞，親至北京機場迎接鄧小平回國。

1964 年，北京大學發生的聶元梓和陸平的關於教育方式的衝突中，鄧小平支持
　　北大校長陸平的觀點，批評左派學生和教師。

1965 年 11 月《海瑞罷官》論爭毛澤東發動文化大革命浮出水面。

1966 年，毛澤東把矛頭指向鄧小平，說他是「走資本主義道路的當權派第二號
　　人物」

1967 年，把鄧小平夫婦軟禁中南海，文革開始，免去總書記，紅衛兵對他進行
　　一系列的批判和攻擊與批鬥，鄧小平被逼下跪。被軟禁在一小房子裡，三個
　　孩子被送走。3 月 15 日他的弟弟鄧蜀平因為絕望而自殺，全家搬離中南海。

1968 年 10 月鄧小平被正式撤銷黨內外一切職務，僅保留黨籍。
　　9 月他的大兒子、北京大學物理系學生鄧樸方被批鬥，從四層樓跌下來，胸
　　椎壓縮性骨折，導致鄧樸方從此腰部以下癱瘓。

1969 年 10 月 26 日鄧小平與妻子卓琳、繼母夏伯根下放到江西南昌再教育，軟
　　禁在新建縣望城崗的一個步兵軍事學校裡。

1970 年，鄧小平和妻子下放到縣拖拉機廠勞動。

1972 年，鄧小平聽完傳達林彪事件後第 3 天，寫了一封托江青轉交給毛澤東的

長信，「到現在我仍然承認我所檢討的全部內容，並且再次肯定我對中央的保證，永不翻案。」要求恢復工作。8.14.毛澤東應允他回到北京。

1973.2.20.鄧小平與家人乘汽車往鷹潭，登上返京列車離開江西。

　　2.22.鄧小平可以在北京露面探望故交.

　　3 月恢復國務院副總理職務。28 日與周恩來見面，29 日毛澤東接見鄧小平。

　　8.10.鄧小平當選中央委員。

　　　24 日中共第十次全國代表大會上被選為中央委員。

　　12 月鄧小平遵照指示參加政治局批周恩來的會議。鄧小平對周恩來說：「你現在的位置離主席只有一步之遙，別人都可望而不可即，而你卻是『可望而可即』希望你自己能夠十分警惕一點」。這些話暗藏玄機，鄧小平實際上是在暗示，周恩來想架空毛澤東篡奪毛的地位。「兩位女士」把鄧小平的發言和態度彙報給毛澤東後，毛非常興奮，立刻把鄧小平叫去談話。幾天後，毛澤東召開政治局會議，要求讓鄧小平成為政治局正式委員和軍委委員，並報請中央全會批准通過任命。12 月被任命為中國共產黨中央軍事委員會副主席，再次進入領導核心。

1974 年，出席聯合國大會第六屆會議。周恩來健康惡化，代理主持黨政工作。

1975 年，任中共中央副主席、國務院副總理、中央軍委副主席、和中國人民解放軍總參謀長（三副一長）。

　　4 月 8 日鄧小平陪同毛澤東會見北韓領袖金日成.

　　5.12-17 日鄧小平到法國進行國事訪問。

　　5.29.鄧小平以毛澤東指示帶領國家步入現代化軌道。

　　11 月鄧小平意識到毛澤東對他工作日益不滿

　　12.1.鄧要求見毛，毛說「政策是對的，某些作法有問題」，遭到拒絕。

　　11.8.~12.25.文化大革命展開批鄧小平運動

1976 年中共中央政治局根據毛澤東提議，一致通過撤銷鄧小平職務，保留黨籍。

　　1 月 8 日，周恩來去世，追悼會上，鄧小平致悼詞

　　2 月初，江青攻擊鄧小平為「走資派」華國鋒也批評鄧小平不堅持階級鬥爭。

　　3 月底政治局擴大會議上，最重要的就是批判鄧小平。四人幫為批鄧做了大量的宣傳工作，卻未在群眾中取得多大效果，

　　4 月份天安門事件中，群眾有人貼出大字報要鄧小平接班。

　　　6 日《人民日報》發表社論《牢牢掌握鬥爭大方向》，堅持「批鄧」運動，並再一次將毛澤東不久前說的話「翻案不得人心」。

　　　8 日毛澤東把鄧小平徹底趕下台，免去一切職務把權力全部交給華國鋒。

　　18 日《人民日報》社論《天安門廣場事件說明瞭什麼?》將參加四五運動的群眾說成是「一群反共、反人民、反社會主義的反革命分子」，稱鄧小平是「這些反革命分子的總代表」…。

　　28 日《人民日報》發表《鄧小平與天安門廣場反革命事件》鄧小平問題已變成了敵我矛盾。

30 日紐西蘭總理馬爾登(Robert Muldoon)訪問北京，華國鋒向毛澤東會報，毛在報告紙上寫「慢慢來，不要著急，照過去方針辦，你辦事，我放心。」

9 月 9 日，毛澤東逝世。

10 月 6 日，華國鋒、汪東興、葉劍英逮捕四人幫，文化大革命結束。華國鋒說：「鄧小平同四人幫有顯著區別，但他和其他人仍是修正主義…粉碎四人幫並不意味著不批鄧小平。」

10 日鄧小平即向華國鋒表示擁護，並在信中寫道：「我同全國人民一樣，…情不自禁地高呼萬歲、萬歲、萬萬歲！我用這封短信表達我的內心的真誠的感情。以華主席為首的黨中央萬歲！黨和社會主義事業的偉大勝利萬歲！」但是華國鋒回應：「…你犯過錯誤，必須繼續接受批判。」

26 日華國鋒決定批判「四人幫」，黨也要繼續批鄧。

12.10.鄧小平因前列腺疾病住進解放軍 301 醫院。

14 日黨中央通過決議，允許鄧小平閱讀黨文件。

1977 年 3 月華國鋒召開工作會議，有人提議讓鄧小平恢復工作，並認為鄧小平與天安門事件沒有關係。

4 月 10 日鄧小平再次寫信給華國鋒表示「完全擁護華主席抓綱治國的方針和對當前各種問題的工作部署」，指出「我們必須世世代代地用準確的完整的毛澤東思想來指導我們全黨、全軍和全國人民」。政治局討論了這封信，同意了鄧的建議。在當年 7 月的中共十屆三中全會上，鄧小平恢復被撤職前一切黨政軍職務（中央副主席、國務院副總理、中央軍委副主席兼解放軍總參謀長），他的支持者胡耀邦、萬里、趙紫陽也進入了中央委員會。

7 月中共十屆三中全會恢復鄧小平的黨政軍領導職務，是鄧小平 "第三起"。

8 月在十一屆一中全會上當選中央副主席、中央軍委副主席。恢復了他原來擔任的黨政軍領導職務。

1978 年 3 月當選為政協全國委員會主席。

華國鋒基本維持了文革後期的政治思路，將「凡是毛主席作出的決策，我們都堅決維護，凡是毛主席的指示，我們都始終不渝地遵循」。

4 月 5 日，中共開始為 1958 年以來錯劃右派的人進行平反。

5 月 11 日《光明日報》胡耀邦發表《實踐是檢驗真理的唯一標準》，明顯在批評「兩個凡是」的華國鋒與汪東興。

12 月中共十一屆三中全會召開，華國鋒依照傳統形式進行自我批評，結束他的最高領導生涯。

1979 年，鄧小平卓琳夫婦訪美，在費城天普大學接受榮譽學位

逮捕人權主義者魏京生。鄧小平辭去解放軍總參謀長職務，提名楊得志繼任。

1980 年，胡耀邦任黨總書記，胡耀邦和趙紫陽進入政治局。

8 月趙紫陽取代華國鋒出任國務院總理。

1981年,華國鋒黨主席職務被取代湖南長沙等地大字報批評鄧小平搞資本主義。

6 月，在中共十一屆六中全會上，否定了「文化大革命」，維護毛澤東的歷史地位，科學地評價了毛澤東思想。會議上鄧當選為中共中央軍事委員會主席。8 月，他提出「一國兩制」「改革開放」的構想。

1982 年，致力國內改革，老幹部退休、幹部年輕化、知識化、和專業化。精簡機構，裁減政府工作人員。「把馬克思主義的普遍真理同我國的具體實踐結合起來，走自己的路，建設有中國特色的社會主義。」

1983 年，當選為中華人民共和國中央軍事委員會主席。堅持改革開放的基本路線。興辦經濟特區，幹部隊伍革命化、年輕化、知識化、專業化，廢除幹部領導職務終身制，要把軍隊建設成為強大的現代化正規化的革命軍隊。

為解決香港、澳門、臺灣問題，實現祖國和平統一，他提出「一個中國，兩種制度」的構想，香港已于 1997 年回歸中國，澳門在 1999 年回歸中國。

1984 年 1 月 24 至 26 日到廣州深圳視察，並在深圳題詞：〝深圳的發展和經濟證明建立「深圳經濟特區」的政策是正確的。

1986 年 9 月 28 日「反對『資產階級自由化』，引導到走資本主義道路搞自由化，就會破壞我們安定團結的政治局面。」

12.30.鄧小平把胡耀邦、趙紫陽、萬里、胡啟立、李鵬等人叫來，宣布必須結束對學生運動的寬容態度，

1987 年 1 月，原本被鄧小平選定接班人的胡耀邦被迫下臺，罪名就是指違反了黨的民主集中制，縱容資產階級自由化，沒有對遊行採取有效措施。總書記的職務由趙紫陽接任。

4 月 30 日又放言「左是主要危險」，堅持了改革開放，擊退了左派勢力的反撲。對此，有人將鄧小平在這一時期的政策形象的概括為「經濟上反左，政治上反右」。

10 月，鄧小平當選為中共中央軍委主席。他制定了改革開放的總方針，提出適合中國國情的三步走經濟發展戰略

第一步在 80 年代國民生產總值翻一番解決人民溫飽問題；第二步到 20 世紀末國民生產總值再翻一番達到小康水平；第三步到 21 世紀中葉再翻兩番，達到中等發達國家水平。

1988 年 4 月 26 日人民日報社論《必須旗幟鮮明地反對動亂》

1989 年 1 月 28 日胡耀邦因保護方勵之劉賓雁王若望被開除黨籍.

4 月 15 日，胡耀邦因急性心肌梗塞去世。

4 月 17 日，學生到天安門廣場，在人民英雄紀念碑前獻花圈，成為導火線，蔓延並演變成另一場更大規模的遊行活動。

4 月 22 日官方悼念胡耀邦會鄧小平等中國高層領導人出席，

5 月 16 日學生群眾悼念胡耀邦的人每天有四、五十萬人示威，鄧小平召集政治局常委楊尚昆等人講話，現在北京的員警已不足以恢復秩序，需要動用軍隊，軍隊的調動要快速果斷，行動前，計劃要保密，

17 日凌晨五點，趙紫陽來到天安門廣場表達對學生的關切，含著眼淚聲音顫

抖勸學生放棄絕食，愛惜身體積極參加四化建設．

18 日趙紫陽遞交辭職信，楊尚昆勸趙收回，以免暴露領導階層分裂，但趙紫陽拒絕參加戒嚴會議．

下午坦克車、裝甲車、卡車進入北京郊區

20 日各處部隊乘火車到達北京火車站，被團團圍住動彈不得

27 日台灣流行音樂人侯德健和其他幾位著名知識份子來到天安門廣場，用麥克風警告仍然留在廣場的人，武裝部隊正向廣場推進，應該和平撤離．

29 日天安門廣場上面對毛澤東畫像，豎起一尊仿美國自由女神製作的「民主女神」巨大石膏像．

6 月 3 日鄧小平命令遲浩田「採取一切手段」恢復秩序，各集團軍司令在北京軍區司令部開會，研究進攻計畫細節．

第一批 將在下午五點到六點半之間出發．

第二批 在七點到八點之間出發

第三批 在九點到十點之間出發．

前三批軍隊之後將有兩批武裝軍人趕到：一批將在十點半出發，另一批午夜後出發．士兵要在黎明前清完廣場．

6.4. 01:00 軍隊開始從不同方向到達天安門廣場，廣場四周長安街、和人民大會堂前，士兵開始朝著他們謾罵、扔磚頭，並朝拒絕離開的平民開槍，無法前進的解放軍開始直接用 AK47 自動步槍射擊人群，卡車和裝甲運兵車全速前進，壓過任何敢擋路的人．受傷群眾被搶運抬上救護車、放在自行車、三輪車上,搬離危險區，迅速送往最近復興醫院．

02:00 學生領袖柴玲在天安門廣場上宣布，想走的就走，想留的就留．

03:40 侯德健和另外三人與戒嚴部隊協商解放軍同意和平撤離天安門廣場．

04:00 廣場燈光關閉侯德健用話筒宣布達成協定，讓廣場的學生馬上離開．

04:30 軍隊向前推進，留下來的學生往西南方撤退．

05:20 廣場只剩約 200 名無畏的示威者，被部隊強行趕走．

05:40 正如清場命令要求，廣場上沒留一個示威者．

動用武力結束這場運動．鄧小平解釋動用軍隊的理由四項原則：堅持社會主義道路，堅持人民民主專政，堅持黨的領導，堅持馬列主義毛澤東思想

6.23~24.鄧小平免去趙紫陽一切職務，任命江澤民為黨的總書記．

24 日江澤民在四中全會正式當選為總書記

9 月 4 日 鄧小平把黨內高層領導人包括江澤民、李鵬、喬石、姚依林、宋平、李瑞環、楊尚昆、萬里等人叫到自己家商量他的退休計劃．

16 日鄧小平與中國諾貝爾得獎人李政道會晤．

10 月會見美國前總統尼克遜

11.7.中共五中全會上鄧小平將中央軍委主席一職交給江澤民．

8 日鄧小平舉行「退休宴會」

10 日鄧小平正式退休，並發表致中央委員會信「我感謝同志們的理解和支
　　持，我衷心感謝你們接受了我的辭職請求．我衷心感謝全體同志」
　9 日，鄧小平辭去中央軍委主席職務，退出領導崗位。
1990.2.月鄧小平在上海會見朱鎔基談發展「上海浦東」經濟.
1991.10.26.鄧小平說「中國社會主義是有中國特色的社會主義」
　　1.28.~2.20.鄧小平把朱鎔基調到北京擔任任國務院副總理.
1992 年鄧小平正式退出政治舞台
　　1.18.~2.23..鄧小平南巡說:「計畫不等於社會主義，市場也不等於資本主義，
　　資本主義也有計畫，社會主義也有市場，貧窮不是社會主義，要走共同富裕
　　的社會主義道路．
　　在深圳發表"南方談話"基本路線要管一百年，都動搖不得。
　　鄧小平被官方譽為是「改革開放和中國社會主義現代化建設的總設計師」，他
　　自己卻說，改革其實是「摸著石頭過河」，其理論是「不爭論」。
1993.10.31.是鄧最後一次在公開場合出現，是乘坐北京地鐵。
1997.2.19.鄧小平在北京病逝，25 日在人民大會堂舉行追悼會，江澤民唸悼詞．
　　按照他的遺願，將他的眼角膜捐出供眼科研究，內臟捐出醫學研究，遺體火
　　化，骨灰盒上覆蓋著中國共產黨黨旗．3.2.他的骨灰撒入大海.

江澤民 1926.8.17.~ 　　江蘇揚州人

江澤民，從小過繼六叔做兒子，懂英、俄、法、羅等國語言，對音樂、繪畫具
　　鑑賞力，能演奏鋼琴、竹笛、吉他．
1943 年，揚州中學畢業．
1945 年，日本投降後，轉入交通大學。
1946 年，加入中國共產黨。
1947 年，做地下工作，任職美國海寧洋行動力科．
1948 年，進入美資海寧洋行食品工廠，任動力科技術工程師。
1949 年，任益民食品一廠任工程師，汪道涵調其為上海分局電器專業科長。
1952 年,調一機部所屬上海第二設計分局電力專業科長。江澤民同王冶坪結婚。
1954.11 月　調往長春第一汽車製造廠。旋被派往莫斯科受訓．
1955 年，赴蘇聯莫斯科史達林汽車廠實習．
1956 年，回國任長春汽車製造廠副處長、副總動力師、分廠廠長、黨支書記。

1962 年，任上海第一機械研究所副所長、所長．
1970 年，調回北京一機部任外事局副局長。
1973 年，到羅馬尼亞考察．
1979 年，出任外國投資管理委員會副主任兼秘書長，
1980 年，升為進出口和外國投資委員會的副主任．
1982 年，任電子工業部部長兼黨組書記，當選為中央委員。
1985 年，任上海市委副書記、上海市長，
1986 年，接替芮杏文任上海市委書記，
1987 年，進入中國共產黨中央政治局，兼任上海市委書記。
1989 年，六四事件，趙紫總書記遭免職，由江澤民繼任．
1990 年，出任中華人民共和國中央軍事委員會主席。
1993 年，出任中華人民共和國主席，
2002 年，任職期滿，移交給胡錦濤。
2003 年，江澤民「三個代表」：「中國共產黨要始終代表中國先進社會生產力
　　的發展要求，始終代表中國先進文化的前進方向，始終代表中國最廣大人民
　　的根本利益。」

胡錦濤 1942.12.~　　安徽績溪人祖籍安徽績溪．

胡錦濤，曾祖父起初從安徽省績溪縣龍川村遷至江蘇泰州姜堰。晚清初年，其曾祖父胡沇源、祖父胡炳衡和父親胡增珏（又名胡靜之）皆為經營茶葉的商人。

1949 年，胡錦濤母李文瑞去世，其為胡家獨子，妹妹胡錦蓉與胡錦萊。他最初就讀於五巷小學，後轉入泰州大埔小學，胡的妻子劉永清和胡錦濤在共青團中工作，胡離任後，她為了避嫌由團務系統離職。現為北京市首都規劃委員會副主任，育有二子，一男一女。

1953 年進入私立泰州中學（現泰州二中）讀初中.

1956 年考入江蘇省泰州中學。

1959 年 9 月考入清華大學水利工程系。

1964 年 4 月加入共產黨。

1965 年，清華大學水利工程系畢業

1968 年，水電部劉家峽工程局房建隊勞動

1969 年，水電部第四工程局技術員秘書機　關黨總支副書記

1974 年，文革期間，父親胡增珏，由於出身不好，被指責為「貪污分子」受批鬥死於 1978 年，終年 59 歲。

1982 年，率團訪問日本。

1984 年，任共青團中央第一書記。

1985 年，調任貴州省委書記。

1988 年，任貴州省委書記、西藏自治區黨委書記.

1989 年，西藏拉薩事件，迅速宣布戒嚴，將事件撫平。

1992 年，在中共十四大上當選中共中央政治局常委·

1993 年，任中央政治局常委、中央書記處書記，中央黨校校長

1998 年，任中華人民共和國副主席、常委、和中央黨校校長

1999 年，任軍委會副主席，國家副主席，黨校長.

2002 年，中央委員、政治局委員、中央書記處書記，政協常委。

　　胡錦濤與美國總統歐巴馬在 2009 年匹茲堡舉行高峯會

2003 年 3 月，當選中華人民共和國主席。

2004 年、當選總書記、中央軍委主席。

2005.3.14.通過反分裂國家法，維護國家統一和領土完整。

　　4.26.中國國民黨主席連戰應中共中央總書記胡錦濤的邀請，在中華人民共和
　　國成立 56 年後率領國民黨代表團第一次訪問中國大陸。胡錦濤同時還邀請了
　　親民黨主席宋楚瑜。

　　同年 7 月新黨主席郁慕明率新黨訪問團到大陸開展民族之旅。

2006.4.16.胡錦濤與連戰二次會晤．台灣問題上，胡錦濤為改善兩岸關係做出積
　　極努力，改變了江澤民時代兩岸緊張關係。國民黨榮譽主席連戰、吳伯雄，
　　新黨主席郁慕明、親民黨主席宋楚瑜，對胡錦濤的遠見和魄力表示讚賞。

2008 年 3 月，連任國家主席及國家中央軍委主席。

2009 年 9 月 29 日胡錦濤提出：「56 個民族擰成一股繩，中華民族才能擁有強
　　大民族凝聚力，才能不斷創造歷史偉業，才能戰勝各種困難和風險挑戰，才
　　能維護祖國統一安全，才能巍然屹立於世界民族之林。」

　　胡錦濤對台灣政策：邀請台灣泛藍陣營訪問大陸，同時提出比先前政策更加
　　開放的「胡四點」，引起台灣方面關注。

2012.11.8〜14.中共十八大黨代表大會，卸下總書記，軍委主席職務，全部裸退，
　　獲得全中國及全世界人士普遍讚揚，將來在歷史上有一定的地位.

習近平　1953.6.15.~　生在北京，祖籍陝西富平縣

習近平，祖籍河南省鄧州市十林鎮習營村，出生於北京，其先人在明朝以前，
居住江西省吉安新淦縣習家村。

父親習仲勳，曾任中共國務院副總理、全國人大副委員長。

1962年，共產黨權力鬥爭，習仲勳被整肅，從國務院副總理打成〔反黨集團〕，押進北京衞戍區，一家從中南海搬到一所胡同小院，下放到河南「五、七」幹校去勞動。

1966年5月「文化大革命」，習近平下放農村睡土坑，臭蟲、虱子，農村中吃雜糧、包穀、地瓜葉，當了七年農民．

1975年，文革尾聲，習近平被推薦讀清華大學化工系，畢業後到中央軍委辦公廳，擔任國防部長、政治局委員耿飆的秘書。

1982年9月習仲勳當選中共中央政治局委員、中央書記處書記．

1985年六月，習近平調升福建省廈門市委常委、副市長。

　習近平作事明快、果斷、有魄力，內斂、沉穩、低調，工作表現突出。成功引進印尼華僑林紹良以及台商王永慶投資，電腦螢幕產量就居世界之冠，成績有目共睹．

2012年，訪問美國，甚獲各方好評．

2013年，接任中共國家主席、中央總書記、及軍委會主席重職。

胡耀邦　1915.11.20.~1989.4.15.　湖南瀏陽市中和鄉蒼坊村

胡耀邦，字國光，曾任中共中央主席和中共中央總書記。家中因行九而乳名九
伢子。堂叔父根據《尚書·堯典》「百姓昭明，協和萬邦」取名為邦，字國光。
1929 年，經本鄉楊桂英介紹，秘密加入共青團。
1933 年 9 月由共青團團員轉為中國共產黨黨員。中共湘贛省委政治保衛局將年
少的胡耀邦列入 AB 團（反對布爾什維克組織）嫌疑人名單中，並帶至瑞金。
1933 年 9 月加入中國共產黨，
1934 年 10 月參加長征，在攻打婁山關戰役中負傷。
1935 年 1 月，任紅三軍團第五師第十三團黨總支書記。
1937 年 10 月，任抗日軍政大學政治部副主任、大隊黨總支書記、政治委員。
1938 年，任抗大一分校政治部主任。
1939 年，任中共中央軍委總政治部組織部副部長。
第二次國共內戰期間，胡耀邦一直在晉察冀邊區工作，也曾參與北平軍調處工
作；歷任冀熱遼軍區政治部代主任，晉察冀野戰軍第三縱隊政治委員、第四縱
隊政治委員；期間，自編寫《前衛報》傳播信息，並編寫《革命軍隊三字經》，
提高了戰士的政治和文化素質；參加了保（定）南、正太、青滄、石家莊、察
南綏東等戰役。
1948 年 8 月，出任華北軍區第一兵團政治部主任；
1949 年 1 月，轉任第十八兵團政治部主任；
　4 月起，兼任太原軍事管制委員會副主任；
　5 月，任第一野戰軍政治部主任，並隨軍進入四川　北部地區；成都戰役後，
　　　胡耀邦任中共川北區委員會黨委書記、川北人民行政公署　主任以及川北軍
　　　區政委、西南軍政委員會委員。
　9 月，作為中國新民主主義青年團的代表，胡耀邦出席了中國人民政治協商
　　　會議第一屆全體會議。
　12 月，出任中共中央川北區臨時工委書記。
1950 年，任川北區黨委書記、行政公署主任、軍區政委、西南軍政委員會委員；
1952 年，奉調進京，擔任中國新民主主義青年團中央書記處書記；
1953 年，全國第二次青年團代表大會，前排為胡耀邦、朱德、廖承志
1956 年，在中共八大上，當選中央委員會委員；
1957 年，升任中國共產主義青年團中央第一書記；
1964 年，任中共中央西北局第二書記、兼中共陝西省委第一書記。
1966 年，曾嚴厲批評共青團中央，稱胡耀邦、胡克實、胡啟立等在團中央工作
　　　的「三胡」犯了錯誤[1]。
1975 年，恢復工作，出任中國科學院黨的核心小組第一副組長、中科院副院長。
1977 年，任中共中央黨校常務副校長；當年 12 月，即升任中共中央組織部部
　　　長，主持全國的撥亂反正工作。

1978 年，胡耀邦指出，毛主席晚年也有錯誤，我們應當糾正我們黨和他老人家的錯誤。在當年，他甚至在中組部內部針對「兩個凡是」的旗幟提出了「兩個不管」，被稱為「砍旗」．鄧小平為他的勇氣和魄力感慨。

1978 年，被增選為中共中央政治局常委、出任恢復組建的中央紀律檢查委員會第三書記、中共中央秘書長、中共中央宣傳部部長，成為最高領導人之一。

1979 年 3 月，允許西藏流亡政府方面派出的代表團前往西藏，胡耀邦抱怨毛澤東沒有採納馬寅初計劃生育的政策。

1980 年 2 月，出任中央政治局常委、中央書記處書記、中央委員會總書記．

3 月 15 日，會議決定成立國家計劃生育委員會，管理全國的計劃生育工作。

4 月，胡耀邦在西藏實地調查，承認之前的極左路線給藏民帶來了許多苦難，這些舉動令西藏人民對胡耀邦深切懷念。

5 月 29 日胡耀邦提出了著名的「西藏六條」，其中一條是要讓藏族幹部自己管理西藏，藏族幹部佔到西藏地區幹部總數的三分之二以上，漢族幹部離開西藏是光榮的。建議把 80%的漢族幹部從西藏撤離。這些建議引起新疆和內蒙古自治區的共鳴。

7 月 10 日至 14 日，胡耀邦「新疆六條」，遭到王震等人反對，被推翻。

1981 年 6 月，接替華國鋒出任中共中央主席。

7 月，接見達賴喇嘛的二哥嘉樂頓珠，提出「關於達賴喇嘛回國的五條方針」。確定蒙古語標準音和以拉丁字母為基礎的蒙古語音標。

9 月 25 日，《關於控制人口增長問題致全體共產黨員、共青團員的公開信》。

1982 年 9 月，中共十二大，做出黨章修改，不再設黨主席、副主席職務，以中央委員會總書記為最高領導集體的負責人。胡耀邦繼續當選為中共中央政治局常委、中央委員會總書記，是黨的最高領導職務。

《關於進一步做好計劃生育工作的指示》提倡一對夫婦只生育一個孩子政策。

1984 年，堅持「少捕少殺」，《中華人民共和國民族區域自治法》

1985 年 5 月 10 日，香港《百姓》雜誌的陸鏗在中南海訪問胡耀邦，被保守派視為縱容資產階級自由化的罪證之一。縱容知識分子的資產階級自由化傾向，要求其辭職；並指胡耀邦應該對 1986 年學生運動的失控負責。

1986~1987 年，中國各地爆發大規模學生運動，聲勢浩大的示威遊行，震驚中南海。中共元老將學潮的爆發，歸咎自由化知識分子煽動，以及胡耀邦的縱

1987 年元旦夜，在鄧小平家裡，陳雲、薄一波、彭真、王震、宋任窮等中共元老，商議胡耀邦的去留問題。中央政治局委員、中央書記處書記的習仲勛支持胡耀邦，斥責元老們是違反黨的原則的。最終，1 月 16 日，胡耀邦被迫辭去中共總書記職務。

1989 年 4 月 8 日早上約 10 時，中共中央政治局會議，胡突然心臟病發請假，下午 2 時送至北京醫院。4 月 15 日早上，胡突然因急性心肌梗塞，搶救無效，於早上 7 時 53 分逝世，享年 74 歲。

2010 年 4 月 15 日，國務院總理溫家寶在《人民日報》上發文悼念胡耀邦，並表示銘記胡耀邦生前的教誨：「領導幹部一定要親自下基層調查研究，體察群眾疾苦，傾聽群眾呼聲，掌握第一手材料」。

2014 年，胡耀邦冥誕，前國家主席胡錦濤親往湖南胡耀邦故鄉墳墓悼念，現任國家主席習近平亦為文追思。

趙紫陽 1919.10.17.~2005.1.17. 河南省安陽市滑縣桑村鄉趙莊

趙紫陽，原名趙修業，
1932 年，加入共青團，時年 13 歲．
1947 年，赴武漢上中學，改名趙紫陽．
1948 年，組織「通俗學社」
1949 年，加入共產黨，回滑縣任工作會書記．
1950 年，任豫北地委組織部長．與梁皆琪結婚．
1956 年，廣東省委書記，兼廣東軍區第一政委
1958 年，任桐柏區當委副記兼軍區副政委．
1962 年，「包產單幹」升廣東省委第二書記．
1963 年，廣東省委作「五反」檢查報告．

1965 年，升廣東省委第一書記．

1966 年，受到文革造反派及政法幹部鬥爭．

1967 年，趙紫陽被造反派綑綁去中山大學，輪流批鬥，連續五天五夜．

1970 年，下放工廠勞改．

1971 年，解放分配到內蒙古工作，當選區委書記，主管農業．

1972 年，調回廣東任省委書記．

1979 年，當選政治局委員．

1980 年代，先後擔任中華人民共和國國務院總理（1980—1987 年）和中國共產
　　黨中央委員會總書記（1987 年—1989 年）。
　　提出並設計政治改革方案，打擊貪污腐敗，推進改革開放的深化，曾一度被
　　認為是鄧小平的接班人。

1983 年，訪問澳洲及紐西蘭．

1984 年，訪問美國及加拿大及西歐六國．

1985 年，訪問英、德、荷蘭．

1986 年，鄧小平批評胡放任「資產階級自由化」．

1988 年，當選國家軍委副主席．

1989 年，六四事件中，趙紫陽因同情學生和反對武力鎮壓，而招致鄧小平、陳
　　雲、李先念和李鵬等人的不滿，被免去黨內外一切職務，在軟禁中度過了生
　　命中最後 15 年。

2005 年 1 月 17 日，病逝。

李鵬 1928.10.20.~~生於上海，原籍四川省宜賓市慶符縣（今屬高縣）

李鵬，父李碩勛，1931 年赴海南島五指山指揮游擊戰被捕
處死．時李鵬年僅三歲．就讀延安自然科學院、延安中學、
張家口工業專門學校．

1931.7 月，隨母到香港轉赴海南島，李父被殺後回到上海．

1939 年，周恩來夫人鄧穎超把李鵬帶到重慶撫養．

1941 年，進入延年中學．

1945 年 11 月加入中國共產黨。

1948 年，就讀莫斯科動力學院水力發電系，

1955 年，在蘇期間，曾擔任中國留蘇學生總會主席。

1958 年，與朱琳結婚．

1960 年，任東北電管局豐滿水利發電廠、阜新發電廠副總工師、調度局長．

1979 年，升任國務院電力工業部副部長．

1980 年，擔任國家教育委員會主任。訪問北韓．

1983 年 6 月，出任國務院副總理．

1987 年 11 月，任代總理；

1988 年 4 月，正式出任國務院總理。

1989 年 5 月 19 日，在六四事件前夕，李鵬發表措詞強硬「五一九講話」，武
　力鎮壓學生運動，簽署戒嚴令。
1998 年，出任全國人大常委會委員長。
2008 年，中風。
2010 年 6 月，出版《關鍵時刻》披露六四事件中共高層人士意見。李鵬關心慈
　善事業，將 300 萬元稿費捐給中國教育發展基金會。

朱鎔基 1928.10.23.~　　湖南長沙人

朱鎔基父親朱寬澍，字希聖，還沒見著兒子就已去世，朱鎔基是遺腹子。母親
張氏，在朱鎔基十二歲時也病逝，由「滿伯」朱學方負責撫養長大。
1941 年 2 月考入湖南私立廣益中學（湖南師大附中前身）1945 年，考入湖南省
立第一中學
1947 年，以湖南省第一名的成績考入清華大學
1949.10 月，加入中國共產黨．
1951 年，清華大學電機系畢業。
1952 至 1958 年反對「大躍進」被打成右派，發配學校任教員。
1962 年，赦免(仍被稱「摘帽右派」)任國民經濟綜合局工程師。
　文化大革命，再次被整肅，下放勞動改造。
1975 年，鄧小平第二次復出，朱鎔基回北京任電力通訊副主任。
1978 年，改革開放，朱鎔基出任清華大學經管學院院長。
1979 年，調任國家經委任燃動局處長，
1980 年，升任為副局長，並獲「高級工程師」職稱。
1982 年 5 月 24 日，任命為國家經委委員兼技術改革局局長，
1983 年 8 月，升任為國家經委副主任兼國家經委黨組成員。
1984 年 5 月，出任清華大學經濟管理學院院長並獲教授學銜，
1987 年 11 月 1 日，調任為中共上海市委副書記；
1988 年 4 月 25 日，任上海市市長；
1989 年 8 月，任中共上海市委書記，推動上海浦東新區發展．
1991 年，《解放日報》「皇甫平」市場經濟，朱鎔基深表支持．
1991 年 4 月 8 日，被補選為國務院副總理．

1992 年 6 月，任國務院經濟貿易辦公室主任，中央政治局常委。

1993 年 3 月 29 日任第一國務院副總理，兼任中國人民銀行行長。

1994 年，推出財稅、金融、投資、企業、住房、物價六個改革。

1997 年 9 月，任中央政治局常委。

1998 年 3 月，出任國務院總理。

2002 年，進行機構精簡，推行新財政政策，增加公務員薪金。

2003 年 3 月，朱鎔基卸任國務院總理。

2011 年 4 月 11 日《朱鎔基答記者問》的英文版在倫敦舉行。

　9 月 8 日《朱鎔基講話實錄》書，在中國大陸統一上市．

朱鎔基妻勞安，育有一對子女。子朱雲來，女朱燕來。

勞安：畢業於清華大學電機系，曾任中國國際工程諮詢公司副董事長，因其兄
　　勞特夫與朱鎔基是中學同學而結識，後勞安與朱鎔基在大學亦為同學。

子：朱雲來，1958 年在湖南省長沙市出生，1994 年，朱雲來獲得美國威斯康辛
　　大學大氣物理博士學位後轉向商業，在安達信會計師事務所的芝加哥分所任
　　會計師。1996 年到 1998 年，他在紐約的瑞士信貸第一波士頓公司擔任一名投
　　資銀行僱員，開始了投資銀行家的生涯。現在是中國國際金融有限公司
　　（CICC）的首席執行官；

女：朱燕來，加拿大薩斯喀徹溫省里賈納大學(University of Regina)社會學碩士
　　學位，並取得中國人民大學哲學學士、及碩士學位，現任中銀香港助理總裁。

溫家寶 1942.9.15.~　天津人

溫家寶，祖父溫瀛士，雙親都是牧師，溫瀛士曾擔任私立學校校長，父親溫剛是天津 33 中學地理教師；母親楊秀蘭是天津一小學語大教師，兩代獻身教育。

1960 年，南開中學畢業，考上北京地質學院（現中國地質大學）

1965 年，加入中國共產黨，參加「東方紅」

1967 年，參加工作，

1968 年，甘肅省地質局地質力學隊政治處負責

1978 年，受到地質部長孫大光賞識提拔。

1982 年，出任地質礦產部政策法規室主任、黨組成員．

1983 年，升任地質礦產部副部長．

1985 年，溫家寶在總書記胡耀邦任內出任中共中央辦公廳主任。

1987 年，趙紫陽任中共中央總書記後，仍任命其為辦公廳主任。

1989 年 5 月 20 日凌晨 4 時許，溫家寶陪同時任中共中央總書記的趙紫陽到天安門廣場勸慰學生停止絕食活動。

1993 年，晉陞為中央政治局候補委員，參與農業工作；

1998 年，任國務院副總理，主管農業、金融、科學技術、防汛救災、城鎮建設。

2002 年，當選中共中央政治局常委。

2003 年，被任命為國務院總理。

2005 年，頒布「非公有制經濟 36 條」保護及支持非公有制經濟

2006 年，免除農業稅在貧困地區推行免費義務教育及農村改革

2007 年 4 月 10～13 日到日本進行國事訪問，稱為「融冰之旅」「戰略互惠」與明仁天皇進行會談。

2008 年 5 月 12 日，四川省汶川縣發生芮氏 8.0 級的特大地震，溫家寶即日乘專
　機抵災區都江堰市指揮救援。

2009 年 10 月 4～6 日，應朝鮮勞動黨朝鮮政府邀請訪問朝鮮。

2010 年 4 月 15 日，溫家寶在《人民日報》上發文悼念胡耀邦。

　12 月 26 日溫家寶表示，要使人民生活得更有尊嚴：

　第一，就是要保障每一個人享有憲法和法律所給予的自由和權利；

　第二，就是無論職業不同、財產不同、民族不同、宗教信仰不同每一個人都
　　　完全平等，特別是在法律面前完全平等；

　第三，要使社會更加公平，特別要關注那些　弱勢群體、殘疾人、愛滋病人，
　　　使他們能夠有尊嚴地生活；

　第四，就是要尊重每一個人的人格，包括犯錯誤的人，以至犯罪的人都要尊
　　　重他們的人格。

2011 年，溫家寶在夏季達沃斯論壇表示：「一個執政黨最重要的任務就是要依
　照憲法和法律辦事，並且嚴格在憲法和法律範圍內活動，這就需要改變以黨
　代政，把權力絕對化和權力過分集中的現象。為此，必須改革黨和國家的領
　導制度。」

2012 年 3 月 14 日，溫家寶說：我為國家、人民傾注了我全部的熱情、心血和
　精力，沒有謀過私利。我敢於面對人民、面對歷史。知我罪我，其惟春秋。

　11 月 20 日，溫家寶引屈原在《離騷》名句「亦余心之所善兮，雖九死其尤
　未悔」、「伏清白以死直兮，固前聖之所厚」表達心聲。

李克強 1955.7.17.~　安徽定遠縣生於合肥

李克強，北京大學經濟學博士，父親李奉三，曾任安徽省鳳陽縣長，蚌埠市中
級人民法院長。北京大法律系學士。曾任北大團委書記、共青團書記、河南省
長及省委書記、中大常委會主任。他無分假日，有工作狂，勤政愛民，不接受

宴請招待，常以泡麵裹腹，不張揚，鴨子划水，低調行事．妻室程虹，為英語
教授，育有一女，留學美國．

1972 年，在合肥八中高中部學習。

1974 年，為安徽省鳳陽縣大廟公社東陵大隊知青；

1976 年，加入中國共產黨；

1977 年，入北京大學法律系，獲經濟學博士學位。

1982 年，擔任北京大學團委書記、共青團中央書記處書記、全國青聯副主席。

1993 年，年任共青團中央書記處第一書記。

1998 年，任河南省委副書記、河南省省長；

1999 年，任河南省省長；

2002 年，任中共河南省委書記、省長；

2003 年，任河南省委書記、河南省人大常委會主任；

2004 年，任中共遼寧省委書記、遼寧省人大常委會主任。

2007 年，當選為中共中央政治局委員、常委，成為中國最高決策層之一。

2007 年，被任命為國務院黨組副書記，中共中央財經領導小組副組長。

2008 年，當選為國務院副總理（排名第一）。

2012 年，連任中央政治局常務委員會委員（排名第二，僅次於總書記習近平）。

2013 年，當選國務院總理，是中華人民共和國成立以來第七位總理。

李克強就任總理後，訪問印度、巴基斯坦、瑞士、德國。

何叔衡 1876～1935 湖南寧鄉

何叔衡，字玉衡，號琥璜，中國共產黨創始人之一。

1913 年，就讀湖南省立第一師範學校，後在長沙楚怡小
學和第一師範附小任教。

1918 年，與毛澤東、蕭瑜、蔡和森等發起成立新民學會。

1921 年 7 月與毛澤東參加上海中國共產黨第一次全國代
表大會

1921 年 8 月，與毛澤東創辦湖南自修大學，辦《湖南民
報》

1927 年 5 月，長沙「馬日事變」後，赴上海與謝覺哉、徐特立　等創辦中共印
刷機構「聚成印刷公司」，任經理。

1928 年 6 月赴蘇聯莫斯科參加中國共產黨第六次全國代表大會

　9 月入莫斯科中山大學，與徐特立、吳玉章、董必武、林伯渠　等編在特別
班。

1930 年 7 月回上海任共產國際救濟總會和全國互濟會負責人。

1931 年秋，何叔衡進入江西中央蘇區，當選為中華蘇維埃共和國中央執行委員
會委員、臨時中央工作檢察人民委員、內務人民委員部代理部長、臨時最高
法庭主席、工農監察部部長。

1934 年中央紅軍主力突圍長征後留守贛閩根據地堅持游擊鬥爭

1935 年 2 月 24 日，何叔衡在福建長汀水口被國民黨部隊包圍，於突圍中犧牲．

徐特立　1877.2.1.~1968.11.28.　湖南長沙縣江背鎮人

徐特立，原名懋恂，字師陶，是毛澤東和田漢等著名人士的老師。4 歲母親逝世．

1885 年 9 歲，父親讓他讀書，雖然家徒四壁，用血汗錢為他繳學費。12 歲，伯祖父逝世，父親決定讓他過繼給伯祖母做孫子，9 歲到 15 歲，徐特立讀了 6 年私塾，學習孔子《四書五經》、明朝朱用純《治家格言》和明朝楊繼盛的著作。

1893 年，伯祖母一病不起，徐特立一邊勞動，一邊自學。

18 歲時，在五美山小塘灣設館開學，白天在私塾教書，晚上去王硯秋的講經館去聽課，買了《十三經註疏》《御批資治通鑒》《讀史方輿紀要》等書籍，時人稱為「破產讀書」。

1905 年，參加 3000 多人的考試，名列第 19 名。

1907 年，看到將要滅亡的清朝，斬斷小手指寫血書上疏興革。

1912 年，創辦長沙縣立師範（今長沙師範學校的前身）。

1919 年~1924 年 6 月赴法國勤工儉學，考察比利時和德國的教育。

1924 年，回長沙創辦長沙女子師範（1926 年併入長沙縣立師範）擔任校長，兼任省立第一女子師範（即稻田師範）校長．

1927 年夏，加入中國共產黨，參加南昌起義，

1928 年，被派往蘇聯莫斯科中山大學學習。

1930 年，回國任教育部副部長，蘇維埃大學副校長。

1934 年，參加長征。

1940 年，在延安任延安自然科學院院長

1949 年，中華人民共和國成立後，任中共中央宣傳部副部長。

1968 年 11 月 28 日，徐特立在北京逝世，享年 91 歲。

徐特立妻子熊立誠，11 歲做徐特立的童養媳，活了 83 歲，育有大女兒徐守珍，大兒子徐篤本，小女兒徐陌青，小兒子徐厚本。

毛澤東對他的評價很高，「你是我二十年前的先生，你現在仍然是我的先生，你將來必定還是我的先生。」周恩來稱他是「人民之光，我黨之榮」。朱德稱他為「當今一聖人」。

吳玉章 1878.12.30.~1966.12.12.四川榮縣雙石鎮落籍廣東惠州市惠陽區

吳玉章名永珊，號玉章。父母早死，1896 年與游丙蓮結婚。
1903 年東渡日本入東京成城學校學習。
1905 年參加同盟會。
1907 年創辦了《四川》雜誌。
1911 年吳玉章歸國後回到四川，參加保路運動，策動榮縣
獨立。發動內江起義，成立內江軍政府。武昌起義他參加
中華民國臨時政府工作曾任南京臨時參議院議員
1922-1924 年曾任成都高等師範學校（四川大學前身）校
長。
1924 年，在重慶與楊闇公組建中國青年共產黨
1925 年 2 月，到達北京他的學生趙世炎介紹加入了中國共產黨。
1927 年 11 月，南昌起義失敗後，赴蘇聯，在東方大學等校學習任教。
1935 年 11 月，共產黨的派遣去法國巴黎負責《救國時報》工作。
1938 年 4 月，回國，抵重慶。
1939 年 11 月，到延安，任延安憲政促進會會長、陝甘寧邊區新文字協會會長、
魯迅藝術學院院長、延安大學校長、文化委員會主任。
1945 年抗戰勝利後，吳玉章任中共四川省委書記。
1948 年 8 月，中共中央決定成立華北大學，任命吳玉章為校長。
1949 年中華人民共和國成立後，任人民大學校長、文字改革會主任。
1955 年起任中國科學院哲學社會科學部委員。
1956 年主持漢語拼音工作。
1966 年 12 月 12 日，吳玉章逝世

謝覺哉 1884.4.27.~1971.6.15. 湖南省長沙市寧鄉縣

謝覺哉，又名煥南，是中國的教育家、政治家。
1905 年中秀才，1923 年加入中國國民黨，1925 年加入中
國共產黨。曾任《湖南通俗日報》《湖南民報》《紅旗報》
《上海報》《工農日報》編輯。參加過長征，在斯諾的《西
行漫記》中，曾經記載他在陝西實驗漢字拉丁化。抗日
戰爭時期，任中共駐蘭州辦事處代表，中央黨校副校長，
中共中央西北局副書記，陝甘寧邊區政府秘書長，邊區
中央局副書記。解放戰爭時期，任華北人民政府司法部
部長兼政治大學校長。中華人民共和國建國後，歷任中
央人民政府內務部部長、中華人民共和國內務部部長、最高人民法院院長、全
國政協副主席、中共第八屆中央候補委員．

鄧演達 1895.3.1.~1931.11.29.廣東歸善（今惠州市惠陽區）人

鄧演達，又名策成、仲密，字擇生，化名石生登，。歷任黃埔軍校教練部副主任、教育長、國民革命軍總司令部政治部主任兼武漢行營主任·

1909 年考入廣東省陸軍小學堂，

1911 年辛亥革命時期參加姚雨平廣東討虜軍北伐，

1917 年 2 月入保定軍校六期，與葉挺同學，1919 年 2 月畢業。

1920 年 10 月回廣東，參加鄧鏗的粵軍第一師獨立營營。

1923 年 1 月參加許崇智東路討賊軍，任第三團團長攻擊陳炯明。1924 年 5 月黃埔軍校成立，任訓練部副主任兼學生總隊長。

1924 年底辭職，「自費」轉道蘇聯赴德國學習，

1925 年底轉道蘇聯回國，任黃埔軍校教育長。

1926 年 3 月「中山艦事件」被調到黃埔軍校潮州分校任教育長。1927 年 1 月，蔣介石擅自決定遷都南京，開展反蔣活動。

「四一二」政變，鄧演達主張東征討蔣，沒有被汪精衛採納。鄧留下《告別中國國民黨的同志們》信，譴責蔣介石、汪精衛，化裝離開武漢，在潼關與蘇聯顧問鮑羅廷等人會合，經榆林、包頭，穿沙漠，越西伯利亞·

10 月 15 日到達莫斯科。

八一南昌起義。鄧和宋慶齡未參加，但在莫斯科發表了《對中國及世界革命民眾的宣言》，聲明繼承孫中山遺志，堅持反帝反封建，提出組織「中國國民黨臨時行動委員會」（中國農工民主黨前身），繼續與新舊軍閥鬥爭。

11 月中旬鄧獲得史達林的接見。

12 月，鄧演達由莫斯科轉赴柏林·

1928 年 5 月 4 日宋慶齡也抵達柏林。

1930 年 5 月鄧演達回國，進行反蔣活動。

1931 年 8 月 17 日，由於叛徒陳敬齋告密，

鄧在上海愚園路愚園坊 20 號幹部訓練班講課時，被淞滬警備司令部偵察隊特務逮捕，羈押在靜安寺捕房臨時監獄。

18 日宋慶齡從上海趕到南京，面見蔣介石要求釋放鄧演達· 19 日晨鄧被押送至白雲觀淞滬警備司令部偵察隊。

21 日，鄧演達押解到南京，陳立夫勸說鄧與蔣合作被拒絕。11 月 25 日宋慶齡第二次來南京，利用自己特殊身份闖入中央軍人監獄探望鄧演達。

11 月 29 日鄧演達被秘密處決於南京麟麒門外沙子崗年 36 歲。

中華人民共和國建立後遺骸被遷葬於南京中山陵內孫中山陵寢旁，並被追認為「革命烈士」。

董必武 1886.3.5.~1975.4.2. 湖北黃安（今紅安）

董必武，原名賢琮，又名用威，字潔畬，號壁伍。
1903 年，考取秀才。
1905 年，考入湖北「文普通」學堂，
1910 年，獲清朝學部授予的拔貢學銜，後在黃州任教員。
1911 年，參加辛亥革命，同年加入中國同盟會。
1914 年，留學日本東京「私立日本大學」加入中華革命黨。
1915 年，反袁世凱稱帝，兩次被捕入獄。
1916 年，出獄，辦律師事務所兼教書工作，旋赴日本。
1918 年，由日本回國，參加護法運動。
1919 年，在上海參加了五四運動，其後創辦武漢中學。
1920 年，與陳潭秋在武漢成立「湖北共產義小組」。
1921 年，共產黨第一次全國代表大會，任武漢區委委員、湖北民運部長。
1924 年，國共合作，任湖北省政府農工廳長。
1925 年，創辦「楚光日報」
1926 年，創刊「漢口民國日報」
1927 年，國民黨第一號命令通緝共黨首要：鮑羅廷、陳獨秀、董必武等 197 人
1928 年，赴莫斯科中山大學特別班學習。
1932 年，任「中華蘇維埃共和國」執行委員、臨時最高法院主任。
1934 年，參加長征，任中共黨校長，陝甘寧邊區政府代理主席。
1945 年，代表解放區參加舊金山聯合國制憲會議。
1949 年，中華人民共和國成立，任政務院副總理。
1950 年，任最高人民法院院長。
1959 年，任「中華人民共和國」副主席、
1969 年，成為「中華人民共和國」代主席。
1975 年，任人大常委會副委員長、4 月 2 日在北京逝世，終年 90 歲。骨灰安放
　　北京「八寶山革命公墓」骨灰堂。

林伯渠(林祖涵)1886.3.20.~1960.5.29. 湖南省安福縣（今臨澧縣）人

林伯渠，原名林祖涵，字邃園，號伯渠，
1902 年，考入湖南公立西路師範學堂，
1903 年，考取公費赴日本留學，
1904 年，入東京弘文學院，
1905 年，經黃興、宋教仁介紹，加入同盟會追隨孫中山。
1906 年，奉命前往長沙辦理振楚學堂。
1907 年，反清失敗後仍留東北管理學政，
1911 年，回上海，往湖南西部爭取當地駐防官兵的支持。

1913 年，參加二次革命失敗後逃往日本，加入中華革命黨。

1916 年，護國戰爭，任湖南護國軍參謀長，湖南總司令部參議。

1917 年，護法軍攻佔長沙，林出任湖南財政廳長。

1918 年，長沙復為北洋政府攻佔，林伯渠等被迫撤回廣州

1919 年，譚延闓出任湖南都督，協助中國國民黨改組工作。

1921 年，經李大釗和陳獨秀介紹，加入中國共產黨。

1922 年 6 月 16 日，陳炯明炮轟總統府，林再度流亡上海。

1923 年，推進國共合作，吸收共產黨人士加入國民黨。

1924 年，當選為國民黨中央執行委員、農民部長。

1925 年，孫中山病逝，林隨同扶柩至北京西山碧雲寺。

1926 年，在國民黨第二次全國代表大會，當選為中央執委，並擔任財務審查委員會主席，兼農民部長。他在任內聘請毛澤東為廣州農民運動講習所所長。

　3 月 20 日，中山艦事件後，林被迫辭去農民部長，轉而全力投入國民革命軍第六軍的政治工作，

　9 月 20 日，蔣介石邀參加北伐工作，林隨軍至南昌、九江。

1927 年 2 月，林返回漢口，隨後任國民黨政治委員會委員、軍委會秘書長。3 月 26 日林前往南京，擬按武漢國民政府及軍事委員會密令逮捕蔣介石，不料被南京衛戍司令程潛拒絕。

　8 月 1 日，參加南昌起義。

　10 月 3 日，林伯渠非戰鬥人員而離開部隊前往香港，後經上海、神戶、符拉迪沃斯托克前往莫斯科，入莫斯科中山大學。

1933 年，回國，擔任紅軍總供給部部長。

1935 年，出任陝甘寧邊區主席。

1938 年 4 月 12 日，任命為國民參政會參政員、中共中央委員。

1940 年 10 月，回延安專注邊區政府工作。

1942 年 2 月，擔任了陝甘寧邊區學習指導委員會主任一職，

1944 年 2 月 17 日，奉命前往重慶與國民政府重開談判工作。

1945 年，被選為中央委員，進入中共中央政治局。

1948 年 12 月 26 日，調西柏坡中共中央工作。

1949 年，在北平與張治中代表團進行結束內戰的談判未果。

　10 月 1 日，被選為中華人民共和國中央人民政府秘書長。

1954 年，當選為第一屆全國人大常委會副委員長。

1956 年，當選為中央委員和政治局委員。

　1960 年 5 月 29 日，在北京病逝，享年 74 歲。

李大釗 1889.10.29.~1927.4.28.　河北樂亭縣小黑坨村人

李大釗，字守常，中國共產黨主要創立人之一，中國最早
的馬克思主義者和共產主義者之一，是中國國民黨第一屆
中央執行委員會委員之一，同時是共產國際的成員及其在
中國的代理人。

1913 年，天津北洋法政專門學校畢業，加入中國社會黨，
因活動被查封，逃離北京赴日本，入早稻田大學政治科。

1914 年，組織神州學會，進行反袁活動。

1915 年，反抗日本「二十一條」發出《警告全國父老》通
電。

1916 年，回國創辦《晨鐘報》《甲寅日刊》推動新文化運動。

1918 年，任北京大學圖書館主任、教授，參與編輯《新青年》，和陳獨秀等創
辦《每周評論》，推動共產主義。

1920 年，和陳獨秀醞釀組建中國共產黨，發起組織馬克思學說研究會。同年 10
月和鄧中夏、高君宇、何孟雄等一同建立北京共產主義小組。 中共建黨後，
任二、三、四屆中央委員。

1922 年，李大釗根據共產國際指示，赴上海會見孫中山。

1924 年，參與「國共合作」以個人身份加入國民黨。李大釗代表中共立場，要
求正式承認蘇聯政府駐兵外蒙古。

1925 年，五卅運動爆發後，李大釗「假借共產學說，嘯聚群眾，屢肇事端」被
北洋政府下令通緝，逃入東交民巷俄國兵營。

1926.3 月，領導「反對帝國主義和北洋軍閥」三一八運動。

1927.4.6.，李大釗全家，在蘇聯大使館被捕接受軍法審判。

　4.28.，李大釗等 20 名人員以「和蘇俄裡通外國」罪名絞刑處決，時年 38 歲。

1933.4.23.，安葬北京香山萬安公墓，出殯聲勢浩大政治示威。

1983 年，萬安公墓闢出李大釗烈士陵園，供中共黨員遊客瞻仰。

1989 年，蘇聯出版李大釗郵票

李大釗長子李葆華後在中華人民共和國成立後亦出任要職，曾任中國人民銀行
行長。長女李星華，女作家。

李達 1890.10.2.~1966.8.24. 湖南零陵嵐角山鎮（永州市冷水灘區）人

李達，字永錫，號鶴鳴，筆名立達、鶴、胡炎、江春等。
馬克思主義哲學家、教育家、中國共產黨創始人之一。

1911 年赴日求學，後因病回國，1917 年再次赴日考入日本
東京帝國大學，1920 年李達回國．夏天在上海與陳獨秀、
陳望道等人共同發起建立中國共產黨，代理書記任《共產
黨》月刊主編。

1921 年，李達籌備中國共產黨第一次全國代表大會，

1922 年，應毛澤東在湖南大學、湖南第一師範任教。

1923 年，與陳獨秀在國共合作問題上發生分歧，脫離共產黨．

1927 年，馬日事變後脫離政治活動，在各大學擔任教授、系主任，

1937 年，出版《社會學大綱》，毛澤東盛讚他為「理論界的魯迅」。

1949 年，策動湖南投降中共。劉少奇介紹重新加入共產黨。歷任中國政治大學、
　　湖南大學、武漢大學校長，兼任中國科學院中南分院副院長等職。

1955 年，被聘為中國科學院哲學社會科學部常務委員（院士）。

1958 年，李達曾在武漢東湖客舍同毛澤東就主觀能動性問題發生爭論，直言批
　　評大躍進中的唯心論，對六十年代開展意識形態領域「左」的政治批判取沉
　　默態度，不同意林彪的「頂峰論」，指出「頂峰論」違反辯證法。

1966 年，文化大革命初期，批註毛澤東的《矛盾論》《實踐論》，7 月 19 日李
　　達寫信給毛澤東：「主席：請救我一命！我寫有坦白書，請向武大教育革命工
　　作隊取閱為感。此致最高的敬禮！8 月 24 日死在武漢醫學院附屬第二醫

1978 年，獲得平反．

張國燾　1897.11.26.~1979.12.3.　江西萍鄉市上栗縣金山鎮山明村

張國燾，字愷蔭，又名特立，中國共產黨創始人之一。
父親張鵬霄，曾任象山知事。張國燾少時進私塾讀書，
1916 年，考入北京大學理工預科，
1919 年，預科畢業轉入本科。參加五四運動，擔任北京
學聯主席，領袖之一。
1920 年，隨李大釗參與共產主義小組，建立中國共產黨，
1921.7 月　中共一大當選中國共產黨中央局三人團成員
（任組織主任）。

1922 年，二大任中央執行委員會委員、中央組織部長。參加領導二七大罷工。

1923.6 月　中共三大上，因為反對與國民黨合作，被批判左傾。

1924 年，與楊子烈結婚，育三子張海威、張湘楚、張渝川，皆在美國加拿大。

1925.1 月　中共四大為中央執行委員會委員，中央農工部主任。領導五卅運動。

1927.4 月　中共五大為中央委員會委員，中央政治局常委。

1928.6 月　六大為中央政治局委員，與瞿秋白任中共駐共產國際代表團代表。

1930.11 月　回國，擔任中國共產黨領導的紅四方面軍主要領導人。

1931.11 月　中華蘇維埃共和國中央政府成立時當選為中央執行委員會副主席。

1935.6 月　長征時期，張聞天、周恩來、毛澤東、朱德等領導的中央紅軍（紅一
　　方面軍）與張國燾領導的紅四方面軍在四川懋功地區會師。張國燾取代周恩
　　來出任紅軍總政委。因為張國燾堅決南下，而中共中央堅持「北上路線」，
　　中央紅軍與紅四方面軍再次分裂。

1935.10.5. 張國燾在四川馬爾康縣卓木碉自行成立「中國共產黨中央委員會」(史稱「第二中央」)張國燾自任中央主席,片面開除毛澤東、周恩來、博古、洛甫的黨籍。損兵折將的張國燾被共產國際命令取消其「第二中央」.

1936.10 月　在甘肅靜寧縣將台堡(今屬寧夏)與紅一方面軍會師。會師之後張即被邊緣化,被剝奪了軍權並遭到批判。

1938.4.3. 張國燾任陝甘寧邊區政府副主席,借祭拜黃帝之名逃離延安,遇上蔣鼎文到了西安,投奔中國國民黨。

　　4.11. 周恩來到武漢漢口與張多次協商未果之下,

　　4.18. 中共中央開除張國濤的黨籍.

　　張國燾投靠國民黨,蔣介石將其交給軍統領導人戴笠「妥善運用」。

1948 年,政治環境變化,舉家遷到台北;

1949 年,因租屋憤然攜家離台灣移居香港,參加顧孟餘等人「第三勢力」運動。

1949－1952.10 月　張國燾任《中國之聲》雜誌社長;

1966 年,為美國堪薩斯大學撰寫《我的回憶》,並於香港明報月刊刊登中文版。

1968 年,舉家移居加拿大。

1976 年,中風,右半身癱瘓;

1979.12.3. 在加拿大多倫多養老院凍斃逝世,葬多倫多郊外東北方向的 Pine Hills Cemetery (松山墓園),終年 83 歲。

康生　1898 年－1975.12.16.　生於山東大台壯近諸城(今大陸轄境膠南)人。

康生,原名張宗可,字少卿,曾用名趙溶、張溶,乳名張旺,筆名魯赤水,

1898 年,家庭富裕的地主家庭,名門望族,祖父張鴻儀曾為貢生,書香世家.由幼年時代便開始接觸文藝作品,因此受到家族薰陶,因此擅長書法繪畫,

1917 年,家中受土匪搶劫,其兄遇害,後舉家遷往諸城。

1920 年,諸城教師講習所,後諸城縣立高等小學講授。

1924 年,康生赴上海大學學習,並改名張溶。

1925 年,加入中國共產黨,

1931 年,與周恩來、陳雲等人負責情報與保衛工作。

1933 年,駐莫斯科中共駐共產國際代表團的副團長,與團長王明關係密切,取了俄文名字,中文音譯就是康生。

1934 年,成立肅反辦公室,處理旅蘇黨員幹部。王明為主任,康生為副主任.回國後,康生負責中國共產黨情報機關。江青與康生舊時即相識,江青到延安與毛澤東相戀,之中得到康生幫助,支持毛江結婚,從而獲得毛澤東信任,從而鞏固自己的政治地位。

1937 年,回到延安,領導中央社會部(情報部、敵區工作委員會)。

1942 年，幫助毛澤東發動延安整風，大搞逼供信，將大批黨員打成特務、叛徒和內奸，製造紅色恐怖，遭到各方指責。

1946 至 1949 年國共內戰期間，在山東從事解放區搞土改，推行極「左」路線。違反中央政策，導致多名地主死亡，被毛澤東批評。

1948 年，為中央政治局委員，出任省委書記兼中共中央華東局副書記，對安排為饒漱石副手不滿意，藉詞赴青島養病，後期又赴杭州養病。7 月 23 日赴北京醫院休養，此時醫生判斷其有神經衰弱症。

1956 年，康生在中共第八次全國代表大會，當選政治局候補委員、中央委員。

1957 年，任中央文教小組副組長、教育工作委員會副主任。負責指導、領導對情報、審干工作，對外不公開，開始負責黨內的意識形態工作。

1959 年，負責領導中共中央黨校的工作，康生掌握了黨內的理論工作領導權。

1959 年，廬山會議上，大力批評彭德懷，導致彭被打成「右傾機會主義分子」「反黨集團」，指責彭德懷「野心好大，要得中華！還起個號叫『石穿』，水滴石穿，搞陰謀嘛！」

1960 年，參加華沙條約國政治協商會議，與赫魯曉夫唱反調，深得毛澤東信任。

1962 年，指責小說《劉志丹》是作為高崗翻案，「利用小說搞反黨活動」，時任國務院副總理習仲勛被關押審查，牽連六萬多人，被迫害至死的有六千多人，被認為是文化大革命先聲。

在中共八屆十中全會上，被增補為中央書記處書記。

1966 年，文化大革命，康生任小組顧問，躋身政治局常委之列。

1967 年初，先把賀龍打為國民黨、軍閥。製造了 61 人叛徒集團，導致大批老幹部被關進監獄，後以此指責劉少奇。

1968 年，領導情報機關調查部，製造大量冤案，成為令人畏懼的「劊子手」。

2 月，製造「趙健民特務案」關押了趙九年，由此牽連被殺幹部達 14,000 人

3 月，內蒙古人民黨員登記，不登記者按敵我矛盾處理，受害者達 87,180 餘人，導致 17,000 人死亡，受牽連者 346,000 人。

4 月，聯同公安部部長謝富治，製造「羅瑞卿為首的地下黑公安部案」，將近 225 名幹部、工人誣指為叛徒、反革命。

康生給江青親筆信，「送上你要的名單」名單內，第八屆中央委員、候補委員有 88 名被打成是「特務」「叛徒」「反黨分子」受到康生、江青迫害。

9 月 16 日，劉少奇被康生等人定罪為「大叛徒、大內奸、大工賊、大賣國賊、大漢奸」。

10 月，中共第八屆第十二次會議召開前，康生下令對全體中共中央委員、中央監察委員會委員、全國人大常委會委員、全國政協委員的所有名單逐一進行審查，把大量委員打成為「叛徒」「特務」。

1969.11 月，派人到上海市公安局，處死被關押多年的盧福坦。

1970 年，毛澤東對林彪起疑心，康生敏銳地感到政治氣候不利，再次以養病為由，閉門不出。

1973 年，康生當選為中共中央副主席，名列毛澤東、周恩來、王洪文之後。

1974 年起，康生患癌症，長期在醫院休養。據說患上恐懼症，其住房需全日有人守候，以醫生囑咐為由，多次拒絕其他領導人來探望，但卻經常與文革小組人員會面。而原國家安全部部長凌雲曾指出，康生死前強調自己在 1930 年代沒有叛變，被認為是欲蓋彌彰。

1975 年 1 月，當選為全國人大常委會副委員長。

　4 月，向秘書指責江青、張春橋、姚文元歷史上有問題，在政治上不可靠

　10 月，康生在政治上已難以為繼，抱病最後一次面見毛澤東，指毛讓鄧小平復出後，鄧會在毛澤東死後全面否定文革，要求毛澤東再次打倒鄧小平，這動搖了毛澤東讓鄧小平工作的決心。

12 月 16 日，康生死於癌症，死時位列毛澤東、周恩來和王洪文之後，在中共領導中位居第四。

1980.10.16. 中央紀律檢查委員會的《中共中央轉發中央紀律檢查委員會關於康生、謝富治問題的兩個審查報告的批語》，把他開除黨籍，並撤銷悼詞。

　將其骨灰遷出八寶山革命公墓。後來被劃為林彪江青反革命集團成員。位於山東省青島市的康生出生地——康生故居

2008 年，提出「康生才是文革的主策劃者」，惟缺乏具體證據支持此項論點。

瞿秋白　1899.1.29.－1935.6.18.　祖籍江蘇宜興‧生於江蘇省常州府城內東南

角的青果巷一座名八桂堂的花園住宅內的天香樓二樓
瞿秋白，原名雙（或霜、爽），號熊伯（或雄魄），
書香門第，世代為官，瞿賡甫當時任湖北布政使。瞿秋白的父親瞿世瑋擅長繪畫、劍術、醫道，生性淡泊，不治家業，寄居叔父家中，經濟上依賴在浙江做知縣的大哥瞿世琥的接濟。母親金璇，也是官宦之女，精於詩詞。她的子女中長大成人的有 5 子 1 女，瞿秋白是家中的長子。由於瞿秋白頭髮上生有雙旋，父母為其取名雙（同音字霜、爽）。

1903 年，瞿賡甫死在湖北任上，從此瞿家的家道開始中落。瞿賡甫的遺屬開始瓜分財產時，瞿世瑋作為瞿賡甫的侄兒被迫離開八桂堂，先後租住烏衣橋、星聚堂等處，一家的生活日益窘迫。

1904 年，5 歲的瞿秋白進入私塾啟蒙讀書，次年轉入冠英小學。

1908 年，常州小學畢業，入常州學堂，因家貧輟學，任無錫鄉村國民學校校長‧

1909 年春天，10 歲的瞿秋白考入常州府中學堂（現江蘇省常州市高級中學）。該校校長屠元博，曾經留學於日本，是同盟會會員。但是並沒有證據表明，瞿秋白從他那裡接受了反清革命思想的影響。但是，瞿秋白在中學時代確實養成了愛讀書的習慣。

1915 年冬，因交不起學費，瞿秋白被迫輟學。農曆正月初五，母親金璇服毒自盡。瞿秋白一家人分別投親靠友，瞿秋白先在楊氏小學教書。

1916 年年底，瞿秋白得到表舅母的資助，西赴漢口，寄居在京漢鐵路局當翻譯的堂兄瞿純白家中，並進入武昌外國語學校學習英文。

1917 年春，瞿純白調外交部任職，瞿秋白也隨同北上到北京，在北京大學旁聽生，參加普通文官考試未被考取，於是考入外交部辦的俄文專修館（免費入學），學習俄文。

1919 年 5 月 4 日，五四運動爆發後，他以極大的熱情投入北京愛國學生運動，被選為專修館學生總代表，參加了北京大中學校學生聯合會，成為北京學生愛國運動的領導人之一。8 月參加了中南海總統府前抗議馬良禍魯的請願活動，遭到逮捕，旋即被釋放。1920 年初參加了李大釗、張崧年發起的馬克思主義研究會。

1920 年 8 月，瞿秋白被北京《晨報》和上海《時事新報》聘為特約通訊員到莫斯科採訪。

1921 年秋，東方大學開辦中國班，瞿秋白作為當時莫斯科僅有的翻譯，進入該校任翻譯和助教，開始接觸馬克思主義的理論書籍。

1922 年，加入中國共產黨。年底，代表中國共產黨到莫斯科，擔任他的翻譯。

1923 年 1 月也隨同陳獨秀回到北京，兼管中共宣傳工作，擔任中共中央機關刊物《新青年》《前鋒》主編和《嚮導》編輯。是年夏，于右任、鄧中夏創辦上海大學，瞿秋白擔任教務長兼社會學系主任。

1924 年，國民黨改組，瞿秋白出席中國國民黨一大，參與國民黨的工作。

1925 年 1 月起，先後當選中央委員、中央局委員、政治局委員。
　　參與領導了五卅反帝國運動。

1926 年，任中共宣傳副部長

1927 年 7 月 12 日，陳獨秀被停職，由張國燾臨時代理主持中央工作。
　　8 月 7 日，羅明那茲主持（八七會議），將陳獨秀（缺席）免職，指定其白擔任臨時中央政治局常委，主持中央工作，成為繼陳獨秀之後，中國共產黨第三任最高領導人。瞿秋白主持中央政治局，策劃了 1927 年 11 月 11 日的武漢暴動、12 月 10 日的長沙暴動、12 月 11 日的廣州暴動，均以失敗告終。

1928 年，任中共駐共產國際代表。

1930 年 7 月，瞿秋白由於立場調和，被當地的黨部指為機會主義和異己分子的庇護者，撤銷了中國共產黨駐莫斯科代表的職務，攜妻子離開蘇聯回國，8 月中旬回到上海，主要任務是在 9 月底召開六屆三中全會，批判「立三路線」。但由於瞿秋白「沒有認出立三路線和國際路線的根本不同」，對立三路線的批判不夠徹底。

1931 年 1 月 7 日，開除了李立三的中央委員，瞿秋白在被王明錯誤打擊，被解除中央領導職務。此後瞿秋白到了白色恐怖籠罩的上海養病（肺結核），進

行文藝創作和翻譯，與茅盾、魯迅並肩戰鬥，結下深厚友誼，一起領導左翼文化運動。

1933 年，任蘇維埃大學校長．

1934 年 1 月，瞿秋白到達中央革命根據地瑞金（2 月 5 日），任中華蘇維埃共和國中央執委會委員、人民教育委員會委員、中華蘇維埃共和國中央政府教育部部長等職。中央紅軍長征後，瞿秋白帶病留守南方，進行游擊戰爭，任中共蘇區中央分局宣傳部部長。

1935 年 2 月 24 日，瞿秋白在向香港轉移途中，在福建省長汀縣水口鎮被宋希濂的國民政府軍第三十六師向賢矩部逮捕，拒絕投降國民黨政府。

6 月 18 日，瞿秋白在長汀中山公園刑場被處死。沿途用俄語唱《國際歌》、《紅軍歌》，高呼「中國共產黨萬歲」、「共產主義萬歲」等口號。

瞿秋白臨刑前絕筆詩

「夕陽明滅亂山中，落葉寒泉聽不窮；已忍伶俜十年事，心持半偈萬緣空。」

到達刑場後，盤膝坐在草坪上，被槍決，時年 36 歲。

李立三　1899.11.18.~1967.6.22.　湖南醴陵人

李立三，原名李隆郅，曾任中國共產黨實際最高領導人，政治家，中國工人運動領袖。

1919 年赴法國勤工儉學，1921 年回到中國後加入中國共產黨。分別在武漢、上海和廣州進行工人運動。

1922 年安源大罷工中任罷工總指揮；

1923 年，任中共武漢區委書記；1924 年任中共上海區委職工委員會書記；

1925 年，五卅運動中再次任罷工總指揮。

1927 年，起他任中共中央常委，

1930 年，任中共中央秘書長。在他出任中央主要領導期間，推行較為激進的「立三路線」（《中國共產黨中央委員會關於若干歷史問題的決議》說他在 1930 年 6 月至 9 月犯了左傾路線錯誤），

1931 年，被派到蘇聯學習，曾任中共駐共產國際代表團成員兼中華全國總工會駐赤色職工國際代表、共產國際工人出版社中文部主任、《救國時報》主編。

1945 年，當選為第七屆中共中央委員。

1946 年，回國，歷任軍調部東北三人小組成員、中共中央東北局委員、敵工部長、城工部長等職。

1948 年，任東北局職工運動委員會書記，中華全國總工會副主席、黨組書記。

1949 年，中華人民共和國建國後，歷任中央人民政府委員、政務院政務委員、中央人民政府勞動部部長、中華人民共和國勞動部部長。

1955 年，任中央書記處第三辦公室副主任、工業交通工作部副部長。

1960 年，任華北局書記處書記、中央委員、全國政協常委。

「文化大革命」中，他因受劉少奇的牽涉受迫害，
1967 年 6 月 22 日，服安眠藥自殺身亡。但安眠藥的來源不明，死亡過程是懸
　案。在寫給毛澤東的信中曾寫道：「我現在走上了自殺叛黨的道路，沒有任
　何辦法來辯護自己的罪行，只有這一點，就是我和我的全家沒有做過任何裡
　通外國的罪行，請求中央切實調查和審查，並作出實事求是的結論。」
1980 年 3 月 20 日，中共中央宣布對他進行平反。夫人李莎（俄語：Ｅлиз
　авета Павловна Кишкина）中國籍俄羅斯人。北京外國
語大學教授，中國知名俄語教學專家。

劉仁靜 1902.3.4.~1987.8.5.湖北應城

劉仁靜，又名劉養初、劉亦宇，中國共產黨早期領導之一，
1918 年 7 月入北京大學物理系預科，
1919 年，參加五四運動火燒趙家樓，打開曹汝霖住宅大門。
1920 年，轉北大哲學系加入北京大學馬克思學說研究會。
1920 年，加入北京社會主義青年團早期共產黨員之一。
1921 年，出席中國共產黨第一次全國代表大會最年輕者，
1921 年，回北京，和鄧中夏創辦了團刊《先驅》
1922 年，出席蘇俄彼得格勒共產國際代表大會，陳獨秀為
團長、劉仁靜為團員、瞿秋白為翻譯，劉仁靜代表發言。
1923 年 8 月，主張中國社會主義青年團思想上和組織上獨立性。
　9 月 29 日，擔任中國社會主義青年團中央執行委員會委員長。
1926 年，往莫斯科列寧主義學院學習，列席共產國際執委會議。
1929 年，離開蘇聯前往土耳其拜見托洛茨基，希望成為中國托洛茨基派的領袖，
　遭到托洛茨基拒絕。回國被中共開除黨籍。
1935 年 3 月，劉仁靜被中華民國國民政府逮捕，
1937 年 3 月抗日戰爭爆發前夕被釋放，並脫離托洛茨基派。同年冬到武漢，在
　國民政府就職。
1946 年 10 月，到上海，以賣文為生。
1949 年 10 月，中華人民共和國成立，次年，劉仁靜從上海前往北京，向中共
　中央組織部承認錯誤。
1950 年 12 月 21 日《人民日報》發表劉仁靜的認錯檢討，但是認為他沒有完全
　悔悟。劉此後被安排在北京師範大學任教，但遭到學生的反對，只得又調往
　人民出版社工作。
1951 年被人民出版社改為編外的特約翻譯，開除出工會不再承認其為正式職工。
1967 年 6 月，劉仁靜在「文化大革命」中被審，關入秦城監獄 1978 年底釋放。
　此後他回到人民出版社，任特約翻譯。
1985 年，他被聘為國務院參事。
1987 年 8 月 5 日，在北京因車禍喪生，享年 85 歲。

彭真 1902.10.12.~1997.4.26. 山西省曲沃縣侯馬鎮垤上村

彭真，原名傅懋恭，鄧小平主政時期「中共八大元老」之一。

1921 年，小學畢業，入山西省立第一中學，參加青年學會。

1923 年，加入中國共產黨。

1926 年，領導石家莊、天津工人鬥爭。

1936 年，中共北方局代表、組織部部長，解放先鋒隊總隊部。

1938 年，抗日戰爭爆發後，任中共中央晉察冀分局書記。

1941 年，任中央黨校副校長，組織部部長，城市工作部部長。

1944 年，六屆七中全會，歷史報告委員、組織委員會成員。

1945 年，出席中共七大主席團成員當選中央委員政治局委員。

1948 年，任中共組織部部長、政策研究室主任，北平市委書記。

1949 年，一直兼任中共北京市委書記。

1951 年，兼任北京市市長。

1954 年，當選為全國人大常委會副委員長和全國政協副主席。

1956 年，毛澤東、康生、江青等人點名批判彭真，由此被打倒。

1966 年，討論彭真、羅瑞卿、陸定一、楊尚昆幾個同志問題。

1979 年，補選為中央委員、政治局委員等

1980 年，任中央政法委員會書記。

1983 年，當選為全國人大常委會委員長。

1997 年 4 月 26 日在北京逝世，享年 95 歲。

任弼時 1904.4.30.~1950.10.27.湖南湘陰（汨羅市）塾塘鄉唐家橋人

任弼時，名培國，號二南・鄉村教師家庭，幼年隨父任裕道寄宿課讀湖南省公立作民兩等小學堂。

1914 年，隨父到塾塘鄉任氏序賢初等小學住讀。1915 年，入湖南立第一師範

1918 年，入長沙明德中學

1919 年，湖南第一聯合縣立中學（長郡中學）。

1920 年，參加毛澤東等籌建的俄羅斯研究會。

1921 年，入蘇聯莫斯科東方大學，改名為弼時，俄名Ｂ ｐ ｉ ｎ ｃ ｋ ｉ ｊ。

1922 年，加入中國共產黨。

1924 年，回國在上海大學教授俄語，編輯《中 國青年》《團刊》

1925 年，代理總書記，領導五卅運動。

1926 年，與陳琮英海結婚，10 月赴莫斯科出席　　共產國際會議。

1927 年，當選中央委員、總書記、局委員。考察湖南湘南暴動

1928 年，在安徽省南陵縣被捕，營救出獄，回上海休養。

1929 年，再次在上海被捕，聖誕節被減刑釋放。

1930 年，任中共湖北省委書記、中共武漢市委書記。

1931 年 1 月 7 日當選中央執行委員、組織部長及黨校校長。

1932 年 7 月，代理中央局書記，10 月出席寧都會議批判毛澤東。

1933 年 5 月，推行<u>王明</u>路線免去組織部部長，外放到湘贛蘇區任省委書記。

1934 年，撤離湘贛蘇區擔任省委書記

1935 年 11 月，與賀龍、繼續<u>長征</u>。

1936 年 2 月，任軍委總政治部主任。

1938 年，出席中共中央軍委華北分會議。3 月赴莫斯科向共產國際交涉。
　7 月接替王稼祥任駐共產國際代表

1940 年，回延安，負責陝甘寧邊區工作。

1941 年，任中央秘書長、黨務研究室主任兼根據地組組長。

1942 年，負責整風運動，並具體領導精兵簡政工作。

1943 年 3 月，負責陝甘寧和晉西北的工作

1945 年，當選政治局委員、書記，秘書長。

1947 年，由延安移到子長縣的王家坪；

1948 年，西柏坡會議抱病指揮<u>遼瀋戰役</u>、<u>淮海戰役</u>、<u>平津戰役</u>。

1949 年 5 月，病況嚴重，呈昏迷藏狀，去蘇聯達莫斯科近郊巴拉維赫療養院。

1950 年，到達黑海療養所療養。5 月 17 日，任弼時與女任遠芳回國，10 月 27
　日於北京逝世。

任弼時夫人陳琮英，育有四名兒女，大女兒為任遠志，二女兒為任遠征，三女兒為任遠芳，一名兒子為任遠遠。任弼時與<u>許世友</u>等人為中共高層領導人中以<u>土葬</u>的形式安葬的逝者。

楊靖宇　1905.2.13.-1940.2.23.　河南確山人

楊靖宇，原名馬尚德，字驥生，為便工作化名張貫一，乃超，楊靖宇為其常用化名。共產黨黨員，抗日戰爭名將，曾任東北抗日聯軍第一路軍總司令、中共滿州省委的軍委代理書記。

4 歲喪父，與母親、妹妹一起生活。1912 年入私塾讀書，1918 年考入確山小學，

1923 年，考入河南省立第一工業學校。

1926 年，加入共青年團，在河南省確山領導農民運動。

1927 年 5 月加入中國共產黨。組織確山劉店秋收起義，任農民革命軍總指揮。之後到開封、洛陽等地從事地下工作。

1929 年，赴東北，擔任撫順特別支部書記，後被當時的日本租界憲兵抓獲。

1931 年九一八事變被捕，11 月經營救出獄，任哈爾濱區委、滿洲省委軍委書記。

1932 年，組建中紅軍第 32 軍南滿游擊隊，並在磐石縣建立了游擊根據地。

1933 年 1 月 26 日，以南滿游擊隊和海龍游擊隊為基礎，

1933 年 9 月組成東北人民革命軍第一獨立師，任師長兼政委，

1934 年，任第一軍軍長兼政委。

1936 年，　2 月任東北第一軍軍長兼政委，6 月任第一路軍總司令兼政委。

1940 年 1 月，部隊被關東軍重兵圍困，分散突圍。但據稱被一個參謀出賣，　2 月 23 日，楊靖宇在吉林省濛江縣三道崴子戰死。

1958 年 2 月 23 日，遺體隆重公祭合葬在為他專門建立的通化市靖宇陵園。中共中央以及國務院和毛澤東、劉少奇、周恩來、朱德、朝鮮領導人金日成為楊靖宇陵園送過花圈。

趙一曼　1905.10.25.-1936.8.2.　四川宜賓白花鎮白荷場村人

趙一曼，原名李坤泰，學名、又名李一超，字淑寧，共產黨員，抗日烈士。家庭富裕，大家閨秀。投身革命後另取的一個名字，為了保守黨的秘密，為了使親友不受牽連，她不曾讓親友知道趙一曼就是李坤泰。

1926 年 2 月 28 日考入宜賓女子中學（現宜賓第二中學）。讀書時，被選為女中學生會常委兼交際股股長、宜賓婦聯常委會主席。同年，宜賓特別支部成立時，她即由團員轉為共產黨員，同時擔任宜賓婦聯和學聯黨團書記。

1926 年 5 月，「五卅」運動一周年時，正是抵制洋貨的高潮。趙一曼按照中共的指示組織黨團員在學生中宣傳，抵制英國煤油輪船靠攏宜賓碼頭，學生們遭到了武裝鎮壓，由此引發了全城罷工、罷市、罷課。

1926 年 10 月，趙一曼考進武漢黃埔軍校。

1927 年 9 月，被派往蘇聯進入莫斯科中山大學學習。

1928 年回國後，一直在上海等地從事黨的秘密工作。1928 年 4 月，趙一曼與湖南人陳達邦（1900—1966）結婚。婚後不久懷孕。11 月，趙一曼回到上海。12 月，被派到宜昌工作。在宜昌產下一子。取名「寧兒」（陳掖賢（1928 年 12 月－1982 年 8 月 15 日）。

1930 年，趙一曼帶孩子回到上海，抱孩子寄養在陳達邦大哥陳岳雲家。

1931 年「九一八」事變後，趙一曼前往東北進行抗日活動。

1932 年，任滿洲總工會秘書，組織部長。

1933 年 10 月兼任哈爾濱總工會代理書記。

1934 年 7 月任中共珠河中心縣委員、特派員和婦女會負責人、鐵北區委書記。

1935 年，任東北抗日聯軍第 3 軍第 1 師第 2 團政委，同年冬腿受傷被俘。因為她的利用價值，關東軍把她放在醫院醫傷。但是她說服了一個護士和看管她的滿洲國士兵，幫她逃走，被日軍追回遭到關東軍拷打，但趙一曼始終頑強不屈。

1936 年 8 月 2 日，被殺於珠河縣（今黑龍江省尚志市）小北門外。

王稼祥　1906.12.26.-　安徽涇縣人

王稼祥，原名喜祥，安徽蕪湖聖雅中學肄業
1925年，參加中共青年團，鼓動學潮，被開除學籍，入莫斯科中山大學．
1926年，任中山山大學團總書記．
1930年，離蘇返滬，任宣傳部幹事，創辦「工人通訊」
1931年，任黨委秘書長、「中華蘇維埃共和國」執行委員、紅軍總政部主任．
1934年，參加「長征」，與共黨國際軍事顧問李德生發生爭執．
1935年，「遵義會議」與毛澤東、周恩來組成三人軍事指揮小組，指揮紅軍．
1936年，赴蘇聯就醫．
1937年，任中共駐共產國際代表．
1938年，由莫斯科經新疆回延安，途中車禍．任中共軍委副主席、總政部主任．
1939年，創辦「八路軍軍政雜誌」．任八路軍政學院長．與胡仲麗結婚．
1949年，任中共駐蘇聯大使，陪同毛澤東訪問蘇聯．
1952年，任外交部副部長，隨同周恩來訪問印、緬、東德、波蘭、蘇聯、蒙古．
1958年，前往捷京布拉格，出席各國共產黨工人黨會議，免去副部長職務．
1966年，文化大革命，遭批判隔離，流徙外地．
1967年，毛澤東說：王稼祥在遵義會議中投下「關鍵一票」，「功大於過」應
　　受保護．
1973年，當選中央委員．
1974年，心臟病猝發，病逝北京醫院，年69歲．

薄一波　1908.2.17.~2007.1.15.　山西定襄縣蔣村

薄一波，原名薄書存，　中共八大元老之一．
1915年，就讀山西省立國民師範學校，後加入中國共產黨。
1922年，考入太原的山西省立國民師範學校。
1925年，加入中國共產主義青年團，組織學校學生參加聲援五卅運動。
　　12月，轉為中國共產黨黨員。次年，他即在國民師範學校中設立中共黨支
　　部成立，並任支部書記，後改任中共太原地委下設北部委副書記，從事工
　　人、學生運動。

1927 年，蔣介石清黨，第一次國共合作分裂。同年 6 月，閻錫山下令逮捕薄一波，薄被迫轉入晉北農村從事秘密革命工作。

1928 年，他到天津，任中共天津市委兵委書記、北方局軍委秘書長。次年，他在天津、唐山和正太、平漢鐵路沿線地區指導兵運工作，發動士兵暴動。

1931 年 6 月，薄一波在北平被捕，被判八年徒刑，關押在草嵐子胡同北平軍人反省分院，在獄中曾任中共支部書記。

1935 年，薄一波、殷鑒等十二名中共黨員因拒絕反省，而被北平國民黨軍法部門內定處以死刑。但因南京國民政府的批覆尚未下達，且因負責對監獄政治犯行刑的國民黨憲兵第三團根據《何梅協定》南撤，此十二人幸免於難。

1936 年，牢獄被押人員在退黨反共「自白書」上畫押的方式行出獄手續，薄一波等 54 人營救出獄，此事後成了文化大革命「61 人叛徒集團案」的證據。出獄後，薄一波被派往太原，任山西省工委書記。與山西地方軍閥閻錫山達成從事抗日救亡工作的協議，參與領導山西犧牲救國同盟會，主辦抗日軍政訓練班、民政幹部訓練班和山西國民兵軍官教導團，推動山西抗戰。

1937 年，犧盟會的會員已經發展至 20 萬人，「山西青年抗敵決死隊」薄兼任總隊長、隊委。只一年多，決死隊發展到 4 個縱隊，1 個工衛旅，3 個政衛旅，及暫編第一師。國民政府軍事委員會頒發正式番號，9 個師旅、50 個團，總兵力達 7 萬。

11 月，薄一波率決死隊第一縱隊前往晉東南抗日前線，任山西省第三行政區政治主任，領導創建太岳抗日根據地，配合八路軍開展抗日游擊戰爭。

1939 年，犧盟會員發展到 300 萬人左右，成為山西民間抗日的重要組織力量。薄一波在閻錫山的支持下，組建山西新軍。

1939 年，國民黨發動第一次反共，閻錫山在山西發動「十二月事變」，意圖消滅山西新軍。薄一波率部反抗，編入八路軍 129 師他任縱隊司令員兼政委。

1940 年，擔任冀南、太行、太岳行政聯合辦事處副主任。

1941 年 1 月，任八路軍太岳軍區司令員兼政治委員，8 月任太岳縱隊政治委員，同年任新成立的晉冀魯豫邊區政府副主席。

1942 年，任中共太岳區黨委書記、中共中央太行分局委員。

1943 年，薄一波赴延安入中共中央黨校學習，參加中共七大，當選中央委員。抗日勝利後，任中共晉冀魯豫中央局副書記、晉冀魯豫軍區副政委。

1949 年 9 月 21 日，中共人民政治協商會議，薄以華北解放區首席代表發言

1945 年，任中央晉冀魯豫局副書記和軍區副政委，協助鄧小平主持日常工作。與高樹勳會晤，並促成其部易幟。

1946 年 3 月，當選晉冀魯豫邊區參議會議長，參加《中共中央關於土地問題的指示》的起草工作，率先開展土地改革運動。

1947 年夏，他任晉冀魯豫中央局第一副書記、代理書記，後赴河北西柏坡，參加全國土地會議，討論制定《中國土地法大綱》。

1947 年，第二野戰軍挺進大別山後，薄一波主持中共晉冀魯豫中央局工作，籌建解放軍華北軍區野戰部隊，支持徐向前在山西境內與閻錫山部決戰。

1948 年 4 月，任華北中央局第一書記、第一副主席。兼華北軍區區政治委員、人民政府副主席、兼平津衛戍區區政委、綏遠軍區政委。

9 月，華北人民政府成立，完成土地改革，全面轉入大生產運動。

11 月，中央決定將接管平津的任務交給華北局。

12 月 8 日，任平津衛戍司令部政委，起草《關於進入平津的政策與作風》。

1949 年 3 月，參與制定《共同綱領》、當選為中央人民政府委員。

10 月，中華人民共和國成立。被任命為政務院政務委員、政務院財政經濟委員會副主任、中央人民政府第一任財政部部長，仍兼任華北局第一書記。其與陳雲一道負責組織建國初期穩定物價和統一財經的活動。

1951 年 12 月，擔任節約檢查委員會主任，指導全國「三反」、「五反」運動。

1954 年 9 月，任建設委員會主任，負責第一個五年計劃的 156 項工程。

1955 年，陳雲、聶榮臻、薄一波組成三人小組，負責指導原子能工業籌建工作。

1956 年 5 月，任國家經濟委員會主任。同年 9 月，當選政治局候補委員。11 月，被任命為中華人民共和國國務院副總理。

1962 年 1 月，出席黨七千人擴大的工作會議，開始對大躍進運動提出批評。隨後與鄧小平主持起草了「工業七十條」。

1957 年，薄一波時任國務院副總理，在一屆人大四次會議上做報告

1963 年，他兼任兼任國家計委副主任，參與制定第三個五年計劃。

文化大革命期間，康生舉報並舉出「薄一波等 61 人叛徒集團案」，

1967 年 3 月 16 日印發《薄一波、劉瀾濤、安子文、楊獻珍等自首叛變材料的批示》，把自首出獄重新定為「自首叛變」。劉少奇、薄一波等人均遭受迫害、批鬥。妻子胡明在被批鬥送押期間服安眠藥自殺。直至 1978 年，此案方在胡耀邦的主持下平反。

1978 年 12 月，胡耀邦冒著極大政治壓力，使中共中央為薄一波徹底平反，恢復名譽。

1979 年 3 月，任命為國務院副總理。他是鄧小平改革開放政策的重要支持者。

1980 年，作《三十年來經濟建設的回顧》報告，任國務院機械工業委員會主任。組建大型國有公司，中國汽車工業總公司、中國船舶工業總公司等。

1982 年 5 月，薄一波兼任國家經濟體制改革委員會第一副主任、黨組書記，重新調整計劃與市場、發展速度、中央與地方的關係等。

9 月，負責主持廢除當時普遍存在的領導幹部職務終身制，並建立和實行領導幹部離退休制度，推進領導幹部的新老交替。

1987 年 1 月 10 日，薄一波在黨中央一級的黨的生活會議上對胡耀邦進行「嚴肅的批評」，最後胡辭去中共中央總書記。由於此事，胡耀邦氣憤於 1989 年逝世後，他的家人不讓「恩將仇報」的薄一波出席他的官方追悼會。

1989年六四事件前夕，5月6日，薄一波向鄧小平提出：「就目前形勢惡化發展，不能再等了，要採取果斷措施，恢復社會秩序。」5月18日薄一波參加中央政治局擴大會議，決議對北京實施戒嚴。

晚年，薄一波進入黨史館，主持編寫《若干重大決策與事件的回顧》、《薄一波文選》、《七十年奮鬥與思考·戰爭歲月》等作品。

2007年1月15日晚八點半，薄一波在北京協和醫院去世，享年99歲。

李先念　　1909.6.23.~1992.6.21.　　湖北紅安人

李先念木匠出身，共產黨主要領導人之一、解放軍高級將領。

1927年加入中國共產黨，參加黃麻起義。先後任中共黃安縣高橋區委書記陂安南縣委書記縣工農民主政府主席。

1931年，任紅第四方面軍33團政委、第11師政委、紅三十軍政委，是中共鄂豫皖和川陝革命根據地的高級領導人。

1935年，參加長征；

1937年，隨西路軍西征，失敗後逃回延安。

此後，歷任中共河南省軍事部長、豫鄂挺進縱隊司令員、第五師長、書記、中原軍區司令員等職。

解放戰爭後期，協助劉伯承、鄧小平在中原軍事和政治工作

1949年中華人民共和國成立後，李先念出任湖北省委書記、湖北省軍區司令員兼政治委員。

1950年，任湖北省長、武漢市市長、中南軍政委員會副主席。

1954年到1980年間，李先念一直擔任國務院副總理的職務；期間曾先後兼任過財政部部長、國家計委副主任等職；歷經周恩來、華國鋒兩任國務院總理。

「文革」中，成為周恩來在主持經濟工作方面的主要助手。

1956年，晉陞為中共中央政治局常委，並出任中共中央副主席。

1983年6月，當選為中華人民共和國第三任國家主席。

1985年7月22日至31日訪問美國。

1988年4月，李先念任期屆滿，其職務由楊尚昆接替。但同時他又被安排出任第七屆全國政協主席，

1992年6月21日病逝於全國政協主席任上，享年83歲。

1949年，李先念和林佳楣結婚，長女李勁是和前妻尚小平所生，又生育了三個孩子，分別是二女兒李紫陽、兒子李平和小女兒李小林。

李先念極力反對改革開放，因不便公開反對鄧小平，把目標指向改革派人物趙紫陽。甚至提出要把趙紫陽的中央委員也取消。在六四事件中主張武力鎮壓學生和市民。

胡喬木 　1912.6.~1992.9.28.　江蘇省鹽城市龍岡鎮。

胡喬木，原名胡鼎新，1930年畢業於江蘇省立揚州中學，進入清華大學物理系和歷史系，

1930年加入中國共產主義青年團。

1932年轉入中國共產黨。曾任共青團北平西郊區委書記，共青團北平市委宣傳部部長。參與領導北平學生和工人的抗日愛國運動。

1933年經上海抵達杭州，插班就讀於浙江大學外語系二年級，1935年被浙江大學開除。馬克思主義理論家。

1935年後，任中國社會科學家聯盟書記，中國左翼文化界總同盟書記，中共江蘇省臨時工委委員。

1937年後，任安吳青訓班副主任，中共中央青委委員，中國青年聯合會辦事處宣傳部部長。

1941~1969年，任毛澤東的秘書。曾擔任中國社會科學院院長，新華社社長，中共中央書記處候補書記，中共中央政治局委員，中共中央顧問委員會常委等職務。

1945年參與起草了《中國共產黨中央委員會關於若干歷史問題的決議》。

1948年後任新華通訊社社長。

1949年後，歷任新華社社長（1949年10月1日至10月19日），中央人民政府新聞總署署長，中共中央宣傳部副部長，政務院文化教育委員會秘書長，中共中央副秘書長。參與起草了第一部《中華人民共和國憲法》

1956年當選為中共第八屆中央委員、中央書記處候補書記。1975年後任國務院政治研究室負責人。

1977年後任中國社會科學院院長、顧問、名譽院長，中共中央副秘書長、毛澤東著作編輯出版委員會辦公室主任，中共中央黨史研究室主任。　1978年補選為中共第十一屆中央委員。

1980年當選為中共中央書記處書記。

1982年9月，當選為中共第十二屆中央政治局委員。主持起草了《中國共產黨中央委員會關於建國以來黨的若干歷史問題的決議》等重要文件。

1987年當選為中共中央顧問委員會常委。曾任中共中央黨史工作領導小組副組長，中共中央文獻研究室主任。是第一、二、三、五屆全國人大常委。

1992年9月28日在北京逝世，終年81歲。遺體於10月4日火化。逝世後，中共中央，中央顧問委員會的訃告稱其「久經考驗的忠誠的共產主義戰士、無產階級革命家、傑出的馬克思主義理論家、政論家和社會科學家、我黨思想理論文化宣傳戰線的卓越領導人。」是毛歷任秘書中評價最高的。按照生前遺願，10月26日將骨灰撒在延安地區。

1994年，《回憶胡喬木》、《胡喬木文集》出版發行。

1995年12月，胡喬木生前1.4萬件檔案資料和4萬餘冊圖書，由其子女分別捐贈給中央檔案館、當代中國研究所和江蘇鹽城市。

習仲勳 1913.10.15.－2002.5.24. 祖籍河南省鄧州市，陝西富平人。

習仲勳，原名習中勳，字相近，習近平之父。

1920 年，在杜村小學讀書。

1926 年，在富平縣莊裏鎮立誠學校高小讀書。5 月加入中國共產主義青年團。

1927 年，因組織學生反對封建教育制度，被迫休學。

1928 年，在三原縣第三師範讀書。是年春參加學生運動，被捕後在獄中轉為中國共產黨黨員。

1930 年，受黨組織委派到國民黨西北軍楊虎城部做兵運工作，任中共營委書記。

1932 年 3 月，組織發動 "兩當兵變"，任中國工農紅軍陝甘遊擊隊第五支隊隊委書記。9 月，進入渭北革命根據地，任渭北遊擊隊第二支隊政治指導員。

1933 年 2 月，任共青團三原中心縣委書記，從事武裝鬥爭、農民運動和青年工作。3 月後，與劉志丹等人創建照金 "陝甘邊區革命根據地"。歷任中共陝甘邊區特委委員，軍委書記和共青團特委書記，遊擊隊總指揮部政治委員，革命委員會副主席、主席等職務。

1934 年 11 月，當選為陝甘邊區蘇維埃政府主席。

1935 年春，陝北、陝甘邊，合併成立西北革命根據地，習仲勳為中共西北工委領導成員，並繼續擔任陝甘邊區蘇維埃政府主席。

1935 年 9 月，在甘泉縣王家坪被中共朱理治、郭洪濤、戴季英等逮捕送瓦窯堡關押。10 月毛澤東到達陝北後，得以釋放平反。

1936 年 1 月，習仲勳降級任關中特區蘇維埃政府副主席、黨團書記。

1945 年 6 月，當選為候補中央委員。8 月，任中共中央組織部副部長。抗日戰爭勝利後，習仲勳歷任中共中央西北局書記、陝甘寧晉綏聯防軍政治委員、陝甘寧野戰集團軍政治委員、西北野戰軍副政治委員。

1947 年 3 月，協同彭德懷指揮 "保衛黨中央、毛主席和陝甘寧邊區" 的戰役。

1949 年，中華人民共和國成立，任中央人民政府委員，軍委會委員，西北局第二書記，政委員會副主席、代主席，第一野戰軍暨西北軍區政治委員，長期主持西北黨、政、軍全面工作。

1952 年 9 月，任宣傳部部長、兼政務院文化教育委員會副主任、黨組書記。

1953 年 9 月後，歷任政務院秘書長、國務院秘書長。

1956 年 9 月，在中共第八次全國代表大會上當選為中央委員。

1959 年 4 月，任國務院副總理兼秘書長、負責國務院常務工作。

1962 年 9 月，因 "《劉志丹》小說問題" 遭康生誣陷，在 "文化大革命" 中又受到殘酷迫害，被審查、關押、監護前後長達 16 年之久。11 屆三中全會後，方得到 "平反"。

1978 年 4 月後，習仲勳歷任中共廣東省省委第二書記、第一書記，廣東省省長，廣州軍區第一政委、黨委第一書記。在中共十一屆三中全會選為中央委員。

1980 年 9 月，補選為第五屆全國人大常委會副委員長，又兼任法制委員會主任。

1981 年 3 月，參與中共中央書記處工作。6 月，在中共 11 屆六中全會上，被增選為中央書記處書記。

1982 年 9 月，在中共 12 屆一中全會上當選為中央政治局委員、書記處書記，負責中央書記處的日常工作。

1988 年 4 月，習仲勳當選為第七屆全國人民代表大會常務委員會副委員長。

1989 年，六四事件，習仲勳同情民主訴求、強烈反對出兵鎮壓學生；之後，明確表示同情趙紫陽的遭遇，之後長期住在廣東深圳。

2002 年 5 月 24 日，因病醫治無效，在北京逝世，享壽 88 歲。骨灰歸葬于老家陝西省富平縣。

其遠祖居江西 吉安市新幹縣習家村， 1369 年，太祖習思敬配夫人趙氏攜家人遷徙至河南承宣佈政使司南陽府鄧州堰子裏（今河南省鄧州市十林鎮習營村）定居落戶，以農為業，繁衍生息。1882 年，習仲勳祖父習永盛配妻子張氏攜家帶眷從鄧州遷至陝西省富平縣塘頭習家村。在富平，習仲勳的父親習宗德和叔叔相繼出生。1911 年，習宗德與原籍河南淅川的柴菜花結婚，養育子女七人：長子仲勳、長女秋英、次子小名導兒（夭折），二女東英、三子仲凱、三女夏英、小女雁英。

汪道涵 1915.3.27.~2005.12.24. 安徽嘉山縣(今明光市)

汪道涵，原名汪導淮，同盟會元老汪雨相之子。

1932 年考入上海的交通大學，次年 3 月加入中共，11 月底遭國民黨逮捕，父親保釋出獄繼續從事革命工作。

1937 年入光華大學（後併入華東師範大學）理學院數理系，插入二年級繼續讀書。國共內戰時期，歷任蘇皖邊區財經部長、山東軍區軍工部長、山東省政府財政廳長。

中華人民共和國成立後，歷任杭州市財經部長、浙江省財政廳　長、商業廳長、華東工業部長等。

1949 年後，擔任第一機械工業部副部長、副主任、國家進出口管理委員會及外國投資管理委員會副主任。

1981 年 4 月任上海市市長，

1985 年任上海市政府顧問、顧問委員。

　美國塔夫茨大學授予其公共管理學榮譽博士學位，

1991 年 12 月 16 日海峽兩岸關係協會在北京成立，推舉為會長。28 日上海市台灣研究會誕生，舉薦為名譽會長。

　汪道涵為促進兩岸關係之研究，成立上海東亞研究所、中國評論月刊社，能在中國、香港、台灣三地發行的時論刊物。

1993 年 4 月 29 日，在新加坡總理李光耀的斡旋下，汪道涵同台灣海基會會長辜振甫在新加坡會面，簽署了「汪辜會談共同協議」，達成「九二共識」等四份協議。

1998 年 10 月 14 日，兩人又在上海進行了「自然對話」。

2005 年 5 月 3 日，中國國民黨主席連戰在首次訪問上海時，也專程與汪在錦江飯店錦江小禮堂會面。

　12 月 8 日獲香港中文大學頒授榮譽法學博士學位。

　12 月 24 日早上 7 時 23 分，於上海瑞金醫院病逝。

汪道涵曾是北京大學、復旦大學、同濟大學的客座教授，主講世界經濟、政治經濟、城市經濟、經濟管理等課程。

汪道涵與江澤民養父江上青為革命同志，抗日戰爭時同在安徽工作，加之江澤民同樣就讀於交通大學，因此與江澤民有着非同一般的關係，1949 年，江澤民畢業後即進入上海益民食品一廠任工程師，時汪夫人戴錫可正任其上級控股公司益民公司董事長。後汪道涵調江澤民到一機部所屬上海第二設計分局電氣專業科任科長。

1979 年，汪在擔任國家進出口管理委員會主任時，一手提拔江澤民任其轄下的中國投資管理委員會副主任兼秘書長，1985 年退休時，推薦江繼任上海市市長。

汪道涵原配夫人戴錫可，生有二子三女後病逝，長子為解放軍總裝備部科技委員會副主任汪致遠中將。

戴錫可病逝後汪娶孫維聰女士有二子，長子汪致重，幼子汪雨。

胡克實　1921.5.30.~2004.7.20.　湖北武昌人

1937 年考入湖北省立武昌中學，同年加入中國共產黨，

1938 年，進入延安中央黨校學習。此後，他先後任職於晉西南區黨委、晉西區黨委、邊區青聯、中共呂梁區黨委、中共晉綏分局。

1949 年，中華人民共和國成立後，他歷任中南局青委副書記，團中央書記處書記、常務書記，是當時團中央「三胡」之一（另二位為胡耀邦、胡啟立）。1973年出任國家地震局黨的領導小組組長。

1975 年起調入中國科學院，歷任黨的核心組成員、學部主席團成員、黨組副書記、副院長。此外，他還是中共八大代表，第三屆全國政協委員，第四、五屆全國政協常委，第一屆全國人大代表，第六、七屆全國人大常委，全國人大教科文衛委員會副主任委員。

2004 年在北京逝世，享年 83 歲。

喬石　1924.12.~　浙江定海

生於上海　喬石。原名蔣志彤。中國共產黨內的國際問題專家．

1940 年，加入中國共產黨．

1952 年，與翁郁文結婚。

1954 年，在鞍山鋼鐵建設公司、酒泉鋼鐵公司從事技術工作。

1963 年，任中央對外聯絡部研究員，副局長，局長，副部長。

1983 年，轉任中共中央辦公廳主任、中共中央組織部部長。

1985 年，中央政治局委員、書記、負責治安、情報、司法工作。

1986 年，兼任國務院副總理。

1987 年，任中央政治局常委、中央書記處書記、中紀委書記。

1993 年，轉任全國人大常委會委員長。

1996 年，古巴哈瓦那市政府授予「榮譽市民」。
　　　加拿大里賈納大學授予名譽法學博士學位。

1998 年因為年齡原因離休。

妻子翁郁文，翁的父親曾為國民黨元老陳布雷的機要秘書。

胡啟立　1929.10.~　陝西榆林人

1946 年進入北京大學物理系、機械系學習；並在大學畢業後留校，從事學生、共青團委工作；曾出任共青團北京大學委員會書記，受到時任共青團中央負責人胡耀邦的賞識。

1955 年 8 月，當選中華全國學生聯合會主席後，胡啟立受到毛澤東的接見；翌年，即被調入共青團中央聯絡部；曾擔任駐捷克布拉格國際學生聯合會書記處書記、副主席。

1961 年，在胡耀邦的推薦下，共青團九屆三次會議破格增選胡啟立為團中央書
　　記處候補書記。這為他日後的政治生涯，奠定了基礎。
1966 年 8 月，毛澤東曾警告共青團中央，稱胡耀邦、胡克實、胡啟立等負責人
　　犯了「錯誤」。胡啟立隨即被下放到「五七幹校」勞動；直到 1972 年才被恢
　　復工作。此後，他歷任中共寧夏回族自治區西吉縣委副書記，中共固原地委
　　副書記，寧夏自治區委辦公廳主任等職。
1977 年，胡啟立回京，出任清華大學副校長、黨委副書記；一年後，再次回到
　　共青團中央，出任團中央書記處書記、併兼任中華全國青年聯合會主席。
1980 年，隨着胡耀邦接任中共中央總書記，胡啟立成為當時中國政壇上的新星。
1980 年 6 月，出任中共天津市委書記、市長；
1982 年 4 月，升任中央辦公廳主任；同時，在當年 9 月召開的中共十二大上，
　　當選中央委員；後又當選中央書記處書記，正式進入中共領導層。在 1985 年
　　9 月召開的中共十二屆五中全會上，中共高層人事大調整，一批元老退休，
　　胡啟立與田紀雲、喬石、李鵬等「新秀」被增補為中央政治局委員。
1987 年，胡耀邦因反「資產階級自由化」不力下台，胡啟立並沒有受到影響。
　　11 月 2 日，晉陞為中央政治局常委；並在五位常委中，排名第四；同時還兼
　　任中央書記處排名第一的書記，負責書記處的常務工作。
1989 年六四事件前後，因同情學生運動，胡啟立與閻明復、芮杏文等中共高級
　　領導，隨總書記趙紫陽下台。胡啟立被免去政治局委員、常委，中央書記處
　　書記的職務，但仍保留中央委員會委員資格。
1991 年，胡啟立復出；被安排到原機械電子工業部，擔任排名最後的副部長
1993 年 3 月，在李鵬第二次總理任上，出任恢復設立的電子工業部部長。擔任
　　部長期間，胡啟立倡導對中國電信行業進行改革；積極推動中國聯通的成立，
　　引入競爭；並最終促使了郵政和電信的分離。
1998 年 3 月舉行的中國人民政治協商會議九屆一次會議上，胡啟立當選為全國
　　政協副主席，再次進入黨和國家領導人行列；
2003 年 3 月屆滿離任。胡啟立還分別自 2001 年的 3 月和 12 月起，兼任宋慶齡
　　基金會主席和中國福利會主席等職務。

閻明復　1931~　　遼寧海城人

閻明復，閻寶航之子。
1947 年，參加革命，
1949 年，加入中國共產黨，畢業於哈爾濱外國語專門學校（即黑龍江大學）。
1949~1966 年，在全國總工會、中共中央辦公廳任翻譯。
1967 年至 1975 年在文革中遭到殘酷迫害，曾被非法關押。
1975~1983，曾任中共中央編譯局毛澤東著作編譯室定稿員，中國大百科全書版
　　社副總編輯。

1983 年，任第六屆全國人大常委會副秘書長，兩年後擔任中共中央統戰部部長。

1986 年，被增選為六屆全國政協常務委員，

1987 年，當選為中央委員、十三屆一中全會上當選為中央書記處書記。

1988 年，當選為七屆全國政協副主席。

1989 年 5 月，在六四事件中，一部分新聞工作者遞交了請願書。

1989 年 5 月 11 至 13 日之間，閻明復和胡啟立、芮杏文訪中國青年報社等新聞單位，並與記者進行了對話。13 日，閻明復，胡啟立統戰部聽取了一些新聞界的專家的意見，並且在下午與北京 15 家新聞單位的主要負責人進行了座談。同日，示威學生開始絕食抗議，並且表示「不達目的決不罷休」。得知消息之後，閻明復約請知識分子進行斡旋，嚴家其、戴晴、劉曉波等到廣場勸說學生停止絕食，未果。

5 月 14 日上午閻明復約請王丹，吾爾開希等人在統戰部進行談話，決定在下午 4 點，在統戰部禮堂進行對話。但是學生提出對話級別不夠，需要全程直播。經過妥協之後，決定改為進行現場錄像，並且在電視台播出。下午 4 點，對話開始，由閻明復主持。對話進行到下午 7 點，廣場絕食學生來到對話現場再次要求電視直播並且形成僵持局面，閻明復宣布休會，第二天繼續進行對話，但翌日的對話仍然沒有進一步的進展；直至 5 月 16 日，閻明復在得到趙紫陽同意之後來到廣場，雖然對在廣場上的學生說了些打動他們的話，還表示願意一起靜坐和做他們的人質，但是並沒有起到扭轉局勢的作用。反而成為了後來閻明復被撤職的重要依據。

結果在同年 6 月於中共第十三屆四中全會上，閻明復與胡啟立、芮杏文一起被免去的中央書記處書記職務。1990 年他更被免去中共中央統戰部部長、政協全國委員會副主席以及中共政協全國委員會黨組副書記等職務。

1991 年後任民政部副部長。閻明復參與創辦了中華慈善總會，

1997~2002 年，擔任會長一職。

2001 年出版《美國慈善事業一瞥》一書。

2005 年，閻明復一直在《炎黃春秋》雜誌不定期的發表一些文章，如《從我親歷的幾件事看康生》，《我了解的赫魯雪夫權力鬥爭》等。並且作為總顧問指導了電視劇《英雄無名》的拍攝

2008 年，中國雪災之後，中華慈善總會在，汶川大地震央都發揮了重要的作用。閻明復早期曾擔任中國大百科全書出版社的副總編輯，大力推動了中國大百科全書的編纂工作。在一次訪談中他把「組織出版了中國的第一部大百科全書」和「參與創辦中華慈善總會」作為自己一生中最有意義的兩件事。

2013 年，被授予「中華慈善總會終身榮譽會長」稱號。在閻明復任中華慈善總會會長之後一直致力於推進中國慈善事業發展。尤其是在 98 抗洪期間，在閻明復的聯絡下，成功的進行了「我們萬眾一心」大型電視義演晚會。籌集善款 3 億多人民幣。

李瑞環 1934.9.~　　天津寶坻人

李瑞環，沒有接受過正式的教育，做木工手藝。
1951 年，為北京市第三建築公司的工人。
1959 年，加入共產黨，參與人民大會堂、體育場建築工程·
1965 年，北京建築材料供應黨委副書記、兼黨總支部書記。
1979 年，主持首都機場候機樓，他從工會轉到共青團任職。
1980 年，共青團常委、中央書記處書記全國青聯副主席。
1981 年，任為天津市副市長。
1982 年，胡啟立調離天津，李瑞環接班，出任天津市長·
1987 年，李瑞環當選為中共中央政治局委員。
1989 年，六四事件後，增補政治局常委，任中央書記處書記。
1993 年，擔任全國政協主席。著有〔看法與說法〕〔學哲學用哲學〕〔辯證法隨談〕〔務實求理〕平常講話。

賈慶林 1940.3.~　河北泊頭

賈慶林，河北工學院電力系畢業，

1959 年 12 月，加入中國共產黨．在重工業企業部，任技術員、團委副書記、辦公廳政策研究室技術員、產品管理局負責人。曾任政治局委員、政協主席、黨組書記．主管統戰，　中央對台工作領導小組副組長。

文革期間，下放江西「一機部」勞動。江澤民、李嵐清、羅干、曾培炎等人，也都是從「一機部」轉而日後進入中共政壇的。

1995 年，出任北京市市長，又接任市委書記，進入中央政治局。

2002 年 11 月當選中共中央政治局常委，當選全國政協主席。

賈慶林在福建工作 11 年，擔任福建省主要領導工作。

賈慶林夫人林幼芳，女兒賈薔，女婿李柏檀，生有女兒李紫丹（1992，Jasmine Li，雅思曼·李或傑斯銘·李），長子賈建國：全家都為澳洲公民，次子賈衛國．

吳邦國　1941.7.~　安徽肥東人

吳邦國，清華大學無線電電子學系畢業，工程師。

1960 年，清華大學無線電電子學系電真空器件學習；

1964 年，加入中國共產黨

1967 年，上海電子管廠工人、技術員，技術科科長；

1976 年，上海電子副書記副廠長、黨委副書記、廠長；

1978～1979 年，上海市電子元件工業公司副經理；

1979～1981 年，上海市電真空器件公司副經理；

1981～1983 年，上海市儀錶電訊工業局黨委副書記；

1983～1985 年上海市委常委兼科技工作黨委書記；

1985～1991 年，上海市委副書記；

1991～1992 年，上海市委書記；

1992～1994 年，中央政治局委員，上海市委書記；

1994～1995 年，中央政治局委員、中央書記處書記；

1995～1997 年，中央政治局委員、書記處書記，國務院副總理；

1997～1998 年，中央政治局委員，國務院副總理；

1998～1999 年，中央政治局委員，國務院副總理，工委書記；

1999～2002 年，中央政治局委員，國務院副總理、黨組成員，2002 年，政治局常委，國務院副總理、企業工委書記；

2003 年，中央政治局常委，人大常委會委員長、黨組書記；

2008 年，中央政治局常委，人大常委會委員長、政治局委員。

陳雲林 1941.12.~　遼寧黑山人

陳雲林國務院台灣事務辦公室主任海峽兩岸關係協會長。
1966 年 5 月加入中國共產黨。
1967 年北京農業大學土壤化學系畢業，曾任技術員、廠長等職
1981 年，齊齊哈爾市計委主任、市委常委。
1983 年，任齊齊哈爾市長、市委副書記。
1984 年，黑龍江省委副書記省經濟體制改革委員會主任
1987 年，任黑龍江省副省長、省委副書記
1993 年 1 月，當選黑龍江省副省長，5 月當選黑龍江省委常委
1994 年 1 月，由副省長轉做國務院台灣事務辦公室副主任
1997 年 1 月，任國務院台灣事務辦公室主任
2008 年 6 月 3 日，任海協會會長

吳儀　1938.11.17.－　湖北武漢，祖籍湖北黃梅

吳儀，有「中國鐵娘子」之稱。
1956 年，蘭州女中畢業，考上西北工學院國防系常規武器專業。
1957 年，北京石油學院，學習石油煉製系煉油工程專業。
1962 年，畢業後的吳儀分配到蘭州煉油廠，任車間技術員。

1963 年，調到總廠政治部，擔任辦公室幹事，開始轉型為政治管理工作者。
1965 年，任中華人民共和國石油工業部生產技術司生產處技術員。
1967 年，任北京東方紅煉油廠技術員，歷任技術科科長、副總工程師、副廠長。
1983 年，任北京燕山石油化工公司副經理、黨委書記。
1983 年，借調湖南省，參加湖南省委常委一級的整黨工作。
1988 年，任北京市人民政府負責工業和外貿的副市長。
1991 年，擔任中華人民共和國對外經濟貿易部副部長。
1992 年，中美知識產權談判中達成共識。參加中國加入關稅與貿易總協定的談判，作風強勢果斷而聞名，得到「鐵娘子」的稱號。
1997 年，當選中央政治局候補委員，進入中共中央政治局的女性領導人。
1998 年，朱鎔基任命吳儀為負責外貿工作的國務委員。
2002 年，中共十六大召開；中共第四代領導人接班；吳儀當選中央政治局委員。
2003 年，溫家寶「內閣」中，出任外貿商務、公平交易、及衛生事務的副總理。
4 月 23 日，吳儀兼任新成立的國務院防治非典型肺炎指揮部總指揮，兼任衛生部部長，整合北京醫療力量、成立小湯山醫院；修訂《傳染病防治法》。
2004 年，兼任新成立的「國務院防治愛滋病工作委員會」主任。
2005 年，免去兼任的衛生部長職務。出訪日本，考察日本國際博覽會。美國《福布斯》雜誌評吳儀為「全球第二有影響力的女性」（僅次於美國國務卿賴斯）。
2006 年，同一評選中，又名列第三（在德國總理默克爾及美國國務卿賴斯之後）。
2007 年，則又再次排名第二（僅次於默克爾之後）。
國務院成立「國務院產品質量和食品安全領導小組」，吳儀任組長。
2008 年，出席中國國際商會會員代表大會時，吳儀迭次重申已向中央表明退意，擔任副總理的年薪 12 萬人民幣，包括保姆費等補貼在內。

王兆國　　1941.7－　　河北省豐潤縣人

生活所迫，讀書較晚，二十歲時才有機會進入大學校門。
1961 年，哈爾濱工業大學動力機械系專攻渦輪機專業，
1965 年，加入中國共產黨，是中共第十二至十七屆中央委員會委員，第十六屆、十七屆中央政治局委員；前後在中共中央高層任職 20 多年，歷經胡耀邦、趙紫陽、江澤民、胡錦濤等四總書記。十二屆五中全會，以 44 歲增補為中央書記處書記，被視為是未來中共最高領導職務接班人。
1968 年，湖北十堰地區的中國第二汽車製造廠任技術員。
　　　　工作十年時間，歷任車橋廠共青團委副書記、二汽總廠團委書記，總廠黨委常委、廠政治部副主任兼車箱廠黨委第一書記等職；還兼任過「二汽」所在城市——十堰市的中共市委常委。
改革開放初期，中共人事政策的調整，年輕、懂專業技術的王兆國很快被提拔為第二汽車製造廠副廠長、兼黨委書記。除了業務過硬之外，王兆國「政治可

靠」的突出表現是在「反擊右傾翻案風」的運動中，拒絕在其主管的車箱廠組織「批鄧」活動。1980 年，當鄧小平到「二汽」視察時，該廠的主要負責幹部特弊強調了當年王兆國的政治覺悟。

在受到鄧小平的賞識後，王兆國被拔擢速度更快了。

1982 年，　41 歲的王兆國當選為中央委員會委員，出任省部級正職的共青團中央書記處第一書記、兼中央團校校長；

1984 年，轉任中共中央辦公廳主任。這期間，胡錦濤、溫家寶都曾做他的副手。在任職中共中央辦公廳主任時，王兆國受到了胡耀邦、喬石等人的讚許。

1985 年，以 44 歲的年齡和喬石、田紀雲、李鵬、郝建秀等一同被任命為中央書記處書記，成為中國共產黨的高級領導人。

1987 年，總書記胡耀邦下台，王兆國被外放到福建省擔任省長。

1990 年，調回北京，出任國台辦主任。

1992 年，出任中共中央統戰部部長；

1993 年，當選第八屆全國政協副主席。

1998 年，連任第九屆全國政協副主席，排名上升到第三位。

2002 年，出任全國總工會主席；

2003 年，又當選為第十屆全國人大常委會排名第一位的副委員長

2008 年，連任第十一屆全國人大常委會副委員長；

2013 年，以國家級副職領導人級別屆滿退休。

王岐山　1948.7.1.-　山西天鎮，生於青島

王岐山，　西北大學畢業。

1983 年，加入中國共產黨。

1969 年，到陝西延安馮庄公社插隊勞動；兩年後，進入陝西省博物館；

1973 年，西北大學與姚明珊相戀結婚。姚明珊的父親是前國務院副總理姚依林。

1982 年，歷任中共中央農村政策研究室正局級研究員，國務院農村發展研究中心聯絡室主任，全國農村改革試驗區辦公室主任、發展研究所所長等職。

1988 年，任「中國農業信託投資公司」總經理。

1989 年，轉任中國人民建設銀行副行長；

1993 年，出任中國人民銀行副行長；

1994 年，任中國建設銀行行長、黨組書記。

2000年，任國務院經濟體制改革辦公室主任；

2002年，任中共海南省委書記、省人大常委會主任。

2003年，王岐山提出「要把海南建成全國人民的度假村和中華民族的四季花園」。
SARS事件，王岐山臨危受命，出任中共北京市委副書記、副市長、代市長。

2004年，當選北京市市長。

2006年，副市長劉志華貪污案，他沒受到牽連。

2007年，當選中共中央政治局委員，不再兼任中共北京市委副書記、市長職務。

2008年，任命為國務院副總理；主管金融、商貿、質檢、工商管理、海關、旅
遊等工作。擔任中央紀律檢查委員會書記，積極處理貪污腐敗。

2013年，提出「當前要以治標為主，為治本贏得時間」。採取「查辦、約談、
巡視、抽查、信息公開」積極反腐措施，並要求官員在婚姻狀況，出國等個人
事宜出現變化時要及時報備，顯示其懲治貪腐的決心。

王岐山發布命令，要求所有正部級以上的官員，子女在海外留學的，畢業後一
年之內必須回國，否則其父母的職位將會被調動，同時增派調查貪腐的人手。
杜絕和減少日益嚴重的裸官現象。王上任兩年內，共計有55位省部級高官涉嫌
嚴重違紀被查處，包括李春城、郭永祥、王素毅、劉鐵男等，此外還有逾百名
廳級高官，表明王對貪污的高壓態度有一定的成效。

俞正聲　1945.4－　浙江紹興人，生於陝西延安

1963年，北京四中，哈爾濱軍事工程學院導彈專業畢業。

1968年，到河北張家口市的無線電六廠當一名技術員。

1975年，進入第四機械工業部任職，

1982年，入電子工業部，官至副部長。

1984年，任中國殘疾人福利基金會負責人康華公司總經理。

1985年，任山東煙台市委副書記。

1987年，任煙台市委副書記、市長，大力推動住房改革。

1989年，升任青島市委副書記、市長。

1992年，任山東省委常委、青島市委書記、市長。

1994年，任山東省委常委、青島市委書記。

1997年，俞正聲自青島市委書記任上調任建設部黨組書記，

1998年，出任部長，創下了自地方城市市委書記調任部委首長主官的先例。

2001 年，任中共湖北省委書記，
2002 年，以中共湖北省委書記身份直接進入中共中央政治局。
2007 年，調上海接替習近平出任中共上海市委書記。
2012 年，晉身中共中央政治局常委（排位第四）。
2013 年，被選為中國人民政治協商會議全國委員會主席。兼任中央西藏工作協調小組組長、新疆工作協調小組組長、對台工作領導小組副組長，主管新疆和西藏工作，和台灣事務。

張德江　1946.11.4.－　遼寧台安人

1968 年，響應「知識青年上山下鄉」號召，在吉林省汪清縣羅子溝公社隊勞動。
1970 年，調汪清縣革委會工作，任宣傳組幹事、機關團支部書記；
1971 年，加入中國共產黨。
1972 年，受推薦進入延邊大學朝文系，成工農兵學員，擔任班級黨支部書記；
1975 年，畢業任延邊大學朝鮮語系黨總支副書記，校黨委常委、革委會副主任。
1978 年，赴朝鮮留學，在金日成綜合大學經濟系學習，任留學生黨支部書記。
1980 年，回國出任延邊大學黨委常委、副校長。
1983 年，任中共延吉市（縣級市）市委副書記，開啟從政之路。
1985 年，升任延邊州委副書記。
1986 年，任民政部副部長、黨組副書記。
1990 年，回到吉林，任省委副書記、兼延邊州委書記；
1995 年，升任中共吉林省委書記；
1998 年，兼任吉林省人大常委會主任、浙江省委書記。
2002 年，當選中共中央政治局委員，任廣東省委書記。提出泛珠三角構想。
2003 年，其對 SARS、孫志剛太石村罷免、東洲事件，南方都市案處理手法，備受外界質疑。
2007 年，張德江連任中央政治局委員，
2008 年，出任國務院副總理，兼任國務院安全生產委員會主任。
2009 年，指揮黑龍江鶴崗新興煤礦爆炸事故造成 108 人死亡搶救、善後、調查。
2010 年，負責指揮河南航空 8387 號班機空難事故搶救、善後處理及調查工作。
2011 年，處理溫州高鐵追尾事故中，張德江被指下令停止搜救乘客。
2012 年，中央免去薄熙來重慶市委書記職務，改由張德江兼任。
2012 年，當選七位中共中央政治局常委之一，兼管港澳事務。
2013 年，當選全國人大常委會委員長。
2014 年，出任中央國家安全委員會副主席。

張高麗　1946.11.—　福建省晉江縣東石鎮潘徑村

張高麗父母育有四子一女，幼年時家境貧苦，未滿十歲父親過世，由寡母養大。

1973 年，加入中國共產黨。

1965 年，由晉江市僑聲中學考入廈門大學經濟系。

1970 年，到茂名石油公司後勤部總倉庫當搬運工工作了十四年。

1980 年，任茂名石油工業公司黨委常委、計劃處處長，公司副經理，

1984 年，任中國石化總公司茂名石油工業公司經理。

1984 年，任中共茂名市委副書記，兼茂名石油工業公司經理。

1985 年，擔任廣東省經濟委員會主任。

1988 年，出任廣東省副省長。

1993 年，當選中共廣東省委常委，時年 47 歲。在任副省長期間，張高麗還兼任過省計委主任、珠江三角洲經濟區規劃協調領導小組組長等職務。

1997 年，出任中共深圳市委書記，並在中共十五大上，當選中央候補委員；

1998 年，任省委副書記、兼深圳市委書記。得到江澤民賞識。習仲勛在深圳養老，張高麗經常去探視、噓寒問暖。

1999 年，清華大學聘為兼職教授，並被廈門大學聘為管理學院院長和教授。

2001 年，調任中共山東省委副書記、代省長、省長。

2002 年，當選中央委員，出任中共山東省委書記。

2003 年，兼任山東省人大常委會主任。

2006 年，已退休的江澤民登泰山，張高麗下令封山兩天，自己緊跟在後。

2007 年，轉任中共天津市委書記，當選中央政治局委員。

2012 年，當選為中央政治局常務委員會委員。

2013 年，任命為排名第一的國務院副總理，兼任黨組副書記。

四人幫

文革四人幫

江青　1914～1991.5.14.　山東諸城人　文革時期四人幫之一

江青，又名李淑蒙、李雲鶴、藍萍．父親早逝，兄姐各自謀生，從小依母做女紅勉強度日，後因讀書投奔外祖父．

1928 年，入山東省立實驗劇院，入濟南戲班學戲．

1929 年，山東實驗藝術專科學校作劇院演員．

1930 年，與一富商黃姓青年結婚，幾個月後離婚．到青島大學任圖書管理員．

1931 年，與俞啓威結婚，加入社會主義青年團．

1933 年，俞啓威因煽動學潮被捕，釋放後改名黃敏，不告而別，兩人婚姻結束．

1934 年，失意來到上海，由人介紹「左翼作家聯盟」的導演史東山，改藝名以〔藍蘋〕，進入〔明月歌舞團〕，不久躋身影界，與電影明星唐納結婚．

1936 年，江唐婚變，分道揚鑣．

1937 年，到延安，入中共黨校學習，改名江青．

1938 年，康生的曲意安排，江青與毛澤東認識，江青藉懷孕為由要求與毛結婚．經周恩來疏通，約法三章「江青不准參政，不准稱毛夫人，黨內同志不准沿用此例．」協議同居，稱江青同志．

1940 年，生女取名李訥．

1950 年，任電影指導委員。四次去蘇聯．

1962 年，中共中央宣傳部文藝處副處長

1963 年以 "京劇革命" 為名，在文藝界煽動極 "左" 思潮。

1965 年，為文化大革命發動製造興論．

1966 年，掀起「文化大革命」擔任中央文革小組副組長、解放軍文革小組顧問。同張春橋、姚文元、王洪文結成「**四人幫**」，造成全國最大動亂。

1971 年，林彪叛逃墜機身亡，「四人幫」聲勢更為突顯重要．

1973 年，毛澤東多次批評江青，兩人分居多年．

1974.7.17. 毛澤東說江青算上海幫呢！你們要注意呢，不要搞成四人小宗派。

1976 年，毛澤東病逝，江青計劃發動政變奪權，華國鋒、葉劍英、汪東興會商採居行動，於 10 月 2 日藉中南海開會將江青等四人拘捕，進行隔離審查。
1977 年，中共會議永遠開除江青黨籍，撤銷一切職務。
1981 年，　中共最高人民法院特別法庭，判處江青死刑，緩期二年執行。
1983 年，江青減為無期徒刑。
1984 年，江青保外就醫，住在她與毛澤東所生的女兒李娜家．
1991 年 5 月 14 日凌晨，在北京寓所自殺身亡。

張春橋　1917.2.1.－2005.4.21.　山東菏澤巨野人　四人幫成員之二

1932 年，在山東濟南私立正誼中學讀書。
1935 年，在上海同左翼文化運動周揚、夏衍等「左聯」成立「中國文藝家協會」。
1936 年，發表《我們要執行自我批評》，響應周揚提出的「國防文學」。藍蘋（即江青）也曾在此刊發表《隨筆之類》，談論演員與天才的關係。
1937 年，八一三事變，張春橋往延安。
1938 年，郭沫若「政治部第三廳」里一個熟人的介紹到達延安。
1949 年，任職新聞日報管委會委員。1949 年隨解放軍進入上海。
1950 年，趙福成受秦啟榮密令關照復興社特務張春橋，伺機潛入中根據地。
中華人民共和國成立以後任華東新聞出版局副局長。
1951 年，任上海《解放日報》社副總編輯、總編輯。
1958 年，一篇《破除資產階級法權思想》的文章深為毛澤東讚賞。
1959 年，任中共上海市委常委。
1962 年・任中共上海市委政治研究室主任。
1963 年，任中共上海市委宣傳部部長、候補書記。
1965 年，任中共上海市委書記處書記，分管宣傳文化工作。
1966 年，任中共中央華東局委員兼華東局宣傳部部長。
1966 年，任中央文化革命領導小組副組長，
1967 年，他與姚文元、王洪文一道製造上海「一月風暴」，在全國颳起奪權風。
1967 年，任上海警備區第一政治委員、南京軍區第一政治委員、軍區黨書記。
1969 年，任中共中央政治局委員、中共中央軍委委員。
1970 年，任中共中央組織宣傳組副組長，
1971 年，任中共上海市委第一書記、中共中央軍委辦公會議成員。
1973 年，任中共中央政治局常委。

1975 年，任國務院副總理、中共中央軍委常委、解放軍總政治部主任、書記。
發表《論對資產階級的全面專政》，鄧小平向毛澤東報告，毛召開中央政治局
會議，批評「四人幫」。
1976 年，毛澤東去世；10 月 6 日晚 8 點，華國鋒聯合葉劍英、汪東興等，在中
南海懷仁堂誘捕張春橋等四人，史稱「懷仁堂事變」。
1998 年，北京復興醫院保外就醫，
2005 年 4 月 21 日病逝。

姚文元　1931.1.12.－2005.12.23.　浙江諸暨人，「四人幫」成員之三。

1948 年，加入中國共產黨，
1949 年，曾在中國作協、上海市盧灣區委宣傳部工作。
1955 年，在北京《文藝報》發表批判胡風文章。
1957 年，在《人民日報》發表《錄以備考──讀報偶感》。
1965 年，在《文匯報》發表《評新編歷史劇〈海瑞罷官〉》，
1966 年，在《解放日報》《文匯報》發表《評「三家村」
〈燕山夜話〉〈三家村札記〉的反動本質》，揭開文革大
戲序幕，為中共上海市委宣傳部部長，中央文革小組成員。
1967 年，任中共上海市委第二書記）、政治局委員並任宣傳組成員。
1976 年，被中共中央拘捕隔離審查。
1977 年，開除姚文元黨籍，並撤銷黨內外一切職務。
1981 年，認為「林彪江青反革命集團主犯」判有期徒刑 20 年剝奪政治權 5 年
1996 年，姚文元刑滿出獄，隱居浙江湖州和上海市。
1998 年，姚文元出版回憶錄與重新入黨。
2001 年，政府每月撥人民幣四千元改善姚文元夫婦的生活，還派警衛保護。
2005 年 12 月 23 日病亡。
姚文元與妻子合葬，墓碑上只有妻子金英的名字。大理石墓碑刻著四個金色字：
「真理真情」。背面刻著一首《蝶戀花》詞「遙送忠魂回大地，真理真情，把
我心濤寄。碑影悠悠日月裡，此生永系長相憶。碧草沉沉水寂寂，漫漫辛酸，
誰解其中意。不改初衷常歷歷，年年化作同心祭。」

王洪文　1935.12.－1992.8.3.　吉林省長春市人　「四人幫」成員之四。

生長貧農家庭，父親王國勝，母親王楊氏。王洪文是長子，
下有三個弟弟，一個妹妹。二弟王洪武，三弟王洪雙。
王洪文家貧自幼給當地富裕人家放豬，念過 3 個月的私塾。
1951 年，參軍，參加抗美援朝戰爭。
1952 年，隨部隊調防江蘇省無錫市。
1956 年，復員後在上海國棉十七廠擔任保衛科幹部。

1966 年，任造反派「上海工人革命造反總司令部司令。在張春橋支持下，王洪文等在上海製造了有 10 多萬人參加的武鬥流血事件。

1967 年，以王洪文為首造反組織，在江青、陳伯達、張春橋等策動下召開「打倒上海市委大會」，奪了中共上海市委的權，這就是「一月風暴」。毛澤東表示支持並號召奪權。任上海市革命委員會副主任、兼國棉十七廠革委會主任。

1967 年 7 月「720」事件後，毛澤東經周恩來安排從武漢來到上海，住在西郊顧家花園 414 號招待所。毛澤東發現王洪文的經歷及工作能力相當不錯。

1968 年，兼任上海市紡織局革委會第一召集人。國慶節，王洪文獲毛澤東親自接見。在擴大的中共八屆十二中全會上，毛澤東表揚王洪文。

1969 年，中共九大選舉王洪文為中央委員。

1971 年，王洪文到北京負責上海地區的林彪專案工作，直接對毛澤東負責。

1973 年，毛澤東提議，王洪文到中央工作，並同華國鋒、吳德一起列席政治局會議。王洪文負責的黨章修改小組提出黨章修改草案。成立以王洪文為主任、周恩來、康生、葉劍英等為副主任。

全國代表大會過主席團領導成員：主席毛澤東，副主席周恩來、王洪文、康生、葉劍英、李德生，秘書長張春橋。

毛授意下選舉王洪文為中央委員，排名在毛澤東及周恩來之後。中共十大閉幕式時毛澤東身體不適缺席，委託王洪文代表他投票。一度成為毛的接班候選人。

1974 年，王洪文為「四人幫」成員搞小團體，被毛澤東批評，逐漸被毛澤東冷落。江青、王洪文開展「批林批孔」，得到毛澤東的批准。江青一夥藉機把矛頭指向周恩來。

10 月 20 日，毛澤東派人轉告周恩來和王洪文〔總理還是我們的總理〕，毛澤東對王洪文說「不要搞四人幫」「不要搞宗派，搞宗派要摔跤的」。毛仍然器重王洪文等人。

1976 年，周恩來逝世。北京、南京等地悼念周恩來，反對王洪文、張春橋、江青、姚文元「四人幫」的四五運動。

1976 年 9 月 9 日，毛澤東逝世。「四人幫」加緊奪權步伐。

9 月 11 日，王洪文背著中央政治局，在中南海另設「中央辦公廳值班室」，用中央辦公廳名義，通知全國各地，重大問題要及時向他們指定值班人員請示，意圖切斷中國共產黨中央、華國鋒同各省、市、自治區聯繫，由他們發號施令，指揮全國。這是「四人幫」篡奪中國共產黨和國家最高領導權一個重要部署。

9 月 17 日，王洪文悄悄飛往上海，加緊督辦「第二武裝」。上海已經發給民兵槍 74220 支、炮 300 門、彈藥 1000 多萬發，準備武裝暴亂。

10 月 4 日，《光明日報》《永遠按毛主席的既定方針辦》文章，稱「按既定方針辦」的「囑咐」。「四人幫」表明他們要篡奪黨和國家最高領導權。

10 月 6 日晚上 8 時，華國鋒、葉劍英等人藉中南海懷仁堂政治局常委會議，通知江青、姚文元、張春橋、王洪文四人列席。在江青、張、王、姚先後到達會議室時，立即予以逮捕，分別隔離審查，押進中南海某地下室，

1977 年 4 月 9 日，轉送秦城監獄。

10 月 8 日，黨發《中央關於粉碎王洪文、張春橋、江青、姚文元反黨集團通知》。

10 月 18 日，中共中央印發 16 號文件《關於王洪文、張春橋、江青、姚文元反黨集團事件的通知》，要求向全體黨員傳達毛澤東批評「四人幫」一系列指示，說明中國共產黨中央同「四人幫」鬥爭經過，指導開展揭發批判「四人幫」運動。[302]文件還說，有關這個反黨集團的材料，「中央將繼續印發」。

12 月 10 日及 1977 年 3 月 6 日、9 月 23 日，中央先後發出《王洪文、張春橋、江青、姚文元反革命集團罪證》的材料。）

1976 年，中共中央政治局委員組成「王張江姚專案組」，由汪東興負責。

1977 年，文件列舉「新生資產階級分子」王洪文的「罪證」。

7 月 16 日，中央通過《關於王洪文、張春橋、江青、姚文元反黨集團的決議》。開除王洪文黨籍、撤銷其黨內外一切職務處分。

1980 年 12 月 6 日，第一審判庭指控張春橋、姚文元、王洪文等人以上海為基地，私自搞武裝力量，在毛澤東逝世之後策動武裝叛亂。

1981 年 1 月 25 日，最高人民法院判處王洪文無期徒刑，剝奪政治權利終身。王洪文囚禁於秦城監獄，他母親王楊氏得知他被判刑的消息，得了腦溢血在長春去世。王洪文於 1985 年在例行體檢中發現患了嚴重肝病，經院方批准轉送到公安部所屬的北京復興醫院住院治療，與張春橋同住一個醫院。

1992 年 8 月 3 日，王洪文因肝病在北京去世。

『新四人幫』

薄熙來　　1949.7.3.－　　山西省定襄縣人生於北京市　　新四人幫之一

薄熙來是中共元老薄一波次子。

1956 年，讀北京市第二實驗小學，與劉少奇女兒劉平平同班，中學讀北京四中。

1966 年，文化大革命，和二姐薄潔瑩隨父母前往廣州避難。

1967 年，父母先後被紅衛兵抓回北京。

1968 年，關押北京市立水橋北苑少管所，「可教育好子女學習班」參加勞動。

1972 年，北京市二輕局五金機修廠工人，

1978 年，北京大學歷史系世界史專業本科學習。

1979 年，中國社會科學院研究生。

1980 年，加入中國共產黨，

1982 年，中國社會科學院研究生院畢業，獲碩士學位，任中共中央書記處幹部。

1984 年，任遼寧省金縣縣委副書記、書記，大連經濟技術開發區黨工委書記。

1992 年，任大連市代市長，

1993 年，任大連市市長，

1995 年，當選為中共大連市委副書記，

1998 年，連任市長。大量吸引外資，改善大連市容市貌，被稱為「北方明珠」。

1999 年，改任中共遼寧省委常委、遼寧省大連市市委書記。

2001 年，薄熙來調北京新職離任時，大連市民蜂擁而至，夾道歡呼，為其送行。

2004 年，任中國商務部部長。面臨中外貿易摩擦，薄熙來與歐盟以談判方式，平息了危機，獲得「魅力部長」美稱。

傳聞分管商務的國務院副總理吳儀與薄熙來交惡，阻止薄熙來接任副總理職位。

2007 年，當選中共中央政治局委員，接替汪洋任中共重慶市委書記。

2008 年，薄熙來接任重慶市長後，重慶市經濟成長率高達 14.3%。

薄熙來掀起「唱紅歌、讀經典、講故事、傳箴言」運動，指定學校必唱 27 首革命歌曲《紅星歌》《盼紅軍》《共產兒童團歌》《五月的鮮花》《抗日軍政大學校歌》《在太行山上》《游擊隊歌》《歌唱二小放牛郎》《彈起我心愛的土琵琶》《保衛黃河》《中國人民解放軍軍歌》《歌唱祖國》《讓我們蕩起雙槳》《我的祖國》《打靶歸來》《我是一個兵》《英雄讚歌》《繡紅旗》《我和我的祖國》《祖國慈祥的母親》《媽媽教我一支歌》《長江之歌》《中國，中國，鮮紅的太陽永不落》《歌聲與微笑》《我們是共產主義接班人》《同一首歌》。薄熙來發布《毛澤東語錄》等紅色短訊，《八月桂花遍地開》、使重慶有「西紅市」的稱號。此舉引起支持與反對者之間的爭論。支持者「烏有之鄉」網站稱讚其為「毛澤東思想在重慶回歸」，甚至高呼「薄熙來精神萬歲」。反對者則批評為「講大話」「講套話」「打政治算盤」「愚民教育」「文革遺毒」。薄熙來「重慶打黑除惡專項行動」法治思想不足，諸多問題叢生。他的的「五個重慶」建設目標，雖成效顯著，但重慶市財政不堪負荷，經濟學界亦有非議。薄熙來落馬後，「黑打」案件相繼暴露，受害者指控警察刑訊逼供，濫用暴力，法院受權力影響無法按照正常公正程序審判，企業家巨額財產被直接划走侵吞。

2012 年 2 月 6 日，王立軍進入美國駐成都總領事館，滯留 1 天後離開。

　3 月 14 日，國務院總理溫家寶公開要求重慶市就王立軍事件反思，吸取教訓。

　3 月 15 日，薄熙來被解除中共重慶市委書記等職務，改由張德江接任。

　9 月 28 日，薄熙來被開除黨籍、公職涉嫌犯罪被移送司法機關處理。

　10 月 26 日，最高人民檢察院開始偵查薄熙來。

　11 月 7 日，薄熙來被開除黨籍。

2013 年，薄熙來涉嫌受賄、貪污、濫用職權案，山東省濟南人民法院提起公訴。

　薄熙被判處無期徒刑，沒收個人全部財產。薄熙來不服上訴，山東高級人民法院裁定駁回，維持一審無期徒刑判決。

　《星島日報》透露，薄熙來在秦城監獄所，由醫護人員監護，受待遇不錯、可以通電話，允許探監。

周永康　　新四人幫之二

1961－1966年，北京石油學院勘探係地球物理勘探專業學習。

1966－1967年，留校待分配。

1967－1970年，大慶油田六七三廠地質隊實習員、技術員。

1970－1973年，遼河石油會戰指揮部地質團技術員、黨支部書記、大隊長

1973－1976年，遼河石油勘探局地球物理勘探處處長

1976－1979年，遼河石油勘探局政治部副主任

1979－1983年，遼河石油勘探局副局長兼部黨委書記、物探指揮部黨委書記。

1983－1985年，遼河石油勘探局長、黨委副書記，遼寧盤錦市委副書記、市長

1985－1988年，石油工業部副部長、黨組成員

周永康的履歷從中共黨史和中共中央機關報《人民日報》的網路中消失。

習近平明確指出，「黨內絕不容忍搞團團夥夥、結黨營私、拉幫結派」「老虎蒼蠅一起打」，展開反貪腐的序曲。從李春城、劉志軍，薄熙來、徐才厚、周永康，一個個老虎被揪出來，查處級別越來越高，落馬速度越來越快，一隻隻群眾身邊的蒼蠅被拍扁。

2013年，習近平要求自己親屬，包括姐姐、姐夫退出商界，出售股份和資產，以減少自己在政治上的把柄。也曾號召「紅二代」退出商界。

路透社，周永康並非調查對象只是"協助調查"。隱晦承認周永康是調查對象。薄熙來下獄，可能會引起『太子黨』兔死狐悲。『刑不上常委』，前提是常委不會『篡黨奪權』。新、老常委，只要沒參與政變，應該不會因此有安全感。

周永康在政法系統任要職長達10年，以常委身份掌握警察體系、武警部隊，可以說集公檢法大權及收集情報權力於一身，實際權力甚至超過胡錦濤，一度成為位居中共政治高層的真正實權人物，被外媒稱為中國的「維穩沙皇」。在任期間，周永康憑藉手中巨大權力，無法無天為所欲為，不僅大肆貪污受賄，聚斂財產，而且瘋狂鎮壓中國民眾，特別是異議人士、維權人士、和宗教人士，可

謂血債累累，罄竹難書，尤其是活摘法輪學員器官，更是「這個星球上從未有過的罪惡」。嚴重損害黨和人民的感情事業，應徹底肅清周永康案造成的影響。"

令計劃　　新四人幫之三

1996 年，湖南大學畢業，進入中央辦公廳，
2003 年，任中辦常務副主任，
2007 年，升任中辦主任，據說民生銀行高層小圈子那時曾「彈冠相慶」。
2013 年，出任政協副主席。
2015 年 3 月 3 日，中共政協會議召開，政協主席俞正聲做報告表示，本屆政協已經撤銷了令計劃、蘇榮等 14 人政協委員資格，這對反腐是警示。

中共中央統戰部前部長令計劃落馬，令計劃的落馬，其中有一層效果就是，習近平拿下一個團派高官，回應了外界對習近平「選擇性反腐」的質疑。近期，太子黨紛紛表態，退出商界，也可以被視為對「不反紅二代」質疑的一種回應。

徐才厚　　1943.6－　　遼寧瓦房店人　　新四人幫之四

1963 年，旅大市第八中學畢業，高考考取哈爾濱軍事工程學院電子工程系。同年 8 月到哈軍工報導加入中國人民解放軍。
1966 年，哈軍工全院軍人集體轉業，學院改名為「哈爾濱工程學院」，徐才厚也隨而成為非軍人身份。
1968 年，哈爾濱軍事工程學院畢業，分配到第三十九軍鶴立農場勞動鍛煉。
1970 年，出身工人家庭，得以重新入伍，到吉林省軍區獨立師三團營六連當兵。
1971 年，加入中國共產黨。
1982 年，吉林省軍區政治部幹部處處長、吉林省軍區政治部副主任。
1984 年，任瀋陽軍區政治部群眾工作部部長。
1985 年，任 16 集團軍政治部主任。
1990 年，任 16 集團軍政治委員。
1990 年，被授予少將軍銜。
1992 年，填補楊家將事件，晉陞為總政治部主任助理，又陞總政治部副主任。

1993 年，任解放軍總政治部副主任兼解放軍報社社長，同時晉陞為中將軍銜。

1994 年，任解放軍總政治部副主任。

1996 年，任濟南軍區政治委員。

1999 年，晉陞總政治部第一副主任，並晉陞上將軍銜。

2000 年，任中央軍委委員，總政治部常務副主任、中央軍委紀委書記。

2002 年，任中共中央書記處書記、中央軍委委員、總政治部主任。

2004 年，任中共中央書記處書記、中共中央軍委副主席。

2007 年，任中共中央政治局委員，中央軍委副主席。

2012 年，在中共十八大後卸任中央軍委副主席。

2014 年，從醫院被帶走調查。指控其「收受巨額賄賂」。

　　6 月 30 日，中共中央總書記習近平主持召開中央政治局會議，決定給予徐才厚開除黨籍處分，移送檢察機關依法處理，其違反犯罪行為由中紀委授權軍紀委依法予以立案偵察。

　　10 月 27 日，中央軍委正式對外宣布：開除軍籍、取消其上將軍銜。

　　其違法犯罪行為移交檢察機關予以起訴。

2015 年，肺癌病逝。

十六、中華人民共和國名將

抗日戰爭共軍陣亡高級將領

一、八路軍：114 名

王平陸、陳錦秀、理　琦、劉禮年、陸省三、葉成煥、王育民、劉連科、陳宇環、
張襄國、洪麟閣、韓明柱、金道松、楊靖遠、宣俠父、那　恕、楊萬林、溫健公、
黃　政、李劍卜、鄧永耀、陳生慶、鮑　輝、高　唏、蔣洪高、蘇蘇、馬耀南、
黃勝斌、魏大光、郭　徵、王銘森、胡一新、余化臣、段世曾、董少白、楊鐵成、
牟光義、曹志尚、閻祖皋、姜　林、彭德大、冷赤齋、馬玉堂、聞允志、李　榮、
董天知、徐　秋、王　溥、郝玉明、馬振華、郭建中、蘇精誠、鐸、賈　源、
朱寶琛、杜希齡、晏顯升、楊　忠、劉海濤、劉　濤、戴克信、王立人、曹有民、
劉子超、張寶龍、熊德成、郭國言、范子俠、包　森、劉德明、楊成德、陸升勳、
劉誠光、劉詩松、郭六順、楊宏明、孫益民、陳元龍、左　權、孫開楚、彭　光、
謝瀚文、肖偉成、常德善、王遠因、袁心純、王炳三、石景芳、杜子孚、張友清、
熊德臣、魏金山、孔慶同、汪　洋、王泊生、賴國清、于寄吾、于一心、王至發、
王東福、唐克威、徐尚武、李　忠、易良品、趙義京、陳耀元、蕭永智、袁鴻化、
楊承德、夏祖盛、朱　程、符竹庭

二、新四軍陣亡高級將領：43名

田　英、王榮春、蕭國生、胡發堅、王赤江、黃　道、涂正坤、羅梓銘、吳火昆、
時雨江、文明地、曹雲露、王恩九、劉震英、丁宇宸、魯雨亭、桂逢洲、田　豐、
曾昭銘、楊木貴、李宗南、劉樹藩、楊業珍、官楚印、陳昭禮、蘇　震、顧士多、
徐緒奎、徐世奎、王友德、廖　毅、鄒志輝、王豐慶、李　復、漆承宏、周大燦、
糜雲輝、焦　勇

三、東北抗日聯軍陣亡高級將領：42名

李學忠、史忠恒、夏雲傑、王德泰、曹國安、宋鐵岩、陳榮久、周樹東、李福林、
郝貴林、張甲洲、王仁齋、金　根、馬德山、金正國、張相武、劉曙華、常有均、
吳景才、李延平、徐光海、王光宇、雷　炎、王克仁、侯國忠、李文彬、馮治綱、
楊靖宇、曹亞范、王汝起、趙敬夫、張蘭生、高禹民、陳翰章、汪雅臣、張忠喜、
韓仁和、魏拯民、郭鐵堅、趙尚志、許亨植、陶淨非

朱德 1886.12.1.~1976.7.6. 四川儀隴縣　中共十大元師之一

朱德，十大元師之一，字玉階，原名代珍，又名朱建德·
母趙氏。曾讀私塾
1905 年，考中秀才。
1906 年，進入順慶府（今南充市）中學堂。
1907 年，進入四川通省師範學堂，加入袍哥會。
1909 年，考入由蔡鍔雲南講武堂，加入同盟會。
1915 年·參加蔡鍔護國戰爭，在棉花坡戰役中成名。
1917 年，因功升至少將旅長，雲南省警察廳長、憲兵司
　令。
1921 年，離開軍界，外出學習。
1922 年，上海謁見孫中山、陳獨秀，加入中國共產黨，
　10 月，留學德國哥廷根大學，在柏林見到周恩來，加入中國共產黨。
1925 年，在德國參加工運被捕遭驅逐出境，到蘇聯東方大學軍事培訓班。
1926 年，朱德回國，因鄧演達舊屬關係，到楊森四川部隊。
1927 年 8 月 1 日，參加「南昌起義」
1928 年，「湘南秋收起義」井岡山會師，成立紅第四軍任軍長。
1930 年，任紅一方面軍總司令，被稱「朱老總」。
1931 年，任中華蘇維埃共和國臨時中央政府任軍委會主席。
1932 年，取得第四次反圍剿戰爭的勝利。
1933 年，參加長征。
1934 年，當選委員、書記、總司令、元帥、軍委會副主席·
1936 年，毛澤東稱讚朱對張「鬥得有理有節，臨大節而不辱」「度量如大海，
　意志堅如鋼」。
1976 年 7 月 6 日，享年 90 歲。遺體火化後存八寶山革命公墓。
朱德妻子劉從珍、蕭菊芳、陳玉珍、賀稚番、伍若蘭、康克清

彭德懷 1898.10.24.~1974.11.29.　湖南湘潭人　十大元師之二

彭德懷，名清宗，字得華，後改德懷，號石穿，小名鍾伢
子、石穿，六歲啟蒙，八歲輟學，砍柴換米。
1916 年，加入唐生智軍，因殺死一惡霸被通緝改名彭德懷。
1918 年，與表妹周瑞蓮訂下婚約。
1920 年，彭德懷從軍·周瑞蓮在家反抗賣身抵債，跳崖身
亡。
1922 年，湖南陸軍軍官講武堂畢業。
1926 年，加入國民黨，參加北伐。
1927 年，代理團長。

1928 年，段德昌鄧萍張榮生介紹，加入中國共產黨。

1934 年，毛澤東對彭德懷的軍事才能十分讚賞，贈詩：「山高路險溝深，大軍縱橫馳奔，誰敢橫刀立馬，唯我彭大將軍。」

1937 年，抗日戰爭，改編為第八路軍彭德懷任中將副總指揮。

1938 年 10 月 10 日與浦安修結婚，迫於政治壓力與彭德懷離婚。

1940 年 8 月，「百團大戰」彭德懷得到中央嘉獎，並獲國民政府頒發的獎章、和蔣中正親自發出的嘉獎令。

1945 年 8 月，彭德懷任中共軍委副主席兼總參謀長。

中華民國國民政府授予抗戰勝利勳章的軍事將領之一。

1947 年 3 月胡宗南進攻陝甘寧邊區時，其侍從機要秘書熊向暉是共產黨間諜，毛澤東、彭德懷等得以安全脫險逃出延安．

1948 年 4 月彭德懷收復延安。

1949 年，中華人民共和國成立，任軍事委員會副主席。

1950 年，由朝鮮引發的韓戰爆發，任抗美援朝志願軍總司令．

1951 年 7 月 10 日中美雙方談判停火．

1953 年 7 月 27 達成停戰協議，韓戰正式結束。

7 月 31 日，朝鮮金日成授予彭德懷「朝鮮民主主義人民共和國英雄」的稱號及一級國旗勳章。8 月 11 日彭德懷回國。

1954 年，任國務院副總理併兼國防部長，

1955 年，中共授予元帥軍銜，位列朱德之後，排在第二位。

1959 年，「江西廬山」會議，他寫信給毛澤東，肯定 1958 年大躍進是正確的；接著指出大躍進的問題所在，「1958 年的基本建設，現在看來有些項目是過急過多了一些，分散了一部分資金，推遲了一部分必成項目，這是一個缺點」．1959 年就不僅沒有把步伐放慢一點，加以適當控制，而且繼續大躍進，這就使不平衡現象沒有得到及時調整，增加了新的暫時困難，他直截了當地指出：「浮誇風、小高爐等等，都不過是表面現象；缺乏民主、個人崇拜，才是這一切弊病的根源。」這封信遭到毛澤東估判與批評。

彭德懷跟毛澤東起了衝突，忍不住回敬：「在延安你操了我四十天娘，我操你二十天娘不行？」

最後彭德懷與黃克誠、張聞天、周小舟等人被打成「彭黃張周反黨集團」，彭本人被誣陷為「裡通外國」被嚴厲批判並免去國防部長和軍委副主席職務，由林彪接任，革職以後住在北京頤和園附近的掛甲屯吳家花園屯田六年，自食其力。

1961.10.30.~12.26.到湖南湘潭縣家鄉調查，將寫的 5 個調查材料送中央參考。

1962 年，彭德懷上書八萬言要求平反，賀龍受命成立彭德懷專案小組，雖然後來毛澤東對彭德懷的態度有某種程度的鬆動，但是在 1966 年開始的文化大革命中他遭到長期迫害．

1964.12.20.~1965.1.4.在全國人大會會議上，被撤銷副總理職務。

1965 年 9 月 23 日，被毛澤東請到中南海談話，毛對其承認「也許真理在你那邊」，並對在場的其他中央領導同志稱「我過去反對彭德懷同志是積極的，現在要支持他也是誠心誠意的。對老彭的看法應當是一分為二，我自己也是這樣……在我的選集上，還保存你（彭德懷）的名字。為什麼一個人犯了錯誤，一定要否定一切呢？」彭德懷最終被派往四川擔任中共中央西南局「三線」建設委員會第三副主任一職。

1966 年 12 月北航造反派韓愛晶派紅衛兵到四川成都把老帥彭德懷押回北京，周恩來下令保護彭的安全。

1967.7.9.「審鬥會」針對彭德懷逼供毆打「刺刀見紅」要彭德懷交待「幹了哪些壞事」「為什麼要打百團大戰」，彭德懷被「打翻倒地」7 次，額頭受傷出血，第 5、10 胸肋骨骨折。

至 1971 年底，彭德懷受審訊二百多次。

1974 年 9 月，彭德懷患直腸癌，得不到醫療救治，身體狀況急劇惡化，去世前，他希望見離異的妻子浦安修一面，但當時正在北京師範大學圖書館進行勞動改造的浦安修，情況特殊沒去見他。10 月以後，陷入昏迷狀態。

11 月 29 日下午 14 時 25 分在北京的中國人民解放軍總醫院（301 醫院）去世，享年 76 歲。

12 月 17 日遺體火化骨灰盒上紙條寫著「王川、男」三個字。

1978 年，中國共產黨宣布為其恢復名譽。鄧小平稱他是「優秀無產階級革命家、傑出領導人」「作戰勇敢，耿直剛正，廉潔奉公，嚴於律己，關心群眾，從不考慮個人得失。」

1999 年 12 月彭德懷侄兒女將其伯父骨灰遷出「八寶山革命公墓」，歸葬湖南湘潭烏石故里。

林彪 1907.12.5.~1971.9.13. 湖北黃岡縣迴龍山人‧中共十大元師之三，

林彪，原名育蓉，字陽春，一字祚大，號育容、育榮、尤勇、春兒。父親林明卿，兄弟姊妹六個，慶佛、育蓉（林彪）、育菊（林程）、向榮。

1916 年，9 歲讀私塾‧
1919 年，入浚新學校
1922 年，考入董必武創辦的武昌共進中學，
1923 年，無錢上學，休學半年當代課教師。

1924 年，為學生運動領袖，中共共青團武昌地委書記。

1925 年，就讀武昌共進中學，由林育南介紹加入中國共產黨。

1926 年，入黃埔軍校四期，他是公開身份的中國共產黨員。

1927 年，蔣中正宣布清黨，林彪選擇中共，林彪參加「南昌起義」。

1928 年，隨朱德、陳毅與毛澤東參加秋收暴動，會師井岡山，任團長.

1929 年，林彪升師長，說「帶兵要嚴，以菩薩心腸，行霹靂手段」。

1930 年，任紅四軍軍長。

1931 年，在富田戰鬥、白沙戰鬥、中村等戰鬥，皆表現出色。

1932 年，升任軍團長，在漳州等戰役中，戰果輝煌.

1933 年，採取「堡壘對堡壘」「短促出擊」負責開路。

1936 年，中共成立紅軍大學，林彪任校長.與張梅結婚，育有一女林小琳.

1937 年，中日戰爭，紅軍改編，林彪擔任師長。

1938 年，戰役中受傷，赴蘇聯就醫。

1940 年，接替任弼任中共駐莫斯科代表團負責人。

1941 年，蘇德戰爭，林彪等由伏龍芝軍事學院將級教官授課。

1942 年，由蘇聯經新疆返延安，任「抗大」校長、黨校副校長，參加整風運動。

1944 年，與葉群結婚，發表《怎樣練兵》長年與日軍正面作戰

1945 年，日本投降，自蘇聯軍中搶收日軍武器。

1946 年，任東北局書記、兼東北軍政大學校長.

1947 年，林彪指揮四平戰役失利。

1948 年，東北人民解放軍，任司令員兼政委。

　5.24. 長春戰役，林彪採「長春圍城」，攻陷長春瀋陽入關.

　　30 日，封鎖長春，嚴禁糧食燃料進城、城內百姓不准出城。

　7 月，長春成為死城，軍隊搶奪平民糧食，大量平民活活餓死。

　　11 日，下令放出長春難民，「盡可能予以救濟，宣慰。」「籍以挽回民心」.

　10 月 16～19 日城內國軍倒戈、投降。遼瀋戰役結束，殲滅國軍 47 萬餘人，
　　共軍傷亡 6.9 萬餘人。

1949 年，解放軍改編，所部改稱第四野戰軍，林彪任司令員.
　中華人民共和國建國，林彪任中南行政委員會主席、第四野戰軍司令、軍委
　會副主席、國務院副總理、政治局委員。

1950.6.25.韓戰爆發毛澤東提議林彪入朝林稱病推辭去蘇聯養病

1951~1954 年回國增補中央軍事委員會副主席、國務院副總理。

1955 年，被授予元帥軍銜，當選為中共中央政治局委員。

1958 年，補選長期養病的林彪為中共中央副主席.

1959.7.2.~8.1.江西廬山會議林彪對彭德懷言詞予以激烈的攻擊

1960，林彪把毛澤東在「抗大」的題詞：「堅定正確的政治方向，艱苦樸素的
　工作作風，靈活機動的戰略戰術」和「團結，緊張，嚴肅，活潑」這三句話
　串聯成「三八作風」。

1961 年，林彪指示「原子彈一定要搞下去，一定要響，就是用柴火燒也要把它燒響了。」

1962，「七千人大會」總結大躍進錯誤並希望結束。林彪的講話，大部分人認為非常好，毛澤東更是當場鼓掌叫好，並要求劉少奇整理記錄下來。

1965 年，林彪以「篡軍反黨」「反對突出政治」罪名誣告羅瑞卿，毛澤東信以為真打倒了羅。

1966 年，毛澤東的主持文革會議，全會通過林彪取代劉少奇，成為中共中央唯一副主席。

8 月 18 日－11 月 26 日，毛澤東在天安門接見全國各地紅衛兵，林喊道「誰敢反對毛主席，就全國共討之，全黨共誅之」。

1968 年，林彪傳達中央命令：「撤銷代總參謀長楊成武的職務，把余立金逮捕起來，撤銷北京衛戍區司令員傅崇碧的職務」

1969 年 4 月 1 日在新修訂的《中國共產黨章程》中加入「林彪同志是毛澤東同志的親密戰友和接班人」。

1970 年，江西廬山會議，林彪發言，不點名地批評了張春橋「利用毛主席偉大謙虛反對毛主席」。引發了毛澤東震怒，從而開始「批陳整風」運動，毛林從此分裂。會後毛澤東採用「拋石子」「摻沙子」「挖牆角」等手段針對林彪集團主要辦事機構軍委辦事組，林多次求見毛不成，兩人關係急轉直下。

1971 年，毛澤東秘密南巡，林彪、葉羣、林立果策劃政變，暗殺毛澤東。毛警覺突然改變南巡行程，乘火車提早返回北京。

9.12.15 時，毛澤東返抵豐台車站，吳忠、周恩來得知外，外界均不知情。林立果得悉，立即從西郊機場乘坐 256 三叉戟趕回山海關，林立衡密告 8341 部隊，葉群企圖劫持林彪。消息傳至毛澤東處，引起周恩來警覺，勸林彪不要夜航，並說要去北戴河看望副主席。

深夜 23 時，林彪、葉群、林立果等人乘車從北戴河闖出。周恩來指示「阻止飛機起飛」，汽車經國道抵達山海關機場，在機場熄燈，導航關閉。

9.13.飛機強行起飛，進入蒙古，墜毀於蒙古溫都爾汗，機上人員全部罹難。林彪死後被中國駐蒙大使館草草土葬，後來蘇聯情報人員察覺將其挖出，將頭蓋骨送往蘇聯檢驗，確認死者身份為林彪，目前林彪遺骸仍然未運送回國。

1981 年，中共最高人民法院，確認林彪為反革命集團主謀罪犯。

劉伯承 1892.12.4.(農曆 10.16.)~1986.10.7. 重慶開縣　中共十大元師之四，

劉伯承．名伯昭，字伯承，小名孝生。
1912 年入重慶軍政府將校學堂
1913 年參加討袁失敗流亡上海。
1914 年加入孫中山中華革命黨
1915 年參加討袁護國戰爭。

1916 年，豐都戰爭，頭部連中兩彈，由德國醫生威廉阿曼沃克醫生進行手術．劉伯承拒絕用麻醉藥，手術 3 個多小時割了 72 刀沒有喊痛，德國醫生稱劉伯承「軍神」

1924 年，成都養傷期間，開始認識共產黨。

1926 年，加入共產黨。

1927 年，與周恩來、朱德、賀龍等人發動「八一南昌起義」

1928 年，與吳玉章葉劍英等 30 人赴蘇聯高級步兵學校伏龍芝軍事學院學習

1930 年，蘇聯畢業回國，任軍委參謀長兼長江局軍委書記。

1931 年，至瑞金任中共紅軍學校校長．

1932 年，任中央軍委總參謀長。

1934 年，參加長征，任軍委會總參謀長．

1937 年，抗日戰爭，任第十八集團軍 129 師中將師長。

1938 年，任晉冀魯豫軍區司令員。

1940 年，對日軍發動百團大戰．

1945 年，當選中共中央委員．

1947 年，任中原軍政大學校長．

1949 年，攻陷南京，任南京市長，陷成都後，任西南軍區司令員。

1951 年，任中央軍事學院院長兼政委，倡「治軍必先治校」。

1954 年，任人民革命軍事委員會副主席．解放軍訓練總監部部長．

1955 年，授予元帥軍銜、一級八一勳章、一級獨立自由勳章、一級解放勳章。

1957 年，任高等軍事學院院長兼政委。

1958 年，受到批判帶病被架著在中南海懷仁堂做了檢查。

1962 年，中印戰爭中擔任解放軍參謀顧問，直接指揮作戰

1966 年，任軍委會副主席，兼任人大常委會副委員長。

1973 年以後，劉伯承喪失了思維能力，

1982 年，因年齡和健康原因辭去黨、軍領導職務。

1986.10.7.在北京逝世，壽高 94 歲，骨灰撒向祖國田野。過去蒙冤，得以平反。

賀龍　1896.3.22.~ 1969.6.9.　湖南桑植縣城北洪家關　中共十大元師之五，

賀龍的祖父賀良仕，是個武舉人，有一身好武藝。心地善良，熱心公益，濟人之急，拯人之困，樂善好施。父親賀士道，務農兼做裁縫，為人直爽，繼承家傳武藝，愛打抱不平，敢與豪紳富戶對抗。母親王金姑，勤勞善良家庭婦女。

祖父給賀龍取名文常，字雲卿，乳名常伢。賀龍出生那年，湘西一帶水災、旱災接踵而來，荒田千裡，飢民遍野，餓殍無數，政府苛捐雜稅，不堪負荷。祖父不得已帶著年幼的賀龍，四處奔波，為民團傳授武功，糊口度

日，賀龍跟著祖父，也學會了簡單幾個招術。艱難生活中，祖父教賀龍練武識字，賀龍 5 歲，祖父把賀龍送進了族人辦私塾，取名賀平軒，后改為賀振家。

1914 年，參加孫中山領導的中華革命黨。

1917 年，湖南大饑荒，賀龍落草為寇。

1918 年，湖南省收編為湘軍，任團長。

1920 年，任川軍第九混成旅旅長。

1924 年，第一次國共合作，賀龍接觸共產黨，了解共產黨主張。

1926 年，參加北伐，任國民革命軍第八軍第一師師長。

1927 年，任第 20 軍軍長，參加 "八一" 南昌起義，加入中國共產黨。

1928 年，擔任紅四軍、紅二軍團、紅三軍總指揮，兼紅二軍軍團長。

1934 年，任軍團長，配合紅軍長征。

1935 年，參加長征，擁護毛澤東與張國燾分裂，維護黨的團結。

1940 年，任晉西北、陝甘寧晉綏、晉綏軍區等司令員成為屏障。

1946 年，任西北野戰軍副司令。

1949 年，任解放軍西安警備司令。

1951 年，任中共中央西南局書記。

1954 年，任軍委會副主席、國務院副總理。

1955 年，獲「元帥軍銜」，隨周恩來訪問北越、柬埔寨、印度、緬甸、巴基斯坦、蘇聯、波蘭、匈牙利、阿富汗、尼泊爾、錫蘭等 11 個國家。

1960 年，任國防工業委員會主任。

1966.8.8.《關於無產階級文化大革命的決定》一文對賀龍的野心要有所警惕。」賀龍要見毛澤東，毛不見讓他。

在 "文革四人幫" 反革命集團中，賀龍身陷逆境，受盡誣陷折磨，他堅持真理，大義凜然，表現威武不屈高尚品格。

1966 年 8 月 8 日

按毛的說法「這個賀龍，到哪裡都帶著槍嘛。」使林的妻子葉群極為緊張，但林還是見了賀。

1967 年，被紅衛兵指為「大土匪」、「大軍閥」、毛澤東決定隔離賀龍收押。19 日中南海牆外不斷高喊「打倒賀龍」

周恩來說：「毛主席還是要保護你的嘛！」「對於你的安全我負責，我也要保你。我想把你留下，但中南海這個地方有兩派，也不安全，連朱老總家的箱子也被撬了。」「我給你找了一個安靜的地方，去休息休息。」「家裡的事，我頂著，你就別管了。我已經安排好了。你不要著急，楊德中護送你，夜間再走。」周還讓賀龍交出了身上的槍。警衛部隊把賀龍夫婦送到北京西郊的山區，賀從此失去了人身自由。

9 月，賀被立案審查。

1968 年 10 月 13 日毛澤東宣布他對賀龍不保了。中共官方則稱林彪沒有放棄整垮賀龍的企圖，賀龍夫婦的藏身之地，作了秘密轉移。周再也找不到賀無法保護和關照他了。

1969.6.9. 賀龍被長期迫害，在解放軍總醫院去世，享壽 74 歲，骨灰罐上寫上「王玉」之名，秘密存放於勞山骨灰間。

1973.12. 21. 毛澤東說：「我看對賀龍同志搞錯了，我要負責。當時我對他講了：你呢，不同，你是一個方面軍的旗幟，要保護你。總理也保護他，不過這個人經常身上有武器。（周：一支小手槍，後來交了。）要翻案呢，都是林彪搞的。我聽了林彪一面之辭，所以我犯了錯誤。就是不好呢，向同志們做點自我批評呢。」

1974.9.29. 《關於為賀龍同志恢複名譽的通知》中共中央為之「平反昭雪」.但「江青、康生等繼續尋找借口，一拖再拖，壓住不辦。」

1975.6.9. 中共中央舉行「賀龍同志骨灰安放儀式」，周恩來拖著癌症晚期的病體，不顧醫護人員的勸阻突然趕來，周撫著賀龍妻子薛明的肩膀說：「我沒有保住他啊！都 6 年了，老總的骨灰才安放到北京西郊八寶山「革命公墓」骨灰堂，我很難過啊！」周含淚在賀龍的骨灰盒前鞠了七個躬。

1982.10.16. 《為賀龍同志徹底平反的決定》指出過去加在賀龍身上的一切誣陷不實之詞「完全是林彪、康生等為誣陷賀龍同志而蓄意製造出來的謊言」，並對其在誣陷迫害面前表現出來的「共產黨員堅貞不屈的氣節和高尚品德」給予高度評價，撤銷原中發(1974)25 號文件和中發(68)71 號文件

陳毅 1901.8.26.~1972.1.6　四川樂至復興場張安井村　中共十大元帥之六，

陳毅，名世俊，改名秋江、毅，字仲弘．
1916 年，就讀於成都甲種工業學校。
1919 年，勤工儉學團赴法國留學。
1921.10 月　參加中國留法學生的愛國運動，被押送回國。
1922 年，回到四川，加入中國社會主義青年團。
1923 年，入北京中法大學，加入中國共產黨。
1927 年，參加南昌、湘南起義。
1932 年，任江西區司令員．
1937 年，國共合作接受改編為新四軍任第一支隊司令員．
1938 年，中華民國政府授予少將軍銜。
1940.11.4. 黃橋戰役贏得毛澤東讚賞。解放戰爭，任華東軍區司令員、政治委員、中原局第二書記、第三野戰軍司令員兼政治委員。
1949 年，中華人民共和國成立，任華東軍區、上海市長、第三野戰軍司令員。
1952 年，隨團赴莫斯科．
1954 年，任國務院副總理、軍委會副主席。
1955 年，授予元帥軍銜、八一勳章、獨立自由勳章、解放勳章。

1958 年，任外交部長。
1959 年，任第三、第四屆全國政協副主席。
1962 年，往日內瓦，參加 14 國和平解決寮國問題協議簽字．
1963 年，隨劉少奇赴印尼、緬甸、柬埔寨、非洲肯亞訪問．
1966 年，任軍委副主席。政治局委員，中央委員。
　文革期間，陳毅、譚震林等人，被對方劃為「二月逆流」。
1969 年 10 月，陳毅被以「戰備」為名，疏散到石家莊。
1971 年 1 月 16 日，腹痛加劇，發現患有腸癌。
1972 年 1 月 6 日在北京逝世，八寶山追悼會，毛澤東親臨致祭。
陳毅先後與蕭菊英、賴月明、胡蘭畦、張茜(張春蘭)結婚、
生子：長子陳昊蘇，次子陳丹淮，三子陳曉魯。

羅榮桓 1902.11.26.~1963.12.16.　湖南衡山　中共十大元帥之七

羅榮桓，名鎮慎(慎鎮)，榮桓，字雅懷，號宗人．參加秋收起義、百團大戰、遼西會戰、平津會戰
1948 年，林彪中共野戰軍對國民黨政府軍控制的長春城實行圍困，6 月 5 日，林彪、羅榮桓下達《**圍困長春辦法**》採取軍事包圍和經濟封鎖手段，歷時五個月，造成大批平民饑餓死亡。全城 700 餘萬平方米建築，230 萬平方米被破壞。一切木質結構，乃至瀝青路面，或用於修築工事，或充作燃料，凡可當做食物的東西，如樹皮、樹葉之類，都被吃光。
　圍城初期，國軍曾限制居民外出，後因城中饑荒，隨對居民放行，並限制其返回，其間也發生士兵搶奪居民糧食的現象。對企圖逃出長春求生的平民，共軍開始曾進行搜查審問後放行，但僅限於帶槍投靠的國民黨人，「他們成群跪在哨兵面前央求放行，有的將嬰兒小孩丟了就跑，有的持繩在我崗哨前上吊。戰士見此慘狀心腸頓軟，有陪同饑民跪下一道哭的，說是『上級命令我也無法』。」後來採取了圍阻「捆綁」以及射殺的行動。大批饑民被迫滯留在兩軍控制的環城中間地帶，其間遍佈腐爛的餓死民眾的屍體，圍城包圍圈中曾發生食人悲劇，圍城最後以國軍投降而告終。
「當年參加圍城的一些老人說：在外邊就聽說城裡餓死多少人，還不覺怎麼的。從死人堆裡爬出多少回了，見多了，心腸硬了，不在乎了。」「可進城一看那樣子就震驚了，不少人就流淚了。」解放軍士兵看不下去，有些人問「咱們是為窮人打天下的，餓死這麼多人有幾個富人？有國民黨嗎？不都是窮人嗎？」解放後，熟人見面就問：「你家剩幾口？」
長春的居民人口由圍困前的 50 萬左右，銳減到圍城後的 17 萬人。餓死居民的人數，無確切統計。引用時任長春市長尚傳道的回憶錄稱「根據人民政府進城後確實統計」「餓、病而死的長春市民共達 12 萬人」和國民黨《中央日報》戰

後的報導稱城外「屍骨不下 15 萬具」；<u>日本媒體</u>的估計為 20~30 萬人。1975年被釋放的「戰犯」段克文在《戰犯回憶》一書中說，長春圍城餓死了 65 萬人。國民黨方面認為，中共軍隊在圍城期間的行為構成「<u>戰爭犯罪</u>」；共產黨方面則認為其軍隊為「解放」長春而採取的行動是正義和積極的，造成饑民死亡是次要的，在中共官方宣傳口徑中，有「兵不血刃取長春」之說；而很多非國共人士及國際輿論則認為，長春圍城是二十世紀最慘重的戰爭災難之一。

徐向前 1901.11.8.~1990.9.21. 山西五台五台縣永安村　中共十大元師之八，

徐向前，字子敬，又名象謙，改名向前，小名銀．祖父徐鶴林經商失敗，父親為徐懋淮，清朝秀才；母趙金鑾。大姐徐先月，二姐徐春月，長兄徐受謙，妹徐占月（後赴延安改名徐達）。黃埔一期．

1924 年，加入中國國民黨．

1927 年．經樊炳星楊德魁介紹加入中或共產黨。

歷任師長、參謀長、軍長、司令員、抗日軍政大學校長、、、、、

曾參加南昌、廣州起義，長征，「反三路圍攻」「反六路圍攻」「川陝會剿」《岷洮西戰略計劃》「反張國燾草木凋會議」．與楊虎城的西北軍與紅四方面軍簽署秘密互不侵犯協議．

新疆化裝跑到平涼，毛澤東安慰他道「留得青山在，不怕沒柴燒。你能回來就好，有難就有蛋。」「隨周恩來等參加閻錫山談判、傅作義談判」、又指揮一江山戰役．

1940 年，參加會議被馬踢傷，脛骨骨折，在醫院調養數月。

1944 年，徐向前突患重病，住進延安柳樹店和平醫院治療。

1949 年中華人民共和國成立當選軍委會委員、解放軍總參謀長

1950 年，從青島返回北京，暫時居住在頤和園內。

1951 年，率代表團去蘇聯談判，採購六十個師的武器裝備．

1954 年，擔任軍委會副主席，負責空軍和國土防空工作。

1955 年，授予元帥軍銜、八一勳章、獨立自由勳章、解放勳章。

1963 年，主管民兵工作，

1964 年，任命為軍委人民武裝委員會主任。

1965 年，任人大副委員長。

1966 年，文化大革命爆發，擔任解放軍文革小組長。

1967 年，在文革提出「軍隊不要怕亂」紅衛兵大字報「向江青致敬！向徐帥致敬！」軍隊迅速陷入混亂。11 日，葉劍英、陳伯達、康生、張春橋，紛紛怒斥文革小組。9 月 16 日，徐請辭除全軍文革組長的職務，毛澤東並未批准。

1969 年，朱德、陳毅、徐向前等元帥繼續被分組批判。

1969 年，被下放到二七機車車輛廠進行勞動改造。

1970 年，回到開封，過著半監禁生活。

1971 年，回到北京．

1977 年，當選為中央政治局委員。

1978 年，擔任國務院副總理、國防部長。

1979 年，代表國務院宣布中止歷時 21 年的八二三炮戰，

1980 年，卸任副總理職務，翌年卸任國防部部長。

1982 年，被選為政治局委員、中央軍委會副主席。

1985 年，辭去所有職務，保留中央軍委會副主席。

1987 年，辭去中央軍委副主席，退休住在北京市柳蔭街。

1990 年 6 月 27 日，肺結核病複發，進入醫院治療。同年 9 月 21 日逝世，享年 88 歲。臨終前其叮囑家人及老部下李先念，「我死後一不搞遺體告別，二不開追悼會，三把骨灰撒在大別山、大巴山、太行山、河西走廊。」

徐向前一生有四次婚姻。

第一次婚姻，於 1921 年與朱香蟬結婚．生一女松枝，後病逝。

第二位妻子程訓宣，被張國燾以肅反的名義秘密殺害。

第三位妻子王靖於 1945 年結婚，因感情不和而離婚。

第四位妻子黃傑，原名黃書蓮。於 1946 年結婚，湖北江陵縣人，上過黃埔軍校武漢分校，。

徐向前有三女一子：長女徐松枝由朱香嬋所生。1941 年，徐松枝被聶榮臻接出來送到延安，成為軍醫。次女徐魯溪、三女徐小濤、一子徐小岩為黃傑所生。

聶榮臻 1899.12.29.~1992.5.14. 四川重慶　中共十大元師之九，

聶榮臻，字福駢，小名雙全．

曾參加國民革命軍北伐、南昌起義、廣州起義、百團大戰．主導中共國防工業，主持兩彈一星研發．

1940 年曾在石家莊救下兩名日本孤兒姊妹後交還日軍，但妹妹不治，姊姊在 1980 年率家人由日本到大陸向其道謝，。

葉劍英 1897.4.28.~1986.10.22. 廣東梅縣雁洋堡下虎形村中共十大元師之十

葉劍英，原名宜偉，字滄白，父親葉鑽祥，梅縣武秀才．母親陳秀雲．

1914 年，梅縣東山中學中途輟學，隨父到新加坡越南

1917 年，進入雲南講武堂及莫斯科中山大學特別班．

1920 年夏，參加了孫中山組織的驅逐桂系軍閥之役。

1923 年，參加北伐，出師桂林．

1924 年，出任黃埔軍校教官．與馮華結婚，育一子葉選平（全國政協副主席），一女葉楚梅．

1925 年，任第二師參謀長，兼廣東梅縣縣長．

1926 年，加入共產黨。北伐時任革命軍參謀長、師長、新四軍參謀長。在廣州與曾憲植結婚。妻高祖父曾國荃，是曾國藩的弟弟。育一子葉選寧。

1928 年，隨同周恩來赴蘇聯，在蘇聯共產主義勞動大學特別班學習。

1930 年，由蘇聯轉往德國考察軍事．回國參加長征，抗日戰爭任中將參謀長。

1931 年，任蘇維埃軍委員兼總參謀長、紅軍學校長、閩贛司令員。

1932 年，任中共瑞金紅軍學校校長．

1933 年，調任紅軍東路總指揮．

1934 年，中央執行委員，隨軍「長征」．任軍委第一縱隊司令員

1937 年，在延安與長征女幹部危拱之結婚，任國民革命軍第八路軍參謀長。

1939 年，周恩來將吳博從新四軍速記訓練班調中共南方局重慶紅岩機關機要員。

1940 年，在重慶與吳博結婚。

1941 年，返回延安任中央軍委參謀長兼十八集團軍參謀長。吳博生女兒葉向真

1945 年，隨毛澤東赴重慶參加國共談判．中華民國政府授予抗戰勝利勳章．

1947 年，任解放軍參謀長，參與人民解放戰爭。

1948 年，任華北軍政大學校長兼政治委員．在北京良鄉與華北軍政大學學員李剛結婚，生子葉選廉，女葉文珊。1955 年，二人離異。

1949 年，任北京市長、廣東省主席、廣州市長，軍事科學院長。

1950 年，在廣州辦南方大學，任校長。4 月任廣東省政府主席。

1954 年，先後任軍委會副主席，解放軍武裝力量監察部部長

1955 年，與朱德、彭德懷等人同時被授予元帥軍銜「十大元帥」。

1958 年，任軍事科學院第一任院長兼政委。

1960 年，任軍委會副主席．

1965 年，當選為第四屆全國政協副主席。

1966 年，任軍委副主席、秘書長、書記處書記、政治局委員。

1967 年，文化大革命，被紅衛兵、造反派拖出鬥爭，受到諸多凌辱．

1973 年，中共十大後任中共中央副主席。

1975 年，任國防部長。

1976 年，協助華國鋒、汪東興、李先念、陳錫聯等於懷仁堂拘捕江青、王洪文、張春橋、姚文元四人幫．支持華國鋒掌權．

1978.3 月—1983.6 月，任第五屆全國人大常委會委員長。

1982.9 月　任中共中央政治局常委、軍委會副主席。
1983.6 月　任中華人民共和國中央軍事委員會副主席。
1985.9 月　因健康問題辭去黨政軍所有職務。
1986.10.22.凌晨 01:16，病逝於北京，享壽 90 歲。

許世友 1905.2.28.~1985.10.22.　湖北黃州府麻城縣今屬河南信陽新縣

許世友，原名釋友，字漢禹，法號永祥，乳名三伢子．
8 歲去河南嵩山少林寺習武，法號永祥，拜貞緒和尚為師，為救家人退出佛門，
改名「釋友」，後又改名「世友」。
早年投靠北洋軍閥吳佩孚部，曾任排、連長、義勇大隊長。
延安大學後，任旅長、參謀長、師長、軍長、軍區司令員
曾參加黃麻起義、黃安戰役、商潢戰役、潢光戰役、漫川關戰役、嘉陵江戰役、
掃蕩日軍、孟良崮孟戰役阻擊張靈甫甫陣亡、韓戰、江山島戰役、西沙戰役、
中越邊境戰爭、
1949 年中華人民共和國成立，任山東軍區司令員
1954 年，副總參謀長。
1955 年，獲授上將軍銜，一級八一勛章、一級獨立自由勛章、一級解放勛章。
1955 年任南京軍區司令員、國防部副部長
1973 年底，許世友調任廣州軍區司令員。
1982 年，選為中央顧問委員會副主任。
1985 年 3 月在上海華東醫院體檢患有肝癌．
　　10 月 22 日 16 時 57 分在南京軍區總醫院逝世，年 80 歲．
許世友侍母甚孝，他晚年請求死後土葬在其母親墳墓旁。由於中共規定所有將
領死後一律火化，且除任弼時外別無先例。於是幾經輾轉，最終 1985 年由時任
中央軍委的鄧小平特批，由王震將軍宣布批准：〔許世友在 60 年戎馬生涯中，
戰功赫赫，百死一生，是一位具有特殊性格、特殊經歷、特殊貢獻的特殊人物。
鄧小平同志簽的特殊通行證，這是特殊的特殊〕
許世友三妻：朱錫民、雷明珍、田明蘭。三個兒子、四個女兒。

徐海東 1900.6.17.~1970.3.25. 湖北省大悟縣夏店區徐家窯的一個窯工世家

徐海東，原名元清，中國人民解放軍大將。

1925 年，吝積堂李樹珍介紹，加入中國共產黨。

1926 年，參加北伐，受到嘉獎，晉陞少尉排長。

1927 年，參加支援黃麻起義。

1930 年，任紅四軍團長。

1932 年，任紅四方面軍獨立四師師長。

1932 年，任紅二十五軍副軍長。

1933 年，七里坪戰役失敗，改任紅二十八軍軍長。

1934 年，毛澤東彭德懷徐海東會晤獲直羅鎮戰役勝利。

1936 年，西安事變，徐海東任防衛西安紅軍南部總指揮。

1937 年 2 月，第二次國共合作，任改編八路軍 115 師 344 旅旅長，進入晉東南與日軍作戰，深入華北敵後游擊戰鬥。

1938 年，徐海東因積勞成疾，肺病複發而喋血，回到延安休養。

1939 年，徐海東再次請戰，任中央中原局、華中局委員。

1940 年，舊病複發，徐海東再次喋血病倒在戰場上。

1954 年，徐海東任軍委會、國防委員會委員。

1955 年，被授予解放軍大將軍銜，及一級八一勳章、獨立自由勳章、解放勳章。

1956 年 9 月，當選為中國共產黨第八屆中央委員會委員。

1960 年，徐海東開始主編《紅二十五軍戰史》；

1962 年，該書編成，徐海東再次因勞疾而吐血病危。

1969 年 4 月，徐海東當選為中央委員。

1970 年 3 月 25 日，逝世於鄭州。

黃克誠 1902.10.1.~1986.12.28. 湖南永興油麻圩下青村人

1922 年，考入湖南省立第三師範。

1925 年，加入共產黨。

1926 年，在唐生智部參與北伐。

1927 年，國共合作破裂，從事革命活動。

1928 年，參與湘南起義，領導湖南永興暴動展開游擊工作。

1929 年，唐生智舊部做兵運工作。

1930 年，率部參加中央蘇區第一次反圍剿作戰。

1931 年，任師政治部主任、師政委、參加第三次反圍剿作戰。

1932 年，因支持毛澤東主張被降職，參加第四次反圍剿作戰。

1933 年，任紅 3 軍團第 4 師政委，率部參加第五次反圍剿作戰。

1934 年，隨紅軍主力長征，掩護中央機關和部隊順利渡過湘江。

1935 年，參加土城、婁山關和二打遵義等戰鬥。

1936 年，參加山城堡戰役。

1937 年，任八路軍總政治部、組織部部長。

1938 年，與代旅長楊得志發起彰南戰役，出擊平漢路西側地區。

1939 年，黃領導創建冀魯豫抗日根據地，率部挺入河北、山東。1940 年，任八路軍軍區司令員、縱隊政委。

1941 年，任新四軍第 3 師師長、政委、蘇北軍區司令員．

1943 年，參與淮海戰役．

1945 年 9 月 14 日，黃克誠向中共中央提出創建東北戰略根據　地的建議，參加東北根據地的創建。

1946 年，任西滿軍區司令員、中共西滿分局副書記、代理書記。

1947 年，任東北聯軍副司令員兼後勤司令員、政委。

1948 年，任中共冀察熱遼分局書記兼軍區政委．

1949 年，任天津市委書記、湖南省委書記、湖南軍政委員會副主席、湖南軍區司令員兼政委。

1952 年，擔任解放軍副總參謀長兼總後方勤務部部長、政委。

1954 年，任軍委會秘書長、國防部副部長，整編調整組織機構。1955 年，黃克誠被授予中國人民解放軍大將軍銜，並獲一級八　一勳章、一級獨立自由勳章、一級解放勳章。

1958 年，廬山會議期間，因直言批評大躍進和人民公社化運動，被誣陷為「反黨集團」而被撤銷黨內、軍內領導職務。在文化大革命期間受到迫害。

1977 年，出任中共中央軍委顧問。

1978 年，組織糾正中國共產黨及中國人民解放軍內冤假錯案。

1985 年 9 月，由於健康原因，辭去領導職務。

1986 年 12 月 28 日，因病在北京逝世，享年 84 歲。

蕭勁光　1903.1.4.－1989.3.29. 湖南長沙嶽麓山鄉。

蕭勁光，曾用名蕭玉成，
1919 年，長沙長郡中學讀書。
1920.8 月　加入社會主義青年團。
1921.4 月　和劉少奇等到蘇聯，入莫斯科東方大學學習，
1922 年，加入共產黨入蘇聯紅軍學校。

1924 年，回國到安源參與組織安源路礦工人大罷工。

1925 年，到國民黨革命軍第二軍 6 師任黨代表兼政治部主任，參加北伐，參加了南昌會戰、進軍閩北、攻克南京等役。

1927 年，國共合作破裂。第二次到蘇聯進入列寧格勒托爾馬喬夫軍政學院學習，

1930 年，回國到閩西蘇區，任閩粵贛軍區參謀長，兼任閩西彭楊軍事學校校長。

1931 年，出席中華蘇維埃共和國第一次代表大會，任中央軍事政治學校校長。

12 月 18 日，任由寧都起義部隊改編的紅五軍團政委。

1932 年，任建黎泰警備區司令員兼政委。

1933 年，紅十一軍政委，率部參加黃陂、東陂戰役，中共第四次反圍剿戰爭。

4 月，任閩贛省軍區司令員，率部配合東方軍入閩作戰；

8 月，奉命回閩贛省軍區。之後因為國軍主力進入，黎川失守。

10.28.，任紅七軍團政委。

11 月，率部配合紅三軍團參加滸灣戰鬥。

1934 年，被誣走「羅明路線」，受到撤職並開除黨籍、判刑五年。2 月初，監禁解除，到紅軍大學擔任教員，並任隊長。

1936 年，任紅二十九軍軍長，保衛中共瓦窯革命基地。

1937 年，任中央軍委參謀長，8 月參加洛川會議。任八路軍後方總留守兵團司令員，與王若飛一道為解決晉西事變與閻錫山談判，促使協定締結。

1942 年，任陝甘寧晉綏聯防軍副司令員。

1945 年，當選為中央候補委員。10 月，奔赴東北，任東北人民自治軍副總司令員兼參謀長，負責東北部隊的整訓工作和後方建設。

1946 年，與陳雲一同到南滿，任南滿分局副書記兼遼東軍區司令員，此後指揮四保臨江戰役，改變了東北戰場的戰略局勢。

1947 年，指揮東北野戰軍攻佔長春、瀋陽。11 月入山海關參加平津戰役。

1949 年，任第 12 兵團司令員兼政委，進軍武漢，牽制白崇禧部。

5.17.，攻佔武漢，任武漢市警備區司令員。

8.4.，攻佔長沙，任湖南軍區司令員、長沙軍管會主任。

9~10 月，參加衡寶戰役，殲滅白崇禧部四個主力師，挺進華南。

1950 年，任中國人民解放軍海軍司令員，併兼任大連海軍學校校長和政

1952.4 月，率代表團赴蘇進行訪問，解決海軍的武器裝備問題。

1954 年，成立「潛艇基地建設委員會」組建潛水艇大隊。任國防部副部長。

1955 年，中共陸、海、空軍近沿海島嶼聯合作戰，佔領一江山島；

2 月，攻下大陳島、漁山列島、披山島等；

3 月，接收旅順口。

9 月，授予中國人民解放軍大將軍銜，並獲一級八一勳章、一級獨立自由勳章、一級解放勳章。並擔任首屆國防委員會委員。

1956 年，海軍首次黨代會，提出「以空、潛、快為主，以潛艇為重點」的方針。

9 月，出席中共八大，併當選為中央委員會委員。

1957 年，組建中國人民解放軍海軍。陪同周恩來檢閱軍海軍艦艇部隊。

1958 年，發動「八二三炮戰」猛烈炮擊金門，金門依然固若金湯。

1960 年，成立海軍北海艦隊。

1962 年，受到林彪的打擊排擠，因病住進 301 醫院。

1965 年，八六海戰，中共擊沉中華民國章江艦、劍門艦，中共被擊沉四艘戰艦。

11 月，**擊沉國軍臨淮號護衛艦、擊傷山海號獵港艦**。
1967 年，遭到錯誤批判，被剝奪了海軍工作主持。
1968 年，開始建造第一艘導彈驅逐艦‧
1969 年，當選第九屆中央委員會委員。
1971 年，蕭勁光重掌海軍工作，開始研製核子潛艇和飛彈驅逐艦。
　文化大革命，遭到迫害，「上了林彪賊船」罪名；毛澤東對此聲明：「蕭勁
　光是終身海軍司令。有他在，海軍司令不易人。」
1972 年，免去海軍黨委第一書記，降為第二書記‧
1973 年，當選為中共第十屆中央委員會委員。
1975 年，任第三屆全國人大常委會委員。
1977 年，當選為中共第十一屆中央委員會委員。
1979 年，獲得中央政治平反，但患心肌梗塞。
1980 年，請辭海軍司令員職務，擔任中共中央顧問委員會常委
1989 年 3 月 29 日，因病在北京逝世。葬湖南長沙嶽麓山上。

羅瑞卿 1906.5.31.~1978.8.3. 四川南充舞鳳鄉清泉壩馬家坡

羅瑞卿，原名其榮，曾入黃埔軍校，參加過北伐‧
1920 年，考入南充北區大林寺高等小學。
1923 年，考入南充縣立中學，後因家貧棄學當學徒。
1926 年，加入共產青年團，考入黃埔軍校武漢分校。
1927 年，國共分裂參加討伐夏斗寅和西征楊森的戰鬥。
1928 年，任伯芳介紹，加入中國共產黨。
1929 年，赴湘鄂西蘇區紅軍，掩護紅四軍向龍岩前進。
1930 年，黨代表政治委員、兼四軍隨營學校政治委員。
1932 年，參加漳州、南雄、水口戰役、建黎泰戰役。
1934 年，參加直羅鎮戰役。
1936 年，擔任抗大校長。
1940 年，任政治部主任，協助彭德懷指揮安排百團大戰
1941 年，羅瑞卿在遼縣桐峪鎮與郝治平結婚。
1945 年，被選為候補中央委員
1946 年，國共停止軍事衝突，羅瑞卿任命為中共方面參謀長。
1947 年，參預指揮保南戰役、青滄戰役、保北戰役，攻石家莊。
1948 年，率部殲國軍第 36 軍。
1949 年，出任中央軍委公安部部長。中華人民共和國成立，任公安部部長。
1951 年，展開全國性的三反、五反運動。
1953 年，兼任中央人民公安學院院長。
1955 年，授予解放軍大將及一級八一勳章、一級獨立自由勳章和一級解放勳章。
1956 年，主持肅反及經濟保衛工作、戶口登記條例等法律法規。

1959 年，中國人民解放軍總參謀長。

1961 年，研究貫徹「調整、鞏固、充實、提高」的八字方針，

1965 年，被指責「反對突出政治」被調離軍事工作領導崗

1966 年，京西賓館會議被掛上「篡軍反黨」「反對毛主席」「反對毛澤東思想」。

　　3.18. 羅瑞卿跳樓雙腳跟骨致傷，被送入北京醫院治療。

　　5 月　被停止中央書記處書記、國務院副總理等職務。

　　12 月　被紅衛兵劫出醫院，押到海淀區羅道庄的北京衛戍區部隊駐地。

1967.4.3.傷口長期未愈，被送入解放軍總醫院治療。

1969 年，做左小腿截肢和左股骨頭切除手術。

1973 年，因冠心病、高血壓住院。11 月解除監護。12 月 21 日毛澤東表示「聽
　　了林彪一面之辭，錯整了羅瑞卿」文化大革命結束後，政治上得到平反。

1975 年，任中共中央軍事委員會顧問・翌年，任秘書長・

1977 年，當選中央委員，並為中央軍委常委、軍委秘書長。

1978 年 7 月　赴德國海德堡大學骨科醫院治療腿病，

　　8.3. 突發心肌梗塞病逝，享壽 73 歲。

　　8.5. 中共派專機將羅瑞卿的靈柩回北京，鄧小平、葉劍英等前往機場迎靈。

　　8.12.下半旗致哀，鄧小平致悼詞。骨灰安放在八寶山革命公墓

譚政 1906.6.14. ~1988.11.6.　湖南湘鄉

譚政，原名譚世銘，號舉安。中國人民解放軍大將。

譚政早年參加秋收起義，並在中國工農紅軍紅四軍、紅
十二軍、紅二十二軍等部隊指揮領導政治工作。

後跟隨紅軍主力進行戰略轉移，在陝北擔任中央軍委總
政治部副主任、陝甘寧晉綏聯防司令部副政委兼政治部
主任等職位。第二次國共內戰期間，此後擔任東北民主
聯軍、東北野戰軍政治部主任。

中華人民共和國成立後，擔任中共中央書記處、中國國
防部副部長、中國人民解放軍總政治部主任等職位。

後被誣陷、監禁，文化大革命後擔任中央軍委顧問等。

1988 年，於北京逝世。

楊尚昆　1907.7.5.~1998.9.14.　四川遂寧縣雙江鎮（今重慶潼南）

1920 年，成都高等師範學校附小、附中，接觸馬克思主義。
1925 年，入上海大學，參加革命工作；
1926 年，由共青團轉為中國共產黨黨員，入莫斯科中山大學。
1929 年，與李伯釗在蘇聯結婚。
1930 年，考入蘇聯中國問題研究院。與李伯釗結婚．
1931 年，回國，任江蘇宣傳部長，參與抗日救亡運動。
1932 年，任宣傳部長．
1933 年，新華社負責人，馬克思共產主義大學副校長，第一方面軍政治部主任．
1934 年，參加長征，參加直羅鎮、和山城堡等戰役。
1937 年，抗日戰爭，協助劉少奇創建「華北敵後抗日根據地」。
1938 年，接任中共中央北方局書記，參與「百團大戰」。
1941 年，回延安，經歷「整風運動」考驗。
　解放戰爭，任軍委秘書長，外事組副組長，辦公廳主任等職
1945 年，任中共中央辦公廳主任。
1949 年，中華人民共和國成立後，繼續擔任中共中央副秘書長、
1956 年，當選中共中央委員，中央書記處候補書記。
1964～1965 年，到陝西省長安縣搞「四清運動」。文革時期，被列為「彭真、
　羅瑞卿、陸定一、楊尚昆反黨集團」撤銷一切職務，監禁 12 年後，獲得平反。
1978～1980 年，擔任廣東省書記、副省長、政委、黨委書記。
1982～1987 年，任中央委員，政治局委員、軍委會常務副主席。
1988 年，當選為中華人民共和國主席。
1993 年，從國家主席領導崗位退下來。
1998.9.14. 在北京病世，享壽 92 歲。

粟裕 1907.8.10.~1984.2.5.　湖南會同

粟裕，字裕人，幼名繼業，學名多珍，侗族人。
湖南常德二師附屬小學，湖南省立第二師範畢業，加入中國國民革命軍二十四師教導大隊，後加入中國共產黨．
參與南昌、湘南起義，進入井岡山，長征圍剿。
抗日戰爭，任新四軍第二支隊副司令員，皖南事變，任新四軍第一師、第六師師長，指揮黃橋、車橋戰役。

國共內戰，任華中野戰軍司令、華東野戰軍副司令、代司令兼代政委、第三野戰軍副司令兼第二副政委，指揮蘇中、宿北、魯南、萊蕪、孟良崮、豫東、濟南、淮海、渡江、上海戰役。

1949 年中華人民共和國成立後，任中國人民解放軍總參謀長、軍委會常務委員、國防部副部長、軍事科學院副院長、全國人民代表大會常務委員會副委員長等職務。

1955 年被授予中國人民解放軍大將軍銜，同時授予一級八一勳章、一級獨立自由勳章、和一級解放勳章。

1958 年軍委擴大會議，受到極不公正的批判.

1984 年 2 月 5 日 16 時 33 分，粟裕逝世，遵照粟裕生前遺願，死後骨灰撒在山東、江蘇、上海、浙江、安徽、福建、江西、河南，他曾經戰鬥過的地方，實現與戰友一起長眠戰場的心願。

1994 年 12 月 25 日中共中央總書記江澤民《追憶粟裕同志》對粟裕的歷史功績和高尚品德作了高度評價，「1958 年粟裕受到錯誤批判之事正式平反」這一長達 36 年的公案總算得到了結。

蕭克 1907.7.14.~2008.10.24.湖南省嘉禾縣泮頭鄉小街田村人

蕭克，原名武毅，字子敬，乳名克忠，

1926 年，加入國民政府憲兵教練所、並參加北伐戰爭。

1927 年，加入中國共產黨參加南昌起義。

1928 年，湘南起義上井岡山，擔任連、營、黨代表。

1929 年，進軍贛南、閩西，並參加當地根據地創建。

1930 年，後歷師長、軍長、軍團長等職．

1934 年，轉戰貴州雲南與賀龍創建湘鄂川黔根據地。

1936 年，組成紅二方面軍，賀龍為總指揮，蕭克為副總指揮。抗日戰爭，被授予中華民國國民革命軍中將軍銜

1942 年，任晉察冀軍區副司令員，

1943 年，代理晉察冀軍區司令員。

1947 年，參加承德、葉赤、正太、懷來、石家莊等戰役。

1948 年，創建華北軍政大學，兼任副校長。

1949 年，參加渡江，策劃河南張軫、湖南程潛、陳明仁起事．

1950 年，任中央人民政府人民革命軍事委員會軍訓部部長。

1954 年，任訓練總監部副部長，並擔任國防部副部長。

1955 年，被授予上將軍銜（排名第一位），一級八一勳章、一級獨立自由勳章、一級解放勳章。

1957 年，任訓練總監部部長、黨委書記。

1958 年，因「教條主義」受彭德懷、黃克誠等人批判為「反黨」被解除職務。

1959 年，改任中國農墾部擔任副部長，制定了《國營農場工作條例》、《國營農場領導管理體制的決定》等法規。

　文化大革命期間，遭受迫害並下放到江西五七幹校進行勞改。

1972 年，任中國人民解放軍軍政大學校長。

1977 年，任國防部副部長兼軍事學院院長、第一政治委員等職。
1980 年 9 月，增補為第五屆全國政協副主席。
1982 年，當選為中央顧問委員會常務委員。
2008 年 10 月 24 日上午 12 時 51 分，因病在北京逝世。

張宗遜　1908.2.7.~1998.9.14.　陝西渭南人

1922 年，讀渭南赤水職業學校。
1926 年，黃埔軍校五期政治科·
1927 年，編入國民革命軍第 8 軍第 3 師第 9 團 2 營政治指導員，歷任排長、連長，參與北伐戰爭。國共內戰，參加秋收起義，率部進入井岡山。
1928 年，調任紅四軍第 31 團 1 營 2 連連長。
1930 年，任師長、軍長、廣昌警備司令參與反圍剿戰役。
1934 年，黨內鬥爭被罷免，擔任瑞金中國工農紅軍大學校長兼政委。周恩來舉薦，擔任參謀長、師長、團長，成功攻佔遵義。
1935 年，調任紅四方面軍第四軍任參謀長，紅軍大學參謀長兼高級指揮科科
1937 年，調任中央軍委一局局長兼富甘警備司令。
1938 年，他率部轉戰晉察冀邊區，指揮滑石片伏擊戰。
1939 年，轉戰冀中地區，曾參與指揮陳莊戰鬥；
1940 年，參加百團大戰，隨後兼任晉西北軍區第 3 軍分區司令員。
1943 年，率部返回延安。
1945 年，指揮爺台山戰役，阻擊試圖北上的中華民國國軍。
1946 年，大同前線指揮部司令員，指揮大同集寧戰役慘敗，改任縱隊司令員。
1947 年，協助彭德懷指揮榆林戰役、沙家店戰役、岔口戰役、黃龍戰役等。
1948 年，他率部進入外線，參與指揮宜川戰役、荔北戰役等。
1949 年，擔任第一野戰軍副司令員，參與扶郿戰役、蘭州戰役，平定西北戰事。中華人民共和國成立，任第一野戰軍兼西北軍區副司令員、最高人民檢察署西北分署檢察長、西北軍政委員會委員、財政經濟委員會副主任。
1952 年，任中國人民解放軍副總參謀長兼軍校部部長。
1955 年，訓練總監部副部長。授上將軍銜，獲一級八一勳章、一級獨立自由勳章和一級解放勳章。文化大革命受迫害。九一三事件後任濟南軍區副司令員。
1973 年，升任解放軍總後勤部部長。
1988 年，獲一級紅星功勳榮譽章

王震　1908.4.11.－1993.3.12.　湖南瀏陽馬跪橋村人·

王震，字余開，曾用名正林、建成。貧農家庭，14 歲到長沙成為工人。早年受祖父影響接受教育，因王震參加革命，祖父慘遭滅口。王震妻子王季青，就讀北平大學歷史系，相伴相隨。兩人有三子王兵、王軍、王之。

1927 年，加入共青團，同年轉入中國共產黨。

1929 年，參加中國工農紅軍，任粵漢鐵糾察隊中隊長、湘鄂贛邊區赤衛隊支隊長兼政委，湘東獨立一師團政委，師政治部主任、師政委兼第八軍代政委。

1932 年，紅八軍兼獨立第一師政治委員茶陵作戰負傷

1933 年，王震因反對李德、博古的進攻方略，被派遣去蘇聯學習，經毛澤東挽留，繼續回到湘贛地區，與任弼時繼續與國軍作戰。

1934.8.7.王震從湖南轉戰廣西，任紅六軍團政治委員。

1935 年，與國民黨軍交戰度負傷。

1936 年，王震任紅六軍團政治委員。隨後部隊北上，長征結束。

1942 年，朱德(右三)、賀龍(右四)在王震 (右二)陪同下，視察南泥灣

1944 年，任八路軍 120 師 359 旅副旅長、旅長兼政委。

1941 年，率部返回陝西休整，屯墾南泥灣，舒緩當時的糧草不足問題。

1942 年，兼任中共延安地委書記、延安軍分區司令員、衛戍區司令員。

1944 年，與新四軍第 5 師會師。

1945 年，在湖南地區時日軍投降，他兼任中原軍區副司令員兼參謀長。

1946.9.9.　參加兩萬五千里長征。任縱隊司令員、軍長，第一野戰軍司令員。

1949 年，王震攻佔西安，旋佔領西寧、張掖，向新疆進軍。

1950 年，任新疆分局書記、新疆軍區代司令員兼政委，期間平定新疆騷亂。

1953 年，擔任解放軍鐵道兵司令員兼政委。

1954 年，在新疆從事開墾。

1955 年，被授予中國人民解放軍上將軍銜，並獲一級八一勳章、一級獨立自由勳章、一級解放勳章。後被任命為中國人民解放軍副總參謀長。

1956 年，任中華人民共和國農墾部部長。文化大革命受到衝擊，但毛澤東力保。

1975 年，任命為國務院副總理。多次要求鄧小平復出。

1978 年，被增選為中央政治局委員。併兼任上海交通大學校務委員會主任。

1982 年，被任命為中共中央黨校校長，

1987 年，卸任。

1988 年，被選為中華人民共和國副主席。

1993.3.12.病逝廣州，享年 85 歲。4 月 5 日，骨灰撒在新疆天山。

宋任窮 1909.7.11.~2005.1.8.　湖南瀏陽縣龍潭

。

左起薄一波　宋任窮　陳毅　滕代遠

宋任窮，原名宋韻琴，出身貧困家庭，在家排行最小，有三個哥哥與一個姐姐，大哥在馬日事變後被殺，二哥是因患胸膜炎病逝，受兩位哥哥影響而參加革命。

1926 年，加入共青團，轉為共產黨員擔任湖南瀏陽縣沖和區農民協會長、區黨委宣傳委員兼共青團區特支書記.

1927 年，與毛澤東瀏陽農民協會秋收起義失敗同時進入井岡山

1934 年，參加長征強渡烏江攻佔遵義。

1935 年，任紅軍學校校長、二十八軍軍長。宋任窮的妻子為鍾月林，兩人於長征前相識，抵達陝北後，經邱一涵介紹兩人結婚。

1936 年，任八路軍政治部副主任。

1938 年，任縱隊政委，司令員、政委、黨委書記

1940 年，百團大戰主攻德西鐵路。

1943 年，任軍區司令員、政治委員、中原局委員、野戰軍政委

1949 年，任安徽省委書記、省政府主席、軍區政委，支援渡江。

　中華人民共和國成立，任雲南省委、軍區政委，制定雲南地區民族政策，從湖南招募大批青年進入雲南工作。

1952 年 7 月，任西南局第一副書記、西南軍政委員會副主任

1954 年，任中共中央副秘書長、

1955 年，授予上將軍銜，獲一級八一勳章、一級獨立自由勳章、一級解放勳章。

1956 年 11 月，第三機械工業部部長，中國原子能產業領導者。

1960 年，任東北局書記、瀋陽軍區政委。文化大革命受到迫害。

1977 年 10 月，任第七機械工業部部長、黨組書記。

1978 年 12 月，任中共中央組織部部長，負責平反冤假錯案等。

1980 年 2 月，當選為中共中央書記處書記。

1982 年，當選為中央政治局委員、常委、副主任。

2005 年，逝世，享年 94 歲。

宋任窮與妻鍾月林，相伴七十年。有 8 個子女，5 個居住在美國，三個女兒已經是美國公民，一個兒子拿到美國綠卡。

長子宋克荒，中共黨員，曾任商地置業公司總經理，現任中國扶貧開發協會老區基金理事長。在歐文市和妻子兒子擁有價值 95 萬美元的家，他的妻子兒子都

是美國公民。宋克荒目前在中國南部的廣東省，他也拿到了美國綠卡，擁有美國永久居住權。兒子宋米勒，PatchTogether 公司老闆。

次子宋京波北京中廣天仁科技發展有限公司董事長。

長女宋勤中國煤炭工業進出口集團公司原黨委書記、副董事長，中國老區建設促進會副會長。丈夫黃德生，百年樹人集團副總裁。

次女宋彬彬，因 1966 年 8 月 18 日為毛澤東帶上紅衛兵袖章而知名[15]。現在麻薩諸塞州政府州環保局從事空氣質量評測工作，北京的科技公司 Copia 管理人，英資北京科比亞系統工程有限公司和北京科比亞創新科技發展有限公司董事長。丈夫靳劍生，美國人，已病逝，英資北京科比亞系統工程有限公司和北京科比亞創新科技發展有限公司前任董事長、北京市新技術產業開發區外商投資企業協會理事、北京市政府聘請的外國專家，科比亞橋牌俱樂部創辦人，《華夏地理》雜誌創辦人。兒子 Jin Yan。

三女宋珍珍，住舊金山，前夫為陳雲的兒子陳方。現在她創立自己的電子商務初創公司，和一個美國人同居，開始研修佛教。

四女宋昭昭，密西根大學醫院名護士，丈夫是美國人 Alan，在福特汽車工作。

五女宋月飛。

2009 年 7 月 10 日宋任窮百周年冥誕，在北京人民大會堂舉行。中共中央政治局常委、中央書記處書記、國家副主席習近平出席。習近平講話，高度評價宋任窮同志光輝戰鬥的一生。他說，宋任窮同志是中國共產黨的優秀黨員，偉大的共產主義戰士，傑出的無產階級革命家，我黨我軍政治工作的卓越領導人。宋任窮同志崇高精神風範，是激勵我們繼續奮勇前進的寶貴精神財富。

黃永勝 1910.~1983.4.26.湖北咸寧，本名黃敍錢，毛澤東改其名為黃永勝

1927 年參加秋收起義，加入中國共產黨．

1932 年，先後任紅軍師長。

1947 年，任東北民主聯軍第八縱隊司令員，

1948 年，任第四野戰軍第六縱隊司令員、四十三軍任軍長。

1949 年，任第四野戰軍第 13、14 兵團副司令員

1953 年，任第 19 兵團司令員，參加韓戰。

1955 年，授予上將軍銜，曾獲一級八一勛章、一級獨立自由勳章、一級解放勳章。

1955-68 年，任廣東省革命委員會主任。文化大革命被鬥倒出任解放軍總參謀長.

1971 年，被撤職，

1973 年，被開除黨籍．

1981 年，被確認為「林彪、江青反革命集團」成員，判有期徒刑 18 年，剝奪政治權利 5 年．

1983.4.26. 在青島去世。

張愛萍 1910.1.9.~2003.7.5. 四川達縣張家溝

1926 年加入中國共產主義青年團，
1928 年，轉入中國共產黨。
1929 年成為上海的地下黨員，同年加入工農紅軍。
在國共內戰時期，在上海從事秘密工作，歷任共青團中心縣委書記、秘書長、少先隊訓練部部長、總隊參謀長、總隊長，
1934 年起，任師政治部主任、團政治委員、代團長。
1934 年，入紅軍大學學習，後來參加了長征。
1938 年，任八路軍總指揮部參謀。
1941 年，皖南事變後，任旅長，蘇北軍區副司令員。
1944 年，任新四軍第 4 師師長兼淮北軍區司令員。
　解放戰爭時期，後因頭部受傷前往蘇聯治病，
1948 年，任第三野戰軍前線委員會委員。
1949 年，傷愈回國，參加解放沿海島嶼一江山島戰役。
中華人民共和國成立任兵團司令員、第三野戰軍參謀長。
1954 年，調任副總參謀長、軍委科技裝備委員會主任。
1955 年被授予上將軍銜。曾獲一級八一勳章、一級獨立自由勳章、一級解放勳章、一級紅星功勛榮譽章。
　文革中，張愛萍受到了批判，並被關押了五年，後來，在周恩來的關照下，得以匿名保外就醫。鄧小平在此上台後進行整頓，張愛萍遂復出，對國防科技領域進行整頓。反擊右傾翻案風後，再次被打倒。
1980 年，在撥亂反正後，任國務院副總理，軍委會副秘書長，國防部部長。
1987 年，張愛萍退休。
2003.7.5. 張愛萍於北京去世，享年 93 歲。

楊得志 1911.1.13. ~1994.10.25. 湖南株洲市株洲縣南陽橋鄉。

1928.2 月，湘南起義，後隨上井岡山會師。
10 月，加入共產黨。作戰勇敢，頭腦機敏，從士兵逐步晉陞，任紅一軍第 1 師第 1 團長。長征中擔當著開路先鋒掩護後衛，到達陝北，參加直羅鎮戰役。
1936 年，瓦窯堡會議東征任紅 1 師副師長，6 月升師長。
1937 年，入抗日軍政大學．七七事變任第 344 旅代旅長。
1938 年，肅清平漢線以東、漳河以南、衛河兩岸百里日軍
1939.2 月 中共成立冀魯豫軍區，任司令員。
1941 年，粉碎日軍在黃泛區內對中共游擊武裝的掃蕩進攻。
1944 年，到延安，擔任了陝甘寧晉綏聯防軍教導第 1 旅旅長。

1945 年，他作為冀魯豫軍區的代表出席中共七大。

1945 年，任縱隊司令員參與了平漢戰役

1946 年，調任新組建的晉察冀野戰軍司令員。

1949 年，中華人民共和國成立，任第 19 兵團司令員兼陝西省軍區司令員，曾參加韓戰。

1952 年，任志願軍第二司令

1954 年，任志願軍司令員。韓戰結束，朝鮮國政府授予楊得志一級國旗勳章、一級自由獨立勳章。回國後，入軍事學院學習併兼任戰役系主任。

1955 年，任濟南軍區司令員，授予上將軍銜，獲二級八一勳章、一級獨立自由勳章、一級解放勳章。

1973 年，任武漢軍區、昆明軍區司令員。

1979 年，任中越戰爭西線人民解放軍指揮官。

1980 年，任國防部副部長，解放軍總參謀長，中共中央軍事委員會常務委員、副秘書長，軍事委員會委員。

1987 年，被選為中共中央顧問委員會常委，

1988.7 月　被授予一級紅星功勛榮譽章。

1994 年，因病逝世。他留有《橫戈馬上》《為了和平》等著作

韓先楚　1913.2.~1986　湖北省黃安縣（今紅安縣）

韓先楚，當過放牛娃，學過篾匠，在武漢做過短工。

1927 年，參加鄉農民協會。

1930 年，加入中國共產黨，任鄉蘇維埃土地委員，參加游擊隊。

1932 年，加入紅二十五軍，後參加長征。

1937 年，紅軍改編為八路軍，擔任八路軍 115 師 344 旅 688 團副團長。

1946 年，赴東北加入東北民主聯軍。參與指揮了新開嶺戰役。

1947 年，任東北民主聯軍第三縱隊司令員。遼瀋戰役中，俘獲范漢傑、廖耀湘。

1950 年，參加韓戰，任志願軍副司令員、19 兵團司令員，突破「三八」線攻佔漢城。獲朝鮮民主主義人民共和國一級國旗勳章，一級自由獨立勳章 2 枚。

1953 年，任中南軍區參謀長、解放軍副總參謀長

1955 年，授予上將軍銜，

1957 年，任福州軍區司令員、中共福建省委第一書記

1973 年，調任蘭州軍區司令員

1980 年，任中央軍委會常委。因身體原因，不再擔任大軍區司令職務。

1986 年 10 月 3 日，在北京逝世，終年 74 歲。

洪學智 1913.2.2.~2006.11.20.安徽省金寨縣

洪學智，1955.9月、1988.9月先後兩次被授予上將軍銜，是解放軍中也是世界上唯一一位兩次被授予上將軍銜的將軍，故有人稱其為「六星上將」。

1929年，參加商南暴動，5月加入共產黨，12月隨赤城縣游擊隊編入紅一軍。

1936年，紅軍大學學習。曾參加過遼瀋戰役、平津戰役、渡江戰役等．

1937年，在抗大被誣陷參與「企圖組織逃跑未遂」被定罪判刑入獄，後被毛澤東平反。而1959年「彭德懷問題」（廬山會議上支持彭德懷），被撤去總後勤部部長職務，下放吉林省農業機械廳廳長、吉林省重工業廳廳長、吉林省石油化工局至1977年。文革時受難、挨批鬥，後下放農場勞動改造。

1942年任新四軍第三師參謀長，1945年任第三師副師長。

1946年2月，任遼西軍區副司令員，7月任黑龍江軍區司令員。

1947年任東北民主聯軍第六縱隊司令員。

1948年11月任第四野戰軍四十三軍軍長

1949年，任廣東軍區副司令員和參謀長，兼海防司令員

1950年，參與韓戰，任中國人民志願軍副司令員兼後勤務司令部司令員，曾獲朝鮮一級國旗勳章、一級自由獨立勳章。彭德懷在戰後說：「這勳章授給我不合適，第一應該授給高麻子（高崗），第二應該授給洪麻子（洪學智），如果沒有他們兩人晝夜想盡辦法支援志願軍的糧彈物資，志願軍是打不了勝仗的。」

1954年，任中國人民解放軍總後勤部副部長．

1955年和1988年，兩次被授予上將軍銜。榮獲中華人民共和國一級八一勳章、一級獨立自由勳章、一級解放勳章。

1957年，任總後勤部部長、黨委第一書記

1977年，任國務院國防工業辦公室主任、黨組書記

1980年，任總後勤部部長兼政委，軍委副秘書長、委員

1990年3月至1998年3月任第七、八屆全國政協副主席

2006年11月20日晚上22時10分在北京逝世，享年94歲。

洪學智與同為紅軍之張文（張熙澤，1919年生）在1936年6月1日結婚，生下三男五女；長女洪醒華，長子洪虎曾是吉林省省長（2004年10月卸任成為全國人大法律委員會副主任），另一子洪豹是天津警備區副司令員、少將。

楊成武 1914~2004　福建長汀客家人。

楊成武，又名楊能俊。北宋初年名將楊業後裔，
1929年，參加閩西農民暴動，加入中國工農紅軍
1930年，加入共產黨。曾任幹事，秘書，政治委員‧
參加過二萬五千里長征。抗日戰爭，任八路軍師長、政
治委員、參加平型關戰鬥、百團大戰、黃土嶺戰鬥，擊
斃日本軍「蒙疆駐屯軍」最高司令官阿部規秀中將。
抗日戰爭勝利後，任縱隊司令員、政治委員，指揮清風
店戰役、石家莊戰役、平漢北段戰役等。
1948年，任兵團司令員，指揮綏遠戰役，參加平津戰役。
中華人民共和國成立後，任天津警備區司令員‧
參加了抗美援朝，獲朝鮮民主主義人民共和國一級自由獨立勳章和一級戰鬥英
雄功勳榮譽章。
1955年，被授予上將軍銜和一級八一勳章、一級解放勳章。
曾任人民解放軍副總參謀長，第一副總參謀長兼軍委辦公廳主任，代總參謀長，
中共中央軍委常委、副秘書長，副總參謀長兼福州軍區司令員。
1983年6月至1988年3月任政協全國委員會副主席。
1988年被授予一級紅星勳章。
2004年2月14日在北京逝世，享年90歲。
楊成武與楊得志、楊勇並稱為中國人民解放軍的「三楊」。

余秋里 1914.~1999.2.3.　江西吉安人

余秋里，政治家。1929年，參加農民暴動後，加入共青
團，在湘贛省蘇維埃政府，升中隊長，後成為中國工農
紅軍二軍團政治委員。
1931年，加入中國共產黨。
1935年，長征負傷左臂截肢成為解放軍三位獨臂將軍。
1939年，派往華北進行游擊活動。二次國共內戰任政治
委員。
中華人民共和國成立任青海做軍委副主席副政治委員
1958年，為主要在四川和西南軍區任政治委員。
1955年他被授中將銜。
1958年2月他出任中華人民共和國石油工業部部長，
1964年年，在中華人民共和國國家計劃委員會工作。文化大革命受到打擊，但
　　沒有被解除職務。
1975年，出任國務院副總理兼國家計劃委員會主任。
1980年，出任中華人民共和國能源委員會主任，

1982 年，中國人民解放軍總政治部主任以及中央軍委委員。政治局委員、常委。
1999 年 2 月 3 日，病逝於北京。

李天佑 1914.1.8.~1970.9.27. 廣西臨桂縣

1928 年，參軍，
1929 年，隨李明瑞改投入共產黨於紅七軍，參加百色暴動。
1934 年，升為紅三軍團紅五師師長，率部進行長征，抗日戰爭時期任八路軍 115
　　師 343 旅 686 團團長，
1938 年，升 343 旅代旅長，國共戰爭任第四野戰軍第 38 軍長．
1949 年，任第 13 兵團第一副司令員，中華人民共和國成立，曾任解放軍副總
　　參謀長，第 2、3 屆國防委員會委員，
1955 年，被授銜上將，
1970 年 9 月 27 日，在北京病逝，年 56 歲。

葉飛 1914.5.7.~1999.4.18. 祖籍福建省南安縣，生於菲律賓呂宋島奎松省一

個華僑商人家庭菲律賓名字叫 Sixto Mercado Tiongco
（西思托·麥爾卡托·迪翁戈）
葉飛，原名葉啟亨，曾用名葉琛。中國人民解放軍最年
輕的開國上將之一，是唯一一位由海外歸國的高級將
領，1918 年歸國。
葉飛的父親葉蓀衛
1900 年隻身南洋謀生母親麥爾卡托有西班牙血統的菲
律賓人。
1918 年與父親及長兄葉啟存回到中國。
1928 年，加入共青團，年底離校從事秘密革命工作。
1929 年，任福建宣傳部長代理書記福州市委書記，曾被捕入獄。
1932 年，轉入中國共產黨，後到閩東創建蘇區和建立游擊隊。
1929 年起任共青團福建省委宣傳部部長和代理書記、福州中心市委書記，其間
　　曾被捕入獄。1932 年 3 月轉入中國共產黨。
1935 年，任閩東特委書記，軍政委員會主席兼獨立師師長、師政治委員。
1941 年任新四軍第一師第一旅旅長兼政治委員第一師副師長。
1944 年任蘇中軍區司令員。
1945 年，東野戰軍第一縱隊司令員兼政治委員。
1949 年，任第三野戰軍是兵團司令員。參加了宿北、魯南、萊蕪、孟良崮、豫
　　東、渡江、上海等戰役。
中華人民共和國成立後，葉飛指揮了廈門戰役，取得勝利。
金門戰役卻嚐敗績，成為葉飛心中的遺憾。

1953 年指揮東山島戰役，取得勝利。

1954 年 9 月 3 日，葉飛指揮對金門炮擊。

1955 年，授予上將軍銜。

1958 年，又指揮金門炮戰。

中華人民共和國成立後，歷任福建軍區司令員、書記、省長，華東、南京、福建軍區司令員、交通部長，海軍司令員、政治委員，全國人民代表，華僑委員會主任委員。

1999 年 4 月 18 日，葉飛於北京去世，享年 85 歲。

2000 年 3 月 29 日葉飛將軍紀念銅像在菲律賓揭幕，基座刻有「菲律賓的兒子 中國的英雄 中國的兒子菲律賓的英雄」的銘文。並捐贈了第 2000 個職業學校，學校命名為「葉飛學校」。

劉華清 1916.10.－~2011.1.14.　湖北大悟縣

1929 年，加入中國共產主義青年團。

1930 年，參加中國工農紅軍。

1935 年，轉為中國共產黨黨員。

1934 年，任軍政治部組織、宣傳、科長、大隊長兼政委。

1937 年，任秘書主任、師政治部宣教科科長、師政治部主任。

1941 年，任冀南軍區部長、政委，冀南軍區七支隊政委。

1945 年，晉冀魯豫軍區二縱隊政委、第二野戰軍政治部主任。

1949 年，校黨委書記，軍區軍政大學、步兵學校政治部主任。

1951 年，任第十軍副政委，第一海軍學校副校長兼副政委。

1954 年，赴蘇聯海軍伏羅希洛夫指揮學院海軍指揮專業學習。

1955 年，被授予海軍少將軍銜。

1958 年，任海軍旅順基地副司令員，國防部第七研究院院長。

1965 年，任第六機械工業部副部長、兼第七研究院院長。

1966 年，任國防科委副主任，海軍副參謀長。

1975 年，任中國科學院黨的核心領導小組，國防科委副主任。

1979 年，任解放軍總參謀長助理、副總參謀長。

1982 年，任海軍司令員，海軍黨委副書記。

1987 年，任中央軍委委員、中央軍委副秘書長

1988 年，被授予上將軍銜。

1989 年・六四事件中擔任戒嚴部隊總指揮。

1989 年，中共 13 屆五中全會為中共中央軍事委員會副主席。

1990 年，七屆全國人大三次會議上增選為國中央軍委副主席、

1992 年，中共十四大為委員、政治局委員、常委、軍委副主席。

1993 年，繼續當選為中華人民共和國中央軍委副主席。
1997 年，卸任中共中央軍委副主席兼政治局常委。
1998 年，卸任國家軍委副主席後退休。
1985 年，中央顧問委員會委員，中央委員會委員
2011 年 1 月 14 日 6 時，於北京逝世，享年 95 歲。
劉華清兩子兩女：
二子：劉卓明任中國人民解放軍總裝備部科技委副主任，中將軍銜。劉維明
二女：劉曉莉、劉超英為中國人民解放軍總參情報部五局上校副局長，曾經擔任中國太空科技集團副總經理，涉嫌捲入廈門遠華走私案。同時涉遠華案的家屬還有劉華清兒媳，當時為解放軍總政治部軍官的鄭莉。

汪東興 1916.1.~　江西弋陽人

汪東興，中共元老，文化大革命時期重要政治人物。
1932 年，加入中國共產黨；
1947 年，毛澤東貼身警衛，隨毛澤東、周恩來、任弼時 等轉戰陝北負責警衛。
1949 年，中華人民共和國成立，歷任政務院秘書廳副主任，警衛處長，公安部
　　局長、公安部副部長，是羅瑞卿的副手。
1955 年，授予少將軍銜。
1958 年，任江西副省長。文化大革命，汪東興受到重用。
1968 年，擔任中共中央辦公廳主任，總參謀部警衛局局長。
1969 年，選為中央政治局候補委員；四年後陞中央政治局委員。
1976 年，支持華國鋒、葉劍英率領 8341 部隊拘捕四人幫。
1977 年，為中央政治局常委、中央副主席。鄧小平復出後，汪東興被邊緣化。
1978 年，受到嚴肅批評，被免除了中共中央辦公廳主任的職務。
1980 年，辭去中共中央政治局常委、中共中央副主席的職務。
1982 年，中共第十二次全國代表大會上，選為中央候補委員。
1985 年，被增選為中央顧問委員會委員；
1987 年，中共十三大上，連任中顧委委員。

　　在文革期間，他始終站在毛澤東一邊。對一些被整的高級幹部，葉劍英、譚
　　震林等人毫不留情面。毛澤東去世後，他又堅定的支持華國鋒，這個由毛指
　　定的接班人。
文革結束後，隨著老幹部逐漸恢復工作，汪東興在對待文革和評價毛澤東等問
題上，與復出的中共元老們發生衝突。在十一屆三中全會後的一次政治局會議，
汪東興受到鄧小平、陳雲以及胡耀邦等人的批評。

楊白冰 1920.9.~2013.1.15. 重慶潼南

楊白冰，原名楊尚正，解放軍上將。
早年就讀陝北公學，加入八路軍，抗日
軍政大學和解放軍政治學院畢業。曾任
中共中央委員、書記、中央委員、政治
局委員。
曾擔任中央軍委秘書長兼總政治部主
任，北京軍區政委。
中華人民共和國成立後，擔任組織部部長、政治部副主任。
1958 年，入中國人民解放軍政治學院學習。
1960 年，文化大革命期間遭受迫害，被長期拘禁。
1979 年，起任北京軍區政治部副主任、副政治委員、政治委員。
1987 年，任解放軍總政治部主任‧六四事件支持鎮壓學生運動，
1989 年 11 月，兼任中共中央軍委秘書長。
1988 年 4 月，任中央軍事委員會委員，授予上將軍銜；
1993 年，退役。2013 年 1 月 15 日 16 時 55 分，在北京逝世。

朱敦法 1927~　　江蘇省沛縣

12 歲參八路軍，擔任情報員。
1945 年，進入晉冀魯豫軍區第一縱隊擔任偵察連連長。
1947 年，在豫北戰役中立大功，獲三級戰鬥英雄稱號。
1948 年，在淮海戰役中又立大功一次。參加渡江戰役
1949 年，升任營長。
1952 年，任團長。
1953 年，隨 16 軍進入朝鮮參戰，
1956 年，被授予中校軍銜，獲三級解放勳章，
1958 年，回國。
1961 年，晉陞上校。後升任師長、軍參謀長、軍長。
1985 年，任瀋陽軍區副司令員，
1988 年，被授予中將軍銜。

1990 年，任廣州軍區司令員。
1992 年，任國防大學校長。
1993 年，晉陞上將。
1995 年，退役。
1998 年，被授予獨立功勛榮譽章。

張萬年 1928.8.~　山東龍口人

1944 年 8 月入伍，
1945 年 8 月加入中國共產黨，
1979 年，中越戰爭任 127 師師長，為越南軍剋星。
1985 年至 1990 年任廣州軍區副司令員、司令員。
1988 年被授予中將軍銜。
1990 年至 1992 年任濟南軍區司令員。
1992 年任中央軍委委員、總參謀長，
1993 年 6 月晉陞上將軍銜。
1995 年任中央軍事委員會副主席。
1997 年，參加香港政權交接儀式。9 月後，出任中共中央政治局委員、中央書
　記處書記、中央軍事委員會副主席。
2003 年退役。

遲浩田 1929.5.~　山東招遠

遲浩田；1945 年 7 月參軍，1946 年 5 月加入中國共產黨；中國人民解放軍軍事
學院合成系畢業，大專文化。
遲浩田兄弟姊妹十一人，四人夭折。遲浩田七歲，母親竟下定決心，將他送去
學堂念書，希望長大去當老師。
1941 年，日軍進攻到了山東地區，遲浩田去參軍。
1944 年遲浩田離開了家，招遠縣齊山區中隊做文書，
1945 年 7 月入八路軍正規軍部隊，從文書做起文化宣傳工
1947 年，任指導員、營副教導員。在渡江戰役的上海戰役中，奇襲青年軍第 204
　師活捉副師長，降一千餘人評為戰鬥英雄。
1950 年，赴朝鮮參加抗美援朝．
1955 年，授銜中被授予少校軍銜。
1958 年，先後在解放軍軍事學院學習。
1973 年，任北京軍區副政委，兼《人民日報》社負責人
1976 年，率部參加唐山大地震抗震救災。
1988 年，為中央軍委委員、總參謀長，被授予上將軍銜。
1989 年，六四事件中，進城戒嚴部隊指揮下對示威進行鎮壓。

1992 年，中共第十四次全國代表大會上，當選軍委會委員．
1993 年，任國務委員兼國防部部長「國防法起草委員會」主任。
1995 年，任命為中華人民共和國中央軍事委員會副主席。
1997 年，當選為中共中央政治局委員、中共中央軍委副主席；
1998 年， 74 歲，告別長達 58 年職業軍旅生涯。

曹雙明　1929.8.~　河南林州

曹雙明 1946 年 6 月參軍，同年 9 月加入中國共產黨。
1953 年，參加抗美援朝，任中國人民志願軍空軍飛行中隊長。1965 年，任空軍航空兵師 30 副師長、師長。
1970 年，任空 2 軍副軍長。駐地丹東四道溝。
1974 年，任瀋陽軍區空軍副司令員.
1983 年，接替王毓淮，擔任瀋陽軍區空軍司令員。
1992 年，由辛殿楓接任。
1993 年，授中國人民解放軍上將軍銜。
1987 年，任瀋陽軍區副司令員、常委、瀋陽軍區空軍司令員
1992 年，任空軍司令員、黨委副書記。

傅全有　1930.11.~　山西省崞縣〈今原平縣〉人

傅全有，大專學歷，中國人民解放軍上將。
1946 年 10 月，參加中國人民解放軍，
1947 年 8 月加入中國共產黨。先後任班長、排長。
1948 年，任第一野戰軍第 7 師 21 團副連長。中華人民共和國成立後任營參謀長。
1953 年 2 月，參加韓戰，入朝作戰，任參謀長、副營長、營長。
1958 年 10 月回國。
1960 年，中國人民解放軍高等軍事學院畢業。歷任團參謀長、副團長、師參謀長、師長、軍參謀長、軍長。
1985 年 6 月，任成都軍區司令員。
1988 年，授予中將軍銜，
1990 年 5 月，任蘭州軍區司令員。
1992 年 10 月至 1995 年 9 月任中央軍委委員、中國人民解放軍總後勤部部長。
1993 年 1993 年被授予上將軍銜。任全國綠化委員會副主任。
1994 年 1 月，任全國愛衛會副主任。
1995 年 9 月至 2003 年 3 月，任中國人民解放軍總參謀長。
2003 年 3 月，離休。

張連忠　1931.6.~　青島膠州

張連忠中共第 13 屆中央候補委員、14 屆中央委員，第九屆全國人大常委會委員、全國人大華僑委員會委員。獲解放獎章。
1947 年，參軍，陸軍出身。
1960 年，進入潛艇學院學習，在潛艇上擔任艇長，進入海軍。
1988 年，任海軍司令員。1 被授予海軍中將軍銜，
1993 年，晉陞為海軍上將軍銜。

于永波　1931.9.~滿洲正黃旗後裔生於遼寧復縣（大連市瓦房店）

1947 年加入中國共產黨
1985 年任南京軍區政治部主任。
1988 年被授予中將軍銜。
1989 年 12 月任總政治部副主任
1992 年 10 月任總政治部主任
1993 年 6 月 7 日晉升上將軍銜。3 月選為中央軍事委員會委員
2003 年 3 月退休。

曹剛川　1935.12.~　河南舞鋼人

蘇聯炮兵軍事工程學院畢業。1954 年，參加解放軍。在第三炮兵軍械技術學校、第一軍械技術學校學習。
1956 年，加入共產黨，任技術學校教員大連俄語專科學校學習。
1957 年，在蘇聯炮兵軍事工程學院學習。
1963 年，任總後勤部軍械部彈藥處助理員。
1969 年，年任總後勤部裝備部兵工處助理員。
1975 年，任總參謀部裝備部綜合計劃處參謀。
1979 年，任總參謀部裝備部綜合計劃處副處長。
1982 年，任總參謀部裝備部副部長。
1988 年，授予少將軍銜。
1989 年，任總參謀部軍務部部長（在國防大學高級幹部哲學輪訓班學習）。
1990 年，任軍委軍品貿易辦公室主任。
1992 年，晉陞副總參謀長，解放軍副總參謀長。
1993 年，晉陞為中將軍銜。
1994 年，晉陞第一副總參謀長、總參黨委副書記。
1996 年，調任主管國家軍事工業的國防科學技術工業委員會主任、黨委書記。
1998 年，進入軍委會並任新成立的總裝備部部長。
1998 年 3 月晉陞為上將軍銜。

1998 年 4 月任解放軍總裝備部部長、黨委書記。
1998 年，任軍委會委員、解放軍總裝備部部長、黨委書記。
2002 年，任中央政治局委員、中央軍委會副主席。
2003 年，任中央政治局委員、中央軍委會副主席、國務委員兼國防部部長。
2007 年，中共十七大不再入選中央委員會。
2008 年，卸任國防部長、軍委會副主席職務。
2010 年，被推選中華豫劇文化促進會名譽會長。

喬清晨　1939~　河南鄭州人

喬清晨，飛行員出身，空軍上將。曾任空軍司令員、中央軍委會委員。1996 年
1 月任北京軍區副司令員兼軍區空軍司令員。
1997 年，任空軍副司令員。
1999 年，任空軍政委。
2002 年，接替患癌症的劉順堯任空軍司令員；晉陞上將軍銜。
2004 年，當選中共中央軍事委員會委員、中共第十六屆中央委員。

廖錫龍　1940.6.~　貴州省思南縣人

1959 年，入伍，歷任貴州省軍區 17 軍 49 師 149 團(1969 年 11 月 25 日改編為步
兵第 91 團)2 營 4 連戰士、班長、排長、連長。
1964 年，在一次施工時，因一次事故導致右手食指致殘。
1971 年，任陸軍第 11 軍 31 師 91 團，歷任團作訓股副股長，師作訓科副科長。
1978 年，調回步兵 91 團任副團長，
1979 年，隨所在團開赴中越戰爭前線，因指揮有方，回國後不久晉陞為團長。
1980 年，在解放軍軍事學院基本系學習，任陸軍 11 軍 31 師副師長、師長，
1984 年，指揮者陰山作戰，取得大捷。升任軍長。
1985 年，任合併後的成都軍區第一副司令，
1988 年，授予少將軍銜，
1993 年，晉陞中將軍銜，
1995 年，出任成都軍區司令員。
2000 年，授予上將軍銜。
2002 年，當選中共中央軍事委員會委員，並出任中國人民解放軍總後勤部部長。
2003 年，任命為中華人民共和國中央軍事委員會委員。
2012 年 10 月，不再擔任解放軍總後勤部部長，由趙克石上將繼任

梁光烈　1940.12.~　四川省三台縣人

梁光烈，河南大學黨政幹部班政治理論專業畢業，中國人民解放軍上將，前任中國共產黨中央軍事委員會委員和中華人民共和國中央軍事委員會委員，中共國務院黨組成員、國務委員兼國防部部長。

1958年，加入中國人民解放軍。

1959年，加入中國共產黨。

1959年，陸軍1軍1師2團工兵連戰士、班長。

1960年，陸軍1軍1師2團工兵連副排長、排長，特務連司務長。

1963年，陸軍1軍1師2團司令部作訓股參謀。為解放軍信陽步兵學校學員。

1964年，陸軍1軍1師2團司令部作訓股參謀。

1966年，陸軍1軍1師司令部參謀。

1970年，武漢軍區司令部作戰部參謀。

1971年，武漢軍區司令部作戰部一科副科長。

1974年，武漢軍區司令部作戰部副部長，中越戰爭，協助楊得志指揮作戰。

1979年，陸軍20軍58師副師長。

1981年，陸軍20軍58師師長。

1983年，陸軍20軍副軍長。

1985年，陸軍20集團軍軍長。

1990年，陸軍54集團軍軍長。

1993年，北京軍區參謀長。

1995年，北京軍區副司令員。

1997年，瀋陽軍區司令員。

1999年，南京軍區司令員、黨委副書記。

2002年，中央軍委委員、解放軍總參謀長、軍事委員會委員、解放軍總參謀長。

2008年，中央軍委委員、國務委員兼國防部部長、軍事委員會委員。

劉書田　1940.12.~　山東滕州人

1958年，參加中國人民解放軍。

1960年，加入中國共產黨。歷任排長，師政治部科幹事、副科長、科長。

1980年，任團政治委員。

1983年，任炮兵師政治委員。

1986年，任集團軍政治部主任。

1988年，7月任集團軍政治委員。8月被授予少將軍銜。

1992年，畢業於解放軍南京政治學院。

1994年，任廣州軍區副政治委員兼紀律檢查委員會書記、黨委常委

1996 年，晉陞為中將軍銜。
1998 年，任廣州軍區政治委員、黨委書記。
2002 年，晉陞上將軍銜。
2003 年，任成都軍區政治委員。

陳炳德　1941.7.~　江蘇南通人

1964 年，升任陸軍排長。
1965 年，任陸軍軍司令部作訓處參謀。
1971 年，升任任陸軍師司令部作訓科科長。
1974 年，任陸軍團司令部參謀長。
1976 年，任陸軍師司令部副參謀長。
1977 年，任陸軍團長。
1979 年，任陸軍師司令部參謀長。

1982 年，任陸軍師長。
1983 年，任陸軍副軍長。
1985 年，任陸軍集團軍副軍長兼參謀長。
1990 年，升任任南昌陸軍學院院長。
1992 年，改任陸軍指揮學院院長。
1993 年，任陸軍集團軍軍長；同年任南京軍區參謀長、軍區黨委常委。
1996 年，任南京軍區司令員、黨委副書記。
1999 年，調任濟南軍區司令員、黨委副書記。
2004 年，任中共中央軍事委員會委員，解放軍總裝備部部長、黨委書記。
2005 年，任軍委會委員，解放軍總裝備部部長、黨委書記。
2007 年，任軍委員會委員，中國人民解放軍總參謀長。
2011 年 5 月 15 日，前往美國八天訪問。

楊德清　1942~　湖北應城人。

1963 年，加入中國人民解放軍，歷任排長、師政治部幹事、武漢軍區政治部秘
　書、團副政治委員、政治委員、163 師政治部主任、政委。
1985 年，擔任中國人民解放軍第 42 集團軍政治部主任。
1990 年，擔任軍事經濟學院政治委員。
1991 年，任解放軍總後勤部政治部主任、副政治委員兼紀委書記。
1999 年，擔任成都軍區政委。
2003 年，改任廣州軍區政委，
2004 年，晉陞為上將。曾任中央委員、全國人大委員、華僑委員會副主任委員

朱文泉　1942~　江蘇響水人

1961 年，參加中國人民解放軍，在濟南軍區某部當戰士。
1964 年，加入中國共產黨。10 月升任排長，
1965 年，任師司令部作訓科參謀，
1970 年，任濟南軍區裝甲兵司令部作戰處參謀，
1974 年，任師司令部作訓科科長（期間：代理營長半年），
1980 年，任陸軍團長（解放軍軍事學院完成班學習），
1982 年，任陸軍師參謀長，
1983 年，任陸軍師副師長，
1988 年，任陸軍師長，
1992 年，任陸軍集團軍參謀長，
1993 年，任集團軍副軍長（在國防大學進修系學習）。
1994 年，晉陞為少將軍，任南京軍區第 1 集團軍長（國防大學國防研究系學習）。
1998 年，率部參加九江抗洪，封堵長江決口。
1999 年，任南京軍區參謀長、黨委常委（在中央黨校經濟管理專業函授學習）
2000 年，在國防大學正軍職以上幹部培訓班學習。晉陞為中將軍銜。
2002 年，任南京軍區司令員、軍區黨委副書記。
2006 年 6 月 24 日晉陞為上將軍銜。
2008 年，任十一屆全國人大教育科學文化衛生委員會委員。

郭伯雄　1942.7.~　陝西省禮泉縣人

1958 年，16 歲，初中畢業後，在「四零八」兵工廠當工人。
1961 年，投入解放軍，三年後被提升為軍官，成為職業軍人。
1963 年，在軍隊中加入中國共產黨
1964 年，服役期滿後，留在軍中，由士兵提升為幹部，擔任排長、宣傳幹事、參謀、連職軍官。曾參加了中印戰爭。
1970 年，任團作訓股股長（副營級軍官）、作訓處參謀（正營級軍官）、副處長（正團級軍官）、處長（副師級軍官）。
1981 年，任第 19 軍 55 師師參謀長。
1983 年，升任第 19 軍參謀長。
1985 年，解放軍整編，他出任蘭州軍區副參謀長。
1990 年，出任蘭州軍區下轄的野戰縱隊——第 47 集團軍的軍長。
1992 年，調升北京軍區副司令員。
1997 年，在中共十五大召開前，郭伯雄被調回蘭州軍區，並晉陞為軍區司令。

1999 年，增補為中央軍委副主席；又晉陞上將軍銜，任解放軍常務副總參謀長。
2002 年，當選為第十六屆中共中央政治局委員、中共中央軍委副主席；
2003 年，當選中央軍事委員會副主席；成為中國人民解放軍的最高領導人之一。
2007 年，繼續當選為中央政治局委員以及中共中央軍委副主席。
2008 年，汶川地震發生後，郭伯雄曾在災區接受鳳凰衛視的採訪
2012 年，任中華人民共和國中央軍事委員會副主席。

李繼耐　1942.7.~　山東滕州人

1961 年，考入哈爾濱工業大學，在工程力學系學習，
1965 年，加入中國共產黨。
1967 年，通過冬季徵兵入伍，加入中國人民解放軍。
1969 年，任副排長，政治處組織股任幹事。
1970 年，團副政治委員、團黨委常委。
1977 年，調政治部組織部青年科科長、二炮政治部組織部副部長兼組織科科長。
1983 年，調至二炮第五十四基地任副政委、基地黨委常委。
1985 年，任總政治部幹部管理部部長、黨委書記，
1988 年，授予少將軍銜，
1990 年，任總政治部副主任、黨委委員，後因楊白冰事件受牽連，
1992 年，調任國防科工委副政治委員、黨委常委。
1993 年，晉陞為中將軍銜，
1995 年，任國防科工委政治委員、黨委副書記。
1997 年，共產黨第十五次全國代表大會上被選舉為中國共產黨中央委員。
1998 年，調總裝備部，由曹繼續任一把手擔任部長，李任政委、黨委副書記。
2000 年，晉陞上將軍銜。
2002 年，任軍委會委員，曹剛川升任軍委副主席，李任總裝備部長、黨委書記。
2003 年，任命為中華人民共和國中央軍事委員會委員。
2004 年，任命為總政治部主任、總政治部黨委書記。
2007 年，任命為中國共產黨中央軍事委員會委員。
2008 年，任命為中華人民共和國中央軍事委員會委員。

靖志遠　1944.12.~　山東臨沭

1963 年，參軍。
1985 年，任第二炮兵基地參謀長、副司令員。
1990 年，晉升少將。
1993 年，任第二炮兵基地司令員。
1999 年，任第二炮兵參謀長、第二炮兵黨委常委。
2000 年，晉升中將。

2003 年，復任第二炮兵司令員。
2004 年，當選中央軍委委員。
2004 年，晉升為上將。

吳勝利　1945.8.~　河北吳橋人；

1964 年，參加中國人民解放軍，原中國人民解放軍測繪學院海測系畢業。

　　曾在 4 艘驅逐艦、護衛艦上任職，擔任過 8 年的驅逐艦、護衛艦艦長。

1974 年，歷任海軍水面艦艇副航海長，護衛艦副艦長、艦長，驅逐艦艦長。

1984 年，升為海軍驅逐艦第六支隊支隊長、兼黨委副書記，開始進入中共海軍領導機構。此後，歷任東海艦隊上海基地副參謀長，海軍福建基地參謀長、福建基地黨委常委，海軍大連艦艇學院院長、黨委副書記；

1994 年，晉陞海軍少將軍銜。在任海軍大連艦艇學院院長期間，吳勝利提出了「千人大方隊」的隊列訓練科目，成為海軍大連艦艇學院的特色訓練科目。

1997 年，回海軍福建基地，出任司令員、兼基地黨委副書記；兩年後，出任東海艦隊副司令員、黨委常委；

2002 年，轉任廣州軍區副司令員、兼海軍南海艦隊司令員；

2003 年，晉陞海軍中將；

范長龍　1947.5.~　遼寧丹東人，出生於東溝縣大孤山鎮西關。

1963 年，考入丹東第二中學讀高中。1968 年 10 月，在東溝縣下鄉插隊。

1969 年 2 月 1 日，范長龍以知識青年身份在東溝縣參加中國人民解放軍，任陸軍第十六軍炮兵團一二二毫米加農炮第 2 營第 6 連炮手，新兵訓練結束後在雙陽縣東風公社同心大隊參加軍宣隊的「支農」任務。

　　9 月加入中國共產黨。被評為「五好戰士」。升第 6 連指揮排偵察班班長。

1971 年，擔任陸軍第十六軍炮兵團一二二毫米加農炮營第 3 連指揮排排長。

1972 年，調任團政治處見習宣傳幹事（排職）。

1973 年，轉正為宣傳幹事，不久調任團政治處組織股任組織幹事。

1974 年，任該團一五二毫米榴彈炮營一連政治指導員。

1975 年，到宣化炮兵學院住校學習 8 個月。

1976 年，借調到陸軍第 16 軍教導大隊任戰術教員。

1976 年，從連指導員直接升任陸軍第十六軍炮兵團副團長、團長兼參謀長。

1979 年，隨部隊參加「南打北防」任務。

1980 年，進入解放軍軍事學院完成班住校學習。

1982 年，任陸軍第十六軍炮兵團團長。
1985 年，升任陸軍第十六集團軍步兵第四十八師參謀長。
1990 年，升任第十六集團軍四十六師師長。
1995 年，擔任第十六集團軍軍長、晉陞少將軍銜。
2000 年，任瀋陽軍區參謀長，兩年後晉陞中將軍銜。
2003 年，任中國人民解放軍總參謀長助理。
2006 年，擔任濟南軍區司令員。
2008 年 7 月 15 日晉陞上將軍銜。
2012 年 11 月 4 日，為軍委會副主席。第十八屆中央委員、中央政治局委員。

趙克石　1947.11.~　河北高陽縣人

1968 年，參軍，曾任南京軍區軍訓部幹部訓練處處長，後調任第 31 集團軍參
　謀長，不久晉陞為南京軍區副參謀長，
2000 年，任第 31 集團軍軍長，
2004 年，任南京軍區參謀長，次年晉陞中將軍銜。
2007 年，任南京軍區司令員。
2010 年，晉陞上將軍銜。
2012 年，任中國人民解放軍總後勤部部長。

常萬全　1949.1.~　河南南陽臥龍區石橋鎮

常萬全，陝西渭南師範專科學校函授畢業。
1968 年 3 月，參加解放軍，11 月加入中國共產黨．
1968 年，當兵入伍，後升排長，歷任參謀；
1978 年 2 月，成為蘭州軍區司令員，開國上將韓先楚的
秘書。
1980 年，回 47 軍；歷任軍部作訓處副處長、處長，140
師參謀長、副師長．
1987 年，完成陝西渭南師範專科學校函授課程，獲大專
學歷。
1990 年，回蘭州軍區司令部，任作戰部部長；兩年後，出任陸軍 61 師師長；
1994 年，升任陸軍 47 集團軍參謀長；
1997 年，晉升少將軍銜。擔任中國人民解放軍國防大學戰役教研室主任
2000 年，任陸軍第 47 集團軍軍長、蘭州軍區參謀長、北京軍區參謀長、瀋陽
　軍區司令員、解放軍總裝備部部長等職；
2003 年，晉升為中將
2007 年，晉升為上將。當選中共中央軍委和中華人民共和國中央軍委委員。
2012 年，不再擔任總裝備部部長職務，由原瀋陽軍區司令員張又俠繼任。

馬曉天　1949.8.~　河南鞏義人

1965 年，參軍，在空軍第二預備航校學習飛行，
1966 年，轉入第十二航校成為正式學員，
1968 年，畢業後留校成為教官，
1969 年，加入中國共產黨。
1972 年，馬從飛行員一路晉陞，
1983 年，成為副師長，後又升為師長。
1993 年，馬曉天進入國防大學學習，
1994 年，畢業後任中國人民解放軍空軍第 10 軍參謀長，
後升為軍長。
1997 年，升任中國人民解放軍空軍副參謀長，次年調任廣州軍區空軍參謀長。
1999 年，馬調任蘭州軍區副司令兼蘭州軍區空軍司令，
2001 年，調任南京軍區副司令兼南京軍區空軍司令。
2003 年，升任空軍副司令員。
2006 年，調任中國人民解放軍國防大學校長，
2007 年，升任中國人民解放軍副總參謀長。
2009 年，晉陞為空軍上將。
2012 年 10 月，任空軍司令員

許其亮　1950.3.~　山東省臨朐縣五井鎮花園河村。

1966 年，入解放軍服役；
1967 年，加入中國共產黨。
1966 年，考入空軍第一航空預備學校學習飛機駕駛；先後轉入第八、五航學習。
1969 年，歷任飛行員、飛行獨立大隊副大隊長、大隊長，副師長。
1983 年，晉陞師長，次年晉陞副軍長，
1985 年，任空軍上海指揮所參謀長，並進入國防大學進修；
1991 年，晉陞為空軍軍長，授空軍少將軍銜；
1993 年，升任解放軍空軍副參謀長，並再次進入國防大學進修；
1994 年，升任空軍參謀長，
1996 年，授空軍中將軍銜。
1999 年，許其亮調任瀋陽軍區副司令、兼空軍司令，
2001 年，第三次進入國防大學進修。
2004 年，升任中國人民解放軍副總參謀長；
2007 年 6 月 20 日，晉陞空軍上將軍銜；任解放軍空軍司令員。
2012 年 10 月，離任空軍司令員。11 月，增補為中共中央軍事委員會副主席。

張又俠　1950.7.~　祖籍陝西渭南，出生於北京市．

1968 年，入解放軍服役。
1976 年，駐紮雲南擔任連長，中越戰爭中表現積極，升為 119 團團長。
1984 年，參與兩山戰役，因戰功晉升第 14 軍 40 師副師長、師長、軍長。
1997 年，升少將軍銜，
2005 年，張又俠調升北京軍區副司令員；
2007 年，出任瀋陽軍區司令員。
2012 年，在中共十八大召開前夕，出任中國人民解放軍總裝備部部長。
2007 年，晉陞中將，
2011 年，晉陞上將軍銜。　擬提升為軍委副主席，但受到元老反對。
2004 年，進入中央，出任中國人民解放軍副總參謀長、總參謀部黨委委員；
2006 年，出任中國人民解放軍海軍司令員，海軍黨委副書記。
2007 年 7 月 6 日，晉陞為海軍上將．

房峰輝　1951.4.~　陝西省彬縣城關鎮人

1968 年，投入解放軍服役，。
1975 年，加入中國共產黨。
「文化大革命」期間入伍，由排長做起，逐級升遷，曾官至新疆軍區副參謀長；後調蘭州軍區下轄第 21 集團軍，歷任軍參謀長、副軍長、軍長。
1998 年，升少將軍銜，
2001 年，調任廣州軍區參謀長，上任兩個月，出任中共廣州軍區黨委常委。
2005 年，晉陞中將軍銜．
2007 年，升北京軍區司令員。
2009 年，國慶大閱兵中，擔任總指揮，並陪同中央軍委主席胡錦濤檢閱部隊。
2010 年，晉陞上將軍銜
2012 年，任中國人民解放軍總參謀長。

張陽　1951.8.~　河北武強人。

1996 年，擔任解放軍第 55 軍第 163 師(現解放軍第 42 集團軍 163 摩步師)政委。
2000 年，擔任副軍職的中國人民解放軍第 42 集團軍政治部主任，
2002 年，升任正軍職的政委。
2004 年，擔任廣州軍區政治部主任、軍區政委。
2006 年，晉陞為中國人民解放軍中將軍銜。
2010 年，晉陞為上將軍銜。
2012 年，接替李繼耐擔任總政治部主任。

魏鳳和　1954.2.~　出生於山東省聊城市茌平縣溫陳鄉茌平人

1970 年‧參軍，解放軍第二炮兵指揮學院指揮系畢業。
1972 年，加入中國共產黨；由士兵，歷任班長、排長，作訓參謀、作訓股長、作訓科長、旅副參謀長。曾任解放軍副總參謀長，現任中國人民解放軍第二炮兵部隊司令員，上將軍銜。
1975 年，進入國防科工委某大型號飛彈中專訓練班，學習發動機專業‧
1982 年，入第二炮兵指揮學院指揮系大專班學習；
1997 年，完成函授本科學業。
1994 年，授大校軍銜，出任第二炮兵某旅旅長、參謀長、第 53 基地司令員‧
2004 年，晉陞少將
2005 年，升任二炮副參謀長；
2006 年，晉陞參謀長；
2008 年，晉陞中將
2010 年，轉任解放軍副總參謀長。
2012 年，晉陞上將，任解放軍第二炮兵司令員

中華人民共和國人民解放軍上將

中國人民解放軍開國上將

蕭　克・張宗遜・趙爾陸・宋任窮・王　震・周純全・許世友・劉亞樓・鄧　華・
陳再道・楊得志・彭紹輝・王宏坤・李克農・陳伯鈞・李　達・楊成武・李　濤・
蕭　華・甘泗淇・賴傳珠・陳奇涵・宋時輪・蘇振華・陳錫聯・陳士榘・王新亭・
謝富治・葉　飛・黃永勝・朱良才・楊　勇・張愛萍・傅秋濤・韓先楚・唐　亮・
洪學智・李志民・周　桓・李天佑・劉　震・楊至成・王　平・鍾期光・郭天民・
韋國清・賀炳炎・呂正操・烏蘭夫・傅　鍾・周士第・陶峙岳・董其武・陳明仁・
閻紅彥（以上按 1955 年授銜時的排名）王建安（1956 年授銜）李聚奎（1958 年授銜）

以姓氏筆劃為序，共 57 名

王　平	王　震	王宏坤	王建安	王新亭	韋國清	烏蘭夫	鄧　華
葉　飛	甘泗淇	呂正操	朱良才	劉　震	劉亞樓	許世友	蘇振華
110px 李達	李　濤	李天佑	李志民	李克農	李聚奎	楊　勇	楊至成

57 名上將中有海軍上將 1 人（王宏坤，蘇振華因政治軍官未獲海軍上將軍銜，至 1963 年改為海軍上將）、鐵道兵上將 1 人（王震）、軍法上將 1 人（陳奇涵）、空軍上將 2 人（劉亞樓、劉震）、炮兵上將 1 人（陳錫聯）、公安軍上將 1 人（韋國清）、工程兵上將 1 人（陳士榘）、軍需上將 1 人（李聚奎）以及志願軍上將 2 人（楊勇、李志民）。

1998 年恢復軍銜制至今

洪學智上將	劉精松上將	楊懷慶海軍上將	彭小楓上將
劉華清上將	曹芃生上將	劉順堯空軍上將	裴懷亮上將
秦基偉上將	張太恆上將	王祖訓上將	符廷貴上將
遲浩田上將	宋清渭上將	杜鐵環上將	喻林祥上將
楊白冰上將	固輝上將	廖錫龍上將	朱文泉上將
趙南起上將	李希林上將	徐永清武警上將	王建民上將
徐信上將	史玉孝上將	喬清晨空軍上將	許其亮空軍上將
郭林祥上將	李九龍上將	溫宗仁上將	孫大發上將
王誠漢上將	周子玉上將	錢國梁上將	吳勝利海軍上將
尤太忠上將	于振武空軍上將	姜福堂上將	常萬全上將
張 震上將	丁文昌空軍上將	陳炳德上將	劉振起空軍上將
李德生上將	隋永舉上將	梁光烈上將	黃獻中上將
劉振華上將	曹剛川上將	劉書田上將	范長龍上將
向守志上將	楊國梁上將	葛振峰上將	馬曉天空軍上將
萬海峰上將	張工上將	張黎上將	劉源上將
李耀文海軍上將	邢世忠上將	由喜貴上將	張海陽上將
王海空軍上將	王茂潤上將	張文台上將	章沁生上將
張萬年上將	李新良上將	胡彥林海軍上將	童世平海軍上將
于永波上將	方祖岐上將	鄭申俠空軍上將	李安東上將
傅全有上將	陶伯鈞上將	趙可銘上將	劉成軍空軍上將
朱敦法上將	張志堅上將	朱啟上將	王喜斌上將
張連忠海軍上將	楊國屏武警上將	李乾元上將	房峰輝上將
曹雙明空軍上將	郭伯雄上將	劉冬冬上將	王國生上將
徐惠滋上將	徐才厚上將	雷鳴球上將	趙克石上將
李景上將	隗福臨上將	劉鎮武上將	陳國令上將
楊德中上將	吳銓敘上將	楊德清上將	張陽上將
王瑞林上將	錢樹根上將	吳雙戰武警上將	李世明上將
周克玉上將	熊光楷上將	隋明太武警上將	孫建國海軍上將
丁衡高上將	唐天標上將	張定發上將	侯樹森上將
戴學江上將	袁守芳上將	靖志遠上將	賈廷安上將
李文卿上將	張樹田上將	劉永治上將	劉曉江海軍上將
王克上將	周坤仁海軍上將	孫忠同上將	張又俠上將
李來柱上將	李繼耐上將	遲萬春上將	李長才上將
谷善慶上將	石雲生海軍上將	鄧昌友空軍上將	杜金才上將

劉亞洲空軍上將	王建平武警上將	吳昌德上將	劉福連上將
杜恆岩上將	許耀元武警上將	王洪堯上將	蔡英挺上將
田修思上將	魏鳳和上將	孫思敬上將	徐粉林上將

十七、儒、理、哲學家

冉耕　前-547~？　春秋時代魯國人

冉耕，冉氏，字伯牛。孔子的學生之一，患病早逝，孔子十分難過。

伯牛、顏淵、閔子騫、仲弓同屬孔門十哲的德行科哲人。

739 年封「鄆侯」，宋追封為「東平公」，後又改稱「鄆公」。曾任魯國的中都宰，孔子很器重他。在患有惡疾時，不願見人。孔子於其病危時，特地去探望他，從屋外窗口握住他的手，邊歎息邊說：「死，是命中註定的啊！可是這樣的人怎麼會有這樣的病，這樣的人怎麼會害這樣的病啊！」伯牛的德行，與顏淵、閔子騫等並駕，無怪乎孔子哭說這是天命。伯牛以德行見稱於孔子，惜全無事跡可考。僅知其是染患惡疾而逝，可能是染上麻風病[

子路（仲由）　前 542~-480　魯國人

仲由，字子路，或稱季路，是孔子的著名弟子，孔門十哲之一，少孔子九歲，也是弟子中侍奉孔子最久者。《二十四孝》中為親負米的主角。

子路見孔子，子曰：「汝何好？」對曰：「好長劍。」孔子曰：「吾非此之問也，徒謂以子之所能，而加之以學問，豈可及乎？」子路曰：「學豈益哉也？」孔子曰：「夫人君而無諫臣則失正，士而無教友則失聽。御狂馬者不釋策，操弓不反檠，木受繩則直，人受諫則聖，受學重問，孰不順哉？毀仁惡仕，必近於刑，君子不可不學。」子路曰：「南山有竹，不柔自直，斬而用之，達於犀革，以此言之，何學之有？」孔子曰：「栝而羽之，鏃而礪之，其入之不亦深乎？」子路再拜曰：「敬而受教。」

前-498 年隨孔子周遊列國，任衛國蒲邑(長垣縣)之宰，是當地大夫孔悝的家臣。前-480 年，孔悝被脅迫把當時的廢太子蒯聵迎回衛國當國君 (也就是衛後莊公)。子路為了救孔悝而與蒯聵的家臣戰鬥，在戰鬥中被敵方用戈將繫『冠』的帶子割斷了，子路因此停止戰鬥，彎下身，撿起冠來，繫上帶子，結果因此被趁虛打敗並殺害，年 63，死後受醢刑（即剁成肉醬）。

子路事親極孝、剛猛勇敢、性格爽朗、樂意接受別人的指正立即改過，很尊敬師長，也常常直言進諫孔子。子路後在衛國的蒯聵之亂殉難，死後被剁成肉醬。孔子聞其死，極為傷心，從此不吃肉醬。

唐玄宗尊之為「衛侯」，宋真宗加封為「河內公」，宋度宗又尊為「衛公」。1530 年改稱「先賢仲子」。

子路性格直爽、勇敢、信守承諾、忠於職守,《論語》中提到他是孔子門下四類才能之士（德行、政事、言語、文學）中傑出的「政事」人才。但也因為盡忠而身殉。子路在戰鬥中不忘記繫好帽帶,也因此而死。後代文人,多不因此視子路迂腐,而是惋惜他在危難中並未顧及自身的安全而喪命。

《論語》曾有記載指孔子曾預言,子路個性過於剛強,恐怕難以善終。

但子路死後,孔子還是非常傷心,有覆醢之舉（吃飯時,見到肉醬將其蓋上,不忍食用）。

子騫 (閔損)　前-536~-487　春秋末期魯國人

閔損,字子騫,孔子弟子中,孔門十哲之一,以德行修養而著稱,和顏淵齊名。二十四孝之單衣順母講的,就是閔損的故事。

閔子騫為人極孝。他少年喪母,父親娶了繼母。繼母偏愛自己親生二子,虐待閔子騫,子騫卻並不告知父親,避免影響父母間關係。冬天,繼母用棉絮給自己的孩子做棉衣,而給他的棉衣填的是蘆花。一日閔子騫駕馬車送父親外出,因寒冷飢餓無法馭車,馬車滑入路旁溝內。他被父親喝斥鞭打,結果抽破衣服露出了蘆花。父親醒悟,想休掉妻子。子騫長跪於父親面,為繼母求情:「母在一子寒,母去三子單。」父親便不再休妻,繼母也痛改前非。

孔子贊曰:「孝哉!閔子騫,人不間於其父母昆弟之間。」後人根據這一段故事,改編齣戲劇《鞭打蘆花》,並作為《二十四孝》中單衣順母的主角。

此外,閔子騫為寡言穩重,一旦開口語出中肯。孔子評價:「夫人不言,言必有中。」歷代帝王因閔子騫的德行高尚,對其屢有追封:

739 年追封費侯,1008 年封琅琊公,1267 年又稱費公。

今山東省濟南市百花公園內有閔子騫衣冠冢,附近有閔子騫路。另外,在沂水縣亦有閔公山,相傳是閔子騫當年登高避禍的所在。

冉雍　前-522~?　春秋末年魯國（今山東曲阜）人

冉雍,字仲弓,孔子弟子,少孔子 29 歲。唐贈薛侯,宋封下邳公,改封薛公。仲弓是冉伯牛的「宗族」,生於不肖之父。為人敦厚、氣度寬宏,孔門十哲之一,在孔門以德行著稱,早年拜師於孔子,孔子稱贊他可以做南面王,《論語》記其名與字 11 次,《論語》並尊冉雍為孔子四大德行特優之弟子。

仲弓曾問政於孔子,孔子教仲弓存心敬恕重修身,辦事從大體著想,多舉賢才。隨孔子周遊列國後,482 年回魯後的第三年,41 的仲弓當上了魯國季氏的總管。

子我 (宰予)　前-522~-458　春秋時代齊國人,

宰予,字子我,又名予我、宰我,孔子弟子,孔門十哲之一,擅長言辭．

《史記·仲尼弟子世家》記載他死於齊國的田常之亂。唐代司馬貞的《索隱》認為，《左傳》中並未記載宰我參與田常之亂的事，參與叛亂的是闞止，闞止的字也是「子我」。

宰予曾與孔子討論三年喪期的禮制及仁的問題，宰予受孔子指責。

另外，他因「晝寢」而被孔子批評為「朽木不可雕也」，為此一著名成語的來由。孔子曾說：「吾以言取人，失之宰予」，不過南懷瑾的《論語別裁》對此曾提出不一樣的看法，《論語別裁》一書的內容曾認為這話不是孔子在批評宰予，而是告訴其他學生要體諒宰予，不要因宰予的這種行為而對他過度批評。

唐開元二十七年，宰予被追封為「齊侯」。

1009 年加封「臨淄公」，

1267 年再進封為「齊公」，

1530 年改稱為「先賢宰予」。

子有(冉求)　前-522 年－?　春秋末年魯國（山東曲阜）人

冉求，字子有，亦稱冉有。孔子弟子，少孔子 29 歲。冉有青年時期曾做過魯國季氏的家臣，後隨孔子周遊列國。孔子晚年歸隱魯國，冉有出力不少。

唐贈徐侯，宋封彭城翁，後封徐公。

冉有多才多藝、性格謙遜、長於政事，孔子稱讚其才可於千戶大邑，百乘兵馬之家，勝任總管職務。

冉有曾一度因為為季氏徵稅而被孔子責備，論語記載：「季氏富於周公，而求也為之聚斂而附益之。子曰：非吾徒也稅。孔子於是向弟子們說：冉求不是我的學生，你們擊鼓聲討他的罪狀，是可以的。）

子貢(端木賜)　前-520~-446　春秋末年衛國人，

端木賜　，複姓端木，字子貢（古同子贛），孔子的得意門生，孔門十哲之一，「受業身通」的弟子之一，孔子曾稱其為「瑚璉之器」，在孔門十哲中以言語聞名。萬仞宮牆典故，出自子貢稱讚孔夫子之學問高深。

子貢利口巧辭，善於雄辯，且有幹濟才，辦事通達。曾任魯、衛兩國之相。他還善於經商之道，曾經經商於曹國、魯國兩國之間，富致千金，為孔子弟子中首富。孔子去世前子貢未能趕到，孔子去世後，子貢守喪六年，為孔子弟子中為孔子守喪最長者。

後世，題辭輓商界有成就之人逝世，常以「端木遺風」等，甚至有人奉之為財神。子貢善貨殖，有「君子愛財，取之有道」之風，為後世商界所推崇。司馬遷在《史記·貨殖列傳》中對子貢經商事有記載。

子貢死於齊國。公元 739 年追封其為「黎侯」，公元 1009 年加封為「黎公」，公元 1530 改稱「先賢端木子」。

《越絕書》記載春秋末年，田常欲作亂於齊，恐諸卿大夫，故移其兵攻魯，孔子是魯國人，故命子貢說之。

端木賜先說服齊國田常，讓其同意棄魯國攻吳國，又說吳王棄越國攻齊，最後說服晉國休兵御齊。

最終吳敗齊，而田常亂。吳復攻晉，為晉所敗。越勾踐趁勢滅吳而霸。所謂：子貢一出，存魯，亂齊，破吳，強晉而霸越。子貢也因此而聞名於諸侯。

子貢口才很好，被列在言語科，擅長說服、探問、和評論，也就是在政治和商業方面的重要能力。

叔孫武叔語大夫於朝曰：「子貢賢於仲尼。」子服景伯以告子貢。子貢曰：「譬之宮牆：賜之牆也及肩，窺見屋家之好；夫子之牆數仞，不得其門而入，不見宗廟之美，百官之富。得其門者或寡矣！夫子之雲，不亦宜乎！」（論語 19.23）

叔孫武叔毀仲尼。子貢曰：「無以為也！仲尼不可毀也。他人之賢者，丘陵也，猶可踰也；仲尼，日月也，無得而踰焉。人雖欲自絕，其何傷於日月乎？多見其不知量也！」（論語 19.24）

陳子禽謂子貢曰：「子為恭也，仲尼豈賢於子乎？」子貢曰：「君子一言以為知，一言以為不知，言不可不慎也！夫子之不可及也，猶天之不可階而升也。夫子之得邦家者。所謂『立之斯立，道之期行，綏之期來，動之斯和。其生也榮，其死也哀』；如之何其可及也？」（論語 19.25）

子貢可能的缺點是同理心不足，因此在論語中，孔子三次提醒他要「恕」。

孔子對子貢的評價，由於尚未達到「恕」的境界，孔子僅僅肯定他的工作能力，認為他足以稱為「士」，但仍然不足以為成行仁的君子。「賜也達，於從政乎何有？」（論語 6.8）「賜不受命，而貨殖焉；億則屢中。」（論語 11.18）

子貢問曰：「何如斯可謂之士矣？」子曰：「行己有恥；使於四方，不辱君命；可謂士矣。」（論語 13.20）子貢問曰：「賜也何如？」子曰：「女，器也。」曰：「何器也？」曰：「瑚璉也。」（論語 5.4）

子有(有若)　前-518~-458　春秋魯國人

有若，字子有，唐玄宗尊之為「汴伯」，宋真宗加封為「平陰侯」。

公元 1530 年改稱「先賢有子」。

孟子謂孔子歿後，子夏、子張、子游以為有若似聖人，欲以所事孔子事之，曾子以為不可。有若過世之後，魯悼公曾前往弔唁，足見其為同門及魯人之所重。

其為人也孝悌，而好犯上者，鮮矣！不好犯上，而好作亂者，未之有也。君子務本，本立而道生，孝悌也者，其為仁之本歟？（《論語/學而第一》）

禮之用，和（從容合節）為貴；先王之道，斯為美，小大由之。有所不行，知和而和，不以禮節之，亦不可行也。（《論語/學而第一》）

信近於義，言可復也（與人約信，必先求近乎合理，承諾才可以實踐）；恭近於禮，遠恥辱也。因不失其親，亦可宗也。（《論語/學而第一》）

哀公問於有若曰：「年飢，用不足，如之何？」有若對曰：「盍徹乎？」曰：「二，吾猶不足，如之何其徹也？」對曰：「百姓足，君孰與不足？百姓不足，君孰與足？」（《論語/顏淵第十二》）

子游(言偃)　前-506~-443　　春秋末吳國常熟人

言偃，姓言，名偃，字子游，亦稱言游，又稱叔氏，，是孔子七十二弟子中唯一南方人，後學成南歸，道啟東南，對江南文化的繁榮有很大貢獻，被譽為「南方夫子」，唐開元封「吳侯」，宋封「丹陽公」，後又稱「吳公」。

時子游為武城宰，以禮樂為教，故邑人皆弦歌也。子游特習於禮，在孔門十哲中以文學著名。曾任魯國武城宰，用禮樂教育士民，境內到處有弦歌之聲，孔子對此表示讚賞——孔子曾說：「君子學道則愛人，小人學道則易使。」（論語·陽貨:17.4）。

子游和子夏同列文學科，文學指詩、書、禮、樂文章而言，所以子游之學以習禮自見，更重要的是他能行禮樂之教。

《論語·陽貨》：「子之武城，聞弦歌聲。夫子莞爾而笑曰：『割雞焉用牛刀。』子游對曰：「昔者偃也聞諸夫子曰：君子學道則愛人，小人學道則易使也。」子曰：「二三子，偃之言是也。前言戲之耳。」（陽貨）孔子的說法一方面是惋惜子游大才小用，一方面是對子游能行禮樂表示欣慰。

《論語·為政》：子游問孝。子曰：「今之孝者，是謂能養，至於犬馬，皆能有養；不敬，何以別乎？」語譯：子游向孔子請問孝道。孔子回答說：「現在一般所謂的孝順父母，認為只要做到養活父母，就算是盡孝了。如此說來，人飼養犬馬等動物時，也一樣供給牠們食物，如果不以恭敬之心侍奉父母，那和養動物又有何區別呢？」

孔子論孝重在一個「敬」字，養而能敬，才算合了孝的內外之道於一體。

子張(顓孫師)　前-503~-447　　陳國人，

顓孫師，複姓顓孫，名師，字子張，孔子的弟子。唐玄宗尊之為「陳伯」，宋真宗加封為「宛丘公」，宋徽宗又尊為「潁川侯」。宋度宗又尊為「陳國公」。明嘉靖九年改稱「先賢顓孫子」。

子曰:「師也辟。」孔子認為子張之志過高，而或流於一偏也。所以曾子說：「堂堂乎張也，難與並為仁矣。」子張曾經問干祿，孔子說：「多聞闕疑，慎言其餘，則寡尤；多見闕殆，慎行其餘，則寡悔。言寡尤，行寡悔，祿在其中矣。」因其性狂，不能守仁，故同窗敬而遠之。

有一天，當子張與孔子同在陳蔡時，子張向孔子問「行」。孔子說：「言忠信，行篤敬，雖蠻貊之邦行矣。言不忠信，行不篤敬，雖州里行乎哉?立則見其參於前也，在輿則見其倚於衡也。」子張書諸紳。

《韓非子·顯學篇》謂孔子死後，儒分為八派，其中有子張之儒，惜其學說少可考究。

許慎　約58年－約147年　東漢汝南召陵（現河南省漯河市召陵區）

許慎，字叔重，有「五經無雙許叔重」讚賞。他是漢代有名的經學家、文字學家、語言學家，是中國文字學的開拓者。他於公元100年（東漢和帝永元十一年）著《說文解字》，是中國首部字典。曾擔任太尉府祭酒，師從經學大師賈逵。他歷經21年著成的《說文解字》，歸納出了漢字五百四十個部首。許慎另著有《五經異義》、《淮南鴻烈解詁》等書，已失傳。

許錦晶曰：叔重者，名慎，汝南召陵人也。性純篤，少博學經籍，馬融常推敬之，時人爲之語曰：「《五經》無雙許叔重。」為郡攻曹，舉孝廉，再遷除洨長。卒於家。初，慎以《五經》傳說臧否不同，於是撰為《五經異議》。

永元十有二年（100年），始作《說文解字》，序曰：「古者包羲氏之王天下也，仰則觀象於天，俯則觀法於地，視鳥獸之文與地之宜，近取諸身，於是始作《易》八卦，以垂憲象。及神農氏結繩為治而統其事，庶業其繁，飾為萌生。黃帝之史倉頡，見鳥獸蹄遠之跡，知分理之可相別異也，初造書契。「百公以乂，萬品以察，蓋取諸夬」，「夫揚於王庭」。言文者宣教明化於王者朝廷，君子所以施祿及天下，居德則忌也。倉頡之初作書，蓋依類象形，故謂之文。其後形聲相益，即謂之字。文者，物象之本也；字者，言孳乳而浸多也。著於竹帛諸之書，書者如也。以迄五帝三王之卋，改易諸體。封於泰山者七有二代，靡有同焉。建光元年（121年），書成。收單字九千三百五十有三；重文一千一百六十有三，分於五百四十部。病中之時，遣子沖獻書於帝。卒，葬郾城縣姬石鄉許莊村東。墓高十有五尺，徑四十有八尺。鄉人曰：「日動一鰲，夜長三尺。」謬也，豈有自拔之冢。

鄭玄　127~200　北海高密（今山東省高密市）人

鄭玄，字康成，東漢經學家。少時習《易經》《公羊傳》，有「神童」之稱·
145年，任鄉嗇夫。晉為鄉佐。北海國相杜密十分器重他，
157年，薦入太學，師從京兆第五元先、陳球。
160年，與盧植同拜馬融為師，學習古文經學，又嘗遊學於幽、並、兗、豫諸州。因黨錮事件而被禁，專心著述。後又博通今文經學，遍注群經，乃為漢代集經學之大成者，世稱「鄭學」。善飲酒，可飲一斛。

200 年，夢見孔子對他說：「起，起，今年歲在辰，來年歲在巳。」官渡之戰時，被袁紹逼迫下隨軍而行，到元城（今河北省大名縣境）病危，至六月病逝。作品有《毛詩箋》《三禮注》。

何休　129~182　東漢任城樊（鄰近曲阜）人

何休，字邵公，東漢任城樊（鄰近曲阜）人。父何豹，曾任九卿之中的少府，何休依據漢代官員子弟可蔭任為中低層官吏的制度開始任官。

何休的學問淵博，時人譽之「精研六經，世儒無及者」，對孔子遺留下的經書有十分精闢的瞭解。當時的帝師陳蕃邀請何休擔任幕僚，由於陳蕃在宮廷鬥爭中失敗，何休黨錮之禍中被禁錮而禁止任官，返歸家鄉。

何休被禁錮在家時，開始註解孔子的經書，目前僅存的唯一文本是他歷時 17 年才寫成的《春秋公羊解詁》。

賈逵曾使東漢的公羊學與朝政面臨重大危機，何休撰寫《春秋公羊解詁》的其中一項重要動機就是在反駁賈逵的春秋左氏學主張。

鄭玄是何休同時代的著名學者，也遭到黨錮之禍。在禁錮期間讀何休寫的《公羊墨守》《穀梁廢疾》《左氏膏肓》，鄭玄不同意何休的見解，「蜂起而攻之」，也寫了三本書反駁回去，史載「發《墨守》，針《膏肓》，起《廢疾》」。何休看了感嘆說：「康成（鄭玄字）入吾室，操吾戈，以伐我乎！」

文中子　開皇四年

文中子，王氏，諱通，字仲淹。其先漢徵君霸，潔身不仕。十八代祖殷，雲中太守，家於祁，以《春秋》《周易》訓鄉裏，為子孫資。十四代祖述，克播前烈，著《春秋義統》，公府辟不就。九代祖寅，遭潛、懷之難，遂東遷焉。寅生罕，罕生秀，皆以文學顯。秀生二子，長曰玄謨，次曰玄則；玄謨以將略升，玄則以儒術進。

玄則字彥法，即文中子六代祖也，仕宋，歷太僕、國子博士，常嘆曰：「先君所貴者禮樂，不學者軍旅，兄何為哉？」遂究道德，考經籍，謂功業不可以小成也，故卒為洪儒；卿相不可以苟處也，故終為博士，曰先師之職也，不可墜，故江左號王先生，受其道曰王先生業。於是大稱儒門，世濟厥美。先生生江州府君煥，煥生虯。虯始北事魏，太和中為並州刺史，家河汾，曰晉陽穆公。穆公生同州刺史彥，曰同州府君。彥生濟州刺史，一曰安康獻公。安康獻公生銅川府君，諱隆，字伯高，文中子之父也，傳先生之業，教授門人千餘。隋開皇初，以國子博士待詔雲龍門。時國家新有揖讓之事，方以恭儉定天下。帝從容謂府君曰：「朕何如主也？」府君曰：「陛下聰明神武，得之於天，發號施令，不盡稽古，雖負堯、舜之姿，終以不學為累。」帝默然曰：「先生朕之陸賈也，何以教朕？」府君承詔著《興衰要論》七篇。每奏，帝稱善，然未甚達也。府君出為昌樂令，遷猗氏、銅川，所治著稱，秩滿退歸，遂不仕。

開皇四年，文中子始生。銅川府君筮之，遇《坤》之《師》，獻兆於安康獻公，獻公曰：「素王之卦也、何為而來？地二化為天一，上德而居下位，能以眾正，可以王矣。雖有君德，非其時乎？是子必能通天下之誌。」遂名之曰通。

開皇九年，江東平。銅川府君嘆曰：「王道無敘，天下何為而一乎？」文中子侍側十歲矣，有憂色曰：「通聞，古之為邦，有長久之策，故夏、殷以下數百年，四海常一統也。後之為邦，行苟且之政，故魏、晉以下數百年，九州無定主也。上失其道，民散久矣。一彼一此，何常之有？夫子之嘆，蓋憂皇綱不振，生人勞於聚斂而天下將亂乎？」銅川府君異之曰：「其然乎？」遂告以《元經》之事，文中子再拜受之。

十八年，銅川府君宴居，歌《伐木》，而召文中子。子矍然再拜：「敢問夫子之誌何謂也？」銅川府君曰：「爾來！自天子至庶人，未有不資友而成者也。在三之義，師居一焉，道喪已來，斯廢久矣，然何常之有？小子勉旃，翔而後集。」文中子於是有四方之誌。蓋受《書》於東海李育，學《詩》於會稽夏琠，問《禮》於河東關子明，正《樂》於北平霍汲，考《易》於族父仲華，不解衣者六歲，其精誌如此。

仁壽三年，文中子冠矣，慨然有濟蒼生之心，西遊長安，見隋文帝。帝坐太極殿召見，因奏《太平策》十有二，策尊王道，推霸略，稽今驗古，恢恢乎運天下於指掌矣。帝大悅曰：「得生幾晚矣，天以生賜朕也。」下其議於公卿，公卿不悅。時將有蕭墻之釁，文中子知謀之不用也，作《東征之歌》而歸，曰：「我思國家兮，遠遊京畿。忽逢帝王兮，降禮布衣。遂懷古人之心乎，將興太平之基。時異事變兮，誌乖願違。籲嗟！道之不行兮，垂翅東歸。皇之不斷兮，勞身西飛。」帝聞而再征之，不至。四年，帝崩。

大業元年，一征又不至，辭以疾。謂所親曰：「我周人也，家於祁。永嘉之亂，蓋東遷焉，高祖穆公始事魏。魏、周之際，有大功於生人，天子錫之地，始家於河汾，故有墳隴於茲四代矣。茲土也，其人憂深思遠，乃有陶唐氏之遺風，先君之所懷也。有敝廬在茅檐，土階攝如也。道之不行，欲安之乎？退誌其道而已。」乃續《詩》《書》，正《禮》《樂》，修《元經》，贊《易》道，九年而六經大就。門人自遠而至。河南董常，太山姚義，京兆杜淹，趙郡李靖，南陽程元，扶風竇威，河東薛收，中山賈瓊，清河房玄齡，巨鹿魏徵，太原溫大雅，潁川陳叔達等，鹹稱師北面，受王佐之道焉。如往來受業者，不可勝數，蓋千餘人。隋季，文中子之教興於河汾，雍雍如也。

大業十年，尚書召署蜀郡司戶，不就。十一年以著作郎、國子博士徵，並不至。十三年，江都難作。子有疾，召薛收，謂曰：「吾夢顏回稱孔子之命曰：歸休乎？殆夫子召我也。何必永厥齡？吾不起矣。」寢疾七日而終。門弟子數百人會議曰：「吾師其至人乎？自仲尼已來，未之有也。《禮》：男子生有字，所以昭德；死有謐，所以易名。夫子生當天下亂，莫予宗之，故續《詩》《書》，正《禮》《樂》，修《元經》，贊《易》道，聖人之大旨，天下之能事畢矣。仲尼既沒，文不在茲乎？《易》曰：『黃裳元吉，文在中也。』請謐曰文中子。」

絲麻設位，哀以送之。禮畢，悉以文中子之書還於王氏。《禮論》二十五篇，列為十卷。《樂論》二十篇，列為十卷。《續書》一百五十篇，列為二十五卷。《續詩》三百六十篇，列為十卷。《元經》五十篇，列為十五卷。《贊易》七十篇，列為十卷。並未及行。遭時喪亂，先夫人藏其書於篋笥，東西南北，未嘗離身。大唐武德四年，天下大定，先夫人返於故居，又以書授於其弟凝。
文中子二子，長曰福郊，少曰福畤。

邵雍　1011.1.21.~1077.7.27.　河南輝縣

邵雍，字堯夫，安樂先生、百源先生，諡康節，後世稱邵康節，北宋理學家。
《宋史》記載「雍少時，自雄其才，慷慨欲樹功名。於書無所不讀，始為學，即堅苦刻厲，寒不爐，暑不扇，夜不就席者數年。已而歎曰：『昔人尚友於古，而吾獨未及四方。』於是逾河、汾、涉淮、漢，周流齊、魯、宋、鄭之墟，久之，幡然來歸，曰：『道在是矣。』」遂不復出。
雍後居洛陽，與司馬光、二程、呂公著等交遊甚密。
邵雍與二程、周敦頤、張載，合稱為「北宋五子」。
1049年，定居洛陽，以教授為生。
1062年，移居洛陽天宮寺西天津橋南，自號安樂先生。
宋仁宗嘉祐與宋神宗熙寧初，兩度被舉，均稱疾不赴。邵雍病重時，程頤去看望他，問道：「從此永訣，列有見告乎？」邵雍說：「面前路徑須令寬，路窄，則自無著身外，況能使人行乎？」宋哲宗元祐中賜諡康節。著有《皇極經世》《伊川擊壤集》《漁樵問對》等。
儒學理論：
「仁 義 禮 知 信」「天命 良知 天理 心性 中庸 誠敬」「三綱 四端 五常 五倫 七情六慾 八德」「忠恕 孝悌 廉恥 名節」「名教 禮樂 宗法 井田」「格物致知 內聖外王 教化 和諧 大同」「道統 聖賢 君子 小人」「經權 文質 仁政王道」
儒門人物：「堯 舜 禹、商湯 周文王 周武王 周公、孔子 孟子」
「四配：復聖顏回 宗聖曾子 述聖子思 亞聖孟子」
「十二哲：閔損 冉雍 端木賜 仲由 卜商 有若 冉耕」
古代儒者：中國－董仲舒 何邵公 文中子 邵康節 周敦頤 張載 程頤 程顥 朱熹 陸九淵薛瑄 呂坤 曹端 王陽明 羅欽順 王夫之 顧炎武 黃宗羲 顏元 方苞 段玉裁 曾國藩 俞樾 吳汝綸
日本－桂庵玄樹 南村梅軒 藤原惺窩 林羅山 木下順庵 新井白石 室鳩巢 雨森芳洲 祇園南海 石田梅岩 山下龍二 加地伸行
朝鮮－王仁 崔致遠 薛聰 白頤正 安珦 禹倬 權溥 李齊賢 李穡 鄭夢周 鄭道傳 權近 李崇仁 吉再 徐敬德 趙光祖 李彥迪 李退溪 李栗谷
越南－朱文安 黎括 阮廌 阮秉謙 黎貴惇 潘廷逢 張定
琉球－程順則 向象賢 蔡溫

儒家經書：六經　五經　九經　四書　十三經　周易　尚書　詩經　周禮　儀
禮　禮記　春秋　左傳　公羊傳　穀梁傳　孝經　論語　爾雅　孟子　大學
中庸　十三經註疏　四書章句集注
古典儒學：
中國儒學－經學：程朱理學　陸王心學　實學　樸學
日本儒學－明經道　紀傳道　薩南學派　海南學派　聖學　古義學　古文獻學　水戶
　　　　　學　石門心學
朝鮮儒學－退溪學派　畿湖學派
越南儒學－
琉球儒學－
當代儒學
　　學者－熊十力　梁漱溟　馬一浮　唐君毅　牟宗三　方東美　徐復觀　張君勱　蔣慶
　　　　杜維明　成中英　劉述先　蔡仁厚學派－新儒家　孔教運動　學衡派　波士
頓學派
相關事項顯示
六藝　諸子百家　孔子弟子　綱常　儒教　書院　孔廟　祠堂　宗族　衍聖公　科舉　國
子監　五經博士　批林批孔
邵雍對易經極有研究，開拓了「象數」學的領域，他「探跡索隱，妙悟神契，
洞徹蘊奧，汪洋浩博，多其所自得者」。邵雍繼承並發揚了陳摶的「周易先天
圖說」朱震說：「陳摶以《先天圖》傳種放，种放傳穆修，穆修傳李之才，之
才傳邵雍。」朱熹則認為邵雍傳自陳摶，陳摶亦有所承傳：「邵子發明先天圖，
圖傳自希夷，希夷又自有所傳。」
邵雍說：道生一，一為太極；一生二，二為兩儀；二生四，四為四象；四生八，
八為八卦；八卦生六十四，六十四具而後天地之數備焉。天地萬物莫不以一為
本原，於一而演之以萬，窮天下之數而復歸於一。
朱熹對《皇極經世》極為推崇。「某看康節《易》了，都看別人的不得。」朱
熹將邵雍、周、張、二程、司馬光並稱為道學的「六先生」。
《宋史・邵雍傳》「乃事之才，受河圖、洛書、宓羲八卦六十四卦圖像。之才
之傳，遠有端緒，而雍探賾索隱，妙司神契，洞徹蘊奧，汪洋浩博，多其所自
得者。」
程頤書《邵雍節先生墓誌銘》「（邵雍）德氣粹然，望之可知其賢。不事表ネ
暴，不設防畛，正而不諒，通而不汙，清明洞徹中外……群居燕飲，笑語終日，
不取甚於人。」
朱熹說：「程、邵之學固不同，然二程所以推尊康節者至矣。蓋信其道而不惑，
不雜異端，班如溫公、橫渠之間。」
1062 年，邵雍移居洛陽天宮寺西天津橋南，自號安樂先生。
　　宋仁宗嘉祐與宋神宗熙寧初，兩度被舉，均稱疾不赴。邵雍病重時，程頤去
看望他，問道：「從此永訣，列有見告乎？」邵雍說：「面前路徑須令寬，路
窄，則自無著身外，況能使人行乎？」

1975 年，江西星子縣宋墓出土《邵堯夫先生詩全集》九卷

1077 年，卒。宋哲宗元祐中賜諡康節。著有《皇極經世》、《伊川擊壤集》、《漁樵問對》等。

周敦頤　1017－1073.724.　湖南道縣人

周敦頤，原名惇實，字茂叔，號濂溪，傳為三國名將周瑜二十九世孫，生於一官僚地主家庭。周敦頤，年幼喪父。北宋官員、教育家、理學家，北宋宋明理學創始人。其學說是孔子、孟子之後儒學最重要的發展，在中國思想史上影響深遠。

1025 年，8 歲時，母親帶他投靠衡陽舅父鄭向(鄭家故宅後改為濂溪周氏宗祠，在今南華大學附一醫院處)，

1031 年，周敦頤隨其母到京師開封。

1037 年，鄭向調任兩浙轉運使，周敦頤同母隨遷潤州丹徒縣(今江蘇鎮江市丹徒區)。鄭向見他聰穎好學，便栽培他唸書，敦頤知識廣泛，博取眾家之長，融會貫通，成一家之言。由於任宋仁宗朝中的龍圖閣學士的舅舅鄭向的推薦，做了分寧縣(修水)的主簿，後調任到南安軍擔任司理參軍。

1046 年，大理寺丞程珦在南安認識了周敦頤，見他「氣貌非常人」，與之交談，更知其「為學知道」，同他結為朋友，隨即將兩個兒子程顥、程頤送至南安拜敦頤為師受業。後移桂陽令，徙知南昌，歷合州判官、虔州通判。熙寧初知郴州，擢廣東轉運判官，提點刑獄。後知南康軍，治所在今星子縣。築室廬山蓮花峰下，前有溪，取營道故居濂溪以名之，遂定居於此，並將原在故里的母親鄭木君墓遷葬於廬山清泉社三起山。周敦頤卒，亦附葬於母親墓旁。

1073 年農曆六月初七日（1073.7.24.星期日）病逝，寧宗賜諡「元」人稱「元公」。弟子程顥、程頤繼承和完善了他的思想。後來經過著名學者朱熹的進一步的發展，成為中國的正統思想。《宋元學案》中對於周敦頤的地位有這樣的論述："孔孟而後，漢儒止有傳經之學。性道微言之絕久矣。元公崛起，二程嗣之，又復橫渠清大儒輩出，聖學大昌。"《宋史·道學傳》:「兩漢而下，儒學幾至大壞。千有餘載，至宋中葉，周敦頤出於舂陵，乃得聖賢不傳之學，作《太極圖說》、《通書》，推明陰陽五行之理，明於天而性於人者，瞭若指掌。」

程顥、程頤兄弟、張橫渠、邵雍、司馬光五人，再加上周敦頤，被朱熹稱為「北宋六先生」

呂公著　1018~1089　壽縣另說鳳臺縣，祖籍萊州（今屬山東）。

呂公著，字晦叔，諡正獻，北宋大臣，曾任尚書省僕射兼中書省侍郎曾為帝師。知名相國呂夷簡之子，幼時好學，竟讀孔孟書廢寢忘食。其父異之，曰：「他日必為公輔。」公著一有空閒，就替皇帝講解《論語》，說君王要「返身修德」。呂公著善於講經議論，言簡意賅。司馬光說：「每聞晦叔講，便覺己語為煩。」王安石任用呂惠卿，襄助變法，呂公著曾說呂惠卿：「惠卿固有才，然姦邪不可用」、「獐頭鼠目，必是姦邪，將來反對王安石必是此人」。

他和司馬光、文彥博、蘇東坡、歐陽修，同是王安石變法的反對派。歐陽修出使契丹時，契丹君主問及誰是中國品學兼優之士，歐陽修首推呂公著。

1089 年二月去世。葬新鄭西北（今河南新鄭市郭店西武崗村南）。《宋史》稱：「暑不揮扇，遇事善決，不以私利害動其心。與人交，出於至誠，好德樂善。」

張載(橫渠)　1020－1077 年　陝西郿縣橫渠鎮人

張載，字子厚，世稱張橫渠先生。他是程顥、程頤的表叔，北宋五子之一，理學家、哲學家、教育家。理學中，關學的開創者，也是理學的奠基者之一。

1057 年，進士，歷授崇文院校書、知太常禮院。後其弟監察御史張戩，因反對王安石變法遭貶，橫渠遂辭官。歸家後，專註於讀書講學，開創「關學」，名震一時，

1077 年，辭去太常禮院，回眉縣途中，病逝於潼關館舍。

1078 年，安葬在眉縣橫渠大振谷父墓南側。其妻郭氏家貧攜子張因往依河南南陽娘家。

1220 年，宋寧宗賜諡「明」，

1241 年，封眉伯，從祀孔廟，

1530 年，改稱先儒張子。

張載(橫渠)，年少時博覽群書，頗有出仕建功之志，但在范仲淹勉勵下，投身學術研究。出入佛老，終於形成了自己獨到的儒家思想。

橫渠一生主張「實學」，強調經世致用，研究面廣泛，對天文、歷算、農學等自然科學和軍事、政治等都有獨到的成果。

張載與二程的「洛學」不同，認為世界的「本源」是「氣」，而非「理」。通過「氣」的概念，張載有一個獨特的「一元論」哲學體系。」

張載哲學從天道說起，由《易傳》的解釋開始，論述宇宙的本體是「氣」。氣的本初狀態是「太極」。由於氣具有陰陽這種彼此對立的屬性，因此永遠處於運動狀態。氣聚則成萬物，氣散則歸於太極。由此，張載得出「萬物本是同一」的結論。他在《正蒙·乾稱篇》中把天地、宇宙視為一個大家庭，人應該親近同類和萬物，他說：「民吾同胞，物吾與也」。提出名言，讀書人要「為天地立心，

為生民立命，為往聖繼絕學，為萬世開太平。」(《宋元學案·橫渠學案上》)。

程顥　1032－1085，北宋洛城伊川人，

程顥，字伯淳，號明道。世稱明道先生，程顥與其弟程頤，皆理學大師，世稱
「二程」。早年與程頤共師周敦頤。北宋嘉祐二年(1057年)進士，歷官鄠縣
主簿、上元縣主簿、澤州晉城令、太子中允、監察御史、監汝州酒稅、鎮寧軍
節度判官、宗寧寺丞等職。後追封「豫國公」，配祀孔廟。

其祖父任黃陂縣令，卒於該縣。父程珦年幼無力返鄉，遂居於黃陂，後來還做
了縣尉。二程就是在其父任黃陂縣尉時所生。

程顥與其弟程頤共同為宋代理學奠定了基業，「新儒學」的真正成立，自程氏兄
弟始。世稱「二程」，大哥叫大程，程頤叫小程。因二程兄弟長期在洛陽講學，
故世稱其學為「洛學」。程氏兄弟最重要的貢獻在「天理」的發現，程顥提出「天
者理也」和「只心便是天，盡之便知性」的說法。他把「理」視為宇宙的本原。
認為知識、真理的來源，知識內在於人的心中，「當處便認取，更不可外求」。
就天道來說，程顥形容它是「生」，謂世界生生不已。為學以「識仁」為主，《識
仁篇》提到「仁者渾然與物同體，義禮智信皆仁也。識得此理，以誠敬存之而
已，不須防檢，不須窮索。」《定性書》則說「夫天地之常，以其心普萬物而無
心，聖人之常，以其情順萬物而無情。故君子之學，莫若廓然大公，物來順應。」
在教育上，程顥先後在嵩陽、扶溝等地設學庠，並潛心教育研究，論著頗巨，
形成一套教育思想體系。程顥提出，教育之目的乃在於培養聖人，「君子之學，
必至聖人而後已。不至聖人而自己者，皆棄也」。

大程為人隨和活潑，在洛陽講學十餘年，弟子有「如坐春風」之喻。小程則嚴
肅剛直，兄弟個性異同，講學時間比其兄還長，達三十餘年之久。新儒學發展
到南宋，朱熹實為集大成者，而以小程為正統。小程終日嚴肅臉孔，端坐如木
人，神聖不可侵犯。被視為所謂「道學臉孔」。大程活了54歲，小程則活了75
歲，二程的思想大致相同。二程兄弟、張載、邵雍、司馬光、周敦頤六人，朱
熹稱之為「北宋六先生」。

程顥在熙寧元年向宋神宗上《論王霸箚子》和《論十事箚子》，並肯定王安石變
法。變法之初曾視察諸路農田、水利、賦役。

1220年，賜諡程顥為「純公」，程頤為「正公」。

1241年，又追封程顥為「河南伯」，程頤為「伊川伯」，並「從祀孔子廟庭」。

1330年，詔加封程顥為「豫國公」，程頤為「洛國公」。

程頤　1033-1107，北宋洛陽伊川(今屬河南省)人

程頤，字正叔，世稱伊川先生，北宋理學家，教育家，歷官汝州團練推官、西
京國子監教授。與其胞兄程顥共創「洛學」，人稱「二程」，為理學奠定了基礎。
後追封洛國公，配祀孔廟。

其祖父任黃陂縣令，卒於該縣。父程珦年幼無力返鄉，遂居於黃陂，後來還做了縣尉。二程就是在其父任黃陂縣尉時所生。程頤幼承家學薰陶，24 歲時曾在京師（今河南開封繁塔之左）授徒講學。

1072 年，偕兄於嵩陽講學。

1078 年，知扶溝縣，「設庠序，聚邑人子以教之」。元豐五年，文彥博將其鳴皋鎮(河南洛陽伊川縣境)莊園贈給程氏，自建伊皋書院，講學其中幾達 20 年。

1086 年，除秘書省校書郎，授崇政殿說書。

1220 年，賜諡程顥為「純公」，程頤為「正公」。

1241 年，又追封程顥為「河南伯」，程頤為「伊川伯」，並「從祀孔子廟庭」。

1330 年，詔加封程顥為「豫國公」，程頤為「洛國公」。

程頤政治思想頗受父程珦的影響，推舉其父反對王安石新法乃「獨公一人」，又說其兄程顥對王安石之說，「意多不合，事出必論列」，極加稱許。與其兄程顥不但學術思想相同，而且教育思想基本一致。

程頤同程顥一樣，主張教育目的在於培養聖人，「聖人之志，止欲老者安之，朋友信之，少者懷之」，聖人以天地為心，「一切涵容復載，但處之有道」，因此，教育必須以培養聖人為職志。在教育內容上，主張以倫理道德為其根本，「學者須先識仁。仁者藹然與物同體，義、智、信，皆仁也。」

《宋史》稱他「學本於誠，以《大學》、《論語》、《孟子》，《中庸》為指南，而達於『六經』」。教育以德育為重，強調自我修養，其途徑為格物致知。「致知則智識當自漸明」，致知乃在窮理，即盡天理。致知的辦法是「格物」。「格，至也」，「格」是內感於物而識其理。「耳目能視聽而不能遠者，氣有限耳，心則無遠近也」，因此認識事物的關鍵乃在「心」。心「與天地合其德，與日月合其明，非在外也」，故致知重「內感」而不重外面事物。在學習方法上，強調求其意，「凡看文字，先須曉其文義，然後可求其意，未有文義不曉而見意者也」。另外，主張讀書要思考，「不深思則不能造其學」。或曰：「學者亦有無思而得其乎？」其教育主張和思想對後世教育影響極大。

大程活潑自然，但小程嚴肅剛正，神聖不可侵犯，甚至不通人情，實為後世所見的「道學臉孔」。在婦女貞操方面，程頤認為：「……凡取以配身也，若取失節者以配身，是己失節也。」有人問程頤先生曰：「寡婦貧苦無依，能不能再嫁乎哉？」，程頤則提出「絕對不能，有些人怕凍死餓死，才用饑寒作為藉口，要知道，餓死事小，失節事大。」，作為衡量賢媛淑女的標準。朱熹（1130─1200）在〈與陳師中書〉也同意這樣的說法：「昔伊川先生嘗論此事，以為餓死事小，失節事大。自世俗觀之，誠為迂闊；然自知經識理之君子觀之，當有以知其不可易也。」主張婦女「從一而終」、壓抑「人慾」。後人曾在他講學之地設書院以為紀念，如河南嵩陽書院、伊川書院等。另外，全國各地亦有紀念他之書院，意在追蹤繼軌，以示其思想綿長。其著作被後人輯錄為《河南二程全書》、《程頤文集》、《易傳》和《經說》。

楊時　1053~1135　福建將樂縣龜山下

楊時，表字中立，號龜山，中國南宋洛學大家，世稱「龜山先生」，以道學聞名，時稱「南有楊中立，北有呂舜徒」。

楊時是個神童，幼讀佛學，少年攻儒學，

1076 年，進士，調汀州司戶參軍，官至龍圖閣直學士。

1082 年，往河南穎昌，拜程顥為師，楊時學成回歸之時，程顥目送他遠去，感慨地說：「吾道南矣。」後楊時又從師程顥之弟程頤，楊時與遊酢向二程求學，非常恭敬。《宋史・楊時傳》載「一日見頤，頤偶瞑坐，時與遊酢侍立不去。頤既覺，則門外雪深一尺矣。」，這是「程門立雪」的典故由來。

楊時繼承二程思想，提倡由誠意正心，推之以「平天下」，選擇在福建武夷山傳播理學，最早把二程理學傳入福建，開創理學的「道南系」。

1115 年，往無錫東門內七箭河畔，南臨清河，搭建東林書院，教學長達十八年。楊時之後，有羅從彥、李侗、朱熹相繼承傳。至朱熹時，發展為「濂學」、「洛學」、「關學」，並稱為「閩學」。楊時被尊為「閩學鼻祖」。李綱有詩讚楊時：「儒林儀表，國家棟樑，風雲翰墨，錦繡文章」。

1135 年，病死，謚文靖，葬於將樂烏石山麓，墓碑書：「宋龜山文靖楊先生神墓」。著有《二程粹言》、《龜山集》。

李侗　1093~1163　南平人

李侗，南宋學者，字願中，南平人，世號延平先生。

李侗為程頤的二傳弟子，年輕時拜楊時、羅從彥為師，得授《春秋》《中庸》《論語》《孟子》。學成退居山田，謝絕世故四十年。李侗提出「理與心一」，主張「默坐澄心，體認天理」的認識方法。解釋「中庸」為「喜怒哀樂未發謂之中」。朱熹曾在武夷山從其門下，將其語錄輯成《延平答問》。

李侗對朱熹十分器重，把貫通的「洛學」傳授朱熹。自此朱熹不但承襲二程的「洛學」，並綜合了北宋各大家思想，奠定了他一生學說的基礎。

朱震　?~1138　湖北荊門軍（今湖北荊門）人

朱震，字子發，北宋官員。入學山東書院，宋徽宗政和年間進士，狀元及第。

1134 年，中書舍人侍講胡安國和參知政事趙鼎推薦於朝廷，召為祠部員外郎兼川陝荊襄都督府詳議官。

1136 年，官給事中，又轉為左朝奉大夫。是年秋，獻《漢上易傳》。左司諫陳公輔上疏反對程頤，「時朱震在經筵，不能諍，論者非之。」

1137 年，屢遞辭呈，皆不許。

1138 年，在臨安去世。

胡宏　1105－1161 福建崇安(今福建省武夷山市)人，家住湖南衡山．

胡宏，字仁仲，，南宋理學、教育名家，人稱「五峰先生」。胡宏與父親胡安國共同建立「湖湘學派」，哲學思想受二程的影響，他說「性也者，天地之所以立也」，「非性無物，非氣無形，性、氣之本也」，「大哉性乎，萬理具焉，天地由此而立矣」。

從小就跟隨父親胡安國學習程氏理學，思想受孟子、周敦頤、張載、程顥、程頤、謝上蔡等人的影響。

1125 年，入太學，師從楊時，與樊光遠、張九成等理學家。胡宏的學生有張栻、韓璜、吳翌、彪居正、孫蒙正、趙孟、趙棠等人，以張栻最為出名。

胡宏與秦檜是世交，但他隱居衡山，有愛國情操，不與投降派往來。

其著作有《知言》、《五峰集》、《皇王大紀》。牟宗三逕將胡五峰與劉宗周定性為宋明理學的「第三系」（五峰蕺山系），並且認為是北宋周敦頤、張載、程顥三家的嫡傳。

朱熹　1130.9.15~1200.3.9　江西婺源南劍光溪生延平龍溪長於福建建陽

朱熹，小名沈郎，小字季延，字元晦，一字仲晦，號晦庵，晚稱晦翁，又稱紫陽先生、考亭先生、滄州病叟、雲谷老人，諡文，又稱朱文公。南宋理學家，理學集大成者，尊稱朱子。

朱熹是程顥、程頤的三傳弟子李侗的學生，在中國，有專家認為他確立了完整的客觀唯心主義體系。家境窮困，自小聰穎，弱冠及第，中紹興十八年進士，歷高孝光寧四朝。

創立「閩學」，歷史上有名的哲學家、理學家．師從理學家李侗，二程的四傳弟子，延續「伊洛之學」。認世間萬物，有萬理「太極」「天理」．在政治、倫理上是「君臣、父子、夫妻」及「仁、義、禮、智、信」，「三綱五常」．學說以【居敬】為主【窮理致知】，【反躬實說】。為宋代理學集大成者，他援佛、道入儒，哲理思想家．日本、朝鮮稱之為「朱子學」。其理學對元、明、清三代，及日本、朝鮮影響深遠。

1132 年，隨父朱松赴福建泉州石井鎮(鄭成功故鄉)監稅任．

1143 年，父朱松逝於建安(今建陽)，生前託孤劉子羽，命朱熹稟學於武夷三先生：胡憲、劉勉之、劉子翬，入劉氏家塾.

1148 年，娶劉勉之恩師長女劉清四為妻，進士第．

1151 年，赴臨安銓試中等授左迪功郎泉州同安縣主簿，持次．

1153 年，至同安，任縣主簿兼主縣學於香山書院．

1156 年，被泉州府檄，尋訪收集境內先賢碑碣事傳，往金門島訪尋先賢陳淵事蹟，在「海上遇風雨作」及「賜牧馬侯廟」，隨往金榜山(廈門島)尋訪唐名士

陳黯遺跡，得其(裨正書)校而序之．七月秩滿去任，寓梵天寺兼山閣．

1157年，方士端接任，朱子為其卜居「萬家春」．回崇安老家到處講學

1158年，差監湖南潭州衡山南岳廟營理祠廟，南歸時，宿雲際寺．

1159年，道士彭復初，安福人，精(易)嘗本朱熹，邵雍之說，著有「易學源流」

1160年，拜李恫為師復「逃禪歸儒」，是其思想轉的心境．

1163年，為武學博士

1166年，閱長沙張栻得衡山胡氏之學．

1167年，自福建抵湖南長沙城南書院張栻寓所，二人在嶽麓書院和長沙城南書院講學論道，辯論「中和」之學三日夜而不能合盛況空前以致「一時輿馬之眾飲池水立涸」．從此嶽麓書院名揚世人院因人重人為院名書院，因之成朱熹、張栻同在嶽麓書院、長沙城南書院講學論道過化之地，後世學者敬慕，漸成為湖湘學派重鎮和文化中心．

朱熹、張栻登嶽麓赫曦台聯句，

朱熹『泛舟長沙渚，振策湘山嶺，烟雲渺變化，宇宙窮高深』；

張栻『懷古壯士志，憂時君子心，寄言塵中容，莽蒼誰能尋．』

1170年，居母喪，在福建建陽崇泰里寒泉塢建「寒泉精會」．

1172年，為煥章閣持制，宋儒提倡伊洛之學，號稱「道學」朱熹為領袖．

1175年，與陸九淵在學術觀點上針鋒相對，呂東萊邀朱陸二人在鵝湖相會，調和未果，反展開一場大論戰．後人在此建鵝湖書院(江西鉛山鵝湖)．

朱熹來金門原燕南書院遺址撰書「太極圖說」，現懸掛浯江書院講堂．

1176年，召為秘書郎不至，知南康軍奏復白鹿洞書院．

1177年，在武夷沖佑道觀期間，完成「論語、孟子集註」．

1178年，以史浩推薦，差知南康軍，四辭不受．

1179年，50歲，上疏請正君心．發現廬山白鹿洞書院故址，書白鹿牒上狀申修．

1180年，制定「白鹿洞書院」修竣，釋菜開講，朱熹任洞主．

朱熹於江西軺徵君彭構雲詩：

一. 易菁全歸事可誇，儀型偏使後人嗟，出門無事惟看竹，留客多情自煮茶；和帑濟貧推行義，群書教子即生涯，只今墓草經年綠，五柳猶傳處士家。

二. 先生高節抗浮雲，自長平好子孫，昭代動名垂竹帛，清時風月對琴樽，傳家譜在遺芳遠，慶堂高德澤存，赤石孤墳荒落日，為君曬酒賦招魂。

朱熹題彭氏族譜詩：

動業隆先代，源流衍後昆，長平十五子，南土八千孫；

節度開金派，分宜有老墳，縉紳從此盛，不是出寒門。

1181年，朱熹邀陸九淵到白鹿洞書院講學．

1182年，以為江淮提刑回辭．

1183年，在福建武夷山五曲大隱屏峯下創建武夷山精．監察史陳賈請禁道學。

1188年，以為兵部郎官，林栗劾朱熹「本無學術，徒竊張載程緒餘，為浮誕宗主，謂之道學．所至則攜門生數人，習春秋戰國之態」．宋孝宗趙伯琮遂貶朱

熹任江西提舉刑獄，旋為崇政殿說書，朱熹辭去．孝宗趙伯綜貶林粟．

1189 年，60 歲，監察御史劉光祖乞禁譏道學者為偽學，禁興．避居龍門長柄村，累辭運副史、知漳．

1190 年，赴漳州太守任．

1191 年，以嗣子喪請祠，辭職賦歸，歸次建陽寓居同繇橋為鄭氏族譜撰寫序言．

1192 年，居武夷山考亭落成宅第．

1193 年，知潭州荊湖南路安撫使，辭．

1194 年，啟程赴湖南潭州任，被邀請至寧鄉縣玉潭書院講學，修復嶽麓院，頒行「朱子書院教條」牒，親拄講學，聘黎貴臣為請書執事，有「道林三百眾，書院一千徒」盛譽．修屈原祠、修潭州(長沙)城、湘西精舍．八月辭歸，至錢塘受詔進講大學，十一月回福建武夷山，復返考亭居之．

1195 年，道學與偽學合而為一．

1196 年，免除秘閣修撰官職．監察御史沈繼祖上疏，指責朱熹言行不一，引誘兩個尼姑為小妾．皇帝要降旨貶他的官，他認罪罵自己「草茅賤士章句腐儒唯知偽學之傳豈適明時之用」．道貌岸然的朱熹居然「以彼之道還施其身」「存天理滅人欲」．

1197 年，「慶元黨禁」理學家與書院遭打擊，書院冷落荒廢，1202 年始開放黨禁，當時朱熹等理學家境遇淒涼．

1198 年，宋置偽學黨籍，詔嚴偽學之禁，計留正朱熹等凡等 59 人．

1200 年 3 月 9 日，逝世，享壽 71 歲，安葬福建建陽縣唐石里大林谷．

1202 年，趙擴解除偽道學之禁，道學之士，均先後復位．

1225 年，南宋理宗趙昀朝議，雅崇道學，加諡朱熹．

1227 年，南宋理宗趙昀追贈朱熹大師「信國公」

1237 年，南宋理宗趙昀，詔經筵進講朱熹通鑑綱目．

1241 年，南宋理宗趙昀，詔周、張、二程與朱熹，並從祀孔廟．

朱熹古傳有名著作有：四書章句集註、周易本義、楚詞集註等、和後人編纂的朱文公文集、朱子語類．

張栻 1133－1180，漢州綿竹（今屬四川）人，

張栻，字敬甫，號南軒，仕至右文殿修撰．丞相張浚之子．為理學集大成者．張栻用功早慧，博學多才，政治上誓不與秦檜為伍，力主抗金，學術上雖承二程，但有別於二程．《宋史·道學傳序》稱：「張栻之學，亦出程氏，既見朱熹，相與博約，又大進焉！」

1137 年，謫居永州，從小跟隨父親，少年能為父親出謀劃策，幕僚都自愧不如．

1162 年，江淮東西路宣撫使，以栻爲書寫機宜文字．張栻十三歲寫「連州八景」詩，與呂祖謙和朱熹齊名，時稱「東南三賢」．張栻曾師從胡宏，被譽為「聖門有人，吾道幸矣」．學成歸長沙，先後主講嶽麓書院、城南書院．張栻為「湖湘學派」代表人物，與朱熹的「閩學」，呂祖謙的「婺學」鼎足而三．朱熹很

敬服張栻：「一則曰，敬夫見識卓然不可及，從游之久，反覆開益為多；一則曰敬夫學問愈高，所見卓然，議論出人表。」范伯崇回憶說：「二先生論《中庸》之義，三日夜而不能合。」

1167 年，朱熹從福建武夷山趕到湖南長沙向張栻求學，與張栻討論《中庸》之義。張栻認為「理」是世界的本原，「理之自然謂之天，命於人為性，主於性為心」，並且讚揚周敦頤的主靜「專於敬字上勉力，愈覺周子主靜之意為有味。」

1174 年，知靜江府，廣南西路安撫經略使。

1178 年，任荊湖北路安撫使。

1180 年，卒，謚「宣」。

張栻主要著作：《論語解》、《孟子說》、《洙泗言仁》、《諸葛忠武侯傳》、《經世編年》等。事見《晦庵集》卷八九《右文殿修撰張公神道碑》。

呂祖謙　1137~1181　壽州（今安徽鳳台）人

呂祖謙，字伯恭，因呂姓郡望東萊，世稱東萊先生。南宋哲學家、教育家。

官宦世家，八世從祖呂蒙正（聖功），太平興國二年（977 年）進士第一。

呂祖謙自幼隨父在福建任所，師從林之奇，至臨安，師從汪應辰和胡憲。呂祖謙以祖致仕恩，補為將仕郎·

1157 年，改為迪功郎，

1163 年，中博學鴻詞科，特授左從政郎。

1166 年，其母逝，歸葬婺州。

1170 年，任太學博士，兼國史院編修官、實錄院檢討官。

1172 年，其父去世，久居明招山守墓服喪。

1176 年，因李燾推薦，升任秘書省秘書郎。

呂祖謙與朱熹、張栻過從甚密，時稱「東南三賢」。曾與朱熹一同講學於浙江浦江的月泉書院，論學主「明理居敬」，認為「居敬有力，則其所窮者益精；窮理浸明，則其所居者亦有地」。呂祖謙反對空談陰陽性命之說，開創「呂學」（「婺學」），為金華學派的代表，開「浙東學派」先河。

呂祖謙極力主張抗金，恢復失土。重視史學，仿司馬光《資治通鑑》撰《大事紀》12 卷、與《大事紀解題》12 卷，還有《通釋》3 卷，內容較《通鑒》精簡，史稱「每條之下各注從某書修云云，以自附於述而不作之義」。可惜祖謙 40 歲左右健康轉壞，患「萎痹」，自言「非藥石所能料理」，43 歲以後，右肢癱瘓，行動不便，未竟其書。

1175 年，呂祖謙邀請朱熹與陸九淵等人參加的一次學術「鵝湖之會」，首開書院會講之先河；雙方「相與講其所聞之學」，陸九淵提出「堯舜之前有何書可讀」，認為只要「明心見性」即可，致使「朱熹不慊」，不歡而散。陳亮尊奉呂祖謙為「道德一世師表」。淳熙四年奉宋孝宗之命編輯《宋文鑑》。

1179 年，第三任妻子芮氏去世。

1181 年 7 月 29 日病故。葬浙東武義武陽鎮明招寺南 300 米。

岳父韓元吉在呂祖謙死後有詩：「青雲塗路本青氈，聖學相期四十年。台閣久嗟君臥疾，山林今嘆我華顛。傷心二女同新穴，拭目諸生續舊編。斗酒無因相沃酹，朔風西望涕潸然。」

呂祖謙名著作有《左傳說》《東萊博議》《歷代制度詳說》《宋文鑑》等書，及與朱熹合編《近思錄》。

陸九淵 1139－1193，撫州金溪（今江西省金溪縣）人，

陸九淵，字子靜，南宋哲學家、理學家、教育家，陸王心學的代表人物。因講學象山書院（位於江西省貴溪縣），世稱「象山先生」，學術界常稱其為「陸象山」。兄陸九齡，亦儒學名家。九世同居、闔門百口的封建世家。他八世祖陸希聲，曾為唐昭宗之相國。

陸九淵是個神童，三、四歲時向父親提出「天地何所之」的疑問，久思竟至廢寢忘食。少年讀三國、六朝史，有感於當時「夷狄亂華」，後又聽講「靖康之恥」，曾剪斷指甲，學習弓馬，慨然要為大宋朝廷復仇。

1172 年，中進士，先任隆興建安縣主簿，後改建安崇寧縣。

1182 年，他被薦為國子監正，不久，又遷「編修敕令所」的「刪定官」。在任「刪定官」時他便「訪知勇士，與議恢復大略」，朝廷論對時「遂陳五論·

　一論仇恥未復，願博求天下之俊傑，相與舉論道經邦之職；

　二論願致尊德樂道之誠；

　三論知人之難；

　四論事當馴致而不可驟；

　五論人主不當親細事。

1186 年，差管台州崇道觀閒職，他乃歸江西故里，彙集四方學者講學。

1190 年，宋光宗時，任荊門知軍，治績顯著「厚風俗」「申嚴保伍之法，盜賊或發，擒之不逸一人」；荊門處江漢之間，為四戰之地，築城壁以禦邊防。

1192 年，任職一年餘，卒於荊門任上，棺殮時，官員百姓痛哭祭奠，滿街滿巷充塞著弔唁的人群。出殯時，送葬者多達數千人，諡為「文安」。

　陸九淵墓位於金溪縣陸坊官橋，為江西省重點文物保護單位。

陸九淵哲學思想

接近程顥，偏重在心性的修養，他認為朱熹的「格物致知」方法過於「支離破碎」。陸九淵是「心學」的創始人，其主張「吾心即是宇宙」「明心見性」「心即是理」，重視持敬的內省工夫。即是所謂的「尊德性」。朱熹言「理」，側重於探討宇宙自然的「所以然」，陸九淵言「理」，則更偏重於人生倫理，明代王陽明讚賞陸九淵的學說，使得陸九淵的「心學」得以發揚，因此學界稱之為「陸王」學派，實際上王陽明是心學的集大成者。

鵝湖之會

1175 年，呂祖謙邀請陸九淵、朱熹等人參加「鵝湖之會」，陸九淵雄辯滔滔，提出「堯舜之前有何書可讀？」，認為只要明心見性即可，致使「朱熹不慊」，

雙方不歡而散；後來朱熹在給呂祖謙的信中寫道，鵝湖之會「吾痛不得自鵝湖，遂入懷玉，深山靜坐數月」。朱熹認為陸九淵的學說簡略空疏，而陸九淵則指出朱熹的學說支離瑣碎。

吾心即是宇宙

陸九淵13歲時，有一天對自己少兒時思考的問題忽有所悟。這天，他讀古書到宇宙二字，見解者說：「四方上下曰宇，往古來今曰宙」，於是忽然省悟道：原來「無窮」便是如此啊。人與天地萬物都在無窮之中。他提筆寫下：「宇宙內事乃己分內事，己分內事乃宇宙內事。」（《年譜》，《陸九淵集》卷三十六）《陸九淵年譜》中說他「因宇宙字義，篤志聖學」，就是說他從宇宙二字，悟得人生之道。陸九淵立志要做儒家的聖人，而他以為，做聖人的道理不用別尋他索，其實就在自己心中，他說：「宇宙便是吾心，吾心即是宇宙。東海有聖人出焉，此心同也，此理同也。西海有聖人出焉，此心同也，此理同也。千百世之上至千百世之下，有聖人出焉，此心此理，亦莫不同也。」

無極與太極

陸九淵訓「極」為「中」，以為「太極」即是「實理」。曰：「蓋極者，中也，言無極則是猶言無中也，是奚可哉？」「夫太極者，實有是理，……其為萬化根本固自素定，其足不足，能不能，豈以人之言不言之故耶？」（《與朱元晦》一）「充塞宇宙，無非此理，豈容以字義拘之乎？」（《與朱元晦》二）他以為「理」所講的是人生日用之理，聖人所矚目的是如何踐履道德，「言即其事，事即其言，所謂『言顧行，行顧言』」（《與朱元晦》二），而不是在名稱上兜圈子，所以任何語言文字的雕琢都無益於對「理」的認識。他又指出：「『無極』二字，出於《老子·知其雄章》，吾聖人之書所無有也。」（《與朱元晦》一）《老子》首章便講「無名天地之始，有名萬物之母」，「有生於無」的觀點是老氏從始至終的為學宗旨，「無極而太極」正是貫徹了老子這種觀點。

陰陽與道

陸九淵以為陰陽即是形而上之道，它概括了宇宙間一切對立的事物和現象。他說：「《易》之為道，一陰一陽而已，先後、始終、動靜、晦明、上下、進退、往來、闔辟……何適而非一陰一陽哉？」（《與朱元晦》二）「『形而上者謂之道』，又曰『一陰一陽之謂道』，一陰一陽，已是形而上者，況太極乎？」（《與朱元晦》一）因他所謂「理」不分天人、理欲，乃「三極」合一之理，人在此理之中而為理的主宰，所以有「陰陽即是形而上者」之說。

許衡　1209~1281　懷州河內（今河南沁陽）人

許衡，字仲平，又稱魯齋先生，元代理學家、教育家。

十六歲時，下決心求學，一心研究儒家經典。

1232年，蒙古軍攻破金國新鄭，許衡被俘，但是後來獲釋。6年後科舉中選，遂以教學為業，與當時著名的隱士竇默一起談論學問。

1242 年，許衡得程頤的《易傳》、朱熹的《四書章句集注》《小學》等書，從此以此傳授門徒。

1254 年，忽必烈置宣撫司，以許衡為京兆教授。

1258 年，還居河內。

1260 年，元世祖忽必烈即位，遂召許衡北上。次年，官國子祭酒，不久辭職還鄉。中統三年，復入朝，但因病燕京，

1264 年，歸鄉。二年，忽必烈再召，許衡奉命即赴，四年，告病還，不久復召入。七年，官中書左丞。許衡劾阿合馬專權，世祖不聽，於是又請求解職。八年，官集賢大學士兼國子祭酒，置國子學。他說：「理」是事物的「所以然」和「所當然」，前者叫「命」，後者叫「義」，都是人們「窮理」的對象，並宣揚三綱五常是不可改變的「理」。許衡致力教學，用小學、四書，及所著《大學直解》《中庸直解》《大學要略》《編年歌括》《稽古千字文》等篇作教材。十年，許衡辭職歸懷州。十三年，再召至大都，命與王恂、郭守敬等人商定曆法。十七年致仕還鄉，

1281 年 3 月 23 日）去世。

許衡五進五出，但從未被重用過。他的主要業績是奠定元朝國子學基礎和闡揚程朱學說。所以元代有不少人推崇他是朱熹的繼承者。他的著作收在《魯齋遺書》中。今人有王成儒點校本《許衡集》，東方出版社 2007 年出版。

曹端 1376~1434　澠池人祖籍山西曲沃縣閻村。

曹端，字正夫，澠池人。

1381 年，5 歲，見《河圖》《洛書》，能畫地詢問父親。長大後讀周敦頤《太極圖說》，嘆道「道字是矣！」

1394 年，18 歲中秀才，

1408 年，河南鄉試舉人。任山西霍州、蒲州學正二十餘年，學者稱「月川先生」。

曹端稱周敦頤為理學宗源，「周子《太極圖說》為宋理之宗」「手太極圖而口其說以示二程」；又認為陸九淵所謂「又加無極二字，是頭上安頭」說，是「不知周子理不離陰陽，不雜乎陰陽之旨」。

曹端著有《太極圖說述解》《通書述解》《西銘述解》《明史·儒林傳》稱「論者推為明初理學之冠」。

薛瑄 1389~1464　山西河津市

薛瑄，字德溫，號敬軒，明朝官員、理學家。生於書香世家，祖父薛仲義「通經術，以元末不仕，教授鄉里」。父親薛貞曾任元氏縣儒學教諭。

薛瑄幼時聰穎，入私塾學習《詩》《書》，日記千百言。因其父改官河南鄢陵，便補當地縣學生。永樂十八年（1420 年），薛瑄參加河南鄉試，高中第一名，次年聯捷辛丑科進士。宣德年間授官御史，又因繼母去世歸返。正統初年，任

山東提學僉事，升大理寺左少卿。當時王振權傾朝野，薛瑄見之不敗，得罪王振，被逮捕下錦衣衛詔獄，以貪污受賄罪名判處死刑。處斬前夕，王振一位老僕人在廚房流淚，王振問他為什麼哭，僕說：「聽聞今日薛先生要處死。」王振大為震動。後經兵部侍郎王偉等申救，得以免死。

景帝嗣位，經由給事中程信推薦，起用為大理寺丞。景泰二年，推南京大理寺卿。英宗復辟，拜為禮部右侍郎兼翰林院學士，入閣參預機要事務。因見石亨、曹吉祥亂政，上疏請求告老還鄉。

1464 年六月，卒，年七十二。贈禮部尚書，諡文清。

1572 年，從祀孔廟。《明史》有傳。

薛瑄好「程朱理學」，曾言「自考亭（朱熹）以還，斯道已大明，毋煩著作，直須躬行耳。」著有《讀書錄》、《薛文清集》等集，今人輯有《薛瑄全集》。

王守仁(王陽明)　1472.10.31.-1529.1.9.　浙江寧波餘姚市人。

王守仁，字伯安，號陽明，幼名雲，諡文成，人稱王陽明。明代最著名的思想家、哲學家、書法家、軍事家、教育家，出生書香門第、官宦世家，遠祖為東晉權臣王導，官至南京兵部尚書、都察院左都御史，其父王華狀元，為官頗有情操，為明孝宗器用，歷任禮部侍郎。他適才討論軍事，並且善於射箭。

王守仁是集陸、王心學大成者，精通儒、釋、道三教，而且能夠統軍征戰，是中國歷史上罕見的全能大儒，立德、立言、立功之人．推行「**知行合一**」。

1488 年，17 歲，他到南昌與諸養和之女諸氏成婚，大禮之日卻找不到他。原來他遇見一位道士給他講養生術，兩人相對靜坐講道忘歸，直到第二天，岳父才把他找回去。

1489 年，與夫人諸氏歸餘姚，在廣信拜謁婁諒，向他講授「格物致知」之學。

1491 年，　鄉試中舉人．

1493 年，考進士不中，內閣首輔李東陽對其笑道：「你這次不中，來科必中狀元，試作來科狀元賦。」王陽明懸筆立就，朝中諸老驚為天才。嫉妒者議論說，這個年輕人若中了上第，必然目中無人。

1496 年，再考，被忌者所壓，又未考中。

1498 年，他讀朱熹《上光宗疏》「居敬持志為讀書之本，循序致精為讀書之法。」認識到「物理吾心，終判為二」，以致舊病發，這時見到有道士談養生之說便因之而喜。

1499 年，參加禮部會試，因考試出色，舉南宮第二人，賜二甲進士第七人，觀政工部。朝後上奏談論西北邊疆防備等八件事情，隨後授刑部主事，在江北等地決斷囚獄，隨後因病請求歸鄉。久之，起用授兵部主事。

1506 年，宦官劉瑾擅政，逮捕御史戴銑等二十餘人。王守仁上疏，觸怒劉瑾，
　　被施廷杖四十，謫貶貴州龍場（貴陽西北七十里，修文縣）當龍場驛驛丞。
　　他到龍場，苗、僚雜居。王守仁親自勸導民眾耕習，受到愛戴。他寫了「教
　　條示龍場諸生」史稱**龍場悟道**。
　　不久，劉瑾被誅殺後，王守仁升為廬陵縣令、南京刑部主事、吏部尚書。
1512 年，再升南京太僕寺少卿。
1514 年，改鴻臚寺卿。
1516 年，為僉都御史巡撫南贛汀漳
1518 年 1 月，奏請設立和平縣，並興修縣學。
　　3 月抵達江西蒞任。他迅速調集三省兵力，鎮壓了信豐等地的民變
　　7 月念戰爭破壞巨大奏請允准招安。明廷賜以節度地方軍政，准其便宜行事。
　　　寧王率萬攻下九江、南康，渡長江攻安慶。王守仁迎擊，仿效赤壁之戰，
　　　用小船裝草，放火燒船，迎風縱火，燒毀寧王船隻，王妃婁氏及文武官員
　　　紛紛跳水自殺。寧王乘小船逃命，被王冕部擒獲成了階下囚。王守仁因此
　　　而獲「大明軍神」之稱。
　　10 月率兵破江西崇義縣左溪藍天鳳、謝志山軍寨，親自前往勸降。
　　11 月遣使招安，攻破藍天鳳部。
1519 年，封為「新建伯」
1520 年，都督軍務都御史，王守仁書。從征官屬列於左方。
1521 年，正德皇帝朱厚照去世，新皇帝朱厚熜繼帝位，敕封王陽明為新建伯、
　　守正文臣、特進光祿大夫柱國、兼南京兵部尚書、照舊參贊機務·
1523 年，在紹興開建新建伯府。王陽明是明朝開國以來第二位因軍功封爵的文
　　官，南京兵部尚書掛參贊機務銜、與鎮守太監、南京守備共同負責南京軍務。
1527 年，王守仁兵部尚書兼都察院左都御史總督時，平定潰瑤族和僮族民變。
1528 年，兩廣役後，王陽明肺病加疾，上疏乞歸。歸途中他經過江西大余靈岩
　　寺。寺中各祖師圓寂，容貌與自己一模一樣，書案上一張字簽：「五十七年王
　　守仁，啟吾鑰，拂吾塵，問君欲識前程事，開門即是閉門人。」
1529 年 1 月 9 日病逝江西省南安舟中。卒後，朝廷予諡文成，贈光祿大夫、柱
　　國、新建伯，隆慶時追封侯爵，稱新建侯。
1584 年，從祀於孔廟。
王陽明學說、心學、和知行合一·繼承陸九淵，倡導追求「至理」「格物致知」，
認為「理」全在人「心」，「理」化生宇宙天地萬物。在〔知〕與〔行〕上，強
調要知，更要行，知中有行，行中有知，「知行合一」，二者互為表裡，不可分
離。要懂得戒慎恐懼，「如臨深淵、如履薄冰」「非禮勿視，非禮勿聽，非禮勿
言，非禮勿動·」心靈不受到任何染污。

呂坤 1536~1618　寧陵人（今屬河南商丘）

呂坤，字叔簡、心吾、新吾，號抱獨居士，明朝哲學家，寫有《呻吟語》。

據《呂李姓源碑》載，呂坤的先祖是元末菜農，因向明軍報信而立功，得到朱
元璋獎賞，並詔其回鄉安居，然而朱元璋在手詔中誤將「呂」姓寫作「李」。
至呂坤時，方上奏將「李」姓改回「呂」姓。

1561 年，呂坤中河南鄉試第三，

1574 年,殿試中三甲第 50 名，同賜進士出身，出任山西省襄垣知縣，

1576~1577 年，任大同知縣。

1578~1588 年，任山東省右參政，

1589~1592 年，任山西按察使、巡撫、陝西省右布政使、山西巡撫。

1593~1594 年，任都察院左、右僉都御史，

1595～1597 年，任刑部左、右侍郎。

1597 年，上《憂危疏》勸明神宗勵精圖治，隨後稱病退休。

1618 年，病逝於家，之前將其未刊行的手稿焚燒。死後葬寧陵縣東南。

1621 年，追贈為刑部尚書。

他提倡獨立思考，對於傳統聖人之論多有懷疑。理學、佛教、道教都有偏頗之
處。他在哲學上堅持氣一元論，認為：「天地萬物只是一氣聚散，更無別個。」
（《呻吟語·天地》）「道器非兩物，理氣非兩件，成象成形者器，所以然者道；
生物成物者氣，所以然者理。」（《呻吟語·談道》）批判了理學家把道與器、
理與氣分割開來和「理在氣先」等說法。

黃宗羲　1610~1695　浙江省寧波餘姚市黃埠鎮

黃宗羲，字太沖，號梨洲，世稱南雷先生或梨洲先生。
明末清初財經學家、史學家、思想家、地理學家、天文
曆算學家、教育家。黃宗羲與顧炎武、王夫之並稱三大
思想家；與弟黃宗炎、黃宗會號稱浙東三黃；與顧炎武、
方以智、王夫之、朱舜水並稱為「明末清初五大師」。
有「中國思想啟蒙之父」之譽。

其父黃尊素登萬曆年間進士第，亦為東林黨人。黃尊素
曾任監察御史（明熹宗天啟中），受閹黨所害。

明思宗即位，黃宗羲懷錐入京伸冤，錐擊刺閹黨人。聲
名四起，明思宗嘗嘆其為「忠臣孤子」。從父遺命，師
事晚明儒學殿軍劉宗周，得蕺山之學。又苦讀史書，由明代《十三朝實錄》開
始，進而遍讀「廿一史」。

參加抗清活動，被捕入獄。弘光朝覆滅，乃逃回家鄉，組織「世忠營」抵抗。
屢拒清廷徵召，隱居著述講學。康熙帝兩次徵召黃宗羲赴京應博學鴻儒試，均
遭黃拒絕。康熙帝於是下令地方官員盡錄黃宗羲著作。後康熙帝欲修《明史》，
再次想起黃宗羲，曾邀黃赴京主持史局。黃終身不仕，臨死時沒用棺木，只在
身下放了塊青石板，表達了肉身「速朽」的意願。

黃宗羲學識淵博，大凡天文、曆算、音律、經史百家，釋道、農工等無不深究。治學以捍衛陽明心學自任，力主誠意慎獨之說。亦重史學之鑽研，服膺者如萬斯同、全祖望、章學誠等皆以史學名家，蔚為浙東學派。

並精通天文曆算和數學。他用推算日食的方法和閻若璩等人考證古文《尚書》，並得結論「今因推日食於昭十七年六月」（魯昭公十七年夏六月甲戌朔日），「可見《夏書》本文不同孔書、左氏而非偽也，則不能不致疑於古文矣」。西人 Fred Espenak 的數據表明黃宗羲的推算完全正確。

黃宗羲作《春秋日食曆》，用西漢三統曆推算出魯莊公二十八年二月是否有閏，並用授時曆並參考西方曆法，說明了比月頻食是不可能發生的。

用曆算方法，寫有《歷代甲子考》，他重新推算孔子確切生辰日期，並論證了周正建子和周曆改月。

數學上糾正朱熹《壺說書》中的相關錯誤。分析明朝流行的算盤和《數術記遺》中記載的計算器的區別。他對鄉射侯制進行詳細數學分析。

黃宗羲註解了蔡元定樂律學，糾正了朱熹注《孟子》中的相關樂律錯誤。刊校了《水經注》，批駁了「分野說」。

哲學上反對宋學中「理在氣先」的理論，認為「理」並不是客觀存在的物質實體，而是「氣」的運動規律，認為「氣質人心是渾然流行之體，公共之物也」。黃宗羲服膺陽明學，認為「致良知」的「致」，就是「行」。

黃宗羲提出「天下為主，君為客」、官員應當「為天下，非為君也；為萬民，非為一姓也」，「天子之所是未必是，天子之所非未必非」、「有治法而後有治人」、主張土地、賦稅改革，減少胥吏，特別是編外人員即白員的存在，革新政治，淨化社會風氣。主張文學應當反映現實社會，表達作者的真情實感，這具有現實主義的特點。黃宗羲是一位傑出的教育家。他的《明夷待訪錄》列出《學校》，認為學校應廣開言路，成為輿論場所。「學貴履踐，經世致用」，「知行合一，知行並進」密不可分。黃宗羲有三子，黃百藥、黃正誼和黃百家。

朱伯廬　1617~1688　江南昆山人

朱伯廬，名用純，字致一，柏廬為其自號．明生員，清初居鄉教學，宣揚程、朱理學．其「治家格言」，世稱「朱子家訓」，將儒家思想作為日常生活準則．著有「大學中庸講義」「愧訥集」。

王夫之　1619~1692　湖南衡陽人

王夫之，字而農，號薑齋、又號夕堂，或署一瓢道人、雙髻外史，晚年隱居於形狀如頑石的石船山，自署船山病叟、南嶽遺民，學者遂稱船山先生。傑出的思想家、哲學家、明末清初大儒。與顧炎武、黃宗羲並稱明清之際三大思想家。

十一世祖王仲一曾從朱元璋起兵。父親王朝聘就讀於北京國子監。明末求學於嶽麓書院，並師從吳道行，吳教以湖湘家學，「以朱（熹）張（栻）為宗」，與曠鵬升等訂「行社，聚首論文，相得甚歡」。

1639 年，鄉試落第。和郭風躚、管嗣裘、文之勇等設「匡社」，意指互相匡正。

1642 年，中鄉舉第五名，以《春秋》試卷列第一。南昌會試，李自成、張獻忠之亂，會試被迫延期，王夫之由南昌返衡陽。

1643 年，張獻忠招賢納士，拒不受聘，作《悲憤詩》一百韻，吟已輒哭。研讀《周易》編《周易稗疏》。參加抗清活動，事敗逃亡肇慶，投奔南明永曆政權，堵胤錫薦為翰林院庶吉士。結識瞿式耜、金堡、蒙正發、方以智等人·

1645 年，明安宗在蕪湖被俘，續寫了《悲憤詩》一百韻。

1646 年，離開肇慶，赴桂林暫居。

1647 年，任南明永曆政權行人司行人。

1650 年，與襄陽鄭儀珂之女結婚。

1655 年，清軍搜捕，被迫流亡零陵、郴州一帶，變姓名為瑤人，授徒著書，「為常人說《周易》《春秋》…來者益眾」，著有《周易外傳》《老子衍》。

1660 年，遷衡陽金蘭鄉高節里，於茱萸塘（船山鄉湘西村）築茅屋名「敗葉廬」。

1664 年，在「敗葉廬」設館講學。重訂《讀四書大全說》。晚年貧病交迫，連紙筆都靠朋友周濟。吳三桂稱帝，請王船山寫《勸進表》，遭嚴辭拒絕·認為「以其入國讎也，不以私恩釋憤」。逃入深山，作《袚禊賦》，對吳三桂表示深切蔑視。自題墓石：「抱劉越石之孤忠」，「希張橫渠之正學」。

1675 年，在衡山石船山麓定居，築草堂而居，人稱「湘西草堂」「棲伏林谷，隨地托跡」，「安之若素，終日孜孜不倦，刻苦自勵，潛心著述。」，自題堂聯「六經責我開生面，七尺從天乞活埋」，終未剃髮。

1689 年，衡州知府崔鳴鷟受湖南巡撫鄭端的囑咐，攜帶糧食和錢幣會見王夫之，請求王夫之「漁艇野服」與鄭端「相晤於嶽麓」，並且希望能夠得到王夫之的著作刊行天下，王夫之以「病不能往」的理由拒絕了，但是看到鄭端心誠，接受了糧食返回了錢幣，且致函表示感謝。

1692 年正月初二，去世。

著有《周易外傳》、《黃書》、《尚書引義》、《永曆實錄》、《春秋世論》、《噩夢》、《讀通鑑論》、《宋論》等等。其作品在生前皆未刊行。

1839 年，其裔孫王世全與鄧顯鶴開始搜集散佚，刻成《船山遺書》150 卷，稱鄧顯鶴刻本。同治間，曾國藩、曾國荃重刻，有 172 卷。民國後，劉人熙搜輯散佚，又有補刻本。

1930 年，譚延闓、胡漢民、于右任等重刊船山遺書，分經史子集四部，凡 70 種，共 358 卷。

1971 年，臺北船山學會重印《船山遺書全集》為 22 冊。

顏元 1635~1704　直隸博野（河北安國縣東北）人

顏元，字易直，又字渾然，號習齋，明末清初思想家、教育家。顏李學派（「李」指顏元的學生李塨）的創始者。

父親顏昶曾被蠡縣一位小官吏朱九祚收為養子。顏元生在朱家，原名朱邦良，為蠡縣人，後其父顏昶因與朱家失和，於明朝末年顏元四歲時，隨清兵逃往關外。其母王氏因夫去杳無音訊，於顏元 12 歲時改嫁。顏元便同其養祖父母一起生活。養祖母去世，顏元代父居喪，行朱子「三日不含，朝夕哭」的家禮，飢餓哀毀幾至於死。這使得顏元逐漸產生反理學的思想。

顏元青年時曾從事「耕田灌園」，晚年在肥鄉縣漳南書院任教。在學術上和學生李塨創立顏李學派，提倡並實用主義。顏元創立的學派和官方提倡的程朱理學不同，主張讀書的目的應該是「經世致用」，而非一味「格物致知」，自尋自證「天理」。五十七歲時候，南遊河南，發現「見人人禪子，家家虛文，直與孔門敵對。必破一分程朱，始入一分孔孟，乃定以為孔孟、程朱兩途」。他說：「八股之害，甚於焚坑」「其闢佛老，皆所自犯不覺」，朱子的學術不過是「禪宗、訓詁、文字、鄉愿四者集成一種人」，「千百年來，率天下入故紙中，耗盡身心氣力，作弱人，病人，無用人者，皆晦庵為也！」。

著有《存學編》《存性編》《存治編》《存人編》《朱子語類評》《禮文手鈔》《四書正誤》《習齋記余》等書。

方苞 1668~1749　安徽桐城人

方苞，字鳳九，一字靈皋，晚號望溪，　清代文學家，首創文學流派桐城派。

五歲課章句，稍長治經書、古文，「凡《易》之體象，《春秋》之義例，《詩》之諷喻，《尚書》、《周官》、《禮記》之訓詁，先儒所已雲者，皆粗能記憶。」，早年不喜宋儒之說。

1691 年，遊京師，尊奉程朱理學和唐宋散文，

1703 年，會試中式第四名，但因母病回鄉，未參加殿試。

1711 年，潛研「三禮」，

1713 年，康熙以「方苞學問，天下莫不聞」，命方苞以白衣平民身分入值南書房，成為清聖祖、清世宗、清高宗三朝皇帝的智囊，

1720 年，成《周官集注》，

1731 年，解除旗籍，授詹事府左春坊左中允，

1733 年，升內閣學士，任禮部侍郎，充《大清一統志》總裁。

1736 年，入南書房，充《三禮書》副總裁。

1739 年，因將「伊條奏事件」私告於人，乾隆帝批評方苞「假公濟私，黨同伐異，其不安靜之固習，到老不改，眾所共知」，革職，留三禮館效力贖罪。

1742 年，告老還鄉，賜翰林院侍講銜。晚年不滿於朝廷「菲薄科目，譏刺時政」。

1749 年，成《儀禮析疑》。姚鼐推崇方苞：「望溪先生之古文，為我朝文章之冠」。陳宏謀云「望溪經說，不惟經義開明，可以蕩滌人心之邪穢，維持禮俗。」同年，病逝，葬於江蘇六合。曾國沅欲將方苞從祀孔廟，曾國藩致書國沅：「望溪先生之事，公私均不甚愜。……國藩於本朝大儒，學問則宗顧亭林、王懷祖兩先生，經濟則宗陳文恭公，若奏請從祀，須自三公始，李厚庵與望溪不得不置之後圖。」

1771 年，戴名世《南山集》案發，方苞因給《南山集》作序而牽連入獄，在獄中兩年，著成《禮記析疑》和《喪禮或問》。經李光地營救，才免於難。

方苞好結黨營私，徇私推薦魏廷珍，「時論訾之」。因與河道總督高斌交惡，被披露一些請托秘辛，「疏發苞請託書，上稍不直苞」。

方苞論文提倡「義法」，提出「義理、考據、辭章」三者不可偏廢說，作品有《獄中雜記》《左忠毅公逸事》等。方苞繼承歸有光的「唐宋派」古文傳統，論學以宋儒為宗，提出「義法」主張：「義即《易》之所謂『言有物』（內容）也，法即《易》之所謂『言有序』（形式）也，義以為經 ，而法緯之，然後為成體之文。」他對於文章要求「雅潔」，常有省略主語或賓語的現象。袁枚譏其「才力薄」，文學性亦不足，「似精神不能包括其大處、遠處、疏淡處及華麗非常處」。

方苞是清代桐城派散文的創始人，早年究心詞章，方苞一生著作等身，有《春秋通論》《禮記析疑》《周官集注》《周官析疑》《儀禮析疑》《集外文》《補遺》等，另刪訂《通志堂宋元經解》，他擅長撰寫散文，有近六百篇傳世，收於《望溪先生文集》中。方苞為文，多明經崇道之作，且重道學。其散文獨樹一幟，自成風格。清初四庫館臣評方苞：「苞於經學研究較深，集中說經之文最多，大抵指事類情，有所闡發。」

唐鑑　1778~1861　湖南善化(長沙)

唐鑑， 字鏡海，晚清理學大師，為曾國藩之師。唐仲冕之子。

1809 年，進士，授翰林院庶吉士，歷任檢討、御史、府、道、臬、藩等地方官。

1840 年，召授太常寺卿。

唐鑑為晚清學界巨擘，服膺二程及朱子學，為清末義理學派代表人物。

俞樾　1821.12.25.~1906.2.5.　浙江德清人

俞樾，清末樸學大師。字蔭甫，號曲園。

1850年，庚戌科二甲第19名賜進士出身。當時曾國藩是閱卷官，俞樾試帖詩的頭一句「花落春仍在，天時尚艷陽」，得到曾國藩的大加賞識，認為詠落花而無衰瑟之意。

曾經擔任翰林院編修、國史館協修，後受咸豐皇帝賞識，1855年，任河南學政。次年因為御史曹登庸劾奏「試題割裂經義」，因而罷官。從此不再出仕。

1875年，俞樾得友人資助買下蘇州一塊廢地，如曲尺形，他親自設計，利用彎曲的地形鑿池疊石，栽花種竹，建屋30餘楹，取《老子》「曲則全」句意，俞樾將其命名為「曲園」，自號曲園居士。晚年在杭州詁經精舍講學。其弟子有章炳麟、吳昌碩等人。

1898年，孫俞陛雲中探花，《清史稿》編撰者之一，文學也有很高造詣。曾孫俞平伯，現代學者，紅學家。

俞樾平生勤奮治學，著作極豐，曾國藩讚揚他「拚命著書」，有《春在堂全書》250卷。計有《諸子平議》《群經平議》《古書疑義舉例》《春秋外傳國語平議》《爾雅平議》《墨子平議》《春在堂隨筆》《小浮梅閒話》《右台仙館筆記》《茶香室雜鈔》

吳汝綸　1840~1903　清朝安徽桐城（今屬樅陽會宮鄉）人

吳汝綸，字摯甫，一作摯父。是近代文學家、教育家，也是桐城派後期作家。

1865年，乙丑科進士。曾入曾國藩、李鴻章幕府，並擔任過直隸深州、冀州（今均屬河北）知州。並在兩州開辦書院，親自講授。後辭官，擔任保定蓮池書院山長。

1902年，吏部尚書兼京師大學堂管學大臣張百熙跪請其出任學堂總教習，汝綸提出先赴日本考察，因留學生事件發生矛盾，歸國後回鄉辦學，在家鄉桐城創辦桐城小學堂，又名桐城學堂，並親筆題寫校訓「勉成國器」。

1903年，病逝．

1952年，學堂改名為安徽省桐城中學。

吳汝綸篤信西醫，對中醫則極端抵斥不遺餘力，其見於尺牘等記載參見徐一士的《一士類稿》"吳汝綸論醫"一條。

皮錫瑞　1850~1908 年　湖南善化(長沙)人

皮錫瑞，字鹿門，一字麓雲，湖南善化人。景仰西漢初年傳授《尚書》的儒者伏生，故名其書齋曰「師伏堂」，學者因稱「師伏先生」。

1863 年，考取秀才，

1873 年，拔貢，

1879 年，30 歲開始研究經學。

1882 年，再中舉人。皮錫瑞強調「說經宜先知漢今、古文家法」。

1903 年，受聘於湖南師範館，講授經學、倫理兩門課程。因治尚書服膺伏生，故宗今文說，被譽為」研精漢儒經訓之學，宏通詳密，多所發明」。因參加南學會，宣傳變法維新，由皮錫瑞主講學術，黃遵憲主講政教，譚嗣同主講天文，鄒代鈞主講輿地，戊戌政變後，被革去舉人，交地方官管束，

1901 年，湖南巡撫俞廉三奏請開復其舉人稱號，仍嚴加看管。五十歲時自壽聯一副：「閱世五十年，所欠一死；著書百萬字，不值半文。」

1908 年，卒於家中。

著作略分三期，其初《尚書大傳疏證》《古文尚書疏證辨正》《九經淺說》、《古文尚書冤詞評議》《孝經鄭註疏》《鄭志疏證》《今文尚書考證》《聖證論補評》等書。戊戌以後，成《尚書中候疏證》《駁五經異義疏證》《發墨守箴膏肓釋廢疾疏證》《漢碑引經考》及《王制箋》等書，於光緒二十五年己亥（1899 年）湖南思賢書局刊行。

劉人熙　生歿不詳　湖南瀏陽縣人

劉人熙，字艮生，號蔚廬，清朝理學、政治人物、進士出身。服膺船山哲理思想和民族觀念·

1877 年，參加丁丑科殿試，登進士二甲第 18 名。同年五月，分部學習。

《大清德宗同天崇運大中至正經文緯武仁孝睿智端儉寬勤景皇帝實錄》（卷五十一）：光緒三年。丁丑。五月。……引見新科進士。

馬一浮　1883.4.2.~1967.6.2.　浙江紹興上虞人在四川省成都市出生，

馬一浮，原名浮，字一佛，幼名福田，號謙翁、被揭，晚號蠲叟、蠲戲老人，中國國學家、書法家、篆刻家；是近代新儒家學派的代表人物之一，與梁漱溟、熊十力

齊名，是「新儒學三聖人」之一，有「一代儒宗」之稱。據說，他遍覽杭州文匯閣藏書，豐子愷先生曾說：「他是此間學問最好的人。」

其父馬廷培，曾任四川仁壽縣令。

1899 年，16 歲，應科舉鄉試名列第一。

1901 年，與謝無量、馬君武等人合辦《翻譯世界》。

1903 年，留學美國，學習歐洲文學，後又遊學德國、日本，研究西方哲學。

1911 年，回國，支持孫中山的辛亥革命。後又潛心國學。任國立浙江大學教授。

1939 年，在四川建復性書院並親任院長。

1953 年，任浙江文史館館長。

1964 年，任中央文史館副館長。文化大革命，一生耿介的他晚年向紅衛兵低頭；被抄家時，他懇求「留一方硯台給我寫字好不好」，得到的卻是一記耳光。他悲憤交集，不久含冤去世。

主要著作有《泰和會語》《爾雅台答問》《爾雅台答問繼編》《老子道德經注》《朱子讀書法》《蠲戲齋佛學論著》《宜山會語》等等。

馬一浮書法造詣極高，也是一位很有藝術成就的篆刻家。其有《馬一浮篆刻》、《蠲戲齋詩集》等著作傳世。

與梁漱溟、熊十力合稱為「現代三聖」，現代新儒家的早期代表人物之一。禮聘他為浙大教授的浙江大學文學院院長梅光迪認為馬一浮和柳詒徵是當時中國學問最淵博的人，稱兩人的組合「或可周知有關中學和中國文化的知識，目前在中國還沒有第三個人可以和他們相比。」

浙江大學校歌由馬一浮作詞。2013 年 4 月 23 日上午，在馬一浮誕辰 130 周年紀念大會暨國學研討會上，浙江大學國際馬一浮人文研究中心成立。

劉師培 1884~1919 揚州儀徵人。

劉師培，字申叔，改名光漢，號左盦，筆名韋裔，又署光漢子。劉文淇之曾孫，劉毓崧之孫，劉壽曾之侄。其家儀徵劉氏，又稱青谿舊屋劉氏，於清季前後五世相繼注《左傳》，為近代經學世家，「揚州學派」之中堅。

1896 年，幼承家學，12 歲畢讀五經及四子書，18 歲，補縣學生員，

1902 年，中舉人。

1903 年，赴京會試不第，歸途經上海，結識章太炎，撰《攘書》等，倡言革命，並與章氏討論《左傳》義例，大張晚清「古文經學」之旗幟。

1904，蔡元培介紹加入光復會，與蔡氏合辦《俄事警聞》，鼓吹「拒俄運動」，後改《警鐘日報》為主筆。《警鐘日報》遭清政府查封，至浙江平湖避難。

1905 年，鄧實等在上海創辦《國粹學報》。劉師培為之撰稿，實與章太炎、梁啟超等人同為近代中國「國粹運動」之發起者與骨幹，先後刊發《周末學術史序》《南北學術不同論》《論文雜記》等著作，為近代學科意義上中國史

學、文學、學術史研究之先驅。又受章太炎啟發，撰《小學發微》，引用西方社會學學理，重新闡釋清儒文字音韻之學。

1906 年，至安徽蕪湖，任皖江中學教員，與陳獨秀、章士釗、蘇曼殊結交，創辦《白話報》，運用其小學考據之素養，研究、倡導語言文字之改革。

1907 年，劉師培攜妻何震亡命日本，加入中國同盟會。以「韋裔」之筆名在《民報》撰文，與《新民叢報》就國體問題展開論爭；又切論滿洲在明代於中國為異族、為化外，梁啟超所謂「中華民族」實為諂媚清廷；繼而與何震創辦《天義報》《衡報》，鼓吹女權主義、共產主義、無政府主義，撰有《共產黨宣言序》。同年與何震雙雙歸國，投奔兩江總督端方幕府。

1908 年，《神州日報》公佈所謂章太炎上端方書，誣章太炎叛變革命，致使同盟會分裂，章氏從此與孫文、黃興、汪精衛等人分道揚鑣。劉師培在端方幕府中繼續鑽研經史，並為《國粹學報》投稿，年方 20 餘，巍然已為經學大宗。

1911 年，任參議官，隨端方領兵入川，彈壓保路運動，途中，端方為亂軍所戕，遂逃往成都，於四川國學院講學。民國肇造，章太炎與蔡元培捨棄前嫌，聯合發表啟事，籲請劉師培出山論學。

1913 年，師培至山西太原閻錫山幕府，任高級顧問。

1915 年，至北京，為袁世凱利用，與楊度、孫毓筠、嚴復、李燮和、胡瑛等六人組織籌安會，撰寫文章鼓吹帝制。

1917 年，應北京大學校長蔡元培之聘，任北京大學文科教授，先後開設「六朝文學」「文選學」等課程，有《中國中古文學史》講義傳世，為近現代中國文學史研究首屈一指之巨著。

1919 年，在北大主導發起《國故學刊》。同年 11 月卒，享年足 35 歲。

著有《左盦集》《左盦外集》《左盦詩錄》《詞錄》，及論經學（以小學、左傳學為主）、史學（開創近代中國學術史體）、文學（主張「六朝文」，維護揚州學派駢文之文統）。

熊十力　1885.2.18.~1968.5.23.　湖北黃岡團風上巴河鎮熊坳村張家灣

熊十力，號子真，原名繼智、升恆、定中，後改名十力，晚年號漆園老人。二十世紀中國思想家、學者。幼時為人牧牛。

1898 年，13 歲，父母相繼病亡。只是在父親的朋友何檉木先生處讀了半年鄉塾。

1901 年，遊學鄉間，受維新派影響，讀孟子、王船山、顧亭林書萌發革命之志。

1905 年，考入湖北新軍特別學堂。

1906 年，加入日知會，圖謀舉事，被鄂軍首領張彪通緝，幸為友人掩護，秘密出逃。武昌起義後，曾任湖北都督府參謀。

1912 年，參與編輯日知會志。二次革命失敗後，曾去江西德安教書。

1917 年，參與孫中山領導的護法運動。後慨然棄政向學，以探討人生的本質、增進國民的道德為己任。

1919 年，天津南開中學執教，結識梁漱溟。

1922 年，在南京從歐陽竟無學佛教唯識學，受聘為北京大學特約講師。

1928 年，在國立中央大學講學。逐漸離開佛教唯識學，形成自己的一套觀點。

抗戰時期，出版《新唯識論》《讀經示要》是他思想成熟、體系完成的標誌。

1949 年，　北京大學教授，著有《原儒》《體用論》《明心篇》等。

中共文革時，熊十力精神錯亂，不斷給中央領導寫信抗議，獨自一人在街上和公園，自言自語：「中國文化亡了！」「中國文化亡了！」

1968 年 5 月 23 日，因反對文革絕食而亡，病逝於上海，享年 84 歲。

熊十力哲學觀點：體用不二、心物不二、能質不二、天人不二。人與天地萬物同具仁心本體，內蘊著極大的力量，可以創造、生化。又主張人不被人創造出來的物質世界和人文建制所異化、所遮蔽，以致忘卻人之所以為人的根蒂。

主要著作有《新唯識論》、《論六經》、《原儒》、《體用論》、《明心篇》、《乾坤衍》。

梁漱溟　1893.10.18.~1988.6.23.　北京人入籍河南開封

梁漱溟，原名煥鼎，字壽銘。曾用筆名壽名、瘦民、漱溟，後以漱溟行世。系出元室梁王系，先祖為元世祖六子忽哥赤，清中葉官游廣西桂林。其母張瀅為白族，系出雲南大理喜洲張耀曾家族。思想家，哲學家，教育家，社會改造實踐家，對推動鄉村建設，不遺餘力。

父親梁巨川在清代光緒年間曾任內閣中書。

1906 年，起梁氏肄業於順天中學堂。

1911 年，加入同盟會京津支部。

1912 年，任京津同盟會刊物《民國報》編輯及記者，開始以「漱溟」作筆名。

1916 年，任司法部機要秘書（司法總長張耀曾系梁漱溟舅父）。

1917 年，任北京大學印度哲學講習，在北京大學圖書館認識管理員毛澤東。

1921 年，寫成《東西文化及其哲學》，偕友人籌辦曲阜大學。

1928 年，任廣雅書院（現廣東廣雅中學前身）校長。提出「鄉治」主張。

1929 年，接辦《村治月刊》，又在河南輝縣百泉村辦河南村治學院任教務長。

1931 年，在韓復榘支持下，與梁仲華等人在山東鄒平縣創辦鄉村建設研究院。

1933 年，召開鄉村工作討論會，推選梁漱溟、晏陽初、黃炎培、章元善、江恆源、許士廉六人為主席團，目的是實行「鄉治」。

1937 年，抗日戰爭，先後任參議員、參政員。8 月，國防議會上和周恩來見面。

1938 年，第一次訪問延安，見到毛澤東。

1939 年，蔣介石特委任其為軍事委員會特派員，2 月 1 日離開重慶，10 月 22 日返回。為推動團結抗戰，發起組織統一建國同志會。

1941 年，該會改名中國民主政團同盟。

1944 年，中國民主政團同盟改組為中國民主同盟，仍擔任執行委員會委員。

1946 年，任中國民主同盟秘書長。第二次訪問延安，見到毛澤東。

　　10 月，因提交不同於國民黨與共產黨的第三方「折中方案」，引起中共和民盟內部不滿，辭去同盟秘書長的職務，並退出中國民主同盟，專注於講學和著述。

1950 年，任中共政協委員、修憲委員、孔子研究會顧問、中國文化書院主席。

1953 年，應邀在政協會反映農民問題。受到毛澤東批判，認為他反對總路線。

1955 年，馮友蘭帶頭，對梁漱溟、梁思成、胡風、和胡適，展開全面公開批判。

1973 年，文化大革命，梁漱溟堅拒參與「批林批孔」運動而遭批鬥。

1988 年，病逝於北京。

方東美　1899~1977.7.13.　安徽桐城人

方東美，原名珣，字東美，現代著名哲學家。清代桐城派古文創始人方苞先生十六世孫，世代書香。現代知名僧人釋淨空即受方先生導入佛門。

1914 年，就讀南京金陵大學文科哲學系，

1918 年，與王光祈、曾慕韓、陳愚生等人發起少年中國學會，欲「本科學的精神，為社會的活動，以創造少年中國」。

1921 年，赴美留學，深為柏拉圖吸引，熱愛希臘哲學。回國任國立中央大學哲學系主任。

1948 年，任台灣大學哲學系教授、系主任。

晚年致力於建立「新儒學」體系，被推崇為新儒學的哲學起源。一生不寫日記、不寫自傳、讀書不做筆記。不過學生帶著錄音機把它錄下來，以後整理出來寫成書──《方東美先生全集》。

1977 年 7 月 13 日，因肺癌病逝於臺北。海葬金門料羅灣外海。

平生著作有《生生之德》《華嚴宗哲學》《大乘佛教哲學》《哲學三慧》、《中國哲學之精神及其發展》等。

1982 年，楊士毅主編有《方東美先生紀念集》。

他二十幾歲在美國教書，八年抗戰期間回國，在中央大學教書，有一年生病，他到峨嵋山去養病。寺廟裡報紙雜誌這些書籍統統沒有，只有佛經，讀書人喜歡書，沒東西看就看佛經，愈看愈有味道。從那一次養病好了以後，他就沒有離開佛經，深入的研究。

徐復觀　1904~1982　湖北浠水縣徐琣場鳳形灣人

徐復觀，原名秉常，字佛觀，後由熊十力更名為復觀。是新儒學的重鎮，對中國文化和藝術也有許多獨到的見解。

早年曾就讀於湖北省立第一師範學校、湖北國學館，在此奠定其國學基礎。後東渡日本，相繼就學於明治大學和陸軍士官學校。曾在中國國民政府參謀本部參謀總長辦公室、軍事委員會委員長侍從室及中國國民黨中央黨部當幕僚。

抗戰期間頗受軍事委員會委員長兼參謀總長蔣中正賞識，亦曾以國軍少將軍銜、軍令部聯絡參謀的名義駐延安，歷時半年，與中共最高領導層有所過從。他曾寫道「與毛(澤東)，長談過五次以上，並曾誠懇地向他請教過。」
1943年，由延安回到重慶，向蔣報告：「中共有能力奪取全面政權，假定國民黨這樣下去的話」。」來到臺灣後，棄武從文，精研儒學，發表不少學術論文，先後任教於臺灣省立農學院（國立中興大學前身）、東海大學、香港新亞書院（今併入香港中文大學）。
1949年，於香港創辦著名自由主義刊物《民主評論》，並擔任該刊主編，被視為「以傳統主義論道，以自由主義論政」之人物。
1960年，錢穆與唐君毅於香港籌辦香港中文大學，徐復觀亦曾在中大講學研究。
1969年，來到香港後，靠寫雜文維持生活。
1976年，香港左派人士罵他是「文特」「蒼蠅」。
1982年4月1日，病逝於臺灣。生前曾口述遺囑：「余自四十五歲以後，乃漸悟孔孟思想為中華文化命脈所寄，今以未能赴曲阜親謁孔陵為大恨也。⋯⋯。」
著有《中國人性論史》《中國藝術精神》《兩漢思想史》《中國思想史論集》《中國文學精神》《在政治與學術之間》《公孫龍講疏》等

唐君毅　1909.1.17.~1978.2.2.　四川宜賓人祖籍廣東五華

唐君毅，現代思想家、哲學家、教育家。師從熊十力、方東美、梁漱溟等，是新儒家學派代表人物。父親唐迪風，本名烺，又名倜風，字鐵風。母親陳大任，字卓仙。唐父曾從學於歐陽竟無，故先生於著作中稱他為太老師。
1921年，讀重慶聯合中學，受蒙文通啟迪，對宋明理學產生興趣，其後師從支那內學院之歐陽竟無，研習釋家思想。
1925年，先後入北平中俄大學、北京大學，
1926年，轉往國立中央大學哲學系。
1932年，畢業後返回四川任教中學，
1937年，受聘於華西大學。
1940年，任教重慶中央大學，自此獻身教育及學術界。
1949年，遷居香港，與錢穆、張丕介等人創辦亞洲文商學院(新亞書院)．
1963年，新亞書院成為香港中文大學成員學院，兼任教務長及哲學系系主任。
1957年，應美國國務院所邀，赴洋講學。
1958年，與徐復觀、張君勱、牟宗三發表《為中國文化敬告世界人士》宣言。
1963年，新亞書院與崇基學院、聯合書院合組成香港中文大學，任哲學系教授．
1974年，退休。
1975年，任台灣大學哲學系客座教授。
1978年，於香港病逝。國際哲學界公認他為「當代新儒家」的代表人物。
2003年，四川省宜賓市成立「宜賓學院唐君毅研究所」，又建立「唐學網」及

主要著作《中西哲學思想之比較研究集》《人生之體驗》《心物與人生》《中國文化之精神價值》《人文精神之重建》《中國哲學原論》《導論篇》《原性篇》《原道篇》《原教篇》《中國人文精神之發展》《文化意識與道德理性》《哲學概論》《人生之體驗續篇》《道德自我之建立》《青年與學問》《愛情之福音》《說中華民族之花果飄零》《中華人文與當今世界》《生命存在與心靈境界》《病裡乾坤》

牟宗三　1909.6.12.~1995　山東棲霞縣祖籍湖北省公安縣。

牟宗三，字離中，邏輯學、康得哲學、宋明理學、魏晉玄學、佛學，哲學家，哲學史家，新儒家重要代表。

1927 年，入北京大學預科，兩年後升入哲學系。

1933 年，畢業於北京大學，歷任華西大學、中山大學、金陵大學、臺灣師範大學、東海大學、臺灣大學、中國文化大學、香港大學、香港中文大學教授。

1987 年，被香港大學授予名譽文學博士。英國劍橋哲學詞典譽之為"當代新儒家他那一代中最富原創性與影響力的哲學家"。其哲學成就代表了中國傳統哲學在現代發展的新水準，其影響力具有世界水準。

1933 年，在華西大學、中奪大學、金陵大學、浙江大學講授邏輯學和西方哲學。

1949 年，去臺灣，在師範大學、東海大學講授邏輯、中國哲學。

1958 年，與唐君毅、徐複觀、張君勱聯名發表《為中國文化敬告世界人士宣言》。

1960 年，去香港，在香港大學、香港中文大學，主講中國哲學、康得哲學等。

1974 年，退休，專任新亞研究所教授。

1976 年，應 "教育部"之聘，在臺灣大學哲學研究所講學。

1987 年，香港大學授予名譽文學博士。

1995 年 4 月，病逝於臺北。

魯實先　1913.3.12.~1977.12.19.　湖南省寧鄉縣人

魯實先，譜名佑昌，字實先，晚號靜農，以字行。精通理學、文字學、甲骨文、上古曆法、《史記》等學術。年少時先後入湖南長沙明德中學、大麓中學就讀，因其頑皮島蛋，遭學校勒令退學·

返鄉後，家中延聘私塾教師教導，購「四史」自修，數年間讀畢二十四史。

父親官拜少將，魯實先隨父宦遊杭州，趁機覽讀文瀾閣《四庫全書》，批閱記錄不同見解。

1932 年，因族叔之助，覽讀杭州文瀾閣藏書，達三年之久。

1937 年，完成《史記會注考證駁議》，獲楊樹達贊賞，

1940 年，著《史記會注考證駁議》，批駁日本學者瀧川龜太郎《史記會注考證》中疑義、不當之處，出版時由郭沫若序言。深受楊樹達賞識，認為魯氏："超越前儒，古今獨步。"，推薦予復旦大學中文系主任陳子展，遂入復旦擔任教授，當時師生皆以"娃娃教授"稱之。

1942 年，薦入復旦大學文史系。

1947 年，執教江西中正大學、國立復旦大學、國立蘭州大學、國立中正大學

1949 年，大陸政權易手，立法委員魯湯平擔保，接魯實先父子來台灣，租居陋室，魯事父至孝，自烹三餐。可謂風餐露宿，生活極為簡樸。

1950 年，執鞭於臺灣省立農學院(後改名國立中興大學)、東海大學。

先生曾參酌梁啟超《國學入門書目》與胡適《最低限度國學書目》所列諸書，搜購與自修。曾任湖南靳江中學校長、湖南允山女職校長等職。

1958 年，徐復觀先生之推介，任教東海大學中文系專任教授，講授訓詁學、文字學、歷代文選、史記等課程。

魯教授講課，湖南家鄉土腔口音很重，學生多知其意，而不甚解，因其講述內容精闢，學生都樂意聽講，常夜間開課。

1961 年，往台灣師範大學任教。專治曆術、金文、甲骨文字、尚書、史記等學。

1977 年 12 月 19 日，逝世

魯實先一生撰著繁多，精闢者：《曆術厄言甲集》《殷曆譜糾譑》《卜辭姓氏通釋之一》《鐘鼎文講義》《殷契新詮》.《史記會注考証駁議》.《說文解字注》《轉注釋義》《修訂轉注釋義》.《文字析義》《魯實先先生珍藏書札》.《殷契新詮》《說文正補、轉注釋義》.《說文正補》《殷周金文會纂》(摹本)《殷周金文會纂目錄》《殷契類選》等書

蔡仁厚　1930~　　生於江西省雩都縣　　現居於臺灣台中市

1970 年，歷任中國文化大學、東海大學哲學系教授，

2000 年，退休，

2004 年，特聘為東海大學首屆榮譽教授。為新儒家第三代代表人物之一。

師承牟宗三，曾撰寫《牟宗三先生學思年譜》並撰寫總序。

著作等身，於中、港、台三地均有著作刊行，其中《王陽明哲學、《孔孟荀哲學》並有韓文譯本出版。

對先秦儒家哲學知析論：主要是對孔子、孟子、荀子三家哲學之基本綱領義理，做統括性的疏導說明。

對宋明理學之講述：則分南、北宋到明代陽明學，體系性地加以講述。大體係延續 牟宗三《心體與性體》之脈絡，再加闡述辨析。

對中國哲學史之闡論：對於中國哲學之源流、特質、學術史之分期、研究方法、哲學思想之介紹、闡述、系統分判、發展路向均有論列。

對儒家學術與中國現代化之提倡：闡述儒家「民本、民貴」思想、「開物成務」、「格物致知」與現代民主、科學思想之連續性與貫通性。

著作有《家國時代與歷史文化》《孔門弟子志行考述》《儒家哲學與文化真理》，
《王陽明哲學》《宋明理學‧北宋篇》《墨家哲學》《宋明理學‧南宋篇》《新
儒家的精神方向》《孔孟荀哲學》《儒家思想的現代意義》《熊十力先生學行
年表》《中國哲學史大綱》《儒家心性之學論要》《儒家的常與變》《中國哲
學的反省與新生》《牟宗三先生學思年譜》《論語人物論》《孔子的生命境界》
《牟宗三－中國歷代思想家叢刊》《蔡仁厚教授七十壽慶集》《哲學史與儒學
評論》《新儒家與新世紀》《王學流衍：江右王門思想研究》《中國哲學史》
《儒學傳統與時代》

劉述先 1934~ 生於上海江西吉安人

劉述先，筆名音衍，主修哲學，是新儒家代表學者。國立台灣大學哲學系文學
士、哲學研究所碩士、美國南伊利諾大學（Southern Illinois University）哲學博
士，學貫中西，會通古今，是「新儒學」代表學者。構建新儒學、弘揚新儒學。
1962 年，曾參與以李敖、徐復觀為首的「中西文化論戰」。
2000 年，任東吳大學第一任端木愷凱講座教授。
著作有《文學欣賞的靈魂》《語意學與真理》《新時代哲學的信念與方法》《文
化哲學的試探》《生命情調的抉擇》《中國哲學與現代化》《馬爾勞與中國》
《朱子哲學思想的發展與完成》《文化與哲學的探索》《黃宗羲心學的定位》
《中西哲學論文集》《大陸與海外—傳統的反省與轉化》《儒家思想與現代化》‧
編有《熊十力與劉靜窗論學書簡》《儒家倫理研討會論文集》等書。
方東美培植的哲人，劉述先、傅偉勳、成中英、孫智燊，有「方門四大弟子」。

成中英 1935.11.8.~ 生於南京美籍華裔擁有中華民國與美國雙重國籍，

成中英(Chung-ying Cheng)，任教於美國夏威夷大學馬諾阿分校，其著名哲學體
系為以《易經》為雛型的本體詮釋學（Onto-Hermeneutics）。
父親成惕軒，母親徐文淑。
1949 年，國共內戰全家遷臺，
1950 年，就讀臺北建國高級中學，
1952 年，考入國立臺灣大學，修外國語言和文學系，曾修方東美教授、陳康教
　　　授的哲學課程，接觸柏拉圖、尼采、柏格森、華嚴宗杜順法界觀門和《易經》。
1956 年，入國立臺灣大學哲學研究所，與同學劉述先、傅偉勳一同師從方東美。
1957 年，獲得美國華盛頓大學的獎學金，並前往西雅圖攻讀該校哲學碩士，
1959 年，獲得哈佛大學、耶魯大學、康乃爾大學、伊利諾大學四校哲學系的研
　　　究生獎學金，最後在哈佛大學攻讀該校博士學位。
1963 年，博士論文《皮爾士與李維斯的歸納邏輯》通過論文答辯口試。秋天任
　　　職檀香山夏威夷大學馬諾阿分校哲學助理教授。
1970 年，擔任國立臺灣大學哲學系主任及哲研所所長。出席多次國際會議。

1985 年，在檀香山創立了遠東高級研究院（FEIAS）。

1989 年，首次講授本體詮釋學與分析詮釋學（Analytic Hermeneutics）的研究生
　　討論課，修課學生有賴賢宗等人。

1995 年，接受俄羅斯科學院遠東研究學院授予的名譽博士學位、重組遠東高級
　　研究學院（FEIAS），成立國際東西方大學（IEWU）。

2000 年，在海德堡訪問伽達默爾。重新組建遠東高級研究學院(FEIAS)成立國際
　　東西方大學(IEWU)。

2006 年，湖北人民出版社出版《成中英文集》四卷本。

杜維明　1940~　　祖籍廣東南海，出生於雲南昆明

1957 年，進入台灣東海大學，師事徐復觀，亦受牟宗三思想影響。

1962 年，獲「哈佛－燕京獎學金」赴美國哈佛大學就讀，

1966 年，從事儒家精神的探索，把儒學看成是「哲學的人類學」「宗教哲學」。

1968 年，獲哈佛大學哲學博士學位。曾任教於普林斯頓大學、柏克萊加州大學．

1981 年，任哈佛中國歷史和哲學教授，宗教研究會主席、東亞語言文明系主任。

1988 年，成為美國人文藝術及科學院院士。美國夏威夷東西文化交流中心主任。

杜維明早年受徐復觀、牟宗三等新儒家思想的影響，以後在美國又系統地研習
過西方哲學．

十八、史學家

司馬遷 前-145年~-86年，龍門（今陝西省韓城市）人

司馬遷，字子長，中國著名史學家、文學家、思想家。他撰寫的《**史記**》被後世尊稱爲史遷、太史公。蹤遊南北，考察風俗傳說．

司馬遷，自稱其先祖是顓頊時期的天官。《史記·太史公自序》記載「昔在顓頊，命南正重以司天，北正黎以司地。唐、虞之際，紹重、黎之後，使復典之，至於夏、商，故重、黎氏世序天地。」

《史記》，明萬曆二十六年(1598)北監刊本

司馬遷直系祖先是戰國時期秦國著名的武將司馬錯。秦惠文王時期，司馬錯曾經在朝堂上與張儀辯論，被收入《戰國策·秦策》，後收入《古文觀止》，名為《司馬錯論伐蜀》。六世祖司馬靳為名將武安君白起副手，參與長平之戰，坑殺趙卒四十萬人，司馬錯、司馬靳等軍事之功，為秦國奠定一統天下的軍事基礎。

司馬遷的父親是西漢武帝時期太史令司馬談，司馬談是當時非常傑出的學者，著有《論六家要旨》從春秋至漢初間陰陽、儒、墨、法、名、道各家思想的利弊得失，肯定道家思想。該文是春秋戰國以來諸子百家思想高度概括和總結．

前-110年，司馬談去世，司馬遷承襲父職，任太史令，同時也繼承父親司馬談
　　臨終曾對司馬遷遺志「余死，汝必為太史；為太史，無忘吾所欲論著矣。」

前-108年，繼父職，任太史令，讀史官所藏圖書．

前-104年，司馬遷與唐都、落下閎等共同定立「太初曆」，奠定曆法基礎。

前-99年，名將李陵請纓出擊匈奴，兵敗被俘，漢武帝震怒，認李陵叛降，全家
　　當誅。司馬遷爲李陵辯護，漢武帝大怒，將其入獄，處以腐刑（閹割）。司
　　馬遷表示「禍莫憯於欲利，悲莫痛於傷心，行莫醜於辱先，而詬莫大於宮刑。
　　刑餘之人無所比數非一世也」。

　　出獄後，司馬遷改任中書令，撰寫史書，「究天人之際，通古今之變，成一
　　家之言」完成了中國第一部紀傳體通史《**史記**》。

【史記】，上起黃帝，下迄武帝太初四年(前-101)，記載黃帝至漢武帝三千年史事，西元前-101年書成，凡130篇，本紀12篇，表10篇，世家30篇，列傳70篇，總計50萬言．司馬遷逝世後，亡其10篇，至元、成間，褚少孫為補闕．史記稱**太史公書**或太史公記．王莽封司馬遷為「史通子」。

司馬遷因李陵獲罪，族人為避禍及，多改姓，將「司」加一豎改姓「同」、將「馬」加兩點改姓「馮」。現在「同」「馮」都是同族後裔。

呂不韋　　約前-290年－-235年　戰國末年衛國濮陽(今河南濮陽)人

呂不韋，戰國時衛國商人，政治家，為秦相十三年。廣招門客以「兼儒墨，合名法」合撰《呂氏春秋》，全書分12紀、8覽、6訥，共161篇(今缺一篇),20萬字．「兼儒墨合名法」，自『漢書.藝文志』開始即被稱為「雜家」．前1-239年成書，自認「備天地萬物古今之事」．

呂不韋，遇見為人質於趙的秦公子異人(改名子楚)，認「奇貨可居」，因設法使歸秦．子楚(即莊襄王)即位，任他為相，封文信侯，食邑十萬戶．莊襄死，秦王政(即秦始皇)年幼即位，他掌握政權，稱為「**仲父**」

戰國末年秦國為相，尊稱「仲父」．編纂「呂氏春秋」

呂不韋在趙國邯鄲經商時，結識秦國宗室，趙國的人質嬴異人，認為「奇貨可居」，「販賤賣貴」而「家累千金」。決定幫助嬴異人返回秦國，後將趙姬送給嬴異人，生下一子嬴政（生父尚有爭議），並資助嬴異人千金，助其返秦。為了讓異人將來可以登上王位，他拿出500金送給異人，作為日常生活和交結賓客之用；呂不韋又用另外500金購買奇珍異寶，然後親自帶去秦國，以討好太子安國君和其夫人華陽夫人。華陽夫人膝下無子，呂不韋透過其弟與其姊說服華陽夫人收異人為義子，華陽夫人再說服安國君立異人為子嗣，如此可使華陽夫人避免在年老色衰下失寵。華陽夫人接受這個說法，並親自接見異人。因華陽夫人是由楚國嫁來的貴族，呂不韋採取「鄉情攻勢」，事先教異人穿楚服，說楚語，加上異人本身的應對得體，華陽夫人果然大為感動，令異人改名「子楚」，收為義子；又說服安國君立子楚為子嗣。如此一來異人變為安國君之嗣子，其在秦國的地位，得到了很大的提昇。

前-251年，秦昭襄王嬴稷薨，太子安國君繼位，為秦孝文王，立一年而卒，儲君嬴子楚繼位，即秦莊襄王，

前-249年，呂不韋為相國，封文信侯，食邑河南洛陽十萬戶。

前-247年，秦莊襄王病故，

前-246年，嬴政繼位，即後之秦始皇。嬴政年方十三歲，尊不韋為「仲父」。呂不韋與太后私通，甚得太后專寵，並與嫪毐生下私生子。

嬴政發現母親趙氏與呂、嫪姦情，不但有私生子，並傳出嬴政也是為呂不韋之子，乃誅嫪毐，將呂不韋流放於河南，呂不韋不能自安，飲鴆自殺。

司馬談　?~前-110　夏陽(今陝西韓城南)人

司馬談，西漢史學家．父司馬喜為五大夫，其子為著名史學家司馬遷，據《史記》〈太史公自序〉，司馬談一直想效法孔子寫作《春秋》，寫一部體系完整的史書，可惜病逝於洛陽，臨死之前，把他的理想事業，交給兒子，經過司馬遷的十年努力，終於有《史記》的誕生。

前-140~-110 年，司馬談被封為太史，掌管天文、曆法。

前-110 年，漢武帝首赴泰山舉行封禪典禮，當時漢武帝禁止儒師進註公祭而是以術士進註公祭，故此談因此積怨而終。

司馬談總結當時流先各派學說，認為陰陽、儒、墨、名、法都有缺點，只有道家最能綜合各派所長．「立俗施事，無所不宜」．有「論六家之要旨」，撰寫史籍，死後由其子司馬遷，繼續其事，成「史記」一書，為中國最的通史。

甘忠可　生卒年不詳，

甘忠可，道教人物，活躍於漢成帝年間。

中國道教史上首部宗教經書《天官曆·包元太平經》．共分十二卷，取自《春秋·元命苞》「元氣之苞含，所以含精藏雲，故觸石而出，聖人一其德者循其徹，長生久視。」成書方式則採仙人「下凡」親授方式：《漢書·李尋傳》「漢家逢天地之大終，當更受命於天，天帝使真人赤精子，下教我此道。」

《漢書·》，漢高帝斬白蛇起義，「嫗曰『吾子，白帝子也，化為蛇，當道，今者赤帝子斬之故哭。』」應劭注曰：「秦襄公自以居西，主少昊之神，作西畤，祠白帝。至獻公時櫟陽雨金，以為瑞，又作畦畤，祠白帝。少昊，金德也。赤帝堯後，謂漢也。殺之者，明漢當滅秦也。」有人將此告高祖劉邦，「高祖乃心獨喜，自負。」後來起義軍「旗幟皆赤，由所殺蛇白帝子，所殺者赤帝子故也。」《漢書》談及後來侍詔夏賀良等向漢哀帝言赤精子之讖時，有應劭注曰：「高祖感赤龍而生，自謂赤帝之精，良等因是作此讖文。」

他主張結合傳統天人感應思想與道教神仙思想，開道教踏上為政統服務之路。構造道教傳授系統：天帝→真人→方士。結合君權神受與真人奉命於天兩大「天意」仙人下凡親傳世道教著書者。

顧胤　生歿不詳　蘇州吳（今江蘇蘇州）人

顧胤，祖顧越，南朝陳給事黃門侍郎。父顧覽，隋朝祕書學士。永徽初年，與國子祭酒令狐德棻、長孫無忌等同修《晉書》。又撰《太宗實錄》二十卷、《漢書古今集》二十卷成，授弘文館學士。有子顧琮。

班彪 3~54 生於扶風安陵（今陝西省咸陽）。

班彪，字叔皮，東漢史學家。祖父班況，漢成帝時為越騎校尉。父班稚，漢哀帝時為廣平太守。姑母班婕妤是漢成帝嬪妃。班彪是班固、班超和班昭的父親。出生於一個儒學家庭。西漢末逃避兵亂投竇融麾下。班彪勸竇融服侍漢光武帝建立東漢有功，被封徐縣令。但此後不久因病退職。班彪補充《史記》，作《史記後傳》65 篇，為班固《前漢書》打定了基礎。《後漢書》中有《班彪列傳》。

班固 32 ~ 102 扶風安陵（今陝西咸陽）人

班固，字仲升，東漢史學家、文學家、詞賦家。班彪之子，曾祖父班況，漢成帝時為越騎校尉。9 歲能寫文章，16 歲入首都洛陽太學，博覽群書，「九流百家之言，無不窮究」。班彪採集前史遺事，著「後傳」數十篇。

54 年，班彪卒，班固返鄉服喪，繼承父業，寫《漢書》共 100 篇，紀十二、表八、志十、傳七十，後人析為 120 卷，改《史記》的體例廢除世家一體。

班固寫**《漢書》**，有人告發「私修國史」，被捕入獄。他的弟弟班超向皇帝說明班固修《漢書》的目的是頌揚漢德，讓後人了解歷史，從中獲取教訓，並無毀謗朝廷之意，因得無罪開釋。漢明帝問班固：「卿弟安在？」班固回答說：「為官寫書，受直以養老母」。

漢明帝賞識班固的才能，召為蘭台令史，秩俸為太守等級的二千石，奉詔與陳宗、伊敏、孟異等撰《世祖本紀》及諸傳記，後轉遷為郎，典校秘書，又撰功臣、平林、新市、公孫述等列傳，共成列傳、載記 28 篇。班固與弟班超書曰：「武仲以能屬文，為蘭台令史，下筆不能自休。」班固奉敕詔完成其父所著書。

79 年，班固纂成《白虎通義》。

82 年，完成《漢書》的寫作。

89 年，母喪，辭官守孝在家，班固從竇憲出征，任中護軍，行中郎將事，大破匈奴後，勒石燕然山之銘文，即出自班固手筆。班固另撰有《竇將軍北征頌》，對竇憲北征匈奴大加歌頌。班固「不教學諸子，諸子多不遵法度」，洛陽令種競被班固家奴醉罵，懷恨未忘。

92 年，竇憲失勢，被迫自殺，班固受牽連被免官，逮捕加笞辱，班固在獄中去世，年 61 歲。所著**《漢書》**，八〈表〉及〈天文志〉均未完成。

班固著《漢書》未完成而卒，和帝命其妹班昭就東觀藏書閣（東漢皇家圖書館）所存資料，續寫固之遺作，然尚未畢便卒。同郡馬續，乃昭之門人，博覽古今，皇帝乃召其補成七〈表〉及〈天文志〉。

班固有深厚的儒家思想，愛用古字和駢句，文章顯得典雅且富於文采，與《史記》平暢的口語化文字形成鮮明對照。班固在《漢書》中批評司馬遷「又其是非頗繆於聖人，論大道則先黃老而後六經，序游俠則退處士而進奸雄，述貨殖則崇勢利而羞賤貧，此其所蔽也。」因此《漢書》在遣詞用字上很謹嚴。

班固著《兩都賦》《答賓戲》《幽通賦》等書。

張湯　?~115　陝西長安人

天鋌法律條文執法嚴酷表現稱職很會做官審理陳皇后巫蠱案一鳴驚人受到漢武帝賞識之後與趙禹合編「**越宮律**」、「**朝律**」等書.張湯審案子甚多得罪朝廷大臣不少千方百計打擊他.「李文死刑案」誤涉張湯被迫自殺死後清理家中財產未超過五百金證明他清廉漢武帝馬上派人去調查污蔑張湯的人朱買臣等被處以死罪丞相莊青翟也畏罪自殺.

劉珍　1世紀?－約126年　南陽郡蔡陽縣（今湖北省襄陽市西南）

劉珍，一名劉寶，字秋孫，一作秘孫，東漢史學家。
107~113年，任謁者僕射。鄧太后下詔派他與校書馬融及五經博士在東觀校書。
120年，鄧太后命劉珍與劉騊駼作《建武以來名臣傳》，轉任侍中、越騎校尉。
125年，官居宗正。第二年，轉任衛尉，在官位上去世。
劉珍著作頗多，除《建武以來名臣傳》外，又撰《東觀漢記》22篇，《釋名》30篇，以辯萬物之稱號，為訓詁學專著。另著有誄、頌、連珠凡七篇，原有集二卷，已佚,今存《東觀漢記光武敘》《章帝敘》等。

范曄　398~445　順陽（現河南省淅川南部人）

范曄，字蔚宗，南朝劉宋政治家，歷史學家，《後漢書》作者。士族家庭，母親是小妾，身份地位不高。其高祖范晷為西晉雍州刺史，曾祖范汪仕東晉，官至晉安北將軍、徐兗二州刺史，封爵武興縣侯，傳至范曄的堂伯父范弘之，范弘之無子，過繼范曄為子，得以襲爵。祖父范寧任臨淮太守、豫章太守。父范泰為中書侍郎，桓玄執政時被廢黜。曾祖范汪「博學多通，善談名理」，撰有《尚書大事》20卷、《范東陽方》105卷等。祖父范寧作《春秋穀梁傳集解》12卷，「其義精審，為世所重」。父范泰亦有《古今善言》24卷。
據說范曄的母親把他生在廁所裡，並碰傷了他的前額，因而有小字「磚」。
420年，范曄性格驕慢，經常被貶官。
432年，范曄因「左遷宣城太守，不得志，乃刪眾家《後漢書》為一家之作」，寫下史學名著。此書簡明周詳，敘事生動，故取代以前各家的**後漢史**。
440年，文帝以「合黨連群，陰謀潛計」入罪。
445年，范曄被滿門抄斬，其子范藹、范遙、范叔蔓同時遇害，范曄在獄中寫有《獄中與諸甥侄書》。時年48歲。范曄被殺，當時《後漢書》志稿乃范曄請謝儼代作，稿雖完成，但謝儼恐范曄之禍及於己身，匆忙將志稿毀掉，宋文帝追之不及。北宋時，有人把晉朝司馬彪《續漢書》八志三十卷與之合刊，成今天《後漢書》。《後漢書》與《史記》《漢書》《三國誌》合稱「四史」。
范曄是無神論者，在《後漢書》裡，猛烈抨擊佞佛。認為佛教奇譎不經，尤其不屑於其神不滅論和因果報應的說法。並對信佛的漢桓帝進行了辛辣的嘲諷。

范曄也反天命論，認為「天道性命，聖人難言之，況乃臆測微隱，猖狂無妄之福，污滅宗親，以覬一切之功哉！」論證陰陽禁忌論的荒謬。

范曄墓位於河南省淅川縣老縣城（今老城鎮）南 35 千米埠口街的東側（已被丹江口水庫淹沒），共有 9 座墓冢，被稱為「范氏九冢」。

沈約 441~513 吳興武康（今浙江武康）人

沈約，字休文，南朝史學家、文學家。出身於門閥士族，「江東之豪，莫強周、沈」，其父沈璞在宋文帝元嘉末年皇族爭位時，因忠於弒父自立的太子劉劭，被起兵討逆的宋孝武帝劉駿誅殺。

沈約幼年身為罪臣之子，流寓他鄉，篤志好學，母恐其積勞成疾，常為之減油滅火，早上讀書，晚上還要複習一遍，遂博通群籍，擅長詩文。仕劉宋、蕭齊、蕭梁三朝，許多重要制詔都是出自他的手筆。在宋仕記室參軍、尚書度支郎。在齊仕著作郎、尚書左丞、驃騎司馬將軍，為文惠太子蕭長懋家令，「特被親遇，每直入見，影斜方出」。齊梁之際，為蕭衍擬定即位詔書，蕭衍重之，稱讚說，「生平與沈休文群居，不覺有異人處；今日才智縱橫，可謂明識。」，封建昌縣侯，官至尚書左僕射，後遷尚書令，領太子少傅。梁武帝認為沈約為人輕脫，故沈約雖官至宰相（尚書令），但卻沒有參與機密的實權，晚年更激怒梁武帝，被梁武帝痛責不是忠臣，沈約因此戰慄憂懼而死。另外沈約的治國才幹也頗受當時統治者質疑，齊武帝、齊明帝就曾在不同場合，說出「學士輩不堪治國」、「學士輩不堪經國，唯大讀書耳。經國，一劉係宗足矣。沈約、王融數百人，於事何用」等類似評價。

從 20 餘歲時開始，撰成《晉書》120 卷。

487 年，奉詔修《宋書》一年完成。另著有《晉書》《齊紀》《梁武紀》《邇言》《諡例》《宋文章志》《四聲譜》等，皆佚，僅《宋書》流傳至今。

及後協助梁武帝蕭衍進行篡位大計，參與廢殺齊和帝計劃，晚年因此事而精神恍惚，未幾斃命，享年七十三歲。朝議請賜諡為文，梁武帝改為一隱字以貶之。

沈約是永明（齊武帝年號）詩壇領袖作家，撰《四聲譜》，使詩歌產生人為音律，而醞釀律詩之試作，沈約說：「欲使宮羽相變，低昂互節，若前有浮聲，則後須切響，一簡之內，音韻盡殊；兩句之中，輕重悉異。」。還提出了「八病說」，即「平頭、上尾、蜂腰、鶴膝、大韻、小韻、旁紐、正紐」八種聲律上的毛病。其四聲八病說，一時附和者頗多。不過，八病在沈約之著作中已不可考，只有《文鏡秘府論》與《續金針詩格》中有詳細的記載。

沈約主張「文章當從三易：易見事，一也；易識字，二也；易讀誦，三也。」，注重音調流暢的美感，但沈約本人並未完全做到。沈約還精研佛經，可說是一名通才。邢子才稱沈休文：「沈侯文章用事不使人覺，若胸臆語也。」沈德潛評論沈約不如鮑照、謝靈運，「然在蕭梁之代，亦推大家，以邊幅尚闊，詞氣尚厚，能存古詩一脈也」。

蕭衍　464~549　南蘭陵(今江蘇常州市西北)中都里人

蕭衍，字叔達，小名練兒，南北朝南朝武帝，漢相國蕭何25世孫，父蕭順之，母張尚柔．好學手不釋卷，長於樂律，善書法，著有「通史」600卷、「金海」30卷、「孔子正言」、「孝經講疏」、「昭明文選」，天資聰穎，下筆成章．號稱「竟陵八友」．為文學重要文獻傳世．

蕭子顯　489~537　梁南蘭陵（今江蘇常州）人

蕭子顯，字景陽，南朝史學家及文學家。齊高帝蕭道成孫，豫章文獻王蕭嶷第八子。幼時聰慧，深受蕭嶷的寵愛。495年，封寧都縣侯。502年，梁朝建立，降封寧都縣子。歷任太子中舍人、國子祭酒、侍中、吏部尚書等職。後遷仁威將軍、吳興太守，至郡未幾即卒，時年49歲。博學能文，好飲酒、愛山水，不畏鬼神，恃才傲物。見九流賓客，不與交言，只是舉起手中扇子，一揮而已，諡曰「驕」。撰有《後漢書》《晉史草》《齊書》《普通北伐記》《貴儉傳》等歷史著作。但除《南齊書》外，均佚。

魏收　507~572　巨鹿下曲陽（今河北平鄉）人

魏收，字伯起，北齊史學家、文學家。初以父功，仟北魏太學博士。與溫子升、邢子才，人稱「北地三才」，但昔在洛京，生性輕薄，人稱「驚蛺蝶」。魏收曾把自己的文集托南朝使臣徐陵帶往南朝宣傳，好「傳之江左」，結果過江時，徐就把其文集丟到江中，說：「吾為魏公藏拙」。東魏時任中書侍郎，轉秘書監。後北齊，官至尚書右僕射。

551年，以中書侍郎的身份奉命著《魏書》，口出狂言：「何物小子，敢共魏收作色，舉之則使上天，按之則使入地。」，四年完書。對人物褒少貶多，有秉筆未必皆公之嫌。《魏書》出世，眾口沸騰，咬為「穢史」。被迫兩次修訂，方成。齊武成帝時，任開府中書監。後齊亡，有為人「盜發其塚，棄骨於外」的記載

李延壽　生歿不詳　相州祖籍隴西狄道（今甘肅臨洮縣）

李延壽，出自隴西李氏姑臧大房，北魏驃騎大將軍、開府儀同三司、高平宣景男李虔的玄孫，北齊外兵郎、頓丘廣武東三郡太守李曉的曾孫，隋朝清江洛陽二縣縣令李仲舉孫子，竇建德尚書禮部侍郎李大師第四子，李慶孫、李正禮、李利王、李安世的兄弟

李延壽在貞觀年間，累次補官為太子典膳丞、崇文館學士，曾經接受詔命與著作佐郎敬播一起編修五代的史書，又參與編撰《晉書》，不久轉任御史台主簿、兼直國史。李延壽曾經撰寫《太宗政典》上表進獻，歷任符璽郎，兼任編修唐朝的國史，不久後就去世。調露年間，唐高宗曾觀看李延壽所撰《太宗政典》，

長久的讚美，下令將此書收藏於祕閣，賜予李延壽家裡絲帛五十段。李延壽又曾修改補充劉宋、南齊、南梁、南陳及北魏、北齊、北周、隋朝八代的歷史，稱之為《南史》《北史》，李延壽等人後編撰唐朝的國史，很為當時所稱。

姚思廉　557~637　吳興（今浙江湖州）人

姚思廉，字簡之，一說原名簡，字思廉，史學家。父姚察，在陳時任吏部尚書，入隋著陳梁二史，未成而卒。自幼隨父習漢史，曾任隋朝代王楊侑侍讀。唐李淵稱帝後，為李世民秦王府文學館學士。玄武門之變，進任太子洗馬。貞觀初年，又任著作郎，「十八學士」之一。官至散騎常侍，受命與魏徵同修梁陳二史。636年成《梁書》《陳書》為二十四史之一。又著有《文思博要》，已佚。

序號	書名	作者	卷數	序號	書名	作者	卷數
1	史記	西漢·司馬遷	130	16	舊唐書	後晉·劉昫等	200
2	漢書	東漢·班固	100	17	新唐書	宋·歐陽修、宋祁	225
3	後漢書	劉宋·范曄	120	18	舊五代史	宋·薛居正等	150
4	三國志	西晉·陳壽	65	19	新五代史	宋·歐陽修	74
5	晉書	唐·房玄齡等	130	20	宋史	元·脫脫等	496
6	宋書	梁·沈約	100	21	遼史	元·脫脫等	116
7	南齊書	梁·蕭子顯	59	22	金史	元·脫脫等	135
8	梁書	唐·姚思廉	56	23	元史	明·宋濂等	210
9	陳書	唐·姚思廉	36	24	明史	清·張廷玉等	332
10	魏書	北齊·魏收	114	相關	東觀漢記	東漢·劉珍等	22
11	北齊書	唐·李百藥	50	相關	新元史	民國·柯劭忞等	257
12	周書	唐·令狐德棻等	50	相關	清史稿	民國·趙爾巽等	529
13	隋書	唐·魏徵等	85				
14	南史	唐·李延壽	80				
15	北史	唐·李延壽	100				

李百藥　565~648　唐定州安平(今屬河北)人

李百藥，字重規，唐朝史學家。父親李德林是北齊的史臣，參與撰「國史」；隋朝名臣，奉詔繼續撰《齊史》。隋文帝時百藥仕太子舍人、東宮學士。隋煬帝時仕桂州司馬職，遷建安郡丞。唐朝以後，拜中書舍人、禮部侍郎、散騎常侍。人品耿直，曾直言上諫唐太宗取消諸侯，為太宗採納。
李百藥先後於唐太宗貞觀元年（627年）和三年（629年）兩次奉詔繼續完成父撰遺稿，並參考了隋朝史家王劭所撰編年體《齊志》。《齊書》成書於貞觀十年（636年），經歷了三個朝代（北齊、隋、唐）、共六十多年時間。《齊書》在宋朝後為了區別蕭子顯的《南齊書》改為《北齊書》。

令狐德棻　583~666　宜州華原(今陝西耀縣東南)人

高祖入關，任大丞相府記室，官至禮部侍郎、國子監祭酒、弘文館崇賢學士、祖父令狐整為北周大將軍，父親令狐熙北周位至吏部中大夫、儀同大將軍。德棻唐高祖時，任大丞相府記室，後遷起居舍人、禮部侍郎、國子監祭酒，太常卿、弘文館、崇賢館學士等職。

奏准重修梁、陳、北齊、北周及隋朝正史，並參與編撰「藝文類聚」「五代史志」「周書」「太宗實錄」「高宗實錄」。644 年重修「晉書」，他除制定體例外，曾撰「序例」(今佚)及諸記傳。662 年，年高八十，加金紫光祿大夫。卒於家。曾主編《周書》。他具有兩件很有歷史意義的事。

其一．奏請購募天下書─至唐太宗即位，「于宏文殿聚四部群書二十余萬卷」。

其二．「創修撰之源，自令狐德棻始也」。二十四史中有令狐德棻有貢獻的《梁書》《陳書》《北齊書》《周書》《隋書》《晉書》《南史》《北史》8 部，為人歎止。

劉昫　888~947 年　五代時涿州歸義（今屬河北）

劉昫，字耀遠，後晉政治家、史學家。後唐庄宗時任太常博士、翰林學士。後晉時，官至司空、平章事。945 年招撰《唐書》（《舊唐書》）200 卷。實為趙瑩諸人所作。

薛居正　912~981　開封府浚儀縣（今河南省開封市）人

字子平，北宋名臣、史學家。父薛仁謙是後周太子賓客。薛居正早年科舉不順，寫《遣愁文》以自解，逾年，登第。

後晉天福年間，華州節度使劉遂凝辟其為從事。部下吏告民犯鹽禁，法當死。獄將決，薛居正疑其不實，召詰之，乃吏與民有私憾，因誣之，逮吏鞫之，具伏抵法。弘肇雖怒甚，亦無以屈。

後周廣順初年，後周太祖征兗州，詔居正從行，以勞加都官郎中。顯德三年，遷左諫議大夫，擢弘文館學士，判館事。六年，使滄州定民租。未幾，以材幹聞於朝，擢刑部侍郎，判吏部銓。宋朝建立後，任戶部侍郎（寄祿官，正四品下），加兵部侍郎（寄祿官，正四品下）。當時趙普任宰相，趙匡胤恐趙普專權，想設置副相，以分散其權，故以薛居正、呂餘慶等人為參知政事（副宰相），性寬和，不好苛察。六年，拜門下侍郎（階官，正三品）、同中書門下平章事（宰相）。自任參知政事至任相的十八年內，恩遇始終不替。

973 年，由薛居正監修，盧多遜、扈蒙等受命修《五代史》。又名《梁唐晉漢周書》，後世為別於歐陽修《新五代史》，改作《舊五代史》。

976 年，太宗即位，以薛為昭文相（同中書門下平章事、昭文館大學士）。喜歡讀書，「為文落筆不能自休」。太平興國初，加尚書左僕射（寄祿官，從二品）、昭文館大學士（館職）。從平晉陽還，進位司空（加官，三公，正一品）。六年，因服丹砂遇毒，方奏事，覺疾作，遽出。至殿門外，飲水升餘，堂吏掖

歸中書，已不能言，但指廡間儲水器。左右取水至，不能飲，傴閣中，吐氣如煙焰，輿歸私第卒，贈太尉（贈官，三公，正一品）、中書令（贈官，正二品），諡文惠。其養子薛惟吉將他生前的作品收集成冊，帝賜名《文惠集》，今佚。咸平二年，詔配饗太祖廟庭。

宋庠　996~1066　安州安陸（今湖北安陸）人

宋庠，字公序，原名宋郊，後改名庠。宋祁之兄，人稱「二宋」。

1024年，進士，宋庠在鄉試，會試、殿試都是第一，連中三元。原取宋庠弟宋祁為第一，因「長幼有序」而改取宋庠。仁宗命改「郊」為「庠」。初仕襄州通判、大理評事。累遷右諫議大夫，參政知事。官至同中書門下平章事。

1066年，卒。著有《元憲集》《校定國語補音》三卷《通譜叢志》十二卷等，其中《元憲集》已佚，清初四庫館臣自《永樂大典》輯出《宋元憲集》四十卷。

宋祁　998~1061　安陸（今屬湖北）人徙居開封雍丘（今河南杞縣）

宋祁，字子京， 史學家。與其兄宋庠詩文齊名，時呼「小宋」、「大宋」，合稱「二宋」。著有《宋景文公集》。

1024年，與其兄宋郊同舉進士，宋祁原為殿試第一，理應貴為狀元。當時輔政的章獻太后覺得弟比哥哥名次高，不合禮法，改判宋郊為第一，宋祁第十。初任復州軍事推官。召試，授直史館。歷官國子監直講、太常博士、龍圖閣學士、史館修撰、知制誥、工部尚書、翰林學士承旨。

1038年，任同判禮院，上疏認為國用不足在於「三冗三費」，三冗即冗官、冗兵、冗僧，三費是道場齋醮、多建寺觀、靡費公用。主張裁減官員，節省經費，宰相呂夷簡指責他是朋黨，加以打擊。

曾與歐陽修同修《新唐書》，《新唐書》大部份為宋祁所作，前後長達十餘年。期間一度為亳州太守，「出入內外」，把稿件隨身攜帶。在任成都知府時，每晚開門垂簾燃燭，疾筆至深夜。

歐陽修　1007~1072 北宋吉州廬陵

歐陽脩，字永叔，號醉翁、六一居士，諡文忠，儒學家、作家、官員，繼包拯接任開封府尹，四歲喪父，由其母鄭氏教養。為人勤學聰穎，家貧買不起文具，便「以荻畫地」。個性固執，不懂變通。

1030 年，中進士，官館閣校勘．

1036 年，　慶曆中任諫官，支持范仲淹，責其不諫，被誣貶知滁州。官翰林學士、樞密副使、參知政事。王安石推行新法，多所批評。

晚年隱居潁州，自號六一居士，遺文共一千卷，琴一張、棋一局、酒一壺與自己一老翁也。歐陽脩寫文章，「草就紙上、粉於壁，興臥觀之屢思屢議」對宋代金石學頗有影響。有《歐陽文忠集》。

1064 年，〈集古錄跋〉今收藏於臺灣國立故宮博物院

　　邢居實《拊掌錄》記載歐陽修喝酒行酒令。有人說「持刀哄寡婦，下海劫人船」「月黑殺人夜，風高放火天」，歐陽修說：「酒黏衫袖重，花壓帽簷偏。」

1067 年歐陽修罷官，

1072 年，病卒．

司馬光　1019.11.17.~1086　原籍河南沁陽遷山西夏縣

司馬光，字君實，號迂叟。生於宋真宗天禧三年，卒於宋哲宗元祐元年，享年68 歲。世稱涑水先生。司馬光是北宋政治家、文學家、史學家，歷仕仁宗、英宗、神宗、哲宗四朝。他主持編纂了中國歷史上第一部編年體通史《資治通鑒》。

司馬光的父親司馬池，曾為兵部郎中、天章閣待制（屬翰林學士院）在藏書閣擔任皇帝的顧問，官居四品，一直以清廉仁厚享有盛譽。

司馬光出生時，他的父親司馬池正擔任光州光山縣令，於是便給他取名「光」，七歲時，「凜然如成人，聞講《左氏春秋》，即能了其大旨」，從此，「手不釋書，至不知饑渴寒暑」。司馬光深受其父影響，一位婢女用熱湯替他將胡核去皮，他姐姐問他是誰做的，司馬光回答是自己剝皮的，父親責備他小孩子怎

麼可以說謊，司馬光自此便不再說謊。「司馬光砸缸」的故事，在當時的東京（今開封）、洛陽一帶就有人把這個故事畫成《小兒擊甕圖》廣為流傳。小小的司馬光遇事沉著冷靜，機智勇敢，傳為千古佳話。

1038 年，中進士甲科，任奉禮郎、大理評事，龐籍推薦為館閣校勘，同知禮院．

1054 年，改并州通判。

1057 年，龐籍因事獲罪，司馬光引咎離開并州。

1061 年，遷起居舍人同知諫院。立志編撰《通志》，作為統治者的借鑒。

1066 年，撰成《通志》，英宗賜書名《資治通鑑》並親為之序。

1070 年，自請離京，以端明殿學士知永興軍（現陝西省西安市），

1071 年，退居洛陽，任西京留守御史臺，以書局繼續編撰《通鑑》，

1084 年，成書。司馬光官升為資政殿學士。

1085 年，宋哲宗即位，高太皇太后聽政，召他入京主國政．

1086 年，任尚書左僕射、兼門下侍郎，數月間罷黜新黨，盡廢新法，史稱「元祐更化」。司馬光執政一年半，即與世長辭，享壽 68 歲，宋哲宗將他葬於高陵。「京師人為之罷市往吊，鬻衣以致奠，巷哭以過車者，蓋以千萬數」，靈柩送往夏縣時，「民哭公甚哀，如哭其私親。四方來會葬者蓋數萬人」「家家掛象，飯食必祝」。死後追贈太師、溫國公，諡文正，賜碑「忠清粹德」。

司馬光在政治上是守舊派，幾度上書反對王安石變法。司馬光與王安石，竭誠為國，二人志向一致，措施上，各有偏向。司馬光批評王安石變法的理由之一是南人不可當政，他上奏宋神宗曰：「閩人狹險，楚人輕易，今二相皆閩人，二參政皆楚人，必將援引鄉黨之士，充塞朝廷，風俗何以更得淳厚？」

劉攽 1022~1089 臨江新喻(今江西新餘樟樹市黃土崗鎮荻斜劉家)

劉攽，字貢父（一作戇父，或贛父），號公非。先世為彭城人，西晉末年，避胡兵亂，遷居江南，又遷廬陵。劉攽好諧謔．北宋史學家，著有「東漢刊誤」「彭城集」「公非先生集」，《資治通鑑》副主編之一。

1046 年，賈黯榜進士。歷任汝州推官，

1055 年，調江陰縣主簿，

1057 年，擔任廬州推官等。歷州縣官二十年，

1063 年，入京為國子監直講，遷館閣校勘。宋神宗熙寧初年同知太常禮院，反對新法出知曹州。博覽群書，精於史學，助司馬光修《資治通鑑》漢史部分。

1085 年，由衡州鹽倉起知襄州，元祐初年召拜中書舍人。四年卒，年 67。

劉恕 1032~1078 筠州高安（今江西高安）人

劉恕，字道原，一作道源，篤好史學，父劉渙，與歐陽修同年進士，為潁上令。少穎悟，過目成誦，八歲時家有客人說孔子沒兄弟，劉恕舉出《論語》「以其兄之子妻之」一句以對，在座皆驚。

1049 年，舉進士，任邢州鉅鹿縣主簿、晉州和川縣令、祕書丞。

1066 年，輔修《資治通鑑》，司馬光編《通鑑》，遇紛錯難治者，常要詢問劉恕。劉恕本人博聞強記，自《史記》以下諸史，旁及私記雜說，無所不覽。協修者有劉恕、劉攽、范祖禹三人；全祖望作《通鑑分修諸人考》說「溫公平日服膺道原，其通部義例，多從道原商榷；故分修雖止五代，而實係全局副手。」1078 年，從洛陽返回高安途中，一路苦寒，又聞母病故，得風攣疾，右手右腳癱廢，「苦學如故，少閒，輒修書，病亟乃止。」於九月病逝。劉渙將他葬於星子城西。

1092 年，劉羲仲遷葬於江州德化縣（今九江市）之龍泉。黃庭堅撰道原墓銘，稱其「博極羣書，以史學擅名一代……平生所著書 54 卷者，皆有事實不空言。」劉恕性狷介，喜抨擊人。但他也曾著書自訟，稱自己平生有「二十失」「十八蔽」，作文以自警，及時反省自己並改過，他這種「自攻其短，不捨秋毫」坦蕩的胸懷，令人肅然起敬。蘇軾將他比作孔融、汲黯，《送劉道原歸覲南康》稱讚其「高節萬仞」。一日王安石告訴蘇軾：「子瞻當重作《三國》書」。東坡辭曰：「某老矣，願舉劉道原自代云。」著有《通鑑外紀》《五代十國紀年》。有二子，長子劉羲仲，長於史學；次子劉和仲，長於詩文。

鄭樵　1104~1162　福建莆田人

鄭樵，字漁仲，世稱夾漈先生。父鄭國器是太學生， 1119 年卒於江蘇蘇州。一生無意於科舉，刻苦力學三十年，立志讀遍古今書，他與從兄鄭厚到處借書求讀，「寸陰未嘗虛度，風晨雪夜執筆不休，廚無煙火而諷誦不絕」，立志「欲讀古今之書，欲通百家之學，欲討六藝之文而為羽翼，如此一生則無遺恨」，畢生從事學術研究，在經學、禮樂之學、語言學、自然科學、文獻學、史學、天文、地理、蟲魚、草木等方面都有不少成就，自負不下劉向、揚雄，並結識當時的抗金名將如李綱、韓世忠。

1149 年，赴京獻《詔藏秘府》140 卷，授右迪功郎，未受。

1152 年，新任同安主簿朱熹上山拜見鄭樵，鄭樵僅用「豆腐、白鹽、白薑、蕎頭」相待，兩人談詩論文三天三夜；下山時，朱熹的書童對此頗有微詞，朱熹卻說：「此『四白』乃山珍海味齊全也」。

1157 年，《通志》初稿完成，其中《通志》的「二十略」涉及諸多知識領域，堪稱世界上最早的一部百科全書。

1157 年，王綸薦鄭樵，

1158 年，應高宗召對，授右迪功郎、禮兵部架閣文字，後改監潭州南嶽廟。

1161，鄭樵步行三千里至臨安，獻《通志》一書，此時高宗幸建康（今南京），無緣得見，詔升為樞密院編修兼權檢詳諸房文字，

1162 年，高宗回臨安，三月，命鄭樵呈獻《通志》，詔旨下達之日，鄭樵病卒。鄭樵一生著述「十年為經旨之學」，有《書考》《詩辨妄》《春秋考》等；「三年為禮樂之學」，有《謚法》《系聲樂府》等；「三年為文字之學」，有《象

類書》《續汗簡》《梵書編》等;「五六為天文地理之學,為蟲魚草木之學,為方書之學」,《天文書》《春秋地名》《爾雅注》《詩名物誌》《本草成書》等;「八九年為討論之學,為圖譜之學,為亡書之學」,有《求書闕記》《校讎備略》《書目正訛》《圖書志》《集古系地錄》等,但流傳於世者不多,僅《通志》《爾雅注》《詩辨妄》《六經奧論》《系聲樂譜》二十四卷與《夾漈遺稿》等。其中,記載典章制度的《通志》一書最為重要,是一本由三皇五帝,記載到隋唐時代的政書。

李燾　1115~1184　四川眉州丹稜人

李燾,字仁甫,號巽巖,唐初曹王李明之後(《宋史》)。12歲親睹「靖康之禍」,北宋覆亡,20歲憤恨金仇未報,寫了《反正議》14篇。

1138年,進士,調主簿、軍事推官,均未赴任,在龍鶴山巽巖讀書。

1142年,赴華陽主簿任,

1154年,改宣教郎,知成都府雙流縣。後知榮州,治水有績。

1164年,他任潼川府路轉運判官。官至實錄院檢討官、修撰。勤於政事,頗有政績,「無歌姬,不置產」。張栻說:「李仁甫如霜松雪柏。」痛恨秦檜誤國擅權,為秦檜所忌,仕途頗不順,「嘗遣人諭意,欲得燾一通問,即召用之,(李)燾惡其誤國擅權,迄不與,坐此僵蹇州縣,垂三十年」。

1176年,擢為秘書監,權同修國史,兼權實錄院同修撰。

李燾大部份的時間都在擔任史官著述,在知成都府雙流縣任上,公務之餘,「日翻史冊,匯次國朝事實。」,《長編》之書蓋始於此,以四十年之力,撰成《續資治通鑑長編》980卷,自宋太祖趙匡胤建隆(960年),迄於宋欽宗趙桓靖康(1127年),記北宋九朝168年史事。

1168年,進上已修成的太祖、太宗、真宗、仁宗、英宗五朝,

1174年,進神宗朝《長編》,孝宗稱讚他「無愧司馬光」。據史載,李燾在搜集材料時,「作木廚十枚,每廚作抽替匣二十枚,每替以甲子誌之。凡本年之事,有所聞,必歸此匣,分月日先後次第之,井然有條」,因卷秩龐大,前後分四次上進。今本久已亡佚,後從《永樂大典》中輯錄部份。

1184年,臨終前遺言:「臣年七十,死不為夭,所恨報國缺然。」著有《巽巖文集》《四朝史稿》《唐宰相譜》《江左方鎮年表》《晉司馬氏本支》《齊梁本支》《王謝世表》《五代三衙將帥年表》《春秋學》《易學》《春秋學》等五十餘種,大多失佚。今存《續資治通鑑長編》《六朝制敵得失通鑑博議》《說文解字五音韻譜》,清代皆編入《四庫全書》。

徐夢莘　1124~1207　江西清江人

徐夢莘,字商老,南宋史學家。父親徐世亨,累贈通議大夫。四歲時隨其母逃難。幼年聰穎,「耽嗜經史,下至稗官小說,寓目成誦。」

1154 年，進士，授左迪功郎、洪州新建縣尉，父喪未赴任。調廣西鬱林州司戶參軍，又以因母喪歸里。

1168 年，歷任南安軍教授，參政龔茂良之薦，改知湘陰縣令，主管廣南西路轉運司文字，因鹽法與廣西安撫司幹官胡廷直不合，改知賓州，後兩廣行「客鈔法」，「民苦無鹽，復從官般法矣」。

1190 年，以楊萬里之薦出任荊湖北路安撫參議官。一生大部份時間在家著述，1194 年，69 歲著成《三朝北盟會編，朝廷擢直秘閣，再作《北盟集補》51 卷。

1207 年，去世。有弟徐得之，徐天麟為其從子。

袁樞　1131~1205　福建建甌人

南宋史學家，字機仲，1173 年任嚴州教授，愛讀「資治通鑑」，分事立目，鈔輯成書，稱「通鑑紀事本末」，創立紀事本末體裁。後被召還浙江杭州，歷史國史院編修官，大理少卿，工部侍郎等官。

李心傳　1166~1243　四川井研人

李心傳，字微之、伯微，世稱秀巖先生。十四歲隨父李舜臣居於臨安（今浙江杭州），舜臣博通古今，時任宗正寺（管天子宗族事）主簿，李心傳有機會閱讀官藏史書。三十歲進士不第，遂絕意於仕途，專心從事史學研究，又仿李燾的《續資治通鑑長編》體例，編成《建炎以來繫年要錄》二百卷，記述 1127 年至 1162 年共三十六年的史事，尤詳於岳飛事。

晚年由崔與之等人薦為史館校勘，專修《中興四朝帝紀》，書未寫成，官至工部侍郎。著有《建炎以來朝野雜記》《丁丑三禮辨》《西陲泰定錄》等書。

胡三省　1230~1302　寧海（今浙江寧海縣）中胡村人

胡三省，原名滿孫，字身之，號梅澗，有兄弟五人，排行第三。宋元之際歷史學家，浙東史學派的代表人物之一，取《論語》「吾日三省吾身」一句，改名三省。又字景參。著有《竹素園集》一百卷及《江東十鑑》《四城賦》，然已散逸不可得見。

1256 年，胡三省與文天祥、陸秀夫、謝枋得等同登進士第，被任命為吉州泰和尉，以母老而未赴任。後改任慶元府慈溪尉，任職期間得罪了慶元知府屬文翁，被罷官。又以「文學行誼」被薦為揚州江都丞。潛心研究歷史巨著《資治通鑑》，賈似道門客廖瑩中聞其名，聘之校勘《通鑑》，以教授弟子。後以三十年的歲月為《通鑑》寫注，在逃難的過程中遺失了《資治通鑑音注》，又重新寫起，時年已 46 歲，閉門絕客，日夜疾書，至 1286 年，《資治通鑑音注》全部成編，公認是對《資治通鑑》的注釋最佳者。胡注更正不少《通鑑》的錯誤，例如《晉紀四》「散騎常侍石崇」條下，胡注曰：「前書『侍中石崇』，此作『散騎常侍』，必有一錯。」《資治通鑑・卷第 161》載：侯景攻城，「城內擲雉尾炬，

焚其東山，樓柵蕩盡，賊積死於城下。」，胡三省註：「死於城下者，豈能賊哉？侯景驅民以攻城，以其黨迫蹙於後，攻城之人，退則死於賊手，進則死於矢石。」《資治通鑑‧卷214》記載，

開元22年「鑿漕渠十八里，以避三門之險。」胡三省註：「參考新、舊志，乃是鑿山開車路十八里，非漕渠也。」

自然胡注難免也會有某些錯誤，例如胡三省在《資治通鑑》中「實編戶，王公已下皆正土斷白籍。」一文，注釋白籍為：「時王公庶人多自北來，僑寓江左，今皆以土著為斷，著之白籍也。」胡三省將咸和二年的土斷當成了第一次土斷，因此誤解了「實編戶」與「皆正」二字的含義，成了解釋上的大問題。顧炎武在《日知錄》卷27有列舉胡注誤處。有學者指出《通鑑》卷263

開平三年六月胡注「急趨自西門人」為：「按唐長安城十門，西南三門，惟延平門近南山耳。長安既丘墟之餘，且城大難守，使師厚不以奇兵入西門，岐兵亦不能久也。」此處有誤。《宋史》《元史》皆未立其傳。民初柯劭忞修《新元史》，補上一篇53字的短文，附在《儒林傳》馬端臨傳後。直到抗日戰爭期間，陳垣撰寫《通鑑胡注表微》，從光緒年間修的《寧海縣志》中發現胡幼文撰其墓誌，開始對胡三省的生平及其考證功夫進行大量的闡述。

馬端臨　1254~1323　樂平(今屬江西)人

馬端臨，字貴輿，號竹洲。宋元之際著名的歷史學家，著有《文獻通考》、《大學集注》、《多識錄》。生於官宦家庭，宋相馬廷鸞之子．馬廷鸞早年喪父，「甘貧力學」，自登進士第後在館閣任職，曾任秘書少監，後在咸淳年間任右丞相，在歷史文獻的收集和整理方面有很深的造詣。

馬端臨早年受到父親的薰陶，「業紹箕裘」，後師從朱熹學派的曹涇，深受其影響，20歲漕試第一，以萌補承事郎。不久，父廷鸞因反對奸臣當道，受到排擠而離職回鄉，端臨亦隨父會見，侍奉父親。

1279年，南宋為蒙元所滅，馬端臨以隱居不仕進行消極抵抗。自其父去世後，在元朝壓力下，馬端臨被迫出任慈湖書院和柯山書院院長。

1322年，出任台州儒學教授，三個月告老還鄉，不久病逝。享年70歲。馬端臨的生平不見於《宋史》《元史》，而僅見於《新元史》《元史類編》。家中藏書豐富，外加其父治學嚴謹，對其教育也極其嚴格的。加之端臨天資聰明，學習勤奮，為以後的治學打下堅實的基礎。青年時代，端臨就「有志於綴緝」，準備撰寫歷史巨著。但因「顧百憂熏心，三餘少暇，吹竽已濫，汲綆不修」而未曾動筆。因此，他平素很注重學問的積累和資料的搜集整理，認為這是治學的重要門徑。

對於以往的史學家及其著作，他特別推崇唐朝杜佑的《通典》和南宋鄭樵《通志》，而對於班固等寫斷代史的作家，則持批評態度，認為他們丟掉了「會通因仍之道」。所以，從早年起，他就決心以《通典》為藍本，「採摭諸書」，重編一部記述中國歷代典章制度的專著。

1273 年，開始準備，1290 年開始纂寫，直至 1322 年，歷二十餘年的努力始告竣，取名《文獻通考》，同年刊行於世。《文獻通考》中保存了馬廷鸞對歷史的評論，即「先公曰」的內容。

歐陽玄　1283 年－1357 年　祖籍江西廬陵(吉安)，後遷居湖南瀏陽

歐陽玄，字原功，號圭齋，因避清諱，其名又作歐陽元。歐陽修之後，善詞章，通理學。父歐陽龍生，入元仕至道州路教授。

1315 年，中式第三名進士，授岳州路平江州同知。歷官國子博士、翰林待制兼國史院編修官、翰林直學學士國子祭酒、翰林直學士，承旨遼宋金三史總裁官，特授湖廣行省右丞教仕。

1333 年，一生修編著有《泰定帝實錄》《明宗實錄》《文宗實錄》《寧宗實錄》《遼》《金》《宋》三史《太平經國》《至正條格》《經世大典》《圭齋文集》《睽東記》。

1357 年，病逝。贈大司徒、柱國，封楚國公。

宋濂　1310.11.4.~1381.6.20.　浙江省浦江縣人。

宋濂，字景濂，號潛溪，又號玄真子，諡文憲，明初大臣、文學家、史學家。方孝孺之師，曾任翰林，修《元史》。後因故被明太祖謫死蜀地。

宋濂出身貧寒，但自幼好學，曾受業於元末古文大家吳萊、柳貫、黃溍等。他一生刻苦學習，「自少至老，未嘗一日去書卷，於學無所不通」。元朝末年，元順帝曾召他為翰林院編修，他以奉養父母為由，辭不應召，修道著書。

朱元璋稱帝，宋濂就任江南儒學提舉，為太子講經學。

1369 年，奉命主修《元史》。累官至翰林學士承旨、知制誥。

1377 年，以年老辭官還鄉。後因長孫宋慎牽連胡惟庸案，朱元璋本欲殺戮，經皇后太子力勸，改全家流放四川茂縣，途中病死於夔州（現在重慶奉節）。

一般認為宋濂因獻詩「自古戒禽荒」一語激怒朱元璋，導致此禍。

在中國文學史上，宋濂與劉基、高啟並列為「明初詩文三大家」，且為「明代開國文臣之首」。他以繼承儒家道統為己任，為文主張「宗經」「師古」，取法唐宋，著作甚豐。以傳記小品和記敘性散文為代表，傳記用筆細膩而簡煉，較著名所知的作品有《王冕傳》《李疑傳》《秦士錄》散文或質樸簡潔，或雍容典雅，各有特色。朱元璋稱他為「開國文臣之首」，劉伯溫讚許他「當今文章第一」，四方學者稱他為「太史公」。著有《宋學士文集》。

明初明惠帝的忠臣，學者方孝孺，少時即師從宋濂。

脫脫　1314~1355　蒙古族蔑兒乞人

脫脫（蒙古語 *toɣtaɣa*，西里爾字母：Torrox，）亦作托克托、脫脫帖木兒、蔑里乞氏，字大用，元朝官員。脫脫幼養於伯父伯顏家，從浦江吳直方學。十五歲時，為皇太子阿剌吉八怯憐口怯薛官。

1328 年，襲授成制提舉司達魯花赤。二年，入朝覲見元文宗，元文宗見而悅之，說：「此子後必可大用。」遷內宰司丞，兼前職。五月，命為府正司丞。

1331 年，授虎符、忠翊侍衛親軍都指揮使。

1334 年，任同知宣政院事，兼前職；五月，遷中政使；六月，遷同知樞密院事。

1335 年，脫脫擒獲唐其勢同黨答里及剌剌。歷太禧宗禋院使，拜御史中丞、虎符親軍都指揮使，提調左阿速衛。至元四年（1338 年），進御史大夫，仍提調前職，大振綱紀，中外肅然。跟隨元惠宗從上都還大都時，至雞鳴山之渾河，元惠宗準備在保安州打獵，馬蹶。脫脫諫言：「古者帝王端居九重之上，日與大臣宿儒講求治道；至於飛鷹走狗，非其事也。」元惠宗採納他的諫言，授金紫光祿大夫，兼紹熙宣撫使。當時伯顏為中書右丞相，權傾朝野，向為元惠宗所忌；脫脫恐受其累，與惠宗密謀逼退伯顏；先是將他當河南行省，路中改為廣東縣令，走到江西時病死。

1340 年，脫脫為中書右丞相，大改伯顏舊政，復科舉取士。

1343 年，脫脫主編《遼史》《宋史》《金史》，任都總裁官。

1344 年，脫脫因病辭職；

1349 年，復出為中書左丞相。

1350 年，發行新鈔票「至正交鈔」，並派賈魯治理黃河，成績斐然卓著，贏得水患災民的民心，上賜號答剌罕，被讚譽為「賢相」。

1351 年，修黃河民工起義，組織抗元紅巾軍。

1352 年，脫脫親率大軍鎮壓徐州紅巾軍芝麻李部，軍事成就卓著，功封太師。

1354 年，脫脫被派往討伐高郵（今屬江蘇省）張士誠起義軍；正酣戰即將攻陷張士誠駐守的高郵城之際，為朝中彈劾，功虧一簣；事因皇太子愛猷識理達臘不滿「未授冊寶之禮」，而支持康里人哈麻彈劾脫脫。

1355 年，脫脫被革職流放雲南，後被中書平章政事哈麻假傳元惠宗詔令自盡。

1362 年，脫脫昭雪復官。

脫脫的死，使得他殫精竭慮修補元朝統治的堤壩付諸東流，也成為元朝走向崩潰滅亡的轉捩點

解縉　1369－1415 江西等處行中書省吉安路吉水州（今江西吉安吉水縣）人

解縉，字大紳，號春雨，諡文毅，解綸之弟。祖父為解子元，是元朝安福州判官。兵亂時守義而死。父解開。

解縉天生聰穎，六歲能詩，有神童之譽。

1388 年，進士，授中書庶吉士。朱元璋非常器重他，朱元璋在大庖西室，對解縉說：「我和你從道義上是君臣，而從恩情上如同父子，你應當知無不言。」次日，解縉即呈上萬言書，主張應當簡明律法、並賞褒善政。朱元璋讀後，稱讚其才。不久，解縉再次呈上《太平十策》進言。言語輕慢‧貶監察御史同父回鄉。

1396 年後，明太祖駕崩，明惠帝即位。被彈劾母喪未葬，父年 90，不應捨棄家人，貶為河州衛吏，後經董倫舉薦，擔任翰林待詔。

　　靖難之役，解縉歸降朱棣即位，是為明成祖，任翰林侍讀。明成祖建立文淵閣，解縉奉命總裁編撰《明太祖實錄》《列女傳》《永樂大典》。

1404 年，陞為翰林學士兼右春坊大學士，為內閣首輔。

1407 年，解縉編「永樂大典」成書‧因「泄禁中語」「廷試讀卷不公」謫廣西。

1410 年，明成祖北征，他拜謁太子。朱高煦奏其「私覲太子，徑歸，無人臣禮」，明成祖聽後震怒。朱棣命錦衣衛逮捕解縉入獄。

1415 年，朱棣看到禁錮犯人名單解縉名字，並稱：「解縉還活著麼？」，隨後錦衣衛藉機灌醉解縉，脫光其衣，活埋到雪地中凍死，時僅 47 歲。查抄家產，流放其宗族到遼東戍邊。

1436 年，明英宗下詔歸還解縉家產。

1465 年，明憲宗下詔恢復解縉官職，並贈朝議大夫。

解縉善書法，尤善狂草，著《自書詩卷》《書唐人詩》《文毅集》。

談遷　1593~1657　祖籍汴梁（今開封）浙江海寧縣棗林人

談遷，明末清初史學家，原名以訓，字觀若；明亡改名遷，字孺木，明朝諸生，自幼好學，「舞象，入學為弟子員」不喜八股，「家徒壁立，最嗜書，好撰述。」

1621 年，開始撰寫《國榷》，1627 年完成初稿，以後仍陸續修訂。

1645 年，又續訂明崇禎、弘光兩朝史事。

1647 年，全稿遭竊，時已 53 歲，又發憤重寫，新寫《國榷》共 104 卷，五百萬字，內容比原書更精彩。

1645 年，為閣臣高弘圖的記室，薦為中書舍人，以「時事日非，不足與有為」，力辭未就。

入清不仕，自稱江左遺民，以佣書、幕僚為生，順治十年（1653 年），江南義烏朱之錫進北京做弘文院編修，聘談遷做書記，遂從嘉興運河坐船北上入京。兩年期間幾乎遍訪明朝的降臣、皇親、宦官和公侯門客，藉此修訂《國榷》。

1657 年，往山西平陽（今臨汾）祭張慎言，卒於外地。朱之錫《北游錄序》讚揚談遷「或途聽壁窺，軼事緒聞，殘楮圮碣，就耳目所及無遺者，其勤至矣。」著有《棗林雜俎》《北游錄》《西遊錄》《棗林集》《史論》《海昌外志》等。

查繼佐 1601~1676 浙江海寧人

查繼佐，初名繼佑，初字三秀，更字友三，號伊璜，又號與齋，別號東山釣史、釣玉。父查爾翰，家貧多病，1633年舉人。明朝亡後，隨魯王監國紹興，授兵部職方。在浙東地區親自率軍抗擊清軍。1646年清軍攻佔紹興，隱居海寧硤石東山萬石窩，改名為左尹非人。1652年於西湖覺覺堂講學，旋至杭州鐵冶嶺之敬修堂講學，從學者眾，人稱敬修先生。1661年，罹南潯莊廷鑨私刻《明史》案，列名參校，下獄論死，後獲救。晚年喜寫梅。著有《罪惟錄》《國壽錄》《魯春秋》《東山國語》《班漢史淪》《續西廂》等。

傅以漸 1609~1665 明末清初山東聊城人，祖籍江西永豐。

傅以漸，字於磐，號星岩。清朝一代名相。知名學者、歷史學家。

清朝開國後第一位狀元，授弘文院修撰。歷官國史院侍講（順治八年）、左庶子（九年）、秘書院侍講學士、少詹事、國史院學士（十年）。1655年因「條上安民三事」，獲得順治賞識，加太子太保，改國史院文學士。先後擔任《明史》《太宗實錄》纂修，以及太祖、太宗聖訓並通鑒總裁。又被指派作《資政要覽後序》，撰《內則衍義》，覆核《賦役全書》。順治十五年，和學士李霨一起主持會試。不久，加少保，改武英殿大學士，兼兵部尚書。

傅以漸官至一品又加封太子少保，成為封建皇朝中極其少見的「超一品」官員。後不斷上書請求退休，回歸故里。1661年解任。1665年逝世。

馬驌 1621~1673 山東鄒平人

馬驌，字宛斯，一字驄禦。明清歷史學家。少孤，事母以孝聞。穎敏強記，於書無不精研。博學好古，精研經史，致力於先秦史，自稱於《春秋左傳》「篤嗜成癖」。人稱「馬三代」。

1658年，中恩科鄉試舉人，

1659年，中進士，任江蘇淮安推官，平反多起冤獄，號稱廉能。改靈璧（今安徽靈璧縣）知縣，注重民情隱憂，「歲省民力無算，流亡復業者數千家」。

1673年，卒於官，囊空如洗，迄無長物，士民感念其德，於「名宦祠」立位奉祀。著成《繹史》160卷、《左傳事緯》20卷，另有《十三代瑰書》已佚，僅存目次。《四庫全書總目》稱：「驌於左氏實能融會貫通，故所論具有條理，其圖表亦皆考證精詳。」

吳炎 1624~1663 江蘇吳江人

吳炎，字赤溟，號赤民，吳江諸生，同潘檉章等結「驚隱詩社」於奚上，與顧炎武交誼頗篤。明亡後，改號赤民，隱居授業。清順治時，參與莊廷鑨私修《明史輯略》，吳炎曾表示「尤可恨者，東南鯫生輩，以傳奇小說之伎倆，自詡董

狐，或竊得故人枕秘，從而敷衍。成其立言之旨，不過為目前一二有力之人雪謗地，不憚醜詆故君，移易日月以遷就之，縱能昧心，獨不畏鬼曠乎？」

1661年，吳之榮告發，繫拜責令刑部滿官羅多等到湖州徵查。這時廷鑨已死，被掘墓刨棺，梟首碎骨。案發後，吳炎、潘檉章等被關入杭州虎林軍營內，受盡酷刑。審訊時吳炎破口大罵官員，「官不能堪，至拳踢仆地。潘子以有母故，不罵亦不辯。」吳、潘兩人在獄中談笑風生，吟詩酬唱。

1663年，吳炎、潘檉章等被凌遲處死。

顧炎武在山西汾陽聞知慘事，悲憤萬狀，作《書潘吳二子事》及《祭吳潘二節士詩》，詩句有「一代文章亡左馬，千秋仁義在吳潘」。紐琇有《觭教坊》詩悼吳、潘。著有《今樂府》、《松陵文獻》、《國史考異》、《韭溪集》等。陳去病輯有《吳赤溟先生遺集》一卷。

潘檉章　1626~1663　江蘇吳江人

潘檉章，字聖木，號力田，十五歲補縣學生員，是周道登之姻戚，與吳炎、朱鶴齡友好。明亡後，隱居故里，用功讀書，尤精於史學，著《國史考異》、《松陵文獻》。早歲曾與吳炎加入「驚隱詩社」，遂與顧炎武等訂交，後潘未亦藉此關係入顧氏門牆。1663年二月，浙江南潯莊廷鑨明史案發，與吳炎遭逮捕，明史稿被焚。1664年六月，被凌遲於杭州弼教坊，妻沈氏流放至廣寧（遼寧省北鎮縣），中途流產，沈氏服藥自殺。顧炎武寫《書吳潘二子事》紀念他與吳炎。著有《國史考異》、《松陵文獻》等。歿後《松陵文獻》多有散佚，殘稿由其弟潘未編成《松陵文獻》。「驚隱詩社」亦隨着潘吳二人的逝世而沒落。

徐乾學　1631~1694　江蘇昆山人

徐乾學，字原一，號健庵，八歲能文，得舅父顧炎武傳授。與胡渭、顧祖禹、萬斯同、閻若璩、黃儀、朱彝尊、姜宸英、黃虞稷、顧湄往來。

1650年，與吳偉業、尤侗、朱彝尊等在嘉興組織十郡大社。

1670年，舉進士一甲第三名進士及第，授內宏文院編修。

1672年，與蔡啟觀一起典考順天府鄉試，因副榜遺漏漢軍卷未取，遭給事中楊雍建彈劾。

1675年，捐復原官，升為左春坊左贊善，充任日講起居注官。歷任內閣學士、刑部尚書等職。

1682年，被命為《明史》總裁官。奉命編纂《大清一統志》《清會典》《明史》。

1686年，任禮部侍郎，充經筵講官。人品欠佳，覬覦祿位，阿諛權貴明珠，史載其「登高而呼，衡文者類無不從而附之」，「游其門者無不得科第」。明珠長子納蘭容若是乾學門生，

1672年，進士，曾為徐印行《通志堂經解》，又「獲巨額賂遺」。周壽昌在《思益堂日札》卷五《竊襲前人書》中說：「徐既愛其才華，復逢迎權貴……其心

術行事為儒林輕蔑久矣。」又說：「竊他人書以為他人之作，斯又添一書林掌故，可哂也。」乾隆帝在《通志堂經解》補刻本的自序中說：「徐乾學阿附權門，成德濫竊文譽，二人品行，本無足取。但不以人廢言，故補刊齊全，訂正訛謬，以臻完善」。

1687 年，徐任左都御史時，與明珠親信佛倫、余國柱結怨。後來徐乾學又與索額圖、熊賜履勾結，反擊明珠。徐乾學利用其門生郭琇彈劾明珠，明珠、余國柱遂罷相。李光地說徐乾學「譎詭奸詐」。當時的民謠說：「九天供賦歸東海（徐乾學），萬國金珠獻澹人（高士奇）。」

1688 年，湖廣巡撫張汧爆發貪污案，張汧被逮捕問罪時，供出曾向徐乾學行賄，並涉及高士奇和陳廷敬。後為康熙所庇，事遂不了了之。後又被許三禮劾「既無好事業，焉有好文章，應逐出史館，以示遠奸」，徐乾學上疏請「放歸田裡」，五月，康熙准徐乾學罷官，攜書局即家編輯，隨行有閻若璩、顧祖禹、胡渭與黃虞稷，致力於《大清一統志》編修，又仿司馬光《資治通鑒》體例，與萬斯同、閻若璩、胡渭等排比正史、參考諸書，纂成《資治通鑒後編》184 卷。

1691 年，因曾寫信給前任山東巡撫錢鈺，包庇朱敦厚，事發後，徐乾學、錢鈺均遭到革職。其子徐樹敏亦被舉發私收饋金。1691 年江南江西總督傅拉塔（《清史稿》作傅臘塔，明珠的外甥）彈劾徐乾學及其弟徐元文不法之事「招搖納賄，爭利害民」共十五款，閏七月二七日徐元文「驚悸嘔血而死」。自 1690 年 31 年間，徐乾學一家被控不法事有二十多起。

1694 年，因大學士王熙、張玉書等舉薦，召徐乾學還京修書，不久病逝。死後仍復原官。身後其藏書多散佚，明珠府、怡府樂善堂有收藏。著有《澹園集》、《讀禮通考》《會典》《明史纂輯》《鑒古輯覽》《古文淵鑒》《文集》《虞浦集》《詞館集》《碧山集》等。

明珠 1635~1708

清滿州正黃旗人，納喇氏，官至英殿大學士．主撤削三藩，為清聖祖倚重，重修「清太祖太宗實錄」、並編纂「大清會典」「平定逆方略」等書，均任總裁官．1688 年以植黨營私，招權納賄，被郭琇參奏，革去大學士，後仍用為內大臣。

萬斯同 1638.3.9.－1702.5.4.，浙江鄞縣（今寧波市）人。

萬斯同，字季野，石園先生，歷史學家，黃宗羲是他的老師。幼年有神童之譽，讀書輒過目不忘，八歲時，能背誦法言，以後專攻二十一史，夜裡無燈，借月光讀書，結果兩目腫痛，繼讀明代十三朝實錄，廢寢觀之，幾乎全部可背誦。

1662 年，全家被迫搬到西郊，妻子庄氏病逝，「雖三女號飢，叔母臥病，呼藥聲犁然，勿恤也。」後為李鄴嗣子李暾家教。

1678 年，清廷因詔請黃宗羲修《明史》，黃宗羲拒絕。朝中大臣便推舉萬斯同為博學鴻詞科，萬斯同亦堅辭不就。

1679 年，開明史館，總裁徐元文延斯同入史局；

萬斯同與姪兒萬言北上，黃宗羲《送萬季野北上詩》說：「四方身價歸明水，一代賢奸托布衣。」「不放河汾聲價倒，太平有策莫輕題。」希望季野能完成修史大業。萬季野「則請以布衣參史局，不署銜，不受俸。」據全祖望在《萬貞文先生傳》中說：萬入史局後，「諸纂修官以稿至，皆送先生複審。先生閱畢，謂侍者曰：取某書某卷某頁有某事當補入，取某書某卷某頁某事當參校。侍者如言而至，無爽者。《明史稿》五百卷，皆先生手定。」萬斯同編《明史》，有眼疾，曾以錢名世為助手，「時萬老矣，兩目盡廢，而胸羅全史，信口衍說，貫串成章。」

1702 年）四月八日，季野在京師王鴻緒家中去世，享年六十四歲，葬於浙江奉化尊湖鎮烏陽觀山南麓半山腰，身邊的藏書被錢名世佔有。劉坊寫有《萬季野先生行狀》。季野的去世，象徵《明史》編纂第一個階段結束，其後經過數次易稿，

1739 年，正式刊行，距季野過世，已有三十餘年。文革時，萬斯同墓慘遭破壞。後又重修。

張廷玉　1672~1755　安徽桐城人

字衡臣，進士，官至保和殿大學士、軍機大臣、加太保。雍正時設軍機處，規制均出自其手。乾隆時深得信任，加太保。前後居官 50 年，「明史」即在他任總裁時告成，著有「傳經堂集」。

全祖望　1705~1755　浙江鄞縣人。

全祖望，字紹衣，號謝山，清朝史學家、文學家。學者稱謝山先生，曾祖全大和、祖父全吾騂，父親全書。全祖望四歲能解《四書》、《五經》，七歲能讀《資治通鑑》，人稱神童，師從董次歐。十九歲由督學王蘭生推選入京，見當時侍郎方苞。

1732 年，中順天鄉試，臨川翰林李紱看到全祖望的考卷，嘆曰：「此深寧、東發後一人也！」（深寧即王應麟，東發為餘姚黃震，是黃宗羲的遠祖），雍正十年壬子科順天鄉試中舉，是年八月其張氏因難產而死，雍正十三年續娶滿洲學士春臺之女曹孺人為妻，家貧，典當二萬卷書於仁和黃堅倉。

1736 年，中三甲第三十六名進士，賜同進士出身，時年三十二歲。初為庶吉士，不久受權貴排斥，散館歸班，乾隆二年九月回鄉，專心著述。授徒為業，應紹興太守杜甲之請，任戢山書院山長，因杜甲傲慢，不久辭去，又主講過廣東高要端溪書院。為謝山學派創始者，弟子有董秉純、盧鎬、蔣學鏞等。

全祖望在學術上極推崇黃宗羲，用十年時間續修了黃宗羲的《南雷黃氏·宋元儒學案》，又增立學案 32 個，七校《水經注》，提出《水經》成書於三國魏人之手，和《困書紀聞三箋》，續選《甬上耆舊詩》，並受到史家萬斯同的影響，重視史料校訂，精研宋末及南明史事，「時開明史館，復為書六通移之。先論藝文，次論表，次論忠義隱逸，兩列傳皆以其言為題」。全祖望寫了不少傳記散文。碑銘如《忠介錢公第二碑銘》、《天一閣碑記》、《二曲先生窆石文》、《亭林先生神道表》等作品。

晚年全祖望境遇蕭條，「典琴書，數券齒，日皇皇也」，乾隆六年以後竟至饔飧不繼，禦寒乏衣，到了除夕，只得忍痛割愛兌去書籍數部，聊度年關。

1755 年七月二日，卒，「所藏書萬餘卷，歸之盧鎬族人，得白金二百金」，十一月，得以「治喪禮」。一說杭世駿與全祖望交惡，全祖望歿後，扣壓全祖望文集，又竊全祖望文章為己有，編入《道古堂集》。著有《漢書地理志稽疑》、《古今通史年表》、《經史問答》、《勾余土音》、《丙辰公東徵士小錄》和《鮚埼亭》集等。他七校「水經注」，又三箋「困學紀聞」對史料貢獻頗大．

趙翼 1727~1814 江蘇陽湖（今武進市）人

趙翼，字雲崧，號甌北，清朝文學家、史學家。以《二十二史箚記》享譽史界。

1761 年，一甲第三名進士（探花）。授翰林院編修。歷任廣西鎮安知府、廣東廣州知府、貴州貴西兵備道。

1772 年，稱母病辭官歸里，主講安定書院，潛心讀書。

1787 年，臺灣發生林爽文事件，閩浙總督李侍堯邀請趙翼入幕府商研；當時臺灣總兵柴大紀欲從嘉義突圍內渡。趙翼恐棄守城池易引發連鎖反應，力勸閩督封還此旨；不久，乾隆命欽差大臣福康安率兵援臺，遂能與守臺官兵裏應外合。

長於文學、史學，其詩名聞於全國，與袁枚、蔣士銓並稱「江右三大家」，存詩近五千首，以五言古詩最有特色，亦為「毘陵七子」之一。其《論詩》膾炙人口，節錄一首如下：

李杜詩篇萬口傳，至今已覺不新鮮。江山代有才人出，各領風騷數百年。

朱筠 1729~1781 順天府大興縣（今北京市）人。

朱筠，字美叔，號竹君，又號笥河，曾祖父朱必名，祖父朱登俊，以清節著稱。

1754 年，進士，選庶吉士，授翰林院編修，進至日講起居注官，累官安徽學政。

1772 年十一月，朱筠建議輯佚《永樂大典》，收錄古書，得到乾隆皇帝的重視．

1773 年，開四庫全書館。改福建學政。官至翰林學士。好金石文學。

1774 年，奉旨將《日下舊聞》一書纂成《日下舊聞考》120 卷，著有《笥河集》。

章學誠　1738～1801，會稽（今浙江紹興）人　。

章學誠，字實齋，父章鑣．長相醜陋，臉上有斑點、耳背，自卑，他的言論極具攻擊性。清代史學家、思想家。

1742 年，進士，官湖北應城知縣。學誠幼資椎魯，體弱多病，日僅誦百餘言，好深思，隆冬盛夏讀書常至午夜不倦。

1751 年，十四歲，隨父至湖北，

1751 年，二十歲以後學業大進，好讀史部之書。

1765 年，第三次鄉試落榜，拜翰林院編修朱筠為師，朱筠告以「科舉非君所長，不能學亦不足學」，筠藏書甚豐，得以縱覽群籍。

1774 年，第六次應浙江鄉試落第。

1777 年，修《永清縣誌》，是年秋天鄉試中舉，

1778 年，中進士。

1781 年，至河南謀事，歸途遇盜，攜帶所撰文稿蕩然無存。

1788 年，經周震榮介紹，入湖廣總督畢沅幕府，協助編纂《續資治通鑑》等書。

1790 年，畢沅邀為《湖北通志》總纂。

1800 年，貧病交迫，雙目失明。

1801 年十一月，卒，葬山陰芳塢。

章學誠一生講學著有《文史通義》《史籍考》《湖北通志》提出「六經皆史」之說。

邵晉涵　1743 年－1796 年，　浙江餘姚人。

邵晉涵，字與桐，又二雲，號南江，清朝翰林、歷史學家。祖父邵向榮，

1771 年，二甲第三十名進士。乾隆時開四庫館，晉涵受詔徵入館纂修，改翰林院庶吉士，散館授編修。

1791 年，擢左中允。累官至侍讀學士。

　清廷編撰四庫全書時，邵晉涵主持史部編撰工作，在四庫館根據《永樂大典》輯出已佚作品：《舊五代史》《洪範口義》《洪範統一》《兩朝綱目備要》《性情集》《臨安集》《九國志》《東南紀聞》。其中以《舊五代史》影響最大，後世史家莫不宗之。

1796 年 3 月，偶感風寒，醫誤投劑，體疾加劇，6 月 25 日卒於邸第，年 54 歲。

周永年
1730 年－1791 年，山東歷城（今屬濟南市）人。

周永年，字書昌，生而好學，「竭數十年博採旁搜之力，棄產營書」，築貸書園，積書十萬卷，供人閱讀抄寫，並倡「儒藏說」，成立「儒藏」，「俾古人著述之可傳者，自今日永無散失，以與天下萬世共讀之。」有「林汲山房」，藏書達五萬卷，繪「林汲山房圖」。

1771 年，進士，因入館編纂《四庫全書》，欽賜翰林院庶吉士，散館授編修，任「校勘永樂大典纂修兼分校官」，負責《永樂大典》的輯校工作，輯出宋劉敞《公是集》、劉攽《公非集》、蘇過《斜川集》等十餘種罕見的重要文獻。1791 年，卒。

汪輝祖
1730 年－1807 年，　浙江蕭山人。

汪輝祖，字煥曾，號龍莊，清代乾嘉時期的良吏，史學家．

十一歲時父汪楷客死廣東，賴繼母王氏、生母徐氏撫養成人，17 歲入縣學

1768 年，中舉，開始贍養生母和繼母，20 歲擔任師爺，歷佐江浙州縣牧令凡
　　16 人，「講習律令，剖條發蘊，尋繹究竟，輕重之間，不爽銖黍」「治爰書
　　不設成見，平情靜慮，易地而身處，侔境揣形，反覆求間，予以可生之路」，
　　精明幹煉，博覽群書，偵「童養媳非媳」案有「事經汪君，必無冤獄」之譽。

1775 年，進士，官湖南甯遠縣知縣，曾言「親民之治，實惟州縣，州縣而上，
　　皆以整飭州縣之治為治而已。」「州縣一官作孽易，造福亦易」。
　　汪輝祖自云「諸史年四十又八，始得内版二十一史及《舊唐書》、《明史》，
　　通二十三種，成就頗大，「每謂史才難得，俗學多乖」，乃「考核同異，折
　　衷是非」。

1791 年，以足疾歸里，途經甯遠時，「民空邑走送境上，老幼泣擁，輿不得行」

1796 年，臥病，命兒輩著年譜《病榻夢痕錄》，後收入《汪龍莊遺書》。

王永瑢
1743 － 1790

清質莊親王永瑢，清乾隆皇帝第六子，純惠皇貴妃蘇氏所生。

1759 年，17 歲，奉旨過繼為其父弘曆之 21 叔父、慎靖郡王允禧之嗣後封貝勒。

1769 年 10 月，管理內務府事務，

1772 年 10 月，封質郡王，

1773 年 9 月，充**四庫全書館總裁**，

1779 年 2 月，監管欽天監事務，

1789 年 11 月，晉封質親王，

1790 年五月初一日薨，享年 48 歲，諡曰莊。

書法得徐浩筆意，畫花卉古淡蒼逸，兼有少谷、沱江之勝。山水由煙客（王時敏）祖孫上窺大癡（黃公望），但其氣息皆欠超妙，或由於天分稍差乎。卒年48。著九思堂詩鈔。《甌缽羅室書畫過目考》《八旗畫錄》《歷代畫史匯傳》

洪亮吉 1746 年－1809 年，安徽歙縣人，生於江蘇陽湖（今常州）

洪亮吉，字君直，一字稚存，號北江，晚年號更生。先世祖籍安徽歙縣洪坑。三十七世洪璟曾任山西大同知府。

自幼喪父，家貧，與寡母相依為命，刻苦讀書。以詞章考據聞名，尤其擅長輿地。與詩人黃景仁、學者孫星衍友善，並得袁枚、蔣士銓的賞識。多年屢試不中，先後充安徽學政朱筠、陝西巡撫畢沅等幕府。

其子洪公寀為洪亮吉的祖父，入贅於常州趙氏，娶康熙四十八年狀元趙熊詔之女為妻，從此定居常州。父親洪翹，早亡。

曾孫洪彥先在太平軍攻打常州城時防守東門。巷戰而死。之前，其弟妻龔氏及弟承惠並妻等男女 16 人均跳水自殺。玄孫洪述祖，曾擔任袁世凱政府內務部秘書及總統府顧問，是刺殺宋教仁的主謀之一。

1790 年，44 歲時終於以一甲第二名考中進士，授翰林院編修，充國史館編纂官。恩科榜眼。清代著名學者、文學家，並因人口學說而著稱。

1792 年，擔任順天府鄉試同考官。

後督貴州學政，為貴州各府書院購置經、史、通典、《文選》等方面圖書。

1795 年，回京師供職，入直上書房，教授皇曾孫奕純讀書。

1798 年，以征邪教疏為題考試翰林和詹事，洪亮吉著文，力陳內外弊政數千言，為時所忌，以弟喪辭職回鄉。

1799 年，為大學士朱珪起用，參與編修《高宗實錄》。同年，上書《乞假將歸留別成親王極言時政啟》，觸怒嘉慶帝，下獄並處死。後改為流放伊犁。百日之後，即被釋放回籍。從此家居撰述至終。

紀昀 ?~1805

四庫全書總纂官，戴雲、戴逸、龔書鐸等協編，全體職員 368 人，總裁 16 人，乾隆帝第六子多羅質郡王永瑢領銜；副總裁 10 人，總閱官 15 人；總纂官 3 人，即紀曉嵐、陸錫熊、孫士毅，為總編輯。另尚有助理編輯 160 多人及其他職員。

四庫全書歷 10 年(1773-1782)完成，凡 3,457 部 79,070 卷存目 6,766 部，93,556 卷，前後繕寫七份，分藏北京宮中文淵閣、圓明園文源閣、熱河承德文津閣、瀋陽文淵閣、揚州文滙閣（大觀堂）、鎮江文宗閣（金山寺）、杭州文瀾閣（聖因寺）七處。

四庫全書最初只錄四份，分別藏在大內之文淵閣、盛京（即今日之瀋陽）之文

溯閣、<u>圓明園</u>之文源閣、熱河行宮之文津閣，只作為皇家陳設之用。後來鑑於江浙人文薈萃，知識分子甚多，又再抄寫三份，分藏揚州大觀堂內之文匯閣、鎮江金山寺之文淙閣、杭州聖因寺之文瀾閣。

【四庫全書卷數各書記載不一，有云四庫全書凡 3,470 種，共分 36,304 冊，79,018 卷；另存目（不收入「四庫」的）凡 6,819 種，94,034 卷，比著錄的更多。又云：戴逸龔書鐸主編「分藏北京文淵閣文源閣瀋陽文溯閣承德文津閣揚州文匯閣鎮江文宗閣杭州文瀾閣七處書目 3,461 種 79,3092 卷 36,000 冊分經史子集四部.】四庫全書按圖書分類多以「經、史、子、集」四部分類為準。資料以固有藏書，及各省官吏採進之書，與私人進獻的書。私人進獻之書又分自動捐獻和奉旨捐獻兩種，所呈之書有家藏本、家刊本、和購進本之分。家藏本是借用性質，錄好後原本送還原主。由於各書原本大小規格不一，如全部刻為木板，不但費時太久，而且費用極大，於是乃決定全用手抄，省時省錢，大小格式，標準統一。1805 年，卒.

湯球　1804~1881　安徽黟縣人

湯球，字伯玕，又字芴卿，清代歷史學家。湯永懿之子，自幼好學，「星緯推步，研究其奧」。早年從汪浚學，後隨俞正燮、汪文台學，於史學、經學、歷算等造詣頗深。生平以授徒、著述為樂，

1867 年，63 始舉孝廉方正，力辭不就。1881 年卒，享年 78 歲。

湯球致力於兩晉史研究，尤精於考據輯佚，輯錄《九家晉紀》《九家舊晉書》《兩家晉陽秋》《兩家漢晉春秋》《十六國春秋輯補》《十六國春秋纂錄》《晉諸公別傳》等，另輯補有鄭玄逸書九種，《太康地記》等地理類書籍三種，《山公啟事》等雜著四種。《清史稿·文苑傳》有傳。

王闓運　1833~1916　湖南湘潭人，出生於長沙。

王闓運，字王秋、王父，號湘綺。清史學家、經學家、文學家。資質駑鈍但好學，『湘軍誌』《清史稿》說他「昕所習者不成誦不食；夕所誦者，不得解不寢。」「經、史、百家，靡不誦習。箋、注、抄、校，日有定課。」成為一代宗師。

咸豐七年丁巳中湖南省補行咸豐二年壬子和咸豐五年乙卯併科舉人。曾就肅順聘，甚為後者倚重。其間曾救左宗棠。肅順倒，不得重用，返鄉。後年所作《祺祥故事》，多為肅順被殺一事不平，為之辯誣訟冤。太平天國時入湘軍曾國藩幕府，後因意見不合而退

出。曾受到四川總督丁寶楨邀請執掌成都尊經書院，後辭退回湖南先後主持長沙思賢講舍，衡州船山書院。1902年，主辦南昌高等學堂，但不久即辭退回湘，在湘綺樓講學授徒。

光緒32年，以其講學之舉而被特授翰林院檢討。

1913年，受聘袁世凱京任國史館長，編修國史。兼任參議院參政，復辟中辭歸。門生眾多，在教育事業上頗有成就，較著名的弟子有楊度、夏壽田、廖平、楊銳、劉光第、齊白石、張晃、楊庄、李稷勳等。

其為人狂狷諧謔，軼聞甚多。有一隨身保姆周媽，形影不離，時常在市井招搖。王闓運好治經學，並以致用為目的，尤其擅長公羊學。著作豐富，有《湘綺樓詩集》《湘綺樓文集》《湘綺樓箋啟》《八代詩選》《唐七言詩選》《楚辭注》《尚書義》《尚書大傳》《詩經補箋》《禮記箋》《春秋公羊傳箋》《穀梁傳箋》《周易說》《周官箋》《論語注》《爾雅集解》及墨子、莊子、鶡冠子義解等。其經學著作和詩文，後人合刊《湘綺樓全書》，嶽麓書社有《湘綺樓詩文集》和《湘綺樓日記》刊行。所著**《湘軍志》**成一家之史，因被曾國荃認為輕詆湘軍及曾國藩而遭毀版，後由成都尊經書院學生出資重刻。

王先謙　1842~1917　湖南長沙人

字益吾，號葵園，經學家、史學家，人稱「葵園先生」。

1858年，16歲入縣學，鄉試第40名.

1859年，連捷進士，官翰林院庶吉士．

1860年，18歲補廩膳生。

1865年，中進士，授國史館編修、翰林院侍讀、國子監祭酒等職。博覽古今群書，治學重考據，光緒時為江蘇學政，捐銀一千兩，設南菁書院。

1881年，升國子監任江蘇學政撰「勳學瑣言」設南菁書局．

1872年，丁母鮑太夫人憂，辭官返歸長沙故里，任教嶽麓書院山十年。戊戌變法運動中，反對康有為、梁啟超的激進思想。

1884年，43歲六月服闋，九月由海道北上抵都．

1887年，不畏強禦，嚴辭劾奏李蓮英．

1888年，自蘇請假回籍．

1889年，請湖南巡撫代奏開缺．此後即卜居長沙古荷池，不復再出．

1900年，唐才常自立軍事，王先謙與葉德輝向湖南巡撫告密，唐黨被殺百餘名。

1902年，與龍湛霖成立湖南煉礦總公司，參與粵漢鐵路廢約自辦和保路運動。

1908年，授以內閣學士銜。

1910年，長沙飢民搶米風潮，王先謙以「梗議義糶」罪名被降五級。

1911年，辛亥革命年，改名遯，避禍隱居平江鄉野，閉門著書。

1914年，返回長沙。

1917 年，卒於長沙，年 75。

王先謙學術成就最大的是史學，著作有《漢書補注》《後漢書集解》《新舊唐書合注》《十朝東華錄》《水經注合箋》《荀子集解》《莊子集解》《詩三家義集疏》等。其中最著名的是《漢書補注》和《後漢書集解》，博採眾長，集大成者，後代史學家評論「王氏所作補註、集解諸作，是校注書中標準的著作。」王先謙又是經學大師。繼阮元之後輯《續皇清經解》，輯刊完成。又繼姚鼐之後編《續古文辭類纂》，王闓運說他「續編《皇清經解》，縱未能抗行芸台（阮元），續編《古文辭類纂》差足以肩惜抱（姚鼐）」。又撰寫《釋名疏證補》．生所作詩文共有 44 卷，1190 篇，蔚蔚大觀。 所著《虛收堂文集十六卷》和《虛收堂詩存十六卷》收入《續修四庫全書》。

趙爾巽　1844~1927　祖籍奉天鐵嶺。

趙爾巽，字次珊，號無補，清朝遺老。清末政治、軍事人物，曾任四川總督、湖廣總督、東三省總督、清史館館長。1914 年《清史稿》的主修者，奉天講武堂的創辦人。遺著有《刑案新編》《趙留守攻略》等。現有趙爾巽墓位於北京市懷柔區懷北鎮神山村北。

柯劭忞　1850~1933　山東膠州人

字鳳蓀，號蓼園，進士．歷任清翰林院編修、侍讀、京師大學堂總監督．1914年任清史館總纂，撰寫「清史稿」中的天文志，並整理儒林、文苑、疇人等傳．綜合有關蒙古和元史研究成果．撰成「新元史」「譯史補」「春秋穀梁傳注」「文獻通考注」等書。

沈曾植　1850~1922　浙江省嘉興府嘉興縣人

沈曾植，字子培，號巽齋，別號乙盦，晚號寐叟，沈維鐈孫，蒙元史地學者、書法家、史學家、同光體詩人，「於學無所不窺」，樸學宗師。

1880 年，進士，歷任刑部主事、員外郎、郎中、江西廣信、南昌知府、總理各國事務衙門章京、安徽提學使，署布政使。

1895 年，與康有為、梁啟超等主張維新變法，成立強學會。1898 年，丁憂離職，應張之洞之聘，於武昌兩湖書院講史學。

1900 年，庚子事變，與李鴻章、張之洞、劉坤一謀東南互保。

1902 年，應盛宣懷聘，任上海南洋公學（上海交通大學）監督。

1910 年，因病乞休。辛亥革命後，以遺老自居，歸隱上海。

1917 年，響應張勳，赴北京謀溥儀復辟，授學部尚書。

1922 年，卒，年 72 歲，諡誠敏。

沈曾植學究天人，通儒學，工書法，專治遼金元三史，且精音韻、刑律、佛學、地理等學問，主張向西歐取經。著有《元秘史箋註》《蒙古源流箋證》《辛丑箚叢》《研圖注篆之居隨筆》《全拙庵溫故錄》《寐叟題跋》《護德瓶齋涉筆錄》《漢律輯補》《海日樓文集》《海日樓箚叢》《海日樓題跋》《菌閣瑣談》等，詩篇有《海日樓詩集》《病僧行》《秋齋雜詩八首》《翳醫篇》等。

屠寄　1856－1921　江蘇武進人

屠寄，字敬山，一字景山，號結一宦主人，史學家。

1892 年，中進士，五月，改翰林院庶吉士，京師大學堂正教習。與繆荃蓀同校「宋會要」稿本。

1994 年，散館，著以部屬用。任浙江淳安知縣工部候補主事。

1895 年，任黑龍江輿圖總纂，主持測繪和纂修。不久改輿圖總局為通志局，為通志局總纂。

1900 年，離開黑龍江。

1912 年，回常州與中國同盟會會員、長子屠寬及朱溥恩等人組織常州革命力量，擔任武陽教育會會長、武陽農會會長，參與革命活動。

1912 年，辛亥革命後為武進縣民政長，整飭地方賦稅，禁煙，禁賭，興辦學校。

1913 年，袁世凱任命其為武進縣知事，屠寄拒絕，辭職歸家，從事蒙古史研究，著有「蒙兀兒史記」「黑龍江驛程日記」「結一宦體文」「結一宦詩」。

1917 年，應蔡元培邀請，到北京擔任國史館總纂，同時遙領武進縣誌總纂。

1920 年，任武進縣水利總董、積穀總董、紅十字會第一任會長。北塘河工局總董，籌資開河，北塘河開好，屠寄卻被累倒，

1921 年，病逝，享年 66 歲。

孟森　1868~1937　江蘇武進人

字蓴孫，號心史，史學家。在北京等大學任教授，鑽研明清史，搜集史料頗豐，著有「明元清系通紀」「心史叢刊」「清初三大疑案考實」以及講義論多種。

朱希祖　1879－1944，浙江海鹽人。

朱希祖，字逖先，著名歷史學家、國學家。

早年曾考取官費留學，在日本早稻田大學攻讀歷史。回國後在北京大學主講中國文學史，並擔任歷史系主任，是近代中國大學文科中自有歷史系以來的首任系主任。曾任北京大學、北京師範大學、中山大學、中央大學等校教授。

朱希祖是章太炎的學生，章對他的評價是「邃先博覽，能知條理」。朱希祖是研究南明史專家，好收集方誌，曾捐出《石匱書》《啓禎遺詩選》《十願齋集》《流寇志》等珍貴史料。朱的綽號是「朱鬍子」、「吾要」；周作人在《知堂回想錄》中曾說及朱希祖：「尤其是在舊書業的人們中間，提起『朱鬍子』來，幾乎無人不知，而且有點敬遠的神氣。因為朱君多收藏古書，對於此道很是精明，聽見人說珍本舊鈔，便揎袖攘臂，連說：『吾要』，連書業專門的人也有時弄不過他，所以朋友們有時也叫他作『吾要』，這是浙西方言，裡邊也含有幽默的意思。」其子朱偰為著名財經專家、文物保護專家。

柳詒徵　　1880.2.5.－1956.2.3.　　江蘇鎮江丹徒人。

柳詒徵，字翼謀，亦字希兆，號知非，逢原子，邑增生，晚年號劬堂。學者，歷史學家、古典文學家、圖書館學家、書法家，現代史學先驅，中國文化學的奠基人，現代儒學宗師。

1903 年，編寫《歷代史略》，打破綱鑑的編年形式，從唐虞三代至明末，系統敍述歷代史事沿革，是最早近代新式中國歷史教科書。中國編著新型歷史教科書最早、最多的學者。

1909 年，優貢，候選教諭。歲貢生、候選訓導。

家境清寒，七歲喪父，同姐隨母到外婆家，課督於母鮑氏，就讀於鮑氏書塾，日誦經書、詩文。

1896 年，秀才，居家授徒。在江楚編譯局任事。師從繆荃孫、黃以周、李瑞清。

1902 年，隨繆荃孫前往日本考察近代教育。回國後曾就學於三江師範學堂。

1903 年，創辦思益小學。曾任江南商業高等學堂、兩江師範學堂等校教習。

1905 年，完成《中國商業史》，最早的中國商業史專著。

1910 年，完成《中國教育史》，是第壹部中國教育史著作。

1912 年，主持鎮江府中學堂。不久轉任北京明德大學教授。

1914 年，任南京高等師範學校文史地學部歷史、國文教授。

1921 年，南京高師改為東南大學，14 年東大發生學潮，

1922 年，先後在北京女子大學、北京師範大學、和東北大學任教。

1923 年，完成《中國文化史》，創辦《學衡》雜誌、《國風》學刊、《史地學報》等學刊，致力於中華文化的昌明、發揚。

1927 年，國立東南大學改為國立中央大學，返校執教，主持國學圖書館（原江南圖書館，

1927 年，改為國立中央大學國學圖書館，

1929 年，改爲江蘇省立國學圖書館，主持國學圖書館務。

1935 年，完成《江蘇省立國學圖書館圖書總目》中國第壹部圖書館藏書總目

1937 年，抗戰前夕，為遷移圖書入川奔走。任教國立浙江大學、國立貴州大學。

1938 年，為國立中央大學年資最長教授，被尊稱為「太老師」。

1946 年，抗戰勝利，復回南京出任國學圖書館館長，兼任國史館纂修。

1949 年，居滬，籌辦上海博物館，執教於復旦大學。晚年以讀書校書為樂。

1956 年 2 月 3 日，在上海逝世。

柳詒徵為現代儒學宗師，由史學昌明儒學。他認為，儒家經典「《詩》《書》《禮》《樂》皆史也，記載前人之經驗而表示其得失以為未經驗者之先導也」。指儒學於現代社會的意義，「以儒家之根本精神，為解抉今世人生問題之要義」。

劉文典 1889~1958　安徽合肥人原籍安徽懷寧。

劉文典，原名文聰，字叔雅，筆名劉天民。傑出的文史大師、校勘學大師、與研究莊子的專家。

1906 年，就讀於蕪湖安徽公學，隔年加入同盟會。

1909 年，留學日本早稻田大學，

1912 年，回國，擔任孫中山的秘書處秘書，主張以恐怖活動推翻袁世凱政府。

1917 年，任北京大學文科學長的陳獨秀聘其任文科教授，並擔任《新青年》英文編輯和翻譯。以古籍校勘學為終身志業，主攻秦漢諸子，最終因鑽研《淮南子》六卷專著《淮南鴻烈集解》震驚文壇，蔣介石一度認為「國寶」級人物．精通英、德、日、意等語言，後師從章太炎學《說文》，曾在北京大學，清華大學，西南聯大，雲南大學任教，上課內容自由發揮，天南地北，無所不談，最後一個學期只講半篇《海賦》

1927 年，任省立安徽大學法學院院長兼預科主任，行校長之職，

1929 年，任清華大學教授、主任，同時在北大兼課。抗日戰爭期間，滯留北平。

1938 年，逃離北平到昆明，在西南聯合大學任教。劉文典恃才傲物，輕視文學，曾放言「文學創作的能力不能代替真正的學問」，因嗜鴉片，遭聯大解聘。

1939 年，出版《莊子補正》，陳寅恪作序。劉文典狂言「在中國真正懂得《莊子》的，就是有兩個半人。一個是莊周，還有一個就是劉文典。」另外半個是一個日本人，後來一直待在雲南大學執教。

1958 年 7 月 15 日病逝於昆明。

顧頡剛　1893~1980　江蘇蘇州人

顧頡剛，原名誦坤，字銘堅，歷史學家、民俗學家，中央研究院院士。古史辨派代表人物，是中國歷史地理學和民俗學的開創者之一。

1920 年，北京大學畢業，歷任廈門、中山、燕京、北京、雲南、齊魯、中央、復旦、蘭州等大學教授，歷史語言研究所主任、齊魯大學國學研究所主任。

1920 年，考辨古史編入《古史辨》(八冊)研討爭辨文章。
1935 年，當時民族危機深重，逐漸側重邊疆地理研究．
1936 年，創立邊疆研究會，同時宣傳抗日。
1939 年，發表《中華民族是一個》，中國歷史主要題就是
內外各族的融合問題。
1949 年，著有《秦漢的方士和儒生》《三皇考》《史林雜
識初編》《中國歷史地圖集》（古代史）《孟姜女故事研
究集》《吳歌甲集》等。他認為中國古史系統，盤古開天，
三皇、五帝到夏商周，系統不十分穩定．中國疑古之風自古即有，「寧疑古
而失之，不可信古而失之」。顧氏認為傳統古史三特點：

第一，「時代愈後，傳說的古史期愈長」。如周代人心目中最古的人是禹，到
孔子時有堯舜，戰國時有黃帝神農，到秦有三皇，到漢以後有盤古。

第二，「時代愈後，傳說中的中心人物愈放愈大」。如舜在孔子時代只是一個
「無為而治」的聖君，到〈堯典〉就成為一個「家齊而後國治」的聖人，到
孟子時就成為一個孝子的模範。

第三，我們可以知道某一件事在傳說中的最早狀況。如我們不能知道東周時的
東周史，但可以知道戰國時的東周史。提出推翻信史必須具備的四項標準：

　　（一）、打破民族出於一元的觀念　　（二）、打破地域一統的觀念
　　（三）、打破古史人化的觀念　　　　（四）、打破古代為黃金世界的觀念

在 1926 年顧頡剛認為他「上古史靠不住的觀念」來源有四：

　　第一，自劉知幾至崔述的辨偽傳統．第二，康有為為代表的清代今文經學，
　　第三，是胡適的實驗主義史學方法．第四，是故事傳說、民間歌謠的暗示。

顧氏開疑古之風，學者蜂起跟隨，將疑古學者分類有：信古派、疑古派、考古
派、釋古派。「揭破古文的黑幕」，否定堯舜、六經、及六經與孔子的關係、
甚至否定《說文》，「將中國書籍一概束之高閣」達到「廢孔教滅道教」目的。

毛子水 1893.2.25.~1988.5.1. 生於浙江衢州江山縣清漾村。

毛子水，父世卿公，字德輔，江山縣稟生，中文與中國歷史學家。
1913 年：入中國北京大學理預科。
1917 年：入理科數學系。
1919 年：《新潮》發起人之一，同年參與五四運動。
1920 年：畢業自北大數學系，留校任教，授預科國文。
1923 年：公費赴德留學。
1930 年：返國。任教北大史學系。
1931 年：兼任北大圖書館館長。
1938 年：抗戰期間，避禍於重慶，任教西南聯大史學系。
1945 年：抗戰勝利，回任北大史學系。
1949 年：國共內戰赴臺，任教臺大，《自由中國》創刊人之一。

1957 年：受聘為中華民國國史館史料審查委員。
1959 年－1986 年：中華民國「國家長期發展科學委員會諮議委員」
1961 年：《新時代》雜誌主編。
1962 年：撰寫胡適墓誌銘。
1963~1975，第 5 屆中央研究院評議員
1973 年：自臺大退休，仍兼教授。受聘輔仁大學中文研究所教授。
1975 年：辭臺大及輔大教職，仍為台灣大學名譽教授。
1987 年：獲中華民國行政院文化獎。

洪業　1893.10.27.－1980.12.22.，福建侯官人，

洪業，字鹿芩，號煨蓮（英文名 William 的諧音），中國歷史學家。
1915 年，22 歲時，福州鶴齡英華書院畢業。
1916 年，赴入俄亥俄衛斯理大學（Ohio Wesleyan University）．
1917 年，獲得文學士（A. B.）學位。
1919 年，哥倫比亞大學獲得文學碩士（A. M.）學位。
1920 年，紐約協和神學院（Union Theological Seminary New York）神學士。
1921 年，任美會外方傳教董事會（Board of Foreign Missions of Methodist Episcopal
　　Church）中國書記．在美國各地舉行演講，非常精彩，成為「巡迴演說家。
1922 年，在德葩大學（DePauw University）擔任講師，燕京大學歷史學助教。
1923 年，燕京大學歷史系代理系主任。
1924 年，參與創立哈佛燕京學社。
1928 年，赴美國哈佛大學講學，期間曾開設「1793 年以來的遠東歷史」等課
1929 年，回國，擔任燕京大學歷史系系主任、國學研究所所長兼導師。
1930 年，編纂中國經史子集的引得共 64 種 81 冊。包括《春秋左傳》.《論語》.
　　《孟子》.《漢書》.《大藏經》.《水經注》 等古籍引得。
1937 年，獲法國儒蓮獎，成為首位獲得此獎項的華人。
1939 年，擔任哈佛燕京學社總幹事。
1940 年，撰寫《杜詩引得序》，同年於美國俄亥俄衛斯理大學接受名譽博士。
1941 年，日軍逮捕了燕京大學洪業等 12 位教授，拒絕同日軍合作。
1945 年，抗戰勝利，回到滿目瘡痍的燕園。接到哈佛大學講學半年的聘書。
1946 年，離開北平。
1947 年，擔任夏威夷大學客座教授。
1948 年，擔任美國哈佛燕京學社研究員，客串講師。
1951 年，引得編纂處的工作被迫終止。
1952 年，英文寫的《Tu Fu:China's Greatest Poet》由哈佛大學出版社出版。
1958 年，兼任新加坡南洋大學校務委員會委員。
1973 年，獲美國匹茲堡大學頒發「中西文化學術交流倡導者獎狀」。
1980 年 12 月 22 日，洪業晨運時跌倒骨折，於美國劍橋辭世，享年 87 歲。

蒙文通　1894－1968 年，四川鹽亭人

蒙文通，名爾達，中國現代的歷史學家和經學家。在先秦史、民族史、思想史等領域有較大成就。

幼年聰明強記，五歲入私塾，四書五經諸子之書，多能背誦。

1911 年，入存古學堂，受教於廖平、劉師培二先生。

1918 年，畢業返鄉辦私塾，並任教於重慶府聯中和重慶省立二女子師範學校。

1923 年，從歐陽竟無學習佛學。

1929 年，出版《古史甄微》《經學抉原》馳名於學林。曾先後任教於中央大學

1929 年，任教成都大學、河南大學、北京大學、河北女子師範學院、四川大學、）華西大學。講授《中國通史》《宋元史》《宋史、理學、史學、學術》。

1949 年，任中國科學院歷史研究所研究員、學術委員會委員。成都市人大代表，政協委員，中國民主同盟成都市委、四川省委委員。

文革開始後，被打成「反動學術權威」。在牛棚裡寫作《越史叢考》。

1968 年，被迫害致死。

重要著述有《蒙文通文集》《古學甄微》《古族甄微》《經史抉原》《古地甄微》《古史甄微》《道書輯校十種》。在古史研究方面，提出海岱、河洛和江漢三個系統，在近代中國最早提出多元論。 相應地，在思想史方面，提出存在以孟子為宗合六經的鄒魯、以韓非為宗合《竹書紀年》的三晉和以屈原為宗合《山海經》的南方三個流派。 在歷史觀方面，提出「大勢變遷論」。在民族史方面，嚴密考證了楚、越不同祖的結論，駁斥了越南學術界「越族江南說」。

董作賓　1895.3.20.~1963.11.23.　河南南陽

董作賓，原名作仁，字彥堂，號平廬，在考古學、**殷商史**、甲骨文、書法及篆刻藝術等方面頗有貢獻。曾任教福建協和大學、中州大學、中山大學、**臺灣大學**．

1951 年任國立中央研究院歷史語言研究所長。

1923 年進入北京大學研究所國學門為研究生，開始研究甲骨文。

1925 年，至福州，任協和大學國文系教授，翌年改任中州大學文學院講師。

1927 年，南下廣州任中山大學副教授．

1928 年，受聘為國立中央研究院歷史語言研究所編輯員，前往小屯調查。

1937 年，針對河南安陽殷墟發掘甲骨，董作賓收集到的甲骨文，分為五期：盤庚武丁時代、祖庚祖甲時代、稟辛康丁時代、武乙文丁時代、帝乙帝辛時代。

1949 年，隨政府遷臺，受聘臺灣大學文學院教授。

1951 年，擔任中央研究院歷史語言研究所所長。

1955 年，應香港大學之請，赴香港大學東方文化研究所任研究員。

1958 年，中央研究院院長胡適，力邀董作賓返台成立「甲骨學研究室」擔任主任。

1959 年，中風不能言語，「入臺大醫院治療，三月而愈，然自後語言即告蹇澀」。

1963 年，心臟病發去世，安葬於台北市胡適公園

錢穆 1895.7.30.~1990.8.30. 江蘇無錫人

錢穆，原名思鑅，字賓四，中央研究院院士，歷史學家，儒學學者，教育家。

九歲入私塾，1912 年輟學後自學，任教於中小學。1930 年因發表《劉向歆父子年譜》成名，顧頡剛推薦，聘為燕京大學國文講師。先後授課於北京、清華、燕京、北師大等名校。

抗戰軍興，輾轉任教西南聯大、武漢大學、華西大學、齊魯大學、四川大學、江南大學等高校，撰寫《國史大綱》。

1949 年 4 月，錢穆與江南大學同仁唐君毅一起應廣州私立華僑大學校長王淑陶之邀，拋家離子，從無錫南下廣州。10 月，錢穆隨華僑大學再遷香港，出任亞洲文商學院院長。

1950 年，創辦新亞書院．

1955 年，獲香港大學名譽博士學位。

1956 年，他與胡美琦在香港結婚。

1960 年，應邀美國耶魯大學講學，獲頒贈人文學名譽博士學位。1965 年，卸任新亞書院校長，應聘馬來亞大學任教。

1967 年 10 月，以歸國學人身份自港返台。

1969 年，任中國文化學院（中國文化大學）史學教授。

1968 年膺選中央研究院院士。晚年出版《晚學盲言》。

1990 年，發生素書樓事件，錢穆搬離素書樓。

同年 8 月 30 日於杭州南路寓所過逝。1990 年，夫人奉先生靈骨，歸葬太湖之濱。

李濟 1896.7.12.~1979.8.1.　湖北鍾祥縣

李濟，原名順井，字受之，改字濟之。人類學家。

1918 年畢業於清華學堂後,前往美國留學,就讀麻省克拉克大學學習攻讀心理學和社會學碩士學位,

1920 年進入哈佛大學人類學系,受民族學家羅蘭·狄克森(Roland Dixon)與體質人類學家恩斯特·虎頓(Earnest Hooton)指導,於 1923 年完成論文《中國民族的形成》,從而獲得人類學博士學位,並於同年返回中國。

1924 年開始從事田野考古,

1925 年,任清華學校研究院人類學講師,

1926 年,發掘山西西陰村新石器時代遺址,中國首次正式的考古發掘工作。

1928 年,成為中央研究院歷史語言研究所考古組組長,

1929 年,接手董作賓的職務,領導日後十年的殷墟發掘工作。

1945 年,擔任中央歷史博物館首任館長,

1948 年,當選中央研究院第一屆院士·

1949 年,創立國立臺灣大學考古人類學系。

1955 年,接任董作賓的遺缺,擔任歷史語言研究所所長,直到 1972 年為止。

1979 年 8 月 1 日,病逝於臺北溫州街寓所,生前發表考古學著作約 150 種。

沈剛伯　　1896.12.4.－1977.7.31.　　湖北宜昌三斗坪人。

沈剛伯,歷史學家。

1907 年,就讀湖北方言學堂·

1914 年,考入國立武昌高等師範學校,

1917 年,畢業成績優異,留任該校附中教授歷史及英文等課程。

1924 年,考取湖北省官費留學,赴英國倫敦大學攻讀歷史學,專攻英國史、憲政史及埃及學。

1927 年學成回國,先後任教於國立武漢大學、中山大學、金陵大學。

1931 年,任國立中央大學(更名南京大學,在台復校)歷史系教授,

1942 年,繼金毓黻出任歷史系主任。

1944 年,任四川三台東北大學教授,

1946 年,任南京國立政治大學教授,兼中央大學歷史系教授。

1948 年,時任教育部長朱家驊介紹,與國立臺灣大學時任莊長恭校長同赴台北,任台大文學院院長兼歷史系主任,

1950 年,傅斯年去世,任代理校長。

1954 年,在台灣發起成立中國史學會,任理事長。

1970 年,以其學貫中西、開史學新風、對中國史學及文化與外來文化之關係的獨到見解,被遴選為中華民國中央研究院院士。

1977 年 7 月 31 日,終因心臟衰竭而病逝。

沈剛伯夫人曾祥和,國立中央大學研究院文學碩士,台灣師範大學教授。

繆鳳林　1899~1959　浙江杭州富陽鎮人

繆鳳林，字贊虞，

1919 年，考入南京高等師範學校史地部，與陳訓慈、張其昀等師從柳詒徵，在校時成為南高史地研究會的重要成員，

1923 年，畢業於南京高師（後改為國立東南大學、中央大學）歷史系。畢業後又從歐陽竟無研究佛學。

1925 年，赴瀋陽執教於東北大學。

1927 年，應柳詒徵之邀任國學圖書館印行部主任。

1928 年，執教於國立中央大學文學院史學系，抗戰期間曾任中央大學師範學院史地系主任。

1949 年，到臺灣，受邀主持臺灣省文獻委員會。同年返南京，擔任中央大學歷史系主任。中央大學改名南京大學後，任南京大學歷史系教授。

　　他曾發起成立中國史學會，主持《史學雜誌》《國風》。著有《中國通史綱要》《 中國通史要略》《中國史論叢》《中國民族史》《中國民族文化》等。
繆鳳林被認為是民國最博學的歷史學家，以學業勤奮、史學功底深厚為人所稱道，有出藍之譽。唐德剛說繆鳳林曾把二十五史「圈點」三遍。

向達　1900.2.19.－1966.11.24.　湖南漵浦土家族人。

向達，字覺明，號覺明居士、別署方回、佛陀耶舍。中國著名的敦煌學家、中外交通史家，版本目錄學家，翻譯家。

1911 年，入湖南漵浦縣麻陽水漵府小學堂學習。

1915 年，入長沙明德中學學習。

1919 年，入南京高等師範學校，就讀於化學系。

1920 年，轉入南京高等師範學校文史地部，專攻歷史學。

1924 年，畢業於國立東南大學（1921 年南高師改建為東南大學）歷史系。

1925 年至 1930 年，任上海商務印書館編譯所編輯。期間翻譯出版《世界史綱》、斯坦因的《西域考古記》、《黑水獲古記略》、《敦煌獲書記》和勒柯克的《高昌考古記》。

1928 年，在南京國學圖書館任採訪部主任半年。

1930 年，任北平圖書館編纂委員會委員、寫經組組長。

1934 年，兼任北京大學歷史系講師半年因出國辭去。

1934 年 8 月，被北平圖書館作為交流研究員派往英、法、德三國著名圖書館研究流失海外的中文古典典籍。

1935 年，在英國牛津大學博德利圖書館（Bodleian Library）整理中文史籍，抄錄《指南正法》、《順風相送》等中國古籍。

1936 年到倫敦大英博物館研究所藏敦煌寫卷，著《倫敦所藏敦煌卷子經眼目錄》；又到義大利梵蒂岡圖書館抄錄來華天主教傳教士資料。

1937 年，到德國柏林研究普魯士科學院所藏中國國西北地區的壁畫和寫卷。

1938 年，到巴黎法國國立圖書館研究由伯希和掠去的敦煌寫卷。8 月自法國回
　　國，取道香港，越南，昆明，貴陽。10 月回到湖南漵浦老家。

1939 年 3 月，離開湖南漵浦老家，至廣西宜山在浙江大學任教半年。9 月去昆
　　明任西南聯合大學歷史學系教授兼北大文科研究所導師。1942 年-1944 年任
　　中央研究院,中央博物院籌備處,北京大學聯合組成的西北史地考察團考古組
　　組長兩次赴敦煌考察。期間用「方回」署名在重慶大公報 1942.12.27 日 28 日
　　30 日連載發表《論敦煌千佛洞的管理研究以及其他連帶的幾個問題》。

1945 年，回到昆明任西南聯大歷史系教授。

1946 年，北京大學復校回到北京，任北京大學歷史系教授。

1947 年，休假到中央博物院（現南京博物院）工作，在中央大學歷史系兼課。

1948 年，暑假回到北京大學。

1948 年 2 月，代表中央博物院至台灣籌備展覽。

1948 年 7 月-1949 年 2 月北京大學歷史系教授。

1949 年 2 月，北京解放後任北京大學歷史系教授。原圖書館館長毛子水離開北
　　京後受臨時「校務委員會」委託代管北京大學圖書館。解放軍進城後北大接
　　受軍管，始任北京大學圖書館館長到 1957 年被免職。

1951 年 3 月，參加第一屆中國人民赴朝慰問團，到朝鮮慰問志願軍。回國後 6
　　月參加「赴朝慰問團宣講團」赴西北宣傳志願軍事迹，順帶考察了新疆多處
　　古迹。10 月回到北大。

1954 年，任中國科學院哲學社會科學部學部委員。中國科學院歷史研究所第二
　　所副所長。參加中國人民政治協商會議第二屆全國委員會。第二，三，四屆
　　全國政協委員，北京市人大代表。

1957 年，中共反右運動被劃為「右派」解除一切職務，一級教授降為二級教授。

1958 年-1960 年主持《中外交通史籍叢刊》。

1959 年，摘去「右派」的帽子。

1964 年，南下廣州中山大學唔陳寅恪並發表《敦煌學六十年》的講演。

1966 年，文化大革命開始後遭受迫害。

1966 年 11 月 24 日，在北京阜外醫院因病逝世。

1978 年 11 月 20 日，在北京八寶山革命公墓禮堂舉行。1980 年獲得平反。

韓儒林　1903－1983.4.7. 生於河南省舞陽縣，

韓儒林，字鴻庵，歷史學家，幼年就讀村塾・

1919 年，考入開封留學歐美預備學校，

1923 年，轉入上海中法通惠工商學校，同年秋天考入北京大學哲學系預科・

1925 年，秋入本科，

1930 年，本科畢業，任北京女子師範大學教師。

1931 年，出版譯作《西洋文明史》（【法國】瑟諾博斯著）。

1933 年，赴比利時魯汶大學留學．

1934 年，入法國巴黎大學師從伯希和，研究蒙古歷史，學習突厥文等中亞文字。

1936 年，歸國，任燕京大學歷史系講師。

1937 年，抗戰爆發後，在華西大學和國立中央大學任教。光復後，隨中央大學遷南京，曾任歷史系主任。

1949 年，任南京大學歷史系主任。

1965 年，任內蒙古大學副校長。

1970 年，回南京。

1983 年 4 月 7 日，在南京病逝。著有《成吉思汗十三翼考》《蒙古答剌罕考》《蒙古氏族札記》《愛薛之再探討》《元代闊端赤考》《蒙古的名稱》《元朝史》《穹廬集》等論著。

郭廷以　1904.1.12.~1975.9.14.，　河南舞陽縣姜元店人。

郭廷以，字量宇，　歷史學家，中國近代史學的開拓者，堪稱中國近代史一代宗師。口述史學的開拓者，中央研究院近代史研究所之建立者，中央研究院院士。

1926 年，畢業於國立東南大學（後更名國立中央大學、南京大學）歷史系，獲文學士學位；在校曾受業於柳詒徵、徐養秋等教授。畢業後曾任教於清華大學、河南大學、政治大學，後返校執教於中央大學歷史系，兼任系主任。

1949 年，到台灣，

1955 年，1955 年，應中央研究院院長朱家驊之邀，展開近代史研究所之籌備。

1965 年，中央研究院近代史研究所正式成立，郭廷以獲聘為首任所長。

1968 年，當選中央研究院院士。

1969 年，應夏威夷大學東西中心之邀，赴美講學，自此一去未歸。

1970 年，近史所進行中國近代化大型研究。

1971 年，卸任所長職務，離開近代史研究所。此後長期滯美，處境艱困，卻仍晚年涉入複雜人事鬥爭，出國避禍。滯外期間，完成遺作《近代中國史綱》。

鄧廣銘　1907.3.16.~1998.1.10.　山東臨邑齊家莊

鄧廣銘，字恭三，著名歷史學家，專門研究宋代歷史，對兩宋和遼、金鑽研極深。著作有《中國史綱要·宋遼金史綱要》《北宋政治改革家王安石》《岳飛傳》、《辛棄疾傳》《陳龍川傳》《辛稼軒年譜》《稼軒詞編年箋注》《宋史職官志考正》《宋史刑法志考正》等。

1913 年，入讀私塾，歷時七年半。

1920 年，考入臨邑縣立第一高等小學。

1923 年，考入山東省立第一師範學校，受啟蒙教育。

1927 年，因反對軍閥任命之守舊派新校長，發起全校學生罷課，被開除學籍。

1931 年，考入私立的輔仁大學英語系就讀。

1932 年，轉考北京大學史學系。

1936 年，北大畢業，留在文科研究所任助理員，併兼史學系助教。

1937 年，寫出《〈辛稼軒年譜〉及〈稼軒詞疏證〉總辨正》成名作，獲得胡適、陳寅恪、夏承燾等的一致好評。

1939 年，輾轉上海、香港、河內前往昆明，西南聯大，做陳寅恪的助教。

1940 年，鄧廣銘隨傅斯年的史語所遷往四川南溪縣李庄。

1942 年，從事《宋史》考訂完成《宋史職官志考正》《宋史刑法志考正》等書。

1943 年，任復旦大學教授。完成《陳龍川傳》《韓世忠年譜》《岳飛傳》刊行。

1945 年，抗日戰爭勝利，回北大擔任傅斯年校長秘書，後任歷史系副教授。

1949 年，傅斯年、胡適欲隨蔣介石到台灣，邀鄧廣銘同往，遭鄧拒絕。

1950 年，轉為北大歷史系教授。開始參與編寫《中國史綱要·宋遼金史》。

　　文化大革命，被指為「反動學術權威」，在北大勞動基地太平庄勞動，或回校於「勞改大院」住牛棚參加改造。

1969 年，下放至江西鄱陽湖畔的鯉魚洲從事圍湖造田勞動，任北大歷史系主任。

1980 年，歷任中國史學會主席團成員、中國宋史研究會會長、名譽會長。

1982 年，歷任國家古籍整理出版規劃小組成員、顧問；

1983 年，任古籍整理研究工作委員會副主任、中古史研究中心主任。

1998 年 1 月 10 日，去世，終年 91 歲。

白壽彝　1909.2.19.－2000.3.21. 河南開封人

白壽彝，字肇倫，中國馬克思主義史學家，回教專家，20 世紀八九十年代的中國馬克思主義史家的代表人物之一， 回族，教名哲瑪魯丁。白壽彝關於民族的歷史觀，對中華人民共和國的歷史研究產生了重要影響，至今為治民族史者所推崇、所尊敬。白壽彝也是中華人民共和國最早的歷史教材審編組的成員之一，負責中國古代史，翦伯贊任歷史教材審編組組長。

1929 年，考入北平燕京大學攻讀中國哲學史專業，畢業後一度協助顧頡剛先生的工作，並繼承了顧頡剛的領土中國論。白壽彝當時寫給顧頡剛的信中所說：「中國史學家的責任，應該是以『中華民族是一個』為我們新的本國史的一個重要觀點，應該是從真的史料上寫成一部偉大的書來證實這個觀念。」

1937 年，出版《中國交通史》(商務印書館)作為《中國文化史叢書》中的一種，是中國第一部較全面地綜合研究中國歷代交通史的學術專著。全書分五篇，分述先秦時代、 秦漢時代、隋唐宋時代、元明清時代及現代中國之交通，對於交通路線、交通設施、交通工具、交通管理制度均有考述。

1938 年，任教於雲南大學、中央大學等學校。

1949 年，任教於北京師範大學，直至去世。

1953 年，加入中國民主同盟，

1957 年，加入中國共產黨，文化大革命遭受打擊，後成為中國史學界的權威·

1999 年，著成《中國通史》為當今最完整的大型學術性通史著作，代表了當時
　中國通史研究的最高水平。」江澤民賀信中指出：「您在耄耋之年，仍筆耕
　不已，勤於研究，可謂老驥伏櫪，壯心未已。」

吳晗 1909.8.11.~1969.10.11.　浙江金華義烏人

吳晗，原名吳春晗，字伯辰，筆名語軒、酉生等，
歷史學家。吳晗先加入民盟，再入中國共產黨，曾
任雲南大學、西南聯合大學、清華大學教授，北京
市副市長，中國科學院歷史研究所學術委員，中國
科學院哲學社會科學部學部委員，北京市政協副主
席，北京副市長。文化大革命期間因為《海瑞罷官》
這部劇而被當權者批鬥，最後不得已在獄中自殺，
家破人亡。

侯仁之　1911.12.6.－2013.10.22.　山東省恩縣（今平原縣恩城鎮），

侯仁之，父侯天成，字佑忱，
1867 年基督教美國公理會順天府通州潞河書院畢業·
1926 年，離家前往德州，轉學到德州博文中學
1929 年，初中畢業，母親病逝。
1931 年，到北平，轉赴通縣潞河中學。
1932 年，考取燕京大學歷史系，獲得獎學金支助。
1937 年，洪業教授說「擇校不如投師，投師要投名
師。」建議赴英國利物浦大學地理系深造。
1940 年，獲碩士學位，要赴英國利物浦大學深造，
但第二次大戰爆發擱淺。
1937 年，與燕京大學同學張瑋瑛結婚·校長司徒雷登做證婚人。
1941 年，燕京大學隨即遭日本人查封，侯仁之被捕關押·
1942 年，被處徒刑一年，緩刑三年，取保開釋。
1949 年，獲得英國利物浦大學哲學博士學位歸國。
1949 年，侯仁之返抵北京，重回燕京大學任教
1952 年，任北京大學副教務長，兼地質地理系（後來改為地理系）主任·
1958 年，參加在呼和浩特召開的內蒙古、寧夏、陝西、甘肅、青海、新疆六省
　區治理沙漠規劃會議。
1962 年，在國務院農林辦公室制定十年考察計劃·
1963~1972，完成從內蒙故西部經河西走廊到新疆南部的沙漠考察。
　文化大革命，受到批鬥，罪名是「三家村幹將」·
1972 年，出版了首部個人學術論文集《歷史地理學的理論與實踐》。

1980 年，當選為中國科學院地學部學部委員。

1981 年，加入中國共產黨。

1984 年，英國利物浦大學授予「榮譽科學博士」。

1999 年，獲「科學與技術成就獎」。美國國家地理學會授予喬治·戴維森勳章。

1982 年，參與訂定《中華人民共和國文物保護法》。

1984 年，赴美國康奈爾大學城市與區域規劃系進行研究。

1985 年，參加《保護世界文化和自然遺產公約》被譽為「中國申遺第一人」。

1987 年，成功申請故宮、長城、周口店北京人遺址列入世界遺產名錄。

2013 年 10 月 22 日在北京友誼醫院病逝，享年 102 歲。

柏楊 1920.3.7.－2008.4.29. 出生於河南省開封，籍貫為河南省輝縣。

柏楊，本姓郭，原名定生。其父因方便替他轉校，易學名為立邦，後又因升大學問題而自行改名為郭衣洞。筆名來自中橫公路隧道附近台灣原住民部落的原名諧音「古柏楊」（今稱古白楊；Kubayang）。另一個筆名鄧克保，被稱為台灣的魯迅。

1920 年，曾參與中國國民黨下的青年團體，

1938 年，加入國民黨。

1939 年，與艾紹荷結婚，

1940 年，女兒冬冬（郭素萍）出生。

1943 年，在重慶與崔秀英發生感情並結婚，

1946 年在解放軍進攻河南省息縣期間，跟崔分散。和崔秀英育有一女毛毛（崔渝生），東北大學政治系畢業，

1947 年，被查出使用假學歷證件，被教育部永遠開除學籍。之後一方面擔任私立遼寧文法學院政治系副教授，一方面與友人在瀋陽創立 《大東日報》。

1948 年，瀋陽為解放軍攻下後，柏楊前往北平，

1949 年再轉往上海，之後又隨老師吳文義前往台灣。

1950 年，因為「收聽匪區廣播」而被判刑六月。出獄後，歷任教師等職。

1953 年，與齊永培結婚，育有二子（郭本城、郭本垣）。

1954 年，在救國團任職，開始寫作小說，而且小說都有相當的現實性與批判性。

1959 年，與齊永培仳離，與倪明華結婚，育有一女佳佳（郭本明）。

1960 年，在《自立晚報》擔任《倚夢閒話》專欄作家，對於現況有很嚴厲批判。

1961 年，在《自立晚報》發表的《異域》，以報導文學手法，描述一支中華民國的忠貞軍隊，奉令撤退到滇緬泰邊區，與命運搏鬥、冀求反攻大陸的事跡。

儘管故事中以虛構人物為主體，但主人翁們悲壯滄桑的血淚史觸動人心，且於泰國北境確實有中華民國軍人和子弟們苦澀求活，因此讀者們便以泰北孤軍稱此部隊。《異域》後來不但被拍成電影，還創下在台灣銷售達百萬冊的驚人數字，是一部成功的戰爭小說。

1967 年，主編《中華日報》家庭版，刊載美國連環漫畫《大力水手》。

1968 年，柏楊因《大力水手》翻譯文中提及大力水手卜派父子流落至一個豐饒的小島，而樂不思蜀，兩人要各自競選總統，撰寫競選文宣，柏楊將「Fellows」（夥伴們）翻譯為「全國軍民同胞們…」，遭國民政府情治單位理解為對蔣中正父子的暗諷，以「共產黨間諜」及「打擊國家領導中心」的罪名逮捕，判處十二年有期徒刑，

1969 年，囚於台北縣景美鎮軍法監獄。

倪明華提出離婚要求，結束十年的婚姻，柏楊在獄中絕食二十一天。

1972 年，跟台北其他政治犯一同解送到國防部綠島感訓監獄。

1975 年，蔣中正總統逝世，獲減刑三分之一為八年有期徒刑。

1976 年，刑滿後仍被留置於綠島，後來因為國際特赦組織等人權團體的要求才被釋放，共被囚禁九年又二十六天。

柏楊在獄中完成了《中國人史綱》《中國帝王皇后親王公主世系錄》《中國歷史年表》三部書稿。原本還有第四部《中國歷代官制》，因為參考書於 1975 年被官員搜去「保管」，所以只寫了一半。

1978 年，與任教於北一女的詩人張香華女士結婚。

1981 年，應邀前往新加坡及馬來西亞訪問，受到英雄式歡迎，旋赴舊金山洛杉磯紐約等地，發表演講．

1982 年，參加馬德里世界詩會，訪問西班牙德國意大利聖馬利諾梵蒂岡．

1983 年，寫《柏楊版資治通鑑》。

1985 年，寫《醜陋的中國人》，針對華人集體文化和性格上的缺點批判和探討，引發全球華人社會熱烈爭論。

1986 年，中國大陸掀起柏楊熱潮，不久，中國學運爆發，中共遷怒。

1987 年，柏楊霎時成為罪犯，所有著作在中國大陸遭到全面查禁。

1994 年，擔任國際特赦組織台灣分會創會會長。進行心臟手術，健康每況愈下。

2000 年，陳水扁聘任為中華民國總統府國策顧問一職。

2006 年，封筆，不再在公眾場合露面和接受訪問。

2007 年，同意將 56 箱、共計 11,745 件文獻、文物捐贈予中國現代文學館，柏楊為國立臺南大學首位榮譽博士。

2008 年 4 月 29 日，因肺炎併呼吸衰竭在台灣新店耕莘醫院病逝，享壽 88 歲。

5 月 17 日 依其遺願海葬，家屬將柏楊骨灰撒入綠島海域，另留部分骨灰擇日帶回中國大陸安葬。

2010 年 9 月 12 日遺孀張香華，將柏楊部分骨灰安葬故鄉河南新鄭福壽園陵園。

唐德剛　1920.8.23.－2009.10.26.，生於安徽省合肥縣西鄉山南館唐老圩

唐德剛，歷史學家、傳記文學家、紅學家。口述歷史有「李宗仁回憶錄」「胡適口述自傳」「胡適雜憶」「顧維鈞回憶錄」「張學良口述歷史」「歷史三峽」

1920 年，在私塾唸書，舊學邃密，十多歲即已圈點過一遍《資治通鑑》。

1939 年，考入重慶國立中央大學歷史學系，著名教授有，柳詒徵、朱希祖、繆鳳林、郭廷以、向達、沈剛伯、賀昌群、白壽彝、韓儒林等史學家。

1943 年，獲學士學位。

1944 年，在安徽學院史地系講授《西洋通史》。

1948 年，赴美留學，

1952 年，獲哥倫比亞大學碩士，

1959 年，獲史學博士，博士論文為「1844~1860 中美關係」。後留校任教，曾講授《漢學概論》《中國史》《亞洲史》《西洋文化史》等課程，並兼任哥倫比亞大學中文圖書館館長 7 年並參與負責口述歷史計劃的中國部分。

1972 年，唐德剛受排擠離開哥大，受聘為紐約市立大學教授近二十年．

1991 年，榮休，其間曾任亞洲研究系系主任，紐約文藝協會會長。

2002 年，因釣魚臺事件與楊振寧一同發表聲明，批評李登輝。

2009 年 10 月 26 日，因腎衰竭卒於美國舊金山佛利蒙中，享年 89 歲。

唐德剛是「散文家」有詼諧直接、氣勢極盛、妙趣橫生，口述歷史主要推動人。他曾參與發起在全球徵集一億人簽名要求日本償付戰爭賠款的運動。

余英時　1930.1.22.~　原籍安徽潛山官莊鎮金城村人，生於天津市．

余英時，歷史學家、漢學家，中央研究院院士，自由人士。

抗日戰爭，七歲回到老家安徽省潛山縣官莊鎮金城村．

戰亂中，在燕京大學歷史系肄業。

1950 年入讀香港新亞書院，師從國學大師錢穆，1952 年畢業。

1951 年在報紙發表文章，即名聞一時。

1955 年入美國哈佛大學，取得歷史學哲學博士學位。

歷任美國密歇根大學、哈佛大學、香港新亞書院、香港中文大學、美國耶魯大學、普林斯頓大學教授、校長、中央研究院院士．

1991 年他為美國康乃爾大學第一任胡適講座訪問教授。

六四天安門事件，余英時在美國學術界發起聲援活動，對六四流亡海外知識分子和學運領袖劉賓雁、蘇曉康等，給予他們人生中最難忘的轉驛站和庇護所，他夫婦功不可沒。

2006.11.16.，美國國會圖書館館長詹姆士畢靈頓博士宣佈，余英時與美國非洲裔歷史學家約翰·霍普·弗蘭克林，共同獲得美國國會圖書館克魯格人文與社會科學終身成就獎。

許倬雲　1930.7.10.~　　　江蘇無錫

許倬雲，國際著名歷史學家、現為美國匹茲堡大學歷史學系榮休講座教授、中央研究院院士。許倬雲學貫中西，先後執教於台灣、美國和香港的多所高等院校，善於運用社會科學的理論和方法治史，研究領域主要在中國文化史、社會經濟史和中國上古史，其代表著作包括《中國古代社會史論》、《漢代農業》、《西周史》、《萬古江河》等。許倬雲不僅是中國歷史學界的耆宿，也積極介入公共政治生活，他對台灣社會的民主政治轉型頗有貢獻，曾經大力鼓吹民主化的實現。他將中國歷史上的文官制度，以管理學的觀念，分析解釋，開了中國管理學研究的另一途徑。

郭冠英　1949~　　貴州清鎮，生於新竹市

郭冠英，筆名「范蘭欽」「郭才子」，生長於新竹空軍眷村。

1974 年，在政治大學匪情研究所（今東亞研究所）完成碩士論文《論職業革命家黨》。曾任中國電視公司新聞部編譯、製作人、《聯合報》專欄組記者，1984 年，入行政院新聞局。

2009 年 3 月，任行政院新聞局派駐多倫多台北經濟文化代表處新聞組長的郭冠英，因被政府指控「言行不當、蓄意欺瞞」及曠職瀆職等因素，遭新聞局計兩大過並免除其職務暨公務員身份。

妻子趙耀新為前經濟部長趙耀東先生的堂妹。

郭冠英曾對發動西安事變的張學良將軍和相關人士進行過長達近 3 年的面對面採訪。著有《張學良口述歷史》和《張學良傳》等書，張、郭二人也因此成為忘年好友。

中國歷史學家簡略

史學家	生 歿 年	著 作	史學家	生 歿 年	著 作
夏至先秦(約前-207~-221)			劉 歆	約前 77~-6	七略
左丘明	前 556~451	左傳、國語	班 彪	3~54	東漢史學家班固之父
孔 子	前 551~479	春秋	趙 曄		吳越春秋
秦至漢	前 221~220		班 固	32~92	漢書、東觀漢記
司馬談	?-前 110 年	司馬遷之父	班 昭	約 45~117	女史學家班固之妹
劉 安	前 179~122	淮南子	劉 珍		東觀漢記
司馬遷	前 135~87	史記	荀 悅	148~209	漢紀
褚少孫	生歿不詳	補述《史記》	魏晉	南北朝	220~581
桓 寬	生歿不詳	鹽鐵論	謝 承		後漢書
劉 向	約前 50~23	別錄、列女傳、戰國策	譙 周	201~270	仇國論、古史考

史學家	生 歿 年	著 作
韋 昭	204~273	吳書
薛 瑩	?—282	後漢記
荀 勖	?—293	汲冢書
華 嶠		後漢書
王 沈		魏書
魚 豢		魏略
陳 壽	233—297	三國志
謝 沈		後漢書
張 瑩		後漢南記
張 璠		後漢記
司馬彪	243—306	續漢書
束 晳	263—302	整理《汲冢書》
干 寶	?—336	晉紀、搜神記
葛 洪	284—363	後漢書抄
常 璩	291?—361	華陽國志
袁 宏	328—376	後漢紀
袁 崧		後漢書
孫 盛		魏氏春秋、晉陽秋
習鑿齒	?—383	漢晉春秋
裴松之	372—451	三國志注
范 曄	398—445	後漢書
劉義慶	403—444	後漢書、世說新語
沈 約	441—513	宋書
裴 駰		史記集解
崔 鴻		十六國春秋
酈道元	466或472—527	水經注
裴子野	469—530	宋略
蕭子顯	487—537	南齊書
魏 收	506—572	魏書
姚思廉	557~637	梁書、陳書
隋~唐(581年—907)		
李百藥	565—648	北齊書
房玄齡	579—648	晉書
魏 徵	580—643	隋書
顏師古	581—645	五經定本、註釋漢書
令狐德棻	583—666	周書

史學家	生 歿 年	著 作
長孫無忌	594—659	隋書
褚遂良	596—659	晉書
李延壽		南史北史
司馬貞		史記索隱
張守節		史記正義
劉知幾	661—721	史通
吳 兢	670年—749	貞觀政要
杜 佑	735—812	通典
五代十國至宋朝(907—1279)		
王 溥	922—982	唐會要
趙 瑩	880—947	舊唐書
薛居正	912—981	舊五代史
李 昉	925~996	太平御覽廣記文苑英華
宋 祁	998~1061	新唐書
歐陽修	1007~1072	新唐書、新五代史
司馬光	1019—1086	資治通鑑
劉 攽	1023~1089	東漢刊誤漢宮儀五代春秋
劉 恕	1032~1078	通鑒外紀五代十國紀年
范祖禹	1041~1098	唐鑒、仁宗政典
鄭 樵	1103~1162	通志
李 燾	1115~1184	續資治通鑒長編
袁 樞	1131—1205	通鑒紀事本末
徐夢莘	1125—1207	三朝北盟會編
李心傳	1166—1243	建炎系年錄、朝野雜記
元、明、清(1279—1842)		
胡三省	1230—1302	資治通鑑音注
馬端臨	1254—1324	文獻通考
宋 濂	1310—1381	元史
脫 脫	1314—1355	宋史、遼史、金史
解 縉	1369—1415	永樂大典
陳邦瞻	1557—1623	宋、元史紀事本末
沈德符	1578—1642	萬曆野獲編
談 遷	1593—1657	國榷
張 岱	1597—1679	石匱書、石匱書後集
計六奇	1622~?	明季北略、明季南略
黃宗羲	1610—1695	宋元學案、明儒學案

史學家	生 歿 年	著 作
顧炎武	1613~1682	日知錄
王夫之	1619~1692	讀通鑑論
谷應泰	1620—1690	明史紀事本末
徐乾學	1631~1694	資治通鑑後編
顧祖禹	1631—1692	讀史方輿紀要
高士奇	1645—1704	左傳紀事本末
萬斯同	1638—1702	歷代史表、紀元匯考
全祖望	1705—1755	補宋元學案全校水經注
王鳴盛	1722—1797	十七史商榷
戴 震	1724—1777	孟子字義疏證
紀 昀	1724—1805	四庫全書總目
趙 翼	1727—1814	二十二史劄記
錢大昕	1728—1804	二十二史考異
畢 沅	1730—1797	續資治通鑑
章學誠	1738—1801	文史通義
錢大昭	1744—1813	四史辨疑
湯 球	1804—1881	十六國春秋輯補、年表、兩晉詔鈔
徐 松	1781—1848	宋會要輯稿
陸心源	1838—1894	唐文拾遺、宋史翼
趙爾巽	1844—1927	清史稿
柯劭忞	1848—1933	新元史

上古史秦至漢

史學家	生 歿 年	著 作
王先謙	1842—1917	漢書補注後漢書集解
羅振玉	1866—1940	殷墟書契考釋
王國維	1877—1927	宋元戲曲考、人間詞話、觀堂集林
郭沫若	1892—1978	甲骨文字研究卜辭通纂 中國古代史的分期問題 中國古代社會研究
顧頡剛	1893—1980	古史辨
董作賓	1895—1963	殷墟文字甲編、卜辭中所見之殷曆
李 濟	1896—1979	西陰村史前遺存、殷墟器物甲編·陶器
馬非百	1896—1984	秦始皇帝傳、秦集史、秦史綱要
徐中舒	1898—1991	甲骨文字典、古詩十九首考、禹鼎的年

史學家	生 歿 年	著 作
蒙文通	1894—1968	代、論戰國策 古史甄微、輯校李榮老子注、輯校成玄英老子義疏、周秦少數民族研究
張蔭麟	1906—1942	中國史綱-上古篇
許倬雲	1930~	萬古江河、西周史、漢代農業、歷史分光鏡
童書業	1908—1968	春秋史中國疆域沿革史
楊 寬	1914—2005	西周史、戰國史、戰國史料編年輯證
楊向奎	1910—2000	宗周社會與禮樂文明
李學勤	1933~	東周與秦代文明、《古文字學初階》、《新出青銅器研究
李民	1934—	尚書與古史研究、夏代文化、夏商史探索、古本竹書紀年譯注、殷商社會生活史
杜正勝	1944 年—	編戶齊民、古代國家與社會
李開元		漢帝的建立與劉邦集團、復活的歷史、歷史的鏡像
安作璋	1927~	漢史初探、兩漢與西域關係史、秦漢農民戰爭史料彙編、班固評傳
周天游	1944~	八家後漢書輯注、後漢紀校注、兩漢復仇盛行原因
張光直	1931—2001	中國青銅時代

中古史魏晉至唐

史學家	生 歿 年	著 作
夏曾佑	1863—1924	中國古代史
盧 弼	1876—1967	三國志集解、注補
陳寅恪	1890—1969	隋唐制度淵源略論稿、唐代政治史述論稿、元白詩箋證稿、論《再生緣》、柳如是別傳、寒柳堂集
岑仲勉	1886—1961	隋唐史、唐史餘瀋、隋書求是、唐人行第錄、通鑑隋唐紀比事質疑
勞 榦	1907—2003	魏晉南北朝史
陶元珍	1908—1980	魏晉史叢考三國食貨志
唐長孺	1911—1994	魏晉南北朝隋唐史三論總結其一生研究的通論性著作
王仲犖	1913—1986	魏晉南北朝史
尚 鉞	1902—1982	中國歷史綱要
何茲全	1911—2011	魏晉南北朝史略、中國通

史學家	生殁年	著作
周一良	1913—2001	史·魏晉南北朝時期、魏晉南北朝史論集
馬植傑	1922—2006	諸葛亮傳、三國史
田餘慶	1924—	東晉門閥政治
張作耀	1931—	中國歷史便覽、中國歷史辭典、曹操評傳、曹操傳、劉備傳、孫權傳
逯耀東	1933—2006	魏晉史學及其他、胡適與當代史家、從平城到洛陽—拓跋魏文化轉變的歷程、魏晉史學的思想與社會基礎
張大可	1940—	三國史研究
祝總斌	1940—	兩漢魏晉南北朝宰相制度研究、八王之亂爆發原因初探、都督中外諸軍事及性質、作用
張榮芳	1955—	唐代的史館與史官、唐代京兆尹研究》、典章制度的總匯—通典
黃永年	1927—2007	唐代史料學、唐代史事考釋
吳宗國	1934—	唐科舉制度研究、隋唐五代史
張國剛	1956—	唐代藩鎮研究、唐代官制
近世史唐末至清盛		
馮承鈞	1887—1946	成吉思汗傳、中國南洋交通史、高昌城鎮與唐代蒲昌、景教碑考
朱謙之	1899—1972	中國音樂文學史、中國景教、哥倫布前一千年中國僧人發現美洲考
鄭天挺	1899—1981	清史探微、清史簡述、史學名著選讀
黃現璠	1899—1982	廣西壯族簡史、唐代社會概略、宋代太學生救國運動、壯族通史
向達	1900—1966	唐代長安與西域文明
吳晗	1909—1969	朱元璋傳、明史簡述、讀史札記
何炳棣	1917—	明人口及相關問題中國歷代土地數字考實
黃仁宇	1918—2000	中國歷史、資本主義放寬歷史的視界
漆俠	1923—2001	宋代經濟史
鄧廣銘	1907—1998	辛稼軒年譜、岳飛
鄧小南	1950—	北宋前期政治述略、

史學家	生殁年	著作
王曾瑜	1939—	宋代文官選任制度、岳飛新傳、宋朝兵制初探、遼金軍制
韓儒林	1903—1983	元史、成吉思汗傳
錢海岳	1901—1968	南明史
顧誠	1934—2002	明農民戰爭史南明史
方誌遠	1950—	明國家權力結構、運行機制、城市與市民文學
蕭啟慶	1937—2012	西域與元初政治、元史新探、蒙元史新研、元朝史新論、蒙元史研究、元代的族群文化與科舉、元代進士輯考、九州四海風雅集: 元代多族士人圈的形成與發展
孟森	1869—1937	清史講義、明清史講義、明代史、心史叢刊
戴逸	1926—	簡明清史、乾隆帝及其時代
李治亭	1942—	吳三桂傳、中國漕運史、清康乾盛世
盧建榮	1949—	咆嘯彭城、飛燕驚龍記、鐵面急先鋒
近代史清末至今		
梁啟超	1873—1929	新史學、中國歷史研究法、中國近三百年學術史、清代學術概論
陳垣	1880—1971	元也里可溫考、元西域人華化考、校勘學釋例、通鑒胡注表微
蔣廷黻	1895—1965	中國近代史
陳旭麓	1918—1988	近代中國社會新陳代謝
郭廷以	1904—1975	近代中國史綱、史事日誌、太平天國史事日誌
唐德剛	1920—2009	晚清七十年、《李宗仁回憶錄、顧維鈞回憶錄、毛澤東專政始末、中美外交史百年史
劉廣京	1921—2006	英美在華航運勢力競爭
高陽	1922—1992	胡雪巖、慈禧全傳、紅樓夢斷、曹雪芹別傳
徐中約	1923—2005	中國近代史、中國進入國際社會的外交
章開沅	1926—	辛亥革命與近代社會、辛亥革命史、中國近代史、清通鑒

史學家	生歿年	著作	史學家	生歿年	著作
張玉法	1936—	中國現代史、中國近代現代史、中國現代史略、中華民國史稿	楊聯陞	1914—1990	
胡　繩	1918—2000	鴉片戰爭到五四運動、帝國主義與中國政治	何炳棣	1917—	
			黃仁宇	1918—2000	
陳永發	1944—	紅太陽下的罌粟花、延安的陰影、中國共產革命七十年	徐中約	1923—2005	
			唐德剛	1920—2009	
			許達然	1940—	
胡平生	1945—	民國初期的復辟派、民國時期的寧夏省、中國現代史書籍論文資料舉要、抗戰前十年間的上海娛樂社會	陳　兼	1852~	
			葉文心		
			王國斌		
陳　兼	1952—	中國走向朝鮮戰爭之路、劍橋冷戰史·中國卷、毛澤東的中國與冷戰	余英時	1930.1.22~	
			魯桂珍	1904—1991	
羅爾綱	1901—1997	太平天國史、李秀成自述原稿注、湘軍兵志			
簡又文	1896—1978	太平天國史、馮玉祥傳			
沈志華	1950—	中蘇同盟與韓戰研究、毛澤東、史達林與韓戰、蘇聯專家在中國、新經濟政策與蘇聯農業社會化道路			
許紀霖	1957—	中國現代化史、城市的記憶、上海文化多元歷史傳統			
桑　兵	1958—	晚清學堂學生與社會變遷、清末新知識界的社團與活動、庚子勤王與晚清政局、《國學與漢學—近代中外學界交往錄			
臺灣史					
連　橫	1878—1936	臺灣通史、臺灣語典、連雅堂先生全集			
曹永和	1920—	台灣早期歷史研究、台灣早期歷史研究續集、中國海洋史論集			
黃富三	1940—	台灣簡史、戒嚴時期台灣政治事件檔案與口述歷史、美麗島事件			
翁佳音	1940~	大臺北古地圖考釋、臺灣通史類著作題與分析			
許達然	1940~	十八十九世紀台灣社會史論、台灣人民起事和歷史發展1683－1894			
李筱峰	1952~	解讀二二八事件			
吳密察	1956~	台灣近代史研究			
許雪姬		臺灣歷史辭典			
華人歷史學家					

十九、政治家

霍光　?-前-68 年　河東平陽人

霍光，字子孟，西漢政治家。霍光是名將霍去病異母弟。漢武帝時期出仕，武帝臨終前和金日磾、上官桀、桑弘羊同被指定為輔佐新皇帝的顧命大臣。歷經武帝、昭帝、宣帝三朝，其間還主持廢立昌邑王，權傾一時。宣帝地節二年去世。過世後霍家失寵，因謀反被誅族。

霍光的父親霍中孺是平陽縣吏，同平陽侯侍女私通後生下霍去病。後回鄉另娶妻生霍光。霍去病的姨母衛子夫得寵，舅父衛青受重用，霍去病因此也得到武帝重用。霍去病得知自己生父後，在行軍途中到平陽霍中孺家認親，並在回軍途中將霍光帶回長安，從此霍光開始了他的仕途生涯。當時他約十多歲。

霍光在漢武帝時期為官二十多年，歷任郎、諸曹、侍中、奉車都尉、光祿大夫。他的主要職責大約是侍奉武帝日常生活，以謹小慎微著稱。

前-88 年，同上官桀、金日磾共同挫敗侍中僕射莽何羅與弟重合侯的叛亂陰謀。武帝晚年時候，準備立幼子劉弗陵為嗣，他認為霍光堪以重任，暗示他要學習周公，輔佐幼主。

前-87 年，武帝病危，逝世前任命霍光為大司馬大將軍，金日磾車騎將軍，上官桀左將軍，桑弘羊御史大夫，4 人共同輔佐當時僅 8 歲的劉弗陵。

漢昭帝時期，因各種利益衝突，上官桀父子、蓋長公主、燕王劉旦和桑弘羊共同結成反對霍光的同盟，向漢昭帝上書指責霍光有不臣之心，但昭帝未予理睬。後來這些人決定發動政變殺霍光，廢黜昭帝，立燕王為帝，但計劃洩漏，霍光誅殺上官桀父子和桑弘羊，蓋長公主和燕王旦自殺。此後霍光成為朝政實際上的決策者。他採取休養的措施，讓國力得到一定的恢復。對外也緩和了同匈奴的關係，恢復和親政策。

前-74 年，漢昭帝駕崩，他沒有兒子。漢武帝孫昌邑王劉賀即位，但不到一個月就以淫亂無道的理由被霍光報請上官太后被廢。霍光同群臣商議後決定從民間迎接武帝戾太子的孫子繼承皇位。這就是漢宣帝。

霍光作為臣子廢立皇帝，後世將他的行為與商朝名臣伊尹放太甲於桐宮的故事相提並論；權臣欲廢掉皇帝時，常說「行伊尹霍光事」。

漢宣帝即位初，霍光表示要歸政於帝，但宣帝沒有接受，朝廷事務的決策仍先經過霍光過問再稟報皇帝。

不久宣帝許皇后生病，霍光妻子顯為了讓自己的女兒霍成君有機會被立做皇后，收買醫生下毒藥毒死了許皇后。後所有給皇后看過病的醫生被宣帝以瀆職罪下獄，顯開始害怕，向霍光坦白了此事。霍光驚駭之余，想要自首，但最終還是掩蓋了過去。霍成君最終被立為後。

前-68 年，病重逝世。

賈誼　前-200~-168　河南洛陽人

賈誼是西漢著名政論家、文學家，文采飛揚，少年師從張蒼學習「左氏春秋」「老莊學說」詩詞歌賦，才華過人・過於迂腐，胸襟不寬，心情憂鬱33歲即逝.由於當過長沙王太傅，故世稱賈太傅、賈生、賈長沙。漢朝著名政論家、思想家、文學家。其政論文《過秦論》《論積貯疏》《治安策》等，在歷史上有很崇高的地位。

前-200年，從小才學過人，文精筆妙。

前-218年，18歲聞名於郡里，被河南郡守吳公召致門下，作了郡守的門客。

前-222年，22歲漢文帝登基，擢升河南郡守吳公為廷尉，吳公推薦當博士。

前-202年，博士掌管政府文獻典籍，也是皇帝的高級顧問。每有精闢見解，文帝極為欣賞，提升為太中大夫。賈誼設計了一整套漢代禮儀制度，以代替秦制。漢文帝打算擢升賈誼並採用他的方案，遭到官僚宗室反對，只得作罷。

前-177年，賈誼被貶為長沙王太傅，任長沙王太傅三年，有感而作《鵩鳥賦》《弔屈原賦》和《鵩鳥賦》。

　　長沙因為他和屈原的影響而被稱為「**屈賈之鄉**」，賈誼在長沙故居一直保留，相傳南北朝時還遺留他挖的井、他的石坐床、和親手栽種的柑樹。宋代將他的故居改建成賈誼祠。明清時祠中增祀屈原，改為屈賈祠，至今仍供人憑弔。

前173年，文帝召賈誼回洛邑，問鬼神之事，夜半前席。既罷，曰：「吾久不見賈生，自以為過之，今不及也。」漢文帝拜賈誼為自己愛子梁懷王的太傅。賈誼此時期除太傅責任以外，主要寫政論文對漢文帝進行勸諫。《治安策》《論積貯疏》是他的代表作。

前-169年，梁懷王墜馬而死。賈誼認為自己未盡輔導親王職責，終日哭泣，

前-168年，因哀傷過度，憂鬱而終，年僅33歲。

賈誼雖然早逝，但其文采與見識深受後人讚歎。

賈誼在《論積貯疏》中指出：「今背本而趨末，食者甚眾，是天下之大殘也；淫侈之俗，日月以長，是天下之大賊也。殘賊公行，莫之或止；大命將泛，莫之振救。」賈誼認為工商「末」業敗壞社會風俗。他主張抑末強本，「今驅民而歸之農，皆著於本，使天下各食於力。末技、游食之民轉而緣南畝，則蓄積足而人樂其所矣。」

賈誼上書《諫鑄錢疏》提出反對民間私人鑄錢，主張把銅業收歸國有，統一鑄幣權，規定標準的「法錢」「輕則以術斂之，重則以術散之」，增加財政收入。

所著政論有「陳政事疏」「過秦論」「新書」十卷。

晁錯　前-200~-154　穎川(今河南禹縣)人

晁錯，西漢初著名政論家。《史記》《漢書》本傳作鼂錯，

年輕時從張恢學申不害、商鞅的法家學說；漢文帝時，為太常掌故，曾奉命從故秦博士伏生受《尚書》；後為太子家令。漢景帝時，任御史大夫，提出《削

藩策》，試圖改變漢初各劉姓王割據、威脅中央朝廷的局面。但是，落實到具體行動上，晁錯過於激進，一不懂得分化瓦解對手，二沒有貫徹嚴守法律的精神，找到諸侯王足夠分量的罪行。晁錯以懲罰諸侯王犯下的小錯為名，在短時間內大量削減各主要諸侯王的封地，致使矛盾迅速激化，局勢迅速惡化。

前-154年，吳王劉濞會七國，以「誅晁錯，清君側」為名，起兵叛亂。漢景帝聽信袁盎等讒言，將晁錯處死，希望平息叛亂，但是七國並不退兵，最終漢朝廷不得不出兵才平息叛亂。

漢景帝事後對於錯殺晁錯懊悔不已，《史記》書「上令晁錯衣朝衣斬東市」，而班固的《漢書》則直書「乃使中尉召錯，紿載行市，錯衣朝衣，斬東市」，說明晁錯是在完全不知情的情況下，被騙到刑場立即腰斬的。

《漢書·藝文志》記載，晁錯有文31篇，多佚，今存較完整8篇，以《論守邊疏》和《論貴粟疏》為著。清朝馬國翰嚴可均等著有輯本。

董仲舒 前-197~-104　廣川(今河北棗強東北)

董仲舒，西漢思想家，論說「春秋公羊傳」·建立宗教唯心主義思想體系，提出歷史循環三統·三正，人性三綱五常說·「三綱」君為臣綱，父為子綱，夫為妻綱，三條封建道德原則·要求為臣、為子、為妻，必須絕對服從於君、父、夫。「五常」仁、義、禮、智、信.「凡非五經之書，柔孔丘之著，皆予禁絕，不准流傳」自是罷黜百家，獨尊儒家。是一個西漢的儒生。專治《春秋》，為今文經大師，與古文孔安國齊名，曾指導司馬遷經學之說。

早年用功讀書，「三年不窺園」，以研讀《公羊春秋》出名，與胡母生齊名，景帝時曾任公羊博士，武帝時任江都相和膠西王相。漢武帝舉「賢良文學」之士，他對策建議「諸不在六藝之科、孔子之術者，皆絕其道，勿使並進。」，主張更化善治，「獨尊儒術，罷黜百家」，「前德而後刑」，為武帝所採納，使儒學成為中華文化的社會基礎，影響長達二千多年。

董仲舒的弟子很多，他講學的方法是「下帷講誦」，講課時用幕布圍起來，只教高才生，一般學生則由高才生去教，因此很多董派弟子根本沒見過董仲舒本人。他的弟子有出色的，褚大為梁相，嬴公為諫大夫，呂步舒為丞相長史。董仲舒居家寫《災異之記》，當時遼東高廟發生了火災，主父偃把書上奏給了漢武帝。漢武帝讓學者討論，以為該書譏諷朝政。董仲舒的學生呂步舒當時也在場，他不知這是老師的作品，批評此書是「大愚！」。結果，董仲舒被判死罪。後來被漢武帝赦免。被廢為中大夫。以後董仲舒再也不敢宣傳「陰陽災異」了，晚年「居家以修學著書為事」。

董仲舒其學以儒家宗法思想為中心，建議以「弱枝」或「小末」的方式嚴禁王侯大臣擅權，雜以陰陽五行說，把神權、君權、父權、夫權貫串在一起，形成帝制神學體系，流行於漢代的讖緯都是繼承了董仲舒的感應、災異之說。董仲舒還把《公羊春秋》用於司法上，提出「《公羊》治獄」，即《公羊董仲舒治獄》，是漢代酷吏產生的基礎。從而他提出了天人感應、三綱五常等重要儒家理論。

董仲舒去世後，據傳葬於陝西西安和平門內下馬陵。

董仲舒有一百多篇文章、詞賦傳世，但是今日除了《天人三策》、《士不遇賦》之外大多散佚。《隋書·經籍志》所著錄《春秋繁露》據說是董仲舒作品，這個說法暫時為學界所接受；由於該書內容雜蕪不純，無法完全證實是董氏之主張。宋代程大昌《演繁露》與近代仍有一派學者認為《春秋繁露》是偽書。

董仲舒的〈士不遇賦〉主要收錄在歐陽詢《藝文類聚》第三十卷。

賈逵　174~228　河東郡襄陵縣人（今山西襄汾縣）

賈逵，字梁道，本名衢。賈逵是曹魏政權中具有政治、軍事才幹的人物，終其一生為曹魏的統一事業作出貢獻。賈逵之子賈充也是曹魏官員，並是西晉的開國元勳。

賈逵曾為河東郡小吏，守絳邑（今山西絳縣）縣長，深得絳邑父老愛戴。

202年，袁尚命令郭援、匈奴單於呼廚泉、高幹攻打河東，郭援所經絳邑都投降，但到絳邑時賈逵拒絕投降，並奮力抵抗；郭援無法攻下，於是召呼廚泉合力攻擊，最終都成功攻下。郭援聽聞賈逵的名聲後打算收他為將，並派兵押他來，但賈逵並不順從，身邊左右要他向郭援叩頭，但他卻說：「安有國家長吏為賊叩頭！」這句話惹怒了郭援，要將他殺死。此時絳縣吏民聽到消息後，紛紛向郭援求情，賈逵才未被殺死。

絳邑被圍時，賈逵知道無法抵抗，於是命人送印綬到郡，而且建議要快駐兵皮氏這個重地。絳邑被攻下後郭援果然打算攻皮氏，賈逵怕郭援會快郡一步攻下皮氏，於是出計令郭援多留七日，皮氏亦準備好防守，最終都沒有被攻下。後來賈逵獲舉茂才，任澠池縣令。

205年，并州刺史高幹叛曹，張琰舉兵響應，此時賈逵不知張琰打算叛變，才來到見他就知叛變發生，想逃走但又怕被捉拿，於是假裝與張琰同謀，為他談論計謀，成功得到他信任。後賈逵見治所蠡城城牆不堅固，向張琰求兵修補城牆；得兵後又將打算向張琰通風報信的人殺死。最後賈逵據城抵抗張琰，張琰戰敗。賈逵後來被辟為司徒掾，以議郎參司隸校尉軍事。

211年，曹操征伐在關中叛亂的馬超，經弘農時稱這是西道的要地，命令賈逵領弘農太守。後賈逵雖因事獲罪被免職，但曹操仍然賞識賈逵，又任他為丞相主簿，後又拜諫議大夫，與夏侯尚共掌軍事計策。

220年，曹操在洛陽逝世，由賈逵處理喪事，並運靈柩回鄴城。曹丕繼承魏王爵位後，任命賈逵為鄴縣縣令，治理當地的不法之徒，不久遷任魏郡太守。同

年六月，曹丕領大軍南巡，賈逵任丞相主簿祭酒。到譙時，又任命賈逵為豫州刺史。賈逵在豫州嚴格執行政令，任命枉法的屬下官員都一律被免職，因而得到曹丕的讚賞，更布告天下，命以豫州為榜樣。因功獲賜關內侯。由於豫州南接吳境，賈逵都做好防守的準備，同時又建造水壩截水，建起了一條二百餘里的運河，稱為「賈侯渠」，便利民生。

222 年，賈逵與曹休、張遼等將進攻東吳，乘吳軍遇暴風擊破呂範的部隊，戰後獲進封陽里亭侯，加建威將軍。

227 年，曹叡繼位，孫權在豫州正南方的東關駐守，賈逵見豫州境內的駐軍都僅是防守，每次攻擊東吳都是由東方或是由西方進攻，無從北方受襲的顧慮，令吳軍可以合兵全力抗擊。於是打算建一條直道由豫州直道長江，作為威脅和有利自己的戰略部處，同時又移駐潦口，上陳進攻的計策，曹叡都十分同意。

次年，東吳鄱陽太守周魴引曹休領兵向皖，曹叡同時又派賈逵督前將軍滿寵、東莞太守胡質等四支軍隊由西陽直攻東關、司馬懿領兵到江陵。到五將山時曹休表示收到東吳將領的投降上表，要深入東吳；曹叡又命各軍與曹休會合一同進攻。賈逵此時見東吳在邊境並無防備，知道曹休一定會因深入而被早已準備的吳軍擊破，賈逵於是部處諸將水陸並進，又生擒吳兵，得知曹休已敗，吳軍更到夾石截擊曹休的敗兵。賈逵於是快速行軍，並多設旗鼓作疑兵，進據夾石並逼退截擊的吳軍，又支援被吳軍追擊至夾石的曹休軍。

228 年，賈逵逝世，諡肅侯，享年 55 歲。

賈逵忠誠，被郭援威逼仍寧死不願向他投降。另在曹操死後，鄢陵侯曹彰由長安趕來，問曹操的璽綬時，賈逵則嚴肅地說「天子在鄴，國有儲輔。先王璽綬，非君侯所直問也。」表明尊重曹操和其選立的繼位人曹丕。另在夾石時，雖然賈逵與曹休有過節，但在曹魏的利益面前都可以放低，努力營救曹休以免被吳軍覆滅。在他病重時，又對左右說：「受國厚恩，恨不斬孫權以下見先帝。喪事一不得有所修作。」可見他至死都希望助曹魏覆滅東吳，以至統一。故此在諸葛誕聽到賈充支持魏室禪讓他人，屬聲說：「卿非賈豫州子？」

張居正 1525-1582　湖北江陵

張居正，字叔大，號太岳，又稱張江陵。諡號「文忠」

1525 年，出生，自幼聰穎。

1537 年，12 歲投考生員，荊州知府李士翱很賞識他。

1538 年，13 歲考舉人時，頗受鄉試主考官湖廣巡撫顧璘賞識，二人成了忘年交。

1541 年，16 歲中舉人。

1547 年，中進士，由庶吉士至翰林院編修。與朝廷中宦官和權臣都有密切關係，埋下「禍發身後」的悲劇。

1567 年，任吏部左侍郎兼東閣大學士。上《陳六事疏》，聲明自己關於改革時政的意見。經歷了激烈的內閣鬥爭

後，最終與高拱並為宰輔，為吏部尚書、建極殿大學士。和高拱一起巧妙利用俺答汗孫子來降一事，與韃靼和解互市，結束了雙方多年的戰事，是為俺答封貢。在南方，准許廣州舉辦一年兩次「交易會」。

1573 年，當時神宗年幼，張居正得到神宗生母李太后的信任，掌握軍政大權，前後十年，實行政治經濟改革措施，收到一定成效。

6 月，張居正實行考成法，加強對官員的考評，他要求全國各個衙門分置賬簿，記載一切發文、收文、章程、計劃，是為底冊。底冊一式三份，一份本衙門留存，一份送各科備註，實行一件註銷一件，逾期未辦理的，該科上奏候旨，一份送內閣考察，作為官員升降任免的依據。如此，月有稽，歲有考，提高了辦事效率；通令裁減庸官冗員；整理稅捐，國庫收入增加。

1577 年，張居正父親去世。按官制應守孝三年，張居正提出奪情，落得貪權不孝的罵名。

1578 年，下令清丈土地，推行一條鞭法，改變賦稅制度，條項稅役合併，按畝征銀，使政府的財政情況有所改善。

1579 年，明神宗因夜與宦官張鯨遊玩時行為不檢，遭到李太后訓斥，張居正為皇帝寫了罪己詔，由此埋下日後的禍根。

1580 年 10 月，下令吏部遍查兩京衙門，「有冗濫者裁之」。

1581 年 1 月，裁兩京戶部侍郎以下 156 個職位，推行「一條鞭法」，使明朝財政狀況改善；用名將戚繼光、李成梁等練兵，加強華北、邊鎮防務。

1582 年，病卒，贈上柱國，諡文忠，在過世前十天，萬曆加封為"太師"，為有明一代唯一一位在生前受封此職之人。

1583 年 1 月，南京刑科給事中阮子孝上疏彈劾張居正「各子濫登科第，乞行罷斥」。神宗批文：「都教革了職為民」。

長子張敬修不堪嚴刑逼供之重負，在寫下一份「丘侍郎、任巡按，活閻王！你也有父母妻子之念……何忍陷人如此酷烈」「有便，告知山西蒲州相公張鳳盤，今張家事已完結矣，願他輔佐聖明天子於億萬年也！」血書之後自縊身亡；二子張嗣修投井自殺未遂，絕食未果，後發配邊疆。三子張懋修後戍煙瘴地而死。

潘季馴看不下去，上疏皇帝說，「治居正獄太急」，「至於奄奄待斃之老母，煢煢無倚之諸孤，行道之人皆為憐憫。」

1621 年，張居正方恢復名譽。崇禎時「撫髀思江陵，而後知得庸相百，不若得救時相一也」，為張居正徹底平反。識者感慨其「功在社稷，過在身家」。

《明史》「恩怨盡時方論定，封疆危日見才難。」

張居正著有《張太岳集》《書經直解》後世把他所有著作編入《張文忠公全集》。張居正提出了「厚農而資商」，「厚商而利農」的經濟觀點。他與工部派來的榷稅使周漢浦探討「始所建榷及後稍異」的原因，進一步闡明道理，暢言：「古之為國者，使商通有無，農力本穡，商不得通有無以利農，則農病；農不得力本穡以資商，則商病。故商農之勢，常若權衡。然至於病，通無以濟也。」

顧憲成　1550.8.7.-1612　安徽無錫涇里

顧憲成，字叔時，號涇陽。明代思想家，他家境清貧，自幼好學，常夜讀達旦。

1550 年 8 月 7 1，誕生於顧氏祖屋「端居堂」。

1570 年，補邑庠生員，治程朱理學。

1576 年，舉鄉試第一，

1580 年，成進士，授戶部主事。

1582 年，調任吏部稽勛司主事，歷任考功司。官至吏部文選郎中。

1594 年，因忤旨被削職為民，革職還鄉．

1598 年，在惠山第二泉處講學，力駁王守仁陽明學「無善無惡心之體」之說。

1604 年，修復東林書院，與高攀龍、錢一本、于孔兼等在此講學，與高攀龍並稱「顧高」，又同顧允成、高攀龍、安希范、劉元珍、錢一本、薛敷教、葉茂才時稱「東林八君子」，立下《東林書院會約》，年有大會，月有小會。東林諸生「講習之餘，往往諷議朝政，裁量人物」，一時朝野應和，與朝中閹黨勢同水火，被稱為「東林黨」。《明史紀事本末》云：「今日之爭始於門戶，門戶始於東林，東林始於顧憲成」。

1612 年 5 月 23 日，去世，葬無錫查橋關涇村西南處，人稱「天官墳」。

左光斗　1575 年－1625 年　南直隸桐城（今屬安徽）人。

左光斗，字遺直、共之，號浮丘，諡忠毅，晚明官員，史可法的老師。因反抗權閹魏忠賢，被下獄迫害致死，明弘光時平反。

1607 年，與楊漣同年進士，授中書舍人。明熹宗剛即位的時候，宦官魏忠賢亂政，楊漣上了一份奏章，揭發魏忠賢二十四條罪狀。左光斗等七十餘人大力支持他，草奏彈劾魏忠賢等三十二斬罪，但熹宗皆不信。

魏忠賢反誣陷楊漣等六君子接受熊廷弼的賄賂，判定楊漣、左光斗各坐贓二萬，魏大中三千。後左光斗等人被捕下獄，受酷刑折磨，史載「五日一審，受拶、夾、棍等刑，不能跪起，平臥堂下受訊」。根據方苞《左忠毅公軼事》的記載，將死之前，左光斗的學生史可法買通獄卒，前往探監，遭光斗怒斥離去。史可法受左光斗「忠義」感召，繼其志業，忠君愛國，亦身殉社稷。

1627 年，明熹宗駕崩，明思宗即位，懲辦魏黨，魏忠賢自殺。南明福王弘光時，為左光斗平反，追諡忠毅。

楊漣　1572 年－1625 年，湖廣應山（今湖北廣水）人。

楊漣，字文孺，號大洪，諡忠烈，

1607 年，進士。是東林黨人，以敢言著稱。天啟四年上魏閹二十四大罪狀疏，被陷害下錦衣衛詔獄。天啟五年在獄中被閹黨陷害致死，明思宗時平反。著有《楊大洪集》。

楊漣一開始在東林黨人中可以說是不起眼的人物，官位也不高，到明神宗駕崩時不過是兵部右給事中，但他卻可說是明末東林黨人士能夠掌權的關鍵人物之一，在移宮案中出力頗多，並在明熹宗即位之後升任左副都御史，但由於東林黨人士大量排除異己，也為他日後的慘死埋下了禍根。

天啟年間，明熹宗荒於朝政，朝廷權柄逐漸被宦官魏忠賢掌握。楊漣見魏忠賢竊權納柄，閹黨當道誤國。

1624 年六月，上疏劾魏忠賢二十四大罪，指出「宮中府中大事小事，無一不是魏忠賢專擅，即章奏之上，反覺皇上為名，忠賢為實」，認為「寸磔忠賢，不足盡其辜」，但事機不密，為魏黨所獲，魏忠賢恨甚之，於是妄興汪文言獄，以「黨同伐異，招權納賄」等罪名，逮捕楊漣等人入獄。七月，楊漣與左光斗遭酷法拷訊，五日後，竟慘死獄中，死前書《獄中絕命辭》。左光斗、魏大中被打死後均體無完膚。楊漣被閹黨錦衣衛都指揮僉事許顯純以鐵釘穿腦，當場斃命，死狀最為慘烈。當其遺體被家屬領出時，全身已經潰爛。

明思宗即位之後，誅滅魏忠賢等閹黨，並為楊漣等人平反冤案。楊漣贈太子太保、兵部尚書，諡為忠烈，其子楊之易並得以進入國子監

劉宗周　1578 年－1645 年，山陰（今浙江紹興）人。

劉宗周，初名憲章，字起東，號念臺，因講學於蕺山書院，後人稱其為蕺山先生。明末著名哲學家、文學家，「浙東學派」。其著作以古奧難解著稱。

父劉坡早逝，劉宗周為遺腹子，自幼隨母養於外祖父章穎家。章穎頗有學問卻屢試不第，徐階、陶望齡、周應中等人均出其門下。

1601 年，科進士，師從湖州德清學者許孚遠。

1604 年，封行人，為官剛正，敢於直諫，官太僕寺少卿，「必三四辭而後受事」。因得罪魏忠賢，削籍。

明思宗繼位，替楊漣、左光斗等平反，封宗周為順天（今北京）府尹。

1628 年，上疏：「陛下救治之心，操之太急。嗖釀而為功利；功利不已，轉為刑名；刑名不已，流為猜忌；猜忌不已，積為壅蔽」，帝嘆其忠。

1636 年，再上疏：「陛下求治太急，用法太嚴，布令太繁，進退天下士太輕。諸臣畏罪飾非，不肯盡職業，故有人而無人之用，有餉而無餉之用，有將不能治兵，有兵不能殺賊。流寇本朝廷赤子，撫之有道，則還為民」，曾屢次上疏，每受貶斥。官至工部左侍郎。

1640 年三月，李自成破北京，明思宗自縊煤山。五月，福王朱由崧登極於南京，以宗周為左都御史。因劾馬士英、阮大鋮，被黜歸里。

一生致力於講學和著述，因講學蕺山，創建證人書院，與陶奭齡共同講學，提倡「誠意」、「慎獨」之說，反對「廢聞見而言德性」，人稱之為「千秋正學」，學者稱為「蕺山先生」，黃宗羲、陳確是他的學生。

1645 年，多鐸率清軍攻陷杭州，劉宗周正在進餐，聞訊推食慟哭，決定絕食殉國。享年六十八。一生著述宏富，約三十多種，收為《劉子全書》四十卷、《劉子全書遺編》二十四卷。

黃宗羲　1610.9.24.－1695.8.12.，浙江紹興府餘姚縣（今浙江省寧波餘姚市）明偉鄉黃竹浦（今黃埠鎮）人

黃宗羲，字太沖，號梨洲，世稱南雷先生或梨洲先生。黃宗羲與顧炎武、王夫之並稱明末清初三大思想家（或明末清初三大儒）；與弟黃宗炎、黃宗會號稱浙東三黃；與顧炎武、方以智、王夫之、朱舜水並稱為「明末清初五大師」。黃宗羲有「中國思想啟蒙之父」之譽。

曾參加抗清活動，對閹黨鬥爭，並成為「復社」領導人之一，被指為東林黨餘孽，被捕入獄，曾組織「世忠營」武裝抵抗。

明亡，隱居著述講學。康熙帝累次徵召黃宗羲，均遭拒絕。

黃宗羲，堅守終身不仕，臨死時沒用棺木，只在身下放了塊青石板，表達肉身「速朽」的意願，追思其晚年以個人品質換明朝文化的流傳的妥協。

黃宗羲有三子，黃百藥、黃正誼、和黃百家。

黃宗羲和他的兄弟黃宗炎、黃宗會，都是著名學者，有「浙東三黃」之謂。

黃宗羲學識淵博，大凡天文、曆算、音律、經史百家，釋道、農工等無不深究。治學以捍衛陽明心學自任，力主誠意慎獨之說。亦重史學之鑽研，服膺者如萬斯同、全祖望、章學誠等皆以史學名家，蔚為浙東學派。

黃宗羲從文學角度強調「性情」，反映現實，表達真意。其詩風格樸實，富愛國主義精神，表現出崇高的民族氣節和堅強意志。他長於天文數學理學等學問：

天文曆算：黃宗羲精通天文曆算和數學。推算日食的方法和閻若璩等人考證古文《尚書》是系古人偽作。黃宗羲通過對照《國語》，認為古文《尚書·湯誥》是後人「誤襲周制以為《湯誥》」。數學：黃宗羲在有限性、無限性的觀念認識上亦有所建樹。糾正了朱熹《壺說書》中的相關錯誤。分析算盤和《數術記遺》中記載的計算器的區別。

樂律：黃宗羲註解了蔡元定樂律學，糾正了朱熹注《孟子》中的相關樂律錯誤。

地理：黃宗羲詳細刊校了《水經注》，批駁了「分野說」。

方以智　1611 年－1671 年，南直隸桐城縣（今安徽省桐城市）人。

方以智，字密之，號曼公，又號鹿起，別號龍眠愚者，反清失敗，出家，改名大智，字無可，別號弘智，人稱藥地和尚。著名哲學家、科學家。據說，以智浮沈江湖抗清時，在社會底層，推動了秘密結社天地會的發展。

以智祖父方大鎮，曾任萬曆朝大理寺少卿，治《易經》、《禮記》，著述宏富。
父親方孔炤，1616年進士，崇禎朝官至湖廣巡撫，通醫學、地理、軍事，著有
《全邊略記》、《周易時論》等。方以智幼稟異慧，博覽群書。

顧炎武 1613~1682 南直隸(清改江南省)

蘇州府崑山縣(江蘇
蘇州崑山)
顧炎武，原名絳，
字忠清。明亡後以
慕文天祥學生王炎
午為人，改名炎
武，字寧人，亦自署蔣山傭。學者尊為亭林先生。
1613年，顧炎武出生，父顧同應，曾祖顧章志。後顧炎
武過　　繼給堂伯顧同吉為嗣，寡母是王述之女，十六
歲未婚守節‧
1641年二月，祖父顧紹芾病故。
1643年夏，以捐納成為國子監監生。
清兵入關後，崑山縣令楊永言之薦，投入南明朝廷，任
兵部司務。
顧炎武生母何氏遭清軍斷去右臂，嗣母王氏絕食而亡，
命顧炎武終身不得事清。
1655年，因「怨家欲陷之」，薙髮變衣冠，更名為商人蔣山傭，被惡僕陸恩誣
　陷繫獄，幸友人路澤博相救，以「殺有罪奴」的罪名結案。
1659年，至山海關，憑弔古戰場，晚年，始定居陝西華陰。
1668年，又因萊州黃培詩案入獄，得友人李因篤等營救出獄。
1671年，游京師，住在外甥徐乾學家中，熊賜履設宴款待炎武，邀修《明史》，
　炎武拒絕「果有此舉，不為介之推逃，則為屈原之死矣！」。
1678年，康熙開博學鴻儒科，顧炎武三度致書葉方藹，表示「耿耿此心，終始
　不變」，以死堅拒推薦，又說「七十老翁何所求？正欠一死！若必相逼，則
　以身殉之矣！」。
1679年，清廷開明史館，顧炎武以「願以一死謝公，最下則逃之世外」。
1682年正月初四日，在山西曲沃韓姓友人家，上馬時不慎失足，嘔吐不止，初
　九丑刻卒，享年70

黃宗炎　1616年－1686年　浙江餘姚（今浙江省餘姚市）人

黃宗炎，字晦木，明末清初學者，人稱「鷓鴣先生」，重要的易學家、政論家。
明末崇禎年間的貢生，與兄長黃宗羲一起受學於老師劉宗周。

「於象緯、律呂、小學、軌革、壬循之學均有鑽研，兼長於詩」，主張「理象合一」，注重「踐履」，《清史稿》中有他的傳。

施世綸　1685~

施世綸，清靖海侯施琅之子，是清代著名的清官。他秉公執法，清正廉潔，不畏權貴，勤於民事，在民間素有"施青天"之譽，康熙稱為江南第一清官。民間流傳很廣的俠義公案小說《施公案》，就是關於他的傳說。

施世綸初授泰州知州，後歷官揚州、江寧、蘇州三府知府、江南淮徐道副使、安徽布政使、太僕寺正卿、順天府尹、都察院左副都御史、戶部左侍郎、遭運總督、兵部右侍郎兼都察院右副都御史等。他居官時，政績顯著，清名遠播，《清史稿》贊之聰強果決，准抑豪猾，禁胥吏，所至有惠政。《泉州府志》頌之"性警敏，勤於蒞事，聽斷訟獄，摘發如神。他郡有疑案不決者，輒移鞫之。

施世綸自州牧薦歷大吏，清白自持，始終如一。"曾被康熙皇帝表彰為"天下第一清官"，後成為清代公案小說《施公案》的主人公，卒後，欽賜祭葬。

他曾到江蘇督辦漕運，漕運為渠道官員肥缺，扣克漕米、藏貨納賄、敲詐船丁。施世綸聞之即坐在淮河邊等漕米過來時，親自上船開艙檢視米色好壞份量多少，和船丁說話時，不許押運官員在旁窺探偷聽，並立即讓船儘快開走，如此船隻可免除敲詐。他每天帶數個文書坐船，隨時記下沿途晴雨風候、河水流速，及沿途情況，碰到有水淺灘急，就先準備好駁船。如有押運官員藉口遇上逆風循私滯留，他就拿出小冊子給他看。押運人員視他為神明，未卜先知，對於那些敲詐克扣、中飽私囊的官員，"立杖轅門，耳箭示眾"。三四年光景，原先腐敗的漕運，政務清明，船丁不再受苦，百姓不再被欺，施世綸的漕運德政，百姓們焚香禱謝。

他出任湖南布政使，聞言田賦在人頭稅中還要外加徭役費，運往京師的漕米要加收運京費，百姓不堪其苦。他到任後，將徭役費全部革除，又減去四分之一的運京費。百姓萬民歡騰，為他刻碑立傳，四處傳頌。

康熙五十九年，西北邊境局勢緊張，從河南到陝西，大軍糧草調動運輸頻繁。他奉命去陝西協助總督鄂海督辦軍餉。他又發揚身體力行、踏實幹練的工作作風，親自坐船溯黃河西上，把運糧路線水流灘石勘測得一清二楚，並繪製了詳盡的路線圖。當時正逢陝西大旱，饑災嚴重。他又奉命負責賑災。他派出屬員分十二路去調查災民，按人口分給糧食，不論遠近全部分到。旱災時陝西的糧食儲備空虛，他要上疏彈劾總督鄂海。鄂海以他兒子在會寧當知府，藉以威脅。但他堅持上疏。鄂海最終以失職被罷官。

劉墉　1719－1805，山東諸城注溝鎮逄戈庄村（今屬高密）人

劉墉，字崇如，號石庵，清朝乾隆、嘉慶年間政治人物，書法家。

劉墉為大學士劉統勳之子。

1751 年，中二甲第二名進士，改翰林院庶吉士，散館授編修，再遷侍講。

1755 年，劉統勳獲罪，劉墉也被奪官下獄。

　　不久，其事解決，又賞編修，出督安徽學政，改任江蘇學政。

1762 年，任山西太原府知府。

1763 年，升江西鹽驛道，

1772 年，遷陝西按察使。

1773 年，其父統勳病卒，因丁憂去職。

1776 年，劉墉守喪結束後，被授予內閣學士，在南書房行走。逾年調江蘇學政。

1778 年，劉墉告發徐述夔作品「大明天子重相見，且把壺兒擱半邊」「明朝期
　　振翮，一舉到清都」的詩句，被開棺戮屍，孫子徐食田徐食書徐首發被處斬。

1780 年，任湖南巡撫，

1781 年，遷左都御史，仍直南書房。

1782 年，奉命與尚書和珅和錢灃前往山東查辦巡撫國泰貪污及縱容下屬之事，
　　查訪案情有功，被授予工部尚書，充上書房總師傅。

1783 年，署直隸總督，兩年後被授職協辦大學士。

1789 年，因「諸皇子師傅久不入書房」而被降為侍郎銜。不久，授內閣學士，
　　歷升順天學政、禮部左侍郎、都察院左都御史，

1791 年，任禮部尚書，署吏部尚書，不久實授。

1797 年，授體仁閣大學士。嘉慶四年，加封太子少保。

1805 年 12 月 25 日，劉墉在北京病逝，享年 85 歲。朝廷追贈太子太保，祀賢良
祠，諡文清。

相傳劉墉有駝背，外號叫作劉羅鍋。嘉慶帝曾稱劉墉為「劉駝子」。

劉墉擅書法，工書，尤長小楷，稱為清代四大書法家。

錢灃　1740～1795，先祖為應天府江寧縣人（今南京）人

錢灃，字東注，號南園，雲南昆明人，清乾隆年間政治人物，曾任監察御史，
以清廉敢言著稱。

1768 年，中舉人，

1771 年，中進士，改庶吉士，散館授翰林院檢討。

1781 年，考選江南道監察御史，期間更查破多起貪贓枉法的大案。擢通政司參
　　議，遷太常寺少卿，再遷通政司副使，出督湖南學政。後坐事左遷戶部江南
　　司主事，升湖廣道監察御史，稽查軍機處。

1782 年，錢灃一生最大的成就是破了山東巡撫國泰的貪污大案，四月，錢灃上
　　奏表示山東巡撫國泰貪縱營私之舉，乾隆帝逐派戶部尚書和珅、左都御史劉

墉、監察御史錢灃前往山東查辦,而錢灃以智取國泰貪贓枉法證據,令有和
　　珅庇護的國泰也啞口無言,錢灃於是在一年之內超升三級,官任通政司副使。
1794 年,任軍機章京上行走。
1795 年,病逝於北京。
錢灃在當朝是位公正無私的鐵面御史,錢灃至今被雲南人認為是最清廉、公正
的清官代表。傳聞錢灃也是名大書畫家,當世稱南園先生的名畫師。
當時和珅貪腐是眾所皆知的事實,以嘉慶帝、御史錢灃、軍機大臣王傑為首的
清流派曾想方百計彈劾彈劾和珅。據說錢灃死後在其枕下發現許多彈劾和珅的奏
章草稿,可見其早已秘密收集和珅的犯罪證據準備上奏,可惜天不從人願,錢
灃逝世的早,無法揭發。

伊秉綬　1754－1816　出生於寧化城關,遷居福建汀州寧化。

伊秉綬,字組似,號墨卿,晚號默庵。父伊朝棟是 1769 年進士。
1769 年,伊秉綬補生員,後中舉人,史稱伊秉綬「通程朱理學」。
1789 年,中進士,初授刑部額外主事,擢拔為浙江司員外郎,歷任刑部主事、
　　刑部員外郎、刑部郎中。
1799 年,出任廣東惠州知府,因故謫戍軍台,後升為揚州知府。
1815 年,病故於揚州,供奉於「三賢祠」內。
伊秉綬工書法,曾向劉墉學書法,與鄧石如合稱「南伊北鄧」。何紹基《東洲
草堂詩抄》稱:「丈人八分出二篆,使墨如漆楮如簡。行草亦無唐後法,懸崖
溜雨弛荒蘚。不將俗書薄文清,觑破天真關道眼。」謝章鋌《睹棋山莊詞話》
載:「墨卿每朝起學筆畫數十百圈,自小累大,至勻圓為度。蓋謂能是,則作
書腕自健。」向燊說:「墨卿楷書法《程哲碑》,行書法李西涯,隸書則直入
漢人之室。即鄧完白亦遜其醇古,他更無論矣。」。

康有為　1858.3.19.-1927.3.31. 廣東廣州府南海縣糖鄉(今改為銀河鄉)　．

康有為，又名康有欽、康祖詒，字廣廈，號長素，又號更生，世以理學傳家．曾祖父式鵬，講學於鄉稱醇儒，祖父贊修，為連州教諭以功至廣西巡撫，父達初早逝，母勞氏．

生於官僚家庭，祖父康贊修是道光年間的舉人，父親康達初做過江西補用知縣。康有為自幼學習儒家思想．

1879 年，在西樵山白雲洞讀書，接觸西方文化。康有為的老師為朱九江。

1882 年，康有為到北京參加順天鄉試，沒有考取。

1884 年，開始編寫「人類公理」後改名「大同書」幻想一個「無邦國、無帝王、人人平等、天下為公．」的所謂「大同社會」。

1888 年，再一次到北京參加順天鄉試，藉機上書光緒帝，提出「變成法，通下情，慎左右．」被當政大臣截留，未到光緒皇帝手中。

1891 年，他在廣州設立萬木草堂，收徒講學，弟子有梁啟超、陳千秋等人。

1895 年，到北京參加乙未科會試，得知《馬關條約》簽訂，在松筠庵聯合 1300 多名舉人，「**公車上書**」。

　　一. 下罪己之詔. 責躬罪己深痛切至激勵天下同雪國恥.

　　二. 下明罰之詔. 嚴懲辱國割地守禦無備者以振興朝政.

　　三. 下求才之詔. 不拘一格唯才是用破格拔擢者必感死報皇上.

　　5 月底，他第三次上書，得到了光緒皇帝讚許。不久康有為會試中式第五名，榜名康祖詒。殿試之後，位列二甲第四十六名，賜進士出身，用工部主事。

　　7 月，他和梁啟超創辦《中外紀聞》，不久又在北京組織強學會。

1897 年，康有為「上清帝第六書」，強調「變則能全，不變則亡，全變則強，小變仍亡．」成立「保國、保種、保教」的「保國會」

1898.1 月，光緒皇帝下令康有為條陳變法意見，他呈上《應詔統籌全局折》，又進呈所著《日本明治變政考》《俄羅斯大彼得變政記》二書。

　　4 月，他和梁啟超組織保國會，號召救國圖強。

　　6.16.，光緒帝在頤和園勤政殿召見康有為，任命他為總理衙門章京，准其專摺奏事，籌備變法事宜，史稱戊戌變法。因慈禧太后干預維新失敗。

變法失敗，光緒皇帝被軟禁，康有為之弟康廣仁被殺，康有為得李提摩太牧師協助，坐重慶號到上海，轉船到香港，再逃往加拿大，自稱持有皇帝的衣帶詔，

1899.7.20. 組織保皇會，又名中國維新會，鼓吹君主立憲，反對革命。

1913 年，回國，作為保皇黨領袖，他反對共和制，一直謀劃清廢帝溥儀復位。

1917.6.28. 康有為、張勳發動宣統復辟，擁立溥儀登基，為北洋政府總理段祺瑞的討伐，宣告失敗。他仍堅持君主立憲，陷入保皇派泥沼，成為逆潮流人。

1921 年，遷居愚園路「游存廬」．

1923 年，遷居青島，晚年始終宣稱忠於清朝皇帝，

1924 年，溥儀被馮玉祥逐出紫禁城後，康有為曾親往天津，到溥儀居住的張園覲見探望。

1948 年，安葬於青島。

1966 年 8 月，墓地被紅衛兵掘墓鞭屍，把其帶有白髮之顱骨遊街示眾，幸由守
　　墓人把其遺骨重新收攏。
1985.12.27. 再遷墓至嶗山區中韓鎮大麥島村北浮山南麓的現址（現青島大學之
　　北）並立碑，今為山東省文物保護單位。

鄭孝胥　1860.5.2.~1938.3.28.　福建省閩縣（今福州）

鄭孝胥，字蘇戡，號海藏，清朝改革派政治家，亦是滿洲
國建國的參與者之一，滿洲國國務總理。
鄭孝胥為翰林鄭守廉之子。早年中舉，歷任廣西邊防大臣，
安徽、廣東按察使，湖南布政使等。
1908 年，任預備立憲公會會長，要求清廷儘速召開國會。
1911 年，辛亥革命後，鄭擔任溥儀的內務大臣與顧問。早
年他在清廷駐日使館做書記官，與日關係密切，溥儀被趕
出紫禁城後，他安排溥儀住進日本使館。
1923 年，任小朝廷「懋勤殿行走」，旋升「總理內務大臣」．
1925 年，隨溥儀從北京潛逃至天津日租界，致力溥儀的復辟，他提出先通過日
　　本建立一個政權，然後積極推動國際列強共管。
1931 年，鄭孝胥勸說溥儀前往滿洲，與日本達成建立滿洲國的協議，起草滿洲
　　國國歌與《建國宣言》。
1932.3.9. 滿洲國成立，溥儀就職。鄭孝胥出任國務總理兼陸軍大臣、及文教部
　　總長，與日本簽定《日滿議定書》，承認日本在滿洲國的特殊地位與駐軍權。
　　鄭感慨內閣總長都是中國人，但實權卻掌握在日方手上，「何事與人說時命，
　　殘年由遺待蒼茫。」後來反對日本方面對滿洲國的壓制。
1935 年，辭職．
1938 年，病逝新京（今長春），予諡襄勤，年 79 歲。4 月滿洲國予以國葬。

吳永　1865.4.30.~1936　浙江吳興誕生於四川寧遠府西昌縣署

吳永，字漁川，一字槃庵，別號觀復道人，早年師郭紹先。工書法，學董其昌。
1872 年，能詩文，群目為逸才．
1878 年，父病篤，每夜焚香，籲天號泣，乞以身代，及父歿，哀毀幾以身殉
1879 年，隨母徙成都，家貧無力延師，從親友假書讀，刻苦自勵，涉獵經史．
1884 年，中法越南戰爭，投筆從戎．
1885 年，清廷與法議和，解甲歸田，客長沙，粥書畫鐫刻以自給．
1887 年，由湘至京，郭嵩燾荐曾紀澤，一見拭目，館於台吉廠邸第．
1888 年，娶曾紀澤次女。早年為直隸試用知縣，辦理洋務，受到張蔭桓賞識，
　　調補懷來知縣。
1895 年，中日和約，奏派隨辦日本商約．

1900 年，八國聯軍，因迎駕有功被慈禧重用，握升知府。
1902 年，補授廣東高廉欽兵備道，兼統潮普私八營，督辦高州清鄉事．
1905 年，元配早逝，再娶盛宣懷堂妹為繼室。
1906 年，丁憂去官，入蜀奔喪．
1908 年，誥授資政大夫，賞二品頂戴．
1912 年，曾任山東提法使，旋改任都督府秘書長，兼籌備國會省議會選舉所長。
1913 年，膠東觀察使兼外交部煙台交涉使．僑工事務局長，給二等大綬嘉禾章．
1921 年，以事忤上官，遂掛冠求去，從茲息影都門．
1927 年，孫寶琦、潘公復一再辟攬，復出任國務院秘書，撰成「庚子西狩叢談」
1929 年，國事日非，杜門養疴，精闡釋學．
1936 年 10 月 17 日，逝於北京南求志巷．

章炳麟　1866-1936 浙江

天賦語言學與文學天才，百日維新後走日本結識孫中山
1902 年，在上海成立「愛國學社」、「蘇報」撰稿人為「蘇報案」下獄服刑三年
1906 年獲釋，在日本東京加入「同盟會」接掌「民報」．
1907 年，指責孫中山無能濫用公款，試圖除去孫中山同盟會職權 1911 退出同盟
會 1918 退出政壇.

章太炎 1869.1.12.～1936.6.14. 浙江餘杭

章太炎，原名學乘，字枚叔，以紀念漢代辭賦家枚乘。後易名為炳麟。因反清
意識濃厚，慕顧絳（顧炎武）的為人行事而改名為絳，號太炎。世人常稱之為
「太炎先生」。早年又號「膏蘭室主人」、「劉子駿私淑弟子」等。清末民初思想
家，史學家，樸學大師，民族主義革命者。

章太炎出生書香門第，家庭富有，有藏書樓，還有醫學家傳。幼年受祖父（章鑒）及外祖（朱有虔，是漢學家）的民族主義熏陶，通過閱讀《東華錄》《揚州十日記》等書，不滿於滿清的外族統治，奠定華夷觀念，後來與《春秋》的夷狄觀以及西方的現代民族主義觀點相結合，形成具有其個人特色民族主義觀。
1891 年，遵從父親章濬（古文經學家）遺命入杭州詁經精舍，師從俞樾、譚獻。
1894 年，甲午戰爭後，為強學會捐款，到上海任《時務報》主筆。
1898 年，應張之洞之邀赴武漢辦報。戊戌政變，遭通緝，避禍台灣，主編《台灣日日新報》，論文計有 41 篇，詩文評、詩 16 篇·
1899 年，由日本回上海參與《亞東時報》。出版《訄書》由梁啟超題籤。
1900 年，義和團事件與嚴復汪康年唐才常等在上海組織「中國議會」挽救時局。
1902 年，去日本，計劃舉辦「支那亡國二百四十二年紀念會」。但被禁止。
1903 年，發表《駁康有為論革命書》指斥清帝，又為鄒容《革命軍》作序鼓吹，發生「蘇報案」與清廷兩曹對質，入獄三年。
1905 年，發表《國粹學報》在東京開設國學講習班，「宏獎光復，不廢講學」。
1906 年，在日本參加同盟會，撰有《中華民國解》為「中華民國」國號創始者。
1908 年，劉師培偽造《炳麟啟事》謀害章太炎的"毒茶案"，日本應清廷要求，查禁《民報》。與孫文、汪精衛、黃興等因《民報》意見不合。
　　著有《文始》《新方言》《國故論衡》《齊物論釋》。開漢語言文字學先河。
1909 年，編《教育今語雜誌》，白話述學著作，以普及學術。
1911 年辛亥革命，11 月 15 日回上海，向黃興提出「革命軍興，革命黨消」的勸告。在檳榔嶼《光華日報》連載發表政論《誅政黨》。
1912 年，任南京臨時政府樞密顧問，旋任袁世凱東三省籌邊使。
1913 年，與湯國黎結婚。發表《駁建立孔教議》，反對定孔教為國教。
　　章察覺袁世凱包藏禍心，進京欲與袁世凱說理。袁不見，章乃以大勳章作扇墜，至新華門大罵，遭袁氏囚禁在龍泉寺。囚禁時期，猶講學，撰編《菿漢微言》《檢論》《章氏叢書》。
1916 年 6 月 6 日，袁世凱死後，章恢復自由，前往上海。
1917 年，參與護法運動，任海陸軍大元帥府秘書長，『代擬大元帥就職宣言』
1920 年，擁護聯省自治運動。
1922 年，反對國民革命軍北伐。
1926 年，在上海成立反赤救國大聯合會，章太炎被推為理事長
1927 年，南京政府成立，章太炎採不合作態度，自命「中華民國遺民」遭通緝。
1930 年，晚年主張讀經，據《春秋》「非我族類，其心必異」，力主對日強硬。
1935 年，於蘇州開設章氏國學講習會出版《制言》撰有《漢學論》《救學弊論》。
1936 年 6 月 14 日，因鼻竇癌，卒於蘇州錦帆路寓所。
章太炎有二子：長子章導，次子章奇。三個女兒到了適婚年齡，都沒人提親。

梁啟超　1873.2.23.-1929.1.19.　廣東新會茶坑鄉

梁啟超‧字卓如、任甫，號任公，別號滄江，飲冰室主人，人稱梁新會。祖父秀才，父親是飽學之士鄉紳‧

梁啟超幼承家教，聰穎過人，幼年熟讀《四書》《五經》，「八歲學為文，九歲能綴千言」被譽為「神童」。

1882 年，縣試、省城府試，得第一名。

1884 年，院試第一名，補博士弟子員，成為秀才，衣錦還鄉。

1885 年，廣州呂拔湖大館求學，

1886 年，到佛山陳梅坪學習訓詁學。

1887 年，入廣東最高的學府學海堂，刻苦獲得獎學金。

1889 年，梁啟超與姑表兄譚鑣鄉試，中第八、九名舉人。

1890 年，去北京參加順天鄉試落榜，歸家途中，購得「瀛寰志略」西學書籍，思想文化大開眼界，啟發新思想。

1891 年，康有為設萬木草堂，梁啟超成為成為維新變法骨幹，九月完婚李氏。

1892 年，第二次會試痛陳時弊大談變法守舊派未予錄取

1893 年，李氏生女令嫻，名思順，紀念母親生於順天府。

1894 年，梁啟超致函張之洞主張大興鐵路。

1895 年，梁啟超攜妻女北上，與康有為會合。

1895 年，「馬關條約」康梁公車上書簽名舉人 1555 人次。

1896 年，創辦報紙，宣傳「變法圖存」。

1897 年，發表《論君政民政相嬗之理》被調湖南長沙。

1898 年，入京，協助康有為推動變法，保國、保種、保教宗旨。

　4.23.，光緒皇帝頒布《明定國是詔》，表明改革決心，開始變法。

　5.15.　光緒皇帝召見梁啟超，梁呈《變法通議》。

8.2.　光緒密詔，命康有為速離京赴上海督辦官報局。

8.3.　康有為接到密詔後，召集梁啟超、譚嗣同等人商討對策。譚嗣同、康
　　　有為夜訪袁世凱，希望袁起兵勤王，袁卻反到天津向榮祿告密。

8.5.　康有為得悉袁世凱有變，急忙坐火車到達天津。

8.6.　譚嗣同六君子被捕，梁啟超避入日本使館，維新變法宣告失敗。

8.11.　梁要求日本政府營救光緒，日本大隈見當時大局已定，未答應其要求。

12.31.　梁啟超化名柏原文太郎（Kashiwabara Buntaro）乘「香港丸」抵達檀香
　　　山創設保皇會分會與勤王事宜，又與孫中山聯絡，主張革命共和‧
　　　隨後到茂宜島拜訪孫眉，成為孫科的啟蒙老師。

1901 年，　梁啟超回日本，鼓吹革命，意圖推翻滿清，建立共和。

1902 年，梁啟超創辦《新民叢報》半月刊。

1903 年，梁啟超在東京創辦《新小說》刊，設想新中國國號是「大中華民主國」。

　5.16.梁啟超到華盛頓，與國務卿海約翰會面，翌日又到白宮拜訪羅斯福總統，
　　　羅斯福希望維新會成為「轉移中國之勢力」。

1905 年，同盟會成立，梁啟超利用「新民報」與同盟會的「民報」展開論戰‧

1907 年，梁在東京建立政聞社，推動君主立憲，速頒憲法，召開國會。

1909 年，梁啟超保皇和共和黨首領，辛亥革命成功，共和黨、統一黨、民主黨
　　　合併組成進步黨，支持袁世凱‧

1910 年，梁啟超創辦《國風報》，提出籌組政黨，速開國會。

1911.3.24.　梁啟超應林獻堂之邀請，在湯覺頓陪同下，帶著女兒梁令嫺乘船離開
　　　橫濱赴臺考察，希望向台灣遺老募集辦報資金，以擴大君主立憲宣傳。

　27 日在基隆登岸，林獻堂率父老數十人相迎，隨即到台北，梁在林獻堂、林
　　　幼春叔侄陪同下，到過台中、台南等地，考察地方政治、經濟及各項措施。

　3 月底，梁啟超離開台灣，建議林獻堂以溫和主義，推動台灣民族民主運動。

　6.4.　各省立憲團體紛紛組成憲友會，成為立憲派統一的全國性政黨。

　8.19. 武昌起義爆發，

　9.23. 袁世凱就任總理，梁提出「虛君制」，黃興堅決反對，章太炎、宋教仁、
　　　李燮和、張謇、趙竹君等人，他們都不同意。

1912.1.1.　中華民國成立，宣統帝發佈《退位詔書》宣佈退位。

　12.9.　梁在天津租界西馬路購地建一座中式樓房，1915 年初建成，稱「飲冰室」。

1913 年，加入共和黨

1914 年，接任幣制局總裁，旋辭職，撰寫《歐洲戰役史論》。

1915.1.18. 日本提出二十一條。梁啟超猛烈駁斥日本帝國主義侵華。袁世凱欲任
　　　命其為政治顧問，梁婉言拒絕。

　6.4.　梁到上海，馮國璋告訴他，帝制正加緊籌備中，梁、馮共謀對策。

　8.10. 袁世凱法律顧問美國專家古德諾（Frank Johnson Goodnow）教授發表《共
　　　和與君主論》中國適合君主立憲。楊度等發起籌安會鼓動恢復帝制。

　　　15 日　蔡鍔、梁啟超在天津密晤，梁負責為文公開反對帝制，蔡鍔則偽裝
　　　　擁袁稱帝，回滇另圖大舉。

　　　22 日　梁啟超寫《上大總統書》，力勸袁懸崖勒馬。

　　　22 日　袁取消帝制，仍居大總統位。

　　　28 日　梁啟超發電報堅持袁世凱下臺．

　　6 月 6 日　袁世凱憂憤而死，11 月 8 日蔡鍔病逝，梁到上海辦理其喪事

1917.7.1. 張勳擁宣統皇帝重新復位，史稱「**張勳復辟**」。

　　　4 日　梁啟超、段祺瑞於天津馬廠誓師討張，號召保衛民國。

　　　25 日　廣州召開「國會非常會議」選舉孫中山為大元帥，發動**護法運動**。

1918 年，退出政壇，寫作教書．

1920 年，到北京，要求政府釋放因五四運動被捕的學生。

1921 年，在天津南開大學主講中國文化史，身體狀況每況越下。

1922 年，梁確診患有心臟病。

1924 年，中秋節，夫人李蕙仙因乳腺癌病逝。

1925 年，五卅慘案，梁啟超、朱啟鈐、李士偉、顧維鈞、范源濂、張國淦、董
　　　顯光、丁文江等聯合發表《天津宣言》要求停止屠殺，舉行罷工，要「上
　　　海英捕房」懲凶、賠償、道歉，收回租界，撤退領事裁判權等等。

1926.2 月　梁啟超便血，丁文江建議入協和醫院治療，

　　3.16. 劉瑞恆醫生未查清病源，誤割右腎。梁啟超以中國西醫尚未發達，不允
　　　公開報導，以維護醫院聲譽。

1927.11.28. 他再入協和醫院治療，受庸醫之害，專註痔瘡治療，連日高燒不降。
　　　經檢查肺部及左肋之間有毒菌，命在垂危，後又拔牙七顆，病情依舊。

1929 年 1 月 19 日　梁啟超於北京協和醫院去世，終年 57 歲。

沈鈞儒　1875.1.2.－1963.6.11.　浙江嘉興人，生於蘇州

沈鈞儒，字秉甫，號衡山，晚清進士、社會家、政治家、
律師。

1890 年，中秀才．

1894 年，與張孟嬋結婚．

1900 年，喪父，離開蘇州往西安．

1904 年，考中甲辰科二甲第 75 名進士。時年 30．

1905 年，留學日本法政大學。

1907 年，回國任浙江兩級師範學堂監督浙江省咨議局
副議長。

1908 年，任浙江省諮議籌辦處總參議．

1909 年，任浙江兩級師範學堂監督、浙江諮議局副議長．

1911 年，辛亥革命爆發後，任浙江都督府警察局局長、浙江省教育局局長。

1912 年，加入同盟會。

1916 年，任司法部秘書．

1922 年，任北京政府參議院秘書長。

1926 年，北伐軍攻克浙江時，任浙江省臨時政府政務委員兼秘書長。

1928 年，任上海法科大學教務長。四一二政變，沈鈞儒被拘禁，後經營救獲釋。

1933 年，加入中國民權保障同盟。

1935 年，組織上海文化界救國會。

1936 年，參與全國各界救國聯合會，11 月被國民政府逮捕，抗戰爆發後出獄，籌建抗敵救亡總會，任主席，並創辦《全民周刊》、《全民抗戰》。

1939 年，組建統一建國同志會，後又與黃炎培等發起中國民主政團同盟。

1942 年，與沙千里、林亨元等組「平正法律事務所」在重慶執業律師．

1944 年，當選民主同盟改組為中國民主同盟中央常務委員。抗戰勝利後，擔任中國人民救國會主席。

1946 年，代表民盟參加政治協商會議。次年，民盟被政府取締，沈鈞儒堅持鬥爭，在香港主持召開民盟一屆三中全會，聲明將與中國共產黨合作。

1949 年，沈鈞儒出席中國人民政治協商會議第一屆全體會議，當選中央人民政府委員。此後曾任全國人大常委會副委員長，第一、二、三屆全國政協副主席，首任中央人民政府最高人民法院院長，同時擔任中國民主同盟第一屆中央副主席，第二、三屆中央主席。

1963 年 6 月 11 日凌晨在北京逝世，終年 89 歲

張靜江 1877.~1950.9.3.

張靜江譜名增澄，字靜江、人傑，別號飲光、臥禪．少年時，「性殊頑劣，而智異常童。」愛好圍棋和騎馬，常在故鄉縱馬疾馳。而且性好交友，喜冒險，因而自號「人傑」。

1895 年 18 歲張靜江罹患骨痛症，跛足，行走不便，又害眼病，視力大受影響，父親同意他放棄參加科舉考試，改而鑽研書畫，書法模仿李邕(李北海)、趙孟頫，繪畫模仿董其昌、王鑒。

1896 年，與蘇州籍人士、山東學台姚菊岐之女姚蕙結為夫婦。姚蕙生長於書香世家，擅長中國古典文學。

1900 年，張靜江隨岳父姚菊岐往北京，在黃思永家舉辦的筵席上結識了軍機大
　　臣李鴻藻的兒子李石曾。

1902 年張靜江通過李石曾的說情，獲得一等商務參贊的隨員身份，乘法國郵輪
　　安南號離開上海，到達法國馬賽，再換乘火車抵達巴黎。李石曾到法國進入
　　大學深造，而張靜江則熱衷貿易，在巴黎馬德蘭廣場 4 號開設通運公司，「獲
　　利無法估計」。

1905 年，由於吳稚暉、李石曾常來拜訪，張靜江接受了無政府主義激進思想，
　　推崇無政府、無家庭、無宗教主張，他們三人被旅法華人稱為「三劍客」。

1906 年張靜江、吳稚暉、李石曾三人又和蔡元培在巴黎創建了「世界社」1907
　　年出版《新世紀》和《世界畫報》(姚蕙為發行人)，主要是暴露滿清政府的
　　腐敗，宣傳革命。經費全由張靜江提供。

1906 年初，張靜江籌辦雜誌，前往新加坡購買中文字模並僱用中文排字工人。
　　在這次航程中，張靜江偶逢孫中山，表示願意支持革命，孫中山金錢如有需要，
　　可在電報中以 5 個字母代表所需經費的數額(如 A 代表 1 萬法郎，E 代表 5 萬
　　法郎)。孫中山曾說過：向外籌資，當時出資最勇最多者，張靜江也。孫中山
　　前往巴黎籌款時，經常在張靜江寓所開會，會後就睡在張靜江家會客室地毯上。
　　蔣中正從日本陸軍學校回到上海，乃通過張靜江族侄張秉三、張乃驊介紹給張
　　靜江，而後由張靜江把蔣中正介紹給孫中山。

1913 年，蔣中正參加二次革命討袁失敗，蔣中正在張靜江家中避難，晝伏夜出。
　　蔣中正加入中華革命黨時，張為監誓人。

1916 年 5 月，陳其美遭袁世凱暗殺，蔣中正失去依靠，他與張靜江(年齡相差
　　10 歲)、許崇智三人結拜金蘭。張靜江曾是國民黨執行委員會主席、監察委員，
　　被稱為「國民黨四大元老」之一。

1925 年孫中山在北京病重，張靜江北上探視，成為孫中山病危時簽署遺囑的在
　　場證明人之一。

　　3.12.，孫中山去世，張靜江為 12 位喪事籌備委員之一。此後他又參與南京中
　　　　山陵的建造，直到 1929 年「奉安大典」全部完成。

　　6 月蔣中正掌握兩廣軍政大權，立刻電促張靜江去廣州臂助。

　　7.1. 廣州國民政府成立，張靜江列為 16 名委員之一。

1926.5 月，張靜江當選國民黨中央執行委員會常務委員會主席。

　　7.6.張靜江以足疾為由，辭去中央執行委員會常務委員會主席，改由蔣中正繼
　　　　任，但由於蔣要指揮北伐，因而主席職位仍由張靜江代理。
　　　　張靜江又以黨國元老提名蔣中正擔任國民革命軍總司令。

　　7.9. 在廣州誓師北伐，攻克南昌後，蔣中正邀請張靜　　江到南昌商談國事。

1927.3.24.，發生南京事件。

　　3.28.，張靜江和吳敬恆、蔡元培、李石曾等監察委員在上海提出護黨救國案，
　　　　清除國民黨內的中共分子。

　　4.12. 在上海開始清黨，張靜江擔任浙江省政府主席，主持政務及清黨工作。

1928 年 蔣中正下野，張靜江也跟著離開省長職位；

同年蔣中正復職並出任國民政府主席，張靜江又再度兼任浙江省政府主席。張
　　任職浙江省主席 2 年內，修築了杭州電廠、杭江鐵路、杭長公路、杭平公路、
　　杭徽公路。

1929 年 張靜江在杭州舉辦了西湖博覽會，促進杭州城市建設和旅遊業的發展。

1930 年 11 月張靜江因與蔣中正意見不合，辭去浙江省政府主席。

　　張靜江離職回上海定居後，迎娶了續弦夫人朱逸民。

朱逸民在蔡元培創辦的上海愛國女子中學讀書時有一位同學陳潔如(1905~1971
年)經常到西藏路大慶里的張家做客。1919 年蔣中正在上海張靜江家中結識陳潔
如，此後蔣對她展開熱烈追求，陳潔如的母親發現蔣介石已有妻妾，而且在上
海並無正當職業與住所，拒絕蔣的求婚。蔣介石通過朱逸民和張靜江夫婦與陳
母溝通，表示陳潔如將是蔣『獨一無二的合法妻子』，使蔣中正與陳潔如得以
在 1921 年 12 月 5 日在上海永大樓舉行婚禮，張靜江為證婚人。1927 年蔣中正
準備與宋美齡(1897 年—2003 年)結婚前，又通過張靜江夫婦出面，安排陳潔如
「暫時離開中國 5 年」待北伐成功，仍然恢復婚姻關係。1927 年 8 月陳潔如離
開上海前往美國，陪同前往的是張靜江的長女張蕊英和次女張芷英。後來蔣中
正顯然無意實現對陳潔如的許諾，而張靜江因與蔣中正的關係冷淡了下來。

1936 年 張靜江、蔡元培、陶玄、李石曾等人在上海創辦世界學校，實行教育
　　救國和科學救國，把學生從小培養成出國留學及有用的人才。

　　8 月張靜江拜訪印光法師，臨走時放聲大哭，從此熱衷於念經打坐，吃素修
　　行，並在上海成立佛教協會，在莫干山建立佛堂。

1937 年，張靜江主持基礎設施通訊業，籌建全國無線電台，創建真如國際電台，
　　接辦長興煤礦和饅頭山煤礦，創辦淮南煤礦公司等。兼顧創辦江南汽車公司，
　　江南鐵路和淮南鐵路，促進交通運輸發展(1928~1937)十年中國的經濟發展到
　　了近代以來的最高水平被稱為「黃金十年」。

1938 年 張靜江沒有隨政府西遷重慶，而經香港轉赴瑞士養病。翌年又經法國
　　巴黎到美國紐約定居。張靜江晚年篤信佛教。

1950.9.3.，張靜江因心力衰竭病逝於美國紐約，享年 73 歲。安葬在紐約郊外的
　　Ferncliff Cemetery 公墓(孔祥熙、宋子文、宋子良、宋美齡、顧維鈞等人均安
　　葬此處)。

張靜江前後兩次結婚，妻子姚蕙和朱逸民。共有 10 個女兒和 2 個兒子。2 個兒
子均為朱逸民所生。

長女張蕊英、次女張芷英、三女張芸英、四女張荔英、五女張菁英、六女張乃
　　琪、七女張乃恆、八女張乃理、九女張乃琛、十女張乃珣

長子張乃昌，美國太空工業系統的高級機械師、次子張乃榮．

黃炎培 1878.10.1.~1965.12.21. 江蘇川沙縣内史第浦東新區人

黃炎培，字任之，號楚南，　教育家、實業家、政治家，中國民主同盟主要發起人之一。

父母早亡，13 歲喪母，17 歲喪父，寄居外祖父家。就讀東野學堂，學習四書五經，　16 歲當年考縣試，姑丈資助入讀西學．

1901 年，入南洋公學（現上海交通大學）．

1902 年，應江南鄉試，中舉人。

1903 年，為革命黨捕獲，美國傳教士步惠廉保釋，流亡日本。

1905 年，加入中國同盟會，後接替蔡元培出任中國同盟會上海分會會長。

1912 年，任江蘇省教育司司長，籌辦東南、暨南、同濟等大學。

1915 年，作記者隨中國參加舊金山世界博覽會代表團赴美，兼做教育考察。

1916 年，組織職業教育研究會「解決社會國家最困難生計問題」

1917 年，聯合蔡元培梁啟超張謇宋漢章等 48 人於在上海創辦中華職業學校．

1921 年，被委任為中華民國教育總長（部長）而不肯就職。

1926 年，提出「大職業教育主義」「專守教育崗位不足以救國」辦《生活周刊》。

1927 年，鎮壓共產黨，以「學閥」罪通緝黃炎培，逃亡大連。創辦《救國通訊》。

1932 年，以中國國難救濟會名義通電全國，要求國民黨歸政於民，

1937 年，抗日戰爭爆發，黃撤退到重慶，任國防會議參議員，

1938 年，為國民參政會參政員。

1941 年，發起中國民主同盟並任第一任主席；

1945 年，他創立中國民主建國會並任第一任主委。

1945 年，為促進國共合作，與章伯鈞等人訪問延安，與毛澤東會見。

黃在延安同毛澤東談話時講到：「我生六十多年，耳聞姑且不論，凡親眼所見，真所謂『其興也浡焉，其亡也忽焉』，一人，一家，一團體，一地方，乃至一國，不少單位都沒有能跳出這周期率的支配力。大凡初時聚精會神，無一事不用心，無一人不儘力，也許那時艱難困苦，只有從萬死中覓取一生。既而環境漸漸好轉了，精神也就漸漸放下了。有的因為歷時長久，自然地惰性發作，由少數演為多數，到風氣養成，雖有大力，無法扭轉，並且無法補救。也有為了區域一步步擴大了，它的擴大，有的出於自然發展，有的為功業欲所驅使，強求發展，到幹部人才漸見竭蹶、艱於應付的時候，環境倒越加複雜起來了，控制力不免趨於薄弱了。一部歷史，『政怠宦成』的也有，『人亡政息』的也有，『求榮取辱』的也有。總之沒有能跳出這周期率。」

53 歲的毛澤東相答：「（民為政本，國為政體，新路在崛，是為民主。民主
立國，人人盡責，唯政當察於百姓，為黨方得盡心敬事，秉政施德，固不會
蹈前車之覆，亦可免人亡政息之禍焉。）我們已經找到了新路，我們能跳出
這周期率。這條新路，就是民主。只有讓人民起來監督政府，政府才不敢鬆
懈。只有人人起來負責，才不會人亡政息。」

這段對話被稱為：延安對、窯洞對、黃炎培周期率或黃炎培周期率難題。

1949 年，由共產黨地下工作者安排，轉道香港到北京。

中華人民共和國成立，任中央人民政府委員會委員、政務院副總理、輕工業
部部長等職。毛澤東曾稱他是「資本家代言人」共產黨從政府機構排除所有
非共產黨人士，僅保留黃在人民代表大會和政治協商會議的職銜。

1965 年 12 月 21 日　逝世於北京。

李石曾 1881.5.29.~1973.9.30. 河北高陽縣

李石曾，又名李煜瀛，筆名石僧、真民，中國社會教育
家，故宮博物院創建人之一。出身自清朝官員家庭，父
親李鴻藻為同治、
光緒二帝太傅。自幼跟隨齊禊亭習漢學。
1902 年，隨清廷駐法公使孫寶琦出使法國。李石曾在法
國學習農業 3 年，隨後進入巴斯德學院及巴黎大學理學
院研究生物進化哲學等學科。並且以科學的方法研究大
豆的功用，以法文發表《大豆》專書，是中國最早在法
國發表學術論文者。
1906 年，李煜瀛與吳敬恆、張靜江等在巴黎發起組織世
界社。8 月李石曾加入同盟會。

1920 年初，李石曾與蔡元培、吳敬恆，利用庚子賠款，在北京創辦中法大學。
李石曾出任董事長，蔡元培出任校長。1920 年冬，蔡元培、李石曾到達法國，
與法國里昂市長赫禮歐（Herriot），商議合作設立里昂中法大學協會，成立
里昂中法大學。里昂中法大學直到 1947 年，因為經費困難停辦。

1923 年，蔡元培辭北京中法大學校長，李石曾立即兼任代校長。1926 年「三一
八慘案」發生後，北京的臨時執政段祺瑞下令
通緝李大釗、李石曾等人，罪名是：「假借共產黨說，嘯聚群眾，率領暴徒，
闖襲國務院。」李石曾避居東交民巷法國醫院。

1924 年，李石曾當選中央監察委員、評議委員。

10 月，馮玉祥發動「北京政變」，11 月 5 日取消清帝溥儀帝號並將其逐出紫
禁城。李石曾建議設立中央古物保管委員會及清室善後委員會。

1925 年，「清宮善後委員會」制定「故宮博物院臨時組織大綱」及「故宮博物
院臨時董事會組織章程」。成立國立故宮博物院，珍貴文物保留至今。

1927 年，李石曾提出設立中央研究院案，會議決議推選李石曾、蔡元培、張靜江等人共同起草《中研院組織法》。設立中央研究院籌備處，推定蔡元培、李石曾、張靜江等人為中央研究院籌備委員。

6 月北伐成功，北京改名為北平。李石曾為國立北平大學校長，師範大學校長、國立北平研究院院長等職

1936 年，李石曾與蔡元培、陶玄、張靜江在上海創辦世界學校，培養留學人才

1973 年 9 月 30 日　病逝。

冷遹　1882.6.22.~1959.8.18.　江蘇省丹徒縣黃墟鎮人

冷遹，本名曉嵐，字御秋，別署雨秋，近代政治人物。

1902 年，考入安慶武備學堂，化名「雨秋」秘密參加柏文蔚領導的「同學會」，並且和「岳王會」有聯繫。

1905 年，畢業，分配到南京新編陸軍第九鎮第三十三標第二營任右隊隊官。第九鎮內第二營管帶趙聲（後升任第三十三標標統）等革命黨人活動積極，冷遹在趙的影響下於 1906 年，加入中國同盟會。

1907 年，第九鎮解除軍職，投奔安徽新軍第 31 混成協任管

1908 年，與「岳王會」熊成基等密謀發動新軍起義，冷遹被推為起義總指揮。事泄，被捕入獄，經多方營救．

1909 年，獲釋。得知趙聲在香港策劃廣東新軍起義，便赴香港。遇到廣西新軍招聘人才，遂應聘到廣西任職。

1910 年，任廣西陸軍小學提調。中國同盟會廣西支部成立，耿毅任支部長，冷遹任副支部長，成立「軍事指針社」，編輯出版《南報》（後更名《南風報》）。

1911 年，武昌起義，各地響應。冷遹任廣西民軍混成協幫統，率部援鄂。

1912 年，廣西民軍被南京臨時政府編入中華民國陸軍第一軍，冷遹獲中華民國臨時大總統孫中山授予中將軍銜及文虎勳章，任第一軍第三師師長。同年 5 月，冷遹轉任第一軍第九師師長，駐徐州。

1913 年，二次革命爆發，北洋軍馮國璋部和張勳辮子軍進犯徐州，冷遹寡不敵眾，放棄徐州，流亡日本。

1915 年冬袁世凱復辟帝制，冷遹立即從日本回國，投入討袁護國運動。

1916 年，任岑春煊、梁啟超廣東肇慶都司令部參謀處長。冷遹、黃炎培等人在上海創辦了中華職業教育社，冷遹歷任中華職業教育社評議員、常務理事及上海分社主任等職。

1917 年，任孫中山廣東護法軍政府總參議，並代理內政部長。

1921 年冷遹從廣州回到家鄉鎮江，獲陳光甫、鄒秉文資助，集資創辦了江北鹽墾公司（又稱商記墾團）。此後他同陸小波、嚴惠宇、葛敬中合作，陸續創辦了益民蠶種場、均益蠶種場、三益蠶種場、永安蠶種場。1925 年，應江蘇

省省長兼江蘇軍務督辦韓國鈞之邀，冷遹出任江蘇省水陸警備司令，任內正逢五卅慘案發生，他制止了南京警察罷崗，支持了南京民眾的反帝愛國行

1926 年，冷遹、黃炎培、唐儒箴聯名發起創辦私立鎮江女子職業學校，冷遹任董事長。

1928 年，冷遹同中華職業教育社、江蘇省農礦廳合作，在鎮江創建「鎮江黃墟農村改進試驗區」，冷遹任改進試驗區委員會主席。

1937 年，抗日戰爭爆發後，鎮江政府和民眾團體聯合設立支援前線的「民眾組織委員會」，縣長張清源任主任，冷遹、陸小波、嚴惠宇任副主任。1937 年冬，冷遹自鎮江赴武漢。冷遹、黃炎培、江恆源等人決定成立「江蘇省失業青年救濟委員會」，冷遹為主要負責人之一，實際負責該會的日常工作。1938 年 3 月，正值台兒庄戰役前夕，黃炎培、冷遹、江恆源到徐州訪問第五戰區司令長官李宗仁。

1938 年，國民參政會成立，黃炎培、冷遹、江恆源均以個人身份任參政員，他們三人被稱為國民參政會內的「職教派」（即中華職業教育社派）。此後冷遹任歷屆國民參政會參政員。

1939 年，黃炎培、冷遹、沈鈞儒、章伯鈞、梁漱溟、張瀾等人在重慶發起成立統一建國同志會。

1941 年，中國民主政團同盟在重慶上清寺特園秘密召開了成立大會，冷遹等 13 人當選中央執行委員。

1945 年，章伯鈞等六位參政員為商談國共兩黨團結、共建國內和平問題飛抵延安，中共領導人毛澤東等到延安機場歡迎併合影。圖中自右至左為：毛澤東、黃炎培、褚輔成、章伯鈞、冷遹、傅斯年、左舜生、朱德、周恩來、王若飛。

1944 年，在國民參政會三屆三次會議上，冷遹支持林伯渠代表中國共產黨提出的成立民主聯合政府的主張，反對中國國民黨一黨專政。同月，冷遹、黃炎培等人在《國訊》和《憲政月刊》上聯名發表了《民主與勝利獻言》，提出了九項主張，向中國國民黨要求民主。

1945 年，冷遹、黃炎培等六十多人聯名發表《時局獻言》。提出恢復國共談判、6 月，褚輔成、黃炎培、冷遹、王雲五、傅斯年、左舜生、章伯鈞七人致電毛澤東、周恩來呼籲就國共兩黨團結合作問題進行商談。6 月 22 日，七人收到邵力子轉交的毛澤東、周恩來的複電。6 月 27 日下午，蔣介石同意七人訪問延安。

7 月 1 日，褚輔成、黃炎培、冷遹、左舜生、傅斯年、章伯鈞六人乘飛機赴延安訪問。14 日，冷遹、黃炎培、江恆源聯名發表了《關於不參加國民大會問題討論的書面聲明》，反對中國國民黨執意方面召開國民大會，並拒絕出席國民參政會有關國民大會問題的討論，支持中共提出的成立民主聯合政府的主張。

10 月，國共簽訂雙十協定。冷遹自四川返回鎮江，成立鎮江善後救濟委員會。12 月 16 日，民主建國會在重慶白象街實業大廈舉行成立大會當選常務監事。

1946 年，冷遹倡議，鎮江合併成立四益農產育種場股份有限公司，任董事長，陸小波任常務董事，嚴惠宇任總經理。3 月冷遹以「考察戰時運河被敵破壞情況」為理由，訪問解放區高郵、寶應、淮陰等地，為解放區送來大批包括藥品和醫療器械在內的物資。

1947 年，冷遹任江蘇省臨時參議會議長，

1948 年，辭職，避居上海。他還列名制憲國民大會代表。

1949 年，中華人民共和國成立，參加了開國大典。任中國人民政治協商會議第一屆全體會議代表。

1950 年，冷遹、胡厥文等人在全國政協一屆二次會議上提出《擬請政府集中國內並延聘國外各種科學家、工程學家，統一規定各種農工、交通、機械、設備、器材及一切物器的名稱、標準，並盡量編譯各種科學技術的新書，考察改正現有國內生產機構內差異，以利經濟建設案》。3 月冷遹任華東軍政委員會農林水利部長。

1952 年，任江蘇省副主席（後改稱副省長）。

1954 年，民建江蘇省工作委員會成立，冷遹任主任委員。

1956 年，射陽閘竣工，冷遹到射陽主持了射陽閘放水儀式。在「三反」運動中，冷遹受到華東軍政委員會表揚。

1959 年 8 月 18 日，冷遹在南京因急性心肌梗塞病逝。

張東蓀 1886.12.9.~1973.6.2. 浙江杭縣（今杭州市）

張東蓀，原名萬田，字東蓀，曾用筆名聖心，晚年自號獨宜老人。哲學家、政治活動家、政論家、報人‧張東蓀生於一個官宦世家。

1905 年，張東蓀官派留學日本，先後就讀於東京帝國大學哲學系、私立哲學館（後來的東洋大學）。在留學生中，他和張君勱交好。

1906 年，與藍公武等在東京創辦學術月刊《教育》，以哲學、倫理問題為主。他傾向於梁啟超等立憲派的立場。

辛亥革命爆發前夕，張東蓀回國。

1912 年，他參加南京臨時政府並任臨時政府內務部秘書。南京臨時政府解散後，他列名孫中山新建的國民黨之中，又與梁啟超及進步黨關係密切，雖然沒有正式入黨，但當時被人視為進步黨骨幹。此後，他進入報界，發表了大量政論文章，走第三種路線，既反對袁世凱復辟，又不支持孫中山的二次革命，同時企圖調和國民黨與進步黨的關係。他曾經先後任上海《大共和報》、雜誌《庸言》、雜誌《大中華》、雜誌《正誼》等報刊的主筆。

1917 年，他接替張君勱主編研究系報紙《時事新報》。

1918 年 3 月，他創辦該報副刊《學燈》，該副刊與北京《晨報》副刊《副鐫》、《民國日報》副刊《覺悟》、《京報》副刊並稱新思潮四大副刊。

1918 年，他和梁啟超共同領導由進步黨演變而來的研究系參與國會選舉，嘗試
　成為第一大黨，但被段祺瑞皖系軍閥支持的安福俱樂部所敗。從此他放棄直
　接的政治活動，轉入思想界。

1919.9 月，他創刊《解放與改造》任總編輯。

1920.3 月，他和梁啓超等人發起講學社，並於同年 9 月邀請哲學家基爾特、社
　會主義者羅素來華。在上海參與籌辦中國公學，並任大學部部長兼教授，後
　因經費問題而辭去大學部部長職務。1920 年，他曾參加過陳獨秀在上海組織
　的馬克思主義研究會，但是拒絕參加共產黨。

1924 年，他不再擔任《時事新報》主編，專任中國公學教授。

1927.8 月，他與瞿世英創辦《哲學評論》同年任《唯物辯證法論戰》的主編。

1928 年，任光華大學、中國公學、國立政治大學、燕京大學教授。

1932.4 月，和張君勱在北平成立了中國國家社會黨。

1934.12 月，應陳濟棠聘請，到學海書院任院長。陳濟棠失勢，離開廣州，任光
　華大學、燕京大學教授、國民政府參議。

1937 年，抗日戰爭爆發後，他任國防參議會參議員。

1938.6 月，他任國民參政會參政員。

1941 年，主張國共合作，同時與中共接觸介紹燕京大學學生到中共抗日根據地。
　日本對美國宣戰後，燕京大學被佔領，張東蓀被日軍逮捕判刑，保釋出獄，
　不許離開北京，形同被軟禁，一心寫作。

1946.1 月，參加政治協商會議，支持蔣介石，脫離民盟，倡導「中間路線」、
　退出中國民主社會黨，繼續留在民盟。

1947.1 月，當選為中國民主同盟秘書主任。

1948 年，他作為傅作義的代表與中共秘密談判，實現 12 月 24 日北平和平解放。
　擔任中共政協委員等官職、及燕京大學教授。

1951 年，他被指控向美國出賣中華人民共和國政府重要情報．

1952 年，被免去政府職務，並被民盟開除。

1968.1 月，文化大革命被逮捕，關進秦城監獄。

1973.6.2. 張東蓀在匡獄中逝世。享年 87 歲

張君勱 1887.1.18.~1969.2.23.江蘇寶山人（上海寶山）

張君勱，名嘉森，字君勱，號立齋，別署世界室主人，
筆名君房，以字行，政治家、哲學家，中國民主社會黨
領袖。

1899 年，入上海江南製造局廣方言館。

1902 年，16 歲應寶山縣鄉試，中秀才。

1903 年，入南京江南高等學堂學習，

1905 年，因參加拒俄義勇隊被校方開除學籍。
　到湖南先後在長沙明德學堂、常德師範學堂任教。

1906 年，公費留學日本早稻田大學政治經濟科，結識梁啟超和張東蓀等人。

1907.9 月，他參加了梁啟超的政聞社。

1909.6 月，在東京參與設立咨議局事務調查會，8 月參與創辦雜誌《憲政新志》。

1910 年，回國，中法政科進士，授翰林院庶吉士。

1911 年，辛亥革命，任寶山縣議會議長。

1912 年，與湯化龍、林長民等人組織共和建設討論會，5 月赴北京，任北洋政
　　府秘書，並和湯化龍一起促進各派政治勢力邀請梁啟超回國。同時參與黃遠
　　生創辦的《少年中國周刊》。8 月共和建設討論會與共和統一黨聯合改組為
　　民主黨，選梁啟超為黨魁。9 月梁啟超回國。11 月發表《袁政府對矇事失敗
　　之十大罪》一文。

1913.1 月　梁啟超安排下，他以《憲法新聞社》通訊員的身份，取道俄國，赴德
　　國採訪考察。3 月入柏林大學專攻政治學，獲政治學博士學位。二次革命中，
　　他支持袁世凱。

1915 年，應梁啟超召喚回國，任上海《時事新報》總編、浙江交涉署長。護國
　　戰爭支持皖系的段祺瑞。隨梁啟超力主與德宣戰。

1917.3.13. 國務院新設臨時國際政務評議會，任書記長。7 月張勳復辟結束後，
　　他任直系馮國璋總統府秘書長，遭到皖系嫌惡，結果退出政壇。任北大教授。

1918.1 月，他和蔣方震等結成松社。隨梁啟超、丁文江前往歐洲考察，之後留
　　在德國跟隨倭鏗（Rodolf Ericken）學習哲學，後來他又跟隨亨利·柏格森學習。

1921.12 月　陪同德國哲學家杜里舒（Hans Adolf Eduard Driesch）來華講學任翻譯。

1922.3 月　參加「國是會議」，起草《國是會議憲草》。

1923.2 月　在清華大學做「人生觀」的講演，他以唯心論批判唯物論。

1926 年，與李璜合辦《新路》雜誌。

1927 年，被國立政治大學中國國民黨勒令停辦。

1928 年，辦《新路》雜誌．反對蔣介石的一黨獨裁。

1929.6 月　被逮捕拘禁，章炳麟、杜月笙斡旋，被釋放。10 月，他赴德國，在
　　耶拿大學教書。

1931.9 月，他回國，赴北平燕京大學執教。10 月，與張東蓀、羅隆基等，在北
　　平發起組織「再生社」。

1932.4.16. 與張東蓀等組中國國家社會黨，標榜「國家社會主義」主張「絕對的
　　愛國主義」「漸進的社會主義」「修正民主政治」否定階級觀念暴力革命。

1933.4 月，國家社會黨代表大會反蔣介石的活動，得到山西省的閻錫山支援，
　　福建事變參加中華共和國人民革命政府。

1935 年，陳濟棠反蔣起義失敗，從此失勢，學海書院遂關閉。

1937 年，抗日戰爭，參加蔣介石廬山談話、國防參議會，調整自己的反蔣路線。

1938.4 月，中國國家社會黨正式成為公開政黨。

1938 年，被選為國民參政會參政員，發表《致毛澤東先生的公開信》，要求取
　　消八路軍、新四軍和陝甘寧邊區。

1939.9 月，任國民參政會委員。加入黃炎培統一建國同志會。

1940 年，與陳布雷在雲南大理合辦民族文化學院，任院長。

1941 年，與黃炎培等人改組為中國民主政團同盟，他任常務委員。

1944.9 月，民主政團同盟改組中國民主同盟（民盟）．

1945.4 月，他代表中國出席聯合國國際組織會議（United Nations Conference on International Organization）任聯合國憲章大會組委員，

1946.1 月，持反共姿態。6 月代表中國簽署聯合國憲章。12 月 25 日退出民盟。

1947.7 月，當選民主社會黨黨主席。

1946 年，他主導起草《中華民國憲法》確立五權憲法五院制。

1946 年，他 59 歲生日，周恩來送過他「民主之壽」的壽匾。但是他反對中國實行共產主義，不滿蔣中正未遵守《中華民國憲法》。

1948.12.25. 被中共的列為 43 名戰犯之一。

1949.11 月，由澳門赴印度，在德里大學和加爾各答大學任教。

1950 年，目睹國勢瀕危，與李宗仁、張發奎、蔡文治等軍政人員、及社會賢達發起〔自由中國運動〕，冀期建立〔新中國〕，在日本東京成立〔總部〕，訓練幹部，中途遭到原支援的美國臨陣抽腿，撤消組織，而胎死腹中。

195112 月，他離開印度赴美國。

1955 年，到史丹福大學從事中國共產黨政治研究，遍訪世界歐美各國，講演孔孟學説和反共思想。

1969.2.23. 他在美國舊金山病逝。

父親張潤之，為寶山名醫。其妹張幼儀是徐志摩的第一任夫人，其四弟張嘉璈（張公權）是前中國銀行董事長。

顧孟餘 1888－1972.6.　浙江上虞縣

顧孟餘，原名顧兆熊，　中華民國政治人物與教育家，曾擔任國民政府鐵道部部長、交通部部長等職。

留學德國，畢業於柏林大學。第二任國立中山大學校長．1941 年至 1943 年間擔任國立中央大學（第六任）校長。中華民國行憲後，擔任第一任的行政院副院長。

1949 年，定居香港，創辦《火道》雜誌，定居美國加州柏克萊，受聘為總統府資政。

1969 年返台灣定居，1972 年 6 月病逝於台北

張奚若 1889.~1973.7.18. 陝西大荔縣朝邑鎮人

張奚若，字熙若，陝西大荔縣朝邑鎮人。中國政治學家，愛國民主人士，無黨派人士，中華人民共和國第二任教育部部長。

早年同盟會，參加過辛亥革命。赴美國哥倫比亞大學學習，獲政治學碩士學位。

回國歷任教育部國際出版物交換局局長、高等教育處處長，中央大學（1949年更名為南京大學）、清華大學和西南聯大等教授職位。抗日期間，參加民主活動，抨擊國民黨獨裁。

1949年6月任華北高等教育委員會副主任，開展大學改革。

1949年，參與中國人民政治協商會議預備會，當選為新政協籌備委員會常委會會員。他是「中華人民共和國」國名提議者之一，他認為「人民共和國」已經說明國體，表達了人民民主；他也堅持以法國國歌《馬賽曲》為例，認為《義勇軍進行曲》歌詞具有特定時代意義，應當保留原歌詞以警示人們「居安思危」

1952年11月~1958年2月，出任教育部部長。

1957年5月1日，他對毛澤東提出了評價：「好大喜功，急功近利，否定過去，迷信將來」。

1958年1月28日第十四次最高國務會議上毛曾引用他的說法，雖然不滿意，又認為「張奚若是個好人」。

1966年8月，周恩來根據毛澤東關於對章士釗「應當予以保護」的批示借題發揮，制定了大範圍的保護名單，張奚若名列其中，被點名保護。

張奚若發表過《社約論考》、《主權論》、《法國人權宣言的來源問題》、《盧梭與人權》、《自然法則之演進》等文章。

衛挺生 1890~1977　湖北省棗陽市雙河鎮

衛挺生，亦名體國、紹浚、韜，字申父、琛甫，號經野。生于地主紳士之家

1906年，日本就大成中學，返國後，相繼就讀于武昌兩湖書院、高等礦業學堂、清華留美預備學校。

1911年9月，以公費留學美國，在西根州立大學文理學院及商業學院（密西根大學）、哈佛大學文理學院、及商業學院攻讀政治、經濟、財政、金融等科，精通中、英、法、德、俄、日六種文字。

1920年，回國任教南京高師，參與籌辦國立東南大學。

1921年，任美國人端納所辦"經濟討論處"英文撰述員，後任中國銀行總管理處秘書，並在燕京大學、朝陽學院、鹽務學校兼課。

4月，應中國銀行副總裁張公權之邀，衛挺生就任該行的英文秘書。

10至11月，中國銀行和交通銀行因所存關稅稅款，引起全國各地兌換券持有人恐慌，發生"擠兌"風潮

1927年，南京國民黨政府成立，以財政部次長錢新之薦，衛任關務署稅科長，同時在交通大學兼課。

1928年10月，出任立法院立法委員，設計《財政管理法》起草《公債法》、《預算法》、《會計法》、《統計法》、《公庫法》、《決算法》等一系列財政法規和提出實行四級財政，劃分收支系統，以堵塞貪汙等建議，未被當局采納。主張實施市政現代化，地方市政化，市鎮公司化，市民股東化，市民代表董事化，市、鎮長經理以及其他治國方案，均未得到有效施行。

1938 年 6 月，任湖北省政府委員，衞無意就職，陳誠一再電邀，始回鄂。8 月，
　　衞出巡鄂北 14 縣，舉發失職縣長 2 人，懲辦不法區長 2 人。不久，卸任湖北
　　省政府委員職，專任立法委員，代理法制委員會委員長及煙專賣局副董事長，
　　同時兼任複旦大學經濟系主任、中央政治學校計政學院教授。衞主持起草《公
　　司法》，參加了《土地法》與《憲法》的起草和討論修改。1943 年春，衞視
　　各地苛捐雜稅太多太重，乃草擬了《地方稅捐條例》，報財政部長孔祥熙獲准，
　　在全國第二次財政會議中討論通過，廢止雜稅雜捐，但上行不下效，各地稅
　　捐仍有增無減。
1943 年，聯合國間設立國際平准基金會，以作戰時及戰後調劑國際貨幣金融
1944 年 4 月 21 日，發表聯合聲明，決定于同年 7 月在美國新罕布什爾州布雷森
　　林召開聯合國及聯盟國家國際貨幣基金會議。出席會議的有 45 個國家的代
　　表。中國代表團以財政部長孔祥熙爲首，衞挺生爲代表團顧問。中國得到 5.5
　　億美元，確定爲中國爲第四席位。
1945 年，以中國財政代表團顧問身份出席在美國召開國際平准基金協會，經衞
　　力爭，中國當選爲該會常務理事國，保持“四強”之一地位。
1948 年，去香港沙田華僑工商學院、菲律賓馬尼拉大學講學。去香港華僑學院、
　　香港書院、新亞書院、珠海書院講學，
1949 年，到台灣大學圖書館作徐福東渡事研究，寫《徐福入日本建國考》。
1953 年 11 月，在菲律賓大學任教授。
1956 年 8 月，到美國哈佛大學植物標本館，從事藥用植物資料的翻譯工作，並
　　利用該館藏書，致力于學術研究。
1977 年 5 月，在美國加利福尼亞病逝。
衞挺生擔任立法委員 20 年，除訂立制度外，做了三件事：一是教書，二是著作，
三是演講。衞挺生無意留在立法院，1947 年民選立法委員時，爲避開競選，他
南遊桂粵及香港，繼而到菲律賓和美國，以講學、著述和學術研究終其一生。

曾琦　1892－1951.5.7.　四川隆昌人

曾琦，原名昭琮，字慕韓，　中國青年黨領導人和創
始人。也是中國「第三勢力」民主運動的領導人物。
曾琦早年就讀於位於成都的四川法政學堂。爲《成都
商報》等報紙撰稿，抨擊趙爾豐的政策。
1913 年，前往重慶，參加熊克武等人組織的討袁活
　　動。
1914 年，入上海震旦學院，與左舜生、李璜爲同學，
　　常在一起討論國事。
1916 年，赴日本中央大學留學。
1918 年，得知段祺瑞與日方密簽《中日共同防敵軍事協定》，憤而罷學回國。
　　與王光祈等人發起成立少年中國學會。

1919 年，到法國留學。

1923 年，擔任《新聞報》駐巴黎特派記者，同年與李璜等人在法國組織成立中國青年黨，任黨務主任。

1924 年，回國，在上海創辦《醒獅》周報。

1926 年，中國青年黨，將宗旨定義為「國家主義之精神、全民革命的方式外抗強權，力爭中華民國之獨立與自由，內除國賊，建設全民福利的國家」，

1927 年，因與國民黨有矛盾去日本。曾策劃刺殺蔣介石，後改為刺殺鮑羅廷。

1938 年，國民參政會時，為參政員，並當選為中國青年黨委員長。

1945 年，日本投降，當選為青年黨主席。

1946 年，率領青年党參加制憲國民大會，被指定為主席團主席。

1948 年，赴美。

1951 年，卒於美國華盛頓。

梁漱溟　1893.10.18. – 1988.6.23. 生於北京入籍河南開封，

梁漱溟，原名煥鼎，字壽銘。曾用筆名壽名、瘦民、漱溟，後以漱溟行世。先祖為元世祖六子忽哥赤，清中葉官游廣西桂林。現代著名思想家，哲學家，教育家，現代新儒家的早期代表人物之一，社會活動家，愛國民主人士，同時他還是一位社會改造實踐家，對推動鄉村建設不遺餘力。

父親梁巨川在清代光緒年間曾任內閣中書

1906 年，梁氏肄業於順天中學堂，

1911 年，畢業。加入同盟會京津支部。

1912 年，任京津同盟會刊物《民國報》編輯及記者，開始以「漱溟」作筆名。

1916 年，任中華民國司法部機要秘書（司法總長張耀曾系梁漱溟舅父）。在上海《東方雜誌》上連載《究元決疑論》。

1917 年-1924 年，應蔡元培之聘，任北京大學印度哲學講習，認識了北京大學圖書館管理員毛澤東。

1921 年，寫成《東西文化及其哲學》，學術界公認為中國現代思想史重要著作。同年，偕友人籌辦曲阜大學。

1928 年至 1929 年，任廣雅書院（現廣東廣雅中學前身）校長。主張「鄉治」。

1929 年，在北平接辦《村治月刊》，任河南輝縣百泉村辦河南村治學院教務長。

1931 年，在韓復榘支持下，與梁仲華等人在山東鄒平縣創辦鄉村建設研究院，出版《鄉村建設》。

1933 年 7 月，召開鄉村工作討論會，推選梁漱溟、晏陽初、黃炎培、章元善、江恆源、許士廉六人為主席團，至此鄉村建設派正式形成。該派的目的是實行「鄉治」。

1937 年，抗日戰爭爆發後，先後任最高國防參議會參議員、國民參政會參政員。是年 8 月，於國防最高參議會上和周恩來第一次見面。

1938 年，第一次訪問延安，見到毛澤東。

1939 年，蔣介石特委任其為軍事委員會特派員，2 月 1 日離開重慶，10 月 22 日返回。為推動團結抗戰，發起組織統一建國同志會。1941 年，該會改名中國民主政團同盟。

1941 年，任中國民主政團同盟常務委員，並前往香港，創辦同盟機關刊物《光明報》，並任社長。

1944 年，中國民主政團同盟改組為中國民主同盟，仍擔任執行委員會委員。

1946 年，任中國民主同盟秘書長。第二次訪問延安，見到毛澤東。

1946 年 10 月，因提交不同於國民黨與共產黨的第三方「折中方案」，引起中共和民盟內部不滿，辭去同盟秘書長的職務，並退出中國民主同盟，專注於講學和著述。

1950 年至 1980 年，任中國人民政治協商會議全國委員會委員。此後，任全國政協常委及憲法修改委員會委員、中國孔子研究會顧問、中國文化書院院務委員會主席等職。

1953 年 9 月，在政協常委會上就過渡時期總路線向中共反映農民問題。中央人民政府委員會第 27 次會議上，受到毛澤東當眾點名批判，認為他反對總路線。

1955 年 5 月起，由馮友蘭帶頭，對其文化、哲學、鄉村建設理論開展全面公開批判，為時半年。當時被批的，還有梁思成（被與梁漱溟合稱為「二梁」），以及胡風和胡適（被稱為「二胡」）。

1973 年，文化大革命期間，因為堅拒參與「批林批孔」運動而遭批鬥。

1988 年，6 月 23 日，病逝於北京。

1988 年，7 月 7 日，在北京醫院舉行遺體告別儀式。靈堂正門兩側懸掛大幅隸書對聯，聯曰：「百年滄桑，為國救民；千秋功罪，後人評說」，橫批為「中國的脊樑」。

　　馮友蘭為其撰輓聯道：「鉤玄決疑，百年盡瘁，以發揚儒學為己任；廷爭面折，一代直聲，為同情農夫而執言。」根據梁漱溟生前的遺願，他的一部分骨灰埋在山東省濱州市鄒平縣小黃山，目前是濱州市級文物保護單位。

左舜生　1893.~1969.10.16.　湖南長沙人

左舜生，上海震旦大學畢業，政治活動家，歷史學家。

1920 年，中華書局編譯所新書部主任，出版《新文化叢書》《少年中國》月刊。

1924 年，任《醒獅周報》總經理。

1925 年，加入中國青年黨，

1935 年，青年黨中央執行委員會委員長。抗日戰爭參加湖南文化界抗敵後援會。

1937 年，以青年黨代表身份參加國民參政會。

1945 年，訪問延安。

1946 年，在上海創辦《中華時報》《青年生活》。

1946 年，中國青年黨與民盟分裂。

1947 年，任國民政府農林部部長。

1949 年，去香港，創辦《自由陣線》。在香港新亞書院、香港清華書院任教。
1969 年，到台灣，任總統府國策顧問。10 月病逝台灣。著有《中國近代史四講》
　　《黃興評傳》《近代中日外交關係小史》《左舜生選集》等

余井塘　1896－1985.9.2.　江蘇省東台縣小海鎮（今屬大豐市）人

余井塘，原名榆，字景棠，後改字井塘，以字行。
1896 年，余井塘生於小海鎮。早年獲茂記鹽垣主袁兼伯喜愛，將女兒嫁給余井
　　塘，並送余井塘入中學讀書。
1920 年，考入上海的復旦大學。創辦《平民周刊》，組織「平民學社」，提倡
　　平民主義與合作運動，曾經主持上海合作社聯合會。
　　後來，余井塘留學美國西北大學學習經濟學。在美國，余井塘主編《少年中
　　國晨報》。余井塘支持孫中山的民生主義，但又相信合作主義。
1923 年，余井塘加入中國國民黨。
1924 年，余井塘轉學赴蘇聯，與陳立夫為同屆學生，
1925 年，畢業並獲得碩士學位。歸國後，余井塘參加了針對孫傳芳等軍閥的鬥
　　爭，險些遭到孫傳芳殺害。
1927 年，南京國民政府成立，在中國國民黨中央組織部擔任秘書，兼任中央黨
　　務學校教授，主講合作經濟。後來，余井塘成為 CC 系的骨幹。
1929 年，兼任中央政治學校教務主任，不久當選國民黨中央執行委員。他還曾
　　任中國合作學社執行委員，國民政府考試院考選委員會委員。
1934 年 10 月，余井塘出任江蘇省政府委員兼江蘇省民政廳廳長。任內推行地
　　方自治及保甲制，提倡禁止銷售及吸食鴉片，發動 40 萬民工參與導淮工程。
1938 年，任國民黨中央組織部副部長，「除日寇之外沒有敵人」主張團結抗戰。
1939 年 2 月，在重慶擔任中央政治學校畢業生指導部主任，創辦《服務月刊》。
　　8 月，出任國民政府教育部次長，協助教育部部長陳立夫辦教育。
1944 年 6 月，復任中國國民黨中央組織部副部長。
1945 年，日本投降後，余井塘為扭轉各省政治腐敗、民怨沸騰的局面，聯合賴
　　璉、黃宇人等人舉行「革新運動」座談會。
1948 年，余井塘獲蔣介石召見，蔣介石要余井塘任中國國民黨中央組織部部長，
　　被余井塘謝絕。余井塘避居杭州農村。後來，余井塘赴台灣。
1950 年 3 月，任行政院政務委員兼中華民國內政部部長、蒙藏委員會委員長。
1952 年，專任行政院政務委員。
1954 年，遞補為國民大會代表，任憲政研討會常務委員及國民大會主席團主席。
1963 年，任 行政院副院長，兼經濟動員計劃委員會主任委員。
1966 年，改聘為總統府資政。
1983 年 4 月，任中國國民黨中央評議委員會主席團主席。
1985 年 9 月 2 日，余井塘在台北逝世，享年 89 歲。

雷震 1897.6.25.－1979.3.7. 浙江湖州長興人

雷震，字儆寰，政論家和出版家。

1906 年，腹瀉，遭火藥灼傷眉毛頭髮全被燒火．

1908 年，父親病逝，賴母親撫養成人．

1911 年，考入湖州浙江省立第三中學．

1917 年，東渡日本，並加入中華革命黨。

1923 年，留學日本，京都帝國大學法學部主修憲法。

1926 年，回國，任湖州中學校長、法制局編審。

1928 年，任法制局、考試院編纂，

1930 年，與宋英女士結婚．

1932 年，擔任中國國民黨南京黨代表大會主席團主席，

1934 年，起擔任教育部總務司司長。

1937 年，獲蔣介石的信任和提拔，擔任國民參政會副秘書長等職。

1938 年，任國民參政會秘書兼議事組長

1941 年，遞補國民黨中央監察委員．

1946 年，出任政治協商會議秘書長，負責協商各黨派意見。

1947 年，當選國民大會代表，出任張群組閣之行政院，擔任政務委員。

1949 年，與胡適、王世傑、杭立武等籌備《自由中國》的雜誌。

　　1949 年，赴台灣，再次與杭立武討論籌辦成立《自由中國》雜誌，胡適任掛名發行人，雷震為實際負責人。

1950 年，被聘為國策顧問。代表蔣介石赴港宣慰反共人士，並探聽第三勢力在香港的發展情形。《自由中國》「擁蔣反共」立場發言，與蔣介石關係密切。

1951 年，《自由中國》刊登〈政府不可誘民入罪〉，引發言論風波。在獲得美
　　援後，自由派人士重要性減弱，雷震與蔣介石關係也漸行漸遠，
1953 年，雷震遭免除國策顧問等職。
1954 年，《自由中國》刊登〈搶救教育危機〉，引發國民黨不滿，被註銷黨籍。
　　《自由中國》的言論，對蔣的威權統治有所批評，與蔣的關係日益緊張。
1956 年，該刊「祝壽專號」向蔣總統建言，言人所不敢言者，引發黨政軍圍剿。
1957 年《制憲述要》在香港出版，殷海光執筆之「反攻大陸問題」，觸動政治
　　禁忌，末篇「反對黨問題」，主張「反對黨是解決一切問題關鍵之所在」。
1958 年，參與李萬居吳三連高玉樹等 78 人發起組織「中國地方自治研究會」。
　　5.4. 他發表《我們為什麼迫切需要一個強有力的反對黨》，鼓吹成立反對黨
　　　　參與選舉以制衡執政黨。
　　5.18. 組織「地方選舉改進座談會」，籌備組織中國民主黨。雷震擔任地方選
　　　　舉改進座談會召集委員，與李萬居、高玉樹共同擔任發言人。
　　7 至 8 月，舉行四次分區座談會，情治單位進行密切監控。
　　9.4. 他、劉子英、馬之驌、傅正被逮捕，並被軍事法庭以「包庇匪諜、煽動
　　　　叛亂」的罪名判處十年徒刑。
　　在美國的胡適返台找蔣中正求情，蔣中正不予理睬。
1961 年，雷震的 64 歲生日，胡適想念獄中的雷震，手書南宋詩人楊萬里的《桂
　　源鋪》饋贈：「萬山不許一溪奔，攔得溪聲日夜喧。到得前頭山腳盡，堂堂
　　溪水出前村。」這位老秀才『我雖不殺伯仁，伯仁因我而死』。」胡適對這
　　件事，始終內疚彌深。在蔣介石的威權下，甚至後來也不便探監。
　　雲林縣議員蘇東啟提議要求蔣介石釋放雷震，而成為國民黨眼中釘。
1961 年，蘇東啟因計畫以武力號召臺灣獨立而遭警總軍法處判處死刑。
1970.9.4. 雷震十年徒刑期滿出獄。
1971.12 月，撰寫〈救亡圖存獻議〉，提出政治十大建議，希望政府速謀政治、
　　軍事改革，以民主化方式應付危局，並要求將國號改為中華台灣民主國
　　（Chinese Republic of Taiwan）。
1972 年 1 月 10 日 雷震呈送〈救亡圖存獻議〉至總統府、行政院，未獲回應。
1978 年，雷震回憶錄在香港出版．
1979.3 月，腦癌開刀病逝台北，終年 83 歲。

聞一多 1899.11.24. ~1946.7.15. 湖北黃岡浠水

聞一多，本名聞家驊，字友三，詩人、自幼愛好古典
詩詞和美術。
1912 年，考入北京清華學校
1916 年，在《清華周刊》發表《二月廬漫記》。
1919 年，五四運動時積極參加學生運動，曾代表學校
　　出席全國上海學聯會議。

1920 年，發表「旅客式的學生」《西岸》

1921 年 11 月，與梁實秋等人發起成立清華文學社，次年 3 月，寫成《律詩底研究》，開始系統地研究新詩格律化理論。

1922 年 7 月，赴美國芝加哥藝術學院學習。年底出版與梁實秋合著的《冬夜草兒評論》，代表了聞一多早期對新詩的看法。

1923 年，出版《紅燭》把反帝愛國的主題和唯美主義的形式典範地結合在一起。

1925 年 5 月，回國歷任國立中山大學、國立武漢大學、國立青島大學、北京藝術專科學校、政治大學、清華大學、西南聯合大學教授、教務長、外文系主任、文學院長。7 月 4 日發表《七子之歌》寫出中國被列強擄掠土地聲音。

1928 年，出版《死水》表現愛國主義激情，致力於古典文學的研究。對《周易》、《詩經》、《莊子》、《楚辭》四大古籍的整理研究。

1937 年，在昆明西南聯大任教。

1943 年，目睹國民政府的腐敗，奮然而起積極參加反對獨裁，爭取民主的鬥爭。時中共中央派中共南方局任宣傳部長華崗到昆明，擔任與「雲南王」龍雲之間的聯絡人，華崗又與聞一多正式見面並成為朋友，兩人之間，時相往來，交換時局意見。

1945 年 10 月，聞一多常說，現在形勢變了，要注意保存革命實力，不要採取過於極端措施。一二一慘案後他反對蔣中正的獨裁統治，最為激烈。

1946 年 7 月 15 日在追悼被暗殺的李公樸儀式的大會上，聞一多發表《講演》，群情激憤。當天下午在西倉坡宿舍門口，被人槍殺，聞一多之子聞立鶴亦身受重傷。聞一多被暗殺後舉世震驚，當時在盧山的蔣中正獲知，知道問題的嚴重性，下令唐縱徹查很快就破案，涉案的李文山和湯時亮公開軍法審訊後被槍決，昆明警察局長龔少俠被撤職。

1948 年 8 月聞一多的遺著《聞一多全集》，由朱自清主編，雷海宗、潘光旦、吳晗、浦江清、許維遹、余冠英協助完成出版。

陶希聖　1899~1988.6.27.　湖北黃岡（今屬武漢市新洲區）

陶希聖，名匯曾，字希聖，以字行，筆名方峻峰。

1908 年，在豫省任候補知縣之父送入開封旅汴中學（河南省立第一中學前身），續就學於武昌英文館。十六歲考上北京大學預科，師從沈尹默、沈兼士，課本有《文心雕龍》、《呂氏春秋》、《淮南子》、顧炎武《日知錄》、章太炎《國故論衡》、錢大昕《十駕齋養新錄》等，並自修《宋元學案》與《明儒學案》。

1924 年，在上海商務印書館做編輯，同時在上海大學、上海法政大學、東吳大學等校講授法學和政治學。

1927 年，應聘為中央軍事政治學校武漢分校中校教官，參加北伐革命軍工作，從此以「陶希聖」的別名取代本名「陶匯曾」。

1929 年後，在上海復旦大學、勞動大學、暨南大學、中國公學、上海法學院、
　　立達學園及中央大學任教；同時與周佛海、樊仲雲等創辦新生命書局。
1931 年 1 月，陶希聖受聘中央大學教授，講授中國政治思想史、中國法律思想
　　史。教授之餘，他仍筆耕不輟，《中國社會現象拾零》一書即此時的代表作。
　　同年暑假後，陶希聖應北京大學之聘，回母校講授中國政治思想史和中國社
　　會史等課程，輪流於清華大學、燕京大學、北師大、朝陽大學等校兼課。對
　　日抗戰前任北大教授。
1938 年 12 月，隨汪精衛出走河內。
1939 年 8 月，陶希聖赴上海參加汪精衛與日本的談判。
1940 年 1 月，陶希聖與高宗武脫離汪組織在香港聯名揭發「汪日密約」，國史
　　稱高陶事件。後陶希聖留港辦《國際通訊》。陶希聖與胡適有交情，當年陶
　　捲入「汪日密約」中進退失據時，惟一想到可以寫信表達心聲的人就是胡適。
1941 年，太平洋戰爭爆發，日軍攻陷香港、九龍。
1942 年，初逃離香港，經韶關、桂林回歸重慶，任侍從室第二處第五組組長。
1949 年，隨國民政府赴台灣。
1949 年，赴台灣後，歷任中華民國總統府國策顧問、中國國民黨設計委員會主
　　任委員、第四組主任、革命實踐研究院總講座、中央常務委員會委員、中央
　　日報董事長、中國國民黨中央評議委員等職，
1988 年 6 月 27 日在台北病逝

李公樸 1902.~1946.7.11 江蘇武進

李公樸，原名李永祥、號晉祥，後改名公樸，號什如，
筆名長嘯。原籍江蘇武進，生於江蘇淮安。中國社會教
育家。生於江蘇淮安，家境貧寒，年幼時曾在鎮江當過
學徒，先後就讀於鎮江潤州中學、武昌文華大學附中，
1925 年入滬江大學，深受孫中山革命民主主義思想、和
新文化運動的影響，於同年加入中國國民黨。五卅慘案
運動中，代表滬江大學學生團體參加上海學聯，任工人
科長。

1926 年初，李公樸離開學校，赴廣州任職於國民革命軍東路前敵總指揮部政治
　　部，後來因不滿國民黨「清黨」離開軍隊。
1928 年 8 月赴美國留學入俄勒岡州雷德大學政治系，1930 年回國
1932 年出版《申報月刊》《申報年鑑》並創辦《申報》業餘婦女補習學校與《申
　　報》流通圖書館．
1936 年提出「停止內戰」，「釋放政治犯」。
　　11 月 23 日，國民政府以「危害民國」的罪名，逮捕了救國會領導人沈鈞儒、
　　李公樸、章乃器、鄒韜奮、史良、王造時、沙千里等七人史稱「七君子事件」。
1937 年 7 月抗日戰爭爆發後，七君子被釋放出獄。

　12月底李公樸應閻錫山邀請，任山西民族革命大學副校長。

1938年11月赴延安參觀，會見了毛澤東及其他中共中央領導人。在中國共產黨支持下，李公樸組織「抗戰建國教學團」，在晉察冀邊區、晉冀魯豫邊區培訓抗日宣傳人員。

1941年李公樸到達雲南昆明，在昆明組織出版《青年周刊》。

1942年在昆明創辦「北門書屋」，傳播馬列主義及共產黨思想．

1944年10月中國民主同盟雲南省支部在昆明成立當選執行委員。

1945年10月1日當選中國民主同盟中央執行委員、教育委員會副主任委員、中國人民救國會中央委員。

1946年1月與陶行知在重慶創辦社會大學，主張「人民創造大社會，社會變成大學堂」，李公樸任副校長兼教務長。

　2月10日發生「校場口事件」大會主席團成員、大會總指揮李公樸當場被國民黨特工人員打得頭破血流。

　5月李公樸在傷愈後自重慶返回昆明。

1946年7月11日，李公樸在昆明大興街學院坡，被昆明防衛警備司令部特工人員開槍行兇．7月12日凌晨在雲南大學醫院搶救無效逝世，享年44歲，喪失英才，當時社會譁然。

　7月15日聞一多在悼念李公樸先生大會上，怒斥國民黨的暗殺「罪行」，當天下午被國民黨特務暗殺。

唐振楚　1914.8.15~1999　湖南衡陽 金溪鎮人

1934年，考入南京中央政治大學。

1938年湖南省政府法制專員秘書。

1942年，考入南京中央政治大學研究生部。

1945年，獲碩士學位，任湖南省政府參事參議，入"國防研究院"。

1945年10月，任湖南省藍山縣長，興修水利，重視教育，以"無盜竊、無牌賭、無攤派"聞名全省。

1947年，任國民政府內政部視察員。3月任總統府秘書。

1949年，隨政府來臺灣

1950年，任蔣總統待從秘書。

1952年，任總統府第一局副局長。

1955年，赴美國任臺灣教育部在美教育文化事業顧問委員會秘書。

1957年，改任駐美大使館文化專員。

1958年，獲美國哥倫比亞大學文學研究院碩士學位。同年返回臺灣，被任命為總統府第一局局長和典璽官，掌管中華民國大印和中華民國榮典之璽。

1960 年，任國立政治參謀大學教授。

1961 年，任國立三軍大學教授。

1963 年，任中國文化學院教授。

1966 年，任中華民國內政部常務次長兼原子能委員會委員。此間，曾兩次作為臺灣政府首席代表赴伊朗、馬來西亞出席東南亞公共行政組織理事會

1969 年 8 月，以特使身份赴瑞士，參加慶祝國際勞工組織成立 50 周年紀念大會及第五十三屆國際勞工會議。

1970 年，任國際勞工局中國分局局長。

1972 年，任總統府副秘書長並在中國文化大學、國立政治大學擔任教授系主任。

1978 年 6 月，任國民黨中央委員會副秘書長，同年 12 月，任考選部部長。

1984 年 8 月，退休，被聘為總統府國策顧問。

1988 年 7 月，先後為第十三、十四屆中央評議委員。

1999 年，病逝於臺北，享年 85 歲

費希平　1916~2003.2.21.　遼寧省遼中縣人

中學畢業後考進國立北平大學政治經濟學系。

1937 年，對日抗戰，費希平從軍參加武漢會戰，後到河北省敵後從事游擊戰。

1938 年，加入中國國民黨。

1945 年，日本投降，任瀋陽市政府科長、祕書等職，遼寧省青年督導團團長。

1948 年，當選第一屆立法委員並當選。]

1949 年，隨政府到台灣，擁有民主自由理想，不畏強權。

1960 年，雷震在《自由中國》風波中被捕，　9 月 23 日，費希平在立法院質詢雷震事件，被紀律檢查委員會決定停止黨權一年。

1962 年，國民黨黨員重新登記，費希平沒有重新登記加入中國國民黨。

1979 年 12 月 10 日，高雄市爆發美麗島事件，費希平從此開始和黨外運動人士交往，被尊稱為「費老」。

1981 年，中華民國縣市長選舉，費希平參加「黨外助選團」助選。

1982 年，費希平率先在立法院質詢中國統一問題，抨擊中國國民黨「三不政策」。

1984 年，費希平擔任「黨外公職人員公共政策研究會」第一屆理事長·

1985 年，黨外公政會理事改選，費希平在康寧祥遊學返國當天宣布退出黨外公政會，與台獨劃清界線，絕不作「民主花瓶」。

1986 年，費希平成為民主進步黨（民進黨）建黨十八人小組成員（其餘成員為傅正、尤清、江鵬堅、張俊雄、周清玉、謝長廷、游錫堃、陳菊、黃爾璇、康寧祥、蘇貞昌、許榮淑、顏錦福、李勝雄、邱義仁、洪奇昌、郭吉仁）。

　民進黨成立後，費希平與民進黨開始漸行漸遠。
1987 年，費希平獲「傑出民主人士獎」獎牌，但獎金捐給中國民主教育基金會
1987 年 9 月，費希平宣布退出民進黨立法院黨團。
1988 年，《資深中央民意代表自願退職條例》費希平率先退職。
1989 年，費希平率領訪問團訪問中國大陸。
1990 年 11 月 2 日，費希平在立法院發表退職臨別演說‧擔任海峽交流基金會
　（海基會）董事。
1991 年，費希平退職並退出政壇，定居美國。
1998 年，費希平被旅居洛杉磯的親人接來加州南部療養。
2003 年 2 月 21 日，因心肺衰竭逝世於洛杉磯附近的普萊辛西亞林達醫院，享年
86 歲，身後留下遺孀王丹楓、兒子費晚成、兒子費天成、女兒費燕君及多名旅
居美國的親人。3 月 11 日，中華民國總統陳水扁明令褒揚費希平。

楚崧秋 1920.8.11.－），湖南省湘潭縣白雲鄉梅林橋鎮人

父親楚廉山為書法家，對中國的古代文學、書法、詩文，有很高的造詣，有河
東「八賢四君」之稱。母親魏文芳名門閨秀，尤其驚人膽識和非同一般的分析
判斷力。胞弟楚均安。
1932 年，楚崧秋考取杭州樹範中學。
1934 年，隨父去南京謀事，就讀南京市第二中學高中，及在杭州高中畢業。
1937 年，抗日戰爭爆發，全家返回原籍，轉學到湖南省立長沙第一中畢業。
1938 年，日軍進犯長沙，他隻身入川，考上重慶中央大學政治學系。
1941 年，顧孟餘接任校長，楚崧秋任學生自治會長。
1943 年，中央大學畢業入研究院‧校長蔣中正。繼進南京中央大學政治研究院。
1945 年，楚崧秋取得文學碩士學位。
1946 年，響應蔣委員長〔十萬青年十萬軍，一寸山河一寸血〕進入中央幹部學
　校（今日國立政治大學）擔任教育長‧
1949 年 7 月，局勢混亂，來到台擔任教職，協助中大在苗栗復校。
　韓戰期間，在日本東京帝國大廈聯合國軍總部辦公室擔任翻譯。
1951 年，擔任聯合國軍總部新聞專員，並任廣播工作。
1952 年，擔任台灣省立行政專科學校（今國立台北大學）副教授。
1954 年，進入陽明山革命實踐研究院（後國家發展研究院）
　9 月，楚崧秋拿到美國加州大學柏克萊分校（University of California，Berkeley）
　的獎學金，正準備赴美深造。蔣經國時任救國團主任，9 月 28 日突然告訴楚
　崧秋：「總統要你留下來工作。」10 月 6 日，蔣總統召見，擢拔楚崧秋為總
　統府簡任一級秘書、總統蔣中正新聞言論秘書。
1958 年，主管中國國民黨宣傳、文化、新聞工作。
1959 年，兼任國立臺灣師範大學、國立中興大學、中國文化大學等校教授、系
　主任、研究所長。

1962 年，接受美國國會研究員獎助，任美國國會研究員，又獲獎學金在美國約翰霍普金斯大學研究所一年。還獲西德政府邀訪獎勵、亞洲基金會獎勵。

1963 年，任中國國民黨第 9 至 13 屆中央委員。

1964 年，擔任《中華日報》社長兼總主筆，兼《成功晚報》發行人；

1967 年，隨同新聞界前往越南實地觀察。

1972 年，任《中央日報》發行人兼社長。

1973 年，第一次石油危機，與合眾國際社總裁 *W. Beaton* 就資訊供應交換意見。

1974 年，應美國國務院邀訪，訪晤美軍太平洋司令部總司令蓋樂上將。

1977 年，任中華文化復興運動總會副秘書長。

1978 年，任文化工作會主任、國家文化藝術基金會主任。

1980 年，擔任中國電視公司董事長。

1981 年，獲韓國檀國大學榮譽哲學博士、及秘魯國立聖馬丁大學榮譽法學博士。

1984 年，曾任中馬文化經濟協會、中星文化經濟協會理事長、國立政大教授。

1985 年，當選爲中國新聞學會會長。

1986 年，發表論文《陽明學說對蔣中正先生思想德業的影響》。

1987 年，再次回到《中央日報》接任董事長。

1989 年，當選全國報業協會理事長、擔任中國新聞學會理事長。

1990 年，應邀在美國哥倫比亞大學東亞所座談。6 月，擔任國是會議代表。

1991 年，自請退休、被聘爲中華民國總統府國策顧問。

1993 年，擔任中央評議委員。10 月，任海峽交流基金會董事。

1996 年，任《中國時報》顧問、中國電視公司顧問、黨營事業管理委員會顧問。。

1997 年，擔任海峽交流基金會監事。

1998 年，擔任中國新聞學會榮譽理事長、專欄作家協會理事長。

1999 年，膺選國立中央大學學術基金會董事長。

2001 年，臺灣第一本人物口述文楚崧秋先生訪問記錄問世。

2009 年，美國舊金山榮光聯誼會「經國先生百歲誕辰文物展」邀楚崧秋演講．

2011 年 4 月 22 日，楚崧秋榮任〔美國舊金山灣區中華聯誼會〕顧問。

2012 年 1 月 18 日，《蔣中正總統五記》發表會。楚崧談「人性唯善，做事反求諸己，寧人負我，我不負人。」「大肚能容，容天下難容之事；笑口常開，笑天下可笑之人。」

陳香梅　1925.6.23.~　出生於中國北京

陳香梅（Anna Chan Chennault），美國華裔共和黨籍政治家、飛虎隊陳納德將軍遺孀。出生於中國北京，求學於英屬香港，早年為中華民國中央通訊社外語記者。陳女士於二戰後定居美京華府，並積極參與中美交流事務。

陳香梅生於北京，七七事變後前往香港，香港淪陷後又隻身前往昆明。當時陳的父母都在美國任職，希望她們姐妹六人都能到美國讀書，但陳香梅決意留在中國。1944 年，19 歲的陳香梅加入中華民國中央通訊社昆明分社；同年在嶺南大學取得文學士（主修中文）學位 。她自 1944 年至 1948 年為中央社記者，並為上海的《申民日報》供稿。

由於陳的英語流利，擔任記者時被派往採訪陳納德，兩人一見鍾情，並於 22 歲時（1947 年）同時年 54 歲的陳納德結婚。她和陳納德育有兩女陳美華、陳美麗（皆由蔣宋美齡起名，並為蔣夫人乾女兒）。陳納德於 1958 年（婚後 11 年）病逝美國，終年 65 歲。

陳納德的逝世並未對陳香梅的事業造成打擊。

1963 年，她受時任美國總統甘迺迪委任，成為第一位進入白宮工作的華人。1963 年至 1968 年間，她也為美國之音工作，擔任電台的廣播員。

1965 年，她成為中央社海外特派員，直到 74 歲（1999 年）為止。另一方面，她自 1958 年至 1999 年亦成為台灣新生報的駐美特派員。1967 年陳女士榮獲韓國中央大學頒發「榮譽文學博士」。

1981 年，應中國大陸領導人鄧小平的邀請，陳香梅以總統當選人雷根特使身分訪華（同行尚有來自阿拉斯加州、時任美國國會聯邦參議院「共和黨副領袖」的泰德·史蒂芬參議員伉儷），成為鄧小平的座上賓。1 月 6 日，蔣經國函電宋美齡：

「關於此次美參議員史蒂文斯及陳香梅來華訪問事去冬彼等接獲匪方邀請訪問北平後曾在共和黨內表示訪問大陸後必須來台訪問經向我方表示盼我方亦予邀請彼岸對我方立場事前已充分了解故彼等對記者談話始終表示不作信差亦不代人傳話政府在彼等抵華後曾由外交部發表談話重申我不與共匪接觸之堅定立場以澄清外間猜測史陳前來拜會時對在大陸訪問事未曾提及雙方僅就中美關係及一般國際問題交換意見佑關遠注謹此奉稟敬請福安兒」

值得一提的是，在反法西斯戰爭勝利 60 周年時，陳香梅應中國雲南省政府邀請訪華，前往當年「飛虎隊」作戰地參觀。

雷根總統上臺，陳擔任白宮出口委員會副主席，為總統核心顧問。

老布希總統上臺，陳繼任白宮學者委員會委員，為總統核心顧問。

1991 年，陳出任美國國際合作委員會主席、美國內政部環保委員會委員、美中航運總裁。

1993 年，陳被授予「南京市榮譽市民」稱號。

2003 年，陳授任上海工商外國語學院名譽校長。

2004 年，陳授任海南大學名譽校長。

2009 年，陳應邀擔任以推動全球文化交流為使命的「上海沃動科技有限公司」高級顧問。同年應邀受聘出任中國「陳納德紀念館」名譽館長。

陳香梅是資深共和黨人，活躍於該黨各層級運作中；曾擔任包括「共和黨中央委員」、「共和黨財務委員會副主席」和「共和黨少數族裔委員會主席」在內的多項全國性重要黨職，深受該黨高層的重用，也成為極少數擔任政黨要職的亞裔美國人。

陳香梅被視為美國政府對華政策的資深顧問。從甘迺迪開始的八位不同黨派總統，都邀請陳香梅出任各種聯邦層級的政策顧問。儘管有人質疑其政治立場由親臺北轉為親北京，實際上臺灣無論是民進黨政府或國民黨政府，都與陳香梅有所聯繫。值得一提的是，廖承志為陳香梅舅父，而廖承志的雙親為國民黨革命元勳廖仲愷、和國民黨左派元老何香凝。

傅正　1927.12.11.~1991.5.10.　江蘇省高淳縣

傅正，別號中梅，父親為傅廷鴻，母親王蓮英。政治家、政論家。亦是民主進步黨早期的創黨元老之一。

1940 年，加入中國國民黨，黨證為「天字第 00339 號」。

1945 年，抗日戰爭，參加青年軍，擔任青年軍 208 師上尉幹事。

1946 年，入上海私立大同大學經濟系。

1947 年，任青年軍延安參觀團採訪組長，至蔣經國親自主持之嘉興夏令營受訓。

1948 年，轉學國立武漢大學法學院政治學系，學號 36251。

1949 年，國共內戰，入華中軍政長官公署任文教處軍薦二階處員。

1950 年，來台灣，調為陸軍第 75 軍政治部第一科科員。

1951 年，同上尉隨軍記者，調中國國民黨特種黨部宣傳科長。

1952 年，調政工幹校學生總隊第四大隊第十六中隊同上尉幹事。

1953 年，因不服上級規定，久假不歸，遭撤職。

1954 年，擔任《自由中國文摘》半月刊編輯。

1955 年，插班國立臺灣大學政治系畢業。

1957 年，《自立晚報》主筆，在新竹關西中學教員。

1958 年，任自由中國雜誌社編輯。

1960 年，參與「中國民主黨」組黨，投稿《自由中國》批評蔣介石被逮捕入獄。

1968 年，到世界新聞專科學校任教。

1971 年，獲聘任教東吳大學政治系。

1979 年，《美麗島雜誌》創辦，傅正擔任編輯。

1986 年，與費希平等黨外運動人士參與民主進步黨的創立。

1989 年，參選立法委員落選。

1991 年，胃癌病逝，享年 62 歲。

二十、外交家

俞士吉　1354~1430 浙江象山人

俞士吉，字用貞，號櫟庵，晚號大瀛海客，歷明五朝（洪武、建文、永樂、洪
熙、宣德）朝傑出外交家。

1397 年，俞士吉中舉人，禮部主持的會試，中乙榜，授山東兗州府學訓導。

1399 年，上疏言政事得失，提升為監察御史，巡撫鳳陽、徽州，繼出按湖廣。

1403 年，擢右僉都御史，後授禮部侍郎。

1408 年，出知湖北襄陽，歷官十年。宣德初年，改授南京刑部侍郎。宣德五年
1430 年，告老還鄉。

郭嵩燾　1818.4.11.~1891.7.18.　湖南湘陰人

郭嵩燾，字筠仙，晚清政治家、外交家，進士出身，湘
軍的創建者之一。郭與曾國藩、左宗棠都是兒女親家；
郭嵩燾也是中國首位駐英法外交使節。

1847 年，中進士，選庶吉士，後丁憂回鄉。遇太平軍攻
打長沙，跟隨曾國藩組建湘軍。因立軍功，授編修。還
朝，入直上書房。

1859 年，英法聯軍攻打天津，郭反對僧格林沁撤北塘備，
議不合，辭官還鄉。1862 年，應李鴻章邀請出山，任蘇
松督糧道，後升兩淮鹽運使。

1863 年，署理廣東巡撫。

1864 年，太平天國攻克南京，郭上書陳述因鎮壓太平天國而臨時設立的地方集
　　資制度（厘金）的危害。

1866 年，曹解任，再次歸鄉閒居。

1875 年，授福建按察使，未上任入直總理各國事務衙門。期間發生馬嘉理事件，
　　郭曾彈劾雲南巡撫岑毓英失職。

1875 年，授兵部侍郎，及駐外使節，成為首任出使英、法欽差大臣。

　　駐英期間，參觀各地的工廠學校和政府機構，發出「西洋政教、製造，無不
　　出於學」的驚呼。寫成《使西紀程》，向政府提出建議。卻導致保守派人士
　　仇視，要求將其撤職查辦。郭嵩燾因病請辭。

1878 年，清政府將郭召回，改派曾紀澤接任。

1979 年，郭嵩燾乘船抵達長沙。由於湘陰發生守舊排外風潮，郭嵩燾被污衊為
　　「勾通洋人」，遭到不明真相的百姓和鄉紳帖大字報來侮辱他。他賦閒在家，
　　在城南書院講學，開設禁煙會，曾想籌備成立船廠，未能實現。

1891 年 7 月 18 日，郭嵩燾病逝後，官員請旨按慣例賜諡立傳，卻被清廷否決。

李鴻章　1823.2.15.~1901.11.7. 從江西湖口遷至安徽省廬州府合肥縣．

李鴻章，本名銅章，字子黻、漸甫，號少荃、儀叟，晉封一等肅毅侯，諡文忠，自稱「（大清）糊裱匠」。

先祖本姓許，李鴻章八世祖許迎溪，將次子慎所過繼給姻親李心庄。父親李文安（1801－1855）經多年苦讀，1838 年與曾國藩同年考取同榜進士。李鴻章排行第二，大哥李瀚章(1821~1899)，後來也官至總督；三弟李鶴章、四弟李蘊章、五弟李鳳章、六弟李昭慶(1835~1873)，都非富即貴。李鴻章熱中權力「笑罵由人，好官我自為之」

1843 年，李鴻章在廬州府被選為優貢。時任京官的父親望子成龍，函催他入北京，準備順天府的鄉試。李鴻章謹遵父命，毅然北上，並作《入都》詩 10 首，以抒發胸懷。其一云：

> 丈夫隻手把吳鉤，意氣高於百尺樓。一萬年來誰著史，三千里外欲封侯。
> 出山志在登鰲頂，何日身才入鳳池。倘無駟馬高車日，誓不重回故里車。
> 即今館閣須才日，是我文章報國年。馬足出群休戀棧，燕辭故壘更圖新。
> 遍交海內知名士，去訪京師有道人。他日燕臺南望處，天涯須報李陵書。

1844 年，第一次科考落榜，住北京曾國藩門第，受曾補習教導．

1847 年，24 歲，考中進士，選入翰林院任庶吉士。同時受業曾國藩門下，講求

經世之學。三年後翰林院散館，獲留館任編修。

1851.11.1. 廣西塾師洪秀全紫荊山麓金田村聚眾起義，建號太平天國。

1853 年，太平軍殺死巡撫蔣文慶，李鴻章籍安徽，熟悉鄉情，詔諭回籍辦團練。

1854.1.月，安徽巡撫江忠源因盧州城破自盡，李鴻章投入新任巡撫福濟幕下，多次領兵與太平軍作戰，官封按察使。

1858 年冬，李鴻章入曾國藩幕府，生活無規律，曾國藩訓他「少荃，既入我幕，我有言相告，此處所尚惟一誠字而已。」言訖拂袖而去，李鴻章「為之悚然」。

1860 年，創辦軍事企業。統領淮揚水師。湘軍佔領安慶後，曾國藩奏薦「才可大用」，命回合肥募勇。

1862 年，創建淮軍、北洋海軍，平定捻匪。

1863~1864 年，李鴻章淮軍和湘軍剿滅太平天國。李鴻章軍功顯赫，譽為「中興名臣」。出任直隸總督，兼北洋通商大臣，授文華殿大學士，籌辦洋務。

1863 年，「籌設鐵廠」，派員赴美國留學、赴美購買「制器之器」。

1865 年，李鴻章購美商旗昌鐵廠，奏准成立江南製造總局，製造槍炮兼造制器。

1866 年，在天津設局，製造各種軍火機器。

　京杭運河淤塞，朝廷貨物由漕運改為海路。

1867 年，建造機器廠、洋槍樓、汽爐廠、木工廠、鑄銅鐵廠、熟鐵廠、輪船廠等，開始製造兵輪。

1868 年，陸續設立翻譯館、汽錘廠、槍炮廠，生產槍炮彈藥、修造船艦的綜合性新式軍用企業。

1870 年，調任直隸總督，創辦民生企業，辦學校，派遣學生出國留學。

1872 年，李鴻章奏摺國家諸費皆可節省，惟養兵設防、製造槍炮兵輪船費不可省。提出具體辦法：

　一. 裁撤沿海江各省舊式艇船代之以兵輪，把修造艇船的費用撥歸製造兵輪；

　二. 閩、滬兩局兼造商船，應自立公司，建行棧，籌保險。

1873 年，成立輪船招商局，希望航運上可以和外國的船隻抗衡，簡稱〔招商局〕。

1879 年，日本併吞琉球，李鴻章更感海防不可延緩，正式成立〔北洋艦隊〕。

1885 年，建立北洋海軍。甲午戰爭，重用陸軍統帥葉志超和水師提督丁汝昌。

　惟丁汝昌「只識弓馬」不懂海軍建設和海戰，致使北洋艦隊喪師黃海。

1891 年，清政府停止對海軍撥款，海軍發展趨於停頓，鄧世昌在艦艇上養寵物，李鴻章用人親屬、淮系為先，軍內派系矛盾，軍事訓練鬆懈，任命丁日昌為北洋水師統帥，不懂海軍，中國海軍派系爭奪日趨嚴重，此皆李鴻章造成。

1894 年，中日武器裝備相差甚遠，「槍或苦窳，彈或贗物，槍不對彈，藥不隨械，謂從前管軍械之人皆廉明，誰能信之？」剋扣海軍衙門的軍費五百萬兩去修繕頤和園。

　甲午戰爭之敗，咸認李鴻章用人不當，導致戰敗，應負全責。因之李鴻章之三眼花翎被褫奪。不久，李氏受命赴日本講和，再獲三眼花翎。

1895 年 3 月 24 日，李鴻章在日本商討馬關條約簽定時，被刺客小山豐太郎開槍擊中左面，血染官服，當場昏倒，幸未擊中要害。

4 月 17 日中日簽訂《馬關條約》割讓臺灣、澎湖及遼東半島並賠償二萬萬兩白銀，背上賣國賊罪名。李鴻章調離直督要缺，改督兩廣，出使歐美諸國。

1896 年，出訪俄、德、比利時、法、英、美等國。6 月 13 日，李鴻章赴德訪問，李鴻章往醫院使用倫琴射線（Ｘ光）檢查遇刺的傷口。

李鴻章力主拉攏俄國共同對付日本，與沙皇俄國簽署《中俄密約》犧牲中國權利至大。俄羅斯以三百萬盧布「特別基金」，抵補和授給中東鐵路授讓權有關費用，該基金又被稱為「李鴻章基金」。

1897 年，充武英殿總裁。

1898 年，往山東查勘黃河工程，遷民築堤，疏通海口尾閭，作救急治標之策。十月，出督兩廣。

1900 年，義和團攻打使館，殺公使，燒殺洋人，導致八國聯軍進攻北京。李鴻章心力交瘁，重病彌留之際，<u>俄國</u>公使尚自迫使李鴻章其在不利於清廷利益的條款之上簽字，景況堪憐。

1901 年，李鴻章逝世。臨終賦詩：「勞勞車馬未離鞍，臨事方知一死難。三百年來傷國步，八千里外弔民殘。秋風寶劍孤臣淚，落日旌旗大將壇。海外塵氛猶未息，諸君莫作等閒看。」另附一遺疏：

『奏為臣病垂危，自知不起，口占遺疏，仰求聖鑒事。竊臣體氣素健，向能耐勞，服官四十餘年，未嘗因病請假。前在馬關受傷，流血過久，遂成眩暈。去夏冒暑北上，復患泄瀉，元氣大傷。入都後又以事機不順，朝夕焦思，往往徹夜不眠，胃納日減，觸發舊疾時作時止。迭蒙聖慈垂詢，特賞假期，慰諭周詳，感激涕零。和約幸得竣事，俄約仍無定期，上貽宵旰之憂，是臣未終心事。每一念及，憂灼五中。本月十九夜，忽嘔血碗余，數日之間，遂至沉篤，群醫束手，知難久延。謹口占遺疏，煩臣子經述恭校寫成，固封以俟。伏念臣受知最早，蒙恩最深，每念時局艱危，不敢自稱衰病。惟冀稍延余息，重睹中興。齎志以終，歿身難瞑。現值京師初復，鑾輅未歸，和議新成，東事尚棘，根本至計，處處可虞。竊念多難興邦，殷憂啟聖。伏讀迭次諭旨，舉行新政，力圖自強。慶親王等皆臣久經共事之人，此次復同更患難，定能一心效力，翼贊訏謨。臣在九泉，庶無遺憾。至臣子孫，皆受國厚恩，唯有勖其守身讀書，勉圖報效。屬纊在即，瞻望無時，長辭聖明，無任依戀之至。謹叩謝天恩，乞皇太后、皇上聖鑒。謹奏。』

<u>慈禧太后</u>與光緒皇帝「哀哭失聲」，太后稱讚他是「再造玄黃」之人。贈太傅，晉一等肅毅侯，諡文忠。賜白銀五千兩治喪。<u>原籍</u>和立功之省，建祠十處，賜北京建祠。北京之祠由地方官員定期祭祀。

張蔭桓　1837~1900　廣東南海人

張蔭桓，字皓巒，號樵野，又號紅棉居士，少時應有司試，不授，遂棄科舉事。清穆宗同治初年，隨舅氏李宗岱往濟南，納貲為知縣，旋入魯撫幕，先後為巡撫閻敬銘、丁寶楨所器重，經過數次推薦至道員。清德宗光緒年間，張任按察使，後調京賞三品京堂，兩入主掌外交事務的總理各國事務衙門，累遷至戶部左侍郎，賞加尚書銜，先後兼署工、刑、兵、禮、吏部等五部。

1885年，任駐美國、西班牙、秘魯三國大臣，辦理華工被害各案交涉事宜。

1895年，北洋艦隊在甲午戰爭慘敗後，清政府派張蔭桓、湖南巡撫邵友濂為全權大臣赴日本乞和。

1897年，出使英、美、法、德、俄諸國。

1898年，協助李鴻章與俄國簽訂《旅大租地條約》。

張蔭桓是京城為數不多的曾經出洋、懂洋務的外交官員，但他得到清德宗的信任和得到外交消息的人。戊戌變法時，調任管理京師礦務、鐵路總局，因為支持清德宗變法，與翁同龢、康有為關係密切，政變後，張蔭桓安排家屬返回佛山南海，銷毀相關書札、文件，而他則留在錫拉胡同官邸待查。戊戌政變後獲罪，因英國公使竇納樂、日本署使林權助和伊藤博文的關注，李鴻章經榮祿說服了慈禧，張得以保存生命，改判流放新疆。貶戍新疆時，京劇演員秦稚芬一路護送至張家口。張蔭桓性格開朗，謫戍新疆時，沿途與接送官員諧稱：「老太太跟我開玩笑，差我到關外走一回。」

庚子拳亂，八國不滿，新疆巡撫饒應祺上書要求請求釋放張蔭桓，處理外交。慈禧太后害怕張蔭桓利用洋人勢力，協助清德宗重獲自由。二十六年，高層主事者矯詔論斬張蔭桓於戍所。1901年，慶親王奕劻受李鴻章死前交代，奏請為張蔭桓平反、追復原官銜。

張蔭桓著有《三洲日記》《鐵畫樓詩續鈔》。在京城居於東城錫拉胡同，為粵商劉學詢（賭博業）所有。

洪鈞　1839~1893　江蘇吳縣人

洪鈞，字陶士，號文卿，中國外交史上的傳奇人物，知名學者。1868年，戊辰科狀元，曾任翰林院修撰，兵部侍郎，內閣學士，1887~1892年，為德、奧、俄、荷四國特命公使，駐地柏林。

1892 年，回國任總理各國事務衙門大臣。帕米爾中俄爭界案，洪鈞由於不懂俄文，用了俄制地圖，遭到彈劾。洪鈞精神受到沉重打擊，悔恨交加，抑鬱成疾．

1893 年 10 月 2 日，病逝於北京，年 54 歲，光緒皇帝深為痛惜。

洪鈞通經史，嘗撰《元史釋文證補》三十卷，其對元史補充，中國史學上有重要地位。洪鈞改革中國電報字碼，節省了大量費用。

洪鈞與蘇州名妓賽金花結婚。洪鈞通德、英文，才華出眾，再加上賽金花魅力，令外交界驚嘆，洪鈞與拙政園和虎丘都有著淵源。

曾紀澤 1839~1890　湖南湘鄉

曾紀澤，著名外交家，字劼剛，號夢瞻。清朝中興名臣，曾國藩的長子，襲封一等毅勇侯。曾任清政府駐英、法、俄大使，當時秉承「經世致用」新思維的知識分子。

1864 年浩罕汗國貴族，軍事首領阿古柏叛亂，建立「哲德沙爾」政權，遭清朝陝甘總督左宗棠的西征軍討伐，兵敗身亡。俄國卻趁西境混亂，奪取包括伊犁在內的中國領土。中國政府派戶部右侍郎署盛京將軍崇厚為談判代表，與俄國商討歸還伊犁事宜，草簽《里瓦幾亞條約》割地賠款，中國損失太多利益。清廷拒絕承認，命令左宗棠繼續整軍備戰同時，派時任駐英法公使的曾紀澤兼任駐俄公使，赴莫斯科與俄國談判改約。

1870 年，蔭補為戶部員外郎

1877 年，繼承其父「一等毅勇侯」侯爵爵位

1878 年，任清駐英、駐法公使，補任為太常寺卿

1880 年，兼任駐俄公使

1881 年，經過修改的《中俄伊犁條約》，曾紀澤通過堅韌的據理力爭，加上左宗棠西征軍對俄國的有利勢態，將中國的損失減少到最低程度：收回伊犁九城的主權，以多付 400 萬盧布的代價，換回了兩萬多平方公里的領土。雖然俄國通過隨後的《勘界議定書》，使中國又損失了 1 萬多平方公里的土地，但這個改訂的條約仍然減少了中國的權益損失，使得曾紀澤博得朝野的好評和西方外交界的尊重。其後曾紀澤還參與中英鴉片交易加稅免厘問題和朝鮮、英國強佔緬甸等問題的對外交涉。

1883 年，曾紀澤在巴黎就越南中法戰爭事務與法國政府進行談判，立場強硬，但由於越南戰事不利清廷上層意圖主和，

1884 年，曾紀澤因與清廷中法戰爭持不同政見，而被免除駐法公使職務

1885 年，又遭免除駐英、法公使，改任海軍衙門幫辦、戶部右侍郎、總理衙門大臣．力促外交政策的改革，不平等條約廢除。6 月，卸任駐英俄公使職務。

回國前，曾紀澤用英文在倫敦《<u>亞洲季刊</u>》發表對中國內政外交和列強對華政策觀點《China, the Sleep and the Awakening》(《中國先睡後醒論》)。

1890 年，病逝北京，<u>諡號惠敏</u>。葬湖南長沙望城縣雷鋒鎮牌樓壩村桃子灣，遵照清代侯爵制建造具有湖南本土特色清代墓葬。

伍廷芳　1842.7.30.~1922.6.23.　廣東新會官來橋生於英屬馬六甲峇都安南

伍廷芳，名敘，字文爵，又名才，號秩庸，筆名觀渡廬，清末民初外交家、法學家、書法家。他是首位取得外國律師資格的華人，也是香港首名華人大律師和首名華人立法局非官守議員。之後回中國從政，是中國近代名外交家。

1845 年，三歲在廣州讀書。13 歲時遭綁架，說服綁匪逃脫，

1856 年，十四歲時在親戚陳藹亭陪同下往香港求學，就讀聖保羅書院．

1860 年，伍廷芳與黃勝創辦中國《中外新報》又協助陳藹亭創辦《香港華字報》。

1861 年，任香港的高等審判庭、地方法院等的翻譯。

1864 年，與牧師何進善的長女何妙齡成婚。

1871 年，調任港府巡理署譯員。

1874 年，自費赴英國留學，在英國四大法學院之一的林肯律師學院攻讀法律

1877 年，獲博士學位，大律師資格，在香港法庭執行律師業務，伍廷芳是第一位獲准在英國殖民地擔任律師的中國人。

1878 年，港督軒尼詩委任伍廷芳為首名華人太平紳士，

1879 年，香港律政司軒尼詩提議由伍署理，遭到英人反對。

1880 年，港督委任伍為立法局首位華人非官守議員，伍反對歧視華人，並要求廢除公開笞刑和遏止販賣女童等。

1881 年，英國皇孫阿拔域陀訪港，被喀蘭威理恆伯爵數落，伍決心去大陸發展。

1882 年，李鴻章邀請其任法律顧問，成為李鴻章的幕僚。

1885 年，參與訂中法新約、1886 年長崎事件、1895 年馬關條約等的商議，擔任馬關條約換約全權大臣。

1896 年，清敕伍廷芳出使美日秘國大臣，觀見光緒，恩准伍回新會省親。

1897 年，就任駐美公使。為華人爭取利益，抗議排華法案。

1899 年，離開美國到西班牙馬德里，觀見攝政王太后遞交國書。旋回美國。

1901 年，協助孔祥熙進入美國。

1902 年，回國與沈家本同任法律修訂大臣。

1906 年，擬訂中國最早的商業法，提出廢除凌遲等酷刑，按歐美等國辦法起草
　　訴訟法，建議使用陪審團制度。
1905 年，美國通過排華法案，墨西哥隨亦跟進。伍廷芳在美和墨奔走期求解決。
1907 年，伍庭芳再次出使美國、墨西哥、秘魯及古巴，
1908 年，途經日本時，首相大隈重信設宴款待，但不歡而散，抵達華盛頓後，
　　與美國總統羅斯福漸成好友。
1909 年，到巴拿馬、厄瓜多、秘魯慰問華僑，並與秘魯簽訂《中秘條約》。
1910 年，離開美國經歐洲、新加坡、香港，進京辭職，稱病寓居於上海。
1911 年，辛亥革命，伍廷芳支持革命，《奏請監國贊成共和文》《致清慶邸書》，
　　於 12 月的南北議和中代表南方政府，出任民軍總代表。
1912 年 1 月 1 日中華民國建立後，任南京臨時政府司法總長。4 月袁世凱掌權
　　後，伍廷芳離職，寓居上海。
1916 年 6 月 6 日袁世凱死，黎元洪繼任總統。伍廷芳出任段祺瑞總理外交總長。
1917 年，「府院之爭」伍廷芳反對加入協約國，並辭職。應孫中山號召，南下
　　廣州，出任護法軍政府的外交部部長。
1919 年，任廣東省省長。
1921 年，孫中山廣州就任非常大總統，伍任外交部長，兼財政部長、廣東省長；
　　更曾一度任代行非常大總統職。
1922 年 6 月 23 日，病逝廣州。現伍廷芳墓在廣州越秀公園內。

許景澄　1845~1900.7.28.　浙江嘉興人

許景澄，原名癸身，字竹篔，一作竹筠，外交家，庚子
被禍五大臣之一。
1868 年，進士，選庶吉士，授翰林院編修。其深諳時
事，經由大學士文祥以其才能，向上推薦出任駐外使節。
1880 年，召命出使日本，因父喪丁憂，未能成行。守
喪結束後，補授侍講。
1884 年，出使法、德、意、荷、奧五國。
1885 年，兼任駐比利時公使。負責勘驗、接收「定遠」
等軍艦，親赴造船廠調查，撰成《外國師船表》，疏清
朝廷，建議加強海防。
1890 年，任出使俄、德、奧、荷四國大臣。

1892 年，任光祿寺卿，
1893 年，調內閣學士兼禮部侍郎銜，俄國出兵佔據帕米爾地區薩雷闊勒嶺以西
　　二萬平方公里中國領土，被派為談判代表，駁斥俄國侵略行徑，不得要領。
1895 年，任工部左侍郎，
1897 年，任德國使臣，奉清府命，力阻俄國西伯利亞鐵道經中國領土向南延伸。

1898 年，任總理各國事務衙門大臣兼工部左侍郎、中東鐵路公司督辦；改吏部
　　右侍郎旋遷左侍郎，又充京師大學堂（今北京大學）總教習，管學大臣。

1900 年，義和團興起，許力阻義和團駐京。許與徐用儀、袁昶等反對「拳民神
　　功」對外宣戰，力諫剿拳民，誅縱匪禍首，以退洋兵。冒死上書慈禧：「攻
　　殺使臣，中外皆無成案。」慈禧大怒，許景澄被罪「任意妄奏」「語多離間」，
　　7 月 28 日，與袁昶被斬首於北京菜市口。宣統元年，追諡文肅。

袁昶　1846~1900.7.28.　浙江桐廬人。

袁昶，原名振蟾，字爽秋，號重黎，官至太常寺卿。
庚子事變時，因主和直諫被慈禧斬殺，後得平反，追
諡忠節，與徐用儀、許景澄、聯元、立山合稱「庚子
被禍五大臣」。袁昶也是同光體浙派詩人的代表。
袁昶家境貧寒，先師從閩縣高伯年，後進入上海龍門
書院，師從劉熙載。

1867 年，以廩生參加浙江省鄉試，中舉人，

1876 年，恩科進士，殿試二甲，授戶部主事。

1878 年，兼襲雲騎尉世職。

1883 年，充總理各國事務衙門章京。

1886 年，充會典館纂修官、補戶部江西司員外郎。

1892 年，以員外郎出任徽寧池太廣道道台，他嚴約僚屬，痛抑胥吏，進行變革：
興建教育：「中學為體、西學為用」擴辦蕪湖中江書院，在中江書院原舍之外，
設「經義」、「治事」兩齋。增設經史、性理、輿算、格致（物理）等實用學科。
購書數萬卷在中江書院建立藏書樓，尊經閣。

增加稅收：清厘關稅，汰常關耗費歲萬八千金，悉還諸公。設立穀米出口稅，
每年出口穀米數千萬石，國庫收入大增。

興修水利：捐銀五千兩，親自督修蕪湖西南自大關亭至魯港十二里的濱江圩堤，
還新建三百七十丈大堤。可以蓄水，可以泄洪，天地村舍不再受洪水的威脅。
此外還進行了蕪湖設立郵局，加強武裝等多項措施。

1898 年，袁昶升遷為陝西按察使，還未到任，又被提拔為江寧布政使，後被調
到直隸。不久，被召回朝廷，總理衙門行走，授光祿寺卿、太常寺卿。

1897 年，因曹州教案，德國趁機出兵強佔膠州灣，光緒帝下詔求言。袁昶向朝
廷條陳了時政二萬言書，提出：「德突據膠灣，其禍急而小；俄自西北至東北，
與我壤地相錯，蒙喀四十八部將折入異域，其禍紆而大。宜及今預練勁旅，痛
革吉、奉華靡風習。自顧兵力不能議戰，要不可不議守。我朝八旗初制，文武
不分途，京外不分途，人皆兵，官皆將，故人才盛，國勢強。承平日久，文法
繁密，諸臣救過之不暇，於是相率為鄉愿，而舉國之人才靡矣！金田洪、楊之
亂，其始一小民耳，猶窮全國之力僅而克之，況諸國互肆蠶食之心，有不乘吾
敝而攻吾之短者哉？夫敵國外患，為殷憂啟聖之資。苟得其人，毋拘以文法，

則理財、練兵、防海、交鄰之策，可次第就理。」光緒帝親自將其綱要書寫在冊子中，下發大臣們議行。

1900 年，山東興起義和團，殺戮外國教士。袁昶向朝廷上二千五百餘言的奏疏。慈禧太后在儀鸞殿召開御前會議，袁昶慷慨陳詞，許景澄、徐用儀都支持袁昶的意見，光緒帝握住許景澄的手而哭泣。6 月 17 日八國聯軍攻戰大沽炮台，18 日，袁昶於上《急救目前危局折》。21 日，清政府以光緒的名義，向英、美、法、德、意、日、俄、西、比、荷、奧十一國同時宣戰。義和團及朝廷軍隊圍攻各國在北京的使館。袁昶又上一奏疏，力言奸民不可縱，使臣不宜殺，但沒有結果。後袁昶又和許景澄合寫第三道奏疏《請懲禍首以遏亂源而救危局》，嚴劾釀亂大臣，但這道奏摺尚未來及奏報，載漪等人已採取了行動，令刑部尚書趙舒翹將袁昶等人下獄。7 月 27 日，袁昶在被騙出家門後被關押，7 月 28 日，袁昶與許景澄在菜市口被處死。第二天，慈禧太后發出上諭說「太常卿袁昶、禮部侍郎許景澄，屢次被人參奏，聲名惡劣。平日辦理洋務，各存私心，每遇召見，任意妄奏，莠言亂政，且多語離間，有不忍言者，實屬大不敬，若不嚴行懲辦，何以整肅群僚，袁昶、許景澄均著即行正法，以昭炯戒。」

1900 年，八國聯軍退出北京。12 月 25 日，光緒發布上諭，宣布為袁昶等人平反，「開複原官」。平反後，蕪湖人把江中書院改建為袁太常祠祭祀袁昶。

1909 年，又追諡忠節，宣統下詔在杭州西湖孤山南麓敕建三忠祠。奉祀袁昶、許景澄、徐用儀三人。

1910 年，蕪湖人建懷爽樓紀念袁昶。

徐用儀　1826~1900.8.11.　浙江海鹽人。

徐用儀，字吉甫，別字筱雲，「庚子被禍五大臣」之一。1859 年，通過順天鄉試。同治初年，擔任軍機章京，兼職於總理各國事務衙門。後升鴻臚寺少卿。

1877 年，擔任太僕寺少卿，並升職為大理寺卿，跟過去一樣掌管軍機處。後來升職為工部侍郎，並擔任總理各國事務衙門大臣，並歷任兵部侍郎與吏部侍郎等職，最後被任命為軍機大臣。

1894 年，加封為太子少保。甲午戰爭，朝廷爭論和、戰，翁同龢主戰，與主和派徐用儀政策衝突，徐用儀被趕出樞廷，並解除所有官職。

1898 年，戊戌政變後，慈禧太后再度親政，徐用儀復職，並推薦太常寺卿袁昶，剛好許景澄回到京城，兩人都被命令與徐用儀一同任職於總理各國事務衙門。

1899 年，升任都察院左都御史，並為兵部尚書。

1900 年，義和團興起，「拳民」仇恨西教，徐用儀提議希望嚴格禁止義和團行動，不被接受，在德意志帝國的公使克林德被殺害後，徐用儀擔憂地「禍始此矣！」徐用儀、許景澄、袁昶及尚書立山、內閣學士聯元等五人上書：「奸民

不可縱，外釁不可啟。」載漪等人主戰，7 月 28 日，許景澄與袁昶先被殺害，
8 月 11 日，徐用儀被捕，說「天降奇禍，死固分耳！」，與立山、聯元一同於
菜市口被處死。過三天，聯軍入北京，慈禧太后與光緒帝逃離京都。12 月，光
緒帝下詔為徐用儀等人平反，恢復舊有的官稱。

1909 年，追謚「忠愍」。浙江設立祠堂於西湖，與許景澄、袁昶並稱「三忠」。

聯元　1838~1900.8.11.　滿洲鑲紅旗人

聯元，字仙蘅，崔佳氏，滿洲鑲紅旗人。庚子事變受難者，與徐用儀、許景澄、
袁昶、立山合稱「庚子被禍五大臣」。

1868 年，進士，選庶吉士，散館授檢討，累遷侍講。後出任安徽鳩州知府，調
安慶府，改署滁和道，遷廣東惠潮嘉道道員。

1899 年，擢安徽按察使，入覲後改三品京堂，在總理衙門行走。

1900 年，補內閣學士。義和團運動爆發，拳民入京，圍攻各國使館。徐桐、崇
綺稱「民氣可用」，縱容拳民。在御前會議上，聯元與崇綺爭論，謂：「民氣
可用，匪氣不可用。」八國聯軍攻陷天津大沽後，載漪等一味主戰。聯元反
駁「甲午之役，一日本且不能勝，況八強國乎？儻戰而敗，如宗廟何？」載漪
斥其言不祥，七月十七日，與徐用儀、立山一同被斬。後得到平反昭雪，予謚
文直。

立山 (無資料) 許景澄、徐用儀、袁昶、聯元、立山稱「庚子被害五大臣」

陸徵祥　1871.6.12.~1949.1.15.　上海人，原籍江蘇蘇州

陸徵祥，外交家，天主教本篤會修士、神父。

1884 年，就讀於上海廣方言館，後入北京同文館習外
文，尤精俄文。

1893 年，奉派擔任中國駐俄羅斯大使館翻譯官。八國
聯軍之役，其長官許景澄被慈禧處死，遂心生不滿。
日俄戰爭事件後，在俄國憤而剪去髮辮。陸徵祥在俄
結識比利時外交官的女兒培德女士，不顧使館反對，
於 1899 年結婚。由於陸徵祥能力出色，表現優異，
1906 年，升任中國駐荷蘭特命全權大使。武昌起義後，
1912 年 1 月 3 日陸徵祥聯合駐外使臣，電請清帝遜位。

1912 年中華民國建立，應總統袁世凱電命，從駐俄大使任所返國出任外交總
長，並推動中國現代外交機構之改革，將清代「外務部」改為外交部。6 月
任國務總理，9 月辭職。出任駐瑞士公使，

1914 年，底歸國。

1915 年，復任外交部長，與外交次長曹汝霖於 2 月-5 月與日本談判《二十一條》。

1916 年，月袁世凱稱帝，國務卿徐世昌請假，代理國務卿和正式國務卿職務。

1919 年，任外交總長，率領中華民國代表團參加巴黎和會，最後拒絕簽字。

巴黎和會後，由於陸徵祥夫人病篤，辭職滯留比利時，照料病妻。

1926 年，培德女士病逝，陸徵祥參加天主教本篤會，經過教會觀察培訓，成為修士，專心教會事務，

1935 年 6 月 25 日，晉鐸為神父。二戰期間，幫助受納粹迫害之比國地方群眾，並曾推動抵制日貨之運動，為中華民國與盟國戰勝而祈禱．

1946 年 5 月 18 日受教廷封贈為比利時根特聖伯多祿修道院領銜院長榮銜。

1945 年，記者採訪陸徵祥，對於替袁世凱簽署「二十一條」向國人表示懺悔，另對對未來提出警語：「弱國無外交」。

1949 年，陸徵祥病逝，葬於比利時布魯日聖安德肋修院（Sint-Andriesabdij），陸徵祥貢獻卓著的「外交體制」、「外交部官則」，均出自陸徵祥手筆。

陸徵祥主掌外交，廢除外交人員「保舉制」「疏通人事」，另訂《外交官領事官任用暫行章程》，顧維鈞則甫自美國哥倫比亞大學畢業返國即被延攬入部。中日「二十一條」的簽訂，主事者是外交部次長曹汝霖。在國內巨大抗議聲浪與政府訓令下，中華民國代表團終未能簽署和約，成為戰勝國中唯一未簽字者。目前坊間流傳之認識是，陸徵祥在和會後期並未主持中國使團工作，因此抗拒簽署的正義表現多被歸功於顧維鈞。

施肇基 1877.4.10.~1958.1.3. 江蘇蘇州府吳江縣人

施肇基，字植之，外交家。先求學於南京，學習英語一年後因患腳氣病輟學，1888 年，轉入上海聖約翰大學學習。

1893 年，隨同中國駐美國公使楊儒赴美，任翻譯生，入學華盛頓市立中心中學。

1897 年，伍廷芳代楊儒為駐美公使，施肇基博士升任隨員，辭職入康奈爾大學。

1899 年，楊儒出任駐俄羅斯公使，將施肇基博士調來聖彼得堡，並委其以參贊 身份，隨同赴荷蘭海牙出席國際和平會議。其後，施返美繼續學業。

施肇基博士在美國康奈爾大學獲文學碩士、哲學博士學位後回國．

1905 年，入湖廣總督張之洞幕。

1905 年，隨同端方、戴鴻慈出使各國考察憲政，回國後被保舉為道員。之後歷任郵傳部、吉林省、外務部各職。辛亥革命爆發後，清駐美公使張蔭棠辭職，施肇基博士被任命為駐美、西班牙和秘魯公使，未及赴任，清廷已垮台。

1908 年，老練妥善地處理「伊藤博文遇刺案」。

1909 年，為解決日俄兩國戰後爭端以及共同瓜分中國東北利益，前任日本首相、韓國統監伊藤博文乘火車前往中國東北與俄國財政總長談判。26 日上午抵達

哈爾濱車站時，被朝鮮民族主義者安重根槍擊身亡。事發後施肇基立即要求電報局停發所有電報，全面控制消息。同時急電北京外務部，建議在案情調查清楚之前絕不發表任何聲明，「若有人問及此事，政府千萬不可有『保護不周』之道歉語句，貽日人以口實。」施並積極跟進日俄審訊，錄獲安重根供詞之後，親自以英文草擬新聞通稿交由北京英文媒體刊發。待到各報陸續刊登之後，施肇基方才恢復電報局正常發報，從而佔據了話語權的先機，令日本人「對我報導無法辯駁，故日方對此案迄無抗議」，為國家化解了一場可能的外交危機。

1912 年，施肇基博士入唐紹儀內閣，任交通及財政總長，不久因病辭職。

1914 年，任駐英國公使，其中並與外交總長陸徵祥、顧維鈞(駐美)、王正廷(廣州政府代表)、魏宸組(駐比)等人及秘書朱佛定組成中國代表團出席 1919 年巴黎和會。會後，中國代表團拒絕在出賣山東的和約上簽字。

1921 年，擔任駐美國公使，以首席代表身份率領顧維鈞、王寵惠為全權代表，余日章、蔣夢麟為國民代表，朱佛定為秘書的中國代表團出席華盛頓會議。

1923 年，短暫回國代理外交總長之外，一直擔任中國駐美最高使節。

1929 年，再次任駐英公使，並任駐國際聯盟中國全權代表。

1932 年，再任駐美公使，

1935 年，兩國外交關係升格後任駐美大使。

1937 年，辭職回國，不久抗日戰爭爆發，隱居上海。

1941 年，施赴美，歷任多職，其中包括聯合國中國代表團高級顧問。

1954 年，施肇基博士因腦溢血逐漸淡出外交舞台。

1958 年 1 月 3 日病逝於華盛頓哥倫比亞特區，享年 81 歲。

兒子施思明亦為中國著名外交家，早年在劍橋大學基督學院獲得醫學碩士學位。

王寵惠 1881.10.10.~1958.3.15.　香港

王寵惠，字亮疇，廣東東莞人，香港聖保羅書院、北洋大學法科、留學日本、美國耶魯大學法學碩士、民法學博士·政治家、外交家、法學家。歷任外交總長、司法總長、國務總理、代理行政院院長、第一任司法院院長。·

1904 年，他同訪問美國紐約的孫文（孫中山）會面，他協助孫文撰寫了《中國問題的真解決》（ *The True Solution of Chinese Question* ）英文稿並發表。

1905 年，加入中國同盟會成立。

1911 年，歸國，辛亥革命爆發，王任上海都督陳其美的顧問。在南京召開的各省都督府代表聯合會會議中，被推舉為會議的副議長。

1912 年 1 月南京臨時政府成立，為外交總長。3 月，袁世凱任中華民國臨時大

　總統，組織第一次唐紹儀內閣，王轉任司法總長。後來唐因同袁對立而辭任，
　　王也隨同辭職。任孫文創設的鐵路總公司顧問，並任復旦大學副校長。
1915年，袁世凱稱帝，企圖引誘他支持，被他拒絕。
1917年，袁世凱死後，就任法律編纂會會長。
1920年，他任大理院院長、北京法官刑法委員會會長、法理委員會會長。
1921年10月，他和施肇基、顧維鈞作為北京政府全權代表，出席華盛頓會議。
　　12月，任梁士詒內閣司法總長。
1922年，他和胡適等人在《努力周報》發表《我們的政治主張》。同年9月，
　　組成王寵惠內閣，遭到津保派責難。王寵惠內閣上台不久就倒台了。
1923年，他任海牙常設國際法院法官。
1924年，任孫寶琦內閣司法總長。
1925年，他任修訂法律館總裁。後來，任中央監察委員。
1928年，他任司法院院長。翌年，他再度當選國際聯盟的常設國際法院法官。
1931年，制定《中華民國訓政時期約法》。蔣介石同胡漢民對立激化，王寵惠
　　為了迴避，到海牙就任常設國際法院法官。
1936年，他辭去法官職務回國。
1937年3月，王寵惠任外交部長。此後，他改任國防最高委員會秘書長。
1943年，他隨蔣介石出席開羅會議。
1945年，舊金山召開的聯合國憲章制定會議上，他作為代表出席。
1946年，參與《中華民國憲法》的制訂工作。
1948年，王寵惠當選中央研究院院士。同年6月，他再度任司法院院長。
1949年，國共內戰國民黨敗北，他經香港到台灣。
1958年3月15日，在台北病逝。享年78歲（滿76歲）。
第一任妻子楊兆良，第二任妻子朱學勤；子王大閎。

王正廷　1882.9.7..~1961.5.21.　浙江奉化金溪鄉白杜鄉人

王正廷，名正庭，字儒堂，號子白，政治家、外交官、
中華全國體育協進會創始人之一。
1892年，10歲時入上海的中英學校學習英文。
1896年，先後在天津北洋西學堂、中英書院、湖南長沙
明德學堂擔任英文科主任。
1905年，赴日本留學，加入同盟會
1907年，赴美國留學，在密西根大學、耶魯大學學習法
律。
1910年，耶魯大學研究院專攻國際公法。
1911年，回國，適武昌起義爆發，王正廷遂赴湖北省，出任軍政府外交司長，
　　12月，在南北議和中，王正廷出任南方代表伍廷芳的參贊。

1912 年，當選南京臨時參議院的浙江省代表，併當選為副議長。同年 3 月，袁世凱就任臨時大總統，唐紹儀出任國務總理，王正廷出任工商部次長。但同年 6 月，唐紹儀被迫辭職，王正廷退居上海。此後，王正廷出任中華基督教青年會全國協會總幹事。

1913 年，為國民黨國會參議院議員、副議長。宋教仁遇刺身亡，從事反袁活動。王正廷代表中國，與日本、菲律賓共同組成亞洲第一個國際性體育團體─遠東體育協會

1917 年，擔任非常國會副議長、外交總長。

1919 年，巴黎和會，王正廷同陸徵祥、顧維鈞等人一起參加和會。《凡爾賽條約》使日本繼承了德國在中國山東半島的舊有權益，在中國代表團中，王正廷極力反對此條約。隨著五四運動爆，中國代表團拒絕簽署《凡爾賽條約》。

1921 年，任北京的中國大學校長。被任命為荷蘭海牙的常設仲裁法院的仲裁員。

1922 年，被任命為魯案督辦，曾短期代理國務總理。

1923 年，被委以中蘇交涉事務，

1924 年，為解決中蘇兩國之間的懸案，中蘇協定締結，兩國恢復邦交。其後，任外交總長、財政總長。

1928 年，任外交部長兼中國國民黨中央政治會議委員。

1929 年，中日兩國締結協定。

1931 年，九一八事變，王正廷同日本交涉。由於「安內攘外」路線，無法擺出強硬姿態，激怒南京及上海學生遊行隊伍毆打王正廷使其受傷，王正廷遂辭去外交部長職務。

1936 年，任中國駐美國大使。

王正廷從政界引退，歷任中國紅十字會會長、中華全國體育協進會理事長、交通銀行董事、菲律賓交通銀行董事長、太平洋保險公司（正式名稱為太平洋保險公司，又稱太平洋產物保險公司，1943 年創立，1949 年被上海市軍管會接收）董事長等職務。

1948 年，中華全國體育協進會，王正廷當選該會理事長，江良規當選總幹事（未就任，改由郝更生擔任總幹事）。

1949 年，該會遷往台灣，王正廷未赴台灣，乃由郝更生總幹事代理事長職務。

晚年，王正廷遷居香港。

1961 年 5 月 21 日，王正廷在香港逝世。享年 80 歲（滿 78 歲）。

鄭天錫　1884.8.30.~1970.1.30.　廣東中山人。

鄭天錫（Cheng Tien-Hsi），字茀庭，法學家、外交官，與王寵惠等齊名。鄭天錫早年就讀於香港皇仁書院。

1907 年，前往英國留學，

1912 年，英國倫敦大學法學院（UCL Faculty of Laws）畢業

1913 年，獲英格蘭及威爾斯高等法院大律師資格。

1916 年，英國倫敦大學學院法學博士，首位在英國獲得法學博士學位的中國人。徵文，取得奎因獎（Quain Prize），被選為英國倫敦格羅修斯學會（Grotius Society of London）榮譽會員。

1917 年，返回香港擔任律師。

1918 年，歷任法律翻譯監督、編纂委員會委員、主任、司法考試委員、大法官。

1920 年，為英國倫敦國際法協會（International Law Association）成員。

1921 年，出任華盛頓會議中國代表團法律專家

1922 年，返國，出任司法部法律翻譯監督、處長、顧問等職，兼任北京大學、朝陽大學、法政大學（北京法政專門學校）等校教授。

1928 年，在上海重操律師業，並兼任東吳大學法學院教授。

1932 年，出任司法行政部常任次長、政務次長、兼考試院法官典試委員會委員。

1935 年，主持倫敦中國藝術品國際展覽會。英國國王喬治五世、瑪麗王后、瑪麗王后、挪威國王及王后、丹麥國王及皇室，多人前往參觀，鄭天錫陪同講解。瑪麗王后聽了，非常欽佩鄭的博文強志，建立良好友誼。

1936 年，當選國際聯盟於荷蘭海牙的常設國際法院法官，任期至 1945 年。

1940 年，納粹德國入侵荷蘭，鄭天錫離開海牙，避居瑞士日內瓦。

1945 年，出席海牙常設國際法院法官會議，被選為國際聯盟委員。返國，任國民政府司法行政部次長。

1946 年，出任駐英國大使，當選英國中殿律師學院名譽委員、倫敦大學院士。

1950 年，卸任大使，定居美國紐約，擔任中華民國司法部顧問、聯合國專家小組諮詢和調解委員、常設仲裁法院仲裁員，直至逝世。

1956 年，鄭天錫獲提名聯合國國際法院法官，他棄權，由紐約回英國倫敦定居，。

1970 年 1 月 30 日，於英國倫敦威斯敏斯特醫院（Westminster Hospital）逝世，享年 87 歲

陳介　1885－1951　湖南省湘鄉人，出生於浙江杭州，

陳介，字蔗青（清），中華民國外交官。

1902 年，畢業於杭州府中學堂

1903 年，留學日本東京弘文學院、東京第一高等學院、東京帝國大學。在日本認識黃興、楊度、胡元倓等人．

1904 年，回國省親，適長沙明德、經正學堂，開辦師範班（第一班學生胡庶華，後任湖南大學、重慶大學校長），受邀任教一年．是年夏，返鄉故里完婚．後來陳介終身擔任湖南長沙明德中學校董，引進國外辦學經驗，多所貢獻．

1907 年，日本東京帝國大學畢業，旋轉德國在柏林大學法政、經濟科．通曉日語、德語、英語、法語和拉丁語。

1912 年，歸國，歷任工商部商務司長、農商部工商司司長．

陳介興胡元倓在北京創設明德大學，聘章士釗為校長，陳介公餘兼任國立北京大學、明德大學教授。

1915 年，明德大學移設漢口，歷時數年，因經費來源枯竭而停辦．

1916 年，任國務院參議、山東省實業廳廳長、全國水利局副總裁等職。

1924 年，任漢口大陸銀行經理．

1925 年，復任江漢關監督及外交部湖北特派交涉員．

1928 年，歷任上海中華匯業銀行、鹽業銀行經理、交通銀行董事等職。

1935 年，外交部長張群，陳介得吳鼎昌推薦，出任外交部常務次長、

1938 年，任中華民國駐德國大使、

1943 年，任駐巴西大使、

1944 年，任駐墨西哥大使、

1945 年，任駐阿根廷大使，

1951 年，病逝於布宜諾斯艾利斯。

魏宸組　1885~1942.8.　湖北江夏人

魏宸組，字注東，外交官，。清朝法政通榜舉人。

1903 年，魏宸組和吳祿貞、李書城在武昌秘密組織花園山聚會進行反清。12 月，清政府選派魏宸組赴比利時留學。

1905 年，魏宸組在比利時會見孫中山，後組織留學生加入同盟會，和石瑛、吳稚暉均為歐洲同盟會核心幹部，魏宸組負責聯絡留學法國、比利時學生。

1912 年，南京臨時政府成立後，魏宸組任南京臨時政府內閣外交部次長，2 月充任迎袁南下就職歡迎員。後來，魏宸組任唐紹儀內閣的國務院秘書長。11 月 22 日，魏宸組被派任中國駐荷蘭公使。

1919 年，魏宸組擔任中國駐比利時公使。1919 年，為中國代表團成員出席了巴黎和會，曾拒絕在《凡爾賽對德和約》上簽字。

1921 年，擔任中國駐德國公使。

1925 年，擔任督辦全國鐵道籌辦。

1937 年，擔任中國駐波蘭公使。

1939 年，第二次世界大戰爆發後，魏宸組回國。

1942 年，魏宸組在上海逝世。魏宸組的遺體葬於青山建設鄉魏家村。

2011 年，在石門峰名人文化公園修建了他的衣冠冢。

顧維鈞　1888.1.29.~1985.11.14.　江蘇太倉州嘉定縣

顧維鈞（Vi Kyuin "Wellington" Koo），字少川，初入舊式私塾，1899 年考入衛理公會的上海英華書院預科，1901 年入聖約翰書院。1904 年自費赴美國留學，入紐約庫克學院。一年後考入哥倫比亞大學文科，畢業後攻讀政治學研究所，獲碩士學位。

1912 年獲法學博士。連續擔任袁世凱總統英文秘書、北洋政府國務總理、駐法、英、美國大使、聯合國代表，海牙國際法院副院長。

1914 年與唐紹儀女兒唐寶玥結婚。

1915 年 2 月揭露中日「二十一條密約」以期獲得輿論的支持

1919 年代表參加巴黎和會。

1920 年改任駐英國公使。

1921 年作為中國政府全權代表之一，參加華盛頓會議。

1922 年起歷任北洋政府外交總長、財政總長，並於 1924 年和 1926 年兩度代理內閣總理。

1927 年 1 月正式組閣擔任國務總理．

1928 年 7 月國民革命軍北伐勝利統一全國，顧維鈞被政府通緝。

1930 年，經張學良斡旋，加入國民政府，重返外交界。

1931 年，「九一八」事變後參加國際聯盟李頓調查團，揭露日本侵略行徑的長篇備忘錄，為中國爭取利益。

1945 年 6 月 26 日代表中華民國政府首先簽署《聯合國憲章》(圖中間簽字坐者)。

1946 年，任駐美大使長達十年，遊說美國支持貢獻甚多。

1954 年，協助外交部長葉公超簽署《中美共同防禦條約》。

1956 年，駐美大使退休，轉任海牙國際法院法官、副院長。

1967 年，從國際海牙法庭退休後，夫婦赴美定居直到去世．

1972 年，章含之受毛澤東之託曾拜見顧維鈞並邀請其訪問中國大陸。

1985.11.14.　逝世，安葬紐約芬克里夫墓園（Ferncliff Cemetery）。當時中華人民共和國常駐聯合國代表李鹿野前往麥克遜大道坎培爾殯儀館弔唁。顧維鈞有過多段婚姻：

一・張潤娥，張雲驤之女，1908 年結婚後共同去美後離婚；

二・唐寶玥，唐紹儀之女，1914 年結婚，生子顧德昌女顧菊珍，1918 年病逝；

三・黃蕙蘭，「亞洲糖業大王」黃仲涵之女，1920 年結婚，生子顧裕昌顧福昌，

四・嚴幼韻，1959 年結婚。

郭泰祺　1888.12.4.~1952　湖北省黃州府廣濟縣（武穴市）

郭泰祺，字保元，號復初，外交官。父親郭錫谷是清朝秀才。

1902 年，郭泰祺入張之洞創辦的新式學堂武昌湖北省五路高等小學堂。他的才識獲得張之洞器重，

1904 年，公費赴美國留學。完成中學教育後，

1908 年，入賓夕法尼亞大學學習政治學。

1911 年，獲優秀大學生的榮譽稱號，同年 6 月升入大學院。還從事記者活動。

1912 年，歸國，為湖北軍政府外交股長。同年 8 月，國民黨成立，郭泰祺加入。1913 年，黎元洪就任副總統，郭泰祺作為其英文秘書隨行赴北京。

1916 年，袁世凱死去，黎元洪升為大總統，郭泰祺任其高等顧問兼外交部參事。

1917 年，張勳復辟，黎元洪失勢，郭泰祺下野。其後，郭泰祺回到湖北省，歷任湖北方言學校、武昌國立外語學校、武昌商科大學校長。

1918 年，赴廣州加入孫文（孫中山）的護法軍政府，任參事兼外交次長。同年夏，和陳友仁、王正廷赴美國活動，爭取美國政府支持護法軍政府，但以失敗告終。

1919 年，郭泰祺、陳友仁作為護法軍政府代表奉派參加巴黎和會。但是，郭泰祺、陳友仁赴美國展開否認北京政府的活動，後來通過其他途徑改派王正廷作為護法軍代表參加巴黎和會。

1920 年 11 月 25 日，孫文改組軍政府，郭泰祺任軍政府參事兼宣傳局局長。

1921 年，孫文就任非常大總統，郭泰祺任總統府參事。

1922 年，調任廣東省政務廳廳長。

1923 年，任外交部次長。

1924 年，任國立武昌商科大學校長。

1927 年 4 月 12 日，蔣介石發動四一二政變，郭泰祺站在蔣介石方面，擔任江蘇省外交交涉員兼上海政治分會委員。8 月，任外交部次長兼中國國民黨中央宣傳部上海辦事處國際組主任。其後，郭泰祺參與了西山會議派及新桂系、汪精衛等反蔣派的活動。

1931 年 12 月，中國國民黨各派大團結。

1932 年 1 月，汪精衛任行政院長，羅文幹任外交部長，郭泰祺任外交次長。6
　　月，郭泰祺被免去外交次長，改任駐英國公使。任內，曾在國際聯盟三度作
　　為中國代表出席，在國際聯盟會議上反對承認滿洲國並展開辯論。

1935 年，伴隨著公使升格為大使，郭泰祺成為第一任中國駐英國大使。同年，
　　被倫敦大學授予名譽法學博士，11 月當選中國國民黨第五屆中央監察委

1937 年，隨著盧溝橋事變發生，抗日戰爭爆發，郭泰祺多次照會國際聯盟，抗
　　議日本的軍事行動。

1938 年，英國牛津大學授予郭泰祺名譽法學博士。

1941 年，郭泰祺被召還中國，接替王寵惠擔任外交部長。12 月，突然被罷免外
　　交部長職務，改任國防最高會議外交委員會主席。理由是在對美國交涉中與
　　蔣介石意見對立，花費超額資金修建官邸等等。

1945 年，當選為中國國民黨第六屆中央監察委員。

1946 年，聯合國安全理事會在紐約開幕，郭任主席。

1947 年，任命為出席聯合國安全理事會中國首席代表
　　6 月，突發心臟病，隨即被送往紐約長老會醫院，另派蔣廷黻暫代出席聯合
　　國安全理事會中國首席代表。7 月 21 日，政府特任郭泰祺為中國常駐聯合國
　　暨聯合國安全理事會代表，11 月 13 日辭免。12 月，改任駐巴西大使·

1949 年，「巴西天氣不適合靜養身體」未赴任，在美國隱居。中華人民共和國
　　歡迎郭泰祺歸國，但不久郭泰祺即病倒，未能歸國。

1952 年 2 月 29 日，在美國加利福尼亞州聖塔芭芭拉的醫院病逝，享年 66 歲。

朱佛定　1889.3.16.~1981.7.13.

朱佛定，名文黼，號戫廷，字佛定。法學博士、外交家、教育家、作家、書法
家；鄧傳楷之大姑父。畢業於蘇州高等學堂，欽命獎給舉人，授職大清朝廷中
書科中書，昇入京師大學堂（曩日北京大學）深造，旋負笈歐洲，對各國政治
之沿革所得甚豐，而待人接物訥訥然，不以名流學者自詡。

曾任大清政府中書科中書、中國外交部、巴黎和會中國代表團施肇基代表秘書
、中國駐美國大使館二等秘書、華盛頓會議中國代表團秘書、中國外交部通商
司司長、中國考察歐美日各國政治專使團首席秘書、會見法國白裏索中將、會
晤意酋墨索里尼與巴白力區中將、訪晤俄酋史達林與托洛斯基、在華盛頓晉見
美國總統柯立芝、會晤日皇夫婦，首相，外相、國民革命軍第四集團軍總司令
少將秘書長、上海法政大學教務長、桂系中國國民黨革命同志會秘書部主任、
私立上海法政學院院董、廣西大學校長、安徽省政府委員、秘書長、安徽省政
府代主席、安徽省抗戰史料徵集委員會委員、安徽省政府設計考核委員會首任
主任委員、省立安徽學院首任院長、安徽學院編譯委員會主編、國民政府行政
院政務處參事、國民政府典試委員會試務處主任秘書、首任臺灣省政府委員、
代理臺灣省民政廳首任廳長、臺灣省民政廳首任廳長、東南軍政長官公署政務

委員會委員、國民政府行政院顧問、總統府光復大陸設計委員會副秘書長、臺灣私立大同商業專科學校首屆董事、彰化市私立建國商業專科學校首任校長、《景印江陰縣誌》發起人、作序人、江陰縣旅臺同鄉會會長。

景印江陰縣誌 發起人、作序人、在臺期間,曾擔任<u>江陰</u>旅臺同鄉會會長。退休後以書法自娛,享高壽 93 歲。

朱佛定子女很多。長子朱徽章;長女朱以蘋,長婿上將空軍總司令、駐約旦大使<u>陳衣凡</u>;次女朱以莘,次婿為外交官,是首任駐德國全權大使、教育部長<u>程天放</u>博士的侄子;侄子朱堅章,著名法學博士、政治學學者、教育家。

徐謨 1893.10.22.~1956.6.28. 江蘇吳縣人

徐謨,字叔謨, 法學家、政治學家、外交官。曾任國際法院法官,首位出任國際法院法官的中國人。其父為當地中學教師。童年就讀於當地的蘭陵學堂。

1904 年,11 歲時隨父親到上海,入讀南洋公學附屬小學,後升入南洋公學。

1914 年,考入天津的北洋大學法律系,

1917 年,畢業,獲法學學士學位。在江蘇省省立揚州第八中學任英語教師。

1918 年,在北京通過司法考試。

1919 年,外交官招聘考試,徐謨以第一名的成績被錄取。

1920 年,被派往華盛頓中國駐美國公使館見習。

1921 年,在華盛頓會議上擔任中國代表團秘書,受中國代表團團長王正廷器重。

1922 年,獲美國華盛頓大學法學碩士學位。

1922 年,在南開大學政治系任法學、政治學教授。

1924 年,他當選文科書記,

1925 年,在南開大學任教,為天津律師協會會員,任天主教《益世報》主編。

1926 年,他離開南開大學,在上海掛牌當律師。

1927 年,上海公共租界臨時法庭,被聘為臨法官,此後任鎮江地方法院院長。

1927 年,南京國民政府成立,進入外交部任參事。

1929 年,任外交部歐美司司長,協助外交部長王正廷收回威海衛,並與法國達成關於北部灣的協議,與日本簽訂一項關稅新協定,與希臘、波蘭、捷克斯洛伐克簽訂了商務條約。

1931 年,擔任外交部亞洲司代理司長、常務次長、外交部政務次長。兼任過中央政治大學外交系主任、考試院典試委員等職務。

1932 年,中國對外政策的制定和實施起過重要作用。

1941 年,出任中國駐澳大利亞公使。

1943 年,獲墨爾本大學授予的名譽法學博士學位。

1944 年,徐謨離開澳大利亞,調任中國駐土耳其大使。

此後，許謨作為資深法律專家，應邀參與制定二戰後規劃工作。

1945 年，參加了法律委員會工作，參加華盛頓會議，起草籌備成立國際法庭的草案。後在舊金山會議上，為處理國際糾紛部分的中國代表，具建設性作用。

1946 年，當選為聯合國國際法院法官，任職三年（至 1949 年）。

1956 年，他還當選為國際法學會副會長。6 月 28 日，徐謨因心臟病突發，在國際法院法官的任上於荷蘭海牙去世，終年 63 歲。

蔣廷黻　1895.12.17.~1965.10.9. 湖南邵陽縣楮塘鋪（邵東縣廉橋鎮）人

蔣廷黻（拼音：Jiāng Tíngfú）歷史學家，外交家。

家有 3 畝田地，父親還與二伯父共同經營在靖港的鐵器店，在晚年曾擔任靖港的商會會長。

1898 年，蔣廷黻從 4 歲起接受舊式教育。

1901 年，6 歲，母親去世，繼母是一位富有的寡婦，對年幼的蔣廷黻相當關心。

1906 年，進長沙明德學堂，後轉入美北長老會在湘潭所辦的益智學堂，在那裡深受美國傳教士林格爾夫婦的影響。

1911 年，16 歲受洗加入基督教。前往美國求學，就讀於密蘇里州 Parkville, Missouri 的派克中學半工半讀。

1914 年，進入俄亥俄州奧柏林學院(Oberlin College)，主修歷史學，

1918 年，獲得文學士學位。此後曾應基督教青年會之徵，赴法國為華工服務。

1919 年，去美國進入紐約哥倫比亞大學研究院，師從海斯教授，攻讀歷史，

1923 年，獲博士學位，回國任教南開大學、清華大學教授、院長、歷史系主任。

1932 年，蔣廷黻與胡適等人共同創辦《獨立評論》雜誌。

1935 年，離開清華大學，任行政院政務處長。後從事外交事務，

1936~1938，任中華民國駐蘇聯大使。

1945 年，被任命為中華民國駐聯合國常任代表。

1961 年，改任中華民國駐美大使，兼駐聯合國代表。

1965 年 10 月 9 日，病逝於紐約

傅秉常　1896.2.16.~1965.7.29.　廣東廣州南海縣人，

傅秉常，字褧裳，中華民國政治家、外交官。

1906 年，隨父親遷居香港，在聖士提反中學、香港大學就學。

1916 年，大學畢業，回到聖士提反中學當教師。

1918 年，到廣州投奔孫孫中山，加入護法軍政府。擔任伍廷芳的秘書。

1919 年，傅秉常任巴黎和會中國代表處秘書。

1920 年，任護法軍政府財政部、外交部駐香港代表。調任海南島瓊海關監督。

1923 年，調任大元帥府外交部特派交涉員兼財政部粵海關監督，外交秘書。

1927 年，傅秉常任國民政府財政部關務署署長。10 月，改任外交部參事。

1928 年，任立法院立法委員，併當選立法院外交委員會委員長。

1929 年，出任駐比利時公使。

1931 年，獲香港大學授予名譽法學博士。同年 5 月，寧粵分裂，傅秉常加入西南派（粵派），任廣州國民政府外交部副部長。寧粵合流後的

1932 年，任外交部政務次長，改任西南政務委員會委員。

1933 年，回任立法委員、立法院外交委員會委員長。

1935 年，當選中國國民黨第五屆中央執行委員。

1941 年，重任外交部政務次長。

1942 年，出任駐蘇聯大使。

1945 年，當選中國國民黨第六屆中央執行委員。

1946 年，巴黎和會中國代表（聯合國和義大利、羅馬尼亞、保加利亞、匈牙利、芬蘭五國講和）。

1949 年，接替吳鐵城出任外交部長，未就職，滯留巴黎。

1957 年，回國，任總統府國策顧問，併當選中國國民黨中央評議委員。

1958 年，任司法院副院長，7 月兼任公務員懲戒委員會委員長。

1965 年 7 月 29 日，在台北市病逝。享年 70 歲（滿 69 歲）

魏道明　1899.~1978.5.18.　江西九江

魏道明，字伯聰，

1925 年，巴黎大學法學博士，回國擔任律師，參與黨事務工作。

1927 年，出任司法部秘書長，29 歲任首位部長。

1930 年，出任南京特別市市長，

1937 年，出任行政院秘書長。

1941 年，魏道明由行政院秘書長奉派為駐法大使，隔年接替胡適出任駐美大使。

1943 年，魏道明同美國簽署《中美新約》，完成美國廢除在華不平等條約，解除中國百年來受不平等條約的束縛與枷鎖。

1946 年，出任立法院副院長。

1947 年，台灣省爆發二二八事件，台灣省行政長官的陳儀被撤職．4 月 22 日撤銷台灣省行政長官職位，改組為台灣省政府，魏道明出任台灣省政府主席。

1947 年 5 月 16 日，取消戒嚴，結束二二八清鄉工作，解除交通管制，加速整理重建戰後的台灣。

1948 年，辭職赴美定居，陳誠 1949 年 1 月 5 日接替台灣省主席

1959 年，魏出任外交部顧問．

1964 年，出任駐日大使，

1966 年，回國接替沈昌煥出任外交部長。

1971 年，辭去外交部長，轉出任總統府資政，不久後移民至巴西，

1978 年 5 月 18 日，逝世，享年 80 歲。

原配夫人鄭毓秀(1891-1959)是中國留法第一個獲得法學博士，首位任法院院長，民國時代政治風流女性，曾參與暗殺攝政王、袁世凱、良弼的行動。

1962 年，魏道明續弦娶榮毅仁的妹妹榮輯芙女士。

葉公超　1904.10.20~1981.11.20.　祖籍浙江餘姚，廣東番禺人，生於江西九江。

葉公超，原名崇智，父葉道繩，生母鄒太夫人，四歲喪母，九歲父親逝世．　遂赴北京在叔父葉恭綽的監護下長大。

『余幼失怙恃，人聞者恆憐吾，而言吾命之薄，緣之慳，而餘則否焉。蓋人之成偉大者，非安逸慎然而成之也，非特他勢而成之也。是必出於萬難之中，而拔於愴痛之海，琢磨切磋，而後有此成之也』。

1911 年，七歲入南洋模範小學。

1912 年，留學英國，後轉赴美國。

1913 年，回國就讀天津南開中學。

1917 年，南開中學三年級參加五四運動「南開救國十人團」

1920 年，再赴美國，就讀伊利諾州厄巴納學院及緬因州卑斯學院、麻薩諸塞州安默斯特學院攻讀，畢業後赴英，在劍橋大學瑪格達連學院取得文學碩士學位。

1921 年，考入緬因州之貝茲大學，

1925 年，默特學院業，進入劍橋大學瑪 6 藍學院(Magdalene)獲文學碩士學位．

1926 年，回國，在北大、北師大、暨南大學、清華、西南聯大任教，有「文學的天才，外交的奇才」的美譽。

1930 年，因毛公鼎事件遭日軍拘捕拷問 39 天，脫險後棄學從政。

1931 年，在清華教書時，與燕京大學物理系畢業的袁永熹結婚，育有兒女一雙。

1932 年，赴清華大學任教，

1939 年，在昆明西南聯大任教，

1943 年，任外交部政務次長，

1948 年，外交部次長、中國慶賀緬甸獨立特使葉公超抵達仰光。

1949 年，繼胡適（未到任）擔任外交部長，

1952 年，參與《中日和約》與 1954 年《中美共同防禦條約》的簽訂。

1954 年，出席聯合國第九屆大會首席全權代表，蔣廷黻等 4 人為全權代表。

1955 年 6 月 23 日，在舊金山聯合國憲章慶祝大會，發表「義正辭嚴」演講．

1958 年 4 月，訪問越南，用四種語言與各國使節交談，聽者如沐春風．8 月 21 日，任命為駐美大使，深受艾森豪威爾、邱吉爾、甘迺迪肯定。後因與蔣介石在外蒙古入聯問題上持不同策略，

1961 年，因外蒙入聯合國會行使否決決權案，遭到免職，奉召返國免職，「留在總統身邊以備顧問」，後改聘為行政院政務委員，遭到長期監視，並被禁止出國長達 16 年。

1962 年，改任政務委員,在師大、台大授課.「怒寫竹,喜寫蘭」

1978 年，轉任總統府資政閒職。離開仕途後寄情書畫，「怒而寫竹，喜而繪蘭，閒而狩獵，感而賦詩」，稱自己是「悲劇的一生」，梁實秋形容晚年「情況相當落寞」。

1981 年 11 月 20 日，葉公超病逝於台北榮民總醫院，夫人沒有趕回告別，僅俞大維一人在身邊[16]。老友張大千聞之甚悲，親書《挽葉公超先生聯》。摯友陳香梅寫了一篇悼文兩首輓詩。詩中說：「奉獻給你紅色的玫瑰，那是我從童年、青年到中年對你的半點關懷與愛意」。《聯合報》刊登一篇署名楊子的文章，題目為《紅粉知己》，評價葉道「既有器識過人、恃才傲物的名士風度，又是一個才華橫溢而終為俗吏所讒的悲劇英雄」。

著有《介紹中國》《中國古代文化生活》《英國文學中之社會原動力》《葉公超散文集》等。

劉鍇　1907.5.27.~1991.2.12.　廣東中山

劉鍇，字亦鍇，曾就讀牛津大學，歷任外交部常務次長、駐加拿大大使、駐聯合國常任代表。

1971 年，退出聯合國後，改任駐菲律賓大使。

1975 年，與菲律賓斷交後，任總統府國策顧問、外交部顧問。

伍修權　1908.3.6.~1997.11.9.　湖北陽新人

伍修權，軍事家、外交家。曾用名吳壽泉，

1923 年，在武昌高等師範學院附中求學,參加革命工作,加入中共中義青年團,

1930 年，加入蘇聯共產黨（布爾什維克）為候補黨員,

1931 年，轉為中國共產黨黨員,

1925 年，赴蘇聯，入莫斯科中山大學學習，系統學習馬克思主義理論。

1927 年，入莫斯科步兵學校學習,

1928 年，畢業後留校任翻譯。

1929 年，中東路事件後，被共產國際派往遠東任蘇軍翻譯。

1931 年，回國，任閩粵贛軍區司令部參謀指導員、軍事團教育主任，軍委模範
　　團政委，福建軍區汀區司令員兼政委等職務。參與編寫紅軍軍事教材，編譯
　　了蘇軍戰鬥條令，參加第三、四次反「圍剿」。在蘆豐戰鬥中，身負重傷。
1933 年，共產國際派駐中共中央軍事顧問李德的翻譯。
1934 年，開始參加二萬五千里長征。
1935 年，列席遵義會議。遵義會議後，任紅三軍團副參謀長，參與組織搶渡金
　　沙江、吳起鎮、直羅鎮等戰役戰鬥。
1936 年，任紅十五軍團七十三師參謀長，參加了東征戰鬥。
1937 年，任陝甘寧邊區政府秘書長，負責邊區政府日常工作。
1938 年，任八路軍駐蘭州辦事處處長。
1941 年，任中央軍委總參謀部一局局長。
1945 年，參與起草朱德在中共七大的軍事工作報告。任總參謀部作戰部副部長。
　　抗戰勝利後，伍修權赴東北工作，任中共中央東北局委員、東北人民自治軍
　　參謀長，北平軍事調處執行部駐瀋陽小組中共代表。
1948 年，任東北軍區參謀長兼軍工部政委，參與遼瀋戰役，遼瀋戰役後兼任瀋
　　衛戍區司令員。此期間，他還擔任東北軍區軍政學校校長，參與籌建了中國
　　人民解放軍第一所航空學校和第一所海軍學校。
1949 年，中華人民共和國成立，任外交部蘇聯東歐司司長。
1950 年，隨周恩來總理赴莫斯科參加中蘇會談，並參與起草中蘇友好條約等一
　　系列工作。朝鮮戰爭爆發後，美國政府派第七艦隊巡弋台灣海峽，因此 1950
　　年 11 月，中央人民政府向聯合國安理會提出「美國武裝侵略台灣案」，伍修
　　權作為中華人民共和國政府特派代表赴會，發表譴責美國武裝侵略台灣的演
　　說。1950 年 12 月至 1955 年 1 月任外交部副部長。
1954 年，任中國駐南斯拉夫大使。
1958 年，中共中央對外聯絡部副部長。「文化大革命」中遭受迫害，被關八年。
1975 年，任解放軍副總參謀長、總參謀部黨委常委，分管情報和外事工作。
1978 年，兼任總參謀部二部部長。
1980 年，伍修權為審判林彪、江青反革命案審判工作指導委員會成員，和最高
　　人民法院特別法庭副庭長、第二審判庭審判長，參加對「四人幫」審判工作，
1982 年，任中共中央顧問委員會常委。
1983 年，任中央整黨工作指導委員會委員。
1988 年，被授予中國人民解放軍一級紅星功勛榮譽章。
1997 年 11 月 9 日在北京逝世，終年 90 歲。

沈劍虹　1908.7.2.~2007.7.12.　上海市蘇州河北虹口區沈家灣

沈劍虹，讀完光華附中後，曾以翻譯餬口，高中畢業，就讀滬江大學，再轉學
北平燕京大學。曾在上海英文報大陸報服務，總主管是董顯光。工作兩年後，
就讀密蘇裏大學新聞研究院。

1936 年，回國，進入由蕭同茲主持之中央通訊社，擔任英文部編譯。

1937 年，上海分社工作，後至武漢中央宣傳部國際宣傳處，擔任英文編撰科長。

1938 年，隨處西撤於 11 月中旬至重慶。

1939 年，與魏惟儀（魏景蒙之妹）結婚。

1943 年，外放赴美主持國際宣傳處駐金山辦事處。

1947 年，國際宣傳處改組為行政院新聞局，出長主管國際宣傳的第二處處長

1948 年，往香港設立辦事處。先後在香港中國郵報、英文虎報、麗的呼聲有線廣播電台工作，先後七年。

1956 年，陶希聖介紹，出任總統府秘書，為蔣介石翻譯《蘇俄在中國》一書為英文。接待訪華重要賓客，包括美國國務卿杜勒斯、美國總統艾森豪等人。

1961 年，出任新聞局長，

1966 年，出任中華民國駐澳大利亞大使，

1968 年，回國任外交部次長，

1971 年，赴美就任中華民國駐美大使，與美國國家安全顧問基辛格見面，當時基辛格曾當面表示美國絕對會堅定地支持中華民國。然而，基辛格在同年訪問巴基斯坦時，以腹痛為名取消原定的公開活動，暗中前往北京與周恩來會面，秘密推動中華人民共和國與美國的關係正常化，時任中華民國駐美大使的沈劍虹完全不知情。同年 10 月的聯合國大會中，通過了「2758 號決議」：恢復中華人民共和國的一切權利，承認她的政府的代表為中國在聯合國組織的唯一合法代表，決議前，時任外交部長的周書楷，宣佈中華民國政府退出聯合國。在華盛頓的沈劍虹全然不知情。

1972 年，美國總統尼克森訪問中國大陸，在上海簽訂上海公報，沈劍虹完全無能為力。隨後中國大陸政府與美國雙方之間進行了更多的交流，包括繼任的美國總統吉羅德·福特訪問中國大陸、大陸領導人鄧小平訪問美國，對此，沈劍虹都只能默默承受。

1979 年，中共與美國正式建交；沈劍虹黯然降下中華民國國旗，返回臺北。

王炳南　1908~1988.12.22.　陝西乾縣陽洪鄉好畤村人

王炳南，外交家。1926 年，加入中國共產黨，

1928 年，潛伏楊虎城部進行秘密工作。後受楊虎城資助前往日本、留學德國。

1936 年，回國，積極推動楊虎城和中共合作，西安事變起了發酵作用，受到毛澤東的賞識，曾與關露交往，後因「漢奸」身份影響，被組織要求與其分開。

1937 年，抗戰爆發，王炳南受命從事統戰工作。

1945 年，抗戰勝利，擔任毛澤東的秘書，參與重慶談判，後又隨周恩來前往南京，擔任書記兼發言人。內戰時，王炳南回到延安，擔任中共外事組副主任。

1949 年，中華人民共和國成立，任外交部辦公廳主任、部長助理等職。

1954 年，擔任中華人民共和國日內瓦會議代表團秘書長，

1955 年，出任駐波蘭大使。擔任中美大使級會談中方首席代表。

1964 年,回國,任外交部副部長。文化大革命遭受迫害,復出後任友好協會長。
1988 年,逝世。

黃華 1913.1.25.~2010.11.24., 河北磁縣人

1936 年,燕京大學學生時,秘密加入中國共產黨。
6 月,陪同燕京大學教師斯諾赴延安採訪毛澤東。
後留在延安,曾擔任翻譯、秘書等工作。

1949 年,主持接收中華民國外交部工作。

1953 年,任朝鮮停戰政治談判中方代表和外交部西
歐非洲司司長,

1960 年,相繼任駐迦納、埃及、加拿大大使。

1971 年,中華人民共和國取得聯合國席位後首任常
駐聯合國及安全理事會代表。

1976 年,外交部長兼任國務院副總理、國務委員。

黃華曾隨周恩來總理出席日內瓦會議和萬隆會議,任中國代表團顧問和發言
人。出席過多屆聯合國大會。與日本外相園田直簽署了《中華人民共和國和
日本國和平友好條約》。

1978 年,主持與美國代表的建交談判,

1982 年,與美國國務卿黑格簽署關於解決美售台武器問題的八一七公報。

1979 年,隨鄧小平副總理訪問美國。

1983 年,卸任外交部長,多次以副委員長身份率團到各國訪問和出席國際會議。

2010 年 11 月 24 日凌晨 3 時 8 分在北京逝世,享壽 98 歲。

喬冠華 1913.3.28.~1983.9.22. 江蘇鹽城人

喬冠華,筆名喬木、于懷。外交家,清華大學哲學系畢業,德國圖賓根大學哲
學博士。1939 年經廖承志等人介紹,加入中國共產黨;曾是中共第九屆中央委
員。曾任中華人民共和國外交部部長,中國人民對外友好協會顧問等職。

幼年天資聰穎,有「過目成誦」之譽,先後就讀鹽城第二高等小學、宋村亭湖
中學、鹽城淮關中學上學。多次跳級插班,16 歲考入清華大學哲學系。

1933 年,清華畢業,赴日本東京帝國大學繼續攻讀哲學。由於參加日本共產黨
政治活動,被日本執驅逐出境,輾轉到德國,

1936 年,獲德國圖賓根大學哲學博士學位,時年 23 歲。

1937 年,抗日戰爭爆發,喬冠華回國參與抗戰,從事新聞工作。

1941 年,曾出任香港《華商報》和《大眾生活》編委,加入中國共產黨後。

1942 年,到達重慶,負責主編《群眾周刊》,在《新華日報》主持《國際專欄》,
參加一些有關的外事工作,逐漸成為周恩來在外交事務上的得力助手。

1943 年，喬冠華與才女外交家龔澎結婚；兩人育有一子喬宗淮，曾任外交部副部長，一女喬松都。

1945 年，抗戰勝利隨周恩來赴上海，參加中共代表團工作，創辦《新華周刊》。

1946 年底，他再次回到香港，並出任新華社香港分社的社長。

1949 年，中華人民共和國建國，喬冠華歷任外交部國際新聞局局長、政策委員會副主任，中央人民政府辦公廳副主任，中國人民外交學會副會長，外交部亞洲司司長、部長助理、副部長等職。

1950 年，陪同伍修權出席聯合國安理會，控訴美國對台灣的武裝侵略。

1951 年，擔任中國代表團團長李克農的主要顧問，參加板門店朝鮮停戰談判。

1954 年，隨同周恩來總理出席日內瓦會議。

1961 年，陪同陳毅外長出席第二次日內瓦會議。

1969 年，中蘇珍寶島武裝衝突，喬冠華被任命為中蘇談判中國代表團團長。

1970 年，龔澎病逝。在毛澤東的介紹下，於 1973 年 11 月與「北洋遺老」章士釗的養女兒章含之結婚。

1971 年，「中國在聯合國的合法席位恢復」後，第一次率中國代表團出席第 26 屆聯合國大會並在大會上發表講話，全面闡述了中國的外交政策。

1972 年，美國總統尼克森訪華時，負責與基辛格談判、草擬《中美聯合公報》。9 月，日本首相田中角榮訪華，喬冠華參加中日談判兩國聯合聲明起草工作。

1973 年，毛澤東點名，喬冠華恢復了工作。1974 年，喬冠華被任命為繼周恩來、陳毅、姬鵬飛之後，任外交部長。

1976 年，以中國代表團團長身份出席歷屆聯合國大會。

文革初期，受到衝擊，與陳毅、姬鵬飛等人一起，被列為外交部的「打倒」對象，離職接受審查。復出後的喬冠華和「四人幫」走得很近，並在此後的一系列講話中，對周恩來的外交路線予以批判；以至有傳聞說，周恩來妻子鄧穎超晚年時都一直不能原諒喬冠華的行為。後在王震的過問下，在中國人民對外友好協會掛「顧問」職銜直到逝世。

1983 年 9 月 22 日，因患癌症，在北京病逝，終年 70 歲。

周書楷　1913.8.21.~1992.7.31.　湖北安陸人。

1931 年，入國立中央大學政治系，畢業後在中國國際聯盟同志會工作。

1938 年，進入外交部，赴英國倫敦使館任學習員。在英國期間，周先後畢業於倫敦大學和劍橋大學。

1945 年，回國出任國共美三人談判小組中美國政府特使馬歇爾的翻譯。

1949 年，隨外交部播遷台灣。

1965 年，任命為中國駐美大使，他是第一個沒有博士學位的中國駐美大使。

1970 年，他促成蔣經國訪問美國。

1971 年，接替魏道明出任中華民國外交部部長。

美國在聯合國會前與台北交涉協商多時，擬以「雙重代表權」保住台北在聯合國席次代表，但美國為拉攏中共制衡蘇聯，大肆替中共加入聯合國宣傳，又派遣國務卿基辛格祕密前往北京與周恩來商量入聯事宜，導致大批原本支持中華民國的國家如阿拉伯等倒戈中共。10 月 25 日，聯合國大會通過 2758 號決議之前數小時，周書楷代表中華民國政府宣布中華民國退出聯合國。

1972 年，中華民國一共與 29 個國家斷交，最重要的當屬日本。

退出聯合國事件之後，周書楷返華，時任行政院長蔣經國親自接機。隔年內閣改組，外交部長一職即由外交重臣沈昌煥再次出任，周轉任政務委員。

1978 年，出任中華民國駐教廷大使，在義大利擔任駐教廷大使長達 13 年

1991 年，回國．1992 年，因心臟病突發逝世。

沈昌煥　1913.10.16.~1998.7.2.　江蘇蘇州吳縣人

沈昌煥上海光華大學畢業又進北平燕京大學攻讀政治學.妻黎佩蘭，即黎民偉長女,子沈大川.沈昌煥堅持「漢賊不兩立」的態度，強硬反對與所有共產國家及中國共產黨進行任何交流接觸。堅守中華民國唯一代表中國唯一合法政府的立場，並以此為外交國策，最後由於與時任總統的李登輝及主流意見不合，被解除總統府秘書長的職務，轉任資政，結束長期對外交系統的控制。

1960 年沈昌煥第一次出任外交部長，在當時冷戰，美國支持中華民國政府，中華民國外交情勢尚稱平穩。多位外國重要友邦元首訪華，包括美國總統艾森豪、日本首相佐藤榮作、泰王拉瑪九世等等，

1964 年中法斷交，巴黎與北京關係正常化,美國宣佈停止多年的美援，使當時各項建設發展失去一定的資金支持等。

1965 年美國正式全面介入越戰，不久大批的美軍進駐越南，人數超過 50 萬人，而中華民國被選為越南美軍休假地之一，一時之間大批的美國大兵不時出現在台北、高雄等地的街頭，大批的美軍也帶來可觀的消費，對台灣經濟有一定的正面貢獻。

1966 年，外部長任滿轉任駐外大使。

1969 年，沈昌煥任駐泰國大使，邀請蔣經國訪問泰國，推行泰王山地計劃， 李登輝總統旋赴泰國，均受到泰王接見禮遇。沈昌煥穩定了與泰國的邦交關係。

1971 年，聯合國大會召開前夕，討論「雙重代表權」案，蔣堅持「漢賊不兩立」．聯合國大會投票結束宣布結果前一刻，台北表明退出聯合國，接著聯合國大會公布結果，北京取得入聯合國的資格。

1971 年，由中華民國失去聯合國代表權，台北的國際地位大幅滑落，漢賊不兩立立場，與美國關係上也發生重大變化，

1972 年，美國總統尼克森訪問中國大陸，簽下「上海公報」，重傷台北與華盛
　頓關係。兩岸之間的情勢也隨之變化，繼任美國總統的福特也訪問中國大
1978 年鄧小平訪問美國，同年底美國總統卡特正式宣佈與台北斷交，沈昌煥無
　力回天，宣佈辭職。
1998 年 7 月 2 日，過世。

朱撫松　1915.1.5.~2008.6.14.　湖北襄陽人

朱撫松，外交家，曾任外交部長。妻為台灣知名女作家、國大代表徐鍾佩。
畢業於滬江大學、英國倫敦大學政治經濟學院。曾任國民黨宣傳處專員，駐英
辦事處代處長，行政院新聞局秘書、第二處處長。赴台後，又任台灣省政府參
議，東南軍政長官公署參議，行政院秘書、參事，外交部情報司司長等職。
1956 年，出使北美，歷任駐美國大使館參事、公使，駐加拿大大使館公使。
1962 年，回國，任外交部常務次長、政務次長。
1965 年，再次出使駐巴西、韓國大使。
1987 年，出任外交部部長。在其任內，以十餘種彈性名稱在非邦交國家設立辦
　事處，拓展了台灣與其他國家的實質性外交關係。
1986 年，兼任總統府國策顧問。
2008 年 6 月 14 日，在台北逝世。

吳祖禹　1920.5.3.~2006.12.17.　浙江鄞縣人

法學家兼外交家吳經熊之子，畢業於上海東吳大學法學院，抗日戰爭時期曾任
教於重慶中央測量學校，其後任南京高等法院秘書長。
1947 年，留學歐洲，先在羅馬大學專攻法律哲學、羅馬法，後又在西班牙德里
　大學、西班牙外交學院就讀並獲博士學位。
1952 年，進入外交部，歷任中華民國駐西班牙大使館三等秘書、駐聯合國代表
　團秘書、外交部禮賓司交際科科長、駐墨爾本領事、禮賓司副司長、駐檀香
　山總領事、禮賓司司長、駐堪薩斯總領事等職。
1976 年，出任中華民國駐玻利維亞大使．
1985 年，任期內，與玻利維亞斷交。
1986 年，任外交部北美事務協調委員會駐紐約辦事處主任，後又任中華民國駐
　義大利代表處代表。
1993 年，出任中華民國駐教廷大使併兼任駐義大利台北經濟文化辦事處代表。
　晚年在美國洛杉磯定居，
2006 年，逝世。

吳學謙　1921.12.19.~2008.4.4.　上海嘉定人，

吳學謙，職業外交家。

1939，加入中國共產黨，參加上海學生愛國救亡運動，中共上海地下黨書記，。
1949 年，中華人民共和國建國後，歷任駐世界青聯代表，國際部長。
　「文化大革命」中，受到迫害，下放「五七幹校」勞動。
1972 年，恢復工作後，出任中共中央對外聯絡部西亞非組組長、三局局長；
1978 年，升任副部長。
1982 年，轉任外交部第一副部長、黨組書記；11 月 19 日晉陞為外交部長；
1983 年，升任國務委員，繼續兼任外長職務五年。
1985 年，任國務院副總理，國務委員兼外交部長，第八屆全國政協副主席等職。
1988 年，吳學謙在李鵬內閣中，負責外交事務的國務院副總理。
1993 年，任期屆滿離任後，他又被安排出任第八屆全國政協第二副主席。
2008 年 4 月 4 日上午 9 時 38 分，在北京醫院因患帕金森症病逝，終年 87 歲；
　10 日，在八寶山革命公墓舉行遺體告別儀式後火化。

丁懋時　1925.10.10.~　雲南賓川人

丁懋時，中華民國政治人物，著名外交官。兄為丁中江。
歷任駐盧安達代辦、駐盧安達大使、駐薩伊共和國大
使、中華民國出席聯合國大會第 24 屆、25 屆常會代表
團副代表、外交部非洲司司長、新聞局局長及政府發言
人、國民黨文工會主任、外交部常務次長、駐大韓民國
大使、外交部政務次長、外交部部長、駐美國代表處代
表、國家安全會議秘書長、總統府資政。

錢其琛　1928.1.5.~　上海嘉定區人生於天津

上海大同大學附中時加入中國共產黨，蘇聯中央團校畢
業。通曉俄語、英語，略通法語。
1942 年，相繼擔任中華人民共和國國務院副總理、國務
委員、外交部長等職；曾長期主管外交，香港、澳門事
務，以及中共的對台工作；
1949 年，中華人民共和國建國後，曾在中國共青團上海
市委工作五年；歷任共青團徐匯區、長寧區、楊浦區區
委書記，共青團中央辦公廳研究員等職。
1954 年，到蘇聯中央團校學習。畢業後，即進入中國駐
蘇聯大使館工作；歷任二等秘書、留學生處副主任、研究室主任等職。
1963 年，回國後，出任高等教育部留學生司處長、對外司副司長等職。「文化
大革命，他受到衝擊，下放勞動。
1972 年，復職後，再次被派駐蘇聯使館，任使館參贊；後升駐幾內亞大使；

1976 年，回國後，出任外交部新聞司司長；六年後，升任副部長
1988 年，接替吳學謙，出任外交部長；
1991 年，被任命為國務委員兼外長；簽署《中蘇國界東段協定》和《中俄國界西段協定》，出訪波蘭、匈牙利、捷克斯洛伐克
1993 年，出任副總理兼外長。
1995 年，發表《香港涉台問題基本原則與政策》「錢七條」。錢其琛在李鵬的十年總理任期中，擔任了十年的外交部長。
1997 年，錢其琛作為中國政府代表團成員、國務院副總理兼外長，赴香港出席「香港回歸政權交接儀式」。
1998 年，卸任外長職務，在朱鎔基內閣中，留任國務院副總理，主導外交事務。
2000 年，錢其琛還曾出任北京大學國際關係學院院長。
2003 年，從領導崗位上退下來；目前依然擔任北京大學國際關係學院名譽院長。著有回憶性書籍《外交十記》。
2003 年 11 月，受聯合國秘書長安南的任命，成為聯合國一個以"威脅、挑戰與改革"研究小組 16 位成員之一。這些成員來自美、英、法、俄等國家，曾擔任過首相、總理、軍政首長、銀行總裁或國際組織領導人的重任。
國政府分別代表中國政府簽署的重要外交文件有：中國同印尼的復交公報，同沙烏地阿拉伯、新加坡、汶萊、以色列、韓國和南非等國的建交公報，中國同挪威相互設立總領館協定，同海地互設商代處協議，及中國政府和蘇聯政府關於在中蘇邊境地區相互裁減軍事力量和加強軍事領域信任的指導原則的協定，柬埔寨和平協定，聯合國關於禁止化學武器公約等。

陳錫蕃　1934.2.11.~　祖籍湖南，出生於江蘇南京

陳錫蕃，中華民國外交官，教授。
1946 年，就讀南京市第五中學。
1949 年，隨父親調任離開南京赴菲律賓，在菲律賓上完了高中、大學、研究所。高中畢業後，他到中華民國駐菲律賓大使館任雇員，
1955 年，升任駐菲律賓大使館主事。碩士畢業後，參加外交特考，
1960 年，歷任外交部秘書、專員、中南美司科長、條約法律司司長、國際組織司司長、常務次長、總統府副秘書長，並且曾經擔任駐巴西大使館二等秘書、一等秘書，駐阿根廷大使館、玻利維亞大使館參事，駐亞特蘭達總領事，駐芝加哥辦事處處長，駐洛杉磯辦事處處長，駐美國副代表，駐美國代表。
2000 年，在華盛頓退休。
此後他任國家政策研究基金會國安組召集人、美國馬里蘭大學客座教授、台灣淡江大學美國研究所特約講座教授、台灣師範大學翻譯所客座教授。

錢復　1935.2.17.~　浙江省杭州市人

錢復，字君復，祖父錢鴻業，不屈於汪精衛政府（汪精衛南京國民政府）被日本特務暗殺。父親錢思亮，曾任國立台灣大學校長、中央研究院院長、及行政院原子能委員會主任委員，為中國近代科學界一名傑出代表。兩位兄長錢純及錢煦，俱為國內財政及醫學界知名人士。錢復、陳履安、連戰、沈君山並稱政壇「四公子」。

1952年，台北市立建國高級中學畢業
1956年，國立臺灣大學政治系學士，
1959年，美國耶魯大學國際關係哲學碩士，
1962年，美國耶魯大學國際關係哲學博士，國立政治大學、國立臺灣大學教授
1963年，中華民國十大傑出青年
1972年，行政院新聞局（第七任）局長，韓國成均館大學榮譽法學博士
1979年，外交部政務次長．
1983年，北美事務協調委員會駐美代表．
1988年，行政院經建會主任委員、政務委員．加勒比海美國大學榮譽法學博士
1990年，外交部部長、行政院國軍退除役官兵輔導委員會委員、
1991年，大陸委員會委員，
1993年，美國賓州威爾遜學院榮譽人文博士
1994年，美國佛羅里達國際大學公共服務榮譽博士
1996年，行政院文化建設委員會委員、年國民大會議長．
1992年，監察院（第三屆）委員、監察院院長
2004年，三一九槍擊事件特別調查委員會主席．
2005年，獲頒中正勳章，國泰人壽慈善基金會董事長．
2010年，中華大學榮譽書院院長

唐家璇　1938.1.17.~　江蘇鎮江人

1955年，復旦大學外文系英語專業學習。
1958年，北京大學東語系日語專業學習。
1962年，廣播事業局對外部日語組工作。
1964年，外交部翻譯隊工作、「五七」幹校勞動。
1970年，對外友協副處長、中日友協理事。
1973年，加入中國共產黨。
1978年，駐日本使館二秘、一秘。
1983年，中央國家機關外事整黨工作指導小組辦公室副主任。
1985年，外交部亞洲司副司長。

1988 年，駐日本使館公使銜參贊、公使。

1991 年，唐家璇接連發現抗日戰爭時期日軍遺留的大量化學武器傷害中國公民；向日本做出強硬交涉。此後升任外交部部長助理。

1993 年，外交部副部長、黨委委員。

2000 年，在北京簽訂《中越南兩國領海、專屬經濟區和大陸架的劃界協定》

2003 年，任國務委員。

2006 月，出任中國國際關係學會會長。在朝鮮核爆後作為特使出訪朝鮮。

2012 年，擔任中國日本友好協會會長。。

程建人 1939.8.11.~ 出生於上海，

程建人同胡志強和李大維等人一樣，是國民黨重點栽培的外交人才，並先後出任過立法委員、行政院新聞局長、外交部長、駐美代表、駐歐代表等職務。現在已經退休。

程建人為中國國民黨黨員，在 2000 年政黨輪替後，繼續為外交意識型態迥異的民進黨政府效力，並擔任駐美、駐歐代表等要職，又多涉及敏感的統獨、兩岸、對美關係等外交議題，其個人的政治態度立場一直是眾人的焦點。時任國民黨主席的連戰曾在一次公開場合對程建人說出「疾風知勁草」一語來評論他，由於此文下一句話是「板盪識忠臣」，因此外界揣測此語是在批評程建人在某些地方對民進黨政府的態度不夠強硬。但程建人本人表示身為外交人員，不能有藍綠的偏見，只有為國盡忠。

駐美代表任內，程建人處境相當尷尬，一方面他是國民黨黨員，自然難以取信於綠營人士，任內更曾發生吳淑珍在美國機場遭搜身事件，而且美國政府在統獨及兩岸問題上也不是全力支持台北，故經常遭綠營人士指責辦事不力。

對於藍營，他希望取信於綠營，選擇與藍營減少接觸，例如他並無重新辦理黨員登記。在兩岸問題上，他因有公職在身而與藍營意見時有相左，而當連戰(連戰以往經常提拔他)在美國訪問時他不但未有陪同，而當時陳水扁正過境美國，他無可選擇之下只好以公職為重而陪伴在側。連戰更被代去的駐美副代表當眾羞辱，事後連戰夫人連方瑀因此當眾拒收程建人夫人所送的花。而被藍營人士指為賣友求榮。

當時總統陳水扁每當在統獨、對美關係及兩岸問題上出現新政策時，很少會在事前知會駐美代表處，此舉令美國政府對程建人感到不滿，認為他欠缺代表性。不過在退休卸下職務後，適逢倒扁運動興起，程建人對媒體表示不排除參與支持百萬人民倒扁運動，顯露壓抑多年的國內政治立場傾向。

歐鴻鍊 1940.1.5.~

資深外交官，西班牙語和拉丁美洲事務專才。

1964 年，外交部科員

1967 年，駐秘魯大使館秘書

1972 年，當選中華民國十大傑出青年；出任外交部部長以後，推動所謂「活路外交」、參與國際組織，為國民向英國、愛爾蘭取得免簽證待遇。

1973 年，外交部中南美司科長

1975 年起，相繼擔任外駐智利商務辦事處主任、1981 年，外交部中南美司司長、1984 年駐尼加拉瓜大使館大使、1986 年駐阿根廷代表處代表、1990 年駐瓜地馬拉大使館大使、1996 年外交部常務次長、1999 年駐西班牙代表處代表、2002 年駐瓜地馬拉共和國大使館大使

2008 年 5 月 20 日，外交部部長

2009 年，八八水災中，發生外交部婉拒國外援助的電報的事件，導致批示回覆電報的外交部次長夏立言於 8 月 17 日請辭下臺之後，時任外交部長的歐鴻鍊也在 8 月 27 日證實為此向總統請辭；後復婉謝留任，確定卸職。

2009 年，在美國洛杉磯打高爾夫球時，意外被球擊中頭部，短暫昏迷經急救並送醫縫合十幾針傷口，住院後才無大礙，康復後出院。

李肇星 1940.10.20.~ 出生於青島市黃島區

李肇星，北京大學西語系畢業，被聘任為南開大學周恩來政府管理學院的院長。

1964 年，大學畢業，被選派到北京外國語學院進修；進入中國人民外交學會。「文化大革命」被下放到山西、江西等地的幹校、農場進行勞動。

1969 年，在廣東經歷了牛田洋風災。

1970 年，復職，被派赴駐肯尼亞大使館工作。七年後回國，出任新聞司副處長；

1983 年，出任駐賴索托王國大使館一秘。

1985 年，回國，歷任外交部新聞司副司長、司長，外交部發言人等職；

1990 年，升任外交部部長助理；

1993 年，任中國駐聯合國代表；兩年後，升任副外長；駐美國大使、外交部長。

2007 年，被免去外長職務，但維基解密聲稱，李肇星下台是由於胡錦濤在 2006 年，訪美時未獲國宴款待、致詞時遭法輪功抗議以及司儀將中華人民共和國國歌念成中華民國國歌等失誤所致。

2008 年，當選為第十一屆全國人大常委會委員、全國人大外事委員會主任委員。

袁健生　1942.2.1.~　貴州人

1963 年，由海軍官校 52 年班畢業，與前國防部部長李傑先生為同班同學。
1974 年，華盛頓擔任過海軍中校副武官、代理武官。
1979 年，中美斷交後，脫離軍職而成為職業外交官，先後擔任過駐美代表處國會組組長、中華民國外交部北美司長、駐加拿大代表、駐巴拿馬共和國大使、駐洛杉磯辦事處處長等職。
2004 年至 2008 年間，任國親聯盟駐美代表。
2008 年，派任中華民國第十一任駐美代表。
2012 年 9 月 27 日，任中華民國國安會秘書長。
2014 年 3 月 1 日，接任中華民國總統府資政。

楊進添　1942.7.1.~

楊進添，外交官，非洲和亞太事務專才。
1969 年外交特考第二期；先後曾任中華民國駐愛爾蘭代表、駐休斯頓臺北經濟文化辦事處處長、駐澳大利亞代表、駐印度尼西亞代表，
2009 年 9 月 10 日，任外交部部長
2012 年 2 月 6 日，陳冲內閣成立，楊進添續任外交部長．
2012 年年 9 月，轉任中華民國總統府秘書長。

胡志強　1948.5.15~　祖籍吉林省永吉縣，生於北京

胡志強，英國牛津大學國際關係博士。
1991 年，任新聞局局長。
1993 年，獲頒十大傑出華人獎。
1996 年，當選國大代表。
1996 年，台海飛彈危機時擔任駐美代表。
1997~年，被任命為外交部長至 1999 年，期間參與處理「兩國論」。

1999 年，獲頒英國南安普頓大學榮譽博士。

2001 年，當選台中市市長。

2002 年，赴美國中風，康復後臉部、言語、左半邊肢體癱瘓，留下中風痕跡。

2005 年，連任臺中市長成功。

2006 年 11 月 18 日，胡志強偕同夫人邵曉鈴到高雄為黃俊英輔選，途中車禍，
　　長夫人邵曉鈴身受重傷，左臂截肢。

2007 年，台中市爆發學童集體遭狼師性侵案，

2010 年，連任臺中市長，2014 年競選失敗 12.24.卸任。

2011 年，台中市傑克丹尼夜店火災(ALA 夜店大火)，9 死 13 傷，引發各界抨擊。

2012 年，天下雜誌幸福城市調查：縣市長滿意度調查，台中市排名第 20 名，
　　一人一信，灌爆市長信箱表達不滿。

2013 年 11 月 13 日，兼任文大董事，批胡尸位素餐、影響校務，應辭董事。

李大維　1949.10.15.~

李大維，中華民國外交官，曾任駐歐、駐美、駐加使節，現任北美事務協調委員會主任委員；2010 年 4 月獲加拿大渥太華外交政策週刊－《大使館》肯定為最具影響力的大使第 2 名。加拿大政府接受中華民國官方基於互惠原則，互予免簽證待遇的交涉，即於李任內成功。

楊潔箎　1950.5.~

1963 年，考入上海外國語大學附屬外國語學校，與日後的工作搭檔王光亞是室友。受文化大革命的影響，

1968 年,輟學，進入上海浦江電錶廠當工人。往英國

進修，先　後就讀於巴斯大學和倫敦經濟學院。

1975 年，回國，被分配到外交部翻譯室擔任專職翻譯。

1977 年，老布希應邀訪問中國，楊潔箎被派全程陪同翻譯。

1983 年後，歷任中國駐美國大使秘書、參贊，兼處長、副司長、公使，外交部部長助理、兼美大司司長等職。

1998 年，升任外交部副部長，時年 47 歲。

2001 年，被任中國第七任駐美國大使。

2004 年，任滿回國，出任外交部副部長。
2006 年，獲得南京大學歷史學繫世界史專業博士學位。
2007 年，接任中華人民共和國外交部部長。
2013 年，獲任國務委員，兼任中央外事工作領導小組辦公室主任。

王毅 1953.10.~　北京人

1969 年中學畢業，在黑龍江省東北建設兵團當兵八年之久。
就讀北京第二外國語學院亞非語系日語系、美國喬治敦大學外交研究所、外交學院國際關係，取得博士學位．
1982 年，起擔任外交部亞洲司隨員、處長、駐日本使館參贊、亞洲司司長、亞洲事務副部長。
2004 年 9 月，為駐日大使。
2007 年 9 月 21 日，回國。
2008 年 6 月，接替陳雲林任中央台灣工作辦公室、國務院台灣事務辦公室主任．
2013 年，任中共外交部長

金溥聰　1956.8.30.~　滿族正黃旗後裔生於台灣台南市，

金溥聰，新聞學者、政治、外交人物．人稱「金小刀」。
父親金鑠，號大成，畢業於東北大學歷史系，曾任空軍官校、國立成功大學歷史系研究所教授，教授明史、清史。母親四川人，2009 年 1 月過世。
早年曾就讀岡山國小、後甲國中、台南二中、政治大學新聞系、美國德州理工大學大眾傳播碩士、德州大學奧斯汀分校政治傳播學博士。
1987 年通過外交特考，在任行政院研考會研展處專員時，考上中山獎學金赴美，回國後，擔任政大新聞系副教授。
2001 年，與台北市副市長白秀雄到中國大陸參訪。
2008 年，中華民國總統選舉，擔任馬、蕭競選總部文宣組組長，金溥聰表明若未勝選即不支薪，直到勝選後，依照慣例，核給 240 萬元。
馬英九當選第十二任總統後，他宣布「不入府、不入閣」。
2009 年，出任壹傳媒電視籌劃行政總裁。不贊成社會新聞以狗仔八卦、羶色腥路線為主軸。

2010 年，五都選舉，國民黨獲得台北市、新北市、台中市三席市長，代表主席馬英九對外稱「勿驕勿餒、團結一心、堅持改革、深化民主」。

2012 年，金溥聰接替國民黨秘書長，選舉不利，金溥聰提出「坦然面對、記取教訓；堅持改革、大步向前」。離開黨秘書長後，出任黨國際事務中心無給職首席顧問，協助推動政黨外交事宜。

9 月 20 日，金溥聰被命任中華民國駐美國大使。11 月 9 日正式獲美方同意，於 12 月初赴美就任。

2014 年，就任國安會秘書長。

2015 年，因病辭去秘書長職務，由夏立言接任。

廿一、財經家

孔祥熙 1880.9.11~1967.8.16. 山西太谷縣西門外五里處程家莊孔家老屋

孔祥熙是孔子的第七十五代裔孫。

1884年：始讀《三字經》、《論語》等。

1886年：母龐氏不幸病逝。其後隨父至外祖父所居地太谷縣南張村，並就讀于其父創辦的私塾，自此讀經習字為時4年。

1887年，在河北省通州縣所辦的潞河學院(North China College)就讀．

1889年，因患病求治于傳教士創辦的基督教診所，並很快獲痊癒。此事令其改變對西方傳教士的看法，由心存畏懼轉而為仰慕和信賴。

1890年至1893年，在基督教公理會所辦的小學校就讀，以優異成績畢業。

1894－1899年，由基督教公理會保送至潞河書院，皈依基督教成講經佈道人。

1900年，義和團運動波及北京後，潞河書院停課。趕回太谷老家後，旋回山西處理當地"教案"。

1901年，獲李鴻章特別幫助去美國俄亥俄州歐柏林學院留學．耶魯大學研究生。

1903年，在歐林學院入學．

1906年，轉入耶魯大學

1907年，回國，創辦銘賢學堂，與人合辦祥記公司、及裕華商業儲蓄銀行．

1908年，與潞河書院同學韓玉梅結為夫婦。

1909年，回故鄉創辦銘賢學校，並擔任太谷縣商團教官並被聘為縣警察局顧問。

1911年，辛亥武昌起義成功，孔祥熙組織學生奔赴娘子關參戰。父孔繁慈逝世。

1912 年，孔祥熙看准火油（今稱煤油）生意有大利可圖，便創辦 "祥記公司"
專門經銷英美火油，同時創辦 "裕華銀行"。時年，其妻韓玉梅因患肺病早逝。
1913 年，討袁 "二次革命" 失敗，孫中山逃亡日本。孔祥熙協助孫中山先生籌
集革命經費。此時和宋藹齡女士相識。
1914 年，在日本橫濱與宋藹齡結為夫婦。時宋藹齡 25 歲。
1915 年，偕夫人回家鄉山西太谷。孔令儀、孔令侃、孔令俊（又稱孔令偉）、
孔令傑相繼出生。此時，山西境內大旱，孔祥熙向華洋義賑會借貸 100 萬美元，
以工代賑方式修築晉西、晉東公路。解懸拯溺救濟災民，一時令孔氏聲名鵲起。
1922 年，出任 "晉案" 善後督辦公署實業處長，又任膠澳商埠電話局長。
1923 年，又為王正廷邀為中俄交涉駐奉天代表，為時半載。
1924 年，赴廣州任廣東革命政府財政廳廳長。
1927 年，任武漢國民政府實業部部長。投靠蔣介石，促成蔣（介石）宋（美齡）
聯姻，從此官運亨通，歷任工商、實業、財政等部部長和行政院副院長、院長
等。孔主管財政，對幣制改革、支持西安事變和平解決以及支撐抗戰財政，有
過貢獻。但孔以權謀私、貪污腐敗，一再受到輿論的指責。
1933 年，任中央銀行總裁,11 月任財政部長·
1937 年，行政院長任內，廢「銀圓」改「法幣」，竭慮殫精，革釐金，收回關
稅自主，工商自主，厚植國家資源，財政統一，支持抗戰八年，功不可沒·
1939 年，被選為國際奧會委員。
1944 年，被迫去職離開政壇。
1948 年，赴美國定居。
1955 年，宣佈辭去國際奧會委員一職。
1967 年 8 月 16 日，病逝於紐約。

龐松舟　1887~1990　江蘇浦東人

龐松舟，南京高等師範畢業，五四運動後，轉入政界，歷任教師、校長、財政
部會計師長、會計長、糧食部次長、行政院主計長·
1946 年 2 月 28 日，因辦理糧食軍資績效昭彰有功，獲頒青天白勳章·
1949 年，隨政府遷來台灣，
1990 年，病逝台北·

張嘉璈　1889.11.13.~1979.10.15.　江蘇寶山

張嘉璈，字公權，近代政治人物、學者。浙江財閥巨頭。早
年他從上海廣方言館（上海言文館）畢業後，入慶應義塾大
學專攻經濟學，師從堀江歸一、福田德三，最後由理財科畢
業。當初他對造船學很有興趣。歸國後，他入清政府郵傳部。
1912 年，中華民國成立，任參議院秘書長。

1913 年 12 月，經中國銀行總裁湯覺頓舉薦，任中國銀行上海分行副經理。此
　　後歷任中國銀行總經理、中央銀行副總裁、中央信託局長。

1916 年，財政上法定貨幣增發引發提存擠兌的風潮，北洋政府於 1916 年 5 月
　　12 日下令全國中國銀行、交通銀行暫停兌現付現，引發京鈔風潮。中國銀行
　　上海分行總經理宋漢章、副經理張嘉璈拒絕執行北洋政府的命令，使中國銀
　　行的信用顯著提高，中國銀行被譽為「浙江財閥的核心」「民族資本的守護
　　者」。他還創刊《銀行週報》，積極展開鐵道業投資。

1935 年 12 月，任國民政府鐵道部長、交通部長。

1937 年，抗日戰爭開始前，曾和三井的池田成彬、宮內省、相關大臣、軍隊將
　　官熱心對話，為防止戰爭爆發進行了努力。

1943 年 9 月，到美國參加了國際航空會議、國際貨幣會議。

1945 年 9 月，任東北行營經濟委員會主任委員、兼長春鐵路行司理事長。負責
　　全盤接收滿洲國的經濟，在蘇聯軍事佔領下使滿洲為國民政府逐漸控制，並
　　為滿洲重工業開發、南滿鐵路等的接收權同蘇聯和中國共產黨進行鬥爭。

1947 年 3 月 1 日，任中央銀行總裁，兼任中央信託局理事長。他對國民黨統治
　　下的嚴重通貨膨脹無可奈何。

1948 年，辭去中央銀行總裁職務，到澳大利亞國立大學任副校長任教。

1953 年，到美國斯坦福大學胡佛研究所任高級研究員。其間，曾任新加坡南洋
　　大學、國立台灣大學教授。

1972 年 9 月 30 日，他被慶應義塾大學授與名譽博士稱號

1979 年 10 月 15 日，病逝

俞鴻鈞　1898.12.12.~1960.6.1.　廣東新會

俞鴻鈞曾擔任上海市政府秘書長。抗日戰爭，擔任上
海市長。國民政府撤往重慶後，調任外交部政務次長、
中央信託局局長、財政部長。

1919 年，畢業上海聖約翰大學,

1937 年，任上海市長,

1941 年，任財政部次長,同年任中央信託局局長,

1944 年，任財政部長.

1945 年，兼任中央銀行總裁,

1947 年，財政部長俞鴻鈞繼任四行聯合總處副主席。

1948 年，財政部部長俞鴻鈞在國民參政會駐委例會上報告財政設施情況。

5 月 21 日，中央銀行總裁張嘉璈辭職，俞源鈞被任命為中央銀行總裁。

7 月 26 日，蔣介石偕夫人赴莫干山，接見俞鴻鈞等商討財政問題。

1949 年，蔣介石總統派蔣經國「赴上海訪俞鴻鈞先生，希其將中央銀行現金移
存台灣，以策安全。」並親自約見俞鴻鈞席德懋二先生，指示中央、中國兩銀
行外滙處理要旨。其將大陸銀行鉅額黃金移運台灣，厥功至偉。

政府遷台後，俞鴻鈞兼任中央銀行總裁與交通銀行、中國農民銀行、台灣銀行董事長。

1953 年，俞鴻鈞繼吳國楨為台灣省政府主席，並兼任臺灣省保安司令部司令。

1954 年，任行政院長。

1955 年，嚴正聲明，藉「自治」之名出賣新疆，係侵略陰謀，一切均屬無效。

1958 年，因拒絕監察院約詢案遭到彈劾辭職，復任中央銀行總裁。

1960 年 6 月 1 日，病逝台北。對俞鴻鈞之貢獻，政府曾頒發褒揚令明令褒揚。

吳嵩慶　1901 年-1991 年　　浙江省鎮海縣（寧波）人。

吳嵩慶，為台灣鋼鐵業元老。早年畢業於國立浙江大學。畢業後赴法國留學，於法國巴黎大學畢業。曾先後擔任北伐軍總司令部秘書，北伐軍航空委員會經理處長，北伐軍軍需署糧秣司長。並曾先後擔任有湖北省財政廳長，中華民國國軍財務署署長，軍需署署長，聯勤總部副總司令等職務。到台灣後仍從事軍費預算財務管理。

1964 年，出任台灣唐榮鐵工廠公司的董事長，先後任職長達十二年之久。後吳嵩慶創建中國鋼鐵貿易公司，並對台灣鋼鐵產品出口事業有很大貢獻。吳嵩慶並籌建有中國鋼鐵研究所，研究鋼鐵工業發展前景和鋼鐵產品的生產技術。吳嵩慶曾多次參加國際鋼鐵協會及東南亞鋼鐵學會等組織的會議。

1949 年中國國共內戰末期，國軍大勢已去，蔣介石密令指派吳嵩慶轉運上海（當時遠東金融中心）庫存黃金到台灣。最後一批黃金在解放軍入上海前一周由海軍登陸艇運抵台灣。

這批黃金中的一部分後來用作台灣軍費，並被用來定位穩定台灣貨幣（台幣）。這批黃金亦在對國民黨退敗台灣之後（期間有韓戰），美援之前，蔣介石政府度過難關有關鍵作用。

吳嵩慶生前信守諾言，沒有公開論及具體轉運黃金數量。從其身後公開日記，及其子吳興鏞（加州大學醫學教授，美國醫學博士）估算，約合 700 萬兩(半數為外匯與銀)，約合當時全中國黃金收藏總量之 2%

徐柏園　1902~1980　浙江蘭谿人。

徐柏園，財經家、金融家，

1902 年，生於浙江金華府蘭谿縣。

1921 年，杭州之江大學附中，國立東南大學（後更名國立中央大學、南京大學），上海商科大學（現上海財經大學），

1925 年，五卅慘案學聯，擔任最高決策的執行委員，處事果決。

1926 年，畢業，初任寧波工商主任教員。北伐時《民國日報》主筆、中國國民黨浙江省黨部書記長。不久到廣州任兩廣地質調查所暨交通部秘書。

1930 年，赴美國芝加哥北伊利諾大學研究財經金融理論。

1933 年，回國任上海電氣公司副總經理，郵政儲金彙業總局副局長，交通銀行、北平、天津分行經理。抗戰起擔任第一屆國民參政會參政員。

1938 年，任交通銀行昆明分行經理。

1939 年，擔任中央銀行、中國銀行、中國農民銀行、交通銀行管理處副秘書長。

1942 年，政府獲美國巨額貸款，徐柏園力主中央銀行統一發行貨幣，創史中央銀行從此成為銀行之銀行。

1946 年，擔任財政部政務次長及四行聯合管理處秘書長，後任中央銀行副總裁。

1949 年，赴香港接掌中國銀行董事長。

1950 年，到台灣，任台灣區生產事業管理委員會常務委員兼主任秘書，

1950 年，到台灣負責實際主持台灣生產事業，參與貨幣制度改革與恢復重建台灣經濟。作為台灣財經系統骨幹人物，積極主持展開對外貿易，為以後台灣的對外經濟貿易奠定良好基礎；參與制定進口替代戰略，維持外匯收支平衡，穩定物價，整頓財稅，推進經濟發展，頗多建樹。後任台灣銀行董事長。

1953 年，後任台灣省財政廳長、行政院外匯既貿易管理委員會主任委員。

1954 年，出任財政部部長。

1960 年，出任中央銀行總裁。

1962 年，後再度出任外貿會主委，並兼中國國民黨中央財務委員會主任委員。

1969 年，因為剝蕉案，辭中央銀行總裁、行政院政務委員。

1970 年，出任國際貨幣基金會執行董事。

1971 年，出任中聯信託投資公司董事長、圓山聯誼會理事主席。

1980 年，病逝台北。

綜觀徐柏園一生，才識魄力超人，往往在遭遇財經困難之時能夠指揮若定，妥為安排，為財經界的歷史性人物。

徐柏園之妻陸寒波為知名的婦女權益運動者，兒子徐小波則活躍於台灣法律、創投界。

金開英　1902.10.16.~1999.5.8.，浙江省吳興縣南潯鎮人

金開英，字公弢，中國石油工業人士，早年曾兩度負笈美國，分別在威斯康辛大學攻讀化學工程，與哥倫比亞大學攻讀燃料工程。

1945 年，對日抗戰結束後，任台灣石油事業接管委員會主任委員，來台灣接收日本人所有關於石油生產、煉製與營運相關設備。

當時外商對當時國內石油市場有極大興趣，因此金開英先生與少數有識之士密商後，建議政府於

1946 年 6 月 1 日，於上海成立中國石油公司，金開英先生則擔任協理，負責製造與材料業務。

1948 年，大陸局勢逆轉，金開英先生奉命來台部署。

1949 年，初將公司遷來台北。其後接任總經理，

1961 年，卸任。

1999 年 5 月 8 日　逝世

金開英對人才之培植亦不遺餘力，為台灣石油與石化界培植英才無數，如胡新南、李達海、詹紹啟、姚恆修、虞德麟、董世芬、陳耀生等大老。

尹仲容 1903.4.16.~1963.1.24. 湖南邵陽

尹仲容，本名尹國墉，穩定台灣經濟的關鍵人物，有自由貿易思想。

1925 年，上海南洋大學(國立交通大學前身)電氣機械系畢業，保送進入交通部工作，與宋子文的交情甚好，曾在他手下負責處理發電、煤礦等事務。

1949 年入閣，主掌中央信託局業務外，也兼任台灣生產委員會副主委，負責產業復興與對外採購。他並於國共內戰期間，參與將上海資金調度至台灣的計劃，並於上海與台灣之間負責聯繫業務。

1950 年，政府遷台，尹仲容連同李國鼎、嚴家淦、孫運璿等人為掌管金融與外貿的主要官員之一。

1954 年，為經濟部長兼中央信託局局長。

扶植國內紡織業的發展，放寬外匯管制並鼓勵出口，他迅速促進台灣塑膠、玻璃、水泥、紙業、農林、工礦轉由民間財團經營，以促進市場經濟。

1955 年，揚子木材公司案，尹仲容辭去經濟部長與中央信託局長兩職，為中華民國第一位辭去政務官的內閣閣員。

1958 年，尹仲容任美援會副主委，以關稅保護、限制設廠等官方政策加以扶助私人企業，並代為申請美援，事後再追蹤和考核，以免失敗。

1960 年，尹仲容轉兼臺灣銀行董事長，鼓勵儲蓄，穩定物價，並積極貸款給國內中小企業。並主導銀行低利率政策，使市場資金從儲蓄銀行轉到資本市場。

1961 年，發行百元大鈔，未發生外界預期的的通貨膨脹。

1963 年 1 月 24 日，尹仲容因肝癌病逝於台北，享年 59 歲。

尹仲容為官極為清廉，生活節儉，在對日交涉貿易事務，曾經獲得佣金 40 餘萬美元，全部點滴歸公。傳聞說，他的家人都需要依靠別人接濟才能維持生活，尹身故後，喪葬費用都發生問題。此事被公開後，全國一片嘩然。尹的事迹被收入《中華民國名人傳》。

蔣中正總統曾明令褒揚：「背能竭慮殫精，善為規劃發展工業建設，更多成就，改革外匯貿易，厥功尤偉。綜其生平，忠以謀國，孝以事親，好學深思，長才自奮，於艱難之際，為台灣經濟開創新局，弼成生聚，戮力復興。」

李國鼎　1910.1.28.~2001.5.31. 江蘇南京人

李國鼎，經濟學家、政治家，父親李白樓，母親劉氏。兄李小緣，目錄學家。夫人宋競雄，金陵女子大學畢業。

歷經南京高等師範學校附屬學校、南京鐘英中學、國立東南大學、英國劍橋大學物理系留學。

1937 年中日戰爭爆發，毅然返國，曾任武漢大學物理系教授、中央研究院天文研究所技正，並參加防空照測部隊及戰時鋼鐵生產

1948 年來台灣，曾任臺灣造船公司總經理、美援會秘書長、經濟部長、財政部長、總統府資政等職。他對臺灣經濟建設貢獻良多，被稱「臺灣現代化之父」「科技之父」，受到全世界的尊敬。

1968 年獲得「麥格塞塞政府服務獎」(Ramon Magsaysay Award)。

1991 年，榮膺英國劍橋大學伊曼紐爾學院榮譽院士。

1997 年，設於美國德克薩斯州的「設計與流程科學協會」設立「李國鼎傑出經濟社會制度設計獎」。各地設講座

美國史丹福大學設立「李國鼎經濟發展講座」、「李國鼎生物醫藥講座」、「李國鼎工程講座」、「李國鼎中華文化講座」。

美國哈佛大學設立「李國鼎講座」、「李國鼎先生經濟社會衛生發展中心」。

任顯群　1912.10.21.~1975.8.28.　江蘇宜興

任顯群曾任台灣省行政長官公署交通廳長、臺灣鐵路局長、及台灣省政府財政

廳長。在財政廳長任內，他在台灣推動統一發票與愛國獎券，被譽為台灣統一發票之父，對於安定台灣經濟有很大貢獻。

任顯群畢業於上海東吳大學法學院，抗戰勝利後，福建省主席陳儀邀請，至台灣擔任臺鐵局長及交通廳長。二二八事變後，陳儀遭撤換，任顯群回到上海。陳儀擔任浙江省主席時，聘請任顯群擔任杭州市長。後陳儀被指與中國共產黨往來，遭逮捕下獄，任顯群被指參與閩變，也被列名在通緝名單中，後經陳誠與吳國楨求情而得到蔣中正赦免。

1949 年，吳國楨聘請他擔任台灣省政府財政廳長。

1953 年，吳國楨赴美，任顯群卸下公職，開設律師事務所為生。

1954 年，因吳國楨事件牽連，遭情治單位跟監。

1955 年，其族叔任方旭被誣陷為匪諜，任顯群曾任他的保證人，台灣省保安司令部以知匪不報罪名，將他逮捕，判刑七年。其妻章倩筠曾向彭孟緝、嚴家淦等人求情，但沒有得到回應。相傳是蔣經國因為追求顧正秋不成，遷怒任顯群，羅織罪名將他下獄。

1959 年，張群向蔣中正求情，得以出獄。出獄後，在台北縣金山開設農場為生。

1975 年，在台北縣永和創辦中信百貨公司。

2012 年 7 月 15 日，馬英九總統向任顯群家人表示歉意，平反他的匪諜罪名，頒發回復名譽證書。

任顯群元配為章倩筠，生有一子二女。其子任築山，曾任小布希政府農業副部長。一女任景文，另一女任治平為作家。1953 年任顯群與顧正秋結婚，生有二子一女。其長子任和鈞，因新玻案，流亡美國。其么女任祥，是歌手與作家，次子任志明車禍過世。

趙耀東 1915~2008　江蘇淮陰縣，江蘇省淮陰縣人.

趙耀東父親趙隸華是當時江蘇省財政廳的廳長。趙耀東的父親喪偶後迎娶出身於教育世家，時任江蘇省揚州中學音樂老師的李崇祐女士。其妻子叫朗英，似乎身體欠佳，有兩兒一女。老伴去世後，趙並未續弦，由長子及大兒媳照顧其生活。趙耀東先後就讀于江蘇省揚州中學、武漢大學，1940 年畢業於武漢大學機械系畢業後留學美國，獲麻省理工學院碩士學位。

曾任當局“經濟部”部長、“經濟建設委員會”主任委員。創建過 10 座紡織廠，主持創辦中鋼，在他擔任臺灣經濟部長之職時，以鐵肩擔重任的大無畏精神，一展長才，博得“鐵頭”部長之形象，為臺灣的經濟騰飛作出了重大貢獻。

1992 年 5 月，他作為臺灣中華經濟研究院的顧問訪問大陸，對兩岸經濟的交流和發展提供建言，受到楊尚昆、朱鎔基、李嵐清等領導的接見和贊許。

趙耀東校友離開母校半個多世紀，但始終心系母校，關注母校教育事業的發展。

2002 年 10 月，學校授予趙耀東校友 "武漢大學名譽教授"，在訪問母校期間，他為師生作了題為《從臺灣經濟發展過程看大陸經濟前景》的報告，深受好評。他還積極宣導兩岸文化、教育、科技、經濟領域的交流。

趙耀東畢業于武漢大學機械系、美國麻省理工學院碩士。曾擔任中本紡織公司總工程師、總經理，籌建臺北紡織廠，赴南越援建紡織工業，又轉援新加坡任紡織公司設計經理。

1966 年，返台，任利台紡織纖維公司副董事長兼 "經濟部" 大鋼鐵廠籌備處主任、總經理、董事長，引進先進生產技術，推廣發明創造，科學經營管理，中鋼發展迅速，頗具效益，為官辦企業之冠，深為時論讚響。

　1981 年任經濟部長，

1984 年，轉經建會主任委員，為臺灣財經系統著名骨幹人物。以大無畏精神，博得 "趙鐵頭" 部長美譽形象，為臺灣的經濟騰飛做出了重大貢獻。

　淡出政壇後，任總統府國策顧問、中鋼高級顧問等職，仍在幕後參與臺灣高層財經決策。

1992 年 5 月，他以臺灣中華經濟研究院的顧問訪問大陸，對兩岸經濟的交流和發展提供建言，受到楊尚昆、朱鎔基、李嵐清等領導的接見和讚許，更在島內引起震撼。

2002 年 10 月，武漢大學授予趙耀東校友 "武漢大學名譽教授"。

2008 年 8 月 20 日，在台北辭世，享年 93 歲。

蔣碩傑　1918.8.25.－1993.10.21.，湖北應城人，生於上海，

蔣碩傑為我國傑出經濟學人，中央研究院院士，蔣作賓之四子。他將新古典經濟學派與重貨幣學派的思潮帶進台灣經濟學界。

父蔣作賓曾任國民政府陸軍部次長(1913)、民國政府的第一任駐德國公使兼駐奧地利全權公使、駐日公使和首任駐日大使大使、內政部部長(1935 年 12 月 12 日 -1937 年 11 月 20 日)及安徽省政府主席。長兄蔣碩民曾留學德國（1927 年）取得哥廷根大學數學博士，回國任南開大學學教授。

1921 年，蔣碩傑與兄、姊共同受教於家庭教師朱子秋（後留日）。

1926 年，插班進入姨母張默君創辦的神州女學屬小學的四年級。

1928 年，轉學南洋中學附屬高小二年級，

1929 年，進入南洋中學。

1934 年，16 歲，到日本讀過慶應大學預科。

1939 年，21 歲，就讀於英國倫敦政治經濟學院和劍橋大學，

1941 年，獲得倫敦政治經濟學院經濟學學士。

1943 年，由經濟學大師哈耶克推薦得到獎學金重回倫敦政經學院的研究所。當年 11 月份在經濟學刊（Economica）撰文批駁凱因斯（Keynes）人口成長與就業關係的文章。

1944 年，於經濟學刊發表批判尼古拉斯·卡爾多股票投機學說的文章。之後撰文

批評劍橋大學資深教授庇古（A. C. Pigou）所著《就業與均衡》部份內容之錯
誤，庇古認錯並修改其書中二章內容。

1945 年，以流動分析（flow approach）理論探討經濟發展，獲得經濟學博士。
　　在倫敦政經學院就學期間，蔣碩傑曾發表數篇論文刊登在該校主辦的學術期
　　刊《經濟學刊》（Economica）上，更獲得象徵最佳論文的「赫其森銀牌獎」
　　（Hutchinson Silver Medal）。
　　曾任職於國立北京大學、國際貨幣基金組織（IMF）、美國羅徹斯特大學和康
　　奈爾大學，回國後出任台灣經濟研究院首任院長，之後又擔任首任中華經濟
　　研究院院長。
1982 年，蔣碩傑也是首位獲諾貝爾經濟學獎(提名)的華人經濟學家。
1993.10.21・病逝・

張繼正　　1918.12.7. －　　四川華陽縣人，出生於上海

張繼正，中華民國元老張群之子。

1935.年，國立同濟大學土木系肄業

1937 年，　同濟大學畢業，赴德國賜城大學肄業

1938 年，美國康乃爾大學土木系哲學博士

1942 年，獲博士學位後回國，任四川大學教授

1944 年，蔣中正委員長號召知識青年從軍，參加青年軍
203 師。抗戰勝利往台灣參加對敵方資產接收。

1948 年，美援運用委員會為了調查我國對於美援計畫需
要，組成工業調查團，張繼正與嚴家淦隨團參觀，當時
李國鼎亦以兼任美援會技術處副處長的身份隨行，二人
因此結識。後來美援會改組，李國鼎出任秘書長，張繼正接掌秘書處處長。

1953 年，台灣大學教授，經濟安定委員會下成立工業委員會，受召集人尹仲容
先生之邀前往工業委員會擔任專任委員，時李國鼎先生擔任該會專任委員兼一
般工業組組長，自此與李國鼎先生正式開始共事。

1959年，　進入中華民國行政院

1963 年，美援會改組為經合會李國鼎升任經合會副主任委員，張繼正任秘書長。

1965 年，出任經濟部常務次長

1969 年，出任交通部部長。

1972 年，任行政院國際經濟合作發展委員會（行政院經濟建設委員會）秘書長。

1976 年，升任行政院秘書長。

1978 年，出任財政部部長。

1981 年，改任總統府國策顧問，次年又出任中央信託局理事主席。

1984 年，出任中華民國中央銀行總裁。

張繼正為黨國元老兼總統府秘書長張群先生之公子，經尹仲容先生拔擢重用，
又與李國鼎先生共事相知，加以張繼正能不自囿於家世背景的包袱，長官對於

先生特殊的身份亦不以為意而長期戮力共事。先生不汲汲營求名利、無世家子弟習氣，為國任事，可傳為美談。

先生特別推崇李國鼎先生為「心靈改革的先知」，肯定他推展社會倫理和精神文化改造運動的卓越貢獻。例如李國鼎先生發起成立星期團契，倡導財經同仁透過宗教信仰的薰陶克服挫折和困難，進而為國家奉獻更多的心力；積極提倡建立「第六倫」，成立「中華民國群己關係促進會」，為工業社會與都市生活樹立新的人際關係規範，藉以提升現代人際網絡的道德修養與精神生活，從而使經濟與科技的社會能在進步中達到更和諧的境地。

王作榮　1919.2.6.~2013.7.31.08:15　湖北漢川縣西王家村人

1919 年	出生於湖北省漢川縣西王家村。
1943 年	自中央大學畢業，進入財政部專賣司工作。
1947 年	自費留學生考試及格，進入美國華盛頓州大學研究所就讀。
1953 年	任行政院經濟安定委員會工業委員會專門委員。
1970 年	奉蔣經國之命，辭聯合國職務返國，考察國內及韓國、日本經濟，並推薦李登輝同行考察，隨後介紹李登輝加入中國國民黨。
1984 年	擔任考試委員
1990 年	任考選部長
1996 年	轉任監察院長
1999 年	監察院長任期屆滿，退休。
2013 年	獲總統馬英九頒贈一等卿雲勳章，王作榮最後一次公開露面。

圖為時任聯合國亞洲暨遠東經濟委員會工業區經濟研究組組長的王作榮在民國56 年返抵台北。（中央社檔案照片）

中央社製圖

1943 年國立中央大學（現改為南京大學）經濟學系畢業，美國范登堡大學經濟學碩士，為經濟學者。曾任《中國時報》、「工商時報」總主筆，落筆犀利，深獲層賞識。早年服務於行政院美援會，後任台灣大學經濟學系教授、考選部長、監察院長。王夫人范馨香，出身名門，其父范韻珩，曾任最高法院檢察署檢察官，母親熊雲鸞，為明末名臣熊廷弼後裔。她是我國任職司法院最久的女性大法官，司法界聞人。

1987 年因肝病去世。

王作榮，在美援運用委員會任內，寫了《台灣經濟發展之路》令蔣中正總統多次在黨政大會上說「王作榮的寫台灣經濟發展之路，百分之八十我都同意，你們下去找一本讀一讀。」有一次王作榮遠赴曼谷回國得到蔣中正的接見，說出對《台灣經濟發展之路》的意見。在蔣經國力邀之下，王作榮放棄高薪回國出任公職，意外的是，王作榮回國後備受冷落。

中國時報負責人余紀忠對王作榮的經濟才學極為賞識，請他擔任中國時報的主筆，亦為他提名為考試委員。

王作榮曾寫一篇「中央銀行應發行大鈔」的社論，余紀忠夫婦聲稱近期不會發行，把該文壓下。一周後，中央銀行果然如王作榮所料發行大鈔，余紀忠夫婦也感到不可思議。

1984 年王作榮被國民黨提名為考試委員，因年事已高不合資格，前總統嚴家淦替他解圍。王作榮認為，他上次被提名落選，是未曾知會嚴家淦的結果。結果，當選考試委員。

王作榮是李登輝加入中國國民黨的介紹人，李登輝當初不願意加入國民黨，在王作榮力勸之下，方答應加入國民黨。透過王作榮保證，蔣經國拔擢李登輝出任行政院政務委員。李登輝此後歷任台北市長、台灣省主席，乃至被蔣經國提名搭檔參選副總統。李登輝接任總統後，王作榮備受信任。

1990 年，出任考選部長，

1996 年，李登輝連任後，被提名出任監察院長，

國民黨召開國發會宣佈凍省時，王作榮嚴詞批評李登輝凍省的舉措有台獨傾向，與李登輝決裂。兩人恩怨情仇，震撼政壇。

1999 年，不被李登輝提名續任。離任後，出版《壯志未酬》提出他對國家的看法，以及對往事的回憶。他自認叱吒一生，卻「浮沉宦海，官運不佳」

2013.7.31.在台北逝世.

王建煊　　1938.8.7.~　　安徽合肥

父親為國軍上尉文職官，1949 年隨國軍移台，定居大安新村。

1971 年，美國哈佛大學研修，返國後擔任財政部賦稅署處長。

1974 年，國立政治大學財政研究所碩士。

1990.3.6. 任經濟部政務次長時，以「何時該鬆手」為由宣布辭職「離開 28 年的公務員」，結果不到兩個月就轉任財政部長，曾引發當時民進黨立委的砲轟。6 月開放 16 家銀行，

1992.10. 推動「土地增值稅按實際交易金額課稅」，引起強大反彈，李登輝總統要王建煊下台，而請辭財政部長，獲封綽號「小鋼砲」。

1993 年，參選立法委員，高票當選。

王建煊、趙少康、郁慕明、陳癸淼、周荃、李慶華、李勝峰等七人，因不滿國民黨作為，成立「新國民黨連線」，帶著黨證舉行脫黨記者會，發函國民黨中央委員會，要求註銷七個人的黨

1993.8.10. 「新國民黨連線」自立門戶，成立新黨。

1998 年，王建煊以新黨代表參選台北市長落選．

告別政壇，成立「愛心第二春文教基金會」，在中國捐資助學貢獻甚大。

2008 年，接受總統馬英九提名擔任監察院院長。

彭淮南 1939.1.2.~　臺灣新竹

彭淮南，為中華民國金融學家，現任中央銀行總裁。畢業於新竹高商與國立中興大學法商學院經濟學系，美國明尼蘇達大學經濟研究所碩士。受父母影響，篤信一貫道，亦為素食主義者。

1963 年-1969 年，進入臺灣銀行國外部辦事員，並因此結識妻子賴洋珠。

1971 年，自美國明尼蘇達大學取得經濟學碩士學位後，即返回臺灣。

1971 年，擔任中央銀行經濟研究處三等專員。

1973 年，中央銀行經濟研究處科副主任。

1974 年，中央銀行經濟研究處科主任，兼任國際貨幣基金研究所研究。

1975 年，中華民國總統府頒，特優公務員獎。

1976 年，中央銀行經濟研究處科主任。

1978 年，兼任中央銀行經濟研究處研究員。

1980 年，中央銀行經濟研究處副處長。

1982 年，中華民國中央銀行頒，最佳著作獎。

1986 年 1 月 1 日，升任中央銀行經濟研究處處長，進入中央銀行決策圈。

1989 年 7 月 12 日，升任中央銀行外匯局局長。

1994 年，升任中央銀行副總裁。

1995 年，中央信託局理事主席。

1997 年，中國國際商業銀行董事長。

1998 年，接任中央銀行總裁。3 月 25 日任亞洲開發銀行理事與中美洲銀行理事。

1999 年，國立中興大學法商學院頒傑出校友獎。

2006 年，美國明尼蘇達大學授予榮譽法學博士。

2009 年，被國立臺北大學 授予榮譽法學博士。

應美國國務院政府、日本政府邀請，考察外匯市場、外匯管理，及金融業務

2010 年，明尼蘇達大學頒，傑出成就獎。

彭淮南沒有顯赫家世，生活簡樸，和太太賴洋珠住在台北麗水街一棟住了 25 年 30 多坪公寓，夫妻薪水栽培兒子出國念書。父親彭金土是新竹市蟹仔埔人，曾當工友，母親彭李招，當年醃醬瓜給小孩配飯，彭淮南上學回家，還得幫忙家裡做小生意，他是一個標準儉樸勤勞潔身自愛的公務員。

馬凱　1944.4.7.~

馬凱，台灣知名經濟學家，現職《經濟日報》總主筆，《理財周刊》財經顧問暨專欄主筆。曾獲美國愛荷華大學經濟學博士學位。出任中華經濟研究院研究員、東海大學經濟系副教授兼主任、國立清華大學經濟系副教授兼主任．
2000 年後，常上媒體評論政經議題。偏新自由主義學派，主張全面開放和經濟自由化、政府解除管制等路線來挽救台灣經濟，認為勞工困境大部分肇因於個人競爭力衰弱，但政府對於教育體制方向錯誤也有間接責任。

林毅夫　1952.10.15.　台灣宜蘭縣

林毅夫(Lin, Justin Yifu)，原名林正義，後改林正誼，到中國大陸後再改現名。
幼時家境貧苦，母親以洗衣謀生。宜蘭中學初中部畢業，獲保送就讀宜蘭高中。
1971 年，國立臺灣大學農學院農業工程系水利組，大一上學期結束，投筆從戎。
1972 年，賴名湯代表救國團主任蔣經國，頒發「優秀青年獎章」給林正義。
1975 年，林正義以第二名的成績在陸軍官校第 44 期畢業。畢業後，林正義留校擔任學生連排長，並與國立政治大學的陳雲英結婚，一年後生子。
1978 年，得國立政治大學企業管理研究所碩士，
1979 年 2 月 16 日，林正誼成為金門防衛司令部 284 師 851 旅步 5 營 2 連駐馬山連上尉連長。馬山位於金門主島的東北角，距福建角嶼僅約 2 公里。
4 月 26 日，林毅夫從台灣休假返金，情緒明顯不穩定，曾表示希望能回陸軍官校兼課教書，也對沒有被排入培英案考試感到很失意。
5 月 16 日夜，林毅夫穿着由連長保管的救生衣，趁著大退潮，攜帶軍籍證明及有關資料，游泳到金廈之間 2130 公尺的角嶼投敵。從金門泅海約 2 公里到廈門，投奔中國人民解放軍。
林毅夫叛逃時，當時 284 師師長是周仲南、851 旅旅長是薄榮萍、5 營營長是侯金生；事發前三個月林毅夫剛從 852 旅高華柱擔任營長的單位調任現職。
1980 年，芝加哥大學榮譽教授西奧多·舒爾茨到訪北大，林毅夫任翻譯；舒爾茨對林的翻譯和經濟學上的領悟頗為讚賞，回到芝加哥後便安排推薦給林毅夫獎學金就讀芝加哥大學經濟系。
1982 年，林毅夫取得北大經濟系政治經濟學碩士，獲派前往芝加哥大學攻讀博士學位，成為中國大陸改革開放後首批赴美留學生。
1983 年，林毅夫的妻子陳雲英，亦從台灣輾轉赴美留學，與丈夫在美重聚。

1986 年，林毅夫取得芝加哥大學經濟系博士學位，指導教授就是西奧多舒爾茨。
　　林毅夫以訪問學者身份在耶魯大學經濟增長中心做了一年博士後研究。

1987 年，結束在耶魯大學的研究攜妻兒一起回到中國大陸，任北京大學副教授，
　　並任國務院農村發展研究中心發展研究所副所長。他是中國第一位「海歸」
　　經濟學家，並帶回了整整 30 箱的西方經濟學術資料[，為中國的經濟學研究
　　提供了基礎。

1993 年，林毅夫升任北京大學教授。

1994 年，林毅夫與易綱、海聞、張維迎、張帆和餘明德等 6 人在北京大學創辦
　　中國經濟研究中心，林毅夫出任主任，是中國經濟學研究的最前沿，也一直
　　是中國政府決策部門重要的智庫之一。

1987 年，林毅夫回北大後，就不斷發生經濟政策的辯論，直接影響中共中央經
　　濟政策的制定。

1997 年，林毅夫發表〈關鍵在於戰略目標的轉移 ── 評中共中央 14 屆三中全
　　會的決議〉，提到國企改革不彰、中央政府財政收入比重偏低、貪腐嚴重等……
　　問題，後來都出現在總理朱鎔基的政策中。媒體稱林毅夫是朱鎔基智囊。

2005 年，獲選第三世界科學院（現名發展中世界科學院）院士

2008 年，出任世界銀行首席經濟師兼負責發展經濟學的資深副行長，與妻子陳
　　雲英育有兩名子女，定居於北京。

2010 年，林毅夫接受《紐約客》雜誌採訪時表示，他用自由式游了近三個小時，
　　上了岸，因認為海灘必埋有地雷，不敢擅自走動，便用手電筒打信號，解放
　　軍駐防部隊派出一名士兵逮捕他。

2012 年 4 月，林毅夫回憶當年「叛逃」兩大質疑，一個是「傷害很多人」，另
　　外則是「攜帶機密文件到對岸」。

中國石油公司

台灣中油股份有限公司（英語：CPC Corporation, Taiwan，簡稱中油、台灣中油），
最初成立名稱為「中國石油股份有限公司」（英語：Chinese Petroleum Corp.，
簡稱 CPC），台灣最大的石油公司，為中華民國經濟部所屬之國營事業機構，
為台灣經濟建設貢獻不少力量。
董事長群：
翁文灝：1946 年 6 月－1949 年（首任，兼任總經理）
嚴家淦：1950 年 1 月 9 日－1951 年 3 月 9 日
胡新南：
李達海：～1985 年 3 月（原工研院董事長）
陳耀生：1985 年 4 月 26 日－1993 年 5 月 31 日（屆齡退休）
張子源：1993 年 6 月 1 日－1996 年 12 月 29 日（原台中市長、經濟部國營事業
　　委員會副主委）

李樹久：1996 年 12 月 30 日－1997 年 10 月 8 日（原經濟部常務次長）
陳朝威：1998 年 10 月 9 日－2002 年 6 月 18 日（原台北捷運公司董事長）
郭進財：2002 年 6 月 19 日－2006 年 1 月 18 日（原震旦行董事長）
陳寶郎：2006 年 1 月 19 日－2006 年 4 月 12 日（總經理代理）
潘文炎：2006 年 4 月 13 日－2009 年 3 月 8 日（原國光電力董事長，中油出身）
施顏祥：2009 年 3 月 9 日－2009 年 9 月 10 日（原經濟部常務次長）
朱少華：2009 年 10 月 9 日－2010 年 8 月 12 日（總經理代理）
朱少華：2010 年 8 月 13 日－2012 年 6 月 30 日（中油出身，屆齡退休）
林聖忠：2012 年 7 月 1 日－現任（原經濟部政務次長）
1946 年 6 月 1 日成立「中國石油有限公司」，隸屬經濟部國營事業委員會．
1949 年，隨中華民國政府遷至台灣，改隸經濟部。中油在台灣所屬各項設施，
1990 年，政府開放民間投資石油業，台塑集團成立了台塑石化。
2007 年，陳水扁政府「台灣正名」措施，改名為「台灣中油股份有限公司」，
2008 年，馬英九政府上台後，意欲凡更名的國營企業均改回原名，但茲事體大，
且再度改名成本太高而作罷，故仍沿用「台灣中油」名稱。

廿二、科學家

郭守敬　1231~1316　生於邢州境內的邢台

郭守敬，字若思，邢台人，元朝的天文學家、數學家、和水利學家。

1231 年，王恂、郭守敬等和一位尼泊爾建築師阿尼哥合作，在元大都興建了一座新天文台，台上就安置著郭守敬所創製的天文儀器。它是當時世界上設備最完善的天文台之一。

郭守敬曾擔任都水監，負責修治元大都至通州的運河通惠河。

1276 年，修訂新曆法，經 4 年時間制訂出 **《授時曆》**，通行 360 多年，是當時世界上最先進的一種曆法。

他採用類似現在球面三角演算法的「弧矢割圓術」處理黃道和赤道的坐標換算，在計算太陽、月亮和行星原形位置時創造運用了「招差法」，也就是三次差內插法。並設計製作了多種天象觀測儀器，包括簡儀和高表。組織了大量的天象觀測工作，包括測定恆星位置，測定冬至點、近地點以及黃道和白道交點位置，編制月亮運動表，測定全國 27 個觀測點緯度。確定一個月為 29.530593 日，一年為 365.2425 日。正式廢除以前曆法積累的時差，以實際觀測為准。確定以一年的 1/24 作為一個節氣，以沒有中氣的月份為閏月，此原則一直採用至今。

1279 年，郭守敬提案「四海測驗」，奉旨後進行，聽從郭守敬的建議元世祖派了 14 位天文家，除大都外到當時國內另外 26 個地點，進行幾項重要天文觀測。這一天文觀測的規模之大，在世界天文史上也是少見的。在其中的 6 地點特別測定了夏至日的表影長度和晝、夜的時間長度。這些觀測的結果，都為編製全國適用曆法提供了科學的數據。

小行星 2012 以郭守敬的名字命名。1981 年，為紀念郭守敬誕辰 750 周年，國際天文學會以他的名字為月球上的一座環形山命名。

在邢台的郭守敬紀念館

2010 年 4 月 17 日上午，LAMOST 望遠鏡冠名儀式正式舉行。LAMOST 望遠鏡被正式冠名 為「郭守敬望遠鏡」。

黃道婆　約 1245~　松江烏泥涇鎮(今上海縣華涇鎮)人

元代女**紡織技術家**，名黃婆．家境貧苦，流落崖州(今廣東崖縣)，從黎族學得

紡織技術。1295~1296回鄉，改革紡織工具，將軋花車、彈棉椎弓、紡織車、和紡織機等，並傳授他人，生產品行銷鄉里，漸成江南棉織中心。

李維格　1867~1929　江蘇吳縣生於上海南市區。

李維格，字一琴，一作嶧琴，中國現代冶金工業的奠基人。自幼家貧，隨父親半工半讀。後入格致書院。1880年，赴英國求學，因學費昂貴而中途輟學，留居清國駐英參贊李經方行邸，兼習法文。回國後授職候選郎中。

1889年，隨翰林院侍講崔惠人使美，

1890年，隨駐日公使李經方赴日本。

1896年，中國興起維新運動從日本歸國任漢陽鐵廠總翻譯。

1896年，他積極為《民聽報》撰稿，

1897年，從武漢到上海，主持《時務報》翻譯工作，倡導西學和變法。在湖南巡撫陳寶箴的支持下，湖南創辦時務學堂，李維格與梁啟超相繼來到長沙，李任該學堂的西文總教習，梁任中文總教習。他在湖南還參加了南學會，擔任《湘報》董事和西文翻譯，在《湘報》上刊登了大量譯文。

1898年，百日維新失敗，赴上海擔任江南製造局、及南洋公學提調。

1890年，湖廣總督張之洞創建的漢陽鐵廠，比日本八幡制鐵所的創建早七年。後該廠因所訂鍊鋼爐有誤，產品質量不佳，所產鋼軌為滬寧鐵路拒用，再加上管理不善，瀕臨倒閉。

1900年，應盛宣懷邀請，李維格再次回到漢陽鐵廠，任該廠總稽核、會辦。並開辦漢陽鐵廠學堂，這是中國第一所培養鋼鐵人才的專科職業學校。

1901年，李維格建議，由南洋公學選派4名學生到舊金山大書院攻讀冶鐵、鍊鋼、機器、化學專業。該4人歸國後成為漢陽鐵廠的技術骨幹。後任漢陽鐵廠廠長的吳健和大冶鐵礦礦長王寵佑等，均是李維格選拔出國的。

1902年，赴日本考察了八幡制鐵所。

1904年，帶領外國技師攜帶礦石、焦炭、生鐵、鋼材等樣品赴美國、歐洲考察八個月，請英國化學家化驗所帶樣品，化驗結果顯示該廠所用鐵礦石含磷量高，導致貝塞麥轉爐煉出的鋼含磷量超出鋼軌允許標準。

1907年，盛宣懷決定採用李維格的建議，把漢陽鐵廠、大冶鐵礦、萍鄉煤礦合併，成立漢冶萍煤鐵廠礦公司，盛宣懷任總理，李維格為協理兼漢陽鐵廠總辦。

1908年，漢陽鐵廠扭虧為盈，成為當時亞洲最大的鋼鐵廠。

1914年，漢冶萍公司鋼鐵產品在義大利羅馬舉辦的世界博覽會上獲最優等獎。

1915年，巴拿馬萬國博覽會上，漢冶萍公司的鋼鐵產品再次獲獎。

1908年，李維格患上咯血的毛病，晚年於上海寓所養病。

1912年，他出資捐建交通大學上海專門學校圖書館。

1929 年，李維格彌留之際，李維格將僅有的上海房產的三分之一捐給東吳大學。逝世後，其子依照其遺願，利用房產收入在東吳大學設立了科學獎學金，後又出售房產並將所得興建東吳大學的男生宿舍 —— 維格堂，並以宿舍收入的一部分獎勵科學研究。

丁文江　1887.3.20.~1936.1.5.　江蘇泰興縣人

丁文江，字在君，地質學家、社會運動家，出身富紳。

1902 年，留學日本，後赴英國，研究動物學和地質學，

1911 年，畢業於格拉斯哥大學。回國後在上海南洋公學任教。

1913 年，任工商部礦政司地質科科長，赴山西、雲南等地進行地質礦藏調查。
　1921 年，起任北票煤礦公司總經理，發起中國地質學會，任副會長；主編《中國古生物志》。

1923 年，發表《玄學與科學》論文，與張君勱開展了關於「科學與人生觀」的論戰，否定「科學對人生哲學無所作為」的論點。

1925 年丁任淞滬商埠督辦公署總辦，經過談判，

1926 年，代表江蘇省政府與外國駐上海領團簽《收回上海會審公廨暫行章程》。

1931 年，任北京大學地質系教授。

1933 年，與翁文灝、曾世英合編《中華民國新地圖》以及《中國分省新圖》並出版，此舉對中國的近代邊疆研究作出了不可磨滅的貢獻。

1934 年，任中央研究院總幹事。

1936 年，在湖南勘探煤礦時煤氣中毒，至友傅斯年聞訊第一個從北京趕去看護。
　1 月 5 日在長沙湘雅醫院逝世。按其遺囑，葬於嶽麓山。

著作有《動物學教科書》，所遺地質考察材料，編成《丁文江先生地質調查報告》，於 1947 年出版。　丁著《梁任公年譜長編》為研究梁啟超之重要參考書。丁文江還是中國第一個系統研究彝文的人。胡適曾著有《丁文江的傳記》一書，胡適說他是「一個歐化最深的中國人，一個科學化最深的中國人」（胡適：《丁文江這個人》）。發起天安門母親運動教授丁子霖是丁文江的侄女。

李四光　1889.10.26.~1971.4.29.　湖北黃岡蒙古族。

李四光，字仲揆，中國著名地質學家和古生物學家，中國古生物學、地質學、第四紀地質學研究的開拓者，創立大地構造理論地質力學，對亞歐大陸東部山脈體系的形成原因提出了自己獨特的觀點，是現代板塊構造理論出現之前的大地構造理論之一。

李四光是大清的工科進士，中華民國的中央研究院院士，中華人民共和國的中國科學院院士。

有「中國地質學之父」之譽。也有部分人士認為其學

風霸道，不能容忍不同意見。特別是在 1949 年以後利用權力對其地質力學理論和第四季冰川理論進行的推廣和對其他觀點的壓制，被認為是政治對科學發展和傳播產生負面影響的典型例子。

饒毓泰 1891.12.1.~1968.10.16. 江西臨川鐘嶺人

饒毓泰，名儉如，字樹人，江西臨川鐘嶺人。北京大學物理系教授，南開大學物理系的創始人，中國近代物理學奠基人之一。中央研究院第一屆院士。

父饒之麟，為清朝舉人、拔貢生，曾任戶部主事。母余峨之。幼年在叔父和舅父教導下習四書經史。

1903 年，入撫州中學堂學習。

1905 年，隻身去上海，就讀於中國公學。後轉入「中國新公學」，胡適曾為其英文老師。

1911 年以優異成績畢業於上海南洋公學（上海交通大學前身）。1912 年回臨川中學（今撫州一中）任教半年。

1913 年考取官費赴美國留學。初入加州大學，後轉芝加哥大學，1917 年冬獲該校物理系學士學位。

1918 年入哈佛大學研究院，後轉入耶魯大學和普林斯頓大學。1921 年獲得普林斯頓大學碩士學位。

1922 年獲美國普林斯頓大學哲學博士學位，博士論文是研究低壓電弧的電子發射速率的實驗成果（導師為 K·T·康普頓，阿瑟·康普頓之兄）。
   同年返國，應南開大學校長張伯苓的聘請，來到南開大學任教授，創立物理系並任主任。學生中有吳大猷、吳大任、郭永懷、馬仕俊、江澤涵、申又振、陳省身、鄭華熾等。吳大猷曾在回憶饒毓泰時說：「在大學四年中隨饒師所習之物理學課程有大學物理、電磁學、近代物理、高等力學、光學、氣體運動論、高等電磁學等。在二年級選習的近代物理學課使我開了對物理的竅和興趣，漸為饒師毓泰注意。」

1929 年，赴德國萊比錫大學波斯坦天文物理實驗室進行科學研究，完成了《論銣和銫的基本線系的二次斯塔克效應》論文。

1932 年，回國任北平研究院物理研究所研究員。後到北京大學任物理系主任，1935 年起兼任理學院院長。
   抗日戰爭爆發後，先後西南聯合大任物理系主任。期間培養了楊振寧、黃昆、張守廉、鄧稼先、李政道等一大批優秀物理學家。

1944 年，他休假到美國與 A·H·尼爾森（Nielsen）等合作進行分子光譜研究。

1947 年初回國，擔任北京大學理學院院長和物理系主任等職務。

1948 年當選第一屆中央研究院院士。

1949 年拒絕登上南京政府接名教授去台灣的專機，繼續在北京大學任教。
   1949-1951 年，繼任北大理學院院長兼物理系主任、學校校務委員。

1952 年北大院系調整時，辭去院、系領導職務。

1954 年以後，先後當選為全國政協委員。

1955 年當選為中國科學院學部委員。文化大革命遭到迫害折磨．

1968 年 10 月 16 日「清理階級隊伍」時，在北京大學燕南園 51 號上吊自殺身亡。1978 年平反昭雪。

1962 年 2 月 24 日，胡適主持「中研院」第五次院士會議時，去世前說的最後一段話曾提到饒毓泰：「我常向人說，我是一個對物理學一竅不通的人，但我卻有四個學生是物理學家，一個是北京大學物理系主任饒毓泰，一個是曾與李政道、楊振寧合作試驗『對等律之不可靠性』的吳健雄女士，而吳大猷卻是饒毓泰的學生，楊振寧、李政道又是吳大猷的學生。排行起來，饒毓泰、吳健雄是第二代，吳大猷是第三代，楊振寧、李政道是第四代了。這一件事，我認為平生最為得意，也是最值得自豪的。」

2000 年，中國物理學會為紀念胡剛復等五位物理學界前輩，設立了胡剛復、饒毓泰、葉企孫（葉企蓀）、吳有訓、王淦昌物理學獎，其中饒毓泰物理獎授予光學、聲學、原子和分子物理方面有突出成就的物理學家

胡剛復 1892.3.24.~1966.2.19. 江蘇桃源縣（現泗陽縣）

胡剛復。著名物理學家、教育家，中國近代物理學奠基人之一。與其兩位兄長胡敦復、胡明復並稱為「三胡」。胡剛復將 X 射線標識譜、吸收譜和原子序數之間的實驗規律擴展到 25 號至 34 號元素，並測定了 X 射線頻率和光電子速度的關係，對 X 射線學的發展做出了重要的貢獻。在南京大學創建了中國第一個物理實驗室，把近代物理學研究引入中國。培養了吳有訓、嚴濟慈、趙忠堯、施汝為、錢臨照、余瑞璜等著名物理學家。抗戰期間，作為理學院院長協助竺可楨校長西遷浙江大學，並將浙江大學理學院辦成了當時最好的學院之一。

曾在 1923 年陪同德國科學家普朗克來中國講學。講學時用到 entropy 一詞，胡剛復在翻譯時靈機一動，把「商」字加火旁來意譯此詞，創造了「熵」字，發音同「商」。

2000 年，中國物理學會為紀念胡剛復等五位物理學界前輩，設立了胡剛復、饒毓泰、葉企孫、吳有訓、王淦昌物理學獎，其中胡剛復物理獎授予實驗技術方面有突出成就的物理學家

汪敬熙　1893.7.7.~1968.6.30.　山東省歷城縣人

汪敬熙，字緝齋，生理心理學家，

1919 年畢業於北京大學，

1923 年獲美國約翰霍普金斯大學哲學博士學位。

1934 年任中央研究院心理研究所所長，

1948 年任聯合國科學部主任，

1953 年在美國約翰霍普金斯大學、威斯康辛大學任教，

1968 年逝世於美國。　。

汪敬熙長期投入於生理心理學研究，包括白鼠活動與性週期的關係、皮膚電反射、兩棲類胚胎行為等，學術成就豐碩。1948 年獲選為第一屆中央研究院院士。

淩鴻勛　1894.4.15.~1981.8.15.　廣東省番禺縣人原籍江蘇省常熟縣

淩鴻勛，字竹銘，鐵道工程學家。他幼年熟讀四書五經，

1910 年，以官費生考入郵傳部上海高等實業學堂（1911 年改名南洋大學堂，1912 年，改名交通部上海工業專門學校，今國立交通大學、西安交通大學、上海交通大學前身。

1915 年，以第一名畢業，受唐文治校長推薦，由交通部派充「美國鋼鐵公司」旗「美國橋樑公司」實習生，

1918 年，返國，得到交通部次長葉恭綽先生重用。

1920 年，回上海工業專門學校代課，同年擔任代理校長。

1921 年，因北洋政府改組學校而返回交通部任職，

1924 年，回交通部南洋大學擔任校長。

1927 年，投入中國鐵道建設，任職隴海、粵漢、湘桂等鐵路局長兼總工程師。

1948 年，獲選為第一屆中央研究院院士。

1949 年，隨國民政府遷台，

1951 年，擔任中油公司董事長。

1957 年，擔任「交大電子研究所」籌備主任。

1981 年，病逝於台北。

他對中國鐵道事業貢獻卓著，被譽為繼詹天佑之後的「鐵路聖人」。國立交通大學得以在台復校，其居功甚偉，故現今於該校校園內之「竹湖」「竹軒」「竹銘館」，該校與國立清華大學共同舉行「梅竹賽」皆沿用其字「竹銘」紀念他。

沈宗瀚　1895.12.15.~1980.12.15.　浙江省餘姚縣

沈宗瀚，字海槎。著名農業學者、作物遺傳育種學者、農業經濟行政管理專家。

1909 年，進入上海誠意學校就讀。

1913 年，考取浙江省立筧橋甲種農校學習農業技術，接著考取北京農業專門學校，畢業後向友人借貸赴美深造，先

後取得喬治亞大學農學碩士與康乃爾大學農藝博士。在康大期間，沈隨系上教授從事小麥、蔬菜、牧草實地的育種與改良工作。

1927年，起任教於金陵大學農學院，並參與金陵大學與康大的作物改良的合作，培育成金大2905號小麥優良品種。

1934年，為中央農業實驗所總技師，抗戰期間，在四川研究糧食生產、實施田賦徵實、支援軍糈民食。

1937年，沈歷任中央農業實驗所副所長、所長，參加「聯合國糧農會議」。

1949年，隨政府遷臺後，戮力於農業經濟和品種改良等研究。

1964年，中國農村復興聯合委員會（農復會，今行政院農業委員會）主任委員蔣夢麟過世，沈繼任，他重人才培養，促進國際農業技術合作，在國際農業學界享有隆譽。

1974年，沈於78之齡於農復會主委任上榮退。

李登輝任職農復會時，牽涉台共匪諜案。當時沈宗瀚任農復會主委，最後李登輝即由蔣經國指示，透過沈宗瀚出面交保。

1980年12月15日，因腦溢血與世長辭。

茅以昇　1896.1.9.~1989.11.12.江蘇鎮江人

茅以昇，字唐臣，結構工程師，橋樑工程專家。中國近代橋樑、鐵道科技、國土力學的開拓者、科普工作者。

1916年畢業於唐山工業專門學校（今西南交通大學）。參加清華學堂（清華大學前身）留美考試，以第一名錄取留洋；

1917年獲美國康乃爾大學碩士學位（橋樑專業）；

1919年獲美國卡耐基理工學院（現為卡內基梅隆大學）博士學位，是該校的第一位博士。

1920年，回國．

1949年，曾任國立東南大學教授、工科主任、南京河海工科大學　校長、北洋工學院院長及北洋大學（今天津大學）校長、交通大學唐山工程學院院長；

1930年至1931年任江蘇水利局局長．

1934年，任浙江省錢塘江橋工程處處長，主持設計、組織修建全長1453米，基礎深達47.8米的雙層公路鐵路兩用錢塘江大橋。大橋於1937年9月26日建成通車，這是中國人自己設計和施工的第一座現代鋼鐵大橋，是中國橋樑工程史上一座不朽的豐碑。

1937年12月23日，為了阻止日軍攻打杭州，茅以昇親自參與了炸橋。抗日戰爭勝利以後，茅以昇又受命組織修復大橋，1948年3月，大橋修復通車；

1942年至1943年任交通部橋樑設計工程處處長；

1943年至1949年任中國橋樑公司總經理；

1943 年，當選中華民國教育部部聘教授；
1948 年，當選中央研究院院士；
1949 年至 1952 年任中國交通大學、北方交通大學校長；
1951 年至 1981 年任鐵道技術研究所所長、鐵道科學研究院院長；
1955 年，選聘為中國科學院院士（學部委員）；
1959 年，在北京十大建築的建設中，擔任人民大會堂結構審查組組長，並為周恩來總理指定為設計方案審定人；
1955 至 1957 年主持設計了武漢長江大橋；
1977 年，主持設計了重慶石板坡長江大橋；
1982 年，當選美國國家工程院外籍院士。

吳有訓 1897.4.2. ~1977.11.30.江西高安市石溪吳村。

吳有訓，字正之，　物理學家、教育家，中國近代物理學先驅。
自幼在私塾讀書。曾就讀於高安瑞州中學、南昌第二中學。
1916 年考入南京高等師範學校理化部，師從胡剛復等人。
1920 年畢業，先後在南昌第二中學、上海公學任教。
1922 年 1 月赴美國芝加哥大學物理系學習，師從康普頓(A.H. Compton)。期間實驗驗證「康普頓效應」，
1925 年以此博士論文獲物理學哲學博士學位。
1926 年回國，參與江西大學的籌備工作。
1927 年 8 月任中央大學(南京大學)物理系副教授，兼系主任。
1928 年任清華大學物理系教授，後兼系主任、理學院院長。
1935 年,德國自然科學院推舉為院士第一位被西方國家授予院士稱號的中國人。
1937 年，清華大學和北京大學、南開大學組成長沙臨時大學，
1938 年更名西南聯合大學，吳有訓任理學院院長。
1945 年，出任國立中央大學校長。
1947 年，赴美先後在哈佛大學和麻省理工學院等校短期訪問研究
1949 年，任華東教育部長，同時任上海交通大學校務委員會主任。
1950 年，任物理研究所所長、科學院副院長。中國物理學會會長．
1977 年 11 月 30 日在北京逝世。
2000 年，中國物理學會為紀念物理學界前輩，設立了胡剛復、饒毓泰、葉企孫、吳有訓、王淦昌物理學獎。
　　吳有訓在發展康普頓散射理論方面，解決了康普頓散射光譜中變線與不變線之間的能量或強度的比率問題。
　　回國後，吳有訓在清華大學建立起中國第一個近代物理研究實驗室，被稱為中國物理學研究的「開山祖師」。
吳有訓從事教育工作，先後培養了王淦昌、錢三強、錢偉長、鄧稼先、楊振寧、李政道、馮端等一大批著名的科學家。

戴運軌 1897.11.27.~1982.4.4.　浙江奉化

戴運軌，字伸甫，中華民國物理學家、教育家，被稱為
「臺灣物理學之父」

生性耿直、治事公正，其人其事，精神澤及後人。夫人
田蘊蘭，物理學教授，與吳健雄為同學，戴運軌被尊為
「臺灣物理學之父」。

1917 年，浙江省立第四中學（寧波中學）畢業。

1918 年，東渡日本，入東京高等師範學校理化科，

1922 年，又入京都帝國大學物理系，

1927 年，畢業回國任北平師範大學(北京師範大學)物理
系教授。

1928 年，任國立中央大學（南京大學）物理系教授。

1932 年，任金陵大學物理系教授，

1937 年，隨金陵大學自南京西遷成都，直至抗戰勝利；

1940 年，任四川大學物理系教授，華西壩成都空軍參謀學校教授。

1946 年 2 月底，國立臺灣大學代理校長羅宗洛請，任教務長。5 月 18 日，羅宗
洛辭職，主持校務，並兼物理系主任，8 月 13 日新任校長陸志鴻到任，戴專
任教務長兼物理系主任。

1947 年，在臺灣大學創立中國第一個原子能核子物理研究室。

1948 年 5 月，成功地進行了中國第一次原子核擊破實驗。隨後研究室製造重水，
生產重氫及中子源，從事人工放射性和其他核反應實驗。

1954 年，赴美作訪問研究，在明尼蘇達大學原子核子物理研究室和柏克萊加州
大學輻射研究所分別任名譽研究員，在原子核研究方面取得卓著成果。

1956 年，由美返台，協助梅貽琦辦清華原子科學研究所，第一年借用臺灣大學
物理館，第二年遷至新竹。籌畫購置儀器設備、招收研究生，延攬師資、充
實設備，兼任教授，對台灣核子發展頗具功績。戴運軌對臺灣物理學的卓越
貢獻和巨大影響，尊為**「臺灣物理學之父」**。

1958 年，國立中央大學在台復校，辦中大地球物理研究所．

1962 年，地球物理研究所在台大成立．出任所長，次年遷苗栗。

1967 年，中央大學終遷中壢，

1968 年，成立中央大學理學院，任院長。

1973 年，自中央大學榮後，受聘中國文化大學物理系名譽主任。

1982 年 4 月 4 日在臺北逝世。

葉企蓀 1898.7.16.~1977.1.13.　江蘇省上海縣人唐家弄一書香門第。

葉企蓀，也作葉企孫，名鴻眷，<u>以字行</u>，男，<u>漢族</u>，著名<u>物理</u>學家、教育家，中國近代<u>物理學</u>的奠基人。

曾祖藹臣公在<u>清朝道光</u>年間當過官，晚年在家研究禮學，參與編纂《<u>同治上海縣誌</u>》；祖父葉佳鎮曾獲得國子監簿街封賞，官至五品；父親<u>葉景澐</u>是 1894 年甲午江南鄉試第 15 名舉人，曾任敬業學堂校長、清華學堂國文教員、上海教育會會長等職務，參與編纂上海縣誌。

1907 年，葉鴻眷到父親主持的上海敬業學堂讀書。

1911 年初，考入清華學堂 1911 年 10 月因武昌起義爆發，清華學堂停課，葉鴻眷轉讀江南製造局兵工中學。

1913 年，夏清華學堂在上海恢復招生。葉鴻眷改名葉企孫，再次報考並被錄取。

1918 年 6 月清華學校畢業，到美國芝加哥大學學習物理，

1920 年獲物理學學士學位。同年 9 月葉企孫入讀哈佛大學研究生院攻讀博士學位，導師是珀西·布里奇曼。期間，哈佛教授威廉·杜安與 H.Palmer、葉企孫三人進行用 X 射線測定普朗克常數的實驗，於 1921 年在美國國家科學院院刊上發表論文《A re-measurement of the Radiation constant, *h*, by means of X-Rays（用 X 射線法重新測量普朗克常數）》，其數值精確到小數點後第 2 位。當時葉企孫主要研究方向是測量流體靜壓力對鐵磁材料磁化率的影響，研究工作於 1923 年完成，研究成果作為他的博士論文於 1925 年發表。

1923 年 6 月，葉企孫獲得哈佛大學物理學博士學位，10 月到歐洲旅遊，1924 年 3 月回到上海。1924 年 4 月葉企孫獲任國立東南大學物理系副教授，加入中國科學社，擔任《科學》雜誌編輯。

1925 年清華學校創立大學部，他應聘物理學副教授，把剛從東南大學畢業的趙忠堯、施汝為帶到清華擔任助教。

1926 年，清華學校大學部開設學系。葉升為正教授並繼梅貽琦擔任物理系主任。

1929 年清華大學理學院成立，出任理學院院長，

1931 年葉企孫在德國，通過趙忠堯的介紹，聘請到哈勒大學（University of Halle-Wittenberg）進行研究工作，保送到英國劍橋大學深造。

1946 年，中華民國選拔優秀學生到美國深造，在葉企孫的支持下，西南聯大理學院的名額分配給本科尚未畢業的李政道。

1949 年春，北平解放，葉企孫出任清華大學校務委員會主任。

1952 年院系調整，葉企孫被調入北京大學，搬出清華北園 7 號，入住北京大學未名湖畔的鏡春院。

1955 年其在文革中受到迫害。

「文化大革命」被誣衊為國民黨 CC 系（中統）在清華核心人物。

1967 年 6 月，葉企孫作為「反革命分子」被北大紅衛兵揪斗、關押、停發工資，並送往「黑幫勞改隊」。葉曾一度精神失常，產生幻聽。

1968 年 4 月，中央軍委辦公廳正式對葉發出逮捕令，連續八次對其進行審訊，迫其多次書寫「筆供」，他只是回答「據吾推測……是因為吾對於各門科學略知門徑，且對於學者間的糾紛尚能公平處理，使能各展所長。」。

1969 年 11 月，因為缺乏實質證據，葉被釋放回到北大居住，但仍以「中統特務嫌疑」受隔離審查。

1972 年 5 月，北京大學對他作出「敵我矛盾按人民內部矛盾處理」的結論；6 月恢復其教授待遇

1975 年隔離審查解除，1976 年春節陳岱孫、吳有訓、王竹溪、錢偉長等人方有機會探訪他。

1977 年 1 月 10 日，葉企孫侄子葉銘漢交工資給叔父，發覺他病情惡化。第二天葉企孫被送往北大醫院，又立即轉送北醫三院。1977 年 1 月 13 日 21 時 30 分，葉企孫去世。

1977 年 1 月 19 日，葉企孫追悼會在八寶山舉行，約 200 人受到邀請到會。

1987 年，葉企孫的平反文件正式公布.12 月 26 日，《人民日報》發表文章《深切懷念葉企孫教授》。

1990 年，清華大學物理系校友在清華設立「葉企孫獎」。

1992 年，海內外 127 位知名學者聯名向清華大學提議為葉企孫建立銅像，

1995 年葉企孫銅像落成安放在清華新區第三教室樓。

2000 年，中國物理學會為紀念胡剛復等五位物理學界前輩，設立了胡剛復、饒毓泰、葉企孫（葉企蓀）、吳有訓、王淦昌物理學獎，葉企孫物理獎授予凝聚態物理方面有突出成就的物理學家。

2010 年 12 月 7 日，紀念葉企孫的同名話劇《葉企孫》在清華大學首演。葉企孫被稱為中國近代物理學的奠基人之一，中國物理學界最早的組織者之一，對中國物理學研究、理科研究、教育事業乃至世界科學發展作出了巨大貢獻。楊振寧、李政道、王淦昌、錢偉長、錢三強、王大珩、朱光亞、周光召、鄧稼先、陳省身等人都曾是他的學生，華羅庚曾受到他的提攜。中華人民共和國建國後 23 位「兩彈一星」功勛獎章獲得者中，半數以上曾是他的學生，因而有人稱他「大師的大師」。

黃子卿 1900.1.2. ~1982.7.23. 廣東梅縣人

黃子卿，家名蔭榮，字碧帆， 物理化學家，教育家， 中國科學院院士。

1921 年，畢業於清華留美預備班。

1924 年，獲美國威斯康星大學理學學士學位。

1925 年，獲美國康奈爾大學理學碩士學位。

1935 年，獲美國麻省理工學院哲學博士學位。

1935 年，任清華大學教授、西南聯合大學化學系教授.

1948 年，赴美國加州理工學院任客座教授。

1952 年，任北京大學化學系教授。

1955 年，當選為中國科學院學部委員。

1982 年 7 月 23 日病逝於北京。

梁思成　1901. 4.20.~1972.1.9.

梁思成，中國建築史學家、建築師、城市規劃專家同教育家，致力保護中國古代建築同埋文化遺產。曾任中央研究院士、中國科學院哲學社會科學部委員。梁思成父親梁啟超係清朝文人。

薩本棟 1902.7.24. ~1949.1.31.福建省閩縣

薩本棟出身於著名的福州色目人薩氏家族.

薩本棟，字亞棟，福建省閩縣人，電機工程學家及教育家。世居雁門，常稱雁門薩氏。元代末期，其中一支後人遷居福州，名列福州八大家族。幼時熟讀四書五經，稍長接受現代教育.

1921 年畢業於清華學校

1922 年赴美國留學，

1924 年畢業於史丹福大學機械系，

1927 年獲得麻省伍斯特理工學院博士學位。

1928 年回國擔任母校清華大學物理系教授.

1935 年，赴美擔任俄亥俄州立大學客座教授，

1937 年~1945 年擔任第一任廈門大學校長。

　　抗日戰爭，廈門大學受到戰火波及，薩本棟　　帶領廈門大學師生西遷閩西長汀，後到貴州貴陽，艱苦辦學，他領導下的廈門大學，被譽為「加爾各答以東第一大學」，達到了一個空前的高度。

1945 年，薩本棟校長逝世後，骨灰安葬今廈門大學建南樓群附近。

　　他的研究課題主要在於雙矢量交流電路分析及真空管性質與效能，1943 年提
　出利用真空管解微分方程的可能性，已觸及第一代電子計算機的研究[1]。
1948 年獲選為第一屆中央研究院院士。

周培源 1902.8.28. ~1993.11.24.江蘇宜興，北京逝世。

周培源，理論物理學家、流體力學家。歷任清華大學
物理系教授、清華大學教務長，北京大學數學力學系
教授、北京大學副校長，北京大學校長，中國科學院
院士。1993 年，周培源基金會正式成立。2003 年，周
培源銅像在北京大學落成。
1924 年畢業於清華學校、
1926 年春獲美國芝加哥大學學士、碩士學位、
1928 年獲美國加州理工學院博士學位、
1936 年在美國普林斯頓研究院、德國萊比錫大學、和
瑞士蘇黎世聯邦理工學院研究行量子力學研究．

林徽因 1904.6.10.－1955.4.1. 生於浙江杭州祖籍福建省福州府閩縣。

林徽因，原名林徽音，中國著名建築師、詩人。人民英雄紀念碑和中華人民共
和國國徽深化方案的設計者。她是建築師梁思成的第一任妻子。
右圖像在西南聯大期間（左起：周培源、梁思成、陳岱孫、林徽因、梁再冰、
金岳霖、吳有訓、梁從誡）
1916 年，於培華女子中學讀書。
1918 年，認識梁啟超之子梁思成。
1920 年，和父親林長民一起赴倫敦生活，開始對建，築感興趣，並鼓勵未婚夫
　　梁思成學習建築。同年 10 月，與徐志摩初次相遇。
1924 年，和梁思成一起赴美國賓夕法尼亞大學學習建築，由於當時建築系不招
　　收女生，只得到美術學士學位。但畢業時獲得優異成績。
1925 年，與聞一多、梁實秋、梁思成等籌建「中華戲劇改進社」，參加演出，
　　交流戲劇藝術。
1928 年，與梁思成結婚。夫婦一起考察多處古代建築，和詩人徐志摩、作家沈

從文、學者金岳霖都保持了很好的友誼，創作詩歌、小說、散文、話劇劇本等著作多篇，時人稱為「才女」

1931 年，徐志摩為參加一林徽因的建築學講座，搭乘飛機由南京飛往北平（現北京），不幸意外墜機身亡。林徽因作《悼志摩》一文以表哀思。

1949 年，林徽因受聘為北京清華大學建築系教授。

同年 9 月，林徽因獲選為中華人民共和國國徽設計組成員，曾帶領清華大學設計組提出大孔玉璧和五星、齒輪、嘉禾、國名組成的國徽草案。後與夫梁思成及其他成員參與修正了中央美院張仃方案的建築圖案與色彩，

1950 年 6 月 20 日，他設計以清華大學深化的第二稿為基礎製成國徽。又出任人民英雄紀念碑設計組成員，設計了紀念碑底座和花環圖案。

1955 年，因肺結核久治不癒，病逝同仁醫院，安葬在八寶山革命公墓，墓碑為其親自為人民英雄紀念碑設計的花環刻樣。右圖為林徽因與兒子梁從誡

其祖父林孝恂是光緒 15 年進士，與康有為同科，授翰林院編修，後曾任浙江巡撫，曾資助蔣百里赴日本留學。其父林長民是學者，其叔林天民是宣統二年進士，其堂叔林覺民、林尹民皆是黃花崗 72 烈士。母何雪媛。與夫梁思成育有一子一女；子梁從誡為現代中國環保運動人士，女梁再冰曾任新華社記者。

王淦昌　1907.5.28. ~1998.12.10.　江蘇省常熟縣支塘鎮楓塘灣。

王淦昌，核子物理學家，中國慣性約束核聚變研究的奠基者，參與中國核武器研製的主要科學技術領導人之一，被中國政府授予兩彈一星功勛獎章。

2000 年，中國物理學會為紀念胡剛復等五位物理學界前輩，設立了胡剛復、饒毓泰、葉企孫、吳有訓、王淦昌物理學獎，其中王淦昌物理獎授予粒子物理和慣性約束核聚變方面有突出成就的物理學家。

1924 年，上海浦東中學畢業，

1925 年，考入清華大學。

1929 年，　清華大學物理系畢業，後留校任助教。

1930 年，考取江蘇省官費留學，到德國柏林大學威廉皇帝化學研究所讀研究生，師從莉澤·邁特納，

1934 年，獲博士學位。任山東大學物理系教授。

1936 年，任浙江大學物理系教授、系主任。

1947 年，　任美國伯克利加州大學物理系訪問學者。

1951 年，在科學院物理所、蘇聯聯合原子核研究所從事宇宙線及高能物理研究。

1962 年，　以後從事核科學的國防應用研究、慣性約束核聚變研究。

1964 年，　與蘇聯著名科學家巴索夫同時獨立地提出雷射慣性約束

1982 年，獲國家自然科學獎一等獎。

1985 年，獲兩項國家科技進步獎特等獎。

1986 年， 與王大珩、楊嘉墀、陳芳允合寫信給鄧小平提出發展中國高新技術。
1998 年 12 月 10 日　在北京去世，享年 91 歲。

吳大猷 1907.9.29.~2000.3.4. 廣東肇慶府治高要縣

吳大猷，筆名洪道、學立，世代書香，祖父吳桂丹（字萬程，號秋舫）1891 年
翰林院編修，記名御史。父親吳國基 1901 年舉人，曾經出使過菲律賓。名門高
第，1901 年辛丑恩正併科舉人，改就西學，曾出使菲律賓，1909 年奉派吉林省
服官，不幸在關外鼠疫流行時病逝。

吳大猷剛開始上學是「中學為體，西學為用」，很幸運的是他伯父吳遠基受聘
擔任天津的廣東旅津中學校長，吳大猷因而跟隨著他的堂兄弟前往天津求學．
1921 年，讀的是當時中國的精英—南開中學。

1922 年，進南開大學獲得獎學金，由饒毓泰及葉企孫兩位教授的推薦，獲得中
　　華教育文化基金會的獎學金，出國求學，在密西根大學認識了人生中的第二
　　位恩師近代物理大師—雷道耳。

1926 年，改唸物理系．

1927 年，專門研究「原子結構和線光譜」，並任物理實驗助教．

1931 年，就讀密西根大學

1933 年，取得博士學位，此時他 26 歲。

1934 年，由美回國，接受北京大學的聘請。

1936 年，結婚

1937 年，盧溝橋事變中日戰爭爆發，吳大猷離開北京，在四川大學作客座教授。

1938 年，西南聯大成立物理系，吳大猷負責電磁學、近代物理、量子力學和古
　　典力學教學，他培育出李政道、楊振寧兩位諾貝爾獎得獎人。

1943 年，車禍，腦震盪，昏迷數日．

1946 年，接受密西根大學客座教授．

1947 年，去哥倫比亞大學，從事核子實驗，並講授「原子物理」課程．

1948 年，吳大猷被選為第一屆中央研究院院士．

1956 年，應胡適之邀，任中基會客座教授，教古典力學及量子力學課程．被選為加拿大皇家學會學友．

1958 年，中研院院長胡適懇請吳大猷擬出具體的方案，於翌年成立「國家長期發展科學委員會」也就是台灣發展科學的起源、吳大猷對台灣科學發展產生貢獻的開始。在國科會六年任期中，台灣的學術地位逐漸受到國際的肯定，並且培育出不少各領域中的傑出人才。

1963 年，協助中研院王世杰院長籌建物理研究所．接受紐約布魯克林理工學院之聘，移民美國，接受紐約州立大學水牛城校聘．

1967 年，接錢思亮函，蔣中正總統囑意任國家安全會議，國科會主任委員．

1969 年，推動台大海研所、台大船模實驗室、地震研究、及交通、台大、成功大學電機系電子科技研究等工作．

1971 年，赴華盛頓參加國際純粹及應用物理聯合大會．

1977 年，應聘韓國慶北大學講學，撰寫古典動力學、量論學原子結構、電磁學

1978 年，在紐約州立大學水牛城退休．

1979 年，任「科學教育指導委員會」主任委員．

1980 年，妻逝世．

1981 年，心律不整，入台大醫院治療．去巴黎出席國際純粹及應物理聯合會．

1982 年，出席劍橋大學國際科學聯合總會．

1983 年，應德國邀請，訪問波昂大學同步加速器，及丁肇中實驗室．

1984 年，完成「量子力學」著作．獲菲律麥格塞塞獎．中研院長錢思亮病逝，吳大猷獲四十票，成為了中央研究院第六任的院長。

1986 年，完成生物醫學研究所、分子生物研究所、統計學研究所、原子分子科學研究所的落成．

1988 年，心肌梗塞入台大醫院醫治．

1991 年，接受美國密西根大學頒贈榮譽科學博士學位．

1992 年，由李政道等人赴大陸參加學術會議．由北大校長吳樹青親頒「北大榮譽教授」．在北京釣魚台國賓館會晤中共總書記江澤民，中共國家主席楊尚昆，中共總理李鵬，獲頒南開大學名譽博士學位．

1993 年，經過十年漫長的努力，他功成身退，於當年的國慶日向當時的總統李登輝遞出辭呈，並獲得批准。

2000 年 3 月 4 日逝世.

趙九章 1907.10.15.~1968.10.26. 浙江吳興縣

趙九章，中國地球物理學家和氣象學家。中國氣象科學從定性描敘走向數值預報的先驅，把數學、物理引入中國氣象學的第一人。 中國地球物理和空間物理的開拓者，人造衛星事業的倡導者、組織者和奠基人之一。

1933 年，自清華大學物理系畢業．

1935 年，赴德國，獲德國柏林大學博士學位。曾任西南聯大教授。

1944 年，經竺可楨教授推薦，主持中央研究院氣象研究所工作。

中華人民共和國成立，任中國科學院地球物理研究所所長，「651」衛星設計院
　　院長。

1958 年，參與創建中國科學技術大學，為地球物理系主任。

　　主持制定中國第一顆衛星（東方紅一號）的研製計劃和衛星系列規劃，並與
　　錢驥一起領導衛星各系統的設計和研製工作。

文革期間受到迫害，1968.10.25.在北京中關村 15 樓服安眠藥自殺。

1999 年，被追認為兩彈一星元勳之一。

郭永懷　1909.4.4.~1968.12.5.　出生於山東省榮成縣。

郭永懷 Yung-huai Kuo，中國力學家、應用數學家。

1935 年北京大學物理系畢業，

1939 年考中中英庚子賠款出國留學名額，

1940 年赴加拿大多倫多大學應用數學系學習，獲碩士學位。

1941 年到美國加州理工學院師從空氣動力學權威西奧多·馮·卡門教授研究可壓
縮流體力學，

1945 年獲博士學位後留任研究員。

1946 年起在美國康乃爾大學任副教授、教授。

郭永懷與錢學森共同發表的論文《可壓縮流體二維無旋亞聲速和超聲速混合型
流動及上臨界馬赫數》提出「上臨界馬赫數」的概念。受錢學森之邀，1956 年
10 月回國後任中國科學院力學研究所研究員、副所長。

1960 年 5 月調任第二機械工業部北京第九研究所副所長、副院長。在中國原子
彈、氫彈的研製工作中，經錢學森推薦，領導和組織了爆炸力學、高壓物態方
程、空氣動力學、結構力學和武器環境實驗科學等研究工作，解決了一系列重
大問題。

1968 年 12 月 5 日，郭永懷飛機失事喪生，骨灰埋藏於中國科學院力學研究所
中郭永懷的塑像下。

1999 年獲「兩彈一星榮譽勳章」唯一獲得「烈士」稱號的科學家。

1985 年補授予一項國家科學技術進步獎特等獎。

1999 年被追授「兩彈一星功勳獎章」。

2003 年 9 月 18 日郭永懷遺孀李佩將這枚兩彈一星勳章捐贈中國科學技術大學

陳永齡　1910.11.8.~2004.8.15.　北京人

陳永齡，大地測量學家，中國科學院院士。

1927 年，考入清華大學工程學系，

1929 年，轉入上海交通大學土木工程學院。

1931 年，畢業後任清華大學助教。

1934 年，作為中英庚款公費留學生赴英國帝國理工學院大地測量專業學習，
1935 年，獲碩士學位。此後又前往德國，就讀於柏林工業大學測量學系，
1939 年，獲工學博士學位。回國後任教西南聯合大學、同濟大學、中山大學、
　　嶺南大學，中國地
理研究所研究員、交通部鐵路測量總處處長兼總工程師。
1940 年，首先發現了由西伯利亞經中國東部直至馬來半島的大地水準面隆起
　　帶。他又首次將航空攝影技術引入中國鐵路勘測，主持閩贛鐵路勘測工作。
1949 年，中華人民共和國成立後，出任嶺南大學理工學院院長。
1950 年，他編寫《大地測量法式》，出版體系較完整的《大地測量學》教科書。
1952 年，院系調整後，任華南工學院副院長。
1956 年，武漢測量製圖學院成立後出任副院長、天文大地測量系系主任。
1959 年，任國家測繪總局總工程師兼測繪科學研究所所長。
1960 年，起他開始從事天文大地網平差的研究工作，
1965 年完成測定珠穆朗瑪峰高程的技術方案，並譽為「珠峰測高第一人」。
1978 年，主持在陝西涇陽建立中華人民共和國大地原點，
1980 年，當選中國科學院地學部學部委員（院士）。
他還曾任中國測繪學會副理事長，《中國大百科全書》總編輯委員會委員、測
繪分編委主任，全國人大代表，全國政協委員等職。
1982 年，完成中國天文大地網整體平差。
2004 年 8 月，逝世。

華羅庚 1910.11.12. ~1985.6.12.　生於江蘇金壇，卒於日本東京

華羅庚，中國著名數學家，中國科學院院士，美國國家科學院外籍院士。他是
中國解析數論、典型群、矩陣幾何學、自守函數論與多元複變函數等很多方面
研究的創始人與奠基者，也是中國在世界上最有影響力的數學家之一。
華羅庚小學就讀於金壇仁劬小學。
1922 年，華羅庚進入金壇縣立初級中學，1925 年夏畢業。由於家中貧窮，他只
好到免學費的上海中華職業學校就讀，但因為家中無力提供雜費和住宿費而退
學。
1926 年，16 歲的華羅庚回到金壇後，幫助父親料理雜貨鋪，同時開始自學數學。

1929 年 12 月，華羅庚在《科學》雜誌第 14 卷第 14 期上發表《Sturm 氏定理之研究》。

1930 年 12 月，華羅庚在《科學》第 15 卷第 2 期上發表《蘇家駒之代數的五次方程式解法不能成立之理由》。華羅庚嶄露頭角，被清華大學數學系主任熊慶來教授發現，邀請他來清華大學。

從 1931 年起，華羅庚在清華大學邊學習邊工作，僅僅用一年半時間就學完了數學系的全部課程，並同時自學了英、法、德語，在國際學術雜誌上發表了三篇論文，被熊慶來破格任用為助教。

他在解析數論方面的成就尤其廣為人知，國際間頗具名氣的「中國解析數論學派」即以華羅庚為首開創的學派，該學派對於質數分佈問題與哥德巴赫猜想作出了許多重大貢獻。他在多元復變數函數論方面的貢獻，更是影響到了世界數學的發展。按丘成桐的看法，他是三個對當代世界數學潮流有影響的中國數學家之一。另兩個人是陳省身和馮康。

曾任中國科學院數學所所長。由於中國科學技術大學建校所確定的所繫結合的思想，

1958 年主持創立中國科技大學數學系，並任中國科技大學副校長兼數學系主任。因此，中國科技大學設立「華羅庚大師講席」，並於 2009 年與中國科學院數學與系統科學研究院合作，在數學系設立了「華羅庚班」，班上的學生在中國科大合肥校本部學習基礎課，而在北京數學與系統科學院學習專業選修課。

他還是著名的社會活動家，曾當選為一至六屆全國人大常委會委員，第六屆全國政協副主席，中國民主同盟副主席。1979 年加入中國共產黨。

根據周鯨文《風暴十年》一書指出，1950 年 3 月 16 日，華羅庚一片熱心的由美國回來投奔祖國，不久就碰上文化大革命。因為他還保存着原有的出國護照，未加焚毀。由這個引線起就對他展開了無情的鬥爭，說他有「投靠帝國主義的思想」，為「留後路」的打算。在鬥爭會上他有口難辯，覺得生活在這社會沒什麼意義，於是憤而自殺，幸被發現及時，保存了生命。

1985 年 6 月 12 日，華羅庚應邀到日本東京作學術報告，報告結束後突然心臟病倒在講台上，送院後證實不治，終年 74 歲。

為了紀念他，他的母校江蘇金壇縣中學改為了以他命名的數學學校華羅庚中學。他的研究成果被國際數學界命名為「華氏定理」、「布勞威爾-加當-華定理（英語：Brauer－Cartan－Hua theorem）」、「華-王方法」、「華氏算子」、「華氏不變式」等。他一生著有 200 篇學術論文，10 部專著，還有 10 餘部科普作品。

錢學森 1911.12.11.~2009.10.31.　生於杭州

1914 年，父親錢家治到北平教育部任職，遷居北平．

1918 年，入學北京第二實驗小學。

1921 年，轉入北京高等師範學院第一附小。

1923 年，北京高等師範學院附中。

1929 年，國立交通大學機械工程系

1934 年，國立交通大學畢業，考取庚子賠款公費留美。

1935 年，赴美國西雅圖麻省理工學院進修空氣動力學。

1936 年，獲碩士學位，進入加州理工學院研究院研究。

1938-1941 年，錢學森和馮·卡門合作，發表《可壓縮流體的邊界層》、《球面殼在外壓下的屈曲》。

1939 年，獲加州理工學院博士學位，對空氣動力學有重大貢獻。

1940 年，加入加州理工學院火箭研製組，研究火箭固體燃料、結構屈曲．

1940 年，參與風洞研製，發表《高速氣流突變之測定》論文。

1943 年，發表《論風洞的匯聚風斗之設計》，美軍因以建立火箭發射基地，在加州理工學院成立噴氣推進實驗室任組長，為世界知名的火箭噴氣推進專家。

1944 年，錢學森辭去加州理工學院職務，到華盛頓參加國防部科學顧問組。

1945.4 月，美國國防部派遣馮·卡門、錢學森等往德國，訪問德國火箭科學家。錢學森由助教晉陞為副教授。

1946 年，發表《超等空氣動力學，稀薄氣體力學》論文．

八月，辭去加州理工學院和噴氣推進實驗室職務，應聘麻省理工學院為教授。

1947.9 月　與聲樂家蔣英在上海結婚。

1949.10 月　申請加入美國國籍。為加州理工學院正教授，並任加州理工學院古根海姆噴氣推進研究中心主任，領導美國太空火箭的研究。

1949 年，中華人民共和國成立，錢學森向美國移民局提出回歸中國籍申請。聯邦調查局查出錢學森早年參加共產黨社交餐會，隱瞞未報，指控其為共產黨外圍組織。司法部藉「偽證」罪吊銷他的機密工作許可，並將他驅逐出境。

1950.8.30. 美國司法部將錢學森收押在特米諾島（Terminal Island）監獄 15 天。
　　為了避免被驅逐出境，錢學森重金聘請律師 Grant Cooper，與美國移民局展開
　　長達 5 年法庭辯護。移民上訴案件直到 1954 年才被判敗訴。
　　中國與美國關係正常化後，錢學林獲頒加州理工學院傑出校友獎。
1955 年，中美政府日內瓦雙邊會談中，錢學森被美國釋放，用以交換在韓戰中
　　被俘的美國飛行員。
　　9.17. 錢學森登上了美國總統輪船公司的克利夫蘭總統號（Pres. Cleveland）
　　經香港於 10 月 8 日折返中國。
1956 年，任中國科學院力學研究所所長。
　　10 月，錢學森組成中國第一個火箭飛彈研製機構，擔任院長，指導計畫技術。
1958 年，開始研製太空運載火箭，倡議創建中國科學技術大學。
1959.8 月　加入中國共產黨。
1960 年，「東風一號」近程地地彈道導彈發射成功。
1965 年，開始實施人造衛星工程，
1970.4 月，中國第一顆人造衛星「東方紅一號」發射成功。
1967 年，馮·卡門自傳中「錢學森與紅色中國」。對錢學森的評語：「美國火箭領
　　域中最偉大的天才之一，我的傑出學生」。
1979 年，錢學森被加州理工大學授予「傑出校友獎」。
1980 年，長程洲際彈道飛彈試射功。
1986.6.27. 中國科協三大會議，選舉錢學森擔任主席。
1991 年，國務院授予「國家傑出貢獻科學家」的稱號和一級英模獎章。
1996.4.8. 交通大學建校百年典禮上，錢學森圖書館在西安交通大學落成。
1999.9 月　與錢三強、鄧稼先等共 23 人榮獲兩彈一星功勳獎章。
2005 年，溫家寶總理探望錢學森，錢說「國內大學為什麼培養不出大師級人才？」
2006.10 月　獲「中國太空事業五十年最高榮譽獎」。
2008.9.13. 錢學森塑像在中國科學技術大學落成。
2009.10.31. 上午 8 時 6 分，在北京去世。
2011.12.11. 錢學森誕辰 100 周年上海交通大學徐匯校區建成錢學森圖書館。
父：錢家治　母：章蘭娟　岳父：蔣百里
妻：蔣英　子：錢永剛：（1948 年-）長期從事計算機應用軟體系統的研製工作，
高級工程師，西安交通大學兼職教授。　女：錢永真

陳國達　1912.1.22.~2004.4.7.　廣東新會人
陳國達，地質學家，中國科學院院士，地窪學說的創立者。
1930 年，考入中山大學地質系。
1934 年，畢業後又入讀國立北平研究院地質研究所，次年獲碩士學位。此後曾
　　在廣東、廣西、江西等地地質調查所工作。後任教於中山大學地質系，曾出
　　任系主任。

1952 年院系調整時前往湖南擔任新成立的中南礦冶學院（今中南大學）地質系
　　主任。後又歷任中南礦冶學院副院長、湖南地質研究所副所長、中國科學院
　　長沙大地構造研究所所長等職。
陳國達最主要的貢獻是創立了地窪學說。
1956 年，在傳統的地槽、地台之外提出了大陸地殼的新構造單元──地窪區，
並以此建立了地窪構造理論體系。
1980 年，當選中國科學院地學部學部委員（院士）。
1982 年，《地窪區（活化區）大陸地殼第三構造單元》獲國家自然科學二等獎。
1995 年，他又因亞洲陸海殼體大地構造圖獲國家科技進步二等獎。
2004 年 4 月 7 日，陳國達在長沙逝世。

袁家騮 1912.4.5.~2003.2.11. 河南安陽縣（安陽市）

袁家騮（Luke Chia-Liu Yuan）物理學家。物理學家吳健雄的丈夫。祖父袁世凱，
父親袁克文，母親為袁外室花元春。祖母是袁世凱的三姨太朝鮮人金氏。
1930 年入燕京大學，師從著名理論物理學家謝玉銘。1932 年畢業於該校物理系，
1934 年獲該校碩士學位。1936 年，經當時美駐華大使司徒雷登引薦，赴美深造。
入伯克萊加利福尼亞大學研究院研讀，與吳健雄同在該校攻讀物理學，一年後
受聘為加州理工學院物理系助教。1940 年獲該校博士學位，後留校任物理研究
員兩年。
1942 年至 1946 年在美國無線電公司研究所作為物理學家參與研究工作。
1942 年 5 月 30 日與吳健雄結為夫婦。吳健雄女士是世界上首顆原子彈研製人
員中唯一的女性。

二戰後，袁家騮先後在美國國家科學實驗室和普林斯頓大學長期從事基礎物理研究，在「中子的來源」「高能質子加速器」、「共振物理學」等領域都有新發現和新成就，兩人並有一子袁偉承。

袁於 2001 年 6 月底赴天津參加學術會議期間突發心肌梗塞，7 月 13 日轉入北京協和醫院 A 級二病房並長期住院，住院期間作息正常，只是需以拐杖走路。2003 年 2 月 6 日因心肌梗塞與腦血栓病情加重被送至加護病房，至 2 月 11 日下午 13:27 因心臟衰竭病逝北京協和醫院，告別儀式 19 日在北京八寶山革命公墓舉行，及後下葬在江蘇省太倉縣瀏河鎮的明德學校裡其妻子吳健雄墓園旁邊。

袁家騮是一位名聞遐邇的高能物理學家，二戰期間應邀參加美國政府的國防科研工作，協助製造雷達，戰後入普林斯頓大學從事宇宙研究，後又在美國布魯克海芬國家實驗室工作，從事核子科學基本理論的研究，任高級研究員。他在高能物理、高能加速器、粒子探測系統、宇宙線、無線電定向、頻率調製和雷達系統研究上均有很高的造詣。

袁家騮一生工作有：燕京大學研究助理、美國加州理工學院研究助理、美國加州理工學院研究員、布魯克海汶國家原子能研究所物理學家、RCA 實驗室研究物理學者、美國普林斯頓大學副研究員、1959 年中央研究院院士、瑞士歐洲核能研究組織訪問教授、艾菲達大學能源研究中心主任、蘇聯高能物理研究院訪問教授、年布魯克海汶國家原子能研究所資深物理學家、布魯克海汶國家原子能研究所顧問、法國巴黎大學訪問教授、1983 年擔任行政院同步輻射研究中心指導委員會主任委員。

研究工作涉及高能物理、高能加速器和粒子探測系統、宇宙線、無線電定向探測、調頻雷達系統等。袁家騮於 1964 年編著《物質的本性；高能物理學的目的》，又和吳健雄於 1961 年合作編著《實驗物理學方法·原子核物理》。

吳健雄 1912.5.31.~1997.2.16.　江蘇上海南通市

吳健雄（Chien-Shiung Wu），美籍華裔物理學家，被稱為「世界物理女王」、「物理學第一夫人」、「物理研究的第一女士」、「核子研究的女王」、「中國居里夫人」。祖父吳挹峰，太倉州學副貢，父親吳仲裔，她先後就讀於蘇州太倉瀏河小學、明德學校、蘇州女子師範學校。

1929 年，保送國立中央大學。

1930 年，入中央大學（南京大學）數學系，一年後轉入

物理系，師從近代物理學家施士元、光學家方光圻、天文學家張鈺哲、電磁學家倪尚達等教授；

1934 年，畢業，先後在浙江大學、中央研究院物理研究所工作。

1936 年，乘「胡佛總統」船赴美．進入美國伯克利加州大學．

1940 年，獲物理學博士。研究鈾裂變產生的有放射性氣體「貝他衰變論」實驗．

1942 年，吳健雄與袁家騮結婚．

1944 年，任教於哥倫比亞大學，從事物理學研究工作。

1958 年，當選美國國家科學院院士，普林斯頓大學授予榮譽物理學博士學位．

1962 年，獲美國大學婦女會年度婦女獎，和富蘭克林獎章．

1964 年，獲美國國家科學院康士多獎．

1973 年，多次回中國大陸講學訪問．

1975 年，出任美國物理學會會長．

1976 年，獲頒白宮國家科學獎章．

1978 年，贏得世界崇高地位的伍爾夫物理獎．並獲英國愛丁堡皇家科學院院士．

1982 年在南京大學開辦系統講座，論述了 β 衰變、宇稱不守恆、穆斯堡爾效應等方面的課題。吳健雄先後受到美國總統羅斯福、尼克森、卡特、雷根和中國總理周恩來，鄧小平等的接見。

1992 年南京大學出版社出版了其論文演講集。

1997 年 2 月 16 日因心臟病在紐約逝世，及後於中國江蘇省太倉縣瀏河鎮明德學校下葬。丈夫是袁世凱之孫袁家騮，兩人雖同屬物理學家，卻屬高能物理與低能物理之不同領域。被世人譽為從居里夫人後最偉大的女性科學家。

閻振興 1912.7.10.~2005.1.7. 河南汝南人

閻振興，美國愛荷華大學取得工學博士，曾在黃河流域做過河川水利工作，

1947 年出任河南大學教授兼工學院院長，

1949 年隨政府到台灣，在高雄港務局做總工程師，

1957 年出任台南市國立成功大學教授兼校長，

1962 年轉任台灣省政府教育廳廳長、教育部部長、行政院青年輔導委員會主任委員、行政院國家科學委員會副主任委員、國防部中山科學研究院院長、行政院原子能委員會主任委員、國立清華大學校長、國立台灣大學校長、總統府國策顧問、總統府資政。

2005 年 1 月 24 日逝世．

錢偉長 1912.10.9. ~2010.7.30.江蘇無錫鴻聲鄉七房橋村

錢偉長，中國力學家、應用數學家、教育家，中國科學院院士，上海大學校長，暨南大學董事會董事長，南京大學，南京航空航天大學，江南大學，耀華中學名譽校長。父親是錢穆長兄錢摯，「偉長」這個名字就是錢穆給取的。

祖父是晚清的秀才，四十幾歲病逝，家境清寒，錢母是個沒有文化的村婦，偉長少時偶爾幫大人打漁過活。

7 歲學習《論語》《詩經》等儒家經典．

1923 年，入高小。

1925 年，離開梅村小學，學習四書五經給錢偉長很大影響。

1927 年，隨父入無錫縣立中學，但被北伐軍的佔領而關閉。

　　同年，錢穆在蘇州中學任國文教員，錢摯為鄉村師範學校校長。

1928 年秋家遭巨變，四叔錢穆仍堅持要讓他上學，學費由他負責。

1930 年秋，錢偉長的論文《春秋日蝕考》獲高中獎，

1931 年，錢穆成為北大副教授，9 月 16 日，錢偉長來到北京．

1935 年，錢偉長以優異成績，從清華大學物理系畢業。

　　夏天，參加「中央研究院南京物理研究所的實習研究員」和「清華物理系的研究生」兩項考試，都被錄取。

1937 年，北平淪陷，在天津耀華中學任教近一年，

1939 年，赴昆明在西南聯合大學講授熱力學，並與孔祥瑛結婚。

1939 年，參加第七屆中英庚款會公費留學力學專業考試及格．

1940 年 1 月他們正式赴加拿大多倫多大學學習。

1941 年 6 月，獲多倫多大學應用數學碩士學位。

　　10 月，錢偉長將《彈性板殼的內稟理論》一文的思路進一步展開，完成以薄板薄殼統一內稟理論為內容的博士學位論文，

1942 年，成為美國數學學會會員。

　　在美國加州理工學院和噴射推進研究所做博士後研究，與錢學森、林家翹、郭永懷一起，在馮·卡門教授指導下從事航空太空領域的研究工作，參加火箭和飛彈實驗，他和同事們研究的主要課題是火箭的起飛、飛行中火箭的翻滾、火箭彈道的控制等。錢偉長很快連續發表了好幾篇論文，並在研究、設計、製造等環節中，做了許多具體工作。

1946 年 5 月 26 日回國，擔任清華大學工學院機械系教授．

1947 年冬，女兒出生。無奈之下只好多做兼職，

1948 年，去美國研究工作，未獲得簽證。12 月 25 日二女兒出生。

1949 年，在清華、北大、燕京大學教應用力學、材料力學．

　　3 月清華大學成立科學委員會，負責人有葉企孫、張奚若、吳晗、周培源、錢偉長、費孝通、陳新民等。

1950 年，為自然科學專門學會聯合會常委、組織部部長
1951 年，擔任中國科學院數學研究所力學研究室主任．
1952 年，被任命為純工科的清華大學教務長，他自學速成了俄語。
1953 年，參與起草憲法。
1954 年，當選為中科院學部委員兼中科院學術秘書。
1956 年，參加周恩來總理領導制定中國自然科學 12 年規劃工作。
1956 年，參加中國科技訪問團，出訪蘇聯、波蘭、羅馬尼亞、匈牙利、民主德
　　國、保加利亞、捷克、南斯拉夫等 8 國的科學院和國家科委。
1956 年，錢偉長獲國家科學獎二等獎，他提出了以中心撓度為小參數的攝動法，
　　這也就是國際力學界所稱的「錢偉長法」，
1979 年中央撤銷把錢偉長劃為右派分子的決定。
1980 年，他被任命為清華大學副校長，仍兼教務長和力學教授。
1981 年，被任命為中文信息學會理事長．
1983 年，鄧小平親自下令，調上海工業大學校長，並寫明此任命不受年齡限制。
　　錢偉長提倡拆除四堵牆 —— 學校和社會之牆、校內各系科各專業各部門之
　　牆、教學與科研之牆、教師與學校之牆。
1984 年，任民主同盟中央副主席上海市應用數學和力學研究所長
1985 年，任香港特別行政區基本法起草委員會委員。
1987 年，任全國政協副主席、《中國應用數學和力學進展》主編。
1988 年，任澳門特別行政區基本法起草委員會副主任委員。
1990 年，任中國海外交流協會會長。
1992 年率先在上海市提倡並實行學分制。
1993 年上海多所大學合併成立為現在的上海大學，錢偉長的計劃，把上海大學
　　建設成為世界一流的研究性大學。
2010 年 7 月 30 日 6 時 20 分在上海逝世，享年 98 歲。
妻子，孔祥瑛，為孔子 75 代孫。其父孔繁蔚為同盟會老會員，曾任山西警衛軍
司令、山東省參議長。
兒子，錢元凱。中國著名攝影家。長女，錢開來，次女，錢歌放

錢三強 1913.10.16.~1992.6.28. 浙江湖州 吳興人．
錢三強，原名錢秉穹，祖父錢振常，父錢玄同
1920 年，入北京中法大學附水孔德學校．
1930 年，考取北京大學理預科．
1932 年，進入清華大學物理系．
1936 年，清華大學物理系畢業。在北平研究院物理研究所嚴濟慈所長做助理．
1937 年，留學法國，在法國巴黎大學居里實驗室和法蘭西學院原子核化學實驗
　　室從事原子核物理研究工作，獲博士學位．研究鈾核三裂變取得突破性成果。
1940 年，獲法國國家博士學位．

1941 年，任職里昂大學，研究量子力學·
1943 年，在法蘭西學院原子核化學實驗室研究·
1945 年，出席劍橋大學「基本粒子會議」·
1946 年，獲法國科學院亨利·德巴微(Henri de Parville)物理學獎金。與何澤慧結婚
1948 年，回國，在清華大學任教·
1949 年，中國科學院計劃局局長，
1950 年，任中國科學院近代物理研究所所長·
1956 年，任第三機械工業部副部長、
1958 年，中國原子能研究所任所長，研究氫彈·「<u>兩彈一星</u>」計劃有巨大貢獻。
1966 年，文化大革命受到抄家·幸周恩來保護·中國第一顆導彈核武發射成功·
1967 年，中國第一顆氫彈在西北地區上空爆炸成功·
1969 年，與妻在陝西勞改，身心受創，患心臟病，周恩來關懷送臨潼治療·
1975 年，任人大代表，擔任了<u>中國科協</u>副主席、<u>中國物理學會</u>理事長、<u>中國核學會</u>名譽理事長等職務。
1992.6.28. 心臟病病逝北京，享壽 80 歲。
1999 年，追授了 515 克純金鑄成的「兩彈一星功勛獎章」，以表彰其貢獻。

任新民 1915.12.5.~　安徽寧國縣

任新民，太空技術和火箭發動機專家，中國飛彈與太空事業開創人之一，曾任衛星工程總設計師，兩彈一星功勛獎章獲得者。
1934 年考入國立中央大學（南京大學）化學工程系（今南京工業大學），1937 年轉入重慶兵工學校大學部，1940 年畢業。後赴美國密西根大學研究院留學，獲機械工程碩士和工程力學博士學位。1949 年回國後，先後在華東軍區軍事科學研究室任研究員、哈爾濱軍事工程學院任教。從 50 年代後期起，參加籌建國防部五院，擔任總體室主任、液體火箭發動機設計部主任，七機部副部長，航天工業部科技委主任等職。曾作為運載火箭長征一號的技術負責人領導了中國第一顆人造衛星的發射；曾擔任試驗衛星通信、實用衛星通信、風雲一號氣象衛星、發射外國衛星等六項大型太空工程的總設計師，主持研製和發射工作。
1979 年出任中國宇航學會首任理事長。
2006 年 10 月，與錢學森、屠守鍔、黃緯祿、梁守槃等共 5 位專家獲「中國太空事業五十年最高榮譽獎」。

黃緯祿 1916.12.18.~2011.11.23.安徽省蕪湖人

黃緯祿，自動控制和飛彈技術專家，中國飛彈與太空技術的主要開拓者之一，兩彈一星功勛獎章獲得者。
1940 年畢業於國立中央大學（南京大學）工學院（現東南大學）電機工程系，1947 年在英國倫敦大學帝國學院獲碩士學位。

1950 年代末，任中國液體戰略飛彈控制系統的總設計師。曾參與研製多級的中遠程飛彈和由它改進而成的長征一號運載火箭。

1970 年代初從事潛艇發射的固體戰略飛彈的開創工作。

2006 年 10 月，與錢學森、屠守鍔、任新民、梁守槃等共 5 位專家獲「中國太空事業五十年最高榮譽獎」。

梁守槃 1916.4.13.~2009.9.5.，福建省福州市人

梁守槃，清華大學機械系航空組工程學士學位，1938 年赴美國獲麻省理工學院航空工程碩士學位。曾任浙江大學航空系系主任。中國科學院院士，導彈總體和發動機技術專家，中國導彈與航天技術的重要開拓者之一。中國第一枚液體進程彈道導彈、「海鷹」導彈、超音速系列反艦導彈總設計師。被尊稱為「中國海防導彈之父」，與任新民、屠守鍔、黃緯祿並稱為中國「航天四老」。

2006 年 10 月，與錢學森、任新民、屠守鍔、黃緯祿等共 5 位專家獲「中國航天事業五十年最高榮譽獎」。

貝聿銘 1917~ 廣東出生成長於蘇州移民美國

父親貝祖怡是中國銀行創始人之一。

1927 年，10 歲隨父親到上海，1934 年，17 歲負笈美國麻省理工學院、哈佛大學學習建築設計。他的祖輩是蘇州望族。

1935 年，到美國麻省理工學院和哈佛大學學習建築．

1940 年，獲麻省理工學院「阿爾法羅池獎章」、「建築師學會獎章」

1948 年，辭去教師，開始從事商業住房的設計。

1951 年，獲惠爾賴特遊學獎學金

1955 年，為建築設計界 "奇才"、設計的建築物遍佈美國、法國、伊朗、新加坡、加拿大、澳大利亞、西班牙，也都有他的作品。

1961 年，美國藝術文學院「阿諾·佈魯納獎」

1963 年，美國建築師學會紐約分會「榮譽獎章」

1964 年，貝聿銘被選為甘西迪圖書館的設計師。

1970 年，美國波士頓國際學院「金門獎」

1975 年，獲選美國藝術文學院

1976 年，美國「湯瑪斯·傑佛遜記念獎章」

1978，當選為美國藝術文學院首位建築師背景的院長、獲美國室內設計師協會「埃爾希·德·沃爾夫獎」

1979 年，美國藝術文學院「建築學金獎」，美國建築師學會金獎（AIA Gold Medal）

1979 年，獲羅德島設計學院校長院士，金質獎章·

1981 年，法國建築學院「建築學金獎」、美國紐約市「藝術文化類市長榮譽獎」，美國國傢藝術委員會「榮譽金獎」

1982 年，普裏茨克建築學獎金，上海同濟大學授予他 "名譽教授" 的稱號。

1983 年，普利茲克獎

1984 年，法國總統密特朗邀請他羅浮宮的擴建設計，成為世界上最大的博物館。成為法蘭西藝術院外籍院士、法國政府授予藝術及文學勛章司令勛位·

1988 年，美國雷根總統授與美國國傢藝術勛章、法國密特朗總統授與法國榮譽軍團勛章騎士勛位·

1989 年，日本高松宮殿下記念世界文化賞「建築終身成就獎」

1990 年，退休·育三子一女，夫人也是留美學生。子女雖然入了美國籍，可是孩子們不忘祖國。

1991 年，美國柯爾貝爾基金會「卓越首獎」貝聿銘設計的 miho 博物館

1993 年，獲選為英國皇傢藝術學院（the Royal Academy of Arts）名譽院士、升格為軍官勛位、美國喬治·佈殊總統授與美國總統自由勛章

1994 年，以色列貝紫雷藝術與設計學院「藝術與文學類耶路撒冷獎」、中國建築學會「傑出成就金獎」、美國紐約州政府「藝術獎」·

1996 年，意大利「新世紀金玫瑰國際獎」，美國紐約市政藝術協會「賈桂琳·甘乃迪·歐納西斯獎章」

1997 年，美國佈朗大學「獨立獎」、為法國建築學院

1998 年，美國麥克杜威部落「麥克杜威獎章」（Edward Mac Dowell Medal）

1999 年，美國紐約市歷史地標保存中心「文化桂冠獎」（Cultural Laureate）

2001 年，美國哲學會「湯瑪斯·傑佛遜藝術、人文、社會科學卓越成就獎章」

2003 年，美國「國傢設計獎終身成就獎」美國國傢房屋博物館「亨利·C·特納獎」·

2006 年，德國埃爾文·維克特基金會「東方與西方獎」（Orientund OkzidentPreis）

2009 年，英國 RIBA 皇傢金質獎章

2010 年，獲英國皇傢建築師協會金獎、英國皇傢建築師協會金獎。

　　美國前總統卡特贊美他設計的華盛頓國傢藝術館東大廳最令人嘆為觀止。

美籍華人貝聿銘、法國華人畫傢趙無極、美籍華人作曲傢周文中，被譽為海外華人的 "藝術三寶"。

錢驥　1917~1983.8.28.　江蘇金壇縣

錢驥，地球物理與空間物理學家、氣象學家、太空專家。中國科學院「651」人造衛星設計院技術負責人，與趙九章等同為中國人造衛星事業的先驅和奠基人。

1943 年，畢業於國立中央大學（南京大學）理化系。

1949 年後，歷任中國科學院地球物理研究所副主任、主任，衛星設計院負責人，
　　七機部第五研究院衛星總體設計部主任等職。
1965 年，提出《我國第一顆人造衛星方案設想》報告，並負責組建衛星總體設
　　計機構，中國第一顆衛星東方紅一號方案的總體負責人。其後為回收型衛星
　　的研製做大量技術和組織領導工作
1999 年被中國政府追認為兩彈一星功勛獎章獲得者。

王大閎　　1917.7.6.~　原籍廣東東莞，出生於北京

王大閎，父親王寵惠，先後就讀蘇州景海小學、南京金陵與蘇州東吳初中。他
為台灣第一位完整接受西方現代性建築教育的建築師。哈佛大學研究所就學
時，受教於德國現代建築大師沃爾特·格羅佩斯（之前擔任包浩斯校長）與密斯·
凡·德羅，與名建築師貝聿銘、菲力普·強生（Philip Johnson）是同班同學。
1930 年，隨父親前往海牙，進入瑞士栗子林中學（夏德乃中學、夏德美中學），
1936 年，入英國劍橋大學，原先主修機械，後來改為建築。
1940 年，因歐洲局勢不穩，在父親安排下赴美。
1941 年，進入美國哈佛大學建築研究所攻讀。
1942 年，畢業後，駐美大使魏道明邀請，擔任華盛頓中國駐美大使館隨員。
1944 年，美國雜誌《室內》邀約發表作品，
1945 年，發表《城市中庭住宅》(The Atrium Town House) 作品。
1947 年，在上海與陳佔祥、黃作桑、鄭觀萱、陳謙受成立五聯建築師事務所。
1949 年，去香港，
1952 年，遷居臺北。
1953 年，在父親支持下成立大洪建築師事務所，因設計國父紀今館而聞名·
1953 年，與第一任妻子王美惠訂婚，
1954 年，1 月結婚，12 月長女王依仁出生。
1957 年，2 月長子王守正出生。
1961 年，完成臺大活動中心暨週邊禮堂規畫，
1964 年，與王美惠離婚。
1965 年，與第二任妻子林美麗結婚。
1966 年，1 月次子王海琪出生。
1967 年，完成登陸月球紀念碑設計案。
1968 年，7 月，次女王依恩出生。
1969 年，設計臺大活動中心建築，獲第一屆建築金鼎獎、成為十大優秀建築師。
2009 年，引領台灣現代建築運動，建築設計中融入傳統人文思想，帶有文化性
及藝術性，以及其整體作品對台灣現代建築發展史的標竿性，獲頒第十三屆國
家文藝獎。

屠守鍔　1917.12.5. ~2012.1215.　浙江省湖州市人

屠守鍔，1948 年 12 月加入中國共產黨。火箭技術和結構強度專家，中國飛彈與太空事業開創人之一，兩彈一星功勛獎章獲得者。

1940 年畢業於西南聯合大學航空系，後赴美國麻省理工學院航空工程系留學，獲碩士學位。曾任美國寇蒂斯飛機公司工程師。

1945 年回國後，先後在西南聯合大學和清華大學任教。

1950 年，任國防部五院研究室主任、總體設計部主任，地空飛彈型號的副總設計師，遠程洲際飛彈和長征二號運載火箭的總設計師，為中國飛彈與太空事業的發展做出了重要貢獻。

1985 年獲國家科技進步獎特等獎。

1986 年當選國際宇航科學院院士。

1990 年首批享受國務院頒發的政府特殊津貼。

1991 年當選中國科學院學部委員。

1999 年被授予「兩彈一星功勛獎章」。

2006 年 10 月，與錢學森、任新民、黃緯祿、梁守槃等共 5 位專家獲「中國太空事業五十年最高榮譽獎」。

2012 年 12 月 15 日於北京醫院去世。

鄧稼先　1924.6.25. ~1986.7.29.　安徽懷寧人

鄧稼先，理論物理學家，核物理學家，中國科學院學部委員。

1945 年，畢業於西南聯合大學物理系，後在北京大學任教。

1948 年 10 月赴美國普渡大學物理系留學，

1950 年，獲物理學博士學位，同年回國。歷任中國科學院近代物理研究所助理研究員、副研究員，

1956 年，加入共產黨，

1958 年，任二機部第九研究所理論部主任、

1972 年，任國防科委第九研究院副院長、

1979 年，任第九研究院院長，

1982 年 4 月 9 日國務院任命鄧稼先為核工業部科技委副主任

1986 年 6 月，中央軍委任命鄧稼先為國防科工委科技委副主任。

　　因長期受輻射傷害，同年身患直腸癌症逝世。

在原子彈、氫彈研究中，領導開展了爆轟物理、流體力學，狀態方程、中子輸運等基礎理論研究，對原子彈的物理過程進行了大量模擬計算和分析，邁出了中國獨立研究核武器的第一步。領導完成原子彈的理論方案，並參與指導核試驗的爆轟模擬試驗。原子彈試驗成功後，立即組織力量，探索氫彈設計原理，選定技術途徑。他生前共參與了中國進行的 32 次核試驗，其中親自去羅布泊指揮試驗隊的就達到 15 次。

鄧稼先是中國核武器事業重要的開拓者與奠基人，對中國核科學事業做出了突出貢獻，被稱為「兩彈元勛」。

周光召　1929.5.15.~　湖南長沙人

周光召，理論物理、粒子物理學家，中國科學院院士。

1951 年，畢業於清華大學物理系。

1954 年，畢業於北京大學研究生院。

1957 年，赴蘇聯莫斯科杜布納聯合原子核研究所工作。

1960 年，開始核武器的理論研究，領導並參與了爆炸物理、輻射流體力學、高溫高壓物理、二維流體力學、中子物理等多個領域的研究工作，奠定了基礎。

1961 年，回國，歷任二機部第九研究院理論研究所副所長、所長，二機部九局總工程師，中國科學院理論物理研究所研究員、所長，中國科學院院長。

1964 年，獲國家自然科學獎一等獎。

1985 年，獲兩項國家科技進步獎特等獎。

1987 年，獲中國科學院重大科技成果獎一等獎。

1987 年，美國國家科學院外籍院士。

1987 年，任中國科學院院長。

1992 年，當選為中國科學院學部委員會執行主席。

1996 年，當選為中國科協主席。

1999 年 9 月，與錢學森、錢三強、鄧稼先等共 23 人一起獲兩彈一星功勛獎章。

袁隆平　1930.9.7.~　生於北京，祖籍江西九江德安現居湖南長沙

袁隆平，雜交水稻育種專家，中國工程院院士。現任中國國家雜交水稻工作技術中心主任暨湖南雜交水稻研究中心主任、湖南農業大學教授、中國農業大學客座教授、聯合國糧農組織首席顧問、湖南省科協副主席和湖南省政協副主席。

2006 年 4 月當選美國科學院外籍院士。

根據他育種的雜交水稻品種及研究，水稻單位產量由畝產 300 公斤上升到 900 公斤以上。他也被廣泛譽為「雜交水稻之父」

方勵之　1936.2.12.~2012.4.6.　生於北京，籍貫浙江杭州美籍華人

方勵之，天體物理學家，曾任中國科學院學部委員、科學技術大學原副校長、科學技術大學天體物理中心原主任、參與高校天體物理實驗室．

1948年，12歲加入中國共產黨．

1952年，考入北京大學物理系，

1955年，加入中國共產黨。

1956年，大學畢業，於中國科學院近代物理研究所工作。

1958年，中國科學技術大學擔任助教、講師、教授、博士生導師．

1984年，任第一副校長。

1986年，學生對人大「橡皮圖章」抗議，引發八六學潮。

1987年，在「反對資產階級自由化」運動中被鄧小平　點名開除中共黨籍、與中國科學技術大學副校長一職，並被調到北京天文台任研究員。但是總部設於美國加州舊金山的「中國民主教育基金會」（Chinese Democracy Education Foundation）頒發「第二屆傑出民主人士獎」給方勵之、費希平、王若望與李柱銘。

1988年秋起，參加當時北京高校的政治研究會，並接受外國傳媒採訪公開批評四項基本原則，也受到當時北京學生的認同。

1989年1月6日，他向鄧小平發表公開信，建議釋放民運人士魏京生等。六四事件翌日與妻子避入美國駐華大使館，6月12日起被北京市公安局通緝。在使館中滯留一年之後，乘坐美軍飛機前往英國，半年後至美國，在美國亞利桑那大學擔任教授，

2010年，當選為美國物理學會會士。

2005年1月9日退出中國人權理事會。

2010年，當選美國物理學會會士（APS Fellow）。

2011年11月因心臟病住院，後恢復出院，

2012年4月6日在美國亞利桑那州的圖桑市寓所書房突然去世

方勵之於1961年與同在北大物理系任教的妻子李淑嫻結婚，有兩兒子，長子方克1963年生，現居美國；次子方哲1968年6月21日出生，2007年10月25日下午4時左右在其任職之亞利桑那大學駕車時被卡車撞倒不治。

張俊彥 1937.10.12.~　　台灣台南麻豆

張俊彥，電機學者、中央研究院院士，曾任國立交通大學校長，現為該校電子工程學系教授。

1960年，國立成功大學電機系畢業，

1962年、1970年獲得國立交通大學電子研究所碩士、博士．其專長為半導體元件、半導體物理及VLSI技術。

1964年，與張瑞夫、郭雙發共同建立台灣首座半導體研究中心

1966 年，開始研究積體電路、砷化鎵(1970 年)、非晶矽(1978 年)。建立的國家
　毫微米元件實驗室，也為該領域世界級的實驗室。
張俊彥曾經擔任交大電子研究所教授、電子物理系主任、成功大學電機系主任、
美國貝爾實驗室 VLSI Group 高級研究員，交大工學院院長、電機資訊學院院長、
電子與資訊研究中心及校長等職務。除此之外，張俊彥也是政府科技政策智囊，
曾經擔任行政院科技顧問及總統府國策顧問。

劉兆漢 1939.1.3.~　　湖南衡陽

劉兆漢，國立台灣大學電機工程學系、美國布朗大學電機博士。中央研究院院
士、國際電機電子工程學會會士(IEEE Fellow)。
美國伊利諾大學電機與電腦工程學系助教授（1966-1970）、副教授（1970-1974）、
教授（1974-1993）、名譽教授（1993 　）
德國馬克斯蒲郎克高層大氣研究所訪問科學家（1974）
國際科聯日地科學委員會（SCOSTEP）科學秘書長（1981-1994）
國立台灣大學電機系講座教授（1981）
國立中央大學太空及遙測研究中心講座教授（1989-1990）
中華民國地球科學學會（CGU）理事長（1994-1996）
中華民國氣象學會理事長（1999-2003）
國立中央大學校長（1990-2003）
台灣聯合大學系統校長（2003-2006）
中央研究院院士、副院長（2006-2011）
父；劉國運，湖南人，空軍二級上將（1967 年病逝）。其官舍日後改建為國運
新城。母：鍾畹芳，師範畢業。
妻子：孟粹珠、女兒：劉庭瑋 （請校正）
兄弟：
劉兆寧（大哥）美國伊利諾大學香檳分校電腦博士，教授。
劉兆華（二哥）美國伊利諾大學香檳分校博士，歿。
劉兆藜（四弟）台大地質學士美國伊利諾大學香檳分校博士教授。
劉兆玄（五弟）臺大學化學學士、加拿大多倫多大學化學博士、行政院長，現
　任國家文化總會會長。
劉兆凱（六弟）台大電機系學士，美國伊利諾大學香檳分校電機與電腦工程博
　士，現任東元電機董事長

蔡義本　1940.3.23.－）台灣苗栗縣的濱海區域

蔡義本，台灣地震學家、曾任國立中央大學地球科學學院院長和教務長。

蔡義本在國立台灣大學電機工程學系就讀，大學二年級時因為<u>八七水災</u>兩位妹妹喪命，因此決定改研究地球科學。在國立中央大學地球物理研究所取得碩士之後進入麻省理工學院，於 1969 年獲得博士學位。在美國工作數年‧

1973 年，回到台灣進行地震研究，後來曾在國立中央大學地球科學學院、太平洋瓦電公司任職、並曾擔任國立中央大學教務長、中央研究院地球科學研究所首任所長等職務。

曾主持台灣地震觀測網，並成功量測出台灣地震活動的地理分佈與深度分佈，得以了解了台灣地區的板塊構造輪廓。

1990 年代，蔡義本協助中央氣象局在台灣各都會區建立強震觀測網，取得大量地震資料。

朱經武 1941.12.2.~ 　原籍廣東台山出生於湖南芷江 1948 年隨父母遷移至臺灣台中縣清水鎮

朱經武，美籍華人物理學家，高中就讀於台中縣清水中學，1962 年國立成功大學畢業，1965 年取得紐約福坦莫大學的理學碩士學位，1968 年在加州大學聖地亞哥分校取得哲學博士學位（物理學）。畢業後，於新澤西貝爾實驗室從事工業研究工作。

1987 年，休斯敦大學德州超導中心委任朱教授為首位主任。同年，朱經武等人首次宣布得到了 90K 以上電阻消失的超導體。

朱是俄羅斯工程學院院士，同時也是美國科學院、美國人文及科學學院、中華民國中央研究院、中華人民共和國中國科學院及發展中世界科學院五院院士。此外，朱教授屢獲殊榮，包括美國科學家最高榮譽的國家科學獎及馬蒂亞士獎。他又獲頒工程界最崇高的約翰弗里茨獎，愛迪生、貝爾及費米等傑出科學家，也是這個獎的得主。他曾在 2001 年至 2009 年擔任香港科技大學校長。

朱經武的妻子陳璞是著名數學大師陳省身女兒。

原籍廣東之朱經武會講流利粵語；2008 年，朱經武於擔任香港科技大學校長期間為鼓勵香港高科技發展，參與香港電台節目《創新戰隊》演出，飾演劇中戰隊領袖「石開武博士」。由於劇集除了在電視上播放，亦有在巴士上的《RoadShow》頻道上播出精華片段，事件引起民間廣泛討論。他擔任台灣綜合大學(成功大學、中興大學、中山大學、中正大學)教育部核定首任系統校長。

翁啟惠　1948.8.3.~　臺灣嘉義縣義竹鄉

翁啟惠(Chi-Huey Wong)，科學家，專長生物化學、有機及合成化學，特別是醣蛋白研究。

1954年，入嘉義縣義竹鄉義竹國民小學．

1960年，進臺灣省立臺南第一中學。

1966年，國立臺灣大學農業化學系學士

1977年，國立臺灣大學生化科學研究所碩士。

1979年，美國麻省理工學院有機化學博士。

德國Max-Planck研究院科學諮詢委員、生物有機及藥物化學期刊主編、Tetrahedron Publications 主席、國立臺灣大學、國立清華大學化學及生化科學特聘研究講座教授、行政院生技產業策略諮議委員。

1994年，當選為中華民國中央研究院院士，

1996年，當選美國人文與科學學院院士，

2000年，應中央研究院院長李遠哲邀請，回臺灣主持中央研究院生物化學多醣體研究室。

2002年，當選美國國家科學院院士，

2003年，以中央研究院特聘研究員兼中央研究院基因體研究中心主任。

2006年，當選中央研究院院長，獲陳水扁總統特任為中央研究院第9任院長。

2011年6月，促成「國家生技研究園區」的開發。對外公布「人才宣言」，這是翁院長廣邀國內重要的產業、教育、科技、媒體與藝術等各界代表，共同連署的。意在指「國家正面臨一個空前的人才失衡危機」。

2014年1月17日，獲得沃爾夫化學獎（Wolf Prize）榮譽。

重要研究與貢獻：

世界首位成功以酵素技術大量合成複雜多醣物（多醣及醣胜肽）的科學家。這兩種方法目前也被工業界用來開發治療心臟病、中風及各種發炎疾病的新藥。有機生物和合成化學，包括以酵素和化學酵素方法為基礎的新合成辦法研發、合理的設計和酵素抑制劑的合成、碳水化合物和相關物質的結構功能以及合成研究、碳水化合物模擬疾病的發展、分子同本生物和蛋白質工程學，以及結構方法學。

曾擔任過無數國際科學會議演講人。曾在諾貝爾研討會上發表了有關「催化非對稱性合成」的專題演講。發表科研論文超過460篇。擁有的專利有60項以上。

孟懷縈　1961.1.17.~　祖籍四川省巴縣，出生於台南．

孟懷縈(Teresa H. Meng)，在這裡讀完小學到大學。中華民國中央研究院院士、美國國家工程學院院士，IEEE Fellow，史丹佛大學電機系講座教授，國立台灣大學講座教授，創銳訊(Atheros Communications)通訊公司創辦人，以領導分散式無線網路技術發展而最為知名。

孟懷縈台北市立第一女中、台灣大學電機系畢業。

1988年，取得柏克萊加州大學電機博士，同年即獲聘史丹佛大學電機系任教。

1998 年，她與當時史丹佛大學工程學院院長約翰·軒尼詩共同創辦創銳訊公司。
　　她專精於射頻與訊號處理技術發展，包括領先業界研發出第一顆全由 CMOS
　　製造的 5GHz 射頻晶片。

1995 年，他們在喜馬拉雅山認識英籍夫婿(Simon Holden)是一位地質學家

2007 年，她當選為美國國家工程學院院士，成為繼黃桑希蘭院士之後的第二位
　　華裔工程學院女院士。孟院士與黃桑院士有許多共同之處，都是出身台灣而
　　為全球華人及女性爭光，在台灣完成大學教育，而且都是北一女中的校友。

2010 年，孟懷縈當選為中央研究院院士，為當屆最年輕的院士。

周苡嘉　1983~

交通大學電子物理系助理教授，登上世界頂尖期刊「科學
（Science）」，震撼學術界。

周苡嘉領導的研究團隊與 IBM 華生研究中心跨國合作，進
行三五族奈米線的原子級自組裝成長機制的基礎研究，發
現「磷化鎵中的雙晶結構」，是影響奈米結構規律成長的
關鍵因素。

三五族材料具有高電子遷移率，可加入矽元件製程中，達
到高功率、高頻率的效果。學界對於三五族奈米線的成長

機制，有許多討論，尤其是其原子等級自組裝的成長動力學，更是國際學者感
興趣的課題。

周苡嘉團隊設計在穿透式電子顯微鏡中觀察三五族奈米線的設備，直接觀察每
個原子層的成長，成功解釋三五族奈米線在穩定條件下，每個原子層的成長速
率變化大的原因。

研究團隊認為，磷化鎵中的雙晶結構是影響主因，並建立簡單的成長模型，算
出在一定特定的成長條件下，每個原子層的成長速率是穩定而規則的。

周苡嘉在 IBM 華生研究中心完成實驗，將複雜的結果分析出來，對於未來組裝
奈米材料結構有重要貢獻。

交大校長吳妍華表示，周苡嘉可能是交大史上最年輕，達到此里程碑的教師。

郭兆林　台灣

郭兆林美國史丹福大
學物理系助理教授，設
計靈敏的偵測儀器，與
美國另四位科學家監測
到了宇宙 140 億年前「大
爆炸」的微弱回聲，發現
大爆炸後宇宙擴張的直接

證據。偵測到宇宙微波背景輻射不均勻的極化，愛因斯坦一百年前提出的「重力波」成為 180 億年前宇宙發生大爆炸的直接證據，暴脹是宇宙大爆炸後十的負 35 次方秒內，是一個小點，暴增成原體積的 10 的 25 次方倍大，如暴脹就是宇宙在手錶滴答一秒都不到的間，從一個原子的大小，長成太陽系那麼大。暴脹會讓宇宙中的物質分布不均勻，有些地方密，有些地方疏，密的地方物質逐漸聚集在一起，形成星星、月亮、和萬物，疏的地方則變成太空。

王選　1937.2.5.~2006.2.13.　生於上海，江蘇無錫人

王選，中國科學院院士、中國工程院院士，北京大學教授，九三學社中央副主席、全國政協副主席。他是漢字雷射照排系統的創始人和技術負責人，被中國大陸方面譽為當代畢昇。

1941 年至 1954 年間曾就讀於上海市南洋模範中小學長達 13 年。

1958 年北京大學數學力學系畢業。

1975 年開始主持中國計算機漢字雷射照排系統與電子出版系統並取得成功。

1992 年研製成功世界首套中文彩色照排系統。他所領導的科研集體研製出的漢字雷射照排系統為新聞、出版全過程的計算機化奠定了基礎，被譽為「漢字印刷術的第二次發明」。

2001 年江澤民總書記頒發國家最高科學技術獎，他是第三個獲得此獎的科學家。

2003 年當選為中國人民政治協商會議第十屆全國委員會副主席。2006 年 2 月 13 日 11 時 3 分因病在北京去世。為表示紀念，小行星 4913 號被命名為「王選星」

各界科技人才

王曉東：德克薩斯大學西南醫學中心生物醫學科學傑出首席教授美國科學院士
吳仲義：芝加哥大學生態與進化學系主任
林鑫華：美國辛辛那提兒童醫院教授
許瑞明：美國冷泉港實驗室教授，美國紐約大學醫學院教授
吳　瑛：美國西北大學神經科學系講習教授
劉景月：美國密蘇里大學教授　奈米科學中心主任
劉興勝：半導體　美國康寧公司研究開發中心任高級研究科學家
丁　洪：美國波士頓學院物理系教授
謝心澄：美國俄克拉荷馬州立大學講座教授美國物理學會 Fellow
楊貞標：生命科學　加州大學河濱分校教授
蘇黨生：化學工程　德國馬普 Fritz-Harber 研究所高級研究員
時玉舫：免疫學　紐澤西州立醫科大學特聘教授
崔　錚：英國盧瑟福國家實驗室微結構中心首席科學家，微系統技術中心主任

朱慧瓏：IBM 半導體研究和開發中心（ＳＲＤＣ）

林安寧：芝加哥大學 Ben May 癌症生物學系教授

鄭國慶：日本岡山大學物理系教授　日本大阪大學、東京大學客座教授

戴鵬程：田納西大學先進材料聯合研究所講座教授　美國物理學會 Fellow

劉德榮：依利諾斯大學芝加哥分校電機與計算機工程系教授　IEEE Fellow

楊廣中：倫敦帝國理工大學生物醫學工程學院主任　教授

張元亭：香港中文大學生物醫學工程學部主任　教授

劉　峰：德克薩斯州立大學糖尿病系統生物學教授

倪明選：香港科技大學計算機系系主任 IEEE Fellow

張榮光：生物物理　阿貢國家實驗室教授

椿范立：能源　日本國立富山大學教授

李學龍：圖像與信息處理　倫敦大 Reader

王　衛：美國新墨西哥大學化學系教授

傅陽心：芝加哥大學病理學系教授

佘振蘇：美國加州大學洛杉磯分校教授

陳十一：美國 Los Alamos 國家實驗室 fellow

陳松蹊：數理統計　美國密西根大學教授

黃國和：加拿大政府能源與環境領域首席科學家里　賈納大學工學院副院長

鄧興旺：細胞和發育生物學　耶魯大學教授

龍漫遠：生物信息學　美國芝加哥大學教授

張東曉：俄克拉荷馬大學石油和地質工程系米勒講席教授　拉薩拉莫斯(Los
　　Alamos)國家實驗室高級研究員

鄭春苗：美國阿拉巴馬大學教授美國地質學會 Fellow

侍樂媛：威斯康星麥迪遜大學工業與系統工程系教授

盧志揚：南加州大學大衛帕克講座教授　國際生產工程學院院士

劉　峰：加州大學爾灣分校機械與航空與太空工程系教授

劉征宇：威斯康星麥迪遜大學大氣與海洋科學系教授

高佳紅：核磁共振　芝加哥大學醫學中心教授

羅光湘：崗塔基大學分子病毒與免疫學研究室主任教授

牛　謙：德克薩斯州立大學奧斯汀分校物理系講座教授

肖瑞平：美國國立衛生研究院資深研究員

施一公：美國普林斯頓大學分子生物學系講習教授

宋永華：英國皇家工程院院士，曾任英國利物浦大學副校長

胡小平：美國喬治亞理工大學生物醫學工程系教授　IEEE Fellow

王力軍：德國馬普學會光學所所長、愛蘭根大學教授　OSA Fellow

張奇偉：生物信息學　美國冷泉港實驗室教授

羅永章：加州大學伯克利分校分子與細胞生物學系生物化學專業博士(創業類)

李兆平：計算神經科學倫敦大學教授

吳　勵：澳大利亞墨爾本霍爾醫學研究所高級研究員，研究室主任
魯　白：美國國立健康研究院 兒童健康與人類發育研究所神經發育研究室主任
危　岩：德雷克塞爾大學講席教授先進聚合物與材料化學研究中心主任
尤　力：物理 喬治亞州理工大學教授
黃子為：藥物化學與化學生物學 加州大學聖地亞哥分校 教授
邵志峰：美國維吉尼亞大學教授 生物 AAAS Fellow
倪軍：美國密西根大學教授、吳賢銘先進制造技術中心主任
吳國雄：英國倫敦大學機械工程系教授
劉惠春：凝聚態物理 加拿大國家研究院 加拿大皇家科學院院士
黃佩森：機械工程 紐約州立大學石溪分校系教授
季向東：美國馬里蘭大學基礎物理研究中心主任 美國物理學會 FELLOW
辛　軍：美國底特律柴油機公司和本田美洲研究中心
嚴晉躍：能源工程 瑞典皇家理工學院教授
李　傑：能源辛辛那提大學 L.W. ScottAlter 講座教授 NSF I/UCR 智能維護系統
　　中心主任
蔡申甌：數學 紐約大學教授
羅　勇：美國休斯頓 SBM-IMODCO 公司水動力與系泊部項目經理
陸　鍵：交通工程 南佛羅里達大學教授
王　晉：TECHNIP 集團公司美國分公司高級主任工程師，首席結構師，海海洋
　　平台技術高級專家
馬　紅：植物分子生物學與發育生物學 美國賓州州立大學生命科學教授
魏慶義：德克薩斯大學 M.D.Anderson 癌症中心流行病學系教授
沈　健：磁性奈米材料 美國橡樹嶺國家實驗室教授
馮建峰：生物信息 英國蘇塞克斯大學教授
谷　迅：遺傳發育與細胞生物學學 愛荷華州立大學教授
沈文輝：法國科學研究中心植物分子生物學研究所細胞生物學系主任 教授
王　城：經濟學 愛荷華州立大學教授
張　穎：傳染病學 約翰霍普金斯大學教授
鄭志傑：美國國立衛生研究院國家心肺血液病研究所教授
劉健祥：植物科學 愛荷華州立大學教授
章偉雄：華盛頓大學（聖路易斯）計算機系、遺傳學系教授
鄭立榮：微電子 瑞典皇家理工學院信息與通信技術學院主任教授
餘思遠：英國布里斯託大學電子與電力工程系光子學和光通信技術教授
蔣憲成：生物化學與分子生物學 美國紐約州立大學教授
鄭俊華：環境科學 新加坡南洋理工大學環境科學與工程學院院長，教授
方述誠：管理科學與工程 北卡羅萊納州立大學工業與系統工程系講席教授
文舸一：加拿大 RIM 公司預研部主任，獨立顧問
彭金榮：新加坡分子及細胞生物研究院功能基因組學實驗室主任

顧　敏：澳大利亞科學院、工程院院士，斯威本大學光電子學教授

鄒鴻生：美國肯塔基大學結構電子學實驗室主任 ASME Fellow

李爾平：新加坡國家高性能計算科學研究院電磁與電子研究室主任 IEEE Fellow

彭笑剛：材料化學 美國阿肯色州大學化學與生化學系講習教授

張富春：凝聚態物理理論 香港大學物理系主任

陳　驓：空間、聚變電漿體 美國加州大學 Irvien 分校教授

何賽靈：光子晶體 瑞典皇家工學院教授

沈炳輝：DNA 修復相關的蛋白誘導因子 美國洛杉磯國家醫學中心教授

包剛：數學 密西根州立大學教授

鄭方陽：數學 俄亥俄州立大學教授

潘建偉：德國海德堡大學瑪麗.居里傑出講習教授

趙政國：美國密西根大學物理系研究員

羅　毅：瑞典皇家工學院生物技術院教授

張振宇：美國橡樹嶺國家實驗室研究員、美國田納西大學物理與天文系教授

陸亞林：美國科羅拉多大學泉城分校教授

秦　宏：重離子聚變 普林斯頓電漿體物理國家實驗室高級研究員

李衛平：圖像及視頻編碼演算法 美國矽谷八達網路公司副總裁 IEEE FELLOW

嚴以京：蛋白質摺疊動力學 香港科大教授

顧華：哥倫比亞大學生物系教授

林福江：新加坡微電子研究院首席科學家

張勁松：加州大學河濱分校 化學系教授

張瑞斌：澳大利亞雪梨大學 數學系教授

陳秀雄：微分幾何 威斯康星大學麥迪遜分校教授

王　擎：美國克利夫蘭州立大學教授、克利夫蘭臨床醫院心血管遺傳中心主任

胡　斌：美國田納西大學材料科學與工程系教授，美國能源部橡樹嶺國家實驗室研究員，美國國家自然科學基金評審成員、美國能源部空軍基金評審成員

李　亮：美國通用電力（GE）公司全球研究中心高級工程師

程一兵：澳大利亞蒙納士大學材料工程系教授，澳大利亞工程院院士

何際平：亞利桑那州立大學生物工程系教授、神經聯接與腦控制研究中心主任

吳　躍：先進材料 北卡羅來納大學教授 物理與天文系主任

鄭　輝：貝勒醫學院教授

汪　寧：哈佛大學公共衛生學院研究室主任 教授

楊天若：加拿大聖西維爾大學計算機系教授

袁小明：通用電力（GE）公司中國研發中心主任

曲榮海：美國 GE 公司全球研發中心高級專業工程師

沈　平：光學 新加坡南洋理工大學教授

李　洵：加拿大麥克馬斯特大學（McMaster University）電子與計算工程教授

劉　勝：機械 Wayne 州立大學教授 ASME Fellow

肖　敏：雷射物理、量子光學　阿肯色大學傑出教授美國物理學會、光學學會FELLOW

王雪平：法國南特大學數學系教授

陳鏡明：多倫多大學地理系教授　加拿大皇家科學院院士

欒　升：加州大學伯克利分校植物學與微生物學系教授

宋曉東：地質學　伊利諾伊大學香檳分校教授

周豪慎：[日本]國立產業技術綜合研究所能源技術研究所教授

陳小江：生命科學　南加利福尼亞大學教授

劉明耀：美國德克薩斯農工大學教授

張增輝：美國紐約大學教授

鄭偉安：美國加州大學 Irvine 分校教授

象偉寧：地理學　北卡羅萊納大學夏洛特分校教授

倪維明：數學　明尼蘇達大學（University of Minnesota）教授

邵　軍：統計學　威斯康辛-麥迪遜大學教授　統計系主任

林華新：數學　美國奧勒岡大學（University of Oregon）教授

周迅宇：數理金融　英國牛津大學野村講席教授、野村數理金融中心主任

孫東初：統計學　密蘇里大學哥倫比亞分校教授

松陽洲：美國貝勒（Baylor）醫學院生化和分子生物學系教授

許躍生：美國西弗吉利亞大學講座教授，雪城大學教授

湯子康：香港科技大學　凝聚態物理　教授

蔣　慶：美國加州大學河濱分校教授，曾任機械工程系系主任

張　輝：HIV 的分子生物學的研究　美國傑佛遜大學教授

黃　蓬：德州大學 M.D. Anderson　癌症中心　教授

洪永淼：康奈爾大學經濟學系教授

張曉坤：Burnham 研究所教授

許華曦：BURNHAM 研究所分子和細胞神經生物學教授

李　寧：美國 Los Alamos 國家實驗室教授　核能

洪萬進：分子與細胞生物學　新加坡分子與細胞生物學研究所教授

陳曉東：化學工程　澳大利亞蒙納士大學化工系教授、工程學院副院長　澳大利亞工程院院士,紐西蘭皇家科學院院士

蔡宗武：美國北卡羅萊那大學夏洛特校區統計學和經濟學教授

馬恩：非平衡過程及亞穩材料　美國約翰霍普金斯大學材料系教授

王　煜：製造技術與自動化　馬里蘭大學教授，香港中文大教授　IEEE Fellow

任曉兵：智能材料及多尺度效應　日本國立物質材料研究院鐵性物理研究室室長

李曉榕：信息融合與目標跟蹤領域　紐奧良大學教授　信息與系統實驗室主任、電機工程系主任　IEEE Fellow

賈春林：德國於利希國家研究中心高級科學家、微結構研究團隊學術帶頭人

戴曉虎：污水污泥處理　德國 Passavant-Roediger 公司工藝部經理

楊志剛：通用汽車公司整車技術中心 主任工程師

章桐：福特汽車公司研發中心 高級工程師

樊文飛：英國愛丁堡大學信息學院主任教授、計算機基礎研究所常務副所長、
　　美國貝爾實驗室科學家、美國賓夕法尼亞大學、Drexel 大學客座教授

曹文武：賓夕法尼亞州州立大學數學系及材料研究院 教授

劉明生：內布拉斯加州立大學（林肯）工程與技術學院建築工程系教授，研究
　　生委員會主席、能量系統實驗室主任

劉國平：太空 英國格拉摩根大學研究室主任 教授

程　凱：英國布魯內爾大學系主任兼製造系統首席教授 英國機械工程學、英國
　　工程與技術學會會士

林威：非線性控制 美國凱斯西儲大學教授

康裕建：美國路易維爾大學教授 美國毒理科學院院士

肖智雄：波士頓大學生命科學教授

林　碩：細胞與發育生物學，加州大學洛杉磯分校教授

張　康：加州大學聖迭戈分校遺傳所所長 教授

劉奮勇：美國加州大學柏克利分校公共衛生學院教授 比較生物化學學科主任

盧　山：病毒學 麻薩諸塞大學醫學院教授

朱敦堯：武漢光庭汽車電子有限公司董事長 日本東京大學博士 （創業類）

周懷北：通訊技術 美國 Motorola/Nextel 移動通信公司高級經理

黃大年：ArKeX 英國航空高精度儀器研究中心高級研究員

易英飛：數學 喬治亞理工大學教授

於曉方：生命科學 約翰霍普金斯大學教授

塔拉萊：鑽探工程 聖彼得堡礦業大學教授、俄羅斯工程院院士

景乃桓：數學 美國北卡羅來納州立大學教授

吳青華：利物浦大學電力與電子工程系（講習）教授

蘇春翌：機電控制 加拿大岡考迪亞 Concordia 大學講習教授

江健兒：新能源 美國國際紙業公司(世界 500 強)首席研究員

張灼華：醫學遺傳學 加州大學聖迭哥分校教授

李　默：材料科學 喬治亞理工教授

劉　峰：德克薩斯大學醫學健康中心聖安東尼奧分校藥理系、生物化學系教授

趙繼成：俄亥俄州立大學材料系教授

盛岱超：紐卡斯爾大學工學院副院長及研究中心副主任

張曉安：惠普中央研究院 首席項目研究員

孫立成：瑞典皇家工學院(KTH)化學系教授

江曉東：電力系統 康奈爾大學教授、IEEE Fellow

莊晴光：國立台灣大學教授、IEEE Fellow

孫　鶴：藥物臨床實驗及臨床計量藥理

鮑　威：凝聚態物理

藍志勇：公共管理
周曉方：昆士蘭大學信息技術學院講習教授
葛樹志：新加坡國立大學教授　IEEE Fellow
李樂偉：射頻與微波　新加坡國立大學電子與計算工程系教授　IEEE Fellow
薛紅喜：成都華微電子公司（創業類）
艾春榮：佛羅里達大學惠靈頓工商管理學院經濟系教授
蘇寶連：比利時那摩爾大學化學學院院長
李書欣：英國空中巴士公司高級技術、項目主管
王　鵬：俄亥俄州立大學化學教授
伍國耀：Texas A&M University 家畜科學院和醫學院教授
楊元元：計算機　紐約州立大學石溪分校教授，IEEE Fellow
張學記：世界精密儀器公司（World Precision Instruments, Inc.）高級副總裁、南
　　佛羅里達大學教授
宋永端：美國北卡 A&T 大學教授，美國國家航空研究院特聘傑出教授及「協調
　　系統控制」中心主任
吳智深：日本茨城大學教授　工學部都市系統工學科學科長、智能結構及保障系
　　統研究中心主任
丁　峙：加州大學 Davis 分校電子與計算機工程系教授、系副主任　IEEE Fellow
李萬林：通信技術　西門子高級副總裁兼首席技術官
韓志玉：福特汽車公司主任技術專家
史才軍：美國格雷斯公司研究中心水泥添加劑和混凝土外加劑主任科學家、亞
　　太區研發經理,國際能源研究會 Fellow，美國混凝土學會 FELLOW
梁順林：美國馬里蘭大學地理系教授
宋愛民：英國曼徹斯特大學電子工程學院教授
王興利：貝勒醫學院(BAYLOR COLLEGE OF MEDICINE) 心臟外科教授
劉同先：美國德克薩斯農工大學昆蟲學系教授
許金榮：美國普度大學植物與植物病理系教授
陳景東：貝爾實驗室研究員
劉生忠：美國西北大學工學博士，研究成果發表在《Science》和《Nature》。
李向陽：愛丁堡各向異性研究室主任英國環境資源研究委員會高級首席科學家
廖良生：美國柯達公司研發部任研究員
李　凌: 水力學及河流動力學　澳大利亞昆士蘭大學教授
陳　峰：食品生物工程　香港大學教授
章　偉：微電子　桑地亞國家實驗室半導體及奈米結構部研究員
鄒曉蕾：佛羅里達州立大學教授　美國氣象學會(AMS)FELLOW
鄔榮領：林木遺傳育種學　賓夕法尼亞州立大學教授　遺傳統計學中心主任
傅　強：大氣科學　華盛頓大學教授
胡志宇：凝聚態物理　橡樹嶺國家實驗室研究員，美國喬治亞理工學院客座教授

呂正紅：有機發光器件　多倫多大學教授
邱猛生：神經與腎發育分子生物學　美國路易斯威爾大學解剖科學教授
程寒松：美國能源部碳基儲氫材料中心首席科學家
蕭偉：生命科學　薩斯喀徹溫大學　教授
王亞雄：富士康公司首席散熱設計工程師，散熱設計研究實驗室經理（創業類）
王健：聚光科技（杭州）有限公司董事長、史丹福大學機械工程博士（創業類）
錢正洪：磁電子材料和集成功能器件　美國 Advanced Microsensors Inc.首席工程師/產品研發經理
陳旭遠：挪威國家微技術中心、微系統技術研究所教授
王萬軍：路易西安納州立大學機械工程系教授　國際光學工程學會(SPIE)會士
謝尚平：美國夏威夷大學國際太平洋研究中心(IPRC)海洋氣候實驗室主任教授
阮榕生：明尼蘇達大學食品科學與營養系、生物製品與生物系統工程系教授
丁宏強：計算機科學與工程　德州大學阿靈頓分校教授
吳信東：美國佛蒙特大學（University of Vermont）計算機科學系系主任教授
邵建富：岩土工程　法國里爾科技大學　一級教授
倪永浩：加拿大新布倫瑞克大學化學系教授、化學工程系教授

中國科學院學部與院士·

學科	年	院　　　　　　　　　　　　　　士
物理學 數學化 學部	1955	陳建功　段學複·葛庭燧　胡　寧·華羅庚　黃　昆·江澤涵·柯　召·李國平·陸學善·馬大猷·彭桓武·錢臨照·錢三強·錢偉長·饒毓泰·施汝為·蘇步青·王淦昌·王湘浩·王竹溪·吳有訓·許寶騄·嚴濟慈·葉企孫·餘瑞璜·張鈺哲·趙忠堯·周培源·周同慶
數物化學部	1957	郭永懷·錢學森·汪德昭·吳文俊·張文裕·張宗燧
數學物理學部	1980	陳　彪　陳景潤　程開甲　程民德　戴傳曾　戴元本　鄧稼先　方勵之　馮端　馮　康　毅超豪　關肇直　管惟炎　郝柏林　何澤慧　何祚庥　洪朝生·胡濟民　胡世華　黃祖洽　姜伯駒　金建中　李　林　李蔭遠　李正武·林同驥　盧鶴紱　陸啟鏗　曲欽嶽　沈　元　談鎬生　唐孝威　王　元·王承書　王綬琯　魏榮爵　吳式樞　夏道行　肖　健　謝家麟　謝希德·徐敘瑢　楊　樂　楊澄中　葉叔華　於　敏　周光召　章　綜　朱光亞·朱洪元　莊逢甘
	1991	白以龍　陳建生　丁大釗　丁夏畦　範海福　方守賢　甘子釗　郭仲衡·胡和生　胡仁宇　黃勝年　經福謙　李德平　李家明　廖山濤　呂　敏·閔乃本　潘承洞　蒲富恪　石鐘慈　蘇定強　蘇肇冰　湯定元　萬哲先·王業寧

		王梓坤 席澤宗 冼鼎昌 熊大閏 徐至展 楊福家 楊立銘 · 張恭慶 張涵信 張仁和 張淑儀 趙忠賢 周毓麟
	1993	艾國祥 陳佳洱 霍裕平 李方華 林群 王乃彥 吳杭生 嚴志達 · 應崇福 周恒
	1995	蔡詩東 方成 郭尚平 賀賢土 李大潛 劉應明 馬志明 沈學礎 魏寶文 鄭厚植
	1997	陳難先 陳希孺 丁偉嶽 李惕碚 歐陽鐘燦 孫義燧 童秉綱 楊應昌 張煥喬
	1999	崔爾傑 黃潤乾 沈文慶 王迅 王世績 文蘭 嚴加安 楊國楨 於淥 張宗燁
	2001	陳式剛 郭柏靈 李邦河 田剛 汪承灝 葉朝輝 張殿琳 趙光達 周又元 鄒廣田
	2003	陳木法 葛墨林 洪家興 酈宇平 李家春 陸埈· 陶瑞寶 解思深 張傑 朱邦芬
	2005	陳和生 龔昌德 彭實戈 王鼎盛 王詩宬 詹文龍· 張家鋁 張裕恒
	2007	龍以明 · 邢定鈺 · 王恩哥 · 吳嶽良 · 俞昌旋 · 張偉平
	2009	崔向群 · 李安民 · 羅 俊 · 孫昌璞 · 席南華 · 鄭曉靜
	2011	王廣厚 張維岩 張肇西 陳永川 武向平 袁亞湘 高鴻鈞 鄂維南 潘建偉
	2013	向濤 孫鑫 勵建書 汪景琇 陳十一 陳恕行 歐陽頎 周向宇 趙政國

廿三、古今名醫

中醫

神農氏　出生年代不明　烈山

神農又稱神農氏，世人尊稱「藥王」「五穀王」「五穀先帝」「神農大帝」等。華夏太古三皇之一，傳說中的農業和醫藥的發明者，他遍嘗百草，教人醫療與農耕。也因為此兩項重要貢獻，為掌管醫藥及農業的神祇，不但能保佑農業收成、人民健康，更被醫館、藥行視為守護神。

傳說神農氏的樣貌很奇特，身材瘦削，身體除四肢和腦袋外，都是透明的，因此內臟清晰可見。神農氏嘗盡百草，只要藥草是有毒的，服下後他的內臟就會呈現黑色，因此什麼藥草對於人體哪一個部位有影響就可以輕易地知道了。後來，由於神農氏服太多種毒藥，積毒太深，終於身亡。

相傳神農氏出生於烈山，有人在湖北距隨州北 55 公里的厲山鎮列山神農洞修建了「神農故居」，設有神農洞二處（一為穀物藥材貯藏，一為居住），並有神農亭、神農塔、神農廟、神農井、神農宅、神農觀、神農茶室、神農花卉、九龍亭、及山北神農母安登浴池，百草園等十數處。

烈山洞中石桌、石凳、石碗及石榻等，傳說是神農氏所用的器物。烈山還有炎帝廟等古建築，厲山鎮北有「炎帝神農氏」碑一座，保存至今。湖北西部山區，有一地稱為「神農架」，與神農氏有關，緣於神農氏曾到此地搭架採藥之傳說。

岐伯　　岐山(今陝西省岐山，又云甘肅省慶陽縣人。)

岐伯，又尊稱為岐天師，懂得修養天真的先知先覺，我國上遠古時代最著名的醫學家。白天識藥、嘗藥性，晚上習養生之道，掌握經絡醫術。黃帝在崆峒山問道於廣成子時，中南子向黃帝推舉了岐伯。岐伯後來成為黃帝的大臣。他受黃帝的命令品嘗百草。

傳說岐伯曾經駕馭由12隻白鹿拉的絳雲車赴蓬萊山問不死之藥．

岐伯生而精明，精醫術脈理，黃帝以師事之，著《內經》行於世，為醫書之祖。從小善於思考，有遠大的志向，喜歡觀察日月星辰、風土寒暑、山川草木等自然界的事物和現象。還懂音樂，會做樂器，測量日影，多才多藝，才智過人。後見許多百姓死於疾病，便立志學醫，四處尋訪良師益友，精於醫術脈理，遂成為名震一時的醫生。黃帝為療救民疾，尊他為老師，一起研討醫學問題。《黃帝內經》多數內容即以他與黃帝答問的體裁寫成。所以，記載"岐伯"的最早的文獻是《黃帝內經》。後人為了紀念他們所做的貢獻，專門修建了岐伯廟。如《慶陽縣誌·壇廟》載："岐伯廟，在縣城南。"據《辭海》說：北地，郡名，戰國秦置。泊所在義渠，西漢移治馬嶺(今甘肅慶陽西北)。

張志聰《黃帝內經素問集注》卷一："天師，尊稱岐伯。天者，謂能修其天真。師乃先知先覺者也，言道者上帝之所貴，師所以傳道而設教，故稱伯曰天師。"

據有關史志書目記載，託名岐伯的著作約有8種：1.《漢書·藝文志》載《黃帝岐伯按摩》十卷；2.《隋書·經籍志》載《岐伯經》十卷；3.《新唐書·藝文志》載《岐伯灸經》一卷(《宋史·藝文志》則載為《黃帝問岐伯灸經》)；4.《宋史·藝文志》載《岐伯針經》一卷；5.《通志·藝文略》載《黃帝岐伯針論》二卷；6.《通志·藝文略》載《岐伯精藏論》一卷；7.《崇文總目》載《黃帝岐伯論針灸要訣》一卷(《宋史·藝文志》則載為《岐伯論針灸要訣》)；8.《竹堂書目》載《岐伯五藏論》。

以上諸書皆已佚，僅存書目，因此只能從書名知其與岐伯有關，內容主要是針灸，另外有按摩、藏象等，不能確定為岐伯所著，因為古代「世俗人多尊古而賤今，故為道者，必托之於神農、黃帝而後能入說(《淮南子‧修務訓》)。如《黃帝內經》、《神農本草經》等，所以託名岐伯的醫書，可能是受到這種風氣影響。岐黃為岐伯與黃帝二人的合稱，相傳為醫學之祖。中醫學奠基之作《黃帝內經》的主要內容以黃帝、岐伯問答的體裁寫成，因而後世用即以"岐黃"代稱《內經》。並由此引申而專指正統中醫、中醫學，更多的則是作為中醫、中醫學的代稱。同時，由"岐黃"組合的新詞，也各有自己相應的意義。如"岐黃之術"、"岐黃之道"指中醫學術或醫術、中醫理論；"岐黃家"指中醫生、中醫學家；"岐黃書"指中醫書；"岐黃業"指中醫行業等等。有關岐伯與岐黃的研究發現，其中充滿了濃郁的中國傳統文化氣息，由此說明中醫藥學與其母體文化的密切關係。

《黃帝內經》是以黃帝與他討論醫學問題的問答體裁編著的，分成《素問》與《靈樞》二部。後據說《難經》81篇，稱為81難，為根據《黃帝內經》內容而寫的81條答辯議論，包括有關把脈、經絡、解剖、五臟疾病，以及針灸治療法等之理論；作《內外術經》18卷，教制九種針灸之方法；作《經方》，為記載藥劑治療之書；作《神農本草經》，記載中國古代藥物的著作，收藥物365五種，共記載植物、動物、礦物和釀造的飲料食品及少數化學製品等，因以草類居多，故有此稱（今原書不傳，有清孫星衍等輯本）。來岐黃為岐伯與黃帝二人的合稱，相傳為醫家之祖。

岐伯是我國具有代表性的醫學始祖，而《黃帝內經》(又分《素問》和《靈樞經》二書)從文字載述，主要是"黃帝問、岐伯答"的內容，當然，《內經》全書所反映的是黃帝(軒轅氏)與六位大臣、醫學家的問答，其中《素問》涉及到三位，如《天元紀大論》、《五運行大論》是黃帝與鬼臾區的問答；而《著至教論》、《示從容論》、《疏五過論》、《徵四失論》、《解精微論》則是黃帝與雷公的問答；其他七十余篇都是黃帝與岐伯的問答。至於《靈樞經》，雖有散在黃帝與伯高、少俞、少師的闡論，絕大多數還是黃帝與岐伯的問答內容。《素問》與《靈樞經》各八十一篇，黃帝與岐伯的闡述佔了絕大多數的篇論。由於《黃帝內經》的成書年代很早，講醫學的歷史人物也是最早，其中的岐伯與黃帝最有代表性，故"岐黃"(或稱"岐軒"、"軒岐")在我國傳統歷史中，代表了醫學。我們稱讚一位醫生"精岐黃術"，就是說這位醫生有很高的醫學水準，其醫學基礎深厚。

我們在醫學上要追本、溯源、求根。岐伯等在《黃帝內經》中豐富而精闢的闡論，顯示了中國醫藥學的高水準，真是千古承澤、萬世流芳。

長桑君

戰國時的神醫。傳說扁鵲與之交往甚密，事之唯謹，乃以禁方傳扁鵲，又出藥使扁鵲飲服，忽然不見。於是扁鵲視病盡見五臟癥結，遂以精通醫術聞名當世。見《史記‧扁鵲倉公列傳》。

扁鵲

前-401.4.28.~-310 勃海郡鄭(河北任丘)一說齊國盧邑（山東長清）

扁鵲，姬姓，秦氏，名越人，又號盧醫，青年時曾替貴族管理客館，因而結識神仙長桑君，與其結交，得到肉眼透視人體的神奇功能，能「視見垣一方人」，成了被人認為是起死回生的神醫，其後開始往各國行醫。

扁鵲為春秋戰國時期名醫，醫術精湛高超，被認為是神醫，稱呼他名號是黃帝時神醫「扁鵲」。奠定了中醫學的切脈診斷方法，開啟了中醫學的先河。

相傳有名的中醫典籍《難經》為扁鵲所著。少時學醫于長桑君，盡傳其醫術禁方，擅長各科。在趙為婦科，在周為五官科，在秦為兒科，名聞天下。后因醫癒秦武王病，被秦國太醫令李醯妒忌，自嘆醫術不如嫉妬，使人刺殺。

扁鵲是中醫學的開山鼻祖，創造了望、聞、問、切的診斷方法，奠定了中醫臨床診斷和治療方法的基礎。一生創有：《難經》，四診法（即望、聞、問、切）。

扁鵲精于內、外、婦、兒、五官等科，套用砭刺、針灸、按摩、湯液、熱熨等法治療疾病，被尊為醫祖，中醫理論的奠基人。相傳扁鵲曾醫救虢太子，扁鵲死后，虢太子感其再造之恩，收其骨骸而葬之，墓位于今永濟市清華鎮東。

扁鵲看病行醫有"六不治"原則：

一是依仗權勢，驕橫跋扈的人不治；

二是貪圖錢財，不顧性命的人不治；

三是暴飲暴食，飲食無常的人不治；

四是病深不早求醫的不治；

五是身體虛弱不能服藥的不治；

六是相信巫術不相信醫道的不治。

扁鵲總結前人醫療經驗，創造〔望（看氣色）、聞（聽聲音）、問（問病情）、切（按脈搏）〕的診斷疾病的方法。在這四診法中，扁鵲尤擅長望診和切診。當時，扁鵲的切脈技術高超，名揚天下。他遍遊各地行醫，擅長各科，在趙國為"帶下醫"（婦科），至周國為"耳目痹醫"（五官科），入秦國則為"小兒醫"（兒科），醫名甚著。在《史記.扁鵲倉公列傳》《戰國策.卷四秦二》裡載有他的傳記和病案，并推崇為脈學的倡導者。據《漢書.藝文志》載，扁鵲有著作《內經》和《外經》，但均已失佚。

相傳扁鵲是 4 月 28 日誕生的，在他家鄉建造有「藥王廟」，每年這天，舉行盛大的紀念儀式。祈求他保佑人們無病無痛、延年益壽。

傳說中東周戰國時期田齊勃海郡莫州（今河北任丘）人。由於他的醫術高超，被認為是神醫，所以當時的人們借用了上古神話的黃帝時神醫「扁鵲」的名號來稱呼他。扁鵲奠定了中醫學的切脈診斷方法，開啟了中醫學的先河。據《漢書.藝文志》載，扁鵲有著作《內經》和《外經》，但均已失佚。相傳有名的中醫典籍《難經》亦為扁鵲所著。

傳說中他首先在虢國]行醫，正巧遇上虢國國君的太子猝死。秦越人立刻前往並提供解決之法，他認為太子只不過是患了熱氣病，只要看看的下身是否溫暖，聽聽他的耳朵是否有聲響，看看他的鼻孔是否有擴張，就可以知道太子是否仍然生存。他救了虢國太子，自此他起死回生的醫術就不脛而走。

他後來到了田齊，遇上了田齊桓公田午，《韓非子·喻老》稱到了蔡國見到蔡桓公）扁鵲一見到桓公，就對他說他有一個小病，只要立刻服藥就可以治好，沒有理會。當扁鵲第二次建議要為他治病時，桓公也置之不理。當第三次扁鵲見到桓公時，桓公發覺自己的身體果然像扁鵲所說一樣，病徵散發出面，極為嚴重，他這才向扁鵲請教，可是扁鵲說由於桓公對於他的勸告置之不理，現在已經沒能救了。過了不久，桓公果然死了。

《列子》中記載的扁鵲曾進行心臟置換手術。

到了宋代，扁鵲被奉為「醫者之師」。《宋史》記載宋仁宗有一次身體違和，許希以針灸治癒了仁宗。仁宗非常感謝，命許希為醫官，大加賞賜。許希拜謝仁宗後，又向西拜。仁宗問其理由，許希說他不敢忘本，正在拜老師扁鵲。於是許希請求仁宗，以其賞賜為扁鵲建廟，仁宗就建了扁鵲廟，並尊扁鵲為醫神，封號「靈應侯」。

司馬遷在《史記 扁鵲倉公列傳》中評價道：女無美惡，居宮見妒；士無賢不肖，入朝見疑。故扁鵲以其伎見殃，倉公乃匿跡自隱而當刑。緹縈通尺牘，父得以後寧。故老子曰「美好者不祥之器」，豈謂扁鵲等邪？

倉公(淳于意)　前-233~-153　臨淄（山東淄博）人

淳于意，漢初著名醫學家，年輕時做過管理糧倉的小官太倉令（太倉長），故史稱「倉公」。自幼熱愛醫學，曾拜公孫光、公乘陽慶為師，學黃帝、扁鵲的脈書、藥論等書，於望、聞、問、切四診，尤以望診和切脈著稱。學習古代的醫學典籍和臨床經驗。並從公孫光、公乘陽慶學醫，公乘陽慶年邁無子，收倉公為徒後，將自己珍藏的黃帝、扁鵲脈書、根據五色診斷疾病、判斷病人預後的方法、以及藥物方劑等書傳給他，倉公苦練成為名醫。

淳于意學黃帝、扁鵲脈書。精醫道，辨證審脈，治病多驗。不吝其道，廣傳醫術，門下出了宋邑、高期、王禹、馮信、杜信、唐安以及齊丞相府的宦者平等人，是秦漢授徒相當多的醫學人士。在龍山石窟中，奉祀倉公為十大醫神之一，稱先醫太倉公淳于真人。

《史記》記載他的二十五例醫案，稱為"診籍"，是中國現存最早的病史記錄。淳于意任齊國太倉令，管倉庫的小官吏，所以被稱為"倉公"。

淳於意針灸技術，在《診籍》中已見有效地應用。他不但是一個著名的醫學家，而且是一位熱心傳播醫學的教育家。他廣收弟子，精心傳授。據《史記·扁鵲倉公列傳》記載，就有宋邑(臨淄人)、馮信(臨淄人)、唐安(臨淄人)、高期、王禹、杜信等6人。

倉公出師四處行醫，足跡遍及山東，曾為齊國的侍御史、齊王的孫子、齊國的中禦府長、郎中令、中尉、中大夫、齊王的侍醫遂等診治過疾病。當齊王劉將閭為陽虛侯是（西元前176～前164年），淳于意曾為其治癒了關節炎一類疾病，還隨從將閭來過長安（今陝西西安），並為安陵（今咸陽東北）阪裡的項處診治牡疝病。

淳於意像

他長期在民間行醫，對封建王侯不趨炎赴勢奉承。趙王、膠西王、濟南王、吳王都曾召他做宮廷醫生，他都謝絕。齊文王（前178～前167年在位）患肥胖病，氣喘、頭痛、目不明、懶於行動。淳於意聽說後，認為文王形氣俱實，應當調節飲食，運動筋骨肌肉，開闊情懷，疏通血脈，以瀉有餘。可是一庸醫對他施以灸法，使文王病情加重致死。於是王公貴族因常倉公拒絕對朱門高第出診行醫，被富豪權貴羅織罪名，誣滔倉公"不為人治病，病家多怨之者。"加之同時趙王、膠西王、濟南王請倉公為其治病而未至。官府聽信誣告，把淳於

意傳到長安受刑。淳於意生有五女無子，當皇帝詔書進京問罪時，他感傷無男隨行。於是小女兒堅持隨父進京、並上書朝廷，申述父親無罪，並願意為奴以換取父親的自由。經漢文帝詔問，遂使淳於意被赦免而回故里。

淳于意在應詔回答漢文帝詢問時敘述了自己學醫、行醫〝診籍〞反映了淳於意的醫療學術思想與醫案記錄上的創造性貢獻。

淳于意象秦越人一樣，並沒有把醫學經驗的傳授限定在神秘而狹小的範圍內，而是廣泛傳授醫術，他因材施教，培養宋邑、高期、王禹、馮信、杜信、唐安以及齊丞相府的宦者平等人，是秦漢時期文獻記載中帶徒最多的一位醫家。

他謙虛好學，活學善用。淳於意家境貧寒，少時就喜讀醫書，可為人治病，卻沒有療效。於是拜淄川的名醫公孫光為師，公孫光非常喜歡淳于意的謙虛好學，很器重他，就把自己的精方、妙方全部傳授給他。

淳於意創立〔診籍〕，即後世中醫之醫案，相當於西醫的病歷。涉及現代醫學的消化、泌尿、呼吸、心血管、內分泌、腦血管、傳染病、外科、中毒以及婦產科、兒科。淳於意診籍病案中：齊國的黃長卿大宴賓客，淳於意也在座，他望見王后的弟弟宋健，急忙告訴他說：〝你已病了四五天了，腰部疼痛不能俯仰，小便亦難。應趁其未傳至五臟，抓緊治療。這叫做‘腎’。〞宋健說：〝確實這樣。〞他服用淳於意給他調製的〝柔湯〞，18天后病就痊癒了。另有一例：齊王請淳于意為侍女們診病。輪到一個叫豎的，豎說沒有病。淳于意悄悄地告訴隊長說：〝豎的毛髮色澤、脈象都無衰減，但病已傷及脾胃，不要讓她過度勞累。到了春天，她會吐血而亡。〞及至春天，果真豎摔倒在廁所裡，吐血而死。淳於意留下各科早期病例，對後世醫家來說有著重要的研究意義。

淳于意針對病人的病情，不僅僅採用藥物治療，還廣泛運用各物理療法及針灸術。淄川王病了，淳於意前去診脈，說〝病得之沐發未幹而臥〞，即頭髮未幹就睡覺而引起的厥病，證見頭痛、身熱、肢痛、煩悶。淳於意立即用冷水敷淄川王的額頭，並針刺足陽明經的厲兌、陷谷、豐隆三穴，以散體內之熱。病立刻就好了。此病屬於中醫的〝熱厥〞，由頭髮未幹而造成外邪入侵，機體失調，產生熱證，陽亢而上，故以冷水降陽氣，因冷水屬陰也。此例不同於西醫冰塊降溫法，慎勿將兩者混為一談。實際上中醫並無用冰塊之法，此例雖為外感引起，然厥證實為內熱，故外感不可用冰塊也。後世習西醫者，妄言感冒發熱必用冰塊，實際上未辨傷寒、感冒之分。

華陀　145~208　沛國譙縣（今安徽亳縣）人

華佗，字元化，又名旉， 東漢末年方士、著名醫學家、養生家，精於內、外、婦、兒、針灸等科，首創開腹術，譽為「外科鼻祖」。「後漢書‧華佗傳」載，如果疾病發結於內，針灸藥物無法治療，華佗讓病人酒服「麻沸散」，等病人毫無知覺後，「刳破腹背，抽割積聚」；如果是腸胃病，就把腸胃斷食沖洗，清除積穢後再縫合，敷上「神膏」，四、五日後，傷口即可癒合，一個月內，病人就能完全恢復健康。

這種在全身麻醉的腹腔腫瘤摘除，和腸胃部分切除吻合術，今日醫術也不容易，華佗在外科學和麻醉學上的造詣，不僅在中國歷史上是空前的，在世界外科手術史和麻醉學史上，佔有相當重要的地位。

華佗兼通數經，靈驗如神，繼承前人導引理論和實踐，闡明運動對健康的重要性，導引養生「五禽戲」使後世受益頗深。

華佗事跡見於《後漢書方術列傳下》《三國志‧方技傳》《華佗別傳》。華佗與董奉、張仲景被並稱為「建安三神醫」。

《後漢書》及《三國志》二書都說華佗年近百歲，保持壯容，《後漢書》說「時人以為仙」。

華佗醫術精湛，名氣漸大，曹操知道華佗醫術高明，自己頭病嚴重，特意封其為侍醫。但華佗性喜逍遙，被曹操召到左右，甚為不快，常以回家取藥方請假，回家後，不想再回到曹操身邊，又稱妻子生病，過期不返。

曹操多次書召，華佗不肯回去。曹操大怒，探悉華佗之妻詐病，將華佗禁錮獄中。荀彧向曹操求情，曹操不許。

華佗受到獄卒厚待，取出耗費畢生心力醫學名著《青囊書》贈給獄卒，而獄卒懼怕得罪曹操而婉拒，最後華佗不強求，黯然將它燒毀。日後曹操最為疼愛的兒子曹沖病重時，曹操後悔當初不應該處死華佗。

華佗有徒弟吳普與樊阿，頗得真傳；樊阿更善針灸，以華佗「漆葉青黏散」保身，年高百歲，頭髮不白，但已失傳。

華佗行醫濟世，精通內科、外科、婦科、兒科、針灸等。執藥隨手便抓，不用稱量。針灸也只是針一兩處。下針時對病人說：「當引某許，若至，語人」，病人說「已到」，便拔針，不久病便會好。

如針藥都不能醫治，就給病人用酒服麻沸散麻醉，然後施手術，再縫合傷口，擦下藥膏，四、五日後創愈，一月就已平復。但麻沸散與外科手法已經失傳。

華佗是醫史上公認第一位使用麻醉藥來麻醉病人，然後進行外科手術的醫師，同時也是中國第一位將手術小刀組在使用之前用火來殺菌消毒，平時不用時浸泡在酒水裡的醫生。

華佗養生有道，年紀雖大，但仍容光煥發。他模仿虎、鹿、熊、猿、鳥的動作，創造了五禽戲。他認為人體欲動，血脈通，病不生。他的學徒吳普一直跟隨學習，年九十多歲，耳目仍然聰敏，牙齒完整。

《三國志》中《華佗別傳》。行醫事蹟中，以關羽「刮骨療毒」最為膾炙人口。刮骨過程中，關羽談笑自若地與馬良下棋，乃華佗「麻沸散」親自操刀之功。

《三國志》評曰:「華佗之醫診,杜夔之聲樂,朱建平之相術,周宣之相夢,管輅之術筮,誠皆玄妙之殊巧,非常之絕技矣。昔史遷著扁鵲、倉公日者之傳,廣異聞而表奇事也。故存錄雲爾。」

《後漢書》荀彧曾說「佗方術實工,人命所懸,宜加全宥。」

華佗一生不做官,不求名利,不慕富貴,集中精力於醫藥的研究上。寧願捏著金箍鈴,到處奔跑,為人民解脫疾苦。

《後漢書·華佗傳》說他「兼通數經,曉養性之術」,尤其「精於方藥」。人們稱他為「神醫」。他曾把自己豐富的醫療經驗整理成一部醫學著作,名曰《青囊經》,可惜沒能流傳下來。但不能說,他的醫學經驗因此就完全湮沒了。因為他許多有作為的學生,如以針灸出名的樊阿,著有《吳普本草》的吳普,著有《本草經》的李當之,把他的經驗部分地繼承了下來。至於現存的華佗《中藏經》,那是宋人的作品,用他的名字出版的。但其中也可能包括一部分當時尚殘存的華佗著作的內容。

華佗高明之處,就是能批判地繼承前人的學術成果,在總結前人經驗的基礎上,創立新的學說。中國的醫學到了春秋時代已經有輝煌的成就,而扁鵲對於生理病理的闡發可謂集其大成。華佗的學問有可能從扁鵲的學說發展而來。同時,華佗對同時代的張仲景學說也有深入的研究。他讀到張仲景著的《傷寒論》第十卷時,高興地說:「此真活人書也」,可見張仲景學說對華佗的影響很大。華佗循著前人開闢的途徑,腳踏實地開創新的天地。例如當時他就發現體外擠壓心臟法和口對口人工呼吸法。這類例子很多。最突出的,應數麻醉術—酒服麻沸散的發明和體育療法「五禽之戲」的創造。

利用某些具有麻醉性能的藥品作為麻醉劑,在華佗之前就有人使用。不過,他們或者用於戰爭,或者用於暗殺,或者用於執弄,真正用於動手術治病的卻沒有。華佗總結了這方面的經驗,又觀察了人醉酒時的沉睡狀態,發明了酒服麻沸散的麻醉術,正式用於醫學,從而大大提高了外科手術的技術和療效,並擴大了手術治療的範圍。據日本外科學家華岡青州的考證,麻沸散的組成是曼陀羅花一升,生草烏、全當歸、香白芷、川芎各四錢,炒南星一錢。自從有了麻醉法,華佗的外科手術更加高明,治好的病人也更多。他治病碰到那些用針灸、湯藥不能治癒的腹疾病,就叫病人先用酒沖服麻沸散,等到病人麻醉後沒有什麼知覺了,就施以外科手,剖破腹背,割掉發病的部位。如果病在腸胃,就割開洗滌,然後加以縫合,敷上藥膏。四五天傷口癒合,一個月左右,病就全好。華佗在當時已能做腫瘤摘除和胃腸縫合一類的外科手術。一次,有個推車的病人,曲著腳,大喊肚子痛。不久,氣息微弱,喊痛的聲音也漸漸小了。華佗切他的脈,按他的肚子,斷定病人患的是腸癰。因病勢凶險,華佗立即給病人用酒沖服「麻沸散」,待麻醉後,又給他開了刀。這個病人經過治療,一個月左右病就好了。他的外科手,得到歷代的推崇。明代陳嘉謨的《本草蒙筌》引用《歷代名醫圖贊》中的一詩作了概括:「魏有華佗,設立瘡科,剔骨療疾,神效良多」。可見,後世尊華佗為「外科鼻祖,」是名副其實的。

「五禽之戲」，是一套使全身肌肉和關節都能得到舒展的醫療體操。動作是模仿虎的撲動前肢、鹿的伸轉頭頸、熊的伏倒站起、猿的腳尖縱跳、鳥的展翅飛翔等。相傳華佗在許昌（縣名，在河南省）時，天天指導許多瘦弱的人在曠地上作這個體操。說：「大家可以經常運動，用以除疾，兼利蹄足，以當導引。體有不快，起作一禽之戲，怡而汗出，因以著粉，身體輕便而欲食」。

華佗除系統地接受古代的醫療經驗外，還能很好地重視和應用民間的醫療經驗。他一生遊歷了不少地方，到處採集草藥，向群眾學習醫藥知識。在向民間找藥的同時，還從民間搜集了不少單方，經常用這些單方來治病。有一次，華佗在路上遇見一位患咽喉阻塞的病人，吃不下東西，正乘車去醫治。病人呻吟著十分痛苦。華佗走上前去仔細診視了病人，就對他說：「你向路旁賣餅人家要三兩萍虀，加半碗酸醋，調好後吃下去病自然會好。」病人按他的話，吃了萍虀和醋，立即吐出一條象蛇那樣的寄生蟲，病也就真的好了。病人把蟲掛在車邊去找華佗道謝。華佗的孩子恰好在門前玩耍，一眼看見，就說：「那一定是我爸爸治好的病人。」那病人走進華佗家裡，見牆上正掛著幾十條同類的蟲。華佗用這個民間單方，早已治好了不少病人。

華佗由於治學得法，醫術迅速提高，名震遠近。他的同鄉曹操，常患頭風病，請了很多醫生治療，都不見效。聽說華佗醫術高明，就請他醫治。華佗只給他紮了一針，頭痛立止。曹操怕自己的病再發，就強要華佗留在許昌做自己的侍醫，供他個人使喚。華佗稟性清高，不慕功利，不願做這種形同僕役的侍醫。加上他「去家思歸」就推說回家鄉找藥方，一去不返。曹操幾次寫信要他回來，又派地方官吏去催。華佗又推說妻子病得厲害，不肯回來。曹操為此大發雷霆，專門派人到華佗家鄉去調查。他對派去的人說：「如果華佗的妻子果然有病，就送給小豆四十斛，寬假限日，要是「虛詐」，就逮捕治罪。」不久，華佗被抓到許昌，曹操仍舊請他治病。華佗診斷之後，說：「丞相的病已經很嚴重，不是針灸可以奏效的了。我想還是給你服麻沸散，然後剖開頭顱，施行手術，這才能除去病根。」曹操一聽，勃然大怒，指著華佗厲聲斥道：「頭剖開了，人還能活嗎？」他以為華佗要謀害他，就把華佗關到牢裡去準備殺掉。曹操的一位謀士請求說：「佗方術實工，人命所懸，宜加全宥」。曹操不聽，說：「不憂，天下當無此鼠輩邪？」竟然把這位在醫學上有重大貢獻的醫生殺害了。臨死，華佗把在獄中整理好的醫著交給牢頭說：「此可以活人」。沒想到，這個牢頭害怕，不敢接受。華佗只好忍痛，「索火燒之」。

華佗被害至今已一千七百多年了，但人民還永遠懷念他。江蘇徐州有華佗紀念墓；沛縣有華祖廟。

張仲景　150~219　　河南鄧州和鎮平縣

張仲景，名機(《歷代神仙通鑒》)師事張伯祖，任過長沙太守，後世稱為張長沙。東漢末年，疫病流行，病死者眾，引發他發憤學習醫學，「乃勤求古訓，博採眾方」，撰用《素問》《陰陽大論》《胎臚藥錄》，《平脈辨證》《傷寒雜病論》

張仲景著《傷寒雜病論》是他一生中最大的成就，中醫史上第一部理、法、方、藥具備的經典，喻嘉言稱此書「為眾方之宗、群方之祖」。元朝、明朝奉為「醫聖」，甚至有廟供奉香火。仲景、華佗、董奉，並稱「建安三醫」。

《黃帝內經》，傳統上認為，是傷寒論成書的主要依據，後世醫者也多援引內經以發明傷寒論微旨。如清朝《醫宗金鑑》〈傷寒論註序〉：「《傷寒論》後漢張機所著，發明內經奧旨者也，並不引古經一語，皆出心裁，理無不該，法無不備，蓋古經皆有法無方，自此始有法有方，啟萬世之法程，誠醫門之聖書。」

但根據晉皇甫謐序《針灸甲乙經》：「仲景論廣伊尹《湯液》為數十卷，用之多驗。」以及近代從敦煌出土的梁陶宏景《輔行訣臟腑用藥法要》記載：「漢晉以還，諸名醫輩，張機、衛汜 [汛]、華元化、吳普、皇甫玄晏、支法師、葛稚川、范將軍等，皆當代名賢，咸師式此《湯液經法》，潛救疾苦，造福含靈，其間增減，雖各擅其異，或致新效，似亂舊經，而其旨趣，仍方圓之於規矩也。」「外感天行，經方之治有二旦、六神、大小等湯。昔南陽張機，依此諸方，撰《傷寒論》，療治明悉，後學咸尊奉之。」

《湯液經法》在漢書藝文志中，屬於經方一派。證明傳統上認為傷寒論「不引古經一語」是錯誤的，傷寒論中所使用的方劑，主要援自失傳的《湯液經法》。張仲景是兩漢醫經、經方二派的集大成者，他使用的方劑很多是來自經方派；而六經辨證的手法，則是來自《黃帝內經》，更加上他個人的心得與經驗。將傷寒與雜病共論，湯液與針灸並用，打破了《素問熱論》中六經只辨傷寒的局限性，因此，無論傷寒、雜病和它們互相挾雜的複雜問題，都能用六經辨證方法概括而無遺。稱仲景為醫中之聖，傷寒論為中醫之魂。

張仲景的著作在中醫領域內影響深遠，遠自晉朝王叔和，唐朝孫思邈，下至金元四大家，清朝葉天士、吳鞠通，無不是由鑽研仲景學之後，才能卓然成家。歷代註解傷寒論者，不下數十家，各有見解，這也推動了中醫思想的不斷進步。至明清時，傷寒論中的方劑，被尊為「經方」，影響遠至朝鮮、日本。

《傷寒雜病論》面世不久即散失，後人收集整理，成《傷寒論》《金匱要略》二書，分論外感寒熱與內科雜病。

王叔和 ~201~280　西晉高平（今山東省微山縣兩城鎮）人。

王叔和，名熙，漢晉著名醫學家，醫書編纂家。性格沉靜，博好經方，且綢悉修身養性之術，尤擅長於脈學之理。著有《脈經》，總結漢以前有關脈學之成就，系現存中國最早脈學專書，書中總結脈象 24 種，又論述三部九候，寸口脈等，對古代的文明古國脈學影響甚大。另對漢代張仲景《傷寒雜病論》一書進行整理，該書因戰亂而散佚零亂，幾至失傳。王氏重新加以編次，或謂仲景《傷寒雜病論》析為《傷寒論》與《金匱要略》始於王氏。使之不可湮沒，後世雖有人對他的整理加以非議，但多數人認為其功不可沒，張仲景之學借王氏之編修整理才得以保存下來。另著有《論病》六卷，未見傳世。王氏嘗任晉太醫令。

王叔和出身於達官貴族家庭，宗族中數代是權勢顯赫的貴族，亦有名震當時的文人學士。由於家庭優越的生活及學習環境，使得叔和自幼受到良好的文化熏陶。他從小興趣廣泛，少年時期，已博覽群書，通曉經史百家。後因戰事頻繁，時局動盪，為避戰亂，隨家移居荊州，投奔荊州刺史劉表。當王叔和僑居荊州時，正值張仲景醫學生涯的鼎盛時期，加上王叔和與仲景弟子衛汛要好，深受其熏染，逐漸對醫學發生興趣，並立志鑽研醫道。他尋求古訓，博通經方，深究病源，潛心研讀歷代名醫著作，遵古而不泥古，虛心向有經驗的名醫求教，博采眾長，醫術日精，名噪一時。

32 歲那年王叔和被選為魏國少府的太醫令。魏國少府中藏有大量歷代著名醫典和醫書，存有許多歷代的經驗良方。王叔和利用當太醫令這個有利條件，閱讀了大量的藥學著作，為他攀登醫學高峰奠定了堅實的基礎。後來，王叔和經過幾十年的精心研究，在吸收扁鵲、華佗、張仲景等古代著名醫學家的脈診理論學說的基礎上，結合自己長期的臨床實踐經驗，終於寫成了我國第一部完整而系統的脈學專著——《脈經》，計 10 萬多字，10 卷，98 篇。《脈經》總結發展

了西晉以前的脈學經驗，將脈的生理、病理變化類列爲脈象 24 種，使脈學正式成爲中醫診斷疾病的一門科學。

王叔和學識淵博，爲人誠實，性格沉靜。他潛心研究醫學，洞識養身之道，精於切脈診病，並做到了當時的太醫令（太醫令相當於今天的最高級醫院的院長）。他平生雅好著述，在中醫學發展史上，他做出了兩大重要貢獻：第一是整理編輯張仲景的《傷寒雜病論》，並重新編次成書，第二是撰寫中國醫學文獻中第一部專門講求脈法的著作 —— 《脈經》。

在王叔和生活的時期，因爲經過連年的戰爭，許多書簡（當時還沒有發明紙，書都是寫在竹簡上的）都散落佚失或殘缺不全了，即使是幾十年前才完成的《傷寒雜病論》也是同樣的命運。作爲太醫令的王叔和深知這部醫學醫著的偉大價值，心中十分不忍，便下定決心使這部曠世的奇書恢複其真正的面貌。於是他蒐集仲景舊論，到各地尋找該書的原本，終於成功地得到了全本的《傷寒雜病論》，並加以整理和修複，將其保留了下來，就是我們今天見到的《傷寒論》。但書中隻有傷寒部分的內容，沒有找到雜病的那一部分。直到唐朝，人們發現了一本已經被蟲蛀了的小冊子，里面的一部分內容正與《傷寒論》相同；另外還有一些內容，是論述雜病的文句，當時尚未見諸於世，但其文風和詞藻卻與《傷寒論》極爲相似。從形式上來看，這本小冊子是一種摘抄本，並非完整的內容。雖然有些遺憾不能得到原本，但終究是一大收穫，於是將傷寒部分的內容刪去，將雜病部分整理出版，取名《金匱要略》。雖然隻是不完整的內容，但這部分關於雜病的論述，爲後世醫家處理許多棘手的醫學問題提供了極大的幫助，而王叔和對《傷寒論》的整理使得《傷寒論》能夠流傳至今，功莫大焉。

第二大貢獻，就是王叔和著成了《脈經》，這也是繼《難經》之後的一部脈學專著。診脈是中醫學的獨特診斷方法，脈象也在診斷中占有非常重要的參考意義。在此書中，王叔和對脈學的描述和闡釋深刻而細致，可見他對於脈學的造詣之深。他將脈象分爲 24 種，其中對於每種脈在醫生指下的特點，代表病證等等，都描述得十分貼切，語言生動准確，非常實用。並與“平脈”（正常人的脈象）做了比較和區別。古時診脈是診三部九候的，就是人迎（氣管雙側的頸動脈）、寸口（手臂外撓側動脈）、跌陽（足背動脈）三部，每部三候脈共九候，診療時過程繁瑣，患者還要解衣脫襪，不太方便。王叔和將診脈法歸納整理，又大膽創新，將這種方法改作了“獨取寸口”的寸口脈診斷法，隻須察看雙側的寸口脈，便可以准確地知曉人身的整體狀況。

這一重大的改革，從表面上看是將診法簡單化了，但實際上，這是在對於醫理深刻地推衍之後才有可能做到的一種創新，豐厚的醫學知識和大量的臨證經驗才是革新的根本，而且此法至今仍在沿用，幾千年來屢試不爽，實實在在的是經得起時間的考驗，這一重大成功是大膽識與大學問的結晶。

另外，他還強調診脈時要注重患者的年齡、性別、身高、體型、性格等不同因素，不可一成不變，不能脫離實際情況。他在《脈經》序言中提到，診脈是很難掌握的，“在心易了，指下難明”，也就是將學會背會的脈學知識靈活准確

地應用到實踐中是需要一個艱難的過程的。這句話也成了千百代醫家教授和學習脈學時的“警世”之言，對於業醫者來說，幾乎不可不知。在脈診的艱苦學習中，習醫者也能充分體會重在臨床實踐，不可紙上談兵的重要性。

“脈理精微，其體難辨，弦緊浮芤，展轉相類，在心易了，指下難明。謂沉爲浮，則方治永乖；以緩爲遲，則危殆立至。況有數侯俱見，異病同脈者乎！夫醫藥爲用，性命所系。和鵲至妙，猶或加思；仲景明審，亦侯形證。一毫有疑，則考校以求驗。故傷寒有承氣之戒，嘔噦發下焦之間。而遺文遠旨，代寡能用；舊經祕述，奧爾不售。遂令末學，昧於原本，互茲偏見，各逞其能。致微痾成膏肓之變，滯固絕振起之望，良有以也！”　——　晉·王叔和《脈經序》

王叔和整理千古奇書《傷寒論》，著述傳世佳作《脈經》，在中醫學的發展史上，是重大的成就。這位太醫令，也堪稱難得的人才，爲學醫者作出了榜樣。在對於中醫學的學習和實踐過程中，先要遵古、博古、習古之書以繼承前學，才能知新、用新、創新理論以發鼴醫理，這才是學習中醫學，宏鼴中醫事業的正道。

王氏著述《脈經》厥功甚偉，還爲整理張仲景《傷寒雜病論》作出貢獻。宋《太平禦覽》引高湛謂王氏編次此書爲“張仲景方論爲三十六卷”；但有的學者認爲王氏在編次過程中，增入他自己編選的內容：如現行成無己本《注解傷寒論》中最後包括《辨不可發汗病脈證並治》之後八篇，即是王氏所增補，與其所編《脈經》時的相應篇章核對，可資佐證。

王叔和編《傷寒論》，後代醫家對其毀譽不一。譽之者認爲張仲景之學得王叔和之功而能保存下來，認爲王叔和“功莫大矣”，而毀之者則責備王氏把張仲景原著之本來面目弄得模糊不清，使人無法得窺其原貌，甚至是面目全非，兩種觀點尖銳對立。事實上，張仲景之《傷寒卒病論》確因有王氏之編次而得以保存，即便次序在編修時有所錯亂，亦不至於弄得如“錯簡派”所指責者那樣，完全已非本來面目。

王叔和不但是一位精通脈學的醫家，也是一位相當重視針灸學的著名醫家，對針灸學的發展作出了相當大的貢獻。《脈經》雖以論脈學著稱，但其中也有較多篇幅用來闡述針灸學的內容。書中對經絡病候、腧穴理論、辨證分型、刺灸方法等均有所涉及，補充了針灸學的部分理論，對針灸學的發展有較好的促進作用，現將《脈經》對針灸學的貢獻歸納如下：

（1）倡導針灸務先切脈。王氏認爲：在進行針灸治療以前，必須進行診斷，而診斷中的一個重要環節就是切脈。《脈經》中的診療特點是將切脈與髒腑經絡辨證密切結合等，以脈象爲先導，然後論述證候或症狀，最後決定針灸治則及方法。

（2）臨證時主張針、灸、藥結合。王叔和的《脈經》中，常可見針刺、艾灸、方藥綜合治療的論述，可以看出王氏對針刺、艾灸、方藥三者無偏頗。

（3）補充了俞募穴理論。《內經》、《難經》中已經出現了“俞”、“募”穴的名稱。但《內經》中隻有五髒背俞穴的名稱和位置，對於六腑之背俞穴僅提出“六府之俞各穴”，並未列出穴名和位置；《難經》中也僅僅提到了“五髒募在

陰而俞在陽"。《脈經》中則明確了五臟六腑中的十個募穴和十個俞穴的名稱及有關定位，大大豐富了俞募穴的內容，使俞募穴理論向系統化和條理化的方向發展，距六臟六腑十二俞募穴的完整理論已經近在咫尺。

（4）發揮了五輸穴與俞募穴的協同作用。《脈經》在運用針灸治療疾病時，倡導五輸穴與俞募穴配合使用，以發揮五輸穴與俞募穴的協同治療作用。如在《脈經》卷六，王氏將五輸穴與俞募穴配合使用治療神志病，確實是一種較爲鮮見的獨特方法，拓寬了配穴思路。

除以上有關脈學和整理《傷寒雜病論》之外，王叔和在養生方面還有一些精辟的論述。王氏在養生學上屬於醫家養生流派，主張從起居飲食方面進行調攝，以求得長壽，卻病延年。他提出飲食不可過於雜亂，要適量，是中國早期對飲食制度養生的最早的較系統的論述。

此外，王叔和在養生方面有精辟的論述，他在養生學上屬於醫家養生流派，主張從起居飲食方面進行調攝，以求得長壽，卻病延年。他提出飲食不可過於雜亂，要適量，是中國早期對飲食制度養生的最早的較系統的論述。

董奉 220~280　侯官縣董墘村（今福建省長樂市古槐鎮青山村）人

董奉，字君異，號拔墘，東漢末年及三國時代著名醫師，與華佗、張仲景齊名爲「建安三醫」，醫術記載較少。福州長樂市有董奉山山上有「漢董奉煉丹處」古跡，山下董奉家鄉建有「杏林始祖董奉草堂」。

董奉生前、歿後均有許多靈妙的事蹟，如治癒交州刺史士燮，拯救豫章百姓等，被江西、福建等地民眾尊爲醫神，奉祀香火，晉懷帝封為「碧虛上監太乙真人」。宋徽宗加封為「升元真君」。道教閭山派稱為「閭山大法院監雷法主碧虛升元杏林救生真君」，其廟多稱為「救生堂」。

董奉自幼立志學醫，解救民眾疾苦。經多年努力，終有所成，並以高尚的醫德、精湛的醫術，致求醫者絡繹不絕。

交州刺史杜燮食物中毒、昏迷不醒，眾醫無效。董奉接診，脈有生機，便讓人撬開病人之口，將他自制的三粒丸藥塞入口中，並扶起病人，用水將藥灌下，不斷地搖其頭，拍胸槌背，使藥順食道而下。不一會，病人的手腳能動了，臉頰漸紅潤有血色了，半日能起坐，四日能說話遂而痊愈了。杜燮得救，爲感謝

董奉的救命之恩，便請董奉長住其家，好酒好菜款待。但董奉以杏脯爲食少量飲酒，其他美食均讓飛鳥坐食了。如是年餘，董奉得悉杜燮謀反，恐受魚池之殃，詐死逃脱，到廬山隱居。安居住在蓮花峰下龍門溝。

傳說董奉治病，無須饋禮，不取分文，只要求病患者栽種杏樹。年復一年，杏樹不計其數，郁然成林。杏子熟時，董奉便建一草倉儲杏。需要杏子的人，可用穀子交換。再將所得之穀賑濟貧民，供給行旅。後世稱頌醫家「杏林春暖」。人們把董奉、華佗、張仲景並稱為"建安三神醫"。280 年，董奉逝世。

孫思邈 581~682 生於西魏（活百歲以上）唐朝京兆華原（現陝西耀縣）人

孫思邈，是中國歷史上著名的名醫‧醫術精湛，舉世無雙‧有醫王之稱‧著有「千金寶要」,「新修本草」，將千多年藥物 844 種集實物標本，繪製成圖,，中國第一部藥學大辭典，中國甚至全世界譽為藥王，奉之為醫神。

孫思邈著有《備急千金要方》，簡稱《千金要方》，接近現代臨床醫學的分類方法。他汲取《黃帝內經》臟腑的學說，在《千金要方》中首次完整地提出以臟腑寒熱虛實為中心的雜病分類辨治法，收集藥方 5,300 首。《千金翼方》是對《千金要方》的補編。

孫思邈重醫德修養，「人命之重，貴於千金」‧《備急千金要方》中的「大醫習業」和「大醫精誠」，有系統論述醫德規範。強調為人治病，不分「貴賤貧富，長幼妍蚩，怨親善友，華夷愚智」皆一視同仁，強調以德養性、以德養身。

他將《傷寒論》內容較完整地收集在《千金翼方》之中‧他的針灸學，強調針、藥物並用，創新穴位，創製彩色經絡圖，配合按摩、灸治，倡導食療治法。

孫思邈將道教內修理論和醫學、衛生學相結合，把養生學也作為醫療內容。認為人若善攝生，當可免於病。只要「良醫導之以藥石，救之以針劑」「體形有可愈之疾，天地有可消之災」。

孫思邈亦倡導對煉丹、服食，以求長生成仙的道教方術。他為治療腳氣病藥方，主張用穀白皮煮水去渣後用以「煮米粥常服防之」「即不發」。穀白皮是褚樹皮，

而不是米糠皮。腳氣病的病因正是飲食長期缺乏維生素 B 引起的。提出「用穀皮（褚樹皮）煮粥常吃以預防腳氣病」。腳氣病藥方包括：「三白草味甘辛寒有小毒，主水腫腳氣」，「蓖麻子葉主腳氣風腫不仁」，「白楊皮味苦無毒，主毒風腳氣腫」，「豺皮性熱，主冷痹腳氣」，「伏火石硫黃，救腳氣除冷癖理腰膝」等各種植物、動物、礦石，還有胡麻葉、蒴根、大麻、烏豆、桑白皮、生豬肝，等等。甚至還有烏牛尿（體弱者混合牛奶）這樣的動物排泄物。

孫思邈臨終，遺囑「薄葬，不藏明器，祭去牲牢」，遺留大量醫書，人尊其為「孫藥王」。在陝西耀縣藥王山，有祭祀孫思邈的藥王廟，每年農曆二月初二日有『二月二藥王廟會』。

宋徽宗崇寧二年（1103）追封為妙應真人。台灣有祭祀孫思邈廟宇，稱「孫天醫」每年農曆正月初四為祭典日，稱之為「孫天醫真人聖誕」。

孫思邈臨終遺囑「薄葬，不藏明器，祭去牲牢」，並遺有大量的醫書，人尊其為「孫藥王」。在陝西耀縣藥王山，有祭祀孫思邈的藥王廟，並在每年農曆二月初二有"二月二藥王廟會"。宋徽宗崇寧二年（1103）追封妙應真人。

今台灣仍有祭祀孫思邈之廟宇，並稱之「天醫妙應真人」，每年農曆正月初四為其祭典，稱之為「孫天醫聖誕」。

孫思邈養生十三法(耳聰目明法)

1. 髮常梳：將手掌互搓 36 下令掌心發熱，然後由前額開始掃上去，經後腦掃回頸部。早晚做 10 次。頭部有很多重要的穴位。經常做這動作，可以明目祛風、防止頭痛、耳鳴、白髮和脫髮。

2.頭常搖：雙手叉腰，閉目，垂下頭，緩緩向右扭動，直至恢復原位為一次，共做 6 次。反方面重覆。這動作經常做可以令頭腦靈活，防止頸椎增生。不過，注意要慢慢做，否則會頭暈。

3.面常洗

(a)搓手 36 下，暖手後上下掃面。

(b)暖手後雙手同時向外圈。這動作經常做，可以令臉色紅潤有光澤，同時不會有皺紋。

4.目常運

(a)合眼，然後用力睜開眼，眼珠打圈，望向左、上、右、下四方；再合眼，然後用力睜開眼，眼珠打圈，望向右、上、左、下四方。重覆 3 次。

(b)搓手 36 下，將發熱的掌心敷上眼部這動作可以強化眼睛，糾正近視和懶視。

5.耳常鼓

(a)手掌掩雙耳，用力向內壓，然後放手，應該有卜一聲。重覆做 10 下。

(b)雙掌掩耳，將耳朵反摺，雙手食指扣住中指，以食指用力彈後腦風池穴 10 下，卜卜有聲。這動作每天臨睡前後做，可以增強記憶和聽覺。

6.齒常叩

　　口微微合上，上下排牙齒互叩，無需太用力，但牙齒互叩時須發出聲響。輕輕鬆鬆慢慢做 36 下。這動作可以通上下顎經絡，幫助保持頭腦清醒，加強腸

胃吸收、防止蛀牙和牙槽骨退化。

7.漱玉津(玉津即津液、口水)

　　(a)口微微合上，將舌頭伸出牙齒外，由上面開始，向左慢慢轉動，一共轉 12 圈，然後將口水吞下去。之後再由上面開始，反方向再做一下。

　　(b)口微微合下，這次舌頭不在牙齒外邊，而在口腔，圍繞上下顎轉動。左 12 圈後吞口水，然後再反方向做一次。吞口水時，盡量想像將口水帶到下丹。從現代科學角度分析，口水含有大量酵素，能調和荷爾蒙分泌，因此經常做這動作可以強健腸胃，延年益壽。

8.腹常揉：搓手 36 下，手暖後兩手交叉，圍繞肚臍順時針方向揉。當自己的身體是一個時鐘。揉的範圍由小到大，做 36 下。這動作可以幫助消化、吸收、消除腹部鼓脹。

9.腰常擺：身體和雙手有韻律地擺動。當身體扭向左時，右手在前，左手在後，在前的右手輕輕拍打小腹，在後的左手輕輕拍打「命門」穴位。反方向重覆。最少做 50 下，做夠 100 下更好。這動作可以強化腸胃、固腎氣、防止消化不良、胃痛、腰痛。

10.攝穀道：即提肛。吸氣時提肛，即將肛門的肌肉收緊。閉氣，維持數秒，直至不能忍受，然後呼氣放鬆。這動作無論何時都可以練習。最好是每天早晚各做 20 至 30 下。相傳這動作是十全老人乾隆最得意的養生功法。

11.膝常扭：雙腳並排，膝部緊貼，人微微下蹲，雙手按膝，向左右扭動，各做 20 下。這動作可以強化膝頭關節，所謂「人老腿先老、腎虧膝先軟」。要延年益壽，要由雙腳做起。

12.腳常搓：(a)右手擦左腳，左手擦右腳。由腳跟向上至腳趾，再向下擦回腳跟為一下。共做 36 下。

(b)兩手大拇指輪流擦腳心湧泉穴，共做 100 下。常做這動作，可以治失眠、降血壓、消除頭痛。腳底集中了全身器官的反射區。經常搓腳可以強化各器官，對身體有益。

13.常散步：挺直胸膛，輕鬆地散步。最好心無雜念，盡情欣賞沿途景色。民間有個說法，「飯後走一走，活到九十九」。雖然有點誇張，不過，散步確實是有益的運動。

孫思邈，小時候，體弱多病，要經常請醫生診治，「湯藥之資，罄盡家產」。十八歲開始，他有「志於學醫」，埋頭苦讀，所謂「青衿（古學子所穿的衣，後稱入學的生員）之歲，高尚茲典。白首之年，刻苦的鑽研醫學，終於成為隋唐時期醫藥界名醫。宋代林億稱道：「唐世孫思邈出，誠一代之良醫也」。

他著《備急千金要方》，簡稱《千金要方》，內容極為豐富。分醫學總論、婦人、少小嬰孺、七竅、諸風、腳氣、傷寒、內臟、癰疽、解毒、備急諸方、食治、平脈、針灸等，共計 232 門，收方 5,300 首，首創「複方」。

《傷寒論》的體例是一病一方，靈活變通張仲景的「經方」。有時兩三個經方合成一個「複方」，以增強治療效果；有時一個經方分成幾個單方，以分別治療某

種疾病。這是孫思邈對醫學的重大建樹，是我國醫學史上的重大革新。《千金翼方》是對《千金要方》的補編。相輔相濟，羽翼雙飛的意思。這兩部書，合稱為《千金方》，是我國現存最早的醫學類書。

孫思邈結合實踐，虛心地廣泛地學習各家之長，所以醫學水平很高，有許多獨特的貢獻。其中，對腳氣病的治療最為擅長。腳氣病是由於人體缺乏維生素B1引起的。這種病多少年來折磨著江南一帶群眾。孫思邈在學習前人和總結群眾經驗的基礎上，經過長期探索，終於提出一個有奇效而又簡便的防治方案，那就是用防己、細辛、犀角、蓖麻葉、蜀椒、防風、吳茱萸等含有維生素B1的藥物來治療，用含有維生素B1的穀皮（楮樹皮）煮湯調粥常服來預防，這在世界醫學史也是非常先進的。

孫思邈特別重視婦幼保健，是創建婦科的先驅。他在《千金要方》中首例婦科三卷，兒科一卷，把婦兒科放在突出的地位。他還打破當時醫學界「各承一業」的陋習，主張用綜合療法治病。他說：「良醫之道，必先診脈處方，次即針灸，內外相扶，病必當癒」。他本人用藥、用針、用灸都很精熟，對病人，不問「貴賤貧富」，不分「晝夜寒暑，飢渴疲勞，一心趕救」。一次，他在路上看到幾個人抬著棺材在前面走，從棺材裡滴出幾點鮮血，後邊跟著一個老婆婆，傷心大哭。這種情況引起他的注意。一問，才知道棺材裡的「死人」是老婆婆難產剛死的獨生女兒。他告訴老婆婆，產婦並沒有死。於是開棺搶救。一看，產婦臉色蠟黃，一絲血色也沒有，同死人無異，但一摸脈搏還在微微的跳動。孫思邈選定穴位，只紮了一針，不一會，產婦就甦醒過來，胎兒也順利下產。眼看母子得救，大家十分感激，齊聲稱讚他的醫術高明。《歷代名醫圖贊》稱道：「唐孫真人，方藥絕倫，扶危拯弱，應效如神」（《本草蒙筌》）。

孫思邈在生之年為醫藥事業作了那麼多重大的貢獻，臨終時，卻遺囑「薄葬，不藏明器，祭去牲牢」。這種精神是很可貴的。他深受人民的愛戴和敬仰。他的家鄉人民給他修廟立碑，把他隱居過的「五台山」改名為「藥王山」。山上至今保留有許多有關孫思邈的古跡，如「藥王廟」、「拜真台」、「太玄洞」、「千金寶要碑」、「洗藥池」等。這也說明歷代人民對他的感情是多麼深厚。

《列仙全傳》中有孫思邈的軼事記載：

孫思邈隱居太白山學道，煉氣養神，洞曉天文推理，精通醫藥，做了不少善事。其軼事：有一次他見到一條「小蛇」為牧童所傷，正在出血。他脫下自己的衣服贖出「小蛇」，在傷口處敷上藥，將它放回草叢中。

過了十幾天出門，碰到一個身穿白衣的英俊少年騎馬經過。這個少年跳下馬背拜謝孫思邈說：「謝謝您救了我的弟弟。」孫思邈很驚訝，不知道他是甚麼意思。少年於是又盛情邀請孫思邈到家中做客。他將馬讓給孫思邈騎，自己牽著馬幾乎像足不沾地一樣地飛。轉眼就到了一處城郭，裡面花木盛開，房舍金碧輝煌，一派王家氣派。少年邀請孫思邈進門，一身著紅衣、頭戴小帽的人，身後跟著很多侍從，笑容滿面地迎了上來。他向孫思邈再三道謝說：「承蒙您的重恩，所以特意派兒子去請您。」他回過頭指著一身穿青衣的小男孩說：「前幾天他獨自

出門，被牧童所傷，幸虧您脫衣贖救才有今日。」於是讓青衣男孩拜謝孫思邈。
孫思邈這才想起前些日子脫衣救小蛇的事情。他偷偷地問旁邊的人這裡是哪
裏，那人告訴他：「這是涇陽水府。」原來他救的不是甚麼「小蛇」，而是龍王
的兒子。

紅衣龍王安排設宴款待孫思邈。這樣過了三天，龍王又送他很多珠寶彩緞。孫
思邈堅決不肯接受。龍王於是令自己的兒子取來龍宮奇方三十首送給孫思邈。
臨別時他對孫思邈說：「這些藥方可以幫助您濟世救人。」就這樣龍王安排人馬
送孫思邈回家了。

孫思邈使用這些藥方後，發現它們確實靈驗。於是他將這些藥方寫入了《千金
方》中。後人視《千金方》為一部奇書，原來這些藥方來源於仙人，靈驗也就
不足為奇了。

公元 653 年，孫思邈一百多歲，一天他沐浴之後，穿好衣冠，對自己的子孫說：
「我今天要離開這裡去雲遊了。」不久，孫思邈去世。可是他的屍身過了一個
多月還是面色紅潤。下葬時，卻發現棺材中僅僅剩下衣服。

伊尹　　前-1649 年－前-1549 年　　出生於有莘國空桑潤，

伊尹，名摯，因為其母親為佚民，在伊水住居，以伊為氏。
伊尹為中國商朝初年著名丞相、政治家，是中華廚祖，尹
是右相之意。他本是有莘氏的陪嫁奴隸。他陪嫁到商湯那
裡，為商湯廚師。伊尹有遠大抱負，不甘作奴隸，於是利
用向商湯進食機會向商湯分析天下形勢。商湯很欣賞他，
便取消了伊尹奴隸身份，並提拔他為宰相。前 1600 年，
他輔助商湯滅夏朝，商朝建立。他任丞相期間，整頓吏治，
洞察民情，使商朝初年經濟比較繁榮，政治比較清明。
太甲即位時昏庸無能，伊尹軟硬皆施，把太甲流放到桐地

（今河北臨漳），建宮居住，達三年之久。伊尹自行攝政管治國家。直到太甲
後悔了，才迎回太甲，復辟執政，使太甲變成了一位聖君。

伊尹歷事商朝商湯、外丙、仲壬、太甲、沃丁五代五十餘年，為商朝立下汗馬
功勞。沃丁八年（前 1549 年），伊尹逝世，終年 100 歲。沃丁以天子之禮把伊
尹安葬在商湯陵寢旁，以表彰他對商朝做出的偉大貢獻。根據另一本史書《竹
書紀年》，伊尹放逐太甲後，自立為王，7 年後，太甲潛回殺掉篡位的伊尹，
並改立伊尹的兒子伊陟和伊奮繼承伊家。根據出土的甲骨文顯示，直至商朝末
年，商朝仍然堅持對伊尹的祭祀，且祭祀伊尹的犧牲數目及品種與商朝先王同
級，因此《竹書紀年》的記載有可疑之處。

雖然伊尹對商朝貢獻良多，但他流放太甲的行為，卻成為了後世權臣效尤的憑
據。西漢時期，權臣霍光就以伊尹為先例，操縱皇帝的廢立。著作《湯液經法》

雷公

雷公一詞出自劉向戰國策。在神話傳說中,是掌管雷的神明。亦叫作「豐隆」、「雷師」、「雷神」,世稱「雷公江天君」。常與司掌閃電之神的「電母」一起被提起。雷公,屬陽,故稱公;電母,屬陰,故稱母。雷公壽誕日為 8 月 24 日。信徒一般只在祈求雨雪時才奉祀電母,但專門奉祀雷公的較常見。

《山海經》中記載雷神是「龍身而人頭,鼓其腹」,是為獸形。漢朝賈充《論衡》中所描述的雷神為「若力士之容,謂之雷公。使之左手引連鼓,右手推椎,若擊之狀。其意以為雷聲隆隆者,連鼓相扣擊之音也」是為人形。魏晉南北朝,雷公又變為獸形。干寶《搜神記》記載雷神是「色如丹,目如鑑,毛角長三尺,狀如六畜,似獼猴桃」。有人認為《封神榜》中的雷震子被封做了雷公。

目前雷公神像大多作為力士之狀,裸胸袒腹,背插雙翅,額具三日,臉赤若猴,下巴長銳,足似鷹爪。左手執鍥,右手執鎚,作欲擊狀。從頂至旁,環懸連鼓五個,左足盤躍鼓。

雷公與岐伯論回天生育

雷公問曰:『人生子嗣,天命也,豈盡非人事乎?』

岐伯曰:『天命居半,人事居半也。』

雷公問:『天可回乎?』

岐伯曰:『天不可回,人事則可盡也。』

雷公曰:『請言人事。』

岐伯曰:『男子不能生子者,病有九。女子不能生子者,病有十也。』

雷公曰:『請晰言之。』

岐伯曰:『男子九病者,精寒也,精薄也,氣餒也,痰盛也,精澀也,相火過旺也,精不能射也,氣鬱也,天閹也;

女子十病者,胞胎寒也,脾胃冷也,帶脈急也,肝氣鬱也,痰氣盛也,相火旺也,腎水衰也,任督病也,膀胱氣化不行也,

氣血虛而不能攝也。』

雷公曰:『然則治之奈何?』

岐伯曰:『精寒者,溫其火乎;精薄者,益其髓乎;痰盛者,消其涎乎;精澀者,順其水乎;火旺者,補其精乎;

精不能射者,助其氣乎;氣鬱者,舒其氣乎;天閹者,增其勢乎,則男子無子而可以有子矣,不可徒益於其相火也。

胞胎冷者，溫其胞胎乎；脾胃冷者，暖其脾胃乎；帶脈急者，緩其帶脈乎；肝
氣鬱者，開其肝氣乎；痰氣盛者，

消其痰氣乎；相火旺者，平其相火乎；腎水衰者，滋其腎水乎；任督病者，理
其任督乎；膀胱氣化不行者，

助其腎氣以益膀胱乎；氣血不能攝胎者，益其氣血以攝胎乎，則女子無子而可
以有子矣，不可徒治其胞胎也。』

雷公曰：『天師之言，真回天之法也。然用天師法，男女仍不生子，奈何？』

岐伯曰：『 必夫妻德行交虧也。修德以宜男，豈虛語哉？』

醫緩　生歿無考　春秋時秦國人

醫緩，傳說春秋時期秦國醫學家。姓氏不可考，名緩，因其職，
人稱醫緩。

前-581 年，晉景公有疾，夢見自己被惡鬼追逐，驚醒後，他召桑
田那邊的巫人（史稱桑田巫）來占卜。桑田巫向晉景公表示，晉
景公之病是被他在下宮之難所殺的趙同和趙括鬼魂作祟，等不到
吃新收的莊稼，晉景公就會死。桑田巫使巫術治病，但久治不效。
晉景公聽聞秦國多名醫，於是向秦桓公求醫，秦桓公派遣醫緩往
診。醫緩未至，晉景公又夢到疾病化身的兩童子商量：一個說醫
緩是良醫，所以他們應找地方避開醫緩，另一個說他們在肓（肓
指心臟與橫膈膜之間的部位）之上，膏（膏指心尖脂肪）之下，
醫緩也無可奈何。醫緩一到晉國，診察晉景公的病情，立刻斷言
晉景公其疾不可醫，因為病況已經進入肓之上膏之下，表示就算
砭石和針灸治理已不可及，而服用藥物醫治，亦不能至，所謂「藥
石無靈」。晉景公回想先前的夢和醫緩所說的一樣，便認為醫緩
為良醫，送厚禮謝去。

接著，他召桑田巫來，放上用新產的麥子作的麵食，然後處死了桑田巫，但晉
景公欲吃麵前感到腹脹，便上廁所，但卻掉到糞坑中溺死。

此故事流傳下來，成為「病入膏肓」的成語。也因這典故，在背部的第四椎兩
旁，有名為「膏肓腧」的穴位。

醫和　生卒無考　春秋戰國時期人

醫和，春秋戰國時秦國的著名醫家。其姓不可考，名和，因
其職，人稱醫和。描述醫和文獻詳見於《左傳》《國語》《通
志》三書。以天人一體，陰陽相生相蕩的理論論述疾病，開
創了中醫理論。他提出的陰、陽、風、雨、晦、明失和治病
說，成為後世風、寒、暑、濕、燥、火六氣病因說的濫觴。

前-541 年，晉平公有疾，醫和侯診，指其病不是由於鬼神作

祟，而是由於沉溺女色所致，提出「天氣治療論」，否定巫術鬼神致病觀。並向晉平公預言，晉平公一旦薨去，輔佐他的良臣將繼死去，晉國亦有難。就是現在他不死，也會失去諸侯們擁戴。

趙文子不滿醫和言論，表示輔佐晉平公已經八年，晉國一向太平無事，霸政依舊，質疑醫和胡說八道。醫和回應指趙文子不能使其國君不沉溺女色，置國君生出這些病來，反以自己的政績為榮。八年的太平已經長了，怎麼能保住國家長治久安呢？醫和並向趙文子仔細解釋了蠱病之由，皆是沉溺女色所致。趙文子有感醫和之能，讚為良醫，並以厚禮送贈。

《通志》一書中，表示「和」和「緩」同音，認為醫和與同一時期的另一名醫醫緩為同一人。但兩人出現的年代相差四十多年，故此同一人可能性比較低。

公乘陽慶

公乘陽慶：西漢醫學家，臨淄（Zī 音資）人，精經典，重實踐，醫術精湛，著有《黃帝扁鵲脈書》，為中醫脈案之宗，是淄博有文獻記載的第一代名醫。有一個叫太倉的人，是齊國都城管理糧倉的長官，他是臨淄人，姓淳於名叫意。年輕卻喜好醫術。漢高後八年（西元前 180 年），再次向同郡元裏的公乘陽慶拜師學習醫術。這時陽慶已七十多歲，沒有能繼承醫術的後代，就讓淳於意把從前學的醫方全部拋開，然後把自己掌握的秘方全給了他，並傳授給他黃帝、扁鵲的脈書，觀察面部不同顏色來診病的方法，使他預先知道病人的生死，決斷疑難病症，判斷能否治療，以及藥劑的理論，都十分精闢。學了三年之後，為人治病，預斷死生，多能應驗。

皇甫謐　215~282　寧夏固原彭陽縣古城人

皇甫謐，字士安，幼名靜，自號玄晏先生，西晉學者、醫學家，曾祖父為東漢太尉皇甫嵩。少家貧，邊耕邊讀。學習廢寢忘食。博覽儒家經典百家，人稱「書淫」。淡於名利。舉孝廉而不行，相國徵辟而不就。晉武帝屢下詔敦促，皆固辭，終身不仕，潛心著述。上表，武帝贈書一車。他把古代著名的三部醫學著作，即《素問》《針經》（即《靈樞》）《明堂孔穴針灸治要》綜合編著成《黃

帝三部鍼灸甲乙經》，共 10 卷，乃中國針灸學名著。到了南北朝，才被改為 12 卷本。晚年患風痹疾。

282 年，68 歲。另著《帝王世紀》《高士傳》《列女傳》《玄晏春秋》《年曆》。

葛洪　284~363　丹陽句容（今屬江蘇）人

葛洪，字稚川，號抱朴子，人稱葛仙翁，晉朝醫學家、博物學家、製藥化學家，煉丹術家，著名的道教人士。

他在中國哲學史、醫藥學史、以及科學史上，都有很高地位。相傳靈寶經內中經文，為葛玄傳給鄭隱，鄭隱傳給葛洪，後轉傳予葛巢父，其祖葛系曾經在孫吳擔任大鴻臚，叔祖父是三國時方士葛玄（亦稱葛仙翁），他曾跟隨左慈學習鍊丹及長生術，是南方的道教領袖。父親葛悌，曾為邵陵太守。葛洪是家中第三子，13 歲時，父親去世，家道中落。生性寡慾，不好榮利，窮覽典籍，尤好深線導養之法。他原想成為一個儒者，博覽經史子集，對神仙導引之法產生興趣，師從葛玄弟子鄭隱學煉丹術。

303 年，參加平息揚州 農民起義有功，被任命為伏波將軍，又賜關內侯。

306 年，葛洪隱居廣東羅浮山中採藥，煉丹，後拜鮑玄為師，學習煉丹術，受《石室三皇文》。又娶鮑玄之女，擅長灸法的鮑姑為妻。

313 年，葛洪回到鄉里，但仍然隱居不仕。

317 年，寫成《抱朴子》內外篇。

326 年，受王導之召，補州主簿，後遷諮議將軍。成帝咸和七年，聽說交趾郡(越南)出產丹砂，出任句屚縣令，舉家南行。至廣州，刺史鄧嶽將他留下，葛洪於是隱居在羅浮山煉丹。葛洪晚年在杭州葛嶺（葛嶺因此得名）結廬煉丹，現當地仍有抱朴道院，殿內正中供奉葛洪祖師像。最後在此過世。

葛洪的壽命跟卒年有三種說法。

第一說，《晉書》〈葛洪傳〉說他年八十一歲，據此，他卒於東晉興寧元年（363年）。葛洪所著《神仙傳》中曾記載，平仲節於晉穆帝永和元年（345年）五月一日去世，因此葛洪去世應晚於345年，可作旁證。

第二個說法來自《太平寰宇記》引袁彥伯《羅浮記》稱，葛洪卒時年六十一，亦即東晉康帝建元元年〈343年〉。《晉書》〈葛洪傳〉記載，他曾在死前致書鄧嶽，自稱將遠行，鄧嶽前往時他已經過世。據清萬斯同的《東晉方鎮年表》，鄧嶽卒於建元二年〈343年〉，據此說，葛洪應卒於建元元年〈343年〉。

第三個說法是民國錢穆作葛洪年歷，考訂葛洪年紀應不到六十歲。

陶弘景　456~536　丹陽秣陵（今南京市）

陶弘景，字通明，自號華陽隱居。南朝道士、醫學家、文學家、和書法家，道教上清派的代表人物。因梁武帝輒就諮詢，時人稱爲山中宰相。元代茅山宗追尊爲第九代宗師。堯帝陶唐的後代，七世祖陶浚，三國時吳國的鎮南將軍，後降晉爲尚書。祖父陶隆，好武功，解藥性。父陶貞寶，字國重，文武全才。自幼聰明異常，十歲時獲得葛洪《神仙傳》，日夜研讀，萌發養生之志。十五歲著《尋山志》。二十歲被引爲諸王侍讀，後拜左衛殿中將軍。

486年，拜陸修靜弟子孫游嶽為師。

492年，梁代齊而立，隱居句曲山（茅山）華陽館。梁武帝禮聘不出，但朝遷大事輒就諮詢，時人稱爲「山中宰相」。

508年，陶弘景乘船東下，前往相傳仙人大茅君與魏夫人所在的霍山（今福建寧德縣霍童山）煉丹，途中收周子良為弟子，

513年，回到茅山。工草隸行書尤妙。又作渾天象，高三尺，刻有二十八宿度數，七曜行道，用於天文曆法。

537年，顏色不變，屈申自如，香氣滿山，數日不散。諡「貞白先生」。

　　《梁書‧處士傳》稱陶弘景：「圓通謙謹，出處冥會，心如明鏡，遇物便了」。《南史‧陶弘景傳》載其臨終遺令：「既沒不須沐浴，不須施床，止兩重席於地，因所著舊衣上加生裓裙及臂衣，冠巾法服，左肘錄鈴，右肘藥鈴，佩符絡左腋下，繞腰穿環，結於前，釵符於髻上，通以大袈裟覆衾蒙首足，明器有車馬。」

陶弘景著有《真誥》《登真隱訣》《周氏冥通記》《本草經集注》《陶氏效驗方》《補闕肘後百一方》《藥總訣》《古今刀劍錄》等。

巢元方　生卒年不詳。

巢元方像

巢元方，隋代著名醫學家，約生活於公元 6-7 世紀間。史書缺傳，其生卒年及籍貫缺乏考證。

605 年，任太醫博士，後升爲太醫令，有豐富的實踐經驗，高深的醫學理論造詣。

609 年，主持開鑿運河工程的開河都護麻叔謀在寧陵(今河南境內)患風逆病，全身關節疼痛，起坐即頭暈作嘔，諸醫診治無效。隋煬帝命令巢元方前往診治。巢元方診後認爲是風入腠理，病在胸臆。須用肥嫩的羊，蒸熟摻藥食下，就可治愈。麻叔謀依方配藥，蒸而食之，藥未盡病就治愈了。巢元方又叮囑他用杏酪五味並佐以羊肉，一天吃幾枚，可使疾病不複發。

610 年，巢元方奉皇帝命令主持編撰《諸病源候論》五十卷，共 67 門，載列證候 1739 條，分別論述了內、外、婦、兒、五官等各科疾病的病因病理和證候。對疾病的治療，一般並不論述，但也有部分疾病討論了診斷、預後，以及導引按摩、外科手術爲主的一些治療方法和步驟。這與當時隋煬帝下令編纂的方書《四海類聚方》形成一個鮮明的對比，即前者專述理論，後者專述治療，兩者相輔相成，形成較爲全面的醫學配套著作，可惜《四海類聚方》早已佚失，使我們不得探其真面目。《諸病源候論》是我國醫學史上第一部系統總結疾病病因、病理、證候的專著，並對隋以後兩代醫學的發展都產生了巨大的影響。對祖國醫學的發展有突出貢獻，爲歷代醫家所推重。

610 年，主持編撰《諸病源候論》50 卷。

王燾　670~755　唐代陝西省郿縣人

王燾

唐代著名醫學家，「外台秘要」後人稱讚。

出身官宦世家，祖父王珪是唐初傑出的宰相之一。他爲官清廉善諫，與魏征齊名，曾是李淵的大兒子李建成的老師。王燾的父親李敬直是南平公主的附馬，也被封了爵位。王燾的兩個兒子也都做了官，大兒子是大理寺少卿，次子擔任了蘇州刺使。

王燾從小體弱多病，母親南平公主身體也不好。他十分孝順，不解衣帶地照顧母親，還閱讀了大量醫書，尋找靈方妙藥，也漸漸地對醫學產生了興趣。王燾曾經擔任徐州司馬和鄴郡太守，但是他爲了有機會閱讀醫學書籍而到了當時的皇家圖書館——弘文館任職。自此，他便如饑似渴地在那裏閱讀晉、唐以來的醫學書籍。他在這裏度過了 20 年的時間，在系統閱讀大量醫書的同時，他還認真的做了詳盡的摘錄，夜以繼日，年復一年，積累了大量的醫學資料。其中僅古方就有五、六十家之多。後來，他

被貶職到房陵，遇赦後就近安置在大寧郡，當地氣候炎熱潮濕，百姓得了瘴氣，十有六七難逃一死。他依照隨身攜帶的驗方施治，竟然把即將死去的人神奇地救了回來，由此，他便決心發憤編寫醫書。

《外台秘要》他博采眾家之長，引用以前的醫家醫籍，「上自神農，下及唐世，無不采摭」。不僅對《千金方》《肘後備急方》之類著作仔細研究，還沒名氣，流傳也不廣泛的著作加以收集，如陳延之的《小品方》、張文仲的《張文仲方》等醫著。民間單、驗方也並不排斥。每一門都是以《諸病源候論》的條目為引，再廣引方劑。

王燾對於方劑的收載，不僅廣引博采，精挑細選。收載許多治療方法和方劑，切實可用。而書中記載的治療白內障的金針拔障術，是我國歷史上對這種方法的最早記載，且這種方法，現今仍被沿用。

《新唐書》將《外台秘要》稱作「世寶」。王燾一生精力，為保存古醫籍原貌和總結唐以前的醫學成有突出的貢獻，留下千古的美名。

王冰　710~805　唐代人

王冰，號啟玄子，唐代人。曾任唐代太僕令，又稱「王太僕」。好養生之術，潛心研究《素問》，尊崇為「至道之宗、奉生之始」，汲歷12年，「凡所加字，皆硃書其文，使今古必分、字不雜糅。」，著成《次注黃帝內經素問》，又稱《重廣補注黃帝內經素問》，高保衡、林億評說：王冰「得先師所藏之卷大為次註，猶是三皇遺文，燦然可觀」。

王冰主張「諸寒之而熱者取之陰，熱之而寒者取之陽」。著有《玄珠》，已佚。另外《玄珠密語》《昭明隱旨》《天元玉冊》《元和紀用經》。

咎殷　797~859　四川成都人

咎殷，四川成都人，唐代名醫，著名婦產科學家，擅長婦產科和藥物學。他精通醫理，將數十年治療婦產科常見病證的臨床經驗，仿孫思邈《千金方》體裁，撰著成書，名《經效產寶》。《經效產寶》是我國現存最早、流傳最廣的婦產科專著，對後世醫家有著廣泛而深入的影響，具有很高的文獻學和臨床學價值。咎氏精醫理，擅長產科，通曉藥物學，他將前人有關經、帶、胎、產及產後諸症的經驗效方及自己臨症驗方共378首，編成《經效產寶》，共三卷。此外咎氏對攝生、食療也頗有研究。著有《道養方》、《食醫心鑑》各三卷，今亦存。

林億

林億，宋代醫家。里貫欠詳，嘗任朝散大夫、光祿卿直秘閣。精醫術。嘉佑二年（1057年）政府設立校正醫書局，與掌禹錫、蘇頌等校定《嘉佑補註神農本草》二十卷。又於神宗熙寧年間（1068-1077年）與高保衡、孫兆等共同完成《素問》、《靈樞》、《難經》、《傷寒論》、《金匱要略》、《脈經》、《諸病

源候論》、《千金要方》、《千金翼方》、《外台秘要》等唐以前醫書校訂刊印，為保存古代醫學文獻和促進醫藥傳播作出貢獻。其治學嚴謹，如校《素問》，采數十家之長，端本尋支，溯流清源，改錯六千餘字，增液兩千餘條。

唐慎微　蜀州晉原（今四川崇慶）人

唐慎微（北宋）

唐慎微，字審元，宋朝醫藥學家。長相醜陋，舉措語言樸訥。其家世代行醫，自小耳濡目染，造詣頗深。元祐年間應李端伯之邀，至成都行醫，定居華陽。他替士子診病，「不取一錢」，治病百不失一。

他曾將宋初《補注神農本草》、《圖經本草》兩書合併，廣收輯經史百家文獻所載方藥和民間醫藥經驗，編成《經史證類備急本草》三十二卷，總結了宋代以前藥物學的成就。其書在明代以前流傳較廣，促進了中藥學的發展。

錢乙　1032~1113　宋朝鄆州（今山東東平）人

錢乙，字仲陽。精專兒科，其著作《傷寒論指微》《嬰孺論》等失傳。現僅存《小兒藥證直訣》，本書被稱為「幼科之鼻祖」是兒科經典著作。其成方如六味地黃丸等應用至今。

龐安時　約1042～1099　蘄水（今湖北浠水縣）人

龐安時，字安常，自號蘄水道人，被譽為"北宋醫王"。龐安時出身於世醫家庭，自幼聰明好學，讀書過目不忘。醫術精湛，能急病人之急，行醫不謀私利，常讓來診者在自己家里住下親自照料，直至治愈送走，他晚年參考諸家學說，結合親身經驗。撰成《傷寒總病論》6卷，對仲景思想做了補充和發揮。其突出特點是着意闡發溫熱病，主張把溫病和傷寒區分開來，這對外感病學是一大發展。

成無己　1066～1156　山東聊城人

成無己，據張孝忠《註解傷寒論·跋》稱，成氏1156年已90餘歲，尚健在，可知其生於，時約為北宋末、金初之際，，靖康之難後，聊攝成為金國屬地。其家世代行醫，後人對他的生平所知不多。著有《註解傷寒論》十卷，《傷寒明理論》三卷，《傷寒明理藥方論》一卷。

他是註解《傷寒論》的第一人；他以《內》、《難》經旨辨析《傷寒論》，對後世有很大的影響。

朱肱　1068~1165　北宋吳興〈今浙江湖州〉人

朱肱，字翼中，號無求子，晚號大隱翁，宋代著名中醫。博學通儒，(1088 年進士，曾任奉議郎，人稱朱奉議。後因忤旨罷官，以行醫為業。精通《傷寒論》。著有《傷寒百問》，後又增補改稱《南陽活人書》或《類證活人書》。

許叔微　1079－1154　宋代真州(今江蘇儀征縣)人

許叔微，字知可，為南宋著名的中醫學家。自幼家貧，父母雙亡，屢試不第。1090 年，父母雙亡，再加屢試不舉，遂棄儒習醫。

1127 年，真州大疫，他因為治癒許多病患而聲名大著。

1127 年，真州疾疫大作，許叔微上門為百姓診治，十活八九。後南渡居常州，又遷太湖馬跡山（今無錫馬山）。

1132 年。中進士，歷任徽州、杭州府學教授及翰林學士，人稱許學士。因不滿高宗苟安江南及秦檜陷害忠良，退隱鄉里，行醫濟人。

1133 年，考中進士。後官至集賢館學士，因此他又被人稱為許學士。

與抗金名將韓世忠過從甚密。岳飛被害後，韓世忠自請解職，移居蘇州，常渡太湖訪許叔微，共抒憂國情懷。許叔微是宋代研究《傷寒論》的大家之一，對辨證施治理論多有闡述和補充。他說：“傷寒治法，先要明表裡虛實。能明此四字，則仲景三百九十七法，可坐而定也。”在其學術思想中較突出的是對脾腎關係的理解，認為腎是一身之根抵，脾胃乃生死之所系，二者之中又當以腎為主，補脾“常須暖補腎氣”。這一見解對後世進一步研究脾腎關係和臨床座用,很有啟發。

他是宋代研究《傷寒論》的大家，曾經將《傷寒論》中的方劑編成歌訣。他很重視脾腎之間的關係，認為腎是一身根本，提出「補脾常須暖腎」的說法。著有《類證普濟本事方》十卷。

他一生著述頗豐，輯有《本事方》(又名《類證普濟本事方》)10 卷、《續本事方》10 卷(均收入四庫全書。

許叔微故居書》)。著有《傷寒百證歌》5 卷、《傷寒發微論》2 卷、《傷寒九十論》(合稱《許氏傷寒論著三種》)、《治法》、《辨證》、《翼傷寒論》、《仲景脈法三十六圖》等書。《傷寒百證歌》，是以歌訣體裁將仲景論編成100 證，以便後學記習，遇有“有證無方”者，就以《千金》等所載之方補上；

有議論不足者，多取《巢氏病源》及朱弘、孫尚、孫用和等人言論加以發揮。《傷寒發微論》共 22 論。第一論列舉傷寒 72 證，詳加闡釋。第二論以下多為作者心得的零散箚記。《傷寒九十論》，每論首記病例症狀及治療經過，加以評論，頗似今日之病案討論。《普濟本事方》是“漫集已試之方及所得心意，錄以傳遠”的著作，按病分為 23 門，收錄 300 余方；每方首列主治、方名及藥味分量，次錄治法、服法，後附一二個病例，並加評述。其中關於言氣撅不可作中風候、益腎宜用滋補之品以及區別腸風、髒毒、血痔的不同等論點都頗有見地。許叔微于紹興二十四年逝世，終年 74 歲，葬于馬跡山（今無錫馬山）檀溪村東麓

王惟一　　生卒、年代、和籍貫不詳

王惟一，又名王惟德，宋朝針灸學家，在宋仁宗、宋英宗時是御醫。王惟一夙受禁方，尤工針灸之術，是著名醫家。

1026 年，任太醫局翰林醫官、朝散大夫、殿中省尚藥奉御都騎尉。主持官修《銅人腧穴針灸圖經》。他考訂了明堂圖經經絡孔穴。還奉宋仁宗詔主持設計鑄作立體銅人孔穴模型。又參與校正《黃帝八十一難經》。王惟一的傑出貢獻，使我國傳統的針灸學術得以發展、推廣和普及，並糾正了唐代王燾倡灸禁針的謬誤。因而，至今他的著作對我們研究針灸學術仍然有著文獻學作用和參考價值。

劉完素　　約 1100~1180　　河間（今河北河間市）人，世稱劉河間。

劉完素，字守真，自號通元處士，金元四大醫學家之一【劉完素(火熱說)張從正(攻邪說)李東垣(脾胃說)朱震亨(養陰說)】，研究五運六氣，為「寒涼派」的創始人。發揮《內經》理論，提倡火熱論，重視針灸治法，臨床施治重視井穴、原穴。並喜用五腧穴，以火熱論思想指導針灸臨床，形成以清熱瀉火爲基點的針灸學術思想，對金元以後的醫家影響很大。他創製不少治療傷寒熱病的方劑，故後世稱他為「寒涼派」。

劉完素著有《黃帝素問宣明論方》《素問玄機原病式》《宣明內方》《內經運氣要旨論》《傷寒直格》《傷寒標本心法類萃》《三消論》《素問藥注》《醫方精要》。

張元素　1151~1234　金代易州（即今河北省易縣）

張元素，字潔古，晚號潔古老人，著名中醫師，深通藥理學，善醫傷寒，善於化裁古方，以及善於創新。八歲試童子舉，27歲試經義進士。因為犯了廟諱而落第，棄仕學醫。張元素約與金代另一名醫劉完素同時代。劉完素病傷寒，八日不愈，頭痛脈緊，令他不知所措。張元素前去探望，劉完素看不起他，面壁不顧。張元素不但斷准其病，且指出用藥不當，致使劉完素信服。後按張元素意見用藥，遂愈自此名聲大振。他深入研究《內經》等醫學經典，並且學習了張仲景、王叔和、孫思邈、錢乙等人的醫學，完善了中藥昇降浮沉理論，開創了金元時期的「易水學派」。他對藥物氣味的升降作用，和藥物的歸經，有獨特見解。

他著有《醫學啟源》三卷、《珍珠囊》一卷、《臟腑標本寒熱虛實用藥式》、《潔古刺諸痛法》、《醫方》、《藥注難經》、《潔古本草》等等。

其子張璧也是醫學家。

張從正　1156~1228　睢州考城（今河南蘭考縣）人

張從正，字子和，號戴人。金朝著名醫家。張氏私淑劉完素的學術觀點，對於汗、吐、下三法的運用有獨到的見解，積累了豐富的經驗，擴充了三法的運用範圍，形成了以攻邪治病的獨特風格，爲祖國醫學的病機理論和治療方法做出貢獻，後世稱爲金元四大家之一，又稱爲"攻下派"的代表。著有《儒門事親》。

自幼喜讀書，經史百家無不涉獵，性格豪放，不拘細節，世代從醫，對醫學造詣尤深，精於《內經》《難經》《傷寒論》，繼承了劉完素的學術思想。興定年間為太醫，但不久辭退。張先生是金元四大家的「攻下派」，所用的方子為「汗、吐、下」三法，故稱之為攻下派，傳麻知幾、常仲明、張伯全等人。所謂的「汗、吐、下」三法，並非單純的發汗、嘔吐、泄下三種具體治法，而是三種祛邪外出的途徑。他主張「治病重在驅邪，邪去則正安」，有時運用心理治療法。著有《張氏經驗方》《傷寒心鏡》《儒門事親》等書。

李杲　1180~1251　真定（今河北正定）人

李杲，字明之，號東垣老人，後世多稱為李東垣。金元四大家之一，開創補土派。由於李東垣生活於北方，所以被譽為北醫。

自幼喜愛醫藥，拜張元素為師。李認為人體內在元氣充足，則疾病無以發生，而元氣充足與否，關鍵在於脾胃是否健旺，他在所著的《脾胃論》中提出「內傷脾胃，百病由生」，當時中原戰亂，人民生活動盪，三餐不得溫飽，以致百病叢生。親創「補中益氣湯」、「龍膽瀉肝湯」等名方。張景岳認為李氏「相火為元氣之賊」一說是錯誤的，應當改為「相火為元氣之本」。著作有：《脾胃論》《內外傷辨惑論》《蘭室秘藏》《醫學發明》《傷寒會要》《用藥法象》《東垣試效方》等。

朱震亨(丹溪)　1281~1358　元代義烏（今浙江省義烏市）

朱丹溪，名震亨，字彥修。因世居丹溪，故人稱朱丹溪，或尊稱為丹溪翁。與劉完素、張從正、李杲等人並稱金元四大醫學家，為「滋陰派」的創始人。

朱丹溪生活在元末的南方，當時因連年戰爭，苛捐雜稅極重，增加了人民群眾的負擔，營養條件很差，身體柔弱，加之江南地土卑弱，氣候炎熱，濕熱相火為病甚多，病家多易傷陰。但是，當時醫界盛行用辛燥藥較多的《局方》治病，非但治不好病，反而加重病情，甚至造成死亡。為了糾正

這一偏向，朱氏用清滋之品，頗能見效，因而自然就提倡養陰之法，即所謂「陽常有餘，陰常不足」之論點。他所創立的養陰派學說及其著作，大大豐富了中國醫學對病因、病機的認識及處方用藥的內容和範圍，對中國醫學的發展有較大的貢獻，受到後世醫家很高評價，亦為國外醫家所重視。

滑壽　1368-1398　祖籍襄城（今屬河南）

滑壽，元代醫學家。字伯仁，晚號櫻寧生。，其祖父時遷居儀真（今屬江蘇）。初習儒，工詩文。京口名醫王居中客居儀真時，滑壽師從之習醫，精讀《素問》、《難經》等古醫書，深有領會，然亦發現《素問》多錯簡，因按臟腑、經絡、脈候、病能、攝生、論治、色脈、針刺、陰陽、標本、運氣、匯萃十二項，類聚經文，集為《讀素問鈔》三卷。又撰《難經本義》二卷，訂誤、疏義。後又學針法于東平高洞陽，盡得其術。曾采《素問》、《靈樞》之經穴專論，將督、任二經與十二經並論，著成《十四經發揮》三卷，釋名訓義。其內科診治則多仿李東垣。精于診而審于方，治癒沉屙痼疾甚從。嘗謂"醫莫先於脈"，乃撰《診家樞要》一卷，類列 29 脈，頗有發揮。其治療驗案數十則，收入朱右《櫻寧生傳》。另有《傷寒例鈔》（一作《傷寒論鈔》）三卷、《本草發揮》一卷、《脈訣》一卷、《醫韻》、《痔瘺篇》等，均佚。後世有《明堂圖》四幅，題為滑壽撰。明洪武（1368-1398 年）間卒。時年七十餘。

義妁　西漢時人　河東地方（今山西省複縣）　古代女名醫之一

中國古代四位女名醫（漢朝義妁、晉朝鮑姑、宋朝張小娘子、明朝談允賢）之一。遠在 2000 多年前西漢時代，河東地方（今山西省複縣），有一個名叫義妁的女子，她是我國歷史上早期著名的女醫生。義妁從小就對藥草有興趣，十幾歲就上山採藥，搗爛後給鄉親們敷治外傷。平時只要有郎中路過，她總是虛心請教，日積月累，學到了許多醫藥知識，積累了豐富的臨床經驗。

有一次，從外地擡來了一位腹部膨隆的病人，肚子比將要臨產的孕婦還大，臍眼突出，身軀瘦得皮包骨頭，氣息奄奄。義妁對她仔細診視後，取出幾根銀針，在病人的腹部和腿部一連紮了幾下，又取出一包藥粉撒在病人的臍眼上，用熱水浸濕的絹帛裹住，並給病人喂服中藥。幾天之後，病人的腫脹竟漸漸消退，不到 10 天工夫，病人就可以起床活動。後來，義妁的醫術被漢武帝知道了，便將她徵調入宮，封爲女侍醫，專爲皇太后治病，深得太后的信任。

鮑姑　約公元309-363　晉朝山西長治人　古代女名醫之二

鮑姑，名潛光。中國古代四位女名醫（漢朝義妁、晉朝鮑姑、宋朝張小娘子、明朝談允賢）之一。出生官宦兼道士之家，晉朝廣東南海太守鮑靚的女兒，為著名煉丹術家、精通灸法，是我國醫學史上第一位女灸學家。自幼在父親的耳薰目染下，對道教的教義十分有興趣，嫁給了葛洪，成為葛洪的得力助手，和葛洪的弟子黃初平一起幫葛洪研究煉丹術，葛洪抄寫著作，為附近的百姓治病。

她以專治贅瘤和贅疣而聞名於時，以艾線灸人身之贅瘤，一灼即消，療效顯著。她長期與丈夫葛洪在廣州羅浮山煉丹行醫，嶺南人民尊稱她為「鮑仙姑」。

鮑姑行醫採藥，其足跡遍及廣州、南海、惠陽、博羅等地。她醫術精良，擅長灸法。她是採用越秀山腳下漫山遍野生長的紅腳艾絨進行灸療治疾，因此，後人稱此艾為「鮑姑艾」。曾有詩讚頌：「越井崗頭雲作嶺，裹花簾子隔嶙峋。我來乞取三年艾，一灼應回萬古春。」

一天，鮑姑在行醫採藥回歸途中，見一位年輕姑娘在河邊照容，邊照邊淌淚。鮑姑上前一看，見她臉上長了許多黑褐色的贅瘤，十分難看。鄉親們因此都鄙視她，亦無法找到男人，故而顧影自泣。鮑姑問清緣由，即從藥囊中取出紅腳艾，搓成艾絨，用火點燃，輕輕地在姑娘臉上熏灼。不久，姑娘臉上的疙瘩全部脫落，看不到一點疤痕，變成了一個美貌的少女。她千恩萬謝，歡喜而去。遺憾的是，鮑姑沒有留下什麼著作，後人認為，她的灸法經驗可能滲入到葛洪的《肘後備急方》中。該書有針灸醫方109條，其中灸方竟佔90餘條，並對灸法的作用、效果、操作方法、注意事項等都有較全面的論述。

據分析，葛洪不擅長灸法，他的精力主要集中於煉丹和養生上。《肘後備急方》中收入如此豐富的灸方，可能與擅長灸法的鮑姑有密切的關係。

葛洪在羅浮山逝世後，鮑姑和弟子黃初平到廣州越崗院，一面修道，一面為百姓治病。她繼承了丈夫和父親的醫術，加上自己的鑽研，醫術更加精湛。往往藥到病除，人們稱她為鮑仙姑。去世後特地在越崗院為她建「鮑姑祠」來紀念她。

鮑姑死後，嶺南人民為了紀念她對醫學事業的重大貢獻，在廣州越秀山下三元宮內修建了鮑姑祠，以志紀念。

張小娘子　宋代時人　古代女名醫之三

中國古代四位女名醫（漢朝義妁、晉朝鮑姑、宋朝張小娘子、明朝談允賢）之一。宋代有個著名的外科醫生，名叫張小娘子，她的醫術既非祖傳，也不是隨夫行醫所得，那麼究竟從何而來呢？據說，在張小娘子年輕的時候，有一天，一位雲遊郎中路過門前，向她討杯水喝。張小娘子見是一位銀髮老人，氣度不

凡，便將他請進屋裏，讓座沏茶，還熱情地招待飯菜。那位老郎中見她聰明賢慧、手腳勤快，便將開刀和制膏等外科秘方傳授給她，還贈她一部秘而不傳的《癰疽異方》。後來，經過不斷實踐，張小娘子終於成了一位精通外科的女醫生。凡是瘡瘍癰腫的病人前來求醫，經她診治，無一不見奇效。一時名聲大噪，病人應接不暇。她又把外科技術傳給丈夫，於是，夫婦倆都成了當地名醫。

談允賢　1461~1556　漢朝江蘇無錫人　　古代女名醫之四

中國古代四位女名醫（漢朝義妁、晉朝鮑姑、宋朝張小娘子、明朝談允賢）之一。談允賢，出生醫學世家，中國古代少見的女名醫。祖父談復、祖母茹氏為當時名醫，伯父談經官至戶部主事，父親談綱官至南京刑部主事，母錢氏，有一弟談一鳳。談允賢自小聰慧，祖母就讓她學醫，就在祖母的教導下學會的精湛的醫術，祖母去世前將一生所收集、編寫的藥方病理都傳給了談允賢。談允賢後嫁楊姓男子為妻，婚後不久患上氣血失調，就自我診治、試藥，後來生了三女和一子楊濂，每當子女有病，她都親自為他們診治。直至其祖母去世，她才真正在外行醫。

許多上流社會的婦女因男女之防，不願請男醫生診治，因此常常發生貽誤病情的情況，談允賢女醫的名聲使這些婦女紛紛找她治病，在許多成功的案例後，談允賢的名聲也漸漸的傳遍各地。

50歲時談允賢將祖母留下的藥方病理，匯集自己多年行醫的經驗，寫成了一部《女醫雜言》流傳後世。明世宗嘉靖三十五年，談允賢病逝，享年96歲。

汪機　1463~1539　祁門（今屬安徽）人

汪機　，字省之，號石山居士，明代醫家。父汪渭為名醫。機幼年先習儒，嘗補邑庠生。後隨父習醫，並與儒理、易學相印證，闡其奧理，療病甚有效。治病主張強調辨證論治，診斷需四診互參，力糾單以脈診為務斷人吉兇；治療則主張博采眾長，升陽隨東垣，滋陰崇丹溪，反對濫用寒涼攻下，強調滋補元氣。於針灸方面亦有所論述，著作甚豐，有《醫學原理》《本草會編》《讀素問鈔》《脈訣刊誤集解》（校刊戴同文之《脈訣刊誤》而作）《外科理例》《痘治理辨》《針灸問對》《傷寒選錄》《運氣易覽》《醫讀》《內經補注》。其中除《本草會編》及《內經補注》已佚外，均有刊本行世。

薛己　1487~1559　吳郡(今江蘇蘇州市)人

薛己，字新甫，號立齋。父薛鎧，字良武，府學諸生，弘治中以明醫征為太醫院醫士，以子己故贈院使。治疾多奇中，以兒科及外科見長。薛氏得家傳，原為瘍醫，後以內科擅名。

1506 年，薛己補為太醫院院士；

1511 年，經外差初考考滿，升任吏目；

1514 年，升御醫；1519 年，任南京太醫院院判；

1530 年，以奉政大夫南京太醫院院使致仕。薛己離職後，不辭辛苦，常遠到嘉興、四明、下堡、橫金等處行醫。薛氏勤於著述。

萬全　1495~1580　原住豫章（今江西南昌），後移居湖北羅田．

萬全，字密齋，明代醫家，世代均以醫名，其祖為萬杏坡、父萬筐，醫術高明，尤精兒科。其所學均本自內、難、本草、脈學諸經，深研錢乙之學，重視調補後天脾胃，生平著述甚多。計有《萬氏家傳保命歌括》（簡稱《保命歌訣》）35卷，旁徵博引，詳論內科之雜證；《傷寒摘錦》、《養生四要》5 卷；《萬氏女科》3 卷及《廣嗣紀要》16 卷。萬氏對小兒疾病研究最深，著作亦豐，計有《家傳幼科發揮秘方》（簡稱《幼科發揮》）、《片玉心書》5 卷、《育嬰家秘》（即《育嬰秘訣》、《痘疹心法》23 卷、《片玉痘疹》13 卷。其論兒科，皆發揮錢氏五臟辨證之理論，尤重調理脾胃，對小兒痘疹諸證，經驗尤豐，兼通涼瀉溫補之法，方劑多簡煉。諸著作又合成《萬密齋醫學全書》，或稱《萬密齋醫書 10 種》。

李時珍　1518.7.13.~1593　湖北蘄春人

李時珍，字東壁，號瀕湖，晚號瀕。

1518 年，父親李言聞也是一個名醫．李時珍自小隨父上山採藥，父親為人看病把脈，他在旁默記診斷用藥之道．

1532 年，不負父望順利的成為秀才，3 次參加鄉試欲成舉人，難以遂願，兼之他對醫學的濃厚興趣一直有增無減，並想向父親求說並表明決心：「身如逆流船，心比鐵石堅。望父全兒志，至死不怕難」。至此棄儒從醫專心研究醫藥。

1540 年，李時珍向父親提出從醫要求，表示「身如逆流船，心比鐵石堅，望父全兒志，至死不怕難．」李父聞之竊喜，命其正式學習行醫．

1548 年，30 歲，成為當地名醫，38 歲時，武昌的楚王聽說後聘他為去任王府「奉祠正」，奉祠正，掌管良醫所事務。

1551 年，李時珍為楚王的兒子治好氣厥病，楚王感激，任命他為楚王府奉祠正，

專管祭祀禮儀，同時管理醫所．後舉薦他至京城太醫院任職．不一年離去．

1556 年，經舉薦補太醫院之闕，李時珍在京師金陵供職了一年後，因不滿庸醫們把太醫院弄得烏煙瘴氣而辭官。

1557 年，辭官回家，在雨湖北岸構築新居，題名「紅花園」在此行醫。後一直研究醫藥，歷經 30 餘年，著成《本草綱目》，後來又花了 12 年修訂三次。

1593 年，李時珍離世，葬湖北省蘄春縣蘄州鎮東南 2 公里的雨湖之濱。

李時珍研讀「內經」「傷寒論」「本草經」等前人醫學書籍外，「凡子、史、經、聲韻、農圃、醫卜、星相、樂府諸家」等，都予以研究，周遊四方，收集藥用植物、動物、礦物資料，採集標本，編纂「本草綱目」，一部「綜合群籍」「採訪四方」集藥物之大成巨著醫藥寶庫，羅列不同類型草藥主治病藥方按水、火、土、金石、草、穀、菜、果、木、服器、蟲、鱗、介、禽、獸、人等把 1892 種藥物分成 16 部，各列同類別申論，成為現今中醫研究的醫藥名著．

他行醫救人期間，他發現古代的本草書籍，「品數既煩，名稱多雜。或一物析為二三，或二物混為一品」（《明外史本傳》）。特別是許多毒性藥品，竟被認為可以「久服延年」，而遺禍無窮。李時珍多次上書朝廷要求重整醫書的資料，可惜並無回應，於是他便利用在良醫所和太醫院閱讀的大量醫籍和堅實的文史基礎，親自對中國歷代有關藥物學的著作進行了整理，編寫《本草綱目》。

1596 年，也就是李時珍死了後的第三年，《本草綱目》在南京正式刊行。

龔廷賢　1522~1619　金溪（今屬江西）人

龔廷賢，字子才，號雲林、悟真子，明代醫家。父龔倍，曾任太醫院醫官。自幼承庭訓，隨父習醫。嘗謂：良醫濟世，功同良相。故勤研《內經》《難經》及金元諸家學說，久之貫通醫理，遂以醫鳴。臨證遵古而不拘泥，治多奇中，因愈魯藩元妃之疾，入禦醫院任太醫。著述甚富，著有《濟世全書》八卷、《壽世保元》十卷（1615 年）、《萬病回春》八卷（1587 年）、《小兒推拿秘旨》三卷（1604 年）、《藥性歌括四百味》、《藥性歌》、《種杏仙方》四卷（1581 年）、《魯府禁方》四卷（1594 年）、《醫學入門萬病衡要》六卷（1655 年）、《復明眼方外科神驗全書》六卷（1591 年）、《雲林神穀》四卷（1591 年）等。並為其父續編成《古今醫鑒》。另著《痘疹辨疑全幼錄》、《秘授眼科百效全書》、《雲林醫聖普渡慈航》、《醫學準繩》等，皆佚。子守國、守寧、侄懋官、門人吳濟民，得其傳，亦以醫名。

楊濟時　1522～1620　三衢（今浙江衢縣）人

楊濟時，字繼洲。世醫出身。祖父曾任職太醫院。繼洲幼業舉，因厄于有司，由儒入醫。嘉靖三十四年（1555）被選任侍醫，隆慶三年（1568）進太醫院聖濟殿，直至萬曆，三朝任醫官達46年。醫跡遍及閩、蘇、冀、魯、豫、晉等地。在家傳《衛生針灸玄機秘要》基礎上，博采眾書，參以已驗，編成《針灸大成》。《針灸大成》為繼《內經》、《甲乙經》、《銅人》之後，對針灸理論及臨床又一次進行了總結。

楊氏具有豐富臨證經驗，學術主張很有特色。認為治病，針、灸與藥缺一不可，重視經絡學說，以之指導辨證取穴，提出"寧失其穴，勿失其經"，這樣才能使"穴無不正，疾無不除"。在操作上，強調"巧妙玄機在指頭"，重視補瀉手法，將前人針刺14法概括為12字手法，即"爪切、指持、口溫、進針、指循、爪攝、針對、指搓、指捻、指留、針搖和指拔"。後又簡化為下針8法：揣、爪、搓、彈、格、捫、循、捻。楊氏倡透穴針刺法，介紹了燒山火、透天涼、蒼龍擺尾、赤風搖頭、龍虎交戰、龍虎升降、馬午補瀉等手法。

武之望　1552~1629　陝西臨潼皁廣裏廣陽屯（西安閻良區武屯鎮廣陽村）

武之望，字叔卿，號陽紆。明朝著名醫學家，著有《濟陰綱目》和《濟陽綱目》，同時在方志、文學等領域也多有建樹，被譽為關中鴻儒，也被稱為儒醫。

1589年，進士，為關中鴻儒，為人恭而不阿，直而不抗。因幼年多病，遂習岐黃，《內經》以下至金元諸家醫籍無不熟讀，精通醫學，尤長於婦科。

武之望崇禎年間複出擔任三邊總督，迭次兵餉問題引兵變，憂憤而死。

武之望著作：《證治準繩·女科》《濟陰綱目》《濟陽綱目》《疹科類編》《保赤全書》，接合自身臨症經驗編纂而成的兒科疹症專著。

王肯堂　約1552~1638　金壇（今屬江蘇）人

王肯堂，字宇泰，一字損仲，號損庵，自號念西居士，明朝官員，醫學家。

出身於官宦之家，父王樵是進士出身，官至刑部侍郎。王肯堂博覽群書，因母病習醫。1589年中進士，選為翰林檢討，官至福建參政。與傳教士利瑪竇有往來。1592年因上書直言抗倭，被誣以「浮躁」降職，遂稱病辭歸。

王肯堂精研醫理，能做眼窩邊腫瘤切除手術，又能治癒瘋疾。編成《證治準繩》。另著有《醫鏡》《新鐫醫論》《鬱岡齋筆塵》等，輯有《古代醫統正脈全書》。今人輯有《王肯堂醫學全書》。

陳實功　1555~1636　江蘇東海(今南通市)人。

陳實功，字毓仁，號若虛，明代醫學外科學家，從事外科四十餘載，治癒不少疑難雜症，積累豐富的治病經驗。晚年，感到自己的生命不會很長了，把一生外科臨症經驗，寫成醫書「外科正宗」傳世，內以藥活人心，外用手術治體膚的種種方法，連輕微的疥癬如何治療也有細載。
他論述「腸癰」（闌尾炎）病因：男子暴急奔走，可引起消化道傳送食飲糟粕不能舒利暢達，濁氣、敗血壅塞腸道不出而成；婦人多由產後體虛多臥，不起坐起運動，以致腸內容物長期停滯而引發；饑飽勞傷、擔負搬運重物、醉飽生冷並進、腸胃道功能減低運化不通，均可引起腸內容物凝滯。陳實功不但正確描述了誘發腸癰的病因，還繪製了腸癰圖，確定出腸癰的體表部位。
陳實功對癌腫進行分類，有乳岩（乳腺癌）、翻花瘡（皮膚癌）、繭唇（唇癌）、頸瘡（淋巴癌）、鼻咽癌、內臟等癌腫，把癌腫命名為失榮症，他指出憂鬱、心所願不志以及不良刺激等因素是重要原因。

秦昌遇　生卒年不詳　明朝雲間（今上海市松江區）人

秦昌遇，字景明，號廣埜山道人，醫學家。天資聰明，少善病，因遂學醫。治嬰兒症稱神，已而遍通方脈，不由師授，妙悟入微。秦氏醫技高超，其或病至沉篤時，張口瞑目，投劑能立起。精小兒科與內科，求治者門庭若市。著有《症因脈治》《醫驗大成》《幼科折衷》《大方折衷》《痘科折衷》傳世。

陳司成　生歿不詳　明代浙江海寧人。

陳司成(?—?)，字韶九，出身醫道世家，八代業醫，精外科。對於梅毒有深入瞭解，首創砒劑治療梅毒。1632 年撰有《霉瘡秘錄》，是中國現存最早的梅毒學專著。該書記錄 29 例病例，詳盡地敘述梅毒症狀、傳染及遺傳，提出「解毒、清熱、殺蟲」的治療法則，用藥則以砒、汞為主的「生生乳」進行治療。

張景岳(張介賓)　1563~1640　四川綿竹，後遷浙江紹興

張景岳之像

張景岳，又名張介賓，字會卿，號景嶽，別號通一子，明代傑出醫學家，溫補學派人物。善用溫補，急智解危。其父張壽峰是定西侯門客，素曉醫理，幼時從父學醫，習《內經》，自幼博覽經史百家。
1576 年，隨父到京師，拜名醫金英（夢石）為師。壯年時投筆從戎，後卸職回鄉，專攻醫學，把廣泛的經史、天文、術數、堪輿、律呂、兵法等知識運用到醫

學上，很快成爲名醫，求診者絡繹不絕。

張景嶽重視《內經》，對《素問》《靈樞》多年研究，撰成《類經》。後又編成《類經圖翼》《類經附翼》。晚年撰成《景嶽全書》。在醫學思想上屬溫補學派。

1620年，57歲，返回南方，專心從事於臨床診療，著書立說。

1640年，去世，終年78歲。

推崇丹溪之學，創立「陽非有餘真陰不足」學說，倡「補腎方劑」，世稱王道。

學術貢獻有：

一、《類經》

張氏著《類經》，類之者，以《靈樞》啟《素問》之微，《素問》發《靈樞》之祕，相爲表裏，通其義也。」但《內經》「經文奧衍，研閱誠難」。

所編《類經圖翼》《類經附翼》《類經圖翼》：對運氣、陰陽五行、經絡經穴、針灸操作等作圖解說，探討易理、古代音律與醫理的關係，闡述其溫補的學術思想之作，有《附翼大寶論》《附翼·真陰論》，也有部分針灸歌賦。

二、《景嶽全書》

張景嶽晚年輯成《景嶽全書》。博采前人之精義，考驗心得之玄微。著有《傳忠祿》《脈神章》《傷寒典》《雜證謨》《婦人規》《兒則》《痘疹銓》《外科鈐》《本草正》《新方八陣》《古方八陣》。

張景嶽善兵法，借用藥如用兵，以方藥列八陣爲"補、和、攻、散、寒、熱、固、因"。《全書·新方八陣》列方頗具創新。《古方八陣》輯方經典。

《景嶽全書》內容豐富，囊括理論、本草、成方、臨床各科疾病。內容氣勢宏闊，議論縱橫，多方引證，演繹推理，邏輯性強，廣爲流傳。

三、《質疑錄》

張景嶽善辨八綱，探病求源，擅長溫補，並在其醫學著述和醫療實踐中充分反映。治療虛損頗爲獨到。反對苦寒滋陰，很好地糾正了寒涼時弊。

養生學觀點

一、主張服用溫補精血藥物

張景嶽認爲：形體與精神、形體與生命是辯證的統一，保養精血。強調「善養生者，必寶其精，精盈則氣盛，氣盛則神全，神全則身健，身健則病少。神氣堅強，老而益壯，皆本乎精也」。又說「夫不神氣者，元氣也。元氣完固則精氣昌盛，無待言也。若元氣微虛，則神氣微去；元氣太虛，則神氣全去。神去則機息，可不畏哉！」，人一定要"慎養"；而"後天慎養，人能勝天。"

張景嶽認爲，『形』爲「神明之宅」，養生應「先養此形」。他提出了『精血即形』的觀點。鑒此，他主張飲食有節，經常服食一些溫補精血的藥物，如"全鹿丸"之類。同時，又極力奉勸人們戒欲，尤其要戒酒色以保陰精。

張景嶽十分重視補腎。通過補腎，可以治療命門水火不足的病症，並提出著名的補腎原則：「補陽者，必於陰中求陽，則陽得陰助而生化無窮；善補陰者，必於陽中求陰，則陰得陽升而泉源不竭」。由此制定了左歸丸、右歸丸等方。

二、認爲人體"中興"老而壯

張景嶽提出"中興"養生法。強化中年時期的體質。「先天強厚者多壽，先天薄弱者多夭；後天培養者壽者更壽，後天斫削者夭者更夭」。中年養生恢複元氣，首應"節情志，慎勞逸，以養其形"。同時，也應注意食補藥補，適當運動形體，保養精神。

張景嶽醫學思想，以溫補爲主。集儒釋道三家於一身的理學構建新的「太極」爲核心、理氣相隨的哲學形態，吸收自然科學，譽爲中國有機自然主義萌芽。

一、心存醫理，方可爲醫。

「醫之臨證，必期以我之一心，洞病者之一本，以我之一，對彼之一，既得一真，萬疑俱釋，豈不甚易？一也者，理而已也」。

他根據道家「道生一，一生二，二生三，三生萬物，萬物負陰而抱陽，沖氣以爲和」的理論，認爲醫理分陰陽二綱，二綱之下六變，表裏寒熱虛實，醫者若能明確此二綱六變，天下百病即能如指諸掌。

其中陰陽二綱，《內經》認爲"陰陽者，天地之道也，萬物之綱紀，變化之父母，生殺之本始，神明之府也"。「六變」獨重對虛實的診察。他認爲若是邪氣實而誤補，救治較易，若是元氣衰而誤攻，則生命垂危，不可生矣，所以臨證之時，當以察元氣爲先。「至若六者之中，多有兼見而病者，則其中亦自有源有流，無弗可查。唯虛實，能總貫乎前四者，尤爲緊要當辨也。」「故凡診病施治者，必當察元氣爲先，而後求疾病。」主張以脈象爲憑，脈象有力有神者爲元氣充足之象，若脈象似有力似有神爲假實證，若脈象無力無神爲元氣欲脫之侯。

二、診病施治，貴乎精一。

「凡看病施治，貴乎精一」。精者，擇也，病之本也。精一者，即《內經》「治病必求於本」。「萬物皆有本，而治病之法尤以求本爲首務。」在診病施治之時，當先探清病本，然後施治用藥。準確辨證，寒者熱之，熱者寒之，虛者補之，實者瀉之，拔其起病所由，諸證得以盡除。人體作爲一複雜的有機體，病情錯綜複雜，寒熱難辨、虛實不明，醫者不可貿然施以補瀉之劑，探得病情之後，再進行具體治療。反對辨證不明，用治不精，雜亂而投·

三、處方用藥　本貴精一

「治病用藥，貴乎精專，宜勇敢。」探得病本，善用單方重劑，一味爲君，二、三味爲佐使，大劑進之·輕淺之病，一味兩味便可，較重者五、六、七味，使用至七八味，輔助作用而已·「故用攻之法，貴乎察得其實，不可過也。」

《景嶽全書》是系統綜合性醫書，博采諸家之說，結合個人學術見解及臨床經驗撰成。大行於世，對後醫輩者，產生巨大影響。

吳有性　1582~1652　江蘇吳縣人

吳有性，字又可，號淡齋，明代著名醫學家。他提出傳染病是由一種不可見的戾氣所導致，由口鼻而入，與現代的病菌學說接近。啟發清朝的溫病學派。

1641 年，他的家鄉出現大型傳染病，死者頗多，吳有性因而發奮學醫。他不同於傳統的<u>傷寒論</u>觀點，而提出戾氣學說，認為傳染病不是由皮膚侵入，而是由口鼻侵入，潛伏於半表半裏募原之間。他以此提出溫熱病的治療方法，以寒涼學派觀點，用以治療溫疫，當時有許多人經他診治都得以痊癒，因此聲名遠播。

喻昌　1585~1664　江西新建（今南昌）人

喻昌，字嘉言，號西昌老人，明末清初著名中醫學家。《清史稿》卷 502〈喻昌傳〉載：「喻昌，幼能文，不羈，與陳際泰遊。明崇禎中以副榜貢生八都上書言事，尋詔征不就，往來靖安間，披剃為僧，複蓄髮遊江南。順治中僑居常熟，以醫名，治療多奇中，才辯縱橫不可一世。」他醫術精純，對傷寒論有深入心得，致力寫作與教授生徒，最具代表性的是《喻嘉言醫學三書》《寓意草》《尚論篇》《醫門法律》，他與張璐、吳謙，被譽為「明末清初三大名醫」。

李中梓　1588~1655　江蘇雲間南匯（一說上海松江人）

李中梓，字士材，號念莪，又號盡凡居士，，曾為明朝御醫。
曾祖李府，字一樂，為抗寇名將。父李尚兗，字補之，進士出身，曾任職兵部和吏部。李中梓多病，轉而習醫。常與名醫施沛、秦昌遇、喻嘉言、王肯堂相互切磋，其醫學理論側重於脾腎，以為「先天之本在腎」「後天之本在脾」，「氣血俱要，而補氣在補血之先；陰陽並需，而養陽在滋陰之上」。編撰有《內經知要》《雷公炮製藥性解》《頤生微論》《診家正眼》《本草通玄》《病機沙豪》。有弟子沈朗仲、尤乘、馬儆、華藻等。

章楠

章楠，字 <u>虛穀</u>，清代<u>上虞</u>道墟人。自幼體弱多病，因病自學醫道。初學十年，不知端倪，後讀吳縣葉天士醫案，深受啟迪。章力攻葉氏醫學，猶如畫龍點睛，由此入門，醫術大進。嘗去江蘇、廣東、河北等地遍訪名醫；複遊吳門，求教眾名家，對劉河間、朱丹溪、張景嶽、李東垣等醫著，鑽研尤深。自此醫術日精，熔鑄百家，自成一家之言，對溫病之說 卓然獨見，一時名震醫壇。楠注重醫學理論修養，反對以章句曲解醫理，對前人醫典敢於發表己見，大膽診治疑難雜症。其行事磊落，醫德高超，醫術精湛，常評人業不務精，庸醫誤人。撰有《<u>醫門棒喝</u>》4 卷，並收《六氣陰陽論》《人體陰陽體用論》《傷寒傳經論》等 27 篇

傅山　1607~1684　山西陽曲(山西太原尖草坪區向陽鎮西村)。

傅山，字青主，以字行。初名鼎臣，字青竹，後改青主，別號公它、公之它、朱衣道人、石道人、嗇廬、僑黃、僑松等等，明末清初著名學者，於經學、理學、醫學、佛學、詩、書畫、金石、武術、考據皆有涉獵。

父親傅之謨、祖父傅霖。六歲喜歡吃黃精，不吃飯，家人強迫他吃飯。

1622年，15歲，從童子試中脫穎而出。

1934年，27歲，入山西地區的最高學府三立書院。

1636年，山西提學袁繼咸被誣告，傅山領頭奔走組織學生運動使其得以翻案。

1644年，李自成入關，傅山編造「馬在門內（闖）難行走，今年又是弼馬溫（當年是猴年）」童謠穩定民心。帶母親和兒子逃到壽陽縣。

1645年，傅山寫出「三十八歲盡可死，棲棲不死復何年」的詩句，出家為道士，道號「真山」人稱「朱衣道人」。

1649年，大同從明降大順復降清的總兵姜瓖起義反清，傅青主的兩個同學王如金、薛宗周參加「交山軍」進軍太原，在晉祠與清兵交戰數日，被殺，傅青主撰《汾二子傳》文紀念。

1654年，傅山因「甲午朱衣道人案」入獄被拷打。絕食九日，好友陳謐、戴廷拭、白居實、張天斗、木公、魏一鼇、古度等人多方營救，傅山的母親說：「道人兒自然當有今日事，即死亦分，不必救也。」出獄後又去南方雲遊。歸來後隱居太原府崛圍寺（位於今太原市西北20公里）。取它山之石可以攻玉之意，號公它、公之它。

康熙年間皇帝詔舉行博學鴻詞科舉考試，傅青主被強拉到北京。他故意服食過量大黃造成腹瀉以逃避。後來康熙帝授予他中書舍人的官職，傅青主推脫不受。傅青主終生拒絕與清朝合作、終老林泉。

傅山與顧炎武、黃宗羲、王夫之、李顒、顏元一起被梁啟超稱為「清初六大師」。

山西名食「頭腦」是傅山為母親配製的滋補食品。

1917年，政府在太原建「傅公祠」閻錫山題「塵表孤蹤」牌匾。

1950年代建傅山碑林公園。後來太原晉祠的同樂亭改建為傅山紀念館。

其著作：《霜紅龕集》《女科青囊秘決》《傅氏拳譜》《傅青主先生草稿真跡》。

張志聰　約1630~1674　浙江錢塘人

張志聰，字隱庵，清代著名醫家，少年喪父，遂棄儒學醫，曾師從傷寒大家張遂辰。精研中醫理論，在杭州香山構侶山堂，集同學、門弟數十人講學，共同探討醫理。著成《黃帝內經素問集注》九卷、《黃帝內經靈樞集注》九卷、《傷寒論宗印》八卷、《金匱要略集注》四卷、《本草崇原》三卷、《侶山堂類辯》二卷、《醫學要訣》四卷《針灸秘傳》(已佚)。晚年著《傷寒論綱目》九卷，復集《傷寒論》各家注而為《傷寒論集注》，書未成而卒，由門人續第六卷。諸書反應其學術思想，尤其是對經典研究有卓越的貢獻。

尤怡　1650~1749　江蘇長洲（今江蘇吳縣）人

尤怡，字在涇，號拙吾，又號飼鶴山人。家貧好學，能詩善文，鬻字於佛寺，時人謂其得「唐賢三昧」。後拜馬俶學醫。為人治病，多見奇效。

馬俶說「吾今得一人，勝得千萬人」，師徒二人曾一起補校沈朗仲的《病機匯論》。著有《金匱翼》《傷寒論貫珠集》《金匱心典集注》《北田讀書錄》。

尤怡晚年，學術造詣更加深厚，治療病人很多出人意料的治好了，聲名才明顯了。尤怡的性情是淡薄榮華名利，在花溪隱居，自己號稱為飼鶴山人，自己從寫書中得到樂趣。他注解的傷寒論，叫作貫珠集。尤怡認為後人由於王叔和編寫次序錯亂，辯論修改訂正，各自形成自己的一家的學說，學說越多講的道理就越晦澀難道。於是針對六經，說明他們各自關鍵的地方，除了正治法之外，太陽穴有權變法，斡旋法，救逆法，類病法；陽明穴有明辨法，雜治法；少陽穴有權變法；太陰穴有藏病、經病法，經、藏俱病法；少陰穴、厥陰穴有溫法、清法。所有的病情機理表現得細小而不依常規，各自都有方法來分辨，讓那些讀者先領會了他的方法，才能使用書中的藥方。分析證明十分清晰，在少陰穴、厥陰穴使用的溫清兩法上，特別能夠破解世人的疑惑。注解金匱神寫的醫學要點概略，叫作心典。他的撰寫的別論彙集各位大家的方法書籍，能夠輔佐仲景了，著寫的精華文章深奧道理，能成為金匱的左膀右臂。他又寫下行醫學習的讀書筆記，折中整理了軒、岐等各位大家的論著，徐大椿說他領會了古人的精髓。尤怡寫作論述而且穩重典雅，世人把他的貫珠集與柯琴來的蘇集一樣的看重。

葉天士(葉桂)　1667~1746　江蘇吳縣（今蘇州市）人。

葉桂，字天士，號香巖，別號南陽先生，晚年又號上津老人，清代名醫，四大溫病學家之一，與薛雪等齊名。

出身於醫學世家，祖父葉時、父親葉朝採是當地名醫。葉天士自幼廣泛閱讀醫書，一生勤勉用功，善於博採眾家之所長，共拜師17人，「師門深廣」，在長期的從醫生涯中積攢了大量的經驗。臨歿誡其子說：「醫可為而不可為，必天資靈敏，讀萬卷書而後濟世，不然鮮有不殺人者，是以藥餌為刀刃也，吾死，子孫慎勿輕言醫。」

葉天士最大的成就在於對溫病理論的發展，確立了衛氣營血辨證。《溫熱論》一書反映了他的學術見解，所謂溫邪由口鼻侵入人體，辨證施治綱領為「衛之後，方言氣，營之後，方言血」、「在衛汗之可也，到氣才可清氣，入營猶可透熱轉氣，入血就恐耗血動血，直須涼血散血」。

在脾胃學說方面，提出「脾胃有心之脾胃，肺之脾胃，肝之脾胃，腎之脾胃」的原理，主張「認清門路，寒熱溫涼以治之，未可但言火能生土而用熱藥」。他對「胃陰」的理解，補充了李杲脾胃論的不足。

葉天士善抓主證，用藥極精，對今天的醫學工作者仍具有重要的參考價值。今日市面上廣為流行的「京都念慈菴川貝枇杷膏」的處方也是由葉天士以枇杷葉蜜製枇杷膏得來。

葉天士一生忙於診務，無暇著述。逝世之後，其學生和門人顧景文、周仲升整理其文稿、醫案，彙編而成的《溫熱論》、《臨證指南醫案》、《葉氏存真》等書。

李慶遠 1677-1933　壽高 256 歲　原籍雲南省，90 多歲到四川省開縣定居

李慶遠，清末民初的中醫藥學者，是世界上著名的長壽老人。在他 100 歲時曾因在中醫中藥方面的傑出成就獲政府的特別獎勵，一生娶過 24 個妻子，子孫滿堂。100 歲時曾因在中醫中藥方面的傑出成就獲政府的特別獎勵，200 歲時，仍常去大學講學。先後歷經康熙、雍正、乾隆、嘉慶、道光、咸豐、同治、光緒、宣統九代至民國，是世界上極罕見的長壽星。

他的長壽秘訣：「保持平靜的心態，坐如龜，行如雀，睡如狗」這就是李慶遠留給後人長壽的秘訣指引。他的飲食主要以米飯和少量的葡萄酒為主。

他認為自己健康長壽的原因有三：一長期素食，二心靜、開朗，三常年將枸杞煮水當茶飲。

由於他對中醫中藥，尤其對養身、健身都有不凡的造詣和成就，被人們譽為「神仙」。李慶遠欣賞清代學者陸隴其的話：「足柴足米，無憂無慮，早完官糧，不驚不辱，不欠人債而起利，不入典當之門庭，只消清茶淡飯，便可延年益壽。」他認為：人的壽命長短，是由元氣所主宰的。元氣，又稱原氣，稟受於先天而賴後天榮養而滋生。他非常欣賞老子之言：「毋勞汝形，毋搖汝精，毋使汝思慮縈縈(纏繞)。寡思路以養神，寡嗜欲以養精，寡言語以養氣。」他說，此中妙旨，往往被不善養生之庸人所忽視。

他特別強調善養生者必以慈、儉、和、靜四字為根本。

所謂慈，即仁慈、慈愛，心地善良，不害物損人，一片慈祥之心。

所謂儉，即節省或節制之意。儉於飲食則養脾胃;儉於嗜欲則聚其精神;儉於言語則養其氣息，防止產生事非;儉於交遊則可擇友寡過;儉於酒色則清心寡欲;儉于思慮則可免除煩惱和困擾。凡事省得一分，則受一分之益。

所謂和，即和悅。君臣和則國家興，父子和則家宅安樂，兄弟和則手足提攜，夫妻和則閨房靜好，朋友和則互相維護。此為至祥之道也。

所謂靜，就是清靜、冷靜、安泰之意。也就是說身不過勞，心不輕動(胡思亂想)。神傷甚於體傷，神之不守，體之不康。

李慶遠起居飲食:「食不過飽,過飽則腸胃必傷;眠不得過久,過久則精氣耗散。餘生二百多年,從未食過量之食,亦不作過久之酣眠。」

李慶遠最後告誡說,饑寒痛癢,父母不能代,衰老病死,妻子不能替。只有自愛自全之道,才是養生的準則和關鍵。

薛雪　1681~1770　江蘇吳縣人

薛雪,字生白,號一瓢,又號掃葉山人,清代溫病學家。家居蘇州南園俞家橋,先習儒,乾隆初年舉鴻博,不就,因母多病,遂習醫,治療多奇效,能詩,詩學葉燮,「所著詩文甚富」,又善畫蘭竹,博學多通,著作有《一瓢齋詩存》《一瓢詩話》《吾以吾集》。醫學著作有《濕熱病篇》、《醫經原旨》於靈素奧旨,多所發揮。晚年自署牧牛老朽,1770 年卒。

薛雪自幼好學,頗具才氣,所著詩文甚富;工畫蘭,善拳勇,博學多通。乾隆初年,兩征博字鴻詞科,均不就。因母多病而悉心研醫,博覽群書,精於醫術,尤長於溫熱病。著《濕熱條辨》,該書對濕熱之辨證論治有進一步發揮,豐富並充實了溫熱病學的內容,對溫熱病的發展有相當貢獻。

乾隆年間,與薛氏齊名的還有名醫葉天士,兩個皆精於醫道,俱擅治溫病,惟彼有相輕之嫌,常互相攻擊。據傳,歷史上曾有"掃葉莊"與"踏雪齋"這一杏林傳聞。事情是這樣的:有個更夫患水腫病,求薛氏診治,薛氏認為該患已選入膏肓,便推辭未治。更夫回家時,暈倒在路旁。正巧被葉天士發現,經過診查,認為該病是因為更夫常年受有毒的蚊香薰染而成,經精心調治後病癒。更夫將此事告之眾人,一時間州城裡人人皆曉。薛氏得知後,對葉天士又嫉妒又惱火,深感體面有失,聲譽受毀,遂決計與葉氏比個雌雄,以挽回面子。為此,自名所居為"掃葉莊",並手書匾額懸掛門首。此事被葉氏得知,極為憤慨,本來二人就互不相讓,此時更是怒火上沖,立即應戰,草書橫匾"踏雪齋"於書齋門首,以表對薛雪絕不示弱。正在兩者躍躍欲試,準備爭個高低上的時候,葉氏的老母忽然病倒,雖經薛氏精心醫治,仍不見好轉,葉氏深為焦慮。薛氏的家弟與葉氏平日要好,便將葉母的病情告訴了薛雪,薛氏詳知病情後,認為其病毒陽明經證,非重用白虎湯不能撲滅其熊熊之火,生石膏須用至二斤方能奏效。薛弟將哥哥的意見告與葉天士,葉氏方恍然大悟,急煎重劑白虎湯,服後果然病痊。事後,葉氏非常佩服薛氏的醫術,便將往日的積怨一拋,主動登門拜訪薛雪,薛氏倍受感動深感內疚,當即摘下"掃葉莊"那塊橫匾,表示歉意。從此,兩位名家互相學習,共同研究,同為祖國醫學的溫病學說做出了重大貢獻。

徐大椿　1693~1771　江蘇吳江人

徐大椿，原名大業，字靈胎，號洄溪，清朝醫學家。性通敏，喜豪辯。自《周易》《道德》《陰符》家言，及天文、地理、音律、技擊等無不通曉尤精於醫。

1760年大學士蔣溥患病，乾隆帝命徐大椿入京醫治，大椿直言蔣之病已不可治。

1771年，奉詔回京，當時已重病在身，由其子徐爔陪同，勉強支撐到京城。第三天，自擬對聯「滿山芳草仙人藥，一逕清風處士墳」。當夜病逝。著書有《蘭台軌方》《醫學源流》《論傷寒類方》等，為醫學之籍。歌曲《洄溪道情》30餘首。

黃元御　1705~1758　山東昌邑人。

黃元御，名玉璐，字元御，一字坤載，號研農，別號玉楸子，清代醫學家。

著作有：《素靈微蘊》《傷寒懸解》《金匱懸解》《四聖心源》《長沙藥解》《四聖懸樞》《傷寒說意》《玉楸藥解》《素問懸解》《靈樞懸解》《難經懸 解》《道德懸解》《周易懸象》

李世泰　　　上川口（今青海民和縣）人

李世泰，清代醫家，西夏末帝李睍第十七世孫，東府第十四代土司，官至從三品。碾伯名醫巨汪如之外孫。少年時喜好醫道，刻苦攻讀，手不釋卷，弱冠懸壺應診。1755年以家族堂名——「光裕堂」為其醫堂名，濟世行醫。1776年襲職，以防守省城有功，加級從三品。雖居官，卻常為人治病，有藥到病除之效，聲響遠播。乾隆五十年，毅然辭職，至西寧紙房街開業行醫，不論貴賤貧富長幼婦孺，均認真診治，因成名醫。嘉慶十八年告休。

他通典曉理，精內外婦兒，尤長婦兒。處方精當、藥少力專，所用方藥，善於變化，應手奏效，勝受推崇。第七世孫李積敏（字慎言，號泰樂）為中醫疑難病學科創始人及理論奠基人，傳承其學術醫技。

著有《光裕堂醫論》《斗門方注》《光裕堂醫理精微》《胎產要言》《光裕堂醫方》、《光裕堂醫案》等，均未見傳世。另撰輯《光裕堂婦人科良方》（1762）、《光裕堂小兒科良方》《光裕堂內科良方》《光裕堂外科良方》傳世。

楊潞玉 生歿不詳 江西義寧人

楊潞玉，清初著名醫學家，傳世之作有《寧紅茶經》《周氏寧紅茶考》《幼幼品茗》《紅爐貫通》《傷寒雅正》《陰陽易》。

吳鞠通(吳瑭) 1758~1836 江蘇淮陰

吳鞠通，名瑭，字配珩，鞠通乃其號，清代著名醫家，其於醫學，不僅注重鑽研《內經》《傷寒論》等經典著作，博采歷代醫家之長，創溫病三焦辨證理論體系，被後世譽為清代溫病四大家之一。其生平主要著作有《溫病條辨》《醫醫病書》《吳鞠通醫案》。

《溫病條辨》主要以三焦辨證為綱，系統地論述了風溫、溫熱、溫疫、溫毒、冬溫、暑溫、伏暑、濕溫、秋燥等溫病的病因、病機、傳變規律、分類、證候、治法和方藥等內容。

《醫醫病書》《溫病條辨》內容治學方法、醫德修養、內傷雜病的病因病機及辨治要點、藥物特性及運用規律等。

《吳鞠通醫案》為吳氏一生臨床診療、治法、方藥、劑量、煎法、服法、療效評價、臨床的辨治規律、用藥策略和卓越效果。

梁財信 1763~1855 佛山市石灣區瀾石鎮人

梁財信，在瀾石墟設館掛牌行醫，祖鋪在佛山市郊瀾石墟。持續經營近 150 年，以自制的跌打丸、跌打酒和跌打膏藥風行南粵。

梁財信本以務農為生，酷愛武術，在鄉中當更練時與盜賊結仇，20 歲被暗算打跛雙腳。他的哥哥梁財廣把他背到跌打醫生潘日舒診所醫治，由於家貧付不起醫藥費，便向潘醫生提出：若治好雙腳，願以奴相報。潘治好梁的腳後，梁便做了家奴，伺候潘日舒身邊。潘見他為人忠厚勤懇，漸漸傳給他一些跌打醫術。潘去世後，梁 42 歲時就在瀾石開了一間「梁財信醫館」，為患者治病。

那時的瀾石是一個重要的杉木集散地，也是蔬菜集散地。在此，從事鋸杉、搬運等勞動的工人眾多。瀾石離石灣只有 5 公里，離佛山 12 公里，當時這兩地都是勞動密集型產業區，工傷事故時常發生。佛山又是一個擁有 30 萬人口的市鎮，而整個地區跌打醫生不多，梁開醫館後，便會為眾多患者治療。有的跌打傷者痛苦難忍，梁就用自己配製的跌打止痛散醫治，取得了良好的醫療效果。該藥散主要用鴉片配製而成，這在當時算是創舉。

梁特別擅長駁骨，治療骨傷往往能妙手回春。

梁沒有生育，哥哥就將自己的兩個兒子過繼給他。後來均跟梁財信學會了跌打醫術。其孫輩們多數也學醫，繼承了前輩醫術。

清末民初，梁財信醫館發展到最旺，每天六人同時開診。醫業興旺，財源滾滾而來。梁財信開始投資建宅和建醫館及製藥工場，在瀾石還開了一間藥材店和雜貨店，成為富甲一方的鄉紳。

梁財信憑藉跌打醫術發跡。因此，他非常珍愛自己通過艱苦努力學來的醫術。他害怕醫術外泄，便定下傳子不傳女的家規，跌打秘方採用口授心記，外人是絕不會知道的。醫術和藥品這本是人類共同財富，但遺憾的是自私自利思想很濃的梁財信卻限制了它的傳播，未被更多的人掌握，讓更多翻人受益。

陳修園　1766~1823　福建省長樂市湄村人

陳修園，名念祖，字修園，清代醫學家。幼年喪父，家徒四壁，跟他祖父陳居廊學習。因為善於作對句，便露頭角。二十歲補諸生，兼從事醫學。後肄業於福州鰲峰書院‧

1792 年鄉試中舉，公車北上，次年未中進士，而留寓京師。當時刑部郎中伊雲林患中風症，不省人事，手足癱瘓，湯米不入口有十餘日，都門名醫均說不治。陳氏用兩大劑藥治癒，「名震一時，就診者無虛日」。後又治癒內閣大學士和珅之病，和珅誘其做太醫院使，他固辭不就，而託病回家。

著述較多，傷寒論淺注、金匱要略淺注、長沙方歌括、金匱方歌括、靈素節要淺注、傷寒醫訣篡解、神農本草經讀、醫學三字經、醫學實在易、醫學從眾錄、女科要旨、時方妙用、時方歌括、新方八陣砭、難經淺說、景岳新方砭、傷寒真淺注，後世輯錄《陳修園醫書》。

劉沅　1768~1855　清朝四川雙流人，祖籍湖北麻城先世於明末避匿峨眉山

劉沅，字止唐，一字訥如，號清陽居士。高祖劉坤始定居四川雙流。入為雙流縣庠生，1788 年被選拔為貢生。1789 年選拔明經，國子監典簿，不久辭歸奉母。1792 年由拔貢中試舉人。

早年劉沅身體羸弱，道家野雲老人授以「存神養氣」口訣，老當益壯，連生八子，創火居道派（法言壇）。居鄉講學，教學不計酬勞，弟子分布於川西、川南地區，世稱「槐軒學派」。醫道高明，鄭欽安曾從劉沅學醫。

1825 年，授劉沅文職正二品資政大夫。數十年筆耕不輟，著有《法言匯篡》、《十三經恆解》等書。晚年喜公益活動，集資籌辦慈善事業。卒於咸豐 5 年（1855年），後人編有《槐軒全書》。子劉桂文等。孫劉咸滎，字豫波，是成都「五老七賢」之一。孫劉咸炘乃是著名歷史學家。

王清任　1768~1831　清代直隸玉田（今河北玉田縣）人

王清任，又名全任，字勛臣，清朝名醫。自幼習武，是武庠生。青年時曾考取武秀才，後捐資得千總銜。後改習岐黃，以醫為業。於北京開設藥鋪「知一堂」，漸漸「名噪京師」，終成一代名醫。

1830 年，王清任曾親見瘟疫災區兒童屍體三十多例，又數次前往刑場，觀察死刑犯的屍體內臟位置，將其所見繪製成《親見改正臟腑圖》。王清任闡發了人的「靈機記性不在心在腦」，認為耳、目、鼻、舌等的功能都與腦相關。他認為「著書不明臟腑，豈不是癡人說夢？治病不明臟腑，何異盲子夜行。」梁啟超稱王清任為「中國醫界極大膽之革命者」。

王清任貢獻是「活血化瘀」法的應用。在《醫林改錯》中，有關活血化瘀的方劑有二十二例，如五逐瘀湯（血府逐瘀湯、膈下逐瘀湯、少腹逐瘀湯、身痛逐瘀湯、通竅活血湯）、補陽還五湯等，均為活血化瘀的名方，至今仍廣泛應用。

趙文魁 1783~1934 浙江紹興人

趙文魁，字友琴，祖上業醫，三代御醫，皆以醫為業。從其祖父起即入太醫院供職，其父趙永寬為光緒前期御醫。趙文魁幼承庭訓，少年時代即在其父趙永寬的指導下頌讀中醫經典。17 歲時，父親不幸病故，遂承家學，繼父業而進入太醫院。后被晉升為太醫院院使，主管太醫院事務。宣統年間，又被賜頭品花瓴頂帶，兼管御藥房、御藥庫。1924 年，太醫院解散后懸壺京門，堂號 "鶴伴吾廬"。每日患者盈門，療效頗佳。上世紀 30 年代初，京都痧疹猖獗，即猩紅熱。他日夜應診，出入于病家之中，不幸身染疫疾，以致早逝。其子趙紹琴，將其治療經驗整理成《趙文魁醫案選》《文魁脈學》。

趙氏身為御醫，出入宮內，多以脈診論病定奪，故于脈學一道，致力最深。他認為，凡病皆根于內而形諸外。癥或有假不可憑者，而脈必無假而診知其本。故若能于診脈上痛下功夫，則臨證診治必能切中病機而無誤診誤治之虞，逐步形成了辨脈求本的獨特學術思想。其治雜病，注重袪邪。他博采眾家，學驗識廣，師古而不泥古，在脈學、溫病、雜病等多方面均有獨到見解。如他認為，透熱轉氣一法，可貫穿衛、氣、營、血治療的各個階段。他精究李時珍脈學，以表、里、虛、實、寒、熱、氣、血八綱統領 27 脈，并創造性地提出了浮、中、按、沉診脈四法，突破古之定見。

趙氏于溫熱病多所心得，認為凡溫熱病，莫不由內熱久郁，復感溫邪，內外合邪，故為高熱，甚則神昏。雖然高熱如炙，切不可因之而專進寒涼，因寒則澀而不流，溫則消而去之。過用寒涼，每致冰伏其邪，增重其郁，愈使熱邪難出，而有遏邪入營血之虞。凡初起高熱，邪在衛分者，必用疏衛之法，辛涼清宣，宣調肺氣，使三焦通暢，營衛調和，自然微汗而愈。若邪熱內傳，尚未完全入氣者，當以疏衛為主，略加消氣之品，仍使邪由衛分宣散而出。若熱全入氣分，姑可放手清氣，但也須少加疏衛之品，以使邪有外透之機。邪熱入營，當用透熱轉氣之法，切勿純用涼營清熱之品，當視其兼邪之所在，食滯者消其食，痰結者化其痰，瘀阻者行其瘀，濕郁者化其濕，必使體內分毫無滯，氣機暢達，

則里熱自可逐出氣分而解。對于血分證治，亦當仿此。他的這一針對溫病的治療學思想，既符合臨床實際，有效地指導溫病的治療，又防止機械地劃分衛、氣、營、血病程，創造性地揭示了衛氣營血辨證的理論內涵。

趙文魁出身御醫，醫道高玄。其子趙紹琴繼承家學，對溫病學尤有心得，為北京中醫學院溫病教研室主任，我國著名中醫學家

費伯雄　1800－1879　江蘇省武進縣孟河鎮人

費伯雄，字晉卿，清代著名醫家。家中世代為醫，少年習儒，後承繼家業習醫。道光年間曾經兩次進宮為皇太后及道光皇帝治病，獲得匾額及聯幅。咸豐年間，醫名更盛。

費伯雄生長在世醫家庭，家學淵源，先儒後醫。懸壺執業不久，即以擅長治療虛勞馳響江南。（1821～1851）曾兩度應召入宮廷治病。先後治療皇太后肺癰和道光皇帝失音證，均取得顯效。為此獲賜匾額和聯幅，稱道其"是活國手"。（1851～1861）時，費氏醫名大振，遠近求醫者慕名而至，門前時常舟楫相接，孟河水鄉小鎮此時也以醫藥業發達而成為一個繁盛地區。費氏博學通儒，醫術精湛，人稱其以名士為名醫，蔚然為醫界重望。

費氏幾十年行醫生涯積累了豐富的臨徵經驗，平素治學頗多心得，乃著手著書立說。他認為醫學發展至今無雜已極，必須執簡馭繁救弊糾偏，以使後學者一歸醇正。為此，他投入一生精力孜孜不倦地摸索，一切從臨診實際出發，博采古今學術之精華，不參雜門戶偏見，努力探求立論平允不偏的醇正醫學。完成《醫醇》書稿，毀於咸豐年間一場戰火。此時，費氏避太平天國戰亂於古延陵之寓齋（在蘇北泰興縣五圩裏），復患腳疾步履艱難，終日坐臥室中，值此閒遐時日，潛心著述，追憶往昔著作內容，隨筆錄出。撰成《醫醇剩義》《醫方論》。

馬培之　1820－1903　江蘇武進孟河鎮人

馬培之本姓蔣，因其祖先學醫于馬氏，遂從馬姓。字文植，以字行，清代名醫。被譽為"江南第一聖手"。祖上自明代馬院判起即世代業醫，馬自幼隨其祖父名醫馬省三習醫16年，盡得其學。他是名書畫篆刻藝術家、美術教育家馬萬里的曾祖父。其祖上自明代馬院判起即世代業醫，培之自幼隨其祖父名醫馬省三習醫16年，盡得其學；後又博采王九峰、費伯雄等醫家之說，融會貫通。他為晚清著名學者俞樾的治病經歷，使其醫名大噪；又應詔入宮為御醫為慈禧診病，慈禧稱讚他"脈理精細"，手書"務存精要"匾額，賜三品官，名震四方。孟河四大家中巢、丁兩家的代表人物巢渭芳與丁甘仁皆受業于馬培之；清末名醫鄧星伯亦是馬氏門生。

後又博采王九峰、費伯雄等醫家之說，融會貫通。同治、光緒年代時最負盛名。其為翰林院編修餘鑒及晚清著名學者俞樾的治病經歷，使其醫譽更隆，名震大江南北。經江蘇巡撫吳元炳推薦，1880年應詔入京為西太后（慈禧）治病。太后疾愈，遂賜禦書"福"字及"務存精要"匾額各一，由此蜚聲醫壇，人稱"徵君"。其醫學為多學科，熔傷寒溫病為一爐。馬氏門生甚眾，比較著名的傳人有巢渭芳、丁甘仁、鄧星伯、馬伯藩、賀繼衡等。

鄭壽全　1824~1911　四川邛州人

鄭壽全，字欽安，清末著名傷寒學家，火神派的始祖。鄭欽安學醫拜一代通儒兼名醫劉止唐為師。學術上溯《周易》《內經》，中得《傷寒》心法，下覽歷代醫家著作，故醫理醫術造詣俱臻上乘。著有《醫理真傳》《醫法圓通》《傷寒恆論》三書傳世。

鄭氏謂人身以元陽、元陰為立命之本，而以陽為主導，故善用姜、桂、附等大辛大熱之藥，治癒不少群醫束手之病，被人尊稱為「鄭火神」。後世有尊鄭氏之法的醫家，被稱為「火神派」。

唐宗海　1846~1897　四川彭縣（今彭州市三邑鎮）人

唐宗海，字容川，晚清進士，著名醫學家。
1862年，16歲‧進學，
1869年，23歲，開始鑽研醫學，遊學江南，以醫術揚名。
1889年，己丑科中進士，同年五月，著主事，分部學習；授禮部主事。善治血證，以《血證論》為成名作。他主張吸收西醫知識，中西醫匯通學派的代表人物之一。
早年有《醫柄》《醫學一見能》《血證論》等。寓居滬上後，兼學西醫，撰成《中西匯通醫經精義》二卷。被授職廣西來賓知縣，次年母喪，扶柩返鄉時感染疫病，不久辭世。
著作有《中西匯通醫經精義》《血證論》《傷寒論淺注補正》《金匱要略淺注補正》《本草問答》《醫學見能》《痢證三字訣》《醫易通說》

張驤雲　1855～1925　上海人

張驤雲(1855～1925年)，男，漢族，上海人。出身於上海中醫名門張氏世家。張氏自十四世祖張君調於明崇禎末年棄儒就醫後，代有傳人，迄今已有三百數十年的行醫傳統，以擅治傷寒聞於時，治療的病例，大部分是《素問‧熱論》所謂"皆傷寒之類"的熱病。其間有七代十一人因醫術精

湛，醫德高尚，而載入<《邑志‧藝術門》。張氏致力於傷寒熱病的臨床研究，倡導"治傷寒、溫熱于一爐"的學說，提出了一套行之有效的治療方法，豐富了傷寒熱病的辨證施治內容，成為別樹一幟的上海張氏內科醫學。

張氏醫學以張驤雲氏的學術思想為代表。驤雲公中年病耳聾，醫術精而診病不計報酬，樂於為勞動人民服務，因此群眾關係極好，信仰很高，鹹呼公為張聾彭 ，並有"張家一帖藥"的稱譽，直到現在，還口碑載道，讚頌不衰。後裔張鏡人等皆為當代名醫。（中醫世家）

張錫純　1860~1933　河北省鹽山原籍山東諸城，明代遷居直隸鹽山邊務里

張錫純，字壽甫， 中西醫匯通學派的代表人物之一，近代中國中醫界醫學泰斗。

世代皆為儒家學者，其先祖張友三傳有家訓謂：「凡後世子孫，讀書之外，可以學醫。」。張氏自幼聰慧，父親張丹亭精於醫道， 他在跟隨父親讀書的閒暇時間同時也兼學醫理。

1885 年，張錫純治癒了使當時的名醫高魯軒、毛仙閣束手無策的危重症，頗受二人稱道，自此開始應診。但 1911 年前，仍主要以教書為主要職業。

1893 年第二次參加秋試再次落榜後，張氏雖然正值壯年，但對於追求科舉功名並無太大的進取心，於是開始廣泛蒐集百餘種醫書，勤奮閱讀，學識日增。當時正值清朝末年，西洋醫學已在中國迅速傳播。

1904 年，中國廢除科舉制度，興辦西式學堂，張錫純成為鹽山縣唯一可教代數和幾何學的教員。受時代思潮的影響，張氏萌發了衷中參西的思想，遂潛心於醫學。他比較中西醫學，認為各有長短，因而又自學西醫，試圖吸收西醫長處以補中醫的不足。經過十多年的讀書、應診過程，於 1909 年，完成《醫學衷中參西錄》前三期初稿，此時張氏年近 50，醫名漸漸在中國傳開。

1911 年辛亥革命後，應德州駐軍統領聘請，在軍中擔任軍醫正數年。

1918 年（民國七年），蘇中宣等人聘請張錫純到奉天（瀋陽），在大東關開辦立達中醫院，並擔任院長，提倡中西醫合作，聲名大噪。1920 年代初期，與江西陸晉笙、楊如侯、廣東劉蔚楚同負盛名，稱為「四大名醫」。又和慈溪張生甫、嘉定張山雷齊名，被譽為海內「名醫三張」。

1928 年後寓居天津，白天診病，夜間寫作，開辦天津「國醫函授學校」，設立「中西匯通醫社」，培養後繼人才。

1933 年秋天，因病逝世，享年 74 歲。

張錫純的代表著作是《醫學衷中參西錄》，共七期，三十卷。

丁甘仁　1865－1926　江蘇武進人

丁甘仁，名澤周，著名中醫。幼年聰穎，下筆成章。從業於圩塘之馬仲清及其兄丁松溪，後又從業於一代宗匠馬培之先生。刻苦學習，勤學深研不問寒暑，積累甚豐，對馬氏內外兩科之長（包括喉科）能兼收並蓄，盡得其真傳。學成之後，初行醫於孟河及蘇州，後至滬上，道乃大行，名震大江南北，當時在滬的外僑來丁甘仁處求診者頗不乏人。1917 年與謝觀、夏應堂等創辦上海中醫專門學校、辦《國醫雜志》，成立江蘇中醫學會任會長。著有《藥性輯要》《脈學輯要》《喉痧症治概要》《孟河丁甘仁醫案》。

曹穎甫　1866~1938　江蘇江陰人

曹穎甫，名家達，字尹孚，號鵬南，晚署掘巢老人，江蘇江陰人，醫學家。

1895 年舉孝廉，邃文學又知醫，爾後入南菁書院深造。時山長黃以周（元同）為晚清經學大師，嘗於治經之餘以考據訓詁之法移治醫經，對《傷寒論》研究造詣頗深。曹氏師承有自，於治傷寒學方面頗得黃氏師傳，時常以仲景之方為人治病得心應手。主張以「研究經方作為學習中醫的基礎」'，學生尊之為近代經方大家。丁甘仁創辦上海中醫專門學校，延騁曹氏，於民國 16 年遷來上海設診行醫，兼主同仁輔元堂診務和上海中醫專門學校教務長。臨證數十年，經驗豐富，療效卓著。大凡他醫所謂不治之證，經其治療者多愈。在技親自開設講座，教授《傷寒》《金匱》，以其精深漢學報底，對文深義奧的仲景原旨講解透徹，為學生所折服。學生數百人，章次公、嚴蒼山、姜佐景等繼其術。曹穎甫與丁甘仁為莫逆交，常探討醫理，甚為相得。所著醫書有《傷寒發微》《金匱發微》《經方實驗錄》《曹穎甫醫案》等。曹氏還能書畫、工文章。擅畫梅，畢生風骨寓於畫意，傲氣凌然。八一三事變，曹避居故里，拒絕出任維持會會長，堅貞不屈而被日軍殺害，其史跡載入江陰忠義祠。

蕭龍友　1870-1960　四川省三台縣人

蕭龍友，名方駿，號息翁，後改號“不息翁”擅治虛勞病。醫道精妙，婦孺皆知。人稱北京四大名醫(汪逢春)之冠。

自幼誦習詩書，成都書院學習涉獵中醫書籍。1892 年，川中霍亂流行，成都日死八千人，街頭一片淒涼，棺木銷售一空。很多醫生懼怕傳染，不敢醫治。正在尊經書院求學的蕭龍友挺

身而出，約同醫生陳蘊生沿街巡治，用中草藥救治，很多病人轉危為安，人稱"萬家生佛"。經此蕭龍友聲譽鵲起。

1897年，考中丁酉科拔貢，入北京充任八旗教習。

1914年，奉調入京，任財政部機要祕書，農商部參事，實業債券局總辦，國務院參事等職。從官之餘行醫治病，頗有療效。

1928年，毅然棄官行醫，正式開業，自署為"醫隱"，號為"息翁"。

1930年，與孔伯華共同創辦北平國醫學院。弘颺中醫，培養中醫人材。

1954年，提議設立中醫學院、培養中醫人才的提案。

1956年，提案成立北京、上海、廣州、成都四所中醫學院。

1960年，病逝，享年90歲。蕭氏一生忙於醫療診務，無暇著述，僅留《現代醫案選》《整理中國醫藥學意見書》《息園醫隱記》《天病論》等文。

蕭龍友的醫學思想為：

1.望聞問切的辯證關係方面，主張四診合參。他說："切脈乃診斷方法之一，若舍其他方法於不顧，一憑於脈，或仗切脈為欺人之計，皆為識者所不取。"

2.平脈與病脈。他常對學生說，必先知平脈而後知病脈。

3. 說四診。臨證時應結合病人的體格、性情、籍貫、職業、平素生活習慣等加以考慮，就不難得其祕奧。

4.脈象與卦象，以卦喻脈。先生對於脈理深入淺出，囑謂："能識死脈，即為上工。""對於坎、兌、巽三脈，必須鑽研。"

5.對於醫史的見解。他說："治醫學史，必先將歷代典章學術，蒐討無遺，然後可以言史，否則醫自醫。學自學、史自史耳，何益之有哉。"

6.關於醫德。他曾作醫範十條，為後學之針砭，主張稽古禦今，心正意誠，有道有術，重視倫理。

7.對中西匯參的見解，不泥古、不囿今，要斟酌損益以求合乎今人之所宜，而後可以愈病。主張捐除門戶之見，取彼之長，補我之短。

8.論讀書。以《傷寒論》為鑒，以之作鑒，則治病必有一定之法，如影之不變。

9.對於藥學的見解。主張醫與藥不能分豁，醫生不但應識藥，而且要能親自采藥、㕮咀配合。

臨床方面，主張老少治法應有不同，對象不同就要採取不同的措施，但又要顧及同中有異，異中有同。他調理虛證，多采"育陰培本"之法。調理慢性病症，注意病者"五志七情"。治虛損防其過中，治痨除著眼肺腎外，更要重於脾。

蕭龍友曾為袁世凱、孫中山、梁啟超、蔣介石、段祺瑞、吳佩孚等名流診治。

1916年5月，袁世凱病危，蕭龍友為其診斷，切脈後，斷定袁的病為尿毒癥，處方服藥靜養，但袁次子袁克文卻堅信西醫。弟兄倆意見不合，袁世凱的妻妾十餘人也六神無主。延至6月6日，這個做了83天短命皇帝的袁世凱終於一命嗚呼！事後，蕭大夫對人說，袁世凱內外交困，活在舉國上下一致的聲討中，而尿毒癥又必須靜養，以袁世凱當時的心情又怎能靜得下來？他的死也是命中註定，氣數已盡！

1924 年，孫中山因國大計帶病北上，病情日趨嚴重，眾多醫生均不能斷其病由。經友人介紹，蕭龍友前去爲中山先生診病。蕭龍友斷爲病之根在肝，因知病已入膏肓，非湯藥所能奏效，未開處方。如實向守候一旁的夫人宋慶齡告訴病情。中山先生病逝後，經病理解剖，發現其"肝部堅硬如木，生有惡瘤"。證實中山先生所患確系肝癌，說明蕭龍友診斷無誤，一時社會爲之轟動。

當時有一句話："南有陸淵雷，北有蕭龍友。"連當時北京醫院的德國醫學博士狄博爾，對蕭大夫的醫術也相當看好。遇到疑難雜症，總是要邀請蕭大夫去他們醫院會診。在這之前，中醫師能進入西醫院會診，尚無先例。

張山雷　1873~1934　江蘇嘉定縣（今上海市嘉定區馬陸鎮）人

張山雷，名壽頤，字山雷，自幼好學，稟賦聰穎，曾師從俞德珵、侯春林及吳門黃醴泉，名醫朱閬仙，學識更見精深。爲清末民初有名中醫教育家、著作家。因母親多病留意醫學，至光緒中乃棄儒習醫。

1914 年，嘉定縣黃墙屯朱氏瘍科傳人朱閬仙，創辦黃墙朱氏私立中國醫藥學校。

1920 年，校長諸葛少卿，聘請張山雷負責教務，任職 15 年。

張氏雖然忙於教務，而從未輟診。張著《中風斠詮》，闡發《素問》"血之與氣並走于上，厥則暴死……"與"血菀于上使人薄厥"兩條的意義。以爲此乃今之所謂"中風"，正方西區"腦溢血"血衝腦筋說法符合。《中風斠詮》具有較高學術水準，爲當世所重。張氏臨床方面多有創見，自成一家，與張錫純，張國華有"三張三達"之譽。著作有《難經匯注箋正》《臟腑藥式補正》《中風斠詮》《瘍科概要》《沈氏女科輯要箋正》《醫事蒙求》《脈學正義》《本草正義》《小兒藥證直訣箋正》、《醫論稿》等 25 種。

王朴誠　1877~1961　四川中江縣人

王朴誠，早年在「福源長」中藥棧學徒。師滿後回成都，開店行醫，其以兒科爲精專，信守「醫非營業，藥以治病」之旨，被成都百姓譽爲「王小兒」。

1955 年，奉調從成都到北京，參加衛生部中醫研究院建院初期的醫療和教學工作。因其醫術精湛，療效卓著而享譽全國。

惲鐵樵　1878~1935.7.　江蘇省常州市人

惲鐵樵，名樹珏，字鐵樵，別號冷風、焦木。常州 中醫學家。

1898 年，20 歲，涉獵《溫病條辨》等醫學著作，粗通醫道。

1903 年，考入上海南洋公學，

1906 年，畢業赴湖南長沙任教，後回上海浦東中學執鞭。

1911 年，任商務印書館編譯。

1916 年，長公子阿通年 14，白喉殤，他乃奮志治醫，一耳失聰。

1920 年，離開商務印書館，懸壺問世。

1923 年起著作有：《傷寒論研究》《傷寒論輯義按》《三陽》《十二經穴病候撮要》《金匱方 選按》《藥物學》《醫學入門》《傷寒後按》《病理概論》《病理各論》《熱病學》《大都佛經》《霍亂新論梅瘡見垣錄》。

1935 年 7 月 26 日戌時，病卒。

其孫子惲、子愉在台灣中國醫藥學院擔任教授，對中醫學教育發展有重要貢獻。

冉雪峰　1879~1963.1.29.　四川省巫山縣人

冉雪峰，名敬典，字劍虹，別號恨生，四川省巫山縣人，出生醫藥世家，12 歲起隨父采藥，同時習醫。17 歲開診於故里，38 歲懸壺于湖北武昌。

1907 年，受聘為湖北醫學館教習，後任館長。

1917 年，懸壺武昌中和裏，後于漢口中山大道永康裏。

1919 年，創辦《湖北省中醫雜誌》，兼

1923 年，獨創中醫專門學校，冀以“發揚國粹，造就真材”。

1950 年，在重慶中醫進修學校工作。

1955 年，奉調入京，到中醫研究院工作。

1963 年 1 月 29 日，患腦動脈栓塞病逝。

著有《辨證中風問題之解決》《大同藥物學》《大同方劑學》《大同生理學》《溫病鼠疫問題解決》《霍亂症與痧症鑒別及治療法》《麻疹商榷正續篇》《新定救護藥注解》《健忘齋醫案》《國防中醫學》《冉雪峰醫學叢書?方劑學》《內經講義》《傷寒論講義》《冉雪峰醫案》《八法效方舉隅》《中風臨證效方選注》《冉注傷寒論》等。採用「太素清燥救肺湯」「急救通竅活血湯」

余雲岫　1879.9.14.~1954.1.3.　浙江省鎮海人

余雲岫，名巖，號百之，譜名允綬，主張全面廢止中醫派的代表人物。

1908 年，入日本大阪醫科大學習醫。

1911 年，武昌起義，留日醫學生組織赤十字社歸國作救護工作。

1912 年，任北京師範學校學監。

1913 年，春天，再度赴日本學習。

1916 年，醫科畢業，任上海醫院醫務長。受日本明治維新取締漢方醫學發展西醫影響，倡「長習新醫，服膺名理」醫學革命。

1917 年，編寫《靈素商兌》。辭上海醫院醫務長職。

1918 年，在上海開業。同時任上海商務印書館編輯。

1925 年，赴日本出席遠東熱帶病學會，演講《中國結核病歷史的研究》，組織上海市醫師公會，被推為第一任會長。

1928 年，創辦《社會醫報》，編寫《醫學革命論集》。

1929 年，余雲岫以委員身份出席中央衛生委員會會議，提出建議：
　　　（一）急須設法增加全國醫師人數以利衛生行政之進展案。
　　　（二）廢止舊醫，掃除醫事衛生之障礙案，全面廢止中醫。
　　　　　遭到全中國中醫界強烈反對而未能付諸實施。

1934 年，任教育部醫學教育會顧問、中華醫學雜誌編輯主任。

1944 年，任中國醫藥研究所所長。

1950 年，被聘國藥典編纂委員會特邀委員。參加第一屆全國衛生工作會議，余雲岫再度提出廢止中醫方案，遭到與會者一致反對。

1951 年，任中醫專門委員會委員、藥典編纂委員會特邀委員、中華醫學會理事。

1952 年，任上海市衛生局成藥審查委員會。上海市國醫訓練所學術講師。

1953 年，患腸阻塞病。

　1954 年 1 月 3 日上午 9 時 35 分，病逝於上海同濟大學附屬醫院，享年 75 歲。著有《余氏醫述》《皇漢醫學批評》《方言病疏》《爾雅病疏》《說文解字病疏》《廣雅病疏》《十三經病疏》《古代疾病名候疏義索引》。

陳攖寧　　1880-1969　　安徽懷寧人。

陳攖寧，道教學者、養生家。原名志祥、元善，字子修，道號圓頓子。后改名攖寧。小時曾習中醫。清末秀才。后畢業于安徽高等政法學堂。無意仕途，轉習道術。為全真道龍門派居士。曾任仙學院教授及《仙學月刊》、《揚善月刊》主編，撰有道、醫論文多篇。后任中國道教協會副會長、會長及浙江省文史館館員等職。并在杭州屏風山療養院傳授靜功療法。撰有《黃庭經講義》、《靈源大道歌注解》、《孫不二女功內丹次第詩注》等，由后人結集者有《中華仙學》、《道教與養生》等書，較有影響。

謝利恒（謝觀）　1880-1950　　江蘇武進羅墅灣人

謝利恒，名觀，自號澄齋老人。伯祖蘭生，祖葆初，均為孟河名醫。幼承家學，熟誦《內經》、《難經》、《傷寒論》及方書、本草。又工古文辭，精究經書、歷史輿地之學。從蘇州名醫馬培之學醫。

1901 年肄業于東吳大學。1905 年任教於兩廣優等師範學校，

1911年前後兩度供職于商務印書館。歷任上海中醫專門學校，神州醫藥總會附設中醫大學校長；上海市國醫公會、中央國醫館等學術團體職務。

1929年政府廢止中醫案時，謝氏為抗爭首席代表，迫使當局收回禁令。

謝氏博記多聞，治學功深，向為醫林所景仰。一生虛心好學，不恥下問。"凡同道中有一長可取者，輒樂與周旋，罔論儒醫世醫，即草澤鈴醫，亦殷勤詢訪討論，不肯放棄也。"謝氏撰著有《中國醫話》《中國藥話》《澄齋醫案》《澄齋雜著》《中國醫學大辭典》《家用良方》

一、平素重養生

"食飲有節，起居有常"、"精神內守，病安從來"思想要純正，生活有節制，重視運動鍛煉。晚年鍛煉"導引攝生法"。

二、治雜病重調理脾胃，"脾胃之氣既傷，而元氣亦不能充，而諸病之所由生也"。他擅用醒脾、開胃、理氣、宣化等法，不泥於東垣之方，而以補中益氣是尚。

三、治時病重視濕邪

六淫之邪，雖均能為病，治療以開泄腠理，通暢大便為要；常用指迷茯苓丸、雪羹湯之類。指迷茯苓丸(半夏曲、茯苓、枳殼、風化硝)，凡痰濕滯而不化者，均可使用。雪羹湯則有化痰熱，祛頑痰的功效。

四、治婦人病重視調肝

"今世婦人諸疾，屬肝失條達者居多，因而導致脾腎亦傷；是以治療之法，勿忘責肝，肝氣一平，諸症悉和，故治婦人病求之於肝，可收事半功倍之效。"治肝的方法，有疏肝、泄肝、平肝、柔肝、養肝等法，但以疏肝氣、養肝陰為要；二法每相兼為用。"肝氣抑制不舒或橫逆克侮，其肝陰無不傷者。"以逍遙散作為治婦女病症之要方；方中柴胡、白術疏肝和脾，白芍、當歸養肝陰，配合應用，相得益彰。在其處方中，左金丸、佛手、綠萼梅，亦屬常用之品。

五、辨妊娠

採用觀察耳廓和按中指的方法，其法使病者背光正坐，醫者立其側，觀其耳廓背部有無青筋暴露；如發現筋紋暴露，則醫者用大拇指捏患者中指，從患者之指端起向第二、第三節輕輕上下移動，反復推動約5-10分鐘；如覺指肚蠕動或輕或重、或微有反應的跳動者，可認為有孕之兆；心主血，血旺則易孕，故心脈厥厥而動應手搏擊。

曲煥章　1880－1938　雲南江川縣人

曲煥章，字星階，原名占恩。中醫外傷科著名醫家。發明研製**雲南白藥**著稱，雲南白藥原名「曲煥章百寶丹」。他是雲南江川一帶有名的傷科醫生，為避禍亂遊歷滇南名山，求教當地的民族醫生，研究當地草藥苦心鑽研1902年研製出「百寶丹」後改進配方成為雲南白藥，他還研製

出虎力散、撐骨散。1916 年，曲煥章將藥方交給雲南省政府衛生所檢驗合格，頒發了證書允許公開出售。

1917 年，雲南白藥由紙包裝改為瓷瓶包裝，行銷全國，銷量驟增。

1923 年，雲南政局混亂，曲煥章在此期間，鑽研配方，形成了「一藥化三丹一子」，即普通百寶丹、重升百寶丹、三升百寶丹、保險子。此時百寶丹已享譽海外，在東南亞地區十分暢銷。

1931 年，曲煥章在昆明金碧路建成「曲煥章大藥房」。

1938 年，台兒莊戰役，曲煥章發放 3 萬瓶雲南白藥給中華民國國軍，在此役戰勝後，雲南白藥的聲名達到全國各地。中央國醫館館長焦易堂，要挾曲交出白藥秘方，遭曲嚴詞拒絕，被軟禁於重慶，抑鬱成疾而死，終年 58 歲。

1955 年，曲煥章的妻子繆蘭英向中華人民共和國政府獻出該藥的配方。

施今墨 1881.3.28. − 1969.8.22. 祖籍浙江蕭山市坎山鎮施家台門生於貴州

施今墨，原名施毓黔，中醫學家。一生致力中醫治病救人、中醫改革、和中醫教學，用現代科學技術研究中醫，提倡中西醫結合。當時的政要名人，如孫中山、黃興、楊虎城、周恩來等人際關係很好。幼年時，母親多病，13 歲時就跟從舅父學習中醫學。1902 年，隨父親到山西省，在山西大學堂讀書，因反對校長的學運而被開除，1903 年進山西法政學堂，畢業後報送京師法政學堂，並開始業醫，這期間積極參與了辛亥革命，熱心公益事業。

1912 年，參加孫中山臨時大總統就職典禮，幫助黃興制訂陸軍軍法。時局變化，以「不為良相，即為良醫」，專心從醫，將名字「黔」字拆開，改為「今墨」取意墨子兼愛精神和醫學繩墨。

1925 年，孫中山病重，曾前往醫治。

1929 年，余雲岫提出《廢止舊醫案》視中醫為巫祝，要求取締中醫。施今墨組織華北請願團，到南京政府請願，終於使政府放棄了這一議案。

1930 年，參與創建北平國醫學院，並任副院長。

1932 年，任中央國醫館副館長，創立華北國醫學院並任院長。

1948 年，當選為中華民國立法委員。

1969 年，因遭到文化大革命的衝擊，8 月 22 日病逝於北京。

陳無咎 1883-1948 浙江義烏人

陳無咎，名淳白、淳白，字茂泓，號壺溲、無垢居史，早年習儒，補諸生。嘗組織丹溪學社。1933 年任上海中醫專科學校校長。中央國醫館成立后，主持名詞術語統一工作。所著甚多，有《黃溪醫壘叢書》，計分五輯，包括《醫學通論》、《醫軌》、《臟腑通論》、《婦科難題》、《醫事前提》、《黃溪方案》、《在抱室問答》、

《黃溪校議》、《剛底靈素》、《醫墾》、《傷寒論蛻》、《中國儒醫學案》等。

汪逢春　1884.5.29.-1949.8.14.

原名朝甲，字鳳椿，吳門望族，受業于名醫艾步蟾老醫生。先習舉子業，后改從艾步蟾學醫。對醫理有較深鑽研，尤對胃腸病有更深造詣。壯歲來京，懸壺京都五十年，名噪古都，成為「北京四大名醫」之一。1938年，設國醫職業公會，任會長，培育人才甚多。1939年，創醫學刊物，親自主持，為該刊撰文宣導。1942年，曾創辦國藥會館講習班，培養中醫中藥人才，瞿文樓，楊叔澄、趙樹屏等都是主講教師，近代名醫郭士魁、王鴻士等就是當時的學員。

汪逢春精究醫學，學術上擅長時令病及胃腸病，對於濕溫病亦多有闡發。他博覽群籍，虛懷深求，治病注重整體觀念，強調辨証施治，在京懸壺，門庭若市，婦孺皆知其名。診疾論病，循規前哲，而應乎氣候方土體質，誠所謂法古而不泥于古者也。每有奇變百出之病，他醫束手者，夫子則臨之自若，手揮目送，條理井然，處方治之，輒獲神效。著作僅存《中醫藥理學》、《泊盧醫案》。

孔伯華　1885－1955　山東曲阜人

孔伯華，譜名繁棣。中醫學家。與汪逢春、蕭龍友、施今墨並稱北京四大名醫。學自家傳。早年任北京外城官醫院醫官。1929年被選為全國醫藥團體聯合會臨時主席，率請願團赴南京，迫使國民黨政府收回「取締中醫」的成命。後與蕭龍友合辦北京國醫學院並任院長。建國後，任衛生部顧問、中華醫學會中西醫學術交流委員會副主任。是第二屆全國政協委員。學術上，主張病必求其本，臨證注重濕與熱。以善治溫病著名，更以善用石膏一藥，為醫林所景仰。著有《時齋醫話》、《傳染病八種證治晰疑》。有《孔伯華醫集》。

祝味菊　1884~1951　生於浙江山陰（今紹興縣）

祝味菊，號傲霜軒主，著名中醫師，擅用附子，有「祝附子」「祝火神」之稱，被稱為火神派。

祝味菊家中世代為醫，後隨其父至四川行醫，在此其間，曾隨鄭欽安弟子習醫。1917年，考取四川軍醫學校，學習兩年畢業後，

1919年，隨日本教師石田，一同至日本考察醫學。

1926 年，由四川移居上海。

在上海期間，創造傷寒五階段理論。著有《傷寒質難》。

蒲輔周　1888.1.12.~1975.4.29.　四川省梓潼縣長溪鄉

蒲輔周，原名啟宇，祖父蒲國楨，父親蒲仲思，都精通醫道、名聞鄉里的醫生。在家居長，有弟妹 6 人。家境清寒，全家靠祖父父親行醫為生。祖父向其講授醫書，潛心苦讀，白天隨祖父臨床侍診，晚上唸醫書到深夜。以《內經》《難經》《傷寒論》《金匱要略》為重，《外台祕要》《千金方》及諸家醫書參考。18 歲便懸壺鄉里。他將啟宇名字改為輔周，輔助貧弱、周濟病人。

1917 年，至成都開業，數年後返回梓潼行醫。

1927 年，被選為四川梓潼縣商會評議員。

1931 年，倡議成立梓潼縣 "同濟施醫藥社" 創辦了平民教養廠、"施棺會"。

1936 年，復又赴成都行醫。辦 "同濟施醫藥社"。

1940 年，梓潼霍亂流行，蒲輔周匯款 200 銀元周濟，散佈治療霍亂藥方。

1955 年，任職北京中醫研究院廣安門醫院內科醫生。

1960 年，任中醫研究院內科研究所內科主任

1965 年，任中研究院副院長，兼任國家科委中醫專題委員會委員、常務理事。

1975 年 4 月 29 日逝世於北京。

蒲輔周嚴於自律，自定處世三準則：慎讀賢書，教學嚴謹，辨證行醫。

陳邦賢　1889-1976　江蘇丹徒人

陳邦賢，現代醫學家（1889-1976 年）。字治愚，晚號紅杏老人。江蘇丹徒人。年青時學過中醫，後畢業於江蘇省簡易師範、上海中日醫學校，並在中學任生理衛生教員。對醫學史頗感興趣。1910 年投書拜丁福保為師，受其啟發，對中、西醫學及醫學史均深感興趣。並開始撰寫第一部《中國醫學史》於 1919 年初版。此為我國之第一部，於其後醫學史學科之發展頗有影響。後此書被收入商務印書館所編之《中國文化史叢書》，並於 1954 年再出新版。邦賢一生勤學不輟，虛心學習，先後任職於教育部醫學教育委員會、國立編譯館、中醫教育專門委員會。1949 年後，由江蘇調至中醫研究院，任醫史研究室副主任，《中華醫學雜誌》編委、中華醫史學會常務委員。並選任第四屆全國政協委員、農工民主黨中央委員。尚著有《中國醫學人名志》（與嚴菱舟合編）、《十三經醫學史料彙編》、《二十六史醫學史料彙編》及學說論文數十篇。

瞿文樓　　1891－1957　　河北新城縣人

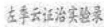

號困勉廬主人，北京著名中醫。出身世醫之家，父親瞿子

□。他幼承家學，考入太醫院醫學館，於光緒三十四年以一

□後任太醫院肄業生、恩糧、醫士、八品吏目（住院醫師）。

□北京南池子官豆腐房 13 號行醫開業。

□伯華、蕭龍友等創辦北平國醫學院，歷時 15 年其傳人有

□志紅、金子文等。

□看舌尤為精細。強調宣暢氣機，均以引邪外出為要。治瘡

瘍外症，每用調和氣血，不專恃用涼法，認為寒則澀而不流，溫則消而祛之。
對眼疾治療有獨特見解和經驗。

他治病求本的道理，“今之醫家，不審標本，不論八綱。用補藥為病家之所喜，
每每錯補誤溫，病者無怨。如每見火證必涼，並言熱者寒之。不知火之初起，
最忌寒涼。火鬱當發，以導引為貴。瘡瘍外症，每用調和氣血，後期再以活瘀
通絡，不留後患。切不可早用涼法，以寒則澀而不流，溫則消而祛之。”他的
這些學術思想，對後世有很大影響。此外，對於鬱證的治療，指出凡鬱當開。
不論氣、血、痰、食、濕，均可致郁，鬱久化火，都是熱證，豈可一派寒涼？
如僅憑 “治熱以寒”用寒涼藥物，難免遏阻氣機，病情加重。

臨床問疾，瞿文樓強調 “治病求本，詳論細參，辨色看舌，務在精細。”如對
眼疾有獨特的見解，認為：“目雖為火戶，但五臟六腑之精氣皆上注於目”，
眼病根於五臟，發於六腑，雖內外原因甚多，治之仍重在辨證，不可謂目赤者
火熱之邪，用苦寒泄之即可。他指出：“目為火戶，火鬱發之，鬱結當宣，切
忌用涼，遏其氣機，熱不解而日重矣。”又說：“肝開竅於目，雖為火戶，但
非實火也，亦不盡是虛火。肝為藏血之髒，血不足，則肝陰失養，陰不足則陽
必亢，亢則主熱。熱者種類繁多，有因鬱而致者，有因濕阻滯絡脈者，有暴怒
之後，血瘀氣滯者，有外因而引起內傷者……必須詳辨，再行施治。俗醫見風
火赤眼，每用黃連苦寒之極，最遺後患。不知當須先治風熱，養血息風。”治
慢性眼疾，他則多從腎水考慮，常說：“眼不治不瞎，耳不治不聾，必須詳細
審辨，從本治之，否則不利於病。”對溫病治療，強調宣暢氣機。他說：“溫
病熱疾，切不可專事寒涼。

瞿文樓著有《痢疾論》、《溫病論述》、《瞿氏醫案》、《中
醫診斷》等著作。

左季雲　　1891~1942　　江北縣洛磧人

左季雲，畢業于日本早稻田大學。歸國後，初任鐵道部杭
江局秘書。後感時局動亂，百姓疾苦，毅然棄政從醫救民，
潛心研究祖國醫學，博覽醫學典籍，吸
收各家醫學之長。始在北平至景醫館懸壺問世，長於內

科、婦幼科及諸雜症。醫術高明，廣濟患者，時為名醫之一，深受北平人愛戴
1922 年，于北平國醫學院教授，後為學院名譽院長。
1931 年，任教于華北國醫學院。撰寫《中醫病理學》《傷寒注釋》《雜病治療大
法》《附金匱醫案 150 例》等 40 多部著作，達 800 萬字。後任國醫館副館長。
1942 年，因過度積勞成疾，病逝。
遺著有《傷寒論類方匯答》《雜病治療大法》，還著有治中風、消渴、胃病、腫
脹、吐瀉、婦幼科病等論述。

李宗恩　1894.9.10.~1962.　江蘇省武進縣人

李宗恩，字伯綸，熱帶病學醫學家及醫學教育家。其父
李祖年為甲午恩科進士，入翰林，曾為山東知縣。幼時
就讀新式小學，
1911 年，赴英國，初入預備學校，隨後進格拉斯哥大學
醫學院，
1920 年，倫敦大學衛生與熱帶病學院畢業，擔任蠕蟲
病助理研究員。
1921 年，參加英國皇家絲蟲病委員會赴西印度考察熱帶
　　　病任職格拉斯哥醫院.
1922 年，獲得倫敦衛生及熱帶病學院頒發衛生及熱帶病
　　　學文憑。
1923 年，任職北京協和醫學院，定期赴江南考察熱帶病疫情，進行防治和研究。
1932 年，進入震旦大學學習法文。
1937 年，秋開始，南下籌辦貴陽醫學院，
1938 年，成立後擔任院長職務。
1947 年，赴北平擔任協和醫學院的院長。
1948 年，獲選為第一屆中央研究院院士。
1949 年，擔任全國政協委員。
1957 年，被打成「右派」「放逐」到昆明，任職於昆明醫學院。
1962 年，病逝於昆明。
李宗恩主要研究寄生蟲病，絲蟲病、血吸蟲病、瘧疾和黑
熱病。在華北、華中地區設立血吸蟲病、及其他多發性熱
帶病的病情觀察站，是為中國熱帶病學研究的創始人。

陸淵雷　1894～1955　名彭年，江蘇川沙人。

陸淵雷，名彭年。1912 年就讀於江蘇省立第一師範學校，
從朴學大師姚孟醺學習經學、小學，于諸子百家、史、地、
物理、算學等書無所不讀。畢業後先後在武昌高等師範學

陸淵雷

校、江蘇省立師範學校、國學專修館、暨南大學、持志大學、中國醫學院等處任教。授課之余閱讀大量醫書，研究中醫各家學說。

1925 年，惲鐵樵創辦醫學函授學校，陸淵雷拜惲為師，協助辦校。又師事章太炎學習古文學及中醫基礎，深得教益。

陸淵電少曾從朴學大師姚孟醺治經學、小學，遍覽諸子百家。工書法、金石，對天文曆算及醫術造詣尤深，通曉英、法、德日諸國文字。其父儒而知醫，常稱醫道能愈人疾苦，勉勵其學醫。早歲曾問學于章炳麟先生，並從名醫惲鐵樵探究醫學。

1928 年，先後在上海中醫專門學校、上海中國醫學院任教。

1929 年，與徐衡之、章次公共同創辦上海國醫學院，任教務長。以"發皇古義，融合新知"為辦學宗旨，率先於教育計畫中列入理化、解剖等課程。

1932 年，應四方學者之請，辦遙從部，函授中醫學，一時遙從函授業者遍及國內與南洋諸地。

1933 年，前後任中央國醫館學術整理委員會委員。

1934 年，創辦《中國新生命雜誌》，作主編。

1950 年，待特邀出席全國衛生會議。歷任上海衛生局顧問、市中醫學主任委員、中醫門診所所長、市衛生作者協會副主任委員、中國紅十字上海分會理事、上海市科學醫學研究會副主任委員等。

1954 年，被委託主辦編纂中醫教材，

1955 年，任上海中醫學院籌備委員會主任委員，

1956 年，因病謝世。

承淡安(承澹盫) 　1899.9.~1957.7.10.　江蘇江陰華士鎮

承淡安，別名承澹盫、承啟桐，承門世醫，祖父承鳳崗精於中醫兒科，父親乃盈擅長針灸、兒科、外科，均為名醫。

1915 年，隨父承乃盈、和瞿簡學醫。苦讀《靈樞》《針灸甲乙經》等針灸專著。

1920 年，參加上海汪洋辦的西醫學函授班。

1928 年，任蘇州中醫學校教師，懸壺蘇州，針灸為主，藥物為輔，獲良好聲響。

1932 年，遷往無錫，創辦中國針灸學研究班。

1933 年，舉辦實習科，學員可參加針灸臨床實習，使理論與實踐緊密結合。

1934 年，創辦圖書館，並在浙江、陝西、福建、湖北、廣東、安徽、香港、東南亞開設分社，擴大針灸醫學的影響和推廣應用。

承澹盫去日本，考察日本針灸現狀和辦學，足遍三島，切磋學術，相互交流。

1935 年，創辦中國針灸專門學校、針灸療養院，自行繪製的《人體經穴圖》

1937 年，抗日戰爭，避難西遷，在湖南桃園辦針灸訓練班，成都辦"中國針灸

　講習所"德陽創立"德陽國醫講習所"。

1938 年，在湖南常德，四川成都、簡陽等地舉辦針灸學習班。

1951 年，在蘇州恢復中國針灸學研究社。

1954 年，任江蘇省中醫學校（南京中醫學院前身）校長。

1955 年，承澹盦晉升為一級教授。

1957 年 7 月 10 日，逝於蘇州。

承澹盦對針刺，認為下針得氣後，即能產生效應，可使虛者轉實，實者轉虛，因人體有自我調節功能，合乎近代所稱針刺穴位有雙向調節的理論。

他治病主張先針後藥。針能治者，不用藥物；針所不及者，則配合中藥。試製皮內針、撳針、梅花針、艾條灸等，「醫為神術、志在救人」。

論著有：中國針灸治療學、人體經穴掛圖、針灸歌賦淺注、增訂針灸治療學、針灸學教材、針灸薪傳集、十四經發揮淺注、銅人經穴圖解、經穴圖解、針灸醫事常識問題、中國針灸學、傷寒論新注、針灸真髓、知熱感度測定皮內針法、針灸經絡治療講話、經絡之研究。

余無言　　1900~1963　江蘇阜寧人

余無言，字擇明、愚庵，號不平，現代醫家。幼讀經史，父餘奉仙為當地名醫，無言繼承家學，18 歲，即懸壺應診。

1920 年，至滬上就學于俞鳳賓，學習西醫。後定居上海，與名醫張贊臣辦診所，辦《世界醫報》。後二人又合辦上海中醫專科學校，為維護中醫的利益，與消滅中醫之反動政令展開鬥爭。餘氏主張"中醫科學化、西醫中國化"，提倡不分中西，取二者之長，補己短，熔二者於一爐。

1955 年，應聘到北京，在中醫研究院和北京中醫學院任職。著有《傷寒論新義》《金匱要略新義》《濕溫傷寒病篇》《斑疹傷寒病篇》《實用混合外科學各論》。另有醫案集《翼經經驗錄》及其他學術論文發表。

岳美中　　1900~1982　河北省灤南縣人

岳美中，原名鍾秀，號鋤雲，中醫學家。畢生致力中醫學的推廣及教育工作．1908 年，8 歲進私塾讀書，

1917 年，17 歲考上灤縣師範講習所，任小學教員。

1925 年，患肺病休養，閱讀《醫學衷中參西錄》《湯頭歌訣》等書，開始自修中醫，在家鄉開設鋤雲醫社，為人治病。

1935 年，任職山東荷澤縣中醫部主任，參加陸淵雷開設的中醫函授課程，開始深入研究經方，並開始撰寫文章，介紹中醫。

1946 年，至北京參加考試，取得中醫執照。

1953 年，與李振三起草振興中醫學的萬言報告，上呈國務院。

1970 年，負責<u>毛澤東</u>、<u>周恩來</u>、<u>葉劍英</u>等中央領導人的保健工作，並曾為<u>胡志明</u>、<u>崔庸鍵</u>等人治病。

　晚年曾任中醫研究院研究生班、內科主任、教授等職務。

秦伯未　1901~1970　<u>上海市</u>陳行鎮。

秦伯未，名<u>之濟</u>，號謙齋。中醫世家，祖父笛橋、伯父錫田、父親錫祺，均通儒精醫。由於家庭薰陶，耳濡目染，他自幼即酷愛文典醫籍。

1919 年，就讀上海中醫專門學校。

1923 年，在上海懸壺應診，應聘為母校講師。

1928 年，與王一仁、王慎軒創辦上海中國醫學院，編《清代名醫醫案精華》

1930 年，創辦「中醫指導社」，在上海開業應診。

1950 年，在上海人民醫院應診。

1953 年，先後赴<u>蘇聯</u>、<u>蒙古</u>兩國會診、講學。

1954 年，任衛生部中醫顧問。

1955 年，在中醫研究院舉辦的全國第一屆西學中班執教。

1959 年，在北京中醫學院從事醫學教研工作。

1960 年，參加全國高等中醫院校系列教材編審工作，為總編審之一。

1970 年　逝於<u>北京</u>。

秦伯未提醒醫者：先觀察濕與熱孰輕孰重，適當加減藥物，穩步求進。遇濕溫發熱，加入豆卷。他自製治療白瘖的"<u>氤氳湯</u>"，就是以豆卷為君藥。

秦伯未深切感到中醫醫籍浩若煙海，流派眾多，傳統學醫，師承面授，各承家技，各有所長，總難免局限。乃編寫《國醫講義》《實用中醫學》《清代名醫醫案精華》《清代名醫醫話精華》《內經知要淺解》《內經類證》《秦氏內經學》《謙齋醫學講稿》《秦氏內經學》《讀內經記》《內經病機十幾條之研究》《內經知要淺解》《內經類證》《素靈輯粹》

他治療病痛，有獨到之處：

一‧在治療頭痛時，按辨證分為外感和內傷。外感頭痛又分風寒、風熱、濕邪三種頭痛；內傷頭痛分為氣虛、血虛、痰濁、肝火、寒厥、痰濁 6 種頭痛。

二‧對潰瘍病，他認為多屬中焦虛寒證，選擇「<u>黃芪建中湯</u>」，均獲良效。
　　在溫病、肝病、水腫病、腹瀉、痛證、潰瘍病、慢性傳染性肝炎、心絞痛等方面，富有新意。例如在溫病方面，他提出溫病當以風溫為綱的觀點，並根據個人臨床體會分為惡風、化熱、入營、傷陰 4 個時期，提出了溫病的 12 個治法。他還強調寒溫統一，認為溫病是傷寒的發展，傷寒和溫病並無分歧，若將兩者對立起來，是偏見，是完全沒有意義的。

三‧在肝病方面，提出「肝氣和肝鬱」「肝火和肝熱」「肝風和肝陽」等概念。

寒邪傷肝，當用溫劑辛散；肝陽不足，當以溫養助長生氣升發。因此他在肝病中用溫法，不論是逐寒和回陽，都不用<u>附子</u>、<u>幹薑</u>，而用桂枝、細辛、<u>吳萸</u>、<u>川椒</u>，尤其虛證多用<u>肉桂</u>，因其入肝走血分，能鼓舞血氣生長。

四・在「腹瀉的臨床研究」提出暴瀉、久瀉為綱，以虛實兩類來辨證施治的規律，虛證於內傷，淺者在脾，深者及腎；實證屬於病邪，以濕為主，結合寒邪和熱邪以及食滯等，採用化濕、分利、疏散、泄熱、消導、調氣等多種瀉法，和健脾、溫腎、益氣、升提、固澀等多種補法。

程門雪　1902~1972　江西婺源人。

現代醫家。名振輝，號壺公。少年時至滬，投皖南名醫汪蓮石門下，后又從孟河名醫丁甘仁學，以優異成績首屆畢業于上海中醫專科學校，留學任教。曾任教務長兼滬南廣益中醫院醫務主任。后自設診所于西門路(即今自忠路)寶安坊，書齋有"書（禾童）室"、"晚學軒"等名。診余之暇，批注《黃帝內經》、《傷寒論》、《金匱要略》、《葉氏醫案》甚勤，并兼攻書畫。建國后，先任上海市第十一人民醫院內科主任、上海市衛生局顧問。

1956 年，中央指定北京、上海、成都、廣州設立四所中醫學院，其被聘為上海中醫學院院長，兼中醫學會主任委員、血吸蟲病防治中醫中藥組組長、衛生部科學委員會委員。

主要著作有《程門雪醫案》《校注未刻本葉氏醫案》《金匱講義》《金匱篇解》《傷寒論》《傷寒論歌訣》《溫癢朗照》《尚論后篇》《葉天士醫案》。《校注未刻本葉氏醫案》《婦女經帶胎產歌訣》.

章次公　1903-1959　江蘇鎮江人

章次公，名成之，號之庵，就讀上海中醫專門學校，師事丁甘仁、曹穎甫，又問學于國學大師章太炎，學業兼優。

章氏精研醫書經典及諸家學說，於傷寒學造詣尤深。認為仲景之書確系大經大法，為醫者不可不讀，而明、清溫病學說則是《傷寒論》之發展，應汲取兩家之長。又認為發揚中醫須參合現代醫學理論，打破中西醫間的界限，力求兩者的溝通。臨診主張運用中醫之四診、八綱、辨證論治，兼采現代科學診斷手段，"雙重診斷，一重治療"，提高療效。用藥則博采眾方，無論經方、單方、驗方乃至草藥，兼收並蓄，機動靈活，注重實效。劑量或輕或重，突出重點，擊中要害。尤其善用蟲類藥物，如蜈蚣、全蠍用於頭風痛；蜂房、蘄蛇用於風痹；蟋蟀、螻蛄、蟲用於積聚、腫脹等，對症下藥，每收顯效。

章氏對本草深有研究，早年講授藥物學，編有《藥物學》資料收入《中國醫藥

大辭典》，撰有《診餘抄》、《道少集》、《立行集》、《雜病醫案》、《中國醫學史話》及醫學論著數十篇。另與徐衡之合輯《章太炎先生論醫集》。晚年擬修訂《歷代醫籍考》和校勘《內經》，未竟病逝。1980年，門人整理出版《章次公醫案》一書。1999年，門人朱良春等彙集其遺著、醫案出版《章次公醫術經驗集》。章氏對傷寒學造詣尤深，認為張仲景之書確系大經大法，為醫者不可不讀，而明、清溫病學說則是《傷寒論》之發展，應汲取兩家之長。又認為發揚中醫須參合現代醫學理論，打破中西醫間的界限，力求兩者的溝通。臨診主張運用中醫之四診、八綱、辨證論治，兼采現代科學診斷手段，"雙重診斷，一重治療"，提高療效。用藥則博采眾方，無論經方、單方、驗方乃至草藥，兼收並蓄，機動靈活，注重實效。劑量或輕或重，突出重點，擊中要害。尤其善用蟲類藥物，如蜈蚣、全蠍用於頭風痛；蜂房、蘄蛇用於風痹；蟋蟀、螻蛄、蟲用於積聚、腫脹等，對症下藥，每收顯效。

張合英　1900年代出生　湖南省瀏陽市官橋鄉善沖人

張合英、與兄長張法一同為中醫，醫術、醫德，名聞鄉里，湖南萍鄉、瀏陽、長沙附近幾個縣市，無人不知，凡有重病者，多請他醫治。他常帶著學徒，背著藥袋四處行醫，路程遠者，病患家則用〔馬轎〕接他至家中看診。

兄長張法一住瀏陽根沖，張合英住官橋，兄弟相隔三十多華里。張合英懸壺濟濟，仁心仁術，人緣好，凡家貧者看病吃藥，不取分文，頗有親和力，鄉里無不贊賞。

1949年，紅潮清算鬥爭，土地改改、三反五反、他不容新社會，以〔善霸〕之名被捕下獄，幾次鬥爭大會，少有批判他者，受共幹指點，仍遭判處〔死刑〕，身繫囹圄等待執行槍決時，時來運轉，有一縣高級共幹身患重病，奄奄一息，危在旦夕，聽聞合英神醫名聲，隨即派人前往迎接看診，經服張合英幾帖良藥，該共幹果然病況好轉，迅速痊癒，為感激救命之恩，立即將張合英從冤獄中釋放，並償給糧票酬謝。張得此機緣，多活了二十餘年，直到終老病死。

王伯岳　1912~1987　四川成都人

王伯岳，中醫兒科專家。早年從師學中醫。

1932年，起在成都開業行醫。著名的兒科專家。

善治兒科疾病，對治療流行性乙型腦炎、麻疹合併肺炎、肝炎、痢疾、哮喘、腹瀉、癲癇等獨特之處，療效顯著，有"小兒王"之稱。

1955年，調中醫研究院工作。著有《中醫兒科臨床淺解》。主編《中醫兒科學》。發表「脾胃學說在兒科臨床上的應用」、「孫思邈在兒科學方面的成就」，本書是治學、行醫、科研、授徒生涯的心得體會及經驗薈萃。

何世英　1912~1990　江蘇人

何世英，中國近代名老中醫，中醫臨床家、中醫理論教育家、中醫腦病學科創始人、中國新醫藥學理論奠基人之一。

祖輩曾經出過不少名醫，父親能將中醫經典《湯頭歌》《傷寒論》《本草綱目》倒背如流。看病對症開藥方，毫不遲疑，隨手拈來。加上一手好字，使名醫施今墨驚奇。天津市中醫師資格會考，高居榜首，天津市政府贈匾。因回天津開始懸壺濟世，人生中途進華北國醫學院，優異成績畢業，醫術天津有口皆碑。他常云「不做良將、便做良醫」，每每提到中醫施今墨前輩，總是深情地說「施今墨是我的恩師，沒有他的關照和栽培，我可能枉活一生」。他有三銘言：一是治病在救人，童叟不要欺；二是不要做「殺人不用刀」的庸醫，庸醫害人不見血；三是中醫不能守舊，要發展必須向西醫學習。

關幼波　1913.4.4.~2005　北京市。

關幼波，原名關霦。中醫學家，父親關月波是當時的著名中醫。關幼波自幼入私塾攻讀四書五經。並鑽研中醫內科、婦科、兒科、及外科，都有較深的造詣。

1929 年，16 歲，逐漸接觸中醫理論，自學中醫經典。

1937 年，從父關月波學習臨床。

1943 年，30 歲，以優異的成績通過了考試，取得了行醫執照。

1944 年，正式操岐黃之術，懸壺濟世治病救人，獨立行醫。

1951 年，成立安定門聯合診所，自任所長。

1952 年，參加「傳染病預防學習班」及北京市中醫進修學校進修現代醫學。

1953 年，任北京市第一中醫門診部中醫師。

1956 年，任北京中醫醫院中醫師、內科副主任、內科主任、副院長等職。

1978 年，他利用電腦，把自己治療肝病的經驗編製成「關幼波肝病診療程式」

1979 年，編著發表了《關幼波臨床經驗選》。

1980 年，被評為北京市科技成果一等獎。

1982 年，任北京第二醫學院教授。又在第一診療程式完成第二診療程式研製。

1984 年，用第二診療程式接診病人 1．5 萬余人，建病歷 200 餘份。

1990 年，完成「關幼波治療胃脘痛專家系統」。

1991 年，任北京聯合大學中醫藥學院教授。中醫學與電子電腦結合為先進水準。

關幼波父親關月波告誡：醫不在「名」而在「明」，明其理，知其要，結合實際，靈活運用。不能泥古不化。還教育治病救人要重義輕財，不能「為富不仁」。關幼波不僅繼承了父輩的醫術，還發揚了父輩的醫德。廣交同道，深探醫理。如名醫康乃安、趙瑞麟、賀惠吾等。康乃安在臨終前，把自己的祖傳秘方「鵝

口散"傳給他，推廣使用，對口腔潰瘍、白塞氏都有良好的效果。

關幼波大膽創新　他對黃疸病關幼波提出「治黃必治血，血行黃易卻；治黃需解毒，毒解黃易除；治黃要治痰，痰化黃易散」的獨特見解。

關於茵陳蒿湯的煎法，漢代張仲景所著《傷寒論》中說：「以水一鬥，先煮茵陳，減六升，內二味煮取三升」，關幼波改茵陳先煎為後下，提高了臨床治療效果。

關幼波被人們稱譽為"肝病的剋星"，在國外是受到人們敬重的學者。他多次應邀到新加坡、馬來西亞、泰國、日本、香港等地講學，被日本中醫學研究會、新加坡中醫師公會、馬來西亞中醫師公會、香港東方醫藥公司、美國針灸醫師總會等聘請為學術顧問。

關幼波著作有：關幼波臨床經驗選、關幼波肝病百問答、關幼波肝病雜病論。

邱茂良　1913.9.~　浙江省龍遊縣

邱茂良，師承于一代宗師承澹盦，通曉內，外，婦，兒各科，對針灸學造詣尤深。長期從事中醫、針灸的教學、醫療和科研工作。在針灸治療急性病、傳染病的研究方面，進行開拓性的工作。

1928 年，浙江蘭溪中醫專門學校，師從張山雷、承澹盦學習內、婦等科。

1933 年，從師張山雷、承澹盦學習內、婦等科。

1934 年，任無錫中國針灸研究社、中國針灸學校教員。1937 年，在浙江台州中醫學校，從事內科、婦科、針灸科教學。

1941 年，在浙江省龍遊縣開業行醫。

1948 年，任蘇州中國針灸研究社教員。

1954 年，南京中醫學院醫師、教授、針灸系主任、。

1979 年，任中國針灸學會副主任委員。

1980 年，任中國針灸學會江蘇省分會主任委員。

1981 年，任南京中醫學院國際針灸培訓中心名譽主任。

1982 年，任南京中醫學院針灸系主任。

1984 年，參加中國共產黨。

邱茂良探討《內經》《針灸甲乙經》《針灸資生經》《針灸大成》針灸文獻。創設針灸病區，治療一般關節痛、內、婦、兒科，慢性病、急性病、傳染病，掌握陰陽五行、臟腑氣血和八綱證治等中醫基本理論。強調理、法、方、穴完整性。

撰寫有《針灸纂要》《針灸治療肺結核療效觀察》《南京中醫學院學報》《針刺治療膽石症的科研》《針刺治療急性細菌性痢疾的研究》《內科針灸治療學》

他認為中西醫學與其他學科，要互相取長補短，「洋為中用，古為今用，推陳出新」，才能向前發展。

周左宇 1914.6.20.~2011.7.21. 河北

周左宇，著名中醫師，精擅針灸。中醫之博大，各類奇特的醫療方法兼具。

其家世代為醫，開設冀阜永安堂。其父周汝漢為著名中醫與針灸師。

周左宇畢業於北京師範學校，年輕時隨父親行醫，並師承山西名醫楊天霖。對日抗戰期撤退至四川重慶，在此拜承澹盦為師，於大後方行醫。

對日抗戰期間，周左宇醫師曾隨承澹盦前往山西，在沒有藥物的幫助下，僅憑數萬之針治好當地居民之瘧疾。

1949年，隨政府來台灣，通過中醫檢覈考試，取得中醫師資格。拜孫培榮為師。

1971年，開始在易經學會開設針灸課程。

1990年，在中國文化大學城區部開設中醫養生課程。

目前在易經學會仍有周氏之入室弟子王麗雲老師傳承其鍼灸思路及長針派鍼法，王麗雲老師係永八嫡傳弟子，其鍼術獲周左宇先生所肯定，允其於易經學會續其授課，以延續其思想及鍼術。

祝諶予 1914.11.30.~1999.8.12.

祝諶予，，中國協和醫科大學教授北京中醫學院教務長北京協和醫院中醫科主任北京中醫學院名譽教授中華全國中西醫研究會副理事長中華全國中醫學會理第七屆全國政協委員第七屆北京市政協副主席農工民主黨北京市委員會主任委員提倡中西醫結合強調辨證論治擅長糖尿病脾胃病婦科病和疑難病症的中醫治療主要著作有祝氏施今墨醫案施今墨臨床經驗集並在國內多種專業期刊發表學術論文60餘篇

胡海牙 1914.~2013.9.27. 浙江紹興人

胡海牙，中醫師，北京大學第一附屬醫院主任醫師、教授，中國道教協會理事，中國道教文化研究所丹道、醫藥、武術顧問，陳攖寧道家仙學養生術的繼承人。

1927年，在江南紹興名醫邵佐卿的中藥鋪當學徒，學習中醫藥。在這期間，逐漸發現中醫學與道教之間有著極爲密切的聯繫， 許多古代著名中醫學家如孫思邈、葛洪等，在道學研究方面卓有成就，於是萌發了研究道教的想法。

1933年，學徒出師便離開紹興， 上虞縣龍會山 正式開

始研究道教。

1934 年，從孫孟山學習古琴及金石書畫。

1944 年，行醫於金華、浦江一帶，有「半仙」之譽。得馬丹陽針法之心傳，提出「師古人心，無襲古人跡」。

1945 年，在杭州銀洞橋，開設「慈海醫室」

1946 年，在杭州佑聖觀正式拜道教學者陳攖寧為師，成為陳氏的關門弟子。

1948 年，通過考試，取得中華民國的中醫師考試及格證書（醫中檢字 6431 號）、

1949 年，陳攖寧為胡海牙專門講過《黃帝內經》《周易參同契》《悟真篇》。

1953 年，杭州中醫師學習西醫進修班畢業，中共衛生部醫證（中字 6322 號）。

1954 年，在杭州鉤山樵舍，師從黃元秀、海燈法師學習內家拳及武術。後到北京工作以後，又得京東派太極拳之真傳。

1957 年冬，中共國國務院宗教事務局聘請陳攖寧出任中國道教協會秘書長，胡海牙與陳氏同赴北京白雲觀，進行道教研究工作，並在白雲觀每天上午開四小時門診，下午和晚間則從事道教研究。

1959 年，接受了北京大學第一附屬醫院的聘請，開始去北醫從事針灸教學研究與臨床工作。直到今日，每週一上午仍繼續中醫針灸專家門診。

1969 年，胡海牙被下放到幹校。陳攖寧在憂患之中病逝於北京，按照陳氏的遺囑，胡海牙將老師的書籍，手稿珍藏起來，以伺來日。陳氏與胡師徒二人相處二十餘年，胡海牙盡得陳攖寧道家仙學真傳，曾做聯：「大夢師先覺，長生我獨知」。

1998 年，《仙學指南》在北京由中醫古籍出版社出版。

2004 年，《仙學輯要》、《仙學必讀》共四冊在香港由天地圖書出版。

2006 年，整理編著《中華仙學養生全書》在北京由華夏出版社出版。

2013 年 9 月 27 日，仙逝。

主要論文：《針道秘旨》《師古人心，無襲古人跡》《簡談靜功》《內家八段錦》《聽皮膚真義》《養生健身操》《仙學大義》等。主要編著：《仙學指南》《仙學輯要》《仙學必讀》《中華仙學養生全書》《胡海牙文集》

鄧鐵濤　1916.11.6.~10.11.　廣東省開平縣人

鄧鐵濤，廣東中醫藥專門學校畢業，廣州中醫藥大學終身教授，中醫內科學專業博士研究生導師。

1993 年榮獲廣東省"南粵傑出教師"特等獎。

擅治心臟疾病，研製成功的中成藥有"冠心丸"、"五靈止痛散"等。臨床長於對內科雜病的診治。並擅于運用中醫脾胃學說論治西醫多個系統的疾病以及疑難雜症，如重症如肌無力、萎縮性胃炎、肝炎、肝硬化、再生障礙性貧血、硬皮病、風濕性心臟病、紅斑狼瘡等，積累了豐富的臨床經驗。其著述有《學說探討與臨證》《耕耘集》《鄧鐵濤醫話集》。主編《中醫

學新編》《中醫大辭典》《實用中醫內科學》《中醫診斷學》《實用中醫診斷學》等。

極力主張"傷寒""溫病"統一辨證論治。強調辨證方法在診斷學中的重要地位，于中醫診斷學的內涵建設提出新的見解。臨床善治消化、心血管系統疾病。致力於中醫教育事業，培養了一大批中醫人才。其論著深受國內外學者重視。

鄧鐵濤生在中醫家庭，父名夢覺，畢生業醫。幼受薰陶，目睹中醫藥能救大眾於疾苦之中，因而有志繼承父業，走中醫藥學之路。"早臨證，跟名師"，先後跟隨陳月樵、郭耀卿、謝賡平等各有專長的名家實習。

1938 年，抗日戰爭，避難香港，與同學合辦南國新中醫學院（夜校），並芝蘭堂藥店坐堂應診。抗戰勝利，返回廣州，輾轉於穗港及武漢之間，行醫謀生。參加編寫的有《中醫學新編》《新編中醫學概要》《簡明中醫詞典》《中醫大辭典·基礎理論分冊》獲省科學大會獎和全國科學大會獎。研製成功的中成藥"五靈止痛散"獲市科技成果四等獎。

鄧鐵濤以"心主神明"，"舌乃心之苗"為據，首創安宮牛黃丸、紫雪丹、至寶丹點舌法，據臨床觀察，點舌後昏迷患者痰涎分泌物明顯減少，口腔穢臭辟除，對幫助昏迷患者復蘇起到重要作用（治例包括高熱、一氧化碳中毒、心肌梗死等昏迷患者），不失為搶救昏迷病人的一種創新手段。鄧鐵濤在搶救危重病證，如高熱、大出血、心衰、休克、尿毒癥等，積累了不少經驗，口服藥物力求少而精，灌腸用藥則峻而猛，內外治法兼施並舉。

朱良春　1917.8.~　江蘇鎮江市人

朱良春，早年拜孟河御醫世家馬惠卿先生為師，繼學于蘇州國醫專科學校，畢業上海中國醫學院，師從章次公，深得其傳，其治學嚴謹，醫術精湛，一生關心中醫藥，弘揚醫學，熱心學術繼承、各地講學。2005年與鄧鐵濤、任繼學、路志正等名醫發起中醫藥學術傳承論壇。承接岐黃薪火，傳承中醫衣缽。

朱良春對內科雜病的診治經驗豐富，研製成益腎蠲痹丸、複肝丸、痛風沖劑等中藥新藥，學術著作有《蟲類藥的應用》、《章次公醫案》、《醫學微言》、《朱良春用藥經驗集》、《中國百年百名中醫臨床家叢書&8226;朱良春》、《現代中醫臨床新選》，發表學術論文 180 餘篇。

臨床長於內、婦、皮膚等科疾病基本上使用純中藥治療，對風濕、腫瘤、脾胃、肝、腎、呼吸系統、心腦血管、不孕不育、痤瘡、牛皮癬等疑難疾病療效顯著。

李玉奇 1917~　　祖籍遼北銀州城（現遼寧省鐵嶺市）

從師丁乙青、薑弼臣兩位先賢，攻讀醫學經典，二十四歲開始懸壺濟世，恪守師傳醫風，以濟世救人為宗旨，深得病家信賴與敬仰。他工精內、婦、兒科三科，擅長脾胃病外，在冠心病房顫、哮喘、慢性腎功能不全、溫病、消渴、習慣性流產等疾病的治療上均有獨到見解，譽為醫學泰斗、國醫大師。歷任中華中醫藥學會理事、遼寧省衛生廳中醫處處長、遼寧中醫藥大學副校長兼附屬醫院院長、遼寧省腫瘤醫院常務副院長、遼寧省中醫學會會長、遼寧省藥品評審委員會副主任委員、遼寧省老年科技工作者聯合會副會長、瀋陽藥科大學中藥系兼職教授。他創建省中醫學院、中醫院、中醫學院、腫瘤醫院和大量職工住宅。高風亮節，德高望重，行醫看病不分貧富，不計官民，遇有窮苦病人不但分文不收，還解囊相助。一生著作有《中醫驗方》、《醫門心境》、《中國百年百名中醫臨床家叢書》、《萎縮性胃炎以癰論治與研究》、《脾胃病與胃癌癌前病變研究》、《胃脘痛的臨床研究》、《冠心病臨床芻議》、《蕁麻疹治則探究》、《小品話溫病》、《望診的宏觀作用》、《腦中風論治》、《黃疸病從證鎖談》、《腎炎臨床辨證施治一求》等。2011 年 2 月 8 日 15 時 13 分在瀋陽逝世，享年 95 歲。

劉渡舟 1917.10.9.~2001.2.3.　遼寧省營口市。

劉渡舟，原名劉榮先，北京中醫藥大學教授，當代著名中醫學大師，傷寒學專家，著力於《傷寒論》的研究，強調六經的實質是經絡，重視六經病提綱證的作用。提出《傷寒論》398 條條文之間的組織排列是一個有機的整體。臨床辨證善抓主證，並擅長用經方治病。

幼年時，因體弱多病，常延請中醫大夫治療，親身感受到了中醫藥的療效，逐漸對中醫藥產生了興趣。

1931 年，隨王志遠學習中醫，讀中醫經典，及《藥性賦》《方歌括》等知識。

1933 年，正式拜王志遠為師，又跟謝泗泉學習臨床。

1938 年，在大連志遠藥房坐堂行醫，救苦渡難，他的父親給他取字為渡舟。

1946 年，通過「中醫師特種考試」。

1947 年，在北京東四錢糧衚衕掛牌行醫。並在華北國醫學院之聘擔任教授。

1949 年，參加「中醫進修學校」，

1951 年，畢業到北京天壇華北人民醫院中醫內科工作。

1956 年，到北京中醫學院任教，任傷寒教研組副主任、主任，金匱教研組主任。

1978 年，任北京中醫學院教授，並開始培養中醫碩士研究生。

1983 年，被評為全國衛生系統先進工作者，北京市教育系統先進工作者，

1985 年，任北京中醫學院院務委員、學位評定委員、教材編寫委員、總編等職。
1985 年，為北京市勞動模範，任國務院學位評議委員會學科評議組(醫學)成員。
1987 年，任中華全國中醫學會常務理事。

金明淵　1917.1.14.~2006.10.8.　祖籍浙江紹興，生於上海

金明淵，出生於中醫名門世家，祖父金百川曾任中國紅十字分會，中華醫藥聯
合會及中華全國醫學會會長。金明淵從小就承襲家學，侍診祖父金百川、父親
金養田左右，耳聞目濡，鑽研中醫醫術。

1934 年，17 歲，開業行醫，懸壺滬上。

1951 年，在華東衛生部中醫處任職，

1954 年，在華東醫院、人民醫院臨床、教學、科研。曾任中醫學會理事、內科
　　學會副主任委員，上海中醫藥大學委員，醫院，上海食療研究會理事．

1995 年，被評為「上海市名中醫」。

著作有《五行與醫學》《傷寒方集例》『平調肝脾方』『五果為助方』《小續
命湯在證治中的興廢和實用》《論傷寒衛氣營血與三焦》《血氣刺痛(血紫質病)
治驗》《論揆度奇恆》等．注釋《扁鵲傳》《華佗傳》成為後人注釋的藍本。

張正懋　1919-2014.2.4.　山東即墨人

醫生世家，五代中醫，上海中醫學院畢業。他曾是蔣中正、蔣經國兩任總統御
醫，又為蔣家第三代看病。揚名海內外，貧病病人看病，一律義診，免費施藥，
樂心公益，不吝捐助，曾擔任考試院中醫特考典試委員，一生行濟世，術德兼
修，曾榮獲馬英九總統〔中醫貢獻獎〕、內政部衛生署〔中醫奉獻獎〕。他養生
有道，能活九十五歲，乃他日常自己慣吃的〔防老丹〕：西洋參、川七、琥珀各
三公克，並附帶吃杞菊；木黃丸。

李仲愚　1920.2.21.~2003　四川彭州市人九尺鄉仁鳳裡

李仲愚，知名中醫臨床家、針灸學家，先祖父
春庭公喜儒、佛、老、莊之學，其性尤善悠靜，
受其表兄海慧禪師的影響，皈依佛祖，成為當
地威望很高的居士。5 歲入私塾，13 歲入醫
門，師從李培生、劉國南、劉銳仁學醫。

1937 年，17 歲，懸壺於縣醫館，針藥並用。

1938 年，入四川國醫學院學習。

1939 年，19 歲，考取四川省註冊中醫師資格，

1955 年，奉調成都中醫進修學校，

1956 年，調成都中醫學院，從事中醫、針灸教學和臨床工作。

1986 年，晉升為主任醫師。享受政府特殊津貼。

1991年，國家人事部、國家中醫藥管理局確定為醫藥學術經驗指導教師。

1996年，任成都中醫院針灸研究室主任、康復科主任、針灸學會理事會長等職。

李仲愚精于方術，善用針灸，常以中醫傳統的湯液、針灸、角、砭、導引、按摩、薄貼、膏沫、浴熨等方法治療內、婦、兒、外及五官各科疾病，尤擅長使用祖傳絕招杵針、氣功等法，內外合治、針藥結合，治療多種常見病及各種奇難雜證，療效顯著。　他開始治療老年性耳聾、癲證、痹證、痿證的臨床觀察等研究。專著有《氣功靈源發微》、《杵針治療學》。

顏正華　　1920～　　江蘇省丹陽市人

著名中醫、中藥學專家。長期從事中醫藥教學、科研與臨床工作，主要研究領域為中藥藥性理論與臨床應用的研究。主持"填精養血活血延壽緩衰"與　"滅炎靈" 2項部級科研課題，并取得可喜成果。主編專著7部。

路志正　1920.12.~

路志正，首都國醫名師，精通中醫典籍，擅長中醫內科、針灸，對婦科、兒科等亦很有深造詣。擅長針藥並用，同時特別重視食療，圓機活法，因證而施。擅治神經性頭痛、三叉神經痛、癲癇、兒童多動症、抽動-穢語綜合征、腦癱等疑難病，有自己的獨到見解和臨床經驗，療效頗佳。

對眩暈、膽結石、風濕性和類風濕性關節炎、萎縮性胃炎、甲亢和甲狀腺瘤、白塞氏綜合征、乾燥綜合征、胸痹、不寐、多寐，以及婦科經帶胎產、不孕等疑難病症，有獨到見解，臨床療效顯著。他治療眩暈經驗的專家系統已應用於臨床。崇尚脾胃學說，認為脾胃為後天之本，氣血生化之源，氣機升降的樞紐，人以胃氣為本，治病注重調理脾胃。調理脾胃，重在升降，顧其潤燥，升脾陽，降胃氣，勿動胃陰，勿傷脾陽。他辨證注重濕邪為患。認為濕邪傷人甚廣，其來源有天、地、人之不同。濕邪常在，北方亦多濕邪。濕邪傷人，最易困遏脾陽，而見濕困脾土。治濕之法，應注意通、化、滲三法。通即宣通三焦氣機，調理脾胃升降；化為注意濕邪的轉化，或溫而化之，或清而化之；滲是以淡滲或苦滲，引濕下行，治濕要利小便。強調用藥輕靈活潑，氣血陰陽，動靜剛柔相配，因人、時、地制宜，制方務求穩安，祛邪不避重猛之藥。

程莘農　1921.8.~　　安徽績溪生於江蘇淮陰（今淮安）

程莘農，中國工程院資深院士，針灸學專家。早年師從陸慕韓學習內科和婦科。

1948 年，獲民國考試院中醫師證書，
1956 年，畢業於江蘇省中醫進修學校。
1994 年當選為中國工程院院士，供職於中國中醫科學院。

方藥中　1921.10.~1995.3.3.　重慶人

方藥中，著名中醫。
出身世醫家庭，幼讀私塾。
1940 年中學畢業後從學於陳遜齋門下。
1944 年取得行醫資格，在重慶開業行醫。
1951 年參加西南衛生部中醫科工作。
1952 年到北京醫學院醫療系系統學習 5 年西醫。
1957 年畢業後到中醫研究院西苑醫院消化系工作。
1990 年被國務院批准為首批國家級有突出貢獻的專家，同年獲「阿爾伯特·愛因斯坦」世界科學獎榮譽證書。
曾任衛生部藥典委員會委員，國務院科技進步評審委員會委員，中華全國中醫學會常務理事等。
著作有《醫學三字經淺說》《辨證論治研究七講》《溫病條辨講解》《溫病匯講》《醫學承啟集》《黃帝內經素問運氣七篇講解》（與許家松合著）

焦樹德　1922.5.31.~2008.6.14.　河北省束鹿縣（現改為辛集市）雙柳樹村

自幼酷愛醫學，常向中醫外祖父學背中醫歌訣，如『肝心脾肺腎，膽胃大小腸』『醫之始，本岐黃』。長西醫學習中醫研究班畢業。

擅治內科疑難重病，療效卓著。對肝膽、泌尿系統結石注重增強本臟功能排石。對萎縮性胃炎、潰瘍病（胃脘痛）採用自擬的三合湯、四合湯隨症加減。對冠心病、心肌炎、心絞痛（心痹），採用心、肺、胃、腎同治，理氣、通脈、助陽、滌痰並用，頗有良效。對中風（急性及血管病），應用家傳中風三法，認為邪中于經，常歸於腑，必須注意清化陽明，通達三焦。對再障貧血及出血性疾病，重用滋腎涼血、降氣抑火而生血止血。對高熱不退疾病，謹遵 "見熱莫攻熱" 古訓，活用青、疏、滋、降和等法，以解熱。對休克、厥症、人事不省諸疾，辨證治本，效如桴鼓。在學術上強調用中醫理論指導臨床實踐，特別重視辨證論治，主張用整體觀和動變制化思想去分析觀察疾病發生、發展、傳變、合併、轉歸的規律。要求理、法、方、藥，絲絲入扣。對咳嗽的辨治，反對脫離辨證論治一味地鎮咳、止咳嗽的治法，提出宣、降、清、溫、補、潤、收治咳七法。常謂七法猶如音樂中的七個音階音符，相互搭配，變化無窮。要做到法中有法，

法外有法，圓機活法，存乎其人。提出"治喘兩綱六證三原則"，創擬了麻杏二三湯，麻杏蘇茶湯等六個治喘效方。對神經衰弱中的陰虛肝旺症和婦女更年期綜合征創有挹神湯，對下肢淋巴回流障礙的足脛浮腫創有足消腫湯等等，這些方藥廣為臨床醫師採用。主張吸收西醫，取長補短，促進中醫藥之長，突出中醫特色創新發揚。著有方劑十講

2008年6月14日病逝北京，享年86歲。

王綿之 1923～ 江蘇省南通市人

王綿之，方劑學科創始人，著名中醫學家，方劑學專家。從事中醫藥教學、科研、臨床工作60餘年，主要研究中醫時疫、熱病及內、婦、兒科和歷代著名醫家組方特點的研究，對臨床提高中醫辨證論治水準。

張鏡人 1923～ 上海市人

張鏡人，名存鑒，主任醫師，終身教授，全國著名中醫理論家、中醫臨床學家，上海名中醫。出生於名醫世家，曾叔祖張驤雲，以擅治傷寒，醫德高尚稱譽社會。張鏡人幼承庭訓,立志杏林，為第十二代傳人。年未及冠，既學習古典文學，又攻讀《黃帝內經》、《傷寒論》、《金匱要略》、《神農本草經》等中醫經典著作及歷代名著。18歲開始單獨應診，雖屬初出茅蘆，但已顯露頭角，脫穎而出。1946年應國民黨政府考試院舉行的中醫師考試，一榜成名。一直潛心鑽研醫術，精益求精，對中醫理論有深邃的造詣，且能集思廣益，博採眾長，吸取新知，甚有建樹。在臨床上有著豐富獨到的經驗與用藥特色，頗多創新。如對急性感染性疾病、慢性萎縮性胃炎、病毒性心肌炎後遺症、冠心病、慢性腎炎、慢性腎功能不全、系統性紅斑狼瘡等，均有深入研究,療效卓著，出了不少成果。熱忱培養中醫新生力量，桃李滿天下。急病人之所急，悉心解除病人苦痛，博得廣大患者的信任與稱頌，享譽各地，一位不可多得的中醫理論家，中醫學家。

方和謙 1923.11.~ 山東掖縣人

方和謙，出身于中醫世家，幼承家訓，13歲隨父學醫，19歲考取中醫師資格，懸壺京城。勤于治學，融會貫通諸家而精于仲景之學，探索《傷寒論》之精髓頗多心得。從醫50餘年，于醫教研業績卓著，在治療內科雜癥上積累了豐富的臨床經驗，是京城有名的中醫專家。

他為振興中醫事業嘔心瀝血，孜孜不倦。他醫術精湛，治學嚴謹，為人熱情謙和，團結尊重同道，對病人不論職位高低，貧富親疏一視同仁。他一貫重視中醫人才的培養，德高望重，曾任全國中醫藥學會理事，全

國中醫藥學會內科委員會委員，全國中醫學會張仲景學術研究會副主委，北京中醫藥學會理事長，北京市科協常委，北京市紅十字會理事等諸多社會職務。

劉弼臣　1925~　江蘇省揚州市人

劉弼臣，中醫兒科專家，有老中醫。歷任全國中醫兒科學會名譽會長，全國中醫兒科科研成果評審委員會主任。從事兒科教學、科研、臨床工作 60 餘年，主要研究領域為兒科常見病和疑難雜瘂的臨床與實驗研究。《小兒眼肌型重瘂肌無力的臨床研究》以及運用 "五輪學說" 創制的 "復力沖劑"，主編兒科專著 10 餘部，發表學術論文 100 餘篇。

吳咸中　1925.8.~　遼寧省新民縣人

1948 年沈陽醫學院本科畢業獲學士學位，普外及中西醫結合專家，長期從事普通外科及中西醫結合的科研、教學及臨床實踐。是中西醫結合治療急性腹部外科疾病(急腹瘂) 的主要開拓者與學術帶頭人，創造性地總結出中西醫結合治療急腹瘂的指導思想、辯證論治原則及基本方法。提出『以法為突破口，抓法求理』的研究思路，使通裡攻下、清熱解毒、活血化瘀及埋氣開鬱等治療的研究不斷深入。進行中藥的劑型改革，對危重急腹瘂的中西醫結合治療取得重大進展。首倡在高層次上發展中西醫結合，組織各學科協作攻關，取得大批科研成果。曾獲衛生系統『伯樂獎』、中西醫結合『創業獎』、香港『柏寧頓孺子牛金球獎』主編專著 12 部，參編 9 部，發表論文 100 餘篇。

賀普仁　1926.5.20.~　河北淶水縣人

賀普仁，字師牛，號空水，北京中醫醫院針灸科醫師，針灸學會會長，擅長小兒弱智、下肢靜脈曲張。他治病博采眾方，勤求古訓。常用針灸 "四關穴" "四君子湯"；人參、白朮、茯苓、甘草。精研《內經》、《難經》，通《甲乙經》，創立 "病多氣滯，法用三通" 的針灸病機學說，形成 "賀氏針灸三通法"，即 "微通"、"溫通" 和 "強通"。賀氏三通法享譽海內外，50 年來，攻克了許多疑難雜證，如針刺治療小兒弱智、輸尿管結石及火針治療靜脈曲張等。著作有《針灸治痛》《針具針法》、《針灸三通法臨床應用》。臨床工作，他總結毫針、放血、火針療法的應用，在針灸治療高血壓、白癜風、風濕性關節炎、發燒、兒童弱智、子宮肌瘤、外陰白斑、慢性小腿潰瘍、下肢靜脈曲張、靜脈炎等病上均有顯著療效。用火針治療中風後遺症為其療效的一大特色。

梁貽俊　1927~

梁貽俊，祖父、伯父均為北京名醫。幼承家訓，立志學醫，專攻歧黃之術。

1656年，通過國家中醫師鑑定考試合格。

1959年，任高級西醫學習中醫班內經教師，北京中醫學會理論研究組組長。

1966年，提出「補腎生血」的中醫學學術觀點。

1969年，遼寧錦西發生大洪水，梁貽俊冒險，把重病孩子從死神手裏奪了回來。

1984年，提出血勞、痰毒核、多發骨痹等中醫病證名，填補中醫學不足之處。

1990年，獲頒「有突出貢獻政府特殊津貼」。多次到香港、日本、美國加州大學、哈佛大學等地進行學術交流及講學。

2001年，《梁貽俊臨床經驗輯要》出版

梁貽俊擅長中醫內科、婦科疾病的治療，尤其對血液病、血管病、消化系統、神經系統、肝病、腎病、溫熱病、不孕、畸胎等有豐富的診療經驗。

著有《辨證論治綱要》《內經教材》《論昏迷》《婦科手冊》《中藥手冊》《梁貽俊臨床經驗輯要》‧主張「益腎調脾是養生治病的重要環節、活血化瘀是祛病治病的重要手段、解毒排毒是驅邪治病的重要途徑」。

朱鶴亭　1927-　山東青島人

朱鶴亭，道號玄鶴子，養生學家、醫學家、食療學家、玄學家、武學家。

自幼承受家教，熟讀四書五經，習醫、武、堪輿，學道家養生學術。北京大學讀書時，即研修中西醫理論，潛修老莊哲學，道、佛學經典。業餘時間下農村，走城市，采藥、療疾的實踐中，善於結合中西醫理論診斷病症，長期運用食養、食療、點穴、針灸、中草藥等施治病症歷經數十年。曾給中央領導幹部治癒過多種疑難雜病。同時有多國國家元首、政府要員慕名就醫，得到良好醫治。大半生精力投入到治病救人。

著作有《中國秘傳寶典》《養生之道錦囊》《養生益壽秘法》《糖尿病防治》《新生命》《道家養氣生氣功》《健康是福》《性愛情緣》《經絡與運動醫療》《運程與養生》《生肖與養生》《玄鶴子養生書法集》《玄鶴子養生語論書法集》《玄鶴子益壽箴言叢書》《養生之道》《素男玄女耳聽八方》《飲寶食補》等書。

張志禮 1930.10.~ 2000.11

張志禮，著名中醫，中西醫結合學會皮膚性病科教授、主任委員、北京性病愛滋病防治協會理事、多次應邀出國講學和參加國際會議，臺灣中國醫學院聘為客座教授。2000 年 11 月逝世。

孔光一 1931~ 江蘇省泰興縣人

孔光一，精通感染性發熱病的診治，擅長內、婦、兒科等治療。臨床治療發熱、咳嗽、胃痛、脅痛、肝膽病及冠心病、高血壓、糖尿病等。對婦科月經不調、帶下、兒科呼吸系統消化系統的反復發熱、咳嗽、消化不良已有滿意療效。神外疾病,顱內、髓內各部位腫瘤、癲癇、腦溢血、腦外傷、運動障礙性疾病、功能神經疾病的外科治療骨關節疾病、關節鏡技術、人工關節置換、咳嗽、胃痛、脅痛、肝膽病、冠心病、高血壓、糖尿病。

北京中醫藥大學教授，治學嚴謹。認為現在的老年人得心腦血管疾病和消化系統疾病的人偏多，肝主疏泄，肝又是人體大血庫，活動少，心情變得抑鬱，精神情緒的失調導致肝氣肝血失調，使得心腦血管供氧不足，血液運行不暢，引發疾玻而消化系統功能的障礙，導致血脂高、膽固醇高、脂肪肝、胃炎、消化道潰瘍或者便秘等。

李濟仁 1931.1.~ 安徽省歙縣

李濟仁，原名李元善，喜讀經史，師從張根桂，更名「濟仁」，成為新安名醫世家「張一帖」的第 14 代傳人。學成之後，李濟仁開辦聯合診所，

在醫治外感病、急症方面，他繼承"張一帖"心法，妙方獨具，用藥猛、擇藥專、劑量重，常一劑奏效；對於疑難雜症，則合參新安汪機"培元派"調補氣血、固本培元思想，主張辨症與辨病相結合。由於不瞭解中醫，很多人不信任其"偏方秘方"，李濟仁有獨到見解：他熔經方、時方、驗方於一爐而精心化裁，提世界性頑疾系統。

李濟仁"新安醫學"，理論與臨床並重。他主編《大醫精要》，還以〔內經〕為宗，理論與臨證互作闡發，確立中醫醫學理學、中醫學學術生長點，及體質學

說、五體痺病、五臟痿病等研究專題，在中醫理論與臨床的研究上碩果累累。凡有所悟、所思、所得，均述諸筆端，撰寫《濟仁醫錄》《痿病通論》等專著。李濟仁的藥茶裏一共有四味藥，西洋參、枸杞、黃芪、黃精。黃芪補氣，黃精補血，兩味藥就起到了氣血雙補的作用，枸杞滋補肝腎，肝藏血，腎納氣，四味中藥，量少而專，兼顧氣血，可讓頭暈緩解，氣色過人。

用藥量：黃芪，十到十五克左右，黃芪、西洋參，三到五克(西洋參要少一點)，枸杞子，六到十克左右，多一點少一點沒有問題。黃精十克左右。藥放入罐中以後，用開水衝下去，用蓋子把它蓋起來，把它悶五分鐘到十分鐘就可以喝了。

魏稼　1933～　江西都昌縣人

魏稼，出身中醫世家，隨叔父魏荷生學中醫，研讀經典著作，繼承家傳醫技。

1954 年，入江西中醫進修、南京中醫學院深造，優異成績留江西中醫學院任教。

1975 年，赴北非突尼斯援外應診二年餘，深受好評。

1987 年，出版《各家針灸學說》首先提出「無創痛針灸」「無創痛針灸學」。

1990 年，國家中醫藥管理局確定為全國名老中醫繼承人導師，頒發榮譽證書。

1991 年，主編中國中醫藥學會等名醫錄、名人傳記收載。

1992 年，治癒一重症肌無力患者；另一脫髮患者經針治後毛髮新生。

1994 年，赴歐講學三周，聽講的來自比、荷、德、法、盧等國，受到盛情讚譽。

1995 年，「中國微針療法」被評為首屆全國百名傑出青年中醫之一。

魏稼對治療痛證、炎證以及瘧疾、痢疾、急腹症、肝炎、小兒消化不良、癲癇、坐骨神經痛、風濕痛、肩關節病、頭痛、腰痛、扭挫傷、腸胃病、癰瘍、子宮下垂、閉經、痛經、不孕症、扁桃體炎、咽喉聲帶病、突聾、結膜炎等的針藥治療經驗尤多；對流腦、精神分裂症、哮喘、面癱、骨質增生、遺尿、潰瘍病、小兒麻痹、聾啞、聲帶小結、咽喉炎等，設專科門診。他運用徐少廷 "飛針法" 以及夾脊、絕骨、承山、風池等穴，頗多獨到之處。

魏稼臨床、科研、教學成就突出，蜚聲國際針壇，美國加州、科羅拉多州、猶它州，奧地利波爾次曼、埃及陸軍醫院、英國福生針灸學院、阿根廷和香港針灸學（協）會等學者曾致函欽佩，或請教學術問題，或邀請編寫專著指導臨床等；還被美國、英國、阿根廷、香港等學術機構團體聘為顧問。

石學敏　1938.6.~

石學敏，1962 年天津中醫學院中醫專業畢業，從師不泥古，敢為人先，創新思維；從事針灸學和老年醫學之臨床、科研與教學工作，醫風嚴謹，醫術精湛，

石學敏

醫德高尚，被中外患者和海內外媒體譽為"華夏第一針"。世人公認的石學敏"醒腦開竅針刺法"治療中風病，在取穴、手法、計量學方面刻意創新，創立理論，建樹針刺手法"向科學化、規範化的現代針灸發展方向"勇敢引領，成功實踐。作為博士生導師，他遵循中醫針灸學特點，探索出整套針灸高級人才培養模式，獨闢新徑，探索中醫博士生培養之路，達到國際領先水準。作為中國針灸院士，他運籌精微銀針，精妙選准推動中國切入點，光輝中醫，光耀中華民族；先後赴 40 余國和地區講學治病；相繼與 4 國 11 所大學建立長期科研、醫療合作關係；已有 42 國和地區 2483 名研修生、留學生，特來天津中醫一附院學習針灸；接待 29 國和地區 3234 個參觀團體；2388 名海外患者慕名直奔天津中醫一附院接受針灸治療。作為大會主席，他主辦 1 至 7 屆國際針灸中醫藥學術會議。作為蟬聯 20 年擔任大型綜合現代化天津中醫一附院院長，2000.4 在他主持下，2.5 萬平方米"國際醫療康復大廈"拔地而起，中外患者趨之若鶩；建成擁有 GMP 認證的大型商品藥生產廠房；成立石天產業集團。跨入新世紀，他提出"大學醫院、大學產業"宏偉藍圖；2001.10 全國中醫院建設與管理經驗交流會在天津中醫一附院舉行，"石學敏院士現代醫院管理思想"深入人心，成為富於創新的醫學科學家和現代醫院管理學專家；他創建了天津市針灸研究所。石學敏院士注重調查研究，雷厲風行，睿蘊學者風範，是實踐中醫跨越式發展，推廣針灸邁進世界，勇於創新的中國醫學優秀領導人才

周德安　1939~

周德安

1965 年畢業於北京中醫學院醫療系。
對中風、面神經麻痺、各種疼痛、神經衰弱、高血壓、冠心病、糖尿病、神經性耳聾、小兒多動症、婦女病、皮膚病、頸椎病、帕金森綜合症、老年性癡呆、少兒近視、遺尿等治療有獨到之處。戒煙、減肥、抗衰老等亦有豐富經驗。
長於中風、面神經麻痺、各種同情疼痛、神經衰弱、高血壓、冠心病、糖尿病、神經性耳聾、小兒多動症、婦女病、皮膚病、頸椎病、帕金森綜合症、老年性癡呆、少兒近視、遺尿、戒煙、減肥、抗衰老。培養了數以千計針灸醫師，多次赴日本、韓國、德國、幾內亞等國進行講學和學術交流，博得各國同行的高度讚揚和廣大患者的信賴。

樊阿　生卒年不詳　彭城國（今江蘇徐州）

樊阿，曾經跟隨華佗學醫，擅長針灸，勇於探索。據說樊阿用華佗傳授的「漆葉青黏散」製藥技術，而制藥服用，可活到一百多歲。

徐宜厚　1940~　湖北武漢人

1963 年，武漢中醫學院中醫本科。從師單蒼桂和趙炳南。主張精讀古典醫籍名著，現代實驗研究，促進宏觀整體觀與微觀的量化觀相結合，使中醫學術更具有時代的特徵。臨床用藥，強調貼切病症不拘一格，尤對花類藥、藤類藥在皮膚病治療的應用中頗多心得。

主要著述有《皮膚病中醫診療學》、《徐宜厚皮膚病臨床經驗輯要》、《中醫皮膚病臨床手冊》、《結締組織病中醫治療學》、《皮膚病針灸治療學》等 12 本專著。1992 年至今多次應邀赴新加坡、馬來西亞、英國和香港地區講學。

周玉祥　1947~　江蘇省常州市人

周玉祥，醫學碩士，中醫師，兼職教授，中華中醫藥學會肛腸分會委員，全國三批老中醫藥專家學術經驗繼承工作指導老師。

肛腸病，如痔瘡、肛裂、肛漏；大腸炎性疾病；肛門部位皮膚病。著有《痔與肛瘺中醫治療》

倪海廈　1954~2012.1.31.　生於台灣台南，祖籍浙江瑞安，具有美國與中華民國雙國籍，

倪海廈，美國中醫師，在美國創辦漢唐中醫診所，曾任美國加州中醫藥大學博士指導教授、與美國漢唐中醫學院院長。他也擅長命理、占卜、風水等。根據《醫宗金鑒》將姐姐婦科疾病治癒而與中醫結緣。

早年在台北開業，但並未擁有台灣的合格中醫師執照。

1980 年，隨家人移民美國佛羅里達州，開設漢唐中醫學院與漢唐中醫診所。

1992 年，在美國佛羅里達州開業並創立漢唐中醫診所，

1995 年，創辦漢唐中醫學院，

2009 年，到南寧經典中醫研究所、上海中醫藥大學、上海復旦大學、國學堂、北京中央廣播電台，講解醫學針灸篇、內經篇、神農本草經篇、傷寒篇、金匱篇共五篇。

2000 年，受美國佛州州長任命，擔任佛州針灸委員會委員及副主席，並大力協助內布拉斯加州通過針灸法案，榮獲台灣政府僑委會頒發海外優秀華人獎。

2009 年，到大陸《中國之聲國學堂》播報〈中國文化太美〉。

2010 年，成立台北漢唐經方中醫診所，9 月應史丹福大學教到矽谷演講，吸引一千兩百多位聽眾參加，受到媒體的大力關注．

2011 年，成立深圳漢唐經方中醫館。

2012 年 1 月 29 日夜晚，在台北家中昏迷，送台北醫學大學附屬醫院急救，31日，病逝台北醫學大學醫院。

黃煌　1954.12.~　江蘇省江陰市人

1973 年，獲醫學博士，南京中醫藥大學教授、博士研究生導師，江蘇省中醫藥學會基礎理論與文獻專業委員會主任委員，江蘇省政協常委，南京市人大常委會副主任，農工民主黨中央委員、江蘇省委副主委、南京市委主委。

1976 年，執業從醫，看病不求其全，但求其真。

愛看歷史中醫藥學家：張仲景、徐靈胎、舒馳遠、王孟英、曹穎甫、范文虎、吉益東洞、胡希恕、嶽美中、葉桔泉著作，研讀《傷寒論》《金匱要略》。

徐彭　1959.4.~　江西省湖口縣人

1981 年，畢業於江西中醫學院藥學專業，現任江西中醫學院藥學院副院長，藥物研究所所長，為江西省高校中青年骨幹教師，江西中醫學院藥理學碩士研究生導師，江西省高校“十一五”重點學科“藥理學”的學科帶頭人，江西中醫學院精品課程“藥理學”的負責人，江西省藥理學會副理事長，江西省實驗動物學會常務理事，江西省食品藥品監督管理局新藥審評委員。

長期從事藥理學等課程的教學、科研與新藥開發工作，擔任過江西中醫學院的本科、專科、研究生及函授本科、專科等各層次，中醫、中藥、藥學、中西醫結合、針灸推拿等各專業的“藥理學”、“科研思路與方法”、“毒理學”等課程的教學任務，深受同學好評。

1993 年，被評為江西省高校十佳青年教師；作為導師指導的碩士研究生論文“從黏膜免疫探討脾虛痹症（類風濕關節炎）發生機理的實驗研究”被評為江西省

2003 年優秀碩士學位論文。主要研究方向為天然藥物的藥理研究，多年來，研究"中草藥"出版《醫學功能學科實驗指導》《藥理學－－導教、導學、導考》；《藥理學習題集》《藥理學》等書籍。

主持中醫藥「蜂毒肽的純制及其抗血栓作用的研究」、「竹鼠血清中抗哮喘成分的分離純化研究」、「白蟻菌圃的化學成分及生物活性的研究」；目前正在進行國家自然科學基金"竹根的化學及其抗過敏活性物質的研究"。

張　擴　　張　杲　　張一帖　　張根桂
張舜華　　張守仁　　張其成

張擴、張一帖、張根桂、張舜華、張守仁、張其成，為歷史上有名中醫世家。家居位於黃山腳下的徽州，晉時又稱新安郡。古老的徽州承載了太多文化的印跡，程朱理學、戴震樸學、徽派建築、新安畫派訴說著徽州文化昔日的輝煌，而新安醫學卻仍在不斷闡釋著徽州文化的活力。它肇始於東晉，興起於宋元，鼎盛於明清時期，以其名醫輩出、醫著浩繁而彪炳史冊，享有「天下名醫出新安」的美譽。

徽州為理學的發祥地之一，古新安的宗族制度十分嚴密，新安醫家中世傳醫家眾多，家族鏈發展堪稱新安醫學的一大特色。其中，歙縣定潭「張一帖」一家公認為歷史悠久、當代影響重大的世醫家族。張家世醫醫技精湛，醫德高尚，治療急性熱病、內科疑難雜症有奇效，往往一帖(一劑)藥而起沉疴，故被稱為「張一帖」。

「張一帖」傳為北宋名醫張擴的後裔，張擴曾跟隨當時的名醫龐安時學習，擅長治療傷寒。到第四代張杲由儒而醫，其著作《醫說》是我國現存最早的醫史傳記。今可考知「張一帖」之名始於明嘉靖年間，張守仁對內科疑難重症、雜病的治療有神效,並研製有「十八羅漢」末藥，此藥由十八味組成，有疏風散寒、理氣和營、健胃寬中、滲濕利水的神效。自張守仁始，歷明、清、民國至今，已有 400 餘年、15 代的歷史。

至第 13 代傳人張根桂(1908～1957 年)，更是名噪一時。他擅治急性熱病等急危重症，臨床勇於創新，祖傳末藥的配伍、製法經他反覆研驗，又創春夏秋冬四季不同的加減法。喜歡使用兩種不同劑型方藥同治一病，講究擇時分服；重視針藥並施，本標兼治。國學大師吳承仕先生，患痼疾遍訪京師名醫皆不效，回家鄉歙縣以後，經張根桂醫治而愈，感佩之餘，特奉贈一聯「術著岐黃三世業,心涵雨露萬家春」。張根桂心存仁厚，有時遇貧苦病人求醫，不僅免費診病贈藥，還經常主動周濟病人，他的聲名遠播皖、浙、贛數省。至今皖南民間尚流傳一詩「定潭向有車頭寺，半夜敲門一帖傳」。

張根桂之女張舜華，現為皖南醫學院弋磯山醫院中醫科主任醫師。素有「孝女香」之稱，因其孝道和勤奮，才使其父改變了「傳男不傳女」的家規，悉得「張

「一帖」家法精髓。張舜華勤於臨證，擅長治療急性傷寒、肝病、胃病、婦科、癲狂症等疑難雜症，創製了許多高療效的臨床方劑。

1958 年，她響應國家的號召，將祖傳秘方無償獻出，此舉受到中央領導以及安徽省政府的高度重視與表彰。

張根桂的女婿李濟仁，為全國首批 500 名老中醫之一，是我國《內經》學、風濕病學的學科帶頭人之一，「新安醫學」研究的奠基人之一。少年時代跟隨張根桂學醫，主攻中醫內科，對風濕病、腎病、肝病等治療有奇效，尤擅治療疑難奇病，如進行性營養不良症、多發性硬化病等。張、李二老伉儷情深，相扶相持，共創佳績，傳為杏林佳話。

張舜華與夫婿李濟仁育有五個子女，都從事中醫或與醫學相關的工作。

長子張其成，現為北京中醫藥大學教授，是著名的易學家、中醫文化學家。

長女李艷，是皖南醫學院弋磯山醫院風濕病專科的學術帶頭人。

次子李梃，在歙縣定潭開辦「世傳張一帖診所」，醫術遠近聞名。

三子李標，現在美國波士頓大學從事高科技醫療產品的研發。

幼子李梢，現為清華大學生物信息所副教授，曾獲國家科技進步二等獎和全國百篇優秀博士論文獎。

鄭振鴻

中國醫藥大學中醫學系、及中西醫結合研究所畢業，獲醫學碩士學位。曾任中醫內科主任、台北市立中醫院院長.。擅長肝膽腸胃疾病、免疫過敏系統。專長肝膽腸胃疾病、免疫過敏疾病、針灸、生化血液檢查、X 光、舌診、脈診。

學術上，從事中醫臨床教學感染控制研究，食道逆流，胃腸道幽門螺旋桿菌感染之舌溫探討，慢性疲勞症候群。

著作有：台灣常用食物療效 180 種、營養廚房、四季調養藥膳、養生茶飲、感冒食譜、好胃真輕鬆。

鄭振鴻醫師教人養生十招：

一、烏龜理論：

上午走路散步 30 分鐘，中午午睡 30 分鐘，晚餐飯後休息 30 分鐘、再走 30 分鐘。即是早上 5000 步、晚上 5000 步，達到國健局建議的每天走 1 萬步目的。

二、7-11 順時養生：

白天養陽宜多動，晚上養陰要睡好。最好能晚上 11：00 就寢，早上 7：00 起床，睡足 8 小時。晚上 11：00 到凌晨 1：00 走膽經，1：00 到 3：00 走肝經，3：00 到 5：00 走肺經，而 5：00 到 7：00 走大腸經；除睡眠要好以免「爆肝」，晨起最好先排便，早上 7：00 前晨跑比下午才跑來得

好，對過敏性鼻炎患者有助。

三、複雜簡單化：

知足常樂，無所欲求，想得太多，反而勞神傷身。專心於工作，化複雜為簡單；雖已 62 歲，外表仍似 50 開外，即使門診看 100 個患者，加上需負責的行政工作，依然能精神奕奕，主要歸功於維持規律而簡單的生活。養生方法不在多寡，而在於能否持之以恆。

四、氣血通暢：

可利用如廁時間，前手刀砍、後握拳敲，幫助自己氣血通暢與排便順暢。◎前手刀砍：雙手平放如手刀狀，挺胸，從胸前肋骨下方開始，同時向身體正面輕「砍」，每次平砍 5 下，逐漸由上往下移動至腹部，一共 200 下。◎後握拳敲：雙手握成小拳頭，平置身體後背，循脊椎外側約 2 寸處，每次 5 下，由上往下輕敲，共約 100 下。

五、多吃堅果：

年紀較大的人應多吃堅果類。早餐時選擇堅果、薏仁、燕麥、黑芝麻或黃豆等，約 3~4 種即可（建議勿超過 5 種），加水或牛奶 350c.c.打成一杯飲品，可搭配麵包或夾西洋菜、培根或蛋的三明治，也可和刈包一起吃。早餐像皇帝，要吃得好；午餐像王子，要吃得飽；晚餐像乞丐，要吃得少。

六、閱讀紓壓：

時常閱讀以紓解壓力，不侷限於醫學相關書籍，舉凡文、哲、史或現在正流行的電腦相關資訊也都能涉獵。

七、擴大興趣：

擴大興趣，重視生活品質，閒暇時刻，培養旅行、攝影、音樂等多方面的興趣；對音響設備也有深入了解，自己籌設家庭電影院是假日良伴。

八、伸展雙足：

利用開會空檔時間，將雙腿伸直，盡量向前伸展，同時雙腳的腳尖向上勾起，再向下壓，有空就做這樣的伸展運動，可幫助腿部肌肉伸展，加強肌耐力。

九、轉手扭腰：

◎轉手：或坐或站，利用零星空檔時間，將雙手伸直，向前或向後畫大圓弧形，讓雙手與肩胛骨都能伸展與活動。◎扭腰：運用看診時段，教病人坐在有扶手的椅子上，坐正，面對前方，然後身體轉向右側，雙手握住右側把手，向右前方看，維持約 30 秒，再換成左側，同樣維持 30 秒。看病的同時，自己也能順便做扭轉運動。

十、保養雙眼：

◎平時保養雙眼，可多看向遠方綠地，讓雙眼獲得休息。◎開車停等紅綠燈常有 30 秒以上等待時間，可利用於按摩雙眼週圍的穴位，由內而外輕輕按摩即可，勿太大力，以免生出皺紋。

許中華

中國醫藥大學中醫學系學士（七年制）、中國醫藥大學中西醫結合研究所碩士、國立陽明大學公共衛生研究所流行病學組博士。歷任國立陽明大學傳統醫藥研究所教授、臺北市立聯合醫院中醫院區醫務長兼中醫內科主任、中醫師全國聯合會國際交流合作委員會召集人、前署立臺北醫院中醫科主任、前署立臺北醫院內科、中醫科主治醫師、內科專科醫師、中西整合專科醫師、安寧緩和專科醫師，其為醫學世家，四代中醫。

曾獲署立台北醫院最佳優秀論文獎、中華民國內分泌暨糖尿病醫學會94年度優秀論文獎、行政院衛生署所屬單位94年度自行研究優秀論文獎、行政院衛生署支援偏遠地區醫師楷模、行政院衛生署國際醫療援助醫師楷模、列名於美國「2008馬奎斯世界名人錄」、The 3rd International Congress of Complementary Medicine Research & ICCMR 2008' (ICCMR 2008) Reviewer (97.2.26), 澳洲, 雪梨.

其研究中草藥及天然物療效評估臨床試驗(綠茶提煉物、巴西磨菇等)、針灸療效評估臨床試驗、肥胖、癌症等整合醫學療法研究。

廖麗蘭　1967~　台灣雲林人

中國醫藥大學畢業，曾任台北市立聯合中醫院主治醫師、主任．主治中醫內科、皮膚科，婦科，針灸．

專長為皮膚病，異位性皮膚炎，濕疹，肝斑，青春痘，婦科經痛，帶下疾病、泌尿科頻尿，急、慢性膀胱炎，過敏性鼻炎，消化性潰瘍。

廖醫師一位年輕有為，視病猶親，和靄可親罕見的醫師，受傳統傳宗接代的觀念，母親生了七個女兒，二個弟弟，她排行老七．她體會到〔世上萬般皆下品，天下唯有讀書高〕，家境不太富裕艱困情況下，克盡艱難，力爭上游，完成大學生物學系學業，在陽明大學遺傳所擔任研究助理，時父親罹患肺癌，舉家哀傷，束手無策，埋下她矢志學醫濟世救人的決心。

1995年，考上中國醫藥學院中醫學系，潛心研讀本科外，課餘覽讀神農氏、張仲景、張景岳、孫思邈…等古典醫學名著。

2000年，任職台北市立中醫院迄今，臨床工作十餘年，望聞問切，五臟辨證，體會到中醫神奇玄妙治療效果，印證古傳中醫的神奇玄妙。

她親身體會到，幾年前，一位成衣界高級主管罹患淋巴癌，下肢水腫，頸部、及鼠蹊淋巴腫塊，西醫半年的化療，效果不彰，轉輾來到中醫院，她使用補氣散結清熱等藥物調治，約一年半時間，核磁共振檢查，腫瘤已完全消失不見了，台大醫師驚為奇跡，不可思議！

她認為癌症在西方醫學上，用攻伐(化療)來殺死癌細胞，但它有反效果，會殺死正常的好細胞，當病患抵抗力薄弱下降，原氣耗盡，就沒有能力抵抗癌細胞了，最後淪於枯瘦如柴的死去。中醫治療癌症，用扶正祛邪的方法，「正氣存內，邪不可干」，原氣足、精力充沛，病患有抗病能力，癌細胞無法生存，病自然會好。世界衛生組織訊息：「每5分40秒，就有一人罹患癌症」，希望世人警覺，萬一有癌症狀時，最好先看中醫，求其治本清源，方為上策。

另外一個例證，一個不明原因血小板過低五年的患者，牙齦經常出血，下肢瘀斑，嚴重時血小板低到7,000以下，必須輸血小板補充，如此反反覆覆，友人介紹來中醫院求診，經辨證，乃屬於「氣陰兩虛挾血熱」，選用補氣養血涼血的中藥治療，二星期後血小板升至27萬，牙齦沒有再出血的現像了。

此足證明中醫雖然沒有精密外表儀器，但它使用「整體辨證」的觀點，人是不可分割的個體，每個臟腑之間環環相扣，要去找到生病的臟腑，不可頭痛醫頭、腳痛醫腳，也許皮膚病不是皮膚本身的問題，而是脾胃功能或者是肝氣鬱結的情志問題所致，總之治病要找的根源，補不足、損有餘，讓身體陰陽氣血達到平衡「致中和」，就最是健康無病的個體。

乾癬、異位性皮膚炎、焦慮症、婦科疾病、甚至腫瘤疾患，用中醫學理，辨證論，常有如桴鼓療效，讓病患有驚奇感覺。

廖醫師治病 『安神定志，無欲無求』，以慈悲惻隱之心對待病人，菩薩心腸，術德兼修普渡眾生。她看診，三番五次重複把脈、看舌頭，溫馨親切‧謙卑自省，病人有問必答，她身邊常帶著古今醫書，一有空暇餘閒，隨即攬來研讀，博取古聖先賢醫術，「大醫精誠」傳承經驗，發揚中醫精湛醫術。

她臨床體驗到，現代病人，大半是因「心」而生，她常鼓勵病患多運動、深呼吸、參加禪修等有益身心的保健，減少無明煩惱，去除心中的〔劫〕‧以中肝主氣機的調順，肝氣鬱則氣機不通，每刻心都能放輕鬆，氣血自然通順調和，也就能達到身心健康的目的。

楊素卿

中醫師特考及格，社區老人大學專任講師，人文關懷學會講師，觀音佛學會講師‧主治中醫婦科，不孕症，更年期綜合症，月經病，痔瘡，小兒過敏胃口差，頭痛眩暈，甲狀腺，筋骨酸痛，失眠，青春痘，濕疹，眼科。楊素卿推廣廚房就是養生房的觀念。健康就是財富，心情很重要，她表示，從醫界角度來看，其實很多病痛都不需要透過藥物或是物理治療，心頭的悶若能解開，自然身體就會舒坦。

若能隨時保持良好正面的思想，健康自然就會來。開心的磁場能夠影響周圍的氣氛，這也是為什麼許多人喜歡理善，正是因為其帶來的歡喜。在中醫裡面，病因分為三大項：外因、內因，以及不內外因。其中內因就是七情所傷：喜、

怒、憂、思、悲、恐、驚，這七項情緒。特別的是，喜居然也列在其中，楊醫師提醒，太過開心也不好，容易樂極生悲，中庸才是最好的方式。

病因中的外因，則是天氣，所謂六氣：風、寒、暑、溼、躁、火。天氣變化對身體的影響也是很重要，中醫講求天人合一，提倡人與自然的高度和諧。

廚房就是養生房　吃出健康。料理時，從醬料下手，在醬料中加入洛神或是山楂，都是既營養又可口，同時還能解除油膩的材料。從中醫的角度來看，洛神紅入心，可以顧心臟，山楂酸入肝，還能降膽固醇，都是非常好的選擇。

好好排毒，楊醫師提出早上吃地瓜煮小米粥，地瓜本來就是屬於排毒食材，小米則是屬於比較溫和的纖維質，容易被消化，因此，適合搭配排毒餐食用。

若是覺得地瓜粥「不夠力」，則可以試看金銀花三錢加上生甘草三錢煮水，並加入黑糖服用，兩者皆有清熱解毒的功效。不過，要是不喜歡生甘草的味道，也可以用黑豆一兩來做替換，拿來煮排骨湯，既可口又解毒。

最後，綠豆加生甘草也是很簡單的一品，綠豆湯有利於排毒、消腫，不過煮的時間不宜過長。此外，添加紅豆、綠豆、黑豆三豆合用的三豆飲品，也可以作為清熱解毒、補腎利尿的食療。

中醫進補看體質，忌諱通通吃。一定得「陰陽調和」，若是吃得不對，反而會越補越大洞！如同一年有四季，人也有不同的體質，要先了解自己是屬於哪一種類型的體質，然後，配合中醫的「虛則補之，實則瀉之」，從中醫的角度來看，把過多的瀉掉，也是一種進補。

生病，在吃藥治療之前，應先著重用食療改善，如何均衡飲食，才更重要。

食材要新鮮、當季，各種食物適量，不要過多，歸自己身體，傾聽內心，隨時保持愉悅的狀態，就能省去許多病痛以及看醫生的機會。

楊素卿醫師提醒，千萬不要跟親戚朋友說，某某帖藥很有效，或者某某醫生推薦什麼，就馬上去買來吃，一定得先了解自己是否有需求，且體質合不合適才去服用，以免病從口入，損失金錢及健康，得不償失。

陳春發

美國加州大學長堤分校碩士，曾任醫師、前台北中醫院區院長‧主治中醫內科，腸胃、糖尿病、高血壓、失眠、內分泌系統、呼吸系統，心臟血管疾病。

許毓芬

國立陽明大學傳統醫藥研究所碩士、研究所博士，中國醫藥大學學士後中醫系醫學士，臺北醫學大學藥學系學士‧曾任台北中醫院、振興醫院中醫主治醫師‧專長內科、婦科、兒科、中醫藥學。

陳朝宗

中國醫藥大學中醫系碩士，曾任聯合醫院中醫科主任、講師、中西醫整合、中

醫抗衰老、中醫內科、傷科、針灸、老年醫學、失眠憂鬱、針傷疼痛、過敏免疫風濕性疾病（氣喘、咳嗽、關節炎）、腦血管病（中風後遺症、偏頭痛）

陳建宏

中國醫藥大學中醫系中、西醫學雙學士、國立中山大學理學士、國立臺灣海洋大學碩士。曾任西醫內科、安寧緩和、總醫師、血液腫瘤科、家庭醫學、醫學種子教師、內科醫師。中醫內科，婦兒科，針灸科，癌症，手術，化療，安寧照護，肝膽腸胃，腎臟泌尿，內分泌疾，糖尿病高血壓高血脂，甲狀腺，心悸心衰竭，呼吸過敏問題。

賴榮年

台灣大學職業醫學研究所博士，中醫婦科主治醫師兼主任、助理教授、中醫家庭醫學醫學會秘書長。專長婦科痛經、不孕、更年期診治。

任應秋　四川省江津縣（今重慶市江津區）

任應秋，當代著名中醫學家、中醫教育家。4歲即就讀私塾，17歲 畢業於江津縣國醫專修館，開始醫學生涯，祖父又聘請了當地著名老中醫劉有餘到家中為其教授中醫典籍，並設立濟世診脈所，免費為當地群眾看病，同時也積累臨床經驗。學完《素問》、《靈樞》、《傷寒論》、《金匱要略》、《難經》、《神農本草經》、《脈決》等中醫學理論著作，並有了一定實踐經驗。

在上海中國醫學院讀書期間，有幸見到當時上海名醫丁仲英、謝利恒、曹穎甫、陸淵雷、陳無咎諸前輩，一一向他們虛心求教，受益匪淺，開闊了知識領域和學術眼界，使學業大進。翌年，抗日戰爭，返回四川家園，自設診所，行醫治病。並憑藉其文史知識，執教中學。其間曾向經學大師廖季平求教。當時廖季平已年逾七旬，甚喜其聰敏好學，故悉心指點，並傳授治學之法，使任應秋在治經學、訓詁學、考據、目錄等方面打下扎實基礎，為以後研究中醫學奠定了文學方面的根底。

何任　浙江杭州人

1956年加入中國共產黨。1940年畢業於上海新中國醫學院。後隨父學中醫。曾開業行醫。1955年後，歷任浙江省中醫進修學校副校長、校長，浙江中醫學院教授、副院長、院長，中華全國中醫學會第二屆常務理事、浙江分會會長。潛心于中醫教育事業，培養了一批中醫人才。臨床長於內科、婦科病的治療。喜用"金匱方"，對濕溫急證以及胃脘痛、崩漏等疑難雜病療效顯著。對《金匱

要略》的研究，頗見功力，著述甚豐。

周仲英

周仲瑛，致力於中醫理論和臨床研究，在中醫治療疑難雜症方面頗多建樹。2003年全國非典時期，他發表《周仲瑛論非典型肺炎的中醫辯論》，獨立使用中醫藥成功治癒 16 例 SARS 患者。在四川汶川大地震的抗震救災中，他精心制訂兩個防疫藥方，即防疫清解方和防疫化濁方，為醫療預防貢獻力量。

周仲瑛為基層群眾服務，堪稱專家學者的典範。每週六他都會看診，為廣大疑難雜症患者提供精心的治療。

武國忠

武國忠，健管家，融仙學養生、丹道養生與武術養生這中國傳統養生學三大最主要流派精髓於一爐的中醫專家。被稱為"北京最貴的醫生"著有《四大名醫孔伯華醫案解析》《武國忠傷寒論臨床帶教》等專業學術圖書。《黃帝內經使用手冊》《活到天年——秘傳全中國的養生祛病大法》為近期熱銷的兩本書。

武國忠是中國傳統的三大養生學派的傳人，他是近代養生大師，道教協會會長，近代仙學養生創始人陳攖寧先生的徒孫，當代仙學泰斗、著名中醫家、針灸大師胡海牙先生的入室弟子。

武國忠追隨胡海牙多年，學習中國傳統文化，研習仙學養生、丹道中醫、武當古法太極拳、道家針灸等。武國忠又是意拳（大成拳）創始人王薌齋之女——著名養生大師，宮廷指科傳人——王玉芳的入室弟子、義子。還曾得到過峨嵋丹醫學派大師周潛川先生弟子廖厚澤先生的傳授，學習丹道醫家的"大方脈"。三上貴州尋訪高真觀廖複陽傳人彭顯光先生，學習丹家外丹的煉製法，訪得丹道家夢寐以求的融陰陽丹法於一爐的渾圓丹法秘傳。

武國忠是目前國內罕見的，融仙學養生、丹道養生與武術養生這中國傳統養生學三大最主要流派精髓於一爐的中醫專家。

先後師從仙學泰斗胡海牙、意拳傳人王玉芳、丹道醫家等．結合自己多年臨床實踐經驗，融仙學養生、丹道養生與武術養生等中國傳統養生學精髓於一爐，構建了一套全新的適合現代人體質特點的養生治療體系．得到了醫學界的普遍推崇和患者的高度認可。著有《（黃帝內經）使用手冊》、《活到天年》、《人體通補手冊》等。

武國忠博采古今眾兒科名家之長，將《黃帝內經》養生寶典的古法今用，剖析小兒體質特徵、生理現象、餵養常識、疾病防治，治療小兒腹瀉、發熱、濕疹、黃疸、百日咳、哮喘、尿床等有獨到醫方。

趙紹琴　1918~2001

趙紹琴是著名的中醫學家，屈指可數的溫病大家。出身於清皇室御醫家庭，曾祖父以下三代均供職於清太醫院為御醫。其父趙文魁公為清要太醫院院使（正院長）。先生幼承家學，熟讀經典醫著。1934 年 17 歲繼承父業，懸壺京城，為民治病療疾。獨立行醫期間，又先後拜師於北京四大名醫之一汪逢春先生、太醫院御醫（恩糧）韓一齋先生、太醫院御醫（八品吏目）瞿文樓先生。白天隨師侍診，入夜研讀醫學經典，集家學與京師諸名醫絕技於一身，學驗俱豐，以三代御醫之後聞名於京城。歷經 60 餘年臨床實踐不斷驗證與創新，在學術上自成體系，是中國近現代中國北方燕京醫學流派代表醫家之一。

1883 年在北京昌平縣陽坊鎮拜來北京隱居的天津河北堤頭村著名迷宗拳武術家、道家性命雙修內丹學養生家劉雲普學習迷宗、心意、鷹爪諸武術及道家內丹養生學。在此前趙避塵還與本鎮一佛門廟內和尚學習少林拳術。

1799 年拜全真龍門派第九代宗師柳華陽真人為師，專事學習中國道家性命雙修內丹養生學，二人修煉成就高深莫測。

1893 年在江蘇淮安關板閘村小會經堂廟內遇佛門方丈悟蟾老師。

1894 年拜在悟蟾師門下，學習性命真功，又稱內丹養生學。

1893 年在江蘇淮安關，清江浦江淮四舟上遇師朱寶樣，學習道家性命真功。

1898 年十月二十七日，在北京三官廟內拜理門廣四爺，學習性命真功。

1916 年，胞兄趙魁一引進，拜彭茂昌為師，專學內丹養生學。

1920 年，在北京文昌閣內拜譚至明為師，學習內丹養生學。同年又得受譚至明師弟張懋德（號潤亭）傳授性命真功，張懋德為北京白雲觀廟內戒師，著刻有《天仙聖母源流泰山寶卷》。

1928 年四月十七日，開始立全真千峰先天派宗譜，並以千峰老人為號初渡傳法。自此，由我國幾千年來無數先輩經廣泛實踐總結的性命雙修養生文化體系改密室單傳為普傳，開歷史之先河。

1940 年，千峰老人趙避塵隱修，並出現了種種返老還童景象。

1942 年農曆辛巳年辛丑月壬午日庚子時（1942.1.29.），千峰老人趙避塵在四生慈善會會長楊佩蘭贈送的宅院中羽化，遺蛻安放在家鄉北京昌平縣陽坊鎮。

趙錫武

趙錫武曾是全國知名的老中醫，積累豐富的臨床經驗。擅用經方化裁及抓主證，選用力宏效專之藥，療效卓著。

趙錫武指出，「地黃飲子」必須用生地黃。劉完素地黃飲子載于《素問‧宣明論方》。主治瘖痱、腎虛弱、厥逆、語聲不出、足廢不用。瘖痱為中風一種，中醫之中風，並非身受風邪，乃為病中風臟，相當於現代醫學的腦血管病及顏面神

經麻痹等多種神經性疾患。當腦出血恢復期及腦血栓形成，宜以治腎為宜。

趙錫武根據劉完素等歷代醫家的論述及本人實踐，認為地黃飲子既逐血痹，也是補腎陰為主、補腎陽為輔的方劑，是由金匱腎氣丸變通化裁而成。對中風瘖痱有效，凡見中風後出現的舌謇、音瘖、肢廢、飲食作嗆、反應遲鈍者均宜投用。近年來趙老曾運用此方在臨床上施治重症獲得療效。１９９８年以「補腎法治瘖痱」為題投標衛生部科研課題，中標後以「加味地黃飲子」治療腦梗死202例，五年後經專家鑑定組鑑定、驗收穫獎。

《醫方集解》指出方中地黃滋根本之陰。巴戟天、蓯蓉、附子、官桂返還真元之火，左右余藥，令水火相交，精神漸旺，風火自熄。近代中醫方劑學均寫明地黃飲子功用是滋腎陰、補腎陽、安神開竅。主治中風瘖痱，腎氣虛弱。地黃引子方劑組成：生地黃、巴戟天、山萸肉、石斛、肉蓯蓉、附子(炮)、五味子、肉桂、茯苓、麥冬、菖蒲、遠志、生薑、大棗、薄荷。

趙老在古今諸醫家影響下，通過實踐摸索出逐血痹、補腎為治瘖痱大法，用地黃飲子為主方治中風瘖痱。對病者經中西醫結合診斷屬於腦梗死者，用地黃飲子原方不去桂附，而對腦出血者則主張早期先用風引湯，繼用地黃飲子去附子。他主張腦梗死非溫藥不化，腦出血非涼藥不止。至於劉河間曾說過的「凡覺中風，必先審六經之候，慎勿用大熱藥烏附之類」，也是針對腦出血初期而言。

趙老對血脈不暢常用歸加川芎；對氣虛、津液不得四布之證，常用春澤湯（即五苓散加黨參）；對腦梗死症有時間斷使用補陽還五湯；對腦出血症，加大茯苓量，以增滲利之功，促進出血的吸收；對病初神昏，痰涎壅盛者主張用局方至寶丹；血壓高者用地黃飲子主方佐草決明、生石決明、杜仲、牛膝等。氣短心悸、脈結代者佐瓜蔞薤白湯。趙老在用地黃飲子治瘖痱的經驗中主要一點是間斷投用蠲痰方劑如蠲飲六神湯（旋覆花、菖蒲、膽南星、茯苓、橘皮、半夏），與地黃飲子交替使用。此不僅能防止或減少地黃劑的滋補濁膩、挾痰上涌之弊，而且瘖痱用蠲痰開竅法，促進神府功能以利神識康復。

地黃飲子的藥用量，趙老有其獨到之處。生地黃用量增至每劑40ｇ至50ｇ，而桂附僅用6ｇ，巴戟天僅用12ｇ，以體現劉河間創方劑之原意。對舌紅思飲水者則不用附子，處方時用量為：生熟地各20ｇ至25ｇ，巴戟天12ｇ，山萸肉12ｇ，石斛12ｇ，肉蓯蓉24ｇ，制附子6ｇ，遠志9ｇ，五味子9ｇ，官桂6ｇ，茯苓12ｇ，麥冬12ｇ，菖蒲12ｇ，姜9ｇ，棗7枚，薄荷9ｇ。

生地為上方主藥，功在逐血痹。趙老認為血痹一除，血得充、筋得強、骨得壯、肌肉得養、腦府得補充，群藥得各盡其職。桂附推動陰藥，藥效遂著。由於瘖痱病變乃是氣不到之處，也是病邪存留之所，逐除血痹，滋補腎精，需依賴地黃較大量的投施。趙錫武逝世前夕還囑咐「用地黃飲子的經驗，重點就在於突出逐血痹」。血脈痹而不通時，須賴生地通之。古代醫家遇到炙甘草湯證之脈結代、心動悸，投用地黃一兩六錢，此藥之量遠超過該方的其他藥量。瘖痱症也必須靠生地通逐腦及四肢之血痹。趙老認為贊同盧芷園說的生地「本藥主治首舉傷中，逐血，即繼填骨髓，長肌肉，續絕筋，夫痹者閉而不通也。隨其血之

不通而為病，血痹則骨髓不滿，肌肉不長，筋脈斷絕，均謂傷中」。「續絕筋」可以理解為肝主筋，肝為風臟，所以地黃也能作用於風臟。至於地黃養腎肝，以滋根本之陰，填骨髓，直接作用於腦府，也是主要奏效的一個方面。

張錫純　原籍山東諸城明初遷居河北省鹽山邊務里人

張錫純，字壽甫，家道小康，自曾祖始累代業儒，父彤元（字丹亭）為痒生，以訓蒙終其生。其家訓教子孫宜訓蒙兼習醫而益世潤身。錫純天資穎悟，遵家訓，誦讀之暇，遊藝方書，後兩赴秋闈不第，竟以醫名于時。

1881 年，補博士弟子員，首次赴北闈鄉試落第，為慰藉祖、父願望，逕赴天津正式進學。後即長期在鄉間教私塾，

1885 年，他治癒邑中名醫高魯軒、毛仙閣束手的危重症，頗受二人稱道，自此應診几無虛日。

1893 年方再次參加鄉試。常為人疏方看病，絕意于功名，益加留心西學。

1897 年，刻苦自學，參考西醫學術建立了較厚實的基礎。

1904 年，張錫純成為鹽山縣唯一可教代數和几何學的教員。

1909 年，完成《醫學衷中參西錄》前三期初稿。

1912 年，黃華軒聘張錫純為軍醫正，開始專業行醫生涯。

1918 年，奉天設中醫院「立達醫院」，聘張錫純為院長。

1923 年回關內于滄縣開業。

1924 年，張錫純自費印行《醫學衷中參西錄》，聲望雀起。

1926 年，張錫純攜眷至天津，于授徒的同時開業行醫。

1927 年，正式開業「中西匯通醫社」行醫。

1928 年，張錫純之學術和事業達到高峰。

1931 年，迅速培養較多高水平的中西醫匯通人才。

1933 年，創辦四年制函授學院，勞瘁身心過度，至秋天一病不起。

平生撰編有《代數鑒源》《易經圖說》詩作《種菊軒詩草》

乾祖望　1912.9.~　上海市金山區人

1987 年《中醫年鑒》作松江），為中醫耳鼻喉學科的創業人之一。現任南京中醫藥大學教授、省中醫院主任醫師、國家中醫藥管理局廈門國際培訓交流中心客座教授；兼任中華全國中醫耳鼻喉科學會主任委員、江蘇省中醫耳鼻喉科學會及省中西醫結合耳鼻喉科學會名譽主任等職。1985 年獲江蘇省人民政府"優秀教育工作者"獎勵、1991 年獲國務院"發展我國醫療衛生事業做出突出貢獻"特殊津貼及證書。2014 年 10 月 30 日，人力資源和社會保障部、國家衛生計生委和國家中醫藥管理局共同在京舉辦第二屆國醫大師表彰大會，授予乾祖望"國

醫大師"榮譽稱號，享受省部級先進工作者和勞動模範待遇。
作品《尤氏喉科》，《中醫喉科》，《孫思邈評傳》，《乾祖望醫話》等

莊淑旂　1920.11.26.~2015.1.31.　祖籍廣東省梅縣遷居台灣台北市迪化街

莊淑旂父親莊阿炎，15歲到台北大稻埕陳海濱開的藥舖擔任學徒，學習歧黃醫
術及藥材藥性，學成後於1877年創辦「廣和堂」中藥舖。日本佔領台灣3年之
後不再發中醫執照，中藥舖只能抓藥不能行醫，因此長女莊淑旂1920年誕生
後，父親一氣之下拒絕讓她接受日本教育。莊淑旂年幼時父親重男輕女，不傳
授女兒醫術，只在旁邊觀摩。

1933年，家中學徒暴斃，不得已要父親要女兒上場，開始隨醫兼學泡製藥草，
1939年，父親因大腸癌病逝，藥店執照被收回不能再營業。

1938年，莊淑旂時為逃避被日本徵召為慰安婦，招贅陳右樂成婚。

1945年，先生因肺癌病逝，留下4位子女及1位遺腹子。

1950年，在沒有準備下，考試前天臨時得知隔日的中醫師考試，參加考試及格，
1951年，獲得台灣第一位女中醫師執照。「廣和堂」藥舖重新開業，家庭經濟
開始好轉。

1955年，因承攬公賣局藥酒生意，被控囤積當歸藥材，違反國家總動員令入獄。
獄中因胃出血，申請保外就醫。獲得病人蔣緯國岳父綿紗大王石鳳翔之助，得
以帶長女赴日就醫，留下另外4位子女在台。初到日本時不會日語，到人家中
幫傭賺取生活費。

1961年，入慶應義塾大學醫學部，成為藥理學研究生，

1966年，完成慶應義塾大學醫學部醫學博士學位。東瀛9年從未有過任何消遣。
莊淑旂在日本時，曾為日本皇太子妃美智子調養身體，而聞名國際。

1981年，羅馬教宗若望保祿二世遭槍擊，全球名醫束手無策，莊淑旂提供紅棗
茶，成為讓教宗醒來救命茶，獲頒羅馬教廷勳章。

她認為脹氣是致癌的前兆，癌症因子來自於老化細胞，藉由防癌宇宙健康操的
鍛鍊，可以讓人體這座精密的工廠，增強免疫力，有效遠離病毒與疼痛。人體
內若是積有脹氣，氣不順人就會渾身不對勁，莊淑旂指導求診的人利用搓揉橫
隔膜下方的腸子把氣排出來；如果畏冷、背部疼痛，這些都可以用摻了米酒、
薑的熱水浸泡腳底，讓熱氣直通頭部，氣發了整個人也會更舒服。

莊淑旂最著名的養生法就是防癌宇宙健康操，針對身體淋巴系統設計一套運動，消除疲勞促進體內循環莊淑旂認為，身體的器官與淋巴系統循環正常時，身體自然健康。正確的練習可以消除身體的不適，找到「天地人」的身心平衡。防癌宇宙健康操的基本要領為：肩膀放鬆、挺胸、收腹、提肛，大腿內側用力、雙腳併攏正確站立、緩慢的腳步移動、雙手向上延伸、仰頭伸長脖子。這套健康操藉由脊椎的伸展，刺激人的頸項、腋下及鼠蹊部三對淋巴結，運動的同時伸長腳指與手指關節，可以刺激末梢神經，帶動腦神經的活絡，調整身體的平衡。

莊淑旂說，防癌宇宙健康操結合運動與醫學原理，透過淋巴系統的運動，促進器官間的平衡，晨起後、午餐前與晚上睡覺前，都是鍛練健康操的好時機，她獨創「防癌宇宙健康操」聞名社會。

2009 年 5 月 7 日，宣布退休。

2015 年 1 月 31 日辭世，享壽 96 歲，莊淑旂生前強調健康管理的重要，認為「今日疲勞，今日消除」，防癌宇宙健康操利用毛巾搭配伸展動作，強化淋巴系統，並排除體內脹氣。此外，莊淑旂力行養身原則，早餐、午餐、晚餐定時定量，愈晚吃得愈少。她生前身體相當健康，辭世時也非常安詳。

郝萬山　1944.11.~

北京中醫學院畢業，擅長傷寒醫治，運用經方治療呼吸系統、消化系統、心血管系統的難治病證，以及心理因素所導致的奇病怪證和精神躁狂抑鬱症，有豐富經驗。著重六經辨證的理論和應用研究，及經方防治常見病和疑難病的研究。著有傷寒理論與實踐。

曲黎敏　1964~

曲黎敏，養生專家，健管家。畢業於北京師範大學中文系，現為北京中醫藥大學醫學碩士，醫史人文系副教授，主要研究方向為中醫哲學與文化。曲黎敏具有深厚的國學素養，精通文字學、傳統醫學。直致力於中醫傳統文化的傳播與推廣，著有《從頭到腳說健康》。

其他名醫資料闕如中醫

奚復一	林健蓉	林齊魁	王麗香	張慈文	蔡運寧	林政憲	王琦嫻
謝宗運	胡展榕	林睿珊	張清貿	楊仁鄰	吳大鵬	李彩鳳	鍾茂修
吳景崇	邱仁輝	龔彥穎	謝承融	林以正	陳方佩	王建人	張悟本
伍證淵	徐文兵	陳允斌	馬悅凌	韓一齋	丁志強	謝賡平	張守仁
龐安時	王志強	陳月樵	任學繼				

（二）西　醫

醫院院長	從　　　醫　　　簡　　　要
杜聰明 1893.8.25.~ 1986.2.25.	台灣台北淡水新莊 杜聰明，字思牧，京都帝國大學醫學博士，台灣史上首位醫學博士（M.D.Ph.D.）高雄醫學院(今高雄醫學大學)創辦人，史上第一位台灣籍台灣大學醫學院長兼教務長和台灣大學代理校長。 1902 年，9 歲入淡水北新莊車埕書房，11 歲入滬尾公學校 1909 年，考進台灣的第一學府台灣總督府醫學校。 1913 年，對袁世凱稱帝不滿，遠赴北京，欲將霍亂病原投入水源刺殺袁世凱。 1915 年，負笈日本，考進京都帝國大學醫學部 1922 年，與林雙隨(霧峰林家女)結婚，12 月 16 日得京都帝國大學醫學博士學位。 1928 年，在《台灣民報》發表〈漢醫學研究方法之考察〉。 1937 年，任臺北帝國大學醫學部教授。 1945 年，二次世界大戰後，羅宗洛接收台北帝國大學，杜聰明接掌醫學部和附屬熱帶醫學研究所教學醫院 1946 年，二二八事變，遭免兼各職，經魏火曜等同仁力爭才讓杜留任醫學院長。 1948 年，杜聰明以醫學院院長兼教務長，並代理校長。12 月 15 日，傅斯年接任台大校長，杜聰明任台大醫學院長，魏火曜任附設醫院長。 1953 年，杜聰明與錢思亮校長意見不合，離開台大。， 1954 年，杜聰明創辦高雄醫學院（高雄醫學大學前身）自任院長，1966 年退休。 1968 年，妻林雙隨去逝。 1986 年 2 月 25 日在台北辭世，享年 93 歲。 著有《藥理學概要》《藥理學教室論文集》《杜聰明言論集》《中西醫學史略》《杜聰明回憶錄》等書。 有 4 子 1 女：祖智、祖誠、祖健(毒物學、生化學者，美國聖母大學理學碩士、史丹佛大學博士、耶魯大學博士)、祖信。 長女淑純，移民美國紐約取得雙碩士學位，女婿林衡道東北

醫院院長	從　醫　簡　要
	帝國大學畢業，2009 年獲日明仁天皇授旭日中綬章。
魏火曜 1908~1995.2.6. 台灣新竹人	魏火曜，醫學家，歷任醫學院教授、院長、教務長。 1933 年，台北高等學校卒業。 1937 年，東京帝國大學醫學士。 1942 年，東京帝國大學醫學博士、東京帝國大學醫學部助手、 　　赤十字會台灣支部病院小兒科主任、國立台灣大學醫學院 　　教授、台大醫院小兒科主任、國立台灣大學醫學院附設醫 　　院院長、國立台灣大學醫學院院長、高雄醫學院（現在高 　　雄醫學大學）院長、國立台灣大學教務長。 1947 年，任台大醫院小兒科主任。 1948 年 6 月 1 日擔任台大醫院院長，同時兼小兒科主任。 1953 年，接台大醫學院院長。 1966 年，擔任高雄醫學院院長。 1968 年，獲選中央研究院院士 1972 年，由台大醫學院院長轉任台灣大學教務長。 1979 年，退休。
黃伯超	1926 年生，台大醫學院院長。
陳維昭	臺中縣神岡鄉人，臺灣大學醫學院醫科畢業，日本東北大學 醫學博士，美國約翰霍甫金斯大學公衛碩士（衛生行政與醫 院管理）國立臺灣大學校長、台大醫學院院長、義守大學講 座教授，長於小兒外科、營養與代謝、衛生行政與醫院管理。 1979 年，首例成功分割「忠仁、忠義連體嬰」，是全球第四例。
楊泮池 1954.2.8.~	台灣醫學家，國立台灣大學醫學博士，曾任台大醫學院院長、 台大醫院內科主任、中央研究院研究員、台大醫院國家級臨 床試驗研究中心主任等職；2006 年獲選為中央研究院院士。 現任國立臺灣大學校長、台大醫學院內科教授。
盧	台北榮民總醫院首任院長
鄒濟勳	台北榮民總醫院第二任院長
羅光瑞	台北榮民總醫院第三任院長、美國西華盛頓大學醫學博士
彭芳谷	台北榮民總醫院第四任院長
程東照	台北榮民總醫院第五任院長
張茂松	台北榮民總醫院第六任院長、國立陽明大學醫學院院長
林郁芳	台北榮民總醫院院長、台灣大學醫學院院長
盧光舜	台北榮民總醫院副院長、為當時醫界外科權威
雷永耀	台北榮民總醫院副院長
何善台	台北榮民總醫院副院長、台北市立聯合醫院婦幼院區院長
王丹江	台中榮民總醫院院長、三軍總醫院院長

醫院院長	從　　醫　　簡　　要
鄭德齡	高雄榮民總醫院首任院長
楊建芳	曾任高雄榮民總醫院第二任院長
鄭國琪	高雄榮民總醫院院長
韓偉	國立陽明醫學院首任院長
於俊	國立陽明醫學院第二任院長
韓韶華	國立陽明醫學院第三任院長、國立陽明大學首任校長。
張心湜	國立陽明大學第二任校長
何橈通	國立陽明大學醫學院院長
周先樂	美國猶他大學藥理學研究所哲學博士，中國生理學會總幹事
趙秀雄	台中榮民總醫院院長，國防醫學院公共衛生學系系主任
邵克勇	台中榮民總醫院院長，台北中心診所醫院院長
陳穎從	台中榮民總醫院副院長、童綜合醫院院長
閻中原	三軍總醫院院長、泌尿外科兼職主治醫師、國防醫學院教授
張立人	三軍總醫院副院長、景德製藥公司董事長。
陳之凱	三軍總醫院副院長，耕莘醫院院長，新店耕莘醫院榮譽顧問。
石曜堂	國防醫學院公衛學系主任、教育長，國家衛生研究院醫療保健主任。
胡幼圃	衛生署藥政處長、國防醫學院藥學研所長，教授，考試委員。
尹長生	台北康寧醫院院長
葉金川 1950.6.29.	台灣公共衛生學者及政治人物。國立台灣大學公共衛生研究所碩士、哈佛大學流行病學碩士。專業領域為公共衛生。 曾任行政院衛生署技正、副處長、處長、技監及衛生署副署長，中央健康保險局總經理、台北市政府衛生局局長、慈濟大學教授、中華民國紅十字會總會副會長。 2003年，和平醫院因SARS造成院內感染而封院期間，進入和平醫院提供協助。2004年，出任台北市副市長。 2008年4月18日，任衛生署長。
邱文達 1950.7.21.	中山醫學院（今中山醫學大學）醫學系畢業，在1985年進入台北醫學大學醫學系任教，2008年7月，同時接下台北醫學大學第8任校長及雙和醫院院長。曾獲得第十七屆「厚生醫療奉獻獎」以及美國公共衛生協會的「大衛瑞爾公共衛生倡議獎」（David P. Rall Award for Advocacy in Public Health），成為首位非美籍獲此殊榮的公衛醫療人士。」2013年7月23日衛生福利部成立，邱氏接任該部首任部長。
楊志良 1946.3.11.~ 臺灣臺北市人	公共衛生學者，專長健康管理、衛生政策、健康保險、醫療制度‧2009年8月6日因前衛生署長葉金川參選花蓮縣長，而出任衛生署長，是衛生署第2位由純公共衛生出身，非醫師

醫院院長	從　　醫　　簡　　要
	背景者出任的署長（首位是陳建仁，亦為台灣大學公共衛生學院教授）。目前為台灣大學公共衛生學院健康政策與管理研究所兼任教授、亞洲大學教授。由於其直言坦率的施政風格，敢於改革、衝撞體制，故產生不少爭議。
邱淑媞 1962.10.17.	台灣台南縣學甲鎮　陽明醫學院醫學士、臺灣大學公共衛生研究所預防醫學組碩士、臺灣大學流行病學博士。 台灣公共衛生學家，曾任宜蘭縣政府衛生局、臺北市政府衛生局局長、衛生署國民健康局局長，陽明醫學大學助理教授。現任衛生福利部國民健康署署長，專長於台灣醫療、公共衛生以及醫學教育。
賴鵬舉 1950~2009 台灣台東縣	台北醫學院醫學系畢業，為台灣著名醫師，致力推動中西醫整合。他也是著名的佛教居士，對般若學有深入研究，倡導淨土宗，號慧因居士。
郁慕明	新黨全委會主席、亞洲醫藥網董事長
石台平	刑事局法醫室主任，曾獲邀參與 319 槍擊案的鑑識工作
林欣榮	花蓮慈濟醫院院長、神經外科主治醫師，中國醫藥大學副院長
歐天元	署立金門醫院院長
張峰義	行政院衛生福利部疾病管制署署長
蕭開平	美國馬里蘭大學醫學院藥理學博士法務部法醫研究所病理組長
柴惠珍	中華民國國軍建軍以來第四位女性將領。
蔡長海 1949.9.15.~ 台灣嘉義布袋	畢業於中國醫藥學院醫學系，長庚醫院專科醫師訓練，日本帝京大學醫學博士。1998 年，協同由鉅建設董事長林增連暨全體董事捐資籌備建立臺中健康暨管理學院（2001 年 3 月成立，2005 年更名為亞洲大學）。2001 年陳立夫病逝後，接任中國醫藥大學董事長。亞洲大學的創辦人。
陳建仁 1951.6.6.~ 臺灣高雄旗山人	臺灣流行病學家，國際知名的研究地下水砷含量與健康危害的關係，以及病毒導致癌症的長期風險的學者，　中央研究院（Academia Sinica）院士。他在 SARS 肆虐臺灣期間(2003 年 3 月-2003 年 7 月)，承接涂醒哲署長職繼任行政院衛生署署長。2006 年 1 月出任行政院國科會主任委員。2011 年 10 月出任中央研究院副院長。

各科名西醫

名醫師	醫　　師　　專　　長
	心臟血管內科
張茂松	心臟血管診斷治療
王石補	心臟血管診斷治療
江志桓	心臟植入式心臟去顫器、心律調節器植入。
王岡陵	心臟導管檢查、經皮氣球擴張血管成形術及支架、心臟超音波、血流力學、高血壓、心衰竭
江晨恩	台北榮總，心臟學、心電生理學民國89年青年獎章得主、主持多項國際臨床藥物試驗，屢獲台北榮總及陽明大學教學績優獎。長於臨床試驗、電氣藥理、高血壓、脂類學、心臟衰竭、心律不整
江福田	台大醫院，心臟病學、高血壓高血壓基因研究，檢驗自動化。
吳炯仁	高雄長庚，介入性心導管曾任高雄長庚醫院心臟內科主任、現任長庚醫院心臟內科副教授。
林俊立	台大醫院，心臟不整脈完成超過4,000例心內不整脈電燒手術，引進控制猝死症之整流去顫器。
高憲立	台大醫院，心血管介入治療全國最多冠狀動脈全閉塞介入治療及亞太區最多頸動脈支架手術病例。
曹殿萍	三軍總醫院，冠狀動脈疾病診療民國93年國軍優良軍醫、第一及第二屆（現任）台灣介入性心臟醫學會理事。
傅懋洋	高雄長庚醫院，冠狀動脈心臟病治療曾任高雄長庚醫院心臟內科主任、現任心臟學會心臟影像委員會主任委員
余文鍾	心臟心電圖、心臟超音波、食道超音波、心臟電氣生理學
吳承學	心臟導管檢查、經皮氣球擴張血管成形術及支架、洗腎廔管成形術、重症加護醫學
吳道正	高血壓、血管生物學、血管硬化、心導管檢查、經皮氣球擴張血管成形術及支架
呂信邦	心臟導管檢查、經皮氣球擴張血管成形術及支架、心臟超音波、高血壓、高血壓體檢
宋思賢	心臟導管檢查、經皮氣球擴張血管成形術及支架、心臟超音波、食道超音波、肺動脈高血壓、血流力學、高血壓、心衰竭
李文興	心臟冠狀動脈氣球擴張術、心臟節律器
周嘉裕	心絞痛，冠心症，心肌梗塞，心導管及氣球擴張術，支架治療，頸動脈疾病，下肢動脈疾病，腹主動胍疾病，高血壓心臟疾病，心衰竭，重症加護醫學

名醫師	醫　師　專　長
林幸榮	台北榮總，美國心臟學院院士、獲中華民國心臟學會、國科會、台北榮總等多項優秀論文或研究獎，長於動脈硬化、冠狀動脈心臟病，心臟導管檢查、高血壓、動脈硬化、高血脂、經皮氣球擴張血管成形術及支架
林彥璋	心律不整、心臟電氣生理學及心臟電燒灼手術、植入式心臟去顫器、心律調節器植入
段大全	心律不整、心臟電氣生理學、心臟節律器、植入性心內去顫器、心臟再同步治療
徐粹烈	心臟超音波、三度空間超音波、食道超音波
常敏之	心臟導管檢查、經皮氣球擴張血管成形術及支架、家族性高膽固醇症、肥厚性心肌症
張世霖	心律不整、心臟電氣生理學及心臟電燒灼手術
許百豐	心臟導管檢查、經皮氣球擴張血管成形術及支架、心臟超音波、高血壓、體檢
陳雲亮	台北榮總，心臟科、心導管手術民國80 年發表臨床病例於新英格蘭醫學雜誌，為台灣心臟學界第一人，擅長心臟導管檢查、經皮氣球擴張血管成形術及支架、體檢。
陳肇文	台北榮總，動脈硬化、高血壓、血管生物學、動脈硬化、經皮氣球擴張血管成形術及支架，擔任國內外多本專業期刊審稿及編輯、獲民國96 年中華民國心臟學會丁農獎。
陳適安	台北榮總，心律不整、心房顫動全球心房顫動局灶機轉和電燒術的先驅，心臟電氣生理學及心臟電燒灼手術，編輯國內外相關領域期刊專欄與教科書，
陳震寰	心臟衰竭、血管硬化、心臟超音波、血流動力學
陳嬰華	心臟導管檢查、經皮氣球擴張血管成形術及支架、經皮主動脈瓣膜植
黃少嵩	心臟導管檢查、經皮氣球擴張血管成形術及支架、心臟超音波、高血壓。
黃金洲	高血壓、心導管檢查、經皮氣球擴張血管成形術及支架
黃柏勳	心臟導管檢查、經皮氣球擴張血管成形術及支架、週邊血管成形術、高血壓
趙子凡	心律不整、心臟電氣生理學、心臟節律器、植入性心內去顫器、心臟再同步治療
潘如濱	心臟經皮僧帽瓣膜擴張術、經皮氣球擴張血管成形術及支架、高血脂、動脈硬化
鄭浩民	心臟冠狀動脈氣球擴張術、心臟超音波、血流動力學、高血壓
盧澤民	心臟導管檢查、經皮氣球擴張血管成形術及支架

名醫師	醫 師 專 長
韓志陸	心臟血管診斷治療、介入性心臟血管診斷治療
羅力瑋	心律不整、心臟電氣生理學及心臟電燒灼手術
韓啟德	1945.7.出生，浙江慈溪人 1968 年， 復旦大學上海醫學院、西安交通大學醫學部讀碩士。 1985 年，曾在美國埃默里大學藥理學系學習進修。 1987 年，在北京大學任教，心血管研究室主任、研究員，教授。 1990 年：獲頒「優秀留學回國人員」、「做出突出貢獻的留學回國 　　　人員」、國家教育委員會科技進步一等獎、科技進步三等獎、自 　　　然科學三等獎、科技進步獎。 1997 年，當選為中國科學院院士。 2000 年，擔任北京大學常務副校長、研究院長、主任、心血管研究 　　　所所長、生物醫學研究中心主任。 2004 年，第三世界科學院院士。 2011 年，當選美國醫學院（Institute of Medicine）外籍院士 2012年，陪同國家主席胡錦濤出訪烏干達。
	心 臟 血 管 外 科
朱樹勳	1937.5.30.~生，台灣屏東縣，台灣外科醫師，專長心臟外科手術， 亞東紀念醫院的院長。 1964 年，台大醫學院畢業。 1971 年，赴美國德州休士頓心臟研究中心專攻心臟外科， 1973 年，完成臺灣第一例冠狀動脈繞道手術 1974 年，國內十大傑出青年，心臟學專家。 1975 年，完成臺灣第一例主動脈內幫浦救人 1985 年，完成臺灣第一例利用人體的瓣膜置換到心臟裡 1987 年，完成臺灣第一例同位心臟移植 1989 年，完成臺灣第一例異位心臟移植 2005 年，11 月榮獲「第 16 屆國家品質個人獎」亞東紀念醫院院長 歷任台大醫院醫師、台大醫學院外科教授、外科主任、胸腔及心臟 血管醫學會理事長、防癌協會理事長.
魏　崢	完成全國首例成功長期存活之心臟移植手術、世界首例置換人工心 臟後成功施行心腎移植手術權威，振興醫院心臟醫學中心主任。 1994 年，完成首創開心手術，完成第一例心臟移植手術。 1995 年，完成亞洲存活最長的人工心臟動物實驗。 1996 年，完成臺灣自製「鳳凰七號」人工心臟置換手術。為同一病 　　　患完成心臟及腎臟移植手術成功病例。 1997 年，完成一名主動脈剝離危急患者施行困難的 Bentall 手術、 　　　首例迷你腹胸腔鏡膽囊摘除手術。完成 100 例心臟移植手術。

名 醫 師	醫 師 專 長
	1998 年，完成亞洲首例自體肝臟移植手術。 1999 年，製播醫療節目「健康 999」獲頒金鐘獎之公共服務節目獎。 2000 年，完成心臟不停跳冠狀動脈繞道手術 300 例。運用自體心臟移植方法挽救左心室破裂，世界首例「自體心臟移植」手術。 2004 年，創下世界手術紀錄心臟移植心臟離體 13 小時最長移植成功 2006 年，設立「遠距心臟照護中心」及心臟電子監測卡配合使用。 2010年，研發人工血管接環，獲美國FDA及台灣衛生署通過，應用在主動脈剝離的手術，成功率可達95%。已有三位換心人存活進入第20年，亞洲最長的紀錄。為越南施行全國第一例的心臟移植，手術不需輸血，手術後兩小時脫離呼吸機，第二天下床吃早餐，成功範例。
林芳郁	1950.7.8.出生，台灣宜蘭縣人·台灣著名心臟外科醫師。 林芳郁先後畢業於宜蘭中學初中、台北市建國中學· 1968 年，入國立台灣大學醫學系，在台大醫院工作，並作臨床醫學研究所進修。 1989 年，獲醫學博士學位。 1995 年，升教授，任急診部主任、副院長、台灣醫學會及公立醫院協會理事長。 2004 年，台大醫院院長； 2008 年，任衛生署署長，因毒奶粉事件辭職。 2009 年，任行政院退除役官兵輔導委員會台北榮民總醫院院長。 其妻林靜芸，為知名整形醫師，一子一女。子為知名部落客林之晨 Mr. Jamie，為appWorks 育成計畫創辦人。女為林之昀，台大醫院醫師，2010年五都市長選舉前夕連勝文中槍事件送往台大醫院後，即由林之昀進行手術。
林萍章	長庚醫院，心臟外科手術微創心臟手術首創者之一，在國際上佔有領先地位；改進主動脈剝離手術技巧·
施俊哲	心臟移植、動脈瘤及主動脈剝離手術、胸腹主動脈瘤支架血管微創植入手術、心臟瓣膜修補術及心律不整燒灼術、成人心臟血管疾病的外科治療、頸動脈及腎動脈介入治療微創手術、週邊動脈血管疾病腔內介入治療微創手術、金屬表面氧化物奈米處理及藥物塗層技術研究、人工血管支架表面材質研究、心臟與血管幹細胞治療研究
翁仁崇	成人與小兒之先天性心臟病手術、小兒心臟手術；內視鏡輔助迷你微創心臟血管手術、小兒人工心臟手術、小兒心臟移植手術、靜脈曲張手術、靜脈曲張血管硬化治療、心臟血管幹細胞研究
賴曉亭	傳統及雷射治療靜脈曲張、微創靜脈摘除術、心臟疾病之外科治療：冠狀動脈阻塞性心臟病外科治療、瓣膜性心臟病外科治療、週

名 醫 師	醫　　　師　　　專　　　長
	邊動脈血管疾病治療、週邊動脈血管之介入性治療、下肢動脈阻塞性疾病外科治療、主動脈瘤外科治療：動脈瘤內套膜支架置入手術治療
黃正雄	人心臟血管疾病的外科治療、冠狀動脈阻塞性心臟病外科治療、瓣膜性心臟病外科治療、下肢動脈阻塞性疾病外科治療、主動脈瘤外科治療、小傷口心臟手術治療
張效煌	重症心衰竭治療、心臟移植、人工心臟及葉克膜、經導管瓣膜置換術、微創開心手術、高難度心臟及主動脈瘤手術
李秋陽	周邊動脈阻塞疾病外科手術、經皮氣球擴張或支架手術治療、靜脈疾病：靜脈硬化劑、雷射及血管剝離手術治療、洗腎瘻管：瘻管建立、血栓移除、血管超音波、攝影、汽球或支架手術、成人心臟疾病外科手術治療、周邊淋巴、靜脈疾病循環重建治療下肢腫脹、糖尿病足治療等、深部靜脈疾病：血栓溶解、抽除治療、經皮氣球擴張或支架治療及傳統手術治療
許喬博	主動脈剝離及動脈瘤的傳統及支架手術、心臟瓣膜修補術及心律不整燒灼術、心臟移植、成人心臟血管疾病的外科療、週邊血管之外科治療、心血管之分子醫學研究
陳沂名	不停跳冠狀動脈繞道手術、胸腹主動脈瘤內套膜血管支架植入手術、頸動脈及腎動脈支架置入術、主動脈瘤及主動脈剝離手術、週邊動脈疾病微創血管支架植入手術、瓣膜性心臟病修補置換手術、心臟衰竭相關外科治療—葉克膜維生系統 、人工心臟、心臟移植
陳柏霖	成人心臟手術、周邊動脈疾病微創血管腔內治療、胸腹主動脈瘤支架血管置入術、主動脈瘤主動脈剝離手術
吳飛逸	小兒先天性心臟病(心房中膈缺損、心室中膈缺損、法洛氏四合症、大動脈轉位、主動脈窄縮及其他複雜性先天性心臟病)、成人冠狀動脈繞道手術、瓣膜手術、腹主動脈瘤手術、周邊血管手術、動靜脈瘻管靜脈曲張手術
王水深	台大醫院，心臟外科、移植手術完成多例國內外首創的手術，包括全球首例在無心狀態16天後心臟移植手術成功．
翁仁崇	台北榮總小兒新生兒心臟病手術完成國內多例首創手術，民國96年與張效煌醫師合下亞洲人工心臟植入年紀最小病患紀錄
張仁平	長庚醫院，心臟二尖瓣成形術有豐富的二尖瓣成形術、David Operation、Ross Operation 及迷宮術式等的成功經驗．
張重義	台大醫院，早產、新生兒開心手術完成全國首例新生兒大動脈轉換術，及年紀最小、體重最輕(1.3kg) 的早產兒開心手術．
張燕	榮民總醫院，心臟手術及心臟移植完成國內首例達文西系統輔助冠狀動脈多條血管繞道術．

名醫師	醫　師　專　長
許榮彬	台大醫院，不停跳冠狀動脈繞道術 全國首例兒童末期心臟衰竭的心室減容手術及二尖瓣修補手術，完成多項心臟相關世界級研究．
陳益祥	台大醫院，小兒心臟手術、葉克膜生理及救治，國內葉克膜初創者；建立葉克膜急救系統與轉運系統．
蔡建松	三軍總醫院，各類心臟手術全國首創以機器人輔助進行開心手術；該院心臟移植負責人及器官勸募暨移植委員會秘書．
黃瑞仁	台大醫院，心臟醫學、加護醫學，在雲林地區建立心臟血管醫學中心，三年多來完成心導管檢查及治療2,500多例，「開心」手術262 例

肝膽腸胃科

宋瑞樓	1917.8.6.~2013.5.26. 台灣竹東人．先祖來自廣東省梅縣，客家籍。父親宋燕貽於 1909 年在竹東當地開設當時唯一的醫院—長春醫院。宋瑞樓為家中的第三子，由其祖父宋六成取名。就讀日治時代的小學校時即成績優異，除第一年第六名外，皆保持為第二名，因為當時在日本統治之下，台籍子弟不允許獲頒第一名資格的。之後於台北就讀台北高等學校、台北帝國大學醫院(國立臺灣大學前身)。宋瑞樓，被譽為台灣的肝病之父、台灣消化內視鏡之父。他從研究中證實肝炎病毒是導致肝硬化和肝癌的主因，將台灣肝炎的研究推向國際舞台。 1980 年，推動台灣政府全面地為新生兒和國小學童接種 B 型肝炎疫苗(使台灣成為世界上第一個全面施打 B 肝疫苗的國家)，而使台灣的肝炎、肝硬化、及肝癌發生率大幅下降，從原本五分之一人口感染率、自母體垂直感染每年約四萬名的肝炎新生兒降低到現今的每年僅數千名。 歷任國立台灣大學醫學院教授、內科主任、消化系醫學會理事長、台灣醫學會理事長、台灣衛生署肝炎防治委員會主任委員、和信醫院院長。2013年5月26日，逝世。
李壽東	肝炎防治疫苗注射、肝炎、肝硬化、肝癌之治療、逆流性食道炎、消化性潰瘍之治療、上消化道內視鏡檢查
王聖賢	肝膽胃腸胰臟疾病
趙毅	胰臟癌、胃癌、肝癌、膽道癌之同步放射化學治療、消化系腫瘤之治療
李發耀	肝炎、肝硬化及肝癌之治療、上消化道疾病、上消化道內視鏡檢查
張扶陽	國防醫學院醫學士、美國賓州大學附屬醫院胃腸科進修研究員．曾任國立陽明大學內科教授，台北榮總胃腸科主任，長於消化性潰瘍診斷與治療、及胃腸運動功能異常疾病診斷與治療 胃食道逆流疾病、胃腸機能障礙疾病診治
林漢傑	慢性B型、C型肝炎之治療、肝硬化及其合併症之治療、內視鏡食道

名醫師	醫　　師　　專　　長
	靜脈曲張出血治療、腹部超音波及上消化道內視鏡檢查
陳增興	上消化道及膽道疾病、內視鏡診斷及治療、肝炎、肝硬化及其合併症治療
黃以信	肝炎、肝硬化、肝癌之治療、逆流性食道炎、消化性潰瘍之治療、腹部超音波及上消化道內視鏡檢查
侯明志	肝炎、肝硬化、肝癌之治療、胃腸道出血與早期癌之診斷治療
陳俊嘉	上消化道內視鏡檢查、膽胰管造影術、腹部超音波檢查
彭清霖	胃腸道疾病、內視鏡治療術、幽門桿菌
盧俊良	功能性胃腸道疾病(如大腸急躁症、胃食道逆流疾病、功能性消化不良症狀群)、內視鏡診斷及治療
霍德義	胃腸肝膽疾病、肝炎、肝硬化、肝癌之治療
李重賓	消化道腫瘤
朱啟仁	消化系統疾病、慢性病毒性肝炎、肝硬化、肝癌之治療、腹部超音波檢查
陳志彥	上下消化道內視鏡術、胃食道逆流、消化性潰瘍、非潰瘍性消化不良和大腸激躁症等疾病的治療、大腦-胃腸和胃腸-大腦交互作用
羅景全	胃食道逆流疾病、消化性潰瘍、幽門螺旋菌治療、消炎止痛藥阿斯匹靈引起之胃痛、上消化道內視鏡檢查
黃怡翔	肝癌射頻及酒精治療、內視鏡、腹部超音波檢查、內視鏡檢查
詹哲彰	消化性潰瘍、肝纖維化、肝硬化及其併發症
黃惠君	肝炎、肝硬化及肝癌合併症之治療、腹部超音波及內視鏡檢查
藍耿欣	肝炎、肝硬化及肝癌診斷及治療、肝膽胃腸疾病、腹部超音波及內視鏡檢查
蘇建維	B型肝炎、C型肝炎、肝癌之診斷與治療
李癸汌	肝炎、肝硬化及其合併症治療、上消化道疾病、膽道疾病、內視鏡檢查
吳肇卿	肝膽胰超音波檢查、肝臟疾病（病毒性肝炎與肝癌）診斷與治療、病毒性肝炎與肝癌的分子診斷與研究
王苑貞	肝炎的診斷與治療、一般消化道疾病
李偉強	胃酸逆流、胃潰瘍、消化不良、肝病、上消化道疾病、腹部超音波檢查
楊盈盈	肝炎、肝硬化、肝癌的治療、上消化道疾病、腹部超音波檢查及上消化道內視鏡檢查
王盈文	肝炎及肝硬化治療、腹部超音波檢查及內視鏡檢查
張景智	肝炎肝硬化及肝癌合併症之治療
王文明	高醫大附設醫院，消化系疾病武田獎學金至日本進修．

名醫師	醫　師　專　長
王秀伯	台大醫院，腸胃道內視鏡及超音波推展國內各項內視鏡新技術；現任內視鏡醫學會秘書長．
王蒼恩	馬偕醫院，消化系腫瘤馬偕醫院院內親善楷模；台灣肝癌醫學會與台灣腸道及靜脈營養醫學會理事．
吳明賢	台大醫院，上消化道病、胃腸腫瘤幽門螺旋桿菌、胃腸癌症治療和相關研究獲國內外肯定，獲國科會吳大猷紀念獎及傑出獎．
吳誠中	台中榮總，肝膽胃腸外科榮獲國際外科學會會優良論文獎．
林光洋	台北市立聯合醫院，內視鏡診斷治療曾任仁愛醫院家庭醫學科主任、內科醫療部部主任．
林肇堂	義大醫院，腸胃及膽胰疾病治療台灣胃癌之早期診斷、預防；相關腸胃疾病之治療與臨床研究．
林憲宏	台北慈濟，肝臟學、消化性潰瘍曾任花蓮慈濟醫學中心內科主任及副院長．邱瀚模台大醫院39 消化道腫瘤篩檢與治療一．
莊萬龍	高醫大附設醫院，消化學、分子生物學，榮獲多項論文獎，包括民國76 年杜聰明院長紀念基金青年優秀論文獎；目前為財團法人台灣肝臟學術文教基金會執行長．
許秉毅	高雄榮總，胃癌及消化性潰瘍證實幽門螺旋桿菌感染為導致台灣胃癌發生之主因，發明安全而有效的胃息肉橡皮圈結紮術．
許金川	台大醫院，肝病、肝癌國內肝癌研究先驅，發表多篇重要論文。與中研院宋瑞樓院士及同仁成立肝病防治學術基金會．
郭行道	奇美醫院，胃腸肝膽內科研究病毒性肝炎與肝總動脈旁之淋巴結之超音波表現，並參與慢性B/C 肝炎之治療及多項研究．
盧俊良	1962生，台北醫學院醫學士、美國奧克拉荷馬大學胃腸科及美國德州大學醫學中心胃腸科進修，．國立陽明大學腦科學研究所(please hyperlink 專任教授，長於胃腸蠕動學(如大腸急躁症, 胃食道逆流疾病 ,功能性消化不良症狀群)。
李偉強	1965年生，國立陽明大學醫學院醫學系學士、美國約翰霍浦金斯大學公共衛生學院「醫療財務與管理」碩士、美國約翰霍浦金斯大學公共衛生學院「衛生政策與管理」研究所博士。專長消化內科、醫務管理、病人安全、公共衛生、統計分析。
王苑貞	1959出生，高雄醫學大學醫學院醫學士、美國加州大學舊金山分校進修．曾任副教授、主治醫師，長於肝臟學.消化學。
李壽東	1945出生，國防醫學院醫學士、美國南加州大學醫學院肝臟學系博士後訓練．國立陽明大學醫學院內科教授兼副院長，台北榮民總醫院內科部胃腸科主治醫師，沙烏地阿拉伯吉達市新吉達醫院內科主治醫師．專長消化系及肝臟疾病．
王聖賢	1941出生，台北醫學院醫學士、美國南加州大醫學中心胃腸科．曾

名醫師	醫　師　專　長
	任職美國南加州大學醫學中心胃腸科、國立陽明大學內科教授，台北榮總主治醫師，長於胃腸肝膽胰疾病。
李發耀	1955出生，高雄醫學院醫學士、美國耶魯大學醫學院肝病研究中心進修，長於內科學，消化學門脈高壓研究。
林漢傑	1956出生，台北醫學院醫學士，法國國家衛生醫學研究院內臟血流力學研究室，國立陽明大學內科教授，專長肝硬化及其合併症，門脈高壓病態生理學。
陳增興	1955出生，高雄醫學院醫學士、國立陽明大學臨床醫學博士、日本群馬大學醫學院短期進修、國立陽明大學臨床醫學研究所畢業。長於消化性潰瘍、幽門螺旋桿菌、胃炎、胃食道逆流疾病，功能性消化不良症。
黃以信	1956出生，台北醫學院醫學士、美國Johns Hopkins醫學中心生化科進修，專長胃腸肝膽
侯明志	1961年出生，台北醫學院醫學士畢業，美國喬治城大學醫學中心進修。長於腸胃內視鏡治療與食道靜脈曲張之研究，肝硬化與門脈高壓之病生理研究
陳俊嘉	台北醫學院醫學士，美國密西根大學醫學中心胃腸科進修。長於胃腸肝膽胰臟疾病。
彭清霖	國立陽明大學醫學院醫學系畢業，日本國立癌病中心消化內視鏡科進修。專長於臨床醫學類，消化性潰瘍、幽門螺旋桿菌。
霍德義	1962出生，國立陽明大學醫學士，長於肝臟學、消化學。
詹哲彰	1966出生，國立陽明大學醫學系醫學士，美國杜克大學肝病中心與德州西南醫學中心進修，長於內科學、胃腸科學、肝臟學、肝硬化、門脈高壓。
藍耿欣	1965年出生，國立陽明大學醫學士、日本東京大學醫學博士，日本廣島大學分子病態制御內科學胃腸部門進修。專長內科學、胃腸科學、肝臟學、病毒性肝炎診斷與治療。
侯明志	內視鏡：肝炎、肝硬化、肝癌治療、胃腸道出血與早期癌之內視鏡診斷治療
辛怡芳	內視鏡：門脈高壓及其併發症之藥理研究、各類診斷及治療內視鏡
陳炳憲	內視鏡：肝硬化及其併發症之研究、各類診斷及治療內視鏡
王彥博	內視鏡：上下消化道內視鏡、胃食道逆流疾病、胃腸機能障礙疾病治療
腦　血　管　科	
陳倩	癲癇學、腦波判讀、癲癇手術評估、一般神經內科疾病
陳昌明	腦血管超音波、自律神經檢查、內耳平衡檢查、血管硬化檢查、職業神經醫學評估

名 醫 師	醫　　　師　　　專　　　長
許立奇	腦血管疾病、腦血管超音波、頭暈及不平衡、前庭功能檢查、一般神經問題
翁文章	腦血管疾病、腦血管超音波、血流動力學
胡漢華	腦血管疾病、腦血管超音波、血流動力學
林恭平	周邊神經電氣學、病理學、分子生物學
宋秉文	肌電圖、神經基因及退化性疾病（顫抖症、舞蹈症、小腦萎縮症）、分子基因病理學、肉毒桿菌注射、基因疾病之治療
王培寧	失智症、神經智能檢查分析、老化研究、神經退化性疾病、神經影像學分析
尤香玉	癲癇內科治療、癲癇手術評估、腦磁圖、睡眠障礙
關尚勇	癲癇醫學、小兒癲癇
林永煬	癲癇、腦中風、老人失智症治療、腦磁圖及腦電波相關腦功能研究
陳韋達	頭痛、全身性疼痛(纖維肌炎)、腦功能造影、巴金森氏症、失智症
李怡慧	腦中風、頸動脈狹窄、腦血管性失智、腦功能造影、經顱刺激治療、幹細胞治療
李宜中	神經遺傳疾病及基因診斷、周邊神經病變、神經退化性疾病（小腦萎縮症、運動神經元疾病）、遺傳性腦中風
陳世彬	頭痛(兼肉毒桿菌注射)、失智症、巴金森氏症
王嚴鋒	頭痛(兼肉毒菌素注射)、神經病變痛(疱疹後疼痛、三叉神經痛等)、中風、巴金森氏病、失智症
梁仁峰	頭痛、癲癇、睡眠障礙、肉毒桿菌素治療、一般神經內科疾病

神 經 內 科

王署君

陽明大學醫學院醫學士、美國天普大學醫院神經科頭痛中心．鑽研頭痛，台灣唯一出國學習頭痛醫學的神經科醫師．長於醫治頭痛(雷擊式頭痛、低腦壓頭痛、慢性每日頭痛、慢性偏頭痛等)、失智症、疼痛、巴金森氏病．曾任台北榮總神經醫學中心副主任、國立陽明大學神經學科教授、台灣頭痛學會理事長．常有加拿大等國家的醫師，來台灣學習檢查及治療方法。

傅中玲

國立陽明大學醫學院醫學士、美國 UCLA 醫院神經內科研究．
台北榮民總醫院神經醫學中心一般神經內科主治醫師，國立陽明大學醫學院教授．專長失智症、巴金森氏症、頭痛等複雜神經問題治療。

醫師名	醫　師　專　長
李宗海	林口長庚，腦血管疾病台灣腦中風學會理事、林口長庚腦血管科主任及腦中風中心主任．
林信光	台北慈濟，神經醫學、腦血管疾病台北慈濟醫院神經內科主任及品質資訊長、曾任長庚醫學中心神經內科副教授．
張谷州	高雄長庚，神經內科、腦中風台灣神經學會理事、台灣腦中風學會理事、大仁技術學院兼任教師．
連立明	新光醫院，急性腦中風治療及預防協助台灣腦中風學會建立「台灣中風登錄」及國民健康局「2007 台灣預防中風日」．
葉炳強	耕莘醫院，腦血管與腦中風治療曾獲中央研究院生醫所臨床醫師研究獎、國家公益獎、台灣大學教學優異獎．
劉崇祥	中國醫大附設醫院，腦血管疾病、失智症台灣腦中風學會理事、台灣失智症學會理事、台灣頭痛學會理事．
鄭建興	亞東醫院，腦中風及特殊腦血管病發表超過70 篇腦血管與流行病學研究論文，並協助成立台大醫院及亞東醫院的腦中風中心．
吳進安	榮民總醫院肌電圖、誘發電位
廖光淦	神經電生理檢查、顏面神經麻痺、顏面肌肉痙攣、眼皮活動異常、筋骨酸痛、神經痛、疱疹神經痛、三叉神經痛、糖尿病神經病變、脊髓病變、動作障礙、手抖、腳抖、巴金森症、不寧腿、頭昏、走路不穩症候群
顏得楨	癲癇內科治療、癲癇手術評估、一般神經內科
蔡清標	台北榮總，運動神經元萎縮成立榮總罕見疾病特別門診、第一位在台灣進行肉毒桿菌素人體試驗，造福相關病患 神經學、周邊神經電氣學、肌電圖、肉毒桿菌素注射
單定一	巴金森氏病、顫抖症、舞蹈症
陳倩	癲癇學、腦波判讀、癲癇手術評估、一般神經內科疾病
陳昌明	腦血管超音波、自律神經檢查、內耳平衡檢查、血管硬化檢查、職業神經醫學評估
許立奇	腦血管疾病、腦血管超音波、頭暈及不平衡、前庭功能檢查、一般神經問題
翁文章	腦血管疾病、腦血管超音波、血流動力學
胡漢華	腦血管疾病、腦血管超音波、血流動力學
林恭平	周邊神經電氣學、病理學、分子生物學
宋秉文	肌電圖、神經基因及退化性疾病（顫抖症、舞蹈症、小腦萎縮症）、分子基因病理學、肉毒桿菌注射、基因疾病之治療
王培寧	失智症、神經智能檢查分析、老化研究、神經退化性疾病、神經影像學分析
尤香玉	癲癇內科治療、癲癇手術評估、腦磁圖、睡眠障礙

名醫師	醫　師　專　長
關尚勇	癲癇醫學、小兒癲癇
林永煬	癲癇、腦中風、老人失智症診斷治療、腦磁圖及腦電波之相關腦功能研究
陳韋達	頭痛、全身性疼痛(纖維肌炎)、腦功能造影、巴金森氏症、失智症
李怡慧	腦中風、頸動脈狹窄、腦血管性失智、腦功能造影、經顱刺激治療、幹細胞治療
李宜中	神經遺傳疾病及基因診斷、周邊神經病變、神經退化性疾病（小腦萎縮症、運動神經元疾病）、遺傳性腦中風
陳世彬	頭痛(兼肉毒桿菌注射)、失智症、巴金森氏症
王嚴鋒	頭痛(兼肉毒菌素注射)、神經病變痛(疱疹後疼痛、三叉神經痛等、中風、巴金森氏病、失智症
梁仁峰	頭痛、癇癇、睡眠障礙、肉毒桿菌素治療、一般神經內科疾病
楊懷哲	神經加護照顧、巴金森氏病手術、腦部立體定位手術、加馬刀放射
黃棣棟	兒童腦瘤、兒童癲癇、神經內視鏡手術、水腦症、腦及脊髓畸形手術兒童、腦血管手術、兒童腦外傷及腦復甦
梁慕理	兒童腦瘤、脊髓畸形手術、頭部外傷、毛毛樣症
陳信宏	兒童腦瘤、兒童癲癇、頭部外傷、兒童腦血管疾病、腦性麻痺
李宜燕	神經內科、神經腫瘤
陳敏雄	腦瘤手術、腦動脈瘤手術、顱底手術、脊椎腫瘤手術、重症加護
陳明德	腦瘤手術、顱底手術、脊椎腫瘤手術、脊椎手術
顏玉樹	腦瘤手術、腦內視鏡手術
任森利	脊椎病變、創傷性及退化性脊椎、脊椎微創、骨質疏鬆疾病、胸腰椎壓迫性骨折治療、脊椎腫瘤、周邊神經病變、腦瘤手術
許秉權	癲癇外科、腦動脈瘤手術、腦瘤及顱底手術、重症加護
林俊甫	癲癇外科、腦瘤手術、腦動脈瘤手術、腦血管外科手術、重症加護
鄭宏志	神經修復手術、微創神經脊椎手術、人工椎間盤手術、頭部外傷、神經腫瘤手術、神經內視鏡手術、顱底手術、顯微腦瘤手術、脊髓空洞症手術
黃銘超	脊椎手術、脊髓損傷修復手術、腦瘤手術、臂神經叢手術、週邊神經病變手術、頸動脈阻塞手術
黃文成	神經修復、微創神經脊椎、人工椎間盤、頭部外傷、神經腫瘤、神經內視鏡、顱底、顯微腦瘤、脊髓空洞症手術
蔡昀岸	神經電生理檢查、尿路動力學、激發點針極治療、神經傳導及肌電圖檢查、脊髓損傷復健醫學、神經性膀胱
黃士峯	神經電生理檢查、尿路動力學、神經復健、神經傳導及肌電圖檢查、骨骼肌肉超音波檢查

名醫師	醫　師　專　長
吳昭慶	內視鏡手術、顯微腦瘤手術、微創神經脊椎手術、人工椎間盤手術
神 經 外 科	
杜永光	台大醫院，神經外科、顱底外科完成多例複雜手術，包括世界首創以直接打開顱底海綿狀竇，修補頸動脈海綿狀竇廔管之手術．
沈炯祺	台中榮總，顱、頸相關手術台灣神經腫瘤學會秘書長、台灣顱底學會理事．
洪純隆	高醫大附設醫院，神經學、內分泌學，曾任高醫大附設院院長。目前為臨床神經科雜誌編輯委員、行政院衛生署醫院評鑑暨教學醫院評鑑委員．
張承能	林口長庚，腦瘤、脊椎手術，台灣神經腫瘤學學會理事長；劉邦友血案唯一倖存者鄧文昌議員之主治醫師；發明「自體樹突細胞免疫療法」，已進入臨床實驗階段．
曾漢民	台大醫院，腦與脊椎腫瘤治療．
黃金山	國泰醫院，腦神經及脊髓外科教學研究多次獲得國內外肯定，包括97 年國際外科學會中華民國總會優秀論文佳作獎
	黃棣棟台北榮總59 兒童腦瘤、兒童癲癇民國95 年主辦國際兒童神經外科醫學會議；近年每年診療兒童腦瘤病例50 例以上
	潘宏基台北榮總61 腦瘤、動靜脈畸形手術發展國內加馬刀放射手術治療腦瘤及動靜脈畸形．
蔣永孝	北醫大附設醫院，神經重症、巴金森氏症擔任美國國家衛生研究院國際合作臨床研究計畫主持人，研究搖頭丸(MDMA) 對人類腦神經影響．
鄭宏志	台北榮總，神經外科、神經化學獲頒國立陽明大學傑出醫療貢獻獎、並擁有近20 項國內外專利．
胸 腔 內 科	
江啟輝	國防醫學院醫學士、美國哈佛大學麻州總醫院進修，美國哈佛大學醫學院麻州總院胸腔內科客座副教授．專長於胸腔內科學、氣喘、急性肺損傷、重症醫學、胸腔暨重症專科、氣喘、慢性阻塞性肺病、胸腔急重症、肺部感染。曾任台北榮民總醫院胸腔內科主任、胸腔部呼吸感染免疫科主任、呼吸治療主任、呼吸治療科主任、國立陽明大學內科教授、中華民國重症醫學會理事長。
蔡俊明	1950年出生，高雄醫學院醫學士、美國國家衛生研究院癌症研究所(NIH, NCI)、美國國家癌症研究所研究員．長於胸腔內科、胸腔腫瘤科．國立陽明大學醫學系內科學科教授，非小細胞肺癌治療規畫

名醫師	醫　師　專　長
	在國內外重要醫學期刊發表近80篇論文，現為台北榮民總醫院胸腔部胸腔腫瘤科主任．
蕭光明	呼吸生理、胸腔醫學、睡眠醫學
李毓芹	呼吸道雷射治療、呼吸道細胞學檢查、早期肺癌診斷
賴信良	胸腔影像判讀、肺癌診治、胸腔疾病診治
張西川	胸腔內科學、臨床呼吸生理、胸腔重症
施振甫	胸腔疾病診治、職業肺疾病、胸腔超音波、呼吸道細胞學檢查
陳育民	胸腔腫瘤治療、胸腔超音波、肺癌化學藥物與標靶治療
蘇維鈞	胸腔感染、咳嗽、氣喘、結核病診治、流行病學
彭殿王	氣喘、慢性阻塞肺病、肺纖維化、呼吸道發炎及修復、重症醫學
陽光耀	氣喘、慢性阻塞性肺病、胸腔感染、重症醫學
劉永揚	呼吸治療、胸腔內科學、睡眠呼吸障礙
邱昭華	胸腔腫瘤治療、胸腔超音波、支氣管鏡檢查
趙恆勝	一般胸腔醫學、重症加護醫學、介入性支氣管鏡檢查及治療
周昆達	胸腔醫學、重症醫學、睡眠呼吸中止症
蘇剛正	一般胸腔醫學、胸腔重症、睡眠呼吸障礙
林芳綺	一般胸腔醫學、間質性肺病
馮嘉毅	一般胸腔醫學、呼吸感染症、重症醫學、結核病學
吳杰鴻	一般胸腔醫學、胸腔腫瘤治療
余忠仁	台大醫院，重症醫學、肺癌
余明治	萬芳醫院，肺結核及一般胸腔疾病台北醫學大學醫學系95學年度最佳主治醫師，及萬芳醫院94與95學年度最佳主治醫師．
李仁智	慈濟醫院，肺結核治療台灣結核病醫學會理事長、榮獲衛生署頒發「疫情防治績優」獎勵．
李元麒	台大醫院，肺臟移植完成亞洲存活最久的肺臟移植及首例二度肺臟移植手術；全國首例肺葉移植手術．
張基晟	台中榮總，肺癌榮獲行政院研究發展報告特優獎
許文虎	台北榮總，消化學、呼吸學撰寫胸腔外科教科書、在國內外重要醫學期刊發表逾百篇論文．
郭漢彬	林口長庚，氣喘、咳嗽、肺腫瘤
陳志毅	中國醫大附設醫院，胸腔腫瘤治療、胸腔鏡手術，推廣胸腔鏡手術；肺癌之基礎及臨床合作研究，並發現台灣女性肺癌與國外之差異．
蕭光明	台北榮總，胸腔疾病、睡眠呼吸障礙，台北榮總胸腔部代理部主任、國立陽明大學臨床教授．
	胸　腔　外　科
許文虎	胸腔器官之傳統及微創內視鏡手術，包括(1)肺臟、食道、縱膈腔、

名醫師	醫　　　師　　　專　　　長
	胸壁、胃賁門等良、惡性腫瘤(2)食道功能疾病(憩室、疝氣、胃食道逆流、食道失弛緩症) (3)重症肌無力(4)漏斗胸納式矯正術等。
黃炳勳	食道癌、肺癌、胃賁門癌、胃食道逆流、重症肌無力、胸腺瘤、肺氣腫外科治療、食道失弛症
吳玉琮	胸腔鏡微創手術（肺癌、食道癌、縱膈腔腫瘤、氣胸）、一般胸腔疾病手術（肺癌、食道癌、縱膈腔腫瘤、氣胸、血胸、膿胸）、胸腔外科急重症照護處理
許瀚水	肺臟及食道手術、肺癌、食道癌、縱膈腔腫瘤、胸腔鏡手術、機器人手臂內視鏡手術、肺臟移植
謝致政	食道功能性疾病(胃食道逆流、食道失弛症)、胸腔內良惡性疾病之手術治療、內視鏡手術(含機器人手臂內視鏡手術)、胃賁門癌手術
黃建勝	胸腔內視鏡手術、肺臟移植
洪榮志	肺癌、食道癌、縱膈腔腫瘤、肋膜疾病（氣胸、膿胸等）、胸腔鏡手術
徐博奎	肺癌手術、食道癌手術、縱膈腔腫瘤手術、內視鏡微創手術、肋膜疾病、膿胸、氣胸、血胸治療、達文西機器人手臂內視鏡手術
呼 吸 治 療 科	
王家弘	呼吸器、胸腔疾病、氣喘、慢性阻塞性肺病、重症醫學、臨床高壓氧、門診戒菸、支氣管鏡檢查、胸腔超音波
何莉櫻	呼吸器、胸腔疾病、氣喘、慢性阻塞性肺病、重症醫學、臨床高壓氧、門診戒菸、支氣管鏡檢查、胸腔
連德正	呼吸器、胸腔疾病、氣喘、慢性阻塞性肺病、重症醫學、臨床高壓氧
柯信國	呼吸器、胸腔疾病、氣喘、慢性阻塞性肺病、重症醫學、臨床高壓氧、門診戒菸、支氣管鏡檢查、胸腔超音波
陳燕溫	呼吸器、胸腔疾病、氣喘、慢性阻塞性肺病、重症醫學、臨床高壓氧、門診戒菸、支氣管鏡檢查、胸腔超音波
余文光	呼吸器、胸腔疾病、氣喘、慢性阻塞性肺病、重症醫學、臨床高壓氧、門診戒菸、支氣管鏡檢查、胸腔超音波
陳威志	呼吸器、胸腔疾病、氣喘、慢性阻塞性肺病、重症醫學、臨床高壓氧、門診戒菸、支氣管鏡檢查、胸腔超音波
蕭慈慧	呼吸器、胸腔疾病、氣喘、慢性阻塞性肺病、重症醫學、臨床高壓氧、門診戒菸、支氣管鏡檢查、胸腔超音波
郭正典	呼吸器、胸腔疾病、氣喘、慢性阻塞性肺病、重症醫學
腎　　臟　　科	
楊五常	台北榮總，糖尿病性腎病、透析台灣腎臟醫學會理事長任內推展慢性腎臟病防治工作有成，獲美國腎臟基金會國際傑出貢獻獎。

名　醫　師	醫　　　師　　　專　　　長
方基存	林口長庚，腎臟疾病、血液透析長庚醫學教育委員會總會副主席，連續 18 年獲選優良教學醫師．
吳義勇	台北榮總，腎絲球腎炎、腎性貧血研究多次獲國科會獎助，尤其是腎絲球腎炎的病因機轉。此發現被國外多篇文章所引用，曾獲台灣腎臟醫學會雜誌優秀論文獎．
吳寬墩	台大醫院，腎臟醫學、分子生物學—
林石化	三軍總醫院，內科學、腎臟學多次獲得國內外腎臟研究獎項，包括美國人工器官醫學會優良青年研究獎．
林志慶	台北榮總，腎臟學、透析獲國內外多項論文獎、發表國際論文 35 篇．
邱彥霖	亞東醫院，慢性腎臟病及相關併發症台大醫院最佳內科住院醫師獎及腎臟內科研究醫師．
洪冠予	台大醫院46 腎臟病與相關合併症腹膜透析療法之研發與教育推廣唐德成台北榮總 47 腎臟學、透析多次獲得台灣腎臟醫學會、台北榮總醫院傑出論文獎．
徐國雄	台中榮總．腎臟醫學、腎臟移植台中榮總腎臟科主任．
黃尚志	高醫大附設醫院，腎臟病、糖尿病腎病變 推動台灣慢性腎臟病防治、高雄縣市社區腎臟疾病篩檢、高雄市糖尿病防治．
陳永銘	台大醫院，腎絲球腎炎、慢性腎臟病．
謝博生	醫學博士（M.D.Ph.D.）內科學教授，專長腎臟內科和普通科(一般科家庭醫學科)，台灣彰化鹿港人，1995~2001 年任台大醫學院院長。
骨　科	
張明超	骨病科: 頸椎疾病、脊椎顯微微創手術。
陳天雄	骨折創傷科: 髖關節及膝關節人工關節置換、骨骼軟組織腫瘤、各種關節炎及矯正、一般骨折外傷治療、老年人關節疾病。
劉建麟	脊椎外科: 各類脊椎外科手術、脊椎側彎、脊椎骨折及創傷、腰椎退化性病變(骨刺、滑脫、脊髓腔狹窄)腰椎間盤突出、坐骨神經痛。
陳全木	骨折創傷科: 骨折創傷、肢體重建及骨隨炎。
余榮光	骨病科: 脊椎醫學、脊椎腫瘤。
黃清貴	骨折創傷科: 骨折關節炎診斷與治療、關節重建、足踝外科。
馬筱笠	運動醫學科: 骨科運動傷害、肩、肘、膝、踝關節手術、關節重建術、關節鏡手術。
洪士杰	運動醫學科: 軟骨修復及運動醫學、膝關節及髖關節疾患、幹細胞之分離及分化誘導、骨質疏鬆研究。
邱方遙	一般骨科:骨折外傷、微創關節重建
陳威明	骨折創傷科: 骨骼肌肉系統腫瘤、退化性關節疾病及微創人工關節重建手術、骨折創傷。

名醫師	醫　　師　　專　　長
王世典	脊椎外科: 脊椎疾病、下背痛、坐骨神經痛、脊椎創傷、脊椎微創手術、關節重建手術、一般骨折。
李光申	骨折創傷科: 退化性關節疾病及微創人工關節重建手術、骨質疏鬆症、骨折創傷、骨骼肌肉系統腫瘤。
陳正豐	骨折創傷科: 骨骼肌肉系統腫瘤、退化性關節疾病及微創人工關節重建手術、骨折創傷。
奉季光	兒童骨科: 兒童脊椎畸形手術、創傷及運動傷害、骨質疏鬆症
蘇宇平	一般骨科: 成人及兒童骨折創傷、骨關節炎、骨質疏鬆、骨感染症、微創人工關節重建手術及關節矯型手術、畸型矯正、骨腫瘤。
黃東富	運動醫學科: 運動醫學(肩部不穩定之手術治療、旋轉肌袖相關疾病、膝關節韌帶修補及重建、膝關節及肩關節內視鏡手術)、微創人工關節重建手術及關節矯型手術。
江昭慶	骨折創傷科: 足踝重建手術,骨折創傷、骨關節畸形矯、微創人工關節置換術
吳博貴	骨折創傷科: 骨骼肌肉腫瘤、微創人工膝關節、微創人工髖關節
蔣恩榮	運動醫學科: 骨科運動傷害.膝關節鏡手術(韌帶重建、半月軟骨修補)、肩關節鏡手術(肩部不穩定、旋轉肌袖破裂)、關節重建術、骨折手術、一般骨科。
黃意超	手外科:一般手外科、顯微重建手術、斷肢(指)再植、周邊神經重建、手部關節重建、手部先天畸形重建、關節鏡手術、一般骨科。
王榮磻	手外科: 一般手外科、顯微重建手術、斷肢(指)再植、周邊神經重建、手部關節重建、手部先天畸形重建、關節鏡手術、一般骨科。
周伯鑫	脊椎外科: 脊椎疾病、下背痛、坐骨神經痛、脊椎創傷、一般骨科
王宏賓	國立陽明大學醫學系畢業，中國醫藥大學醫務管理研究所進修．中國醫藥大學附設醫院骨科臨床研究員(關節鏡及運動醫學) 專長：小兒骨科、脊椎矯正手術、脊椎疾病治療、脊椎外傷處．
李永恆	陽明醫學院畢業、中國醫藥學院碩士．新加坡髖臼骨折手術進修、香港高級脊椎手術進修、陽明醫學院顯微外科手術訓練、中華民國超音波學會、中華民國高壓氧學會． 專長：關節重建：.微創人工關節重建.高彎曲人工膝關節手術（膝關節退化、骨刺）.高耐磨人工髖關節手術（髖關節退化、蛀骨、長短腳）複雜性骨折：髖臼骨折（骨輪骨折）、骨折癒合不良、微創手術手外科：腕隧道症候群（手麻木）、手部外傷韌帶重建、手部腫瘤、網球肘、五十肩脊椎手術：脊椎骨刺、坐骨神經炎、壓迫性骨折頑固性骨折：高壓氧、傷口重建。
一　般　外　科	
石宜銘	外科、消化系外科、胰腎移植：一般外科、肝、膽、胰外科；乳房

名 醫 師	醫　　師　　專　　長
	外科、腫瘤外科、胰腎移植手術、腹部微創手術（包含達文西）
金光亮	外科、消化系外科、一般外科：肝、膽外科、腎臟移植、乳房疾病治療、疝氣手術、腹腔鏡手術
周嘉揚	外科、消化系外科、一般外科：肝、膽外科；乳房疾病治療、肝癌治療、疝氣手術
龍藉泉	外科、消化系外科、一般外科、肝、膽外科；器官移植、疝氣手術
夏振源	外科、消化系外科、內分秘外科：肝臟惡性腫瘤、肝臟移植
曾令民	外科、消化系外科、內分秘外科、乳房外科：乳癌治療及相關基礎研究、甲狀腺（副甲狀腺）疾病治療
陳天華	外科、消化系外科、一般外科：人體解剖學、肝膽外科、外科解剖學、胰臟幹細胞
陳瑞裕	外科、消化系外科、內視鏡外科：內分泌手術、甲狀腺及副甲狀腺手術、肝膽外科、腹部急症、腹腔鏡手術
方文良	外科、消化系外科、內視鏡外科：達文西機器手臂輔助及腹腔鏡胃癌手術、腹腔鏡腸胃道手術、腹腔鏡減重手術、胃癌手術及基礎臨床研究
蔡宜芳	外科、消化系外科、乳房外科乳房外科、內分泌外科、腹部急症、消化外科、腹腔鏡手術
王心儀	外科、消化系外科肝膽外科、內分泌外科、腹部急症、消化外科、腹腔鏡手術、胰腎移植、腹部微創手術（包含達文西）
雷浩然	外科 、消化系外科、腹腔鏡肝膽手術、達文西肝膽手術、肝膽癌症外科治療、消化外科手術、腹腔鏡肝膽手術
黃國宏	外科、消化系外科、胃癌手術及基礎臨床研究、腹腔鏡手術、消化外科、內分泌外科、腹部急症
	大 腸 直 腸 外 科
林楨國	大腸直腸癌治療、肛門保留手術、各類肛門疾病治療、大腸內視鏡診斷及治療，遺傳性大腸直腸癌及大腸直腸癌分子生物研究、直腸肛門生理研究
林資琛	大腸直腸癌治療、大腸內視鏡診斷治療、肛門疾病治療
陳維熊	大腸直腸癌手術、大腸直腸癌分子生物學研究、腸道腹腔鏡手術、癌症流行病學、偏遠地區醫療服務、醫學教育
楊純豪	腹腔鏡手術
王煥昇	直腸癌保留肛門手術、大腸癌治療、大腸鏡診斷及治療
張世慶	大腸直腸癌治療、遺傳性癌症諮詢及診斷、腹腔鏡手術
姜正愷	大腸直腸癌治療、肛門疾患病治療、非氣腹式腹腔鏡手術
藍苑慈	腹腔鏡大腸直腸切除手術、肛門直腸手術、大腸直腸癌診斷及治

名醫師	醫　　師　　專　　長
	療、痔瘡, 肛裂, 廔管, 膿瘍的治療、大腸鏡檢查
林春吉	腹腔鏡大腸直腸切除手術、肛門直腸手術、大腸直腸癌診斷及治療、痔瘡, 肛裂, 廔管, 膿瘍的治療、大腸鏡檢查
<center>**泌 尿 外 科**</center>	
林登龍	泌尿外科、婦女泌尿、尿失禁、尿路結石、排尿障礙、攝護腺肥大、神經泌尿學、兒童泌尿
陳光國	泌尿外科、男性醫學、攝護腺疾病、泌尿腫瘤學
張延驊	泌尿外科、泌尿腫瘤學、男性醫學
吳宏豪	泌尿外科、男性泌尿、攝護腺肥大、膀胱癌與荷爾蒙之研究
邱文祥	泌尿外科、內視鏡泌尿手術、腹腔鏡及達文西泌尿手術、泌尿腫瘤學、攝護腺肥大、男性醫學、婦女泌尿學、尿路感染、尿路結石
黃志賢	男性學,男性不孕症,性功能障礙,男性更年期,輸精管、精索靜脈及睪丸顯微手術,攝護腺疾病,攝護腺癌,達文西機器人手術
郭俊逸	泌尿外科、泌尿腫瘤學、男性生殖腫瘤學
鍾孝仁	泌尿外科、泌尿腫瘤學、泌尿系統腹腔鏡手術、泌尿系統達文西機器手臂手術
黃逸修	泌尿外科、攝護腺疾患、尿路結石、泌尿系統腹腔鏡手術、泌尿系統達文西機器手臂手術
林子平	泌尿外科、泌尿系統腫瘤診治、泌尿道結石、泌尿道功能障礙(包括攝護腺肥大之診治攝護腺雷射汽化術)、泌尿系腫瘤腹腔鏡治療、腹腔鏡泌尿道重建手術、泌尿系統達文西機器手臂手術
林志杰	泌尿外科、神經泌尿學、婦女泌尿、泌尿道結石
范玉華	泌尿外科、婦女泌尿、尿失禁、尿路動力學
吳階平	1917.1.22.~2011.3.2.　江蘇常州武進人・原名吳泰然,字階平,著名泌尿外科醫學家,中國科學院和中國工程院雙料院士。其兄吳瑞萍、弟吳蔚然亦是著名醫學家。 1942年,畢業於北京協和醫學院,獲得博士學位, 1947年,赴美國芝加哥大學留學,次年回國。 1949年,中華人民共和國建立,就職於北京醫學院,曾率醫療隊參加朝鮮戰爭。 1954年,為金日成、蘇加諾、胡志明、費迪南德馬科斯醫療服務。 1956年,加入中國共產黨。 1967年,開始任江青的保健醫生, 1968年,又服務於林彪。 1972年,吳階平出任周恩來醫療小組組長,為其診治膀胱癌。 1980年,吳階平當選中科院學部委員。 1989年,被選為九三學社中央副主席,

名 醫 師	醫　　　師　　　專　　　長
	1993 年，任全國人大常委會副委員長。 2000 年，在北京成立吳階平醫學基金會，為衛生部直屬行業基金會。 2011年3月2日21時18分，在北京逝世。

移 植 外 科

名 醫 師	醫　　　師　　　專　　　長
林釀呈	移植外科：肝臟、腎臟移植
陳正彥	移植外科(肝臟,腎臟移植)：兒童外科、外科重症、消化外科
龍藉泉	移植外科、消化外科、外科肝臟、腎臟移植、移植免疫、肝癌、疝氣手術

整 形 外 科

名 醫 師	醫　　　師　　　專　　　長
馬 旭	1. 美容手術－疤痕整形、雙眼皮手術、眼袋去除、雷射除痣、狐臭手術、顏面整形、抽脂瘦身、隆鼻、臉部去皺(拉皮)、肚皮拉皮、肉毒桿菌素注射除皺回春、玻尿酸注射、果酸換膚、維他命C美白保養、光療法、脂肪移植 2. 顏面骨骨折手術 3. 重建手術－乳癌切除後重建 4. 腫瘤手術－各式皮膚及軟組織良性或惡性腫瘤手術及重建
葉發來	1. 美容手術－疤痕整形、雙眼皮手術、眼袋去除、雷射除痣、狐臭手術、顏面整形、抽脂瘦身、隆鼻、臉部去皺(拉皮)、肚皮拉皮、肉毒桿菌素注射除皺回春、玻尿酸注射、果酸換膚、維他命C美白保養、光療法 2. 燒燙傷手術－燒燙傷急救及治療、燒燙傷之傷口重建、燒燙傷後疤痕之整形 3. 重建手術－各式損傷重建、褥瘡重建、各種困難複雜性傷口處理瘡重建、各種困難複雜性傷口處理 4. 腫瘤手術－各式皮膚及軟組織良性或惡性腫瘤手術及重建
彭成康	1. 重建手術－各式損傷重建、頭頸部腫瘤切除後重建、褥瘡重建、各種困難複雜性傷口處理及重建、各種困難複雜性傷口處理 2. 顯微手術 3. 美容手術－疤痕整形、雷射除痣、狐臭根治手術、顏面整形、隆鼻、光療法 4. 腫瘤手術－各式皮膚及軟組織良性或惡性腫瘤手術及重建
廖文傑	1. 眼整形手術, 鼻整形手術, 體態美容手術 ,自體脂肪移植,拉皮, 腹部整形 2. 重建手術－各式損傷重建、頭頸部腫瘤切除後重建、乳癌切除後重建、褥瘡重建、各種困難複雜性傷口處理及重建、各種困難複雜性傷口處理 3. 複合組織異體移植手術(手移植, 臉部移植手術)

名 醫 師	醫 師 專 長
	4. 顯微手術 5. 微整形, 雷射, 肉毒桿菌素注射, 玻尿酸注射, 除痣
王天祥	1. 重建手術－各式損傷重建、頭頸部腫瘤切除後重建、褥瘡重建、各種困難複雜性傷口處理及重建、各種困難複雜性傷口處理、手外傷重建手術 2. 顯微手術 3. 美容手術－疤痕整形、雷射除痣、狐臭根治手術、眼部整形手術、鼻部整型、自體脂肪移植、抽脂手術 4. 燒燙傷手術－燒燙傷急救及治療、燒燙傷之傷口重建、燒燙傷後疤痕之整形 5. 腫瘤手術－各式皮膚及軟組織良性或惡性腫瘤手術及重建
吳思賢	1. 重建手術－各式損傷重建、頭頸部腫瘤切除後重建、乳癌切除後重建、褥瘡重建、各種困難複雜性傷口處理及重建 2. 顯微手術 3. 美容手術－疤痕整形、雙眼皮手術、眼袋去除、雷射除痣、狐臭根治手術、顏面整形、抽脂瘦身、隆鼻(乳)、臉部去皺(拉皮)、肚皮去皺、肉毒桿菌素注射除皺回春、玻尿酸注射、光療法、自體脂肪移植 4. 燒燙傷手術－燒燙傷急救及治療、燒燙傷之傷口重建、燒燙傷後疤痕之整形 5. 腫瘤手術－各式皮膚及軟組織良性或惡性腫瘤手術及重建 6. 變性手術
石育仲	1.重建手術－各式損傷重建、頭頸部腫瘤切除後重建、乳癌切除後重建、褥瘡重建、各種困難複雜性傷口處理及重建、各種困難複雜性傷口處理 2.顯微手術 3.美容手術－疤痕整形、雙眼皮手術、眼袋去除、雷射除痣、狐臭根治手術、抽脂瘦身、臉部去皺(拉皮)、自體脂肪移植、肚皮去皺、植髮、鼻整形、肉毒桿菌素注射除皺回春、玻尿酸注射、果酸換膚、維他命C美白保養 4.複合組織異體移植手術(手移植, 臉部移植手術) 5.燒燙傷手術－燒燙傷急救及治療、燒燙傷之傷口重建、燒燙傷後疤痕之整形 6. 腫瘤手術－各式皮膚及軟組織良性或惡性腫瘤手術及重建
林之勛	1. 重建手術－各式損傷重建、頭頸部腫瘤切除後重建、乳癌切除後重建、褥瘡重建、各種困難複雜性傷口處理及重建、各種困難複雜性傷口處理

名 醫 師	醫　師　專　長
	2. 顯微手術 3. 美容手術－疤痕整形、雙眼皮手術、眼袋去除、雷射除痣、狐臭根治手術、顏面整形、抽脂瘦身、隆鼻(乳)、臉部去皺(拉皮)、肚皮去皺、肉毒桿菌素注射除皺回春、玻尿酸注射、果酸換膚、維他命C美白保養、光療法 4. 燒燙傷手術－燒燙傷急救及治療、燒燙傷之傷口重建、燒燙傷後疤痕之整形 5. 腫瘤手術－各式皮膚及軟組織良性或惡性腫瘤手術及重建
眼　　科	
李鳳利	視網膜科：視網膜玻璃體疾病及手術、視網膜雷射治療、眼科病理診斷、光動力雷射治療、微創小切口視網膜玻璃體手術、白內障小切口晶體乳化手術、一般眼科疾病診治
陳世真	視網膜科：視網膜玻璃體疾病及手術、視網膜雷射治療、微創小切口視網膜玻璃體手術、白內障小切口晶體乳化手術、雷射光動力治療、早產兒視網膜疾病診斷及手術、一般眼科疾病診治
林伯剛	視網膜科：視網膜玻璃體疾病及手術、視網膜雷射治療、光動力雷射治療、微創小切口視網膜玻璃體手術、白內障小切口晶體乳化手術、一般眼科疾病診治、早產兒視網膜疾病診斷及手術
楊昌叔	視網膜科：視網膜疾病手術及雷射治療、光動力雷射治療、早產兒視網膜疾病診斷及手術、微創小切口視網膜玻璃體手術、白內障小切口晶體乳化手術、視力保健、一般眼科疾病診治
李安斐	視網膜科：視網膜玻璃體疾病及手術、視網膜雷射治療、微創小切口視網膜玻璃體手術、白內障小切口晶體乳化手術、雷射光動力治療　、早產兒視網膜疾病診斷及手術、一般眼科疾病診治
劉怜瑛	視網膜科：視網膜玻璃體疾病及手術、視網膜雷射治療、微創小切口視網膜玻璃體手術、白內障小切口晶體乳化手術、　雷射光動力治療、早產兒視網膜疾病診斷及手術、一般眼科疾病診治
林泰祺	視網膜科：視網膜玻璃體疾病及手術、視網膜雷射治療、白內障小切口晶體乳化手術、一般眼科疾病診治
林佩玉	一般眼科疾病診治、隱形眼鏡配戴及併發症處理、　角膜疾病診治及手術、兒童視力保健、白內障小切口晶體乳化手術
李淑美	一般眼科疾病診治、白內障手術、角膜移植手術
張由美	一般眼科疾病診治，眼葡萄膜炎、虹彩炎、及免疫異常造成的眼病
吳志翹	一般眼科疾病診治，白內障手術、角膜移植手術　、隱形眼鏡配戴及併發症之治療
陳克華	一般眼科：一般眼科疾病診治，白內障小切口晶體乳化手術、　角膜移植手術、隱形眼鏡配戴及併發症之治療、兒童視力保健

名 醫 師	醫 師 專 長
許志堅	一般眼科：一般眼科疾病診治、角膜塑型片及隱形眼鏡配戴及併發症處理、 角膜疾病診治及手術、兒童視力保健、白內障小切口晶體乳化手術
范乃文	一般眼科：一般眼科疾病診治、隱形眼鏡配戴及併發症處理、 角膜疾病診治及手術、兒童視力保健、白內障小切口晶體乳化手術
劉瑞玲	青光眼科:青光眼疾病的鑑別診斷、 青光眼的藥物治療、雷射治療及手術治療、頑固性青光眼之處置、小切口超音波白內障手術、一般眼科疾病診治
陳美如	青光眼科:青光眼診斷及治療、青光眼雷射治療、白內障小切口晶體乳化手術、一般眼科疾病
柯玉潔	青光眼科:青光眼診斷及治療、青光眼雷射治療雷射、白內障小切口超音波手術、一般眼科疾病診治、視力保健
鄭冬梅	青光眼科:青光眼診斷及治療、白內障小切口晶體乳化手術、一般眼科疾病診治、視力保健
顏美媛	眼肌神經科:白內障小切口晶體乳化手術、斜視手術、斜弱視及視神經及眼窩疾病診治、一般眼科疾病診治、雷射治療
王安國	眼肌神經科:白內障小切口晶體乳化手術、斜視手術、斜弱視及視神經及眼窩疾病診治、一般眼科疾病診治、雷射治療
高淑卿	眼窩腫瘤、及鼻淚囊疾病診治與手術肉毒桿菌素、玻尿酸眼部應用、甲狀腺眼疾治療、白內障小切口晶體乳化手術、一般眼科疾病診治。
蔡傑智	眼矯型重建科:甲狀腺眼病變、雙眼皮及眼袋整形手術、肉毒桿菌素眼科運用、眼皮眼窩疾病、淚囊及淚道疾病、白內障小切口晶體乳化手術、一般眼科疾病診治
陳五福	1918.12.20.~1997.11.8.　　台灣宜蘭縣羅東鎮十六份人， 眼科醫師，生於虔誠的台灣基督長老教會家庭，排行家中老么。先後就讀羅東公學校國小、基隆中學、台北高等學校、台北帝國大學醫學部。畢業後，在該校的附設醫院擔任眼科醫師。創辦「慕光盲人重建中心」，人稱「台灣史懷哲」「噶瑪蘭的燭光」。 1946 年，回羅東開設「五福眼科」醫院；同年與陳連年結婚，育有五名兒女。 1959 年，他與夫人陳連年創辦「慕光盲人習藝所」，免費教學，習得一技之長。 1966 年，獲日本福島醫科大學博士。 1974 年，創立「台灣史懷哲之友會」，發揚「敬畏生命」的信念。 　　陳五福曾獲台美文教基金會社會服務獎、吳尊賢愛心獎、吳三連醫學獎、噶瑪蘭獎、及總統親頒的紫色三等景星勳章。有眼科儀

名醫師	醫　　師　　專　　長
	器新發明的國際專利。 1997 年 11 月 8 日，因肝癌去世。 2000年，《天下雜誌》選為「共生」類的代表人物之一。
耳　鼻　喉　科	
蕭安穗	耳科：小兒耳鼻喉、眩暈、耳鳴、聽力障礙、突發性耳聾、人工電子耳植入、慢性中耳炎及膽脂瘤、面神經麻痺診斷治療
杜宗陽	耳科：眩暈、耳鳴、聽力障礙、各種中耳炎手術、膽脂瘤及內耳手術、經耳道微創性鼓室成形術、幼兒聽力障礙檢查診斷諮詢
廖文輝	耳科：眩暈、耳鳴、突發性耳聾、重聽（助聽器）、慢性中耳炎及膽脂瘤
連江豐	耳科：急、慢性中耳炎顯微重建手術、中耳膽脂瘤及其顯微重建手術、成人聽力障礙及耳鳴
王懋哲	耳科：眩暈、耳鳴、聽力障礙、外耳炎、中耳炎、膽脂瘤及耳部腫瘤之診斷治療與手術、鼻中隔彎曲、鼻竇炎、過敏性鼻炎、慢性肥厚性鼻炎之診斷、治療與手術、小兒中耳炎及各種小兒耳鼻喉科疾病之診斷、治療與手術、顱底手術
黃啟原	耳科：慢性耳鳴、耳鳴減敏治療、老年性聽損、突發性聽損、聽能重建與助聽器評估、急慢性中耳炎手術、膽脂瘤手術、內耳性眩暈診斷與治療
褚嘉慧	耳科：聽力障礙、外耳炎、中耳炎治療及手術、頭暈、眩暈、耳鳴、小兒中耳炎、嬰幼兒聽力篩檢、檢查、診斷與治療
許志宏	鼻頭頸科：鼻竇炎、過敏性鼻炎、鼻咽癌、睡眠呼吸中止症候群、鼻整形術、頭頸腫瘤、嗅覺異常診斷治療、嗅覺功能鑑定
陳記得	鼻頭頸科：鼻及鼻竇炎、鼻中隔彎曲、睡眠呼吸中止症候群、頭頸腫瘤、過敏性鼻炎、鼻咽癌、腮腺瘤手術、鼻息肉手術
何青吟	鼻頭頸科：鼻及鼻竇炎、過敏性鼻炎、鼻咽癌、頭頸腫瘤
藍敏瑛	鼻頭頸科：鼻及鼻竇炎、過敏性鼻炎、鼻咽癌、鼻整形術、外耳炎、中耳炎、膽脂瘤、眩暈
江秉穎	鼻頭頸科：睡眠障礙、鼻咽癌早期診斷、鼻咽癌復發手術治療、鼻竇炎內視鏡手術 、視神經減壓手術、蝶顎動脈手術、鼻炎、過敏性鼻炎之治療、 射頻、雷射治療、鼻整形手術、嗅覺診斷治療、頭頸外科
朱本元	鼻頭頸科：頭頸腫瘤治療(含甲狀腺及唾液腺腫瘤)，頭頸部腫瘤微創手術, 音聲疾病
戴世光	鼻頭頸科：口腔、頭頸腫瘤、甲狀腺及唾液腺腫瘤手術、睡眠呼吸相關疾病(打鼾及睡眠呼吸中止)、音聲疾病
王怡芬	鼻頭頸科：音聲疾病

醫師名	醫　師　專　長
許彥彬	鼻頭頸科：口腔、頭頸腫瘤(含甲狀腺及唾液腺腫瘤)、音聲疾病、聲帶麻痺、睡眠呼吸疾病(打鼾及睡眠呼吸中止)
李宗倫	鼻頭頸科：口腔咽喉腫瘤，頭頸部腫瘤微創手術，甲狀腺腮腺腫瘤，頸部腫塊，音聲疾病
張嘉帆	鼻頭頸科：口腔癌、口咽癌、喉癌、下咽癌、甲狀腺腫瘤、唾液腺腫瘤及其他頭頸部腫瘤治療；音聲疾病、打鼾及睡眠呼吸中止症
閻愷正	鼻頭頸科：嗓音異常與治療,吞嚥困難、胃酸逆流與慢性咳嗽之診斷與治療,口腔、咽喉、頭頸部腫瘤,甲狀腺與唾液腺腫瘤之診斷與治療,喉、食道內視鏡診斷與治療術,頭頸部超音波診斷與細針穿刺,頭頸腫瘤外科
皮　膚　科	
劉漢南	水疱病、異位性皮膚炎、搔癢症
王文正	乾癬、類澱粉沉積症、搔癢症、一般皮膚病
張雲亭	乾癬、皮膚疾病
陳長齡	老人皮膚病、一般皮膚病、皮膚病理
李定達	一般皮膚病、類澱粉沉積症、乾癬、落髮、美容醫學
陳志強	落髮、乾癬、異位性皮膚炎、醫學美容
朱思穎	一般皮膚病、落髮、乾癬
神　經　放　射　線　科	
林重榮	頭頸部支架置放、動脈瘤栓塞、　動靜脈畸型治療
鄧木火	神經放射線診斷、神經放射線介入治療、骨鬆脊椎骨折骨泥治療
李潤川	一般兒童暨急診放射診療、腫瘤介入治療（釔90肝臟腫瘤介入性治療）、體腔磁振造影學
羅兆寶	頭頸部影像診療及腦血管動脈瘤栓塞
沈書慧	腹部與泌尿生殖系統之介入性放射線學、電腦斷層攝影、磁振造影影像判讀　4、　冷凍治療腫瘤
過　敏　免　疫　風　濕　科	
周昌德	風濕免疫疾病、風濕病流行病學與免疫基因學、僵直性脊椎炎之家族基因及感染、風濕之中藥藥理
林孝義	嘌呤代謝、高尿酸血症與痛風、紅斑性狼瘡、類風濕性關節炎、風濕病學、人類組織配合抗原
黃德豐	紅斑性狼瘡、自體免症重症療護、免疫基因學、類風濕性關節炎、僵直性脊椎炎、乾燥症、以及各種免疫有關的疑難雜症
蔡長祐	過敏免疫病、風濕病、家庭醫學、狼瘡疾病、自體抗體之生物活性
陳瑋昇	軟組織超音波、關節炎、紅斑性狼瘡、類風濕性關節炎、僵直性脊椎炎、紅斑性狼瘡、乾燥症、痛風、退化性關節炎、多肌炎/皮肌炎、

名　醫　師	醫　　師　　專　　長
	硬皮病、蕁麻疹及其他過敏症等
	感　染　科
馮長風	感染症、微生物學、分子細菌學、細菌抗藥性
劉正義	感染症、微生物學、低抵抗力宿主感染
王復德	感染症、微生物學、院內感染管制、低抵抗力宿主感染
楊素盆	感染症、微生物學、黴菌學
杜瑞煌	感染症、微生物學、急診感染
鄭乃誠	感染症、微生物學
余國煥	感染症、微生物學、細菌抗藥性
詹宇鈞	感染症、病毒學
郭英調	感染症、微生物學、院內感染、愛滋病、臨床試驗
王永衛	感染症、微生物學、愛滋病及性病
黃鈴茹	感染症、微生物學、低抵抗力宿主感染、感染重症
林邑璁	感染症、微生物學、細菌致病機轉及抗藥性
	血　液　腫　瘤　科
曾成槐	血液學、血癌及血液惡性腫瘤、骨髓/週邊血幹細胞移植、癌症化學治療、輸血醫學
劉俊煌	血液惡性病(淋巴瘤, 骨髓瘤、白血病,血球過高或低,幹細胞移植)、肝腸腫瘤(結直腸癌,肝癌, 胰臟癌)、泌尿腫瘤(腎臟癌, 膀胱癌,睪丸癌、攝護腺癌)、免疫治療(黑色素細胞瘤等)、胸腺腫瘤、乳癌
高志平	血液學,血小板與血液凝固異常,血液惡性病,造血幹細胞移植
顏厥全	腫瘤內科學、血液學、周邊血液幹細胞及骨髓移植
楊慕華	血液病學、腫瘤內科學、頭頸癌
趙大中	腫瘤內科學, 乳癌, 肺癌, 大腸直腸癌, 惡性肉瘤, 泌尿系統癌症,血液惡性疾病
蕭樑材	淋巴瘤、白血病、多發性骨髓瘤、血液及骨髓幹細胞移植、貧血及血小板、腫瘤內科學
鄧豪偉	血液科、腫瘤內科、大腸直腸腫瘤、腸胃道腫瘤、婦癌、凝血及血小板疾患
余垣斌	血液癌症、貧血、凝血及血小板、栓塞疾患
陳明晃	腫瘤內科、腸胃道腫瘤(食道癌、胃癌、大腸直腸癌、膽管及胰臟癌)及神經內分泌腫瘤
張牧新	一般腫瘤內科學、頭頸癌、鼻咽癌、泌尿系統癌症
劉峻宇	腫瘤內科學、血液學、周邊血液幹細胞及骨髓移植、乳癌、淋巴癌、血液癌症
陳博明	內科腫瘤學、血液學、周邊血及骨髓移植

醫師名	醫　師　專　長
劉嘉仁	腫瘤內科學、血液學、貧血、淋巴癌、大腸癌、肺癌、乳癌、血癌
王正旭	基隆長庚，癌症腫瘤醫學基隆長庚醫院癌症中心主任、癌症希望協會理事長，榮獲第5屆國家公益獎團體獎．
王惠暢	中國醫大附設醫院乳癌
田蕙芬	台大醫院，血液病及淋巴瘤致力血液惡性疾病的染色體及基因突變研究，獲國內外肯定．
林進清	台中榮總，癌症放射治療曾獲國科會傑出研究獎；發表「即時性定量聚合酶連鎖反應」技術偵測鼻咽癌論文．
邱宗傑	台北榮總，骨髓及造血細胞移植擔任中華民國血液病醫學會秘書長、中華民國血液暨骨髓移植學會理事長．
邱昌芳	中國醫大附設醫院，內科腫瘤、血液專科、幹細胞移植，建立大中部地區造血幹細胞移植照護系統；配合國民健康局，建立癌症品質評估準則．
侯明鋒	高醫大附設醫院，乳癌治療歷任多項醫學會重要工作，包括台灣乳房醫學會第3屆理事長、中華民國癌症醫學會理事．
施麗雲	林口長庚，血液腫瘤
洪志宏	林口長庚，放射腫瘤建構林口長庚癌症中心．
徐志宏	台大醫院，腫瘤內科專研食道癌、攝護腺癌及肝癌治療
張獻崑	林口長庚，癌症治療
陳博明	台北榮總，骨髓移植民國76年獲得總統府最優人員獎及行政院三等功績獎章，骨髓移植到目前為止已實施886例．
趙祖怡	三軍總醫院，癌症治療與臨床研究榮獲國防部優良軍醫，曾任中華民國血液及骨髓移植學會理事長．
劉美瑾	和信醫院，癌症診治和信醫院乳癌團隊召集人。協助國衛院乳癌治療準則訂定；發表多篇乳癌化療結果於國際性學會．
鄭安理	台大醫院，腫瘤內科專研肝癌、胃癌、惡性淋巴瘤、乳癌之化學治療，及標靶治療
新 陳 代 謝 科	
葉振聲	糖尿病，甲狀腺疾病，內分泌疾病
蔡世澤	糖尿病、內分泌疾病
郭清輝	糖尿病、高血脂症、甲狀腺疾病、肥胖症、內分泌疾病
翁錦興	糖尿病、腎上腺疾病、腦下垂體疾病
陳涵栩	糖尿病、內分泌疾病、甲狀腺疾病
何橈通	台北榮總，糖尿病及內分泌治療，民國89年組合榮陽團隊，完成人類第4號染色體基因定序計畫。民國92年成立「幹細胞研究」專案，已取得世界一流地位．糖尿病自主神經病變

名醫師	醫　師　專　長
林宏達	糖尿病，甲狀腺疾病，內分泌疾病
胡啟民	糖尿病、高血脂、內分泌疾病、胰島素阻抗及相關疾病
鄧錦泉	糖尿病、甲狀腺疾病、甲狀腺分子生物學及生理學
林亮羽	糖尿病、甲狀腺疾病、高血脂症、內分泌疾病
王治元	亞東醫院，內分泌及新陳代謝病國內外發表超過40 篇論文，獲中華民國內分泌學會優秀論文獎。編輯內分泌及糖尿病相關期刊．
吳明彥	署立台南醫院，內分泌及糖尿病學視病如親，對付不起醫藥費的病友，主動轉介社會服務或慷慨解囊，讓其願意繼續控制糖尿病．
杜思德	彰化基督教醫院，糖尿病、腦下垂體疾病參與糖尿病保健推廣機構計畫，曾任中華民國糖尿病衛教學會口試委員．
辛錫璋	高醫大附設醫院，糖尿病遺傳、內分泌學成立糖尿病衛教及共同照護體系，推動臨床及基礎分子遺傳研究水準．
林瑞祥	耕莘醫院，糖尿病治療曾任中華民國糖尿病學會理事長，榮獲衛生署貳等衛生獎章、輔仁大學醫學院名譽副院長．
張天鈞	台大醫院，甲狀腺及內分泌疾病開發甲狀腺結節之細胞學診斷，及發明評估甲狀腺眼病變之熱影像檢查．
莊立民	台大醫院，糖尿病及新陳代謝疾病，以目前熟知之候選基因為研究對象，尤以胰島素受器基質為代表；第一型糖尿病，與其他代謝疾病之分子遺傳研究．
許惠恆	台中榮總，糖尿病等內分泌疾病糖尿病衛教學會理事長，曾獲糖尿病學會及陳芳武教授優秀論文獎．
蔡世澤	台北榮總，糖尿病學、內分泌學民國91 年獲衛生署衛生獎章，並為世界糖尿病聯盟終身會員．
謝明家	高醫大附設醫院，糖尿病、內分泌學積極推廣糖尿病衛教知識及預防保健，積極參與糖尿病共同照護網．
精　神　科	
劉大元	長於精神障礙、憂鬱症等病，擅用另類醫學療法，螯合療法、能量醫學、低頻療法、傳統中國醫學（中醫）、針灸、醫學芳療、生機飲食療法、大腸水療，以及維他命營養療法、花療法、同類療法、色療、磁療、酵素療法、能量轉換療法、整脊……等等．
徐如維	成人一般身心失眠、焦慮憂鬱等疾病，兒童青少年常見情緒、行為問題之處理，兒童青少年精神疾病之診斷與治療、兒童發展遲緩、親子相處等相關問題之處理。
黃凱琳	各種兒童青少年精神疾病診斷與治療（含注意力不足過動症）、焦慮症、憂鬱症、妥瑞氏症、精神分裂症、情感性精神疾病、自閉症、發展遲緩、內外科疾病併有情緒障礙行為障礙
劉弘仁	各種兒童青少年精神疾病診斷與治療（含注意力不足過動症）、焦

名醫師	醫　　　師　　　專　　　長
	慮症、憂鬱症、妥瑞氏症、精神分裂症、情感性精神疾病、自閉症、發展遲緩、內外科疾病併有情緒障礙行為障礙
邱姵寧	各種兒童青少年精神疾病診斷與治療（含注意力不足過動症）、焦慮症、憂鬱症、妥瑞氏症、精神分裂症、情感性精神疾病、自閉症、發展遲緩、內外科疾病併有情緒障礙行為障礙
李鶯喬	1.精神疾病(包括憂鬱症,焦慮症,強迫症,失眠症,身心症,精神分裂症,躁鬱症,情感性疾病,及其他情緒障礙症,適應障礙等)之診斷及治療 2.兒童青少年精神疾病 (包括發展遲緩,注意力不足過動障礙症,憂鬱症,焦慮症,強迫症,失眠症,身心症,精神分裂症, 躁鬱症,情感性疾病,及其他情緒障礙,適應障礙等)之診斷與治療 3.慢性精神疾病患者與身心障礙個案之精神復健治療,職業復健治療4.性別認同障礙(含變性慾症個案)之評估
李正達	精神官能症、身心症、藥物難治型憂鬱症、躁鬱症、恐慌症、焦慮症、失眠、慢性無法解釋的身體症狀、精神分裂症、透顱磁刺激術
楊智傑	睡眠疾患、自律神經失調, 憂鬱及焦慮疾患、精神分裂症、躁鬱症
劉珈倩	各種兒童青少年精神疾病診斷與治療（含注意力不足過動症）、焦慮症、憂鬱症、妥瑞氏症、精神分裂症、情感性精神疾病、自閉症、發展遲緩、內外科疾病併有情緒障礙行為障礙
洪致遠	成人一般身心失眠、精神分裂症,憂鬱症.躁鬱症,焦慮症、恐慌症、社交焦慮症。
林韋丞	一、睡眠醫學(失眠、不寧腿症候群、夜間陣發性腿動、睡眠異動症、夢遊、睡眠飲食疾患、猝睡症、睡眠生理時鐘紊亂、睡眠呼吸中止症、失眠認知行為治療) 二、精神醫學(精神官能症、憂鬱症、焦慮症、恐慌症、躁鬱症、精神分裂症)
劉慕恩	失眠、焦慮症、憂鬱症、躁鬱症、精神分裂症、失智症、老年及高齡精神醫學、精神遺傳醫學、精神腦影像學
口 腔 醫 學 科	
賴玉玲	牙周病、牙科植牙、牙周整形治療
林怡君	牙周病診治、牙科植牙、牙周整形治療
楊淑芬	顯微根管治療、根尖周圍手術、牙髓病難症處理、非活性牙齒漂白
陳益貞	顯微根管治療、顯微根尖手術、外傷牙齒處理、裂齒症、活髓牙齒治療
高壽延	人工植牙、口腔重建、正顎手術、口腔癌手術、腫瘤分子生物學
雷文天	口腔診斷、阻生牙拔除、自體牙齒移植、口腔手術、齒槽骨整形
羅文良	人工植牙及相關輔助手術(鼻竇增高術、牙脊增高術、神經移位手術)、口腔顏顎面矯正手術、口腔顏顎面骨折手術、顳顎關節手術、

名醫師	醫　師　專　長
	口腔顎顏面放射線影像、口腔顎顏面良惡性腫瘤手術
吳政憲	口腔良惡性腫瘤手術、口腔顎顏面矯正手術、顏顎面骨折及重建手術、內視鏡微創手術、人工植牙
陳雅薇	顏顎面骨折及重建、口腔良惡性腫瘤、口腔顎顏面矯正、人工植牙、智齒及其他阻生齒拔除
楊政杰	口腔良惡性腫瘤手術，癌症生物學基礎與轉譯醫學研究
陳江雲	蛀牙填補、牙齒美學、牙齒美白、門牙「漏風」矯治及一般牙醫學
李士元	全人口腔照護、牙科植體贋復、美容牙醫
吳詩韻	牙周病診治、人工植牙診治
葉聖威	牙冠牙橋、全瓷冠、牙周贋復、全口重建贋復
楊子彰	假牙製作、人工植牙
董愛康	全口贋復、活動義齒、固定義齒
鄭冬慧	全口及局部活動義齒、固定義齒、植牙贋復
施文宇	兒童牙科及身心障礙者牙科全身麻醉下之整體牙科治療
況守信	成人矯正、兒童及青少年矯正、手術矯正、植體矯正
廖宥程	成人矯正、兒童及青少年矯正、手術矯正、植體矯正
吳姿瑩	成人矯正、兒童及青少年矯正、合併正顎手術矯正、植體矯正(迷你骨釘)
婦　產　科	
趙灌中	婦癌：婦科腫瘤與癌症手術、婦癌篩檢及重症化療；腹腔鏡及內視鏡手術；骨盆腔重建及尿失禁診治；婦產科超音波學、子宮內膜異位症、荷爾蒙及抗老化療法
顏明賢	婦癌腫瘤篩檢及診治（手術及化療）；一般婦科、月經問題、更年期症候群治療；腹腔鏡手術；骨盆腔重建及尿失禁診治
張昇平	生殖內分泌及不孕症科：不孕症及生殖內分泌、人工生殖技術（人工授精與試管嬰兒診治）；子宮內膜異位症及問題月經；子宮肌瘤、腺肌瘤及婦科腫瘤諮詢與手術；停經期診治
趙湘台	生殖內分泌及不孕症科：婦女身心健康門診：痛經、經前症候群、經前不悅症、更年期症候群、更年期憂鬱症、骨質疏鬆症、不孕生殖內分泌門診：高泌乳素症、月經紊亂、子宮內膜異位症、不孕症、人工授精、試管嬰兒、多囊性卵巢症候群門診：合併肥胖、月經紊亂、多毛症、青春痘、卵巢囊腫、不孕等問題、一般婦科、產科門診、婦女骨盆重建門診：陰道子宮切除、子宮、膀胱脫出、尿失禁、膀胱過動症
楊明智	婦產科：產前檢查及生產、產前孕前諮詢、產前胎兒遺傳診斷、高危險妊娠、超音波診斷；月經問題；婦科腫瘤手術；腹腔鏡手術；

名 醫 師	醫　　師　　專　　長
	更年期症候群診治
袁九重	婦癌：婦科癌症診斷及治療；子宮肌瘤、卵巢腫瘤、子宮內膜異位症、尿失禁（婦科泌尿）、更年期等一般婦女疾病。荷爾蒙及其他婦女健康問題、婦科腹腔鏡手術
杜來南	生殖內分泌及不孕症科：試管嬰兒治療、人工生殖及協助生育；一般婦產科診治；婦科腫瘤手術及腹腔鏡手術；子宮內膜異位症治療；月經問題治療；停經症候群治療
屠乃方	婦癌：婦科癌症、婦科良性腫瘤；一般婦科疾病；陰道鏡檢查；腹腔鏡手術
李新揚	生殖內分泌及不孕症科：不孕症診治、人工生殖技術、試管嬰兒診治、人工授精、胚胎著床、多囊性卵巢症候群；月經問題；子宮內膜異位症診治
吳華席	婦產科：婦科腫瘤與癌症手術、婦癌篩檢及重症化療；腹腔鏡及內視鏡手術；一般婦科疾病；月經問題、經前症候群
王鵬惠	婦科、內視鏡微創手術各式腹腔鏡手術〔子宮、卵巢、骨盆腔重建、尿失禁及婦科癌症；各種婦科癌症手術及治療；子宮內膜異位；更年期症候群；多毛症、青春痘、月經問題
莊其穆	婦科腫瘤：婦科腫瘤手術，化學治療，標靶治療，尿失禁手術，骨盆腔脫垂手術，腹腔鏡手術
陳怡仁	婦產科：微創手術〔達文西婦科手術、單孔腹腔鏡手術、腹腔鏡肌瘤手術、子宮鏡、尿失禁及陰道脫垂手術〕、子宮內膜異位症治療、婦癌手術、婦女癌症及乳癌篩檢治療、更年期整合治療
洪煥程	婦產科：尿失禁及陰道脫垂手術；卵巢及肌瘤腹腔鏡手術、子宮內膜異位腹腔微創手術；婦女癌症及乳癌篩檢治療；更年期整合治療；高危險妊娠
葉長青	一般婦產科、產前檢查及生產、母胎醫學、婦產科與胎兒超音波、高危險妊娠、腹腔鏡手術、更年期症候診治、婦科癌症篩檢
陳志堯	婦產科：高危險妊娠照護、胎兒高層次及心臟超音波、胎兒醫學、產後泌尿問題診治、剖腹產及難產手術、腹腔鏡檢查及手術、一般婦科疾病、月經紊亂治療、更年期健康醫學
張家銘	婦產科：胎兒產前遺傳診斷、基因體醫學、羊膜穿刺、染色體檢查、母親-胎兒醫學、高危險妊娠、產科、剖腹產及難產手術
許維倫	生殖內分泌與不孕症科：一般婦科疾病、月經問題、子宮內膜異位症、更年期障礙及荷爾蒙療法；腹腔鏡及內視鏡手術；腫瘤手術
何積泓	生殖內分泌與不孕症科：不孕症、人工授精、試管嬰兒治療；子宮內膜異位症；腹腔鏡手術、月經問題、多囊性卵巢症候群
鄭福山	婦產科：一般婦產科；產前檢查及生產；月經問題

名 醫 師	醫 　 師 　 專 　 長
嚴國棟	婦產科：一般產科、高危險妊娠；一般婦科疾病；更年期治療；婦產科超音波
陳晟立	婦產科：一般產科、高危險妊娠；婦科疾病、剖腹產及難產手術。
溫莉莉	婦產科：產前檢查及生產、剖腹產及難產手術、超音波診斷、乳房超音波、乳房保健、一般婦科病及超音波、腹腔鏡手術
劉希儒	婦產科：婦科、婦癌腫瘤 (婦癌手術及化療)、婦癌篩檢、產前檢查及生產、內視鏡手術、陰道鏡檢查、子宮內膜異位症治療、婦女泌尿、月經問題
曾仁宇	婦產科：一般產科、高危險妊娠、剖腹產及難產手術、一般婦科、內視鏡手術、月經問題、子宮內膜異位症治療、婦女癌症及乳癌篩檢治療、更年期整合治療
宋碧琳	婦產科：不孕症及生殖內分泌、人工授精及試管嬰兒治療、子宮內膜異位症、多囊性卵巢症、內視鏡手術、一般產檢及接生、剖腹產及難產手術
蔡曉文	婦產科：一般產科、婦科、婦癌腫瘤、內視鏡手術、婦女泌尿
黃貞瑜	生殖內分泌與不孕症科：不孕症醫療與相關手術、人工生殖技術；多囊性卵巢症候群、月經問題、一般婦科與腹腔鏡手術、子宮內膜異位症；各類荷爾蒙療法、更年期醫療、生殖內分泌失調之各類疾病；「著床前遺傳診斷」(PGD)諮詢門診
洪正修	婦產科：高危險妊娠治療、胎兒高級超音波；婦女尿失禁手術、骨肌肉重建手術；婦科癌症手術；婦科微創腹腔鏡手術；子宮鏡手術
溫國璋	婦產科：一般婦產科、婦科癌症、腹腔鏡手術、婦科顯微手術
王功亮	馬偕醫院，婦科癌症國家衛生研究院台灣婦癌研究委員會委員，並擔任教職及中華民國婦癌醫學會常務理事。
何師竹	台中榮總，婦科腫瘤、婦內分泌榮獲衛生署二等獎章、榮獲第18 屆國際婦產科醫學會女醫師貢獻獎。
李奇龍	林口長庚，婦癌手術、試管嬰兒共同完成台灣首例腹腔鏡子宮切除手術及世界首例腹腔鏡子宮頸根除手術。胎盤手術完成國內多例首創手術，包括總腸骨動脈氣球阻斷術應用於植入性胎盤手術。
張廷彰	林口長庚，婦科腫瘤的診斷與治療國家衛生研究院「婦癌診療指引」編纂小組組長、台灣癌症登記學會創會理事長。
陳持平	馬偕醫院，優生保健、遺傳諮詢馬偕醫院優生保健暨遺傳諮詢中心主任、陽明大學兼任教授、中華民國人類遺傳學會常務理事。
陳祈安	台大醫院，一般婦科、婦癌手術
陳進典	中山醫大附設醫院，婦女泌尿及婦女腫瘤長期推動骨盆底肌肉運動進行骨盆鬆弛及尿失禁防治，並提倡以模型為病患解說病情。
趙灌中	台北榮總，婦癌治療、荷爾蒙治療，受國內外婦癌大師傳承，20 年

名醫師	醫 師 專 長
	間完成子宮頸癌及各類婦癌之重症手術約4,300餘例,治癒率及5年存活率之成績極為優異.
賴瓊慧	林口長庚,婦癌、人類乳突病毒研究,亞洲婦癌研究團體創會理事長.
羅良明	台北長庚,週產期醫學、婦產科榮獲民國92年度台北市杏林獎;台北長庚醫院產科主任、現任開刀房主任.
小 兒 科	
王主科	台大醫院,兒童先天性心臟病發展經由心導管治療先天性心臟病的最新技術,成功治療1,000多名心臟病童
吳美環	台大醫院,兒童心臟疾病台灣先天性心臟病及其特殊心律不整之臨床表徵分析與治療策略之訂定.
巫康熙	中國醫大附設醫院.兒童癌症、骨髓移植以造血幹細胞移植,治癒患先天再生不良性貧血蘇丹病童將幹細胞研究從基礎在臨床應用.
李秉穎	台大醫院50兒童感染症、一般兒科台灣兒童首例萊姆病、鉤端螺旋體感染發現者.民國96年台灣兒科醫學會兒科醫學教育貢獻獎.
張美惠	台大醫院,兒童肝膽胃腸疾病創立我國兒童胃腸肝膽科、建立世界第一個全國性膽道閉鎖篩檢系統.
許瓊心	馬偕醫院,小兒科及新生兒疾病新生兒科醫學會常務理事。長期致力早產兒防治與追蹤,視病猶親,並主持多項早產兒相關工作.
陳昭惠	台中榮總,新生兒科推展以家庭為中心的新生兒照護.
傅雲慶	台中榮總,應用新型心臟內超音波心導管技術,補心臟破洞可免開刀及麻醉,已成功完成230多,台中榮總腸病毒醫療團隊重要成員.
喻永生	國泰醫院,新生兒科、小兒內分泌二度獲得小兒科醫學會最佳雀巢研究獎、盧致德學術論文獎、民國89年獲台灣兒科醫學會獎.
黃富源	馬偕醫院,新生兒疾病、感染疾病,擔任台大醫學院、北醫醫學院兼任教授多年;馬偕醫院兒科主任14年。SARS期間擔任防治委員會副總指揮.
黃璟隆	林口長庚,小兒科、過敏、氣喘學,曾任台灣兒童過敏氣喘免疫學會理事長、現任長庚大學教授.
劉清泉	成大醫院,小兒科、臨床流行病學民國87年腸病毒71型感染在台流行,帶領成大團隊,首先由死亡病患檢體分離出腸病毒71型
兒 童 外 科	
錢大維	1. 先天性與後天性頭、頸部手術(良性腫瘤、淋巴管瘤、血管瘤、腮裂、斜頸與耳廓疾病手術)。 2. 先天性與後天性胸壁畸型凹胸、凸胸、食道閉鎖、食道氣管廔管、肺部腫瘤、肺部膿瘍和橫隔膜疝氣疾病傳統或微創手術。先天性

名 醫 師	醫　　師　　專　　長
	與後天性腹壁缺陷腹裂、臍膨出和腹部內胃、小腸閉鎖、小腸扭轉、巨大結腸、肝腫瘤、膽道閉鎖、膽管囊腫、胰腫瘤、脾腫大等傳統或微創手術。 3. 先天性泌尿道與生殖系統缺陷之手術（水腎、尿路逆流、神經性膀胱、膀胱功能不良、疝氣、陰囊水腫、隱睪、尿道下裂、隱藏性陰莖、包皮發炎、卵巢腫瘤、外陰黏粘、肛門閉鎖、肛門狹窄、肛裂等傳統或微創手術）。 4. 先天性與後天性軀幹和四肢等軟組織之手術
劉君恕	1. 先天性與後天性頭、頸部手術（良性腫瘤、淋巴管瘤、血管瘤、腮裂、斜頸與耳廓疾病手術）。 2. 先天性與後天性胸壁畸型凹胸、凸胸、食道閉鎖、食道氣管廔管、肺部腫瘤、肺部膿瘍和橫隔膜疝氣疾病手術。 3. 先天性與後天性腹壁缺陷腹裂、臍膨出和腹部內胃、小腸閉鎖、小腸扭轉、巨大結腸、肝腫瘤、膽道閉鎖、膽管囊腫、胰腫瘤、脾腫大等手術。 4. 先天性泌尿道與生殖系統缺陷之手術、疝氣、陰囊水腫、隱睪、尿道下裂、隱藏性陰莖、包皮發炎、卵巢腫瘤、外陰黏粘、肛門閉鎖、肛門狹窄、肛裂等手術。 5.小兒及成人肝臟移植。
蔡昕霖	小兒小腸移植，小兒及成人腎臟移植，短腸症，巨大結腸症及先天性小腸手術，疝氣修補(或隱睪手術)，無肛門症修補，腹壁先天性缺陷修補，先天性橫隔膜疾病手術，泌尿生殖系統先天缺陷之手術，小兒胸壁畸形矯正，小兒腮裂與耳廓疾病手術，居家全靜脈營養照
兒 童 神 經 外 科	
黃棣棟	兒童內視鏡手術、兒童腦瘤、兒童癲癇手術、兒童水腦、先天性中樞神經系統異常
梁慕理	兒童內視鏡手術、兒童腦瘤、兒童癲癇手術、兒童水腦、先天性中樞神經系統異常
陳信宏	兒童內視鏡手術、兒童腦瘤、兒童癲癇手術、兒童水腦、先天性中樞神經系統異常
李宜燕	兒童腦瘤、兒童脊髓腫瘤、兒童癲癇、頭痛、熱性痙攣、發展遲緩、腦炎、兒童腦部及神經病變、妥瑞症
癌 病 中 心	
顏上惠	提昇效益之適形放射療法、頭頸鼻咽及中樞神經系統腫瘤、胸腹腫瘤、乳癌、婦癌
劉裕明	三度空間、強度調控放射治療、近接插種放射治療、泌尿、婦癌、

名 醫 師	醫　　　師　　　專　　　長
	攝護腺癌、食道癌、緩和放射治療
蕭正英	強度調控放射療法、立體定位放射手術（加馬刀）、全身放射治療法、鼻咽癌、中樞神經瘤、乳癌、骨及軟組織肉瘤、淋巴瘤
王令瑋	頭頸部腫瘤、硼中子捕獲治療、加馬刀放射手術及直腸癌
陳一瑋	高生物效應之粒子性放射治療、成人及兒童中樞性神經腫瘤、頭頸癌、胸腔內惡性腫瘤(肺癌、食道癌)、高精準度順形性放射治療
黃品逸	強度調控放射療法，鼻咽癌，乳癌，食道癌，腸胃道腫瘤放射治療
藍耿立	胸腔及消化系統腫瘤放射治療、標靶及免疫治療研究
胡育文	鼻咽癌、頭頸癌、婦科腫瘤、泌尿、攝護腺癌之放射治療、立體定位放射治療
趙毅	胰臟癌、胃癌、肝癌、膽道癌同步放射化學治療、消化系腫瘤治療
陳盛鈺	頭頸癌、鼻咽癌、食道癌等同步放射化學治療、各種癌症化學治療
整 形 外 科	
石育仲	1.重建手術－各式損傷重建、頭頸部腫瘤切除後重建、乳癌切除後重建、褥瘡重建、各種困難複雜性傷口處理及重建、各種困難複雜性傷口處理 2.顯微手術 3.美容手術－疤痕整形、雙眼皮手術、眼袋去除、雷射除痣、狐臭根治手術、抽脂瘦身、臉部去皺(拉皮)、自體脂肪移植、肚皮去皺、植髮、鼻整形、肉毒桿菌素注射除皺回春、玻尿酸注射、果酸換膚、維他命C美白保養 4.複合組織異體移植手術(手移植，臉部移植手術) 5.燒燙傷手術－燒燙傷急救及治療、燒燙傷之傷口重建、燒燙傷後疤痕之整形 6. 腫瘤手術－各式皮膚及軟組織良性或惡性腫瘤手術及重建
林之勛	1. 重建手術－各式損傷重建、頭頸部腫瘤切除後重建、乳癌切除後重建、褥瘡重建、各種困難複雜性傷口處理及重建、各種困難複雜性傷口處理 2. 顯微手術 3. 美容手術－疤痕整形、雙眼皮手術、眼袋去除、雷射除痣、狐臭根治手術、顏面整形、抽脂瘦身、隆鼻(乳)、臉部去皺(拉皮)、肚皮去皺、肉毒桿菌素注射除皺回春、玻尿酸注射、果酸換膚、維他命C美白保養、光療法 4. 燒燙傷手術－燒燙傷急救及治療、燒燙傷之傷口重建、燒燙傷後疤痕之整形 5. 腫瘤手術－各式皮膚及軟組織良性或惡性腫瘤手術及重建
移 植 外 科	

名醫師	醫　師　專　長
林釀呈	肝臟,腎臟移植
陳正彥	(肝臟,腎臟移植),兒童外科,外科重症,消化外科
龍藉泉	肝臟,腎臟移植,移植免疫,肝癌,疝氣手術
傳統醫學科	
陳方佩	針灸：肩頸、背及四肢酸痛、神經症狀、腦病變
龔彥穎	過敏疾病、風濕疾病、失眠、體質調理、更年期不適、中醫內科、針灸傷科
吳大鵬	中醫內科、針灸傷科整復、中風、失眠、中醫癌症
鍾茂修	中醫內科、針灸治療、各類酸痛、過敏體質、氣喘、各種慢性病
楊仁鄰	不孕、經前症候群、痛經、更年期症候群； 幼兒體質調理、慢性疾病中醫調理、癌病中醫調理；憂鬱症、焦慮症；老年退化性神經及關節疾病針灸治療、急性肌肉及關節扭拉傷針灸治療
洪章仁	復健科：國立台灣大學醫學院醫學系畢業,1978 年到美國工作,1995年應邀回台灣 出任台灣國立成功大學醫學院復健科教授兼主任、成大醫院復健醫學部主任,並在國立台灣大學醫學院復健科兼任教授,1996 年起以醫學院復健科教授兼主任並兼物理治療學系主任。1997 年退休,轉為兼任教授,回美國專任教職, 2000年在美國退休。弘光科技大學講座教授,國立台灣大學、國立成功大學醫學院復健科兼任教授,長庚醫院嘉義院區復健科顧問教授。學術專長是復健醫學,特別是疼痛學、神經學、足部復健、兒童復健。
詹瑞棋	肌肉神經電學診斷、肌筋膜疼痛治療、周邊神經復健
楊翠芬	小兒復健、神經復健、吞嚥復健、術中監測
周正亮	心肺復健、運動醫學、骨骼復健、痙攣控制、玻尿酸注射
莊天佑	神經復健、脊髓損傷復健
邱然偉	肌電診斷、神經復健、尿失禁
高崇蘭	前庭功能復健、平衡功能復健、高齡醫學復健
蔡泊意	磁刺激治療、腦中風復健、神經復健、膀胱功能復健
李思慧	肌筋膜疼痛治療、腦中風復健、超音波診斷、五十肩及肩關節病變治療
賴至柔	一般復健治療、發展遲緩、超音波診斷
張寶基	身障重建：兩下肢不等長、足底筋膜炎、類風濕及糖尿病足、扁平族、空凹足、小兒麻痺、截肢、脊柱側彎
張誌剛	身障重建：截肢後復健、輔具及義肢裝配、周邊血管疾病、糖尿病足、下背痛、脊柱側彎、肩頸疼痛、足部疼痛、退化性關節炎、運

名 醫 師	醫　　　師　　　專　　　長
	動傷害、脊髓損傷後復健、肌電圖檢查
	麻 醉 學 科 (疼痛科)
陳國瀚	麻醉醫學、疼痛醫學、區域麻醉
鄒美勇	神經麻醉、移植麻醉、術後病人自控式止痛、內視鏡檢麻醉、高級心臟救命術指導員
張文貴	胸腔外科、心臟血管外科麻醉
許淑霞	婦幼麻醉、疼痛醫學
林素滿	麻醉醫學、心臟外科麻醉
袁懷璧	神經麻醉、疼痛治療
鄒樂起	麻醉醫學、疼痛醫學
何照明	麻醉醫學、基礎研究
朱雅淳	麻醉醫學、疼痛醫學
宋俊松	麻醉醫學、疼痛、重症麻醉、高級心臟救命術指導員
胡新實	神經麻醉、疼痛治療
曹正明	神經麻醉、疼痛治療
謝瀛洲	麻醉醫學、兒童及青少年慢性疼痛
朱圻鈞	麻醉醫學、疼痛治療
丁乾坤	麻醉醫學、麻醉及止痛醫療儀器之研發、醫學工程、麻醉安全品管、無痛內視鏡麻醉(胃鏡、大腸鏡等)
陳品堂	臨床麻醉醫學、長期中央靜脈導管置放（人工血管)、超音波神經阻斷術、呼吸道處置、經皮氣管切開術、重症醫學、高級心臟救命術指導員、模擬醫學教育
張光宜	神經麻醉、疼痛治療
林世斌	麻醉醫學、重症照護
王審之	麻醉醫學、器官移植麻醉
楊舜欽	麻醉醫學
鄭宏煒	麻醉醫學、長期中央靜脈導管置放（人工血管)
郭怡敏	麻醉醫學
胡耿華	麻醉醫學
	放 射 線 部
林重榮	1頭頸部支架置放　2動脈瘤栓塞 3動靜脈畸型治療
鄒木火	1神經放射線診斷 2神經放射線介入治療 3骨鬆脊椎骨折骨泥治療
李潤川	1一般兒童暨急診放射診療 2腫瘤介入治療（釔90肝臟腫瘤介入性治療） 3體腔磁振造影學
羅兆寶	頭頸部影像診療及腦血管動脈瘤栓塞
沈書慧	1腹部與泌尿生殖系統之介入性放射線學　　2電腦斷層攝影

名醫師	醫　師　專　長
	3 磁振造影影像判讀　　4 冷凍治療腫瘤
	核子醫學部
王世楨	核子影像醫學、臨床醫學、I-131治療、放射核種（鍶-89）治療、正子造影、輻傷防治
朱任公	核醫檢查診斷、同位素治療、放射核種（鍶-89）治療、正子造影
朱力行	核醫內分泌、胃腸道、甲狀腺癌治療、放射核種（鍶-89）治療、輻傷防治、臨床免疫分析
劉仁賢	核子醫學、神經影像學、消化系影像醫學、內分泌影像醫學、心臟血管影像醫學、腫瘤核醫學、分子生物影像
張承培	核子醫學、甲狀腺癌治療、正子造影
張智勇	核醫檢查診斷、同位素治療、正子造影、輻傷防治
	病理檢驗部
何明德	解剖病理、神經病理
潘競成	泌尿病理
周德盈	胸腔病理、分子病理
賴瓊如	細胞病理、婦科病理
楊安航	腎臟病理、移植病理、超顯微病理
李永賢	頭頸病理
李芬瑤	腸胃病理
楊靜芬	血液腫瘤病理
許志怡	乳房病理
梁文議	消化道病理、醫學資訊
陳志學	骨及軟組織病理
葉奕成	肝臟病理
林士傑	神經病理
林植培	血液凝固疾病診斷、體液細胞病理顯微診斷、臨床病理診斷
詹宇鈞	一般內科、感染症、病毒及細菌相關檢驗診斷
余國煥	感染症、微生物學、細菌抗藥性
施信嶔	急診醫學、重症加護醫學、胸部外傷、腹部外傷、腹部超音波
吳哲侃	創傷學、胸腔外科
黃獻皞	急診醫學、內科醫學、重症醫學、超音波醫學
陳燕嘉	急診醫學、內科醫學、重症醫學、毒藥物學
徐德福	急診醫學、內科醫學、重症醫學、實證醫學
王鑑瀛	重症加護醫學、胸部外傷、腹部外傷
范渚鑫	急診醫學、高山醫學、緊急醫療系統
劉鎮旗	困難呼吸道處理，支氣管鏡應用，外傷性氣血胸治療，重大外傷急

名醫師	醫　　　師　　　專　　　長
	救，外傷重症治療。
陳盈如	急診醫學、重症醫學、緊急醫療系統
陳俊仁	重傷急救、多重外傷綜合診治、傷口處置、胸部外傷處置、腹部外傷處置、老人外傷診治、外傷重症處置、外科急症診治
李怡姿	急診醫學、感染醫學
廖婉如	急診醫學、重症醫學、災難醫學
林彥穎	急診醫學
李毅信	急診醫學
	輸 血 液 科
邱宗傑	血液病、內科腫瘤、化學治療、骨髓及周邊血幹細胞移植
林炯熙	血液病、輸血諮詢、血液分離術、全人醫療(具內科、家醫科、血液病科、腫瘤內科、臨床腫瘤科、老年醫學科專科醫師證書)
	法　　　醫
楊日松	1927.11.23.~2011.11.23.　台灣苗栗縣公館鄉客家人 楊日松，台灣著名法醫，譽為「台灣福爾摩斯」「法醫神探」「人間判官」「法醫青天」。高中時期負笈日本，戰後回台畢業於台灣大學醫學院醫學專修科，取得日本東京帝國大學醫學博士。 1949年，刑警總隊成立，成為法醫組的一員。 1979年，擔任法醫室主任，負責死因、藥毒物鑑定等業務。在職期間，楊日松1984年，推動成立「中華民國法醫學會」。 1990年，楊日松腦中風。 1998年，退休，獲頒「特種領綬景星勳章」，退休後松仍經常到刑事局法醫室傳承經驗，桃李滿天下，堪稱法醫界的傑出代表人物。 2010年11月14日，發現罹患大腸癌。 2011年11月23日，大腸癌於臺北國泰醫院病逝，享壽84歲。
高大成	1950.11.20.出生~　臺灣臺南人 高大成，　中山醫學院醫學學士、日本京都大學醫學博士。現為中山醫學大學法醫科教授、科主任、診所院長，為知名醫師、法醫。曾任新竹空軍醫院住院醫師、臺北市立中興醫院住院醫師、京都大學附屬病院醫師、千葉縣大日病院檢查室主任。投身法醫後，曾任臺灣高等法院檢察署法醫中心特約法醫師、臺中地方法院檢察署特約法醫師等。 2005年，台中市長選舉時，十二位醫師公開台中市長胡志強病歷，引來批評。 2013年，洪仲丘下士被虐死案、張森文輕生事件，高大成遇到諸多阻難，感到極度不滿。
	防 毒 物 科

名醫師	醫　　師　　專　　長
林杰樑	防毒物科：1958~2013.8.5.　台灣嘉義朴子 林杰樑，父親經營中藥行，父母都罹患癌症，5個兄弟姊妹3個醫生。林杰樑就讀長庚醫學院時罹患腎炎，幸虧洗腎救了他，因之他決定鑽研腎臟，進一步研究毒物，後為長庚醫院毒物科主任，台灣防毒專家醫師．他不畏權勢，不怕得罪業者及政府，以超乎醫院及政府的立場，在毒物領域專業，大家都信服他的述說，醫界都以他為驕傲。他說身體可以自然代謝，但應避免： 1). 避免醃製品、　油炸與加工食物。少鹽少糖少油。 2). 魚要吃巴掌以下的小型魚，因大魚吃多了小魚，也會在體內　累積毒素。盡量吃海魚，不吃魚頭及內臟，每週吃四兩。 3). 食物以水煮或清蒸烹調，如此食物不會變質，營養流失最少。 4). 盡量避免使用釀造醬油，因為少數醬油公司在釀造過程中可能產生黃麴毒素污染。 5). 台灣潮濕炎熱，食物容易發黴及產生黃麴毒素，五穀雜糧、麵條、冬粉、中藥需放在冰箱保存，一旦發黴立即丟棄。 6). 購買最便宜的當季時蔬，因生長迅速、價格低廉，農人不用也不願多花錢灑農藥。不吃生菜，避免蟲卵細菌寄生。 林杰樑說，絕對不要碰發霉的食物，肝硬化到肝癌恐是發霉食物作怪．例如豆腐乳、豆瓣醬、福菜、雪裡紅、　鹹白魚、金華火腿等，「這些食物真的好可怕！」 不必迷信流行解毒餐、生機飲食． 2013年8月5日，去世，享年55歲，長庚醫院動員各專業醫師，盡最大努力搶救，卻仍無法挽回他的生命，國家失去一位捍衛病毒傑出卓越人才。
鄧昭芳	毒物學、職業醫學、內科學、心臟醫學
楊振昌	毒物學、職業醫學、內科學
蔡維禎	毒物學、職業醫學、內科學、腎臟學
葛謹	毒物學、職業醫學、內科學、腎臟學
吳明玲	毒物學、職業醫學、內科學、家庭醫學
生　化　免　疫	
孫安迪	抗老生化免疫力：台灣大學醫學院微生物免疫學博士，他以免疫力植物研究出「安迪湯、補氣茶、抗老化飲物、養生操」，名登「全世界中藥專業刊」，成為中西醫學家．他業餘消遣，曾獲得「葛萊美歌唱獎」。
葉　克　膜　急　救	
柯文哲	1959.8.6.出生　台灣新竹市人，綽號柯P、KP，

名 醫 師	醫　　　師　　　專　　　長
	臺灣大學醫學院畢業，醫師國考全國第一名。妻子陳佩琪臺灣大學醫學系畢業，臺北市立聯合醫院「和平婦幼院區」新生兒科主任，育有一子二女。1993年，在台大醫院擔任「急診」與「重症加護」工作期間，曾至美國明尼蘇達大學醫學院外科進修一年，研究「人工肝臟」。
	1994年，建立台大器官移植小組，並以心臟移植為目標。為增加器官移植成功率，柯文哲率先從美國引進葉克膜技術．
	2006年11月18日，臺中市市長胡志強之妻子邵曉鈴夫人車禍，深度昏迷，由柯文哲指導急救團隊以葉克膜搶救後成功救回。
	2008年1月30日，創下讓病患連續使用葉克膜117天再移除，成功復原的世界紀錄，建立「標準器官移植程序」。
	2010年11月26日，連勝文遭槍傷，柯文哲負責指揮外科急救團隊。
	2010年，在醫院成立整合醫療照護，降低醫療支出、改善醫療品質。
	2013年，自幼即有亞斯柏格症，難以處理複雜人際關係。
健 康 管 理 中 心	
陳雲亮	心臟內科：重症加護及冠狀動脈氣球擴張術
王苑貞	胃腸科：慢性肝炎、肝硬化及肝癌的診斷與治療、一般消化道疾病的診斷與治療
劉德鈴	過敏免疫風濕科：關節炎、軟組織風濕症
丁燿宗	內科、一般內科、高血壓、高血脂及糖尿病綜合治療
呂信邦	心血管疾病、冠心病、高血壓及介入性治療
許百豐	心血管疾病、冠心病、高血壓及介入性治療
黃少嵩	心血管疾病、冠心病、高血壓及介入性治療
王盈文	消化醫學,肝病學：肝炎的診斷與治療、一般消化道疾病
高 齡 醫 學 中 心	
陳亮恭	家庭醫學、老年醫學、安寧療護、家庭醫學、社區醫學、安寧療護
彭莉甯	家庭醫學科,高齡醫學、家庭醫學、安寧療護
林明憲	家庭醫學科,高齡醫學、家庭醫學
劉建良	神經科、老年醫學科,老年評估、認知障礙(失智症、譫妄)、運動障礙(巴金森氏症、肢體震顫)、跌倒風險評估、老年急性功能衰退
陳亮宇	內科醫學,一般內科、感染疾病、高齡醫學
劉力幗	家醫醫學、老年醫學、安寧療護、家庭醫學、社區醫學、安寧療護

廿四、文學家

竹林七賢
(阮籍、嵇康、山濤、劉伶、阮咸、向秀、王戎)

阮籍　210 年－263 年　陳留尉氏（今河南開封）人
阮籍，字嗣宗，「竹林七賢」之一。曾任步兵校尉，人稱阮步兵。父親阮瑀，為曹操文吏，多出章表，位列「建安七子」之一。
年幼喪父，家貧勤學，少年即通詩書，曾任散騎常侍、步兵校尉等官。阮籍本有輔佐天子，濟世安民之大志，但苦於時運，在司馬懿、司馬昭父子執政下任官，動輒飲酒佯狂，得以年壽終。曾登廣武而嘆曰：「時無英雄，使豎子成名。」阮籍早年信奉儒家思想，後來逐漸接受老莊的思想，著有《大人先生傳》、《達莊論》等文章，對當時的玄學潮流，產生影響。在《三國志・裴松之注》、《世說新語》、《晉書》裏，記錄了許多阮籍的特異的行徑，顯示了他獨特的價值觀。

嵇康　223 年前後－263 年前後　三國魏譙郡銍（今安徽省濉溪縣）人，
嵇康，字叔夜，因曾官至曹魏中散大夫，故後世又稱嵇中散。古代著名的文學家、思想家、音樂家。為魏晉時期文人團體「竹林七賢」之一，因捲入朋友呂安的訴訟而入獄，當時執政的司馬昭忌憚他的影響力，在鍾會建議將其處死。嵇康的主要成就，留下許多文學作品，給後世思想界文學界帶來許多啟發。他的事蹟與遭遇對於後世的時代風氣與價值取向有著巨大影響。

山濤　205 年－283 年，西晉河內懷縣（今河南武陟西）人

山濤，字巨源，好老莊之學，與嵇康，阮籍等交遊，為人小心謹慎，山濤在竹林七賢中年齡最大．
年四十始為郡主簿、功曹、上計掾。舉孝廉，任河南從事。
司馬懿與曹爽爭權，隱身不問事務。拜趙國相，遷尚書吏部郎．遷大將軍從事中郎，鍾會蜀中作亂，濤任本官行軍司馬，鎮鄴．咸熙初，封新沓子。轉相國左

　　　長史，典統別營。及武帝受禪，以濤守大鴻臚，護送陳留王詣鄴。
　泰始初，加奉車都尉，進新沓伯。濤失權臣意，為冀州刺史，加寧遠將軍。轉
北中郎將，督鄴城守事。入為侍中，遷尚書。以母老辭職。
　寧初，轉太子少傅，加散騎常侍；除尚書僕射加侍中，領吏部。固辭不聽。太
康初，遷右僕射，加光祿大夫，侍中、掌選如故。後拜司徒，復固讓，乞骸骨。
山濤推薦嵇康來洛陽做官，沒料到嵇康不但不領情。然而，嵇康在刑場臨死前
將自己的兒女託付給山濤，留言道「巨源在，汝不孤矣。」嵇康被殺後二十年，
山濤薦舉嵇康的兒子嵇紹為秘書丞。王戎曾稱濤為璞玉渾金，人莫知其器。

劉伶　約 221 年-300 年，西晉沛國（今安徽宿縣）人

劉伶，字伯倫，「竹林七賢」之一。曾為建威參軍。晉武帝泰始初，對朝廷策
問，強調無為而治，以無能罷免。平生嗜酒，曾作《酒德頌》，宣揚老莊思想
和縱酒放誕之情趣，對傳統「禮法」表示蔑視。
　《晉書·列傳十九·劉伶》載其：身長六尺，容貌甚陋。放情肆志，常以細宇宙齊
萬物為心。澹默少言，不妄交遊，與阮籍、嵇康相遇，欣然神解，攜手入林。
初不以家產有無介意。常乘鹿車，攜一壺酒，使人荷鍤而隨之，謂曰：「死便埋
我。」其遺形骸如此。嘗渴甚，求酒於其妻。妻捐酒毀器，涕泣諫曰：「君酒太
過，非攝生之道，必宜斷之。」伶曰：「善！吾不能自禁，惟當祝鬼神自誓耳。
便可具酒肉。」妻從之。伶跪祝曰：「天生劉伶，以酒為名。一飲一斛，五斗解
酲。婦人之言，慎不可聽。仍引酒御肉，隗然復醉。嘗醉與俗人相忤，其人攘
袂奮拳而往。伶徐曰：「雞肋不足以安尊拳。」其人笑而止。
　《世說新語》記載，劉伶恆縱酒放達。或脫衣裸形在屋中，人見譏之。伶曰「我
以天地為棟宇，屋室為褌衣。諸君何為入我褌中」

王戎　234 年－305 年，　琅邪臨沂（在今山東省臨沂市北）人。

王戎，字濬沖，小字阿戎。出自魏晉高門士族琅邪王氏，為幽州刺史王雄之孫，
涼州刺史王渾之子，與太保王祥同宗。王戎是「竹林七賢」中最年少的一位。
西晉大臣，官至司徒，封安豐侯，人稱王安豐。
王戎自幼「清明曉悟」，身材短小而風姿秀徹。據說能直視太陽而不目眩。中
書令裴楷稱其雙目「爛爛如巖下電」。
王戎善清談，知者謂其「超然玄著」，以精闢的品評與識鑑而著稱。王戎承襲
其父的貞陵亭侯爵位，被司馬昭辟為掾屬，歷仕吏部黃門郎、散騎常侍、河東
太守。
276 年，遷荊州刺史，四年改豫州刺史，加建威將軍。
279 年十一月，晉武帝伐吳，王戎督軍臨江，吳平，以功進安豐侯，增邑六千
　　戶。後因母喪去職。

282 年，王戎被徵為侍中。南郡太守劉肇以十丈細布賄賂王戎。王戎雖沒有接受，但寫信感謝劉肇，被司隸校尉劉毅彈劾。武帝為王戎開脫道：「戎之為行，豈懷私苟得，正當不欲為異耳。」然而王戎從此為清議所譏。太康五年，遷光祿勳。十年，補吏部尚書。

290 年四月，武帝崩，惠帝即位，改元永熙。八月，楊駿以王戎為太子太傅

291 年三月，楊駿一族被誅，賈后執政，改元元康。轉任中書令，加光祿大夫．六月遷尚書左僕射，領吏部尚書。

在吏部任上，王戎創製了甲午制，凡選官先行試用，考其政績後再予以徵用或辭退，選官時「以識會待之，各得其所」。但被司隸傅咸彈劾道：「今內外臺官，居職未期而戎奏還，既未定其優劣，且送故迎新，相望道路，巧詐由生，傷農害政。戎不仰依堯舜典謨，而驅動浮華，虧敗風俗，非徒無益，迺有大損。宜免戎官，以敦風俗。」王戎因與外戚賈氏、郭氏是姻親，未被免官．

297 年九月，遷司徒。

王戎晚年仰慕古人蘧伯玉，看到天下將亂，於是「與時舒捲」，不復以世事為意，乃至故意敗壞聲名以求自保。王戎很多門生故吏做了大官，在路上相遇時，王戎「輒下道避之」

299 年，愍懷太子被廢，王戎也沒有一言勸諫。

300 年四月，趙王司馬倫起事，囚禁賈后，誅司空張華、尚書僕射裴頠、侍中賈謐等大臣，王戎因嫁女與裴頠而坐免官。趙王倫於永寧元年（301 年）正月篡皇帝位。三月，齊王司馬冏起兵於許昌，討伐趙王倫，成都王司馬穎等宗王響應。趙王倫之子欲以王戎為軍司。博士王繇諫曰：「濬沖譎詐多端，安肯為少年用？」趙王子乃止。

四月，齊王冏殺趙王倫，擁惠帝反正，以王戎為尚書令。

302 年五月，遷司徒。

304 年八月，成都王穎敗於東瀛公司馬騰（東海王越之弟），王戎隨惠帝被成都王穎挾往洛陽，送惠帝及成都王穎西入長安。王戎出奔郟縣。王戎在危難之際，談笑自如，「未嘗有懼色」。此後終日以宴飲自娛。

305 年，王戎卒於郟縣，終年七十二，諡曰「元」。

阮咸　生於三國魏朝前期　大約卒於晉武帝末年。

阮咸，字仲容，陳留尉氏人，阮籍之侄。魏、晉時竹林七賢之一。官至始平太守，人稱阮始平。竹林七賢中僅比王戎年長。阮咸為人「任達不拘」，年少時與其姑母家的鮮卑婢女私通。阮咸之母去世後，姑母將遠行，起初答應留下此婢，臨行時又將她帶走。守孝中的阮咸得知，借客人的驢子急追姑母。追得後，阮咸穿著孝服與婢女共騎一驢返回，說「人種不可失」。因此為世人所譏。後來此婢生得一子，阮咸寫信給姑母說：「胡婢遂生胡兒。」姑母回信答道：「《魯靈光殿賦》曰：『胡人遙集於上楹。』可字曰『遙集』也。」此兒即阮孚。

阮咸嗜酒，尤其與族侄阮脩意氣相投。阮咸曾與族人聚飲，不用酒杯，而將酒盛在大甕中，幾人圍坐在甕前對飲。此時有一群豬也來尋酒，阮咸便直接與豬群共飲。

西晉初年，阮咸出仕為散騎侍郎。山濤舉薦其為吏部郎，評之曰「清真寡慾，萬物不能移也」、「若在官人之職，必妙絕於時」。晉武帝因阮咸所為多違禮法，改用陸亮。阮咸由散騎侍郎出任始平太守後病逝，《晉書》本傳則謂其「以壽終」，無著作傳世。

阮咸妙解音律，時人謂之「神解」。漢、魏之際，宮廷音律典章亡佚殆盡。晉初，武帝命中書監荀勖依古法調奏律呂，以正雅樂。事成後，阮咸認為荀勖所製樂器聲高而悲，不合典制，應是當時的尺與古代的尺長度不同所致。荀勖不悅，藉故遷阮咸為始平太守，遠離洛陽。後來有古代銅尺出土，果然比荀勖製造樂器所用的尺長4分。

阮咸善彈琵琶。據說他改造了漢代流行的「秦琵琶」，與從西域傳入的曲項琵琶不同。這種琵琶大約為銅質、直項、長頸，有13柱。唐人在阮咸墓中發現了這種琵琶，不識其名，因稱其為「阮咸」。一說因其器形類似阮咸所彈琵琶而得名，後世簡稱為阮，是月琴、秦琴的前身。南京西善橋東晉南朝墓出土的磚印模畫「竹林七賢與榮啟期」、北京故宮博物院所藏三國吳青釉陶倉[19]上的阮咸便是彈奏琵琶的形象。

向秀　中國河內懷縣（今河南武陟）人

向秀，字子期，中國河內懷縣（今河南武陟）人，魏晉「竹林七賢」之一。

好讀書，與嵇康、呂安等人友善，在山陽隱居。嵇康打鐵，向秀為其佐鼓排；呂安種菜，向秀助其灌園。

關於向秀在嵇康死前的職業有兩種分歧。一種是根據《晉書·向秀傳》中記載的向秀為「上計吏」推測向秀當時為地方小吏。另一種是根據《太平御覽》引《向秀別傳》：「秀字子期，少為同郡山濤所知。又與譙國嵇康、東平呂安友善。其趨舍進止，無不必同。造事營生，業亦不異。」認為向秀當時並未擔任官職。景元四年（263年）嵇康、呂安被司馬昭害死後，他只好到洛陽任散騎侍郎、黃門散騎常侍、散騎常侍。向秀喜談老莊之學，當時《莊子》一書雖有流傳，但過去的舊注「莫能究其旨統」，曾注《莊子》一書，沒注完就過世了，郭象則承其《莊子》餘緒，成書《莊子注》三十三篇。著有《思舊賦》《難養生論》。

韓愈  768－824　河南孟縣祖籍(河北省昌黎縣

韓愈，字退之，世稱韓昌黎，晚年任吏部侍郎，又稱韓吏部。卒諡文，世稱韓文公。唐代文學家，與柳宗元是當時古文運動的倡導者，合稱「韓柳」，後世尊為「唐宋八大家」之首。韓愈出生未幾，母親過世，三歲喪父，受大哥韓會（即十二郎韓老成之伯父兼養父，韓老成被過繼給韓會）撫育，隨兄長為官轉徙長安、韶州（今廣東韶關）等地。後韓會病逝韶州，隨嫂鄭氏護喪返回河陽。後又避難宣城（今安徽宣城），與侄韓老成，同由鄭氏撫養成人，情逾手足。七歲讀書，十三歲能寫文章，

786 年，赴長安應試，無門第資蔭，三試不第。

792 年，始中進士，應吏部試，又三次不中。

795 年，三次上書宰相，希得薦舉。

796 年，擔任「觀察推官」。

801 年，任國子監四門博士，貞元十八年，著《師說》。

803 年，任監察御史，上《御史臺上論天旱人饑狀》，糾彈國戚京兆尹李實，遂貶陽山令，深受百姓愛戴，百姓甚以「韓」字，為兒取名。這一年侄子韓老成去世，寫《祭十二郎文》。

811 年，任國子博士，擢為禮部郎中。

815 年，隨裴度征淮西，因功擢任刑部侍郎，並作〈平淮西碑〉。

819 年，皇帝將釋迦牟尼佛佛骨迎入了宮中供養三日，舉國若狂，韓愈諫阻天子迎佛骨，耗費銀錢，作《諫迎佛骨表》說明·憲宗聞之大怒，將處以極刑，裴度、崔群力救道：「愈言訐牾，罪之誠宜。然非內懷至忠，安能及此。願少寬假，以求諫爭。」乃貶為潮州刺史（今廣東潮州）。

821 年，解決鎮州叛亂榮升吏部侍郎，京兆尹·

往潮州路上，來到了藍關（今陝西藍田）時，大雪紛飛，韓愈見到姪孫韓湘（傳說韓湘就是八仙之一的韓湘子）。不禁再三嗟歎道：「吾為汝成此詩。」詩吟：

一封朝奏九重天，夕貶潮陽路八千；願為聖明除弊事，肯將衰朽惜殘年！

雲橫秦嶺家何在？雪擁藍關馬不前；知汝此來應有意，好收吾骨瘴江邊。

到潮州，韓愈用心治民興學、藉以工抵債釋放奴婢，與潮州大顛和尚成為好友。

824 年 12 月，韓愈病逝靖安里第，終年 57。二子韓昶、富平令韓州仇。

在孟州市西虢鄉韓庄（傳為韓愈老家）修建有韓文公墓。

韓愈文筆，雄奇奔放，流暢明快，重情義，富感情，唐宋八大文豪，以韓愈為首(韓愈、柳宗元、歐陽脩、蘇洵、蘇軾、蘇轍、王安石、曾鞏)·著作甚多，尤以〔祭十二郎文〕文情並茂，常為後世學子朗誦。其文：

季父愈聞汝喪之七日，乃能銜哀致誠，使建中遠具時羞之奠，告汝十二郎之靈：

嗚呼！吾少孤，及長，不省所怙，惟兄嫂是依。中年，兄歿南方，吾與汝俱幼，從嫂歸葬河陽，既又與汝就食江南，零丁孤苦，未嘗一日相離也。吾上

有三兄，皆不幸早世。承先人後者，在孫惟汝，在子惟吾。兩世一身，形單影
隻。嫂嘗撫汝指吾而言曰：「韓氏兩世，惟此而已！」汝時尤小，當不復記憶；
吾時雖能記憶，亦未知其言之悲也。

　　吾年十九，始來京城。其後四年，而歸視汝。又四年，吾往河陽省墳墓，
遇汝從嫂喪來葬。又二年，吾佐董丞相於汴州，汝來省吾；止一歲，請歸取其
孥。明年，丞相薨，吾去汴州，汝不果來。是年，吾佐戎徐州，使取汝者始行，
吾又罷去，汝又不果來。吾念汝從於東，東亦客也，不可以久；圖久遠者，莫
如西歸，將成家而致汝。嗚呼！孰謂汝遽去吾而歿乎？吾與汝俱少年，以為雖
暫相別，終當久相與處，故捨汝而旅食京師，以求斗斛之祿。誠知其如此，雖
萬乘之公相，吾不以一日輒汝而就也。

　　去年，孟東野往。吾書與汝曰：「吾年未四十，而視茫茫，而髮蒼蒼，而
齒牙動搖。念諸父與諸兄，皆康彊而早世，如吾之衰者，其能久存乎？吾不可
去，汝不肯來，恐旦暮死，而汝抱無涯之戚也！」孰謂少者歿而長者存，彊者
夭而病者全乎？嗚呼！其信然邪？其夢邪？其傳之非其真邪？信也，吾兄之盛
德而夭其嗣乎？汝之純明而不克蒙其澤乎？少者、彊者而夭歿，長者、衰者而
存全乎？未可以為信也。夢也，傳之非其真也，東野之書，耿蘭之報，何為而
在吾側也？嗚呼！其信然矣！吾兄之盛德而夭其嗣矣！汝之純明宜業其家者，
不克蒙其澤矣！所謂天者誠難測，而神者誠難明矣！所謂理者不可推，而壽者
不可知矣！雖然，吾自今年來，蒼蒼者或化而為白矣，動搖者或脫而落矣；毛
血日益衰，志氣日益微，幾何不從汝而死也！死而有知，其幾何離；其無知，
悲不幾時，而不悲者無窮期矣！汝之子始十歲，吾之子始五歲，少而彊者不可
保，如此孩提者，又可冀其成立邪！嗚呼哀哉！嗚呼哀哉！

　　汝去年書云：「比得軟腳病，往往而劇。」吾曰：「是疾也，江南之人，
常常有之。」未始以為憂也。嗚呼！其竟以此而殞其生乎？抑別有疾而致斯乎？
汝之書，六月十七日也。東野云：汝歿以六月二日。耿蘭之報無月日。蓋東野
之使者，不知問家人以月日；如耿蘭之報，不知當言月日。東野與吾書，乃問
使者，使者妄稱以應之耳。其然乎？其不然乎？

　　今吾使建中祭汝，弔汝之孤，與汝之乳母。彼有食，可守以待終喪，則待
終喪而取以來；如不能守以終喪，則遂取以來。其餘奴婢，並令守汝喪。吾力
能改葬，終葬汝於先人之兆，然後惟其所願。

　　嗚呼！汝病吾不知時，汝歿吾不知日；生不能相養以共居，歿不得撫汝以
盡哀；斂不憑其棺，窆不臨其穴。吾行負神明，而使汝夭；不孝不慈，而不得
與汝相養以生，相守以死。一在天之涯，一在地之角；生而影不與吾形相依，
死而魂不與吾夢相接。吾實為之，其又何尤！彼蒼者天，曷其有極！自今以往，
吾其無意於人世矣！當求數頃之田，於伊潁之上，以待餘年，教吾子與汝子，
幸其成；長吾女與汝女，待其嫁，如此而已！嗚呼！言有窮而情不可終，汝其
知也邪！其不知也邪！嗚呼哀哉！尚饗！

柳宗元 773~819.11.28. 出生於京城長安祖籍山西河東郡(今山西永濟)人

柳宗元

柳宗元像

柳宗元，字子厚，唐代文學家、哲學家，思想家，又稱泖河東·唐宋八大家之一。著名作品有《永州八記》等六百多篇文章，經後人輯為三十卷，名為《柳河東集》。因為他是河東人，人稱柳河東，又因終於柳州刺史任上，又稱柳柳州。與韓愈同為中唐古文運動的領導人物，並稱「韓柳」。

柳宗元祖上世代為官，七世祖柳慶為北魏侍中，封濟陰公。

高伯祖柳奭曾官居宰相，曾祖父柳從裕、祖父柳察躬都做過縣令。其父柳鎮只做過低級官吏，母親盧氏屬涿郡范陽盧氏，沒有親兄弟，只有兩個妹妹。

783 年隨父來到河南，784 年到湖北夏口（今武昌西），785 年到長沙，13 歲的柳宗元與禮部、兵部郎中楊憑之女訂婚。

792 年，柳宗元被選為鄉貢，得以參加進士科考試。

793 年，21 歲的柳宗元進士及第，不久，父親柳鎮去世。

796 年，任校書郎，同年，與楊憑的女兒結婚。

798 年，博學宏詞科考試中榜，授集賢殿書院正字官階從九品。同年柳宗元妻子楊氏因足疾過世。

801 年，任命為藍田尉（正六品）。

803 年閏十月，回長安，任監察御史里行，結識官場王叔文。

805.1.26.唐德宗崩，順宗即位，王叔文的權力來自於皇帝。

805 年，「永貞內禪」，王叔文不久也被賜死。

永貞革新失敗後，九月，柳宗元被貶為邵州（今湖南省邵陽市）刺史，十一月，在赴任途中，柳宗元被加貶為永州（今湖南省永州市）司馬。

永州員外司馬是一個閒官，沒有具體職權，柳宗元到職後，也沒有居住的地方，只能暫居在龍興寺。永州的生活艱苦，到永州半年母親就因病去世，艱苦生活環境，水土不服，親人離世的打擊，加上政治上失意，嚴重損害了柳宗元的健康，「百病所集，痞結伏積，不食自飽。或時寒熱，水火互至，內消肌骨」

815 年，柳宗元接到詔書，要他立即回京。柳宗元被改貶到柳州（今廣西柳州市）任刺史。

元和十年（815 年）三月底，柳宗元從長安出發，赴柳州。

819 年十一月初八日,詔書還未達柳州,柳宗元卻因病在柳州去世。享年 47 歲。柳宗元死時,長子柳周六 4 歲,2 個女兒都年幼,後又有遺腹子柳周七。柳周六就是後來在咸通四年中進士的柳告,字用益,後任倉部員外郎。

柳宗元古文:政論(如:《封建論》)、傳記,如《捕蛇者說》、山水遊記,其中山水遊記最為出色,為山水遊記之宗,如《永州八記》 。詩歌方面,著名的有《江雪》、《漁翁》等。也善寫寓言,如《三戒》(臨江之麋、永某氏之鼠、黔之驢)《羆說》《蝜蝂傳》。

屈原　前 340~前 278　河南西峽人或湖北秭歸

屈原,羋姓屈氏,名平,字原,以字行,戰國末期楚國丹陽,屈瑕的後代,中國最早和最偉大的詩人之一。

屈原的父親叫伯庸,屈原早年受楚懷王信任,先後任三閭大夫、左徒,主持外交事務,主張楚國與齊國聯合,共同抗衡秦國,楚國國力增強。但由於性格耿直驕傲,加之他人讒言與排擠,屈原逐漸被楚懷王疏遠。

西元前 305 年,屈原反對楚懷王與秦國訂立黃棘之盟,但楚國仍徹底投秦懷抱。屈原被放逐離開楚國。「皇天之不純命兮,何百姓之震愆?民離散而相失兮,方仲春而東遷。」屈原既放,游於江潭,行吟澤畔,顏色憔悴,形容枯槁。

漁父見而問之曰:「子非三閭大夫與!何故至於斯?」

屈原曰:「舉世皆濁我獨清,眾人皆醉我獨醒,是以見放。」

漁父曰:「聖人不凝滯於物,而能與世推移。世人皆濁,何不淈其泥而揚其波?眾人皆醉,何不餔其糟而歠其醨?何故深思高舉,自令放為?」

屈原曰:「吾聞之,新沐者必彈冠,新浴者必振衣;安能以身之察察,受物之汶汶者乎?寧赴湘流,葬於江魚之腹中。安能以皓皓之白,而蒙世俗之塵埃乎!」

漁父莞爾而笑,鼓枻而去,乃歌曰:「滄浪之水清兮,可以濯吾纓;滄浪之水濁兮,可以濯吾足。」遂去,不復與言。

屈原沿江西上,看到滿目瘡痍的楚國,和腐敗昏庸輔佐過的楚王,

「雖九死其猶未悔」,就埋下了以身殉國的思想,他過鄂渚(湖北武昌),入洞庭,溯沅水,經枉陼 (湖南常德武陵縣)至辰陽(湖南辰溪),又折向東南,入於漵浦,暫時停留下來。不久又下沅江,入洞庭,渡湘水,到了長沙附近的汨羅江,在極度苦悶、完全絕望和悲憤的心情下,於約(頃襄王二十一年)西元

前 278 年農曆五月五日，懷大石投汨羅江自盡而死。屈原當時 62 歲左右。此後，楚國日衰，於前 223 年，為秦所滅。

當地百姓投下粽子餵魚以此防止屈原遺體被魚所食，後來逐漸形成一種儀式。以後每年的農曆五月初五為端午節，人們吃粽子，划龍舟以紀念這位偉大的愛國詩人。

屈原作「漁父」表明自己不與世沉浮的決心：

　屈原懷才不遇而作《離騷經》

帝高陽之苗裔兮，朕皇考曰伯庸。　攝提貞於孟陬兮，惟庚寅吾以降。
皇覽揆餘初度兮，肇錫餘以嘉名。　名餘曰正則兮，字餘曰靈均。
紛吾既有此內美兮，又重之以脩能。扈江離與辟芷兮，紉秋蘭以為佩。
汨餘若將不及兮，恐年歲之不吾與。朝搴阰之木蘭兮，夕攬洲之宿莽。
日月忽其不淹兮，春與秋其代序。　惟草木之零落兮，恐美人之遲暮。
不撫壯而棄穢兮，何不改乎此度也？

王禹偁　954~1001　山東巨野人

王禹偁，字元之，北宋文學家。出身清寒，家庭世代務農。從小發憤求學，五歲能寫詩。

983 年，中進士，最初擔任成武縣主簿。他對仕途充滿抱負，曾在《吾志》詩中表白：「吾生非不辰，吾志復不卑，致君望堯舜，學業根孔姬」。

988 年，他被召見入京，擔任右拾遺、直史館。他旋即進諫，以《端拱箴》來批評皇宮的奢侈生活。後來歷任左司諫、知制誥、翰林學士。為人剛直，敢直言進諫，誓言要「兼磨斷佞劍，擬樹直言旗」。曾三次被貶職：於淳化二年（991 年），一貶商州，於至道元年，二貶滁州，

998 年，三貶黃州。故有「王黃州」之稱。

1001 年，徙蘄州，未踰月而卒，年 48。歐陽修十分仰慕王禹偁，在滁州時瞻仰其畫像，又作《書王元之畫像側》。

遺著有《小畜集》《小畜集外集》其詩風樸素，散文平易。代表作有文《黃州新建小竹樓記》《唐河店嫗傳》，詩《對雪》《村行》等。作「黃岡小竹樓記」。

范鎮　1007~1088　華陽（今四川成都）人

范鎮，字景仁，北宋文學家、史學家。

四歲既孤，從二兄范鎡、范錯為學，又嘗受學於鄉先生龐直溫，由范鎡推薦跟隨薛奎入京。薛奎預言范鎮：「當以文學名於世」。入京後與宋庠、宋祁兄弟交好，自是名動場屋。

1038 年，進士第一，不汲汲於進取，以直言敢諫聞名，如仁宗時論「立皇嗣」，英宗時論「濮安懿王稱號」，神宗時論「新法」，勇於「臨大節，決大議」。

在政治上，范鎮支持司馬光，反對王安石變法，劾青苗法擾民，直言變法是殘民之術，後職官致仕。諡忠文，贈右金紫光祿大夫。

范鎮其學本六經，口不道佛、老、申、韓，可謂一醇儒。在文學和史學方面成就卓著，很多個人的詩賦、應用文字都堪稱文學精品，且流傳甚遠。蘇軾稱「其文清麗簡遠，學者以為師法。」精通唐史和當代史，曾參與《新唐書》的修撰，出力尤多，也曾參與當時宋廷的絕大多數當代史的修撰。

范鎮與司馬光私交甚好，曾約「吾與子生同志，死當同傳。」蘇軾在范鎮墓志銘上言：「熙寧、元豐間，士大夫論天下賢者必曰君實（司馬光）、景仁（范鎮）。其道德風流足以師表當世，其議論可否足以榮辱天下。二公蓋相得甚歡，皆自以為莫及。」

著作有《新唐書》《仁宗實錄》《玉牒》《文集》《諫垣集》《內製集》《外製集》《正言》《樂書》《國朝韻對》《國朝事始》《東齋記事》《刀筆》。

蘇洵 1009.5.22.~1066.5.21.　四川眉山人，

蘇洵，字明允。北宋文學家，唐宋八大文學家之一。他是蘇軾、和蘇轍的父親，父子三人被稱為「三蘇」，有《嘉佑集》傳世。父親蘇序，母親史氏，有兩位兄長蘇澹、蘇渙。蘇洵少時不好讀，19歲娶妻程氏，程氏知書達禮，能課子讀書。蘇洵27歲時立下決心發奮讀書，經過十多年的苦讀，學業大進。

1056年，攜二子蘇軾、蘇轍赴汴京拜謁歐陽脩，嘉1057年，二子應試，同登金榜，轟動帝都。

1058年，宋仁宗召他參加考試時，他卻稱病不赴。

1060年，經韓琦推薦任秘書省校書郎，後為霸州文安縣主簿。又授命與姚辟同修《太常因革禮》一百卷。書成後不久病逝，追贈光祿寺丞。

曾鞏 1019~1083　建昌南豐（今江西南豐）人

曾鞏，字子固，北宋散文家，被譽為「唐宋八大家」之一。生於官宦人家，12歲就作了「六論」一篇，為當時所讚。年十六，即篤志為古文。

十八歲時隨父曾易占遷移至玉山縣（在江西境內），其間周遊當地，寫成了《遊信州玉山小岩記》，內容主要是記述玉山縣的地貌，包括溶洞、岩石等等。

二十歲時再周遊全國，得當時名士歐陽修的賞識，後來成為了歐陽修的得意門生，並稱「歐曾」。進士考試時，梅聖俞為考官，發現了蘇軾寫的「刑賞忠厚之至論」，驚為天人，並推薦蘇軾的試卷給輔助主考官歐陽修批閱。歐陽修頗驚其才，但是試卷糊名，歐陽修認為很有可能是弟子曾鞏所寫，於是將此卷取為第二，將原本第二名的卷子取為第一。歐陽修對梅堯臣說：「老夫當避路，放他出一頭地也。」但卻事有碰巧，歐陽修為了避嫌，取為第一的卷子，恰好是曾鞏所寫。王安石說：「曾子文章世稀有，水之江漢星之鬥」。

1057 年，中進士後，歷任太平州司法參軍、館閣校勘、越州通判，濟州、福州知州。後受宋神宗邀請，到京師擔任中書舍人，進行編修史書工作。曾鞏參與了整理並校勘《梁書》《陳書》《南齊書》《列女傳》《戰國策》《說苑》等書，寫有「敘錄」。著有《元豐類稿》《續元豐類稿》《外集》等。代表作為《墨池記》。其文風細，筆墨犀利。

1082 年，拜中書舍人。

1083 年，卒於江寧府。理宗時追諡「文定」。

濟南大明湖公園南豐祠供奉的曾鞏塑像，曾鞏的文體風格為「古雅平正」，擅長引經據典；結構則平易理醇，章法開闔、承轉、起伏、迴環都有一定約束法度、嚴密、規矩。正因為其文章易於模仿和學習，他成為了唐宋文派和桐城派學習的首要對象。

蘇軾(蘇東坡)　1037.1.8.~1101.8,.24. 今四川眉山市人

蘇軾，字子瞻，一字和仲，號東坡居士，祖父蘇序，表字仲先，祖母史氏。

北宋文豪，善詩，詞，賦，散文，長尽書法、繪畫，中國文學藝術史上罕見全才。

開創詞壇「豪放派」之風，改變了晚唐、五代以來綺靡的詞風。有「韓潮蘇海」之稱，與古文大師韓愈齊名。與父親蘇洵、弟蘇轍，合稱「三蘇」，同列唐宋八大家。著有《蘇東坡全集》及《蘇東坡樂府》詞集傳世。

1056 年 20 歲前一直在故鄉眉山專心向學·1057 年進士及第，累官至端明殿學士兼翰林院侍讀學士禮部尚書。1066 蘇洵過世，在家服喪三年，1069 年去京在史館任職·反對王安石新法，剴切陳書，向皇上上「萬言書」·

1071 年，被迫離開都城，出任杭州通判·整治西湖，使西湖成為今日名風景區·

1074 年，轉任常州知事·常州水患，防洪護誠賑災、潛縣捕蝗，視民如子

1077 年，赴任徐州，七月七日，黃河決口，蘇軾參加救災。

1079 年，任潮州太守·「烏臺詩案」指控以詩諷刺新法，怨恨皇帝而入獄，幾死，受牽連者 76 人·因朋友相救，神宗愛其才，終得以保全性命。他的「前赤壁賦」和「後赤壁賦」，就是先後寫於此時·

1081 年，被貶黃州，「深自閉塞，扁舟革履，放浪山水之間，與漁樵雜處」，

1084 年·大力推行新法的宋神宗去世，哲宗即位，政局逆轉，蘇東城恢復名譽·

1085 年，回任禮部郎中、中書舍人、翰林學士，

1089 年·拜龍圖閣學士，曾出知杭州、穎州等，官至禮部尚書。

1092 年，出任禮部尚書，這是蘇東坡從政以來最高的職位·

1094 年，新派復得勢，罷黜舊人，蘇東坡又以文字獲罪，被章惇貶謫至惠州、儋州（海南島）。

1100 年，獲赦北歸。

1101 年，病死常州孫氏館，終年 64 歲。諡號「文忠」。

蘇東坡，反對新黨王安石，也不同意司馬光盡廢新法，仕途生涯坎坷，居官清正，興利除弊，政績頗多，杭州西湖的蘇堤興建，留傳至今，就是實證。

1081 年暮春三月，蘇東坡寫下《黃州寒食詩帖》，詩句沉鬱蒼勁，低回長歎，極富感染力。蘇東坡又善書法，筆力沉勁，氣勢磅礴，後世譽為《蘭亭序》《祭侄文稿》之後的「天下第三行書」。蘇軾現存詩文有《東坡七集》《東坡集》《東坡詞》等，2700 多首詩，300 多首詞，以及大量散文作品。

蘇轍　1039~1112　眉州眉山（今四川眉山市）人

蘇轍，字子由，一字同叔，和其兄代表「蜀學」北宋非主流派，晚年自號穎濱遺老，蘇洵之子、蘇軾之弟，1057 年與其兄蘇軾同登進士。蘇家父子三人，均在「唐宋八大家」之列，人稱「三蘇」，蘇轍則是「小蘇」。作品有《欒城集》傳世，包括《後集》、《三集》共 84 卷。

蘇轍生於北宋景祐六年（1039 年）是蘇洵與程氏的幼子。1057 年，年方十九歲的蘇轍與兄蘇軾同進士，轟動京師，不久母喪，返鄉服孝。

1057 年，兄弟二人又同舉制科。他在御試制科策中極言朝政得失，時有人「以為不遜，力請黜之」但司馬光力舉，並且仁宗以「以直言召人，而以直言棄之，天下將謂我何」為由，仍第以四等，除商州軍事。後因蘇軾任鳳翔簽判，奏請在京侍父。1065 年，出任大名府推官，次年蘇洵病逝，與蘇軾扶喪還蜀。

宦途不利，議事每與王安石不合，上書請廢新法，不見採納，上奏議今存一百五十餘篇，主張「因其舊而修其未完」。至徽宗立，遇赦北歸，隱居許州（今河南省許昌市）穎水之濱，自號穎濱遺老，讀書學禪度日。

1112 年，轉大中大夫致仕，同年十月卒。

宋濂　1310.11.4.~1381.6.20.　浙江省浦江縣人。

宋濂，字景濂，號潛溪，又號玄真子，諡文憲，明初大臣、文學家、史學家。方孝孺之師，曾任翰林，修《元史》。後因故被明太祖謫死蜀地。

宋濂出身貧寒，但自幼好學，曾受業於元末古文大家吳萊、柳貫、黃溍等。他一生刻苦學習，「自少至老，未嘗一日去書卷，於學無所不通」。元朝末年，元順帝曾召他為翰林院編修，他以奉養父母為由，辭不應召，修道著書。

元末，朱元璋稱帝，首創明朝，宋濂就任江南儒學提舉，為太子講經學。

1369 年，奉命主修《元史》。累官至翰林學士承旨、知制誥。

1377 年，以年老辭官還鄉。後因長孫宋慎牽連胡惟庸案，朱元璋本欲殺戮，經皇后太子力勸，改為全家流放茂州（現在四川茂縣），途中病死於夔州（現在重慶奉節）。

一般認為宋濂於洪武四年因獻詩「自古戒禽荒」一語激怒朱元璋，導致此禍。

在中國文學史上，宋濂與劉基、高啟並列為「明初詩文三大家」，且為「明代開國文臣之首」。他以繼承儒家道統為己任，為文主張「宗經」「師古」，取法唐宋，著作甚豐。

他的著作以傳記小品和記敘性散文為代表，傳記用筆細膩而簡煉，較著名所知的作品有《王冕傳》、《李疑傳》及《秦士錄》；散文或質樸簡潔，或雍容典雅，各有特色。朱元璋稱他為「開國文臣之首」，劉伯溫讚許他「當今文章第一」，四方學者稱他為「太史公」。著有《宋學士文集》。

明初明惠帝的忠臣，學者方孝孺，少時即師從宋濂。

王世貞　1526~1590　明朝太倉（今江蘇太倉）人

王世貞，字元美，號鳳洲，又號弇州山人，文學家、史學家。「後七子」領袖之一。大同總督王忬之子。1547年，進士，初任刑部主事，遷員外郎、郎中，為官正直，不附權貴。嚴嵩對此十分嫉恨。後出為山東副使，其父王忬在職守上因灤河決堤事而被嚴嵩下獄。王世貞與其弟王世懋每天在嚴嵩門外自罰，請求寬免。王忬最終被處決。嚴嵩倒台，嚴嵩執政時的獄案基本都翻案，王忬案平反成功。

隆慶二年起補河南按察司副使，萬曆二年以督察院右僉都御史督撫鄖陽，萬曆四年擢南京大理寺卿。張居正執政時，王世貞數次上書言兵事。官至南京刑部尚書，以疾辭歸。贈太子少保。《明史》有傳。

王世貞早年與李攀龍同為「後七子」領袖。攀龍死後，他獨主詩壇二十年。「一時士大夫及山人、詞客、衲子、羽流，莫不奔走門下。片言褒賞，聲價驟起」。善詩，尤擅律、絕，倡導文學復古運動，有「文必秦漢，詩必盛唐」的主張。園後建有「小酉館」，貯書達3萬餘卷。《四庫總目》說：「世貞才大學博，自謂靡所不少，方成大家」，亦有人指出其作品多摹擬仿古，但往往失於藻飾。晚年文學思想轉變，以「恬淡自然為宗」，王錫爵稱其「自然」，焦竑說他「自識」，錢謙益則提出「自悔」說。孫鑛《孫月峰先生全集》卷九《與李于田論文書》論王世貞曰：「鳳洲氣脈本出子瞻，稍雜以六朝，後乃稍飾以庄左及子長。俊發處亦彷彿近之，然終不純似。自謂出《國策》，正是子瞻所祖耳。」其《宋詩選序》稱「余所以抑宋者，為惜格也，然而代不能廢人，人不能廢篇，篇不能廢句，蓋不止前數公而已，此語于格之外者也。」

著有《弇州山人四部稿》《弇山堂別集》《藝苑卮言》（南北曲源流與評論）、《鳴鳳記》。不少學者認為《金瓶梅》的作者蘭陵笑笑生，是王世貞的化名。

黃景仁 1749~1783

黃景仁，字仲則，為文以黃仲則署名，清代詩人。黃庭堅之後，祖黃大樂，為高淳校官。父黃之揆，為縣學生。四歲喪父，依賴母親屠氏養成，八歲能制舉文。十六歲應童子試，三千人中名列第一。十七歲補博士弟子員，於宜興氿里讀書。與汪中友好，時人稱為「洪黃」。乾隆三十一年，於江陰遇洪亮吉。次年，娶趙夫人。三十三年開始浪遊浙江、安徽、江西、湖南等地。

1775 年，高宗南巡，召試入二等。

1778 年，受業於鴻臚寺少卿王昶門下。家境日貧。在北京從伶人乞食，粉墨登場。入陝西巡撫畢沅幕府，畢沅替他捐補縣丞。

1783 年，為債主所逼，乃北走太行，抱病赴西安，至山西解州運城，四月二十五日，卒於河東鹽運使沈業富官舍。友人洪亮吉持其喪以歸。作品輯成《兩當軒集》。

劉蓉 1816~1873　　湖南湘潭人

劉蓉，字孟容，號霞仙，是桐城派古文學者，生員出身，參與平定太平軍之戰，1862 年任官陝西巡撫。曾為曾國藩的幕客，與郭嵩燾、羅澤南有往來。

1855 年太平軍翼王石達開總攻湘軍水營，燒毀湘軍戰船百餘艘。曾國藩座船被俘，「文卷冊牘俱失」「公憤極，欲策馬赴敵以死」，由劉蓉等人力勸乃止。劉蓉為人勤奮好學，著有《思辨錄疑義》《養晦堂詩文集》等書。寫了不少古文、詩詞，「一室之不治，何以天下國家為？」就是出自於其散文〈習慣說〉的名句，選錄自《養晦堂詩文集》。曾國藩評「吾友劉君孟容，湛默而嚴恭，好道而寡慾。自其壯歲，則已泊然而外富貴矣。既而察物觀變，又能外乎名譽。」（〈養晦堂記〉）。

辜湯生 1857.7.18.－1928.4.30.，祖籍福建省惠安縣，生於馬來西亞檳榔嶼。

辜湯生，字鴻銘，號立誠，自稱慵人、英文名 Koh Hong-beng，回國用 Ku Hweng-Ming，另外還有 Kaw Hong Beng、Amoy Ku，最為人知的是 Tomson。

學博中西，號稱「清末怪傑」，是滿清時代精通西洋科學、語言兼及東方華學的中國第一人。他翻譯了中國「四書」中的三部 —— 《論語》《中庸》和《大學》創獲甚鉅；並著有《中國的牛津運動》（原名《清流傳》）和《中國人的精神》（原名《春秋大義》）等英文書，熱衷向西方人宣傳東方的文化和精神。他自稱「一生四洋」，即「生在南洋，學在西洋，婚在東洋，仕在北洋」。

1857 年 7 月 18 日，辜鴻銘出生。父親辜紫雲，母親為葡萄牙人與馬來人混血。

1867 年，隨其橡膠園主英國商人布朗前往蘇格蘭。10 歲時，義父布朗告訴他：
　　希望你日後也能為自己的國家學好中西文化！」。

1870 年，往德國學，後回到英國，會英文、德文、法文、拉丁文、希臘文，

1873 年，考入愛丁堡大學文學院攻讀西方文學專業，得到校長、著名作家、歷
　　史學家、哲學家卡萊爾的賞識，

1877 年，獲得碩士學位。隨入學德國萊比錫大學，獲得土木工程文憑；後又去
　　法國巴黎大學攻讀法學。

1880 年，回到故鄉檳城。

1881 年，遇馬建忠傾談，思想發生重大改變，隨辭殖民政府職務學習中國文化。

1885 年，前往中國，張之洞委任為「洋文案」(即外文秘書)。張之洞實施新政、
　　編練新軍，重視高等教育。辜鴻銘鼎力謀劃、定計劃，再呈張之洞審定，

1893 年 11 月 29 日，設立自強學堂(武漢大學前身)，蔡錫勇受命擔任總辦(校
　　長)，辜鴻銘任方言(英語)教習。辜鴻銘授課，成為自強學堂一代名師。

1905 年，辜鴻銘任上海黃浦浚治局督辦。

1908 年，宣統即位，辜任外交部侍郎，

1910 年，辭去外交部職務，赴上海任南洋公學監督。

1911 年，辛亥革命後，辜辭去公職，

1915 年，在北京大學任教授，主講英國文學。

1909 年，著述出版《中國的牛津運動》

1915 年，又著出版《中國人的精神》《春秋大義》。

1924 年，赴日本講學三年，其間曾赴台灣講學，鹿港辜家的創始人辜顯榮招待。

1927 年，從日本回中國。　　1928 年 4 月 30 日，在北京逝世，享年 72 歲。

王國維　1877.12.3.~1927.6.2.　浙江嘉興海寧人

王國維，字靜安，又字伯隅，晚號觀堂(甲骨四堂之一)，
諡忠愨。國學大師。與梁啟超、陳寅恪和趙元任號稱清
華國學研究院的「四大導師」。中國新學術的開拓者，
連接中西美學的大家，在文學、美學、史學、哲學、金
石學、甲骨文、考古學等領域成就卓著。甲骨四堂之一。
王國維精通英、德、日，使他在研究宋元戲曲史時獨樹
一幟，成為用西方文學原理批評中國舊文學的第一人。
陳寅恪認為王國維的學術成就「幾若無涯岸之可望、轍
跡之可尋」。著述甚豐，有《海寧王靜安先生遺書》《紅
樓夢評論》《宋元戲曲考》《人間詞話》《觀堂集林》《古
史新證》《曲錄》《殷周制度論》《流沙墜簡》等 62 種。

1877 年，出生於海寧鹽官。

1882 年，入私塾。

1893 年，中秀才。

1899 年，進上海《時務報》，業餘去羅振玉東文學社學習外文及理化，開始接觸西方文化。

1901 年秋，受資助赴日入東京物理學校。次年夏，因病回國。

1903 年，任教於通州和江蘇師範學堂，講授哲學、心理學等。寫出《紅樓夢評論》等多篇哲學、美學論文。後自編為《靜庵文集》，於 1905 年出版。

1907 年，北上，任學部圖書館編譯、名詞館協修。期間，著《人間詞話》，《宋元戲曲史》。

1911 年，前往日本。

1916 年，受邀回國為哈同所辦倉聖明智大學編輯學術刊物。又為藏書家蔣汝藻編《密韻樓書目》，並參加纂修《浙江通志》。

1917 年，著《殷周制度論》。

1923 年，應遜帝溥儀之召，北上就任「南書房行走」。

1925 年，為清華大學國學研究院教授，講授經史小學，並研究漢魏石經、古代西北地理及蒙古史料。與梁啟超、陳寅恪、趙元任號稱清華國學四大導師。

1927 年 6 月 2 日，自沉於頤和園昆明湖，自殺原因說法不一。

1927 年，聽聞北伐軍槍斃湖南葉德輝和湖北王葆心（王被殺是謠傳），6 月 2 日同朋友借了五塊錢，僱人力車至北京頤和園，於園中昆明湖魚藻軒自沉。從其遺體衣袋中尋出一封遺書，封面上書寫著：「送西院十八號王貞明先生收」，遺書內容如下：

> 五十之年，只欠一死。經此事變，義無再辱。我死後當草草棺殮，即行藁葬於清華塋地。汝等不能南歸，亦可暫移城內居住。汝兄亦不必奔喪，因道路不通，渠又不曾出門故也。書籍可托陳吳二先生處理。家人自有人料理，必不至於不能南歸。我雖無財產分文遺汝等，然苟謹慎勤儉，亦必不至餓死也。

王國維為何自溺，至今仍爭論不論，一般學者論點有所謂的：「殉清說」「逼債說」「性格悲劇說」「文化衰落說」。陳寅恪《王觀堂先生輓詞》的序言中寫道：「或問觀堂先生所以死之故。應之曰：近人有東西文化之說，其區域分劃之當否，固不必論，即所謂異同優劣，亦姑不具言；然而可得一假定之義焉。其義曰：凡一種文化值衰落之時，為此文化所化之人，必感苦痛，其表現此文化之程量愈宏，則其所受之苦痛亦愈甚；迨既達極深之度，殆非出於自殺無以求一己之心安而義盡也。」、「吾中國文化之定義，具於白虎通三綱六紀之說，其意義為抽象理想最高之境，猶希臘柏拉圖所謂 Idea 者。若以君臣之綱言之，君為李煜亦期之以劉秀；以朋友之紀言之，友為酈寄亦待之以鮑叔。其所殉之道，與所成之仁，均為抽象理想之通性，而非具體一人一事。」

王國維先後娶兩妻，前為莫氏，育有三男。莫氏病逝後，與潘氏續弦，再育六男二女。長子王潛明與羅振玉之女羅孝純結婚後不久，於 1926 年早逝。1949 年以後，共有三子留在了大陸，有二子和二女去了台灣。現在世的有台灣的長女王東明、成都的五子王慈明。而二子王仲聞最為知名，從事詩詞校注，但被誣為特務，最後服敵敵畏自盡。

魯迅 1881.9.25.~1936.10.19. 浙江紹興會稽縣府城內東昌坊口（紹興市越城區）

魯迅，原名周樹人，本名樟壽，字豫才、豫亭、幼阿張。筆名魯迅、令飛、巴
人、洛文。祖父周福清 1871 年辛未科進士，在北京任官員，祖先是北宋理學始
祖周敦頤，父親周伯宜是一名秀才，母親魯瑞。

1892 年，就讀家鄉紹興的壽鏡吾開設的私塾三味書屋。

1893 年，祖父周福清因為科舉舞弊案被革職下獄，魯迅兄弟被安插到皇甫庄大
　　舅父家中避難。

1898 年，金陵新式學堂江南水師學堂時，改名周樹人。

1899 年，轉讀江南陸師學堂附設礦路學堂，

1901 年，畢業。

1902 年，赴日本入東京弘文學院，2 年後進入仙台醫學專門學校學習現代醫學。

1906 年，尊母命回國與朱安結婚婚後第四天又東渡日本

1907 年，曾創辦雜誌《新生》因經費問題未遂

1908 年，師從章太炎，加入光復會，創作了小說《惜別》。

1909 年，由日本回國，任教浙江師範學堂、紹興中學、紹興師範學校校長等職。

1911 年，寫出第一篇小說《懷舊》（文言文寫作）。

1912 年，受蔡元培之邀到教育部工作，任教育部社會教育司第 1 科科長、僉事。
　　後受錢玄同影響，重新投身新文化運動，兼北京女子高等師範、和北大教職。

1918 年，周樹人首次用「魯迅」為筆名，在《新青年》上發表《狂人日記》。

1921 年，發表《阿 Q 正傳》。

1924 年，魯迅、周作人、錢玄同、林語堂等人創辦《語絲》。

1926 年，蔡元培將教育部改革為大學院，聘魯迅為大學院「特約撰述員」

1927 年，「中山大學」校長朱家驊，聘請魯迅任文學系主任兼教務主任．
　　魯迅與 29 歲的學生許廣平同居。辭去中山大學職務到上海，住在北區「半租
　　界」他寫作免遭迫害。

1929 年，兒子周海嬰在上海出世。

1930 年，先後加入中國自由運動大同盟、左翼作家聯盟、和中國民權保障同盟。
　　參與「中國左翼作家聯盟」遭通緝．

1931 年，魯迅大力倡導木刻版畫，開始創作版畫的歷史。

1932 年，支持學生愛國運動，抗議三·一八慘案被通緝，南下廈門大學任教授。

1933 年，與宋慶齡、蔡元培、楊銓組「中國民權保障同盟」。

1934 年，出版「南腔北調集」「中國新文學大系」

1936 年 10 月 19 日 05:25，因肺結核病在上海去世，享年 55 歲。安葬上海虹橋
　　萬國公墓。民眾代表在其靈柩上覆蓋寫有「民族魂」的白旗。

1956 年，魯迅墓遷移重建於上海虹口公園。

魯迅有三個弟弟：周作人（1885－1967）、周建人（1888－1984）、周椿壽(1893
～1898)、一個妹妹(1888 年，出生十月即早夭)。

周海嬰之子為周令飛，1980 年與來自台灣的女同學張純華相戀並移居台灣。他
的女兒周璟馨（即魯迅的曾孫女）曾參加台灣綜藝節目，並成為熱點人物。

蘇曼殊　1884－1918.5.2.　廣東香山人（今廣東珠海）

蘇曼殊，本名子谷，法號曼殊又號元瑛。其父蘇傑，生為日本橫濱山下町三十
三番英國茶行的買辦。蘇傑生在日本期間與日本婦女同居，生下蘇曼殊，母親
叫亞仙（柳亞子說姓河合，但似乎沒有證據）。

1895 年，11 歲，被帶回到廣東老家，就讀於私塾。由於帶有異族血統，在家族
　　內備受排斥和虐待。

1897 年，13 歲，到新會慧龍寺出家做和尚，後被家人找回家．

1899 年，15 歲，家道中落，隨表兄再赴日本，在橫濱華僑設立的大同學校就讀。

1901 年，考入早稻田大學高等預科，一年後因林氏贊助終止而停學。幸清公使
　　王大燮准改當公費生．後轉學與振武學校。在日本期間，結識陳獨秀、章士
　　釗、廖仲愷、何香凝等留學生，參加青年會、興中會等。

1903 年，改名蘇湜，入成城學校學習陸軍．到上海任「國民日報社」翻譯．與
　　孫中山、鄭士良等結識，主辦「香港中國日報」．

　　蘇曼殊回想在日本、香港飄零身世，鬱鬱寡歡，足不出戶，食宿之餘，鮮與
　　人語，醉心佛學，告陳少白，決意出家，陳察堅辭，送金資助其行．至惠州
　　一廟落髮剃度出家，法號曼殊．

有云：蘇曼殊不能真正看破紅塵。他有時身披袈裟，誦經念佛；有時又與多
情少女發生**轟轟**烈烈的戀情。後在上海時，蘇曼殊更自暴自棄，出入青樓妓
院，暴飲暴食，最終得了胃病。

1906 年，到長沙，住永福寺，明德學堂聘教圖畫，學生中有陳果夫等黨人．後
又轉蕪湖皖江中學執鞭．

1907 年，在溫州睹覽各大僧院．往東京牛迭區新小川町民報社，與章炳麟同室．
同盟會的人，差火多都和蘇曼殊相熟，人稱他為「革命和尚」．

1908 年，在南京祇垣精舍任英文講師．

1909 年，在東京生病，住橫演醫院．旋赴爪哇，應喏班中華會館做英文講師

1912 年，自印度歸，回廣州，在「太平洋報」工作，大吃花酒．

1913 年，東渡玉西京琵琶湖，腸胃不好，去東京治療．

1914 年，中華革命黨機關「民國雜誌社」在東京成立．為報撰寫「燕子**龕**隨筆」
「天涯紅淚記」等文．與報社中居正、戴傳賢、田梓琴、邵元沖、鄧孟碩等
人熟稔。

1918 年，住日本庶母處，胃疾轉劇，日瀉五六次，蔣介石送他醫藥費．

　　5.2.(農曆二月廿二日)下午，病逝上海廣慈醫院，年 34 歲。死前留下一偈:「一
切有情，都無掛礙。」後孫中山捐贈千金，葬於杭州西湖孤山北麓，南社諸
宗元撰《塔銘》。

1964 年，遷葬於西湖西南側的雞籠山。

周作人 1885.1.16.~1967.5.6.出生紹興府城內的周家新台門籍貫屬會稽縣。

原名**櫆壽**（後改為奎綬），字星杓，又名啟明、啟孟、起孟，筆名遐壽、仲密、
豈明，號知堂、藥堂等。魯迅（周樹人）之弟，周建人之兄。歷任國立北京大
學教授、東方文學系主任、燕京大學新文學系主任、客座教授。新文化運動中
是《新青年》的重要同人作者，並曾任「新潮社」主任編輯。「五四運動」之後，
與鄭振鐸、沈雁冰、葉紹鈞、許地山等人發起成立「文學研究會」；並與魯迅、
林語堂、孫伏園等創辦《語絲》周刊，任主編和主要撰稿人。

出生時祖父周福清在京任官，得到家信時正好有一魁姓旗人來訪，遂將這個孫
子取名「櫆壽」，與長孫「樟壽」（魯迅原名）對應。

周作人幼年在家鄉的私塾書屋（三味書屋）裡接受傳統的國學教育，1898～1899
年和 1900～1901 年兩次參加科舉均止於院試。

後來在國內新學的風潮中，於 1901 年到南京進入江南水師學堂（民國後改海軍軍官學校），在管輪班（輪機科；輪機專業）讀了 6 年，當時專業科目都用英文書，他因此有了相當的英文基礎，考取官費生，和哥哥魯迅、好友許壽裳（季茀）等人留學日本。

他以學「造房子」（土木工程、建築工程）的名目出國，抵日後先讀法政大學預科，後入東京立教大學修希臘文和英文等西方語文（周作人的古英語頗有水平），研讀《遠征記》（蘇格拉底的學生色諾芬的著作）等文學經典，到神學院學福音書的希臘原文。

課餘和哥哥翻譯出版了《域外小說集》（在 1909 年的 2 月，印出第 1 冊，到 6 月間，又印出第 2 冊），這兩部譯作以東歐弱小民族文學為主，也包括王爾德等的作品，其中的迦爾洵的《四日》，安特來夫的《謾》和《默》這 3 篇是魯迅翻譯，魯迅校訂了周作人翻譯的其他各篇，這是史上第 1 部直接從英語、德語原文翻譯成漢語古文的短篇小說集。

魯迅、周作人 1920 年 3 月 20 日給這 1 年的重印版寫的〈域外小說集序〉裡說：每集在東京只賣去 20 本就再也沒有人買了，第 1 集另有 1 本是許壽裳怕寄售處不遵定價，額外需索而去試買的（半年過去了，先在就近的東京寄售處結了帳。計第一冊賣去了二十一本，第二冊是二十本，以後可再也沒有人買了。那第一冊何以多賣一本呢？就因為有一位極熟的友人，怕寄售處不遵定價，額外需索，所以親去試驗一回，果然劃一不二，就放了心，第二本不再試驗了 — 但由此看來，足見那二十位讀者，是有出必看，沒有一人中止的，我們至今很感謝），上海的寄售處「是至今還沒有詳細知道。聽說也不過賣出了二十冊上下，以後再沒有人買了。於是第三冊只好停板，已成的書，便都堆在上海寄售處堆貨的屋子裡。過了四五年，這寄售處不幸被了火，我們的書和紙板，都連同化成灰燼；我們這過去的夢幻似的無用的勞力，在中國也就完全消滅了。」

胡適在《五十年來中國之文學》裡說：「周作人同他的哥哥也曾用古文來譯小說。他們的古文工夫既是很高的，又都能直接了解西文，故他們譯的《域外小說集》比林譯的小說確是高的多。」

蔡元培 1919 年 3 月 18 日寫給林紓的公開信裡說：「周君所譯之《域外小說》，則文筆之古奧，非淺學者所能解。」

周氏兄弟、許壽裳、錢玄同等在日本時師從章太炎學《說文解字》，並相互結下友誼。另外周作人在日本還短暫學習俄文（與魯迅等共學）、梵文（與老師章太炎共學，教師是會說英語的旅日印度人，周給老師做英語翻譯）等。

北大紅樓

1911 年從日本回中國，1912 年做了半年浙江省教育司視學（督學），後轉浙江省立第五高級中學教員，教了 4 年英文，1917 年到北京大學附屬國史編纂處做編纂，半年後的 1918 年出任北京大學文科（文學院）教授，擔任希臘羅馬文學史、歐洲文學史、近代散文、佛教文學等課程，並創辦北京大學東方語言文學

系，出任首任系主任，該系師資還有張鳳舉、徐祖正等，後來因中日戰爭爆發而停辦。

他清新淡雅，如話家常的白話文，洋溢着深厚的中國、東洋、西洋古典與近現代文化素養，**轟**動一時，新文化運動中更發表影響深遠的《人的文學》、《平民文學》、《思想革命》等啟蒙主義理論文章。

周作人還廣泛參與社會活動，1919 年起任中華民國教育部國語統一籌備會會員，與馬裕藻、朱希祖、錢玄同、劉復、胡適 5 位北大教授兼國語會會員在會上聯名提出《請頒行新式標點符號議案》，經大會通過後頒行全國。

1922 年與錢玄同、陸基、黎錦熙、楊樹達、胡適、沈兼士等會員任國語統一籌備會漢字省體委員會委員（共 16 人）。在「非基督教運動」高潮中，他和錢玄同、沈士遠、沈兼士及馬裕藻發表《信仰自由宣言》，重申信仰自由的精神。

1925 年在女師大風潮中，周作人支持進步學生，與魯迅、馬裕藻、沈尹默、沈兼士、錢玄同等人連署發表《對於北京女子師範大學風潮宣言》，並擔任女師大校務維持會員。

1927 年，李大釗等 20 餘國民黨員（有的兼共產黨員身份）被奉係軍閥張作霖絞死。周作人在冒生命危險的情況下，把李氏子女李葆華和李星華藏在自己北京西城八道灣胡同家中。此後對李氏遺孤的救濟幫助一直持續近 20 年。

1937 年，盧溝橋事變後，北京大學撤離北平，他沒有同行，成為四名「留平教授」之一（另 3 位是孟森、馬裕藻、馮祖荀），受校長的委託看守校產。北大校長蔣夢麟後來在回憶錄（《西潮》和《新潮》）裡談到「抗戰的時候，他留在北平，我曾示意他說，你不要走，你跟日本人關係比較深，不走，可以保存這個學校的一些圖書和設備。於是，他果然沒走，他留在北平並不是想做漢奸，是校長托他在那裡照顧學校的。

1939 年，自稱是他的學生並自稱姓李的客人求見周作人，突然開槍將他擊倒，子彈射中銅扣而受輕傷。兇手逃逸後未被捉獲。

1938 年 9 月，至燕京大學擔任客座教授。但遭行刺後日本憲兵進駐周作人家，確加速民眾對其親日印象的懷疑。

　　經過槍擊案的身心衝擊。

1939 年 1 月，接下汪精衛南京政府國立北京大學圖書館館長的聘書，3 月應聘兼任北京大學「文學院籌辦員」，開學後兼任文學院院長。

1940 年 11 月 8 日，汪精衛政權會教育總署督辦湯爾和因肺癌病逝，12 月 19 日，汪精衛政權「特派周作人為華北政務委員會委員，並指定為常務委員兼教育總署督辦」，1941 年元旦正式上任。

1941 年 10 月，兼任東亞文化協議會會長，

1943 年 6 月，起兼任華北綜合調查研究所副理事長，

1944 年 5 月，兼任《華北新報》經理和報道協會理事、中日文化協會理事。

1945 年 12 月，在北京以漢奸罪名被逮捕，監禁於老虎橋監獄。

1946 年 11 月 6 日，高等法院判處他 14 年有期徒刑，

1947 年 12 月 9 日，改判 10 年有期徒刑。

1949 年 1 月 22 日，李宗仁接任中華民國總統，在國共和談的空氣中，下令釋
　　放政治犯，周作人在 1949 年 1 月 26 日被放出獄，到學生尤炳圻上海家暫住。
　　8 月 14 日，他從上海回到北平定居。

　　10 月 1 日，中華人民共和國成立。

　　周作人搬回北京八道灣的老房子，專心翻譯和寫作，以稿費維持生計。

1951 年，給毛寫信，毛的秘書胡喬木 1951 年 2 月 24 日給毛澤東書面報告說：
　　「周作人寫了一封長信給你，辯白自己，要求不要沒收他的房屋，不當他是
　　漢奸。」

1952 年 8 月，出任北京人民文學出版社編制外特約譯者，每月預支稿費 200 元
　　人民幣，按月交稿。

　　兒子周豐一被劃為右派，停發工資，讓他的經濟負擔大增，只好給中央領導
　　同志寫信。在康生和周揚的過問下，稿費從 1960 年 1 月起，調高到每月 400
　　元人民幣。

1964 年 9 月，稿費又減半至每月 200 元人民幣，當時他的愛人羽太信子已去世。
　　這段期間，他翻譯日本古典文學和古希臘文學作品多部．

1966 年 5 月，文革，人民文學出版社不再給周作人預付稿費。8 月 2 日，他被
　　紅衛兵查封了家，並遭到皮帶、棍子抽打。其後周作人兩次寫了短文讓兒媳
　　張菼芳交給當地派出所，以求服用安眠藥安樂死，都無音信。

1967 年 5 月 6 日，周作人下地解手時突然發病去世，享壽 82 歲。

陳寅恪 1890.7.3.~1969.10.7.生於湖南長沙移居江西省義寧州（今修水縣）人

陳寅恪，歷史學家、古典文學研究家、語言學家、中央研究院院士、清華大學
國學院四大導師之一（其餘三人梁啟超、王國維、趙元任），通曉二十餘種語文．
原籍福建省汀州府上杭縣客家，祖父陳寶箴，官拜湖南巡撫，其父陳三立為詩
文名家。祖母黃氏以在寅年生子，取名寅恪（恪字為家族字輩），排行第六，
晚輩稱其六叔，父親陳三立繼室俞明詩所生的第二子，陳氏門堂三代世家，
陳寅恪兒時，學習四書五經、算學、地理等書。

1900 年，祖父陳寶箴去世後，陳三立舉家遷居江蘇金陵，在家中開辦思益學堂，
　　教授四書五經、數學、英文、體育、音樂、繪畫等課程。先後延聘教師家學
　　淵源下，陳寅恪國學深厚。

1902 年 13 歲，隨長兄陳衡恪東渡日本，入東京弘文學院就讀，與周樹人（魯迅）同學，同室而居，過從甚密。

1905 年因足疾輟學回國，就讀上海復旦公學。

1910 年官費留學德國柏林洪堡大學、瑞士蘇黎世大學、法國巴黎政治學院學習。

1914 年因第一次世界大戰爆發，回國。

1918 年冬公費再度出國，先在美國哈佛大學隨蘭曼教授學梵文和巴利文。後因時局，官費停發，生活至為艱苦。

1921 年轉往德國柏林洪堡大學，攻讀東方古文字學、中亞古文字、蒙古語、藏語、滿語、日語、梵語、英語、法語、德語、巴利語、波斯語、突厥語、西夏語、拉丁語、希臘語等十餘種語言的能力，尤精梵文和巴利文

1923 年陳寅恪在《與妹書》中明確地表示「我今學藏文甚有興趣，因藏文與漢文，係同一系文字。

　　陳寅恪四處求學，學貫東西，可一生中沒有一張文憑。

1925 年 3 月再次回到中國，時吳宓主持清華國學研究院，應清華學校之聘，與王國維、梁啟超、趙元任同為國學研究院導師

1928 年與原台灣巡撫唐景崧之孫女唐篔完婚。

1930 年後，開「佛經文學」「世說新語研究」「唐詩校釋」「晉至唐文化史」「魏晉南北朝史專題研究」「隋唐五代史專題研究」諸科，當時名家如吳宓、朱自清、馮友蘭都來旁聽，鄭天挺稱他是「教授的教授」，歷史系教授姚從吾說：「陳寅恪先生為教授，則我們只能當一名小助教而已。」

　　抗日戰爭爆發，其父陳三立憂憤死。寅恪悲慟過度，導致右眼失明。11 月攜眷南逃，途中手稿遺失甚多，任教昆明西南聯合大學，主要講兩晉南北朝史、隋唐史專題和元白詩研究等。

1939 年，英國牛津大學聘請他為中國史教授。隔年前往蒙自的西南聯大，次年又隨西南聯大遷往昆明。

1940 年 9 月，准備轉英國。因戰事未能成行，在昆明期間撰有《隋唐制度淵源略論稿》有詩「食蛤那知天下事，看花愁近最高樓。」

1941 年接任香港大學中國文學系主任，年底香港淪陷，學校停課，陳寅恪懂日文，日軍十分禮遇之，寅恪拒不接受日人饋贈。香港日本政權欲以高薪聘請其任香港東亞學院院長，未果

1942 年，攜妻女逃離香港，至桂林，中科院物理所長丁西林前去迎接，任教於廣西大學。

1943 年 12 月再前往燕京大學。

1945 年，左眼失明。是年 9 月，前去英國治眼疾，卻因耽擱太久，無法痊癒，僅一眼能見微光。

1946 年再任清華大學教授。

1948 年底，解放軍逼進北平，傅斯年電話催請寅恪南下，寅恪舉家乘飛機至南京，次日赴上海。最後在嶺南大學未能前去台灣。

1952 年院系調整，嶺南大學併入中山大學，自此一直擔任中山大學教授，為歷
　　史系、中文系講授兩晉南北朝史、唐史、唐代樂府等三門課程。
1954 年，陳寅恪《論〈再生緣〉》轟動海外，因特殊環境，被擱置起來。陳氏
　　因言：「蓋棺有期，出版無日。」
1960 年 7 月，任為大陸中央文史研究館副館長。
1962 年，陳寅恪滑倒於浴盆內，右腿折斷。大陸文化大革命時，陳寅恪遭到迫
　　害，紅衛兵凍結寅恪夫婦工資，多次寫書面檢查交待，珍藏多年的大量書籍、
　　詩文稿，多被洗劫，有詩云：「涕泣對牛衣，卌載都成斷腸史；廢殘難豹隱，
　　九泉稍待眼枯人。」
1969 年 10 月 7 日，在廣州因心力衰竭且驟發腸梗阻麻痺逝世。
2003 年，安葬江西廬山植物園。

郭沫若 1892.11.16.~1978.6.12.　四川樂山人

郭沫若，原名郭開貞，字鼎堂，文學家、詩人、歷史學家、古文字學家、考古
學家、劇作家、社會活動家，甲骨學四堂之一。曾任中國科學院院長、中共國
務院副總理兼文化教育委員會主任、全國人大常委會副委員長、全國文聯主席、
中國科大第一任校長。
郭沫若少年就讀成都石室中學。父親郭朝沛經營家業。母親杜遨貞，是一個沒
落的官宦人家的女兒。
1914 年，郭沫若留學日本，在九州帝國大學學醫。
1921 年發表《女神》，上海文學學社「創造社」建立者之一．
1922 年 3 月 15 日《創造季刊》問世。
1926 年到 1927 年任國立武昌中山大學籌備委員會委員。
1927 年他就任蔣介石總司令指揮下的北伐軍總政治部主任。安慶「三二三慘案」
之後，蔣介石清黨。郭沫若在朱德的家裡，寫下聲討蔣介石的檄文，隨後參加
八一南昌起義，加入中國共產黨。蔣旋即通緝郭沫若，
1928 年 2 月郭到日本避難，郭沫若開始研究甲骨文、金文。
1930 年撰寫了《中國古代社會研究》，
1937 年全面抗戰爆發後回國。儘管他有一個日本籍妻子，這個妻子沒有跟隨他
來中國。回國後前往南京拜謁汪精衛、蔣介石，要求蔣原諒從前的事情。

郭沫若是抗戰時的文化領袖，擔任國民政府軍委會政治部第三廳廳長，聲勢浩大，文化運動，歌詠、話劇、電影等各界發動起來，郭沫若功不可沒。他本人在話劇領域的創作高峰也是在抗戰時期到來的，代表作是《屈原》。

1947 年國共內戰期間郭沫若當選為中央研究院院士。

中華人民共和國建國後，歷任中央人民政府委員、政務院副總理兼文化教育委員會主任、中國科學院院長、中國科學院哲學社會科學部主任、歷史研究所第一所所長、中國科學技術大學校長、中國文聯主席、世界和平委員會委員、中日友好協會準會長等職。

郭沫若以毛澤東的詩友著稱，和毛時有詩詞唱和。他曾高度讚頌毛澤東的詩詞和書法，也曾賦詩讚美史達林。

郭沫若在文革初期被批判，得到特別保護；他寫了許多讚美文化大革命的詩作，讚美江青，在整個 70 年代基本安然無恙。

1976 年 5 月 12 日郭沫若《水調歌頭・慶祝無產階級文化大革命十周年》，但過了僅五個月零九天，四人幫被逮捕之後，他立即又賦一首《水調歌頭》抨擊「四人幫」，他的政治人格受到質疑。

1978 年 3 月，郭沫若發表《科學的春天》，6 月 12 日在北京逝世。根據其遺囑，郭的骨灰灑在山西昔陽縣大寨人民公社的梯田中。

茅盾(沈德鴻)1896.7.4.~1981.3.27. 浙江桐鄉烏鎮

茅盾，原名沈德鴻，字雁冰。筆名有茅盾、玄珠、方璧、止敬、蒲牢、形天等。父親沈永錫，維新派，於茅盾童年時逝世；母親陳愛珠，是茅盾的第一個啟蒙老師。

1896 年，出生．

1904 年，入烏鎮立志書院，後轉入植材高等小學。

1909 年，高小畢業考入省立三中。又轉省立二中。

1912 年，入讀杭州私立安定中學。

1914 年，考入北京大學預科第一類（文科）。

1918 年，回烏鎮與孔德沚結婚。

1919 年，北大預科畢業，進上海商務印書館工作。

1920.10 月　參加上海共產主義小組。

1921 年，加入共產黨，為最早黨員之一。

1923.1 月 辭去《小說月報》主編，在上海大學任教；中共上海區執行委員。

1925.11 月 奉中共中央指示與惲代英籌組國民黨（左派）上海特別市黨部．

1926 年，與郭沫若、沈澤民、惲代英等組「中國濟雜會」

1927 年，失掉共產黨組織聯繫．

1928.7 月 避居日本，完成長篇小說《虹》等著作。

1931.4 月 回國，參加中國左翼作家聯盟。數月後因病辭職。創辦《北斗》。

1932 年，完成長篇小說《子夜》。

1934 年，幾次回烏鎮，寫了《林家舖子》《春蠶》《秋收》《殘冬》《支那的一日》。

1937 年，「救亡日報」編委

1938.2 月 全家到香港，主編《立報·言林》和《文藝陣地》，當時抗戰刊物。

1939 年，抵新疆迪化，在新疆學院任教。

1940.4 月 離開新疆到延安。

1946 年，任「中國亞洲團結委員會」副主席．

1949 年，中華人民共和國成立，任文化部部長。

1958 年，赴蘇聯出席「亞非作家會議」

1965 年，因「林家舖子」小說，被免去文化部部長．

1967 年，被指為「資產階權」，列為「毒草」．

1979 年，當選為全國文聯名譽主席、中國作家協會主席。

1981 年， 中共中央恢復其中國共產黨籍，3 月 27 日於北京逝世，86 歲，骨灰
安放北京八寶山「革命公墓」。桐鄉烏鎮故居列為全國重點文物保護。

郁達夫 1896.12.7.~1945.9.17. 浙江富陽

郁文，字達夫， 中國近代小說家、散文家、詩人。本名郁文，三歲喪父，七歲
入私塾。九歲便能賦詩。曾先後於就讀於富陽縣立高等小學、之江大學預科（因
為參加學潮被校方開除）、杭府中學（與徐志摩同學）。

1913 年，隨兄長郁華赴日本留學。

1919.11 月 入東京帝國大學經濟學部，

1922 年，畢業回國。他讀經濟，但文學活動不絕，閱讀了不少外國小說。

1921 年，與同為留日學生的郭沫若、成仿吾、張資平、鄭伯奇組織文學團體「創
造社」。開始寫作小說。10 月 15 日《沉淪》內容香豔豪放，轟動國內文壇。
郁達夫在二十多歲時患了肺結核。

1922 年，回國後，在安慶法政專校教英語。

1923 年，任北京大學講師，講授統計學。

1924 年，轉赴國立武昌師範大學任教，也只任職一年。

1925 年，任武漢大學教授，編輯《洪水》雜誌。

1926 年，與郭沫若一同任教於廣州中山大學文學院，年底辭職。

1927 年，結識王映霞，一見傾心，寫「日記九種」出版，轟動文壇．

1928 年，任上海藝術大學教務長，主編「大眾文藝」．

1930 年，任安徽大學中文系教授，僅任教四個月。

1933 年，由上海移居杭州。

1934 年，任浙江省政府參議。

1935 年，擔任《中國新文學大系》散文二集之主編。

1936 年，任福建省政府參議兼公報室主任。11 月 13 日赴日本訪問。12 月 17
　　日離日回國途中，訪問台灣，會見楊雲萍、黃得時等文化界人士。

1938 年，任軍委會政治部設計委員、中華文藝抗敵協會常務理事，在前線參訪。
　　同年攜眷前往南洋宣傳抗戰。12 月，郁達夫抵新加坡，任《星洲日報》編輯。

1940 年，郁達夫成為新加坡南洋學會創建人之一，與王映霞協議離婚。

1941 年，太平洋戰爭，任「星華文化界戰時工作團」團長和華僑抗敵員會執行
　　委員，組織「星洲華僑義勇軍」抗日。新加坡失守，郁達夫避難蘇門答臘。

1942.6 月　逃至蘇門答臘西部市鎮巴爺公務，化名趙廉，在當地人協助之下開設
　　酒廠維生。日本憲兵隊得悉趙廉是當地唯一懂日語的華僑，希望他當翻譯。
　　郁達夫不收薪金，自願充當日軍翻譯，卻引起當地人的誤解和不滿，但他利
　　用職務之便，保護和營救了不少印尼人和華僑。

1945 年，日軍發現他的身分，一個晚上，郁達夫突然神秘失蹤，享年 50 歲。

郁達夫的小說帶有強烈浪漫主義色彩。《銀灰色的死》《一個人在途上》《沉淪》《南遷》《蔦蘿行》《春風沉醉的晚上》《離散之前》《薄奠》《遲桂花》著名散文：《給一位文學青年的公開狀》《光慈的晚年》《杭州的八月》《故都的秋》《寂寞的春朝》《春愁》《江南的冬景》《記風雨茅廬》《懷四十歲的志摩》《懷魯迅》著名遊記：《釣台的春晝》《西溪的晴雨》《超山的梅花》《馬六甲遊記》

徐志摩 1897.1.15.~1931.11.19.　浙江海寧縣硤石鎮

徐志摩，原名章垿，字槱森，後改字志摩， 中國著名現代詩人，散文家，亦是
著名武俠小說作家金庸的表兄。徐志摩出生於富裕家庭，並曾留學英國。一生
追求「愛」、「自由」與「美」（胡適語），這為他帶來了不少創作靈感，亦
斷送了他的一生。徐志摩倡導新詩格律，對中國新詩的發展做出了重要的貢獻。
父親徐申如擁有一座發電廠、一個梅醬廠、一間絲綢莊，在上海還有一家小錢
莊，又是硤石商會會長，人稱「硤石鉅子」。

1912 年，15 歲，入州府中學

1915 年，18 歲，考入北京大學，輟學遵父母安排，與 15 歲的張幼儀結婚．但
　　這段婚姻並不美滿。張幼儀到英國後，發現徐志摩在旅英期間邂逅了林長民
　　的女兒林徽因（林徽音）因而離婚。最後林徽因卻選擇了梁啟超兒子梁思成。

1916 年，入天津忠洋大學預科，六年畢業，改入北京大學法科政治學．

1918 年，赴美留學，入克拉克大學社會系，畢業又入紐約哥倫比亞大學研究院．

1920 年，獲哥倫比亞大學文學碩士學位，旋入劍橋大學研究院．

1922 年，在德國柏林與張幼儀離婚，10 月自歐返國．

1923 年，梁啟超寫信很懇切地勸他：「萬不可以他人之痛苦，易自己之快樂⋯」
　　徐志摩答覆任公的信說：「我之甘冒世之不韙，竭全力以鬥者，非特求免凶
　　慘之苦痛，實求良心之安頓，求人格之確立，求靈魂之救度耳⋯」
　　徐志摩回到北平，常與朋友王賡相聚。王賡的妻子陸小曼，聰慧活潑，獨生
　　女，父親陸寶曾是日本名相伊藤博文的得意門生，回國後任賦稅司。徐志摩
　　和陸小曼在北平交際場相識相愛，談及婚嫁。徐父執請梁啟超證婚，徐志
　　摩求助於胡適，胡適果然把梁任公請了出來，梁任公在大庭廣眾之下痛罵徐
　　志摩：「徐志摩，你這個人性情浮躁，所以在學問方面沒有成就，你這個人
　　用情不專，以致離婚再娶⋯⋯以後務要痛改前非，重作新人。」

1925 年，徐志摩與陸小曼結婚，盛典舉輾，徐志摩離婚再娶，觸怒了父親，中
　　斷了對他的經濟援助，而陸小曼生活揮霍無度，住的是 3 層樓的豪華住所，
　　每月 100 銀洋的租金，家裡傭人眾多，有司機、廚師、男僕，還有貼身丫鬟，
　　這些巨額花費使徐志摩入不敷支。應胡適的邀請，徐志摩兼教於北京大學，
　　為了貼補家用，常在上海、南京、北京間往返，同時在光華大學、東吳大學
　　法學院、大夏大學三所大學講課，課餘還得趕寫詩文，以賺取稿費。沉溺於
　　跳舞、打牌、票戲等夜生活的陸小曼每天天亮才上床，睡到下午兩點才起身。

1927 年，與胡適、潘光旦等在上海籌設新月書店，

1929 年，在上海光華大學、東吳大學擔任教授，並兼中華書局編輯．

1931.11.19. 林徽因要在北平協和禮堂為外國使節演講「中國建築藝術」，徐志摩
　　前去捧場，於早上八時搭乘中國航空公司「濟南號」郵政飛機由南京北上，，
　　飛機在大霧中誤觸濟南開山墜落，徐志摩罹難，死時 34 歲。
　　徐志摩著作甚多：志摩的詩、翡冷翠的一夜、猛虎集、雲遊、落葉、巴黎的
　　鱗瓜、自剖文集、秋、輪盤小說集、卞昆岡、愛眉小札、志摩日記等。

朱自清 1898.11.22.~1948.8.12. 祖籍浙江紹興生於江蘇海州（今東海縣）

朱自清，原名自華，字佩弦，號秋實。中國現代詩人、散文作家。原名自華，祖父朱則余為當地承審官，父親朱鴻鈞，母親周氏。1901 年隨父母遷居江都縣邵伯鎮，1903 年再遷居揚州。朱自清在揚州安樂巷 29 號度過青少年時期，遂自稱「揚州人」。1916 年朱自清畢業於當時設在揚州的江蘇第八中學高中，考取北京大學，並遵父母之命，與醫生之女武鍾謙結婚。次年因朱鴻鈞在徐州榷運局長任上納了幾房妾引發家庭變故，轟動徐州，不久朱鴻鈞丟官，家道中落。朱自清就讀北京大學時，是新潮社的創社成員，參與五四運動，亦曾參加平民教育演講團。其間兩名兒女出生（長女朱采芷）。1920年，朱自清提前一年從北京大學畢業，其後五、六年之間，任教七所中學（杭州浙江第一師範學校、揚州江蘇省立第八中學、上海吳淞中國公學、台州浙江第六師範、溫州浙江省立第十中學、寧波浙江省立第四中學、上虞春暉中學），生活不穩定，年紀輕輕，家庭負擔便很重，而造成了他老成持重的性格。1925年，即 27 歲時，在俞平伯介紹下，進清華學校（清華大學前身）教書。1929年 11 月 26 日，妻子武氏病逝。1931 年公費遊歷歐洲，在倫敦修讀英國文學和語言學，次年回國。1932 年 8 月 4 日與陳竹隱結婚。

1948 年，朱自清患嚴重的胃病。6 月 18 日，他在《抗議美國扶日政策並拒絕領取美援麵粉宣言》上簽字。8 月 12 日，朱自清因胃穿孔在北大醫院去世。毛澤東則在文章《別了司徒雷登》中說朱自清是不吃美國救濟糧餓死的。

1951 年 11 月，新寧縣法院以莫須有的「匪特」罪，判處朱自清長子朱邁先死刑，並立即執行，年僅 33 歲。1984 年平反。

老舍（舒慶春）1899.2.3.~1966.8.24. 滿洲正紅旗人，

舒慶春，字舍予，筆名老舍、絜青、鴻來、非我。本姓舒穆祿（一說舒舒覺羅[1]，皆存疑），生於北京，小說家、文學家、戲劇家。

1899 年，老舍生於北京一個旗人家庭。1900 年，八國聯軍進攻北京。老舍的父親身為護軍永壽鎮守正陽門殉國。當時才一歲半的老舍幸免於難。與母親相依

為命，過著清貧的生活。直到 9 歲時，由一名叫劉壽綿的滿族黃帶子貴族資助，老舍才得以入私塾讀書。

1913 年，考入京師第三中學，因經濟困難退學。同年考取公費的北京師範學校，1918 年，畢業。

1918 年至 1924 年間，先後任師公立第 17 高等小學校、天津南開中學教員、北京一中教員。

1921 年，在北京基督教倫敦會缸瓦市堂的英文夜校上學．

1922 年，接受基督教受洗儀式成為基督徒。

1924 年，赴英國在倫敦大學東方學院華語學系任華語講師，和中國古典文學。

1926 年，發表了第一部長篇小說《老張的哲學》。

1929 年，離開英國，經新加坡滯留半年，在華僑中學任教，創作《小坡的生日》。

1930 年，回北京。任教齊魯大學、山東大學。創《大明湖》描寫共產黨人形象。

1936 年，寫出《駱駝祥子》。

1937 年，「七七事變」爆發後，老舍離別家小奔赴國難。

1938 年，中華全國文藝界抗敵協會於武漢成立，被推為常務理事和總務部主任，同年隨文協遷到重慶。

1946 年，接受美國國務院邀請赴美講學。寫了《鼓書藝人》。

1949 年，應周恩來委託文藝界之邀回到北京，曾風光一時，然終被鬥爭慘死．

1950 年，寫了一些歌頌新成立的中華人民共和國的作品，獲得北京市人民政府頒發的人民藝術家稱號。

1956 年到 1957 年，創作話劇《茶館》贏得國際聲響。

1962 年，文藝作品遭到中共批判，老舍被迫停止《正紅旗下》創作。

1965 年，老舍率領中國作家代表團訪問日本。

1966 年，老舍獨自前往北京郊區順義縣寫《陳各莊上養豬多》

1966.8.23. 文化大革命老舍被「紅衛兵」掛上「走資派」「牛鬼蛇神」「反動文人」的牌子，押至北京孔廟大成門前，慘遭污辱、毒打。血流滿面、遍體鱗傷，隨後被文聯革委會副主任浩然送到西長安街派出所(為了保護他)．

8.24.凌晨，回到家，家人拒絕他進門，要他好好「反省」紅衛兵亦要求他 24 日上午到市文聯繼續接受批鬥。傷心之餘，老舍獨自走到北京城西太平湖畔，跳湖自盡，享年 67 歲。

1978 年，經華國鋒批准，老舍得到平反，恢復「人民藝術家」的稱號。在北京八寶山革命公墓舉行骨灰安放．

夫人胡絜青（1905.12.23.－2001.5.21.），著名畫家。

長女舒濟，老舍紀念館館長。

兒子舒乙，原中國現代文學館館長。

次女舒雨，北京第二外國語學院教授。

三女舒立。

張幼儀 1900~1988 江蘇寶山人現屬上海

張幼儀，名嘉玢，女銀行家、企業家。張潤之之女，張君勱、張公權之妹，詩人徐志摩的第一任妻子。

1912 年考入蘇州師範學校。

1915 年 12 月 5 日，奉家庭之命與徐志摩結婚。徐出國，張則在老家侍奉公婆。

1918 年，長子徐積鍇出生。

1920 年，張幼儀到英國與徐志摩相會。在英國期間，夫妻感情惡化，原因是徐志摩愛上了林徽因。張幼儀第二次懷孕期間，徐志摩要求離婚並離家出走。張幼儀獨身去了歐洲。

1922 年，在柏林生下次子徐德生，徐志摩與之離婚，張幼儀在德國學幼兒教育。

1926 年，應公公徐申如之邀回國，當時徐志摩要和陸小曼結婚，徐申如要幼儀給意見，若幼儀不同意這椿婚事，他就不允許志摩跟陸小曼結婚。張幼儀在徐志摩面前表示同意，並繼續照顧徐志摩的父母並成為其義女。她先在東吳大學教授德文。

1928 年，在四哥張公權協助下接管經營上海女子商業儲蓄銀行，很快扭虧為盈。她開辦「雲裳服裝公司」並任總經理，引入新潮時裝。同時也進行股票交易。

1934 年，張幼儀幫助張君勱的中國國家社會黨管理財務。

1949 年，張幼儀移居香港。後來

1954 年，在日本與蘇季之醫生結婚。

1972 年，丈夫病故，張幼儀去美國與兒子團聚．

1988 年，逝世於紐約．

冰心　1900.10.5.~1999.2.28.　福建省長樂

冰心，原名謝婉瑩，晚年被尊稱為「文壇祖母」。父親謝葆璋，在清朝末年曾經參加過甲午戰爭，其後在煙台創辦海軍學校，並出任校長，是一位愛國的海軍軍官。在煙台長大的小冰心，在海浪、艦甲、軍營中度過了穿男裝、騎馬、射擊的少女生活。

辛亥革命之後，冰心隨同父親返回福建的家鄉、福州三坊七巷的一所從林覺民烈士的遺族購置的大宅。之後父親去北京國民政府出任海軍部軍學司長，冰心亦一同前往。冰心的最初志願是做一位救死扶傷的醫生，所以預科時報讀了協和女子大學的理預科。五四運動時冰心被推選為大學學生會文書，並因此參加北京女學界聯合會宣傳股的工作。這件事使冰心開始了她的創作之路，後來還加入了文學研究會。

1923 年至 1926 年間，冰心在美國的威爾斯利女子大學留學。

1926 年冰心和吳文藻結婚主持人司徒雷登。

1900 年 10 月 5 日冰心出生於福州三坊七巷謝家大宅（今鼓樓區楊橋東路 17號），該宅院也是林覺民故居，是冰心祖父謝鑾恩從林覺民家屬中購得。

1911 年冰心入福州女子師範學校預科學習。

1913 年隨父遷居北京，住在鐵獅子胡同中剪子巷，其父謝葆璋前來北京出任民國政府海軍部軍學司長。

1914 年就讀於北京教會學校貝滿女中（美國公理會創辦）。

1918 年讀協和女子大學理科，開始嚮往成為醫生，後受「五四」影響，轉文學系，曾被選為學生會文書，投身學生運動，此期間著有小說《斯人獨憔悴》、詩集《繁星》、《春水》、《超人》。

1921 年參加茅盾、鄭振鐸等人發起的文學研究會，努力實踐「為人生」的藝術宗旨，出版了小說集《超人》，詩集《繁星》等。

1922 年出版了詩集《春水》。

1923 年由燕京大學（由協和女子大學等教會學校合并而成）畢業後，到美國波士頓的威爾斯利學院（宋美齡也畢業於該校）攻讀英國文學，專事文學研究。曾把旅途和異邦的見聞寫成散文寄回國內發表，結集為《寄小讀者》，是中國早期的兒童文學作品。

1926 年，獲學士學位回國後冰心相繼在燕京大學、清華大學女子文理學院任教。

1929 年至 1933 年寫有《分》、《南歸》、《冬兒姑娘》等。還翻譯了敘利亞作家凱羅·紀伯倫的《先知》。

1933 年，寫就《我們太太的客廳》，成為文壇公案。

抗戰期間，在重慶用「男士」筆名寫了《關於女人》。

抗戰勝利後到日本，1949 年—1951 年在東京大學新中國文學系執教，講授中國新文學史。

1951 年，回國後文化大革命，冰心受到衝擊，被抄家並進了「牛棚」，烈日下接受造反派批鬥。

1970 年，冰心下放到湖北咸寧的五七幹校接受勞動改造·

1971 年，美國總統尼克森訪華，政府命冰心回北京擔任翻譯任務。

1994.9 月　因心功能衰弱住北京醫院·

1998 年，水災時她捐出二千元，後知災情嚴重，再捐一萬元稿酬·

1999.2.13. 病情忽然惡化，心跳加速血壓偏低並有發燒，翌日下午女兒吳冰帶同總理朱鎔基親來醫院探望，2 月 28 日晚上九點於北京醫院病逝，享年 98 歲。

沈從文 1902.12.28.~1988.5.10.　湖南鳳凰

沈從文，原名沈岳煥，現代著名的文學家、小說家、散文家和考古學專家。不少人認為他有資格獲得諾貝爾文學獎。

祖父沈宏富為漢族，生身祖母劉氏為苗族，母親黃素英為土家族，沈從文本為漢族，早年亦以漢族人自居，晚年時為家庭利益選擇了苗族。1917 年高小畢業後，進入當地土著部隊辦理雜事，後任書記。

1923 年進入北京大學旁聽，同時練習寫作。

　　沈從文只有小學學歷。西南聯大要提升沈從文為教授時，劉文典一直看不起搞新文學創作的人。在中國公學教書時，沈從文愛上他的女學生張兆和，寫了不少的情書追求她，並引發校長胡適的同情，施以援手。最後，據說因沈從文的情書「寫得太好了」，張兆和終於同意嫁給沈從文。

1924 年開始發表作品，並結識郁達夫、徐志摩、林宰平等人。

1925 年發表第一篇小說《福生》，1926 年出版第一個創作文集《鴨子》。同年底，沈從文在上海與胡也頻等自籌資金，創辦《人間》、《紅黑》雜誌，因資金不足而停刊。

沈從文 20 年代起蜚聲文壇，與詩人徐志摩、散文家周作人、雜文家魯迅齊名。而後，他改執教鞭，1928 年到 1930 年任教於上海中國公學，兼任《大公報》《益事報》等文藝副刊主編；後曾先後在輔仁大學、國立青島大學（現中國海洋大學魚山主校區）武漢大學、昆明西南聯合大學、北京大學等校任教。

1948 年受到所謂左翼文化人郭沫若等的批判 12 月 31 日宣佈封筆

1950 年到 1978 年在北京中國歷史博物館任文物研究員．

1978 年到 1988 年在中國社會科學院研究所任研究員。

1980 年，沈從文應邀訪美。

1988 年 5 月 10 日，沈從文因心臟病猝發在家中病逝，享年 86 歲．

臺靜農 1902~1990　安徽霍邱縣葉家集鎮

臺靜農，本姓澹臺，字伯簡，原名傳嚴，改名靜農。長期寫作，精於書法，筆名青曲、聞超、孔嘉、釋耒等。

父親臺兆基，字佛芩，畢業於天津法政學院，任地方法院推事。1918 年，明強小學，就讀漢口中學，與同學創辦《新淮報》雜誌．

1920 年，北京大學國文系旁聽，

1922 年，在《民國日報》副刊上發表處女作新詩《寶刀》，

1925 年，倡新文學，創作以短篇小說為主。先後在輔仁大學、齊魯大學、山東大學、廈門大學等校任教。

1946 年 10 月，到臺灣省編譯館任職，後又在國立臺灣大學做教授。

1948 年 8 月 1 日接台大中國文學系主任，任期 20 年。

1984 年，與梁實秋同時得到中華民國國家文藝獎。

1985 年，獲頒中華民國行政院頒發的行政院文化獎．

1990 年 11 月 9 日，於臺北病逝．

錢歌川 1903.~1990.10.13.　原籍湖南湘潭，祖籍江蘇常州。

錢歌川，筆名味橄，號苦瓜散人，英國文學研究者、作家、教師，國立台灣大學文學院第 1 位到任的院長，留學日本，得湖南省公費，入讀東京高等師範學校（後來的東京教育大學，現筑波大學）英文科，1926 年畢業。

1936 年自費留學英國 3 年，在倫敦大學大學學院研究。

1945 年末，陳儀在重慶已談妥錢歌川到台灣做參議，錢被外交部派到日本工作而沒有去，在日本 3 個月後回到南京教育部工作。

　　1945 年末台大文學院成立以來都是哲學系教授兼先修班主任兼校務委員林茂生代理院長，羅宗洛代理校長想請樓光來、柳無忌、沈剛伯，陳儀屬意朱光潛，只有沈答應，但沒有到任。

　　陸志鴻校長想請魏建功（1946 年末）、顧頡剛，都被拒絕，

1947 年 1 月，顧拒絕後，轉而想請他，教育部不放人。4 月，經過陳儀親信范壽康疏通，他在 4 月 19 日到院長室上班（林代理院長在 3 月 11 日從家裡被帶走，永遠失蹤）。

1948 年 4 月 15 日，錢歌川請辭院長兼職。

1950 年 7 月錢歌川約滿後不再接受傅斯年校長續聘。

　　而在成功大學、高雄醫學院、海軍軍官學校、陸軍官校教英文。

1964 年至新加坡工作，在鶴佬人辦的義安學院教中文。

1967 年，轉職新加坡大學。

1974 年，到南洋大學。

1975 年，退休後到美國養老，

1990 年，因肺炎於紐約病逝

丁玲　　1904.10.12.－1986.3.4.，湖南臨澧縣余市鎮高豐村

丁玲，原名蔣偉，字冰之，筆名彬芷、從喧等。父親蔣保黔為清末秀才，在丁玲 4 歲時去世，母親余曼貞帶她去了外祖父家，後任教師供她上學。

1918 年，考入桃源縣的湖南省第二女子師範學校預科

1919 年，轉入長沙周南女中；

1922 年，入上海大學，改名丁玲，

1923 年，與王劍虹共同進入上海大學中文系旁聽，

1924 年，丁玲赴北京，欲進北京大學，無果，認識《京報》副刊編輯胡也頻．

1925 年，與胡也頻在北京同居，

1927.12 月　在北平寫成並發表第一篇小說《夢珂》，

1928.2 月　小說《莎菲女士的日記（英語：Miss Sophia's Diary）》，轟動文壇；

1929 年，與胡也頻、沈從文在海組「紅黑出版社」，丁玲到濟南，

1930 年，參加「中國左翼作家聯盟」，與胡也頻生的兒子胡小頻出生
1931 年，胡也頻被槍斃，11 月與翻譯馮達同居，
1932 年，加入中國共產黨；
1933 年，與馮達一起遭國民黨當局綁架；
1936 年，逃離南京，抵達陝北，擔任「中國文藝協會」、《解放日報》主編．
1948 年，發表長篇小說《太陽照在桑乾河上》；
1949 年，任《文藝報》《人民文學》主編，中央文學研究所長、文藝處長等職．
1951 年，任中央文學研究所主任，因《太陽照在桑乾河上》獲斯大林文學獎金；
1952 年，武漢大學教授．
1954 年，辭去文藝處長、文學講習所長，出席蘇聯作家代表大會．母親去世．
1955 年，被定「丁玲、陳企霞反黨小集團」．
1957 年，「被劃入右派，受到各種迫害，包括下放北大荒，投入監獄等；
1979 年，患乳癌，入醫院治療．
1980 年，經中央批准平反，恢復黨籍與政治名譽．
1981 年，入院割乳癌．繼又患腎臟病、糖尿病，至鼓浪嶼療養．廈門大學教授
1982 年，離美經港返回北京，至大連療養．
1986 年，任「作協」副主席，率團訪問澳洲，回京後，入協和醫院，呼吸困難，
　　氣管被切除，不能說話．3 月 4 日在協和醫院逝世，享壽 83 歲。

巴金　1904.11.25.~2005.10.17.　四川成都人，祖籍浙江嘉興。

巴金，原名李堯棠，字芾甘。現代文學家、出版家、翻譯家。同時也被譽為是
「五四」新文化運動以來最有影響的作家之一，是 20 世紀中國傑出的文學大
師、中國現當代文壇的巨匠。「巴金」這一筆名源自他一位在留學法國時認識的
一位巴姓的同學巴恩波(一說是無政府主義創始人巴枯寧)，以及這位同學自殺
身亡時巴金所翻譯的克魯泡特金著作。他把這二人的名字各取一字，成為了他
的筆名。小行星 8315 正是以他的名字命名的。
1920 年，考入成都外語專門學校。
1921 年，以芾甘筆名發表第一篇文章《怎樣建設真正自由平等的社會》。
1923 年，先到上海入讀上海南洋中學，後到南京。
1925 年，考入南京國立東南大學附中，1925 年畢業。
1927 年，赴法國留學。1929 年回國。

1934 年，赴日本留學，1935 年 8 月回國。
1957 年，巴金和靳以主辦大型文學刊物《收穫》，並擔任主編。
1960 年，當選中國文聯副主席。
1966 年，受「造反派」批判，開始勞動的生活，關進牛棚，點名批評。
1977 年，任中國作家協會主席，直至逝世達 28 年之久。
1983 年，起連續五次當選全國政協副主席，唯一一位超過百歲且在任上去世。
1984 年，國際筆會推為「世界七大文化名人」之一，獲香港大學榮譽文學博士。
1985 年，主持北京西郊的中國現代文學館開幕典禮。
1999 年，因呼吸道感染發高熱並出現急性呼吸衰竭，病情反覆，從此未能出院。
2003 年，國務院授予巴金先生「人民作家」榮譽稱號。
2005 年 10 月 17 日 19 時 6 分在上海華東醫院逝世，享年 101 歲。

錢鍾書　1910.11.21.－1998.12.19.　江蘇無錫人

錢鍾書，字哲良，後改名鍾書，字默存，號槐聚，文學作家、研究家。原名仰先，曾用筆名中書君，曉暢多種外文，英、法、德語，亦懂拉丁文、義大利文、希臘文、西班牙文等。其妻楊絳為翻譯家、作家，女兒錢瑗為北京師範大學的教授。

錢鍾書為古文學家錢基博之子，幼年過繼給伯父錢基成，由伯父啟蒙。

1916 年，六歲入秦氏小學。
1921 年，11 歲，和錢鍾韓同考取東林小學一年級，這年秋天，伯父去世。
1924 年，14 歲考上蘇州桃塢中學。二十歲後，伯母去世。
1929 年，鍾書考上清華大學，數學只考得 15 分，當時的校長羅家倫破格錄取[1]。當時任文學院院長兼哲學系系主任的馮友蘭曾說，錢鍾書「不但英文好，中文也好，就連哲學也有特殊的見地，真是天才。」
1933 年，清華大學外文系獲文學學士，赴上海光華大學任教。
1935 年，與楊絳結婚，庚子賠款公費留學，留學英國牛津大學埃克塞特學院，其間女兒錢瑗出生。
1937 年獲得 B.Litt.學位（夫人楊絳翻譯為副博士學位），隨後赴法國巴黎大學從事一年的研究。
1938 年 9 月，回國，在西南聯大、震旦女子文理學院、暨南大學任教。1949 年任清華大學外文系教授，後獲評為一級教授。
1939 年暑假，錢鐘書去上海探親，再也沒有回聯大。錢鍾書在小說《圍城》中成功塑造了一批特點鮮明的知識分子，生動地再現當時知識分子的普遍狀態與心態，與他在西南聯大的經歷是有關係的。書評家夏志清先生認為《圍城》是「中國近代文學中最有趣、最用心經營的小說，可能是最偉大的一部」。
1950 年到 1953 年，錢鍾書擔任《毛澤東選集》英譯委員會委員。

1957 年，錢鍾書出版《宋詩選注》，不久即遭到批判。

1960 年，錢鍾書又了參加毛澤東詩詞英譯本的定稿工作。

1969 年 11 月，下放至河南羅山中國科學院哲學社會科學部的「五七幹校」，
　　不久，隨「五七幹校」遷至淮河邊上的河南息縣東嶽。

1970 年 7 月，楊絳也來幹校。在「五七幹校」錢鍾書一度擔任過信件收發工作。

1970 年 6 月，女婿王德一在清查「5.16」運動中被逼自殺。

1972 年 3 月，回京，開始寫作《管錐編》。

1978 年，赴義大利出席第 26 屆歐洲漢學會議。

1979 年，參加中國社會科學院代表團赴美國訪問。

　　其學術代表作《管錐編》，澄清了許多學術史上公案，有精闢與獨到的評論。
如《周易正義》《毛詩正義》《左傳正義》《史記會注考證》《老子王弼注》
《焦氏易林》《楚辭洪興祖外傳》《太平廣記》和《全上古三代秦漢三國六
朝文》等進行論述。

1982 年，任中國社會科學院副院長。曾為《毛澤東選集》英文版翻譯小組成員。

1998 年 12 月 19 日，錢鍾書因病逝世於北京，享年 88 歲。

季羨林 1911.8.6.－2009.7.11. 山東省臨清市

季羨林，字希逋，又字齊奘，中國語言學家、文學翻譯家，
梵文、巴利文專家。北京大學、輔仁大學教授。季羨林通曉
梵語、巴利語、吐火羅語等語言，是世界上僅有的幾位從事
吐火羅語研究的學者之一。

1934 年畢業於清華大學西洋文學系，研習莎士比亞、歌德、
塞萬提斯等西洋文學名家。翌年赴德國哥廷根大學學習梵
文、巴利文、吐火羅文，結識留學生章用、田德望等，遭逢
第二次世界大戰，獲哲學博士學位。

1946 年，回國，在北京大學東方語言系任教授。

1956 年，加入中國共產黨。文化大革命初期，參加造反派組織，繼而遭受迫害。

1973 年，開始翻譯印度史詩《羅摩衍那》，1977 年完成全譯本。

2008.1 月，獲印度公民榮譽獎．

2009 年 7 月 11 日，病逝．

趙蘿蕤 1912.5.9.~1998.1.1. 浙江省德清人。

1919 年，就讀於蘇州景海女子師範學校，

1928 年，入燕京大學中文系，

1930 年，轉入英語系，考入國立清華大學外國文學研究所，為英美文學研究生，

1935 年，畢業後任教於燕京大學西語系，長期從事英國文學家狄更斯、勃朗特
姊妹和美國文學家惠特曼、詹姆斯的研究。

1936 年，與陳夢家結婚。

1937 年，出版《荒原》中譯本，僅印 350 冊，

1944 年，赴美國芝加哥大學攻讀英語語言文學；

1946 年，詩人艾略特邀請趙蘿蕤和陳夢家夫婦在哈佛俱樂部共進晚餐，「為趙蘿蕤簽署，感謝她翻譯了荒原」的英文題詞。

1948 年，獲得哲學博士學位。回國後擔任燕京大學西語系教授、系主任。

1952 年，院系調整以後，任北京大學西語系教授。文革期間患精神分裂症，住進北京安定醫院。

1983 年，後任北京大學英語系教授、博士生導師。

1998 年 1 月 1 日，逝世。

饒宗頤 1917.8.9.~ 　廣東潮安

饒宗頤，大紫荊勳賢，字固庵、伯濂、伯子，號選堂，國學家，精通甲骨文．自小被父親訓練寫詩、填詞，寫駢文及散文。

1932 年，續編父親《潮州藝文志》。

1938 年，協助王雲五編寫《中山大辭典》及葉恭綽編《全清詞鈔》

1949 年，移居香港，先後任教香港大學、無錫國學專修學校、廣東文理及美術學院、新加坡大學、美國耶魯大學、台北中央研究院、法國高等研究院(EPHE)宗教學部、日本京都大學、澳門東亞大學、溫州師範學院、復旦大學、中山大學、北京廣播學院、杭州大學、深圳大學、韓山師範學院、廈門大學、台北華梵大學、南京大學、首都師範大學、武漢大學、北京大學。

1962 年，獲漢學之諾貝爾獎的法國法蘭西學院「漢學儒蓮獎」。

19656 年，從事研究巴黎及倫敦所藏敦煌畫稿，著成《敦煌白畫》。

1978 年退休，在法國、日本、新加坡、泰國、中國大陸、台灣及澳門、美國講學，舉辦書畫展，受聘榮譽博士學位。

1993 年 12 月，獲法國高等研究應用學院(EPHE)頒予的人文科學博士學銜和法國文化部頒授的文化藝術勳章。

1997 年，他創辦《華學》，並得到視覺藝術獎。

1998 年，獲中華文學藝術家金龍獎「當代國學大師」的榮譽。

2000 年，獲香港特別行政區政府授予大紫荊勳章。

2001 年，他獲得俄羅斯國際歐亞科學院院士。

2005 年，書寫《心經》唐積聖鑱刻「心經簡林」樹立大嶼山昂平。

2009 年，獲中華人民共和國國務院總理溫家寶聘請為中央文史研究館館員，並得到香港藝術發展局頒發終身成就獎。

2011 年，獲澳洲塔斯曼尼亞大學名譽文學博士。

夏志清　1921.2.18.~2013.12.29.　江蘇吳縣人，生於上海浦東

夏志清，中國文學評論家，教授。

1942年，滬江大學英文系畢業，已大量閱讀中國文學名著。

1946年，隨兄夏濟安至北京大學擔任助教，醉心於西歐古典文學，因研究威廉·布萊克檔案（William Blake Archive）論文脫穎而出，取得留美獎學金至耶魯大學攻讀英文碩士、博士。

在紐約州立學院任教時，獲得洛克菲勒基金會（Rockefeller Foundation）贊助，完成《中國現代小說史》一書，奠定他學者評論家的地位。

1948年，取得留美獎學金就讀美國耶魯大學。

1952年，獲耶魯大學英文博士學位，先後任教密西根大學、紐約州立大學、匹茲堡大學、紐約哥倫比亞大學。

1961年，獲洛克菲勒基金會贊助，由耶魯大學出版「中國現代小說史」。

1991年，退休，任哥倫比亞大學名譽教授。

2006年7月，當選中華民國中央研究院院士，是該院成立以來當選時最高齡的院士，夏志清表示「好像在作新娘子」。

2013年12月29日，病逝紐約，享壽92歲。

夏志清所著《中國現代小說史》是一本中國現代小說批評的拓荒巨著，成為研究中國現代文學的熱門書，也是歐美不少大學的教科書，具有開創性的地位。

白先勇　1937.7.11.~　廣西省桂林臨桂縣，

白先勇，父親白崇禧，母親馬佩璋，兄弟姊妹九人白先勇排行八。

7歲時，患肺結核，不能就學，童年多半獨自度過。

1946年，抗戰勝利去上海和金陵，就讀南洋模範小學，

1948年，遷居香港，就讀九龍塘小學及喇沙書院。

1952年，移居臺灣。

1956年，建國中學畢業進國立成功大學水利工程學系。

1957年，興趣不合轉學國立臺灣大學英文學系。

1958 年，在《文學雜誌》發表短篇小說《金大奶奶》。

1960 年，與歐陽子、陳若曦、王文興、李歐梵、劉紹銘創辦《現代文學》雜誌。

1962 年，母親去世，「母親下葬後，按回教儀式我走了四十天的墳，第四十一天，便出國飛美了。」父親白崇禧送行，這是白先勇與父親最後一次會面。

1964 年，發表《芝加哥之死》，這是表示白先勇已進入了新的成熟境界。

1965 年，獲藝術創作碩士學位，在加州大學聖塔芭芭拉分校教授中國語文學。

1993 年，為治療暈眩症，開始練習氣功．

1994 年，退休。

1999 年，為父親白崇禧立傳。

2004 年，出版《青春‧念想─白先勇自選集》以及新作《姹紫嫣紅牡丹亭》。

2007 年，《紐約客》在台灣出版。

2008 年，出版《白先勇作品集》《白先勇書話》。

2010 年，出版《白先勇與符立中對談：從台北人到紐約客》

2012 年，出版「父親與民國：白崇禧將軍身影集」。

廿五、名詩人

左思　約 250~305　齊國臨淄（今屬山東）人

左思，字太沖，。西晉文學家、是太康時期最傑出的作家，其《三都賦》頗被當時稱頌，造成「洛陽紙貴」。

左思出身儒學世家，史載其「貌醜口訥」（口吃），故不好交遊但辭章壯麗。272 年）前後，左思妹左芬被選入宮，於是移家洛陽，任秘書郎。元康年間，左思參與當時文人集團「二十四友」，並為賈謐講《漢書》。後賈謐被誅，左思退居，專意典籍。後齊王司馬冏召他為記室督，左思稱病不出。

303 年，河間王司馬顒派部將張方進攻洛陽，左思遷家冀州，數歲而卒。

在兩晉偏重形式主義的年代裡，只有左思一人，獨標異幟，出現於當時的詩壇，實有卓爾不群的氣概。他現存的作品雖不多，但大都富於諷諭寄託，具有建安、正始的風骨和傳統。陳祚明高度評價《詠史》：「創成一體，垂式千秋」。《世說新語》記王徽之夜詠《招隱詩》而訪戴逵。

《文心雕龍才略篇》「左思其才，業深覃思，盡銳於《三都》，拔萃於《詠史》。」胡應麟說：「太沖《詠史》，景純《遊仙》，皆晉人傑作。《詠史》之名，起自孟堅，但指一事。魏杜摯《贈毌丘儉》，疊用八古人名，堆垛寡變。太沖題實因班，體亦本社，而造語奇偉，創格新特，錯綜震蕩，逸氣千雲，遂為古今絕唱。」何焯認為左思的《詠史》詩是變體：「詠史者不過美其事而詠嘆之，隱括本傳，不加藻飾，此正體也。太沖多自攄胸臆，乃又其變。」

左思原有集五卷，散佚，後人輯有《左太沖集》《三都賦》《詠史》《悼離贈妹詩》《招隱詩》《嬌女詩》《齊都賦》

左棻　約 253~300.4.23.

左棻，也作左芬，字蘭芝，西晉文學家左思之妹。相貌醜陋，才學出眾，年少即有才名。

272 年，武帝司馬炎納入後宮為脩儀。後來升為貴嬪（按墓誌記載，應為貴人），即妃嬪之中位號最尊貴的三妃之一。她很有文才，武帝另眼相待，每有重大事件，輒令作賦，恩賜甚多，並常與其談論文學，對她十分尊重，但並不寵愛，因此她沒有子女。她擅長賦頌一類文體，為文宏麗，有司馬相如之才。

左棻一生寫了大量的詩賦，據傳，有文集四卷，惜已散失。今存賦五篇，誄、頌各二篇，贊十三篇，古詩二首，大都是應詔頌人詠物的作品。

左棻墓誌：

【志陽】左棻，字蘭芝，齊國臨淄人，晉武帝貴人也。永康元年三月十八日薨。四月廿五日葬峻陽陵西徹道內。

【志陰】父熹，字彥雍，太原相、弋陽太守。兄思，字泰沖。兄子髦，字英髦。兄女芳，字惠芳。兄女媛，字紈素。兄子聰奇，字驃卿，奉貴人祭祠。嫂翟氏。

李白 701-763　祖籍甘肅靜寧南

李白，字太白，號青蓮居士，父親李客，為任城尉。陳寅恪認為李白之父為胡人。出生地有多種說法，主要有劍南道綿州昌隆縣(四川江油市)青蓮鄉和西域的碎葉。據《舊唐書》記載，李白父李客為任城尉，位於今日吉爾吉斯托克馬克附近）。此兩種說法，認為李白五歲時（705年）才和他父親遷居到四川江油，較真實。

705年，接受啟蒙教育，

710年開始開始讀諸子史籍，

715年喜好作賦、劍術、奇書、神仙。

721年，以俠士自居，學習劍術，結交俠士，有豪放詩風。

726年，「仗劍去國辭親遠遊。」去長安、洛陽、太原、東魯等地，結交名流

736年，和山東隱者孔巢父等隱居，號稱「竹溪六逸」後到江南，跟隨道士吳筠學習仙術。

742年，吳筠奉召進京，將李白推薦給唐玄宗。唐玄宗命他做翰林供奉，但李白高傲「雖登洛陽殿，不屈巢許身」．「天子呼來不上船，自云臣是酒中仙。」

744年，被迫離京，在洛陽結識杜甫，互相敬愛。

755年，永王李璘久聞李白才能，重金禮請入幕。

756年，安史之亂，李白為了平復叛亂，永王觸怒唐肅宗被殺後，李白也獲罪入獄。幸得郭子儀力保，方得免死，改為流徙夜郎（今貴州關嶺縣一帶），在途經巫山時遇赦，此時他已經59歲。

761年，61歲時，準備追隨李光弼從軍殺敵，因病折回。

762年年，李白投奔族叔當縣令的李陽冰。

763 年，李白病逝於寓所，終年 61 歲，葬當塗龍山。

817 年，宣歙池觀察使范傳正根據李白生前「志在青山」的遺願，將其墓遷至當塗青山。李白的死，有多種說法：

一‧李陽冰在《草堂集序》中說李白是病死。

二‧皮日休曾作《李翰林詩》云「竟遭腐脅疾，醉魂歸八極。」指出李白是患「腐脅疾」而死的。

三‧《舊唐書》李白流放雖然遇赦，因途中飲酒過度醉死於宣城。

四‧《新唐書》唐代宗繼位後以左拾遺召李白，但李白已去世。

五‧李白在舟中賞月，因下水撈月而死。由於這個傳說，後人將李白奉為諸「水仙王」之一，

李白與杜甫合稱大李杜(小李杜則是李商隱、杜牧)。有「詩仙」、「詩俠」、「酒仙」、「謫仙人」等稱呼。其作品天馬行空，浪漫奔放，意境奇異，才華橫溢；詩句如行雲流水，宛若天成。李白詩篇傳誦千年，眾多詩句已成經典，

據《新唐書》記載李白為興聖皇帝（涼武昭王李暠）九世孫，如這說法李白與李唐諸王實際上同宗，應是唐太宗李世民的同輩族弟。亦有說其祖是李建成或李元吉，因為被滅族而搬至西域，但缺乏佐證。

在洛陽和另兩位著名詩人杜甫、高適相識，並且成為好朋友。

李白鍾好古體詩，擅長七言歌行、五言古風和樂府詩。在近體詩體裁中，擅長五言絕句、七言絕句。李白的律詩寫的較少，五言律詩有幾十首，七言律詩只有十餘首，但其中也有流傳千古的名作，取得了「詩仙」之響。

晚年李白漂泊江南，過著「五岳尋仙不辭遠，一生好入名山遊」寫了諸多詩篇：行路難、將進酒、夢遊天姥吟留別等‧「我本不棄世，世人自棄我」「安能摧眉折腰事權貴」「天生我才必有用」「吟詩作賦北窗裡，萬言不值一杯水．」「抽刀斷水水更流，舉杯消愁愁復愁．」「且樂生前一杯酒，何須身後千載名」。

杜甫 712.2.12.～770　河南省鞏義市祖籍湖北襄陽

杜甫，字子美，號少陵野老，一號杜陵野老、杜陵布衣，唐朝現實主義詩人，以社會寫實著稱。因其曾任左拾遺、檢校工部員外郎，因此後世稱其杜拾遺、杜工部；又因為他搭草堂居住在長安城外的少陵，也稱他杜少陵、杜草堂。他在中國古典詩歌中的影響非常深遠，被後人稱為「詩聖」，他的詩也被稱為「詩史」。

他的祖父杜審言是武則天時期一個有名的政治家和詩人，「（審言）少與李嶠、崔融、蘇味道為文章四友，世號『崔、李、蘇、杜』」，他的父親杜閑，曾官至兗州（今屬山東）司馬、奉天（今陝西乾縣）縣令，「審言生閑，閑生甫」。

杜甫的母親是清河東武城（今屬山東）人，在杜甫出生後不久就去世了，父親杜閑續娶盧氏，杜甫並沒有從盧氏身上得到母愛，而是他二姑擔當了母親的角色，把他撫育成人。杜甫有一個哥哥，早夭，三個同父異母的弟弟和一個同父異母的妹妹。

杜甫自小好學，七歲能作詩，「七齡思即壯，開口詠鳳凰」，「致君堯舜上，再使風俗淳」。

杜甫幼年很頑皮，「憶年十五心尚孩，健如黃犢走復來。庭前八月梨棗熟，一日上樹能千回」。早熟有超強的記憶力，和出眾的文學才能，「李邕求識面，王翰願卜鄰」。

735 年，回故鄉參加「鄉貢」24 歲在洛陽參加進士考試落第。

父親時任兗州司馬，杜甫遂赴兗州省親，開始齊趙之游。開元二十九年，他返回洛陽，築室首陽山下。約在此時，與司農少卿楊怡的女兒結婚。

744 年，杜甫在洛陽與李白相遇，二人一同尋仙訪道，談詩論文，結下了「醉眠秋共被，攜手日同行」的深厚友誼。秋末，二人握手相別，杜甫結束了「放蕩齊趙間，裘馬頗清狂」，「快意八九年，西歸到咸陽」的齊趙之游。

747 年，玄宗詔天下「通一藝者」到長安應試，杜甫落選。「舉進士不中第，困長安」。寫成《自京赴奉先縣詠懷五百字》。「安史之亂」爆發，感時傷事，寫下了《春望》《哀江頭》《哀王孫》等不朽詩篇。

755 年，安史之亂，杜甫看叛軍燒殺搶掠，寫下「國破山河在，城春草木深，感時花濺淚，恨別鳥驚心。」

757 年，杜甫冒險逃出長安投奔肅宗，「麻鞋見天子，衣袖露兩肘」。五月十六日，被肅宗授為左拾遺，故世稱「杜拾遺」。不料杜甫很快因營救房琯，觸怒肅宗，詔三司推問，幸賴宰相張鎬救免，但從此受到肅宗的疏遠。閏八月，敕放鄜州省家。

758 年，被貶華州司功參軍，從此永遠離開朝廷。

杜甫寫成著名的「三吏」「三別」。七月，杜甫棄官去秦州（今甘肅天水），開始了「支離東北風塵際，漂泊西南天地間」的人生苦旅。

「男兒生不成名身已老，三年飢走荒山道。長安卿相少年，富貴應須致身早。山中儒生舊相識，但話宿昔傷懷抱。嗚呼七歌兮悄終曲，仰視皇天白日速」。十二月初，杜甫於無奈之下再次逃難，攜家離開同谷入蜀，

759 年，抵達成都，時任成都尹的嚴武是杜甫的好友，他給予了杜甫許多幫助，杜甫的生活開始安定，「武與甫世舊，待遇甚隆」[1]。因為這一年之內奔波流離，不斷逃難，杜甫稱之為「奈何迫物累，一歲四行役」。

760 年春，杜甫一家在親友們的幫助下，於成都西郊浣花溪畔築茅屋而居，即為著名的成都杜甫草堂，杜甫送嚴武入朝至綿州（今四川綿陽）。因劍南兵馬使徐知道叛亂，被迫流寓梓州（今四川三台）、閬州（今四川閬中）一帶。

763 年，朝廷召他為補京兆曹，他卻不去任職。二年正月，嚴武再任職成都，幾次寫信希望杜甫回來。六月，嚴武表薦杜甫為節度參謀、檢校工部員外郎，故世又稱「杜工部」。

765 正月，杜甫退出嚴武的幕府。四月，嚴武病逝，杜甫失去依靠，於五月離開成都乘舟南下，經嘉州（今四川樂山）、戎州（今四川宜賓）、渝州（今重慶）、忠州（今重慶忠縣）至雲安（今重慶雲陽），次年暮春遷居夔州（今重慶奉節），甚至以船為家，「崔旰等亂，甫往來梓、夔間」，杜甫詩有「名豈文章著，官應老病休。飄飄何所似？天地一沙鷗」。杜甫居夔州近兩年，寫詩四百餘首。

768 年正月，杜甫攜家出三峽，經江陵、公安，暮冬抵岳陽。之後，詩人漂泊湖南，貧病交加，瀕臨絕境。

770 年，杜甫 59 歲，棄官攜眷逃難，經秦州、同谷等地到成都，嚴武的幫助下，過了一段比較安定的生活。嚴武一死，再度飄泊，在夔州住兩年，漂流到湖北湖南，在湘江中的小船上因「風疾」貧病交結無援而逝。靈柩停厝在岳陽，813 年由他的孫子杜嗣業移葬於河南首陽山下。但現在杜甫的墳墓有八座，分別位於河南鞏義市、河南偃師市、湖南省耒陽市、平江縣等地。

後人稱杜甫為「詩聖」，杜詩為「詩史」「圖經」，在中國文學史上有極崇高地位。

王維 701－761 祖籍山西祁縣，其父遷居於蒲州(今山西永濟市)遂為河東人

王維，字摩詰，母親出自博陵崔氏，宰相王縉之兄。唐詩人、畫家。外號「詩佛」，今存詩 400 餘首。王維精通佛學。佛教有一部《維摩詰經》，是維摩詰菩薩講學的書。王維很欽佩維摩詰，所以自己名為「維」，字「摩詰」。

開元九年（721 年）進士，官大樂丞，隨即因為署中伶人舞黃獅子犯禁，受了牽連而謫為濟州司倉參軍。開元十四年（726 年），辭去官職。後又任右拾遺，

又為監察御史，40歲時，遷殿中侍御史，隔年北歸，過瓦官寺謁璇禪師。轉左補闕。四十七歲官庫部員外郎。

天寶末年，安祿山攻佔長安，王維被安祿山脅迫作了他的官員。但是他並不願意，長期居住於輞川別墅，曾作詩表達了心跡。當安祿山兵敗後，王維本以六等定罪，其弟王縉請削己職以贖兄罪，後來以《凝碧詩》得到了赦免，並任太子中允，加集賢殿學士，後轉給事中、尚書右丞，故世稱「**王右丞**」。

晚年居藍田輞川，過著亦官亦隱的優遊生活。上元初卒。

王維《伏生受經圖》，現藏於日本大阪市立美術館

味摩詰之詩，詩中有畫；觀摩詰之畫，畫中有詩。

蘇軾、王維詩書畫都很有名，非常多才多藝，受禪宗影響很大。他創造了水墨山水畫派，此外，還兼擅人物、宗教人物、花竹，精通山水畫，對山水畫貢獻極大，被稱為「南宗畫之祖」，《s:歷代名畫記》以畫山水體涉古今讚譽他在山水畫方面的貢獻，《s:唐朝名畫錄》評價為風致標格特出，……畫《輞川圖》山谷鬱盤，雲水飛動，意出塵外，怪生筆端，在《舊唐書》本傳中，也有山水平遠，雲峰石色，絕跡天機，非繪者之所及的稱頌，其代表作有《伏生受經圖》、《輞川圖》、《雪溪圖》等。

王維以五言律詩和絕句著稱。王維的詩有兩種風格，前期的詩大都反映現實，後期則多是描繪田園山水，王維最擅長的也是田園詩，有《山居秋暝》、《九月九日憶山東兄弟》等代表作。

白居易 772~846　祖籍山西太原生於河南新鄭後遷居下邽(今陝西渭南)

白居易，字樂天，晚年自號香山居士，醉吟先生，另有廣大教化主的稱號。

白居易祖父白鍠，曾任褱、鞏二縣令。父親白季庚，唐德宗建中年間任彭城令，對抗李正己的叛變有功，授朝散大夫、大理少卿、徐州別駕等官職，並賜緋魚袋，兼徐泗觀察判官。後來歷任衢州、襄州別駕。白居易的外祖母也是白氏出身，因此白居易的母親陳氏，與白家之間本有血親關係。

787 年，白居易至長安，拜訪當時的名士顧況。

800 年進士及第，隨後回家鄉探望親戚。

802 年試拔翠科及第，與同時及第的元稹訂交，成為終身的好友。803 年授秘書省校書郎定居長安。《賦得古原草送別》《百道判》。

806 年他作出寫實流傳後代不朽的詩篇有「長恨歌」「琵琶行」

807 年白居易為翰林學士，《秦中吟》《新樂府》《與元九書》等。

807 年任進士考官、集賢校理，授翰林學士。

808 年任左拾遺，迎取楊虞卿從妹為妻。

810 年改任京兆府戶部參軍，

811 年母親陳氏去世，離職丁憂，歸下邽。

814 年回長安，授太子左贊善大夫。

815 年被貶任江州司馬

白居易上書言事多獲接納，然而言事，令唐憲宗感到不快．「白居易小子，是朕拔擢致名位，而無禮於朕，朕實難奈。」李絳認為這是白居易的一片忠心，而勸諫憲宗廣開言路。《策林》《長恨歌》《秦中吟》《新樂府》《自吟拙什因有　所懷》

818 年在忠州城東的山坡上種花，命此地為「東坡」《讀李杜詩集因題卷後》《與元九書》《訪陶公舊宅並序》《編集拙詩成一十五卷因題卷末戲贈元九、李二十》《琵琶行》《遊大林寺序》《草堂記》《與微之書》《李白墓》《三遊洞序》《東坡種花》。

820 年白居易的母親雖因看花墜井去世(圖洛陽龍門白居易墓地)

821 年加朝散大夫，轉上柱國又轉中書舍人。

822 年白居易修築西湖堤防疏浚六井等政績。

824 年 5 月任太子左庶子分司東都，秋天至洛陽履道里購宅。

825 年，任命為蘇州刺史，開鑿了一條長七里西起虎丘東至閶門　的山塘河，叫「七里山塘」簡稱「山塘街」。《江樓夕望招客》《冷泉亭記》《錢塘湖石記》《自到郡齋，僅經旬日，方專公務，未及宴遊。偷閒走筆題二十四韻，兼寄常州賈舍人、湖州崔郎中，仍呈吳中諸客》《對酒吟》

826 年因病去職。

827 年，任秘書監，配換穿紫色朝服（三品以上官員所用的服色）。

828 年，轉任刑部侍郎，封晉陽縣男。

829 年春，因病改授與太子賓客分司，回洛陽履道里。

830 年 12 月，任河南尹。

831 年七月元稹去世。

832 年，為元稹撰寫墓誌銘，元家給白居易潤筆的六七十萬錢，白居易將全數
　布施於洛陽香山寺。

833 年，因病免河南尹，再任太子賓客分司。

835 年，任命為同州刺史，辭不赴任，後改任命為太子少傅分司東都，封馮翊
　縣侯，仍留在洛陽。

839 年 10 月得風疾。

841 年，罷太子少傅，停俸。

842 年，以刑部尚書致仕，領取半俸。

844 年，73 歲的白居易出錢挖龍門一帶舟行石灘，事成作詩《開龍門八節石灘
　詩二首並序》，反映「達則兼濟天下」的人生觀。

845 年，74 歲，在履道里第舉行「七老會」，晚年篤信佛教，號香山居士，為
　僧如滿之弟子。

846 年 8 月去世，贈尚書右僕射。
　　葬於龍門（今龍門石窟之白園）。

劉禹錫　772－842，蘇州嘉興(今屬浙江省)人，出生於中山(今河北定州市)

劉禹錫，字夢得，唐朝名詩人，七世祖劉亮，父親劉
緒，為避安史之亂，寓居嘉興。

772-790 年：19 歲前的少年時期；

791-805 年：20 歲到 34 歲走上仕途，參加政治革新時
期；

806-826 年：35 歲到 55 歲的貶謫時期；

827-842 年：56 歲到 71 歲去世的晚年時期。

793 年，劉禹錫與柳宗元同登進士，舉博學宏詞科，
　授太子校書，升監察御史。

805 年，唐德宗死，順宗即位，政治革新運動，劉禹
　錫深受器重，唐憲宗即位，改革失敗，劉禹錫被貶，
　史稱「八司馬」。

815 年，劉禹錫與柳宗元被召回長安，任南省郎。

819 年，劉禹錫母親去世，遂回洛陽守喪。

821 年，授夔州刺史。長慶四年，調任和州刺史。

826 年，卸任，

827 年，返洛陽，遊玄都觀，作《再游玄都觀》詩，表達對權貴蔑視自己決志。

828 年，入朝，任東都尚書省主客郎中，因裴度推薦，兼集賢殿學士。大和三
　年，改官禮部郎中，仍兼集賢殿學士。

831 年，裴度罷知政事，劉禹錫也被外放，任蘇州刺史。大和八年，任汝州刺
　史。大和九年改同州刺史。

836 年，劉禹錫因患足疾，改任太子賓客，分司東都，與白居易、裴度寫詩唱和。後曾加檢校禮部尚書、秘書監等虛銜。

842 年，逝世，享年 71 歲。臨終前寫文章《子劉子自傳》。

　墓位於河南省鄭州市滎陽城東二十里鋪鄉(今豫龍鎮)狼窩劉村南高地。

蘇軾 1037~1101

蘇軾「唐宋八大家」與其父蘇洵弟蘇轍合稱「三蘇」在四川眉山建有「三蘇祠」，21 歲中進士，反對王安新法出任杭州通判.

1079 御史李定誣蘇軾作詩誹謗下獄尋釋之貶為黃州團練副使安置(湖北)黃州‧

1082 年，被貶寫下「前赤壁賦」，

1086 年，哲宗繼位重被召入京，

1089 年，入杭州太守，

1092 年，為兵部尚書兼侍讀

1093 年，新派掌政接連貶往英州、惠州、儋州，

1100 年，徽宗繼位得以召還‧

1101 年，去世.千古文東坡夢　出則兼濟天下退則修身養性.集儒、釋、道於一身. 對棋琴書畫作賦填詞參禪論道己達仙境.

蘇轍 1039~1112　眉州眉山（今四川眉山市）人

蘇轍，字子由，一字同叔，和其兄代表「蜀學」北宋非主流派，晚年自號潁濱遺老，蘇洵之子、蘇軾之弟，北宋嘉祐二年（1057 年）與其兄蘇軾同登進士。蘇家父子三人，均在「唐宋八大家」之列，人稱「三蘇」，蘇轍則是「小蘇」。作品有《欒城集》傳世，包括《後集》、《三集》共 84 卷。

蘇轍生於北宋景祐六年（1039 年）是蘇洵與程氏的幼子。

1057 年，年方 19 歲蘇轍與兄蘇軾同登進士，轟動京師，不久母喪，返鄉服孝。

1057 年，兄弟二人又同舉制科。他在御試制科策中極言朝政得失，時有人「以為不遜，力請黜之」但司馬光力舉，並且仁宗以「以直言召人，而以直言棄

之，天下將謂我何」為由，仍第以四等，除商州軍事。後因蘇軾任鳳翔簽判，奏請在京侍父。

1065 年，出任大名府推官，次年蘇洵病逝，與蘇軾扶喪還蜀。宦途不利，議事每與王安石不合，上書請廢新法，不見採納，上奏議今存一百五十餘篇，主張「因其舊而修其未完」。至徽宗立，遇赦北歸，隱居許州（今河南省許昌市）潁水之濱，自號潁濱遺老，讀書學禪度日。

1112 年，轉大中大夫致仕，同年十月卒。

李後主　937~978

李後主，初名從嘉，即位後，更名煜，字重光。祖父昇，父景通，母光穆皇后鍾氏，宋太宗立為太子，25 歲嗣位於金陵。天性仁厚和靄，恤民如子，善寫墨竹，篤好文學，洞曉音律。「揖讓月在手，動搖風滿懷」喜藥宋太祖眉開眼笑。晚年蘆花深處泊孤舟，讓他不堪回首，幽怨豪放「往事已成空，還如一夢中！」

太平興國三年七月七日為李後主生日，在賜第中命故伎作樂，聲聞於外。太宗銜其有「故國不堪回首」之詞，至是又慍其酣暢，乃楚王元佐攜觴就其第而助之歡。酒闌，煜中牽機毒藥而死，年 42，凶問至江南，父老多有巷哭者。代表作如長相思、玉樓春、浣溪沙、菩薩蠻、蝶戀花、長相思等。

李商隱　813 年~約 858 原籍河南沁陽祖輩遷滎陽(今河南鄭州）

李商隱，字義山，號玉谿生、樊南生。晚唐詩人，詩作文學價值很高。生於浙江，10 歲前後，他的父親在浙江幕府去世，他和母親、弟妹們回到了河南故鄉，生活貧困，要靠親戚接濟。在家中李商隱是長子，因此也就同時背負上了撐持門戶的責任。後來，他在文章中提到自己在少年時期曾「傭書販舂」，即為別人抄書掙錢，貼補家用。

李商隱的啟蒙教育可能來自他的父親，對他影響最大的老師，則是他回到故鄉後遇到的一位同族叔父。這位堂叔父曾上過太學，但沒有做過官，終身隱居。在經學、小學、古文、書法方面均有造詣，對李商隱非常器重，受他的影響，李商隱「能為古文，不喜偶對」。大約在他 16 歲時，寫出了兩篇優秀的文章（《才論》、《聖論》，今不存在），獲得一些士大夫的欣賞。

837 年，李商隱考取了進士資格。大中十三年秋冬，在家鄉病故。

李商隱的愛情生活多彩多姿，有柳枝、宋華陽、錦瑟、荷花、王氏等人被認為與李商隱有過感情糾葛。蘇雪林的《李義山戀愛事迹考》李商隱與女道士的戀愛經歷，包括他曾與宮女偷情。

李清照　　1084.3.13.~1155.5.12.　山東濟南章丘市明水鎮

李清照，號易安居士，天資聰慧，有才思，以詞著名，兼工詩文，有崇高聲譽，「文有李清照，武有秦良玉」。父李格非，進士，蘇軾的學生，官至禮部員外郎，母是狀元王拱宸孫女，有文學修養。

1102 年，李清照 18 歲，與趙明誠結婚。李清照《醉花陰》寄給在外作官的丈夫：「薄霧濃雲愁永晝，瑞腦銷金獸。佳節又重陽，玉枕紗櫥，半夜涼初透。東籬把酒黃昏後，有暗香盈袖。莫道不銷魂，簾卷西風，人比黃花瘦。」秋閨的寂寞與閨人的惆悵躍然紙上。

1103 年，趙明誠出仕，著錄古代金石文字《金石錄》一書。

1104 年，詔禦書書寫之奸黨，不得在汴梁居住，凡親屬，無論親疏，遣返原籍。

1107 年，蔡京復相，挺之卒。明誠、清照夫婦屏居山東益都鄉裏十年。

1120 年，趙明誠起知萊州（山東掖縣），郤逢靖康之難。

1127 年，李清照夫婦流落江南，飄流異地，金石字畫喪失殆盡帶來沉痛的打擊。

1129 年，趙明誠在赴任湖州途中病死，享年 49 歲。時金兵來犯，李清照行無定所，身心憔悴，孤單寡婦帶著沉重書籍文物逃難。不久嫁給張汝舟，張心存不良，想藉以占有李清照身邊尚存的文物，原形終露，這些東西李視之如命，張汝舟將李清照娶到手揚揚得意，並誇耀自己科舉考試作弊過關往事。李清照聽到，欲將張告倒治罪，自己才能脫離苦海。但宋朝法律，女人告丈夫，無論對錯輸贏，都要坐牢兩年。李清照給友人的信中說：「猥以桑榆之晚景，配茲駔儈之下才。」她寧願坐牢也不肯與「駔儈」之人為伴。結果張汝舟被治罪發配柳州，李清照也隨之入獄。許多人關注，再加上朝中友人幫忙，李清照只坐瞭九天牢便被釋放出獄，但心靈深處，卻留下沉重的烙痕。

1130 年，李清照到越州，寄存在洪州的兩萬卷書，兩千卷金石拓片被南侵金兵焚掠一空，五大箱文物亦被竊賊破牆盜走。

1132 年，赴杭州，年入暮鐘，李清照無嗣，孤清院落，國事已難問，傢事怕再提，偶爾只有一兩個舊友來訪。茫然在杭州深秋落葉黃花中，吟出《聲聲慢》「尋尋覓覓，冷冷清清，悽悽慘慘戚戚。乍暖還寒時候，最難將息。三杯兩盞淡酒，怎敵它，晚來風急。雁過也，正傷心，卻是舊時相識。　滿地黃花堆積，憔悴損，如今有誰堪摘。守著窗兒，獨自怎生得黑。梧桐更兼細雨，到黃昏，點點滴滴。這次第，怎一個愁字瞭得！」其心境可想而知。

1134 年，作《金石錄後序》以《金石錄》表上於朝。她無依無助，呼告無門，貧困憂苦，流徙飄泊，寂寞地死在江南，卒年約七十餘。

李清照有名詩詞甚多如：《武陵春》《醉花陰》《一翦梅·紅藕香殘玉簟秋》《小重山·春到長門草青青》《憶秦娥·臨高閣》《多麗·小樓寒》《好事近·風定落花深》《如夢令·昨夜雨疏風驟》《如夢令·常記溪亭日暮》《聲聲慢·尋尋覓覓》《念奴嬌·蕭條庭院》《轉調滿庭芳·芳草池塘》《清平樂·年年雪裏》《菩薩蠻·風柔日薄春尤早》《減字木蘭花·浪淘沙簾外五更風》《浯溪中興碑詩》《烏江》《皇帝閣春帖子》《釣臺》《上樞密韓肖冑詩》《金石錄序》《詞論》《打馬圖序》《投翰林學士綦崇禮啟》等。

王勃　650－676 絳州龍門(山西河津)

王勃，字子安，初唐時代的詩人，與楊炯、盧照鄰、駱賓王合稱「初唐四傑」。出身世家，是隋煬帝時經學大儒王通的孫子，詩人王績的侄孫。王勃小時候很

聰慧，從小就能寫詩作賦，天下目為神童。《舊唐書》載：「六歲解屬文，構思無滯，詞情英邁，與兄才藻相類，父友杜易簡常稱之曰：此王氏三珠樹也。」楊炯《王勃集序》上也說：「九歲讀顏氏漢書，撰指瑕十卷。十歲包綜六經，成乎期月，懸然天得，自符音訓。時師百年之學，旬日兼之，昔人千載之機，立談可見。」

麟德元年，王勃上書右相劉祥道，曰「所以慷慨於君侯者，有氣存乎心耳」劉祥道大為贊賞，向朝廷表薦，

666年，對策高第，被授予朝散郎之職。王勃恃才傲物，經常得罪人。後任虢州參軍，不久就因事罷官。父親也因此降官去做交趾縣令。王勃去交趾看父親時，渡海溺水而死（一說溺水後受驚嚇而死），只活了二十幾歲。許多從事漁業、航海者悼念王勃，尊稱他為水仙王，供奉於船上、港口、河邊。

在越南乂安省義鹿縣（Nghi Lộc）義春鄉仍然有王勃的墳墓。

王勃的詩多描寫個人生活、抒發個人情志；也有一些抨擊時弊，少數抒發政治感慨、隱寓對豪門貴族的不滿之作；其中寫離別懷鄉之作較為著名。工於五律、五絕，明代胡應麟《詩藪·內編》認為他的五律「興象婉然，氣骨蒼然，實首啟盛、中妙境。五言絕亦舒寫悲涼，洗削流調。究其才力，自是唐人開山祖。」他的文學主張崇尚實用，他在《上吏部裴侍郎啟》認為「君子以立言見志。遺雅背訓，孟子不為；勸百諷一，揚雄所恥。苟非可以甄明大義，矯正末流，俗化資以興衰，家國由其輕重，古人未嘗留心也。」對初唐文壇的風氣轉變起了很大作用。

由此展開發了一段有名的議論：「青年人比老年人強，貧人、賤人、被人們看不起的人、地位低的人，大部分發明創造，佔百分之七十以上，都是他們幹的。結論就是因為他們貧賤低微，生力旺盛，迷信較少，顧慮少，天不怕，地不怕，敢想敢說敢幹。」海內存知己，天涯若比鄰《杜少府之任蜀州》。

落霞與孤鶩齊飛，秋水共長天一色《滕王閣序》。

老當益壯，寧移白首之心；窮且益堅，不墜青雲之志。》

他最著名的作品是《滕王閣序》。關於〈滕王閣序〉的由來，唐末王定保的《唐摭言》有一段生動的記載，原來閣公本意是讓其婿孟學士作序以彰其名，不料在假意謙讓時，王勃卻提筆就作。閣公初憤然離席，至配室更衣，專會人伺其下筆。初聞「南昌故郡，洪都新府」，閣公覺得「亦是老生常談」；接下來「台隍枕夷夏之郊，賓主盡東南之美」，公聞之，沈吟不言；及至「落霞與孤鶩齊飛，秋水共長天一色」一句，乃大驚「此真天才，當垂不朽矣！」，出立於勃側而觀，遂亟請宴所，極歡而罷。

孟浩然　689年或691年－740年　唐代襄州襄陽（今湖北襄陽）人

孟浩然，諱浩，字浩然，號鹿門處士，以字行，又稱「孟襄陽」，盛唐著名詩人。孟浩然的詩與王維齊名，並稱「王孟」。

孟浩然年輕時，曾遊歷四方，與許多俠義之士結交。曾隱居於襄陽市的鹿門山，故後人稱他孟鹿門、鹿門處士。唐玄宗在位時，他曾赴京尋求仕官之途，但應考進士未成。王維曾經向玄宗推薦孟浩然，孟浩然的一句詩「不才明主棄」，讓玄宗不滿，失去了在朝廷任官的機會。韓朝宗十分欣賞孟浩然，於是邀請他參加飲宴，並向朝廷推薦他，孟浩然因為與朋友喝酒而錯過了與韓朝宗的約定。737 年，張九齡為荊州長史，招致幕府。不久，仍返故居。

740 年，王昌齡游襄陽，訪孟浩然，相見甚歡。適浩然病疹發背，本來將要痊癒，因為縱情飲酒，食鮮疾發逝世。

孟浩然的詩歌絕大部分為五言短篇，題材大多關於山水田園和隱逸、旅行等內容。他與王維、李白、張九齡交好，繼陶淵明、謝靈運、謝眺之後，開盛唐山水詩之先聲。知名詩作有《秋登萬山寄張五》、《過故人莊》、《春曉》等篇。著有現通行的《孟浩然集》收詩 263 首，但其中有他人作品。新、舊《唐書》中也收錄孟浩然的傳記。

孟浩然有二子，長子孟雲卿，唐肅宗朝為校書郎，與杜甫友好；次子孟庭玢，早逝；長孫孟郊也是唐朝著名詩人。

陸遊　1125.11.13.-1210.1.26　越州山陰(浙江紹興)

陸游，南宋詩人、詞人。字務觀，號放翁，後人每以陸游為南宋詩人之冠。陸遊是現留詩作最多的詩人。「貧居苦學」而仕進的世宦家庭。陸游的高祖是宋仁宗時太傅陸軫，祖父陸佃，父親陸宰。

1126 年，金兵攻陷北宋首都汴京，他於襁褓中即隨家人顛沛流離，因受社會及家庭環境影響，自幼即立志殺胡（金兵）救國。封建家庭雖帶給陸游良好的文化薰陶，尤其是愛國教育，但也帶來婚姻上的不幸。

1137 年，陸游「年 12 能詩文」，學劍，並鑽研兵書。

1145 年，20 歲，與唐婉結婚，夫妻感情甚篤，可是其母卻不喜歡唐氏，硬逼他們夫妻離散，唐氏改嫁趙士程，陸游亦另娶王氏為妻。離婚後陸游非常傷痛

1151 年，31 歲遊經沈園時，偶見唐婉夫婦，陸游在沈園牆上寫了《釵頭鳳》詞以寄深情，此後屢次賦詩懷念，直至 75 歲時還寫了有名的愛情詩《沈園》。唐氏讀了陸游的釵頭鳳後悲痛欲絕，和了一首釵頭鳳，不久便去世了。

1154 年，29 歲，赴臨安省試，名列第一。

1155 年，參加禮部考試，因名次居於主和派權臣秦檜的孫子之前，又因不忘國恥「喜論恢復」，要求「賦之事宜先富室，徵稅事宜覆大商」，爲秦檜所黜。檜死，

1158 年，出任福州寧德縣主簿，

1160 年，召入敕令所，爲刪定官。孝宗即帝位，賜進士出身。後因力勸張浚北伐，發生部下將領不合的情況，再加上主和派阻饒，朝廷立即動搖，而陸游亦被冠上「交結臺諫，鼓唱是非，例說張浚用兵」之罪名而遭免職。六年，起通判夔州。

1172 年，主戰將領王炎聘陸游至幕府襄理軍務，使陸游的生活發生很大的變化。軍旅生活使他的懷抱不禁爲之一開，寫出了許多熱情奔放的愛國詩篇。「飛霜掠面寒壓指，一寸丹心唯報國」可說是他這一時期生活和心情的寫照。雖然陸游滿懷報國赤誠，但因朝廷腐敗，只求苟安無意進取，他復國的壯志一直無法得到伸展的機會。

1175 年，范成大邀陸游入幕僚，爲成都路安撫司參議官。陸與范素有詩文之交，因此不甚拘守官場禮數，以致引起同僚譏諷；又因復國抱負和個人功名長久無法得到伸展的空間，故常有較放縱輕佻的行爲，被同僚指責爲「不拘禮法，恃酒頹放」。於是陸游索性自號「放翁」，並在詩中自我嘲解。淳熙五年，提舉福建路常平茶鹽。

1179 年，改提舉江南西路。

1186 年，知嚴州。

1188 年，擔任軍器少監。之後歷經多次升降官職，

1190 年後二十餘年，長期蟄伏山陰老家農村，家居時「眼明身健何妨老，飯白茶甘不覺貧。」因爲養生有術，嗜食薏仁和木耳，到了晚年，依然耳聰目明。

1199 年，陸遊曾爲韓侂冑寫《南園記》，據稱韓侂冑命四夫人擘阮琴起舞。在勉勵韓侂冑勿忘抗金中興。

1209 年 12 月 29 日（陰曆日期，陽曆爲公元 1210 年 1 月 26 日）「死前恨不見中原」臨終賦詩「死去原知萬事空家祭毋忘見九州同;王師北定中原日家祭毋忘告乃翁」抱著未見國土收復的遺恨與世長辭，享年 85 歲。

杜牧　803－852　京兆萬年(今陝西西安)士族

杜牧，字牧之，號樊川，　晚唐著名詩人和古文家。擅長長篇五言古詩和七律。曾任中書舍人（中書省別名紫微省），人稱杜紫微。其詩英發俊爽，為文尤縱橫奧衍，多切經世之務，在晚唐成就頗高，時人稱其為「小杜」，以別於杜甫；又與李商隱齊名，人稱「小李杜」。

杜牧出身於唐朝顯赫的官宦世家京兆杜氏，為西晉軍事家杜預的十六世孫。杜牧祖父是唐朝著名的宰相杜佑，他受到祖父的影響非常大。其父杜從郁官至駕部員外郎。

杜牧祖父杜佑正於該年開始任宰相。杜牧在家族中排行十三，因此根據唐人的習慣，被稱為「杜十三」。

813年，10歲左右父親去世，家中並不寬裕，杜牧自己曾說「某幼孤貧」
少年即展現文學才華和政治抱負，寫下著名《阿房宮賦》《上昭義劉司徒書》效忠朝廷。

828年，25歲，寫《感懷詩》，進士，又趕上皇帝主持的制舉考試被錄取。杜牧制策登科，授弘文館校書郎、試左武衛兵曹參軍，外放江西觀察使的沈傳師做幕僚。

830年9月，調任的沈傳師到宣州，

833年4月，沈傳師回京，被淮南節度使牛僧孺所辟到揚州。

835年，被朝廷徵為監察御史，赴長安任職。

837年，由於弟弟在揚州病重，於是請假去探視弟弟。杜牧辭去了官職。但是為了維持生計，他投書宣歙觀察使崔鄲，被召為宣州團練判官，京銜殿中侍御史，內供奉。

839年，離開宣州，去長安任左補闕、史館修撰。
開成四年春，杜牧將弟弟安頓在江州堂兄處後，赴長安就任新職。至開成五年，杜牧陞官為膳部員外郎。

841年，調任比部員外郎，二年春天，外放黃州刺史。
杜牧在政治上並不得意，心情比較鬱悶，在詩歌創作上反頗有收穫。感慨國事，借景抒情；既有思念親人，又有弔古攬勝。

844年，杜牧遷池州刺史。

846年，杜牧遷睦州刺史。

850年，他被升為吏部員外郎。

852年，冬天病重逝世。

杜牧注重「感怨剌懟，言及君臣理亂，激發人意」。也擅長七律，是晚唐時期最擅長七律的詩人之一。他的七律善用拗峭之筆，見之俊爽。

杜牧也是書法家，清朝評論其書法：「牧之書瀟洒流逸，深得六朝人風韻。宗伯云：『顏、柳以後，若溫飛卿、杜牧之，亦名家也。』」流傳於世的杜牧手跡《張好好詩》收藏於故宮博物院。

張九齡 678－740 韶州曲江人（現廣東省韶關市）。

張九齡，字子壽，一名博物（《舊唐書》本傳）， 唐代著名詩人、宰相。卒諡文獻。人稱「張曲江」。有《張曲江集》。

張九齡從小聰敏善文。

702 年，擢進士，最初擔任調校書郎，

713 年，應「道侔伊呂科」舉，中高第。為宰相張說舉薦，數年中官累遷。

733 年，任中書侍郎同中書門下平章事，主張不循資格用人，設十道採訪使。

　　張九齡為相正直賢明，不避利害，敢於諫言，曾劾安祿山野心，提醒玄宗。

736 年 8 月，玄宗生日，群臣皆獻珍罕，獨張九齡上事鑑十章以伸諷諫，號「千秋金鑑錄」（後世張姓族人更以「金鑑堂」為堂號），帝甚嘉美。張九齡獎勵後進，曾提拔王維為右拾遺，盧象為左補闕。由於李林甫等人的排擠，改任尚書右丞相，

737 年，被貶為荊州長史，召孟浩然於幕府。

740 年，在家鄉曲江病逝，享年 63 歲。

王昌齡　698~756　山西太原

王昌齡，字少伯， 盛唐著名詩人。 王昌齡在唐玄宗開元十五年（727 年）登進士第，補校書郎。唐玄宗開元二十二年（734 年），中博學宏詞科。後來外調做汜水（今河南省滎陽縣）尉，遷江寧丞。他的詩和高適、王之渙齊名，因其善寫場面雄闊的邊塞詩，而有「詩家天子」（或作「詩家夫子」）、「七絕聖手」、「開天聖手」的美譽。 他後來被貶為龍標（今湖南省黔陽縣）尉，世人又稱他王龍標。唐玄宗天寶十四年十一月初九（755 年l12 月 16 日），十月十六日，安祿山起兵反唐，他避亂回到家鄉，後被刺史閭丘曉所殺，時年 58 歲。

元結　723～772，唐代河南（今河南省洛陽市）人

元結，字次山，別號漫叟。後魏的後裔，天寶十二年進士，參加過討伐安祿山叛亂的軍事活動。曾任道州刺史關心民間疾苦，有德政、容管經略使，有政績。詩風樸質通俗，力排綺靡之習。

張旭　658－747 年　江蘇省蘇州市

張旭，字伯高，是中國唐朝中期的知名書法家。在書法界，他有「草聖」的稱呼。在唐朝開元年間官至常熟尉，後又為金吾長史，世稱他為「張長史」。

有關張旭的詳細經歷不詳，只知道他曾在朝廷任職，在長安及上京當官，並與同樣當官的顏真卿及杜甫相識。

張旭以豪飲而知名。在杜甫的詩作「飲中八仙歌」裡，張旭亦是其中一位被描寫的人物之一，與其他人被稱為「飲中八仙」。張旭以書法中最為奔放自由的草書聞名，據《新唐書》記載，張旭喜歡在酒醉之後書寫作品，稱之為「狂草」。他的書法多以奇形怪狀、粗細對比誇張、以及充滿情感的線條相連，在《舊唐書》中讚譽為「變化無窮、若有神助」。然而張旭並非只寫草書，他是唐朝另一個知名書法家陸柬之的外孫，對於楷書、國畫等也相當精通。相傳他的狂草來自觀看別人打鬥及練劍時的姿態而得到靈感。

在張旭之前，書法界一直奉王羲之及王獻之為規範，然而張旭的書法卻打破了這個常規，為書法界帶來旋風式的改革。

有說顏真卿及李陽冰是他的弟子，但沒有憑證，真偽難定。顏真卿其後在唐朝以書法的改革派冒起。

唐朝留有不少關於張旭的記載，其中最廣為人知的是他在酒後靈感來時，甚至於會激動到用頭髮書寫作品。張旭的傳世作品有《古詩四帖》、《千字文》、《郎官石柱記》、《悲清秋賦》、《肚痛帖》等等。其中《古詩四帖》的內容包括了詩人庾信的《步虛詞》二首，詩人謝靈運的兩首詩：《王子晉贊》、《岩下一老公、四五少年贊》，共 40 行。高 28.8 厘米，寬 192.3 厘米、寫在五色紙上。現藏中國遼寧省博物館。他的作品在曾得到唐文宗李昂的喜愛、列為「三絕」之一。

陳子昂　661－702，唐朝梓州射洪（今四川省射洪）人

陳子昂。唐代詩人，是唐詩革新的先驅者。父陳元敬早年以明經擢弟，後隱居射洪東山。陳子昂出生於富有的家庭，早年喜游獵，不好學，慷慨任俠，「年十八未知書」。後來在學校看到學子刻苦勤學，遂至金華山鄉校，發憤讀書。學業有成後前往長安，但得不到名家的賞識。一日遇到一個賣胡琴者，有胡琴索價百萬，陳子昂買了這把胡琴，邀眾人至家中賞玩，竟當眾摔琴。陳對大家說他只是一介書生，不懂琴藝，但會寫文章，請大家欣賞他的文章。於是名動京師。

682 年，許旦榜進士及第。高宗駕崩於洛陽，他上書在洛陽建高宗陵墓。武則天很欣賞他，拜為麟臺（祕書省）正字，歷官至右拾遺。

696 年，武攸宜北伐契丹，陳子昂為記室，主撰軍中一切文件。後辭官回家。縣令段簡以其家富豪，誣陷入獄，憂憤而死。也有人說是陳子昂得罪了武三思，因而被武三思命段簡將其殺害。

陳子昂批評六朝齊梁間，詩「采麗競繁，而興寄都絕」，其代表作為《感遇》詩 38 首，旨在抨擊時弊，抒寫情懷，還有登幽州臺歌等。他的詩歌創作在唐代頗有影響。他主張漢魏風骨，提倡風雅比興，對唐詩的健康發展是有利的。其詩風高昂清峻，雄渾蒼涼，語言深沉質樸。其友人盧藏用說他「橫制頹波。天下翕然質文一變」。

劉長卿　709－780年　宣城（今屬安徽），郡望河間（今屬河北）。

劉長卿，字文房，唐代詩人。唐玄宗 開元進士，曾任監察御史，因個性剛烈而冒犯皇上，兩度遷謫， 終於隨州刺史。擅長五言近體詩，內容多寫荒村水鄉、幽寒孤寂 之境，並反映社會離亂及政治失意之感。風格溫雅流暢，冠絕於 當世，自稱為五言長城。著隨州集、外集。

其詩大多抒發政治失意的感情，有些反映了當世離亂的情況。因為擅長五言而著稱，有《劉隨州集》。

唐玄宗開元進士，肅宗至德年間任監察御史，因個性剛烈而冒犯皇上，後任長洲縣尉，由於得罪上級，被貶為嶺南的南巴尉，終於隨州刺史。

《全唐詩話》有記載：長卿以詩馳聲上元、寶應間。皇甫湜云：「詩未有劉長卿一句，已呼阮籍為老兵矣；筆語未有駱賓王一字，已罵宋玉為罪人矣。」

鄭畋　825－883，榮陽（今屬河南）人

鄭畋，字台文，唐末宰相。以鎮壓黃巢民變而知名。鄭亞之子。

842年，中進士，仕藩鎮幕府。

864年，進入朝廷，累次遷官至中書舍人。十年，遷戶部侍郎。十一年，充翰林學士。後來因錯被貶為梧州刺史。

唐僖宗即位後，鄭畋先官內徙郴、絳二州，後被封為右散騎常侍。乾符四年，兼兵部尚書、集賢殿大學士。

879年，因反對招安黃巢被罷官。

880年，鄭畋出任鳳翔（今屬陝西）節度使。同年冬，黃巢攻入長安，僖宗出逃蜀地。鄭畋組織軍隊抗擊黃巢軍。

881年，鄭畋敗黃巢部將尚讓等於龍尾陂（今陝西岐山東），又與西北諸鎮約盟，號召藩鎮合兵攻打長安。不久，其部將李昌言兵變，趕走了鄭畋。於是鄭畋被罷黜為太子少傅。二年，朝廷召鄭畋至成都，復官以司空、門下侍郎、同中書門下平章事，主管軍務。三年，黃巢軍從長安撤退，僖宗回到長安。時權宦田令孜及其兄劍南西川節度使陳敬瑄與鄭畋不和，排擠鄭畋，投其子於彭州（今四川彭縣）。不久病逝。子鄭凝績字裕聖，戶部侍郎；孫鄭紹余，字垂芳。

沈佺期　相州內黃（今河南省內黃）人。

沈佺期，字雲卿，唐朝著名詩人。曾祖沈纂，隋秘書正字。祖沈德，唐潞州長子縣令。父沈貞松，唐泗州下邳縣令。貞松生沈佺期、沈全交、沈全宇。沈全交（664－724），有墓誌出土。

沈佺期生沈子昌、沈之象、沈東美、沈惟清。沈東美，給事中、夏州都督。

沈佺期長子《大唐故上津縣令沈子昌墓誌》1997年在洛陽東邊毗鄰的偃師市首陽山出土。

675 年，進士。武后時，官協律郎累遷考功員外郎。曾因受賄入獄。出獄後復職，遷給事中。唐中宗時，因勾結張昌宗兄弟，被流放到驩州（今屬越南）。707 年，召拜起居郎兼修文館直學士，常侍宮中。後歷中書舍人、太子少詹事。沈佺期工於五言律詩，與宋之問同為當時著名的宮廷詩人，文學史上並稱「沈宋」。他們所作多為歌舞昇平的應制詩，風格綺靡，不脫梁，陳宮體詩風。可是沈、宋倆人總結了六朝以來新體詩創作的經驗，對律詩的成熟與定型，貢獻頗大，是唐代五言律詩的奠基人。

陳子龍　1608~1647　松江華亭(今上海市松江)人

陳子龍，字臥子，號軼符，晚號大樽，由祖母撫養長大，少年好學，博貫經史，明末政治人物、詩人、文學家。

1623 年，十六歲舉童子試。

1628 年，與湖廣寶慶府邵陽知縣張軌端之女結婚。

1637 年，丁丑科進士，官至南京兵科給事中。福王於南京稱帝，子龍上防守要策，請召還故尚書鄭三俊，不聽。曾與夏允彝等組織「幾社」。

1638 年月，乞終養去。後曾出家，法名信衷。屢次起兵抗清，後結太湖義軍，圖謀起事，最終兵敗逃亡。夏之旭自殺後，陳子龍到密友侯岐曾的僕人劉馴家裡躲避，又逃至其婿崑山顧天逵兄弟處。不久在吳縣潭山顧天逵祖墓被操江都御史陳錦所逮捕，

1647 年 6 月 15 日夜間，在登船前往南京的途中穿過跨塘橋時，陳子龍掙斷鐐銬，投河自殺死，被割下首級，拋屍河中。陳子龍的學生們撈其遺體，將其安葬於陳氏墳地。清乾隆間追諡忠裕。

陳子龍是明末愛國詩人，師法黃道周，他是夏完淳的老師，擅長詩文，與錢謙益、吳梅村齊名。崇禎初年，陳子龍、夏允彝、徐孚遠、彭賓、杜麟徵、周立勛六人組成文社幾社。後期所作詩歌，感時傷事，悲憤蒼涼．夏允彝說陳子龍「自騷賦詩歌古文辭以下，迨博士業，莫不精造而橫出。」沈雄說他「文高兩漢，詩軼三唐，蒼勁之氣與節義相符。」時人推其為「雲間派」盟主。

夏完淳　1631~1647　松江華亭(今上海市松江)人

夏完淳，乳名端哥，別名復，字存古，號小隱，又號靈首。明末詩人。為夏允彝之子，師從陳子龍。完淳自幼聰明，有神童之譽，「五歲知五經，七歲能詩文」，14 歲隨父抗清。父殉後，他和陳子龍繼續抗清，兵敗被俘，不屈而死，年僅 17。以殉國前消遣洪承疇一事，稱名於世。有《獄中上母書》，所作詩賦·多激昂慷慨。遺作有著有《玉樊堂集》《內史集》《南冠草》《續倖存錄》等。身後留有妻子錢秦篆、女兒以及遺腹子，出世後不幸夭折，一代

忠良絕嗣。夏允彝、夏完淳父子合葬墓今存於松江區小崑山鎮盪灣村，華夏公墓旁，地處偏僻，香火冷落。

陳三立　1853.10.23.－1937.9.14.　江西義寧（今修水）客家人

陳三立，字伯嚴，號散原，同光體贛派代表人物，被譽為中國最後一位傳統詩人，出身世家，當年與譚延闓、譚嗣同並稱「湖湘三公子」；又與譚嗣同、丁惠康、吳保初合稱維新四公子．戊戌政變後，為避禍難，甚少參與政治，自謂「神州袖手人」。

父陳寶箴，為晚清湖南巡撫，維新派人物；

原配武寧羅氏，1851 年辛亥科舉人、四川雅州府知府羅亨奎女(1855.11.2.~1880.10.5.)年 26 歲。葬湖南省平江縣。生二子：衡恪；同亮（殤）

繼配俞明詩，字麟洲，浙江山陰縣人，1851 科舉人、湖南候補知縣，歷署興寧、東安縣事俞文保女(1865.7.28.~1923.8.10.(農曆 6 月 29 日歿)，59 歲。生四子： 隆恪、寅恪、方恪、登恪。三女：康晦、新午、安體。長子陳衡恪為畫家，四子陳寅恪為歷史學家。

1882 年，參加壬午科鄉試，不以八股文而以散文體作答，初選遭棄，主考官陳寶琛發現，方選為舉人

1886 年，丙戌科會試中式成貢士

1889 年，補殿試成進士。官吏部主事，期間曾參加強學會

1895 年，棄官吏部主事一職，往湖南助其父推行新政

1898 年，戊戌政變，以「招引姦邪」之罪革職。移居於江西南昌西山晴廬

1900 年，移居南京，父親去世

1903 年，辦家學，贊助柳詒徵辦思益小學

1905 年，與李有分等人辦鐵路公司，籌建南潯線

1908 年，與湯壽潛組織中國商辦鐵路公司

1911 年，反對武昌起義，移居上海

1911－1915 年：與清朝文人組織詩社

1923－1925 年：居杭州。

1924 年，與訪問中國的泰戈爾會面（徐志摩為兩人翻譯），獲贈一書

1926 年，居上海

1929 年，回廬山，寫下詩集《匡廬山居詩》

1930 年，倡議重修《廬山誌》

1932 年，獲邀出席「國難會議」，拒往

1936 年，和胡適獲邀代表中國出席在英國倫敦舉行的國際筆會，但未成行

1937 年 8 月 10 日（農曆 9 月 14 日）：蘆溝橋事變爆發，絕食五日而死

1947 年，葬杭州西湖牌坊山黃泥嶺生壙，與繼配俞氏合窆。

黃景仁 1749~1783

黃景仁，字仲則，為文以黃仲則署名，清代詩人。黃庭堅之後，祖黃大樂，為高淳校官。父黃之捿，為縣學生。四歲喪父，依賴母親屠氏養成，八歲能制舉文。十六歲應童子試，三千人中名列第一。十七歲補博士弟子員，於宜興氿里讀書。與汪中友好，時人稱為「洪黃」。乾隆三十一年，於江陰遇洪亮吉。次年，娶趙夫人。三十三年開始浪遊浙江、安徽、江西、湖南等地。

1775 年，高宗南巡，召試入二等。

1778 年，受業於鴻臚寺少卿王昶門下。家境日貧。在北京從伶人乞食，粉墨登場。入陝西巡撫畢沅幕府，畢沅替他捐補縣丞。

1783 年，為債主所逼，乃北走太行，抱病赴西安，至山西解州運城，四月二十五日，卒於河東鹽運使沈業富官舍。友人洪亮吉持其喪以歸。作品輯成《兩當軒集》。

李金髮 1900.11.21.~1976.12.25.　廣東省梅縣客家人

李金髮，原名李淑良，又名李權興，筆名金髮，中國第一位現代主義詩人、雕塑家、藝術教育家、和中華民國外交官，早年就讀於梅州中學．

1919 年去法國留學，1921 年就讀於第戎美術專門學校和巴黎帝國美術學校。

1920 年受法國象徵主義，特別是詩人波德萊爾的《惡之花》影響，開始創作新詩。早期詩作開了中國象徵主義新詩的先河，為中國現代主義詩歌的締造者。

1925 年應劉海粟邀請回國。在上海美專、杭州國立藝術院、中山大學教授美術。

1927 年，任外交部秘書。主編《美育雜誌》。在國立杭州藝術專科學校教雕刻。

1932 年，上海《現代》雜誌上發表十首詩，成為「現代派」詩人之一。

1936 年，任廣州市立美術學校校長。

1938 年，抗日戰爭逃難至越南，就職於華民國設在海防市的戰時物資運輸處。

1940 年，回到廣東。1941 年和詩人盧森創辦了抗日文藝月刊《文壇》。

1941 年，開始再次在中華民國外交部任職。

1945 年，任中華民國駐伊朗大使館一等秘書，代理館務。任駐伊拉克公使。

1951 年，移居美國，辦農場養雞、經營商業和製作雕像，還寫有回憶性散文。

1976 年，在紐約長島因心臟病去世，終年 76 歲，葬於長島。

綠原 1922~2009　湖北黃陂人

綠原，原名劉仁甫，1948 年後以筆名「綠原」為社會用名。其黃陂始祖係明代從江西遷到湖北的讀書人。著名現代詩人、編輯、翻譯家。三歲喪父，十三歲失母。抗戰時期流亡重慶，1939 年開始文學創作。 1941 年底開始參加鄒荻帆、姚奔、冀汸、曾卓等創辦的重慶復旦大學《詩墾地》文學社團的活動，1942 年就讀於重慶復旦大學外文系。胡風邀請他參加《七月詩叢》 1955 年胡風被打

成「胡風反革命集團」，綠原亦被定「胡風骨幹分子」之一，監禁中自學德語
6年，出獄後從事德語文學編輯工作，以「劉半九」為譯名翻譯德語古典文論。
1980年獲得平反，詩歌創作獲第37屆斯特魯加國際詩歌節「金環獎」、國際
華文詩人筆會「中國當代詩魂金獎」；詩歌翻譯獲首屆中坤國際詩歌獎，譯著
《浮士德》獲首屆「魯迅文學獎優秀文學翻譯彩虹獎」。

穆木天　　生歿不詳　　吉林伊通人

穆木天，原名穆敬熙，現代詩人、翻譯家。
1918年南開中學畢業。
1926年日本東京大學。
1921年參加創造社。1931年加入左聯。
1952年加入中國作家協會。

杜秋娘　　生卒年不詳

杜秋娘），資治通鑑稱杜仲陽，活躍於8世紀－9世紀間，後世多稱為「杜秋
娘」，是唐代金陵人。
15歲時成了李錡的妾侍。元和二年（807年），李錡正式起兵造反。後來李錡
造反失敗，杜秋被納入宮中。後受到唐憲宗寵幸。元和十五年（820年）唐穆
宗即位，任命她為兒子李湊的傅姆。後來李湊被廢去漳王之位，杜秋娘賜歸故
鄉。杜牧經過金陵時，看見她又窮又老的景況，作了《杜秋娘詩》，其序簡述
杜秋娘的身世。
詩中附註：「勸君莫惜金縷衣，勸君惜取少年時。花開堪折直須折，莫待無花
空折枝。李錡長唱此辭。」並沒有說這首七絕是誰所作，但後世多歸入杜秋娘
的作品，包括《唐詩三百首》。

劉方平　　生卒年不詳　　河南洛陽人

劉方平，匈奴族。唐朝詩人，作有《月夜》《春怨》《新春》《秋夜泛舟》詩。
天寶年間曾應進士，未果，又欲從軍，亦未如意，從此隱居潁水、汝河之濱，
終生未仕。與皇甫冉、元德秀、李頎、嚴武等人為詩友，為薪潁士賞識。工詩，
善畫山水。其詩多詠物寫景之作，尤擅絕句，思想內容較貧弱，但藝術性較高，
善寓情於景。

柳中庸　　河東（今山西永濟）人。

柳中庸，名淡（因避唐武宗諱，書作澹），以字行，唐代詩人。柳宗元族人。
隨父親柳喜避亂江南。與弟中行皆有文名。大曆年間進士，曾官洪州戶曹掾，

不就，早亡。與盧綸、李端、張芬為詩友，有《徵人怨》詩。蕭穎士將女兒嫁給他。《全唐詩》錄存其詩十三首。

《大曆詩略》：此公七絕，亦體源於樂府，微嫌筆頭太重，無軒軒霞舉意。而五言輕艷，殆不減梁、陳間人。

賈島　779~843　范陽（今河北省涿州市）人

賈島（，字浪先（亦作閬先），唐朝詩人。賈島貧寒，做過和尚，法號無本。810年，至長安，見張籍。據說洛陽當時禁止和尚午後外出，賈島做詩發牢騷，被韓愈發現其才華。後受教於韓愈，並還俗參加科舉，但累舉不中第。

819年，韓愈抵廣東潮州，致信賈島，賈島作《寄韓潮州愈》詩給韓愈。

822年，舉進士，以「僻澀之才無所用」。唐文宗的時候被排擠，貶做長江主簿。唐武宗會昌年初由普州司倉參軍改任司戶，未任病逝。《新唐書》將賈島附名於《韓愈傳》之後。

賈島是著名的「苦吟派」詩人，著名的典故「推敲」即出自此人。傳說他在驢背上苦思「鳥宿池邊樹，僧推月下門」兩句，反覆斟酌用推還是用敲字，以至錯入了韓愈的儀仗。他自己後來也說這兩句是「二句三年得，一吟雙淚流」，後來人們將斟酌的鍊字稱作「推敲」。

賈島的代表作有〈尋隱者不遇〉：「松下問童子，言師採藥去；只在此山中，雲深不知處？」，他較為擅長五言律詩，意境多孤苦荒涼，趙紫芝、翁靈舒之輩，獨喜賈島、姚合之詩。姚合與賈島友善，後世合稱「姚賈」，並將二人之詩稱為「姚賈詩派」；又有一說，姚詩學賈。

司空圖說賈島:「賈浪仙誠有警句，視其全篇，意思殊餒，大抵附於蹇澀，方可致才，亦為體之不備也。」蘇軾在〈祭柳子玉文〉中提到：「元輕白俗，郊寒島瘦。」評價他和同時代的詩人孟郊，遂成千古定評。歐陽修譏其詩如「燒殺活和尚」。有《長江集》10卷，通行有《四部叢刊》影印明翻宋本。

西鄙人

西鄙人，意為西北邊境人，相傳為唐代五言民歌《哥舒歌》的作者。表達了各族人民對和平生活的嚮往，平朴自然，雄渾粗獷，流傳至今。

西鄙人，哥舒，指哥舒翰，以部落名稱作為姓氏。哥舒翰，突厥族哥舒部人。747年，玄宗命哥舒翰為隴右節度使，防禦吐蕃，治所在都州（今青海省樂都縣）。哥舒翰安定邊境，保護人民生活、生產的作用。多次擊退吐蕃侵擾，改變了邊境的局面 ，致使「吐蕃屏足不敢近青海」。當時民謠《哥舒歌》「北斗七星高，哥舒夜帶刀。吐蕃總殺卻，更築兩重壕 。」「北斗七星高，哥舒夜帶刀，」這首詩題為《哥舒歌》，是因為他戍邊抗敵，保國為民。但是，作者並不從激烈的戰鬥中直接表現他如何英勇善戰，如何機智果敢，蘊藏一股英武之氣，給吐蕃以「屏足不敢近」的威懾。

岑參　715~770　祖籍河南南陽郡後徙江陵縣（湖北荊州）。

岑參，唐朝詩人，宰相岑文本曾孫，少孤貧，刻苦學習，遍讀經史。太宗時功臣岑文本重孫。

744 年，進士。

749 年，充任安西四鎮節度使高仙芝幕府書記，赴安西，第一次出塞。

754 年，又任安西北庭節度使封常清的判官，第二次出塞。前後兩次在邊塞駐守安西四鎮（焉耆、龜茲、于闐、疏勒）共六年，

757 年，回中原。岑參把封常清稱作「國士」，有二首詩讚美封常清的軍威「虜騎聞之應膽懾，料知短兵不敢接」，而又推崇他「古來青史誰不見，今見功名勝古人」。回到朝廷後，杜甫等推薦他為右補闕。岑參自言「早年好金丹，方士傳口訣」，後來又擔任了起居舍人等官職。

766 年，官至嘉州刺史。罷官後，客死於成都。有四世孫岑卓兒。

岑參死後 30 年，其子岑佐公收集遺文，請杜確編成《岑嘉州詩集》8 卷。現存詩 403 首，七十多首邊塞詩，另有《感舊賦》一篇，《招北客文》一篇，墓銘兩篇。

現代詩人

年　代	現　代　詩　人
1920 年代	胡適、徐志摩、聞一多、李金髮、穆木天、馮至、郭沫若
1930 年代	林徽因、戴望舒、李廣田、艾青、卞之琳、何其芳、南星、辛笛、覃子豪、紀弦
1940 年代	王佐良、陳敬容、杜運燮、穆旦、鄭敏、唐祈、袁可嘉、牛漢、屠岸
1950 年代	周夢蝶、林亨泰、方思、余光中、洛夫、羅門、蓉子、痘弦、昌耀、林泠、白萩、季紅、駱英
1960 年代	鄭愁予、商禽、非馬、葉維廉、楊牧、食指
1970 年代	江河、北島、芒克、多多、舒婷、劉自立、嚴力、楊煉、梁小斌、顧城、東方愁
1980 年代	周倫佑、于堅、翟永明、王小妮、歐陽江河、廖亦武、孫文波、呂德安、韓東、駱一禾、陸憶敏、陳東東、萬夏、楊黎、張棗、李亞偉、王家新、西川、海子、小海、艾克
1990 年代	詩陽、李元勝、馬永波、臧棣、樹才、伊沙、余怒、葉匡政、戈麥、藍藍、桑克、西渡、楊鍵、徐江、安琪、馮晏、孫磊、木朵、康城、朵漁、胡續冬、巫昂、李建春、范想、廖偉棠、沈浩波、呂葉、馬蘭、關石、龐培、宋非、楊小濱
70 後詩人	看海聽風等
80 後詩人	阿斐、李儍儍、蘇首飛、風輕揚、春樹、芒人墨香等。
90 後詩人	邊瓊、蘇笑嫣

廿六、名作家

陳壽　233~297　蜀巴西郡安漢縣（現四川省南充縣）

陳壽，字承祚，，西晉史學家。蜀漢亡國後仕於西晉，少舉孝廉，除著作郎，著有《三國志》，評價甚高。陳壽少時勤學，曾拜譙周為師，研讀《尚書》、《春秋》、《漢書》、《史記》等史書。後來擔任蜀漢的觀閣令史，因不願曲附權宦黃皓，所以屢遭譴黜。

晉之司空張華十分賞識陳壽的才華，舉其為孝廉，除佐著作郎，出補陽平令。陳壽編撰『古國志』『益都耆舊傳』『蜀相諸葛亮集』，之後致力編寫魏吳蜀的歷史，遂成《三國志》，共六十五篇。

梁州大中正尚書郎范頵上書給皇帝，稱讚陳壽的《三國志》一書「辭多勸誡，明乎得失，有益風化」，因此得而流傳於世，得到很高的評價。陳壽的恩師張華更對其讚譽有加。南朝梁的劉勰在《文心雕龍·史傳》也認為：「唯陳壽三志，文質辨洽，荀、張比之於遷、固，非妄譽也。」陳壽對於史料的取捨選擇比較審慎謹嚴，文字也以簡潔見長。陳壽在《三國志》中不僅記錄了三國時期在政治、經濟、軍事方面的情況，以及對文學、藝術、科技等方面作出貢獻的人，同時還記錄了當時國內少數民族和鄰國的歷史。

劉勰　約465~?　原籍東莞郡莒縣（今山東日照市莒縣）世居京口（今江蘇鎮江）

劉勰，字彥和。南朝梁文學理論批評家。齊悼惠王劉肥的後代，六世祖劉撫曾官彭城內史，五世祖劉爽為山陰令，四世祖劉仲道為餘姚令。永嘉之亂爆發，其先人逃難渡江，世居京口。劉勰早孤家貧，其父劉尚曾任越騎校尉，元徽二年（474年）於建康平叛戰役中犧牲。劉勰篤志好學，因家貧，住在上定林寺，依靠名僧僧祐。終身未婚。十多年後，他精通佛教經論，並鑽研了儒家經典。一說《出三藏記集》與《劉子》可能出劉勰之手。三十多歲時，寫成三萬七千字的《文心雕龍》，《文心雕龍》引論古今文體及其作法，又和唐朝劉知幾的《史通》、清朝章學誠的《文史通義》，並稱中國文史批評三大名著。

曹雪芹　1724.4.26~1763　祖籍遼陽.

曹雪芹，名霑，字夢阮，號雪芹‧芹輔、芹溪‧曾祖曹璽，祖父曹寅時為「鐘鳴鼎食之家」「詩書簪纓之族」‧曹寅兩個女兒均被選為皇妃，康熙皇帝六次南巡，均曾住過曹家，足見曹家權勢顯赫，與皇室關係的密切‧曹雪芹少年是「錦衣紈褲」「飲甘饜肥」。

1618年，努爾哈赤攻佔瀋陽、遼陽，曹家先祖被滿軍所擄，歸依八旗正白旗「包衣」(奴隸)，曹雪芹的太高祖曹世選、高祖曹振彥淪為多爾袞的家奴。曹振彥頗受多爾袞賞識，封為佐領，曾參與平定姜鑲起義。入關後，改任文官，歷任山西吉州知州、大同府知府、兩浙都轉運鹽使等三品官職。

曹雪芹多才多藝、工詩善畫、嗜酒猖狂。張宜泉的《傷芹溪居士》云：「其人素性放達，好飲，又善詩畫」。曹雪芹的詩，有創新獨特之處，風格接近唐代詩人李賀。他的友人敦誠曾贊道：「愛君詩筆有奇氣，直追昌谷破籬樊。」又說「知君詩膽識如鐵，堪與刀穎交寒光。」

曹雪芹又是位畫家，喜繪突兀奇峭的石頭。敦敏《題芹圃畫石》說：「傲骨如君世已奇，嶙峋更見此支離。醉余奮掃如椽筆。寫出胸中塊磊時。」

1726年，曹雪芹隨家遷居北京，初在宗學作事‧

1727年，清朝宮廷內鬥，曹雪芹父親遭株連治罪削職，抄沒家產，家道衰落‧曹雪芹一生坎坷，晚年移居北京西郊，生活潦倒，「繩床瓦灶」「舉家食粥、酒常賒」靠著賣畫和親友的接濟過日子。凄涼艱困悼紅軒中，批閱十載，增刪五次，寫下「石頭記」，後改名「紅樓夢」，耗盡他畢生心血，全書尚未完稿，曹雪芹卻因貧病無錢醫而「淚盡而逝」，留下新婚不久的遺孀，終年還不到四十歲。敦誠輓詩「曉風昨日拂銘旌」、「四十華年太瘦生」可佐證‧一般認為「紅樓夢」是高鶚續成的‧

曹雪芹的生父，有認為是曹顒，曹雪芹是他的遺腹子，譜名曹天佑（佑），生於1715年，曹頫實是其堂叔。

曹雪芹出生年月日不明，考證推測，認為《紅樓夢》書中關於「絳洞花王」和「餞花節」的描述暗示了主人公賈寶玉的生日，描寫的「餞花節」是「1724年農曆4月26日」，恰是農曆節氣中的「芒種」。

1764年，歿卒，剛好和朋友敦誠的輓詩「40年華太瘦生」相吻合。

施耐庵 1296～1372　江蘇蘇州一說浙江杭州

施耐庵，本名彥端，原名耳、惠，中國四大名著之一《水滸傳》的作者。

施耐庵為孔子七十二弟子之一的施之常後裔。父親施元德依靠撐船維持家計，母親姓卞。兄弟三人。元配季氏，後續娶申氏。一子施讓，字以謙。

施耐庵家貧，無法上學，7歲自學，13歲在滸墅關私塾念書。

1315年，19歲，考中秀才。與私塾教書先生的女兒季氏結婚。

1321年，25歲，蘇州官吏薦為「孝行信義」．

1325年，29歲，中舉人。

1331年，36歲的施耐庵中辛未榜進士，結識了同榜的進士劉伯溫。

施耐庵十分不得志，做了兩年縣尹，觸怒元人，憤然辭官。在蘇州施家橋辦學授徒。收一商人兒子羅貫中（《三國演義》作者）為徒。其間施耐庵父親和妻子相繼逝世，隨後續娶了申氏。此時他已經開始着手撰寫《水滸傳》。

三年後，劉伯溫向朱元璋推舉施耐庵，但他堅辭不就，只好離開河陽山，回到蘇州施家橋。《水滸傳》大體也是在此時寫成。《水滸傳》成書後，很快民間傳抄開來。根據民間傳說，劉伯溫奉皇帝之命尋訪施耐庵時，發現了施耐庵寫的《水滸傳》，並帶給了皇帝。朱元璋看過後，認為「此倡亂之書也，是人胸中定有逆謀，不除之必貽大患。」密令當地官吏逮捕施耐庵。

施耐庵被關押一年多後被釋放，但是身體已經衰弱。雖然有羅貫中的幫助，但是返家途中染病，在淮安養病。

1372年，客死於淮安。

施耐庵非常博學，也很有才氣，「舉凡群經諸子，詞章詩歌，天文地理，醫卜星相，一切技術無不精。」亦有傳說指施耐庵精通武術．

吳承恩 1504~1582　江蘇省淮安市楚州區人

吳承恩，字汝忠，號射陽山人，父吳銳，字廷器，賣「彩縷文羯」，以去天竺取經為題材作「**西遊記**」，「又好譚時政，竟有所不平，輒撫幾憤惋，意氣鬱郁」。自幼聰慧，喜讀野言稗史、志怪小說，「嘗愛唐人如牛奇章、段柯古輩所著傳記，善模寫物情，每欲作一書對之」，「髫齡，即以文鳴於淮」，頗得官府、名流和鄉紳的賞識。

1529年，到淮安知府葛木創辦的龍溪書院讀書，得到葛木的賞識。朱應登認為他「可盡讀天下書」，而「以家所藏圖史分其半與之」，

1550年，40歲，補上歲貢生，到北京等待分配官職沒有被選上，

1556 年，由於母老家貧，得到李春芳的幫助做了浙江長興縣丞，常與友人朱曰
　　藩豪飲，寄趣詩酒之間，和嘉靖狀元沈坤，詩人徐中行有往來。終因受人誣
　　告，兩年後「拂袖而歸」，晚年以賣文為生．活了近 80 歲，晚景淒涼。
吳承恩沒有子嗣，一生創作豐富，由於家貧，作品多散失。《禹鼎記》已失傳。
吳承恩的表外孫丘度搜集其殘存之稿，編成《射陽先生存稿》四卷。
吳承恩的詩歌長篇歌行激越豪放，近乎李白。詞曲出入《花間集》，近乎秦觀。
散文學習歐陽修曾鞏，與唐宋古文家風格接近。

羅貫中 1330-1400 山西太原人一說杭州或廬陵(今江西吉安)

羅貫中，名本，字貫中，號湖海散人，著「**三國演義**」有卓越藝術成就，流傳
千古．明代通俗小說家。他的籍貫一說是太原（今山西），一說是錢塘（今浙江
杭州），不可確考。據傳說，羅貫中曾充任過元末農民起義軍張士誠的幕客。除
《三國誌通俗演義》外，他還創作有《隋唐志傳》等通俗小說和《趙太祖龍虎
風雲會》等戲劇，並被認為是《水滸傳》後三十回的作者。

王實甫 大都（今北京市）人。

王實甫，名德信，北京人元曲四大家之一作[**西廂記**]流傳後代．
元代雜劇作家。中國著名劇作《**西廂記**》的作者。所作雜劇中名目可考的有 13
種。今存有：《崔鶯鶯待月西廂記》《呂蒙正風雪破窯記》《四大王歌舞麗春
堂》《韓采雲絲竹芙蓉亭》《蘇小卿月夜販茶船》《錄鬼簿》《東海郡於公高
門》《孝父母明達賣子》《曹子建七步成章》《才子佳人多月亭》《趙光普進
梅諫》、《詩酒麗春園》《陸績懷橘》《雙蕖怨》《嬌紅記》9 種。
《錄鬼簿》把他列入「　前輩已死名公才人」而位於關漢卿之後，可以推知他

與關同時而略晚，在元成宗元貞、大德年間（1295～1307）尚在世。賈仲明在追悼他的〔凌波仙〕詞中，約略提到有關他的情況：「風月營密匝匝列旌旗，鶯花寨明颭颭排劍戟。翠紅鄉雄赳赳施謀智。作詞章，風韻美，士林中等輩伏低。」所謂「風月營」、「鶯花寨」，是藝人官妓聚居的場所。王實甫混跡其間，可見與市民大眾十分接近。王實甫還有少量散曲流傳：有小令1首，套曲3種（其中有一殘套），散見於《中原音韻》、《雍熙樂府》、《北宮詞紀》和《九宮大成》等書中。

蒲松齡　1640~1715　山東淄川今淄博市淄川區

蒲松齡，字留仙，一字劍臣，別號柳泉居士。

世稱「**聊齋**」出身小商人家庭，蒲氏為淄川世家，熱衷功名。

康熙九年（1671年），蒲松齡在江蘇省寶應縣為同鄉進士孫蕙做幕僚，後隨往高郵，一年後回家鄉，做私塾老師，於畢家石隱園綽然堂教學近40年，直到71歲歸家。康熙五十四年病逝，一生頗不得意。

關於蒲松齡先世的族屬有四種說法：即回族說、蒙古族說、漢族說、女真族說。其中回族、蒙古族二說均已被學術界排除。

根據蒲松齡《述劉氏行實》上的記載來看（劉氏乃蒲松齡之妻），蒲松齡全家信佛重僧且圈養家豬，不符合山東地區回族人及其後裔的宗教信仰和風俗習慣。另外蒲松齡的先祖在元代擔任過般陽路總管，當時朝廷對路總管人選的任用有明確的規定——《元史·世祖紀三》載：「世祖二年春，二月甲子。以蒙古人充各路達魯花赤，漢人充總管，回回人充同知，永爲定製。」由漢人擔當各路總管是元朝定製。蒲松齡自撰《族譜序》提到「吾族爲般陽土著，祖墓在邑西招村之北，內有諭葬二：一諱魯渾，一諱居仁，並爲元總管，蓋元代受職不引桑梓嫌也」，所謂「元代受職不引桑梓嫌」是忽必烈「罷世侯、置牧守」以前的大蒙古國時期。

遠祖蒲璹。

高祖蒲世廣，在地方上都有點名氣。

曾祖蒲繼芳，秀才。

祖父蒲生汭，沒有功名。

叔祖蒲生汶，進士，選河北玉田知縣，是個有名的孝子，聽說老母患病，哭得湯水不進，嘔血數斗，死在衙門。

父親蒲槃，字敏吾，家道中落，娶妻：孫氏、董氏、李氏．
原先也儘力讀書，知識淵博，但考到二十幾歲，不能進學，家境又困難，便棄儒經商，做起買賣來。二十年間，有了相當的積累，成為當地的富裕人家。明末天下大亂，他便停業在家讀書。
四子：蒲兆箕、蒲柏齡、蒲松齡、蒲鶴齡．
蒲松齡是蒲槃的第三個兒子，正妻董氏所生。他的座右銘：「有志者，事竟成，破釜沉舟，百二秦關終屬楚。苦心人，天不負，臥薪嚐膽，三千越甲可吞吳。」19 歲時參加縣府的考試，縣、府、道試均奪得第一名，取中秀才。然不得志，滿腹實學，鄉試屢不中舉，只有在 46 歲時被補為廩膳生，到了 71 歲時，才被補為貢生。

劉鶚 1857.10.18.~1909.8.23.祖籍江蘇省鎮江府丹徒縣，

劉鶚，字鐵雲，號公約，筆名洪都百煉生，原名孟鵬，字雲摶，清代作家。劉鶚研習水利、算學、醫學、金石、天文、音律、訓詁各種學問，從他的作品《**老殘遊記**》揚名後世．
1884 年，劉鶚在淮安府城南市橋開煙草店，因不善經營而歇業，後曾去揚州行醫。又赴南京參加鄉試，未終場即回。又與人在上海合開石昌書局，失敗告終。
1887 年，劉鶚赴河南投東河總督吳大澂，任河圖局提調官，歷時 3 年，完成《豫直魯三省黃河圖》。此後赴山西開採煤礦，興辦實業。因為他在作品內利用角色「剛弼」對當時的酷吏剛毅影射，被剛毅設計陷害．
1900 年，八國聯軍攻入北京，劉鶚從俄軍處賤價購買太倉糧轉賣給居民，賑濟北京饑困，反被彈劾私售倉粟。
1908 年，劉鶚在南京對岸的浦口購地準備開商埠，被控以漢奸罪名，發配新疆迪化（今烏魯木齊）．
1909 年，腦溢血病死，歸葬江蘇淮安。
劉鶚著名的《老殘遊記》，是晚清四大譴責小說之一，劉鶚向故國子監祭酒王懿榮家族，購買大量殷商甲骨，作《鐵雲藏龜》書，是第一部甲骨文集錄，奠定了後來甲骨文研究基礎。劉鶚在數學、水利方面亦有著作傳世，如《勾股天元草》《孤三角術》《歷代黃河變遷圖考》《治河七說》《治河續說》《人命安和集》《鐵雲藏陶》《鐵雲泥封》等。

曾樸 1871~1935 江蘇常熟

曾樸，原名曾樸華，字太樸，又字小木，筆名東亞病夫。作家，其代表作為小說《**孽海花**》。

1891 年舉人，1892 年入京應試，試卷被污而落第。父親為其曾捐官內閣中書，也因為岳父汪鳴鑾的緣故，常出入當時戶部尚書翁同龢之門，也是洪鈞的座上客，有文名。其人生性敏感、熱心國事，認為法文為外交必用．

1894 年入同文館學法文。1897 年赴上海辦實業，與維新派的譚嗣同、林旭、楊深秀等人往來，參與變法籌措活動。戊戌事敗，因回鄉辦理父親墓葬之事不在京，未受牽連。

辛亥革命，江蘇宣告獨立，被選為江蘇臨時議會議員，袁世凱稱帝後，與蔡鍔等人交往密切，資助陳其美反袁活動，曾任省官產處長，財政廳長，政務廳長。

1927 年與長子曾虛白在上海開設「法式沙龍」的真美善書店，創辦《真美善》雜誌，續寫《孽海花》，主張反封建，同情革命，被認為是晚清四大譴責小說中成就最高的一部。

1931 年，《真美善》雜誌停刊。居常熟虛廓園，種花為遣。

1935 年病逝。

曾樸共育有五子：曾虛白、曾耀仲、曾光叔、曾叔懋與曾熹。

李寶嘉 1867~1906 江蘇武進

李寶嘉，字伯元，號南亭，三歲喪父，隨母住堂伯父李翼清家。1892 年翼清辭官，寶嘉隨之由山東返回常州。少有才氣，精於書畫篆刻、金石音韻，又從傳教士學習英文，考取秀才，但未能中舉。三十歲創辦《指南報》《遊戲報》《世界繁華報》擔任過《繡像小說》半月刊主編，人稱為「小報界鼻祖」。

1903 年著**《官場現形記》**，轟動一時，兩年後，因肺病病故上海，故事未完成，由朋友歐陽巨源（茂苑惜秋生）補綴而成。

1906 年，李寶嘉病逝上海，身後孑然，無子息，由上海名伶孫菊仙為他料理後事。著有《庚子國變彈詞》《中國現在記》《官場現形記》《文明小史》《活地獄》《海天鴻雪記》等十多種著作。

關漢卿　金末元初人　解州（今山西運城）

關漢卿，號「己齋叟」，「元曲四大家」之首。根據《錄鬼簿》《青樓集》《南村輟耕錄》的資料，他是金末元初人，活躍於約 1210 年至約 1300 年間，可能是太醫院醫生，另有一說是先祖或父兄為太醫院醫生，故關漢卿為醫戶，而不為醫生。他的寫作以雜劇的成就最大，一生寫了 60 多種，今存 18 種，最著名

的有《竇娥冤》《單刀會》《單鞭奪槊》《西蜀夢》等；散曲今在小令 40 多首、
套數 10 多首。

關漢卿塑造的「我卻是蒸不爛、煮不熟、搥不匾、炒不爆、響玎璫一粒銅豌豆」
(〈不伏老〉)的形象也廣為人稱，被譽「曲家聖人」。《析津志輯佚·名宦》曰：
「關一齋，字漢卿，燕人。生而倜儻，博學能文。滑稽多智，蘊藉風流，為一
時之冠。是時文翰晦盲，不能獨振，淹於辭章者久矣。」被稱為「小漢卿」。

湯顯祖 1550.9.24.~1616.7.29.

湯顯祖，字義仍，號海若、清遠道人，晚年號若士
、繭翁，江西臨川人，中國明代末期戲曲劇作家及
文學家名著**《牡丹亭》**，被譽為與莎士比亞同期及
影響力相等的偉大文學家。湯顯祖出生於書香門第
，祖父好老莊、喜談神仙，父親嚴正，從小便飽讀
詩書，性格剛正不阿。

1577 年，湯顯祖進京趕考，因不肯接受首輔張居正的拉攏，結果兩次落第。

1580 年，湯顯祖第四次往北京參加春試。張居正三子張懋修去看望湯顯祖，湯
   顯祖也曾回訪而不遇。

1583 年，33 歲，張居正死後次年，才考中進士。湯顯祖中了進士後，仍不肯趨
   附新任首輔申時行，故僅能在南京任虛職。在職期間，與東林黨人交往甚密。

1591 年，他又寫了《論輔臣科臣疏》，揭發時政積弊，抨擊朝廷，彈劾大臣，
   觸怒了神宗皇帝，被謫遷廣東徐聞典史。後又調任浙江遂昌知縣。湯顯祖在
   地方為官清廉，體恤民情，深得民心，但最終還是因不滿朝政腐

1598 年，棄官回鄉，在臨川建座閒居，號「玉茗堂」，致力於戲劇和文學創作
   活動，終其一生。湯顯祖曾從泰州學派羅汝芳讀書，受李贄的思想影響；並
   和僧人達觀相友善，晚年滋長佛教、道教的出世思想；在戲曲創作方面，反
   對擬古和拘泥於格律，與沈璟過於講求聲律對立。湯顯祖與英國的莎士比亞
   同時期，所以也現代人稱為「中國的莎士比亞」。湯顯祖的作品代表着一
   種典型的東方戲劇風格。王思任點評湯顯祖刻畫人物性格「無不從筋節竅髓，
   以探其七情生動之微也」。

吳趼人(吳沃堯)　1866.5.29.~1910.10.　廣東南海佛山鎮人

吳趼人，原名沃堯，字小允，又字繭人，作家，筆名有偈、佛、繭叟、繭翁、野史氏、嶺南將叟、中國少年、我佛山人等，筆名中以「我佛山人」最為著名。曾祖父吳榮光，曾任湖南巡撫，代理兩廣總督；祖父莘佘，官至工部員外郎；父允吉，曾任浙江候補巡檢。

吳趼人幼年喪父，18歲至上海謀生，曾在茶館做夥計及在江南製造局擔任抄寫工作，常為報紙撰寫小品文。

1897年，在上海創辦小報，主持過《字林滬報》《采風報》《奇新報》《寓言報》等，其中尤以《寓言報》最為著名。

1903年，在《新小說》雜誌上先後發表《電數奇談》《九命奇冤》《二十年目睹之怪現狀》等，其中《二十年目睹之怪現狀》轟動一時，影響深遠，為晚清「四大譴責小說」之一，專以揭露和譴責社會上的醜惡現象。

他創作的小說有30多種，人稱「小說鉅子」，是清末譴責小說的傑出代表，與李伯元、劉鶚、曾樸合稱晚清四大小說家。其他著名的作品有《新石頭記》《恨海》《趼人十三種》等，《情變》是他最後一部小說。

他拒絕清政府經濟特科考試，絕意仕途，靠賣文為生，一生清貧，工作勞累。

1910年10月在上海逝世，死時身上僅餘四角小洋，喪事是由朋友代辦，遺體
　先停放在閘北潭子灣廣肇山莊20年，

1931年9月21日才火化，骨灰埋在大場廣肇山莊。

孔尚任(孔東塘)　1648~1718　山東曲阜

孔尚任,字聘之,又字季重,號東塘, 孔子後裔。歷官國子監博士、戶部主事、員外郎,中國清朝戲劇作家,著有**《桃花扇》**,與《長生殿》作者洪昇齊名,俗謂「南洪北孔」。

孔尚任是孔子第 64 代孫,孔貞璠之子,孔子世家六十戶中的官莊戶。早年考取秀才,後來避亂隨父在曲阜北石門山中讀書。

1684 年,康熙帝南巡,路過曲阜,到孔子廟祭孔,經人舉薦,由孔尚任在天子前講經學,受到康熙賞識,任命為「國子監博士」。

1686 年,隨工部侍郎到淮陽,疏浚黃河入海口,兩年間他結識一些明代遺民,到揚州參拜史可法衣冠塚,到金陵登燕子磯,游秦淮河,過明故宮,拜明孝陵,到棲霞山白雲庵拜訪道士張瑤星,了解許多南明的情況,為他的作品《桃花扇》搜集了許多素材。

1689 年底回燕京後,與顧天石合寫劇本《小忽雷》上演,當時京師戲曲演出非常盛行。

1694 年,孔尚任遷任戶部主事。

1699 年,升任戶部廣東員外郎。同年 6 月,《桃花扇》脫稿,演出立即轟動。並受到康熙帝的重視,康熙從中吸取末代王朝的教訓,經常閱讀這部劇本。孔尚任聲名大振,被當時稱為「南洪北孔」文壇雙星。(「南洪」指《長生殿》作者洪昇)。

但孔尚任在劇本中流露出懷念前明王朝的心情,表揚了史可法等明朝忠臣,諷刺了投降清朝的叛將,尤其在最後一出借明代魏國公的後人,清代成為皂隸的角色,說出:「開國元勳留狗尾,換朝元老縮龜頭」的詞,暗諷清代的剃髮令、辮子和帽子服飾,帝心不快,不過康熙憐才,並未對孔處以文字獄,只是在 1700 年用一個借口將孔罷官。

1702 年,他回到家鄉石門山隱居,六、七年後,因天津詩人佟蕉村的幫助,《桃花扇》才得以刻板刊印。

1718 年,他逝於家中,享年 70 歲。

孔尚任其他著作尚有《出山異數記》記載他出任經過;《湖海集》,記述他疏浚河口時的詩文;《享金薄》,記錄他收藏的書畫古玩。

徐霞客 1587.1.15~1641.3.8. 生於江蘇江陰馬鎮南暘岐,遷居浙江

徐霞客，名弘祖，字振之，號霞客，是明代著名的地理學家和旅行家，客遊天下，後人整理成「**徐霞客遊記**」內含景物歷史地理政治經濟．

十三世的高祖父徐經，是江陰巨富，「膏腴連延，貨泉流溢」，弘治十二年因「會試舞弊案」，與唐寅一起涉案下獄。徐經作《賈慼集》以自明，後抑鬱死。

父親徐有勉有兄弟 6 人，王孺人性勤樸，「故好藝植，好紡織」，生子三人，弘祚、弘祖、弘禔。

至徐霞客時，家道中落，「田廬不及中人之產」，徐霞客分得家產有 200 多畝。徐霞客縱遊舉國南北，跋涉了許多前人未到的荒野地區，往往露宿於荒野。足跡遍歷北京、河北、山東、河南、江蘇、浙江、福建、山西、江西、湖南、廣西、雲南、貴州等 16 省，所到之處，探幽尋秘，並記有遊記，記錄觀察到的各種現象、人文、地理、動植物等狀況。

1640 年，在雲南得病，雙足不能行走，由當地知府用轎子送返江蘇江陰，去世前託其外甥季夢良（字會明）整理原稿，季夢良、王忠紉將遊記手稿編輯成書。他第二年去世後，清軍進攻江陰時，季夢良幫助守城，全家被殺，《遊記》手稿大部分被焚於兵火，季會明、徐李寄收集殘存的抄本編輯成《徐霞客遊記》，清初吳江人潘耒為《徐霞客遊記》作序。旅途中，徐霞客好識友，如雲南納西族土司木增，詩人唐泰。黃道周、文震孟、錢謙益、項煜、陳仁錫等與徐霞客經常唱和。

1628 年，徐霞客入閩游羅浮，即走訪黃道周、鄭鄤。陳函輝寫有《徐霞客墓誌銘》。褚紹唐主編《徐霞客旅行路線考察圖集》。

錢謙益著《徐霞客傳》記其生平。徐霞客死時年五十有六。西遊歸以庚辰六月，卒以辛巳正月，葬江陰之馬灣。亦履丁雲。」

胡蘭成　1906.2.28.~1981.7.25.　出生於浙江紹興嵊縣三界鎮胡村

胡蘭成，原名胡積蕊，小名蕊生，近代作家。張愛玲第一任丈夫。讀杭州惠蘭中學，燕京大學旁聽，善寫作，追隨汪精衛，對日抗戰時期任汪精衛政權宣傳部次長、行政院法制局長，被列為著名漢奸。

1943 年，與女作家張愛玲相戀。1944 年，與張愛玲結婚，

1945 年，日本投降，胡蘭成在浙江一帶匿名逃亡，後潛藏於溫州，

1947 年，離婚，胡蘭成與佘愛珍同居。

1950 年，經香港偷渡到日本，

1954 年，與佘愛珍結婚。

1976 年，再度客居日本。

1979 年，他著《禪是一枝花》有人相當欣賞他的散文風格．

1981 年 7 月 25 日因心臟衰竭，死於日本東京。

晚年在中國文化大學執教，其文學才能影響了部份臺灣文人，尤其是朱西甯、朱天文、朱天心父女，受其影響頗深。

張愛玲 1920.9.30.~1995.9.8.出生　上海公共租界西區的麥根路 313 號今靜安區康定東路 87 弄，臨近蘇州河，的一幢建於清末的仿西式豪宅中。

張愛玲，本名張煐，家世顯赫，祖父張佩綸是清末名臣，祖母李菊耦是晚清洋務派領袖、朝廷重臣李鴻章的長女。父親張志沂是典型的遺少，母親黃素瓊是長江水師提督黃翼升的孫女，歐化。弟弟張子靜，聖約翰大學畢業任職銀行，後來擔任中學英文教師。

1922 年，2 歲，父親張志沂任天津津浦鐵路局英文秘書，全家搬家到天津．

1924 年，入私塾學習。

1928 年，黃素瓊從英國回國張家搬回上海。

1930 年，張煐改名為張愛玲。同年，張愛玲的父母離婚，張愛玲跟隨父親生活．

1931 年，開始閱讀紅樓夢。

1932 年，處女作《不幸的她》。

1933 年，在該校刊發表她的第一篇散文《遲暮》。

1934 年，父親與前總理孫寶琦之女孫用蕃結婚。張愛玲完成《摩登紅樓夢》

1937 年，中學畢業。

1938 年，與繼母和父親發生衝突離家投奔母親黃素瓊

1939 年，獲得倫敦大學獎學金，準備前往留學，因第二次　世界大戰爆發而改入香港大學結識斯里蘭卡女子炎櫻(Fatima Mohideen)。

1942 年，中斷學業回上海，讀聖約翰大學，經濟窘困輟學。寫「沉香屑」聞名

1943 年，連續發表轟動性短篇小說，《沉香屑第一爐香》《傾城之戀》《心經》《金鎖記》等，在淪陷時期的上海一舉成名。

1944 年，張愛玲結識汪精衛政權宣傳部次長作家胡蘭成，8 月，胡蘭成與兩位夫人離婚後，與張愛玲在上海秘密結婚。不久，胡蘭成前往武漢辦報，在醫院期間誘惑了一名 17 歲的護士周訓德，並與之同居。

1945 年 8 月，日本投降，胡蘭成化名張嘉儀，逃亡到浙江溫州，

1946 年，張愛玲與電影導演桑弧合作寫作劇本，頗為成功。

1947 年 6 月 10 日，張愛玲寫信與逃亡中的胡蘭成分手。

1949 年，上海政權更替後，張愛玲留在上海。

1950 年，感到與當時的社會環境格格不入，加之與胡蘭成的關係，面臨政治方面的壓力。

1952 年，因戰事而中斷的學業，離開中國大陸，遷居到香港。任職美國新聞處（United States Information Service），創作小說《秧歌》與《赤地之戀》。

1953 年，張愛玲離開上海的

1954 年，父親張子沂在租住的上海江蘇路 285 弄 28 號，終年 57 歲。

1955 年，張愛玲赴美國定居。

1956 年，生活窘迫的張愛玲居住在新罕布夏州彼得堡的麥克道威爾文藝營（MacDowell Colony），結識 65 歲的左翼劇作家賴雅（Ferdinand Reyher）並懷孕，8 月 14 日，兩人結婚，由於各種原因，在寓所進行人工流產。

1957 年，張愛玲的母親黃素瓊在英國倫敦去世，終年 64 歲

1960 年 7 月，張愛玲成為美國公民。

1961 年，張愛玲到香港，造訪台灣，曾與其表姪女張小燕會面，並到花蓮觀光。

1967 年 10 月 8 日，賴雅去世

1969 年，受聘於柏克萊加州大學中國研究中心，從事翻譯，並作小說考證。

1973 年，張愛玲定居洛杉磯，晚年於寓所深居簡出。

1977 年，張愛玲的「紅樓夢魘」出版‧

1991 年，張愛玲的姑母張茂淵在上海去世，終年 93 歲。

1995 年 9 月 8 日，張愛玲逝世於加州洛杉磯西木區羅徹斯特大道的公寓，終年 75 歲，沒有舉行公開葬禮，遺體在洛杉機惠提爾玫瑰崗墓園火化。

查良鏞(金庸)　1924.3.10.~　　世居海寧縣袁花鎮

查良鏞

查良鏞為書香門第，大紫荊勳賢，OBE，原名查良鏞，知名武俠小說作家之一。

康熙年間著名詩人查慎行侄查升之後。

1948 年，移居香港，

1929 年，入讀家鄉海寧縣袁花鎮小學。

1932 年，讀「荒江女俠」小說入迷．

1936 年，入嘉興一中讀初中，離開家鄉。

1937 年，日軍入侵隨學校輾轉餘杭、臨安、麗水

1938 年，於浙江省立聯合高中初中部就讀]。

1939 年，初中三年級與同學合編《給投考初中者》。

1941 年，因寫《阿麗絲漫遊記》被開除，

1942 年，自浙江省衢州中學畢業，

1944 年，考入重慶中央政治大學外交系，

1945 年，抗戰勝利後返鄉，暫任外勤記者。

1946 年，上海東吳大學法學院修習國際法並在上海《大公報》任國際電訊翻譯。

1948 年，調往香港分社。

1950 年，赴北京到中共外交部求職，乘興而去，失望而歸。

1952 年，在《新晚報》寫《絕代佳人》《蘭花花》《龍虎鬥京華》．

1956 年，寫武俠小說《三劍樓隨筆》「新派武俠」

1959 年，在自辦的《明報》上連載**《神鵰俠侶》**。

1953 年至 1958 年，寫有《絕代佳人》《有女懷春》《王老虎搶親》。

1959 年，在香港創辦《明報》《明報晚報》《明報月刊》《明報週刊》及馬來西亞《新明日報》系列報刊，金庸還成立了明報出版社與明窗出版社。

1961 年，寫「倚天屠龍記」「白馬嘯西風」

1963 年，寫「天龍八部」

1967 年，創作「笑傲江湖」

1969 年，作「鹿鼎記」

1980 年，寫「射鵰英雄傳」

1991.1.23. 註冊成立「明報企業有限公司」．

1964 年，在《明報》發表《要褲子不要核子》被香港左派分子罵為「漢奸」「走狗」「豺狼鏞」受到死亡恐嚇離開香港避難。

1973 年，應邀前往台灣．

1981 年，文革結束，去大陸訪問，與鄧小平和胡耀邦會談。

1985 年，香港特別行政區基本法起草委員會，金庸為小組成員。

1988 年，金庸與查濟民提出「政制協調方案」後修改納入基本法。

1989 年，北京八九民運，「首都戒嚴令」，辭去基本法草委、諮委職務，結束從政生涯，卸下社長職務，只擔任集團董事長。

1991 年，明報企業上市，查良鏞任董事長。

1992 年，訪問英國牛津大學，並在牛津近代中國研究中心主持講座．

1993 年，抨擊香港總督彭定康的「政改方案」，赴北京訪問，獲江澤民接見。

1994 年，返鄉於嘉興高專興建「金庸圖書館」，北京大學授予名譽教授。

1996 年，「雲松書舍」落成，內藏金庸作品及手跡陳列室等。

2005.10.8. 往英國劍橋大學求學，取得歷史碩士博士學位。

2006.12 月，完成劍橋大學碩士論文《初唐皇位繼承制度》

2010 年，完成劍橋大學博士論文《唐代盛世繼承皇位制度》。

作品有：飛狐外傳、笑傲江湖、書劍恩仇錄、神鵰俠侶、俠客行、倚天屠龍記、碧血劍、鴛鴦刀、書劍恩仇錄、神鵰俠侶、俠客行、倚天屠龍記、碧血劍、鴛鴦刀、雪山飛狐、連城訣 、天龍八部、射鵰英雄傳、白馬嘯西風、鹿鼎記。

洪昇　　?　~1704

清初劇作家洪昇所作的劇本《長生殿》，取材白居易的《長恨歌》、陳鴻的傳奇《長恨歌傳》和元代劇作家白樸的劇作《梧桐雨》，講述唐玄宗和貴妃楊玉環愛情故事，發揮：一是極大地增加了當時的社會和政治方面的內容；二是改造和充實了愛情故事。

《長生殿》全本共有五十折，體制宏大，演出壯觀，涉及人物眾多，有以李、楊為代表的皇室貴族人物，有雷海青、樂師李龜年等不畏強權的忠君愛國之人，更有安祿山、楊國忠等反面人物，廣泛涉及的仙界人物。成書於 1688 年。尤侗作《長生殿》序。

丁西林　　1893.9.29.~1974.4.4. 江蘇泰興人生於江蘇省泰興縣黃橋鎮

丁西林，原名燮林，字巽甫，劇作家，文學家，物理學家，樂器工藝家。是中國現代戲劇史上唯一專門寫喜劇的劇作家。

1910 年，考入上海南洋公學，1913 年畢業，

1914 年，入英國伯明翰大學攻讀物理學，

1919 年，獲理科碩士回國，受蔡元培校長聘請，入北京大學任物理學教授兼理預科主任，後多次被選為物理系主任。任物理系主任期間延聘優秀人才到系執教，北大物理系一時人才濟濟。蔡元培主中央研究院，他曾任物理學研究所所長，期間開發出符合 12 平均律的「11 孔新笛」。

丁西林應北京大學、中央研究院同人莊長恭（丕可）邀，

1948 年 6 月 1 日起同到台北工作，任國立臺灣大學理學院物理學系教授兼教務長。原任文學院院長錢歌川請辭院長行政兼職，莊校長請丁教務長同時處理文學院行政事務。

7 月 1 日，發新學年（8 月 1 日起）聘書時，超過 30 位教員沒有續約。文學院有 14 位，超過 10 位不是自願離職，包括史學系主任涂序瑄夫婦和哲學系正教授劉天予。

7 月 7 日起發動連串抗爭，

7月8日,莊校長正式通知全校:錢歌川免兼文學院院長,丁教務長兼文學院院長。

8月1日,莊校長第1次請辭離台,他以教務長代理校長,8月中旬到青島,從此永遠離開了台灣。

8月29日,新任教務長盧恩緒、和文學院院長沈剛伯(同時兼史學系主任)。范壽康任台大圖書館館長。

1945-1950年50代,中華民族情感與省籍衝突,從莊長恭與傅斯年校長時期左翼思想的丁西林教授做台大教務長兼文學院院長,

1946年,丁西林任文學院長,莊長恭辭去院長職,莊校長委丁西林繼任。

1948年12月15日,南京行政院准莊校長辭職,同1天發表傅斯年校長任命案。

1949年1月20日,杜聰明代理校長交棒給傅斯年校長。

張天翼　1906.9.10.~1985.4.28.　祖籍湖南湘鄉東山,出生於南京

張天翼,原名元定,字漢弟,號一之,筆名張無諍、鐵池翰等。中國著名作家。主要作品為小說與兒童文學。小說以幽默和諷刺見長。曾任中國中央文學研究所副主任,中國作協理事、書記處書記、《人民文學》主編、《兒童文學》編委等職。主要作品包括《華威先生》《帝國主義的故事》(《金鴨帝國》前身,未完。)《大林和小林》《寶葫蘆的秘密》《禿禿大王》等。其著作結集為《張天翼文集》出版。沈承寬、黃侯興、吳福輝合編的《張天翼研究資料》。

卜乃夫　1917~2002.10.11. 江蘇南京人(原籍揚州)。

卜乃夫,又名卜寧,筆名無名氏,小說家,著名反共作家,名報人卜少夫之弟。自學成名,三十年代即從事寫作。其《北極風情畫》《塔裡的女人》二書在抗戰時更是風靡一時,號稱「中國新文學第一暢銷書」,歷久不衰。

1949年,中華人民共和國成立後,卜乃夫曾被囚禁二十餘年,

1985年,輾轉經香港來到臺灣,晚年定居臺北木柵,頗為困頓,幾依稿費維生。

卜乃夫的早期作品雖在中國大陸頗為流行,但在五零年代開始在中國大陸消失。其代表作為「《無名書》」,共六卷,260萬字,包括《野獸、野獸、野

獸》《海艷》《金色的蛇夜》《死的岩層》《開花在星雲之外》《創世紀大菩提》等。其全部作品目前已達 30 種左右。來台初期將其著作(含來台時演講錄)交由台北黎明文化公司出版，1998-2001 年由文史哲出版社(社長彭正雄)、九歌出版社共同出版 20 卷《無名氏全集》。

潘希珍　1917.7.24.－2006.6.7.　浙江永嘉縣瞿溪鄉人，

潘希珍，又名潘希真，筆名琦君，文學作家。以散文為主，亦涵括小說、評論、翻譯及兒童文學，其作品曾被翻譯成英、日、韓等多國語言。

1916 年，出生，小名春英，一位兄長，父母早逝，兄妹過繼給伯父潘鑒宗與伯母葉夢蘭扶養長大。
1921 年，隨家庭教師葉巨雄讀詩經、唐詩、孟子、論語、唐宋等中國古典文學。
1924 年，唯一的親哥哥在北京因病過世。
1928 年，舉家遷居杭州。
1930 年，入弘道女中。
1935 年，第一篇散文《我的朋友阿黃》在「浙江青年」雜誌發表。
1936 年，進之江大學中文系(後併入浙江大學)，夏承燾大師指導，深入研讀中西文藝作品。「琦君」筆名即是而來。中日戰爭，過繼父母過世。
1941 年，大學畢業，任教於上海徐匯女中。
1943 年，返鄉任教於永嘉縣中(今溫州二中)。
1945 年，任教之江大學，兼職浙江高院圖書管理員。
1949 年，隨國民政府來台，擔任法院書記官、編審科長。發表散文「金盒子」。
1951 年，與李唐基結婚，育有一子。
1954 年，出版《琴心》。在淡江、世新、文化、中興、中央大學等校任教。
1963 年，得到中國文藝獎章散文獎。
1969 年，自法院退休。
1977 年，隨夫留居美國。
1980 年，自美返國，任教於中央大學中文系。
1983 年，再隨夫留居美國。
1999 年，以《煙愁》入選「台灣文學經典三十」。
2001 年，返回故鄉浙江永嘉，參加「琦君文學館」開館典禮。
2004 年，與夫婿返台定居於台北縣淡水鎮。
2006 年 6 月 7 日凌晨 4 點 45 分，病逝於台北市和信醫院，享壽 89 歲。
　琦君曾獲中國文藝協會散文獎章、中山學術基金會文藝創作散文獎、新聞局優良著作金鼎獎、國家文藝獎散文獎。琦君的散文多次被選入台灣的中學國文課本，小說《橘子紅了》曾被台灣的公共電視台改拍為電視劇。

嚴停雲(華嚴)　1926.4.8.~　福建省閩侯縣人

嚴停雲,筆名華嚴,出身學者家族。華嚴的祖父是清末學者嚴復,北洋政府時期之第一任國立北京大學校長。父嚴琥,別名普賢,字叔夏,以字行,是嚴復的三子。出身學者世家,停雲這個名字是晉陶淵明的一首古詩的名。華嚴三姊嚴倬雲,姊夫是鹿港辜家的辜振甫。

華嚴的外祖父是臺灣板橋林家林維讓的兒子林爾康,外祖母陳芷芳是清朝進士、溥儀老師陳寶琛的妹妹。父親嚴琥曾任福建協和學院(福州大學前身之一)中文系主任、文學院院長等職位。夫婿葉明勳是福建協和學院外文系的畢業生,母親是林慕蘭,是臺灣鄉土歷史學家林衡道的表妹、華南金控董事長林明成的表姐。夫葉明勳是中央通訊社第一位臺灣特派員,為臺灣新聞界大老。

華嚴上海聖約翰大學中文系畢業後赴臺灣探親而居留。她的作品多以小說為主,擅長描寫人的七情六慾及生老病死,忠實呈現人生的不完滿,也提供智慧的心語。創作生涯長達45年,多部作品被改編為電視劇與電影,而最滿意的作品是其首創的對話體小說。

1937年,抗日戰爭,母親帶小孩到上海避難,華嚴進入南洋模範高中,後來考　進聖約翰大學。

1945年,臺灣光復後葉明勳被中央社派來台灣。

1947年,華嚴上海聖約翰大學畢業,赴臺探望舅父林熊徵奔喪的母親林慕蘭。　時國共內戰,形勢緊張,母親把華嚴留在臺灣。葉明勳在臺灣很照顧師母林　慕蘭,而結識華嚴。

1949年,華嚴與葉明勳結婚,育有三女文心、文可、文茲、和兒子文立。長女　葉文心是美國加州大學柏克萊分校教授,該校東亞研究所所長。兒子葉文立　曾任聯太國際公司總經理、聯廣公司總經理、和信國際傳播公司總經理、凱　絡媒體服務公司董事長等,目前為安吉斯媒體(Aegis Media)集團大中華地　區董事長。

1957年,嚴琥留在大陸曾任福州市的第一任副市長,反右被打成了「右派」

1962年,婚後華嚴長兄嚴僑要來臺灣,她請夫婿葉明勳作保。嚴僑來臺後曾在　臺中一中任數學教師,李敖是其學生,故李敖稱嚴僑是他最難忘的一位老師。

1953年,有人檢舉嚴僑是匪諜,深夜被拘捕入獄;時任中華日報社長的保人葉　明勳亦被請進警備總部連夜詢問。華嚴徹夜奔走,找尋認識的長官為葉作證,　才被放出來,葉明勳因而辭去中華日報社長的職位。經辜、嚴兩家奔走,嚴　僑也放了出來,後因病去世。

1959年,葉明勳受邀擔任自立晚報社長。

1993年,華嚴獲得「中國文藝協會」頒發的中國文藝獎章榮譽獎章小說創作獎。

2005年,隨著李敖拜訪大陸,嚴僑由中國共產黨追認為「烈士」,證實他的地　下黨員身份。

2006年6月20日,廣東省社會科學院哲學與文化研究所於廣州舉辦的「華嚴　文學創作學術研討會」,論文集結成《華嚴文學創作論文集》。

郭良蕙　1926.7.19.~2013.6.19.　河南開封原籍山東省鉅野縣，

郭良蕙，作家，因抗日戰爭在西安完成中學學業，

1942 年，16 歲開始寫詩。考入成都四川大學，成為黃季陸先生的得意弟子。

1948 年，轉入復旦大學，並於復旦大學外文系畢業。

1949 年，與空軍飛行員孫吉棟結婚，而後赴台灣定居於嘉義。

　　為增加生活收入，開始寫作—〈陋巷群雛〉《野風》《自由中國》《幼獅文
藝》〈泥窪的邊緣〉《心鎖》．

1962 年，大業書店出版《心鎖》，書中對性愛的描寫「自五四以來最露骨大
膽」。因為《心鎖》她聲名達到最顛峰，描寫性愛與被認定是亂倫的婚外情
被禁，成為她創作生涯中最大的風波。《心鎖》事件的打擊，讓郭良蕙沮喪，
但被禁之後《心鎖》反成為地下暢銷書。

1963 年，內政部查禁「心鎖」中國文藝協會理事會上，謝冰瑩提出開除郭良蕙、
中國青年寫作協會、及中國婦女寫作協會亦同時開除她的會籍。蘇雪林亦撰
文直指《心鎖》為黃色小說。但「香港《亞洲畫報》專輯討論此事件，內容
以寫作自由與國家查禁書籍的問題為主，傾向支持郭創作的自由。

1971 年，獨自環遊世界，開拓視野與胸襟，自此也步向文物藝術之欣賞及研究。

1978 年，成立〔郭良蕙新事業出版社〕。

1986 年《心鎖》解禁後，三度再版，並被翻拍成電影。90 年代更出現兩本碩士
論文探討「心鎖事件」背後所隱含性別問題，由這樣的再省思也算是還給郭
良蕙及《心鎖》一個清白。

2013 年 6 月 19 日，郭良蕙因腦溢血逝世。

劉宜良　1932.12.7.~1984.10.15.　江蘇靖江，後歸化美國

1940 年，10 歲左右，一個地凍天寒的清晨，目睹父親遭人槍殺。

1948 年，16 歲，國共內戰，實施「經濟管制」饑餓難熬，不得不出門覓食，劉
宜良與大弟隨母親一路走到孤山鎮，決心告別母親，帶著大弟向南走。因沒
飯吃，不得不虛報年齡，混進國民黨的軍隊當小兵。

1949 年，國共內戰隨部隊遷居臺灣，進入政工幹校（復興崗政戰學院）新聞系。

1956 年，進入「正聲廣播公司」，走遍大街小巷，訪問各行各業。

1959 年，結婚三年離婚，後與崔蓉芝結婚。在崔蓉芝鼓勵下，劉宜良苦學自修
英文，立志出國深造，他白天跑新聞，晚上到師大夜校間部繼續進修。

1965 年，成為「台灣日報」記者。

1967 年，以《台灣日報》特派員身份駐美國，並取得美國國籍。

1970 年，入美國美利堅大學國際關係研究所碩士班就讀，適逢蔣經國訪美，劉宜良以記者身分訪問蔣經國。結束不久，蔣經國遇刺。受到這件事件影響，劉宜良決定在繼續攻讀博士班，把蔣經國列為研究題材，作為畢業論文題目。

1972 年，獲得「美利堅大學文科碩士」，以「江南」為筆名寫《蔣經國傳》，在美國洛杉磯《論壇報》上連載，又以「丁依」為筆名，投稿香港「南北極」雜誌，連載「蔣經國傳」，內容記述有揭蔣家隱私之嫌，有侮蔑元首之嫌。

1984 年 10 月 15 日上午 9 時，劉宜良在住處用餐完畢，下樓準備開車出門時，遭到陳啟禮、吳敦、董桂森槍殺。本案牽涉甚廣，並逮捕了情報局長汪希苓、副局長胡儀敏、第三處副處長陳虎門等人，坊間認為蔣孝武有是主謀之嫌。

江南命案，涉案人員結果：

蔣孝武：無直接證據，全身而退。

崔蓉芝：劉宜良遺孀，後來嫁給資深報人陸鏗。

董桂森：潛逃海外，後於巴西被捕，引渡到美國。1991 年 2 月，在美國賓州路易斯堡聯邦監獄鬥毆事件中被刺殺身亡。

陳啟禮、吳敦：被判無期徒刑，關 6 年多減刑出獄。

劉宜良被暗殺原因揣測：

劉宜良遺孀崔蓉芝：

　　堅稱「江南」之死與蔣經國有關，指稱事件並沒有水落石出，否認劉宜良涉及情報工作。「劉宜良因著《蔣經國傳》且即將動手寫《吳國楨傳》，而被蔣孝武指使情治單位派人所殺害」

前情報局副處長陳虎門：

　　當時劉宜良身為情報局在美工作人員，表示要推介其策反的中共幹部崔陣，有洩露我方人員行蹤可疑。回臺呈報建議採取「斷然手段」，汪希苓隨即下達制裁令，陳虎門主簽決定「制裁」劉宜良。執行者為陳啟禮、帥岳峰負責。

　　陳虎門說：「外面人說，制裁『江南』是因為他寫了《蔣經國傳》，這是沒有的事，案子是我簽報的，我會不知道？」。

　　陳虎門表示：「當時因為『江南』拿了我方（中華民國）的錢，結果幫對方（中華人民共和國）作事，才決定要制裁雙面間諜。美方調查人員抵臺透露，劉宜良同時也是聯邦調查局線民。」

前國安局長汪敬煦回憶錄：

　　「民國七十三年元月，政府決心清除流氓，陳啟禮私下向汪希苓表示願為國家做事的意願。八月二日，陳啟禮赴情報局永康街招待所餐敘……八月十四日陳啟禮化名鄭泰成前往情報局訓練中心講習四天半……九月初陳啟禮偕吳敦赴美……聯繫董桂森，三人共同謀議（刺殺江南）……但因陳等對美國環境不甚熟悉，事後作案車子等工具又棄置於現場，到處留下破綻，因此美方立即循線查獲……十一月十二日，政府實施一清專案，陳啟禮因組織不良幫派涉嫌叛亂，為警總簽發拘票交警局拘提到案。」

張安樂說法：

為營救陳啟禮，在美國展開「營救三部曲」，卻因涉及毒品交易罪遭美國政府判刑入獄 10 年。他對於江南案的回應：「國民黨連幫派都不如，幫派至少講點道義，國民黨卻過河拆橋，翻臉不認人。」

至於蔣孝武，他確實與江南案無關。承認錄音帶是陳啟禮和蔣孝武談話親自的聲音，其中一段是杜撰的，當時因為想把層級拉高一點，才能救陳啟禮與董桂森。

台灣作家楊青矗根據汪希苓服刑時享有的優厚待遇，以及數位當事人對主謀者身分地位的推測，認為主謀是蔣經國本人。不過到今天為止認定蔣經國是主謀的推論都靠間接證據，缺乏直接證據證實。

李敖　1935.4.25.~　哈爾濱

李敖，字敖之，作家、政治評論家。國立台灣大學歷史系畢業。父親李鼎彝、母親張桂貞，八個兄弟姊妹，他排行第五。

1949 年，李敖隨父母從上海遷至台灣台中，進入省立台中第一中學。曾與恩師（地下共產黨員）嚴僑密謀叛逃，被捕，李敖則因年紀尚輕，其師長各方奔走，而得到赦免。

1954 年，以同等學力資格，考取台灣大學法律專修科，因興趣不合，退學重新考入台大歷史系，1959 年畢業。

1957 年，原中央通訊社社長蕭同茲之子蕭孟能創辦《文星》月刊。胡適去世時，《文星》雜誌紀念胡適的專號賣了三版，成為台灣最重要的文化刊物之一

1961 年，李敖預官退伍，蕭大膽啟用，李敖的文章發揮很大的作用，其《老年人和棒子》《傳統下的獨白》等，頗有影響，開始聞名於台灣。

1963 年，李敖接掌《文星》總編輯一職。

1965 年，《文星》雜誌及李敖捲入賣國控訴事件(涉及美國費正清的親共陰謀)，《文星書店》停業，蕭孟能逃往島外暫避，將超過新台幣 2,000 萬元的家產託付李敖代為保管。

李敖牢獄之災

第一次入獄：1966 年，李敖發表《歷史與人象》《教育與臉譜》《上下古今談》《烏鴉又叫了》《孫悟空和我》等書，為政府查禁，未因此坐牢，但把他 1953 年與（地下共產黨員）嚴僑合謀偷渡大陸一事，於 1967 年 4 月 8 日以「妨礙公務」被判刑 1 年，但緩刑未入監執行。

　　李敖協助彭明敏逃亡，他拿到台灣受迫害被關的政治犯名單（有共產黨，台獨人士），李敖要把這份名單送到「聯合國」與「人權組織」去告發，把名單轉給「國際特赦組織」馬汀，在日本被台獨人士拿走，未得李敖本人同意，在台獨刊物上刊登，以致李敖被牽連，以「內亂罪」判處十年徒刑，李敖沒有上訴。蔣中正總統逝世大赦改為 8 年 6 個月。1976 年 11 月 19 日，被釋放。

第二次入獄(1981.8.~1982.2.)：「蕭孟能控告李敖侵佔」案，「高等法院」判李敖坐牢半年。出獄後，李敖鍥而不捨，追究出蕭孟能是誣告李敖。蕭孟能亡走海外，李敖提出附帶民事賠償，蕭孟能委託李敖管理並清償債務之市值超過兩千萬之家產如數歸於李敖所有。

1980 年代，李敖成為台灣知名「黨外」政論家，主要作品是《李敖千秋評論叢書》《萬歲評論叢書》。

瓊瑤　1938.4.20.~

瓊瑤，原名陳喆， 言情小說作家、影視製作人。
臺北市立中山女中畢業，丈夫平鑫濤，父親陳致平，曾任台灣師範大學國文系教授，母親袁行恕曾任台北市立建國中學國文教師，外祖父袁勵衡為銀行家，祖伯袁勵準是宣統皇帝之師，母親的胞妹袁靜為作家，母親的胞姐袁曉園為中國第一位女外交官暨女稅務官。瓊瑤有一個龍鳳胎弟弟陳珏。妹妹陳錦春、妹夫陳壯飛，都曾任美國國家航空暨太空總署科學家，General Sciences Corp.。

1947 年，9 歲，發表小說《可憐的小青》，
1954 年，16 歲，以心如為筆名發表小說《雲影》。
1963 年，25 歲，發表《窗外》。
1970 年，瓊瑤、平鑫濤與盛竹如等人合資成立巨星影業公司。
2007 年，拍攝的電影：《又見一簾幽夢》、2011 年《新還珠格格》、2013 年《
瓊瑤其他小說作品有《庭院深深》《六個夢》《梅花三弄》《還珠格格》等。

陳若曦　1938.11.15.~　台北永和人

陳若曦，原名陳秀美，生於木匠家庭，他寫的小說，充滿現實政治色彩，和感時憂民的情懷， 寫實主義路線，寫作理念標榜「絕不無病呻吟」，曾獲國家文藝獎、中山文藝獎、及聯合報特別小說獎、吳三連文藝獎、吳濁流文學獎等。

1957 年，北一女中畢業，就讀台大外文系，喜歡寫小說，與白先勇、歐陽子、王文興等人創辦《現代文學》雜誌．

1961 年，留學美國，她是經美國新聞處處長麥加錫（Richard M. McCarthy）推薦，進入何立克學院進修，後轉入馬里蘭州約翰‧霍普金斯大學寫作系研讀。

1966 年，隨著丈夫段世堯舉家前往大陸定居。好些朋友勸她三思，她仍執意前去。剛好碰上文化大革命，吃了不少苦頭，幸而她是回歸的台籍海外學人，而未受到更慘烈的遭遇。

1969 年，起任教於南京市華東水利學院（今河海大學）。

1973 年，離開大陸，舉家移居香港，擔任新法書院英文教師。

1974 年，移民加拿大溫哥華，擔任銀行職員。此一期間，她將在中國的耳聞目睹，寫了一系列小說《尹縣長》．

1976 年，由台灣遠景出版社出版，她以當事人身份來寫，轟動一時。

1979 年，應美國柏克萊加州大學中國中心之聘，移居美國。
　　是年底，台灣發生美麗島事件，陳若曦由美返台，帶著一封旅美學者、作家簽署的信函面呈當時的總統蔣經國，表達海外學人對此事件的憂心，為高雄事件之民運人士求情，表明此事件是「未暴先鎮、鎮而後暴」。
　　這 27 位學者、作家是莊因、杜維明、阮大仁、李歐梵、張系國、許文雄、鄭愁予、鄭樹森、楊牧、許芥昱、歐陽子、葉維廉、田弘茂、張富美、白先勇、謝鏜章、余英時、許倬雲、陳文雄、張灝、劉紹銘、石清正、林毓生、水晶、楊小佩、洪銘水。

1983 年，出任柏克萊加州大學東方語言學系客座講師。

1984 年，劉宜良被殺後，與丈夫段世堯加入美國國籍獲准。

1985 年，五月於北京會見胡耀邦。

1989 年，創組海外華文女作家協會，並當選首任會長。

1994 年，應《星期天週刊》之聘，前往香港就職。

1995 年，回台灣定居，並出任國立中央大學駐校作家，兼任慈濟大學教授。

1999 年，獲《中國時報》〈人間副刊〉遴選為十二位跨世紀作家之一。

2000 年，出任南投縣駐縣作家。

2001～2004 年間，擔任中華民國著作權人協會秘書長，成績斐然，盈餘超過新臺幣一億多元，使常務董事蔡文甫大為激賞。

2006 年，出任國立台北科技大學駐校作家。

2007 年，當選中國婦女寫作協會理事長、中華民國專欄作家協會副理事長、台灣銀髮族協會「藝文列車」主任委員。

三毛(陳懋平)　1943.3.26.~1991.1.4. 浙江定海生於重慶成長於台北。

三毛，原名陳懋平、陳平，臺灣著名作家。文化學院（今中國文化大學）哲學系肄業，著名作家。父陳嗣慶是成功的律師、母繆進蘭，有一個姐姐陳田心與二個弟弟陳聖、陳傑。抗日戰爭勝利後跟著父母搬到南京，再遷到臺北。

陳平在臺北入讀中正國民小學，

1954 年，考入台灣省立台北第一女子中學。

1955 年，陳平初二的時候，數學常得零分。經常逃學到公墓看小說，最後休學

1956 年，一度復學，但仍經常逃學到圖書館看書，後正式退學，轉進台北美國
學校，被送去學插花、鋼琴、國畫，和名家黃君璧習山水，向邵幼軒習花鳥。
她喜歡看書，患上憂鬱症，曾割腕自殺，曾看心理醫生心理治療並無幫助。

1962 年，署名陳平的文章《惑》經顧福生推薦在白先勇主編的《現代文學》雜
誌第十五期發表，給陳平帶來極大的鼓勵。

1963 年，在《皇冠雜誌》發表《月河》。

1964 年，獲文化大學董事長張其昀特許，進入文化大學院哲學系當選讀生．

1967 年，赴西班牙留學，先學西班牙文，半年後入馬德里文哲學院。

1971 年，返國，應張其昀之聘，在中國文化學院德文系、哲學系任教，也在政
工幹校與實踐家專教課。

1972 年，再度遠走西班牙。與六年前遇到的西班牙人荷西·馬利安·葛羅重逢。

1974 年，陳平在非洲沙漠小鎮（西屬撒哈拉的阿尤恩）與荷西結婚．
此時陳平應臺灣《聯合報副刊》主編平鑫濤之請，開始以三毛為筆名，用幽
默流暢的文筆以西屬撒哈拉沙漠的生活及見聞為題材寫作。她《中國飯店》
的作品描寫自己異國婚姻的作品與當時副刊上其他文章截然不同，吸引大批
讀者。1975 年 11 月，摩洛哥組織綠色進軍，35 萬名志願者開進西屬撒哈

1976 年，西班牙撤離西屬撒哈拉。後來住在加那利群島中的丹娜麗芙島。

1979 年 9 月 30 日，當天正好是中秋節，荷西在三毛父母往訪期間在拉帕爾馬
島的海中潛水時意外喪生，一直無法走出傷痛。

1981 年，由臺北《聯合報》特別贊助前往中、南美洲十二國旅行半載，撰寫所
見所聞。

1982 年，飛返臺北，作「三毛女士中南美紀行演講會」環島演講，主講「遠方
的故事」，出版《萬水千山走遍》。任中國文化大學中文系副教授，講授「小
說創作」、「散文習作」，深受學生喜愛。1984 年因健康關係辭卸教職，前
往美國接受割治子宮癌手術，以寫作、演講維生。

1985 年，一度喪失記憶，神經錯亂。

1987 年，出版有聲書《三毛說書》《流星雨》（童話故事），電影《滾滾紅塵》

1991 年 1 月 4 日，因子宮內膜增生症住院治療，在台北榮總病房逝世，死因為
以絲襪自縊而亡。

龍應台　1952.2.13.日—

龍應台，作家，筆名胡美麗，台北市文化局首任局長、文化部首任部長，

1991－1999 年德國海德堡大學研究員兼台灣文學講師，

2004－2012 年香港大學新聞及傳媒研究中心客座教授及研究學者，美國堪薩斯州立大學英美文學博士。她對兩岸三地人民觀察細膩，以此為材的名作有《野火集》、《請用文明來說服我》、《大江大海一九四九》等。

生於台灣高雄市大寮區眷村。1980 年代，龍應台與其德國前夫結婚，生下兩子，長子為安德烈，次子為菲力浦（龍在 2007 年的著作《親愛的安德烈》就是把她與長子安德烈的通訊結集而成的）。

1986 年，龍應台舉家旅居瑞士，

1988 年，遷居德國。於海德堡大學漢學系開設台灣文學課程。著有《野火集》等評論集，散文《百年思索》、《面對大海的時候》、《孩子你慢慢來》等。

父親龍槐生原籍湖南，在苗栗縣警察局苑裡分駐所擔任所長，母親應美君來自浙江淳安，於國共內戰後移居台灣，育有四子一女。

龍應台自小在台灣苗栗縣苑裡長大，讀過苑裡國小、苑裡初中，通臺語，後來搬家到台灣高雄縣茄萣鄉，為台南女中校友。

1974 年，畢業於國立成功大學外文系後，龍赴美國求學。

獲堪薩斯州立大學英美文學博士。

畢業後，曾任教於紐約市立大學、梅西學院、國立中央大學英文系、淡江大學、德國海德堡大學等。

1984 年，龍於中國時報撰寫「野火集」專欄，引起熱烈回響；隔年出版，21 天內再版 24 刷，是 1980 年代中華民國極具影響力的一本書。被保守派余光中譽為「龍捲風」。

1999 年，應台北市長馬英九邀請，出任台北市文化局長，其施政常與長期從事台灣本土文化運動人士意見相左。

2003 年，龍應台辭官回到寫作。赴香港，在香港城市大學、香港大學訪問教授。

2005 年，與一群主張社會參與的文化人及企業家共同創設龍應台文化基金會。

2008 年 10 月，香港大學禮聘龍應台出任首屆「孔梁巧玲傑出人文學者」，並於港大柏立基學院創立「龍應台寫作室」。

2009 年，《大江大海一九四九》出版，引起巨大迴響。

2013 年，辦理「文創產業創新育成補助計畫」，文創產業創業圓夢計畫，計促成 74 家文創公司設立。《野火集》在當時的台灣引起極大的迴響及討論，20 日內加印 4 次之多，約有 10 萬本。

《野火集》後來在中國大陸出版，在大陸各地的大學生中產生熱烈的反響。許多大學生認為這本書批評的對象不僅針對台灣也包括中國大陸，甚至好像就是為中國大陸而寫的。現中國大陸出版的《野火集》均為刪減版。

《啊，上海男人！》，

1997 年 1 月 7 日在《文匯報‧筆會》刊出後，引起軒然大波。「上海男人」紛紛打電話到報社大罵作者「侮蔑」上海男人，上海男人其實仍是真正「大丈夫」。

後來本文與其它文章集結出書《啊，上海男人！》，包括龍應台對一些訪問城市或國家人文觀感。

齊邦媛 1924.2.19.— 遼寧省鐵嶺縣，

齊邦媛，專長文學、英國文學、美國文學，被學者譽為台灣文學之母。中興大學、臺灣大學榮譽博士。齊邦媛之夫羅裕昌堪稱台灣鐵路電氣化之父。

1925 年，父親齊世英自德國留學歸國，而後參加郭松齡倒戈反張作霖之役失敗，開始流亡。

1930 年，隨母親離開故鄉-東北，到南京與父親團圓。

1934 年，因肺病被送往北京的「西山療養院」治療，一年後回到南京。

1924 年元宵節，齊邦媛出生於中華民國遼寧省鐵嶺縣。

1925 年，父親齊世英留學德國，參加郭松齡倒戈反張作霖之役失敗，開始流亡。

1930 年，隨母親離開故鄉-東北，到南京與父親團圓。

1934 年，因肺病被送往北京的「西山療養院」治療，一年後回到南京。

1937 年，「七七事變」齊家隨著東北中山中學的師生，一路由南京，經蕪湖、漢口、湘鄉、桂林、懷遠，逃難至四川重慶。齊邦媛就讀重慶南開中學。

1943 年，考入位於四川樂山的武漢大學哲學系，一年後轉入外文系。師承朱光潛、吳宓，曾上過戴鎦齡、田德望、繆朗山等先生的課。

1947 年，大學畢業。經馬廷英介紹，渡海至台灣，受聘為台灣大學外文系助教。歷經饒餘威、王國華、英千里 3 位主任，錢歌川、丁燮林、沈剛伯 3 位文學院院長，陸志鴻、莊長恭、傅斯年 3 位校長。

1948 年，與羅裕昌於武大校友會相遇相戀，10 月返回上海由父母主持，在新天安堂基督教會結婚。婚後回台。

1950 年，隨夫遷往台中，一住 17 年，之後陸續生下 3 子。

1953 年，至台中一中教高中英文，至 1958 年。

1956 年，考取美國國務院傅爾布萊特計畫（Fulbright Exchange Teachers' Program）獎助，到美國進修、訪問。1958 年，至台灣省立農學院（現為中興大學）任講師，教大一英文。1959 年，兼任當時位於臺中縣霧峰鄉的故宮博物院英文秘書，至 1965 年。

1961 年，至靜宜女子文理學院（現為靜宜大學），教美國文學。1967 年，隨夫調差，遷往台北。第二次考取 Fulbright Exchange Fellowship 赴美，先到位於印第安納州的聖瑪麗學院（英語：Saint Mary-of-the-Woods College）教授中國文學，到了 1968 年初，至印地安那大學進修比較文學。

1969 年，返台創辦中興大學外文系，出任新成立的外文系系主任，歷時 3 年半。

1970 年，開始在台大外文系兼任教授，講授文學院高級英文課程。

1972 年，出任國立編譯館人文社會組主任，推動英譯《中國現代文學選集》（An Anthology of Contemporary Chinese Literature），該書選錄 1979 年~1974 年，在台灣出版的現代詩、散文及短篇小說，1975 年，由西雅圖華盛頓大學出版。而後兼任教科書組主任，推動國民中學的國文教科書改革，剔除政治色彩濃厚的文章，加入當代的台灣文學作品，如黃春明的小說《魚》。亦負責編纂西方文化經典及「現代化叢書」。

1977 年，台大外文系專任，講授英國文學史、高級英文、翻譯等課。在台大文學院研究所講授「高級英文」課程期間，黃俊傑、陳萬益、呂興昌、陳芳明、杜正勝、林瑞明等都是她的學生。1978 年，參加中華民國筆會（Taipei Chinese Center, International P.E.N.）。赴瑞典參加國際筆會年會（International PEN）。

1982 年，至美國舊金山州立大學講授一學期台灣的「中國現代文學」。至紐約聖約翰大學（St. John's University）參加中國現代文學研討會，首次遇到來自大陸的中國作家。1985 年，至德國柏林自由大學（Freie Universität Berlin）任客座教授，講授台灣文學。赴英國牛津大學參加國際文化研討會。回台後遭逢車禍，重傷，調養一年。

1988 年，自台大外文系退休。次年台大頒贈名譽教授位。1992 年，接《中華民國筆會季刊》（THE TAIPEI CHINESS PEN）主編，將台灣當代文學英譯推介到國際，為台灣文學在國際上發聲，至 1999 年。1993 年，齊邦媛得到中國文藝協會頒發的中國文藝獎章榮譽獎章的散文創作獎。

1996 年，參與哥倫比亞大學出版社的《台灣現代華語文學》（Modern Chinese Literature from Taiwan）英譯計畫，此計畫出版了王禎和的《玫瑰玫瑰我愛你》、

鄭清文的《三腳馬》、朱天文的《荒人手記》、李喬的《寒夜》、黃春明的《蘋果的滋味》等人的作品，至 2009 年已出書 30 本。

1998 年，公開呼籲「國家文學館」必須獨自設館，給文學一個「家」，引起媒體與政府的關注。2003 年，「國家台灣文學館」正式於台南成立。

1999 年，赴北京參加南開中學四三班的同學聚會。

2001 年，「九一八」紀念七十週年回故鄉瀋陽，兄妹四人參加東北中山中學「齊世英紀念圖書館」揭幕典禮。

2005 年，於八十幾歲高齡，開始撰寫回憶錄《巨流河》，歷時 4 年，《巨流河》終於在 2009 年 7 月出版。

2009 年，多年來致力於中書西譯，將台灣文學推向世界文壇，貢獻卓著，獲頒第五屆總統文化獎。

2010 年，《巨流河》獲得第 34 屆金鼎獎圖書類非文學獎。

2009 年，中興大學 90 年校慶，興大頒贈齊邦媛教授名譽文學博士學位。

2010 年，佛光大學頒贈榮譽文學博士學位。

2011 年，臺灣大學 83 周年校慶，臺大頒贈榮譽文學博士學位。

2014 年，獲得行政院文化獎。

著作有編選、翻譯、文學評論、散文等多種，致力引介英美文學到台灣，並將中國文學英譯推介到西方世界，被譽為中國文學的知音。

齊邦媛主編《中華民國筆會季刊》（THE TAIPEI CHINESE PEN），及參與《台灣現代華語文學》（Modern Chinese Literature from Taiwan）英譯計畫，推動英譯吳濁流、王禎和、黃春明、李喬、鄭清文、朱天文、平路等台灣代表性作家的文學作品，提高中國文學在國際間的能見度。

在中華民國國立編譯館工作期間，推動國民中學的國文教科書改革，剔除政治色彩濃厚的文章，加入楊逵、黃春明、楊喚等中華民國現代文學作家的作品；同時亦負責推動西方文化經典及「現代化叢書」的翻譯工作，如馬克吐溫小說集、《柏拉圖理想國》、《模擬：西洋文學中現實的呈現》等作品。

廿七、教育家

何休 129－182，東漢任城樊（鄰近山東曲阜）人。

何休，字邵公，父何豹，曾任九卿之中的少府，何休依據漢代官員子弟可蔭任為中低層官吏的制度開始任官。

何休的學問淵博，時人譽之「精研六經，世儒無及者」，對孔子遺留下的經書有精闢的瞭解。當時帝師陳蕃邀請何休擔任幕僚，何休黨錮之禍被禁錮返家鄉。何休被禁錮在家時，開始註解孔子的經書，歷時十七年寫成《春秋公羊解詁》。黨錮之禍，何休禁錮，寫《公羊墨守》《穀梁廢疾》《左氏膏肓》，鄭玄不同意何休的見解，「蜂起而攻之」，反駁回去，史載「發《墨守》，針《膏肓》，起《廢疾》」。何休看了感嘆：「康成（鄭玄字）入吾室，操吾戈，以伐我乎！」何休的學術主張以春秋公羊學為中心，他的公羊學著作是中國春秋學的重要內容，影響清代晚期的常州學派以及民國的古史辨派。

皮錫瑞指何休的「三科九旨」說均可見於董仲舒的書中，結論說：「何劭公《解詁序》自云本胡毋生條例，非出董生，而說三科九旨已見董子書中，足見微言本出孔門，非何氏創說，亦非董子創說也。」

文中子 開皇四年~

文中子，王氏，諱通，字仲淹。其先漢征君霸，潔身不仕。18代祖殷，雲中太守，家於祁，以《春秋》《周易》訓鄉裏，為子孫資。14代祖述，克播前烈，著《春秋義統》，公府辟不就。9代祖寅，遭湣、懷之難，遂東遷焉。寅生罕，罕生秀，皆以文學顯。秀生二子，長曰玄謨，次曰玄則；玄謨以將略升，玄則以儒術進。

文中子有四方之誌。蓋受《書》《詩》《禮》《樂》，考《易》精誌。

仁壽三年，文中子遊長安，隋文帝太極殿召見，因奏《太平策》，文中子知謀之不用，作《東征之歌》而歸，文中子之教興於河汾，雍雍如也。

大業十年，尚書召署蜀郡司戶，不就。十一年以著作郎、國子博士徵，並不至。十三年，江都難作。子有疾，召薛收，謂曰："吾夢顏回稱孔子之命曰：歸休乎？殆夫子召我也。何必永厥齡？吾不起矣。"寢疾七日而終。

門弟子數百人絲麻設位，哀以送之。禮畢，悉以文中子之書還於王氏。並未及行。遭時喪亂，先夫人藏其書於篋笥，東西南北，未嘗離身。大唐武德四年，天下大定，先夫人返於故居，又以書授於其弟凝。二子，長曰福郊，少曰福畤

陸九齡 1132－1180，宋代撫州金溪縣（今江西省金溪縣）人

陸九齡，字子壽，號復齋，諡文達，知名心學學者，陸九淵的五兄。聰慧，好讀孔孟書、《程氏遺書》。父陸賀是儒學學者，八世祖陸希聲曾為唐昭宗宰相。

1169 年，進士，授迪功郎、湖南桂陽軍教授不就，改授興國軍教授，不足一年。
　　九齡書無不讀，佛經、禪宗、老莊之學，與弟陸九淵講學鵝湖，稱鵝湖學派。
1173 年，陸九齡三訪呂祖謙，呂祖謙寫信給朱熹，陸九齡二見朱熹、三晤呂祖
　　謙，拜訪朱熹時寫有名句「舊學商量加邃密，新知培養轉深沉。」。
1175 年，應呂祖謙邀，與陸九淵、朱熹，三人辯論於江西鵝湖山，史稱鵝湖會。
1180 年，調全州州學教授，未就而卒。朱熹贊其「德義風流夙所欽」。
1226 年，詔諡文達。學者稱復齋先生

呂祖謙 1137－1181，壽州（今安徽鳳台）人

呂祖謙，字伯恭，世稱東萊先生。南宋哲學家、教育家。
八世從祖呂蒙正（聖功）。
977 年，進士第一，隨父去福建，師從林之奇、汪應辰、胡憲。
1157 年，改為迪功郎，
1163 年，中博學鴻詞科，特授左從政郎。
1166 年，其母逝，歸葬婺州。
1170 年，任太學博士，兼國史院編修官、實錄院檢討官。
1172 年，其父去世，久居明招山守墓服喪。
1175 年，呂祖謙邀朱熹、陸九淵等人「鵝湖之會」，陸九淵提出「堯舜之前有
　　何書可讀」，「明心見性」即可，致使「朱熹不懌」，不歡而散。陳亮尊奉
　　呂祖謙為「道德一世師表」。淳熙四年奉宋孝宗之命編輯《宋文鑑》。
1176 年，因李燾推薦，升任秘書省秘書郎。
　　呂祖謙與朱熹、張栻，稱「東南三賢」。一同講學於浙江浦江的月泉書院，
　　論學主「明理居敬」，開創**「呂學」「婺學」**，「浙東學派」先河。
　　呂祖謙仿司馬光《資治通鑑》撰《大事記》《大事紀解題》《通釋》
　　呂祖謙 40 歲左右健康轉壞，患「萎痹」，右肢癱瘓，行動不便，未竟其書。
1179 年，第三任妻子芮氏去世。
1181 年 7 月 29 日病故。葬浙江武義武陽鎮明招寺南 300 米。
著《左傳說》《東萊博議》《歷代制度詳說》《宋文鑑》與朱熹合編《近思錄》。

薛瑄 1389~1464　山西河津縣人（今河津市）

薛瑄，字德溫，號敬軒，明朝官員、理學家。書香世家，祖父薛仲義「通經術，以元末不仕，教授鄉里」。父親薛貞曾任元氏縣儒學教諭。
薛瑄幼時聰穎，學習《詩》《書》，日記千百言。因其父改官河南鄢陵，便補當地縣學生。

1420 年，河南鄉試，高中第一名，

1421 年，聯捷辛丑科進士。宣德年間授官御史，又因繼母去世歸返。正統初年，任山東提學僉事，升大理寺左少卿。當時王振權傾朝野，薛瑄見之不敗，得罪王振，被逮捕下錦衣衛詔獄，以貪污受賄罪名判處死刑。處斬前夕，王振一位老僕人在廚房流淚，王振問他為什麼哭，僕說：「聽聞今日薛先生要處死。」王振大為震動。後經兵部侍郎王偉等申救，得以免死。

景帝嗣位，經由給事中程信推薦，起用為大理寺丞。景泰二年，推南京大理寺卿。英宗復辟，拜為禮部右侍郎兼翰林院學士，入閣參預機要事務。因見石亨、曹吉祥亂政，上疏請求告老還鄉。

1464 年六月，卒，年七十二。贈禮部尚書，諡文清。

1572 年，從祀孔廟。《明史》有傳。

薛瑄好「程朱理學」，曾言「自考亭（朱熹）以還，斯道已大明，毋煩著作，直須躬行耳。」著有《讀書錄》《薛文清集》等集，今人輯有《薛瑄全集》。

呂坤　1536－1618，寧陵人（今屬河南商丘）

呂坤，字叔簡、心吾、新吾，號抱獨居士，明朝哲學家，寫有《呻吟語》。

據《呂李姓源碑》載，呂坤的先祖是元末菜農，因向明軍報信而立功，得到朱元璋獎賞，並詔其回鄉安居，然而朱元璋在手詔中誤將「呂」姓寫作「李」。至呂坤時，方上奏將「李」姓改回「呂」姓。

1561 年，呂坤中河南鄉試第三，

1574 年，殿試中三甲第 50 名，同賜進士出身，出任山西省襄垣知縣，

1576~1577 年，任大同知縣。

1578~1588 年，任山東省右參政，

1589~1592 年，任山西按察使、巡撫、陝西省右布政使、山西巡撫。

1593~1594 年，任都察院左、右僉都御史，

1595～1597 年，任刑部左、右侍郎。

1597 年，上《憂危疏》勸明神宗勵精圖治，隨後稱病退休。

1618 年，病逝於家，之前將其未刊行的手稿焚燒。死後葬寧陵縣東南。

1621 年，追贈為刑部尚書。

他提倡獨立思考，對理學、佛教、道教都有偏頗之處。在哲學上堅持氣一元論，「天地萬物只是一氣聚散，更無別個。」（《呻吟語·天地》）「道器非兩物，理氣非兩件，成象成形者器，所以然者道；生物成物者氣，所以然者理。」（《呻吟語·談道》）批判理學家把道與器、理與氣分割開來和「理在氣先」等說法。

何紹基　1799-1873，湖南道州人

何紹基，字子貞，號東洲，別號東洲居士，晚號蝯叟。清代詩人學者書法家。其父何凌漢，官戶部尚書。何紹基早年是阮元、程恩澤門生。

1835 年，舉乙未恩科鄉試第一（解元），
1836 年，中式二甲進士，後任翰林院編修、文淵閣校理等職，
1852 年，任四川學政，因謗卸官，主講濟南、長沙等地書院。
1873 年，卒於蘇州。
何紹基博涉群書，尤精小學，工書法，以顏真卿為基礎，又雜以上古篆籀、隸等風格，駿發雄強，獨具面貌。善篆刻有《東洲草堂詩集》《東洲草堂文集》。

俞樾 1821.12.25.−1907.2.5. 浙江德清人。

俞樾，清末樸學大師。字蔭甫，號曲園，浙江德清人。
1850 年，庚戌科二甲第 19 名賜進士出身。當時曾國藩是閱卷官，俞樾試帖詩的頭一句「花落春仍在，天時尚艷陽」，得到曾國藩的大加賞識，認為詠落花而無衰瑟之意。曾經擔任翰林院編修、國史館協修，後受咸豐皇帝賞識，咸豐五年（1855 年）任河南學政。次年因為御史曹登庸劾奏「試題割裂經義」，因而罷官。從此不再出仕。
1875 年，俞樾得友人資助買下蘇州一塊廢地，如曲尺形，他親自設計，利用彎曲的地形鑿池疊石，栽花種竹，建屋 30 餘楹，取《老子》「曲則全」句意，俞樾將其命名為「曲園」，自號曲園居士。晚年在杭州詁經精舍講學。其弟子有章炳麟、吳昌碩等人。
1898 年，孫俞陛雲中探花，《清史稿》編撰者之一，文學有很高造詣。曾孫俞平伯，學者，紅學家。俞樾備受日本推崇，甚至與李鴻章、曾國藩相提並論。

吳汝綸 1840−1903 清朝安徽桐城（樅陽會宮鄉）人。

吳汝綸，字摯甫，文學家、教育家，桐城派作家。
1865 年，進士。曾入曾國藩、李鴻章幕府，擔任直隸深州、冀州知州。並在兩州開辦書院，親自講授。後辭官，擔任保定蓮池書院山長。
1902 年，吏部尚書兼京師大學堂管學大臣張百熙跪請其出任學堂總教習，汝綸提出先赴日本考察，因留學生事件發生矛盾，歸國後回鄉辦學，不久病卒。
1902 年在家鄉桐城創辦桐城小學堂(桐城學堂)，親題校訓「勉成國器」。1952 年，學堂改名為安徽省桐城中學。

嚴復　1854.1.8.~1921.10.27.　福建福州市人。

嚴復，乳名體乾，初名傳初，改名宗光，字又陵，後名復，字幾道，晚號壄老人，中醫世家。近代啟蒙思想家、翻譯家。

將西方社會學、政治學、政治經濟學、哲學和自然科學介紹到中國，他翻譯《天演論》《原富》《群學肄言》《群己權界論》《社會通詮》《法意》《名學淺說》《穆勒名學》等著作，是中國20世紀最重要啟蒙譯著。嚴復的翻譯考究、嚴謹，他提出「信、達、雅」對翻譯產生影響。

嚴復努力鑄造新詞或修改和製漢語，但這些嚴譯詞彙幾乎都不敵和製漢語。

1866年，嚴復父親病逝，學館中輟，嚴復放棄走科舉「正途」。

1867年，入福州船政學堂學習駕駛，改名宗光，字又陵。

1871年，福州船政學堂畢業，先後在「建威」、「揚武」兩艦實習5年。

1872年，取得選用道員資格，改名復，字幾道。

1877年，赴英國學習海軍，與出使英國大臣郭嵩燾結為忘年交。

1879年，在倫敦格林威治的皇家海軍學院（Royal Naval College）畢業回國，被聘為福州船政學堂後學堂教習。

1880年，到天津任北洋水師學堂所屬駕駛學堂「洋文正教習」，學生有黎元洪。

1889年，報捐同知銜，以知府選用，派為北洋水師學堂會辦。

1890年，升為北洋水師學堂總辦。

1891年10月8日，嚴復獲候選道的官銜。

1895年，甲午戰爭後在天津《直報》發表《論世變之亟》《原強》《辟韓》《救亡決論》等文，主張變法維新、武裝抗擊外來侵略。

1896年，創辦俄文館，並任總辦，幫助張元濟在北京創辦通藝學堂，資助梁啟超與汪康年在上海創辦的《時務報》。

1897年，和王修植、夏曾佑等在天津創辦《國聞報》和《國聞彙編》，宣傳變法維新；將《天演論》在《國聞報》報上連續發表。

1898年，光緒帝召見嚴復，闡陳變法，《上光緒皇帝萬言書》《國聞報》被停辦。

1900年，義和團運動，避居上海；任「中國議會」副會長；創辦講演名學。

1901年，應開平礦務局總辦張冀邀請赴天津主開平礦務局事，後任該局總辦。

1902年，赴北京任京師大學堂附設譯書局總辦。

1904年，回到上海。冬涉開平礦務局訴訟，被邀前往英國倫敦進行交涉。

1905年，孫中山到英國，拜訪嚴復，二人長時間會談。回到上海創辦復旦公學。

1906年，任復旦公學校長，被安徽巡撫恩銘聘去任安慶任安徽師範學堂監督。

1907年，恩銘被刺，嚴復離開安徽師範學堂。

1908年，在北京任學部審定名詞館總纂。

1909年，被派充為憲政編查館二等咨議官、福建省顧問官

1910年，清廷賜予文科進士出身。海軍部授為協都統，後任資政院議員。

1912 年，京師大學堂更名為北京大學校，任首任校長；11 月辭去校長職務。

1913 年，總統府外交法律顧問。發起組織孔教會，並以任為首領。

1914 年，被舉為約法會議議員；後被任為參政院參政。憲法起草委員。

1915 年，嚴復被袁世凱聘為憲法起草員。8 月 23 日籌安會成立，嚴復列名為籌
安會的發起人，支持袁世凱復辟帝制。

1916 年，袁世凱死後，國會要求懲辦禍首及籌安會六君子，嚴復避禍於天津。

1917 年，對張勳復辟表示同情。

1919 年，五四運動，認為支持學生運動的蔡元培不識時務。

1920 年，因哮喘病久治無效，回到福州養病。

1921 年 10 月 27 日，在福州郎官巷住宅與世長辭，終年 69 歲。

嚴復第三孫女是辜振甫夫人嚴倬雲。

嚴復第四孫女是名作家華嚴（本名嚴停雲），為葉明勳之妻。

嚴復長孫嚴僑是中國共產黨黨員，偷渡赴台，任教於台中一中，後被拘捕，關
押在火燒島。嚴僑是李敖的高中一年級數學老師，也是李敖「最難忘的老師」。

嚴修　1860.4.12.~1929.3.15. 天津市

嚴修，字范孫，號夢扶，
別號偲扉生。教育家，與
華世奎、孟廣慧、趙元禮
共稱近代天津四大書法
家，與張伯苓同為南開系
列學校的創始人之一，被
稱為「南開校父」。是清
末巨商嚴信厚的堂姪。
1883 年，科進士，五月，
改翰林院庶吉士。

1886 年，散館，授翰林院編修。

1894 年，任貴州學政，捐資辦學，並奏請朝廷，要求廢除科舉，開辦經濟特科。

1898 年，戊戌變法失敗，嚴修辭職回鄉，但仍然相信中國必須變法維新，在天
津他棄政從教，大力興辦教育。首先在家中興辦嚴氏家塾，聘請張伯苓任教。

1901 年，到日本考察學務。

1903 年，日本考察歸來，袁世凱親造其廬，聘為直隸學務長，他要求每個府縣
必須設立一座學堂，師範學校。

1904 年，偕張伯苓赴日本考察教育，創辦南開中學。

1907 年，改稱「南開中學堂」，

1908 年，他辭職，回天津辦教育。

1912 年，袁世凱被罷職後，嚴修也被裭職。

1919 年 9 月 25 日，南開增設大學部，

1923 年 5 月，大學部遷到八里台的新校址。增設女中部（後更名南開女中。）
1928 年，增設小學部。
　　他在南開學校設立嚴范孫獎學金，周恩來在去日本留學及以後留法勤工儉學
　　時，都得過嚴修的巨額資助。
1929 年 3 月 15 日嚴修逝世。南開校友集資在南開中學興建「范孫樓」紀念他。

蔡元培　1868.1.11.~1940.3.5. 浙江紹興山陰人

蔡元培，字鶴卿，仲申、民友、孑民，乳名阿培，並曾化名蔡振、周子餘，革
命家、教育家、政治家，中國近代民族學研究的先驅。祖父蔡嘉謨，有七子。
長子蔡光普，是蔡元培的父親。蔡元培排行第四。
1874 年，6 歲，讀私塾。
1879 年，11 歲，喪父，隨六叔蔡銘恩（茗珊）讀《史記》《漢書》《文史通義》。
1883 年，17 歲，考取秀才，開始博覽群書。
1884 年，18 歲，設館教書。
1885 年，到杭州參加鄉試。
1890 年，庚寅恩科貢士，因故未參加當年殿試，
1892 年，科補殿試，中二甲進士，同年五月，改翰林　院庶吉士。
1894 年，散館授翰林院編修。留心新學，同情維新派。
1898 年，戊戌變法失敗，清廷殺害譚嗣同，他深感清廷政治改革「無可希望」，
　　斷然離開翰林院南下，任紹興中西學堂監督，提倡新學。與王昭(仲明)結婚。
1900 年，王氏病逝，翌年續娶黃世振（仲玉）。
1902 年，與章炳麟等在上海發起中國教育學會，任會長。到日本留學，中國學
　　生遭受無理壓迫，憤而與吳稚暉等歸國。在上海辦《俄事警聞》倡導革命。
1904 年，與龔寶銓等在上海建立光復會，密謀武裝起義．
1905 年，加入同盟會，藉學校和報紙培植革命力量。
1907 年，到德國留學。後在萊比錫大學研究哲學、文學、心理學和民族學。
1911 年，辛亥革命成功，應陳其美電催回國。孫中山組織南京臨時政府任教育
　　部長。因不滿袁世凱的專制統治而辭職。
1913 年，旅居德、法，從事教育、哲學和美學研究。在里昂創辦中法大學。
1915 年，與李石曾等組織留法勤工儉學。
1916 年，回國。與吳玉章等組織華法教育會

1917 年，就任北京大學校長，提倡自由主義的科學研究。改革北大體制，設置
　　學科、學制，倡導平民教育，首行男女同校。大量引進專家學者，北大很快
　　展開學術研究、思想自由之風氣。倡導以「科學」和「民主」的新思潮。
　　蔡元培延聘李大釗、陳獨秀、魯迅，辜鴻銘等人任教講學，使北大成為學術
　　研究中心。
1920 年，兼任中法大學校長。國民政府奠都南京後，他主持教育行政委員會、
　　籌設中華民國大學院及中央研究院，主導教育及學術體制改革。
1921 年，黃氏病逝。
1923 年，續娶周峻（養浩）。因憤慨當時教育總長彭允彝提案逮捕財政總長羅
　　文干的不稱職無恥，辭職去漫遊歐洲。
1924 年，蔡元培到德國求學，專攻民族學。
1926 年，回國，參加國民革命軍北伐工作。
1927 年，倡議成立大學院作為全國最高學術教育行政機關，10 月任為大學院
　　長。創辦中央研究院，於上海創辦國立音樂院，是中國最早的高等音樂院校。
1927 年 3 月 28 日，蔡元培主持中國國民黨中央監察委員會會議，吳稚暉發動
　　「護黨救國」運動。
　　4 月 1 日，汪精衛坐蘇聯郵輪從歐洲回上海。蔣介石、吳稚暉、蔡元培等向
　　汪投訴中國共產黨問題。
　　4 月 2 日，蔡元培參加中央監察委員會議，討論清除中國共產黨的行動。
　　4 月 9 日，蔡元培、吳稚暉、張靜江、李石曾等人發起「護黨救國」通電，
　　痛斥聯共政策的種種荒謬，號召「全體同志念黨國之危機，凜喪亡之無日，
　　披髮纓冠，共圖匡濟；扶危定傾，端視此舉」，檢舉中國共產黨。
1928 年，於杭州西子湖畔創立國立藝術院。10 月後「專任中央研究院長」。
1931 年 12 月 15 日，蔡元培在南京遭北平請願學生綁架，並被毆打致傷。
1932 年，與宋慶齡、魯迅、楊杏佛等組織中國民權保障同盟，反對國民政府的
　　特務政治，積極開展愛國民主抗日活動，擁護國共合作。他被選為副主席。
1936 年，在上海創辦世界學校，實行教育救國和科學救國，把學生從小培養成
　　出國留學及有用的人才。
1937 年，蔡元培、莊長恭、丁燮林到香港。妻周峻和子女隨後也到香港。
1938 年，被推為國際反侵略大會中國分會名譽會長。
1940 年 3 月 3 日，蔡元培於寓所失足跌倒。3 月 4 日送入香港養和醫院。3 月 5
　　日病逝，享壽 74 歲。卜葬於香港仔華人永遠墳場。
　　蔡元培把中國文化教育「從封建專制時代擺渡到民主自由時代」。手定教育
　　方針，創立現代教育制度。把北京大學學術化，奠定中央研究院之基礎。提
　　倡軍國民教育、實利主義、公民道德及人生觀、世界觀、美學教育。倡導自
　　由思想、民權與女權，致力革除「讀書為官」之舊俗，開科學研究風氣。
1975 年，周氏病逝。五子阿根、無忌、柏齡、懷新、英多；二女：威廉、晬盎。

范源濂　1876－1927.12.23.　湖南湘陰人，

范源濂，字靜生，中國教育家，革命家．中國民族化工實業家范旭東兄長。

1898 年，就讀於長沙時務學堂，師從梁啟超。戊戌變法失敗後，兩次東渡日本　求學。中華民國成立後，出任南京臨時政府教育次長、總長，國民政府教育總長。

1921 年，以教育總長的名義發表言論反對教會學校學生強製做禮拜和讀《聖經》。

1925 年，中華教育文化基金董事會(中基會)幹事長，
1926 年，任北京師範大學校長。
1927 年 12 月 23 日，在天津病逝。

范源濂去世後，由中國著名動物學家秉志、和植物學家胡先驌所創辦的靜生生物調查所，以他命名，紀念范源濂對中國生物學研究的贊助和提倡。後來的中國科學院動物研究所和植物研究所是自靜生生物調查所衍生而出。

張伯苓　1876.4.5.~1951.2.23.　天津市

張伯苓，名壽春，　上海聖約翰大學、美國哥倫比亞大學名譽博士，教育家，南開大學創建人、校長。1889 年，以優良成績考上北洋水師學堂，以第一名成績畢業派往通濟艦上實習。後來認識中國知名教育家嚴範孫。

1901 年，天津著名商業家王益德聘請他教家館。

1903 年，為學習國外教育制度前往日本考察。然後與王益德、嚴範孫成立敬業中學堂(南開中學前身)收有梅貽琦等 70 多名學生

1907 年，學校遷往南開區，更名為南開中學堂。

1917 年，前往美國哥倫比亞大學留學，受教於美國名教育家、哲學家杜威、桑代克等人。

1919 年，天津南開大學成立，為中國史上第一所私立大學，次年開始招收女學生，與北京大學同為中國最早招收女學生的大學

1919～1948 年擔任南開大學及南開中學校長。

1923 年，天津南開女子中學正式成立。

1928 年，成立天津南開小學。

　抗戰期間南開、北京、清華合組成立「國立西南聯合大學」

1938 年，張伯苓接辦四川蜀光中學校長。

1948 年，考試院長戴傳賢因病去職，總統蔣介石電邀張伯苓出任。

1949.11.21.張伯苓在重慶拒絕蔣介石赴台灣要求。

1951 年，他因突發腦溢血病逝於天津，享年 75 歲。

蔣介石於台灣聞知其逝世之消息時，親手寫下：「守正不阿，多士所宗－伯苓先生千古」輓之。

彭國鈞　1877－1952　湖南省安化縣小淹鄉沙灣村張家沖

彭國鈞，原名深樑，後更名國鈞，號賢訪、潛舫、泉航、全方，晚年號看春雨耕齋老人。當代傑出教育家，創辦長郡中學，爲湖南教育界五老之一。

1877 年，生一個貧苦農民家庭。

1898 年，考取秀才，在鄉授徒兩年。

1900 年，入嶽麓書院就讀。受新學影響，棄舉子業，

1903 年，入明德學堂速成師範第一班，深受黃興、周震鱗革命思想和胡元倓「磨血論」「流血革命危而易，磨血革命穩而難」。以畢生心血去推動這副磨子。

1904 年，受聘修業學校小學部教員，不久加入同盟會，

1907 年，任小學部堂長。

1908 年，中學部恢復，擔任修業學校的校長。

1912 年，中華民國成立，府制廢除，彭國鈞建議將原長沙府屬 12 縣的駐省中學合併於長沙府中學，更名「長郡中學」，彭國鈞任校長。

1913 年，赴日本考察教育，歷時半年，於彼邦辦學經驗，頗有借鑑。

1917 年，彭辦修業、長郡兩校成績卓著，獲三等褒章。抗戰勝利後，致力於本省農村戰後復興工作，獲國民政府勝利勳章，

1946 年，教育部評彭國鈞為湖南教育界「五老」之一，尊為教育家，飲譽三湘。

1949 年，大陸淪陷前夕，彭慮不能見容於新政權，程潛說：「你放心，不要緊。」積極參加和平運動。長沙和平解放，與唐生智、周震鱗等致電西南各省軍政當局，呼籲響應和平起義。又與左學謙聯名電請廣州國民政府停止轟炸長沙，並親函國民黨湖南省黨部主任委員張炯，勸其歸向人民，密函川湘鄂綏靖主任宋希濂（宋爲長郡學生），勸其率部起義。湖南軍政委員會成立，程潛邀彭任顧問，以老病懇辭。

1951 年，突以「確系不法」被捕．

1952 年 5 月，在押解安化途中在資江投水逝世，終年 76 歲。

馬君武 1881.7.17.~1940.8.1. 廣西桂林

馬君武，教育家、翻譯家、學者、社會活動家，上海大夏大學首任校長，廣西大學創建人。

早年就讀於桂林體用學堂。

1900 年，入廣州法國天主教會所辦丕崇書院學法文。

1901 年，入上海震旦學院，赴日本京都大學讀化學。

1905 年，加入同盟會和黃興陳天華等起草同盟會章程。

1905 年，底回國，任上海公學教習。

1907 年，入德國柏林工業大學學冶金。翻譯《共產黨宣言》綱領。

1911 年，武昌起義回國，參與起草《臨時政府組織大綱》和《中華民國臨時約法》，並任南京臨時政府實業部次長。

1912 年，出任國會參議員。

1913 年，二次革命失敗，出國，再赴德入柏林大學。

1916 年，獲工學博士回國，恢復國會議員職。

1917 年，參加孫中山護法運動，任廣州軍政府交通部長。

1921 年，任孫中山非常大總統總統府秘書長，一度任廣西省省長。

1924 年和馮自由、章炳麟等人發表宣言，反對國民黨改組和聯俄容共、扶助農工等三大政策。同年出任上海大夏大學首任校長。

1925 年，出任北洋政府司法總長、教育總長，被國民黨開除黨籍。

1928 年，創辦省立廣西大學，曾三任廣西大學校長。

1931 年，九一八事變後馬君武作詩《哀瀋陽》兩首，諷喻張學良。

1940 年 8 月 1 日，在桂林病逝。馬君武墓位於今桂林市雁山區．

馬寅初 1882.6.24.~1982.5.10.　浙江紹興縣出生於嵊縣（今嵊州市）

馬寅初，字元善，　教育家、經濟學家、人口學家。

父親以釀酒坊為業，希望他繼承家業，允他讀私塾，馬寅初則嚮往新學堂，父子間經常發生衝突。

1898 年，父親老友張江聲安排到上海教會學校育美書館讀中學。

1901 年，回鄉與張團妹結婚。
1903 年，改名為北洋大學堂，選學採礦業和冶金學。
1907 年，大學畢業被保送赴美國留學．
1910 年，獲耶魯大學經濟學碩士學位．
1914 年，獲哥倫比亞大學經濟學博士學位。
1915 年，回國，任北洋政府財政部職員。
1916 年，任國立北京大學經濟系教授兼系主任．
1919 年，出任首任教務長。
1917 年，在嵊縣第二個妻子王仲貞結婚。小學畢業的王仲貞與女兒馬仰班同歲的，比馬寅初小 22 歲，當時年僅 13 歲。
1920 年，繼國立東南大學（1928 年更名國立中央大學，1949 年更名南京大學）首任商科主任楊杏佛之後，出任國立東南大學附設上海商科大學（現上海財經大學）教授兼教務主任，曾兼任中國銀行總司券（總發行人）等職。
1923 年，當選中國經濟學會第一任會長。
1927 年，任浙江省政府委員、立法委員、並先後出任國立中央大學、國立重慶大學、國立中山大學、交通大學、東吳大學、重慶陸軍大學、立信會計專科學校、中華工商專科教授院長。
　20～30 年代，馬寅初批評蔣介石政府，先後被關進息烽中營、上饒集中營，後被軟禁在重慶家中。
1948 年，當選第一任中央研究院院士。
1949 年，在周恩來的邀請下，馬以無黨派身份參加政協會議．任中央委員、財政經濟委員會副主任，華東軍政委員會副主任。
1950 年－1951 年，任浙江大學校長。
1951 年，出任北京大學校長。
1956 年，一條腿癱瘓。
1957 年 6 月提出《新人口理論》他的理論遭到批判，他本人也結束了政治生涯。
1960.1.4.被迫辭去北大校長職務，居家賦閒。
　文革期間，因周恩來多方保護，未受衝擊。
1979.7.26.中國共產黨中央委員會向馬寅初做出形式上的道歉，承認事實證明了他的理論。9 月重任其為北京大學名譽校長
1980 年，出任全國人大常委會委員及中國人口學會名譽會長。
1982.5.10.病逝，享年 99 歲。

張默君　1884.10.5.~1965　湖南湘鄉人

張默君，原名昭漢，字漱芳，民主革命家，婦女運動先驅，教育家。父親張伯純，思想開明，反對婦女纏足，張默君保住了一雙「天足」。
1891 年，父親成立「天足會」，張默君和母親將「天足會」會章及勸導文件分發各地，反對婦女纏足，提倡「天足」。

1904 年，考入上海務本女校師範科。

1906 年，黃興介紹加入中國同盟會，並和秋瑾等人在江浙地區從事革命活動。1907 年，務本女校畢業，出任江蘇粹敏女學教務長。

1909 年，張默君與母親支援革命，為防避清軍搜捕，將黨人槍械、子彈沉入池塘·同年考入上海聖約瑟女書院。

1911 年，武昌起義，張默君與父親張伯純參與策劃光復甦州的行動，倡辦紅十字會女子救護隊、女子北伐隊。

江蘇光復後，在蘇州可園創辦江蘇《大漢報》，任社長兼主筆、編輯，筆名為「涵秋」「大雄」，文筆犀利，報紙很受歡迎。

1912 年，創立「女子參政同盟會」倡導女子參政。組織女界協贊會為革命募餉，赴南京晉見孫中山臨時大總統，孫中山委任其為文書。回上海創辦「神州女界共和協濟社」擔任社長，「聯合全國女界，普及教育，研究政治、提倡實業，養成共和國完全高尚女國民」，辦《神州女報》『神州女學校』包含小學、中學、大學專修科班。

1918 年，到歐美考察教育，且入美國哥倫比亞大學學習教育學。在美國組織留美中國學生愛國會，和留法中國學生呼廐，支持巴黎和會中國代表爭取主權。

1920 年，旅遊英、法、義、瑞士等國，撰寫《戰後之歐美女子教育》。歸國後，任上海《時報》《婦女周報》編輯。不久，任江蘇省立第一女子師範學校校長。「真善美」為校訓，注重學生品格修養及體格鍛煉，家事教育。在多屆全國教育展覽中，「寧一女師，無不第一」。

1924 年，張默君與邵元沖結婚。

1927 年，任中央政治會議上海分會教育委員、杭州教育局長、中國婦女協會副委員長。

1930 年，出任國民政府立法院第二屆立法委員。

1932 年，出任考試院考選委員會專門委員、考選委員·

1948 年，考選委員會撤銷。她還任中國國民黨中央監察委員。

1936 年，張默君的丈夫邵元沖在西安事變中身亡後，一直獨身，未再結婚。

1949 年，隨政府來台灣，擔任考試委員、監察委員。

1957 年，將所藏 50 餘件古玉，捐贈台北的國立歷史博物館。

1965 年，病逝台北。

楊樹達　1885.6.1.－1956.2.14. 湖南長沙人。

楊樹達，字遇夫，號積微，晚年號耐林翁。中國語言文字學家。教育部部聘教授、中央研究院院士、中國科學院院士。

1885 年 1 歲　4 月 9 日生於長沙北門正街宗伯司臣坊側之賃居。

1890 年 6 歲　從其父楊孝秩（字翰仙）讀書。

1897 年　13 歲　4 月，入長沙北門外之湘水校經堂，學習算學、地理、英文等。10 月考取陳寶箴、黃遵憲、譚嗣同等創辦的時務學堂，梁啟超任學堂中文總教習。

1898 年　14 歲　8 月，戊戌政變，時務學堂解散。

1900 年　入求實書院學習經史及算學。

1902 年　求實書院肄業。仿阮元《詩書古訓》體例，始輯《周易古義》。1902 年求實書院改為湖南大學堂。

1903 年　湖南大學堂改為湖南高等學堂，先生去院家居，問經學於胡元儀。5 月，應湖南省院試，名列第一。入校經堂肄業。

1905 年　湖南巡撫端方派留學生赴日本，與伯兄楊樹穀同被錄取。9 月，入東京宏文學院大冢分校普通第二班學習日語。

1907 年　11 月宏文學院普通中學畢業。

1908 年　入正則學校學習英語。3 月，考取東京第一高等學校預科。

1909 年　3 月東京第一高等學校預科畢業。8 月入京都第三高等學校

1911 年　武昌起義，清廷官費停發，被迫退學回國任湖南教育司圖書科長。

1912 年　改任湖南圖書編譯局編譯員，兼任楚怡工業學校英文教員及湖南高等師範學院教務長。

1913 年　9 月任湖南第四師範學校國文法教員。

1915 年　任湖南省立第一師範學校國文教員。

1916 年　任湖南省立第一女子師範學校國文教員。

1918 年　3 月輯《老子古義》。

1919 年　始撰《馬氏文通刊誤》及《中國語法綱要》。

1920 年　國語統一籌備會，兼任北京師範學校、北京政法專門學校、北京女子高等師範教員。撰寫《國語辭典》「編輯大例」、「採集方法大要」辭條。

1921 年　2 月任北京高等師範學校國文法教員。始撰《高等國文法》。3 月，始撰《古書疑義舉例續補》。9 月，始輯《說苑》、《新序》疏證。

1922 年　始撰《詞詮》《長沙方言考》。《老子古義》出版。任教育部編審員。

1923 年　3 月任北京高等農業專門學校教員。6 月《國文法講義》編訖。9 月，教育部改為名譽審定員。

1924 年　3 月任北京師範大學國文系主任。10 月取《荀子》「積微」二字名其居。

1925 年　任教育部編審處編審員。《漢書補註補正》《古書疑義舉例續補》刻成。

1926 年　9 月，任清華大學國文系教授。12 月，撰《孟子學說多本子思考》。

1928 年　1 月，《古書校讀法講義》《詞詮》《老子古義》增訂本出版。

1929 年　1 月，梁啟超在京病逝，次月以弟子禮執紼送葬，並撰《時務學堂弟子公祭任公師文》。10 月，撰寫《漢史探》。

1930 年 1 月撰《國文中之倒裝賓語》。《周易古義》出版。6 月，日本學界以庚
　　子賠款邀請，先後參觀日本及朝鮮各大學和圖書館，並會見學界同人。7 月，
　　《高等國文法》出版。

1931 年 《馬氏文通刊誤》出版。編次《長沙方言考》。始草《漢俗考》。撰《端
　　方陶齋藏磚記跋》。

1932 年 4 月撰《漢書所據史料考》。5 月，增補《古書之句讀》為《古書句讀
　　釋例》。

1933 年《中國修辭學》《漢代婚喪禮俗考》《古聲韻討論集》出版。

1934 年 3 月《古書句讀釋例》出版。4 月，《論語古義》出版。

1935 年「大學叢書」本《高等國文法》出版。10 月始撰《長沙方言續考》。

1936 年 始寫《漢書窺管》。章太炎病逝，撰輓詞哀悼。

1937 年《積微居小學金石論叢》出版。7 月盧溝橋事變爆發後，舉家返湘。8
　　月應邀任湖南大學中文系教授。10 月隨湖大疏散至湘西。

1939 年 7 月，始撰《春秋大義述》，闡述《春秋》「復仇」、「攘夷」大義。

1940 年 11 月與曾運乾、黃子通發起《文哲叢刊》雜誌。

1941 年《文哲叢刊》出版，首期載其《讀<甲骨文編>記》。2 月整理《漢書窺管》。

1942 年 4 月獲教育部學術審議會著作二等獎。9 月，為教育部聘教授。

1943 年 2 月始著《論語疏證》，至 4 月初稿撰訖。8 月，校《文字學講義》。11
　　月，校補《文字學》。12 月，《論語疏證》石印本出版。

1944 年 1 月《春秋大義述》出版。11 月，始寫《甲文蠡測》。

1945 年 2 月《甲骨文蠡測擷要》講義本撰成。4 月，兼職國立圖書編譯館。

1947 年 7 月教育部學術審議會議決部聘教授續聘。11 月，湖南省文獻會擬修
　　湖南省志，聘請撰寫《藝文志》。

1948 年 3 月被選為中央研究院院士。4 月教育部學術審議會決定楊樹達古文字
　　研究得二等獎。至廣州中山大學、嶺南大學訪問講學。9 月，赴南京參加中
　　央研究院成立 20 周年紀念會及院士會議，會晤陳垣、傅斯年、余嘉錫等舊友。
　　11 月，赴中山大學作短期講學。

1949 年 8 月往見湖南省代主席陳明仁，促進和平。9 月人民政府接管湖南大學。
　　應《民主報》之邀撰《實事求是》文。

1950 年 2 月整理《金文說》粗訖。9 月始寫《積微居回憶錄》。10 月，湖南省
　　文物委員會委員。中國科學院聘為語言文字組專門委員。

1951 年 《回憶錄》寫訖。重訂補《文字形義學講義》。當選新史學研究會理事。

1952 年 3 月校《甲文說》。6 月《中國語文》雜誌社聘為特約撰稿人。11 月《積
　　微居金文說》出版。12 月，整理《積微居讀書記》，補撰《漢書窺管》。

1953 年 1 月任湖南省文史館館長。湖南師範學院任教。10 月校《卜辭瑣記》
　　及《小學述林》。11 月獲《歷史研究》編委提名。12 月，《淮南子證聞》出版。

1954 年《積微居小學述林》《積微居甲文說》《耐林廎甲文說》《詞詮》出版

1955年 1月《古書句讀釋例》《中國修辭學》出版。3月《論語疏證》出版。6
月當選中國科學院學部委員。7月《漢書窺管》出版。8,《中國修辭學》改
名《漢文文言修辭學》再版。任高教出版社特約編審。10月在北京參加「現
代漢語規範問題學術會議」。接受哲學所《鹽鐵論校注》、語言所《說文今語
疏證》項目。12月,箋釋《鹽鐵論》。
1956年 1月箋釋《鹽鐵論》。2月《鹽鐵論箋釋》初稿撰訖。14日病逝年72歲

蔣夢麟 1886.1.20.~1964.6.19.　浙江餘姚縣

左起 張伯苓 梅貽琦 蔣夢麟

左起蔣夢麟 蔡元培 胡適 李大釗

蔣夢麟,原名夢熊,字兆賢,別號孟鄰。在浙江餘姚蔣村成長。1899年,隨家
人到上海生活近兩年,
1901年,到杭州求學,入浙江省立高等學堂,
1903年,赴紹興參加科舉考試,被取為餘姚縣學附生(秀才),之後返回浙江
　　高等學堂繼續學業。
1904年,赴上海入南洋公學讀書。
1908年,參加浙江省官費留美考試,未被錄取,於是由父親資助,自費到美國
　　加州深造。
1909年,入柏克萊加州大學農學院,秋轉入社會科學學院。
1912年,榮譽畢業於柏克萊加州大學教育學系,美國加州大學農學院肄業,美
　　國加州大學教育學系學士,美國哥倫比亞大學哲學博士‧旋赴紐約入哥倫比
　　亞大學研究生,取得教育學博士。
1917年6月離美返國。

1919 年，五四運動後，蔡元培辭去北京大學校長，蔣夢麟代理校務。蔡元培於
　　9 月重返北大復職校長，蔣夢麟擔任教育學教

1922 年，蔣夢麟作為國民代表出席華盛頓會議。

1927 年，任命為浙江省省政府委員兼教育廳長、浙江大學校

1928 年擔任教育部長，兼浙江大學校長。

1929 年，任教育部長，

1930 年，與吳稚暉等元老們意見相左，被迫辭職，10 月返回北平。12 月被政府
　　任命為北京大學校長。

1937 年，盧溝橋事變，北京大學、清華大學、南開大學遷往長沙，組成長沙臨
　　時大學復課，蔣夢麟任校務委員會委員。

1938 年 2 月，隨學校遷往昆明，長沙臨時大學改稱西南聯合大學。
　　抗戰期間任中國紅十字會會長、行政院秘書長。

1948 年，出任中國農村復興聯合委員會主任委員

1949 年，到台灣致力推動台灣建設，任石門水庫建設委員會主任委員、中國紅
　　十字會會長(1942-1950)。

1952 年，擔任農復會主任委員，並推進「四健會運動」

1958 年，出任石門水庫建設委員會主任委員

1964 年，因肝癌病逝，享年 78 歲

胡敦復　　1886.3.19.－1978.12.1.　　江蘇無錫縣堰橋村前人。

胡敦復，幼年他隨叔父胡雨人學習，中國數學教育家。

1898 年，12 歲進上海南洋公學，後來入震旦學院學習拉丁文。

1904 年，留學美國康奈爾大學哲學系，學習天文學、數學，

1907 年，獲得理學士學位。歸國任清政府開辦的游美肄業館（後更名為清華學
堂）的教務長，主持留美學生的考察錄取。

1911 年，他邀集清華學堂的同仁朱香晚、華綰言、顧養吾、吳在淵、顧珊臣、
周潤初、張季源、平海瀾、趙師曾、郁少華一起創辦立達學社，以研究學術、
編譯圖書，他出任社長。不久，因胡敦復主張清華學堂的學生應該多修理工科
課程，而美國籍教師瓦爾德主張學生應該多修英文、美國文學、美國史地，二
人發生分歧，美國駐華公使出面干預，胡敦復以不能遵辦而辭職，離開清華學
堂回到上海。同年 10 月，武昌起義爆發，立達學社社員陸續到上海同胡敦復會
合，他們遂策劃由立達學社創辦大同學院，並推舉胡敦復任首任院長。

1912 年，大同學院在上海創建，胡敦復任院長。

1922 年，經北洋政府核准，該學院改為大同大學，這是中華民國首家私人所創
辦的大學。

1926 年，胡敦復到北京任北京女子大學校長，同時還主持大同大學的校務。

1927 年，任北洋大學理學院院長。不久辭職回到上海，繼任大同大學校長。

1930 年，他兼任交通大學科學學院數系主任。

1935 年，中國數學會在上海成立，他出任第一屆董事會董事長。

1937 年，日軍轟炸南市，大同大學的校舍被炸毀，學校遷入租界。後來日軍佔領租界，胡敦復繼續堅持辦學。

1945 年，抗戰勝利，大同大學附屬中學一院遷回南市，成為後來的大同中學。

1949 年，中共佔領上海前夕，胡敦復赴台灣。在台灣，他企圖恢復大同大學，但未成功。後來，他到美國，任華盛頓州立大學客座教授。

1978 年 12 月 1 日，胡敦復逝世，享年 92 歲。[

徐養秋　1887-1972.8.10.，江蘇金壇人

徐養秋，字則陵，中國著名現代教育家、歷史學家。

1904 年，考取清朝最後一屆秀才。

1910 年，考入金陵大學（1952 年合併於南京大學）文科，1914 年畢業。

1917 年，赴美國留學，獲伊利諾大學歷史學碩士學位，並在芝加哥大學和哥倫比亞大學攻讀教育學。在哥倫比亞大學以攻讀博士學位註冊，因郭秉文的召喚，未完成博士論文便返回國內。

1920 年，回國，執教於南京高等師範學校（1921 年改建為國立東南大學，1928 年更名為國立中央大學），先任歷史系主任，

1923 年後任教育科主任，講授教育史課程，知名歷史學家郭廷以即為其任歷史系主任時之學生。其間成績斐然，南高教育科同仁陶行知創辦曉庄師範學校，陳鶴琴創辦鼓樓實驗幼稚園，廖世承所主持的南京高等師範學校附屬學校（1923 年更名為國立東南大學附中）從事教育科學實驗、推行新學制（即六、三、三制），都有他的參與和支持。

1927 年，陳裕光當選金陵大學首任華人校長後，決定以美國實業家霍爾的捐款創辦中國文化研究所，徐養秋受聘為中國文化研究所主任委員，後任所長，

1928 年，受聘為金陵大學教授。1937 年，因抗戰遷至成都，併兼任國民政府外交部條約委員會專門委員。在他的主持下，金陵大學中國文化研究所成為民國時期最重要和最有聲響的中國文化研究機構之一。應聘於該所的學者最多時達到十二、三人，其中不少是當時蜚聲學壇的專家。根據 1933 年資料，專任研究員有李小緣、商承祚、陳登原、王古魯、徐益棠等，兼任研究員有劉國鈞、貝德士、劉繼宣等，特約研究員有呂鳳子、汪孔祈、杭立武，助理研究員有黃雲眉、於登，助理員有黃玉瑜、葉季英等。一時人才薈萃，著書立說活躍，在開創後的數年間，收藏書籍古物之富、出刊著述之多，蔚為壯觀，學術聲譽日增，在史學、哲學、語言學、考古學、民族學、文法學、目錄學、國畫研究及海外漢學研究等方面均做出了突出成就。現南京大學收藏的中國文化書籍之多，為各大學所罕見，其中就有金陵大學中國文化研究所的重要積累。抗戰期間，徐養秋曾受聘在重慶任中央政治大學外交系教授，講授「條約論」、「中國外交史」等課程。

1946 年，返回南京，再任中央大學教授兼教育系主任，1947 年起任中央大學師範學院院長。

1949 年中央大學更名南京大學後，仍任教授，並推薦陳鶴琴任南京大學師範學院院長。

1952 年，以南京大學師範學院為基礎創建南京師範學院(1982 年改名南京師範大學)，任教育系教授。其間完成著作《漢代教育史》。

劉伯明 1887—1923.　江蘇南京人。

劉伯明，名經庶，字伯明。哲學家，教育家。學貫中西，通儒、道、佛學，治西洋哲學，精於英文，通法文、德文、兼及希臘文、梵文。

幼聰慧，少時學於彙文書院（1910 年改為金陵大學），習中西文。畢業後遊學日本，曾參加同盟會，從事民主革命活動。

1911 年入美國西北大學攻讀哲學及教育，師從勞維爾，

1915 年獲哲學博士學位。與在美哥倫比亞大學攻讀教育學碩士陳芬資女士結婚。
　　1915 年回國，時彙文書院已改名金陵大學（1952 年合併於南京大學），校長包文延劉伯明為國文部主任，教授哲學、哲學史、文學、教育學等。
　　南京高等師範學校校長江謙聘劉伯明兼任倫理、哲學、語言等課教授。

1919 年辭去金陵大學教職，專任南京高師教授，兼訓育主任及文史地部主任。
　　郭秉文繼江謙任南高校長後，為規劃校務，忙於外事，離校期間校務則由劉伯明主持。

1921 年南京高等師範學校改為國立東南大學（1928 年更名中央大學，1949 年更名南京大學），任校長辦公室副主任（即今之副校長），曾代理校長職務，除忙於校務外，仍兼文理科主任及哲學系主任，為哲學教授，講學不倦。

1923 年 11 月 24 日，因積勞成疾而英年早逝，時年 37 歲。胡適挽其「鞠躬盡瘁而死，肝膽照人如生」。

劉伯明著有《華人心性論》《老子哲學》《西洋古代中世紀哲學史大綱》《近代西洋哲學史大綱》《論學風》《學者之精神》、《再論學者之精神》等系列文章。

錢玄同 1887.9.12.~1939.1.17.　浙江吳興（現浙江湖州市）人

錢玄同，原名錢夏，字德潛，號疑古，文字學家，新文化運動先驅者之一，主張廢除漢字。

早年赴日本入早稻田大學，在日本拜見章太炎（炳麟），章太炎介紹他加入同盟會，同時聽章太炎講文學音韻學，後來都成為著名學者．

1913 年任國立北京高等師範學校及附屬中學國文、經學教員。後又長期在國立北京大學兼課。1917 年加入中華民國國

語研究會為會員，兼任教育部國語統一籌備會常駐幹事，致力國語運動。

1917 年，他向陳獨秀主辦的《新青年》雜誌投稿，倡導文學革命，成為「五四」新文化運動的揭幕人之一。

1918 年至 1919 年的《新青年》為雜誌輪流編輯，如《狂人日記》

他所著的《**文字學音篇**》是中國高等學校最早的音韻學教科書。

名史家黃現璠曾是他的研究生。錢玄同對於「經學」創見甚多。他有兩句名言：「考古務求其真，致用務求其適。」他發表在《古史辨》上討論上古歷史和儒家經書的文章，獨見很多，影響很大。

1935 年他抱病起草《第一批簡體字表》，為共產黨執政後推行「簡化字」立下先例。

趙紫宸 1888~1979.11.21. 浙江省德清縣人

趙紫宸，基督教新教神學家、教育家，著名翻譯家趙蘿蕤的父親。歷任東吳大學文學院院長、燕京大學宗教學院院長。

1907 年，受洗禮。

1914 年，畢業於蘇州的教會大學東吳大學，赴美留學，

1917 年，獲田納西州范德堡大學社會學碩士與神學學士學位。回東吳大學任教。

1926 年，應司徒雷登聘請，赴北京任燕京大學宗教學院教授，兼任中文系教授。

1928 年，升任宗教學院院長。

1941 年，被日本憲兵隊逮捕入獄，翌年獲得釋放。抗戰後曾去美國講學。

1949 年，歡迎北平和平解放，當選中國人民政治協商會議北京市委員會委員。

1950 年，參加總理周恩來的座談會，中國基督教新教「三自愛國運動」發起人。

1953 年，被燕京協和神學院聘為研究教授。文化大革命中，遭殘酷迫害。

1979 年 11 月 21 日在北京病逝。

劉文典 1889－1958，安徽合肥人。

劉文典，原名文聰，字叔雅。中國國學家，教育家。

1906 年，就讀於蕪湖安徽公學，隔年加入同盟會。

1909 年，留學日本早稻田大學，

1912 年，回國後擔任孫中山的秘書，積極主張以恐怖活動推翻袁世凱政府。

1917 年，任北京大學文科學長的陳獨秀聘其出任文科教授，並擔任《新青年》英文編輯和翻譯。以古籍校勘學為終身志業，主攻秦漢諸子，最終因鑽研《淮南子》六卷專著《淮南鴻烈集解》震驚文壇，蔣介石一度抬舉為「國寶」。劉文典曾在邵力子等主辦的《民立報》擔任編輯。精通英、德、日、意等語言，後師從章太炎學《說文》。曾在北京大學，清華大學，西南聯大，雲南大學任教，上課內容自由發揮，天南地北，無所不談。

1927 年，任安徽大學法學院院長兼預科主任，行校長，時劉文典與蔣介石不合，劉說「我劉叔雅並非販夫走卒，蔣介石一介武夫耳！其奈我何！」他又曾指着蔣說「你就是軍閥！」蔣介石惱羞成怒，當場打劉文典兩記耳光，劉文典不甘示弱，也動粗還之，當眾飛起一腳踢在蔣介石下腹上。被蔣介石下令以《治安條例》打架鬥毆論處、關押七天，最後由蔡元培、陳立夫等人求情釋放。1929 年，任清華大學中國文學系教授、主任，同時在北大兼課。

1938 年，在西南聯合大學任教。

劉文典恃才傲物，輕視文學，放言「文學創作的能力不能代替真正的學問」，看不起沈從文，反對沈從文當教授。

1939 年，出版《莊子補正》10 卷。陳寅恪為此書作序。劉文典口出狂言說：「在中國真正懂得《莊子》的，就是有兩個半人。一個是莊周，還有一個就是劉文典。」另外半個是一個日本人。後來一直待在雲南大學執教。

1949 年，中華人民共和國成立後，獲推選為全國政協第一、二屆委員。

1958.7.15. 病逝於昆明。

梅貽琦 1889.12.29.~1962.5.19. 明成祖時由江南遷居北京後落籍天津

梅貽琦，字月涵，熟讀史書喜愛科學，畢業於南開中學、清華學校、保定高等學堂、美國伍斯特工科大學(Worcester Polytechnic Institute) 電機工程學士，初起研究電機工程後轉為專攻物理。

1916 年，擔任清華大學物理教授。

1931 年，擔任清華大學校長。對日 八年抗戰期間，清華、北大、南開合組國立西南聯合大學，以校務委員會常委身份主持校務。梅貽琦先生是清華大學(含北京、新竹)歷史上任期最長的校長（1931~ 1948~1955~ 1962）清華人尊稱為「永遠的校長」。

1953 年，任教育部在美文化事業顧問委員會主任委員。

1955 年，奉召返臺，在臺灣新竹縣新竹市（今臺灣新竹市）赤土崎將清華大學復校，籌辦清華原子科學研究所。

1958 年 7 月任教育部部長，兼清華大學校長。

1959 年，兼任中華民國國家長期發展科學委員會副主席。

1960 年 5 月患病入台大醫院。

1961 年 2 月辭教育部長，仍兼原子能委員會主任委員。

1962 年 2 月當選中央研究院院士 5 月擔任國立中央大學地球物理研究所籌備委
　　員會主任委員.
　　5 月 19 日上午 1 時病逝台大醫院.
1963 年梅貽琦葬於國立清華大學校園「梅園」。

黎錦熙　1890.2.2.~1978.3.27.　湖南湘潭人

黎錦熙，字君絪、君劭、伯昕，號劭希、劭西、邵西，別號鵬庵等，，語言文
字學家、改革家、語文教育家、社會活動家。三次出任北京師範大學校長
出生書香門第，兄弟八人各有專才，人稱「黎氏八駿」。
1905 年，黎錦熙 15 歲時考中了最後一屆秀才。
1906 年，受湘贛萍瀏醴起義，來到長沙，發起「德育會」遭到通緝，逃匿還鄉。
1907 年，考入北京鐵路專修科。
1908 年，因學校毀於火災，返回湖南，考入湖南優級師範史地部。
1912 年，編輯小學教科書，改革教育、廢除八股文、學作語體文的思想。
1914 年，任湖南省立第一師範學校歷史教員。學生中包括毛澤東等人。
1915 年，赴北京應教育部邀請任教科書特約編纂員（後為編審員）。
1916 年，發起國語研究會「國語統一」（推行普通話）「言文一致」（白話文）。
1918 年，和同仁促成教育部正式公布了注音字母及常用字的標準讀音。
1920 年，和同仁促成教育部改定小學、初中「國文科」為「國語科」，取消小
　　學讀經，以白話文取代文言文。擔任北京高等師範學校國文系教授。
1922 年，兼任天津、濟南、上海、長沙暑期國語講習所講師。
1923 年，兼任北京大學、北京女子師範大學、燕京大學等校的國文系教授，又
　　與錢玄同、趙元任等組成國語羅馬字拼音研究會。創立國語辭典編纂處。
1924 年，出版《新著國語文法》。首創「句本位」的漢語語法學。
1956 年，統編的《暫擬漢語教學語法系統》，現代漢語語法教學唯一通行教材。
1926 年，與錢玄同、趙元任等擬定國語羅馬字拼音法。
1928 年，任國立北平大學第一師範學院院長。
1933 年，出版《比較文法》
1937 年，抗日戰爭爆發，國立北平師範大學、國立北平大學、國立北洋工學院
　　遷至西安，合併為國立西安臨時大學，黎錦熙任國文系教授、主任。1938 年，
　　西安臨大遷至漢中，改稱國立西北聯合大學，黎錦熙繼任國文系教授、主任。
　　1939 年，西北聯大分出國立西北師範學院，陸續遷往蘭州，黎錦熙兼任教務
　　主任。
1944 年，倡導西北師院、國立女子師範學院、國立社會教育學院創辦國語專修
　　科，後來的畢業生中有 100 多人在台灣光復後到台灣推行國語。1945 年，抗
　　戰勝利後，任西北師院院長。
1946 年，西北師院遷回北平，黎錦熙任國文系主任、教務主任，並參與創建九
　　三學社。1947 年，任北平師範學院國文系主任兼教授。

1948 年，北平師範大學恢復校稱，繼任國文系主任兼文學院院長。

1949 年，被毛澤東指定和吳玉章、馬敘倫、范文瀾、成仿吾、郭沫若、沈雁冰組成中國文字改革協會。同年，任北平師範大學校委會主席。1950 年，繼任北京師範大學教授兼中文系主任，中國大辭典編纂處總主任。1955 年，被聘為中國科學院哲學社會科學部第一屆學部委員。1949 年至 1978 年中，先後當選為第一、二、五屆全國政協委員，第一、二、三屆全國人大代表。

1978 年 3 月 27 日，於北京逝世。逝世當天猶在審定由女兒記錄整理的他在北京地區語言學科規劃會上的書面發言稿。

胡適　1891.12.17.~1962.2.24.　祖籍安徽績溪上庄　生於上海浦東新區

胡適，原名嗣穈，學名洪騂，字希疆，後改名胡適，字適之，筆名天風、藏暉等，因提倡文學革命而成為新文化運動的領袖之一，曾任北京大學校長、中央研究院院長等職。胡適興趣廣泛，著述豐富，在文學、哲學、史學、考據學、教育學、倫理學、紅學等諸多領域都有深入的研究。

1893 年，隨母去台灣其父胡傳任所。

1895 年，甲午戰爭爆發，其父胡傳病終於廈門。

1904 年，與江冬秀訂婚，從三兄到上海入梅溪學堂。

1905 年，進澄衷學堂。

1906 年，考取中國公學。

1908 年，入中國新公學，兼任英文教員。

1910 年，考取庚子賠款官費赴美留學，於康乃爾大學先讀農科，後改讀文科.

1914 年，往哥倫比亞大學攻讀哲學，學於哲學家約翰·杜威。

1915 年，赴紐約，入哥倫比亞大學哲學系，師從約翰·杜威。

1917 年，通過哲學博士學位考試，回國任北京大學教授，參加編輯《新青年》，回安徽績溪與江冬秀結婚。

1919 年，28 歲任北大代理教務長、提出「整理國故」口號．主張對古文化典籍懷疑和批判的態度，用科學方法「大膽假設·小心求證」治學方法，重新估定其價值．倡導用「白話文」、「大學招收女學生」，革新教育方法。

1920 年，在南京高等師範學校（原中央大學）講學．協助政府制定學制，「小學六年，中學分初中、高中各三年，大學四年至六年」．

1922 年，31 歲任北大教務長、兼代理文科學長

1924 年，與陳西瀅、王世傑等創辦《現代評論》周刊。

1925 年 2 月，參加北京善後會議，起草會議文件。

1926 年與其師郭秉文等人在美國發起成立華美協進社。

1926.7.—1927.5 月遊歷英國、法國、美國、日本諸國。

1927 年，取得哥倫比亞大學哲學博士學位。

1927 年，在上海蔣介石與宋美齡婚禮上結識蔣介石。

1928 年 4 月至 1933 年中國公學校長、創辦《新月》月刊。

1929 年，在《新月》雜誌上發表《人權與約法》

1930 年 1 月胡適、羅隆基、梁實秋三人有關人權問題的文章結集為《人權論集》後被國民黨政府查禁。

1932 年，北大文學院長時，邀蔣廷黻、丁文江、傅斯年、翁文灝辦《獨立評論》

1937 年 77 蘆溝橋事變發生後，蔣介石於 8 月 19 日要求胡適即日前往美國爭取美方對中國的支持。

1938 年，任中華民國駐美國特命全權大使、美國國會圖書館東方部名譽顧問、

1942.9.8.辭去駐美大使一職，旅居紐約，從事學術研究。

1943 年，應聘為美國國會圖書館東方部名譽顧問。

1944 年 9 月在哈佛大學講學。

1945 年，出任中華民國政府代表團代表在舊金山出席聯合國制憲 會議；以中華民國政府代表團首席代表的身分，在倫敦出席聯合國教科文組織會議，制訂該組織的憲章。

1946 年，任北京大學校長、中央研究院士、普林斯頓大學葛思德東亞圖書館長。

1948 年 11 月中共解放軍兵臨北平城下，用電台廣播呼籲胡適留下繼續擔任北京大學校長，胡適不為所動，依然決定離開北平，12 月 15 日飛赴南京。

1949 年 4 月赴美國，發表《共產黨統治下決沒有自由》，旅美時，與張愛玲相識，創刊《自由中國》，胡適任名義上的「發行人」。

1950 年，應聘為普林斯敦大學葛思德東亞圖書館館長。

1955 年，中國大陸掀起批判胡適運動《胡適思想批判論文彙編》，批判胡適運動的起因，耿雲志的說法「胡適說按照毛澤東當時的水平他考北大是考不上的，這話可能傳到毛澤東的耳躲裡，毛澤東非常生氣決斷發動一場全國規模徹底批判胡適的運動。

1957 年，任中華民國中央研究院院長等職。

1959 年，兼任國家長期科學發展委員會主席。

1960 年，《自由中國》雜誌負責人雷震被捕，胡適一度受到株連。

1962 年 2 月 24 日於中央研究院開酒會時，心臟病猝發病逝，安葬胡適墓園．

趙元任 1892.11.3.~1982.2.25.江蘇常州陽湖縣(武進縣)人,生於天津。

1982 年卒於美國馬薩諸塞州劍橋。

趙元任，字宜仲，中國語言科學的創始人，被稱為漢語言學之父，中國科學社創始人之一。他的六世祖趙翼是乾隆 26 年恩科進士。

1904 年，父母先後去世，被送到蘇州學會蘇州話。

1905 年，回到常州由伯母照管，伯母在福州住過多年，跟她學了一點福州話。進私立溪山學校學英文。

1907 年，南京江南高等學校預科讀書，跟美國人嘉化（David John Carver）學英文，選修拉丁文和德文，學會了南京話。

在他的《早年自傳》（Life with Chaos）裡記錄了他當年為羅素翻譯的故事：「我和羅素一行經杭州、南京、長沙，然後北上北京。我利用這種機會演習我的方言。在杭州我以杭州方言翻譯羅素的講詞。去湖南長沙途中，在江永輪上有湖南贊助人楊瑞六，我從他那裡學了一點湖南方言。」10 月 26 日晚，我翻譯了羅素的講演，講完後，一個學生走上前來問我：「你是哪縣人？」我學湖南話還不到一個星期，他以為我是湖南人，說不好官話，實際上我能說官話，而說不好湖南話。」

1907 年，入南京江南高等學堂，學習英德多種漢語方言、音樂。

1910 年，考取庚子款公費留美，入美國康乃爾大學主修數學，選修物理、音樂．

1914 年，大學畢業。

1915 年，參與發起中國科學社，考入哈佛大學研究生，修讀哲學、選修音樂，

1918 年，獲哲學博士學位。

1920 年，從美國返回中國，在清華大學任教。

1920 年，哲學家羅素來清華參觀講學，趙元任任翻譯，陪同羅素周遊全國各地，每到一個地方，他就用當地的方言翻譯。

1921 年，他與醫生楊步偉結婚。

1925 年－1929 年應聘為清華清華國學研究院導師，為當時四大導師（王國維、梁啟超、陳寅恪、趙元任）中最年輕的一位。

1932 年 2 月－1933 年 10 月，任清華留美學生監督處主任。

1939 年，任美國耶魯大學訪問教授（1939 年－1941 年）、美國哈佛燕京學社《漢英大辭典》編輯（1941 年－1946 年）、

1945 年，趙元任當選為美國語言學會會長、美國海外語言特訓班中文主任（1943 年－1944 年）、美國密歇根大學語言研究所教授（1946 年－1947 年）。

1947 年起，專任美國加州大學教授，

1965 年退休，任該校離職教授至逝世。他還曾任康乃爾大學物理系講師、哈佛
　　大學哲學系講師、教授、中央研究院歷史語言研究所研究員兼語言組主任等。
1948 年以後，他的英文著作有《中國語字典》《粵語入門》《中國語語法之研
　　究》《湖北方言調查》等。他也錄製有關語言的唱片，有 2000 多張。
1965 年，退休後，他出版有《語言學跟符號系統》《中國話的文法》《白話讀
　　物》《綠信》（green letter）《通字方案》.發明五度標音法。趙元任一生會講
　　33 種漢語方言，會說英、法、德、日、西班牙語等多種外語。
1921.6.1.趙元任和楊步偉各請了一位朋友來聚餐，食畢方拿出結婚證書請二位
來客作證人，在極簡之中結為夫婦。育有四個女兒：
大女兒－趙如蘭（Iris）1922.4.19.生，拉德克利夫學院中國音樂博士，哈佛大學
教授，與夫婿卞學鐄同為中央研究院院士。
二女兒－趙新那（Nova） 1923.5.14.生，哈佛大學化學系，長沙中南礦冶學院
教授，其夫婿黃培雲為中國工程院院士。
三女兒－趙來思(en)1929.6.14.生，柏克萊加州大學數學研究所畢業，出版過 23
本書包括一些兒童讀物，其夫婿波岡維作（Isaac Namioka）為華盛頓大學數學
教授。四女兒－趙小中（Bella） 1931.5.24.生，學物理。

梁漱溟　1893.10.18.~1988.6.23.　生於北京，系出元室梁王，故入籍河南開封，清中葉官游廣西桂林。

梁漱溟，原名煥鼎，字壽銘。曾用筆名壽名、瘦民、漱
溟，後以漱溟行世。思想家，哲學家，教育家，新儒家，
社會活動家，愛國民主人士，社會改造實踐家，對推動
鄉村建設不遺餘力。

梁漱溟在中國思想史和哲學史上有着重要的地位。《唯
識述意》他開始發起了以東方學和儒學為主的研究，而
有《東西文化及其哲學》一書。

父親梁巨川在清代光緒年間曾任內閣中書。

1906 年起梁氏肄業於順天中學堂，1911 年畢業。1911 年，加入同盟會京津支部。
1912 年，任《民國報》編輯及記者，開始以「漱溟」作筆名。
1916 年，任中華民國司法部機要秘書（司法總長張耀曾系梁漱溟舅父）。在上
海《東方雜誌》上連載《究元決疑論》。
1917 年，北京大學哲學講習，認識北京大學圖書館管理員毛澤東。
1921 年，寫成《東西文化及其哲學》同年，偕友人籌辦曲阜大學。
1928 年至 1929 年，任廣雅書院（現廣東廣雅中學前身）校長。
1929 年，在北平接辦《村治月刊》，在河南村治學院任教務長。
1931 年，在韓復榘梁仲華等人在山東鄒平縣創辦鄉村建設研究院

1933 年 7 月，召開鄉村工作討論會，推選梁漱溟、晏陽初、黃炎培、章元善、江恆源、許士廉六人為主席團，至此鄉村建設派正式形成。該派的目的是實行「鄉治」。

1937 年，日本侵華，先後任國防參議會參議員、參政會參政員。

1938 年，第一次訪問延安，見到毛澤東。

1939 年，為促進團結抗日，參與發起組織統一建國同志會。1941 年，該會改名中國民主政團同盟。

1941 年，任中國民主政團同盟常務委員，創辦同盟《光明報》。

1944 年，中國民主政團同盟改組為中國民主同盟，任執行委員。

1946 年，任中國民主同盟秘書長。第二次訪問延安，見到毛澤東。

1946 年 10 月，因提交不同於國民黨與共產黨的第三方「折中方案」，引起中共和民盟內部不滿，辭去同盟秘書長的職務，並退出中國民主同盟，專注於講學和著述。

1950 年至 1980 年，任中國人民政治協商會議全國委員會委員。此後，任全國政協常委及憲法修改委員會委員、中國孔子研究會顧問、中國文化書院院務委員會主席等職。

1953 年 9 月，受到毛澤東當眾點名批判，認為他反對總路線。

1955 年 5 月起，由馮友蘭帶頭，對其文化、哲學、鄉村建設理論開展全面公開批判，為時半年。當時被批的，還有梁思成（被與梁漱溟合稱為「二梁」），以及胡風和胡適（被稱為「二胡」）。

1973 年，文化大革命期間，因為堅拒參與「批林批孔」而遭批鬥。

1988 年，病逝於北京。

逝後，馮友蘭為其撰輓聯道：「鉤玄決疑，百年盡瘁，以發揚儒學為己任；廷爭面折，一代直聲，為同情農夫而執言。」根據梁漱溟生前的遺願，他的一部分骨灰埋在山東省濱州市鄒平縣小黃山，目前是濱州市級文物保護單位。

文化大革命中，批林批孔運動進行。

1974 年 9 月 23 日，批判會告一段落，主持人問梁漱溟的感想，他說：「三軍可奪帥也，匹夫不可奪志！」

莊長恭 1894.12.25.~1962.2.25. 福建省泉州府晉江縣人

莊長恭，字丕可。福建省泉州府晉江縣人，中國現代有機化學先行者和奠基人。泉州中學畢業後，入北京農業專門學校（前京師大學堂農科大學，現在中國農業大學）學習農業化學，專門學校畢業後，得獎學金留學美國，

1921 年，美國芝加哥大學學士，

1922 年，芝加哥大學碩士，

1924 年，得芝加哥大學博士學位。

1925 年，回中國，任東北大學化學系教授兼主任，後轉到武漢大學教書，

1931 年，到德國，在慕尼黑大學和哥廷根大學研究 2 年。

1933 年，任南京國立中央大學理學院院長。

1934 年，任國立中央研究院化學研究所第 2 任所長（首任是王璡）。

1935 年，以中央研究院化學研究所所長兼評議會第 1 屆當然評議員。

　　他和物理學研究所丁燮林（丁西林）所長與蔡元培院長關係密切，

1937 年，蘆溝橋事變後，陪蔡先生離開上海到到達香港。

1938 年，在國立北平研究院上海藥物研究所做研究，代理所長。

1940 年，當選由評議會第 1 屆評議員選出的第 2 屆聘任評議員。

1945 年，抗戰勝利後，中央研究院化學研究所搬回上海，重建自然科學研究所。

1948 年，任評議院士（化學專業另 3 位士是吳憲、吳學周、曾昭掄）。

1948 年，國立臺灣大學陸志鴻校長去職，莊長恭接任。

　　8 月 1 日，首度請辭離開台灣。丁燮林教務長（兼文學院院長）代理校長。

　　8 月 29 日，接受朱家驊慰留，帶新聘教務長盧恩緒、文學院院長沈剛伯、哲
　　　學系主任方東美回到台北。

　　9 月 23 日當選由第一次院士會議選出的中央研究院第 3 屆聘任評議員。

　　11 月 4 日要搭機離開台灣前被支持的師生勸回。

　　12 月 7 日上飛機永遠離開台灣。

　　12 月 15 日行政院發表新任傅斯年校長人事案，莊寫信給傅「弟忝長台大，
忽忽半載，因才力薄弱，又無班底，以致一事未成，而心力已交瘁。近因積
勞成疾，再無心力應付，不得已於本月 7 日回滬療養。將校事暫交託醫學院
長杜聰明先生代理」。

魯蕩平　1895-1975　湖南寧鄉

魯蕩平，字若衡，著名教育家。在湖南鐵路學堂學習，
後入北京中國政法大學。同盟會會員，加入中華革命黨。

1915 年，回湘任省長公署顧問，任益陽、岳陽、安鄉、
等縣縣長。

1920 年，魯蕩平在岳陽縣任知事時，曾整修過岳陽樓，
並撰有《重修岳陽樓記》。

1923 年，魯蕩平隨譚延闓入粵，討伐陳炯明，先後擔任
湘軍第七路司令、第三縱隊司令。

1924 年，隨孫中山北上，在北平創辦《民主晚報》，宣傳民主革命思想。

1926 年，參加北伐戰爭。

1928 年，國民革命軍佔領天津，魯滌平先後任戰地政務委員兼前方辦事處主任、
宣傳部長、天津《民國日報》社長。

1929 年，《中央日報》在上海創刊，改遷南京出版發行，魯蕩平任總編輯。

1932 年，任北平市政務委員兼市黨部宣傳部長。

1933 年，任北平民國大學校長。該校前身係同盟會元老蔡公時於 1916 年創建。

1935 年，當選國民黨中央委員會監察委員。北平民國大學遷至湖南，在寧鄉西沖山陶家灣渡過難關。

1936 年，任河南省政府委員兼教育廳長。他在任內設立戰區聯中五校，解決淪陷區數萬青年的就學問題，因此獲得國民黨二等景星勳章。

1939 年，根據河南全省教育界代表建議，為新野、唐河抗戰勝利修建紀念碑。

1940 年，在河南南陽武侯祠舉行紀念碑揭碑儀式，于右任題 "新唐抗戰勝利紀念碑"，第五戰區司令長官李宗仁致詞，魯蕩平為紀念碑揭幕。

1942 年，河南省教育廳長魯蕩平又在臥龍書院舊址上建造 "教戰亭"。

1945 年，　魯蕩平再次當選為中央監察委員。

1947 年，全國舉行行憲國大及立監委員選舉，魯蕩平任指導小組主任指導委員。

1948 年，中華民國第一屆立法委員舉行選舉，魯蕩平當選為立法委員。

1949 年，攜眷來台灣，創辦《湖南文獻》、任國大代表、立法委員、湖南同鄉會理事長。

1964 年，　魯蕩平說：劉少奇是我親戚，他少有大志，關心民間疾苦。劉少奇的母親姓魯，彼此相距不遠，且有親緣。

1975 年 6 月 6 日，魯蕩平在臺北病逝。

任培道　1895~1988　湖南汨羅市弼時鎮

任培道，字振餘，湖南省汨羅市弼時鎮人，女中豪傑教育家。

1918 年，湖南長沙周南女子師範學校畢業，曾參加毛澤東發起的新民學會。

1927 年北京師範大學畢業，任國民黨設計委員、婦運科員。

1929 年留學美國，獲教育碩士和心理碩士，回國從事教育。

1938 年任國民黨中央婦女委員會委員兒童保育總會常務理事

1946 年被選為國民大會代表，旋當選立法院首屆立法委員。

1949 年來臺灣，任臺北女子師範專科學校首屆校長、"婦女聯合會" 委員、"青年反共救國團" 團務指導委員．

任培道是 "周南三傑" 之一。另兩個是向警予、和陶毅。她們是新民學會的首批女會員。

曾虛白　1895.4.19.~1994.1.5.　江蘇常熟

曾虛白，原名曾燾，字煦白，筆名虛白。新聞界鉅子。

民初小說家曾樸長子，上海聖約翰大學畢業。1927 年參與創辦《庸報》，1932 年 2 月在上海創辦《大晚報》，1949 年遷居台灣，任中央通訊社社長、國立政治大學新聞系主任、新聞研究所所長。1972 年 8 月退休。1992 年獲得中國文藝協會頒發中國文藝獎章榮譽獎章。1994 年 1 月 5 日去世。著有《中國新聞史》、《民意原理》、《工業民主制度之理論與實踐》等書。

林語堂 1895.10.10.~1976.3.26. 生於福建漳州市平和縣

林語堂，乳名和樂，名玉堂，後改為語堂。美國哈佛大學比較文學碩士，德國萊比錫大學語言學博士，曾任北京大學英文系主任、廈門大學文學院院長、聯合國教科文組織美術與文學主任、國際筆會副會長等職。1940年和1950年兩度獲得諾貝爾文學獎的提名。

林語堂既有中國古典文學功底，又有很高的英文造詣。中英文著作包括小說、散文、文學批評、文化評論、人物傳記、英語教材、辭典、翻譯作品等。作品質量風格超然，他以中英文寫成小說《京華煙雲》《武則天傳》《蘇東坡傳》《吾國與吾民》《生活的智慧》《孔子的智慧》等書闡述了對孔孟、老莊等思想的理解，《浮生六記》等文言作品，揚名海內外，創辦的《人間世》《宇宙風》《吾國與吾民》《生活的智慧》雜誌，在美國成為暢銷刊物。

林語堂編有《開明英文讀本》《開明英文文法》，創造出「國語羅馬字」的漢字注音方法，「漢語拼音方案」《當代漢英詞典》。

林語堂父親林至誠，是一個基督教牧師，他在《信仰之旅》書中，自提對聯「兩腳踏東西文化，一心評宇宙文章」。

林語堂一生主要閱歷：

1912年進入上海聖約翰大學，1916年得學士學位，畢業後在清華大學英文系任教。1919年赴哈佛大學文學系留學，1921年獲比較文學碩士學位。同年轉赴德國萊比錫大學攻讀語言學。1922年獲博士學位。1920年與廖翠鳳女士結婚，相伴一生。

1923年回國，任北京大學教授和英文系主任。1924年為《語絲》主要撰稿人之一。1926年出任北京女子師範大學教務長，同年到廈門大學任文學院長。1927年到武漢任中華民國外交部秘書。隨後的幾年當中，他創辦多本文學刊物，提倡「以自我為中心，以閒適為格凋」的小品文，對之後的文學界影響深遠。1924年5月將英文的"humor"譯為「幽默」，有人說這是中文「幽默」一詞首次出現其實並非如此，這只是首次把英文中的 humor 對譯為中文中的「幽默」。

1930年代林語堂所編著開明英文讀本，與張其昀所編初高中地理和戴運軌所編著初高中物理教科書鼎足而立，成為全國各校通用之教材。

1935年後，在美國用英文撰寫《吾國與吾民》My Country and My People (1935年)、《京華煙雲》Moment in Peking (1939年)、《風聲鶴唳》(1941年) 等作品。《吾國與吾民》介紹和譯述中國的傳統思想、哲學和文化藝術，對中國社會

的發展和中華民族的性格、精神作出了敘述，為當代歐美人士了解中國文化的重要著作，作品風行各國。

1944 年到重慶講學。1947 年林語堂任聯合國教科文組織美術與文學主任；後到巴黎寫小說《唐人街家庭》。

1948 年返回美國從事寫作。

1947 年，發明「明快中文打字機」，1952 年獲美國專利。

「上下形檢字法」用於《當代林語堂漢英詞典》授權給神通電腦公司作為其中文電腦之輸入法，神通稱其為「簡易輸入法」。

1954 年新加坡籌建南洋大學，受聘擔任首任校長，但後來由於經費等問題，與南洋大學董事會意見不合，在大學開學前離職。

1966 年定居台灣，

1967 年受聘為香港中文大學研究教授。

1975 年被推舉為國際筆會副會長，他於 1972 年和 1973 年被國　際筆會推薦為當年諾貝爾文學獎候選人。

1976 年 3 月 26 日在香港逝世，同年四月移靈台北，葬於台北陽明山仰德大道林語堂故居後園中。

林語堂有三位女兒，分別為長女林如斯、次女林太乙及三女林相如。1989 年林太乙記述父親之一生，出版了《林語堂傳》。

范壽康 1896.1.6.~1983.2.27. 浙江紹興上虞市。

范壽康，字允臧，中國知名教育家、哲學家。

1913 年留學日本，先後就讀於東京第一高等學校、東京帝國大學

1923 年回國在上海商務印書館編譯所做編輯主編《教育大詞典》。

1926 年任廣州中山大學教授兼秘書長。1927 年任春暉中學校長。

1932 年任安徽大學文學院院長。

1933 年 8 月至 1938 年 4 月任國立武漢大學人文學院哲學教育系教授，主講「現代哲學」、「中國哲學史」、「哲學概論」、「希臘哲學研究」等課程·

出任國民政府軍事委員會政治部第三廳副廳長兼第七處處長，協助郭沫若領導抗日宣傳和統戰工作。後曾任中國國民黨中央宣傳委員會（中宣會；後改名文化工作委員會，簡稱文工會；現名文化傳播委員會，簡稱文傳會）國際研究室主任、國民政府軍事委員會政治部設計委員和行政院參議。

1945 年末參加國民政府的陳儀行政團隊，任參議，到台灣接收台灣總督府圖書館，改名臺灣省圖書館（臺灣省行政長官公署圖書館，和當時叫做臺灣省博物館的現在國立臺灣博物館同建築物營運辦公），任館長。

1946 年 1 月 16 日台灣省行政長官公署教育處處長趙迺傳辭職，陳儀派他代理教育處處長，同年 1 月 19 日真除教育處處長，兼行政長官公署圖書館館長，同年 10 月 10 日，圖書館館長由長官公署參議吳克剛接任。

同時代表陳儀出任國立臺灣大學校務維持委員會委員。

1946 年 4 月 29 日范壽康於台灣省地方行政幹部訓練團的演講中,公開指責台省人排擠外省工作人員是「完全奴化」、反對「台人治台」。

1947 年 5 月,陳儀去職,范壽康轉任國立臺灣大學哲學系教授兼主任,10 月 13 日起還兼國立臺灣大學圖書館館長。

1949 年 1 月 20 日傅斯年校長上任後,專任台大哲學系教授。

1970 年,范壽康從台大退休後移民美國。

1982 年 4 月 18 日從美國回歸中國北京,12 月當選中國人民政治協商會議第 6 屆全國委員會常務委員。

1983 年 2 月 27 日因心臟病病發,逝世於北京,享年 87 歲。

林渭訪　1896~1974　浙江臨海

林渭訪,字熊祥,森林學家。

1918 年,畢業於浙江省立第六中學。

林渭訪有感於故鄉林業荒廢,有嚴重的土壤流失現象,往考國立北京農業專門學校(現在北京中國農業大學)林學科。

畢業後,最初受聘於杭州甲種農業學校,教授森林學。由於該校後來併入浙江大學農學院,仍留任為浙江大學講師。

取得公費,保送留學德國,至塔廊林業大學(今德勒斯登工業大學林業系)研究院攻讀學位,主攻造林學與樹木學。

1932 年,取得學位,返回浙江大學、國立廣西大學、國立河南大學、國立中興大學、福建農學院擔任教授。又擔任福建省研究院農林研究所所長。

1945 年 10 月,應臺灣省行政長官公署長官陳儀邀到台灣接收日人撤台後的林業科學研究機構,任行林業試驗所所長。

1947 年,國立台灣大學森林學系開始招生後,應周楨主任邀請,兼任台大教授。

曾任台大森林系主任,與劉棠瑞教授在台灣的森林植物分類學上貢獻很大,台灣林業專家劉業經、廖日京、應紹舜等都是他的門生。

1965 年,退休。

傅斯年　1896.3.26.~1950.12.20.　山東聊城人祖籍江西永豐

左起 傅斯年 胡適 祖望

傅斯年，字孟真，歷史學家、學術領導人、五四運動學生領袖之一、中央研究院歷史語言研究所的創辦者。曾任國立北京大學代理校長、國立臺灣大學校長。他提出的「上窮碧落下黃泉，動手動腳找東西」的原則影響深遠。其七世祖為清朝第一位狀元傅以漸，官至兵部尚書、武英殿大學士。

他曾就學國立北京大學中國文學門、英國倫敦大學研究、德國柏林大學哲學院研究、

歷任國立中山大學教授、中央研究院歷史語言研究所所長、中央博物院籌備主任、國立中央研究院社會科學研究所所長、國民參政會參政員、國立中央研究院總幹事、制憲國民大會代表、立法院立法委員、政治協商會議會員、國立北京大學代理校長、國立中央研究院院士、國立臺灣大學校長、中央研究院院士。

幼年喪父，由祖父及母親撫育成人。

1909 年就讀天津府立中學堂；1913 年考入北京大學預科，四年考試三次全班第一。1916 年進入北京大學。

1918 年，與羅家倫、毛子水等 20 餘人組織新潮社，創辦《新潮》月刊，提倡新文化，與北大國粹派論戰，影響頗廣。

1920 年，去歐洲，在倫敦大學學院研習三年半後，轉赴柏林大學，開始閱讀比較語言學，並學習東方語言。

1926 年 10 月，傅斯年應中山大學之聘回國，

1927 年，任中山大學文學院院長，兼中國文學和史學兩系主任。

1928 年，創建著名的中央研究院歷史語言研究所。

1944 年，在參政會上向行政院長孔祥熙發難，揭發孔貪污舞弊，罵他是皇親國戚。事後蔣介石親自請他吃飯。蔣介石問：「你信任我嗎？」傅斯年答：「我絕對信任。」蔣介石說：「你既然信任我，那麼就應該信任我所任用的人。」傅斯年立刻說：「委員長我是信任的，至於說因為信任你也就該信任你所任用的人，那麼，砍掉我的腦袋我也不能這樣說。」

1947.2.15.和 2.22.分別發表《這樣的宋子文非走開不可》和《宋子文的失敗》，痛批當時行政院長宋子文，硬是把宋子文逼下台。

1945 年，出任北京大學代理校長，堅持「民族氣節」「正是非，辨忠奸」將汪精衛時期北京大學的教職員全部開除，學生學籍和學歷都不承認，要先補習才能參加學歷甄審入新北大。

1946.9.6.交棒給先前在美國辦外交的候任校長胡適。

1948.12.15.台灣大學莊長恭校長辭職，發表傅斯年接任校長。

1949.1.19.他飛到台北，從代理校長杜聰明手中接任臺灣大學校長

1949.4.6.台大和師大發生「四六事件」軍隊闖入校園，傅斯年對當局不經法律程序逕行進入台大校園內逮捕師生高度不滿，親自交涉，要求逮捕台大師生必須經過校長批准。甚至向台灣警備總司令彭孟緝警告「若有學生流血，我要跟你拚命！」7 月 11 日任卓宣指控傅斯年校長將自由主義作風帶到臺灣

來，在學術自由的掩護下，竟有共黨分子和親共分子，以致學校成為共產黨細菌的溫床，赤焰高漲。

1950.12.20.傅斯年在台灣省議會答覆教育行政的質詢時，過度激動，因腦溢血而猝逝，得年 55 歲，葬於台灣大學校園。

陸志鴻　1897.~1973.5.4.　浙江嘉興人

陸志鴻，字筱海，工程材料學家、教育家、金相學家。出生地方望族，父陸祖穀曾任浙江省立圖書館館長。陸志鴻幼年由祖母、父親受讀詩書、史地、算數，打好了中國傳統文化基礎。日本東京帝國大學畢業，曾任國中央大學土木系教授(1928-1946)、台大工學院機械工程系教授，擔任工程材料學方面的課程。

1915 年，江蘇省立第二中學畢業，留學日本，入東京帝國大學工學部礦冶科，1923 年，以第一名的成績畢業，歸國後在南京工業專門學校任教。

1927 年，開始，在國立中央大學、土木系教書，曾任工學院院長。

1945 年，陸志鴻被國民政府主持接收台北帝國大學的羅宗洛邀請到台灣，

　　11 月 15 日，陸志鴻從重慶搭乘第一批來台的飛機，接收台大。陸志鴻擔任接收委員，與馬廷英共同接收工學部，新學校暫名國立臺北大學。羅宗洛、陸志鴻、馬廷英、杜聰明、林茂生與兩位陳儀的代表趙迺傳、范壽康組成校務委員會（羅宗洛、杜聰明、范壽康是常務委員）維持校務。

　　12 月行政院核定校名國立臺灣大學，派羅宗洛任代理校長，他被羅代理校長聘為第 1 任工學院院長，1946 年 2 月離任，回到國立中央大學，魏嵒壽接工學院院長。

1946 年 5 月 18 日，羅代理校長向政府爭取台大經費，陸志鴻給以協助．

　　7 月 1 日羅代理校長辭職回到上海中央研究院植物學研究所。

　　8 月 13 日，任命陸志鴻為台大校長。

1948 年 4 月 15 日，陸志鴻去職，莊長恭接任

　　6 月 1 日，陸志鴻卸任校長職位，交棒給莊長恭。陸志鴻雖然辭去校長的職務，但一直在台大執教，沒有離開過學校，從此留在台灣。

1973 年 5 月 4 日，逝世．

朱光潛　1897~1986　安徽省桐城縣人

朱光潛，字孟實，筆名孟實、孟石，武漢大學、北京大學、四川大學教授、系主任、院長。

朱氏自幼接受父親朱子香嚴格的私塾教育，15 歲讀孔城高小半年後考入桐城中學，中學畢業，入免費的武昌高等師範學校中文系。考取北洋政府的教育部派送生資格，

1918 年，讀香港大學．

1922 年，到該校中學部教英文，兼校刊《旬刊》主編。到上海成立立達學園，
　　獨立自由的宣言，籌辦開明書局和雜誌。
1925 年，公費留英，到愛丁堡大學，畢業後至倫敦大學學院聽莎士比亞課程，
　　同時又在巴黎大學註冊，對研究西方哲學、藝術美學、心理學產生濃厚興趣。
　　期間受巴黎大學文學院長德拉庫瓦教授所講授的藝術心理學啓發，寫下了《文
　　藝心理學》。後又就讀於法國斯特拉斯堡大學，
1933 年獲得斯特拉斯堡大學博士學位，著作《悲劇心理學》。在歐洲留學期間，
　　朱氏經常由於公費不發，經濟拮据，只得靠稿費維持生活。
　　1933 年回國，北京大學文學院院長胡適，聘為西語系教授，和清華大學的中
　　文系研究班講授《文藝心理學》和《詩論》，後又應留法結識的好友徐悲鴻
　　邀請到中央藝術學院教授了一年的《文藝心理學》。
　　抗日戰爭期間，朱光潛應四川大學代理校長張頤，約任四川大學文學院院長，
　　後由於武漢大學任教。
1949 年中共建政以後，朱氏留居中國大陸，任北京大學教授，居住於燕東園 27
　　號。文化大革命指控為「反動學術權威」，遭到抄家、鬥爭，並被剝奪執譯
　　者的權利。
1976 年文革結束後，朱光潛被恢復教職務。
1983 年 3 月，他應邀香港中文大學講學，他聲明我不是共產黨員，但是一個馬
　　克思主義者。溝通了舊的唯心主義美學和馬克思主義美學。他是中國美學史
　　上一座橫跨古今、溝通中外的「橋樑」，是我國現當代最負盛名並贏得崇高
　　國際聲譽的美學大師。
1984 年，朱光潛罹患腦血栓，仍舊勤於執筆寫作。
1986 年 3 月 6 日，在北京病逝，享壽 89 歲。

程天放 1899.~1967.11.29. 江西新建縣人生於杭州

程天放，原名學榆，字佳士，號少芝，程喬采曾孫
1917 年，入上海復旦公學，任上海學生聯合會會長。
1919 年，五四運動中是上海學生領導人之一。
1920 年，官費赴美，獲多倫多大學政治學博士學位。
1927 年，任江西省黨部執委兼宣傳部長，教育廳廳長。
1929 年，擔任安徽省政府教育廳長及代理省主席。
1931 年，任中央宣傳部副部長。
1933 年，任浙江大學校長與中央政治學校教育長，
1935 年-1938 年任駐德國大使。
1939 年，回國後任國立四川大學校長。
1942 年，任中央政治學校教育長兼國防委員會常務委員。
1946 年，任聯合國教科文組織代表。
1947 年，繼任立法委員兼國民黨中央宣傳部部長。

1950 年，到台灣，擔任首任教育部部長。任滿後則轉任考試院副院長。
1967 年，病逝。

馬廷英　1899~1979.9.15.　遼寧大連金州人

馬廷英，字雪峰，地質學家，教育家。家中長子，共有九個弟妹。
金州中學畢業，考取日本東京筑波大學理科，再入仙台東北帝國大學，
1929 年，獲地質古生物學系理學士。畢業後再繼續攻讀博士，
1933 年，完成博士論文，日本政府要求他入日本籍，遭馬拒絕。指導教師矢部長克博士將論文送馬往德國柏林大學。
1934 年，獲日本東北帝大博士學位，馬廷英擁有德、日兩國博士學位。
1936 年，離開日本，在國立中央研究院、國立中央大學（現在南京大學）任教。
1940 年，與同為留日學生孫彩蘋女士在重慶結婚，育有 1 女 1 子。
1944 年，應陳儀之聘，任台灣調查委員會專門委員。
1945 年，與陳建功、蘇步青、蔡邦華、陸志鴻、羅宗洛到台灣，與杜聰明、林茂生會同接收台北帝國大學。
1947 年，陸志鴻接台大校長，他任地質學系主任，兼海洋研究所所長。
1951 年，在美國援助下改為授予研究生學位的公共衛生研究所，
1968 年，吳大猷倡議台大開辦海洋研究所。
作家亮軒(馬國光)是馬廷英的大兒子，孫子馬世芳是作家、廣播節目主持人。

湯惠蓀　1900~1966.11.20.　江蘇崇明人

湯惠蓀，江蘇省立第一農業學校、日本鹿兒島高等農林學校畢業。曾任教浙江大學農學院，其後赴歐洲留學及考察。返國後曾任地政官員，推動土地改革。1963 年，任中興大學校長，制訂校訓及校歌，爭取歸還林務局託管的能高林場。
1966 年 11 月 20 日，湯惠蓀巡視能高林場時，因心臟病突發而逝世。為紀念其因公殉職，中興大學將大禮堂改名為惠蓀堂、能高林場改名為惠蓀林場，並於林場內殉職地點樹立湯公碑，途中設立湯公亭，在臺北法商學院（今國立臺北大學）另建有惠蓀南樓及惠蓀北樓。

陳雪屏 1901~1999.2.14.　江蘇宜興人

陳雪屏之子陳棠

陳雪屏，國立北京大學哲學系畢業
1926 年前往美國哥倫比亞大學心理學碩士，1930 年返國，在東北大學、北京大學擔任教育心理系教授及主任。

　來台灣後在台灣大學任教心理學系教授 30 年以上，並籌備成立台大研究學院，1946 年 12 月 28 日沈崇事件《經世日報》刊載北京大學陳雪屏訓導長講話【該女生不一定是北大學生，同學何必如此鋪張】時任北京大學訓導長兼先修班委員會主任委員。

1948 年暫代教育部長，並為國民黨青年部部長．

1949 年隨政府來台，出任臺灣省教育廳長、考選部長、行政院秘書長、研考會主委、國建會主委、國策顧問，總統府資政。

1999 年 2 月 14 日病逝。其子陳棠為前臺灣土地銀行董事長，女婿余英時為中央研究院院士

梁實秋 1903.1.6.~1987.11.33. 生於北京內務部街 20 號北京浙江杭縣人

梁實秋，名治華，字實秋，號均默，以字行。另有筆名子佳、秋郎、程淑等．祖籍浙江杭縣（今餘杭），出生於北京。

祖父梁芝山，河北沙河人，官至四品。父親梁咸熙原籍河北大興縣，幼年孤苦，幸被梁芝山領養，梁芝山卸任北歸時，曾在杭州停留，期間恰逢鄉試，梁芝山為使養子參加考試將梁家的籍貫改為浙江錢塘。梁父畢業於京師同文館，供職於京師警察廳。

1915 年夏，考入清華學校留美預備班（即今清華大學之前身），在校期間，與好友聞一多合作發表了《冬夜草兒評論》一書，得到遠在日本的郭沫若來信稱讚，與創造社結下了短暫的友誼。「五四運動」爆發後，梁實秋是學校運動積極分子，但因其與章宗祥之子同寢室，看到室友受牽連並在不久後害病死去，使梁實秋開始反思群眾運動的弊端。

1923 年 8 月赴美留學，在科羅拉多泉(Colorado Springs)的科羅拉多學院(Colorado College)學習。

1924 年夏，從科泉畢業後前往哈佛大學，獲英文系哲學博士學位。

1926 年回國後，先後任教於國立東南大學（後改為中央大學、南京大學）青島大學（後改為國立山東大學）並任外文系主任兼圖書館館長、北京師範大學；

1927 年與徐志摩、聞一多創辦新月書店。

1927 年到 1936 年間，和魯迅展開論戰，包括「文學的階級論與人性論」「第三種人」「硬譯」等多個話題，梁實秋堅持將永恆不變的人性作為文學藝術的文學觀，否認文學有階級性，不主張把文學當作政治的工具，批評魯迅翻譯外國作品的「硬譯」，不同意魯迅翻譯的蘇俄「文藝政策」。被魯迅批為「喪家的資本家的乏走狗」。

1938 年因「抗戰無關論」受到抨擊對日抗戰時曾居重慶北碚雅舍；

1942 年毛澤東在《延安文藝座談會上的講話》中把梁實秋定為「為資產階級文學服務的代表人物」。

1949 年因國共內戰梁實秋移居臺灣，先後任國立編譯館館長、台灣省立師範學院英語系主任、文學院長、私立大同大學董事。

1987 年 11 月 3 日病逝台北市。

梁實秋故居位於臺北市大安區雲和街 11 號 國立臺灣師範大學修建，2012 年三月底開放為「雅舍」，凸顯梁氏寓所歷史紀念性。

元配夫人程季淑，祖籍安徽績溪，1927 年 2 月與梁實秋結婚。育家庭有三女一子。1973 年夫婦二人移居西雅圖探親，程夫人不幸因意外去世。梁實秋悲痛不已，寫下《槐園夢憶》紀念。

長女 梁文茜、次女（夭折）、三子 梁文騏、四女 梁文薔，1974 年與喪偶不久，結識湖北黃陂影歌星韓菁清，翌年結婚。

徐復觀 1904~1982　湖北浠水縣徐珞場鳳形灣人

徐復觀，原名秉常，字佛觀，後由熊十力更名為復觀。新儒學思想，對中國文化和藝術也有許多獨到的見解。

早年曾就讀於湖北省立第一師範學校、湖北國學館，在此奠定其國學基礎。後東渡日本，相繼就學於明治大學和陸軍士官學校。

抗戰期間頗受蔣中正賞識，並亦曾以國軍少將軍銜、軍令部聯絡參謀的名義駐延安，歷時半年，與中共最高領導層有所過從。來到臺灣後，棄武從文，精研儒學，發表不少學術論文，先後任教於臺灣省立農學院（國立中興大學前身）、東海大學、香港新亞書院（今併入香港中文大學）。

1949 年於香港創辦著名自由主義刊物《民主評論》

1960 年代，錢穆與唐君毅於香港籌辦香港中文大學。

於臺灣期間徐復觀因罵李敖「小瘋狗」被李敖一狀告上法院，但獲判無罪。1982 年四月一日病逝於臺灣。

著作有《中國人性論史》、《中國藝術精神》、《兩漢思想史》、《中國思想史論集》、《中國文學精神》、《在政治與學術之間》、《公孫龍講疏》等。

一定要把國放在黨之上，黨有功有過，國無功無過，一切的罪惡不能說是國家的罪惡，一切的錯誤不能說是國家的錯誤。

周有光　1906.1.13.~　江蘇常州

周有光，原名周耀平，筆名「周有光」。曾祖父是清朝官員，經營棉紡、織布、當鋪等產業。

周有光是語言學家、文字學家，通曉漢、英、法、日四種語言。作家沈從文是他的連襟。

1916 年，10 歲，隨全家遷居蘇州，入當時初始興辦的新式學堂讀書。

1918 年，入常州高級中學（江蘇省立第五中學）。

1923 年，考上了上海聖約翰大學，主修經濟學，兼修語言學。

1925 年，上海「五卅慘案」，改入光華大學。

1927 年，大學畢業。

1933 年 4 月 30 日，與張允和結婚。同往日本，原讀東京大學，後進京都大學。

1934 年 4 月 30 日，周有光與張允的兒子曉平出生。

1935 年，棄學回上海，任教光華大學，兼職上海銀行，女兒小禾出生。

1937 年，抗日戰爭，逃難到四川，任職新華銀行、經濟部農本局、省合作金庫。

1945 年，抗戰勝利復回新華銀行工作，先後被派駐紐約、倫敦。

1948 年，在香港參加中國民主建國會。

1949 年，解放軍攻佔上海後回國，任復旦大學經濟研究所和上海財經學院教授，並在上海新華銀行、中國人民銀行華東區行兼職。

1954 年，中國文字改革委員會邀請擔任漢語拼音方案委員會委員。

1955 年，任中國文字改革委員會和國家語言文字工作委員會第一研究室主任，兼中國社會科學院研究生院教授。

1958 年，在北京大學和人民大學講授漢字改革課程，講述《漢字改革概論》。

1966 年，文化大革命，被打成「反動學術權威」，房子亦被造反派佔去。

1969 年，下放到寧夏平羅「五七幹校」勞動，勞動之餘，開始比較文字研究。

1971 年，九一三事件發生後，周有光與其他老年知識分子被放回家。

1979 年，國際標準化組織技術會議，周有光提議採用「漢語拼音方案」，1982 年國際標準化組織認定漢語拼音方案為拼寫漢語的國際標準（ISO 7098）。

1980 年，成為翻譯《簡明不列顛百科全書》中美聯合編審委員會和顧問委員。

1989 年，離休，繼續在家中研究和著述。

2003 年冬到 2004 年春天，重病住院。

2005 年，出版《百歲新稿》。

2006 年 1 月 13 日，周有光年滿一百歲。

2008 年，出版《周有光百歲口述》。

2010 年，出版《朝聞道集》，出版後不久被禁止繼續刊印。

2012 年 3 月，接受英國廣播公司採訪時表示，由於自己參加了 1955 年的全國文字改革會議，因此逃過「反右運動」『右派』一劫。

2013 年 3 月，周有光表示中國須棄專制走民主路，憲法上有民主條文，但是空的，沒有真的東西。大家希望它能夠慢慢開明。

錢思亮 1908.1.9~1983.9.15.

錢思亮，畢業於天津南開中學、國立清華大學化學系、美國伊利諾大學理學碩士（化學）、哲學博士（有機化學）中國化學家，美國伊利諾大學博士，曾擔任北大化學系主任、臺灣大學校長、輔仁大學教授、中央研究院院長。

1937 年北京淪陷後，錢思亮隨北京大學轉赴長沙臨時大學，1938 年再至昆明西南聯大擔任化學系教授。1940 年錢思亮父親錢鴻業在上海遇刺身亡，錢思亮回滬奔喪後無法再返昆明，便於上海化學藥物研究所擔任研究員，至 1946 年又回到北大擔任化學系教授、系主任。

1949 年錢思亮由北京經南京至台灣，隨即被台灣大學校長傅斯年聘為化學系教授及教務長，1951 年傅斯年辭世後，即接任校長一職。錢思亮在台大任內完成了台灣的大學聯招制度，替台灣高等教育選才訂定良好基礎。在台大 20 年校長任內，錢思亮在日本人的基礎上持續發展，維繫了台灣大學的龍頭地位，也是台大師生最懷念的校長之一。

在四六事件中，不願意為台大麥浪歌詠隊成員張以淮，出具證明麥浪歌詠隊為校內登記有案的社團。

錢思亮 1964 年獲選中央研究院數理組院士，1970 年於台大校長任內，接任王世傑為中央研究院第 5 任院長，1983 年於院長任內辭世，之間主持過 7 次中研院院士會議。

錢思亮在中研院院長任內設立美國文化研究所、三民主義研究所、地球科學研究所、生物化學研究所及資訊科學研究所，並增設生物醫學、統計學、原子與分子科學三研究所及分子生物學綜合研究室四個籌備處，對中研院後續發展貢獻良多。

1971 年起錢思亮也擔任行政院原子能委員會主委，至 1981 年。

錢思亮有三個兒子，錢純、錢煦及錢復，在各個領域均有不錯的表現。錢煦曾經在 1974 年被提名為院士，但錢思亮考量院士為社會名器、名額有限，因此四處反拉票，錢煦因而落選，但 1976 年又被提名並順利當選，父子同任院士，一時傳為佳話。

為紀念錢思亮在中研院及台大的貢獻，台大將理學院命名為思亮館，中研院化學研究所研究大樓也命名為錢思亮紀念館。

唐君毅 1909.1.17.~1978.2.2. 祖籍廣東五華六世祖以歲荒遷移四川宜賓

唐君毅。現代思想家、哲學家、教育家。師從熊十力、方東美、梁漱溟等，是新儒家學派代表人物。

父親唐迪風，本名烺，又名個風，字鐵風。母親陳大任，字卓仙。唐父曾從學於歐陽竟無，故先生於著作中稱他為太老師。先生自半歲起，即隨父居成都。十二歲半入重慶聯合中學求學，受蒙文通啟迪，對宋明理學產生興趣，其後師從支那內學院之歐陽竟無，研習釋家思想。1925 年先後入北平中俄大學、北京大學，1926 年轉往國立中央大學（南京大學）哲學系。1932 年畢業後返回四川任教中學，1937 年受聘於華西大學。1940 年任教重慶中央大學，自此獻身教育及學術界。

1949 年遷居香港，與錢穆、張丕介等人創辦亞洲文商學院（即亞洲文商專科夜校，1950 年更名新亞書院，1963 年成為香港中文大學成員學院），兼任教務長及哲學系系主任等職。唐氏在任教新亞期間，廣邀學界名宿來校主講文化講座，令香港一時成為研究中華文化的重鎮。

1957 年，應美國國務院所邀，赴洋講學。1958 年，與徐復觀、張君勱、牟宗三發表《為中國文化敬告世界人士》宣言。1963 年，新亞書院與崇基學院、聯合書院合組成香港中文大學，出任新亞書院哲學系講座教授，至 1974 年退休。1975 年，任台灣大學哲學系客座教授。1978 年於香港病逝。

國際哲學界公認他為「當代新儒家」的一位代表人物。2003 年四川省宜賓市成立了「宜賓學院唐君毅研究所」，又建立了「唐學網」及出版《唐學》集刊，內容欄目包括「生命垂範、唐學通論、體系與方式、哲學與文化、宗教與道德、教育與人文、儒學與時代、君毅眾學、故園文化」等等。

中文大學於 2009 年唐先生百歲冥壽時在中大校園內樹立了他的銅像以紀念他。

牟宗三 1909.6.12.~1995.4.12. 山東省棲霞縣牟家疃祖籍湖北省公安縣。

牟宗三，字離中，1927 年考入北京大學，1933 年畢業。1949 年往台灣。曾獲香港大學榮譽博士學位，及台灣行政院文化獎。

曾任教於華西大學、中央大學、金陵大學、浙江大學、國立臺灣師範大學、東海大學、國立臺灣大學、台灣師範大學、國立中興大學、中國文化大學、香港大學、香港中文大學、新亞書院。

新儒家代表人物，學思精敏而透闢，慧識弘卓而深徹。他悠悠一生，「反省中華民族的文化生命以重開中國哲學的途徑。」全面表述「儒、釋、道」三教的義理系統。

名作《才性與玄理》《佛性與般若》《心體與性體》《中國哲學十九講》《中西哲學之會通十四講》《大乘起信論》「一心開二門」作為中西雙方共同的哲學間架。此一思路，必將對人類文化之融和，揭示一常態的康莊之道路。

李新民　1915.4.17.－2004.12.12.　湖南耒陽人

1934 年，國立中央大學附屬中學畢業，入國立中央大學．

1939 年，中央大學數學系畢業留校任助教。

1942 年，任教於湖南師範學院數學系。

1944 年，起在中央大學數學系任教。

1949 年，任教國立臺灣師範大學，兼教於國立臺灣大學。

1954 年，入美國西北大學進修，翌年獲碩士學位，繼而入康乃爾大學深造，

1961 年，獲數學博士學位。

1962 年，受聘為國立清華大學教授，籌建數學研究所，及數學系。

1962 年，為新竹清華大學與臺灣師範大學的合聘教授、數學系主任、研究所

1973 年，任國立中央大學理學院院長，

1979 年，任國立中央大學校長，自然科學促進會理事長、數學會理事長。

2004 年，逝世。

劉業經　1917.3.1.~1991.9.14.　廣西

劉業經，字易之，廣西大學森林系畢業，師承汪振儒、林渭訪教授。

台灣森林學研究者，在國立中興大學教了 40 年的樹木學，著有《台灣木本植物誌》《台灣樹木誌》等書。

1952 年 2 月，起擔任國立中興大學森林學系教授，兼實驗林管理處主任、和教務長等行政職。

他以蕨類和裸子植物，採用德國恩格勒分類系統，被子植物採英國赫欽森分類系統。與台大的劉棠瑞教授鼎足而立（留學日本的劉棠瑞教授從蕨類到裸子植物到被子植物都採德國恩格勒分類系統，與劉棠瑞教授同系統的還有留德的林渭訪教授）。

孔德成　1920.2.23.~2008.10.28.　山東曲阜

孔德成，字玉汝，號達生。孔子第 77 代嫡長孫，襲封 32 代衍聖公、大成至聖先師奉祀官，31 代衍聖公孔令貽的原配孫氏未生育，很早就已病故，其妾豐氏，也無出。續弦陶氏有一子，卻不幸早夭。孔令貽中年無子，遂將陶夫人的貼身丫環王寶翠收為側室。先後生下兩個女兒：德齊、德懋。

1919 年，王氏第三度懷孕。當時身在北京的孔令貽忽而病危，他口述致書給當時北洋政府徐世昌大總統和遜帝溥儀：「令貽年近五旬，尚無子嗣，幸今年側室王氏懷孕，現已五月有餘，倘可生男，自當嗣為衍聖公，以符定例。……但令貽病危至此，恐不能待。……」同年 11 月 8 日，孔令貽卒

於北京太僕寺街衍聖公府，經孔族內部商議，如王寶翠生下男孩，自當承襲衍聖公，如生下女孩，則由近支西五府的孔德岡過繼大宗承祧。民國 9 年農曆正月初四（1920 年 2 月 23 日），王氏臨產，為防有人偷換嬰兒或出現意外，當時的北洋政府派軍隊包圍了產房，到處設崗，並由一位將軍坐鎮孔府，北洋政府山東省省長屈映光與孟、顏、曾三氏的奉祀官同時在場監督。孔府則把血緣關係最親近之十二府的長輩老太太全部請來，在前堂西廂靜坐監產。孔府上下門戶齊開，就連只有喜慶大典、迎接聖旨和舉行重大祭祀活動才開的重光門也不例外，門上還掛著弓箭，示「飛快」、「速到」之意。偏巧王氏難產，於是有人建議再開只有皇帝出巡或是祭孔時才能打開的曲阜正南門；也有人說孔府內宅的後花園地勢較高，壓著前面，必須將前邊的地勢抬高，「小聖人」才會進來。陶氏依言派人打開正南門，還把一塊寫著「魯班高八丈」的木牌掛在後堂樓的角門上，以抬高地勢。之後，孔德成終於順利誕生。孔府令人四處敲鑼十三下，通報小公爺誕生，曲阜全城燃放鞭炮相賀，北洋政府亦於曲阜鳴禮炮十三響，以誌聖裔不輟之慶。

孔德成出生 17 天，生母王氏因產褥熱去世，年僅 26 歲。孔德成由陶氏撫養。同年農曆四月二十日（西曆 6 月 6 日）滿百日時，孔府收到北洋政府徐世昌大總統令，孔德成襲封 32 代衍聖公。

1924 年，師從吳伯簫學英文，隨詹澄秋習琴。

1925 年重修尼山孔廟、顏母祠、尼山書院。

1929 年，嫡母陶氏亦辭世，由業師王毓華（字子英）照顧起居。

1935 年， 大成至聖先師奉祀官，中華民國唯一世襲特任官。南京宣誓就職，同年 12 月 16 日，娶前清名臣孫家鼐曾孫女孫琪方。

1935 年，以大成至聖先師奉祀官之名，應邀參加日本孔廟的落成大典。

1937 年，蔣中正委員長命七十二師師長 孫桐萱 奉，連夜安排孔德成夫婦離鄉。

1938 年，主持成立孔學會，四方學者雲集重慶，對傳統文化之研究有新舊觀念與方法的論辯。孔德成不以道統自居。

1945 年，日本投降，隨國民政府遷往南京，旅居上海。

1947 年 3 月，曾回曲阜祭掃林廟。赴美國考察，任耶魯大學研究員。

1948 年，自美返國，輾轉至香港、澳門、廣州。

1949 年，隨國民政府來台，於台中市復興路兩棟日式平房(昔復興巷，今台中後火車站附近)，作為大成至聖先師奉祀官府臨時辦公室。

1955 年，在臺灣大學中文系、人類學系兼任教授，講授「三禮研究」「金文研究」「殷周青銅彝器研究」課程．

1956 年，任國立故宮中央博物院聯合管理處主任委員。爲弘揚國粹，與臺靜農、王靜芝、王北嶽、吳平等成立「六修書畫會」。

1959 年，在台中市頂橋子頭段 133-8 號（今國光路學生宿舍）興建孔府官邸。

1964 年，獲臺灣中國書法學會第二屆會員代表大會選爲首屆監事會常務監事。

1984 年，擔任中華民國考試院院長。

1990 年，受聘為總統府資政。

1998 年，李登輝總統裁撤大成至聖先師奉祀官府，只留下奉祀官官銜。

2005 年 11 月 15 日，臺灣大學授予孔德成榮譽博士學位。台大校長李嗣涔表示，
　　孔德成指導中文、人類兩系師生，以實驗、復原的方法研究《儀禮》，是科
　　際整合的典範，身為孔家第七十七代傳人，他一生都在弘揚儒家文化，促進
　　國民外交。典禮當日，由孫女孔垂玖陪同接受學位頒贈。

2008 年，因病輟教。10 月 20 日，孔德成肺炎併發敗血症、心肺功能衰退，10
　　月 28 日上午 10 時 50 分，因心肺衰竭病逝，當時由家屬陪侍，享壽 88 歲。
　　11 月 30 日上午 9 時，在台北市第二殯儀館景仰廳舉行公祭。

　　馬英九總統親臨頒發褒揚令並發表追思感言，由邱創煥、許水德、錢復、孫
　　震為靈柩覆蓋中華民國國旗，以彰忠藎。褒揚令原文為：

大成至聖先師奉祀官、總統府前資政、考試院前院長孔德成，圭璋樂易，恪
慎誠篤，為孔子七十七代嫡孫。既承家學，益累新知，勤習古代經典，浸淫
書法雅藝。曾任國民大會代表、故宮博物院主任委員、中華民國孔孟學會常
務理事暨總統府資政等職，襄贊籌維，導民興國。復執教臺灣、輔仁與東吳
大學，夙長青銅彝器，曉暢金文研究神髓，深稽博考，嚴謹治學；嫻諳三禮
樞奧，盡瘁系統學術論著，聖緒紹休，化育菁莪。數度應邀參訪諸國，闡揚
孔孟教義精微，爰獲頒美國耶魯大學研究院榮譽研究員，韓國嶺南及成均館
大學、日本麗澤大學、臺灣大學榮譽博士等殊榮，優游國際學術殿堂，開啟
世界儒學新域，輝映海甸，雋響芳騰。於接掌考試院任內，彰顯典試掄才意
旨，丕奠考銓制度宏規，遠猷周至，靖獻多方。綜其生平，傳承儒家核心思
想，弘宣中華道統文化，正聲清範，學際天人；鄒魯遺風，立教垂世。邇聞
嵩齡搖落，軫念曷極，應予明令褒揚，用示政府崇禮賢哲之至意。

　　　　　　　　總　　　　　統　馬英九
　　　　　　　行政院院長　劉兆玄

孔氏血緣：

1 世孔子－2 世孔鯉－3 世孔伋(子思遺腹子)－4 世孔白－5 世孔求－6 世孔箕－7
世孔穿－8 世孔謙(七世單傳)－9 世孔鮒、孔騰、孔樹－10 世孔聚……－73 世孔
慶鎔－74 世孔繁灝－75 世孔祥珂－76 世孔令貽－77 孔德成(台灣考試院長)－78
世孔維益、孔維寧－79 世孔垂長－80 世孔佑仁．

第七十七世孫孔德成之父孔令貽與王氏有二女一子，長女孔德齊，適前清探花
兼書法家馮恕之子，早逝；次女孔德懋，適史學大師柯劭忞之子柯昌汾。

孔德成與孫琪方育有二子二女、孫兒女五人，曾孫兒女三人。長女孔維鄂在美
國，長子孔維益先卒於 1989 年，次子孔維寧，次女孔維崍，長孫孔垂長。孔垂
長目前從商，與吳碩茵結婚後，長子孔佑仁於 2006 年 2 月出生。

孔子第七十七世嫡長孫(字)玉汝 (號)達生 配偶：孫琪方

遠祖: 孔子　　高祖　孔慶鎔　曾祖: 孔繁灝　祖父: 孔祥珂　父親 孔令貽
長子: 孔維益　次子:　孔維寧　　長孫: 孔垂長　長曾孫: 孔佑仁
孔德成之父孔令貽與王氏有二女一子,長女孔德齊,適前清探花兼書法家馮恕
之子,早逝;次女孔德懋,適史學大師柯劭忞之子柯昌汾。孔德成與孫琪方育
有二子二女、孫兒女五人,曾孫兒女三人。長女孔維鄂在美國,長子孔維益先
卒於 1989 年,次子孔維寧,次女孔維崍,長孫孔垂長。孔垂長目前從商,與吳
碩茵結婚後,長子孔佑仁於 2006 年 2 月出生。

李崇道　1923.10.2.~　江蘇蘇州

李崇道,自幼隨父母遷居上海,自東吳大學附屬中學畢業,進入東吳大學理學
院化工組攻讀。珍珠港事件後,借讀於國立浙江大學龍泉分校,國立廣西大學
農學院獸醫系畢業,美國康乃爾大學哲學博士(獸醫病理系),韓國國立全北大
學榮譽法學博士。為諾貝爾物理獎得主李政道之兄。
曾任農林部中央畜牧實驗所技佐、臺灣省農林廳獸疫血清製造所技士兼疫苗室
主任、臺灣大學、中興大學獸醫系教授,中央研究院評議委員。
1973 年,任農村復興委員會主任委員。
1981 年,出任國立中興大學校長。
1984 年,任考試院第七屆考試委員。
1989 年,擔任大學入學考試中心第一任主任;
1989 年,受聘為總統府國策顧問。
1991 年,出任中央研究院副院長。目前退休在美。
1950 年,李政道台灣的母親張明璋女士和二哥李崇道、二嫂許淑英,因在家裡
留宿一位舊時廣西大學同學,掩護匪諜罪名入獄。此為台灣白色恐怖著名案件。

余光中　1928.9.9.~　生於南京市現居台灣高雄市

余光中,作家、詩人、教育家。擅新詩、散文,
旁及評論、翻譯,余氏行文精煉,發人博思,中
文造詣深為人讚,稱之為「語言的魔術師」、「香
江第一才子」「用中國文字意象之第一人」,精通
英、德、西班牙語,兩岸三地享負語言大師之名。
父親余超英,母親孫秀君。妻子為常州人,故又
以江南人自命。抗日戰爭,流亡江蘇、安徽淪陷
區,隨母親逃往上海,經香港到安南,又過昆明、
貴陽,抵達重慶與父親相聚。

1940 年,入南京青年會中學,當時校址在四川,畢業進金陵大學外文系,
1949 年,轉廈門大學外文系,七月隨父母遷居香港·

1950 年，移居台灣，考取國立台灣大學外文系
1953 年，入國防部總連絡官室服役，任少尉編譯官
1956 年，與范我存結婚
1958 年，赴美進修．
1959 年，取得愛荷華大學藝術碩士，回國後任教師範大學、東海大學、東吳大學、淡江大學、國立台灣大學、國立政治大學、中山大學，也在國外西密西根州立大學、香港中文大學任教．
他曾埋首在中國古典文學之中，讀過強調中國美的作品，加深他對故鄉的美感；他從舊大陸漂到台灣，成長，又飄到新大陸的異域去。以至於經常會流露出對中國纏綿的情感，有時是直接的頌揚，有時卻對其他文化表現出相對的非正面敘述來烘托出明顯的中國意識。

孫震 1934 年 11 月 8 日－，山東省平度市城關鎮東閣村人。
孫震，曾就讀於平度縣立中學（山東省平度第一中學）、南京育群中學、臺中市私立宜寧高級中學、台灣大學。曾任台灣大學校長、財團法人工業技術研究院董事長、行政院經濟設計委員會副主任委員、國防部長。

張京育 1937.4.27.~　湖南湘潭人
張京育、教育家。國立政治大學學士、碩士學位，美國哥倫比亞大學博士學位。
1971 年，加入留美學生反共愛國聯盟。畢業後在國立政治大學任教。
1984 年，任行政院新聞局局長。
1987 年，任政治大學國際關係研究中心主任。
1988 年 7 月起，連續當選為中國國民黨第十三、十四屆中央委員。
1989 年，任政治大學校長。
1994 年 3 月，任行政院政務委員。
1996 年 2 月，任行政院大陸委員會主任委員。
1998 年起，任總統府國策顧問。目前為政治大學俄羅斯研究所兼任教授暨淡江大學國際事務與戰略研究所特約講座教授。

李嗣涔 1952.8.13.~　臺灣高雄岡山人原籍河南濟源
李嗣涔，電機工程學學者，主要研究半導體領域，為台灣早期研究非晶矽的學者，亦為國際電機電子工程學會會士（IEEE Fellow），在該領域有一定聲望。後來應臺灣國家科學委員會主委陳履安等人的邀請轉入氣功、特異功能方面的研究，而使其學術地位充滿爭議性。
1996 年，擔任國立台灣大學教務長，
2005 年 6 月 10 通過遴選，6 月 22 日就任國立台灣大學校長。
2013 年 6 月 21 日任期屆滿後卸任。

專長三五族化合物半導體 AlGaAs/InGaAs/GaAs/InAs 材料生長及元件製作、非晶矽氫薄膜電晶體及類神經網路偵測器、奈米矽線場效電晶體、非晶矽及多晶矽太陽能電池、量子點量子環光偵測器、人體身心靈科學

楊泮池　1954.2.8.~

楊泮池，畢業於臺中一中、臺灣大學醫學系、臺灣大學醫學院臨床醫學研究所博士班．醫學家，臺灣大學醫學博士，中央研究院院士。

台大醫學院內科講師教授、、副教授、教授、教務分處主任

1984 年，沙烏地阿拉伯霍埠法德國王醫院主治醫師

1991 年，中央研究院生物醫學科學研究所合聘副研究員、研究員

2002 年，基因體醫學研究中心執行秘書、國家計畫微陣列核心實驗室負責人

2003年， 台灣胸腔及重症學會理事長

2004年， 基因體醫學國家型計畫肺癌組與吳成文院士擔任共同召集人

2005年， 台大醫院教研副院長

2006年， 台大國家級卓越臨床試驗與研究中心主任

2007年， 台灣大學特聘教授與講座教授

2013.6.21.台灣大學校長

學術專長：細胞及發展生物學、 醫療遺傳學、 血液學、 腫瘤學

學 府
北京大學歷任校長
(北京大學創建於 1898 年)

校　長	任　　　　期
清京師大學堂時期	
孫家鼐	1898.7.~1900
許景澄	1899.7.~1900.7.
張百熙	1902.1.~1904.2.
張亨嘉	1904.2.~1906.2.
李家駒	1906.2.~1907.7.
朱益藩	1907.7.~1907.12.
劉廷琛	1907.12.~1910.9.
柯劭愍	1910.9.~1911.11.
勞乃宣	1911.11.~1912.2.
北洋政府時期	
嚴復	1912.2.~1912.10.
何燏時	1912.12.~1913.11.
胡仁源	1913.11.~1916.12.
蔡元培	1916.12.~1927.8.
被合併、撤銷	
劉哲	1927.8.~1928.6.
李煜瀛	1928.6.~1929.1.
陳大齊	1929.1.~1929.8.
中華民國時期	
蔡元培	1929.9.~1930.12.
蔣夢麟	1930.12.~1937.7.
七七抗戰日本佔領北平時期	
湯爾和	1939.1.~1940.3.

校　長	任　　　　期
錢稻孫	1940.3.~1945.10.
中華民國時期	
傅斯年	1945.10.~1946.8.
胡　適	1946.9.~1948.12.
中華人民共和國時期	
湯用彤	1949.5.~1951.9.
馬寅初	1951.6.~1960.3.
陸　平	1960.3.~1966.6
張承先	1966.6.1.~1966.7.26
聶元梓	1966.7.28.~1966.9.
聶元梓	1966.9.11.~1969.9.27
楊德中	1969.9.27.~1977
周培源	1978.7.~1981.3.
張龍翔	1981.5.~1984.3.
丁石孫	1984.3.~1989.8.
吳樹青	1989.8.~1996.8.
陳佳洱	1996.7.~1999.11.
許智宏	1999.11.~2008.11.
周其鳳	2008.11.~2013.3.
王恩哥	20133.~

清華大學歷任校長

校 長	任 期
大陸清華大學	
華清堂	1911~1912
周自齊	1911~1912
唐國安	1912~1913
趙國材	1913.8.~10
清華學校	
周詒春	1913~1918
趙國材	1918.1~7
范源濂	未到任
張煜全	1918~1920
羅忠詒	未到任
嚴鶴齡	1920.2~8
金邦正	1920~1922
王文顯	1921~1922
曹雲祥	1922~1928
嚴鶴齡	1928.1~4
溫應星	1928.4~6
余日宣	1928.6~
梅貽琦	1928.6~9
清華大學	
羅家倫	1928~1930
喬萬選	未到任

校 長	任 期
吳南軒	1931.4~10
翁文灝	1931.7~9
葉企孫	1931.9~12
梅貽琦	1931.10~1948
馮友蘭	1948~1949.5
葉企孫	1949~1952.6
蔣南翔	1952~1966
劉達	1978~1983
高景德	1983~1988
張孝文	1988~1994
王大中	1994~2003
顧秉林	2003~2012
陳吉寧	2012.2~
台灣清華大學	
梅貽琦	1956~1962
陳可忠	1962~1969
閻振興	1969~1970
徐賢修	1970~1975
張明哲	1975~1981
毛高文	1981~1987
劉兆玄	1987~1993

校 長	任 期
李家同	1993~1994
沈君山	1994~1997
陳信雄	1997~1998
劉炯朗	1998~2002
徐遐生	2002~2006
陳文村	2006~2010
陳力俊	2010~
附註	
國立清華大學	1928.8.~1937.7.
長沙臨時大學	1937.8.~1938.2.
西南聯合大學	1938.3.~1946.7.
國立清華大學	1946.8.~1948.12.

南開大學歷任校長

第一任	張伯苓	1919－1948	南開學校創辦人
第二任	何廉(代)	1948－1957.	經濟學家
第三任	楊石先	1957－1969	中國科學院院士，化學家
同第三任	楊石先	1979.1.－1981.10.	二度任職
第四任	臧伯平	1978.2.－1979.1.	後轉任教育部副部長
第五任	滕維藻	1981.10.－1986.1.	經濟學家
第六任	母國光	1986.1.－1995.8.	中國科學院院士，光學家
第七任	侯自新	1995.8.－2006.5.	數學學者
第八任	饒子和	2006.5.－2011.1.	科學院院士，分子生物物理和結構生物學家
第九任	龔克	2011.1 月至今	中共中央候補委員，曾任天津大學校長

交通大學歷任校長

國立交通大學，前身為 1896 年在上海設立的南洋公學。1912 年改稱上海工業專門學校。1921 年與唐山工業專門學校、北平鐵路管理學校、郵電學校合併成立交通大學。

任別	校長	任期	任別	校長	任期
工學院時期			交通大學時期		
一	李熙謀	1958~1967		郭南宏	197~1987
二	鍾皎光	1967~1969	六	阮大年	1987~1992
三	劉浩春	1969~1972	七	鄧啟福	1992~1998
代理	郭南宏	1972	八	張俊彥	1998.~2006
四	盛慶琜	1972~1978	代理	黃 威	2007
五	郭南宏	1978~1979	九	吳重雨	2007.~2011
			十	吳妍華	2011~2014

國立武漢大學歷任校長

職　稱	姓　名	任 職 時 間	職稱	姓　名	任 職 時 間
自強學堂			代校長	張　廷	1926.2~5
創　辦	張之洞	1893 年	維持會主任	李漢俊	1926.5~10
創　辦	蔡錫勇	1893~~1897	維持會主任	黃　侃	1926.5~10
總　辦	張斯枸	1897~~1899	國立武昌中山大學		
提　調	錢　恂	1893~1898	維持會主任	徐　謙	1927.2~12
提　調	汪鳳瀛	1898~1899	國立武漢大學		
提　調	程頌萬	1899~1902	代校長	劉樹杞	1928~1929
方言學堂			籌備長	李四光	1928~1938
提　調	程頌萬	1902~1905	校　長	王世傑	1929~1933
監　督	馨　齡	1905~1911		王星拱	1933~1945
監　督	曾廣熔	1905~1911	代校長	劉秉麟	1946~1947
國立武昌高等師範學校			校　長	周鯁生	1945~1949
校　長	賀孝齊	1913~1914	校務主任	鄔保良	1949~1952
校　長	張　渲	1914~1919	校　長	李　達	1952~1966
校　長	談錫恩	1919~1922	空缺		1966~1680
校　長	張繼煦	1922~1923	校　長	莊　果	1980~1981
國立武昌師範大學			校　長	劉道玉	1981~1988
校　長	張繼煦	1923~1924	校　長	齊民友	1988~1992
國立武昌大學			校　長	陶德麟	1992~1996
校　長	石　瑛	1924~1925	校　長	侯傑昌	1996~2000

國立台灣大學歷任校長

校　長	任　　期	備　　　　考
許壽裳		候任校長未到任。留日文史學家曾任北大教員
羅宗洛	1945.8~1946.2.9.	代理校長，院士、留日植物學家、中央大學教授
羅宗洛	1946.4.9.~1946.5.	
陳建功	1946.2.9.~1946.4.9.	教務長代理校長
戴運軌	1946.5.~1946.8.	教務長，校務維持委員會首席常務委員
陳大齊		候任校長未到任。留日心理學家、北大代理校長
陸志鴻	1946.8.~1948.6.	留日工學家　曾任中大工學院院長

校　長	任　　　　期	備　　　　　　考
莊長恭	1948.6.~1948.8.1.	院士留美德化學家 8 月 1 日請辭，杜聰明代理校長
莊長恭	1948.8.29.~1948.12.7.	8 月 29 日慰留 12 月 7 日再辭 12 月 15 日行政院准辭。
丁燮林	1948.8.1.~1948.8.29	教務長代理校長
杜聰明	1948.12.15.~1949.1.	留日醫學家，醫學院院長兼教務長代理校長
傅斯年	1949.1.~1950.12.	院士、留英德文史學家、任北大代理校長
沈剛伯	1950.12.~1951.3.	留英歷史學家、中大文學院院長，教務長代理校長
錢思亮	1951.3.~1970.6.	留美化學家　曾任北大教員
閻振興	1970.6.~1981.8.	留美水利學家
虞兆中	1981.8.~1984.8.	土木工學家
孫　震	1984.8.~1993.3.	留美經濟學家
郭光雄	1993.3.~1993.6.	留日動物學家，教務長代理校長
陳維昭	1993.6.~2005.6.	留日醫學家
李嗣涔	2005.6.~2013.6.21.	留美電機學家
楊泮池	2013.6.21.~	臺灣醫學家

國立成功大學歷任校長

校　長	時　間	校　長	時　間	校　長	時　間	校　長	時　間
日　治　時　期							
若槻道隆	1931	佐久間巖	1941	末光俊介	1944	甲斐三郎	1944
中華民國時期							
王石安	1946	秦大鈞	1952	閻振興	1957	羅云平	1965
倪超	1971	王唯農	1978	夏漢民	1980	馬哲儒	1988
吳京	1994	黃定加	1996	翁政義	1996	翁鴻山	2000
高強	2001	賴明詔	2007	黃煌輝	2011		

國立中興大學歷任校長

任次	校長	就　任	離　職	備註
日治時代臺灣總督府農林專門學校（臺北公館）				
1	阿部文夫	1919 年 4 月 19 日	1920 年 5 月 26 日	
2	大島金太郎	1920 年 5 月 27 日	1934 年 2 月 7 日	
臺灣總督府高等農林學校（臺北公館）				
1	大島金太郎	1920 年 5 月 27 日	1934 年 2 月 7 日	
臺灣總督府台北高等農林學校（臺北公館）				
1	大島金太郎	1920 年 5 月 27 日	1934 年 2 月 7 日	
臺北帝國大學附屬農林專門部				
1	大島金太郎	1920 年 5 月 27 日	1934 年 2 月 7 日	
2	八谷正義	1934 年 2 月 8 日	1938 年 5 月 3 日	
3	野田幸豬	1938 年 5 月 3 日	1945 年 11 月 30 日	
臺灣總督府臺中高等農林學校				
1	野田幸豬	1938 年 5 月 3 日	1945 年 11 月 30 日	
民國時期臺灣省立臺中農業專科學校				
1	周進三	1945 年 12 月 1 日	1948 年	
臺灣省立農學院				
1	周進三	1945 年 12 月 1 日	1948 年	
2	李亮恭	1948 年	1951 年	
3	林一民	1951 年	1954 年	
4	王志鵠	1954 年	1961 年	
省立中興大學				
1	林致平	1961 年 7 月 1 日	1963 年 6 月	
2	湯惠蓀	1963 年 6 月	1966 年 11 月 20 日	
3	劉道元	1966 年 11 月 21 日	1972 年 6 月	
國立中興大學				
1	劉道元	1966 年 11 月 21 日	1972 年 6 月	
2	羅雲平	1972 年 8 月	1981 年 7 月 31 日	
3	李崇道	1981 年 8 月 1 日	1984 年 7 月 31 日	
4、5	貢穀紳	1981 年 8 月 1 日	1984 年 7 月 31 日	
6、7	陳清義	1988 年 8 月 1 日	1994 年 9 月 30 日	
8	黃東熊	1994 年 10 月 1 日	1997 年 9 月 30 日	
9	李成章	1997 年 10 月 1 日	2000 年 9 月 30 日	
10	彭作奎	2000 年 10 月 1 日	2001 年 2 月 9 日	

任　次	校長	就　　任	離　　職	備註
代理	薛敬和	2001 年 2 月 10 日	2001 年 10 月 31 日	
11	顏聰	2001 年 11 月 1 日	2004 年 7 月 31 日	
12、13	蕭介夫	2004 年 8 月 1 日	2007 年 7 月 31 日	
14	李德財	2011 年 8 月 1 日	現任	

廿八、書法家

梁鵠　生年不詳　東漢時人　安定烏氏（今甘肅平涼人）

梁鵠，字孟皇，東漢書法家，自幼愛好書法，師從師宜官，得其真傳，擅寫八分書而聞名，初舉孝廉，拜為郎官。光和元年（178年），入鴻都門學，出任涼州刺史。漢靈帝時，在鴻都門下，遷選部郎、選部尚書（吏部尚書）。漢末投奔荊州劉表。建安二十三年（208年），曹操破荊州，梁鵠被待為上賓。曹操甚愛其書法，常懸掛於帳中。有《孔羨碑》《魯孔子廟碑》《受禪表》傳世。

鍾繇　151~230　穎川長社(今河南長葛西)人

鍾繇，字元常，書法家，三國魏大臣．東漢末為黃門侍郎，後曹命他為侍中守司隸校尉、持節督關中諸軍，經營關中．曹丕代漢，任為廷尉．明帝即位，遷太傅．世稱「鍾太傅」．工書，師法曹喜、蔡邕、劉德升，博取其長，兼善各體，尤精於隸、楷．與晉王羲之並稱「鍾王」．真跡不傳，宋以法帖中所刻「宣示表」「賀克捷表」「力命表」「薦李直表」等，所據皆為晉唐人臨本。

王羲之　303~361　山東臨沂後遷居(浙江紹興

王羲之，字逸少，號澹齋，，中國東晉書法家，有書聖之稱。為南遷琅琊王氏士族貴胄，後官拜右軍將軍，人稱王右軍。其書法師承衛夫人、鍾繇。著有「**蘭亭集序**」「十七帖」「姨母帖」「奉橘」喪亂「初月」等名著。

七歲時跟書法家衛鑠學習書法，庾翼在荊州見時人競習王**羲之**書體，不以為然說：「小兒輩乃賤家雞，愛野鶩，皆學(王)逸少書，須吾還，當比之。」相傳王羲之住處附近有一小池，王羲之練完書法均在此洗筆，每日習字，久之，池水為之變黑，竟能直接蘸取充墨之用。當年王羲之在溫州擔任永嘉郡守之際，曾在今溫州墨池坊揮灑文墨，故於溫州舊鹿城區市政府前有一墨池。王羲之在南渡後，好山水與交友，「時人目王右軍，飄如游雲，矯若驚龍」，

353年三月三日，與孫綽、許詢、謝尚、支遁等宴集於山陰之蘭亭。曾任祕書郎、參軍、長史、寧遠將軍、右軍將軍等職.《蘭亭集序》寫成後兩年，因不受朝廷重用，即「稱病去郡」。終老剡縣金庭。許詢得知王氏隱居金庭，特從蕭山趕來與之為鄰'。卒葬於孝嘉鄉濟度寺。羲之的書法實踐，變當時流行的章草、八分為今草、行書、楷書，是書體轉換時期平地而起的高峰。其書法尺牘散見於唐臨諸法帖、十七帖、日本的喪亂、孔侍中等名品。其子王獻之亦為書法家。

羲之曾指導陳郡謝氏的謝安，謝安書法亦成一格。

355 年，王羲之託病辭會稽內史，不問國事，定居浙江紹興終老，死時年 58 歲。

歐陽詢　557~641　潭州臨湘（今湖南長沙）人

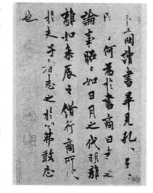

歐陽詢，字信本，陳朝大司空歐陽頠的孫子。唐代書法家。他的楷書字體，成為後來學習書法者經常模仿的對象。

570 年，13 歲，任陳朝廣州刺史的父親歐陽紇舉兵反陳，失敗被殺，全家為此而受到株連。歐陽詢因年幼而幸免於難，被他父親的舊友中書令江總收養，並督教他經史書法。歐陽詢聰敏勤學，讀書數行同盡，少年時就博覽古今，精通《史記》《漢書》《東觀漢記》三史。後出仕隋太常博士。

歐陽詢的書法，最初仿效王羲之，但不囿於一家：據說有一次歐陽詢騎馬外出，偶然在道旁看到晉代書法名家索靖所寫的石碑。他騎在馬上仔細觀看了一陣才離開，但剛走幾步又忍不住再返回下馬觀賞，讚歎多次，而不願離去，便乾脆鋪上氈子坐下反覆揣摩，最後竟在碑旁一連坐臥了 3 天才離去。歐陽詢篤好書法達到痴迷的程度，由於勤學苦練，故能獨闢蹊徑自成一家。

歐陽詢的形貌很醜陋，但他的書法卻譽滿天下，人們都爭著想得到他親筆書寫的尺牘文字，一旦得到就視作瑰寶，作為自己習字的範本。

618~624 年間，高句麗特地派使者來長安求取歐陽詢的書法。唐高祖李淵感嘆地說：「沒想到歐陽詢的名聲竟大到連遠方的夷狄都知道。他們看到歐陽詢的筆跡，一定以為他是位形貌魁梧的人物吧。」

唐太宗貞觀初年，歐陽詢升為太子率更令（因而又被稱為歐陽率更），弘文館學士，封渤海縣男。八十五歲時辭世。

褚遂良　596~658　錢塘(今浙江杭州)祖籍河南郡陽翟縣(今河南禹州)人，

褚遂良，字登善，封河南郡公，故又世稱褚河南，唐朝政治家，書法家。

先祖為褚少孫，曾補《史記》，父褚亮時遷杭州。博學多才，精通文史。隋末時跟隨薛舉為通事舍人。後在唐朝任諫議大夫，中書令等職。

649 年，與長孫無忌同受太宗遺詔輔政。唐高宗欲立武則天為皇后，褚遂良與長孫無忌堅決反對，後遭貶潭州（長沙）都督。武后即位後，轉桂州（桂林）都督，再貶愛州（今越南北境清化）刺史，

658 年，卒於任所。遂良二子褚彥甫、褚彥仲亦被殺。今杭州有褚家堂。

褚工於書法，初學虞世南，後取法王羲之，與歐陽詢，虞世南，薛稷並稱「初

唐四大家」。其特點是善把虞、歐筆法融為一體，方圓兼備，舒展自如。《唐人書評》中把褚遂良的字譽為「字里金生，行間玉潤，法則溫雅，美麗多方」，宋代大書法家米芾也稱頌他為「九奏萬舞，鶴鷺充庭，鏘玉鳴璫，窈窕合度」，傳世碑刻有「伊闕佛龕記」「孟法師碑」「聖教予」等，墨跡有「倪寬贊」。

顏真卿

709-785 京兆萬年（今陝西西安）人，祖籍琅琊臨沂孝悌里（今山東省費縣方城諸滿村）。山東臨沂

顏真卿，字清臣，唐代政治家、書法家。父顏惟貞，任太子文學。真卿「少好儒學，恭孝自立。貧乏紙筆，以黃土掃牆，習學書字，攻楷書絕妙，詞翰超倫」。

顏真卿書正楷端莊雄偉，氣勢開張；行書遒勁有力，人稱「顏體」，與柳公權並稱「顏柳」，有「顏筋柳骨」之譽。蘇軾曾說：「詩至於杜子美，文至於韓退之，畫至於吳道子，書至於顏魯公，而古今之變，天下之能事盡矣。」傳世顏真卿的作品比較多，著名的墨跡據說有138種。

734年進士，充當河西隴左軍城覆屯交兵使，

743年前去洛陽訪張旭。

755年，安祿山叛亂，獨守平原堅守不降。後肅宗即位，拜顏真卿為太子太師，封魯郡公，因此人稱「顏魯公」。

768年赴任撫州刺史，官至殿中侍御史。顏真卿敢於諍言：「奈何以一時忿，欲危宋景後乎？」因遭到宰相楊國忠排斥。

李希烈欣賞顏真卿，將其領入驛館，逼顏真卿代己申冤，顏真卿不從，用盡各種辦法皆不能使顏真卿屈服。顏真卿自度必死，乃作遺表，又自寫墓誌、祭文。

李希烈之弟李希倩被唐廷處死，希烈大為惱怒，785年8月23日將顏真卿縊死於龍興寺柏樹下，終年76歲。嗣曹王李皋聞訊大哭。叛亂平定後，顏真卿的靈柩護送回京，葬於京兆萬年顏氏祖墳。德宗詔文曰：「器質天資，公忠傑出，出入四朝，堅貞一志。」廢朝八日。

懷素　725~785　湖南長沙人（另一說零陵人）

懷素，書法家。字藏真，俗姓錢。精勤學書，以善狂草出名。

幼年出家，最初修習佛經、歷律書，後來留意於書法。懷素在參禪的時候，也喜歡筆墨，曾經西遊長安，後遷至京兆。遍訪唐朝名家，並且尋訪前朝遺書，融會貫通，書法技藝大進。懷素經常性的生病，每次病痊癒之後，書法體勢就會產生新的變化。

相傳禿筆成家，廣植芭蕉，以蕉葉代紙練字，所以把他居住的地方叫「綠天庵」。三十歲成名早期後，來到長安。早年書法作品筆勢縱橫馳突，體態健緩跌宕，因以婆娑爛漫形象，別開生面，情韻不減而境界別出。他的性情疏放豪宕，不拘細行，頗好嗜酒，每當酒酣興發，一遇到寺壁里牆、衣裳器皿，無所不書，唐朝人稱為「醉僧」。懷素的草書如聽雨旋風，字字飛動，宛若有神。運筆如遊絲裊空，圓轉自如，雖野逸而法度具在。晚年趣於平淡。

柳公權　778-865　京兆華原(陝西耀縣)

柳公權，字誠懸，大書法家。柳公權封河東郡公，後亦稱「柳河東」。公權是顏真卿的後繼者，但惟懸瘦筆法，自成一格；後世以「顏柳」並稱，成為歷代書法楷模，有「顏筋柳骨」之說。

二十九歲進士狀元及第，因書法受唐穆宗拔擢，官至太子少師，世稱「柳少師」，卒於任上。

柳公權的書法在唐朝當時即負盛名，民間更有「柳字一字值千金」的說法。他的書法結體遒勁，而且字字嚴謹，一絲不苟。在字的特色上，初學王羲之，後師顏真卿，以瘦勁著稱，所寫楷書，體勢勁媚，骨力道健，以行書和楷書最為精妙。也由於他作品獨到的特色，因此，柳公權的書法有「柳體」之稱，唐穆宗嘗問柳公權用筆之法，公權答：「用筆在心，心正則筆正。」穆宗為之動容。

宋代朱長文《墨池編》說：「公權正書及行楷，皆妙品之最，草不夫能。其法出於顏，而加以遒勁豐潤，自名家。」《舊唐書》講：「公權初學王書，遍閱近代書法，體勢勁媚，自成一家。當時公卿大臣家碑版，不得公權手書者，人以為不孝。外夷入貢，皆別署貨幣，曰此購柳書。」

837 年柳公權為諫議大夫 842 年為太子詹事 865 年柳公權卒

祝允明　1460-1526　長洲(今江蘇蘇州)人.

祝允明，字希哲，號枝山。因生而右手有六指，自號「枝指生」。明代文學家，擅書法，行楷有王羲之風範.。當時與徐禎卿、唐寅、文徵明號稱「吳中四

才子」。自幼天資聰穎奮好學，5歲時就能書一尺見方的大字，9歲便能作詩文，被稱為「神童」。10歲已博覽群書，文章瑰麗，才智非凡。7歲即中秀才，32歲中舉人，此後屢試不第。授廣東惠寧知縣，不久遷任應天府通判。謝病歸里，嘉靖五年（1526年）卒。擅長詩文和書法，特別是其狂草頗受世人讚譽，流傳有「唐伯虎的畫，祝枝山的字」之說。王世貞在《藝苑卮言》中評價道：「天下書法歸吾吳，祝京兆允明為最，文待詔征明、王貢士寵次之」。祝枝山所書寫的「六體書詩賦卷」、「草書杜甫詩卷」、「古詩十九首」、「草書唐人詩卷」及「草書詩翰卷」等都是傳世墨跡的精品。

王寵　1474-1533　長洲（今江蘇蘇州）江蘇吳縣

王寵，字履仁、履吉，號雅宜山人，明代書畫家，善書法、山水畫與篆刻。書法初學蔡羽，後規範晉唐，楷書師虞世南、智永；行書學王獻之，與祝允明、文徵明齊名，被譽為吳門三家，好像拙於點畫安排巧妙遒美圓渾.

王寵命運多舛，仕途不佳，屢試不第，僅以貢生人南京

國子監，成為一名太學生，世稱『王貢上』、『王太學』。由此，王寵沉溺於詩書畫之中，寄情于山水之間，年僅四十幾歲便去世。王寵所書的《琴操》：「兼正行體，意態古雅，風韻遒逸，所謂大巧若拙，書家之上乘也。

朱耷(八大山人)　約1626~約1705　明末清初江西南昌人，

八大山人，名朱耷(音「搭」)，法名傳綮，字刃庵。又用過雪個、個山、個山驢、驢屋、人屋、道朗等號，譜名統□（上「林」下「金」），　明朝宗室，寧王朱權九世孫，著名書畫家，清初畫壇「四僧」之一。

八大山人的山水和花鳥畫都具有強烈的個性化風格和高度的藝術成就，尤其是其簡筆寫意花鳥畫。他的書法亦與他的繪畫風格相似，極為簡練，風格獨特，常有出人意料的結構造型。在創作上他取法自然，筆墨簡練，大氣磅礴，獨具新意，創造了高曠縱橫的風格。三百年來，凡大筆寫意畫派都或多或少受了他的影響。清代張庚評他的畫達到了「拙規矩於方圓，鄙精研於彩繪」的境界。他作畫主張「省」，有時滿幅大紙只畫一鳥或一石，寥寥數筆，神情畢具。他的書法具有勁健秀暢的氣格。篆刻形體古樸，獨成格局。

朱耷在形成自己風格的發展過程中，繼承了前代的優良傳統，又自闢蹊徑。他的花鳥畫，遠宗五代徐熙的野逸畫風和宋文人畫家的蘭竹墨梅，也受明林良、呂紀、陸治的技法影響，尤致意青藤白陽的粗放畫風。他的山水畫，遠尚南朝宗炳，又師法董、巨、米芾、倪、黃以至董其昌等人的江南山水。在書法方面，他精研石鼓文，刻意臨寫漢、魏、晉、唐以來的諸家法帖，尤以王羲之的為多。《楊柳浴禽圖》朱耷繪畫藝術的特點大致說來是以形寫情，變形取神；著墨簡淡，運筆奔放；布局疏朗，意境空曠；精力充沛，氣勢雄壯。他的形式和技法是他的真情實感的最好的一種表現。筆情恣縱，不構成法，蒼勁圓秀，逸氣橫生，章法不求完整而得完整。他的一花一鳥不是盤算多少、大小，而是著眼於布置上的地位與氣勢。及是否用得適時，用得出奇，用得巧妙。這就是他的三者取勝法，如在繪畫布局上發現有不足之處，有時用款書雲補其意。八大山人能詩，書法精妙，所以他的畫即使畫得不多，有了他的題詩，意境就充足了，他的畫，使人感到小而不少，這就是藝術上的巧妙。

陳繼儒 1558~1639 松江府華亭（今上海松江）人

陳繼儒，字仲醇，號眉公、麋公。明代文學家、書法家、畫家。
自幼聰穎，為同郡大學士徐階器重。廿九歲時，取儒生衣冠焚棄之，隱居崑山之陽（山南），築室東佘山，杜門著述。黃道周給崇禎帝上疏提到：「志向高雅，博學多通，不如繼儒」。善繪畫、書法，「善寫水墨梅花，即其制創，無不堪垂後世也。」，「畫山水涉筆草草，蒼老秀逸，不落吳下畫師恬俗魔境。」。書法師法蘇軾、米芾，凡蘇軾字帖、斷簡，必極力搜採，手自摹刻之，曰晚香堂帖。與同郡董其昌齊名，董其昌云：「眉公胸中素具一丘壑，雖草草潑墨，而一種蒼老之氣豈落吳下畫師恬俗魔境。」。著有《眉公全集》《晚香堂小品》等《明史》有傳。

黃道周 1585~1646 福建東山縣人

黃道周，字幼玄（又作幼元、幼平），又字螭若、細遵，號石齋，諡忠烈，乾隆時改諡忠端，人稱石齋先生，閩南、台灣尊稱為「助順將軍」，學者、書法家、藝術家、明朝官員，明亡後抗清，被俘殉國。

出生世家，年少家貧，在福建銅山（今屬東山縣）島上石室刻苦攻讀，曾在閩南漳州和廣東潮州收徒講學。有「閩海才子」之譽。

1622年，進士，與倪元璐、王鐸同期。崇禎時任右中允，

1638年，因指斥大臣楊嗣昌等私下妄自議和，七月初五日崇禎帝在平台召開御前會議，要楊嗣昌與黃道周當場辯論，連貶六級，謫戍廣西。遂辭官，於鄴山講堂開壇講學。

明亡後，任南明禮部尚書，「嚴冷方剛，不偕流俗」，楊廷麟曾力薦他充講官兼直經筵。弘光帝亡後，至福建福州。隆武帝封武英殿大學士兼吏部、兵部尚書。但兵權落入鄭芝龍手中，時清廷頒布剃髮令，江南人民求救於南明隆武朝廷，芝龍養兵自重，不發一兵一卒。黃道周只得返鄉籌兵籌糧。

1645年9月19日，道周募眾數千人，馬僅十餘匹，另有一月糧，出仙霞關，與清兵抗擊。施琅曾一度與他前往，不久卻徑自返回福建。夫人蔡氏嘆道：「道周死得其所了！」。

10月初抵達廣信（今上饒），募得三個月兵糧，分兵三路，向清兵發起進攻，一路向西攻撫州（今臨川），另兩路北上分攻婺源、休寧，不久三路皆敗。

12月6日，黃道周率隊向婺源出發，至童家坊，得知樂平已陷，24日，抵明堂里時遇伏，參將高萬容逃，於是全軍崩潰，道周被徽州守將張天祿俘獲。

至金陵獄中，獄中吟詠如故，清廷派明舊臣洪承疇勸降，黃道周寫下這樣一副對聯：「史筆流芳，雖未成名終可法；洪恩浩蕩，不思報國反成仇。」將史可法與洪承疇對比。承疇頗愧，上疏請求免除道周死刑，清廷不准。後絕食十二日，期間其妻蔡氏來信：「忠臣有國無家，勿內顧」。

1646年3月5日，就義，臨刑前，盥洗更衣，取得紙墨，畫一幅長松怪石贈人，還給家人留下了遺言：「蹈仁不死，履險若夷；有隕自天，捨命不渝」。至東華門刑場上，向南方再拜，道周撕裂衣服，咬破手指，有血書遺家人：「綱常萬古，節義千秋；天地知我，家人無憂。」最後頭已斷而身「兀立不仆」，其門人蔡春溶、賴繼謹、趙士超和毛玉潔同日被害，人稱「黃門四君子」。

倪元璐　1593~1644年　浙江上虞人

倪元璐，字玉汝，號鴻寶。政治人物、書法家。學顏真卿、王羲之、王獻之。秦祖永《桐陰論畫》「元璐書法靈秀神妙，行草尤極超逸。」著有《倪文貞集》。

1622年，進士，授庶吉士，任編修。崇禎時，元璐請求毀去《三朝要典》，逐來宗道、楊景辰等閹黨。歷遷南京國子監司業、右中允。

1631年，進右諭德，充日講官，進右庶子。

1635年，遷國子監祭酒。後被溫體仁嫉妒，因而去官閒住。

1642年，重新啟用為兵部右侍郎兼侍讀學士。次年至京，面陳制敵機宜。五月，破格提拔為戶部尚書兼翰林院學士，仍充任日講官。

1644年，弘光時，追贈少保、吏部尚書，諡文正，清朝賜諡文貞。

父倪凍，歷知撫州、淮安、荊州、瓊州四府。弟倪元珙，與元璐同榜進士。

石谿　1612～?　湖南常德人

石谿，明末清初畫家。清初四僧之一。俗姓劉，居南京。幼年喪母，遂出家為僧。法名髡殘，字石谿，一字介丘，號白禿，一號殘道者、電住道人、石道人。他削髮後雲遊各地，43歲時定居南京大報恩寺，後遷居牛首山幽棲寺，度過後半生。性寡默，身染痼疾，潛心藝事，與程正揆（程正揆，號青谿道人）交善，時稱二谿，藝術上與石濤並稱二石。

善畫山水，亦工人物、花卉。山水畫主要繼承元四家傳統，尤其得力于王蒙、黃公望。構圖繁複重疊，境界幽深壯闊，筆墨沉酣蒼勁，以及山石的披麻皴、解索皴等表現技法，多從王蒙變化而來；而荒率蒼渾的山石結構，清淡沉著的淺絳設色，又近黃公望之法。他還遠宗五代董源、巨然，近習明代董其昌、文徵明等，兼收並蓄，博採眾長。在學習傳統基礎上，重視師法自然，自謂"論畫精髓者，必多覽書史。登山寡源，方能造意"。"僻性耽丘壑"、"泉石在膏肓"，主觀的情感、性靈與客觀的景物、意境相感應、交融，使其山水畫景真情切，狀物與抒情成為一體。所作山水，在平淡中求奇險，重山複...

宋曹　1620~1701　湖北鹽城郊區北宋莊人

宋曹，字彬臣，又字臣，號射陵，又號耕海潛夫。宋曹曾祖、祖父起，皆以舉人入官。明末清初大書法家，工書法，亦善詩文。退隱故里，壯游山河，吟留下感懷言志的洋洋詩篇。《會秋堂詩文集》是他的詩作精華，也是他的詩學代表作。著有《書法約言》、木刻雙鉤《草書千字文》《杜詩解》《會秋堂詩文集》等書，這些書作用很大，對後人的書法、詩文有很大的指導意義。入清後，他不滿清政府的腐朽統治，不願做官，過著隱居生活，自號耕海潛夫，以書詩自娛，寫下許多名詩，其詩篇表達了他對勞動人民困苦生活的深切同情和對清廷腐敗統治的仇恨，是一位很有骨氣的愛國詩人。

其父鼎舞公是三科武舉，博學好古。宋曹自幼受其薰陶，早得啟蒙。宋曹雖為獨子，但其父對他要求甚嚴，不要其舞槍弄棒，卻讓他舞文弄墨。

11627年，7歲即讀帖臨池，酷暑嚴寒從不間斷，十載筆耕，自勤不息。而立之年，宋曹能詩能書，矚目鄉里。宋曹雖才華出眾，但仕途並不得志。明崇禎時，1645年，25歲，官至中書舍人，其位級從七品官。南明複亡，

1642年，宋曹好友司石盤、厲豫等人因不滿清朝黑暗統治，舉兵起義，兵敗淮安。宋曹受其牽連，身陷囹圄。營釋後，攜家小隱居到30公里以外的湯莊，築"蔬枰園"侍奉老母。宋曹隱居北宋莊，寺廟主持喜出望外，請他題名"龍興禪院"，他欣然揮毫。抗戰爆發，禪院毀于戰火，宋曹真跡隨之蕩然無存了。三十寒暑，宋曹閉門養息，會友談藝，聚首唱和，遂使詩書融合，造詣日深。康熙元年到八年間，兩度詔舉，不肯出林，仍隱逸湯村。

1661年，他的書法藝術已達純熟地步。書成《草書千字文》，書法氣勢融貫、跌宕起伏，如行雲流水，確有大河奔湧，一瀉千里之勢。現"宋曹故居"內有"草

書千字文石刻，供人觀賞。"晚年的宋曹，學與年俱進，而書法更臻精善。除《草書千字文》之外，撰成《書法約言》。他的書法作品在日本、上海、常熟等地博物館多有收藏。

1667年，會顧炎武，互贈詩賦，結為友好。歷數載，他縱覓南北名碑，吮吸精髓，悟入微際，並加以融會貫通，取捨揚棄，為自己尋得一條正宗的書法道路。

1678年，清以纂修明史，開博學鴻詞科，徵召海內名儒，侍郎嚴沆和江蘇巡撫慕無顏共舉宋曹為博學鴻詞，他均以母老固辭未赴。

1683年，編撰《江南通志》，志書編成，宋曹堅不留名，最終《江南通志》僅署了恭貽的名字。于成龍敬重他的人品，稱他為"射陵先生"。于成龍邀其出山，終於使宋曹結束了隱居生涯。為了實現書法方面的抱負，他毅然離家出遊，浪跡江淮，客維揚、潤州、昆山、蘇州、杭州等地，拜師會友，吊古覓勝。

翁方綱　1733~1818　順天府大興縣（北京市）人。

翁方綱，清代書法家、文學家、金石學家。字忠敘，一字正三，號覃谿，晚號蘇齋，

1752年，壬申恩科進士。選庶吉士，散館授編修。歷官國子監司業、內閣學士等，後出督廣東、江西學政。

1791年，提督山東學政。

1793年，奉旨回京供職。

1799年，左遷鴻臚寺卿。

1807年，重赴鹿鳴宴，獲賜三品銜。

1814年，再赴恩榮宴，加二品銜，其時年已八十二歲。

1818年，卒。

翁方綱精研經術，有書、禮、論語、孟子附記。精於金石學，著有《兩漢金石記》《粵東金石略》《漢石經殘字考》《焦山鼎銘考》《廟堂碑唐本存字》《復初堂集》《石洲詩話》等

方綱精研經術，嘗謂考訂之學，以衷於義理為主，論語曰「多聞」、曰「闕疑」、曰「慎言」，三者備而考訂之道盡。時錢載斥戴震為破碎大道，方綱謂：「詁訓名物，豈可目為破碎？考訂訓詁，然後能講義理也；然震謂聖人之道，必由典制名物得

之，則不盡然。」

翁方綱讀群經，有書、禮、論語、孟子附記，並為經義考補正。尤精金石之學，所著《兩漢金石記》，剖析毫芒，參以說文、正義，考證至精。所為詩，自諸經註疏，以及史傳之考訂，金石文字之爬梳，皆貫徹洋溢其中。論者謂能以學為詩。他著有《復初齋全集》及《禮經目次》、《蘇詩補注》等。

鄧石如　1743~1805
安徽懷寧人

鄧石如，「完白山人」。鄧原名琰，字頑伯，號完白山人、完白、故浣子、游笈道人、鳳水漁長、龍山樵長，清代書法家、篆刻家、畫家、文字學家於一生的藝術大師和學者，安徽懷寧（今安徽安慶）人。

鄧少時家貧，9歲時讀過1年書，停學後采樵、賣餅餌糊口。後又靠寫字、刻印謀生。曾在江寧大收藏家梅鏐處8年，十分勤奮向學。後研習碑拓，苦練隸書等書體，終於成為有清一代傑出的書法家和篆刻家。乾隆五十六年(1791年)，在湖廣總督畢沅處做了3年幕僚。張惠言、包世臣都曾向他學習書法。

他在書法篆刻上長期苦心鑽研，使他融會貫通這兩大藝術領域，得到諸多如「求規之所以為圓，與方之所以為矩者」等的藝術體悟。由於他的篆刻藝術風格鮮明，獨樹一幟，技法精湛，世稱「鄧派」。他在書法史篆刻史上都是一位承前啟後的大師巨匠。鄧稼先是他的六世孫。

蔣仁　1743~1795　浙江杭州府仁和縣（杭州）

蔣仁，初名泰，後更名仁，字階平，號山堂、吉羅居士、女床山民、銅官山民、太平居士、罨畫溪山院長。清代篆刻家。

一生布衣，篆刻以丁敬為宗，又有新意，以樸拙取勝，「人品絕高，自秘其技，不肯輕易為人作，故流傳絕少」。與丁敬、黃易、奚岡齊名，為「西泠八家」之一。性情孤僻，寡言笑，終身與世隔絕。由好友邵志純為其晚年籌劃生計。善書法，彭紹升推為當代第一。有齋堂為磨兜堅室、吉羅庵。

伊秉綬　1754~1816　福建汀州寧化人出生於寧化城關

伊秉綬，字組似，號墨卿，晚號默庵。父伊朝棟1769年進士。1769年秉綬補生員，四十四年秋中舉人，史稱伊秉綬「通程朱理學」。

1789年，中進士，初授刑部額外主事，擢拔為浙江司員外郎，歷任刑部主事、刑部員外郎、刑部郎中。

1799年，出任廣東惠州知府，因故謫戍軍台，後升為揚州知府。

1815年，病故於揚州，供奉於「三賢祠」內。

伊秉綬工書法，曾向劉墉學書法，與鄧石如合稱「南伊北鄧」。何紹基《東洲草堂詩抄》稱：「丈人八分出二篆，使墨如漆楮如簡。行草亦無唐後法，懸崖

溜雨弛荒蘚。不將俗書薄文清，覷破天真關道眼。」謝章鋌《睹棋山莊詞話》載：「墨卿每朝起學筆畫數十百圈，自小累大，至勻圓為度。蓋謂能是，則作書腕自健。」向燊說：「墨卿楷書法《程哲碑》，行書法李西涯，隸書則直入漢人之室。即鄧完白亦遜其醇古，他更無論矣。」

1984 年 10 月上海書店出版《伊秉綬隸書墨跡選》。

民間相傳伊麵（臺灣寫作意麵）即為伊秉綬家廚師所發明。

趙之謙　1829.7.9.~1884

浙江紹興

趙之謙，清代書法家、畫家、篆刻家。初字益甫，號冷君；後改字偽叔，號悲庵、梅庵、無悶等。

趙之謙的篆刻成就巨大。近代的吳昌碩、齊白石等大師都從他處受惠良多。

少年時期家道中落。

1849 年，20 歲考中秀才。

1859 年， 浙江鄉試舉人。

1860 年，太平天國運動爆發，戰亂擾斷了他的科舉夢。在此期間他家破人亡，多年的文物珍藏和大量作品也因戰火流失殆盡。此後他進京趕考屢試不第，遂絕功名之心，呈請替補為江西候補知縣。46 歲時再娶，復得子女。

1884.10.1.，積勞成疾而逝，享年 56 歲。

《六朝別字記》《補環字訪碑錄》《國朝漢學師程續記》《悲盦居士文存》《悲盦居士詩謄》《二金蝶堂印譜》

華世奎　1863~1942

祖籍江蘇無錫，世居於天津

華世奎，字啟臣，號璧臣。書法家，天津「八大家」之一。

1864 年，華世奎生於天津老城廂東門裡。

1879 年，16 歲，中秀才。

1893 年，19 歲，中舉人，自內閣中書考入軍機處，薦升三品銜領班軍機章京。

1911 年，　奕劻組內閣，華世奎任內閣丞。袁世凱任內閣總理，為正二品。

1912 年，辛亥革命後，華世奎以省親為名棄官，寓居天津，在天津意租界購買了房產，自居清朝遺老，號「北海逸民」，終生未剪去辮子，且不使用民國年號，不做官從政，醉心詩文及書法。

華世奎訂有「筆單」。他和孟廣慧、嚴修、趙元禮並稱為津門書法四大家。其代表作為手書的「天津勸業場」五字巨匾，字大 1 米。

熱心天津文化事業，曾主持崇化學會、國文觀摩社、城南詩社等文化團體，並長期擔任天津文廟主持。程克擔任天津市長時，受商震囑託，每月從天津市財政局為華世奎撥千元以供其生活，被華拒絕。程克乃每月撥 600 元為崇化學會的經費，餘款 400 元作為天津文廟的修繕費用，直到 1937 年日本佔領天津為止。

1941 年，華世奎開始戒除鴉片煙。

1942 年，在北京病逝，享年 79 歲。溥儀請諡，獲賜諡號「貞節」。

孟廣慧　1867~1939　祖籍山東鄒縣，世居天津，

孟廣慧，字定生，號遠公，與嚴修、華世奎、趙元禮並稱近代天津四大書法家。從小從父學書法，12 歲能摹寫何紹基字，喜好古物，收集各朝代出土文物。著有《兩漢殘石編》、《定生藏泉》。

1898 年，濰縣古董商范壽軒至天津，告知安陽殷墟小屯村發現甲骨，孟定生以為是古代的簡策，促范壽軒前往收購，

1899 年，范壽軒帶了一批甲骨帶到天津，廣慧共收購甲骨 431 片。後來 430 片歸楊富村收藏，後又歸廣慧的學生李鶴年。

1951 年，李鶴年保留 30 片，其餘 400 片轉售給文化部社會文化事業管理局。

趙元禮　1868~1939　直隸天津人

趙元禮，字幼梅，詩人、書法家，政治人物。

清朝光緒年間，趙元禮五次應試不中。20 歲起，開始以教私人家學為生，曾為李叔同的詞賦老師。中華民國成立後，轉入實業界。曾任直隸省銀行監理官，直隸省中華民國第二屆國會參議員，中國紅十字會天津會長。

趙元禮長於詩文、書法。在書法方面，趙元禮專工蘇體，與華世奎、孟廣慧、嚴修並稱「津門四大家」。其詩文曾獲李慈銘、陳三立等人讚賞，與嚴修、王守恂並稱「天津近代詩壇三傑」。趙元禮常在星二社、儔社、城南詩社等詩社與詩友唱和。其中，城南詩社為他與嚴修、林墨青、金息侯、王守恂等人籌設，加入者多達百餘人。

沈尹默 1883~1971 浙江吳興人生於陝西興安府漢陰廳（今陝西安康市漢陰）

沈尹默，書法家，原名君默，留學日本，曾任北京大學教授和校長、輔仁大學教授。1949 年後歷任中央文史館副館長。

「五四運動」從事新文化運動，為《新青年》雜誌的編輯之一。

沈尹默書法工楷書、行書、草書，尤其擅長行書。初學褚遂良，後遍習晉唐諸名家。晚年融會了蘇軾，米芾等人的風格，用筆清圓秀潤，中有勁健道逸之姿。主張以腕行筆，反對模擬結構。著作有《歷代名家書法經驗談輯要釋義》，《二王書法管窺》等。

周伯敏 1895－1965 陝西省涇陽縣涇干鎮人

周伯敏，民主人士，書法家。幼年入味經書院學習。

1930 年代，在南京國民政府監察院工作。抗日戰爭前，曾任中國國民黨南京市黨部書記。西安事變後，調任陝西省教育廳廳長，任內曾在西安創辦「右任中學」，並任西北農學院院長。

1945 年，抗日戰爭勝利後，當選立法院立法委員。

1949 年，周伯敏與立法院留滬立法委員聯合發表公告，擁護中國共產黨。其後，周伯敏當選上海市政協委員，獲聘為上海市人民委員會參事室參事。

　周伯敏受舅父于右任影響，喜愛書法，曾接受于右任指導，其「於派」草書幾可亂真，與張守約、李祥麟等常為于右任代筆。

1965 年，周伯敏在上海逝世，享年 70 歲。

臺靜農 1902~1990 安徽霍邱縣葉家集鎮

臺靜農，本姓澹臺，字伯簡，原名傳嚴，改名靜農。精於書法，長期寫作，筆名青曲、聞超、孔嘉、釋耒等。

父親臺兆基，字佛芩，畢業於天津法政學院，任地方法院推事。1918 年，明強小學，漢口中學畢業，與同學創辦《新淮報》雜誌·

1920 年在北京大學國文系旁聽。

1922 年 1 月在《民國日報》副刊上發表處女作新詩《寶刀》，

1925 年，在輔仁大學、齊魯大學、山東大學、廈門大學等校任教。

1946 年，到臺灣編譯館任職，又在臺灣大學中國文學系做教授。

1948 年 8 月 1 日接台大中國文學系主任，

1968 年 8 月 1 日才交棒給屈萬里，任期 20 年。

1984 年，與梁實秋同時得到中華民國國家文藝獎。

1985 年，與宇野精一（日本人）得到政院頒發的行政院文化獎，

1990 年 11 月 9 日，於臺北病逝。

曾參與編纂《中文大學典》，而其未完成遺稿直到 2004 年才在生前學生何寄澎、柯慶明等整理下，由國立臺灣大學出版，題《中國文學史》。

廿九、名畫家

【魏晉南北朝】

張僧繇〔南朝梁代〕	蕭繹〔508～554 南朝梁代〕	顧愷之〔317～386 東晉〕

【隨唐】

展子虔〔約 550～604 隋朝〕	王維〔盛唐〕	閻立本〔601～671 初唐〕
韓幹〔盛唐〕	李思訓〔651～716 初唐〕	周昉〔中唐〕
李昭道〔初唐〕	韓滉〔723～787 中唐〕	吳道子〔601～671 唐〕

【五代】

顧閎中〔902～970 五代〕	董源〔950，五代〕	周文矩〔五代〕
巨然〔五代〕	荊浩〔855～915 五代〕	黃筌〔五代〕
關仝〔五代〕	徐熙〔五代〕	

【宋朝】

蘇漢臣	夏珪〔南宋〕	武宗元〔北宋〕
黃居寀〔宋〕	李公麟〔1049～1106 北宋〕	崔白〔北宋〕
梁楷〔南宋〕	趙佶〔南宋〕	李成〔919～967 北宋〕
蘇軾〔1037～1101 南宋〕	范寬〔北宋〕	張擇端〔南宋〕
郭熙〔1001~1090 北宋〕	米友仁〔1081～1165 南宋〕	李唐〔南宋〕
龔開〔南宋〕	馬遠〔1189～1223 南宋〕	

【遼金】

趙霖〔遼〕	武元直〔1317～1386 金〕	

【元朝】

趙孟頫〔1254～1322〕	倪瓚〔1301～1374〕	高克恭〔248～1310〕
王蒙〔1308～1385〕	黃公望〔1269～1354〕	錢選〔1235～1303〕
吳鎮〔1280～1354〕		

【明朝】

呂紀〔1429～1505〕	仇英〔1509～1552〕	戴進〔1388～1462〕
陳淳〔1483～1544〕	沈周〔1427～1509〕	徐渭〔1521～1593〕
文徵明〔1470～1559〕	董其昌〔1555～1636〕	唐寅〔1470～1523〕
陳洪綬〔1598～1652〕		

【清朝】

石濤〔1642～1718〕	郎世寧〔1688～1766〕	朱耷〔626～1705〕
丁觀鵬〔1736～1795〕	髡殘〔1612～1692〕	金農〔1687～1763〕
弘仁〔1610～1664〕	鄭燮〔1693～1765〕	王時敏〔1592～1680〕
黃慎〔687～1768〕	王鑑〔1598～1677〕	羅聘〔1733～1799〕
王翬〔1632～1717〕	任頤〔1840～1896〕	王原祁〔1842～1715〕
吳昌碩〔1844～1927〕	吳歷〔1632～1718〕	居廉〔1828～1904〕
惲壽平〔1633～1690〕		

【中華近史】

齊白石〔1864～1957〕	林風眠	黃賓虹
徐悲鴻〔1895～1953〕	潘天壽	劉海粟
傅抱石〔1904～1965〕	吳作人	陳澄波〔1895～1947〕
陳植棋〔1906～1931〕	陳進〔1907～1998〕	陳德旺〔1910～1984〕
林玉山〔1907～ 〕	林克恭〔1901～1992〕	廖繼春〔1902～1976〕
陳慧坤〔1906～ 〕	李梅樹〔1902～1983〕	廖德政〔1920～ 〕
顏水龍〔1903～1997〕	黃土水〔1895～1930〕	楊三郎〔1907～1995〕
林之助〔1917～ 〕	李石樵〔1908～1995〕	溥儒〔896～1963〕
郭雪湖〔1908～ 〕	張大千〔1899～1983〕	〔1901～1974〕
郭柏川	黃君璧〔1898～1991〕	劉啟祥〔1910～1998〕
沈耀初〔1908～1990〕	洪瑞麟〔1912～1996〕	席德進〔1923～1981〕
李澤藩〔1907～1989〕	余承堯〔1898～1993〕	

顧愷之　約345~406　江蘇無錫人

顧愷之，字長康，父悅之，尚書左丞。愷之博學有才氣，嘗為《箏賦》，謂人曰：「吾賦之比嵇康琴，不賞者必以後出相遺，深識者亦當以高奇見貴。」

364年，顧愷之，石棺寺畫維摩詰像，引起**轟動**。

366年，當上大司馬參軍，

392年，為殷仲堪參軍，

405年，升為散騎常侍。

顧愷之多才，工詩賦，善書法，被時人稱為「才絕、畫絕、痴絕」，他的畫線條連綿流暢，如「春蠶吐絲」。著有《論畫》《魏晉勝流畫贊 (摹揚妙法)》和《畫雲台山記》三本繪畫理論書籍(以上三篇文章現今存在最早版本由唐張彥遠歷代名畫記抄錄以傳)，提出「以形寫神」、「盡在阿堵中」的傳神理論。其與曹不興、陸探微、張僧繇合稱「六朝四大家」。

顧愷之畫跡甚多有《司馬宣王像》《謝安像》《劉牢之像》《王安期像》《阮脩像》《阮咸像》《晉帝相列像》《司馬宣王並魏二太子像》《桂陽王美人圖》《蕩舟圖》《虎豹雜鷙鳥圖》《鳧雁水鳥圖》《廬山會圖》《水府圖》《行三龍圖》《夏禹治水圖》。傳世作品有《女史箴圖》《列女仁智圖》《洛神賦圖》。

《女史箴圖》長卷，傳顧愷之的作品，英法聯軍火燒圓明園時被搶劫到英國。這幅畫是世界上最早的有畫家簽字的畫。人物線條圓轉，後人稱之為「春蠶吐絲」，又叫「高古游絲描」，技法上受篆書影響。氣味古樸，其用筆的功力，線條的質量，都是後人很難達到的。

「女史箴圖」於1900年八國聯軍進攻北京時被一名印度英兵（一說是英軍大尉基勇松）為了玉畫扣從某貴婦廉價買下，1903年僅以二十五英鎊賣給大英博物館。前兩段已經流失。大英博物館曾經請日本專家進行修復，為了不使畫作在捲動的過程當中受損，修復後只供攤平展覽。

顧愷之所作《女史箴圖》摹本，現藏於大英博物館。

《列女傳》是漢代的名儒家學者劉向所寫。顧愷之以繪畫的方式傳達書中列女的故事。

《斫琴圖/斲琴圖》傳為顧愷之之宋摹絹本。脫離文字故事性而強調人物的各自特徵。此圖雖不及《洛神賦圖》有名，及具代表性，但在風格特徵上仍凸現出顧愷之的千古一絕。現藏北京故宮博物院。

宋徽宗趙佶 1082.11.2.~1135.6.4.

宋徽宗趙佶，宋神宗十一子，宋朝第八位皇帝，具有相當高的藝術造詣。他兄長宋哲宗無子，死後傳位於他。他自創一種書法字體，後人稱之為「瘦金書」，另外，他在書畫上的花押是一個類似拉長了的「天」字，據說象徵「天下一人」。

宋徽宗酷愛藝術，成立翰林書畫院，即當時的宮廷畫院。以畫作為科舉陞官的一種考試方法，每年以詩詞做題目曾刺激出許多新的創意佳話。如題目為「山中藏古寺」，許多人畫深山寺院飛檐，但得第一名的沒有畫任何房屋，只畫了一個和尚在山溪挑水；另題為「踏花歸去馬蹄香」，得第一名的沒有畫任何花卉，只畫了一人騎馬，有蝴蝶飛繞馬蹄間，凡此等等。

他對自然觀察入微，曾寫到：「孔雀登高，必先舉左腿」等有關繪畫的理論文章。廣泛搜集歷代文物，令下屬編輯《宣和書譜》《宣和畫譜》《宣和博古錄》等著名美術史書籍。對研究美術史有相當大的貢獻。

趙佶擅長繪畫，喜愛在自己喜歡的書畫上題詩作跋，後人把這種畫叫「御題畫」。對鑒別這些畫是否是趙佶的作品有不小的難度。有一觀點確定他的真跡有《詩帖》《柳鴉圖》《池塘晚秋圖》《竹禽圖》《四禽圖》等，而《芙蓉錦雞圖》《臘梅山禽圖》是御題畫。

張擇端 1085~1145. 山東省諸城

張擇端，字正道，北宋著名畫家，早年在開封學畫，曾在北宋宋徽宗時供職翰林圖畫院，專事繪畫，因為丟失官位家居，以賣畫為生。宣和年間翰林待詔，擅長「界畫」，尤善畫舟車、市街、城廓、橋架皆獨具風格。

他的代表作《清明上河圖》《煙雨風雪圖》和《西湖爭標圖》。《清明上河圖》分兩部份，一部份是農村，另一部是市集。畫中有814人，牲畜60多匹，船隻28艘，房屋樓宇30多棟，車20輛，轎8頂，樹木170多棵，往來衣著不同，神情各異，栩栩如生，其間還穿插各種活動，注重情節，構圖疏密有致，富有節奏感和韻律的變化，筆墨章法都很巧妙，頗見功底。據說歷時十年1126年完成，最早由北宋宮廷收藏，靖康之變後流入民間，歷經輾轉，後為南宋賈似道

所得，元朝時期再度進宮，至正年間又被調包，流落民間，後來落到宰相嚴嵩、嚴世蕃父子手上，嚴嵩倒臺，圖被沒收，第三次納入宮廷。經明代皇室收藏，後來太監馮保偷出，在畫上加了題跋，之後真本又不知去向，二百年後，由清朝湖廣總督畢沅收藏，畢沅死後，《清明上河圖》第四次進宮，深藏紫禁城內。
1911年，被溥儀帶至東北，
1945年，收入東北博物館（遼寧省博物館）是中國古代繪畫作品中的極品，收藏在北京故宮。

趙孟頫 1254~1322

字子昂號松雪又號永精宮道人湖州人宋朝室曾以父蔭補官任真州司戶參軍.元代被推薦入朝為官.將書法與畫用筆結合擅長山水、花鳥、人物、鞍馬、竹石、墨戲對元代文人繪畫舉足重輕.同時是一位書法家、藝術家.

黃公望 1269-1354　江蘇省蘇州市常熟市人

黃公望，字子久，號大痴、大痴道人、一峰道人。
元代四大畫家之一，黃公望本陸名望，幼時承黃家有「黃公望子久矣」之語因名公望，精通書畫音律和散曲，尤以山水畫冠絕一時，豪邁蒼秀疏鬆蒼逸代表作「富春山居圖」著稱.
黃公望曾任小吏，1315年九月因張閭貪污事被牽連入獄，開釋後入了全真教出家，並與張三丰、莫月、冷謙等道友交往，隱居在常熟小山頭（今虞山西麓）。
1354年十月二十五日，在常熟逝世，葬虞山西麓。
黃公望在繪畫史上獨樹一幟，被尊為「元四家」之首。
由於成名時已是全真道士，浪跡江湖，所以即使是同時代的人，也沒有講清他的籍貫和逝世時間、地點。關於黃公望的籍貫，目前有多版本的說法，分別有杭州、松江、常熟、富陽、衢州、徽州、莆田和永嘉等說法：

一. 元明間，黃公望的朋友常州人王逢認為黃公望是「杭人」，他在《題黃大痴山水》詩中寫道：「大痴名公望，字子久，杭人……」；

二. 元朝鐘嗣成認為黃公望是松江人，他在《錄鬼簿》中寫道：「黃子久，名公望，松江人。」；

三. 元代末年繪畫鑒藏和史論家夏文彥認為黃公望是常熟人，其在《圖繪寶鑒》里寫明：「黃公望……平江

常熟人。幼習神童，科通三教，旁曉諸藝，善畫山水。」；

四. 同是夏文彥的《圖繪寶鑑》神州國光社本則認為黃公望是衢州人；

五. 1461 年成書的《明一統志》卷三十八：「黃公望，富陽人」，明凌迪知《萬姓統譜》也持富陽說，但明萬曆陳善《杭州府志》則又增加了「徽州人」的說法；

六. 清朝乾隆年間的《大清一統志》卷五十九寫道：「黃公望，莆田人」，乾隆《婁縣誌》卷三十中也寫道：「……相傳莆田巨族，一雲常熟陸神童之弟。」

七. 元末明初，黃岩陶宗義認為黃公望是永嘉人（今溫州市），他《輟耕錄》卷八《寫山水訣》里寫道：「黃子久散人公望，自號大痴，又號一峰，本姓陸，世居平江常熟，繼永嘉黃氏」。

自從元末明初的陶宗義認為黃公望是「常熟陸姓出繼永嘉黃氏」之說後，後人似乎對此備為推崇且廣為流傳。然而元明間的多數著作並無陸氏子之說，包括明寫本元人鍾嗣成《錄鬼簿》，僅陶宗儀所著《輟耕錄》持陸姓出繼黃姓之說。直至清初，曹棟亭刊本《錄鬼簿》更為添枝接葉，說黃公望本姑蘇陸姓，名堅，「髫齡時，螟蛉溫州黃氏為嗣，因而姓焉。其父九旬時方立嗣，見子久，乃云：『黃公望子久矣』」。於是改姓黃，名公望，字子久。清錢陸燦《常熟縣誌》又把黃公望的繼父黃公說成居住在常熟小山。稱黃公望：本陸氏子，少喪父母，貧無依，永嘉黃氏老無子，居於邑之小山，見公望姿秀，異之，乞以為嗣，公望依焉，因用其姓。但據黃公望晚年仍堅持自稱「平陽黃公望」，並且不顧年老體邁，返回浙東老家事實來看，繼子之說，實為臆測之辭。

黃公望學識淵博，工書法，通音律，能詩文，鍾嗣成說他：「公之學問，不在人下，天下之事，無所不知，薄技小藝亦不棄。」50 歲才開始學繪畫，曾得到趙孟頫的指教，陶宗儀說他「畫山水宗董、巨」。黃公望自稱為「松雪齋中小學生」，重視寫生，常在風景名勝地隨筆摹寫，其水墨山水尤為出色，創立了淺絳山水，代表作為《富春山居圖》，鄒之麟在題跋中稱此圖「筆端變化鼓舞，右軍之蘭亭也，聖而神矣!」其著作有《山水訣》是中國山水畫的重要理論著作。

黃公望和吳鎮、倪瓚、王蒙並稱為「元四家」，「以黃公望為冠」，是元代的著名畫家，其中倪瓚和王蒙都曾向他請教過，他的畫風對宋代以來的畫法有創新，對明清的山水畫發展有很大影響。明代評論家王世貞評論說他的畫法「無筆不靈，無筆不趣，於宋法之外，又開生面。」山水畫於「大痴、黃鶴（王蒙）又一變也。」

吳鎮 1280-1354

元代四大畫家之四，出身寒門為人孤潔畫風沉鬱清峻擅水墨山水和墨竹濕筆山川林木郁茂暈色筆鋒雄勁傳世作品有「秋江漁隱圖」

倪瓚 1301-1374
元代四大畫家之二倪瓚作品崇尚天真幽淡為趣.脫出古法別開蹊徑疏林遠岫淺水遙岑偶作涼亭邵杳無人跡.章法極簡.章法簡單墨色清淡纖細浮薄如入神境「簡中寓繁」代表作有「雨後空林圖」

王蒙 1308-1385
元代四大畫家之畫中山水布局滿而不臃密而不塞用筆蓊鬱深秀蒼茫幽致作品有「青汴隱居圖」

沈周 1427~1509. 長洲(江蘇蘇州相城)

沈周，字啟南、號石田、白石翁、玉田生、有居竹居主人等，明代畫家，吳門畫派的創始人，明四家之一。

沈周的曾祖父是王蒙的好友，父親沈恆吉又是杜瓊的學生，書畫乃家學淵源。父親、伯父都以詩文書畫聞名鄉里。

沈周一生家居讀書，吟詩作畫，優遊林泉，追求精神上自由，蔑視惡濁的政治，一生未應科舉，始終從事書畫創作，學識淵博，富於收藏，交遊甚廣，極受眾望，平時平和近人，要書求畫者「履滿戶外」「販夫牧豎」向他求畫，從不拒絕。甚至有人作他的贗品，求為題款，他也欣然應允。文徵明稱他飄然世外「神仙中人」。

繪畫上，早年承受家學，兼師杜瓊。後來博取眾長，出入於宋元各家，主要繼承董源、巨然以及元四家黃公望、王蒙，吳鎮的水墨淺絳體系。參以南宋李、劉、馬、夏勁健的筆墨，融會貫通，剛柔並用，形成粗筆水墨的新風格，自成一家。

早年多作小幅，40歲以後始拓大幅，中年畫法嚴謹細秀，用筆沉着勁練，以骨力勝，晚歲筆墨粗簡豪放，氣勢雄強。

沈周的繪畫，技藝全面，功力渾樸，在師法宋元的基礎上有自己的創造，發展了文人水墨寫意山水、花鳥畫的表現技法，成為吳門畫派的領袖。

沈周畫作有：仿董巨山水圖軸、滄州趣圖卷、卒夷圖、墨菜圖、臥遊圖、東庄圖、牡丹軸、盆菊幽賞圖卷、煙江疊嶂圖卷，筆墨之運用，隨心所欲，滿紙煙巒，誠屬沈周 82 歲晚年傑作。台灣故宮博物院藏有一幅沈周《廬山高圖》軸。

唐寅 1470~1524　南直隸蘇州吳縣人。

唐寅，字伯虎，又字子畏，以字行，號六，如居士、桃花庵主、逃禪仙吏等，吳中四才子之一，明代著名畫家、文學家。

畫史上與沈周、文徵明、仇英合稱「明四家」或「吳門四家」。父親唐廣德，有一妹一弟，弟名申，字子重有「風流才子」名聲。唐寅妻並非秋香，亦無所謂「點秋香」軼事。根據考證，唐寅一生共有三位妻子，十九歲時娶徐氏，徐廷瑞的次女，約廿四歲的時候病逝，後又有娶一女，但碰到科舉弊案牽累而遭去。後娶沈氏，或名九娘，民間傳說下唐伯虎娶了九個妻妾。秋香根本不是華府俏婢女，而是南京一名頗有名氣的青樓妓女，命途坎坷。

唐寅 16 歲即成為生員，

1498 年，鄉試得第一名解元。此時唐寅畫作聲名大噪，才氣洋溢·

1509 年，唐寅在蘇州城北的宋人章莊簡廢園址上築室桃花塢，開始出爐大量優質作品，「江南第一風流才子」「風流畫家」等。

唐寅作畫時間甚早，而且無師自通。吳一鵬在《貞壽圖卷》上提款：「歲丙午，子畏年止十七，而山石樹枝如篆籀，人物衣褶如鐵絲。少詣如是，豈非天授！」早年唐寅可能也跟文徵明一樣，向沈周學畫。如王穉登在《吳郡丹青志》中的《沈周先生傳》裡寫：「一時名士，如唐寅文壁（徵明）之流，咸出龍門，往往致於風雲之表。」但如今所看到唐寅的畫作中，有沈周影響的風格很少，可能早年作品亦多不存，所以難以知道。

唐寅書法亦好，書風比較靠近顏真卿，後來比較接近李邕、趙孟頫。多數人都稱唐寅是揉合「南」「北」的重要畫家·

山水畫有：山路松聲圖、江南農事圖、雙松飛瀑圖、金閶別意圖、函關雪霽圖、洞庭黃茅渚圖、夢仙草堂圖、西州話舊圖·

人物畫有：班姬團扇圖、王蜀宮伎圖、嫦娥圖、李端端乞詩圖、仿唐人仕女圖、陶穀贈詞圖。

文徵明 1470.~1559. 江蘇蘇州人

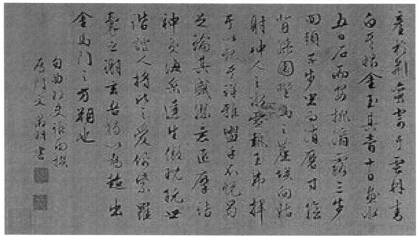

文徵明，初名壁，字徵明，更字徵仲，號衡山居士、停雲生，明代畫家，與唐寅、沈周、仇英合稱為「明四家」（「吳門四家」或「吳門四傑」）；並與唐寅、祝允明、徐禎卿並稱「吳中四才子」。晚年與老師沈周並駕齊驅，繼沈周之後成為吳派領袖。

從正德到嘉靖年間，據《吳門畫史》一書統計，吳派畫家共有876人，人材濟濟，但在當時，出類拔萃，聲名顯赫，唯有沈周、文徵明等一些人。

文徵明早年曾向王韋之父王徽問學，為諸生時，寫字不佳，被列三等，不得參與鄉試，開始努力學書法，但仕途不順，九試皆墨，一直未能考取功名。嘉靖二年（1523年），由工部尚書李充嗣推薦與於朝，經過吏部考核，被授職低俸微的翰林院待詔的職位。這時他的書畫已負盛名，求其書畫的很多，由此受到翰林院同僚的嫉妒和排擠，文徵明心中悒悒不樂，自到京第二年起上書請求辭職回家，三年內三次提出辭呈才獲批准，五十七歲辭歸出京，放舟南下，回蘇州定居，自此致力於詩文書畫，不再求仕進，以戲墨弄翰自遣。

晚年聲譽卓著，號稱「文筆遍天下」，購求他的書畫者踏破門坎，說他「海宇欽慕，縑素山積」。文徵明活了九十歲，是「吳門四才子」中最長壽的一位。他年近九十歲時，還孜孜不倦，為人書墓志銘，未待寫完，「便置筆端坐而逝」。

文徵明學字是從蘇（軾）字入手的。後來文徵明從李應禎學書，李應禎書宗歐陽詢，平正婉和，清潤端方，雖非書法大師，卻是一位書法教育家。他是祝枝山的岳父，又是文徵明的啟蒙老師。他除了把學書心得悉數傳授給文徵明外，還鼓勵他突破傳統，自創新格。在文徵明二十二歲時，李應禎看了他的蘇體字，對文徵明說：「破卻工夫何至隨人腳？就令學成王羲之，只是他人書耳！」這些話影響了文徵明一生。

文徵明在書法史上以兼善諸體聞名，尤擅長行書和小楷，王世貞在《藝苑言》上評論說：「待詔（文徵明）以小楷名海內，其所沾沾者隸耳，獨篆不輕為人下，然亦自入 能品。所書《千文》四體，楷法絕精工，有《黃庭》、《遺教》筆意，行體蒼潤，可稱玉版《聖教》，隸亦妙得《受禪》三昧，篆書斤斤陽冰門風，而楷有小法，可寶也。」

文徵明書法溫潤秀勁，穩重老成，法度謹嚴而意態生動。雖無雄渾的氣勢，卻具晉唐書法的風致。他的書風較少具有火氣，在盡興的書寫中，往往流露出溫文的儒雅之氣。也許仕途坎坷的遭際消磨了他的英年銳氣，而大器晚成卻使他的風格日趨穩健。他的傳世書法有《醉翁事記》《滕王閣序》《赤壁賦》《漁父辭》《離騷》《北山移文》等；畫作有《雨餘春樹圖》《影翠軒圖》《洞庭西山圖》《綠蔭清話圖》《綠蔭草堂圖》《松壑飛泉圖》《石湖詩圖》《失竹》《江南春圖》《古木寒泉圖》《塞村鍾馗圖》《松聲一榻圖》《好雨聽泉圖》《蘭竹》《梨花白燕圖》《水亭詩思圖》《仿王蒙山水》《東園圖》等；著有《莆田集》。

文徵明詩作：

經旬寡人事，　蹤跡小窗前。　暝色連殘雨，　春寒宿野煙。
茗杯眠起味，　書卷靜中緣。　零落梅枝瘦，　風吹更可憐。

石湖煙水望中迷，　湖上花深鳥亂啼。　芳草自生茶磨嶺，　畫橋東注越來溪。
涼風裊裊青蘋末，　往事悠悠白日西。　依舊江波秋月墜，　傷心莫唱夜烏棲。

五十年來麋鹿蹤，　苦爲老去入樊籠。　五湖春夢扁舟雨，　萬裏秋風兩鬢蓬。
遠志出山成小草，　神魚失水困沙蟲。白頭漫赴公車召，不滿東方一笑中。

月夜登閶門西虹橋

白霧浮空去渺然，西虹橋上月初圓。帶城燈火千家市，極目帆檣萬裏船。
人語不分塵似海，夜寒初重水生煙。平生無限登臨興，都落風欄露楯前。

文徵明代表畫作：江南春圖「雨余春樹圖」「関山積雪圖」「江南春圖」「枯木寒泉圖」「真賞斎圖」「千巌競秀圖」「七星檜圖」「渓橋策杖圖」「春深高樹圖」「山雨圖」「臨渓幽賞圖」「綠陰長夏圖」「松壑飛泉圖」「石湖圖」「洞庭西山圖」「金焦落照圖」「金陵十景圖」「拙政園圖」

呂紀　1477~?　浙江寧波人。

呂紀，明朝畫家，字廷振，號樂愚，一作「樂魚」。弘治中為內廷作畫，官錦衣衞指揮。善長花鳥畫，近學邊景昭，遠師南宋院體，除擅長妍麗沉穩的工筆重彩以外，也能冶林良、孫隆為一爐，作水墨淡色寫意，不拘一

格，多畫鳳、鶴、孔雀、鴛鴦之類。所作生意流動，設色鮮麗；泉石布景，也點染煙雨，清新有致。亦寫山水、人物。與邊景昭、林良齊名，為明代花鳥畫的主要作家之一。他的工筆作品有《桂菊山禽》等，寫意作品有《殘荷鷹鷺圖》等。據記載，他還能以特殊的命意進行「畫諫」。他們同中異的藝術成就，不僅承袋了中國花鳥畫「寫意」、「寓意」的優秀傳統，而且在寫意花鳥畫的發展中起到了繼往開來的作用。

陳淳　1482~1544　江蘇吳縣人

陳淳，明代畫家。名道復，更字復父，號白陽山人，原是文徵明弟子，後不拘師法，自成一格，擅長寫意花卉。中年好作山水，師法米友仁、高克恭，提材多為江南風景。陳淳的畫風屬於文人雋雅一派，稱為「白陽」派畫家。與徐渭並稱為「白陽、青藤」。

仇英　約 1494~1552　江蘇太倉後居蘇州。

仇英，字實父，號十洲，中國明代畫家，。吳門四家之一。仇英早年嘗為漆工、畫磁匠，並為人彩繪棟宇，後為文徵明所稱譽而知名於時。後來仇英以賣畫為生，周臣賞識其才華，便教他畫畫，仇英臨摹宋朝人的畫作，幾乎可以亂真，例如《清明上河圖》。仇英作品題材廣泛，擅寫人物、山水、車船、樓閣等，尤長仕女圖，擅長界畫。

仇英畫蹟流傳不多，現傳仇英作品，多為後世之模本，皆市井偽託之作。其作品有：《金谷園圖》《漢宮春曉圖》《右軍洗硯》《職貢圖》《文姬歸漢圖》《柳塘漁艇》《桃村草堂圖》《上林圖》《觀瀑圖》《梅石撫琴圖》《秋江待渡圖》《九歌圖》《子虛上林二賦圖》《赤壁賦圖》《桃源仙境圖》《陸羽煎茶圖》《孤山高士圖》《王子猷移竹圖》《修禊圖》《蕉陰結夏圖》《桐陰清話圖》等。

<u>明四家</u>又稱<u>吳門</u>四家、天門四傑: <u>沈周</u>、文徵明、<u>唐寅</u>、仇英.

錢穀　1508~1572　<u>江蘇蘇州</u>人。

錢穀，字<u>叔寶</u>，少時孤貧失學，壯年後才開始讀書，曾師從<u>文徵明</u>，善畫山水、花鳥。又工書法，師法虞歐，但為畫風所掩蓋，不為人所知曉。又好藏書，喜手抄古書，窮日夜校勘，至老不倦。

徐渭 1521~1593 山陰山陰城大雲坊（今浙江紹興）

徐渭，字文長，號青藤老人、青藤道士、天池生、天池山人、天池漁隱、金壘、金回山人、山陰布衣、白鷳山人、鵝鼻山儂、田丹水、田水月， 明代文學家、書畫家、軍事家。

父徐鏓，母為侍女小妾。少年時天才超逸，入徐氏私塾讀書，「六歲受《大學》，日誦千餘言」，「書一授數百字，不再目，立誦師聽。」，十歲仿揚雄《解嘲》作了一篇《釋毀》，性格豪放，「指掌之間，萬言可就。」二十歲時成為生員。

1541 年，娶同縣潘克敬女為妻，八次應試不中，「再試有司，皆以不合規寸，擯斥於時。」

1547 年，在山陰城東賃房設館授徒，後來為浙閩總督作幕僚，曾入胡宗憲幕府，一切疏計皆出其手，又出奇計大破徐海等倭寇。

1561 年，40 歲才中舉人。

1564 年，胡宗憲以「黨嚴嵩及奸欺貪淫十大罪」被捕，獄中自殺，徐渭作《十白賦》哀之。

1566 年，在發病時殺死繼妻張氏，下獄七年。獄中完成《周易參同契》注釋，揣摩書畫藝術。

1573 年，為狀元張元汴等所救出獄，從此潦倒，浪遊金陵、宣遼、北京，在塞外結識蒙古首領俺答夫人三娘子。

1577 年，回紹興，注釋郭璞《葬書》。

晚年徐渭以賣畫為生，但從不為當政官僚作畫，「有書數千卷，後斥賣殆盡。囷莞破弊，不能再易，至借稿寢。」

他的傳世著作有《徐文長全集》劇本《四聲猿》《歌代嘯》《南詞敘錄》，總結宋、元南戲藝術。

學界有一種說法，認為徐渭就是「金瓶梅」的作者蘭陵笑笑生。

徐渭的繪畫新穎奇特，打破了花鳥畫、山水畫、人物畫的題材界限，水墨大寫意花鳥筆勢狂逸，墨汁淋漓，是寫意花鳥畫成熟的標誌。徐渭在《書謝時臣淵明卷為葛公旦》中指出：「……畫病，不病在墨輕與重，在生動與不生動耳。」他對後來清代八大山人、揚州八怪都有很大影響。例如，鄭燮自稱「青藤門下一走狗」。近代畫家齊白石曾說：「青藤、雪個、大滌子之畫，能橫塗縱抹，

餘心極服之，恨不生前二百年，為諸君磨墨理紙。諸君不納，余於門之外，餓而不去，亦快事故。」吳昌碩說：「青藤畫中聖，書法逾魯公。」

董其昌　1555~1636　松江華亭（今上海松江）人

董其昌，字玄宰，號思白、思翁，別號香光居士，明書畫家。當過塾師，愛好參禪曹洞宗，與新埭鎮泖口陸兆芳友好。

1571 年，17 歲，參加松江府會考，認為董寫字太差，只得第二名，從此發憤臨池，從學於陸樹聲、莫如忠等，得益不少。

1579 年，參加南京鄉試見王羲之《官奴帖》唐摹本驚歎不已。

1589 年，第二甲第一名進士，授翰林院庶吉士，入翰林院學習，禮部左侍郎田一俊病故，護喪到田氏的家鄉福建，

1592 年春，獲授翰林院編修。

1594 年，皇長子朱常洛出閣講學，充任講官。

1598 年，任湖廣按察司副使。

1604 年，出任湖廣提學副使。

1620 年，明光宗即位，為太常寺少卿、掌國子司業事。

1622 年，參修《泰昌實錄》。

1625 年，官至南京禮部尚書。

1626 年，辭官。

1631 年，任禮部尚書、掌詹事府事，同閹黨阮大鋮過從甚密。1636 年，病逝。諡文敏，後世又稱董文敏。著有《容台集》、《容台別集》《畫禪室隨筆》。董其昌繪畫擅長山水，師法董源、倪瓚等人，喜純用水墨。書法初學顏真卿的《多寶塔帖》，之後改學虞世南，又溯及魏、晉，臨摹鍾繇、王羲之，參以李邕和柳公權，特色「平淡天真」。其山水畫如《關山雪霽圖》《秋興八景冊》《江干三樹圖》《山川出雲圖》《山居圖》屬明朝的巔峰之作。傳世書法作品以行書最多，代表作品有小楷書《月賦》，繼祝枝山、文徵明後對後世極有影響，康熙皇帝就酷愛董其昌書法，一生臨寫董字甚豐，曾遍搜董氏真跡。唯董其昌生前索畫者多，董其昌往往請人代筆。

藍瑛　1585~1666　錢塘（今浙江杭州）人

藍瑛，字田叔，號蜨叟，石頭陀，西湖外民，西湖外史，東郭老農等。國畫家。

一生以繪畫為業，為了豐富創作內容，曾雲遊南北四方，飽覽名勝古迹。後人稱為「武林派」，認為他是浙派畫家，稱其為浙派殿軍。稍後的如陳洪綬以及金陵八家等著名畫家，都受他的影響。

藍瑛擅長山水、花卉、蘭石，早年師法唐宋元諸名家，尤以習黃公望最有心得，對當代前輩沈周的畫也熱心效法，筆致工整細潤，墨色清淡妍靜。傳統畫風基礎形成自己獨特風貌，筆墨雄渾蒼勁，用筆有頓挫，線條粗曠。善寫秋景。他的畫作多為大幅山水立軸，圖式以高遠為主，畫法常作青綠沒骨山水，設色鮮艷突目，或水墨小青綠淡着色山水。所畫青山、白雲、紅樹，運用石青、石綠、硃砂、赭石、鉛粉諸色，點染別緻，為明代晚期富有變化的山水作品。《雲壑藏漁圖》《白雲紅樹圖》《一江秋水圖》《仿梅花道人山水圖》《秋林逸居圖》《仿倪瓚山水圖》《華岳秋高圖》《秋禽圖》《銷夏圖》《秋林覓句圖》《仿黃公望山水》《仿宋元山水圖》《秋景山水圖》《溪山秋色圖》《松蘿晚翠軸》《溪山雪霽圖》《萬壑清聲圖軸》

王鐸　1592~1652　河南孟津人

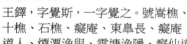

王鐸，字覺斯，一字覺之。號嵩樵、十樵、石樵、癡庵、東皋長、癡庵道人、煙潭漁叟、雪塘漁隱、癡仙道人、蘭台外史、雪山道人、二室山人、白雪道人、雲岩漫士等，世稱「王孟津」，明末清初官員，書畫家。有「神筆王鐸」之譽。博學好古，能作詩、寫文章，兼能繪畫，開創一代書風。

王鐸幼時家境貧寒，「不能一日兩粥」，母親陳氏曾將陪嫁的「釧珥鏈柎鬻之市，以供朝夕」。聰穎慧敏，

1610年，18歲，就學於山西蒲州河東書院，

1622年，成進士，任翰林院庶吉士、編修、少詹事，累擢禮部尚書。南明弘光朝任東閣大學士、次輔。

1646年，作《漁舟蕭閑圖》《枯蘭復花圖》（藏蘇州市博物館）；

1649年，授禮部左侍郎，充《太宗文皇帝實錄》副總裁，官至弘文院大學士，授禮部尚書。

1650年，作《雪景山水圖》《崇山蘭若圖》《蘭石圖卷》《支那名畫寶鑒》。

1651 年，罷官，
1652 年，病逝於孟津，諡文安。葬於偃師縣城東山化鄉石家莊村南。

王時敏 1592.9.19.~1680　南直隸太倉縣（今江蘇太倉市）

王時敏，初名贊虞，字遜之，號
煙客，晚號西廬老人，明末清初
重要畫家。萬曆時首輔王錫爵
孫，翰林王衡獨子。崇禎初年以
廕官太常寺少卿，入清後不仕。
王時敏擅畫山水，少時學<u>董其
昌</u>，並臨摹家藏宋元名作，以<u>黃
公望</u>為宗，筆墨含蓄，渾厚清逸，
唯構圖略少變化。王時敏開創了
山水畫的「婁東派」，對清代畫
壇影響很大。他與王鑒、王翬、
王原祁並稱「四王」，加上惲壽
平和吳歷，合稱「清六家」。王
翬、吳歷皆出其門下，孫王原祁
亦得其指授。

王時敏祖父王錫爵為榜眼及第，在萬曆朝曾任內閣首
輔，富收藏，對宋、元名跡，無不精研。父王衡於 1601 年中榜眼，授翰林院編
修，工詩文書法。王時敏自幼聰慧，工詩文，善書法，繪畫尤有天賦，王錫爵
因而延請名家董其昌為其指導。王時敏從摹古入手，尤宗黃公望山水，刻意臨
摹。
因祖父官居高位，王時敏未經科考，即以廕出任尚寶司丞，升太常寺少卿，仍
兼管尚寶司事。他淡泊仕途，更喜丹青，於崇禎五年（1632 年）稱病辭官，隱
居西田別墅，潛心創作。
1644 年，明亡，清軍一路南下，王時敏歸順清廷，得以保全家業，但仍隱於山
林，專著繪畫，培養子孫輩之學業。1680 年 7 月 12 日，卒於家中，享年 89 歲。

項聖謨　1597~1658　<u>浙江嘉興市</u>

項聖謨，字孔彰，號易庵，明末清初畫家。項聖謨為<u>項元汴</u>之孫，早年學習文
學，後因此擅長古學，董其昌稱其的作品有宋元之氣。其有子<u>項奎</u>。存有《朗
雲堂集》《清河草堂集》風格屬<u>吳門畫派</u>。

陳洪綬　1598~1652　浙江省紹興諸暨人

陳洪綬，字章侯，號老蓮、雲門僧、遲雲、弗遲、悔遲、悔已遲、悔僧、遲和尚，中國明代畫家。

幼年起就喜愛繪畫，傳說他曾經在蕭山來斯行家，見到新粉刷的牆壁，便登上桌案畫了足有八九尺長的關羽像，畫中關羽一手捋髯一手執《春秋》，形象神采奕奕，維妙維肖，他岳父看後驚得是畢恭畢敬，頂禮膜拜，那時陳洪綬方才四歲。曾隨畫家藍瑛學畫，藍瑛讚歎道：「使斯人畫成，道子、子昂均當北面，吾輩尚敢措一筆乎！」，

1615 年，師事浙東名儒劉宗周。

1616 年，洪綬作《九歌》人物十一幅，又畫《屈子行吟圖》一幅，僅用兩日完成。孫杕見陳洪綬作畫時，嘆曰：「使斯人畫成，道子、子昂均當北面，吾輩尚敢措一筆乎?」

1623 年，洪綬妻來氏染病亡故。

1640 年，赴北京參加國子監考試，和方以智、王崇簡等往還。他宦遊北京，捐為監生，奉命臨摹歷代帝王像，並有機會瀏覽臨摹大內皇宮的藏畫，畫技迅速提高。但由於目睹政權的腐敗，當崇禎帝任命他為內廷供奉宮廷畫家時，他抗命不就，

1643 年，南歸隱居紹興。

明代滅亡後，劉宗周自殺殉國，陳老蓮為防止剃頭改服，一度落髮為僧，改號為「悔遲」，曾自云：「豈能為僧，借僧活命而已。」，覺得「酣生五十年，今日始見哭」。一年後還俗，

1649 年，移居杭州，居吳山火德廟這西爽閣，以賣畫為生。晚年曾在浙撫「田雄坐，嘗使酒大罵」，

順治九年，「跌坐床簀，喃喃念佛號而卒」。或說，他「才多不自謀」，「有黃祖之禍」，被田雄所暗殺，一說是被杭州盧子由所害。葬於紹興謝墅官山。他的名作《歸去來圖》《四樂圖》《折梅仕女圖》《溪山清夏圖》等。

他擅長各種題材，人物、山水、花鳥都可入畫，融合古今，自成一格不從俗變，人物形象略為誇張，類似早期印象派畫家，山水畫有裝飾趣味，花鳥挺勁堅硬。當時人評他的畫風變化為「少而妙，壯則神，老而化」。畫的格調「奇怪近於理」。清代張庚《國朝畫征錄》評陳老蓮：「其力量氣局，超拔磊落，在隋唐之上，蓋明三百年無此筆墨也。」他從不為清朝權貴作畫，但對貧窮的親友經常作畫相贈，「凡貧士籍其生者數十百家」。

陳老蓮還為許多名著如《西廂記》、《水滸傳》、《九歌》等繪製不少插圖，是中國最早有名望的插圖畫家。這些插圖刻版印刷，對後來中國的版畫藝術有很大的影響。

<u>1651 年</u>，他繪製了 48 幅《<u>博古葉子</u>》版畫，從名商巨賈到安貧樂道的著名人物畫像，如<u>陶朱公</u>、<u>陶淵明</u>等，刻工是之前合作過《<u>九歌圖</u>》的徽派名手<u>黃建中</u>，這些版畫因為印刷多而廣為流傳。後來的畫家如<u>任頤</u>等都受他很大的影響。陳老蓮的書法也是自成一格，奇特灑脫，還善寫詩，著有《寶綸堂集》。

王鑒　1598-1677　江蘇太倉人。

王鑒，清代著名畫家。字元照，一字圓照，號湘碧，又號香庵主。
1633 年，舉人。後仕至廉州太守，故又稱“王廉州”。王世貞孫。
家藏古今名跡甚富，摹古工力很深，筆法非凡。為“清初六家”之一。擅長山水，遠法董（源）、巨（然），近宗王蒙、黃公望。運筆出鋒，用墨濃潤，樹木叢鬱，後壑深邃，皴法爽朗空靈，匠心渲染，有<u>沉雄古逸</u>之長。間作青綠重色，亦能妍麗融洽。信雲林山水意極綿密。仿山樵山水，仿趙大年《春景》沒骨山水、仿洪穀子設色山水，疏密奇正，純以篆法寫輪廓。仿子久《秋木山色圖’》、《仿黃公望<u>煙浮遠岫圖</u>》、摹沈石田山水、仿董源《秋山圖》仿范華設色山水、仿巨然山水，骨重氣輕。其作品大多摹古，信效名家，缺乏獨創，並具有濃厚的復古思想和形式主義畫風。其著述有《染香庵集》、《染香庵畫跋》。

王翬 1632~1717 <u>江蘇常熟</u>

王翬，字石谷，號耕煙散人、烏目山人、清暉老人，畫家。王翬出身於繪畫世家，祖上五代擅畫，曾祖王伯臣善畫花鳥，祖父王載仕擅長山水、人物、花卉；生父王雲客善畫山水。少時先拜同里張珂為師，專摹元代黃公望的山水畫，少時山水畫見賞於王鑒，被收為弟子，後轉師王時敏，對傳統古畫的鑑賞、臨摹，功力極深，宋以來許多失傳的古畫，借王翬的臨摹得以傳世。筆參古今，貌含南北，畫技之精熟為清代第一。清代張庚的《國朝畫徵錄》 評其為「畫有南北宗，至石谷而合焉」。

1691 年，由宋駿業之薦，上京主持《康熙南巡圖》的一系列製作。南巡圖繪畢，曾獲當時皇太子胤礽接見，賜座、賜食，並賜「山水清暉」四字。歸里之後，求畫者甚眾。所作多為仿古，功力較深，但有時過於圓熟或傷於刻露，而丘壑尤少變化，晚年於簡練中求蒼渾，為論者所重；偶寫花卉，秀雋有致。

王翬是「虞山派」的創始人，與王時敏、王鑑、王原祁合稱「四王」，又與吳歷，惲壽平合稱「四王吳惲」或「清六家」。

惲壽平 1633~1690　武進（今江蘇常州）

惲壽平，初名格，字壽平，號南田，又號雲溪外史、白雲外史，清代著名畫家。
父惲日初為復社要人。八歲能詠蓮，少年遭遇戰亂，隨父參加抗清，兵敗後與
父失散，被總督陳錦之妻收留。陳錦遇刺身亡，壽平扶靈北歸時，在靈隱寺與
父相遇，留寺為僧，後回鄉與家人團聚。

初工山水，筆墨秀峭，後與王翬交往，多作花卉，重視寫生，往往用水墨淡彩，
清潤明麗，自成一格，有「惲派」之稱。

人稱其筆有仙氣，與王時敏、王鑒、王翬、王原祁、吳歷齊名，為「清初六大
家」之一。生前視錢如無物，晚年貧病交迫，卒於清康熙二十九年（1690 年），
由好友王翬出資安葬。

張瑞圖　生歿不詳　福建晉江青陽街道蓮嶼人。

張瑞圖，明朝政治人物，字長公，一字果亭，號二水、
白毫庵主、芥子居士、平等居士、果亭山人等。

早年從事儒業，家貧，日需費用僅靠其母機杼紡織供
給，常以大麥粥充饑。

1607 年，進士，殿試第三，授編修官少詹事，兼禮部侍
郎，以禮部尚書入閣。曾為魏忠賢書寫「頌詞」，並因
趨魏黨仕至武項殿大學士。後魏黨敗，故入逆案，坐徒
贖為民。繼而遁跡江南，隱於青陽裏白毫庵。

後依附魏忠賢，魏忠賢的生祠碑文，多其手書。

1626 年，官至禮部尚書東閣大學士。十月癸丑與黃立
極、李國、施鳳來同為《光宗實錄》總裁，並晉太子太
保文淵閣大學士，十一月晉少保兼太子太保戶部尚書武
英殿大學士。崇禎初年，魏忠賢伏誅，為官言所劾，乞
休去。

張瑞圖善畫山水，尤工書，以「金剛杵」筆法著稱於世。

石濤 1642~1707　廣西全州

清初畫家，原姓朱，名若極，小字阿長，別號很多，如大滌子、清湘老人、苦
瓜和尚、瞎尊者，法號有元濟、原濟等。與弘仁、髡殘、朱耷合稱「清初四僧」。
石濤是中國繪畫史上一位十分重要的人物，他既是繪畫實踐的探索者、革新者，
又是藝術理論家。

石濤是明靖江王朱贊儀的十世孫，朱亨嘉的長子。清初，在國破家亡的命運促使下，由桂林赴全州，在湘山寺削髮為僧改名石濤。

石濤一生浪跡天涯，雲遊四方，在安徽宣城敬亭山及黃山住了 10 年左右，結交畫家，後來到了江寧（南京）。他雖入佛門，但沒有掙脫世俗名利觀念，想得到清廷重用。清聖祖於康熙 1684 年、1689 年兩次南巡時，他在南京、揚州兩次接駕，獻詩畫，自稱「臣僧」。後又北上京師，結交達官貴人，為他們作畫。但終因石濤為明代藩王后裔及和尚的身份，上進無望，返回南京。最後定居揚州，以賣畫為生，並總結與整理他多年來繪畫實踐的經驗與理論，使他晚年的作品更加成熟和豐富多采。石濤著有《畫語錄》。

石濤擅長山水，常體察自然景物，主張「筆墨當隨時代」，畫山水者應「脫胎于山川」，「搜盡奇峰打草稿」，進而「法自我立」。所畫的山水、蘭竹、花果、人物，講求新格，構圖善於變化，筆墨筆墨恣肆，意境蒼莽新奇，一反當時仿古之風。

王原祁 1642~1715　江蘇太倉人。

王原祁，字茂京，號麓台，一號石師道人，清代政治人物、畫家，「四王」之一。王時敏之孫，進士，曾為宮廷作畫並鑒定古畫，後任書畫譜館總裁。官至戶部左侍郎，人稱「王司農」。康熙四十三年入值南書房，康熙常觀其作畫，四十四年奉旨與孫岳頒、宋駿業、吳暻、王銓等《佩文齋書畫譜》100 卷，五十年又主持《萬壽盛典圖》總裁。卒於康熙五十四年（1715 年）。

王原祁得祖父和王鑒之真傳，筆墨功力深厚，喜臨摹黃公望。喜歡用干筆焦墨，層層皴擦，自稱筆端有「金

剛杵」。設色長於淺絳，其重彩之作，青、綠、朱、赭，相映鮮明，有獨到之處，惟有丘壑缺少變化，但功力深厚。與王時敏、王鑑、王翬、吳歷、惲壽平合稱「四王吳惲」或「清六家」，又能詩，有《甌畫樓集》3卷。

高其佩　1660~1734

高其佩，字韋之，號且園、南村。鐵嶺漢軍人。清代著名畫家。
繼父爵位，為知州右侍郎都統。高其佩是指畫的開山祖，
1734年，卒。作品有《鍾馗》《雙駿圖》《仙山樓閣圖》《虎》《柳塘鴛鴦圖》、《高岡獨立圖》等。

蔣廷錫　1669~173　　江蘇常熟人

蔣廷錫，字酉君、楊孫，號南沙、西谷，又號青桐居士，清代政治人物、畫家．擅長花鳥，曾畫過《塞外花卉》七十種，視為珍寶收藏於宮廷。舉人，會試落第，康熙年間纂修《淵鑒類函》《佩文韻府》《萬壽盛典初集》之總裁官。
1717年，擢內閣學士，
1721年，充經筵講官，
1722年，任《分類錦字》之校勘官。
1723年，遷禮部侍郎，調戶部。
1728年，拜文華殿大學士，仍兼理戶部事。次年加太子太傅。
1732年，卒於任內。諡文肅．

華喦　1682~1756　福建上杭人

華喦，字秋岳，原字德嵩，號新羅山人，又號白沙道人、東園生。
早年寓居杭州，後長年客居揚州，以賣畫爲生，於山水、花鳥、人物無一不精，時人稱「領異標新，窮神盡變」。老年自稱為「飄篷者」。晚年回到西湖，卒於家。

高鳳翰　1683~1749　膠州（今山東膠州市）人。

高鳳翰，字西園，號南村又號且園，晚號南阜山人，早年為諸生，
1727年，舉孝友端方，為歙縣縣丞，
1733年，兩淮鹽運使盧見曾保薦官泰州巡鹽分司。去職後流寓揚州。工於花卉，
1737年，病廢右手，遂以左手作畫。嗜硯如癡，著有《硯史》。＼

邊壽民　1684~1752　淮陰舊城梁陂橋。

邊壽民，原名邊維祺，字頤公，又字壽民，號「葦間老人」，「揚州八怪」之一，擅長畫蘆雁，人稱「邊雁」。雍正為親王時，室中曾懸邊壽民所繪四幅蘆雁。邊壽民遊歷各地二十餘年，五十歲後回到家鄉，築「葦間書屋」，著有《葦間書屋詞稿》，收詞 27 闋。又有《葦間老人題畫集》1 冊，為後人從其畫幅中錄出，收錄他所做的詩 70 首、詞 35 闋、跋語 3 則。

鄒一桂　1686~1772 江南無錫（今江蘇省無錫市）

鄒一桂，字原褒，號小山，晚號二知老人，清代進士，官員，畫家。自幼受家庭薰陶，攻讀經書，酷愛繪畫，其山水效宋人，花卉學惲南田，清潤秀逸，別具一格。他精心描繪百科花卉，並各題一詩，集成《百花捲》，進呈乾隆帝，乾隆帝深為讚賞，且亦為《百花捲》題寫絕句百首。

1758 年，鄒一桂辭職回鄉，乾隆帝南巡時，賜「畫禪頤壽」匾額。

1771 年赴京賀皇太后壽辰，加尚書銜。次年回鄉卒於途中年 86。

傳世詩、畫作品有《春華秋實圖》《百花詩卷》《秋山蕭寺圖》《五君子圖》《小山畫譜》《小山詩鈔》等。

金農　1687~1764　浙江仁和（今杭州）人

金農，清書畫家，揚州八怪之一。字壽門、司農、吉金，號冬心先生、稽留山民、曲江外史、昔耶居士等。好遊歷，久居揚州。人生際遇坎坷，平生未做官。少年受業於何焯，並與丁敬等相交，乾隆元年(1736 年)被薦舉博學鴻詞科，入京未試而返。

他博學多才，善詩、古文，精鑒別金石、書畫；工隸書，書法淳樸，楷書自創一格，有隸意，號稱漆書；亦能篆刻，得秦漢法；五十歲後開始畫竹、梅、鞍馬、佛像、人物、山水。尤精墨梅。具造詣新奇，筆墨樸質，別開蹊蹺；所作梅花，枝多花繁，生機勃發，古雅拙樸。

代表作有：《東萼吐華圖》《空捍如灑圖》《臘梅初綻圖》《玉蝶清標圖》《鐵軒疏花圖》《菩薩妙相圖》《瓊姿俟賞圖》等。著述有《冬心詩鈔》《冬心隨筆》《冬心畫梅題記》《冬心畫馬記》《冬心雜著》等書。

鄭板橋　1693～1765.12.12.　江蘇興化人

鄭板橋，字克柔，號板橋，清代畫家，書
法家，文學家。康熙秀才、雍正舉人、乾
隆進士。客居揚州，以賣畫為生。為"揚
州八怪"之一，其詩、書、畫世稱"三
絕"，畫擅蘭 竹。一生經歷豐富，風雨坎
坷，民本剛直的思想。

曾祖父新萬，庠(xiang)生；祖父清之，儒官，
父立本，字立庵，廩(lin)生。少時在真州毛傢橋讀
書，

1716 年，23 歲，與周邑人徐氏成婚，

1717 年，24 歲中秀才，26 歲開始教館。30 歲父鄭
立庵卒，31 歲其子夭折。

1731 年，妻徐氏卒。

1732 年，赴南京參加鄉試，中舉人，作《得南闈捷
音》，

1735 年，43 歲二月，揚州北郊與饒五姑娘定情，題
《西江月》一闋。

1736 年，在京應考，中二甲第八十八名進士。

1737 年，45 歲，乳母費氏卒，復得程羽宸資助，納
饒氏。

1742 年，為范縣縣令，兼暑朝城縣。

1744 年，52 歲，妾饒氏生子。54 歲由范縣改任濰
縣，連任七年。

1765 年十二月十二日，病逝於興化城內升仙蕩畔擁
綠園中，身後無子，以鄭墨之子鄭田過繼，葬子城
東之管阮莊。

鄭板橋為官，體恤百姓、愛民如子，不講排場，因為申請救濟而觸怒瞭上司，被罷官職。

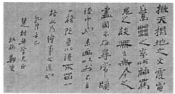

臨行前，百姓都來送行，鄭板橋雇瞭三頭毛驢，一頭自己騎，一頭讓人騎著前邊領路，一頭馱行李。做縣令長達十二年之久，卻清廉如此，送行的人見瞭都很感動，依依不捨。鄭板橋向濰縣的百姓贈畫留念，畫上題詩一首：烏紗擲去不為官，囊橐蕭蕭兩袖寒。寫取一枝清瘦竹，秋風江上作漁桿。

鄭板橋回鄉以畫竹為生度過瞭他貧寒而很有氣節的一生。他一生隻畫蘭、竹、石。他認為蘭四時不謝，竹百節長青，石萬古不敗。這正好與他倔強不馴的性格相合。他的畫一般隻有幾竿竹、一塊石、幾筆蘭，構圖很簡單，但構思佈局卻十分巧妙，用墨的濃淡襯出立體感。竹葉蘭葉都是一筆勾成，雖隻有黑色一種，但能讓人感到蘭竹的勃勃生氣。

鄭板橋生活困苦，賣畫為生，實救困貧，托名風雅。在揚州賣畫十年期間，不幸 的是徐夫人所生之子去世，鄭板橋曾作詩以致哀。

「民於順處皆成子，官到閑時更讀書」居官十年，洞察瞭官場的種種黑暗，立功天地，字養生民的抱負難以實現，歸田之意

鄭板橋享年 73 歲，死後葬於興化城東管阮莊，二子均早卒，以堂第鄭墨之子鄗田嗣。

鄭板橋的畫，作品極多，流傳極廣。善畫竹、蘭、石、松、菊等，而以體貌疏朗、風格勁健的蘭竹最為著稱。他主張不拘泥古法，師法自然，極工而後能寫意”。他提出瞭眼中之竹”、胸中之竹”、手中之竹”的繪畫三階段說，畫竹以草書之中堅長撇法運之”，收到瞭多不亂，少不疏，脫盡時習，秀勁絕倫”的藝術效果。板橋所畫之竹氣韻生動，形神兼備。意在筆先”趣在法外”。

鄭板橋的繪畫藝術造詣，究其淵源，主要來自兩個方面：

一是師古人，主要宗法鄭思肖、徐渭、陳淳、石濤和高其佩，但不為陳法所拘，而是活學活用。他在《蘭竹石圖》中題記：“平生愛所南先生及陳古白畫蘭竹，既又見大滌子畫竹，或依法皴，或不依法皴，或整或碎，或完或不完，遂取其意，構成石勢，然後以蘭竹添縫其間。雖學出兩傢，而筆墨則一氣也。遂取其意”這就是他學古人的奧妙所在。他極力主張學畫·“師其意，不在跡象間”“學一半，撇一半”“不宗一傢”。

二是更多的是向大自然學習，他在《墨竹圖》中題記："凡吾畫竹，無所師承，多得於紙窗、粉壁、日光、月影中耳。"他學習社會，宗法自然，但不搞純自然主義，而是把從自然中搜集的資料，進行去粗取精，去偽存真．

鄭板橋的書法別具一格，分為"六分半書"，糅合楷、行、草、篆及畫蘭竹之法，方筆、圓筆、渴筆、蹲筆變化自如，中鋒、側鋒、虯鋒恰到好處。一幅字體當中，雖然大、小、方、圓及各種不規則形狀千變萬化，但安排得錯落有致，亂中有序，違而不犯，氣墊連貫，通篇渾然一體。

方士庶　1693~1751　歙縣人，

方士庶，字循遠，一作洵遠，號環山，別號小獅道人。清代畫家。

工書善畫，受學於黃鼎，山水用筆靈敏，氣韻駘宕，兼善花卉寫生。書學董其昌，行楷結構嚴密。有《宋元明清書畫家年表》《巨然橫山圖》《拙政園圖》《雲山圖》《夏山欲雨圖》《雲斷岳連團》《竹堂夜坐圖》《湖庄春曉圖》《松根看雲圖》《秋林詩思圖》《松柏同春圖》《北苑夏山煙靄圖》等。尤善作詩，其詩格律淡遠，能與其畫相愜。有《環山詩鈔》傳載《清史稿·藝術傳》《安徽通志稿人物傳》。

董邦達　1699~1769 浙江富陽

董邦達，字孚聞、非聞，號東山。十七歲中秀才，

1733 年進士，選庶吉士，1737 年散館授編修，參與編纂《石渠寶笈》。官禮部尚書，賜紫禁城騎馬。能畫山水，取法元人枯筆，風格在婁東、虞山派之間，與董源、董其昌合稱「古今三董」。代表作《煙磴寒林圖》。諡文恪。長子董誥亦是名畫家。

錢維城　1720~1772　江南武進（今江蘇常州）人。

錢維城，字宗盤，號紉庵。

1745 年狀元，授翰林院修撰。官刑部侍郎，入值南書房。擅長作畫，得董邦達真傳，有《雁蕩圖》傳世。諡文敏。

閔貞　1730~　江西南昌人

閔貞，字正齋，與揚州八怪有往來。

幼失父母，學會畫畫，追憶父母遺容，懸掛致祭，被稱為「閔孝子」。其畫師法明代吳偉，白描功力深厚，幾可與李公麟

亂真，擅長寫意人物，在揚州賣過畫。作品有「描金羅漢圖」「八子觀燈圖」，「蕉陰仕女圖」等。

羅聘　1733~1799　祖籍安徽歙縣，後移居江蘇甘泉（江都）

羅聘，清代畫家。字遯夫，號兩峰，又號花之寺僧、衣雲、別號花之寺、金牛山人、洲漁父、師蓮老人，揚州八怪之一。

出身於詩禮之家，幼年喪父，家道中落，後跟隨金農學畫，工於人物、佛像、山水畫，專為富豪之家畫像。

乾隆四十四年（1779年）羅聘到南京賣畫，認識袁枚。眼珠是藍色，自稱有陰陽眼，在北京的時候，以《鬼趣圖》轟動當時文壇。其妻方婉儀，號白蓮居士，亦工梅竹蘭石，子羅允紹、羅允纘，皆善畫梅，時稱「羅家梅派」。位於江蘇揚州廣陵區的羅聘宅，為江蘇省文物保護單位。

改琦　1773~1828　江蘇華亭人。

改琦，字伯蘊，號香伯，一號七薌，又號玉壺外史，是清代中期的畫家。

先世為西域人，祖父改光宗曾任壽春鎮總兵。改琦多才多藝，尤善繪畫，其人物畫被認為是嘉道後最工者，其畫受李公麟、趙孟頫、唐寅、陳洪綬等影響，花草竹等畫也擅長。曾繪《紅樓夢圖》。除繪畫之外，也擅長詞，著有《玉壺山房詞選》《硯北書稿》《茶夢庵隨筆》二卷。

，是清代中期的畫家。

先世為西域人，祖父改光宗曾任壽春鎮總兵。改琦多才多藝，尤善繪畫，其人物畫被認為是嘉道後最工者，其畫受李公麟、趙孟頫、唐寅、陳洪綬等影響，花草竹等畫也擅長。曾繪《紅樓夢圖》。除繪畫之外，也擅長詞，著有《玉壺山房詞選》二卷、《硯北書稿》一卷、《茶夢庵隨筆》二卷。

居廉　1828.9.22.－1904.5.5.　原籍為江蘇揚州寶應縣，先輩來粵做官，遂落籍番禺番禺縣隔山鄉(今廣州市海珠區）人

居廉人，字士剛，號古泉、隔山樵子、羅湖散人。著名國畫家，善畫花鳥、草蟲及人物，尤以寫生見長。和其從兄居巢並稱「二居」。他初時學宋光寶和孟麗堂，後吸收各家之長，自成一家。筆法工整，設色妍麗，在繼承和發展惲壽平沒骨畫法基礎上，創撞水和撞粉法，是嶺南畫派奠基人之一。

父親名樟華，又名鍵，字少楠，為閩清縣知縣。居廉生於清朝道光八年（1828年）9月22日，排行第七。自幼從堂兄居巢學畫，十歲左右時隨居巢赴廣西，後又隨居巢成為張敬修的軍師，因軍功獎披，賞戴花翎。其間臨習過宋光寶、華岩、金農、惲壽平、八大山人、徐渭等人作品。

1855年，張敬修因潯城失守落職，次年返回東莞老家，而「二居」也返回家鄉廣州。之後，居氏兄弟又數次應張敬修及其侄張嘉謨之邀同赴東莞，斷斷續續

分別於張敬修的可園和張嘉謨的道生園客居了近十年時間，專心從事藝術創作活動。這段期間居廉醉心寫生，畫藝大進，同治三年（1864年）張敬修在可園病卒後，居廉隨兄居巢返回故里，不久開始築建供自己作畫和授徒的「十香園」（因種了素馨、瑞香、夜來香、鷹爪、茉莉、夜合、珠蘭、魚子蘭、白蘭、含笑等十種香花，故名），作畫賣畫，設館授徒，聲名日彰，桃李甚眾。

趙之謙　1829~1884　浙江紹興人

趙之謙，初字益甫，號冷君；後改字撝叔，號悲庵、梅庵、無悶等。清代書畫家、篆刻家。近代的吳昌碩、齊白石等師從他處受惠良多。少年時期家道中落。

1849年，20歲，考中秀才。

1859年，考中浙江鄉試舉人。

1860年，太平天國運動爆發，戰亂暫時擾斷了他的科舉夢。此時家破人亡，多年的文物珍藏和大量作品也因戰火流失殆盡。此後他進京赴考屢試不第，遂絕功名之心，呈請替補為江西候補知縣。46歲時再娶，復得子女。

1884年10月1日，積勞成疾而逝，享年56歲。

任頤(伯年)　1840~1895　山陰（浙江省紹興）人

其父任聲鶴為民間肖像畫家，大伯父為任熊，二伯父為任薰，自幼善畫，受民間版畫影響深刻。

1854－1855年，十五六歲時在上海賣畫，模仿任熊作品沿街出賣，恰逢任熊路過，非但不怒，反而賞識其才華，招為弟子，傳為逸話。

1861年，太平天國進入紹興時，父卒。曾被招入太平天國軍當旗手「戰時麾之，以為前驅」。其後天京（太平天國首都南京）陷落，返鄉。

1864年，遷往寧波賣畫為生。

1868年，28歲時與任薰一共前往蘇州，隨任薰學畫賣，結識畫家胡遠，沙馥。

1868年，前往上海、此後長期在上海賣畫為生、住於豫園附近的三牌樓。開設扇子店「古香室」，與虛谷，張熊，高邕等畫家及收藏家毛樹徵成為友人。

1883年，經高邕介紹結識吳昌碩。

1887年，出版『任伯年先生真跡畫譜』。

1895年十一月初四日（12月19日），因紹興資產丟失之心痛及吸食鴉片引發肺炎，死去，享年56歲。

吳昌碩 1844.9.12.~1927.11.29.　浙江省湖州安吉縣鄣吳村人。

吳昌碩，篆刻家，工書法、繪畫。父親吳辛甲是清朝舉人。母親姓萬。本名「吳俊」或「吳俊卿」，號「昌碩」「昌石」「缶盧」「苦鐵」「大龍」等，晚年70歲後，稱自己為「吳字」

1860年，太平天國，吳昌碩17歲，他與父親逃到了山中的石蒼塢，戰亂平息後，父子兩人定居於吳城蕪園。

1865年，考取秀才，開始以篆刻為生。

1872年，前往江浙一帶，一邊遊歷一邊替人刻印謀生，31歲後，移居蘇州，閱歷大量金石碑文、璽印、字畫。

1904年，在杭州孤山創辦了「西泠印社」，稱自己「五湖印丐」30歲時學寫詩，32歲時曾在江蘇省擔任安東縣的知縣，只做了一個月，50歲學畫·後定居上海，博取詩書畫印，晚年風格突出。

1915年，任海上題襟館金石書畫會會長。

　　吳昌碩作品特色是篆文的書法，他的篆刻從浙派入手，後專攻漢印，他將篆刻時的刀法融入了書法當中。在繪畫上面，他也慣用「寫」的風格來繪畫，形成了「吳昌碩流派」，晚年定居於上海，被後世歸於「海上畫派」，

2005年，他的作品《花卉十二條屏》，售價為美金200萬元，是近代最高價的海上畫派作品。

吳昌碩在日本享有較高藝術聲譽，日本書畫界專門鑄造吳昌碩半身銅像，贈西泠印社陳列。在吳昌碩誕辰160年之際，東京舉辦吳昌碩書畫展，展出了吳昌碩書畫作品。他遺作有著有《缶盧詩存》《缶盧印存》《吳昌碩畫集》等。

齊白石 1864.1.1.~1957.9.16.　湖南湘潭縣

齊白石，國畫畫家，原名純芝，字渭清，祖父取號蘭亭，老師取名齊璜，號瀕生，別號寄萍老人、白石山人，後人常將「山人」二字略去，故後常號「白石」。齊白石和張大千並稱「南張北齊」。

祖父齊萬秉，於齊白石2歲起教授寫字，6歲在公公開設之蒙館學習，半年後輟學在家中務農。14歲作木匠，學習雕花木工兼習繪畫，拜蕭薌陔為師。25歲時拜名士胡沁園、陳少蕃等為師，胡沁園替之取名為璜，號瀕生，因家中靠近白石鋪，故取別號白石山人。學習詩、書、畫、篆刻，兼以賣畫為生，不再以雕花木工賺錢。32歲起對刻印產生濃厚興趣，向名家學習刻印。35歲時拜學者王湘綺為師。

1903年，到北京，南北各地遊歷，飽覽名山大川，開闊眼界，師法大自然，充實了作品「造化」內容。

1905年41歲，在桂林賣畫為生認識蔡鍔和張中正和尚（即黃興）。

1906年42歲，遊覽廣州越南上海寫畫風格由工筆畫轉為寫意畫。

1917 年起，在北京發展賣畫刻印，結識陳師曾(陳寅恪之兄)創造出自成一家畫
　　畫風格，亦即紅花墨葉的大膽風格「衰年變法」。
1922 年，在陳師曾協助下，其作品在國外展出，受到重視。後到北京藝術專門
　　學校、北平私立北華美術專科學校教授國畫。
1937 年，日本入侵中國，齊白石享譽外國，日本人拉攏，堅拒屈服遭到扣押，
　　日本懼怕負上迫害藝術家罪名，扣押三天後釋放。
1949 年，中華人民共和國成立，齊白石木匠出身，以及與毛澤東有同鄉之誼，
　　受到中共表揚，聘為中國美術學院名譽教授。
1953 年，他被選為中國美術家協會主席。
1954 年，被選為第一屆湖南省全國人民代表大會代表。
1955 年，東德總理訪問中國，授予藝術科學院通訊院士的榮譽狀。
1956 年，世界和平理事會決定他 1955 年度國際和平獎金獲得者。
1957 年，出任北京中國畫院名譽院長．
　　同年 9 月 16 日在北京逝世。享年 93 歲

黃賓虹　1865.1.27.~1955.3.25.　祖籍安徽歙縣，生於浙江金華。

黃賓虹，山水畫畫家。名質，字朴存、朴人，別號予
向、虹廬、虹叟，中年更號賓虹，以號著稱。早年擁
護辛亥革命，後在上海、北京、杭州等地美術院校任
教，並擔任書局編輯多年。任商務印書館美術部主任，
上海博物館董事、故宮古物鑒定委員，國立暨南大學
藝術系教授，杭州國立藝專教授，國立北平師範學院
講師等職。
1949 年後，任中國美術家協會華東分會副主席，中央
美術學院華東分院教授。
受李流芳、程邃、程正揆等影響，自成一家。能詩文、
書法，金石文字、篆刻。
著有《黃山畫家源流考》《虹廬畫談》《古畫微》《中國畫學史大綱》《賓虹草堂
藏印》等，編有《黃賓虹畫語錄》，並與鄧實合編《美術叢書》。
1955 年 3 月 25 日病逝，葬於杭州南山公墓。在金華建
有黃賓虹藝術館。

高劍父　1879.10.12.~1951.6.22.廣東番禺大石鄉員崗村

高劍父，名崙，字爵廷，號劍父，同盟會員，畫家、教
育家。與高奇峰、陳樹人並稱「嶺南三傑」。中醫世家，
家道中落，幼年父母雙亡，曾當小學徒，家中老四。
1893 年，知名畫家居廉推薦，收其為徒，學習國畫。

1896 年，拜伍德彝為師，居伍家「萬松園」窺盡宋元奧秘。
1903 年，入澳門格致書院，向法國籍傳教士麥拉學習素描．
1906 年，赴日本東京美術學校，研究日本及歐洲繪畫。
1907 年，回國將胞弟高奇峰引至日本留學。
1908 年，學成歸國，在廣州舉辦「折衷東西」傾向的「新國畫展」
1910 年，在香港組織旨在刺殺清廷大員的支那暗殺團，任副團長。
1911 年，參與黃花崗起義策劃．任廣東省工藝局局長，工業學校校長。
1914 年，創辦《真相畫報》，闡述藝術理論，介紹革新派作品。
1920 年，淡出政壇，潛心於國畫事業。
1921 年，在廣州展出現代國畫，遭到古典派畫家的責難。
1924 年，他創辦春睡畫院，廣招門人，播諸後學。
1926 年，廣州國畫界在報紙開展了新舊畫派的論戰，持續兩年久。
1931 年，到印度、斯里蘭卡、尼泊爾舉辦個人展、獲義大利萬國博覽會金獎、
　　巴拿馬及比利時萬國博覽會最優獎。
1934 年，他的《松風水月》被德國政府收藏。
1937 年，抗戰爆發，他通過義賣籌集款項，用於抗日和賑災。
1938 年，定居澳門，長子被匪徒綁架，痛失愛子，深受打擊。
1940 年，汪精衛邀請高劍父出仕，遭高劍父拒絕。
1946 年，返回廣州，創辦南中美術院，任廣州市立藝術學校校長。
1951 年 6 月 22 日，於澳門鏡湖醫院病逝，葬於澳門舊西洋墳場。
1961 年，遷葬香港粉嶺。
2007 年 3 月 26 日，骨灰遷葬廣東省廣州市銀河公墓統戰園。

李叔同(弘一)　1880.10.23.~1942.10.13　祖籍山西洪洞，民初遷到天津．

李叔同，譜名文濤，幼名成蹊，學名廣侯，字息霜，別號漱筒；出家後法名演音，號弘一，晚號晚晴老人。精通繪畫、音樂、戲劇、書法、篆刻和詩詞，為著名藝術家、藝術教育家，中興佛教南山律宗，著名的佛教僧侶。父親李世珍是清同治四年進士，官任吏部主事，天津大鹽商，還兼營銀號，家財萬貫。

1898 年，到上海參與「上海書畫公會」「滬學會」曾就讀於南洋公學（西安交通大學前身）。

1905 年，東渡日本，留學於東京美術學校和音樂學校（東京藝術大學前身）專攻西洋繪畫和音樂。

1906 年，與同學曾孝谷創辦業餘話劇團體「春柳社」，演出《茶花女》，開中國話劇之先河。

1910 年，攜日本妻子福基回國，任天津北洋高等工業學堂、直隸模範工業學堂教員。翌年任上海城東女子學校音樂教員。

1912 年，任浙江省立第一師範學校音樂、美術教師。

1915 年，應江謙之聘，執教於南京高等師範學校，教授圖畫、音樂；兼教於浙江兩級師範。

1918 年，杭州虎跑寺剃度出家「弘一法師」吃素念佛，弘揚律宗，著《南山律在家備覽》出家後保留書法，質樸無華，獨具一格。

1942 年弘一法師在福建泉州溫陵養老院圓寂。

高奇峰　1889-1933　廣東番禺（今廣州）人

高奇峰，名嵡，字奇峰，以字行，高劍父胞弟。日本留學，同盟會員，與高劍父、陳樹人合稱"二高一陳"，被稱"嶺南畫派"。晚清畫家，嶺南畫派創始人之一。美術創作題材上以翎毛走獸、花卉、山水為主，其中高奇峰、高劍父兩兄弟尤喜畫鷹、獅和虎。高奇峰的繪畫技藝、主張以及人生經歷均受其兄高劍父影響，作品以翎毛、走獸、花卉最為擅長，尤擅畫雄獅猛禽，亦能山水、人物，用筆能粗能細，能工能寫。其工者用筆細緻入微，寫者則水墨淋漓，筆力豪放。在藝術上寫生最為突出，善用色彩和水墨渲染，畫風工整而剛勁、真實而詩意昂然。二高兄弟的山水畫，可以看出馬遠、夏圭橫砍豎劈的傳統，以及日本畫的影響。高劍父奇拔蒼拙，高奇峰則是雄健與俊美兼而有之。出版有《三高遺作合集》等。

幼年多齋，因家境貧寒，曾寄食於他人之家為小役，至其兄高劍父振興家道方挈之歸。17 歲時，隨兄赴日本留學，21 歲學成歸粵，作品初露於社會。民國初年由廣東省政府資助，與兄劍父同至上海創辦《真相畫報》及審美書館。後劍父隨孫中山奔走國事，審美書館館務由奇峰擔任。1918 年受廣東工業學校之聘任職於該校美術製版科，同時自設美學館於廣州，開館課徒。後因染肺疾，遷居珠江之濱天風樓，杜門作畫以自娛。

1933 年，被任命為赴德國柏林中國美術展覽會專使，在赴南京途中之上海病逝。

於非闇　1889.4.21..~1959.7.3.

生於北京　　於非闇，滿族，又名於非闇。原名於照，字非廠，中國近代著名的工筆花鳥畫家。他的書法模仿趙佶的「瘦金書」筆體，並且對中國畫顏料的分類和製作頗有研究，寫有專著《中國畫顏色的研究》《我怎樣畫工筆花鳥畫》等。善畫牡丹、大理花、美人蕉、和平鴿、紅杏等。

吳湖帆　1894~1968

吳湖帆，名倩，本名萬，號倩庵、東庄，別署丑翼燕。齋名梅景書屋。

中國現代國畫大師，書畫鑒定家。

早年他師從董香光，後來自己才改為學習薛曜的字。

吳湖帆本來是吳大徵的姪孫，但因無子，便立吳湖帆為孫。

陶冷月　1895~1985　江蘇蘇州人

陶冷月，原名善鏞，字詠韶，號鏞、宏齋、五柳後人:從傳統到創新，中國現代美術史上，出現多名中西融合派畫家，陶冷月也是其中之一。他獨創一格的「新中國畫」，以月景山水膾炙人口，在畫壇很有影響。

陶冷月是中國現代著名畫家，受「五四」新文化運動影響，在中西畫法結合方面取得很大成就，獨創別具一格的「冷月」藝術風格，受到蔡元培、黃賓虹等高度評價，對中國畫的創新和發展有傑出的貢獻 ...

徐悲鴻　1895.7.19.~ 1953.9.26. 江蘇宜興屺亭鎮人

徐悲鴻，中國現代畫家、美術教育家。自幼隨父徐達章習詩文書畫，

1912 年在宜興女子初級師範等學校任圖畫教員，

1915 年在上海從事插圖和廣告繪畫。

1916 年入復旦大學法文系半工半讀，

1917 年留學日本學習美術。回國後任北京大學畫法研究會導師。

1919 年赴法國留學，學習油畫、素描，並遊歷西歐諸國觀摩研究西方美術。

1927 年回國任上海南國藝術學院美術系主任、北京大學藝術學院院長、國立中央大學任教、主任、國立北平藝術專科學校校長、中央美術學院院長、中華全國美術工作者協會主席。

徐悲鴻擅長油畫、中國畫，尤精素描。人物造型，注重寫實，傳達神情。曾創作《九方皋》、《六朝人詩意圖》、《中國負傷之獅遙望美國飛虎飛將軍》、《愚公移山》等寓有進步思想的歷史畫，所畫花鳥、風景、走獸，簡練明快，富有生氣，尤以畫馬馳響中外，畫能融合中西技法，而自成面貌。

溥儒　1896.8.30.~1963.11.18. 北京人

溥儒，字心畬，愛新覺羅氏，正紅旗人，譜序溥，清光緒帝賜名儒，北京法政大學、德國柏林大學天文學博士、德國柏林大學生物學博士、韓國漢城大學榮譽博士。因其詩、書、畫與張大千齊名，故後人將兩人並稱為「南張北溥」。溥心畬為清恭親王載瀅的次子，其母為側福晉項氏，其祖父為清道光六子奕訢。幼年於恭王府學文，在大內培養「琴棋書畫詩酒花」的美學造詣，性格內向而好學。光緒皇帝過世前，曾經被召入宮中，參與皇帝的選拔，但未被慈禧太后選上。

妻室羅清媛，繼室李墨雲，長女溥韜華，長男溥毓岦，次男溥毓岑，義子溥毓岐。溥心畬書畫俱是北宗家法，惟其以文人自許，視作畫為文人餘事，因此盛年未全心付諸於此，但其畫作卻因此顯得高雅清靜。價值觀遠承宋人，在民初畫壇新人輩出的時代，溥心畬或許內涵不同於前人，論藝術表現則寡見創新。

陳之佛 1896.9.14.~1962.　浙江省紹興府餘姚縣（今屬慈溪市）人

陳之佛，乳名紹本，又名陳傑，號雪翁，<u>國畫家</u>、美術教育家。幼時在滸山三山蒙學堂、餘姚縣立高等小學學習。
1910 年，14 歲，考入慈溪錦堂學校農科預科班。兩年後，進入浙江省立甲種工業學校，後來選擇機織科深造。
1916 年，畢業後留校任教，
1918 年，赴日本留學，
1919 年，考入東京美術學校工藝圖案科，他在寫生、構圖、用色等方面造詣較深，作品多次在日本的展覽中獲獎。
1923 年，學成歸國，更名「之佛」，任上海藝術大學、上海美術專科學校、廣州市立美術專科學校等校教授。
1930 年，兼任國立中央大學藝術系教授，
1932 年，專任中央大學藝術系教授。全國美展、工藝美展審查委員會委員。
1935 年，陳之佛專攻工筆花鳥畫，署名「雪翁」，以表「濯白雪以方潔」之志。
1947 年，隨中央大學遷返南京，寓居定名「養真廬」，以表明潔身自好。
1948 年，任聯合國教科文組織中國委員會委員兼藝術組專員，中央大學師範學院藝術系主任，中華全國美術會常務理事。
1949 年，中共佔領南京，中央大學更名南京大學，陳之佛仍任藝術系教授。
1952 年，任南京師範學院美術系教授兼系主任。
1954 年，當選為江蘇省人民代表大會代表、中國美術家協會華東分會常務理事。
1956 年，獲江蘇省社會主義先進工作者稱號，同年加入中國共產黨。
1958 年，擔任中國美術團長訪波蘭匈牙利等國。同年調任南京藝術學院副院長。
1959 年，當選為中國美術家協會理事。
1960 年，任中國美術家協會江蘇分會、江蘇省文學藝術工作者聯合會副主席。
1961 年，赴北京參與主編《中國工藝美術史》教材。
1962 年 1 月 15 日，腦溢血在南京逝世，享年 66 歲。葬南京雨花台望江磯。

潘天壽 1897.3.14. ~1971.9.5. 浙江寧海冠庄人。

潘天壽，字大頤，號雷婆頭峰壽者，畫家、美術教育家，精於寫意花鳥和山水，偶作人物，兼工書法、詩詞、篆刻等。畢業於浙江第一師範，後師從吳昌碩。
文革時關進牛棚，押往寧海等地遊鬥，重病不起。
1971 年 5 月指他是反動學術權威，憤慨出血·
9 月 5 日離世。

黃君璧 1898.11.12.~1991.　廣東南海祿舟人

黃君璧，原名韞之，號君璧，中國著名畫家。年少時讀家中私館·

1919 年畢業於廣東公學，喜觀賞、收藏字畫。17 歲時拜李瑤屏為師習畫，
1921 年經李瑤屏推薦，任教於廣州培正中學，開始繪畫教學之路。
1922 年於楚庭美術院研究西畫。
1927 年又任廣州市立美術專科學校教務長。
1937 年任徐悲鴻主持的中央大學美術系教授，兩人共同執教長達 11 年。
1949 年遷居台灣，任台灣師範大學藝術系教授、主任。多次在台北、加拿大、美國、新加坡、南韓舉辦個人畫展。
1968 年獲紐約聖若望大學學質獎章。擅長畫山水，功底深厚，是一位兼通西畫的中國畫家，西方藝術界稱其為「中國新古典派」。

豐子愷 1898.11.9.~1975.9.15. 浙江崇德（今嘉興桐鄉市崇福鎮）人

豐子愷，漫畫家、散文家、文學家、美術家、與音樂教育家，原名潤，又名仁仍，號子覬，後改為子愷，筆名 TK。師從弘一法師（李叔同）以中西融合畫法創作漫畫以及散文而著名。先祖在故鄉開染坊，父親豐鐄長於詩文，是中國史上最後及第的舉人。
豐子愷有兩位恩師，一位藝術家李叔同，教授畫石膏像課，一位教育家夏丏尊，教授新文藝寫作聞名，教導甚嚴，寫作文時要求「不准講空話，要老實寫」。
1919 年，在東京做短期進修，遊學 10 個月，盤纏用盡後才返國。
1925 年，《文學周報》開始連續刊載豐子愷的畫作
1945 年，抗戰勝利以後，豐子愷回到杭州定居。
1949 年，到香港舉行畫展。
1960 年，上海市中國畫院成立，他擔任首任院長。
1966 年，文化大革命，遭到批鬥、迫害，摧折他的身心。
1975 年 9 月 15 日 12 時 8 分肺癌在上海逝世，享年 77 歲。
1978 年 6 月 5 日文化大革命怨屈平反，書面通知送交長子豐華瞻

李苦禪 1899.1.11.~1983.6.11. 山東省高唐縣人

李苦禪，原名李英傑、李英，字超三、勵公。中國畫家。
1918 年，結識徐悲鴻，獲授西畫技法。
1922 年，考入北平國立藝術專科學校西畫系專學西畫。
1923 年，拜齊白石為師，成為齊白石的第一位入室弟子。自此，他開始探索「中西合璧」的道路，以改革中國畫。
1924 年，在齊白石的精心培育下，他畫藝大進。在國立藝專成立「九友畫會」，九友分別是：李苦禪、王雪濤、王仲年、徐佩遘、孫公符、何冀祥、閻愛蘭、顏伯龍、袁仲沂。與蔣雨濃、王青芳、白鐸齋並稱「京中四怪」。
1931 年，在杭州國立藝專任教。

1934 年，在上海舉辦個人畫展。

1935 年，參加「一二·九」愛國遊行示威運動。夏，與張大千重逢於北平。

1936 年，家庭遭變，與凌嵋琳離異；改字為勵公。作《清供圖》贈王森然，齊白石題道：「英也過我。」

1941 年，在北平中山公園舉辦畫展，展出作品 50 餘件。

1946 年，被徐悲鴻院長聘為北平國立藝專國畫教授。

1949 年，解放前夕，與何思源、徐悲鴻等文化界名流斡旋，呼籲和平解放北平。中華人民共和國成立後，歷任中央美術學院中國畫系教授、中國畫研究院院務委員、中國美術家協會理事、全國政協委員。

1983 年 6 月 11 日，因心臟病突發逝世。　享年 86 歲。李苦禪在中國寫意花鳥畫史上，繼法常、徐文長、八大山人、吳昌碩、齊白石之後，成為一代寫意花鳥畫大師。李苦禪主張「書至畫為高度，畫至書為極則」。

張大千　1899.5.10.~1983.4.2.　祖籍廣東省番禺縣,四川省內江

張大千，本名張正權，後改名張爰、張蝯，小名季，號季爰，別署大千居士、下里巴人、齋名大風堂，中國著名畫家。

父張懷忠，早年從事教育後從政，再改鹽業。母曾友貞，當時知名女畫家。兄弟十人，張大千排名第八：張善孖、張文修，姐張瓊枝，亦善畫；二兄張澤，號善孖，別號虎痴，以畫虎、潑墨畫揚名於世。

1908 年，開始習畫，被稱為神童，能畫山水、花鳥和人物。

1916 年，被土匪短期綁架，後者見其會讀寫，逼迫他做師爺

1918 年，與張澤留學日本京都，學習繪畫與染織。

1919 年，返上海拜曾熙為師，未婚妻謝舜華去世，在江蘇松江禪定寺出家，法號大千。後來又去浙江寧波觀宗寺、杭州靈隱寺。3 月，被二哥張善孖逼迫還俗，奉命歸川與曾慶蓉結婚。婚後重返上海從師於李瑞清，曾、李二師以清末遺老提倡書法、繪畫，受石濤跟八大山人的影響很深。

1924 年，在上海首次舉行個人畫展。

1931 年，與兄張澤一同作為唐宋元明中國畫展的代表赴日本。

1932 年，移居蘇州「網師園」。

1933 年，應中央大學校長羅家倫、藝術系主任徐悲鴻之邀任教。

1938 年，經上海、香港返四川，居青城山上清宮，臨摹宋元名蹟。

1940 年，赴敦煌臨摹歷代壁畫共摹 276 幅，並為莫高窟重新編號。

1943 年，出版《大風堂臨摹敦煌壁畫》保存中國文物精華。

1945 年，在法國巴黎、倫敦、瑞士日內瓦和國內辦畫展聲名大震。

1949 年，國共內戰避居香港，遊台灣。

1950 年，應印度美術會之邀赴新德里舉行畫展，留居印度大吉嶺·

1951 年，返回香港。

1952 年，遷居阿根廷。

1953 年，居巴西，在聖保羅購地 150 畝，建中國式莊園「八德
1956 年，赴法國與西班牙抽象派大師畢加索會見。
1958 年，《秋海棠》被紐約選為世界大畫家，榮獲金獎。
1969 年，移居美國舊金山「環蓽庵」。
1970 年，在台北國立歷史博物館舉辦畫展，並捐贈畫作 108 幅。
1972 年，在美國舊金山舉辦四十年回顧展。
1974 年，獲美國加州太平洋大學名譽人文博士學位。
1977 年，回到台灣，定居台北市外雙溪，建「摩耶精舍」，
1979 年，80 歲自書「獨自成千古，悠然寄一丘」頗示心境對聯。
1982 年，獲頒「中正勳章」。
1983 年，完成最後一幅畫作《廬山圖》
　　4 月 2 日心臟病復發去世，安葬摩耶精舍後院梅丘立石下。
　　10 月家屬將其台北故居捐給國立故宮博物院，成立「張大千先生紀念館」
2010.5.17.北京書畫專場上，張大千巨幅絹畫《愛痕湖》以人民幣一億零八十萬
　　元天價成交這是中國近現代書畫首次突破億元。
2013.1.21.張大千《潑彩山水》巨作，在山東濟南翰德迎春拍賣會書畫專場中，
　　以 2.5 億元人民幣的天價成交，突破過往張畫作的拍賣價，同時創出中國書
　　畫作品的成交新高。

林風眠　　1900.11.22.~1991.8.12.　廣東梅縣西陽堡人，

林風眠，原名林鳳鳴，畫家暨教育家，中國近現代美術的啟蒙者之一。
父親林雨農，是傳統的石匠手工藝人，略通書畫，這讓林風眠從小就對繪畫產
生了興趣，並按著《芥子園畫譜》自習。15 歲時，林風眠考取了省立梅州中學，
在此期間，他和好友組織了一個「探驪詩社」，切磋詩藝。
1919 年，留法勤工儉學，前往法國留學。
1921 年，　法國國立第戎美術學院學習，9 月轉入法國國立高等美術學院就讀，
並得以進入被時人譽為「最學院派的畫家」柯爾蒙（Cormon）的工作室學習。
1923 年，德國遊學，接觸新藝術風格形式出現的表現主義、抽象主義等新繪畫
流派，創造西方風格特徵作品，如《柏林咖啡》《平靜》《唐又漢之決鬥》等。
1924 年初，林風眠與艾麗絲馮羅達（Elise Von Roda）結婚。年秋，林風眠夫人
羅達分娩患病死去，新生嬰兒夭折，受到巨大打擊全身心投入藝術創作之中。
1925 年 4 月 18 日，林風眠與愛麗絲·法當（Alice Vattant）結婚。受蔡元培之邀
回國，任北平藝術專門學校校長。特邀齊白石、法國畫家克羅多（Claudot）來
校講學，希望博採眾長。
1927 年，林風眠發起組織的「北京藝術大會」在北京國立藝專正式開幕流產。
1928 年，任杭州國立藝術院（中國美術學院前身）院長兼教授。策劃成立「藝
術運動社」，創辦《亞波羅》和《雅典娜》。

1937 年，是日本侵華戰爭全面爆發。杭州國立藝術院向西南轉移，並與北平藝專合併，身心俱疲的林風眠被免職離開，漸漸退出中國近代美術教育主流。

1949 年，中華人民共和國後，曾任中國美術家協會上海分會副主席。

文化大革命，同鄉葉劍英（時任中共中央副主席）搭救，所以倖免。

1977 年，獲准出國探親，兩年後隱居香港，繼續創作。

1991 年 8 月 12 日於香港逝世。趙無極、朱德群、吳冠中等都是他的學生。

袁耀　?~?　　江蘇揚州人

袁耀，字昭道，號溺漁者，清朝時期人物，畫家。袁江之子。

早年跟父學習，善於山水及樓閣界畫。傳世作品包括

1739 年《雪蕉雙鶴圖》軸（藏廣東省博物館）

1750 年《阿房宮山水圖》軸（藏廣州美術館）

1754 年作《盤車圖》軸（藏瀋陽故宮博物院）

1765 年作《江山共老圖》軸（藏山東省博物館）

1778 年作《揚州名勝圖》（藏故宮博物院）

1780 年作《阿房宮圖》軸（藏南京博物院）

冷枚　生歿不詳　　山東膠州人

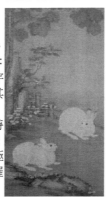

冷枚，清代著名畫家。字吉臣，號金門畫史。山東膠州人。內廷供奉。焦秉貞的弟子。畫人物仕女《膠州志》卷三十載：“工丹青，妙設色，畫人物尤為一時冠”。亦能畫樓臺殿宇界畫和山水。所畫人物工麗妍雅，筆墨潔淨，色彩韶秀，其畫法兼工帶寫，點綴屋宇器皿，筆極精細，亦生動有致。

畫人物仕女《膠州志》：「工丹青，妙設色，畫人物尤為一時冠」。亦能畫樓臺殿宇界畫和山水。所畫人物工麗妍雅，筆墨潔淨，色彩韶秀，其畫法兼工帶寫，點綴屋宇器皿，筆極精細，亦生動有致。曾畫《東閣觀梅圖》《桐陰刺繡圖》《羅漢冊》《避暑山莊圖》是他的代表作之一。

董壽平　1904~1997　　山西洪洞縣人。

董壽平，原名揆，字諧柏，後改名壽平。當代著名畫家、書法家。祖輩皆為當地丹青高手，家中藏書甚富。他以畫松、竹、梅、蘭著稱，晚年則以黃山為題材畫山水，亦善書法。曾任北京市對外友協副會長、北京中國畫研究會名譽會長、北京榮寶齋顧問。

1922年，北京世界語專門學校，後轉入天津南
開大學經濟系，

1926年，畢業于北京東方大學經濟系

1927年，自學書法、繪畫，因慕清初畫家惲壽
平之品德，遂改名壽平。

1931年，以賣畫為生。畫作問世蜚聲京華獲得
好評。

1938年，在西安、成都等地從事繪畫創作。

1939年，在四川各地舉辦多次個展。

1949年，出版《董壽平畫輯》《董壽平書畫集》
《董壽平談藝錄》。

1950年，任北京榮寶齋編輯，中國美術家協會會員，全國政協委員，全國政協
書畫室主任，中國人民對外友協理事，中日友協理事，北京對外友協副會長，
山西省文物研究會名譽會長。擅長中國畫兼擅書法。

1956年，參加二萬五千里長征沿路創作《長征》畫卷。

1962年，畢業於北京東方大學。

董壽平自幼受家庭薰陶酷愛繪畫，刻苦自學。初畫花卉後研山水，尤喜寫墨竹、
墨梅及黃山風景。所作墨竹俊逸挺秀，別具一格；所作山水筆墨渾樸，佈局精
到，以造化為師而不違古法。作品多次入選國內外大型美術作品展覽及多種專
業報刊上發表。多次應邀出國訪問並舉辦個人畫展。出版個人畫冊多種。

主要作品有《黃山雲海》《人字瀑》《大渡河》《雨後黃山》《黃山風雨》《二郎山
之晨》《婁山關》《墨竹》《墨梅》《風竹》《勁節迎風》等。

1979年、1983年、1985年應邀三渡東瀛，並在東京等地舉辦個人水墨畫展覽。
出版有《董壽平書畫集》《董壽平畫輯》《榮寶齋畫譜·董壽平畫集》等。

蔣兆和　1904.5.9.~1986.4.15.　籍貫湖北麻城，四川瀘州小市出生。

1920年，於上海工作，曾寫廣告畫，服裝設計，自學西洋畫。

1928 年，由徐悲鴻介紹，任職南京中央大學圖案系教員。
1930 年，任上海美術專科學校素描教授。夫人為蕭瓊。
1931 年，一‧二八事變，參予臨時青年愛國宣傳隊，繪畫抗日宣傳畫。
1935 年，於北平畫室授徒，為齊白石塑像。
1936 年，返四川，開始現代水墨畫人物創作。
1937 年，七七事變困於淪陷區，作畫像任教京華美術學院和北平藝術專科學校。
1947 年，任國立北平藝專教授。
1950 年，任中央美術學院教授。
1989 年，《流民圖》浮雕於瀘縣落成面世．作品有《賣小吃的老人》《賣子圖》
《流民圖》《小孩子與鴿子》《杜甫像》等

傅抱石　1904.10.5.~ 1965.9.29.　生於江西南昌，祖籍新喻縣章塘村

名畫家、與美術史論家，原名長生， 10 歲時改名瑞麟，
17 歲時自號「抱石齋主人」，改名傅抱石。家貧寒，少
年時代曾為瓷器店學徒和補傘匠，受清朝山水畫家石濤
的風格啟蒙．
1921 年考入江西第一師範學校．
1933 年留學於東京日本帝國美術學校．
1935 年 7 月在中央大學任教，出版有《中國繪畫變遷史
綱》、《國畫源流概述》、《中國古代山水畫史研究》。
1965 年 9 月 29 日因腦溢血病逝南京，享年 61 歲。
傅抱石的作品拍賣價高受到注目《琵琶行》7,008 萬港幣成交．

趙少昂　1905.3.6.~1998.1.28. 廣東番禺

趙少昂，本名垣，字叔儀。名畫家，與黎雄才、關山月、楊善深並稱為第二代
嶺南畫派四大名家。師承嶺南畫派大師高奇峰（1889-1933 年）。亦受嶺南名家
高劍父感染，致力將國畫藝術現代化，對於將中國畫藝帶到國際有深遠影響。
趙氏擅長繪畫花鳥蟲魚、人物走獸、山水風景，尤以花鳥畫揚名國際。
代表作品有《木棉紅占嶺南春》《清水池塘處處蛙》《柳色綠如茵》《草澤雄
風》《一池楊柳垂新綠》《桐花孔翠》《群鳥話春寒》《迷朦月色滿橫塘》《枝
頭小鳥驚初雪》《秋林暮靄》《悠然自得》《煙雨歸舟》《荔熟》《群魚追落
花》《灘江雨過》《蒼松吐豔》《歸鴉認故枝》《秋色》《竹林幽思》《小鳥
話春寒》《漁村小雨》《曉來微雨焦花紫》等。
1977 年被臺北中華學士院聘為博士。

陸儼少 1907~1993　江蘇嘉定南翔人

陸儼少，字宛若，又名砥，工詩文，善書法，尤精山水，間作花卉、人物。他的山水由"四王"正統派入手，後上溯宋元諸家。他 20 歲的臨摹作品，即被馮超然認為可以亂真。他還臨過王石谷、王原祁、戴醇士、吳墨井、惲香山等明清真跡。這些臨本，功力殊深，格調高雅。他雖學"四王"，卻從不食古不化。設色有獨到之處，非他人所及·

李可染 1907~1989　李可染，江蘇徐州人，著名畫家，名於藝術界，寫意

人物畫亦有相當研究，其風格影響了頗多後來者，喜歡畫牛，也是書法家。

葉淺予 1907.3.31.－1995.5.8.　浙江省桐廬縣人

葉淺予，原名葉綸綺，筆名初萌、性天，漫畫家、畫家。。

葉淺予，他的父親愛好書法，母親善於刺繡，姑父是浙江桐廬縣的知名書法家，大表姐尤其善於民間剪紙藝術，葉淺予小時候深受他們影響，自小喜愛書畫、民間美術和戲劇藝術。

1922 年，葉淺予進入杭州鹽務中學就讀，

1925 年，家貧輟學。翌年作繪圖員，後為中原書局畫教科書插圖。

1927 年，葉淺予開始進行漫畫創作。

1928 年 3 月，《上海漫畫》周刊，張光宇任總編、張正宇和葉淺予任副總編··，後轉到《時代畫報》連載，還被改編為電影。

1936 年，為南京《朝報》作長篇連環漫畫《小陳留京外史》。

1937 年，擔任上海《救亡漫畫》編委，舉辦街頭抗日畫展，從事抗日宣傳。

1940 年，在重慶作《戰時重慶》速寫，創作《明日中國》組畫，對勝利的希望。

1942 年，貴州苗區旅行寫生，民間藝術和傳統的中國畫筆墨相結合，創新風格。

1943 年，應美軍史迪威將軍司令邀請，訪問印度蘭枷的中印訓練營營地，畫了大量印度舞蹈和風物速寫，舉行旅印畫展。

1945 年，抗戰結束，到西藏藏族地區旅行寫生，這時期的創作有《打箭爐日記》。

1946 年，出訪紐約、波士頓等地舉辦畫展；

1947 年，到北平國立藝術專科學校，任專速寫課教師、圖案系系主任。後又任中央美術學院繪畫系教授。

1954 年，任中央美術學院成立中國畫系系主任。

1957 年，中國國畫院成立，葉淺予任副院長。

1964 年，創作「印度鼓手、獻花舞」「夏河裝」「婆羅多舞」「共飲一江水」。文化大革命，葉淺予慘遭批鬥，被關進秦城監獄，封閉達十年之久。

1978 年，恢復名譽，重新開始創作。

1987 年，80 歲封筆，撰寫回憶錄《細敘滄桑紀流年》。

1990 年，組織「葉淺予師生藝術行路團」活動，在實踐中學習繪畫藝術。

1995 年 5 月 8 日下午，因心臟病發作在北京逝世，終年 88 歲。

李石樵　1908.7.13.~1995.7.7.　新北市新莊郡新莊街。

李石樵，畫家，家裡務農，兼營碾米場，為李本與胡杏夫婦第三子。長兄李丁照、二哥李雲水、大姊李伴，四弟李堆鍛、五弟李國棟、二妹李蕊、么妹李勉。

1916 年，新莊瓊林童養媳周來富過門

1917 年，進入山腳公學校，喜愛繪畫，課業成績優異

1923 年，山腳公學校畢業。考入台北師範學校，開始接觸正規美術教育

1924 年，成立「七星畫壇」參加「台灣水彩畫會」台北師範「暑期美術講習會」

1928 年，台北第二師範學校畢業，以油畫《都市的後巷》入選第二回台展。

1929 年，入日本東京繪畫研究所。

1931 年，考取東京美術學校五年制西洋畫科。

1935 年，東京美術學校油畫科畢業，返台在台北師範學校任教．

1936 年後十年，展出作品甚多－較突出者有《橫臥裸女》《屏風與裸婦》《紅衣》《葉老師》《窗邊坐像》《家族像》《父親像》《楊夫人》《觀音山》等。

1946 年，參加「台灣文化協進會美術、音樂座談會」，有林玉山、陳進、林之助、郭雪湖、陳敬祥、蒲添生、陳夏雨、李梅樹、陳澄波、陳清汾、顏水龍、廖繼春、劉啟祥、楊三郎、藍蔭鼎、游彌堅、許乃昌、楊雲萍、陳紹馨、王白淵、沈相成、蘇新等人。

1947 年，作油畫《田家樂》《岳母像》《父親像》《少年像》《花與女》《母親像》《清遊植物園》《春意》《靜物－石膏像》《風景》《植物園》。

1965 年，省立博物館個展作品，有《生命的旋律》《風景》《鐘聲》《雙子樹》《靜物》《採沙場》《探險》《鐘聲》《天祥》《船》《花》《劍潭》《雙子樹》

1969 年，在省立博物館展覽，作品《回憶》《田園》《月出來時》《小屋》《海邊之家》《下午三時》《深夜》《河》《牛》

1972 年，省立博物館展出《九曲洞》《春》《魔掌》《囍》、十字《桌上》《夏海》《黃昏的湖邊》《走走》《清晨》《歡》《朝日》《春》《金魚池》

1974 年，自國立師範大學退休，擔任中國文化大學及國立藝術專科學校教授。

1976 年，省立博物館個展。作《浴女》、《室內》、《漁港》、《母與子》、《城市》

1979 年，省立博物館個展。作《泉》、《金魚池》、《母女》、《芝加哥湖邊》

1986 年，參加社教館紀念展。作《牛》《櫻花》《瓶花與果》《湖邊小聚》、校景櫻花》《靜物》《湖光秋色》

1989 年，出版《李石樵繪畫研究》。

1991 年，籌設李石樵美術館，自資購買美術館 80 坪於忠孝東路四段 218 之 7 號 3 樓。作《北海風情》《鼻頭角風景》《芝加哥雪景》

1993 年，擴充美術館 38 坪。作《櫻花樹下》《玫瑰花園》

1995 年 7 月 7 日，病逝於美國紐約雪城。獲總統李登輝頒褒揚令。

1996 年，在台北國父紀念館中山畫廊展出「李石樵回顧展」，舉辦李石樵回顧

紀念展系列活動,藉由展覽、座談、專題演講,來闡述李石樵一生對台灣美術教育的貢獻及繪畫風貌。

何海霞 1908.9.~1998 北京

1934年,拜張大千為師,隨其學畫10餘年。

1956年,任中國美術家協會陝西分會專業畫家,

1983年,任陝西國畫院副院長,後調北京,任中國畫研究院研究員。何海霞長於山水,功底扎實,技法全面,舉凡界畫、青綠、水墨、沒骨皆能。

擅長山水畫。他在繼承傳統的基礎上,飽遊沃看,師法自然。何海霞的山水畫成熟於20世紀50年代,他在水墨、青綠、界畫等諸多領域均有所建樹,面貌多樣,既有尺幅巨大的作品,也有精緻的小幅作品。西北地方的自然景觀給了他不少靈感,其作品個性鮮明,立意雄奇,骨體堅凝,筆力雄健,墨色渾厚,蔚為大觀。

吳作人 1908.11.3.~1997.4.9. 原籍安徽省涇縣茂林村,生於江蘇省蘇州市

吳作人,中國著名畫家,油畫和國畫都有很高造詣。

1927年,就讀上海藝術大學美術系,後轉南國藝術學院美術系。1928年,到國立中央大學(南京大學)藝術系學習。

1930年赴歐洲留學。1935年回國。

1960年任中央美術學院教授、教務長、副院長、院長、名譽院長。

他中國美術家協會主席,創辦公益組織吳作人國際美術基金會。1997年病逝於北京。

唐雲 1910~1993 浙江杭州人

唐雲,名俠塵,號藥城、藥塵、藥翁、老藥、大石、大石翁,畫室名"大石齋"、"山雷軒"。唐雲是他成為畫家後用的名字。唐雲性格豪爽,志趣高遠,藝術造詣頗高,可謂詩書畫皆至妙境。自學成才的他青年時即被冠以"杭州唐伯虎"的美稱。擅花鳥、山水,偶作人物。花鳥取法八大、冬心、新羅諸家,山水自元四家入手,兼涉明代沈石田、清代抓住特點大膽落墨,細心收拾,筆墨上能融北派的厚重與南派的超逸於一爐,清麗灑脫,生動有效。亦擅書法,長於早篆及行書,工詩文,精鑒賞。

唐雲的花鳥取法八大、冬心、新羅諸家，山水自元四家入手，兼涉明代沈石田、清代石濤。抓住特點，大膽落墨，細心收拾，筆墨上能融北派的厚重與南派的超逸於一爐，清麗灑脫，生動有效。代表作品有《朵朵葵花向太陽》《紅荷》《生香碩果》《松鷹》等。亦擅書法，長於早篆及行書，工詩文，精鑒賞。

唐雲沉鬱雄厚的畫風，對紫砂壺、硯臺、竹刻、印章、木版畫籍等均樂之不疲，一一涉獵，其中尤以收藏的八把曼生壺著稱於世，現存於唐雲藝術館。

唐雲晚號"老藥"、"藥翁"，是取醫藥救民於水火之意。他的一生也正是這樣，對藝術"愛畫入骨髓"，一片至誠；對朋友肝膽相照，一往情深；對民眾社會，以濟世懸壺的態度，卓有奉獻。

1979 年，應邀赴日本參加藝術交流。代表作品有《朵朵葵花向太陽》《棉花穀子》《紅荷》《鮮花碩果》《鬱金香》《松鷹》《竹》《白荷》、《海棠雙鳥》《山雨欲來》《詠梅》等。出版《唐雲花鳥畫集》、《革命紀念地寫生選》等多種。

黎雄才 1910.5.15.~2001.12.19. 廣東肇慶祖籍高要市白土鎮坑尾村。

父親黎廷俊為裱畫師，擅長繪畫，受父影響，黎自小便喜歡繪畫。

1924 年 14 歲，讀肇慶中學，拜高劍父的同窗陳鑒為師。

與趙少昂、關山月、楊善深並稱為嶺南畫派第二代四大著名畫家。

1926 年 16 歲，拜見高劍父。

1927 年，17 歲，入高劍父主辦的春睡畫院，後到烈風美術學校學習素描。

1932 年，到日本留學，在東京美術學校學日本畫。《瀟湘夜雨圖》獲國際金獎。

1935 年，學成歸國，在廣州市立專科美術學校任教。

1939 年，受聘重慶國立藝術專科學校副教授。

1948 年，擔任廣州市立藝術專科學校教授。

1950 年，任華南文藝學院教授，

1952 年，任武漢中南美術專科學校教授，創作長卷《武漢防汛圖》。

1953 年，創作《森林》《三峽》，《三峽》在印尼萬隆展覽展出，引起轟動。

文革期間，黎雄才被迫擱筆，下放勞動。文革結束後，
1978 年，任廣州美術學院教授、副院長、中國美術家協會廣東分會主席。
1979 年，在廣州舉辦個人畫展。
1982 年，訪問香港、新加坡、泰國、美國、加拿大、澳大利亞、新加坡、日本。
1987 年，獲廣東省頒發「魯迅文藝特別獎」。與關山月趙少昂楊善深舉行畫展。
2001 年，獲中國文聯、中國美術家協會頒發「金彩獎之成就獎」。同年 12 月
19 日上午因多臟器功能衰竭在廣州去世，終年 91 歲。

謝稚柳 1910~1997 江蘇武進（常州）

謝稚柳，原名稚，字壯暮、稚柳，號遲燕，後以字行。隨江南名字者錢名山學
習經史子集、詩詞歌賦．是現代著名的書畫大家，也是著名的書畫鑒定專家。
用筆意境在六朝唐宋間，尤擅山水、花卉、人物。餘事詩文，雅潔清麗。
曾任國立中央大學、國立重慶藝專教授、上海博物館顧問。
他與張大千、沈尹默等書畫界名人交往，研究中國藝術史，曾陪同張大千同赴
敦煌研究敦煌壁畫，領悟到隋唐古代藝術，並融合了自己的風格，形成了獨特
的藝術思想，開創藝術研究的生活。
1940 年代曾在成都、重慶、昆明、西安、上海等地舉辦個人畫展。
謝稚柳工於山水畫，以落墨為主，融以設色，進而推演落墨山水之畫理。所繪
之山水圖，圖中山崖峭壁與樹木之線條及其皺紋擦刷，於目視之下，老練手筆，
極富生氣。

劉啟祥 1910.2.3.~1998.4.27. 台灣台南柳營

劉啟祥，台灣畫家，是最早到法國學習繪畫。父親焜煌（字德炎），清朝貢生，
1917 年，台南柳營公學校，並在家中私塾學習傳統儒學，家規嚴謹分明。
1920 年，前往日本東京留學；1930 年到法國學習美術；1940 年回台灣。
1923 年，就讀青山學院，
1928 年，入另一名校文化學院美術部洋畫科。
1932 年，劉啟祥與楊三郎同船赴法國馬賽港，專心在畫室中創作。
1934 年，在羅浮宮臨摹馬內奧林匹亞、吹笛少年、賭牌、法蘭西女子、紅衣。
1935 年，由歐洲返台，同年並以＜倚坐女＞入選第九屆台展。
1936 年，重返東京，
1937 年，在東京舉辦滯歐作品個展，臨摹作品獲得很高的評價。
1948 年，遷居高雄，與張啟華、鄭獲義、劉清榮等人籌組「高雄美術研究會」
1952 年，籌組「高雄美術研究會」「台南美術研究會」「台灣南部美術協會」。
1960~1977 年，中風前，全力投注於創作與教學，持續 推動展覽、鼓勵後學。
1998 年 4 月 24 日，病逝於高雄縣小坪頂家中，享年 89 歲。

關山月　1912.10.25.－2000.7.3.　廣東陽江人

關山月，原名關澤霈，名畫家，嶺南畫派代表人物之一，與趙少昂、黎雄才、楊善深並稱為嶺南畫派第二代四大著名畫家。擅長山水、人物、花鳥，尤以寫梅著稱。深圳福田區蓮花山對面建有關山月美術館。

自幼受父親影響，喜愛繪畫。

1933 年，廣州市立師範學校（現廣州市協和中學之前身），在廣州任小學教員。

1935 年，受到高劍父賞識，入「春睡畫院」習畫，同年與李小平（秋璜）結婚。

1939 年，澳門舉抗戰畫展」，得到畫家葉淺予、張光宇等人欣賞。其中《漁民之劫》《三灶島外所見》《南瓜》《漁娃》入選蘇聯主辦「中國美術展覽」。

1940 年，北上曲江、桂林、貴陽、成都、重慶，寫生，創作《灘江百里圖》。

1943 年，沿河西走廊到敦煌觀摩研究古代佛教藝術。

1946 年，回到廣州，任教於高劍父創辦的廣州南中美術院。

1947 年，與高劍父、陳樹人、趙少昂、黎葛民、楊善深在廣東省民眾教育館舉行六人畫展。夏天到南洋旅行寫生，先後到過曼谷、清邁、檳城、吉隆坡和新加坡，並舉行個人畫展。

1948 年，在上海和南洋寫生畫展，出版《西南西北記游畫集》《南洋記游畫集》。

1949 年，來到香港，參加人間畫會。長期從事教學工作，曾任華南文藝學院美術部副部長兼教授，廣州美術學院副院長、教授，游遍國內大川名山及東南亞、歐洲。

1956 年，加入中國共產黨，是第三至八屆全國人大代表。

1958 年，任廣州美術學院副院長兼國畫系主任、教授；同年由國家委派前往歐洲主持「中國近百年繪畫展覽」。

1959 年，與傅抱石合作為北京人民大會堂創作了巨幅國畫《江山如此多嬌》（寬 9 米、高 6 米），毛澤東親自為該畫題字，提高了關山月在國內地位和影響。

1961 年，與傅抱石作《煤都》《林海》等六幅作品並於北京展出。

「文革」開始後，關山月因作品中有梅枝向下的構圖而被受到「攻擊社會主義倒霉（倒梅）」的指責，遭到批鬥並下放「五七幹校」，不准作畫。

1971 年，「日中文化交流協會」赴華交流，負責人之一宮川寅雄指名要見關山月，關山月因此得以從幹校返回廣州。

1976 年，赴日本參加「日中文化交流協會」成立廿五周年活動，訪問了日本著名畫家平山郁夫、東山魁夷、宮川寅雄等。

1978 年，廣東畫院復院，關山月任院長。

1982 年 10 月，關山月偕夫人赴日本參加日中邦交十周年慶祝活動，於日本東京、大阪舉辦「關山月畫展」並出版《關山月》畫冊。他的《俏不爭春》於當年被日本《讀賣新聞》評為世界名畫。

1983 年，關山月與張大千、趙少昂、林文傑合作創作了《梅蘭竹芝》。

1984 年赴美國貝津大學、哈佛大學、紐約市立大學、柏克萊大學講學參觀訪問。

1987 年，獲廣東省魯迅文藝獎特別獎。

1990 年，在紐約舉辦《關山月旅美寫生畫展》《尼加拉大瀑布》《太平洋彼岸》等 30 幅寫生畫作。

1994 年，創作《輕舟已過萬重山》《黃河魂》。

1997 年，關山月美術館在深圳市落成。

2000 年 7 月 3 日下午，關山月因病在廣州去世，享年 87 歲。

楊善深　1913~2004　廣東省台山赤溪

楊善深，字柳齋，香港畫家，被譽為「嶺南畫派最後一位大師」。另外三位分別為趙少昂、關山月、黎雄才。

與高劍父結識，與高劍父、馮康侯成立「協社畫會」「春風畫會」．曾獲台灣中華學術研究所頒哲士銜、香港頒「視藝終身成就獎」「銀紫荊星章」。晚年將《千年松樹》贈予中國北京人民大會堂。

2004 年 5 月 15 日於香港半山寶珊道寶城大廈家居逝世享年 91 歲。

方召麐　1914.1.17.~2006.2.20.　江蘇省無錫市，

方召麐，傑出國畫大師。父親方壽頤為江蘇紡絲廠的實業家，母為王淑英．

1927 年，13 歲，隨陶伯芳習中英文並學國畫，

1933 年，隨錢松喦、陳舊村學習山水畫，作品入選「無錫各團體書畫聯展」，1937 年，到英國曼徹斯特大學攻讀歐洲近代史。跟隨國畫大師趙少昂習書畫，

1951 年，與趙少昂到日本舉辦畫展，出版《方召麐近作集》。

1953 年，拜國畫大師張大千為師，

1954 年，入讀香港大學，隨國學大師饒宗頤、劉百閔等研讀中國哲學及文學，1955 年，在港大舉辦辦個人畫展，

1956 年，到英國牛津大學修讀文學博士學位。

1970 年，在張大千美國之「可以居」隨侍聆教一年，創繪山水作品。

1992 年，獲香港藝術家聯盟頒發「1991 年畫家年獎」，

1996 年，獲香港大學頒授榮譽文學博士學位；

2000 年，獲東京富士美術館最高榮譽獎，

2003 年，獲香港特區政府頒授銅紫荊星章，方先後捐出 3 幅作品給<u>恆生銀行</u>，

2000 年，獲東京富士美術館頒贈最高榮譽獎，

2005 年，把其 42 幅 1953 至 1990 年間之作品贈予美國舊金山亞洲藝術館。

2006 年 2 月 20 日上午入院，下午 5 時半因心臟衰竭在其子方津生為院長的<u>聖保祿醫院</u>病逝，享年 92 歲。安葬跑馬地天主教墳場與其夫方心諾合葬。

方子女皆名成利就，有稱「方氏一門八傑」一‧方曼生：香港著名律師，二‧陳方安生：香港首任華人布政司、署理港督、香港特別行政區政府前政務司司長 、曾任立法會議員，三‧陸方寧生：旅遊公司總裁、滬港文化交流協會名譽會長，四‧方順生：聯合國即時傳譯部部長(已故)‧五‧方桂生：匯豐銀行經理，六‧方林生：旅遊公司經理‧七‧方慶生：香港著名醫生‧八‧方津生：骨科醫生兼香港中國醫學專科學院主席

她的作品包括山水、花鳥、人物、書法等，國畫成就備受各界肯定。她的作品保留老師的風格，作品色彩濃烈，用筆豪放；「書則剛毅沉厚，畫則古樸渾拙，且多年鍥而不捨，力求創新，三年一小變，十年一大變」（劉唯邁評），晚年作品多反映世局現況，如《船民圖》、《祈求世界和平頌》、《平穩過渡長卷》。

吳冠中　1919.8.29.~2010.6.25.　江蘇省宜興縣

吳冠中，現代中國畫家。吳冠中是 20 世紀現代中國繪畫的代表性畫家，也是中國現代美術教育家，終生致力於油畫民族化及中國畫現代化之探索，堅韌不拔地實踐著「油畫民族化」、「中國畫現代化」的創作理念，形成了鮮明的藝術特色；他執著地守望著「在祖國、在故鄉、在家園、在自己心底」的真切情感，表達了民族和大眾的審美需求，他的作品具有很高的文化品格；國內外已出版畫集約 40 餘種文集 10 餘種。

1942 年，畢業於國立藝術專科學校，1943 年重慶大學建築系任助教。

1946 年，考取教育部公費留學，同年與朱碧琴在南京結婚。

1947 年，到巴黎國立高級美術學校，同年秋長子可雨在宜興出生。

1950 年，返國，到中央美院任講師。

1953 年，任清華大學建築系任副教授、

1956 年，北京藝術學院成立任油畫教研室主任，副教授，

1964 年，調至中央工藝美術學院任教。

1978 年，中央工藝美術學院主辦「吳冠中作品展」。

1979 年，被選為中國美術家協會常務理事，

1985 年，當選全國政協委員，

1994 年，當選為全國政協常務委員。

1995 年，中國油畫學會在北京成立，被推選為學會名譽主席。

2002 年，獲選為法蘭西學士院藝術院（Academie des Beaux-Arts de I』 Institut de Fance）聯繫人（Correspondant）。

2006 年，香港中文大學頒授榮譽文學博士學位。

2010 年 6 月 25 日 23 點 52 分，肺癌轉移在北京醫院逝世，享年 91 歲。

宋文治 1919.9.5.~1999.8.10. 江蘇省太倉縣人

1931 年，太倉毓婁商業中學肄業·從小就經常描摹香煙盒上印的《水滸》等古典人物畫，臨摹《芥子園畫譜》習畫。

1941 年，入蘇州美專滬校，學習素描水彩技法。

1942 年，任城中小學美術教師，兼任太倉西廂小學美術教師。

1944 年，和表妹楊冰女士結為伉儷。遷居太倉城廂鎮。

1945 年，任太倉縣立中學美術教師。

1947 年，經朱屺瞻介紹，拜海上名家張石園為師。

1948 年，在校舉辦畫展，義賣得米 180 餘擔，全數捐贈學校·

1949 年，安亭師範任校總務主任。拜吳湖帆、吳湖帆請教。

1952 年，次女玉英出生。

1954 年，次子玉明出生。

1955 年，創作《桐江放筏》《黃山松雲》《桐江放筏》《黃山松雲》《放鴨》《牛首山》《邵伯水閘》《南京長江大橋》《錦屏山磷礦》《中山陵》。榮獲三等獎。

1960 年，任江蘇省國畫院長秘書。

1961 年，參加北京中國美術「山河新貌畫展」。

1964 年，為北京人民大會堂創作《運河兩岸稻花香》《新安江上》。

1965 年，在南京大學、南京藝術學院、南京師範學院擔任教授。

1966 年「文化在革命」在高資甓種場、橋頭省五七幹校、金壇等地勞動。

1970 年，從五七幹校奉調回南京，參加省美術創作組。

1976 年，驚悉周恩來總理逝世，作《梅園長春》寄託哀思。

1977 年，任江蘇省國畫院副院長。

1980 年，赴日本出席「江蘇省國畫院書畫展」任代表團副團長。

1983 年，被聘為中國畫研究院院務委員。

1984 年，赴日參加該館的開館儀式並舉辦宋文治山水畫小品觀摩會。

1986 年，赴美並舉辦文化交流和作品觀摩會。

1988 年，應邀訪問德國、澳大利亞、美國、日本作畫展及講學。
1992 年，應香港中文大學邀，講學一月。
1995 年，為全國政協新大樓作八尺大畫《輕舟已過萬重山》。
1996 年，為慶祝紅軍長征作《蒼松圖》《堅松葉茂圖》《海棠花》《蒼松圖》等
1998 年，參加在美國紐約古根海姆博物館舉辦的中華五千年文明藝術展。
1999 年 4 月 2 日醫院檢查，CT 診斷為肝癌。8 月 10 日，凌晨 2 時 47 分病逝。
2000 年，　漢白玉、青銅塑像在太倉宋文治藝術館落成。

程十髮　1921.4.10.~2007.7.18.　上海松江縣城外岳廟鎮莫家巷，

程十髮，原名程潼，字十髮，畫家。
1938 年，進入上海美術專科學校學習繪畫。
1949 年，進入華東人民美術出版社任美術創作員，創作了大量的連環畫作品。
1957 年，參與籌建上海中國畫院，轉向專門國畫創作，
1984 年，出任上海中國畫院院長。
2005 年 8 月 9 日因小疝氣手術住進華東醫院。
2007 年 7 月 18 日晚上 6 點 58 分病逝於上海華東醫院，終年 86 歲。

黃永玉　1924.8.24.~　湖南省鳳凰縣，出生於常德縣，土家族人

黃永玉，中國畫家，現為中央美術學院教授，曾任版畫系主任．
在版畫、中國畫、雕塑、文學、建築、郵票設計等方面，他都有創作作品。繪畫有濃厚西方畫元素，但又不失中國畫氣韻著稱。黃永玉亦是一位非常出色的詩人，其詩作中的民間化、口語化風格與質樸的詩風，十分別致動人。
他的著名作品包括生肖郵票猴票、文學作品有《永玉六記》《吳世茫論壇》《老婆呀，不要哭》《這些憂鬱的碎屑》《沿著塞納河到翡冷翠》《太陽下的風景》《無愁河的浪蕩漢子》等書。他的建築設計作品有鳳凰縣的《玉氏山房》《奪翠樓》香港的《山之半居》北京通州的《萬荷堂》和義大利佛羅倫斯的《無數山莊》

黃胄 1925.3.~1997.4.23. 河北蠡縣

黃胄，原姓梁黃胄，名淦堂，字映齋，畫家，師從趙望雲，擅人物及動物畫。擅於畫出新疆人物，動物，人民生活，與風景之美。
1987 年作「駱駝背上的小學生與父親」，栩栩如生。駱駝等走獸之繪畫極富生　氣，尤其是畫駱駝更是馳名中外，堪稱一絕。
2011 年春季拍賣會 Lot.5136 中售出美金 2,316,000 元的佳績。

顧媚 1929~ 蘇州人生於廣東廣州

顧媚，原名顧嘉瀰，父親顧淡明，蘇州人，曾任職報界，精於繪畫。香港 1950 年代著名歌手、演員，有「小雲雀」之稱。

1951 年，投身歌壇。她首部歌舞片是《萬花春色》。

1961 年，加盟邵氏，拍《妙人妙事》，其主要任務是幕後代唱。

1962 年，為《不了情》電影女主演林黛配唱三首插曲《不了情》《夢》《山歌》。

1965 年，她演《小雲雀》獲得成功，奠定了她歌演雙棲的地位。

1963 年，隨趙少昂、胡念祖習畫，專注畫壇，成為中國畫畫家。

1971~2009 年，分別在香港、台北、新加坡、吉隆坡、澳大利亞、日本、美國等地舉辦「個展」「當代藝術展」「國際水墨畫展」「纖雲巧染顧媚繪畫」

顧媚的畫作多以寫雲霧為主，尤愛繪意念中之山水，用似古碑般重疊的線紋及層層渲染，開放而曚曨氤氳的縹緲空間，使觀者融入柔美的畫境。她曾任教於香港中文大學、美國猶他州立大學、美國鹽湖城猶他大學。

孫家勤 1930.5.28.~2010.10.27. 生於大連祖籍山東泰安

孫家勤，字野耘，著名畫家，為張大千關門弟子，精於山水花鳥。其父為北洋軍閥孫傳芳，在他四歲時過世。其母周佩馨，出身書香世家，曾任湖北女子學校校長。孫家勤自幼隨母親學畫，少年時曾於北京拜畫家陳林齋為師，學習人物畫。17 歲時，考取北京輔仁大學美術系，但因戰爭而中斷學業。

1949 年，隨政府來到台灣，考取台灣師範大學美術系，畢業後留校擔任助教、講師，學畫於黃君璧、溥心畬先生。

1964 年赴巴西，拜入張大千門下，在八德園習畫三年。後定居巴西聖保羅，為聖保羅大學創設中文系，在此擔任教授。

1992 年以交換教授身分返回台灣，進入國立臺灣師範大學、中國文化大學美術系擔任教授[
]

2010 年病逝於台灣三軍總醫院。

劉文西 1933~ 浙江省嵊州市長樂鎮水竹村人

劉文西，中華人民共和國畫家，「黃土畫派」創始人、長安畫派代表人物之一。

1950 年，在上海進入陶行知先生創辦的"育才學校"學習美術，

1953 年，入浙江美術學院，受潘天壽等先生教導。

1958 年，畢業後到西安美院工作至今。第七屆、第八屆全國人大代表，全國有突出貢獻專家。現任中國美協顧問、西安美術學院名譽院長、黃土畫派藝術研究院院長。

劉文西是當代中國畫壇開宗立派的人物，他的繪畫，代表著中國畫寫實風格。他的藝術精神，就是中華民族自強不息的精神，他是中國現代美術史上的一顆璀璨明珠。

　　劉文西是以畫陝北而成為大家的，可以說是陝北成就了他，他也塑造了陝北。他以高瞻遠矚的胸襟，以高屋建瓴的智慧，以"語不驚人死不休"的精神，創作出一幅幅關注社會、關注人類、關注生命的陝北系列作品。從《毛主席和牧羊人》到《同歡共樂》，從《支書和老貧農》到《溝裏人》，他的每幅作品的誕生都會帶來一片讚歎之聲。作品有《同歡共樂》《祖孫四代》《知心話》《山姑娘》《黃土情》《東方》《基石》《老百姓》《與人民同在》《春天》等。《陝北姑娘》和《陝北小姑娘》的名作現珍藏在世界書畫家協會。劉文西的作品大多都在全國性美展上展出和全國性報刊上發表，無不給人留下優美而雋永的回味，受到廣大人民群眾的歡迎和讚揚。劉文西重視美術教育和理論研究，發表論文 30 多篇，如《個性與生活》《要大力發展人物畫》《為人民而創作》等等，闡述了他在攀登路上的真識灼見。

1997 年，中國人民銀行的有關人員就找到他，請他為第五套人民幣畫像。當他領了為 100 元人民幣畫毛主席像的任務後，他無比激動，夜不能寐。懷著一種特殊的感情，他精心選照片，專心創作，經過反復修改，方才定稿，並最後通過中央領導的審定。

中國美術協會顧問、黃土畫派藝術研究院院長、中國當代畫派聯誼會主席、陝西省美術家協會名譽主席、西安美術學院名譽院長、教授、博士研究生導師，第五套人民幣毛澤東畫像創作者、陝西省文藝界聯合會顧問、全國有突出貢獻的專家、獲國家第一批名師稱號、《中國才子》畫報藝術顧問。

梁丹豐　　1935～　　廣東順德人，出生於南京，現客居台灣新北市永和區

台灣知名的水彩畫家和散文作家．
杭州藝專畢業，曾任銘傳大學、文化大學、國立藝專教授．長於旅遊寫生，廣遍世界，知名城市外，荒野自然等偏僻角落，經常會將水彩畫與旅遊心得搭配而成散文集。
1956 年，梁丹丰曾得過菲律賓「國畫首獎」．我國文協「美術類榮譽獎章」、
　　教育部「文藝獎章」、「世紀巨龍獎」、「金爵獎」．
1991 年，第 16 屆國家文藝類最佳創作獎（散文創作）等。

范曾　　1938.7.5.~　　江蘇南通人

范曾，字十翼，是中國人物畫畫家、書法家。現為中國美術家協會會員，中國藝術研究院博士生導師、研究員，南開大學終身教授、博士生導師，北京大學中國文化書院導師。山東大學藝術學院名譽院長　聯合國教科文組織「多元文化特別顧問」。1955 年　考入南開大學歷史系 1957 年　轉入中央美術學院美術史系及中國畫系，1962 年畢業

在中國歷史博物館，與沈從文編繪中國歷代服飾資料，臨摹優秀繪畫作品多件
1978 年　任教中央工藝美術學院，
1984 年　天津南開大學東方藝術系，系主任‧捐款 400 多萬元人民幣建設該系
1979 年　訪日本被譽為「近代中國十大畫家之一」獲日中文化交流功勞紀念杯
2012 年 10 月 27 日　獲聘山東大學藝術學院名譽院長
名作有《靈道歌嘯圖》《八仙圖》《秋聲賦》

李昆山　1942.8.~　河北人

李昆山，農民畫家，油畫聖手，有獨特的繪畫風格。
2009 年，畫作登上人民網站 "書畫收藏頻道" 被授予
　　 "中國最具收藏價值的藝術家"
2010 年，12 幅作品被中國郵政部門作為個性化郵票。

王西京　1946.8.~　陝西西安人

1966 年，西安美術學院附屬中學畢業。任《西安晚報》美術編輯、主任編輯。
1983 年，西安美術家協會成立，任主席。
1985 年，西安中國畫院院長。 "中國書畫影視藝術學會" 副主席。
1989 年，「西安對外文化交流協會成立」，任副會長。
1992 年，被國務院授予為 "國家級有突出貢獻專家"。先後出版《王西京畫集》、《王西京作品集》《中國歷史人物畫傳》《無產階級革命家肖像畫輯》、王西京歷史人物畫輯》《中國線描人物畫技法研究》《開源》《 王西京藝術研究文集》等王西京先後在新加坡、日本、英國、馬來西亞、香港、澳門、美國、韓國、泰國、臺灣等地區舉辦畫展。人物概述 王西京，男，2007 年，被評為「20-40 年代當代中國畫壇 60 傑」當代畫壇成就卓著，在海內外享有盛譽的藝術家。

王明明　1952.5.4.~　北京原藉山東省蓬萊縣。

王明明，中國大陸藝術家，北京畫院院長，王明明代表作有:《杜甫》《招魂》《賣炭翁》《虔誠的信徒》《苗鄉三月》《林泉高逸》等。

王明明曾在新加坡、日本、香港、台灣、加拿大等地舉辦的個人畫展。
1970 年代，王明明曾經求教吳作人、李苦禪、蔣兆和、劉凌倉、盧沉、周思聰等多位藝術家。

徐樂樂　1955~　江蘇南京

1973 年，入南京藝術學院美術系學習中國繪畫，
1976 年，畢業於南京藝術學院美術系，畢業後到江蘇農村體驗生活寫生。
1978 年，擅長工筆人物，畫法師承陳老蓮。現為江蘇省國畫院一級美術師 。
1986 年，作品連續在國內外展出和獲獎，逐步形成自己的繪畫風格.代表作有《歷代美女圖冊》等作品獲
1987 年，江蘇省青年美術家協會首屆作品展優秀獎,
1987 年，日本兒童書籍繪畫大賽銀獎.1989 年第七屆全國美術作品展覽插圖金獎。

何家英　1957~　天津籍貫河北任丘人

何家英，當代中國工筆畫家。
天津美術學院教授博士導師、
中國天津文史館員。
1980 年，畢業於中國天津美術學院並留校任教。
2008 年，當選第十一屆全國政協委員，代表無黨派人士，分入第十四組。

劉寶杰　1963~　生於北京長於河北涿鹿。

劉寶杰，號大散子、云門居士、涿鹿農、三草、天草、散子、散人。擅長畫豬、鳥、偶畫人物、山水、及抽象畫。畫風屬意象畫派
1979 年，玉器雕刻專業三年，向萬兆、李苦禪、孫樹梅、姜守垣學習古美筆畫 。
1980 年，拜中央美院教授張立辰先生為師，從此專攻大寫意中國畫。
1981 年，從中央美院薄松年先生學習中國美術史。
1983 年，向陸儼少、林散之、程十發、崔子范、啟功、唐云、費新我、魏紫熙、康殷、張文俊、王明明、龍瑞、吳山明、張桂銘、舒傳曦、姜寶林、林曦明、喻繼高等先生求教。
1990 年，應邀參加瑞典、芬蘭 [亞洲藝術節]。
1992 年，〔卷簾裝置〕獲得國家專利。到四川九寨溝、三峽寫生。
1993 年，赴景德鎮制作陶瓷 300 件。
1996 年，應邀參加瑞典耶夫勒省〔中國之夜〕中瑞藝術家交流活動。
1998 年，入選〔世界華人藝術畫冊〕。
2000 年，標貼工藝品〔瓦臉兒〕及象棋盤〔五國象棋〕獲面板設計專利。
2007 年，世界著名美術評論家博偉能博士評論劉寶杰作品《雅致、力度和幽默》。
2008 年，在北京琉璃廠為瑞典文化團講解現代陶瓷制作。

三十、名報人

汪康年　1860~1911.11.14.　浙江錢塘（今杭州市）人

汪康年，字穰卿，晚號恢伯、醉醒生，報刊活動家。
1890 年，成為張之洞幕僚（在張之洞家擔任家庭教師）。
1894 年，中進士。甲午戰爭，汪康年思想，轉向維新·
1895 年，參加上海強學會，與梁啟超、黃遵憲創辦《時務報》，理念與梁啟超不和，後來矛盾日益尖銳。
1897 年，梁啟超出走，《時務報》由汪一人掌握。
1898 年，於上海又創辦《時務日報》。

「百日維新」期間，康有為通過御史宋伯魯上書光緒帝，要求將《時務報》改為官報，設立官報局，由梁啟超管理，意圖奪回《時務報》並得到光緒帝批准。汪康年得知此事後將《時務報》更名為《昌言報》，將《時務日報》更名為《中外日報》，加以抵制。

汪康年在戊戌政變後被清廷通緝，出逃至上海租界。為躲避官府追究責任，汪康年聘請英商杜德勤（Charles John Dudgeon）做《中外日報》的發行人，開始「掛洋旗」。《中外日報》得以在政變後在上海繼續出版，並發表文章，詳細報導政變情況。

1900 年，汪在上海參加籌劃中國議會。
1904 年，任職內閣中書。
1907 年，在京創辦《京報》。
1909 年，因報導楊翠喜案，捲入「丁未政潮」，於當年 8 月 26 日被勒令停刊。
1910 年，汪康年又在北京創辦《芻言報》。
1911 年 11 月 14 日，汪康年在天津逝世

張元濟　1867.10.25.~1959.8.14.　浙江嘉興海鹽人。

張元濟，字筱齋，號菊生，出版家，出生名門望族。
1892 年，進士，同年五月，改翰林院庶吉士，
1897 年，在北京創辦溪學堂。戊戌變法時，被徐致靖推薦給光緒帝，變法失敗後被清廷革職，任上海南洋公學譯書院院長。
1898 年，散館，著以部屬用，任刑部主事，曾任總理各國事務衙門章京。甲午戰爭後，積極投身維新運動，組織陶然亭集會。
1901 年，張元濟投資上海商務印書館，並主持該館編譯

工作，倡議設立編譯所，聘蔡元培為所長，主持編定教科書，並延請夏曾佑編《最新中學中國歷史教科書》。張元濟長期主持商務印書館，後來任董事長。葉聖陶在《商務印書館》一文評價：「張先生把商務看成是他的終生事業。」

1948 年，張元濟當選首屆中央研究院院士。

1949 年，擔任第一屆全國政協委員和第一屆全國大代表。

1959 年 8 月 14 日，於上海逝世。著《涵芬樓燼餘書錄》《寶禮堂宋本書錄》、《涉園序跋集錄》《校史隨筆》《張元濟日記》《張元濟書札》《張元濟傳增湘論書尺牘》《張元濟傳增湘論書尺牘》等。

歐榘甲　1870~1911　廣東歸善(今惠陽)人

歐榘甲，字雲高、雲樵，康有為弟子。戊戌變法前任知新報、時務報主筆，鼓吹變法。 1898 年任湖南時務學堂教習。戊戌變法失敗後在日本協助梁啟超編《清議報》。與楊衢雲、陳少白，尤列等來往，倡言"自由"、"革命"，康令其赴美主持保皇黨機關報《文興日報》。在三藩市創辦《大同日報》，撰《新廣東》，鼓吹廣東獨立脫離清廷，更為康譴責，遂赴新加坡從事保皇活動。1906年因其慫恿清駐新加坡領事干涉革命黨人在新加坡活動而被孫中山視為革命進行之大礙，囑同志設法去之。

1908 年，組織振華公司，與廣西督撫張鳴岐聯合招商承辦廣西貴縣開平山礦。

1909 年，從新加坡回國，偕同礦師赴貴縣。康認為此舉與孫中山招興利公司商股以亂惠州之策同，是借商謀亂，朝廷「立拿亂首歐榘甲」，歐被迫匿跡家園。

1911 年，病故。現深圳市坪山新區光祖中學前身光祖學堂第一任校長。

曾廣銓　1871~1940　湖南湘鄉人

曾廣銓，字敬貽，曾國藩之孫。早年跟隨曾紀澤在英國多年，精通英、法、日、德語及滿文。曾任駐英使署參贊、駐朝鮮公使等職。曾充李鴻章幕僚。參與過《金陵書局刻書章程》的擬定。

1897 年，與葉翰、汪康年、汪鍾霖等在滬創辦蒙學會，聯名創辦主要譯述西方通俗兒童作品的《蒙學報》，

1898 年，任《時務報》(后改名《昌言報》)總翻譯，與主筆章太炎合作翻譯英國社會學家斯賓塞的著作《短論：科學的、政治的、思辯的》，翻譯介紹哈葛德的小說《她》 —— 曾廣銓譯為《長生術》．

5 月與汪康年、汪大鈞等創辦《時務日報》《中外日報》等。

胡文虎　1882~1954.9.4.　新加坡商，生於緬甸，祖籍福建省永定．

胡文虎，名報人，也是大慈善家．早年與弟胡文豹合作創辦過星、馬、港一帶的星報系列的報紙，計有《星洲日報》《星島日報》《英文星報》《星暹日報》

與《星檳日報》，即現在的《光明日報》前身。父親胡子欽，母李金碧，兩個兄弟胡文龍、胡文豹，妻陳金枝．
1908年，父親病故，繼承父業，環遊中國、日本、暹邏考察中西藥，製成「虎標」萬金油、八卦丹、頭痛粉、清快水。
1918年，創辦《仰光日報》。
1919年，在新加坡創辦《星洲日報》。
1923年，將永安堂總行遷到新加坡，由弟胡文豹留守仰光主管緬甸業務。
1931年，在廣東汕頭創辦《星華日報》，
1932年，將總行從新加坡遷移至香港。捐贈中國慈善事業達2000萬美元。奉行「取之社會，用之社會」，以經商獲利的60%為慈善公益專款。
1935年，在福建廈門創辦《星光日報》；同年在新加坡再創辦《星中晚報》
1938年，在馬來亞檳榔嶼出版《星檳日報》，緬甸辦《星仰日報》，荷屬東印度辦《星巴日報》，因太平洋戰爭爆發，戰火燒至東南亞，半途而廢。
1939年，全盤承頂《總匯新報》（後改用原舊名《總彙報》）。
1941年3月20日，成立Sin Poh Amalgamated Limted，以管理屬下各報。
　　12月25日，日軍佔領香港，胡文虎被軟禁三天。
1943年，曾以港商身份赴東京。
1946年，在新加坡發起組織「福建經濟建設服務有限公司」。
1947年，胡文虎在福州創辦《星閩日報》，在上海籌辦《星滬日報》。
1949年10月15日，香港《星島日報》、英文《虎報》問世。
1950年，英國女皇授予他「聖約翰救傷隊爵士勳位」。
　　胡文虎被中共視為「漢奸」中共禁止私人辦報（報禁）他所有報紙停刊。其他的廣西《星西日報》雲南《星南日報》上海《星滬日報》也相同被關閉。另外還有夭折的《重慶星渝》砂勞越《先鋒日報》。胡文虎曾有意在湖南辦報，但失敗。其他曾出資贊助的有雅加達《天聲日報》，日本佔領時期的廣州《公正報》（社長胡山）；他也計劃過在北京）漢口、瀋陽和台灣辦報。
1941年，胡文虎到重慶出席參政會議，受到蔣介石接見。
1943年，胡文虎曾多次去上海會見南京汪偽國民政府主席汪精衛，還曾去日本拜會日本首相東條英機。
1951年，在泰國創辦《星暹日報》《星暹晚報》，香港《星島日報》和東南亞其他星系報紙開始反共。年初設立「胡文虎婦產科病系獎學金」。
1953年，訪問台灣。
1954年，在美國波士頓接受《環球報》記者訪問，宣稱「對共產黨決難妥協」。
　　9月4日，胡文虎因胃病去美國做手術，在檀香山心臟病逝世。
1974年，東馬來西亞沙勞越古晉《前鋒日報》被當局勒令停刊的華文報。
1944年，胡文虎被推選為香港華人協會主席。

1992 年，廈門洪卜仁先生幾經周折，終於在日本東京大學的戰史研究室秘密檔案中，找到當年胡文虎在東京與東條英機的談話記錄。原始記錄表明：儘管東條英機提出了種種要求，但胡文虎卻回答說很難辦，沒有答應，並提出要日本政府停止戰爭的建議。整個談話記錄未見有卑躬屈膝的言行。

胡仙　生歿不詳　福建省永定縣人生於緬甸

胡仙博士，OBE，JP（Sally Aw Sian），胡文虎的養女，早年就讀香港和新加坡，並在美國及哥倫比亞修讀新聞專業，後獲香港中文大學授予榮譽法學博士學位。擁有香港大坑道及新加坡的虎豹別墅及 7 份報章，人稱「報業女王」。胡好早逝，胡仙成為胡文虎家族的繼承人。

1954 年，胡文虎病逝後，胡仙接掌星島報業，

1972 年，星島報業在香港上市。胡仙一度擁有 7 份報章，包括《星島日報》《星島晚報》《英文虎報》《快報》《天天日報》《華南經濟新聞》及與大陸合資的《深星時報》。胡仙成為世界中文報業協會蟬聯主席、「唯一的華裔跨國社長」「新聞女王」，名氣不亞于乃父胡文虎當年。

　　7 月，胡仙在香港創立胡文虎基金會，以非牟利慈善信託基金註冊，善款全部來自胡仙個人。

1993 年 3 月，胡仙博士首次回到祖國，受到江澤民、李鵬的熱情接見。胡仙博士建立「胡文虎紀念館」珍藏胡文虎胡文豹兄弟生平事蹟的大量珍貴照片和文字資料，胡文虎及其家庭成員對國家、對民族、對家鄉所做的巨大貢獻。

1998 年，捲入「胡仙案」被逼出售《天天日報》，其後再將星島日報出售予中國全國政協委員何柱國。

董顯光　1887.11.9.~1971.1.10.浙江鄞縣茅山鄉董家跳村

董顯光，著名報人、作家、外交家。基督教徒，幼年困苦。1899 年，全家遷居上海，就讀中西書院及清心書院接受西式教育。中學畢業後，董應聘到奉化龍津中學教授英語，其學生中包括蔣介石。

1907 年，董氏結婚，並進入商務印書館工作。

1909 年，董在基督教長老會的幫助下赴美國密蘇里州留學，先後在巴克學院、密蘇里大學和紐約哥倫比亞大學普利策新聞學院就讀。並於曾於紐約採訪過羅斯福總統．

1913 年，董因母親病危因此放棄取得碩士學位，取道日本回國，途中結識孫中山，後經其介紹，出任上海《民國共和報(China Republican)》副主筆兼駐北京的記者。同年宋教仁被袁世凱派人暗殺，董顯光率先揭發此事，成為二次革命的導火線。

1914 年，董出任《北京日報》主筆，

1916 年，長期擔任熊希齡的秘書。

1925 年 3 月 1 日，董在天津創辦《庸報》。

1928 年，皇姑屯事件後，庸報率先披露真兇為日軍，引起極大轟動。

1930 年，庸報發行量接近兩萬份，僅次於「大公報」「益世報」天津第三大報。

1934 年，蔣介石介紹加入中國國民黨，負責檢查外國新聞電訊。抗日戰爭爆發後，任軍事委員會第五部副部長，又改任國民黨中央宣傳部副部長．

1942 年，陪同蔣夫人宋美齡女士赴美就醫，爭取美援，轟動全美．

1943 年，隨蔣介石、宋美齡夫婦出開羅會議，負責國際宣傳工作。

1945 年，當選為國民黨中央執行委員。

1947 年，出任國民政府行政院政務委員、兼新聞局長．

1949 年，政府遷台後擔任中國廣播公司總經理兼中央日報董事長。

1950 年，銜蔣介石之命訪美，見到前美國駐中國大使司徒雷登、國務卿杜勒斯、及當時擔任哥倫比亞大學校長的艾森豪等人，爭取美國對國民政府的援助。

1952 年 8 月 13 日，董出任戰後首任中華民國駐日本大使。

1956 年，董又受命出任中華民國駐美國大使。

1958 年，卸職返台任總統府資政，曾環島瞭解基督教在台灣的教派發展、傳教、醫療、教育、社會福利等多方面現況分析。

1960 年，前往高雄西子灣與張學良夫婦會面，在董的傳教與信仰見證的影響下，張學良於 2 月 9 日成為虔誠的基督教徒。

1970 年，移居美國，

1971 年，病逝美國紐約。

張季鸞　1888.3.20.~1941.9.6. 陝西榆林，生於山東鄒平。

張季鸞，名熾章，字季鸞，筆名一葦、老兵。名報人政論家。

父親張楚林，字翹軒。棄武從文，考取進士，不過張季鸞之父官運不濟，以知縣分配山東。其父 1900 年死於濟南。張季鸞與母親王氏挾兄妹三人扶柩歸葬。

少年張季鸞體弱口吃，但很聰明。延榆綏道陳兆璜欣賞他的文章，同情他的家境，遂將其招入道署，親自教讀。

1902 年，師從關中名儒劉古愚習經世之學。

1903 年，劉古愚前往甘肅講學，張季鸞遂離開，考入陝西三原宏道學堂。

1905 年，官費留日入東京經緯學堂，後入東京第一高等學校攻讀政治經濟學。
　　任《夏聲》雜誌主編，開始辦報生涯。
1908 年，學成歸國，在關中高等學堂當教員 2 年。
1911 年，應邀到陝西同鄉于右任在上海的《民立報》工作。
1912 年，中華民國成立，任大總統府秘書，參與《臨時大總統就職宣言》起草。
　　隨著孫中山辭職，他也隨之離職。
1913 年，與曹成甫合辦《民立報》任主編。宋教仁遇刺，宣傳反袁，因在上海
　　《民立報》上披露《善後借款條約》，得罪袁世凱政府，《民立報》被封，
　　張季鸞被捕入獄。三個月後釋放。往上海，任《大共和日報》任國際版主編。
1915 年，袁世凱意欲稱帝，張季鸞在《民信日報》任總編，因經費問題停刊。
1916 年，《新聞報》通訊記者，《中華新報》任總編，兼任《新聞報》通訊員。
1918 年，《中華新報》因發表段祺瑞政府與日本簽訂滿蒙鐵路大借款合同消息
　　被京師警察廳查封，張季鸞再次入被捕獄。《中華新報》未能復刊。
1919 年，任《中華新報》總編輯，直至 1924 年冬該報停刊。
1926 年，與吳鼎昌、胡政之成立新記公司，續刊《大公報》，任總編輯兼副經
　　理。提出著名的「四不方針」（「不黨、不賣、不私、不盲」）：
後世評價新記大公報時，往往使用「吳鼎昌的錢、胡政之的管理、張季鸞的筆」
的字眼，張季鸞作為報社總主編，為新記大公報的發展，做出了巨大的貢獻。
抗戰時期，曾兩度擔任國民參政會參政員。
九一八後，《大公報》主張「緩抗」方針，報館被民族主義者和激進愛國主義
者投擲炸彈。張季鸞也收到過一個裝有炸彈的郵包。
經楊永泰出面，張季鸞成為蔣中正的座上賓。
1934 年，蔣中正在南京勵志社大宴群僚，對張季鸞推崇備至。
1936 年 12 月 18 日，國軍空軍在西安市區上空投放大公報數十萬份，頭版為張
　　季鸞撰寫之《給西安軍界的公開信》，勸告東北軍將士迷途知返，勿誤國誤
　　民，該文章張學良至晚年尚能背誦。
1941 年 9 月 6 日上午 4 時病逝於重慶中央醫院。蔣中正立即致《大公報》社唁
函。周恩來說，做報人，要像張季鸞那樣。公葬於西安，蔣中正親自扶柩歸葬。

胡霖　1889~1949.4.14.　四川成都人

胡霖，字政之，筆名冷觀。著名記者，報人，新記《大公
報》創辦人之一。大公報在胡政之、張季鸞、吳鼎昌主持
下，成為抗日戰爭時期最重要的民間輿論。胡政之在新聞
史上是大公報的代表人物之一，也成為一個時代報刊象徵
性人物。
1889 年，出生官宦家庭，
1906 年，胡政之父親病死，17 歲的胡政之不得中途輟學，
離開安慶省立高等學堂而扶柩回四川。

1907 年，自費赴日留學，入東京帝國大學研習法律。

1911 年，歸國，一度曾開辦過律師事務所。

1912 年，出任上海《大共和報》日文翻譯，後繼任編輯、主筆，編髮專電，兼
　　寫社論。

1915 年，被派駐北京，以消息快捷受到業內注意。

1916 年，安福系王郅隆接辦大公報後聘為經理兼總編，開始對《大公報》進行
　　改革，將原有記者開除，同時聘請林白水、梁鴻志、王峨孫等為特約訪員，
　　每天以電話向天津發消息，或以快郵寄稿，新聞因此大有改觀。同時對版面
　　進行了改革，拋棄舊式書冊，改用西式通欄，版面設計都不斷提高。在此後
　　一系列事件，如張勳復辟、馬場誓師和新文化運動中都發表過不少有分量的
　　報導和文章。同時也密切注意國際動向，

1918 年，作為大公報記者前住歐洲採訪巴黎和會，也是與會的唯一中國記者。

1920 年，回國後不久辭職，後在上海組織國聞通訊社。

1926 年，吳鼎昌、張季鸞、胡政之合組新記公司，接辦《大公報》。

1945 年，聯合國成立大會在美國舊金山舉行，他以中國新聞界代表和國民參政
　　會參政員之身份，作為中國代表團成員參會，並在《聯合國憲章》上簽字。

1948 年，胡政之主持《大公報》香港版復刊。4 月突然病發，回上海就醫。

1949 年 4 月 14 日凌晨三時五十五分在上海寓所病逝去世[1]。

《大公報》三巨頭，張季鸞以文章名世，胡政之的經營管理、吳鼎昌的資本，
胡政之主持《大公報》從 1926 年到 1949 年，時間最長．

龔德柏 1891~1980 湖南瀘溪武溪鎮。

龔德柏，其父龔本璋，清朝秀才，善中醫，以經營桐油起家。

抗戰時期，為著名報人，以敢言著稱，人稱「龔大炮」．

1908 年就讀辰州中學堂。

1910 年因鼓動學潮被開除學籍，乃轉入長沙明德學堂。

1913 年春入湖南高等工業學校採礦科，旋官費留學日本。

1915 年 9 月入日本東京第一高等學校特別預科。翌年秋轉入正科，攻讀政
法外交。第一次世界大戰巴黎和會，日本企圖獲取德國在中國山東權利，
中國留日同學總會揭露日方陰謀，受留級處分。段祺瑞政府亦宣佈撤銷 "鬧
事留日學生官費，迫使他輟學。他仍留居日本，受聘《中日通訊社》編輯，
並兼任《京津泰晤士報》駐東京通訊員，專心研究日本問題。

1920 年，當選留日學生代表，赴滬出席全國學生聯合會且當選為大會議長。

1921 年，翻譯《菊之根兮》和《甕甕錄》兩本日本侵華作品，序言中「中
　　日必有一戰，屆時須放棄十餘省讓其佔領，消耗其兵力，俟其疲憊，再
　　一舉滅亡之。」

　　他兼上海《商報》東京通訊員、華盛頓會議中國代表赴美。

1922 年回國，在南京從事新聞工作，歷任《國民外交雜誌》《東方日報》《中

美通訊社》總編輯。

1923 年執教法政大學。與成舍我合辦《世界晚報》,後兼《世界日報》總編輯,創辦《大同晚報》。因抨擊時政,涉及當政者多,數度被捕入獄。故新聞界稱其為"龔大炮"。

1927 年,應國民革命軍總司令部政治部副主任陳銘樞之邀,任南京《革命軍日報》總編輯。

1928 年 5 月,任《申報》編輯,旋任外交部特派湖南交涉員‧處理了英商賠償,拆除了美國駐長沙領事館,收回了日輪租借的碼頭。

1929 年任外交部湖南交涉員、內政部參事。

1931 年九一八事變後,他出版《征倭論》一書,主張對日長期作戰。轟動一時,銷售 10 萬冊。

1932 年,于南京創辦《救國晚報》、《救國日報》,暗助藍衣社擁護蔣介石,被蔣介石聘為國民政府軍事委員會少將參議。

1935 年,當選國民黨五大代表。抗日戰爭爆發,《救國日報》停刊,唐生智領軍守護南京,他任軍憲警首都軍法執行

1938 年,任國際問題研究所主任秘書。後辭去該職,專事寫作與演講,支持全民抗戰。日本投降後,蔣介石指派張治中和他作為高級顧問參加受降儀式,赴芷江、南京受降。

1946 年,《救國日報》復刊于南京,他極力著文宣揚行憲反共,與中國共產黨領導的人民解放戰爭為敵,且利用其報紙助李宗仁與孫科競選副總統。

1948 年被中共列為戰犯之一。

1949 年來臺北,蔣介石委其為國大代表和光復大陸設計研究委員會委員

1980 年 6 月 13 日在臺北病逝,終年 89 歲。

蕭同茲　1895~1973　湖南省常寧人

蕭同茲,原名異,字同茲,號涵虛,育有一子蕭孟能。

1911 年,衡郡聯合中學(今衡陽市第十七中學)畢業。

1917 年,從湖南省立甲種工業學校機械科畢業並在湖南電燈公司任職,就讀湖南省立甲種工業學校期間加入中華革命黨。

1918 年,赴天津,在法國投資的永和機械廠擔任設計師。

1922 年,擔任湖南省立乙種工業學校數學教師。

1923 年,譚延闓聘為湖南討賊軍總司令部行政委員。

1924 年,追隨孫中山加入中國國民黨。

1932 年,擔任國民黨中央通訊社社長一職約 20 年。

1935 年,當選國民黨中央委員、執行委員、常委。

1937 年,抗日戰爭時期,當選為全國新聞聯合會主席。

1949 年 4 月，去臺灣，先後擔任國民黨中央通訊社總社管理委員會主任委員、
　　國民黨中央評議委員、總統府國策顧問等職。
1964 年 12 月 21 日，卸任國民黨中央通訊社總社管理委員會主任委員，由曾虛
　　白接任。晚年曾任臺北市報業評議委員會（今中華民國新聞評議委員會）主
　　任委員、世界新聞專科學校董事長、復興劇藝實驗學校董事長。
1973 年，在臺北病逝，享壽 78 歲。設有蕭同茲先生新聞獎學金、文化基金會。
1974 年，楊英風創作蕭同茲銅像。
2009 年 9 月 1 日，中央通訊社舉行蕭同茲銅像安座揭幕儀式，蕭同茲的孫女蕭
　　進仁及其夫婿周其新一家人共同為蕭同茲銅像揭幕

曾虛白　1895.4.19.~1994.1.5.　江蘇常熟人

原名曾燾，字煦白，筆名虛白，民初小說家曾樸長子，台灣新聞界鉅子。
畢業於上海聖約翰大學。
1927 年，在天津參與創辦《庸報》，
1928 年，在上海與曾樸創辦真善美書店。
1932 年，在上海創辦《大晚報》。
1949 年，遷居台灣，任中央通訊社社長、國立政治大學新聞系主任、研究所長。
1972 年，退休。
1974 年，八十大壽時，將各界壽禮捐設成立「曾虛白先生新聞事業獎基金」（今
　　曾虛白先生新聞獎基金會），設置「曾虛白新聞獎」。
1992 年，曾虛白獲得中國文藝協會頒發中國文藝獎章榮譽獎章。
1994 年 1 月 5 日去世。著有《中國新聞史》《民意原理》《工業民主制度之理
　　論與實踐》等書。

雷震　1897.6.25.~1979.3.7.　原籍浙江省長興縣浙江湖州長興

雷震，字儆寰，政治人物、政論家、報人、和
出版家。青年時赴日本留學‧
1917 年，加入中華革命黨。
1923 年，日本名古屋第八高等學校、京都帝國
大學法學部法政學科，主修憲法。
1926 年，回國，任湖州中學校長，後任國民政
府法制局編審，為王世傑之部屬，
1932 年，擔任中國國民黨南京黨代表大會主席
團主席。
1934 年，任教育部總務司司長。抗日戰爭中獲蔣介石的信任和提拔，擔任國民
　　參政會副秘書長等職。
1946 年，任政治協商會議秘書長，負責協商各黨派意見。

1947 年，當選國大代表，出任張群組閣行政院政務委員

1948 年，底離職。

1949 年，與胡適、王世傑、杭立武等籌備在上海建立一份名為《自由中國》的雜誌，並赴溪口向蔣報告，取得其贊同。

1949 年 10 月雷震赴台灣，再次與杭立武討論辦刊事務，杭當時是教育部部長，由他出面資助《自由中國》的成立。11 月 20 日《自由中國》半月刊在台北創刊，在美國的胡適掛名發行人，以雷震為實際負責人，以蔣介石為宣示政治改革決心，取得美援背景之下，自由派人士紛獲見用，

1950 年，雷震被蔣介石聘為國策顧問。兩度代表蔣介石赴港宣慰反共人士，並探聽第三勢力在香港的發展情形。

1951 年 6 月，《自由中國》刊登夏道平執筆社論〈政府不可誘民入罪〉引發風波。在獲得美援後，雷震與蔣介石關係漸行漸遠。

1953 年，雷震遭免除國策顧問等職。

1954 年，《自由中國》刊登讀者投書〈搶救教育危機〉引發政府不滿，雷震被註銷國民黨籍。《自由中國》言論逐漸轉變為「民主反共」立論，檢視政府施政，對蔣的威權統治有所批評，與蔣的關係日益緊張。

1956 年，該刊出版「祝壽專號」，言人所不敢言者，引發黨政軍媒體之圍剿。

1957 年，《制憲述要》在香港出版。《自由中國》以「今日的問題」系列社論全面討論國是，殷海光執筆之「反攻大陸問題」，觸動政治禁忌，末篇「反對黨問題」，主張「反對黨是解決一切問題關鍵之所在」。

1958 年，參與李萬居、吳三連、高玉樹等 78 人發起的「中國地方自治研究會」組織，無法取得行政機構許可，而無法成立。

1960 年，雷震與台港在野人士共同連署反對蔣介石三連任總統。

　　5 月 4 日發表《我們為什麼迫切需要一個強有力的反對黨》鼓吹成立反對黨參與選舉以制衡執政黨。

　　5 月 18 日非國民黨籍人士舉行選舉改進檢討會，主張成立新黨，要求公正選舉，實現真正的民主。決議即日起組織「地方選舉改進座談會」，隨即籌備組織中國民主黨。雷震擔任地方選舉改進座談會召集委員，與李萬居、高玉樹共同擔任發言人。

　　7 至 8 月舉行四次分區座談會，情治單位進行密切監控。

　　9 月 4 日，雷震、劉子英、馬之驌、傅正被逮捕，並被軍事法庭以「包庇匪諜、煽動叛亂」的罪名判處十年徒刑。

　　在美國的胡適返台找蔣介石求情，蔣介石不予理睬。

1961 年，雷震的 64 歲生日，胡適想念獄中的雷震，手書南宋詩人楊萬里的《桂源鋪》饋贈：「萬山不許一溪奔，攔得溪聲日夜喧。到得前頭山腳盡，堂堂溪水出前村。」唐德剛說：「胡先生這個懦弱的本性，在當年所謂『雷案』中真象畢露無遺。

1970 年 9 月 4 日，雷震十年徒刑期滿出獄。

1971 年 12 月，決定撰寫〈救亡圖存獻議〉提出政治十大建議，希望政府速謀
　　政治、軍事改革，以民主化方式應付危局，並要求將國號改為中華台灣民主
　　國（Chinese Republic of Taiwan）
1972 年 1 月 10 日呈送〈救亡圖存獻議〉至總統府、行政院，未獲回應。
1979 年逝世於台北，終年 82 歲。
2002 年 9 月 4 日中華民國政府正式平反雷震案為冤案。
2006 年 3 月 7 日公益信託雷震民主人權基金成立。

成舍我　1898.8.28.~1991.4.1.湖南湘鄉出生於南京

成舍我，著名報人、教育家，在中國新聞史上享有很
高聲望與影響。原名成勛，後名成平，舍我為其筆名。
祖父成策達曾做過曾國荃的幕僚，父親成壁，在成舍
我三歲時到安徽候補，後做過縣級典史、巡檢等小
官，位卑祿薄，家境並不寬裕。據說 10 歲那年父親
任典獄長時，因囚犯越獄事件被誣陷，10 歲的成舍我
與父親各處奔走，得《神州日報》記者仗義執言，洗
刷冤屈，成舍我震驚於新聞界，因而決心投入新聞事
業。
1912 年，14 歲的成舍我開始在社會上闖蕩，17 歲到
瀋陽，經人介紹到《健報》，從事校對和編輯副刊的
工作，從此進入報界。

1913 年他為安慶《民岩報》撰稿，開始記者生涯。
1915 年，到上海與友人組成「實文公司」，向各地刊物投稿。不久參與《民國
　　日報》要聞和副刊編輯工作。
1917 年，到北京欲進北京大學深造，無奈無中學文憑不能報考，焦急中致書蔡
　　元培，自述求學之殷，望校長通融。後准許旁
1918 年，李大釗介紹入《益世報》北京版從事兼職編輯。當時北大規定，他以
　　旁聽生第一學年成績平均分 80 以上轉為正式生。
1919 年 9 月，經過一番努力，成舍我成為北大國文系正式生，報館的工作也做
　　的很好。
1921 年夏，北大畢業，在《新青年》發表譯文《無產階級政治》(列寧)，同時
　　出版《中國小說史大綱》。
1924 年辭掉《益世報》工作，用多年積攢的 200 大洋，在北京獨立創辦《世界
　　晚報》。後來用《世界晚報》為本錢，滾動發
1925 年 2 月辦《世界日報》，又辦《世界日報》及《世界畫報》形成「世界報
　　系」一舉成名。
1927 年在南京創辦《民生報》。

1930 年初，成舍我在李石曾的贊助下於 4 月 16 日離開北平由上海出國考察，
　　先到法國考察新聞業，後到瑞士日內瓦參加萬國報界公會，又到比利時布魯
　　塞爾報界公會發表演說，再經德國、英國等地後到美國考察新聞事業。
1931 年 2 月 19 日回到上海撰寫《我所見之巴黎各報》和《在倫敦所見英國報
　　界之新活動》。
1933 年，創辦北京新聞專科學校。
1935 年，在上海創辦《立報》。
1938 年，在香港出版《立報》。
1945 年 11 月 20 日《世界日報》北平復刊。並創辦「中國新聞公司」。擔任總
　　經理兼報社社長。
1946 年，以社會賢達身份擔任制憲國大代表。
1948 年，當選北平市立法委員。北京解放軍佔領前，逃往南京，後寓居香港。
1952 年，定居台灣。
1955 年，成舍我在台北創辦世界新聞職業學校，
1988 年，台灣報業解禁，以 90 歲高齡申請續辦《台灣立報》。
1991 年，享壽 94 歲去世，成舍我從事新聞業近 77 年，是新聞教育家。
1997 年，「世界新聞職業學校」改制為『世新大學』。
育有五子女，成思危為中華人民共和國全國人民代表大會副委員長。成幼殊曾
任中華人民共和國駐丹麥、聯合國、印度等地的外交官。成之凡獲法國籍，曾
競選法國總理。成嘉玲目前為世新大學董事長。么女成露茜為世新大學講座教
授及《台灣立報》發行人。

吳三連 1899.11.15.~1988.10.29. 台灣台南學甲「頭港仔」

吳三連，父親吳徙以木匠為業，自幼家裡貧困。
1911 年入學甲公學校，
1915 年，考入台北國語學校。
1919 年，留學日本東京高商預科，曾參與台灣人對日本民族運動。
1920 年，加入東京改革台灣團體「新民會」「東京台灣青年會」
1920 年，參與過林獻堂的「台灣議會設置請願運動」。
1925 年，一橋商科大學畢業任《大阪每日新聞》任經濟新聞記者，
1932 年，返台任台灣新民報編輯，之後轉任台灣新民報論說委員、整理部長兼
　　政治部長，一直到 1941 年 2 月被迫離職。
1946 年，吳三連以無黨籍身分當選台南縣制憲國大代表。
1947 年，以高票當選中華民國第一屆國大代表。
1950 年，吳三連獲得蔣介石召見，2 月出任官派台北市長，任內致力於安置國
　　共內戰後逃難到台灣的國軍難民，當時台北市民由 1945 年的 33 萬餘人爆增
　　至 1950 年的 50 萬多人。
1951 年，吳三連參加首屆縣市長民選，高票當選台北市長。

1954 年，由於深感精神與體力磨損，吳三連不再參選的市長選舉。

1957 年，吳三連投入《**自立晚報**》經營，也參與雷震的組黨運動。

1960 年，吳三連為「台南幫」精神領袖、地位崇高，在實業分量。

1965 年《自立晚報》擔任發行人兼社長，

1966 年，經營《自立晚報》秉持客觀中立本土言論自由的原則。

1980 年，黨外運動勃興，多次扮演調和鼎鼐的角色。

　　吳三連也創立台南紡織、環球水泥、興辦南台工專（南台科技大學前身）、天仁工商、延平中學等三所學校。

1978 年 1 月 30 日成立「財團法人吳三連先生文藝獎基金會」．

1989 年，設置人文社會科學獎、數理生物科學獎、醫學獎、實業獎、社會服務獎等，故更名為「財團法人吳三連獎基金會」。

1988 年 12 月 29 日 10 時 15 分因心臟衰竭逝於台大醫院。身後歸葬故里學甲鎮頭港里淳吉堂墓園。

李萬居 1901.7.22.~1966.4.9. 雲林縣口湖鄉人

李萬居，字孟南，法國巴黎大學畢業，中國青年黨。知名報人、政治家，與郭雨新、許世賢、郭國基、吳三連、李源棧等人並稱省議會的「五龍一鳳」，有魯莽書生的稱號。

出身於貧農家庭，九歲喪父，母親又由於日本保警的不時催租而自縊身亡，使得李萬居一生都有反日的中華民族思想。

李萬居早年受業漢塾，後前往中國求學，畢業於上海國民大學，後與鄧小平等人一同響應勤工儉學的時代大潮，前往法國留學。並且於在法國留學時加入了以民族主義為號召的中國青年黨，與曾琦、李璜等人相熟。

法國巴黎大學社會系畢業後，先在上海江南學院任教，後因中日戰爭轉往香港，後去廣東、廣西、重慶，投奔國民政府。在重慶軍事委員會國際問題研究所主任，研究戰時日本的戰略與外交，並且常常發表相關社評，組織台灣同盟會，圖謀台灣光復。

1945 年 9 月，李萬居隨台灣省行政長官公署赴台灣進行接收，他拒絕接收銀行，而出任台灣新生報社長，後出任董事長；

1946 年起當選第一屆台灣省參議會議員；

1947 年自辦「**公論報**」，揭示「民主」「自由」「進步」的理念，使得公論報有「台灣大公報」的美稱。

　　李萬居在二二八事件中也險成為受難者。

1953 年台灣省議會成立後，又連續當選四屆台灣省議員。

1960 年雷震被捕後，李萬居雖然仍然有心辦一份給青年人的雜誌，台北市議會議長張祥傳以藉著購買增資股權，以及當局司法手段的兩面手法，奪取公論報的經營權。

1966 年 4 月 9 日因為糖尿病的舊疾復發與妻子的遽逝溘然長逝。

王芸生　1901.9.~1980.5.30.　天津靜海人

王芸生，原名德鵬，著名報人、政論家。

1914 年，13 歲輟學當學徒，靠自學成才。在天津東浮橋口茶葉鋪當夥計時，就開始為《益世報》寫稿。

1925 年，在洋行工作，五卅運動時激起了民族熱情，成為反帝活動的積極分子。

1926 年，因避難前往上海，並參加上海的革命活動，國共合作時期先加入國民黨，後經博古等人介紹入中國共產黨。四一二事件後在天津《大公報》刊登啟示，聲明脫離一切黨派，謝絕政治活動，專心從事著述。

1928 年，任天津《商報》總編輯。因多次撰文評說《大公報》社評觀點，受張季鸞賞識，

1929 年，張季鸞攬入《大公報》，任地方新聞編輯，

1930 年，編輯《國聞週報》。九一八事變後，配合《大公報》「明恥教戰」編輯方針，受命編輯《六十年來中國與日本》，此後往來於京津之間，搜尋材料，精心編輯，所寫文章，

1932 年，在《大公報》連載，持續兩年之久。

1934 年，《大公報》報館將其輯為一部七卷本巨著出版。此著也成為他的成名作品。同年 8 月，王芸生應邀到江西廬山採訪，並給蔣中正講課。

1935 年，升為編輯主任。

1936 年，出任上海版編輯主任。張季鸞離滬籌辦漢口版後，他主持滬版編務。

937 年，滬版抵制日本佔領軍新聞檢查，宣布停刊，王芸生撰寫《不投降論》和《暫別上海讀者》兩篇社評，表示大公報人「一不投降，二不受辱」。

1938 年，任漢口版編輯主任。

1938 年，重慶版創刊後，因總編張季鸞體弱多病，常離館修養，編務實際由其主持。在漢口、重慶期間多次謝絕國民政府予以的高官厚薪。

1941 年，張季鸞去世，王芸生繼任《大公報》總編，同時擔任社評委員會主任，事業達到最巔峰。其後所寫《維護修明政治案》、《看中原，念重慶！》、《晁錯與馬謖》等文，引起當局不滿。

抗戰勝利後，呼籲和平，反對內戰。針對國民黨鎮壓學生運動和實行文化專制，撰寫《我看學潮》、《由新民報停刊談出版法》等社評予以抨擊，致使此後國民黨黨報《中央日報》發起「三查王芸生運動」。同時，也主持撰寫《質中共》、《可恥的長春之戰》等文，受到《新華日報》猛烈攻擊。

1947 年王以總編輯身份參加中國赴日記者團，對降後日本考察，回國後寫成《日本半月》等 12 篇文章。

1948 年，王芸生得到由《大公報》社中共地下黨員轉給他的毛澤東口頭邀請，通知他儘早離開上海，前往香港，再轉道海路前往北京參加中國人民政治協

商會議。經過再三考慮，王芸生與 11 月 5 日，從上海轉道台灣到達香港，親
自主持香港版筆政。

1949 年，與文化界知名人士郭沫若、馬寅初、黃炎培等抵達北平，5 月 27 日隨
軍南下至上海，為保全《大公報》繼續發行，於 6 月 17 日在滬版發表《大公
報新生宣言》，檢討近五十年《大公報》辦報歷程，宣布「報紙歸人民所有
中華人民共和國成立後，繼續擔任《大公報》社長，直至 1966 年 9 月北京版
停刊。此外還擔任過中華全國新聞工作者協會副主席，第二、三、四屆全國
政協常務委員，第一、二、三、四屆全國人大代表。

反右運動後受到批判，由於毛澤東本人授意，未被劃為「右派」。此後很少過
問《大公報》社務，致力於文史著述，寫成《英斂之時期的舊大公報》等（晚
年表示其中許多迫於時局違心所寫成）。文革中遭到批鬥，家庭受到重大影響

夏道平　1907~1995.12.23.　湖北省大冶縣人

夏道平，台灣著名經濟學家、政論家，曾任《自由中國》月刊主筆，一生以倡
導自由民主和經濟自由理念為職志，是台灣自由主義知識份子的代表人物。

1929 年，以同等學力考入武漢大學文學預科。二年後直升武漢大學經濟學系，
畢業後留教擔任助教。因為抗戰爆發，跟隨武漢大學遷到重慶。
抗戰結束後，國民政府還都南京，夏道平先生隨之到達南京。經雷震介紹，
與胡適成為好友。

1949 年，隨政府撤退到達台北。11 月與雷震在台北創辦《自由中國》月刊。

1957 年，夏道平開始翻譯米塞斯的著作至台灣。米塞斯六本英文著作中，有三
本經夏道平中譯出版。因為米塞斯的緣故，夏道平先生也翻譯了海耶克的著
作《個人主義與經濟秩序》，以及威廉·洛卜克的《自由社會的經濟學》。

1960 年九月，政府查禁《自由中國》月刊，此後專心於閱讀與翻譯海耶克的文
章，不再針對政治公開發言。他與海耶克的弟子周德偉經常私底下往來與討
論，曾在政治大學、東海大學、輔仁大學、東吳大學、銘傳商專等校任教，
傳布自由經濟理念。退休之後，至中華經濟研究院擔任特約研究員。

1995 年 12 月 23 日，病逝。

卜少夫　1909.6.21.~2000.11.4.　原籍山東滕州，移居江蘇鎮江.

卜少夫，原名寶源，筆名邵美芙、龐舞陽.是無名氏（卜乃夫）的二哥。

1929 年，入上海中國公學，後轉入上海中央藝術大學.

1930 年，留學日本明治大學新聞科.

1939 年，回國後，曾擔任南京「扶輪日報」「新京日報」、香港「立報」、重慶
南京「中央日報」、「申報」、「真實報」、「新民報」、「新京日報」、《申報》總
編輯、採訪主任等職。

1945 年，在重慶創辦「新聞天地」雜誌.

1949 年，到香港，任「新聞天地」雜誌社社長．

1945 年，在大陸留下大量政治史料與社會史料。晚年，在香港星島日報寫專欄。

余紀忠 1910.4.16.~2002.4.9. 江蘇武進

余紀忠，《中國時報》創辦人，中央大學歷史學系畢業，赴英國倫敦政經學院就讀，七七抗戰返國，投筆從戎參加青年軍。

1949 年來臺灣，1950 年滔滔濁世中，他拒絕官位，選擇辦報，致力報業和出版事業，創辦《徵信新聞報》，後改名《中國時報》，堅持「自由民主，開明理性。」「取捨由時，行藏在我。」數十寒暑，秉筆春秋，論衡世事，堅持新聞自由。

他為獨立自主的新聞人物，一位時政的建言者，從戒嚴到解嚴，他默默扮演民主政治的推手。

他經歷過戰亂，深知戰爭的殘酷與可怕，因此格外關切兩岸和平發展，他的用心，不止是「中國心．台灣情」，在個人情感之上，還有更高的對生命的責任。在這塊土地上，從伸張正義人權，關懷弱勢，到參與環保… 等等，他藉《中國時報》這份報紙發揮了極大的能量，為社會善盡了責任。

王惕吾 1913.8.29.~1996.3.11. 浙江東陽

王惕吾，原名王瑞鐘，《聯合報》創始人，先後還創辦了《經濟日報》《美國世界日報》《民生報》《歐洲日報》《泰國世界日報》《聯合晚報》《香港聯合報》等八報，並促成國產中文輪轉機、中文全自動鑄版機、中文計算機檢排系統的研究，率先引領台灣報業邁向現代化與國際化。王惕吾原為《民族報》老闆，1951 年與《全民日報》、《經濟時報》合併出報，共同分擔報社開銷，至 1953 年三報才正式合併，成為現在的《聯合報》，其女為王效蘭，《民生報》（已休刊）之創辦人。

葉明勳　1913.9.25.~2009.11.21.　福建浦城縣人

葉明勳，字夏風， 福建協和大學外文系畢業；記者出身，資深報人，名作家華嚴（嚴停雲）的丈夫，與辜振甫是連襟，育有三女一子，子名文立，女為：文心、文可、文茲。曾任中央通訊社社長，並參與台灣最大本土廣告公司聯廣公司的創立，逝世前為世新大學董事長。

葉明勳少時便接受傳統教育，因而奠定深厚的古文基礎。中學就讀於福州最負盛名的教會學校「英華書院」。學校課程除國文外，其餘都由外籍教師以英語講授，故而培養了學生優異的英文聽寫能力。中學畢業時，以葉明勳的名校出身及在中西語文上的造詣，成為當時最熱門的機構——海關及郵政部門——爭取的對象。但葉明勳志不在此。

1936 年，葉明勳考進福建協和大學（福建師範大學前身）外文系攻讀，後保送
　　成都金陵大學研究所，曾在協和大學執教，後考入中央通訊社編譯部。
1945 年，以中央通訊社臺灣特派員身分到臺灣。從此定居臺北六十餘年。
1946 年，中央通訊社臺北分社主任，並連任臺灣記者公會四屆理事長。
1949 年，與嚴停雲(華嚴)女士結婚。
1951 年，臺灣中華日報社社長，兼任行政院設計委員。
1952 年，擔任光復大陸設計委員會委員。
1954 年，擔任臺灣省政府顧問。
1956 年，成舍我籌辦「世界新聞學院」，應聘為董事，自 1966 年至 1975 年間，
　　出任學校副校長、兼報業行政科主任，時間長達九年。
1958 年，到美國史丹佛大學及科羅拉多州立大學從事研究。
1959 年，自立晚報社社長。
1961 年起擔任國華廣告常務監察人。
1965 年，擔任正聲廣播公司監察人。
1973 年，擔任國華廣告董事長。
1977 年，擔任聯廣公司董事長。
1978 年，民生報常務董事。
1989 年，出任中國國民黨中央評議委員。
1990 年，擔任行政院二二八專研究小組召集人、二二八建碑委員會委員、二二
　　八事件紀念基金會董事、二二八和平紀念碑碑文的撰寫者。
　　　二二八事件發生時，葉明勳為中央社駐台記者。陳儀離開台灣前曾找葉聊天，
　　葉當面直指陳儀「在政治上放得太寬，經濟上抓得太緊」。解嚴後，葉明勳
　　曾擔任行政院第一次二二八事件調查委員會的委員，也是台北市
1991 年，擔任臺灣電視公司常駐監察人。3 月，成舍我先生病重，力邀葉明勳
　　接任董事長，他促成「世界新聞專科學校」先改制為「世界新聞傳播學院」，
　　再改制為「世新大學」。2006 年世新創校 50 周年慶典後，葉明勳始以 94 歲
　　高齡辭卸董事長，功成身退，聘為名譽董事長。葉明勳除擔任世新大學董事
　　長外，一直擔任再興中學常務董事，金陵女子高中董事。
1992 年，葉明勳出版「憶事懷人」追懷耆宿林柏壽、連震東、吳三連、辜偉甫、
　　林獻堂、楊肇嘉、陳啟清、許金德、楊亮功、陳博生、潘公弼、葉公超、魏
　　景蒙、成舍我、陳錫恩諸人或師或友的真摯情誼。
1995 年，編成「感懷集」「真意集」。
1998 年，台灣新生報代董事長。
1999 年，擔任中華民國新聞評議委員會主任委員
2000 年，應聘為總統府資政。
2010 年 10 月 22 日，金鐘獎頒獎典禮，葉明勳獲頒「特別獎」。

葉明勳熱心公益，寬容豁達，尤其真誠的情懷和悲憫的襟抱，展現了傳統知識分子的崇高內涵及錚錚風骨。94 高齡，精神矍爍，談吐鏗鏘，每有論述，更是卓見迭出，讜論風發，其與時俱進之涵養與風骨，受到世人的欽服。

陸鏗　1919~2008.6.22.　雲南保山人

陸鏗，號大聲，筆名陳棘蓀，雲南保山人，新聞媒體人。

1940 年，畢業於重慶政治學校新聞專修班，二戰期間擔任駐歐洲戰地記者，

1949 年，因辦《天地新聞》被下獄，為于右任、閻錫山所救。

1957 年，被打成右派，判刑入獄，1975 年獲釋。

1978 年 4 月底，赴香港，與胡菊人創辦《百姓》雜誌。

1982 年，公開評論蔣經國身體健康不理想不應連任總統，被中華民國政府列為不受歡迎名單。

1985 年 5 月 10 日，訪問中南海時，任中共中央總書記胡耀邦，整理成《胡耀邦訪問記》《百姓》，被中共引用為胡耀邦反對資產階級自由化不力的罪證。

1990 年，因協助許家屯定居美國而遭中共拒絕入境。晚年與劉宜良(江南）的遺孀崔蓉芝旅居美國舊金山。

2005 年，患阿茲海默病，

2007 年 3 月 30 日，獲准以探親名義返回中國雲南老家居住。

2008 年 6 月 22 日早上 10 點 05 分，因肺栓塞病逝於舊金山，享年 89 歲。

殷海光　1919.12.5.~1969.9.16.　湖北黃岡回龍山鎮人

殷海光，本名「殷福生」，「殷海光」是在中國抗日戰爭結束後踏入出版界時採用的筆名。殷海光，台灣自由主義的開山人物與啟蒙大師。

1931 年，由伯父殷子衡帶到武昌，入武昌中學念書。桀驁不馴，讀書不用功，伯父和他父親認為他不堪造就，強迫他中輟，送到食品店當學徒。他苦挨八個月後受不了，逃回家復學讀書，迷上哲學．

1939 年，在《東方雜誌》發表文章，受到當時哲學大師金岳霖的影響。

1938 年，入西南聯合大學哲學系

1942 年，考入清華大學哲學研究所。

1945 年，殷海光投筆從戎，加入青年軍，因為不適應軍隊生活回到了重慶。

1946 年，獲聘中央日報主筆，並擔任金陵大學講師，講授「哲學與邏輯」課程。

1949 年，殷海光赴台擔任台大講師，參加胡適、雷震、傅斯年等創辦的《自由中國》雜誌，為編輯之一。

1954 年，以訪問學者名義赴哈佛大學研究講學一年。一年後殷海光回到台灣，一面在台大任教，為《自由中國》和香港《祖國週刊》撰寫政論文章，他堅持以筆的力量來對抗言論思想禁制。

1960 年，中國民主黨組黨運動中曾提供理論分析，認為組黨乃時勢所趨。當時殷海光與經濟學家夏道平同為自由中國半月刊的兩支健筆，因經常狠批時政以致最終引起當權者的不滿。其中社論《大江東流擋不住》最為有名。但是在雷震入獄與《自由中國》被查禁後，殷海光大部分作品也成為禁書。

殷海光不斷受到國民黨政府壓力。殷被《中國季刊》圍勦，指殷為「偽自由主義者」「文字賣國者」「知識詐欺者」，甚至於指責他「從事煽動顛覆」。

1964 年，政府停止殷在國家長期發展科學補助金每月六十美元補助，這筆補助佔他最低生活費用的一半；接著，又查禁他交由文星書店出版的著作《中國文化的展望》，版稅收入因而中斷。

1965 年 9 月 14 日，殷海光修正《到奴役之路》自序，寫道：「我近年來常常想，人生就過程來說，有些像一隻蠟燭。這隻蠟燭點過了以後，永遠不會再燃了。我從來不做秦始皇帝那種求長生不老的痴夢。那些藉語言和幻想編織一幅圖象來把自己躲藏在它裡面的人實在是軟弱的懦夫。世界上最剛強的人是敢於面對逆意的現實真相的人，以及身臨這樣的真相而猶懷抱理想希望的人。現在，我像冰山上一隻微細的蠟燭。這隻蠟燭在蒙古風裡搖曳明滅。我祇希望這隻蠟燭在尚未被蒙古風吹滅以前，有許多隻蠟燭接著點燃。這許多隻蠟燭比我更大更亮，他們的自由之光終於照遍東方的大地。」

1966 年 4 月 8 日，殷海光應政治大學西潮學社之邀，在政治大學發表題為《人生的意義》演講，非常受學生歡迎，這是殷海光發表最後一次公開演講。這次演講受有關方面壓力，差一點被取消。同年 7 月，受到政治壓力，台灣大學不再續聘，殷海光轉任教育部委員。

1967 年，哈佛大學邀其前往研究中國近代思想，政府不允許其出境。海耶克教授來台灣訪問，政府也禁止殷海光與之晤談。而且殷海光生活起居受到監視。殷海光著述甚多，最具影響的是翻譯海耶克《到奴役之路》以及德貝吾《西方之未來》，著有《中國文化的展望》《政治與社會》《殷海光全集》等。

1953 年，殷海光與夏君璐結婚。
1956 年，夏君璐生下一女殷文麗。母女二人生活在美國·
1969 年 9 月 16 日，胃癌病逝，享年 49 歲。。

劉紹唐　1921.10.14.~2000.2.10.

1931 年，九一八事變，父親劉銘勳奉命隨郵局撤退關內，遂率全家老小至北平，而濟南、而鄒平、而青島、而上海。

1937 年，滬北初中時，抗戰軍興，轉入政府收容東北流亡學生所設之國立東北中山中學高中。9 月 20 日，父親病逝上海，獨自由上海前往南京板橋鎮報到。

1941 年，考入國立西南聯合大學經濟系，課餘投稿，以稿費幫補家裡生活費。
1942 年，母親病逝於遼寧錦州，年 58 歲。
1946 年 7 月 31 日西南聯大結束，轉入北京大學。
1948 年，在北大半工半讀，在秘書處任兼職職員。

1949 年，北平易主，北大「暫予停職」，失業後為求生活，參加「南下工作團」，稍後「南下工作」變成「志願參軍」，成為「人民隊伍」一分子，編入「南下工作團」先遣工作隊第三小組。4 月，於毛澤東、朱德頒布「渡江命令」之時，隨南下工作團由北平經天津、鄭州、許昌南下，任新華社第四野戰軍總分社隨軍記者。五月，於共軍攻佔武漢後，調至中國人民解放軍第四野戰軍宣傳部，任秘書工作 。

1950 年，對「革命實際」『鬥爭大會』「失望已忍無可忍」之時，決定「蓄意求去」，但我從未在行動上、語言上，流露一點久已蓄意求去的跡象。」伺機竊取「四野」兩張軍用護照，故意佈下乘車北上疑陣，然後秘密由漢口出走，乘火車逃離鐵幕，安全抵達香港。「我背叛了『革命』，內心的興奮與愉快是無法描摹的，像經 過持續年餘的陰雨天，第一次見到陽光」。由於人地生疏，言語不通，侷處斗室，在斗室中鋪紙，奮筆直書，將一已在共區年餘之所見、所思、所聞，陸續寫成六十篇短文；冬，隻身「避秦」來台。

1951 年，將前撰之六十篇短文彙刊為紅色中國的叛徒，送呈政府。

1954 年，擔任國防部主編國魂月刊。後任中國國民黨中央設計考核委員會主任委員崔書琴任為該會編審，升總幹事，「追隨他工作過幾年」。

1959 年 11 月 22 日，與榆林王愛生在台北結婚。婚後育一子嘉明、一女嘉文。

1962 年 6 月 1 日，創設《傳記文學》雜誌， 蔣夢麟題寫刊名，劉紹唐任發行人，作者有：毛子水、蔣復璁 、吳相湘、沈剛伯、陶希聖、梁寒操、秦德純、李樸生、蘇雪林、鄒文海、戴君仁、吳延環、浦薛鳳、劉崇鋐、張秀亞等。

1963 年 9 月，黃郛夫人沈亦雲首次蒞台，「對劉紹唐特別器重，稱之為『野史館』館長，甚至逕呼他『劉館長』而不名。」

1966 年，於傳記文學雜誌社外，加設傳記文學出版社，

2000 年 2 月 10 日，病逝台北

彭聖師　1930.8.29.~　　湖南湘陰縣玉華鄉彭家嶺

彭聖師 ，名鵠 ，亦字慎思，別號靖寰，派名慶崟，遷湘始祖淡公之後。曾祖父彭錫斌、祖父彭曉耕(福桂)，清朝官至同知；父彭延熹，號杰，字間鍾，上海法政專科學校畢業，留學日本，曾任湖南桑植縣長，國軍 102 師少將副師長兼政治部主任。母親周靜菴‧妻李孟昭，子一祥麟，五女：蔚文、蕙文、倩文、啟文、嘉璇。

彭聖師於抗戰最後關頭，響應蔣委員長「十萬青年十萬軍」號召，投筆從戎，入伍青年軍 205 師一旅二團機槍一連，從軍報國。

1945 年，抗戰勝利隨軍來台灣接受孫立人新軍訓練。

1947 年，國共鬩牆，部隊復由台灣北上，參加平津戰役。

後北平「局部和平」，身陷赤窟，幾經爭扎冒險，徒步由北平走到青島，輾轉　來到寶島台灣，考入陸軍官校第四軍官訓練班 18 期。軍官外語學校畢業後留校任教，留學美國防語文學院，曾任東吳、文化、銘傳等大專院校副教授，外校計劃科長。在職期間，考入國立師範大學進修，獲英語學士學位。

1968 年，升上校教育處長。

1969 年，幾經波折，方奉准退役，隨即申請留美深造。先後獲得美國 Missouri State University 教育碩士、哲學博士，受 Iowa University 聘任副教授。任教期中，又申請到聯邦 Title VII Fellowship，取得中英雙語教育碩士及教育博士等學位。

1983 年，「旅美湖南同鄉總會」成立於紐約，任創會副會長，並任「美國共和黨亞裔總部」創部副主席，美國《東方新聞報》社長，東方國際企業集團總裁。

1987 年，擔任「美國華僑進出口商會」副理事長兼秘書長。

1988 年，響應陳立夫蔣緯國推廣梅花運動，成立「美東梅園總會」任創始會長。

1991 年，任「美國華僑進出口商會」理事長，並創立「巴哈馬龍城投資開發公司」任董事長。

1992 年，「中華民族文化促進會」在北京成立，彭慎思與陳香梅女士被推選為總會美國地區常務理事。

1993 年，紐約成立「美國中華民族文化促進會」，被推選為創會會長。當選「紐約聯成公所議員」、「紐約華爾街獅子會會長」、「國民黨美東支部委員」。

1995 年，受聘 擔任「美國夏威夷東方醫藥學院」院長，籌劃「東方文化大學」，出任校長。

彭聖師僑居美國期間，參加僑社活動，常作中美兩國官員橋樑，竭盡國民外交之力；出席美國國會作證，在美國華僑界，頗有影響力。每年兩次親率「經貿投資考察團」奔波於兩岸三地。對祖國經濟繁榮，做出貢獻。

回台灣後 受聘 擔任「湖南文獻社」社長、副主任委員、編委召集人，任勞任怨，堅忍不拔，為發揚中華文化而奉獻餘年。

王曉波　1943.1.16.~　江西省鉛山縣

台中二中畢業，主要研究中國哲學、台灣史、法家哲學、儒家哲學、中國哲學史、臺灣史。海峽評論出版社創辦人，對兩岸關係的看法和評論多次發表於台灣的《聯合報》和《中國時報》，也擔任台灣《海峽評論》總編、香港《亞洲週刊》特約評論員、香港鳳凰衛視評論員、中國統一聯盟副主席等職務。先後出版《先秦儒家社會哲學研究》《先秦法家思想史論》《韓非思想的歷史研究》《台灣史與台灣人》《台灣抗日五十年》《道與法：法家思想和黃老哲學解析》。

1971 年，台灣大學哲學研究所碩士，曾任台灣大學，中國文化大學哲學系教授

1973 年，在臺大哲學系事件中，以「為匪宣傳」罪名，遭警備總部拘留。

1974 年，台大不再續聘。所創辦的《海峽評論》，被鳳凰台稱為左派雜誌。

周白蘋

周白蘋，筆名任護花（Yam Wu Fa），三十年代廣州記者，辦報人，及影評人，流行小說作家，著名粵劇編劇家。曾經執導的電影多達 22 齣。另外，任護花曾先後創辦的《先導報》及《紅綠日報》。他的妻子是著名舞星紫葡萄（馮翠華），他們的第二位兒子是任忠章，香港英皇書院畢業生，1962 年 9 月 16 日（星期日）到美國加州大學讀醫科。

吳豐山　1945.1.24.~　台南市北門區

1968 年，在國立政治大學政治學系讀書時，在鄉賢親長吳三連經營的無黨派獨立報《自立晚報》做新聞工作，從基層記者做到採訪主任、總編輯、社長。

1969 年，國立政治大學政治學系學士畢業．

1971 年，新聞學研究所碩士，撰寫論文題目《台北市公營報紙與民營報紙》。

1998 年，台灣公共電視台開播，吳豐山做董事長六年。

2006 年，吳豐山入蘇貞昌內閣，任行政院不管部會政務委員（無黨籍）。

2008 年，任監察院監察委員（無黨籍）。

2010 年，吳豐山在《自立晚報》26 年期間創辦《自立早報》，在澳大利亞和紐西蘭創設「文化出版部」出書甚多。

1988 年，吳豐山和兄長出資接辦自立報系，並任台灣公視董事長。

卅一、音樂家

唐朝音樂、舞蹈

唐太宗平高昌得高昌樂，併入原有的九部樂成為十部樂：燕樂、清商樂、西涼樂、天竺樂、高麗樂、龜茲樂、安國樂、疏勒樂、康國樂、高昌樂。唐高宗以後，十部樂開始衰落，音樂家開始研究新的樂舞，各部樂間的區別逐漸消失，至玄宗朝撤銷。唐玄宗本人就是音樂家，愛好親自演奏琵琶、羯鼓等多種樂器，擅長作曲，作有《霓裳羽衣曲》《小破陣樂》等百餘首樂曲；他非常重視雅樂事業，將十部樂分為坐部伎（坐在堂上演奏）和立部伎（立在堂下演奏），曾經親選坐部伎三百人，號為「皇帝梨園弟子」，李龜年和永新娘子都是名噪一時的歌唱家。

唐朝的舞蹈，則是以健舞和軟舞最為出名。健舞因其節奏明快、雄健豪爽而得名，有《阿遼》《柘枝》《拂林》《大渭州》《黃獐》《阿連》《劍器》《胡旋》《胡騰》《楊柳枝》等多種。軟舞即文舞，優美柔婉，節奏舒緩，有《垂手羅》《回波樂》《蘭陵王》《春鶯囀》《借席》《烏夜啼》《涼州》《綠腰》《屈柘枝》《甘州》等。著名的舞蹈「七德舞」「上元舞」「九功舞」合稱「三大舞」，流行於宮廷。舞蹈家則有楊玉環、公孫大娘、謝阿蠻等。晉朝永嘉之亂後西域舞樂東傳中原，與華夏舞樂融合兩個多世紀，至唐代已有很強的胡風特色。多種健舞軟舞都採用一種昂首望上，雙腳原地急轉如旋風的動作，因來源西域，謂之「胡旋」。唐代散樂多含雜技，統稱「百戲」，包括渾脫、尋橦、跳丸、吐火、吞刀、筋斗、踢毯等項目。

杜夔　　三國時代　河南人。

杜夔，字公良，古代音樂家。因精通音樂而被任命為雅樂郎，漢靈帝中平五年因病辭官，後避難至荊州。時荊州牧劉表命其與孟曜同為天子編雅樂，又想在聽堂演奏，杜夔勸說其不妥，未接受他的意見。

後劉表之子劉琮投降曹操，曹操任命杜夔為軍謀祭酒，並命其創作雅樂。

杜夔擅長音律，除歌舞外，絲竹八音皆能，其時他集各家之所長，教授講集，製作樂器，對恢復古樂有莫大貢獻。

黃初年間，任太樂令，協律都尉。其時有一鑄鐘工名柴玉，有創意，作出了很多形狀特別的鐘，達官貴人都知道他的名字。杜夔命他作鐘，認為其鐘的聲韻清濁皆不合法度，常命他重做。柴玉因而討厭杜夔，說其任意改變清濁的標準。兩人後來都向曹操投訴，操命人把鐘試驗，才發現杜夔有理，貶柴玉和其兒子為養馬工。

文帝命其在客人前吹笙鼓琴，而面有難色，漸被文帝疏遠，因故被拘捕。文帝派人向杜夔學藝，杜夔認為其所學的是雅樂，以仕宦為本位，心中不滿，因而

被免職，不久後過世。三國志記載，在杜夔死後，雖然仍有後來者能精通音樂，但已不能像杜夔般保存雅樂。

劉半農　1891.5.29.~1934.7.14.　江蘇　蘇州市張家港市

劉半農，原名劉壽彰，後改名復，初字半儂，後改字半農，號曲庵，筆名有寒星、范奴冬等。作詞、名詩人、雜文家、和語言學者。

1920 年 9 月在英國倫敦的劉半農寫了一首**《教我如何不想她》**的著名情詩，首創了「她」字，並第一次將「她」字入詩。

1925 年，開始任北京大學國文系教授，講授語音學。主要著作有詩集《揚鞭集》《瓦釜集》（彙集的民歌集）《半農雜文》《半農雜文二集》語言學著作《中國文法通論》《四聲實驗錄》、《比較請音學概論》等。

黎錦暉　1891.9.5.－1967.2.15.　湖南湘潭人

黎錦暉，字均荃，音樂教育學家，流行音樂奠基人，譽為「中國流行音樂之父」。長兄為國學家黎錦熙，兄弟八人有「黎氏八駿」之譽。自幼學習古琴和彈撥樂器。1912 年畢業於國立高等師範圖工科。1916 年參加北京大學音樂團。1920 年受聘於上海中華書局編輯國語教科書。1922 年回長沙，先後任明德、周南等校音樂教師。提倡新音樂運動，主張新音樂與新文學運動並進。他創作了大量兒童歌劇、歌舞及歌曲。兒童歌劇《麻雀與小孩》、《葡萄仙子》、《三蝴蝶》、《小小畫家》等，歌曲《神仙妹妹》、《可憐的秋香》、《月明之夜》、《老虎叫門》、《毛毛雨》、《妹妹我愛你》等作品。

1927 年起，先後在上海創辦中華歌舞學校及中華歌舞團。1928 年，率領中華歌舞團遠赴香港、泰國、印尼、馬來亞、新加坡等地巡迴演出，《毛毛雨》等流行歌曲即已與他的兒童歌舞一起成為主要節目。1929 年，組織明月歌舞團，到全國各地巡迴演出，培養出周璇、聶耳、王人美、嚴華、黎錦光、黎明暉、黎莉莉、白虹、陳燕燕等著名藝術家及演藝工作者。同年，因經費困難滯留新加坡，編寫流行曲一百首寄回上海，包括**《桃花江》**、《特別快車》等。1931 年，明月歌舞團併入聯華影業公司。1949 年後，於上海美術電影製片廠擔任作曲。文革前後受到紅衛兵衝擊，1967 年逝世於上海。

鄧雨賢　1906.7.21.~1944.6.11.　臺灣桃園縣平鎮
（龍潭）客家人

鄧雨賢，台灣作曲家，被譽為台灣歌謠之父。

來台祖 16 世鄧彥拔在清朝乾隆年間，自梅州市蕉嶺縣率統先、純先、縉先三子舉家渡海來台，在淡水登陸，定居於今台北縣樹林彭福庄。第三子 17 世鄧縉先遷居至新竹芎林。曾祖父 18 世鄧觀奇（兆熊）曾為清代台

灣秀才之一，亦居新竹芎林，開芎林文昌閣，晚年遷至桃園龍潭、平鎮等地。
育有九子，其中三子中秀才，長子秀才鄧瓊鳳（19 世）生鄧盛猶（20 世），為
鄧雨賢之父，鄧雨賢本人則為台灣桃園鄧氏第 21 世（來台第六代）。
鄧雨賢畢生創作有 50 餘曲，其中《雨夜花》《望春風》《月夜愁》《四季紅》
最為聞名，這四首被人合稱為『四月望雨』。
鄧雨賢父鄧盛猶，曾應聘為台灣總督府台北師範學校漢文教師，
1908 年，3 歲時隨父遷居台北，
1914 年，就讀艋舺老松公學校（今萬華區老松國小）。
1921 年，進入台北師範學校，這段期間接觸風琴、曼陀林等西式樂器。
1925 年，畢業，在台北大稻埕的日新公學校（今大同區日新國小）服務；
1926 年，21 歲，與鍾有妹結婚。
1929 年，遠渡日本，學習作曲。
1932 年，鄧雨賢、江添壽成立文聲曲盤公司，創作了《大稻埕行進曲》。
1933 年，創作了《望春風》《月夜愁》等歌曲。
1937 年，日本實行皇民化運動，所有漢文歌曲全遭禁唱。《望春風》《雨夜花》
　　等砍曲被改編成日本軍歌，鄧雨賢受到打擊，鬱鬱不得志。
1940 年，回到老家新竹芎林，在芎林國小任教。
1942 年，鄧雨賢以唐崎夜雨作為筆名；旋改為日本名東田曉雨，
1944 年，第二次世界大戰日本戰敗前夕，鄧雨賢因心肺疾病去世。
國立中央大學鹿林天文台發現的小行星 255989 以鄧雨賢的名字命名。

李臨秋　1909~1979，臺灣臺北人

李臨秋，作詞家。他最有名的歌曲為《望春風》，父親本為富商，家道中落。
1924 年，進入永樂町永樂座戲院擔任職員。
1932 年，他為兩部中國上海電影《懺悔》《倡門賢母》《桃花泣血記》《一個
　　紅蛋》《人道》《四季紅》《補破網》《望春風》作詞，成為台灣最受歡迎
　　的歌謠之一，均為知名歌曲，尤以望春風迄今仍為人傳唱。
1960 年，永樂戲院被拆，他退休在家不再創作。
1977 年，發表《相思海》成為他最後知名遺作。

馬思聰　1912.5.7.(3 月 21 日)~1987.5.20.　廣東海豐海城鎮中山西路 25 號。

馬思聰，中國作曲家、小提琴家與音樂教育家。被譽為
「中國小提琴第一人」。馬思聰早年曾赴法國巴黎求
學，並在後來考入了法國的巴黎音樂學院，主修小提琴。
1919 年，7 歲的馬思聰在堂兄馬時暉家學會了彈風琴，
1921 年，就讀於廣州培正學校，學會了吹口琴與彈月
琴。

1923 年，回到海豐大哥馬思齊從法國回國養病，帶回小提琴，馬思聰對小提琴愛不釋手，決定隨大哥同赴法學習小提琴。

1925 年，考入了巴黎南錫音樂學院。

1926 年，學校大考，馬思聰演奏帕格尼尼《協奏曲》獲得第二獎。半年後，頸部罹患疾病而被醫生下令停止練琴。

1927 年，前往法國北部的海濱城市貝爾克治病休養。

1928 年，考入了巴黎音樂學院 Boucherif 領導的提琴班。

1929 年，離開法國，啟程回到中國。被譽為「中國音樂神童」

1930 年，馬思聰在上海市政廳舉行音樂會。

1931 年，馬思聰第二次赴法，從作曲家畢能蓬教授（Binembaum，今譯比內鮑姆）學習作曲。

1932 年初，馬思聰由法國回到中國，同年與王慕理結婚。

1937 年，辭去南京中央大學的職務，受聘為廣州中山大學的教授。

1939 年 1 月 29 日，馬父馬育航在上海被人暗殺。兩天後（31 日），馬思聰的長女馬碧雪在香港出生。

1941 年，由重慶往香港，太平洋戰爭爆發，離開香港回海豐縣·

1944 年，往重慶。

1946 年，馬思聰在貴陽擔任藝術館長。

1948 年，馬思聰支持學生反對國民黨專制統治，前往香港。

1949 年，被中共政務院任命為中央音樂學院的首任院長。

1950 年，全家遷入天津，黃家花園附近潼關道 64 號小洋樓。

1951 年，率團赴捷克斯洛伐克參加「布拉格之春」國際音樂節。

1952 年，馬思聰帶隊前赴皖北參加治淮工程。

1953 年，當選中國音樂協會被選為理事、常務理事與音協副主席。

1954 年，當選人大代表，並家搬到北京西城區馬勺胡同四合院里

1955 年，參加國際鋼琴比賽並擔任評判員，並離京飛赴華沙。

1956 年，中華人民共和國成立後第一次進行了大規模的旅行演奏 1959 年，《人民音樂》《評馬思聰先生的獨奏音樂會》

1961 年，參加北京西苑飯店舉行的高等音樂學校管弦教材審定會

1962 年，在中央音樂學院學術委員會，馬思聰被選為主任委員。

1963 年，馬思聰擔任「上海之春」音樂會的小提琴比賽評委。

1964 年，馬思聰被選為河北省第三屆全國人民代表大會代表。

1966 年，馬思聰創作最後一首歌曲《焦裕祿悼歌》。

　6 月，文化大革命，馬思聰遭到批鬥。6 月 16 日關押隔離審查定為「一類勞改隊」。8 月 16 日晚間王慕理攜子女出逃，22 日馬思聰被批鬥抄家。

　11 月，馬思聰因肝病複發被准予返家，22 日與馬瑞雪離開北京，前往丹灶。

　12 月，馬思聰全家在丹灶、廣州、江門等地躲藏，並預備前往香港。

1967 年 1 月 15 日晚，馬思聰隨夫人王慕理、次女馬瑞雪、兒子馬如龍，出走
　　香港。他的二哥跳樓自殺，岳母、侄女、和廚師相繼被迫害致死。
1985 年，才得平反。
1987 年，馬思聰在美國接受心臟手術時手術失敗‧5 月 20 日逝世於美國費城。
2007 年 12 月 10 日，馬思聰及夫人的骨灰由親友護送返回廣州，魂歸故里。
2012 年 3 月 4 日舉辦馬思聰百年誕辰紀念音樂會於 Princeton Alliance
　　Church.Princeton,NJ.USA4 月 22 日　舉辦"馬思聰百年誕辰紀念音樂會"於 West
　　Chester University 之 The Madeline Wing Adler Theatre,West Chester,PA,USA 且該
　　市市長定該日為"馬思聰日".

吳晉淮　1916.6.8.~1991.5.21.　台灣臺南市柳營區人和村

父親吳班是農民，克勤克儉，吳晉淮自小喜愛音樂，為歌謠作曲家，台語歌手，
創作歌曲如《關仔嶺之戀》《暗淡的月》《可愛的花蕊》《月娘半屏圓》《五月花》
《船上月夜》《冰點》《情人的腳步聲》《愛情的力量》《恰想也是你一人》《你愛
相信我》《阿爸原諒我》《嫁不對人》《不想伊》《講什麼山盟海誓》《六月割菜假
有心》等歌曲。
1928 年，柳營公學校畢業，冒險坐船前往日本學習音樂。
1929 年，進入東京立教中學就讀。
1931 年，讀中學時迷上古典吉他，二哥吳進益在日本當醫生，希望他也能學醫，
　　安排吳晉淮到日本慶應大學醫學院讀書。
1933 年，吳晉淮熱愛音樂，放棄學醫進入日本歌謠學院，奠定他音樂創作基礎。
1938 年，日本歌謠學院畢業，以「矢口幸男」為藝名開始在日本登台演唱。
1941 年，太平洋戰爭，中斷演唱事業，被徵兵到「中島飛機製造會社」。
1945 年，日本無條件投降。
1948 年，吳晉淮以「矢口晉」為藝名，巡迴日本演唱，並為唱片公司作曲。
1953 年，與日人佐野博、條原寬組成「拉丁三人組合唱團」在日本演唱十幾年。
1956 年，母親過世，因戰亂中遺失所有的證件，無法及時回台奔喪。
1957 年，吳晉淮終於回到台灣故鄉。譜下《關仔嶺之戀》《暗淡的月》等曲‧
1961 年，吳晉淮表演事業的重心仍在日本，台日兩地奔波。
1962 年，與高瑜鴻牽手結婚。
1965 年，開設「吳晉淮音樂研習社」教授歌唱，教過的學生，如郭金發、蔡一
　　紅、陳芬蘭、蕭麗珠、陽光、良山、黃乙玲，均在歌壇上嶄露頭角。
1980 年，為洪榮宏寫下《望你聽我勸》《愛情的力量》《恰想也是你一人》《你
　　愛相信我》《嫁不對人》；為江蕙譜詞曲寫下《不想伊》；為黃乙玲寫下《講什
　　麼山盟海誓》、《六月割菜假有心》等曲。
1984 年，收黃乙玲為關門弟子，耐心栽培，為黃乙玲發行第一張個人專輯《講
　　什麼山盟海誓》大賣，供不應求，開啟了黃乙玲往後幾十年的歌唱事業。
1986 年，吳晉淮不堪身體勞累，逐漸淡出藝界。

1990 年，在台北城光教會受洗，吳晉淮正式成為基督徒。

1991 年 5 月 12 日，吳晉淮因急性肺炎住進淡水馬偕醫院，21 日病逝，享年 75
　歲，葬於台南縣白河鎮員山木屐寮。

姚敏　1917.11.~1967.3.30.~　寧波人，出生於上海，

姚敏，原名姚振民，筆名梅翁、周萍等，作曲家。自幼喪父，家貧，失學。做
過雜貨店學徒、海員。從小喜好音樂，天性敏慧，學會拉胡琴、唱京戲。偶然
機會結識日本作曲家服部良一，隨其學作曲。與孿生胞妹姚莉等人常到電台演
唱，後進百代唱片公司開始作麴生涯。

姚敏既能譜曲、填詞、又能演唱，多才多藝，公認是「歌壇不倒翁」，所創作
歌曲從民間小調到西洋爵士都有，體裁廣泛、風格多樣、旋律優美，不拘一格。
主要作品有《天長地久》《大地回春》《訴衷情》《我是浮萍一片》《喜臨門》
《薔薇花》《良夜不能留》《月下佳人》《恨不相逢未嫁時》等。

1950 年，移居香港，佳作連連。如《三年》《情人的眼淚》《總東流》《我有
　一段情》《神祕女郎》《站在高崗上》《廟院鐘聲》《等待》《良夜不能留》
　《雪山盟》《第二春》等中英文歌曲，流傳歐美。

1959 年，分別獲得亞洲影展最佳音樂獎、及金馬獎最佳音樂獎等．姚敏的歌，
　唱紅了幾代歌星：周璇、李香蘭、葛蘭、靜婷、潘秀瓊、鄧麗君、麗莎、奚
　秀蘭、鳳飛飛、費玉清等。

1967 年 3 月 30 日，打麻將，突感不適，面色青白、手足顫動，姚敏漸陷昏迷，
　不能言語，救護車送達醫院時已經斃命。

莊奴　1922~　北京人

莊奴原名王景羲，與喬羽、黃霑並稱詞壇"三傑"泰斗．
1949 年，到臺灣，當過記者、編輯，演過話劇，但以音
樂創作彰顯盛名，尤以流行歌曲最為人津津樂道。鄧麗
君演唱的《小城故事》、《壟上行》、《甜蜜蜜》、《又見炊
煙》等歌的歌詞就是出自莊奴之手；費翔演唱的《冬天
裏的一把火》也由莊奴作詞。
1943 年，參加抗日戰爭．

1949 年，到台灣·寫詞譜曲 50 載，作品超過 3000 首，至今筆耕不輟，被稱為
　　 "與時間賽跑的老人" 現仍是家徒四壁，兩袖清風，依然租居 "陋室" ，不
　　圖名利，謙遜和藹，以填詞為樂。聲音依然洪亮，妙語連珠，禪機暗顯，無
　　處不見博愛的情懷。
鄧麗君大半經典作品，如《小城故事》《甜蜜蜜》《又見炊煙》《壟上行》《踏浪》
耳熟能詳，親切動人的歌曲，都出自莊奴之手。

喬羽　1927~　山東濟寧市

喬羽，知名詞作家，中華人民共和國成立後，其填詞的曲目多次成為歌頌讚美
國家民族的知名歌曲如《讓我們蕩起雙槳》《我的祖國》《祖國頌》《夕陽紅》
《愛我中華》等。其填寫的《難忘今宵》在海內外好評如潮。
1996 年，喬羽填寫的主題曲《讚美冰雪》成為名曲。
喬羽是第八屆全國政協委員，曾任中國歌劇舞劇院院長、中國音樂文學學會主
席等職。

許常惠　1929.9.6.~2001.1.1.　台灣彰化縣和美鎮

1941 年，12 歲到日本留學，主修小提琴，
1946 年，回台就讀台中一中，
1949 年，就讀台灣師範大學音樂系，畢業後在台灣省立交響樂團擔任小提琴手。
1954 年，留學法國法蘭克福學院，後轉學到巴黎大學，主修作曲，
1959 年，他將「昨自海上來」一詩寫成女高音獨唱曲，獲得義大利現代音樂學
　　會的比賽入選，此後開始了他作曲的生涯。
　　回台灣後，除了音樂創作之外，也積極的收集台灣民謠等在地音樂文化作品，
　　並將中國音樂以西方作曲方法重寫，頗受好評。其知名的作品有從紅樓夢中
　　寫出的「葬花吟」清唱曲；還有白蛇傳歌劇，百家春協奏曲等。
　　許常惠，除了音樂創作之外，也組織不少現代音樂的團體，並至力於現代音
　　樂教育和民族音樂的保存。他曾與鄧昌國、藤田梓、張繼高等人合組「新樂
　　初奏」樂團，引進西方的現代音樂演奏。其他還有如「亞洲作曲家聯盟」等
　　重要音樂團體，也多有他的參與和貢獻。他是台灣音樂家及教育家。

申學庸　1929.10.5.~　　四川江安

申學庸，臺灣著名聲樂家，旅行演唱遍及歐洲、美國、日暨羅馬等六大音樂名
城，斐聲國際。在演唱事業巔峰之際，毅然回臺投入全新的音樂教育領域。多
次參與世界音樂教育會議及考察，為音樂外交貢獻實多。獲頒國家「特別貢獻
獎」殊榮及香港「音樂大師獎」。其子為台灣當代攝影大師郭英聲。

畢業於四川省立成都藝專音樂科畢業；後赴日本東京上野國立藝術大學音樂學院專攻聲樂；並曾在義大利羅沙堤音樂院以及美國阿斯本音樂學校研究音樂和歌劇。精研《蝴蝶夫人》、《杜蘭朵》、《波西米亞人》。

她創辦臺灣藝專音樂科（今國立台灣藝術大學音樂學系）、中國文化學院專科部國樂組（今文化大學中國音樂學系、西洋音樂學系前身）、籌組台南家專音樂科（今台南科技大學音樂系）。2009 年，獲中華民國總統府聘為無給職國策顧問。

傅聰　1934.3.10.~　上海花園新村出生

傅聰，父親是翻譯家傅雷，三、四歲即有過人音樂天份，七歲半開始學習鋼琴，拜義大利指揮家、鋼琴家梅百器(Mario Paci)為師。

1951 年再拜蘇籍鋼琴家勃隆斯丹夫人（Ada Bronstein）為師。

1952 年，18 歲與上海交響樂團合作，作了首次的公開表演．

1953 年，參加在羅馬尼亞舉行的第四屆世界青年與學生和平友誼聯歡節的鋼琴比賽。同年 7 月，首次出國，到羅馬尼亞參賽，得到了三等獎。比賽後，訪問德國和波蘭．

1955 年，獲邀參加在華沙舉行的第五屆蕭邦國際鋼琴比賽，最後得到第三名和「瑪祖卡」獎，成為首位在國際性鋼琴比賽中獲獎的中國音樂家。 蕭邦國際鋼琴比賽結束後，傅聰留在波蘭學習鋼琴，直到 1958 年底提前畢業。

1956 年 8 月返國，在北京舉行個人獨奏會，在上海舉行了莫札特　(Mozart)協奏曲音樂會。

1958 年 12 月離開波蘭移居英國倫敦。

在六、七十年代，傅聰舉行了約 2,400 場獨奏音樂會；足跡遍及幾乎歐洲、美洲、中東、東南亞、日本、大洋洲各地。

1979 年之後，他幾乎每年都回國演奏、講學，並兼任指揮訓練。

蕭邦國際鋼琴比賽，第三名和「瑪祖卡」獎

第四屆世界青年與學生和平友誼聯歡節的鋼琴比賽三等獎

時代週刊亦曾譽其為「當今最偉大的中國音樂家」。

黃霑　1941~2004，廣州出生

黃霑，原名黃湛森，香港著名作家、詞曲家。

1949 年，隨父母移民香港；早年入讀喇沙書院，後升讀港大，

1963 年，畢業於港大中文系；先前從業廣告、電影、作曲。任過香港電視臺、電臺主持人。為電影、電視劇、歌手、演員作品、導演作品、文學創作、古裝歌舞劇、綜藝晚會寫過歌詞。

李泰祥 1941.2.20.~2014.1.2. 阿美族人 台灣台東市馬蘭部落

李泰祥，音樂家、小提琴家、作曲家，畢業於國立台灣藝術專科學校音樂科，
但他原先是考進美術印刷科，而後才轉入音樂科，主修小提琴；
1956 年，全台灣小提琴比賽冠軍．
1961 年，國立藝專畢業．
1964 年，擔任台北市立交響樂團小提琴首席．
1966 年，與許壽美結婚．
1970 年代，校園民歌風行時期創作的著名作品包括《橄欖樹》《歡顏》《你是
　　我所有的回憶》《一條日光大道》《錯誤》《告別》等等。
1971 年，他與新象創辦人許博允赴美國新聞處，聽到現代音樂演講，改變創作
　　方向，並與葉維廉、許博允、陳學同、顧重光、凌明聲共同策劃「七一樂展」，
　　為台灣前衛音樂踏出重要的一步。
1972 年，與德國教授柯西尼組成「四重奏樂團」在東南亞巡迴演唱．
1974 年，任台北市交響樂團指揮．
1975 年，專職廣告音樂創作，發表管弦樂與錄音帶作品(現象)．
1978 年，參加日本第三屆亞洲新音樂媒體演出．
1982 年，獲金馬獎最佳電影插曲、原創音樂等獎．
1988 年，罹患帕金森氏症，
2005 年，舉辦李泰祥十方音樂會
2008 年，獲第十二屆國家文藝獎。
2009 年，因甲狀腺癌而開刀，
2012 年，曾受邀擔任國立政治大學駐校藝術家。
2013 年，李泰祥獲頒發第 32 屆行政院文化獎，當時雲門舞集創辦人林懷民擔
　　任李泰祥引言人，而身體不適的李泰祥則在醫護人員陪同下出席頒獎典禮，
　　展現生命的韌性。因病長期住院．
2014 年 1 月 2 日晚上 8 點 20 分，在睡夢中安詳病逝於台北新店慈濟醫院。

劉家昌 1943.4.13.~ 哈爾濱

劉家昌，著名音樂人、長於作曲、電影導演、兼演員。演藝創作繁多，獲譽為
台灣樂壇 20 世紀 70-80 年代的大師。
劉家昌童年時因日本侵華戰亂動盪而移居遷往韓國仁川，中學時代當職業演
唱，新竹中學畢業，
1962 年，以僑生到台灣唸國立政治大學政治學系，
1966 年，與知名女星江青結婚，生下一子劉繼鵬，
1970 年，與江青離婚。
1971 年，在台灣演藝圈創作大量流行歌曲，電影配樂、當演員、電影導演等。
1972 年，以《晚秋》電影成名，

1975 年，創作《梅花》成名。與電影界亞洲影后甄珍(章家珍)在美國結婚。

1979 年，因谷名倫墜樓事件離台，往美國家定居。

1980 年，創辦歐帝威唱片，發行劉家昌專輯《在雨中》等。

1982 年，與妻子甄珍在美國合作經營旅館，

1999 年，返台發展有線電視頻道業者八大電視與博新多媒體。

2000 年，他再因掏空媒體爭議，前往中國大陸從事酒店旅館業務]

2006 年，劉家昌於香港舉行《往事只能回味：劉家昌音樂會》，反應熱烈。

2007 年，榮獲北京第 7 屆音樂風雲榜頒發終身成就獎。

2010 年，劉家昌回台，舉辦《劉家昌音樂會》。

許博允　1944~　　新北市淡水區人，出生於日本東京

音樂家，祖父許丙為淡水富商。

1960 年，啟蒙於許常惠教授，研習理論作曲及小提琴。

1962 年，首度發表音樂作品，發起七人小組「江浪樂集」作曲團開始音樂創作。

1971 年，集合詩人、舞蹈家、美術家，作華人首次舞台混合媒體表演，共同發
　　起〝中國現代音樂研究會〞，

1978 年，經常往來亞洲各國，尤其是東京、漢城、馬尼拉、香港等城市。
　　與夫人樊曼儂女士設立「環境音樂製作所」，創立「新象活動推展中心」。

1980 年，舉辦華人「國際藝術節」，帶動台灣與國際間的文化交流。其個人同
　　時也為一些舞台表演藝術寫作音樂。如雲門舞集、蘭陵劇坊、遊園驚夢……
　　等。同時亦應 ISCM（國際現代音樂協會）、ACL（亞洲作曲家聯盟），及應
　　菲律賓文化中心之邀為香港中樂團及菲律賓國家管弦樂團撰寫新曲《天元》
　　及《琵琶協奏曲》。許博允主要樂曲作品：《怨歌行》《孕》《五人五笛》
　　《放》《中國戲曲冥想》《寒食》《生、死》《琵琶隨筆》《勻》《四象》
　　《境》《會》《變》《心》、《潛》……等。

趙季平　1945.8,~　　河北束鹿生於甘肅平涼

趙季平，中國音樂家，畫家趙望雲之子。

1970 年，畢業於西安音樂學院作曲系，

1985 年，任陝西省戲曲研究院副院長。

1978 年，入中央音樂學院作曲系進修，現任西安音樂學院院長，

1991 年，任陝西省歌舞劇院院長、中國音樂家協會副主席、陝西省文聯副主席、
　　電影音樂學會會長。

2004 年，當選陝西文聯主席。

2009 年，當選中國音樂家協會主席。

馬友友 1955.10.7.~　法國出生的華裔美國人祖籍浙江省寧波鄞縣（現鄞州）

馬友友，大提琴演奏家，曾獲得多座葛萊美獎。祖父是地主，父親馬孝駿為音樂教育學博士，也是作曲家兼指揮家，曾任南京中央大學教授，母親盧雅文則是國立中央大學藝術系畢業的聲樂女歌手。

1959 年，4 歲開始學鋼琴與大提琴，

1961 年，6 歲開始在觀眾面前演出。

1962 年，7 歲與家人遷往美國紐約定居，並前往白宮演出給艾森豪總統、約翰·甘迺迪總統夫婦欣賞。

1963 年，8 歲結識了著名的大提琴家帕伯洛·卡薩爾斯，並且其與倫納德·伯恩斯坦幫助下，在美國的卡耐基音樂廳與姐姐馬友乘參加了第一次公開演出。這場演奏會是由倫納德·伯恩斯所指揮，並且在美國的電視節目上播出。

1969 年，14 歲中學畢業，並且以獨奏者的身分，與哈佛雷蒂克里夫樂團（Harvard Radcliffe Orchestra）共同演奏柴可夫斯基的《洛可可變奏曲》（Variations on a Rococo Theme）。後來馬友友進入朱利亞德學院（Juilliard School），在大提琴家雷奧納多·羅斯（Leonard Rose）門下學習。讀了 7 年之後，雖然成績名列前茅，但他卻在尚未畢業之前便退學，並前往哈佛大學就讀。他在這個時候逐漸成名，與許多重要的交響樂團一起演奏。這段期間馬友友錄製並演奏了巴哈的《大提琴組曲》（Cello Suites）。同時也經常與他在音樂學院時期所結交的好友鋼琴家伊曼紐爾·艾克斯（Emanuel Ax），合作演出一些室內樂。

1976 年，美國哈佛大學畢業，並取得人類學學士學位。

1991 年，哈佛大學授予他榮譽博士學位。

1977 年，與女友吉兒·哈諾爾（Jill Hornor；小提琴家）結婚，育有兩個小孩，分別叫做尼可拉斯（Nicholas）與艾蜜莉（Emily）。馬友友的姊姊馬友乘也是小提琴家，她與吉他手麥可·達德普（Michael Dadap）結婚。兩個家庭在紐約長島經營兒童交響樂團協會（Children's Orchestra Society）。

1999 年 2 月，美國紐約市將曼哈頓東 46 街與第五大道交叉口的路牌，暫時性地換成「馬友友路」（Yo-Yo Ma Way）。

2009 年 1 月 20 日，馬友友在美國第 44 任總統歐巴馬的就職儀式上領銜表演四重奏，四重奏由馬友友、小提琴家伊扎克·帕爾曼、鋼琴家蓋布莉葉拉·蒙泰羅（Gabriela Montero）與單簧管家安東尼·麥吉爾（Anthony McGill）共同擔綱。

2013 年，獲第 55 屆葛萊美獎。他曾為電影《西藏七年》《臥虎藏龍》配音樂。

馬友友母親盧雅文訪談中透露，1997 年，江澤民訪問美國，在國宴上，與馬友友同桌。馬友友在席間，表示中國對達賴喇嘛和西藏問題，其態度與處理方法不好，引起江澤民不悅，之後數年被列入中國黑名單中，拒絕入境。後來因為中國人實在太喜歡他的演奏，所以又重新放行。

王羽佳　1987.2.10.~　生於北京

1993 年，6 歲起習琴。曾在中國北京的中央音樂學院和美國費城寇提斯音樂學院進修，師從於格拉伕曼。

2001 年，14 歲，移居加拿大，就讀於卡爾加裡市的蒙特皇家音樂學院。她目前住在紐約，但大部分時間均於全球各地巡迴演出。

2001 年，獲日本仙台國際音樂大賽季軍及評委會特別獎。評委會大獎乃頒給二十歲以下的優秀參賽者，獎金五十萬日元（約人民幣四萬元）。

2003 年王羽佳在瑞士蘇黎世舉行了歐洲首演。彼時彈奏的曲目為貝多芬《第四鋼琴協奏曲》，指揮為大衛·津曼，樂團為 Tonhalle Orchestra。

2005 年，首次在北美演出。9 月 11 日，獲得 2006 年吉爾默年輕藝術家大獎。該獎頒給 21 歲以下的優秀鋼琴家，獎金 15,000 美元。獲獎者可在吉爾默音樂節上演出，並會有作曲家專門為之創作一首作品。

2009 年 1 月與德國 DG 唱片公司簽下五張唱片的合約。同年 4 月 20 日推出的首張個人專輯《Sonatas & Etudes》獲提名第 52 屆格林美獎古典樂最佳器樂獨奏（無管弦樂伴奏）。

2010 年 5 月 30 日，在德國巴登巴登市演出結束後的記者會上，有人問「古典音樂家以外，誰對你影響最大？」，王羽佳答曰：「Lady Gaga」。

2011 年，在 DG 推出第三張個人專輯《Rachmaninov: Piano Concerto No. 2 / Rhapsody on a Theme of Paganini》。

2012 年，在 DG 推出第四張個人專輯《Fantasia》，收錄了拉赫瑪尼諾夫、斯卡拉蒂、舒伯特、蕭邦等人作品。

聶耳　1912.2.14.－1935.7.17.　雲南玉溪人

聶耳，原名聶守信，字子義（亦作紫藝），　音樂家，主要從事包括電影插曲在內的流行音樂，中華人民共和國國歌《義勇軍進行曲》的作曲者。

聶耳從小喜愛音樂，1918 年就讀於昆明師範附屬小學。利用課餘時間，聶耳自學了笛子、二胡、三弦和月琴等樂器，並開始擔任學校「兒童樂隊」的指揮。1922 年，聶耳進入

私立求實小學高級部，

1925 年考取雲南省立第一聯合中學插班生。少年的聶耳曾虛心向一位木匠學習吹笛，並尊稱木匠是他的第一位吹笛老師，奠定了他的音樂基礎。

1927 年雲南省立第一聯合中學畢業，進入雲南省立第一師範學校。自學小提琴和鋼琴。

1930 年，雲南省立師範學校畢業，參加反政府活動被列入「黑名單」離開雲南至上海。

1930 年 7 月，在上海進入昆明雲豐商行所設的「雲豐申庄」工作。

1931 年，雲豐申庄關門，考入黎錦暉主辦的「明月歌舞劇社」，任小提琴手。

1932 年 7 月發表《中國歌舞短論》，並因批評黎氏被迫離團。11 月進入聯華影業公司工作，參加「蘇聯之友社」音樂小組，並組織「中國新興音樂研究會」，參加左翼戲劇家聯盟音樂組。這一時期，聶耳與電影界的袁牧之、王人美等結識，為他們創作了大量電影音樂，並向王人美的哥哥王人藝學習小提琴。

1933 年，聶耳由劇作家田漢介紹加入中國共產黨。

1934 年 4 月加入百代唱片公司，建立百代國樂隊（又名「森森國樂隊」）。

1935 年初，聶耳創作了著名的**《義勇軍進行曲》**成為中華人民共和國國歌。

由於該歌曲，為當局不滿離開上海，取道日本赴蘇聯。

7 月 17 日在日本神奈川縣藤澤市鵠沼海濱游泳，不幸溺斃，年僅 23 歲。

冼星海　1905.6.13.－1945.10.30.　祖籍廣東番禺欖核，出生於澳門.

冼星海，生於澳門一個疍家船工的家庭，中國作曲家、鋼琴家，《黃河大合唱》最廣為人知。曾任教於魯迅藝術學院。

1911 年隨母親到新加坡，靠母親幫傭維持生計，進入養正學校讀書，養正學校的老師區健夫，最先賞識冼星海的音樂秉賦，並選他進入學校軍樂隊，讓他開始接觸樂器和音樂訓練。當時的校長林耀翔，接受嶺南大學專為華僑子弟返國升學所設的華僑學校校長。

1918 年就讀於嶺南大學附屬中學學習小提琴。

1926 年於北京大學音樂傳習所、國立藝術專科學校修讀音樂系。

1928 年於上海國立音樂專科學校學習小提琴和鋼琴，發表著名的《普遍的音樂》。

1929 年到巴黎從師提琴家帕尼·奧別多菲爾、作曲家文森特·丹第和保羅·杜卡斯。

1931 年考入巴黎音樂學院，在尚拉·康托魯姆作曲班學習。留法期間，創作了《風》、《遊子吟》、《D 小調小提琴奏鳴曲》等十餘首作品。

1935 年回中國後參加抗日救亡運動，創作大量戰鬥性的群眾歌曲，並為影片《壯志凌雲》、《青年進行曲》、話劇《復活》、《大雷雨》等配樂。抗戰開始後參加「上海救亡演劇二隊」，後去武漢與張曙負責開展救亡歌詠運動。1935 年至 1938 年

間，創作《救國軍歌》、《只怕不抵抗》、《游擊軍歌》、《路是我們開》、《茫茫的西伯利亞》、《莫提起》、《黃河之戀》、《熱血》、《夜半歌聲》、《頂硬上》、《拉犁歌》、《祖國的孩子們》、《到敵人後方去》、《在太行山上》等各種類型聲樂作品。1938 年 10 月 1 日，與新婚不久的妻子錢韻玲（共產黨學者錢亦石的女兒），一同前往延安。在延安任魯藝音樂系主任，並在「女大」兼課。期間創作《黃河大合唱》和《生產大合唱》等作品。

1939 年加入中國共產黨。

1940 年赴蘇聯學習、工作。在蘇聯期間寫有交響曲《民族解放》、《神聖之戰》，管弦樂組曲《滿江紅》，管弦樂《中國狂想曲》以及小提琴曲《郭治爾·比戴》等。並編寫《聶耳：中國新興音樂的創造者》、《論中國音樂的民族形式》等論文，已發表 35 篇。由於他對將音樂用作革命所作的探索，獲得了「人民音樂家」的稱號。

1945 年因肺結核病逝於莫斯科，於當地安葬，至 1980 年代，骨灰移回中國，最終安葬於廣州，建有冼星海墓。

施光南　1940.8.22.—1990.5.2.　四川重慶人祖籍浙江金華市源東鄉葉村，

施光南，被稱為"時代歌手"，為新中國成立後我國自己培養的新一代作曲家。父親施複亮是共青團早期領導人，母親是重慶江津人。

1948 年回源東葉村老家上小學，

1949 年在金華城內小學畢業。解放後隨父母移居北京，在父親影響下開始學習作曲，1957 年中學畢業後被中央音樂學院破格錄取，

1959 年轉入天津音樂學院作曲系學習，先入中央音樂學院附中補習兩年，再轉中央音樂學院作曲系學習。

1964 年畢業於天津音樂學院作曲系。1964 年畢業後分配到天津歌舞劇院任創作員。曾任全國青聯副主席、中國音協副主席。主要作品有：C 小調鋼琴協奏曲，絃樂四重奏《青春》，管弦樂小合奏《打酥油茶的小姑娘》，小提琴獨奏《瑞麗江邊》。獲獎作品有：《祝酒歌》獲慶祝建國 30 周年獻禮演出一等創作獎及 1980 年聽眾喜愛的廣播歌曲評選第一名，並被聯合國科教文組織和亞洲文化中心選為在亞洲青少年中推薦的歌曲；李穀一首唱的《潔白的羽毛寄深情》在聽眾喜愛的廣播歌曲評選中獲獎；《吐魯番的葡萄熟了》在 1980 年文化部及中國音協主辦的優秀群眾歌曲評選中獲獎；《立功喜報寄回家》在全軍第三屆文藝會演中獲優秀創作獎；《瑞麗江邊》《打起手鼓唱起歌》等已流傳國外。

穀建芬 1935－ 山東威海衛人

穀建芬父母于 20 世紀 30 年代初去日本謀生，1935 年穀建芬生於日本大阪，於 1941 年回國並定居大連。她是中國當代的著名女歌曲作家，創作了近千首廣為流傳的歌曲如《年輕的朋友來相會》、《燭光裡的媽媽》等，也獲得了一些音樂界的獎項。被認為對中國改革開放後的音樂藝術發展作出了重要貢獻。

1950 年，穀建芬考進旅大文工團擔任鋼琴伴奏。

1952 年就讀東北音樂專科學校（瀋陽音樂學院）作曲系，師從霍存慧、寄明等。

1955 年畢業，谷建芬任中央歌舞團（現中國歌舞團）創作員。歷任中央歌舞團作曲，中國國際文化交流中心理事，中國致公黨第八、九屆中央委員、中國音樂家協會副主席、中國音樂著作權協會副主席、中國文學藝術界聯合會全國委員。是第六屆全國政協委員，第八、九、十屆全國人大常委會委員，全國人大華僑委員會委員。

1984 年~1989 年，穀建芬創辦了"穀建芬聲樂培訓中心"，培訓歌手 50 余人，包括蘇紅、毛阿敏、李傑、解曉東、那英、孫楠等。

印青 1954.5.-

印青出生在一個藝術之家，其父母都曾在部隊文工團工作，受家庭薰陶，著名作曲家、中國音樂家協會理事。10 歲開始學習小提琴，1970 年偶然機會被江蘇省軍區某部業餘演出隊看中，成為了一名小提琴手，此後部隊各級文藝會演中，他嘗試創作的歌曲、器樂曲受到部隊指戰員的歡迎，南京軍區文化部門多次調他參加軍區組織的文藝創作班、作曲訓練班學習，他生動活潑又頗具現代意識的音樂風格、給人耳目一新。

歌劇《運河謠》，展現了運河見證的離合悲歡、善惡生死、義薄雲天。這部歌劇是印青又一里程碑之作。

2006 年走上總政歌舞團團長崗位的印青，他追求超越，內容的突破，理念的更新；精神的提升，方法上創新，境界的追求。在漫長的藝術道路上，為了追尋一種至高至純的精神歸宿。

2009 年，印青卸任團長職務，2010 年當選中國音樂家協會副主席。

2013 年 7 月 12 日，擔任 2014 年春晚藝術顧問[1]。

賀綠汀　1903-1999　湖南邵陽東鄉人，

作曲家、音樂教育家，生於農民家庭，小時候喜愛聽民歌、戲曲、彈風琴、吹簫、1922 年中學畢業後，在邵陽縣任小學教員，同時開始自學音樂基礎知識。1924 年入長沙嶽雲學校藝術專科學習鋼琴、小提琴、民族樂器及音樂理論。1926 年北伐戰爭時，在工人、農民運動中作組織宣傳工作。1927 年大革命失敗後參加廣州、海豐起義。1931 年入國立音專，從師於黃自學習作曲、和聲，同時選修鋼琴。在此期間，他開始創作歌曲和鋼琴曲。1934 年俄國鋼琴家作曲家齊爾品在上海徵集中國風味的鋼琴曲。賀綠汀以一首《牧童短笛》奪得了此次比賽的冠軍。1934 年至 1938 年他曾為十六部影片配樂，並創作了許多歌曲和合唱曲，如《遊擊隊歌》、《嘉陵江上》、《保家鄉》等，同時還創作了管弦樂曲《晚會》、《森吉德馬》等，在管弦樂創作民族化上取得了進展。新中國成立後，他先後擔任了中國音樂家協會副主席，上海分會主席和上海音樂學院院長。1979 年被選為中國文聯主席。賀綠汀長期致力音樂教育事業，為我國培養了許多音樂專業人才。

田漢　1898.3.12. − 1968.12.10.　湖南長沙人

田漢，字壽昌，曾用筆名伯鴻、陳瑜、漱人、漢仙等，話劇作家，戲曲作家，電影劇本作家，小說家，詩人，創造社主要成員之一，歌詞作家，文藝批評家，社會活動家，文藝工作領導者，中國現代戲劇的奠基人。

1912 年，讀長沙師範學校，校長便是徐特立。

1917 年，隨舅父易象（民國初年曾任湖南省政廳廳長）去日本，最初學海軍，後來改學教育，進日本東京高琪師範學校，熱心於戲劇，和郭沫若、左舜生、張資平等結為摯友。

1920 年，因易象在長沙被刺，回國，第二年在上海中華書局任編輯，和妻易漱瑜創辦《南國月刊》，發表劇作。

1925 年，田漢創辦「南國社」，拍攝了由他編劇的電影《到民間去》。

1927 年，四一二事變之後，在中國國民黨總政治部宣傳處負責電影戲劇事務。

1928 年，擴大「南國社」，分文學、繪畫、音樂、戲劇、電影五部，並成立南國藝術學院。

1932 年，一二八事變後，經瞿秋白主持加入中國共產黨。

1935 年，為電影《風雲兒女》譜寫主題曲《義勇軍進行曲》途中被國民黨政府拘捕，歌詞寫在香煙盒上交予**聶耳譜曲**。

1937 年，作《四季歌》、《天涯歌女》歌詞，為《馬路天使》的主題曲，次年與安娥結婚。

1941 年，在大後方桂林組建新中國劇社。

1949 年，任職文化部戲曲改進局、藝術局局長。

1966 年，文化大革命，被關押秦城監獄，後因糖尿病、尿毒症和冠心病一起發作，於 1968 年去世。有糖尿病的田漢被逼趴在地上把自己的小便喝掉吃掉，活活被逼死。他死後，只有兒子田大畏被告知。有軍方人士對他宣布：「田漢死了，罪大惡極」，嚇得他連骨灰都不敢取回，其他親友均不知情。

1970 年，大規模批鬥田漢、周揚、夏衍、陽翰笙「四條漢子」。

1975 年，被以「組織」的名義宣布為「叛徒」，並被「永遠開除黨籍」。從此，中國大陸不能再唱他作詞的歌曲，正式場合只能演奏國歌的曲譜，或啟用新歌詞《繼續革命的戰歌》。群眾集會，也只唱《東方紅》和《大海航行靠舵手》。

1979 年，原中央專案組對田漢的「結論」被推翻，田漢得到平反。

1979 年 4 月 25 日，在北京八寶山革命公墓為他開了一個遲來的追悼會。

1982 年 12 月 4 日，第五屆全國人民代表大會第五次會議通過決定：恢復《義勇軍進行曲》為中華人民共和國國歌。

徐沛東

中央音樂學院作曲系畢業，現任中國文學藝術界聯合會副主席，中國音樂家協會黨組書記、常務副主席 。
1970 年考入福州軍區歌舞團任首席大提琴。
1976 年考入中央音樂學院作曲系，師從杜鳴心教授。
1979 年畢業，同年回福州軍區歌舞團任作曲及指揮。
1985 年調入中國歌劇舞劇院任作曲、指揮。曾任中國歌劇舞劇院創作室主任、副院長等職。國家一級作曲，享受國務院特殊津貼，全國文化系統先進工作者。現任中國音協分黨組書記、駐會副主席。

1991 年評為全國十大傑出青年 30 名候選人之一。

1992 年評為全國文化系統和國務院頒獎的有突出貢獻的傑出中青年優秀專家。

1992、1996 年被評為全國十大詞曲作家以最多選票名列榜首。

1996 年獲得中國歌壇輝煌二十年作曲成就獎及 1996 年中國流行歌壇成就獎。

1999 年被評為全國百名優秀青年文藝家。

2000 年 5 月在莫斯科獲國際德爾菲大賽評委。

2001 年評為在中國文聯萬里采風活動中榮獲采風貢獻獎。

2002 年 4 月 26 日榮獲義大利岸國際學院第三屆國際獎第三千年授予徐沛東

2009 年 4 月獲第 71 屆美國好萊塢斯卡莫 "世界作曲家超級明星" 國際大獎。

2011 年 9 月 15 日起，擔任中國傳媒大學音樂與錄音藝術學院院長。

2011 年 11 月 25 日當選為中國文學藝術聯合會副主席。

王洛賓

1913.12.28.－1996.3.14.　出生於北平東城牛角灣藝華胡同

王洛賓，原名王榮庭，曾用名艾依尼丁，作曲家和民族音樂學家。 祖父和父親都是畫師。1920 年入北京八旗子弟高等學堂初級班學習。

1925 年考入通縣基督教會創辦的潞河中學，在唱詩課里接觸到了西洋合聲，使他喜歡上了音樂。

1930 年考入北平師範大學音樂系，主修聲樂和鋼琴。

1934 年母親病故後，中東鐵路招工，赴黑龍江省，在橫道河子站當信號員。後考入哈爾濱俄僑音樂學校，學習音樂理論和七弦琴演奏。

1935 年 4 月 1 日參加口琴隊。開啟了音樂創作之路。

1937 年「4·15」事件發生，口琴隊長侯小古被捕，口琴隊被迫解散。

1938 年 4 月王洛賓、羅珊（王洛賓妻子）、蕭軍、塞克、朱星南五人從哈爾濱赴蘭州，參加西北抗戰劇團。

1938 年 11 月劇團被甘肅當局解散，在西寧回中任教，羅珊在西寧女中任教。王洛賓創作了《在那遙遠的地方》、《達坂城的姑娘》為知名的作曲家。

1941 年 1 月，羅珊稱去蘭州看病，一去不復返。3 月到蘭州找羅珊，登報離婚。隨後王洛賓因「共黨嫌疑」被軍統逮捕入獄。

1944 年 2 月，青海省主席馬步芳保釋出獄。回崑崙中學任音樂教師，又在青海省教育廳做教育科長及教導處長，馬步芳軍隊任上校軍官訓練團教官政工處長。

1947 年底王洛賓回北平省親，馬步芳派王洛賓為特使向 60 大壽傅作義送壽禮。

1949 年 9 月，王洛賓以國民黨起義身份在西寧參加中國人民解放軍第一野戰軍。

1950 年 11 月王洛賓攜家屬回北京居住，併到北京八中任教。

1951 年 3 月 15 日，岳父妻子黃靜和三個孩子一起都在北京落戶。6 月王洛賓被捕押回新疆；妻子黃靜受驚嚇臥床不起，留下三個無人照料的兒子離開了人間。

1952 年 2 月，新疆軍區軍法處以長期逾假不歸為由判處王洛賓兩年勞役。

1954 年 8 月，釋放後，被安排到南疆軍區文工團任音樂教員。

1960 年 4 月，因歷史問題被捕，

1961 年，被新疆軍區軍事法院判刑十五年。

1962 年，假釋出獄，在新疆軍區文工團創作節目、做聲樂教員。

1965 年 4 月，離開文工團出走被捕，送烏魯木齊的新疆第一監獄磚窯大隊服刑，

1975 年 5 月 22 日刑滿釋放。留在監獄工作。王洛賓無家可歸在烏魯木齊打工。

1979 年 11 月 29 日，烏魯木齊軍區軍事法院「刑事裁定書」，對王洛賓判刑所依據均不能成立，撤銷原判決。

1981 年 7 月 6 日為王洛賓舉行平反大會。

1988 年，獲勝利功勛榮譽章。晚年寓居烏魯木齊，

1996 年 3 月 14 日在新疆軍區總醫院因病去世。與妻子黃玉蘭併骨合葬在北京西郊金山陵園。

瞿希賢　1919.9.23.－2008.3.19.　上海人

瞿希賢，著名女作曲家，1944 年畢業於上海聖約翰大學英文系，1948 年畢業於上海國立音樂專科學校作曲系，後任北平藝專音樂理論系講師，中央音樂學院成立後，在其音工團和中央樂團創作組工作，文化大革命期間，被打成叛徒，被囚禁了六年半。

瞿希賢的作品主要包括合唱、獨唱和兒童歌曲等，她的作品題材寬廣，風格多樣，音樂語言清新生動，大氣磅礴，具有鮮明的民族特色和藝術獨創性。主要作品有歌曲《全世界人民一條心》，獲第三屆世界青年聯歡節歌曲比賽一等獎，合唱曲《全世界無產者聯合起來》獲 1964 年全國群眾歌曲一等獎，兒童歌曲《聽媽媽講那過去的事情》獲全國第二次少年兒童文藝創作評獎音樂作品一等獎。歌曲《新的長征，新的戰鬥》於 1980 年被評為優秀群眾歌曲。此外還有《烏蘇里船歌》等廣為流傳的歌曲，曾為電影《青春之歌》、《紅旗譜》、《為了和平》、《元帥之死》、《駱駝祥子》等作曲。她的主要著作有《歌曲作法》，和翻譯里姆斯基-科薩科夫的作品《管弦樂法原理》。

卅二、攝影家

郎靜山　1892.6.12.~1995.4.13.，浙江蘭溪人，生於江蘇淮安市

自幼喜愛中國書畫，12 歲從上海南洋中學圖畫老師處習得攝影原理、沖洗與曬印技術。主張使用西方的攝影技術為工具，在表現上應該多研究國畫精神旨趣。曾言：「我主張在技巧上，應吸收西方科學文明，使照相不再是件難事；但要談到藝術視界，無論取景或色調，我都認為應多研究國畫中蘊含的旨趣。」郎靜山，極負盛名的攝影家。人稱攝影之父。父親郎錦堂為軍人。

1904 年，從上海南洋中學圖畫老師李靖蘭處習得攝影原理、沖洗與曬印技術。

1911 年，進入上海《申報》擔任廣告業務工作，以拍照作為閒暇的消遣。

1926 年，擔任上海《時報》攝影記者。

1931 年，開設「靜山攝影室」，從事人像與廣告攝影。又與黃仲長、徐組蔭合組「三友影會」，以《柳絲下的搖船女》入選日本國際攝影沙龍；

1934 年，以《春樹奇峰》入選英國攝影沙龍，郎靜山逐漸在國際沙龍嶄露頭角。

1937 年，七七抗日戰爭，往來上海、昆明、重慶之間，從事新聞採訪攝影。

1949 年，應美國新聞處之邀，到台灣參加影展，定居台灣。

1950 年，在台北成立「中國文藝協會」，擔任主任委員。

1951 年，發表《煙波搖艇》，以中國黃山、香港搖艇、台灣蘆葦為材料，綜合三地風景構築心目中的中國山河。

1953 年，「中國攝影協會」在台復會，郎靜山擔任理事長。

1959 年，中國文藝協會成立文藝獎，擔任評審委員。

1966 年，成立「亞洲攝影藝術聯合會」（The Federation of Asian Photographic Art）。

郎靜山作品大致可分為寫實攝影、紙底作品、集錦作品、人像攝影、女性裸體作品及現代攝影作品六大類。郎靜山曾結婚四次，有子女 15 人

彭瑞麟　1904.11.3.~1984.2.3.　台灣新竹竹東

彭瑞麟是台灣第一位攝影學士，日本寫真學士會員、日本風景協會正會員。

鄧南光　1907.12.5.~1971.6.17.　台灣新竹縣北埔鄉

鄧南光，本名鄧騰輝，曾創辦台灣攝影文化協會，一生行腳紀錄，替台灣及北埔的歷史留下非常珍貴的資產。

1910 年，祖父母姜滿堂、鄧登妹在北埔經營雜貨，購置土她，參與政界，成為地方顯赫

1914 年，就讀北埔公學校

1924 年，赴日本就讀名教中學

1929 年，就讀於日本法政大學經濟系，參加學校的寫真俱樂部，對攝影入迷。

1930 年，留日期間接觸近代「新興寫真」，對日後攝影觀點及美學有重要影

1931 年，返回北埔與潘慶妹女士結婚，聯袂赴日繼續學業

1932 年，長子鄧世光出生・投稿日本（CAMERA）雜誌獲選

1933 年，作品連續入選於月刊（LEICA）寫真雜誌・購買萊卡 a 型相機，價值不菲，超過一棟商業區的透天厝。

1934 年，參加上海第一屆國際攝影展，入選為十等獎

1935 年，回台灣，在京町（博愛路） 開設「南光寫真機店」，當時店面二樓經常聚集攝影同好討論作品。開始記錄「北埔鄉事」，利用閒暇走遍全台攝影，在短短幾年內，留下近六千張底片，題材遍及各地風土民情及人文活動

1937 年，以八釐米電影拍攝十幾卷電影片，其中兩片「漁遊」、「動物園」獲選日木「八釐米電影片佳作獎」

1944 年，因二次世界大戰戰火激烈，在公共場合攝影者須領有總督府登記證明，獲「臺灣總督府登錄寫真家」許可證，得以繼續攝影工作

1945 年，戰況激烈，關閉店面回北埔故居疏散。任職於「竹東茶葉組合」

1946 年，光復後重新於臺北市衡陽路開設「南光照相機材行」、繼續攝影生活。與李火增等組「萊卡俱樂部」，為光復後最早的攝影同人組織之一

1948 年，(台灣新生報)三週年攝影比賽，張才得第一名，鄧南光、李鳴鵰同列第二，「三劍客」之響不脛而走・

1949 年，受省政府委託，擔任第四屆台灣省運攝影記者・

1951 年，被聘為戰後台灣第一個文化性的人民團體組織「台灣文化協進會」攝影委員會主任委員。被聘為「自由中國美術展覽會」攝影審查委員。第一屆臺灣省攝影展覽會在中山堂舉行，任審查委員

1952 年，為提倡寫實攝影，與張才、李鳴鵰共同資助主辦「台北攝影月賽」，擔任評審前後達十年之久・

1953 年，為提倡更自由新穎的攝影風格，與李釣綸等創辦「自由影展」同人會，每週舉行一次攝影講習，每月舉行一次作品觀摩會。任「中國攝影學會」在台復會發起人之一，致力於攝影風氣的普及。主催「台北市攝影學會」成立

1957 年，編著(最新照相機指南)，指導初購照相機者，如何選購自己適合並喜愛的相機。「台北攝影沙龍」成立，任評審委員・

1960 年，因營運困難，關閉「南光照相機材行」，進入台北「美國海軍第二醫學研究所」負責醫學攝影工作·

1962 年，著作(攝影術入門)一書為初學者引介最基本的攝影技術與知識·

1963 年，鑒於台灣全省尚無全體性的攝影組織，發起設立「台灣省攝影學會」並任首屆理事長，直到去世為止共連任七任

1964 年，成立「台灣省攝影學會」，引領台灣風土民情，講求意境，追求唯美·

1966 年，榮獲「台灣省攝影學會」的「榮譽優秀學士」及「台北市攝影學會」的「榮譽博學會士」

1971 年 6 月 17 日，鄧南光逝世，他豐沛的創作歷程才畫上句號。

　　鄧南光從日本返回故鄉之後，就以相機深刻而且長時間紀錄北埔種種的生活變化；他有 4 個兄弟，鄧南光排行第三。大哥早逝，二哥畢業於美術學校，弟弟也會畫畫，兄弟們皆富有藝術氣息。

1986 年，四、五〇年代的作品被重新發掘，在(光華)雜誌「鄧南光－－浪漫且落寞底靈魂」一文中刊登，受到各界驚嘆並重視

1989 年， 躍昇出版社出版「台灣攝影家群象」，被列為全系列的首冊·

1990 年，台北夏門攝影藝廊舉辦「鄧南光 1920-1935，一位台灣留學生東京遺作」首次發表塵封六十年的東京留學作品，引發後續日本重要媒體競相報導·

1992 年，作品為台北市立美術館與省立美術館典藏·

1993 年，作品參展於台北縣立文化中心「看見淡水河」紀實攝影展、攝影集·

1994 年，日本 DoI 藝廊展出「鄧南光 —— 埋沒的影像」·

1995 年，參展於巴黎(洗衣坊畫廊)「記憶的容顏 / 浪漫人類學—鄧南光、張才人像展」。清華大學參展「那個時代—竹塹映像」藝術家出版社出版專刊·

1996 年，台北國際攝影節舉辦「台灣前輩攝影家鄧南光遺作展」·

1997 年，作品參展於台北市政府「女人‧台北」紀實攝影展、攝影集·

1998 年，參展於台北市政府「看見原鄉人 —— 台北客家光影紀事」攝影展、攝影集。作品參展於台北市政府「老‧台北‧人」攝影展、攝影集·

1999 年，作品參展於台北市政府「認真的台北人」攝影展、攝影集·

2000 年，新竹縣北埔鄉農會舉辦人文產業活動「北埔膨風節」，於鄧家舊地「鄧世源醫院」舉辦「鄧南光攝影回顧展」並出版紀念明信片，為鄧南光作品第一次於故鄉展覽。另於十月出版（鄧南光影像故事）攝影專輯·

2001 年，作品參展於新竹市政府「風中舞影」攝影展、攝影集

李釣綸　1909~1992　台灣台北士林

李釣綸，為台灣著名業餘攝影家。曾獲「中國攝影學會」碩學會員、「台灣省攝影學會」榮譽博學會士與ＹＭＣＡ青影社「攝壇菁賢」紀念銀盾。作品獲獎無數。曾發起「自由影展」、「青影展」、「今日影展」、「青長青影展」等攝影藝術展。並於「台灣省攝影學會」、「ＹＭＣＡ青影社」和其他數十餘攝影團體擔任顧問。以提倡業餘攝影藝術、培育後起新秀為職志，竭盡心力從不懈怠。對於

「組合攝影」的研究與提倡，他是台灣第一人。著有《如何學好業餘攝影》與
《組合照片之認識與觀念》。

黃則修　1930.9.15.~　臺灣臺北大加蚋（大安）人

黃則修，教育家、新聞記者、攝影家，素有「臺灣攝影獨行俠」之稱。，紫雲
黃氏在臺灣大安第六代。係清末大加蚋堡正黃塗生次子黃禮木之嫡七子。筆名
有「老Ｋ」、「紫雲七郎」、「紫雲山人」
1960 年，初期先後舉行「龍山寺」
1961 年，「被遺忘的樂園 ── 野柳」
1962 年，攝影展，譽為「台灣攝影史上『專題攝影展』的濫觴」。
1968 年，擔任中國時報顧問，為臺灣創印第一份彩色報紙，開世界平版彩色輪
　轉印刷報紙之先河，
1980 年，登「世界名人錄」。

邵華　1938.10.30.~2008.6.24.　湖南石門人

邵華，原名陳安雲，又名張少華，毛岸青之妻，毛澤東兒媳婦。
中國作家協會會員、連續兩屆擔任中國攝影家協會主席，中國女攝影家協會主
席。曾任中國人民解放軍軍事科學院百科部副部長（正軍職），少將軍銜，第
七、八、九、十屆全國政協委員，兼任軍事科學學會副秘書長，
曾出版過關於毛澤東和其他題材的多冊攝影作品集。
她的父親陳振亞，1927 年參加平江起義的老紅軍；母親張文秋，她同母異父的
姐姐劉松林（劉思齊）是毛澤東長子毛岸英的妻子。
1960 年，和毛澤東次子毛岸青結婚，
1966 年，畢業於北京大學中文系。
1970 年，育有一子毛新宇。現為中國大陸最年輕的少將，不過因其多次口無遮
攔接受採訪，他的能力也被廣泛質疑。
文革期間，江青在北京大學的第一次演講，表示她其實是要跟邵華辯論。江青
說：「我從來就不承認她是毛澤東的兒媳婦，毛主席本人也不承認！」毛新宇
出版的《母親邵華》，則有毛澤東與邵華、毛岸青的合照。
2008 年 6 月 24 日 18 時 28 分，病逝北京，69 歲。在北京八寶山革命公墓火化。

王信　1942.3.17.~　出生於鹿港

王信，台灣第一位系列性的女性報導攝影工作者。她在 1974 年首先將日本攝影
評論家伊奈信男對報導攝影所下的定義引入華語圈，特別強調報導攝影必須具
有客觀的記錄性和主觀的指導性。
1942 年，出生於鹿港，成長於台中，出生時戶口名為王信。
1954 年，戶口改名為王惠芬，但所有作品發表均使用王信。

2011 年，正式改回原名王信，現身分證登記名和筆名一致。

1965 年，屏東農專畜牧獸醫科畢業，

1967 年，任教於霧社高農，教授博物、生物、獸醫、畜牧等學科。

1971 年，畢業於<u>東京農業大學</u>畜產學科，

1973 年，從東京寫真專門學校商業攝影科畢業。因欣賞敬仰報導攝影權威尤金‧史密斯（W. Eugene Smith）的個性及精神，決心走報導攝影的路。

　　拍「訪霧社」系列報導照片。隔年於東京銀座 Nikon Salon、<u>台灣省立博物館</u>等地展出。

1974 年，拍攝「蘭嶼‧再見」，這也是台灣原住民最完整的一組系列報導作品。

1982 年，於東京新宿 Nikon Salon、

1983 年，於台北‧美國文化中心展出。

1976 年，花了九年的時間在攝影的教學上。任教於世界新專、實踐家專、銘傳商專教授報導攝影、基礎攝影、應用攝影、商業攝影等學科。

張照堂　1943.11.17.~　台灣台北縣板橋鎮。

張照堂，攝影家，紀錄片製作與影像教育，曾獲國家文藝獎與行政院文化獎。

1958 年，讀台北成功高中時參加攝影社，隨同老師鄭桑溪學習，四處拍照。

1961 年，進入國立台灣大學土木工程學系，作迷惘、抑鬱的實驗影像作品。

1965 年，22 歲，與鄭桑溪共同舉辦「現代攝影雙人展」。

1966 年，參與《幼獅文藝》「現代詩展」，以〈石室之死亡〉攝影作品展出。

1968 年，擔任中視新聞攝影記者，參與《新聞集錦》的拍攝製作。

1969 年，參與「現代攝影九人展」。

1971 年，與九位攝影家（胡永、張國雄、周棟國、郭英聲、謝震基、葉政良、龍思良、凌明聲、莊靈）共組「V-10 視覺藝術群」。

1974 年，舉辦「攝影告別展」，向年輕時代較為灰色抑鬱且不確定的攝影方向告別，並專注於拍攝《新聞集錦》、《芬芳寶島》等系列節目。

1976 年，拍攝《<u>六十分鐘</u>》走訪台灣各地，逐漸重拾靜照攝影。

1980 年，他以《古厝》與《王船祭典》兩部紀錄片，獲得金馬獎最佳攝影與金鐘獎最佳攝影與剪接獎。

1981 年，獲得金鐘獎最佳文化節目獎。

1984 年，拍攝《唐朝綺麗男》《我們的天空》《淡水最後列車》《矮人祭之歌》。

1990 年，擔任節目製作人，主持《歲月中國》《臺灣視角》《調查報告》《對抗生命》《生命告白》《世紀的容顏》企劃暨監製。

1997 年，任教於國立台南藝術學院音像紀錄研究所，並曾擔任國立台南藝術大學音像媒體中心主任、音像藝術學院院長。他並曾於台灣大學新聞研究所與政治大學傳播學院等地兼任教職，講授紀錄片與攝影創作等相關課程。現為國立台南藝術大學音像紀錄與影像維護研究所榮譽教授。

1999 年，獲得文建會第三屆國家文藝獎美術類，2011 年獲頒象徵國家最高文化榮譽獎項的第三十屆行政院文化獎，為台灣唯一獲得此兩項殊榮的攝影家。
2013 年，台北市立美術館舉行《影像展》，參與「現代詩畫展」及「不定形展」等深具實驗性的裝置作品。經評選為 2013 年度榜首。

徐仁修　1946~　新竹縣芎林鄉，客家人。

徐仁修，台灣知名作家、自然生態攝影家。畢業於屏東農專，並曾派駐尼加拉瓜擔任農業技術顧問，
1974 年，開始在菲律賓、西爪哇、東馬來西亞沙巴、美國西南部、泰北、寮國與緬甸等地攝影旅行。
1984 年，曾任牛頓雜誌攝影師。
1995 年，成立荒野保護協會，以籌款購買荒地保留其生態和物種為宗旨。
徐仁修的文章富含人文與土地的思考，配以攝影和真實的蠻荒經歷，使他在台灣獲得了不少文學獎項，如吳三連報導文學獎(1998 年)、吳魯芹散文獎等。然而他並非專職寫作他的探險故事，早期他也曾發表過相當多的農業技術論文、並對台灣特有種的動植物發表過專門的研究文章。

馮剛　1947~　上海人

馮剛，新疆烏魯木齊市第六中學英語高級教師，烏魯木齊市職工影協一級會員，新疆維吾爾族自治區攝影家協會會員，新疆野生動物保護協會會員，烏魯木齊市天山區人大代表。業餘時間從事野生動物攝影，自費購置攝影裝備及車輛，曾利用業餘時間多次深入阿爾金山、卡拉麥里山、巴彥布魯克等自然保護區拍攝野生動物，創作了大量攝影作品。因為馮剛拍攝了大量以野驢為主角的照片，並熱心於宣傳野驢的保護，故而被人們稱作野驢之父。在攝影創作過程中，馮剛提倡尊重野生動物的拍攝方式，反對為了追求作品藝術效果而影響和干涉野生動物的正常生活，他是中國新野生動物攝影的代表人物之一。
1969 年，馮剛到新疆新源縣紅星公社一大隊插隊，插隊期間他曾經利用自己的攝影技術為公社開辦過照相館。
1974 年，馮剛進入新疆烏魯木齊市第六中學做英語教師，其間馮剛一直沒有放棄攝影的愛好，
1995 年，開始從事野生動物攝影，深入無人區進行攝影創作，他進入海拔 4500米的阿爾金山國家級自然保護區、準噶爾盆地東緣的卡拉麥里山自然保護區、烏魯木齊市郊的北山羊棲居地、博斯騰湖，人跡罕至的高山、荒漠、戈壁等嚴酷環境。
1997 年，馮剛在烏魯木齊市南郊發現北山羊活動，拍攝了大量照片，並撰寫文章發表在《大自然》雜誌·

1998 年，馮剛為追蹤拍攝蒙古野驢在卡拉麥里山自然保護區的沙漠中迷路，幾乎因脫水死亡。

2001 年，馮剛獲「全國環境保護傑出貢獻者獎」和「地球獎」

2002 年，獲中華環境保護基金會頒發的「中華環境獎」。

阮義忠　1950~　台灣宜蘭縣頭城鎮

阮義忠，台灣攝影師、紀錄片攝影者，作品以人文紀實為主要風格。

早期任職於幼獅文藝的編輯，退伍後在漢聲雜誌英文版擔任攝影與設計，

1975 年，擔任家庭月刊的攝影，推動台灣攝影的發展。北京《中國攝影雜誌》喻為「世界攝影之於中國的啟蒙者與傳道者」。

1981 年，阮義忠由攝影跨行到電視節目製作，以紀錄片廣為人知，描述台灣藝術家的創作，鄉土藝術的發展，台灣原住民生活與城鄉發展的演變。

1990 年，創辦攝影家出版社、

1992 年，創辦中、英文攝影雜誌社，介紹世界各國優秀攝影家作品，廣受好評。

1991 年，受邀加入歐洲攝影歷史協會，是該會的首位亞洲成員，

1995 年，阮義忠入選《全球當代攝影家年鑑》。

1988 年，任教於台北藝術大學美術系兼任教授、瀋陽魯迅美術學院客座教授。目前他與妻子都是台灣慈濟功德會的義工。

2007 年，獲台灣東元科技文教基金會人文類獎。曾在法國、美國、墨西哥、立陶宛、瑞典、中華人民共和國、香港、澳門、台灣舉辦個展。作品被法國巴黎現代美術館等著名機構收藏。

鮑德熹　1951~　原籍安徽歙縣，生於香港

鮑德熹（Peter Pau），本名鮑起鳴，香港電影攝影師，著名演員鮑方之子，亦是著名演員鮑起靜之弟。2001 年以《臥虎藏龍》獲得奧斯卡最佳攝影獎，亦是第 43 屆金馬獎最佳攝影得主。曾 6 度奪得香港電影金像獎最佳攝影獎。

杜可風　1952.5.2.~　香港,出生於澳洲新南威爾斯省首府雪梨

杜可風（Christopher Doyle），香港電影攝影師，於世界電影界有相當知名度，更曾憑藉電影《東邪西毒》及《花樣年華》先後於世界兩大影展包括威尼斯電影節及康城影展奪獎而回。會說流利的英語、法語、普通話及粵語。

曾就讀澳洲雪梨大學文學系、香港中文大學新亞書院、美國馬里蘭大學美術系。

1970 年，18 歲，開始水手生涯雲遊四方，曾至泰國、以色列、印度……等地。

1978 年，參與創立蘭陵劇坊，開始與雲門舞集和進念二十面體合作攝影工作，並與張照堂擔任台灣電視公司文化節目《映像之旅》與中國電視公司新聞雜誌節目《六十分鐘》的攝影與剪接。

1981 年，受楊德昌邀請，為電影《海灘的一天》負責攝影指導，

1983 年，獲得亞太影展最佳攝影獎。自此，全力投入中國電影的拍攝工作。
1999 年，完成自編自導自攝的處女作《三條人》（*Away with Words*）。

陳敏明　1953.2.21.　臺灣花蓮市

陳敏明，國立臺灣藝術專科學校（現稱國立臺灣藝術大學）廣播電視科畢業後，遠赴日本取得日本大學藝術學院寫真學科（攝影學系）學士，並於同校藝術研究所結業。

陳敏明為臺灣知名的空中攝影師，曾於 2002 年接受行政院農業委員會林務局委託，為臺灣森林步道進行空中攝影，歷時四年才完成。他曾在國立台灣藝術大學廣電系、淡江大學大眾傳播系、中國文化大學廣告系與新聞系授課，並曾任行政院新聞局視聽業務顧問，現為彥霖攝影事務有限公司負責人。

任曙林　1954.7.15.~ 出生於北京。

任曙林，畢業於北京廣播學院攝影系。
1970 年，作品有：《先進個人》
1976 年，開始攝影，師從狄源滄先生。
幹過八年維修鉗工，拍過十餘年科教電影
1976 年　開始攝影向狄源滄先生學習過若干年
1980 年，作品有：《1980 年的北京高考》《中學生》
1990 年，作品有：《礦區勞動者》《山區女孩二十年》
2002 年，作品有：《氣息》《兩個女人》《雲南風景》等

葉青霖　1955~

葉青霖（英文名：Alain Yip），曾是香港專業攝影師，擅長拍攝人像，現已於果如法師座下出家，法名釋常霖。
1974 年，畢業於金文泰中學；
1977 年，在香港理工大學設計系畢業。
1986 年，發起成立香港專業攝影師公會。
1979 年，創辦現代經典影室，拍攝人像及時裝廣告，
1986 年，開始婚紗攝影業務，推出葉青霖數碼寫真劇場 DVD。
　娶香港小姐及無線電視前藝員廖安麗。
1989 年，誕下長女懿德，
1992 年，他舉家移民澳洲，後來於 1999 年迴流。
1993 年，次女懿恩出世。
1994 年，父親過世後接觸佛教，
1997 年，在台灣佛光山及澳洲南天寺短期出家。
2005 年，在 TVB 電視節目中教授人像拍攝技巧。

2006 年，為 TVB 拍攝旅遊攝影節目，到中國張家界、武夷山等地教授攝影技巧。
2008 年，決心出家，將與廖安麗兩人的婚紗攝影公司出賣。
2010 年 5 月 16 日佛誕當天，葉青霖在台北中和區玉佛寺剃度出家，與妻子及
　　家人舉行「辭親」儀式。

顧長衛　1957.12.12.~　祖籍江蘇吳江，出生於陝西西安。

顧長衛，中國電影攝影師及導演、奧斯卡獎評委之一。
1978 年，考入北京電影學院攝影系。曾以陳凱歌執導的霸王別姬入圍美國奧斯
　　卡最佳攝影獎，以及「世紀百位傑出攝影師」等榮譽。
2000 年，幫助陳冲拍攝《紐約的秋天》。IMDB
2004 年，拍攝《孔雀》獲得柏林電影節「評審團大獎銀熊獎」。
2007 年，執導《立春》入圍羅馬電影節競賽，女主角蔣雯麗獲得最佳女演員獎。

劉偉強　1960.4.4.~

劉偉強 Andrew Lau，自小對拍攝電影產生興趣，後從事香港電影導演及攝影師。
1980 年，中學畢業後，進入邵氏公司，
1985 年，正式成為攝影師，
1988 年，為王家衛負責《旺角卡門》的攝影工作。
1990 年，擔任導演，
1995 年，與文儁、王晶合組電影公司，拍攝《風雲雄霸天下》《中華英雄》等。
2002 年，拍攝《無間道》獲得香港金像與台灣金馬的最佳電影和最佳導演等多
　　項大獎，其後拍攝《無間道 II》及《無間道 III》等續集。
2005 年，執導日本賽車漫畫電影。第 24 屆香港電影金像獎獲最佳視覺效果獎．
2006 年，劉偉強首次執導韓國電影《雛菊》
2007 年，劉偉強進軍美國好萊塢，執導由李察·吉爾主演的電影《強捕犯》。

張乾琦　1961~

張乾琦，台灣攝影師，也是台灣唯一馬格蘭攝影通訊社的會員，已入美國籍。
豐原高中畢業後，相繼獲得在東吳大學英文系、美國印第安那大學教育碩士。
曾任西雅圖時報(Seattle Times)攝影記者、巴爾的摩太陽報(Baltimore Sun)攝影記
者．他最具代表性的作品是名為《The Chain》的攝影畫冊，內容是在一家台灣
心理醫院(龍發堂)拍攝的組圖，反映精神病人在心理醫院的生活狀態。

奚志農　1964~　雲南大理人

奚志農，中國野生動物攝影家和環保主義者，因為他在野生動物攝影和保護領
域出色的工作和突出的貢獻而在中國攝影界和環保界享有極高聲響。奚志農先

後供職於昆明教育電視台、中央電視台《動物世界》、《東方時空》等媒體。
他曾經在 1990 年代成功阻止了雲南省德欽縣砍伐白馬雪山原始森林的計劃，保
護了棲息在該縣的數百隻滇金絲猴；跟蹤拍攝了青海可可西里地區藏羚羊盜獵
和民間志願組織野氂牛隊的反盜獵活動；
1983 年，參與《鳥兒的樂園》記錄片拍攝，催生「不能干擾動物生活」的攝影。
1984 年至 1986 年期間，推動建立的鳥類繁放站點。
1989 年至 1990 年，拍攝和製作了《母親河在呼喚》《心聲》等環保主題。
1990 年，為中央電視台《動物世界》的攝影師，攝製了《霧海綠洲》《懶猴》
　　等優秀記錄片。
1992 年，在雲南省白馬雪山國家級自然保護區世界自然基金會啟動了一項為期
　　三年的滇金絲猴研究計劃，奚志農離開了《動物世界》，跟隨研究團隊進入雪
　　山拍攝滇金絲猴的活動，而在此之前，人們甚至沒有拍攝過一張清晰的滇金絲
　　猴圖片。經過三年的努力，奚志農拍攝出了記錄片《追尋滇金絲猴》，這部片
　　子是人類第一次用攝影機記錄了滇金絲猴的活動狀況，不僅具有非常重要的學
　　術價值，而且具有極高的藝術價值，同時也是進行環境教育的良好教材，之後，
　　這部片子在日本、美國、加拿大的多個電影節、電視節上獲得大獎。
1995 年，任職於雲南省林業廳的奚志農獲悉德欽縣為了解決財政上的困難，決
　　定砍伐白馬雪山自然保護區南側的一百平方公里原始森林，該區域是 200 隻滇
　　金絲猴的活動範圍。為挽救這片森林，奚志農多方奔走但均未果，不得已之下
　　他聯繫了環保作家唐錫陽，致信國務委員宋健，並將此事披露媒體，包括中央
　　電視台、中央人民廣播電台、《中國環境報》、《中國林業報》、《中國青年
　　報》、《北京青年報》等媒體都對此事作出報導，自然之友等民間組織也紛紛
　　表示支援，最終中止了德欽縣的商業砍伐計劃。
保護滇金絲猴的事迹使奚志農成為中國知名的環保人士，甚至成為中國環保事
業的代表人物之一，同時也使他失去了在雲南省林業廳的工作，所幸中央電視
台《東方時空》欄目邀請奚志農加入，1996 年 5 月他成為東方時空的一名記者。
拍攝與保護藏羚羊
在《東方時空》期間，奚志農依然關注野生動物和環境保護事業，
1997 年他深入可可西里無人區對「野氂牛隊」進行了 20 天的跟蹤拍攝，採集
了大量關於藏羚羊盜獵和反盜獵的影像資料，並製作了記錄片在東方時空播
出，這是第一個全面、真實地表現藏羚羊現狀和反盜獵行動的電視節目。節目
播出後奚志農繼續追蹤藏羚羊盜獵的狀況，與妻子一道收集資料，撰寫了關於
藏羚羊盜獵、販運、貿易情況的報告，為媒體深入報導提供了切實的資料，同
時他還努力推動社會上的藏羚羊保護運動，他成功地撮合了自然之友、世界自
然基金會、國際愛護動物基金會在藏羚羊保護領域的合作，促成了關於藏羚羊
保護和制止藏羚羊絨貿易的國際研討會，創辦了關注藏羚羊保護的 藏羚網。
可可西里的經歷促使奚志農最終離開東方時空欄目組，全身心地投入環境保護
事業，在辭職後，他再次深入可可西里，跟蹤拍攝野氂牛隊的反盜獵工作。

1998 年後，奚志農離開中央電視台成為一個全職野生動物攝影師，

1999 年 4 月，與妻子返回雲南，創辦了非政府組織「綠色高原」。

2000 年，全身心地致力於野生動物保護事業，多次獲得攝影和環保大獎。

2001 年奚志農提議創辦一家以野生動物和自然攝影為主要活動內容，致力於推動中國自然環境保護和野生動物保育的機構，

2005 年，倡導用影像保護自然。他用代言佳能攝影產品的酬金，全部用於購買攝影裝備，開設中國野生動物攝影訓練營，向無力購置攝影裝備和接受專業攝影訓練的野生動物工作者、研究者和攝影師提供裝備和專業指導，通過他們在中國推廣野生動物攝影，藉此提高人們對野生動物保護的關注度。

夏永康　1964~　香港

夏永康（Wing Shya），香港攝影師，導演及平面設計師。

曾在香港李惠利工業學院和明愛白英奇專業學校及加拿大艾蜜莉卡藝術及設計大學就讀，後在美國 Pentagram 工作，回港後創辦了自己的創作室 Shya-la-la workshop，工作範疇包括時裝及廣告攝影。他曾為導演王家衛負責多部電影，包括《春光乍洩》《花樣年華》及《2046》的拍攝及設計工作，亦曾成為音樂錄影帶及網劇導演。

夏永康的作品在香港、中國、加拿大、日本、美國紐約等地獲得超過 60 個獎項。2006 年 3 月 18 日，在日本六本木新城森美術館舉行夏永康個人攝影展「Wing Shya Exhibition」，他是首位於森美術館舉行個人展覽的攝影師。

紀國章

紀國章，台灣視覺藝術創作人、策展人、媒體人、攝影藝術教育工作者。曾於 1990 年至 1993 年留學法國巴黎，取得國立巴黎第八大學視覺影像藝術研究所碩士文憑，並曾任教、客座於巴黎高等攝影學院及法國國立藝術學院。

學歷：法國國立巴黎第八大學造型藝術與攝影研究所博士班研究(2005)、法國國立巴黎第八大學視覺影像藝術研究所碩士(1993)、聯合國教科文組織 UNESCO 傑出藝術家(1993)、歐洲影藝聯盟傑出藝術家 EFIAP(1991)、英國專業攝影學院檢定專業攝影院士 FBIPP(1990)、英國皇家攝影學會博學會士 FRPS(1990)、美國紐約攝影學會博學會士 FPSNY(1984)、

現任：聯合國教科文組織 UNESCO 傑出藝術家 Excellent Artist、當代視覺影像藝術創作人 Artist、策展人、藝術作家、法國文化部國立藝術學院巡迴講座教授、國立台灣藝術大學與私立真理大學講座教授、行政院文建會、台北縣政府藝術咨詢顧問與評議委員、行政院新聞局與台灣光華雜誌專案圖片主編、國際媒體與台灣媒體資深媒體文化人、台灣 Sony α 高階品牌形象代言人(A900+A850)、台灣 Sony α Club 攝影藝術課程規劃與講座教授、紀老師攝影創作班教室藝術課程規劃與專任講師。

伍振榮

伍振榮(Alex Ng)，香港著名攝影家、策展人、攝影藝評家、攝影講師及攝影文
化人，畢業於香港樹仁學院(2006 年正名為樹仁大學)。

1987 年，創辦《攝影雜誌》，同年開始在樹仁大學任教新聞攝影，

1997 年，創辦全球第一本中文數碼攝影月刊《數碼影像 Digital Photo Imaging

2002 年，改稱《DCphoto》，攝影的著作有《Nikon 相機全集》《Canon 相機全
集》《光與曝光》《影像謊言》、Photoshop 數碼攝影：專業執相手冊》等數
十種。香港樹仁大學新聞與傳播學系高級講師、香港藝術發展局視覺藝術評
審員，《攝影雜誌》及《DCphoto》雜誌總編

2008 年，在「平遙國際攝影大展」策劃「香港攝影新銳的城市觀看」展覽，同
年在香港的 MAG 都市視藝空間攝影策划了"FANTASTIC:馬良觀念攝理展"。

龍君兒

龍君兒（Lung Kwan Yee）係香港攝影師同埋攝影專欄作家，亦係香港美術家，
曾經喺香港大學、香港理工大學、香港科技大學幾個專題講座做講者，喺亞洲
電視方太生活廣場出鏡。曾經幫唔少攝影學會、評判同演講做專家或顧問。做
過攝影雜誌專欄作家，稿件喺《文匯報》，《新報》見報。

1998 年，開始教授《女像攝影》班課程，為專業攝影師。

卅三、宗教家

禪　定

禪定，漢傳佛教術語，利用梵漢合體而創造出的名詞，止觀可以被視為是禪定的同義詞。修行禪定的行為，則常簡稱為修禪、禪修。

禪定是由梵語禪那（**Dhyāna**）的簡稱「禪」，與三昧（梵文：**समाधि** *samādhi*）的漢譯「定」組合而成，用來指稱進入禪那三昧的修習方法。在印度期佛教傳統中，禪那與三昧各有其定義，不會被混淆。但是漢傳佛教較為重視兩者的融通，很少會特別去分別兩者，因而創造出這個獨特的名詞。

在梵語中有七個名詞皆被漢譯為「定」，他們之間有細微的不同，但漢傳佛教傳統中較不重視。這七個名詞分別為三摩地（samadhia）、三摩鉢底（Samapati）、三摩呬多(Sanmanita)、馱那演那(Dhyāna，又譯為禪那)、奢摩他（Samatha）、現法安樂（Dadharma-sukhavihra）、質多醫迦阿羯羅多（Citta-eka-agrat）等。

印度佛教認為，只要心不散亂，制心一處，都可以稱為三昧。在一切三昧境界中，佛教特別重視智慧與定力同等重要的色界四種禪定境界，又稱禪那。

三昧

三昧(samadhi)，或稱三摩地，意為等持，只要心不散亂，專注於所緣境，皆可稱為三摩地。

三摩鉢底(Samapati)，意為等至，指心至平和之境，範圍較三摩地為廣，包含一切有心定、無心定、甚至片刻的定心。三摩半那(samapduua)則指已入定中。

三摩呬多(Sanmanita)，意為等引，指攝心至於安定平和之境。

禪那

禪那(Dhyāna)，與三昧（samadhia，又譯為定）基本上可視為同義詞。兩者的分別在於，禪那的範圍窄而定的範圍寬。禪那專指色界以上的四種禪境界，而欲界諸定因智慧狹小，不能稱為禪。因為佛陀與其弟子多以第四禪定力證入涅盤，所以第四禪又稱根本定〈dhyana-maula〉。

奢摩他（samatha，又譯為舍摩他、奢摩陀、舍摩陀），意思是止、寂靜、能滅等。止息一切雜念、止息諸根惡不善法，所以能夠熄滅一切散亂煩惱。

質多醫迦阿羯羅多〈citta-eka-agrat〉，意為善心一境性。

以四禪為基礎，遠離妄想，身心寂滅，安住在現前的法樂之中，就是現法安樂〈dadharma-sukhavihra〉，或稱現法樂住（drsta-dharma-sukha-vihara）。

禪定層次

一・四禪八定

欲界禪定:凡夫、外道和小乘共修之禪，粗心住、細心住、欲界定、未到地定(未來禪)

二‧色界禪定：

初禪(又名：離生喜樂定)、第二禪、第三禪、第四禪

三‧無色界禪定

空無邊處定、識無邊處定、無所有處定、非想非非想處定

四‧滅盡定(又名滅受想定，需先斷三縛結，不共外道、凡夫)

捨第七識的受、想心所(末那識)、捨第六識(意識)、可證得阿羅漢果(已證初果，且至少證初禪)

禪定種類

法華玄義卷四上記載禪可以分為世間禪、出世間禪、出世間上上禪等三種禪。

一‧世間禪：凡夫禪、外道禪。

二‧根本味禪：十二門禪，合四禪、四無量心、四無色定為十二門禪。

三‧根本淨禪：三品、六妙法門、十六特勝、通明禪。

四‧出世間禪：小乘禪、大乘禪、金剛乘禪、最上乘禪(祖師禪)(如來清淨禪)、如來禪。

五‧觀　　禪：有五停心觀、九想觀（不淨觀）、四念處、八背捨、十遍處等觀修的禪法。

六‧煉　　禪：依「九次第定」的順序練習，由入初禪開始，次第入二、三、四禪、四無色定，乃至滅盡定。

七‧薰　　禪：即「獅子奮迅三昧」。從初禪至滅盡定後，再從最後起，回入四空、四禪、初禪，猶如獅子不但能奮迅而去，奮迅而歸，進退自在。

八‧修　　禪：即「超越三昧」。從初禪至滅盡定，由滅盡定還入初禪，再入滅盡定，再還入二禪、三禪等等。入這一三昧，定力、觀力更為明利，能隨意超越遠近，出入自在。

世間上上禪：有九種大禪。

一‧一　切　禪：能得自化化他一切之功德，故名為一切。

二‧自　性　禪：所修之禪，觀心之實相，於外不求，故名為自性。

三‧難　　禪：為深妙難修之禪，故名為難。

四‧一切門禪：一切之禪定，皆由此門出，故名為一切門。

五‧善　人　禪：大善根之眾生所共修，故名為善人。

六‧一切行禪：大乘一切之行法無不含攝，故名為一切行。

七‧除煩惱禪：除滅眾生之苦惱，故名為除煩。

八‧清淨淨禪：惑業斷盡，得大菩提之淨報，故名為清淨，但清淨之相亦不可得，故重曰淨，稱為清淨淨禪。

九‧此世他世樂禪：能使眾生悉得二世之樂，故名為此世他世樂禪。

其他：非世間非出世間禪‧

禪定姿勢

禪定可以用各種不同的姿勢與結手印來修練，佛教將其分成行、住、坐、臥四者，其中又以坐禪 為傳統並最為流行。行姿、住姿、坐姿(單跏趺坐、雙跏趺坐「蓮花坐」、如意坐「方便坐」、臥姿、獅子臥

手印：金剛蓮花印、禪定印、大圓滿印、一心大法印、達摩閉關印．

禪定漢傳發展

中國禪宗所說禪的意義就是在心得決定中產生無上的智慧，以無上的智慧來印證，證明一切事物的真如實相的智慧，這叫作禪定。

《六祖壇經·坐禪品第五》：外離相即禪，內不亂即定。外禪內定，是為禪定．

《六祖壇經講話·坐禪品》：「禪定者，外在無住無染的活用是禪，心內清楚明了的安住是定，所謂外禪內定，就是禪定一如。對外，面對五欲六塵、世間生死諸相能不動心，就是禪；對內，心裡面了無貪愛染著，就是定。參究禪定，那就如暗室放光了！」

對上根利智者而言，禪定並無一定之形式。所謂：「行亦禪，坐亦禪，語默動靜體安然。」「十字街頭好參禪。」「如來於二六時中常起觀照。」只要念念覺照，當下「一念清淨一念佛，念念清淨念念佛。」，「不怕念起只怕覺遲」，時時刻刻保任，修無修修，行無行行，修一切善而不執著所修之善，斷一切惡且故不為一切惡所縛，當下這念心便是歸於中道。

《心經》：「行深般若波羅蜜多時，照見五蘊皆空，度一切苦厄」。所謂「行深」，就是禪定、深定。觀自在菩薩在禪定中發現，當五蘊皆空－也就是「無我」的時候，一切的煩惱與痛苦就解脫了，觀自在菩薩就是在定中得到這個清淨的大智慧而證得大自在成就。

禪定與禪宗

一般調養身心為主的數息禪坐、安般禪定並不等於禪宗，因為禪宗雖然也鼓勵參禪、或修打坐禪定，以先期調適身心，但是更重視般若智慧的開悟，並且明白的說世間禪定並不能讓人解脫生死的煩惱。佛教將禪定分成世間定與出世間定二者。

世間定：

亦即四禪八定，這是任何外道、凡夫甚至畜生道眾生都可能達到的境界。已能進入四禪八定的眾生，經由修學可能會得到一些神奇的能力，也就是神通，也可以暫時止息身處五濁惡世欲界的種種身心痛苦。但是一旦定力散失，離開定境，很快又回到世間煩惱中。

因此佛教並不專注於世間禪定的修練，而是將世間禪定當成追求解脫的輔助方法之一，最終目的在於追求能究竟解脫一切世間煩惱的出世間定：「解脫無明與無始無明煩惱」。

六祖大師指導別人時曾說："指授即無，惟論見性，不論禪定解脫。" 禪宗目的不是禪定。 如枯木一般的枯心靜坐乃至滅盡定，禪宗都不給予肯定。古訓"死水不養蛟龍"者是。

禪　宗

禪宗，又稱宗門，漢傳佛教宗派之一，始於菩提達摩，盛於六祖惠能，中晚唐之後成為漢傳佛教的主流，也是漢傳佛教最主要的象徵之一。漢傳佛教宗派多來自於印度，但唯獨天台宗、華嚴宗與禪宗，是由中國獨立發展出的三個本土佛教宗派。其中又以禪宗最具獨特的性格。禪宗祖師會運用各種教學方法引導學人，又稱作「機鋒」，為的是要讓弟子們悟入真如法性、第八識如來藏、自性清淨心，名為開悟。其核心思想為：「不立文字，教外別傳；直指人心，見性成佛」，意指透過自身修証，從日常生活中參究真理，直到最後悟道，也就是真正認識自己的本來面目。然「悟道」並非事畢，而是才剛剛踏入佛道的「無門之門」，真正懂得「空性」的真實義，由此「悟後起修」，一直到淨除二障：煩惱障與所知障後，成就佛果。

淨土宗與禪宗是對中國漢傳佛教影響最大的兩個支派。在中國歷史上，禪宗發展可分成四個時期，由菩提達摩至中國開始，至惠能大宏禪宗為止，此為禪宗的開始，可稱為早期禪宗。由六祖惠能門下，洪州、石頭二宗，發展為五宗七派，此為禪宗的發展期，時間約當晚唐至南宋初。自南宋初年臨濟宗大慧宗杲起而倡話頭禪，曹洞宗宏智正覺倡導默照禪，至於明朝中晚期，此為禪宗的成熟期，又可稱為中期禪宗。至於明朝中葉淨土宗興起，此時佛教的特色為禪淨合一，與儒、釋、道三教合一，禪淨合一的影響，使得當時的僧人唯以唸佛坐禪為主，禪宗逐漸失去創新的生命力，為禪宗的衰落期，又稱為晚期禪宗，始於晚明至清朝結束為止。清末民初之際，有鑑於佛教的衰微，虛雲大師起而中興禪宗，為近代禪宗中興之祖。

禪

禪宗的這個「禪」字由於梵文「禪那」音譯而來，意為「靜慮」、「思維修」、「定慧均等」。它是指經由精神的集中（奢摩他，samādhi，又譯為止、定、禪定、心一境性），以進入有層次冥想（即毗婆舍那）過程。它是佛教很重要而且基本的修行方法，被稱為三無漏學之一，也是大乘六波羅密之一。但是禪宗所謂的「禪」非謂修證「四禪八定」的「禪定」，而是六度波羅蜜的第六度-「般若」，亦即指能夠引導學人參究，因而證悟到的本來自性清淨心。

印度宗教源流

禪宗最早起源於楞伽師，以修習《楞伽經》為主，與印度的如來藏學派有著很深的關係。但是進入中國之後，與中觀般若學及道家思潮相結合，最終形成了這個徹底中國化的大乘佛教宗派。

小乘禪觀

佛教從釋迦牟尼開始，就追求著如何脫離輪迴，進入沒有苦惱的自由境界〈涅槃〉的方法。能夠達到這種境界，即稱為證悟，又稱菩提，或覺（bodhi）。證悟又分成聲聞弟子的初步證悟，與佛陀的最終證悟〈等正覺，samyak-saṃbodhi〉等不同的位階。

部派佛教將初步證悟到佛陀所說的教理，稱為現觀〈abhisamaya〉，又稱見道〈darśana-marga〉，得法眼淨。在見道之後，必須真正實踐與體驗到佛陀的教理，這個過程稱為修道〈bhāvanā-marga〉。在修道過程中，會得到各種不同程度的證悟，分成須陀洹、斯陀含、阿那含、阿羅漢等。到了最後，脫離一切煩惱、痛苦的最終證悟，稱為阿羅漢果或無學果，得此證悟的聖者即是阿羅漢，或稱漏盡者。

為了得到證悟，必須經由某些修行方法，例如修行五停心觀、四念住等，經由這些修行進入第四禪（又稱禪那），因此這些修行方法也被稱為「禪修」。

中觀學派

以龍樹為開端的中觀派，由觀察緣起，而進入中觀，證悟空性，最終達到成佛。

唯識學派的禪觀

正如同其名稱，唯識派認為一切都是精神性的存在〈心外無境〉，以瑜伽來作為禪修的方法。因此，只要通過轉變個人的精神層面（轉識成智），就可以達到外在世界的轉變〈隨其心淨則國土淨〉。

唯識學分成真心與妄心兩派。真心一派與如來藏學說結合，建立《楞伽經》的傳承。在中國最早出現的唯識派傳承，即地論宗，是與真心一派相近的，相信人有一個原始無污染的本質心（真如），因此，修道最重要的要務，即是找回這個本來的狀態。

如來藏學派的禪觀

如來藏學派認為存在著一種不變的最終本體，稱為如來藏或真如。他們將禪視為對本體的領悟，或是指對自性的徹見。

禪宗先驅

在漢朝時期，安士高、鳩摩羅什、佛陀跋陀羅等佛教翻譯家已經開始將如何進行禪定修行的佛教經典引入中國。安士高為佛教初期傳入最有聲望之譯者，其關於禪學之譯籍，則有禪行法想經及禪定方便次第法經等，其所譯禪籍多為小乘禪，包括《人本欲生經》《安般守意經》《陰持入經》《道地經》《阿毘曇五法四諦經》《十二因緣經》《八正道經》《禪行法想經》等。而鳩摩羅什、佛陀跋陀羅所譯的禪籍，以若禪秘要法經及坐禪三昧經等為主，多為大乘禪。根據這些經典教授禪修方法的僧人，被稱為禪師。他們可以被視為中國禪宗的先驅，但是真正的禪宗建立者，則是菩提達摩。

達摩祖師

？－535 年

禪宗世系

始祖　達摩（公元 ？　~ 528 年）
二祖　慧可（公元 487 ~ 593 年）
三祖　僧璨（公元 ？　~ 606 年）
四祖　道信（公元 580 ~ 651 年）
五祖　弘忍（公元 602 ~ 675 年）
六祖　惠能（公元 638 ~ 713 年）。

菩提達摩(梵文 **बोधिधर्म** Bodhidharma)
又作菩提達磨，簡稱達摩，南北朝時天
竺人，佛教中國禪宗初代祖師，被尊稱
為「東土第一代祖師」、「達摩祖師」。
與寶誌禪師、傅大士合稱梁代三大士。
「菩提達摩」意譯為覺法，菩提本意為
覺悟，達摩本義則是「佛法」(Dharma)，
可參見法或佛法 (佛教)

達摩祖師－達摩，禪宗廿八代佛祖。是
把禪學帶入中土的第一人。達摩，南北
朝佛教高僧，亦都係中國禪宗初祖，尊
稱「東土第一代祖師」、「達摩祖師」，同

寶誌禪師、傅大士一齊叫「梁代三大士」。達摩到中國弘法大乘佛教，行醫濟世，
遍施愛心，廣結善緣，引起共鳴。

北魏國師支三藏巧於言辭，善於為高官大戶說經乞福，他以說法傳揚自己，一
時名聲頗盛，因而對達摩的聲名鵲起心懷嫉恨，遂向南梁君主梁武帝進陳讒言，
使梁武帝對達摩這個樂於廁混民間，不先至皇宮拜見的和尚產生很大誤解。又
知之達摩為求救助病勢沉重的小嬋差點誤瞭梁武帝的召見，聽信身邊伴衲臣之
言的梁武帝未能接受達摩「大愛的道理」。達摩帶來的全新禪理激怒瞭抱殘守
缺的大臣，他們伺機以詭計加害達摩。遂將達摩困於一地牢之中，以火焚之，
達摩臨危若定，突圍至長江。面對滔滔江水和兇猛的追兵，以一束葦草為舟飄
然渡過彼岸，眾人大驚疑為神仙。

達摩一路來到北魏，繼續尋找師傅指引的可以弘揚大道的地方，流支三藏發現
嵩山少林寺頗似達摩所說的地方，為阻止達摩修行。火燒少林。是夜突降罕見
的大雨，少林寺因而無恙。達摩看到寺前的兩株桂樹頓明白他已經找到修行弘
法的所在。在少林寺的修行依然歷經磨折，達摩教練眾人武功以求強身健體。
練武之事竟驚動太子，太子希望與達摩精研禪理，流支三藏怕危及自已的國師

之位，又起害達摩之心。他令人教唆小嬋初諳男女之事，用以誘惑達摩，幸而達摩靈智不泯，決心到山洞中面壁，斬斷情孽。

達摩面壁九年，對禪學佛理和武功都有瞭更深的徹悟，而流支三藏對他的五次陷害反成就瞭大師的功德。

是時龍門香山寺一和尚，知訊息後，兼程上嵩山，冀希能皈依達摩門下。豈料達摩整日面壁，一語不發。是位和尚，為表達本身道心堅決。求師心切，乃於殿外大雪中，站立整夜，至次日，達摩仍不為所動，毫無反應。該和尚毅然於大雪中，切斷左手臂膀，以示求法決心。達摩見之深受感動，而將衣鉢、大法傾囊相授。此位和尚即係禪宗二祖慧可。少林寺住持慧光感於達摩的功力，主動讓出寶座給達摩，達摩主持少林寺，瞭中國禪宗，多方考驗收神光為徒，改名慧可，即禪宗二祖。達摩完成弘法大業，想返回故國，百姓和弟子們不捨，他乘機假做中毒不治，溘然化滅。滅渡二年後，有人見到隻穿著一隻芒鞋的達摩……查看熊耳山達摩棺中無屍。達摩祖師隻履西歸的佳話傳遍天下，流支三藏竟震驚得跌落山谷而死。

相傳達摩是《易筋經》的撰寫者，少林七十二絕技的創造者，將佛教禪宗帶入中國的佈道者，擁有諸多神奇傳說的人物，中國佛教的一世祖師。

達摩的身世

後世傳說甚多，他的弟子曇林說，他原是南天竺香至王的第三個兒子，後出家為僧。但《洛陽伽藍記》則記載他是西域波斯國人。

達摩是釋迦摩尼的第 28 代弟子，同時是天竺禪宗 28 代祖師。一次，達摩問師傅得到其佛法真諦之後，去何處傳教。師傅吩咐他去中國，並告訴他不要去南方，南方君主好大喜功，無法領悟佛教真諦。

470~478 年間，乘船來到中國南越地方（今廣州）。其登岸處立有「西來初地」一碑（即今廣州市荔灣區下九路北側的西來正街一帶，古爲港口）。並建有千年古剎「華林寺」（初名「西來庵」。寺內的石塔中藏有 21 顆釋迦佛的真身舍利子），相傳爲達摩所建。

《楞伽師資記》達摩至中國後，成為求那跋陀羅的弟子，屬於南天竺一乘宗（又稱楞伽宗）。求那跋陀羅 （Gunabhadra），義譯為功德賢，中天竺人，於南朝443 年，譯出《楞伽阿跋多羅寶經》四卷。後菩提達摩以此四卷本《楞伽經》傳授徒眾。達摩在《楞伽經》之外，又相當重視《般若經》《維摩詰經》這可能是他在江南這一帶生活，受到江南佛教的影響所致。

傳說，達摩自海路來到震旦後，聞說梁武帝信奉佛法，於是至金陵（今江蘇南京）與其談法。達摩與梁武帝的佛教理念不合，遂「一葦渡江」止於嵩山少林寺，九年面壁坐禪．稱「壁觀婆羅門」。靜心坐禪，餐草飲泉，苦修漸進，軋成從天竺到中土，從人到佛的轉變，「捨偽歸真，凝任壁觀」「與道異符，寂然無為」「苦樂隨緣」「心無增減，違順風靜」，閃耀禪學靈光哲理，啟迪世人，在石洞留下《易筋經》《洗髓經》。

西元 478 年以前，從海路到了中國南越（今海南島對岸廣東地方），師從求那跋陀，為當時的楞伽師之一，他同時又精通禪法，在江南一帶逗留了很長一段時間。之後他東渡北魏，「遊化嵩洛」，教授禪法。他所傳授的禪法，在當時受到很大的爭議，主要的門徒只有道育、慧可、曇林等人。達摩傳燈於慧可，將禪法、「愕伽經」四卷及法衣盡授與他。從此慧可作為中國禪宗第二代祖師。達摩晚年，依舊浪跡林泉，飃萍縱浮，隨其所止，誨以禪教，托缽街頭，約公元 528 年遇毒而逝。

達摩「教外別傳，不立文字」，數千年來，「口說禪理」已成為中國哲學、理學中華文化的一部分。

佛家二祖　慧可

487—593　虎牢人（河南省滎陽縣）

慧可，又名僧可，俗名姬光，號神光，被尊為禪宗二祖。唐德宗謐其為大弘禪師，塔名大和之塔。

他原是一位精通世學與佛法的學者，30 歲時至洛陽龍門香山依寶靜禪師出家。

四十歲時，至嵩山從學於達摩門下六年，盡得其心法，但是因為達摩的禪法並不為當時的人所接受，慧可也因此受到許多責難。

達摩的弟子人數並不多，其中曇林與慧可間有深厚的友誼。曇林曾經遇賊，被砍一臂（後人稱為「無臂林」），幸好受到慧可的救護。後世傳說，慧可斷臂求法的故事，因是由此訛傳而來。曇林長期在譯場擔任「筆受」的工作，是重視「經教」的法師，與慧可專心禪觀不同。

達摩圓寂後，曇林在東魏鄴都（河南省安陽縣）講授《勝鬘經》，慧可也在此傳授達摩禪法。當時那裏有位道恆禪師，門徒甚多，他指責慧可所傳的達摩禪是「魔語」，與官府結合對他加以迫害，慧可幾乎死去，慧可傳法的態度也因此轉變為低調順俗。

574 年，北周武帝滅佛，慧可與曇林在鄴都「共護經論」。

577 年，北齊亡，慧可遁隱於舒州皖公山（安徽省潛山縣），度僧璨出家，傳以心法，是為禪宗三祖。

579 年，北周宣帝恢復佛教，慧可重還鄴都。慧可沒有固定寺院與徒眾，隱居在市井之間，有時為人幫傭，隨宜為人說法。

593 年，圓寂。相傳因為他在鄴都說法，受人嫉妒，遭官府下獄而死。

因為達摩禪在此時仍不被多數人所接受，慧可的弟子人數不多，記述也不詳細。

佛家三祖　僧璨

？—606 年

僧璨，又作僧粲，生卒年及事蹟不詳，為中國佛教禪宗三祖，曾跟隨二祖慧可學佛數年，後得授與衣缽為禪宗三祖。三祖在入寂前，傳衣缽於弟子道信為禪宗四祖。安徽天柱山腳下仍有其當年修行的三祖禪寺。曾著有《信心銘》傳世。

佛家四祖　道信

580—651　原籍河內（今河南省沁陽市），後遷蘄州廣濟縣，道信，俗姓司馬，佛教禪宗四祖。幼年即出家為沙彌，從三祖僧璨學禪法十年，在道信二十一歲時（西元 600 年），僧璨去了羅浮山，道信就過著獨自的修學生活。隋大業年間得到朝廷許可，正式出家，配住吉州（今江西省吉安縣）寺。後行腳於江南一帶，經廬山大林寺，受僧俗所請，住於此寺十年。大林寺是智鍇創建，智鍇原為三論宗興皇法朗門下，又從天臺智顗修習禪法，《續僧傳》卷 17〈智鍇傳〉中說他「修習禪法，特有念力」。在這段時間中，道信受三論宗及天台宗影響，將天台禪觀融入禪宗之中。最後，道信至蘄州黃梅（今湖北黃梅縣）破頭山（也名雙峰山）建寺，居三十餘年，寺中有僧俗五百多人，禪宗至此大興。據稱唐太宗曾四次召道信入京，道信都辭老不去。後傳弘忍，為禪宗五祖。

淨覺《楞伽師資記》說：「信禪師再敞禪門，宇內流布，有菩薩戒法一本，及制入道安心要方便門，為有緣根熟者說。我此法要，依《楞伽經》諸佛心第一；又依《文殊說般若經》一行三昧，即念佛心是佛，妄念是凡夫。」

道信禪師的禪法有以下幾個特色：

以《楞伽經》為宗，認為眾生本有佛性，重視禪定與觀心，以一行三昧的念佛觀為方便法，結合菩薩戒，開創戒禪合一法門。

佛家五祖　弘忍

602—675　黃梅（今湖北省黃梅縣）人

弘忍，俗姓周，為禪宗五祖。唐代宗賜諡大滿禪師。

弘忍佛偈「有情來下種，因地果還生；無情既無種，無性亦無生。」

七歲時，從四祖道信出家。13 歲剃度為僧。他在道信門下，日間從事勞動，夜間靜坐習禪。道信常以禪宗頓漸宗旨考驗他，他觸事解悟，盡得道信的禪法。

651年道信付法傳衣給他。後道信圓寂，由弘忍繼承法席，後世稱他為禪宗五祖。因為四方來學的人日多，便在雙峰山的東面馮茂山另建道場，名東山寺，時稱他的禪學為東山法門或「黃梅禪」。弟子有法如、神秀等，皆傳化一方，有「十大弟子」之說，後傳法於六祖惠能。660年，唐高宗遣使召弘忍入京，其固辭不赴；乃送衣藥到山供養。

661年，弘忍令會下徒眾各作一偈，以呈見解，若語契符，即以衣法相付。上座神秀先呈偈說：「身是菩提樹，心如明鏡台，時時勤拂拭，莫使惹塵埃！」

惠能另作一偈：「菩提本無樹，明鏡亦非台，本來無一物，何處惹塵埃」。弘忍以惠能見解透徹，遂授以衣法，叫他南歸。

弘忍的禪學傳自道信。道信自說他的法門：一依《楞伽經》以心法為宗，二依《文殊般若經》的一行三昧。因為禪宗「不立文字」，弘忍的著作，未見記載。僅《楞伽師資記》及《宗鏡錄》等，散錄其法語。

弘忍會下的徒眾極多。其及門弟子，據《楞伽師資記》和《歷代法寶記》所載有11人，《景德傳燈錄》所載有13人，《圓覺經大疏鈔》及《禪門師資承襲圖》所載有十六人，總計見於記載的約25人。

佛家六祖　慧能

638—713　北京西南，原籍范陽(今北京城西南)

佛祖慧能，又名惠能，俗家姓盧，三歲喪父，遷居南海，24歲到湖北黃梅東山寺，投五祖弘忍法師修行．飽覽經書，博學多聞，提偈

「身是菩提樹，心如明鏡台，時時勤拂拭，莫使惹塵埃．」 請人代筆題

「菩提本無樹，明鏡亦非台，本來無一物，何處惹塵埃．」

五祖弘忍看了覺得慧能「無相」破「有相」，以「頓悟」破「漸悟」，宣揚直指人心，見性成佛，其「空無觀」比神秀徹底，乃將衣缽傳給了「六祖慧能」．

五祖弘忍，以袈裟圍一方塊之地，六祖跪地，五祖傳授心法禪宗法統，從釋迦牟尼佛一直到弘忍大師三十幾代傳承，『六祖壇經』裡列有西天四七、東土二三這樣的傳承關係。

祖一日喚諸門人總來：『吾向汝說，世人生死事大，汝等終日只求福田，不求出離生死苦海，自性若迷，福何可救？汝等各去自看智慧，取自本心般若之性，各作一偈，來呈吾看。若悟大意，付汝衣法，為第六代祖。火急速去，不得遲滯；思量即不中用，見性之人，言下須見，若如此者，輪刀上陣，亦得見之。』眾得處分，退而遞相謂曰：『我等眾人，不須澄心用意作偈，將呈和尚，有何所益？神秀上座，現為教授師，必是他得。我輩設作偈頌，枉用心力。』諸人

聞語，總皆息心，咸言：『我等已後依止秀師，何煩作偈？』

神秀思惟：『諸人不呈偈者，為我與他為教授師，我須作偈，將呈和尚，若不呈偈，和尚如何知我心中凡解深淺？我呈偈意，求法即善，覓祖即惡，卻同凡心，奪其聖位奚別？若不呈偈，終不待法。大難大難！』

五祖堂前，有步廊三間，擬請供奉盧珍，畫楞伽變相，及五祖血圖，流傳供養。神秀作偈成已，數度欲呈，行至堂前，心中恍惚，遍身汗流，擬呈不得；前後經四日，一十三度呈偈不得。秀乃思惟：『不如向廊下書著，從他和尚看見。忽若道好，即出禮拜，云是秀作；若道不堪，枉向小中數年，受人禮拜，更修何道？』是夜三更，不使人知，自執燈，書偈於南廊壁間，呈心所見。偈曰：『身是菩提樹，心如明鏡臺，時時勤拂拭，勿使惹塵埃。』

秀書偈了，便卻歸房，人總不知。秀復思惟：『五祖明日見偈歡喜，即我與法有緣；若言不堪，自是我迷，宿業障重，不合得法。』聖意難測，房中思想，坐臥不安，直至五更。

祖已知神秀入門未得，不見自性。天明，祖喚盧供奉來，向南廊壁間，繪畫圖相，忽見其偈，報言：『供奉卻不用畫，勞爾遠來。經云：『凡所有相，皆是虛妄。』但留此偈，與人誦持，依此偈修。免墮惡道，依此偈修，有大利益。』令門人炷香禮敬，盡誦此偈，即得見性，門人誦偈，皆歎善哉。

祖，三更喚秀入堂，問曰：『偈是汝作否？』秀言：『實是秀作，不敢妄求祖位，望和尚慈悲，看弟子有少會慧否？』

祖曰：『汝作此偈，未見本性，只到門外，未入門內。如此見解，覓無上菩提，了不可得；無上菩提，須得言下識自本心，凡自本性，不生不滅。於一切時中，念念自凡，萬法無滯，一其勿一其，萬境白如如。如如之心，印是其實，若如是見，即是無上菩提之自性也。汝且去，一兩日思惟，更作一偈，將來吾看；汝偈若入得門，付汝衣法。』神秀作禮而出。又經數日，作偈不成，心中恍惚，神思不安，猶如夢中，行坐不樂。

一復兩日，有一童子於碓坊過，唱誦其偈；惠能一聞，便知此偈未見本性，雖未蒙教授，早識大意。遂問童子曰：『誦者何偈？』童子曰：『爾這獦獠不知，大師言，世人生死事大，欲得傳付衣法，令門人作偈來看。若悟大意，即付衣法為第六祖。神秀上座，於南廊壁上，書無相偈，大師令人皆誦，依此偈修，免墮惡道；依此偈修，有大利益。』

惠能曰：『上人！我此踏碓，八箇餘月，未曾行到堂前，望上人引至偈前禮拜。』

童子引至偈前禮拜，惠能曰：『惠能不識字，請上人為讀。』

時，有江州別駕，姓張名日用，便高聲讀。惠能聞已，遂言：『亦有一偈，望別駕為書。』

別駕言：『汝亦作偈，其事希有！』

惠能向別駕言：『欲學無上菩提，不得輕於初學。下下人有上上智，上上人有沒意智。』

別駕言：『汝但誦偈，吾為汝書。汝若得法，先須度吾，勿忘此言。』

惠能偈曰：『菩提本無樹，明鏡亦非臺，本來無一物，何處惹塵埃。』

書此偈已，徒眾總驚，無不嗟訝，各相謂言：『奇哉！不得以貌取人，何得多時，使他肉身菩薩。』

祖見眾人驚怪，恐人損害，遂將鞋擦了偈，曰：『亦未見性。』眾以為然。

次日，祖潛至碓坊，見能腰石舂米，語曰：『求道之人，當如是乎？』乃問曰：『米熟也未？』

惠能曰：『米熟久矣，猶欠篩在。』

祖以杖擊碓三下而去。惠能即會祖意，三鼓入室；祖以袈裟遮圍，不令人見，為說金剛經。至『應無所住而生其心』，惠能言下大悟，一切萬法，不離自性。

遂啟祖言：『何期自性，本自清淨；何期自性，本不生滅；何期自性，本自具足；何期自性，本無動搖；何期自性，能生萬法。』

祖知悟本性，謂惠能曰：『不識本心，學法無益；若識自本心，見自本性，即名丈夫、天人師、佛。』

三更受法，人盡不知，便傳頓教及衣缽。云：『汝為第六代祖，善自護念，廣度有情，流布將來，無令斷絕。

聽吾偈曰：「有情水下種，因地果還生，無情亦無種，無性亦無生。」

祖復曰：『昔達摩大師，初來此土，人未之信，故傳此衣，以為信體，代代相承。法則以心傳心，皆令自悟自解。自古，佛佛惟傳本體，師師密付本心；衣為爭端，止汝勿傳。若傳此衣，命如懸絲，汝須速去，恐人害汝。』

惠能啟曰：『向甚處去？』

祖云：『逢懷則止，遇會則藏。』

三更，領得衣缽，五祖送至九江驛，祖令上船，惠能隨即把艣。

祖云：『合是吾渡汝。』

惠能云：『迷時師度，悟了自度；度名雖一，用處不同。惠能生在邊才，語音不正，蒙師付法！今已得悟，只合向性自度。』

祖云：『如是，如是。以後佛法，由汝大行矣。汝今好去，努力向南，不宜速說，佛法難起。』

慧能返回廣東藏匿 15 年，

676 年正月初八日到廣州法性寺(光孝寺)才公開露面在開元寺(今大梵寺)講經

713 年，慧能在家鄉新興縣國恩寺圓寂，享壽 76 歲．

714 年，真身遷回曹溪供奉塔中．

696 年，武則天女皇為「表朕之精誠」特地遣中書舍人，給慧能賜送水晶缽盂，磨衲袈裟，白氈等物．詔書尊崇「恨不趨陪下位，側奉聆音，傾求出離之源，高步妙峰之頂」．

唐憲宗，追諡慧能為「大鑒禪師」．

宋太宗，加諡為　　「大鑒真空禪師」．

宋仁宗，加諡為　　「大鑒真空普覺禪師」．

宋神宗，加諡為　　「大鑒真空普覺圓明禪師」。

西藏達賴喇嘛

西藏吐蕃王朝，早於公元 640 年建立，但於 842 年便遭瓦解分裂，和處於長期混戰，直到十三世紀中葉，其中一宗派邀蒙古進行支援才獲得穩定。蒙古人將八思巴尊為國師，並推崇黃派喇嘛教，到清朝才正式將西藏納入中國版圖。清乾隆時代，制定一個由清廷代表監督之下「金瓶摯簽」

儀式(藉以防企往年的幼齡達賴多受貴族牽制甚至殺害的弊病)，中華民國建國初期，英國企圖染指，因西藏地廣人稀，先天不足，經濟落後，自主能力薄弱，政府鞭長莫及，無多顧及，中共掌握政權後，美國對藏獨雖然曖昧。但現在西藏已有漢族、回族(伊斯蘭教)、藏族，多種民族存在，西藏想獨立自主，似不可能。

依據考證西藏密宗始祖，來自印度的蓮花生，公元 780 年應藏王之邀前來西藏，而『時輪經』為密宗最主要經書。『時輪經』記載，香巴王國的統治者擁有神功，鑑於世界沒落，而投入世界末日決戰，建立軍政合一、一統天下的黃金時代。

第一世達賴喇嘛根敦朱巴 taa la 』i blama (Dálài Lǎmā)在位 1391~1474 藏傳佛教格魯派

1546 年索南嘉措被迎至哲蚌寺內，成為根敦嘉措的轉世，自此西藏佛教格魯派實行活佛轉世制度正式開始。

1578 年，蒙古族放棄了對薩滿教的信仰，改信佛教，俺答汗為索南嘉措上尊號為「聖識一切瓦齊爾喇達賴喇嘛」。此為「達賴喇嘛」一詞的出處，同時追認根敦嘉措為二世達賴喇嘛，根敦朱巴為一世達賴喇嘛。五世達賴喇嘛阿旺羅桑嘉措時黃教（格魯派）在藏區已經興起，但信奉噶瑪噶舉派的藏巴汗統治著西藏中部地區。

1642 年，阿旺羅桑嘉措邀請蒙古和碩特部首領顧實汗領兵入藏，推翻藏巴汗政權，建立了「甘丹頗章政權」的聯合統治。宗喀巴經言：達賴六世，班禪七世後，不復再出來。六世以後，系譜混亂。

歷史上掌握過西藏政教實權的達賴喇嘛共有三位：得到蒙古顧實汗支持的五世達賴喇嘛羅桑嘉措、康熙皇帝冊立的七世達賴喇嘛格桑嘉措、清帝退位後返回西藏執政的十三世達賴喇嘛土登嘉措。其他歷世達賴喇嘛在位時，西藏的政治實權掌握在蒙古汗王、俗官噶倫或四大林等攝政活佛手中。

歷世達賴喇嘛

世　代	生卒時間	坐床時間	中文姓名	藏語拼音
第一世	1391 年－1474 年	追認	根敦朱巴	Gêdün Chub
第二世	1475 年－1542 年	追認	根敦嘉措	Gêdün Gyaco
第三世	1543 年－1588 年	1578 年	索南嘉措	Soinam Gyaco
第四世	1589 年－1616 年	1603 年	雲丹嘉措	Yoindain Gyaco
第五世	1617 年－1682 年	1622 年	羅桑嘉措	Lobsang Gyaco
第六世	1683 年－1706 年	1697 年	倉央嘉措	Cangyang Gyaco
第七世	1708 年－1757 年	1720 年	格桑嘉措	Gaisang Gyaco
第八世	1758 年－1804 年	1762 年	強白嘉措	Qambê Gyaco
第九世	1806 年－1815 年	1808 年	隆朵嘉措	Lungdog Gyaco
第十世	1816 年－1837 年	1822 年	楚臣嘉措	Cüchim Gyaco
第十一世	1838 年－1855 年	1842 年	凱珠嘉措	Kaichub Gyaco
第十二世	1856 年－1875 年	1860 年	成烈嘉措	Chinlai Gyaco
第十三世	1876 年－1933 年	1879 年	土登嘉措	Tubdain Gyaco
第十四世	1935 年－	1940 年	丹增嘉措	Dainzin Gyaco
第十五世		2012 年		

班　禪

班禪：bān chán 英文：Panchen；Panchen Lama 班禪額爾德尼的簡稱。在藏傳佛
教格魯派中，本來地位僅次於達賴喇嘛，但自康熙朝以後地位同等。1645 年，
蒙古固始汗入藏，封四世班禪爲 "班禪博克多" 意爲第一班禪。格魯派確認他
爲四世班禪，追認宗喀巴的門徒克珠傑爲一世班禪，索南卻朗爲二世班禪，羅
桑丹珠爲三世班禪。康熙五十二年（1713 年）封五世班禪爲 "班禪額爾德尼"。
"額爾德尼" 是滿語，意爲 "珍寶"，並加封以前各世班禪，從此這一活佛系
統得此封號。康熙授予五世班禪喇嘛金印、金冊，確定班禪和達賴的同等地位。
藏傳佛教格魯派（黃教）中與達賴並列的兩大宗教領袖之一。班，梵語班智達
（pandita）的略稱，意爲博學之士；禪，藏語意爲大；班禪意爲大班智達，即
大學者。原爲後藏（今日喀則地區）一帶對佛學知識淵博的高僧的尊稱。
17 世紀初，日喀則著名黃教寺院紮什倫布寺寺主羅桑卻吉堅讚（Blo-bzang
chos-kyi rgyal-mtshan，1567～1662）是當時黃教領袖，因精通佛學而被人尊稱爲

班禪。明崇禎十五年（1642）蒙古和碩特部領袖顧實汗消滅與黃教爲敵的藏巴汗，在西藏建立地方政權。清順治二年（1645），顧實汗在羅桑卻吉堅讚原有班禪尊稱的基礎上贈給他"班禪博克多"的稱號（博克多，蒙語對智勇兼備人物的尊稱）。康熙元年（1662）羅桑卻吉堅讚圓寂，他的弟子、黃教另一領袖達賴五世

爲他尋找轉世"靈童"，從此黃教建立了班禪活佛系統。羅桑卻吉堅讚爲班禪四世，班禪三世羅桑頓主（Blo-bzang don-grub，1505～1566）、班禪二世索南喬郎（Bsod-nams phyogs-glang，1439～1504）、班禪一世克主傑·格雷貝桑（Mkhas-grub-rie Dge-legsdpal-bzang，1385～1438。黃教創始人宗喀巴的弟子）都是追認的。但也有人認爲羅桑卻吉堅讚爲班禪一世。自班禪四世起，歷世班禪都以紮什倫布寺爲母寺。班禪五世名羅桑意希（Blo-bzang ye-shes，1663～1737）。康熙五十二年清朝派官員進藏封他爲"班禪額爾德尼"（額爾德尼，滿語珍寶之意），賜金冊金印。從此班禪的宗教地位得到清朝中央的確認。班禪六世貝丹意希（Dpal-ldan ye-shes，1738～1780）是第一個到過內地的班禪，他於乾隆四十五年（1780）先後到承德、北京，祝賀乾隆帝七十壽辰，當年冬圓寂於北京。五十六年廓爾喀（今尼泊爾）侵略後藏，班禪七世丹貝尼瑪（Bstan-pa'i nyi-ma，1781～1853）退避拉薩，與達賴八世籲請清朝救援。班禪八世丹貝旺秋（Bstan-ps'i dbang-phyug，1854～1882）二十八歲圓寂。班禪九世卻吉尼瑪（Chos-kyi nyi-ma，1883～1937）因受達賴十三世排斥，於 1924 年逃至內地，1937 年返藏受阻，圓寂於青海玉樹。確吉堅讚（Chos-kyi rgyal-mtshan，1938～1989）爲班禪十世，於 1989 年 1 月 28 日在日喀則圓寂。 十一世班禪堅讚諾布（1990～　），1990 年 2 月 13 日出生於西藏自治區嘉黎縣一普通藏族家庭。

第十一世班禪額爾德尼·確吉傑布

1995 年 11 月 29 日，嚴格按照宗教儀軌和歷史定制，在拉薩大昭寺的佛祖釋迦牟尼像前，通過金瓶掣簽，並經國務院批准，被確任爲十世班禪轉世靈童真身。胡錦濤接受第十一世班禪拜見 希望第十一世班禪加強自身修養 成爲愛國愛教的典範

堅讚諾布 1990 年 2 月 13 日出生於西藏嘉黎縣一個普通藏族家庭。其父索南紮巴和母親桑吉卓瑪均讀過小學，後生下一個膚色白晰、五官秀美、雙目明亮，右臉上生有一痣，頗具瑞相的男孩。桑吉卓瑪的父親給外孫取名爲堅讚諾布，意爲"神聖的勝利幢"。

據傳，堅讚諾布出生前後出現許多吉兆，其一爲有一天，桑吉卓瑪外出，將孩子放在一位老師家，老師在無意間發現堅讚諾布的舌頭上有一個白色的藏文楷書字母"阿"。在藏傳佛教里，這是一個神聖的符號，代表了佛的化身。按照宗教儀軌祕密尋訪十世班禪轉世靈童的人員根據十世班禪大師的逝相以及觀

湖、占葡所得結論，得出轉世靈童誕生的大致方向，當他們得知有關堅讚諾布的傳聞後，開始進行核查、問試。尋訪人員說，堅讚諾布對宗教器皿極爲愛好，拿到手中就不放，還對尋訪人員說：“我認識你們”。尤其令人驚訝的是，當尋訪人員在他家休息用餐時，他抱着尋訪人員的糌粑木碗說：“我也有一個這樣的碗，放在箚什倫布寺里。”

經過反複驗證、葡算等一系列程序，堅讚諾布被選定爲數名候選男童之一，並經數輪篩選後成爲參加在大昭寺佛祖釋迦牟尼像前金瓶掣簽的三名靈童之一，最終被佛祖“法斷”堅讚諾布爲第十世班禪轉世真身，取法名爲：吉尊·洛桑強巴倫珠確吉傑布·白桑布。

今年15歲的第十一世班禪，自認定、坐床、受戒以後，經過箚什倫布寺以及經師的精心培養、傳授和自己的刻苦學習，不僅掌握了佛教基礎經文，還學習掌握了大量其他文化知識，已成爲一名深受各地藏族信教群眾愛戴、信仰的宗教領袖。

據他的身邊人介紹，十一世班禪對長者謙恭有禮，對兒童呵護友愛。他非常喜歡關愛生靈，每當看到小鳥、小貓、小狗等小動物時，他總是上去摸摸、抱抱、喂食，盡顯慈悲胸懷。

今年15歲的班禪思路敏捷，他的一言一舉更顯示出他的成熟。

達賴、班禪的由來及其轉世

達賴和班禪是西藏黃教領袖宗喀巴的兩大傳承弟子，後來形成兩個不同的傳承系統。達賴喇嘛的稱號始於1578年，確定於第三世達賴索南嘉措時期。當時他到青海地區傳教，說服了土默特部的首領俺答汗皈依佛門，他們在政治上彼此推崇並互贈尊號。俺答汗贈給索南嘉措的尊號：“聖識一切瓦齊爾達喇達賴喇嘛”。

“聖”在佛教中表示超出凡間；“識一切”是普遍通曉之意，認爲是顯宗方面取得最高成就的人；“瓦齊爾達喇”爲梵文，意爲執金剛，是在密宗方面有最高成就的人的稱號；“達賴”是蒙語“大海”；“喇嘛”是藏語“大師”。合起來說，就是在顯宗和密宗兩方面都修到最高成就的，超凡入聖而學問淵博猶如大海一樣的上師。這個尊號僅是蒙藏代表人物私人之間的互贈，尚不具有政治及法律意義。

當時，俺答汗已受明朝冊封爲順義王。索南嘉措托俺答汗代他向明朝皇帝請求冊封；他本人也向明朝宰相張居正致函，要求朝廷給他賜封。不久，明朝萬曆皇帝降旨，賜給他的封文中就有“達賴”的字樣。1587年明朝政府正式承認這一稱號，並派使節加以敕封。索南嘉措得此稱號之始，爲三世達賴喇嘛。前兩世爲後人追認。往前追溯，宗喀巴的弟子根敦珠巴爲一世，根敦嘉措爲二世。1653年(清順治十年)，五世達賴應清帝之邀來到北京。順治皇帝沿用了俺答汗對三世達賴的尊號，正式冊封他爲“西天大善自在佛所領天下釋教普通瓦赤喇怛喇達賴喇嘛”，並授予金冊和金印(金印刻有漢、滿、藏三種文字)。從此，“達賴喇嘛”封號開始具有政治意義和法律效力。

1751 年，清朝爲了更好地治理西藏，又令七世達賴喇嘛掌管地方政權，開始政教合一。1959 年流亡在印度的是第十四世達賴。

班禪的稱號始於 1645 年，當時控制西藏實權的蒙古首領固始汗封稱宗喀巴的四傳弟子羅桑確吉堅讚爲"班禪博克多"。"班"是梵文"班智達"，漢語意爲"學者"；"禪"是藏語"欽波"，漢語意爲"大"，合起來是"大學者"的意思。"博克多"則是蒙語，指有智有勇的英雄人物。固始汗令羅桑確吉堅讚主持紮什倫布寺，並劃分後藏部分地區歸他管轄，稱爲四世班禪(前三世爲後人追認)。宗喀巴的弟子克珠傑被追認爲第一世班禪。

1713 年，清朝的康熙皇帝正式冊封第五世班禪羅桑意希爲"班禪額爾德尼"(滿語意爲"珍寶")並賜金冊金印，稱爲班禪五世。從此，確立了班禪在格魯派中的地位。

達賴和班禪兩個喇嘛系統均采用獨特的活佛轉世制度。達賴系統轉世制始於三世達賴。班禪系統轉世制始於四世班禪。除達賴和班禪兩大活佛外，一些大的寺院也實行活佛轉世制度。藏傳佛教認爲活佛是永恒的，通過連續不斷的"轉世"來到世間生活。因此一位活佛圓寂時，就要根據種種"征兆"和"啟示"，來確定活佛轉世的方向和地點，然後再派人沿着一定方向尋找被認爲是活佛化身的"轉世靈童"。有時找來的"靈童"不止一個，會出現糾紛和爭執，因此清乾隆皇帝於乾隆五十七年(1792)特頒發兩個金瓶，一置北京雍和宮，一置拉薩大昭寺。凡在理藩院注冊的藏傳佛教蒙、藏大活佛，如章嘉呼圖克圖、哲布尊丹巴、達賴、班禪等轉世時，均須將尋得的若干"靈童"的名字寫在象牙籤上，置於金瓶中，由理藩院尚書在雍和宮或由駐藏大臣在大昭寺監督掣簽來確定"靈童"，然後經過"坐床"儀式，便正式成爲"轉世活佛"。

藏傳佛教格魯派有兩大活佛轉世系統，一個是達賴喇嘛，另一個爲班禪額爾德尼。轉世系統雖然不同，但達賴和班禪的宗教政治地位是平等的。達賴與班禪個人之間互爲師徒，關係頗爲密切。班禪方面：一世班禪爲一世達賴之師；四世班禪爲四世、五世達賴之師；五世班禪爲六世、七世達賴之師；六世班禪爲八世達賴之師；七世班禪爲九世、十世、十一世達賴之師；八世班禪爲十三世達賴之師。達賴方面：五世達賴爲五世班禪之師；七世達賴爲六世班禪之師；八世達賴爲七世班禪之師；十三世達賴爲九世班禪之師。

1933 年 12 月 17 日，十三世達賴圓寂。1938 年冬，在青海尋訪到"靈童"，被認爲是達賴轉世的化身。1939 年 3 月，國民黨政府派蒙藏委員會委員長吳忠信入藏。1940 年 2 月 22 日，十四世達賴在布達拉宮舉行了繼承職位的儀式"坐床典禮"。

據說，尋覓靈童，主要遵照以下三點精神

(一) 十三世達賴圓寂時，面向東，暗示將轉生東方；

(二) 乃穹(護法神)降神說達賴將轉生東北漢人地方；

(三) 熱振(大活佛之一，地位僅次於達賴、班禪)觀海，海內現一農家，位馬路將盡處，門前巨柳一株，旁系白馬，有婦人抱小兒立樹下。熱振將海中所

現情景，請畫師詳細繪出，並派格桑活佛及古桑子二人，按圖向東北方向尋訪，費時二年之久。果然在青海尋穫靈童家庭，當時的情景與熱振觀海所見的完全相同。於是，古桑子偽裝闊商，格桑活佛扮作僕從，共至靈童家借宿。靈童對闊客競不理采，而對"僕從"格桑活佛卻表示好感，與他親近，撫其面捋其須，並將其項間所掛念珠一串摘下說："這是我的東西，現應歸還我！"格桑活佛是十三世達賴親近侍從，念珠確為達賴所賜。接着格桑等複出茶杯十多隻，其中新舊參差，色澤亦不一致，讓靈童自選，靈童不取其中最大最美的，而擇一淡黃色舊杯，也是十三世達賴舊物。如此反覆試驗，無不應驗，於是確認其為達賴化身。

1939年7月，靈童自西鄉啟程，10月初抵藏。抵拉薩後，西藏僧俗歡喜若狂，入城之日，遠道來此瞻禮者，逾數萬人。後抵羅布林卡，受西藏官民公開朝拜。參拜時，或獻五供，或獻布帛，或獻金錢，均由專司喇嘛接收。靈童高坐上位。總堪布旁立侍應。拜者獻物後，即趨至靈童座前，以頭就供桌，靈童或摩之以手，或舉拂塵略拭其髮，或竟置之不理；受摩頂者慶幸可以超脫苦海；被忽略者，惟自恨輪回未盡。參拜後，藏民退出，藏官則圍坐殿內，由喇嘛二人，各以巨壺盛酥油茶，以巨罐盛米飯，分給在座者。藏官均於懷中取出木碗，接茶少許，盡力飲之；飯則用於抓食。據說此為佛賜，食之可以長生。

1940年2月22日，吳忠信委員長主持靈童坐床典禮。靈童升座後，熱振起立向他行三叩首禮，司倫及三噶倫亦繼熱振起立，向靈童叩首。經過誦經等程序後，給靈童戴上一尖頂黃緞僧帽，表示加冕之意。從此以後，靈童便可正式稱達賴。小達賴漸漸長大，在專職經師的教育下學經習禮。學經的生涯是辛苦的，他每日的功課是研究顯、密兩宗教義，搞清各世活佛及佛教的歷史，背誦經文。

達賴轉世的認定，一般要經過以下程序

1. 觀察達賴圓寂時面向，了解有什麼遺言或暗示。
2. 請在世的班禪問蔔，判斷轉世方向。
3. 召集攝政和僧俗要員，讓專職降神的乃均、曲均降神，指明轉世方向。
4. 請山南桑耶寺的降神喇嘛曲將降神，指明轉世方向。
5. 派大德高僧到拉薩東部的曲科甲聖湖觀察轉世地方的地貌特徵顯影。先向湖中拋撒哈達、寶瓶藥物等，然後擇地誦經祈禱，靜觀湖面顯現幻影，最後描繪出轉世地的環境和特徵。
6. 攝政將蔔征和湖上顯征繪成圖，派出許多大德高僧分幾路前往確定的方位分頭尋找。
7. 在蔔算方位發現與蔔征和達賴圓寂大致同時出生的男孩後，先觀察其長相與動作，然後將達賴生前用過的物品與其它雜物混擺在小孩面前任其抓拿，並進行智力測試，看其有無"靈異"現象。
8. 如小孩表現"靈異"，又抓拿達賴用過的物品，選靈童的人便囑咐其家人要認真照看小孩，不讓外人接觸。同時回去向攝政等匯報。

9. 攝政擇吉日邀請三大寺活佛和僧俗官員一起，再請乃均、曲均降神，如無誤，則報告駐藏大臣，征求中央王朝的意見，並准備迎接。

10. 由侍候達賴的"三大堪布"和官員、軍隊組成龐大的迎接隊伍，前往接請"靈童"，連其家人一同接到拉薩。

11. 如果隻選到一名"靈童"，就直接請駐藏大臣報請中央，請予免去"掣簽"而直接冊封。如果有多名"靈童"，那就要召集攝政和大活佛、高僧及官員到大昭寺，由駐藏大臣親自主持"金瓶掣簽"活動，將寫有各"靈童"姓名的簽放入瓶內搖後當眾掣出，定奪達賴轉世。定爲轉世者，其家人被封爲貴族。落選者也有較好的安排。

12. 被確定的"靈童"直接送至公塘寺或哲蚌寺學習經典。

13. 由班禪親自爲達轉世者剃發受戒取法名，並親自教育轉世靈童一段時間。

14. 在中央王朝冊封令下達後，擇定吉期，由攝政、駐藏大臣和各寺高僧、官員陪同前往大昭寺，先向殿中的"當今皇上萬歲萬萬歲"牌位獻哈達，再進內朝拜釋迦牟尼佛像。

15. 向布達拉宮進發，在日光殿舉行"坐床典禮"。儀式後，新的達賴正式確定，開始使用達賴的金印、權力。

十大呼圖克圖，是格魯派內有"國王化身"之稱的大活佛，地位僅次幹達賴、班禪，在達賴年幼時，有資格出任攝政王等高官。（來源：中國西藏信息中心）

慧文　生歿不詳　渤海（今山東）人

慧文，俗姓高，南北朝魏齊年間的佛教高僧，佛教天台宗的肇始人。

慧文依據龍樹《大智度論》內所引《大品般若經》的一段話：「欲以道智具足道種智，當學般若；欲以道種智具足一切智，當學般若；欲以一切智具足一切種智，當學般若；欲以一切種智斷煩惱及習，當學般若。」領悟「一心三智」「一心三觀」的「圓融觀」佛理，開創天台禪行的心法。後在河北、淮南等地「聚眾千百，專業大乘」（《佛祖統記》）。

慧思　515－577　豫州汝陽郡武津縣（今河南上蔡縣）人

慧思禪師，俗姓李，南北朝佛教禪師，為天台宗二祖。15 歲出家，曾師當時著名的慧文禪師，從受禪法。其弟子智顗創立了以《法華經》為中心的佛教天台宗（也被稱為「法華宗」）。

慧思長期持誦《法華經》。著作有《諸法無諍三昧法門》《立誓願文》《隨自意三昧》《大乘止觀法門》等。另一弟子靜琬（智苑）繼承其師慧思遺願，與其弟子從隋朝開始刻經，即今之房山石經。

《立誓願文》「我今入山修習苦行，懺悔破戒障道罪，今身及先身是罪悉懺悔，為護法敵求長壽命，不願生天及余趣，願諸賢聖左助我，得好芝草及神丹，療治眾病除飢渴，常得經修行諸禪，願得深山靜處，神丹藥修此願，借外丹力修

內丹。欲安眾生先自安。己身有縛能解他縛。無有是處。" 「應常念本願舍諸有為事。名聞及利養乃至惡弟子內外悉應舍。專求四如意八種自在我五眼及種智。為佛一切智當發大精進。具足神通力可化眾生耳。」
日本古代曾傳說聖德太子是他轉世。

靜琬（智苑）

由於北魏太武帝、北周武帝先後兩次滅佛，為了因應佛法毀滅後，能使佛經流通於世，幽州（今北京）沙門靜琬（智苑）繼承其師慧思遺願，與其弟子玄導等，從隋朝開始刻經，並得到隋煬帝皇后蕭氏及其弟蕭瑀的贊助，《房山石經》刻石事業歷經歷唐、遼、金，至於明朝末年。
639 年，所造石經已滿七室，刻完《涅槃經》，靜琬圓寂，其弟子導公、儀公、暹公和法公等人接續其志，繼續刻石，玄導續刻了《大品般若經》《楞伽阿跋多羅寶經》《思益梵天所問經》《佛地經》四部。開元年間有靜琬第四代弟子惠暹得唐玄宗八妹金仙公主之助，在雷音洞（石經堂）下新開了兩個洞口（今第一、二洞），至晚唐已刻出經石 4000 多塊，分藏於九個石洞，分上下二層。五代戰亂，石刻陷於停頓。遼朝時，涿州刺史韓紹芳曾清點藏於石洞中的石經數量，計碑 360 塊，但並沒有盤查所有的洞口。
1132 年，金代續刻石經，涿州知州張玄徵刻《佛印三昧經》，
1136 年，燕京圓福寺僧見嵩續刻《大都王經》。元代無鐫刻石經。
1341 年，高麗僧慧月等自五台山來游石經山，見華嚴堂（雷音洞）石扉毀廢，遂募化修理洞門。天啟、崇禎年間，續刻石經，在雷音洞左面新開一小洞，稱寶藏洞，並在北京石燈庵刻佛經，再送往石經山貯藏。
第五洞雷音洞（又稱石經堂或華嚴堂）刻有《法華經》《盛鬘經》等，公認是靜琬的作品，《房山石經》收錄有《釋教最上乘秘密藏陀羅尼集》共收錄 724首咒語，是一部失傳的密教經典。《房山石經》位於北京房山縣雲居寺石經山。

智顗　　538－597 荊州華容(今湖北潛江)，人一說潁川(郡治今河南許昌)人

俗姓陳，字德安，世稱智者大師，天台大師，是中國佛教天台宗四祖，天台宗的實際創始人。
陳、隋年間，智顗 18 歲，投湘州果願寺法緒出家，23 歲拜慧思為師，修習禪法，證得法華三昧。
587 年，於光宅寺講《妙法蓮華經》《法華經》，判釋經教，奠定天台宗教觀的基礎，廣弘教法，創五時八教的判教，發明一念三千，圓融三諦的思想。強調止觀雙修的原則，立一心三觀。
智顗於陳、隋兩朝深受帝王禮遇，隋煬帝楊廣授予智顗「智者」之號。
天台宗立教，智顗依《妙法蓮華經》立「五時八教」的判教理論。他在《法華玄義》中把佛教教義都看作是佛所說的法，分為五個階段，名為「五時」，即

華嚴時《華嚴經》，鹿苑時（阿含時），佛於鹿野苑等地，十二年間說小乘阿含經，述說各種法門，說《維摩》《思益》《楞伽》經，彈訶小乘之執，贊大乘佛法；般若時，專說諸部般若經，說《如來藏經》、…，淘汰大小別見之情執；法華涅槃時，會三乘歸一乘，立圓教，說真常，明佛性，《涅槃經》。

所謂「八教」，即為「化法四教」，是教化眾生的法門、化益的內容，即藏教、通教、別教、圓教；「化儀四教」，是說佛教的教化過程和方式，即頓教、漸教、秘密教、不定教。化儀譬如藥方，化法譬如藥味。

「一念三千」是智者大師的獨到見解。何謂三千呢？先說十法界：佛陀、菩薩、緣覺、聲聞、天、人、阿修羅、畜生、餓鬼、地獄。這十法界每一界又有十法界，比如人中，有人間佛陀、菩薩、緣覺、聲聞、天、人、阿修羅、畜生、餓鬼、地獄。這樣十乘十就是一百法界。每一界又具《妙法蓮花經》中所講的十如是：如是相、如是性、如是體、如是力、如是作、如是因、如是緣、如是果、如是報、如是本末究竟。一百法界乘十如是，就是一千如是。再乘以三種世間：國土世間、眾生世間、五陰世間，就是三千世間。三千世間就在一念心中，所以稱為「一念三千」。《摩訶止觀》卷五云：「此三千在一念心，若無心而已，介爾有心，即具三千。亦不言一心在前，一切法在後，亦不言一切法在前，一心在後，例如八相遷物，物在相前，物不被遷，相在物前，亦不被遷。前亦不可，後亦不可，只物論相遷，只相遷論物。今心亦如是。若從一心生一切法者，此即是縱，若心一時含一切法者，此即是橫。縱亦不可，橫亦不可，只心是一切法，一切法是心故。非縱非橫，非一非異，玄妙深絕，非識所識，非言所言，……所以稱為不可思議境界。」

智顗著述有《法華玄義》《法華文句》《摩訶止觀》《小止觀》等，流傳久遠，在日本極具影響。

道宣法師　596－667　生於長安居浙江湖州或江蘇丹徒

道宣，俗姓錢，漢傳佛教律宗南山宗初祖。15歲於日嚴寺出家，20歲到大禪定寺受具足戒，先後依止智顗、智首律師鑽研律學。之後四方參學。

624年，道宣結廬終南山，居淨業寺。此後四十餘年，除被禮請參加玄奘法師在長安的譯場外，均在淨業寺潛心禪定，研究律學。後人因他長期居於終南山，並在淨業寺樹立律學範疇，即稱他所傳弘的《四分律》學為南山宗，並稱他為南山律師。

667年，入寂。869年，特諡號「澄照」。

道宣門下有受法傳教弟子千人，相繼闡揚他的遺教弘化最盛，朝野崇奉，南山一宗風行更廣。至今中國出家僧徒，還大多以他的《四分律》學為行持的楷模。

道宣著述頗豐：所著《四分律刪繁補闕行事鈔》《四分律刪補隨機揭磨疏》《四分律比丘含注戒本疏》《四分律比丘尼鈔》《四分律拾毗尼義鈔》稱為南山宗五大部；另其所著之《續高僧傳》《廣弘明集》等，均為佛教文史學上的重要名著。

道宣為維護佛門的地位，有不可磨滅的貢獻。唐李淵、李世民、李治三代，奉行比較開明政策建立大唐帝國後，為維持統治地位，對日益壯大的佛教採取高壓政策。唐高宗李治時，敕令僧人跪拜君親。為維護佛門的地位與律儀的純粹，道宣率弟子多次與皇權周旋，終於護法成功，迫使高宗收回了敕令。

傅山　1607~1684　　山西省太原市尖草坪區向陽鎮西村。

傅山，字青主，以字行。初名鼎臣，字青竹，後改青主，別號公它、公之它、朱衣道人、石道人、嗇盧、僑黃、僑松等等，明末清初學者，以明遺民自居，於經學、理學、醫學、佛學、詩、書畫、金石、武術、考據皆有涉獵。

父親傅之謨、祖父傅霖。六歲喜歡吃黃精，不吃飯，家人強迫他吃飯。

1622 年，15 歲，從童子試中脫穎而出。

1634 年，27 歲，入山西地區的最高學府三立書院。

1636 年，山西提學袁繼咸被誣告，傅山領頭奔走組織學生運動使其得以翻案。

1644 年，李自成農民起義軍途徑山西。東閣大學士曲沃人李建泰自請提兵督師山西，而且聘請傅山和另一位山西名士韓霖為「軍前贊畫」。傅山編造了「馬在門內（闖）難行走，今年又是弱馬溫（當年是猴年）」的童謠穩定民心。吳三桂引清兵入關。五月傅山潛回太原，帶母親和兒子逃到壽陽縣。

明亡後，傅山寫出「38 歲盡可死，棲棲不死復何年」的詩句。拜壽陽縣五峰山的還陽子郭靜中為師，出家為道士，道號「真山」，以避剃髮令。搬家到太原陽曲縣東黃水鎮。他經常穿著紅色外衣，所以人稱「朱衣道人」。

1649 年，降清的總兵姜瓖起義反清，傅青同學王如金、薛宗周參加「交山軍」進軍太原，交戰被殺，傅青主撰《汾二子傳》文紀念。

1654 年，傅山因「甲午朱衣道人案」，被拷打。絕食九日，好友陳謐、戴廷拭、白居實、張天斗、木公、魏一鰲、古度等人多方營救，傅山的母親說「道人兒自然當有今日事，即死亦分，不必救也。」出獄後又去南方雲遊。歸來後隱居太原府崛圍寺。取它山之石可以攻玉之意，號公它、公之它。

康熙年間皇帝下詔舉行博學鴻詞科舉考試，傅青主被強拉到北京，他故意服食過量大黃造成腹瀉逃避。康熙帝授予他中書舍人的官職，傅青主推脫不受。終生拒絕與清朝合作、終老林泉。

楊仁山　1837~1911　安徽石埭（今安徽池州石台）人

楊仁山，名文會，字仁山，清朝末年著名佛教居士，中國近代佛教復興運動的奠基人，被尊稱為「近代中國佛教復興之父」。

楊仁山出身官宦世家，其父楊樸庵，與曾國藩是同年的進士。但是楊自小不喜歡舉業，喜愛擊刺任俠，太平天國之亂時，曾襄助曾國藩辦理軍糧事務。精於工程事業，但富於民族情感，不願為官，曾國藩、李鴻章「咸以國士目之」，後服職於江寧籌防局。

同治年間，楊仁山移居杭州時，曾想娶一名杭州姑娘為妻，但受到母親及正室的反對，只同意讓他納為妾，後遂作罷。但經此事後，楊終日悶悶不樂，漫步西湖。在杭州書店中，見到《大乘起信論》，大為激賞，從此嗜讀佛教經典，開始他的佛教事業。

1866 年，移居南京，創立金陵刻經處。

1878 年，受聘曾紀澤幕府，1880 年（光緒四年）隨曾紀澤出使歐洲。

1886 年，隨劉芝田出使英法，Holmes Welc 說他是第一個到過歐洲的中國佛教徒。在光緒 12 年的出使中，他在倫敦結識了日本學者南條文雄，歸國後與他密切合作，將在中國已失傳的佛教經典，重新自日本傳回中國，並編印出版。希望振興佛教，以佛教振興中國，作〈支那佛教振興策〉。

1908 年，在金陵刻經處之下，建立祇洹精舍，這是中國第一所現代化的佛學教育機構。但因經費短缺，兩年後停辦。

1911 年陰曆八月十七日　逝世，武昌起義前數日，享年七十八歲。

關於楊仁山的文獻資料如下：

（一）楊仁山居士事略：作者不詳，載在「楊仁山居士遺書（一）」。

（二）楊居士塔銘（簡稱「塔銘」：沈曾植撰，閔爾昌「碑傳集補」逸民類。

（三）楊仁山居士別傳（簡稱「別傳」）：張爾田撰，閔爾昌「碑傳集補」。

（四）清代七百名人傳（簡稱「名人傳」）：蔡冠洛編，世界書局。

（五）楊仁山居士傳：歐陽漸撰，載在蘇淵雷所編之「學思文粹」中。

（六）先祖仁山公之生平：趙楊步偉撰，菩提樹月刊九十五期。

《楊仁山居士遺著》金陵刻經處 1919 年印行，臺灣文海出版社影印出版二冊。其書計含「大宗地玄文本論略註」、「佛教初學課本」、「十宗略說」、「觀無量壽佛經略論」、「論語發隱」、「孟子發隱」、「陰符經發隱」、「道德經發隱」、「沖虛經發隱」、「南華經發隱」、「等不等觀雜錄」、「闡教編」共十二種

虛雲大師 1840～1959 原籍湖湘鄉生於福建泉州

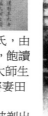

虛雲大師，俗姓蕭，名富民，父名玉堂，母顏氏，由庶母撫養長大。皆書香門第。父蕭玉堂自幼業儒，飽讀詩書，是當地不到 30 歲高中舉人的才子。虛雲大師生而茹素，深有慧根法緣，17 歲時，其父為法師娶妻田氏、譚氏。

1858，師偕同從弟富國禮鼓山湧泉寺常開老人披剃出家，

1859 年，至福州鼓山湧泉寺從妙蓮和尚出家並受戒，取名古岩，法名演徹，字德清。行腳天涯，參禪學道，遍禮天下名剎，朝拜佛教四大名山。

1870， 31 歲（他出家二十二年後才摸著修行門徑，可見求正法之不易），是虛雲大師生命由無益苦行而趨於正法的轉捩點。

1882 年，43 歲，發心朝五臺山，三步一拜，以報答父母之恩。從普陀山出發，歷經兩年，於光緒十年到達五臺山，途中兩次遇險，都遇到文殊菩薩化身相救。

1884，住江蘇高旻寺，因沸水濺手而茶杯落地，疑根頓斷，得以徹悟本來面目。

1888 年-1890 年，法師經四川、西藏，至印度，從雲南入境，過大理，朝賓川雞足山。過昆明、曲靖，如貴州省、湖北省。至武昌時，於寶通寺禮志摩和尚。學 “大悲懺”。赴九江入盧山。於海會寺禮志善和尚。參加念佛會。過境安徽。游黃山後。朝九華山。禮地藏王菩薩塔、百歲宮、禮寶悟和尚。渡長江至寶華山。禮聖性和尚。

1889，八國聯軍入侵，師隨清帝后一行避難至西安，入住終南山，更名虛雲，號幻遊。兩年後經川入藏，至印度朝禮佛陀聖跡，後經錫蘭、緬甸歸國，到雲南大理賓川縣，重興雞足山迎祥寺（即今祝聖寺）。又曾到檳榔嶼、麻六甲、吉隆玻、臺灣等地講經弘化。

1901 年，先在江南一帶講經說法，後入北京，時逢八國聯軍入侵，離京至西安，經終南山入川，轉赴西藏，折至雲南大理，重興雞足山迎祥寺（即祝聖寺）。

1904 年，前往泰國、檳城等地，考察東南亞佛教，講經說法。

1911 年，為團結佛教徒，保護寺院，斡旋上海佛教會與南京大同會的對峙，虛雲出滇至滬。接著，赴南京晉見孫中山，議定修改佛教會會章諸事宜。同年四月，因政府更迭，在見過孫中山之後，又前往北京去見袁世凱。在上海改組中國佛教會，成立中華佛教總會。

1920 年重興昆明西山華亭寺，改名雲棲寺。歷任福建鼓山湧泉寺、廣東曲江南華寺、廣東韶州雲門寺諸大寺住持。

1920 年，重興昆明西山華亭寺，改名雲棲寺。師曾為祝聖寺入京請藏，調停漢藏糾紛，作佛教護法使。歷任福建鼓山湧泉寺、廣東曲江南華寺、廣東乳源雲門寺、江西雲居真如寺等寺住持，修復大小寺院庵堂共 80 餘處，為佛教重興，立下汗馬功勞。

1949 年，赴北京參加佛教協會籌備會議，在廣濟寺與圓瑛法師、趙朴初等成立中國佛教協會籌備處。10 月，他代表中國佛教徒接受錫蘭佛教代表團贈送的“佛舍利”“貝葉經”“菩提樹”三寶。

1951 年，值雲門事變，虛雲和尚嘔心瀝血所撰《楞嚴經玄要》《法華經略疏》《遺教經注釋》《圓覺經玄義》《心經解》等著作毀失殆盡，後人難以更深入瞭解虛雲和尚的佛法認識。

1952 年，發起中國佛教協會，被推為首席發起人。

1953 年，為中國佛教協會名譽會長；同年，應請復興江西雲居山真如寺。開荒造田，種植茶樹、果樹，開闢花園。寫有《重建雲居山真如寺事略》與《雲居山志重修流通序》，交由香港蓮淨苑與佛經流通聯合出版，流傳於世。

1959 年，虛雲圓寂于雲居山，世壽 120 歲。

1982 年，美國紐約佛教禪宗中心為他修建紀念堂，將其傳記用英文刻於石碑。記載其生平事蹟的有《虛雲和尚事蹟》《虛雲和尚年譜》《虛雲和尚畫法集》等。舍利留存廣東南華寺 。

虛雲著作有《楞嚴經玄要》《法華經略疏》《遺教經注釋》《圓覺經玄義》《心經釋》等，然毀於“雲門事變”。今存法語、開示、書問等，後人編為《虛雲和尚法匯》《虛雲和尚法匯續編》等書。

釋月霞　1858－1917.11.30.　湖北黃岡

釋月霞，俗姓胡，名顯珠，字月霞，19 歲於南京觀音寺從禪定和尚出家，後在各地參學。不滿於天台宗，改研習華嚴宗，並在湖北、安徽、陝西等地講經。他曾在江蘇、湖北創辦僧教育會，又在南京創辦僧立師範學堂。

1914 年，創建華嚴大學，又赴北京創辦大乘講習所。

1917 年，逝世。

印光 1862.1.11.(農曆十二月初三)－1940.12.2. 陝西省邰陽縣（今合陽縣）

印光合十

印光，俗名趙紹伊，字子任，法號聖量，別號常慚愧僧，淨土宗第十三代祖師，相傳他是大勢至菩薩的化身。父親趙秉綱，母為張氏，印光大師出生後六個月罹患眼疾，半年期間眼睛都無法張開，除了吃飯、睡覺以外，白天黑夜都經常哭泣。眼疾康復後，幼年就讀儒書，接受儒學教育，特別是在印光罹患重病期間，對儒家批評佛教的部分進行了重點研究，此時也自然產生了向佛的意願。

1881年，21歲，於陝西終南山南五台蓮花洞寺正式出家，其師為道純和尚。其兄反對，道純師父遂要印光遠赴安徽參學。

1887年，在浙江普陀山法雨寺藏經樓閱藏、修行了三十餘年。

1918年，專門刻印善書、佛經，印行淨土經論近百種，印量達數十萬冊。

1926年，蘇州靈巖山寺真達和尚為了重振道場風規，特請印光訂立規章，印光為其訂立五條規約，使靈巖山寺奠定淨土道場的基礎。此後印光大師又於南京創建法雲寺放生念佛道場，興辦佛教慈幼院，組織監獄感化會以及從事賑災救濟等慈善公益事業。

1930年，印光以70高齡前往蘇州報國寺進行閉關修行。

1937年，抗戰爆發，印光應靈巖山寺監院妙真和尚之請而遷至靈巖山寺，持續弘揚淨土法門。

1940年12月2日(農曆十一月初四)凌晨，印光因身體不適，囑咐告誡弟子「維持道場、弘揚淨土，勿學大派頭！」，語重心長地勸告「大家要念佛、要發願，要生西方！」隨後，大師面向西方端身正坐，等待阿彌陀佛前來接引，在和尚、大眾的念佛聲中安詳而逝，享壽80歲。

歐陽漸(歐陽竟無) 1871~1943 江西宜黃縣人

歐陽漸，字鏡湖，40歲後改「竟無」一般尊稱為「歐陽竟無先生」「竟無大師」。支那內學院的建立者，復興法相唯識學，是現代中國佛教研究之先鋒。

著名的弟子有熊十力、呂澂等人。

歐陽漸出身書香世家，其祖父歐陽鼎訓為舉人，至北京考取景山官學教習。其父歐陽暉為道光年間舉人，在北京數十年，科場失利。中年後，回到家鄉，督辦團練，因而保舉陝西司主政。

1876年，父病逝，家道中衰。由叔父歐陽昱負責教養成人。歐陽昱是同治年間貢生，長於辭賦，有名士之稱，但同樣科場不利，無法仕進，擔任幕僚及塾師維生。除了養活自己家庭之外，還要負擔歐陽漸一家。

歐陽漸自幼隨叔父歐陽昱讀書，初習詩賦文章，繼習文字考據之學，進而學習曾胡程朱諸家學說與經世之學。

1890 年，至南昌，考進經訓書院。在此認識桂伯華，從而認識黎端甫、梅光羲、李證剛等人。桂伯華支追隨康有為、梁啟超等人，曾至上海主筆滬萃報館，宣揚維新變法。

1898 年，梁啟超離開湖南，至北京推動百日維新，曾舉薦桂伯華接替湖南時務學堂總教習。戊戌政變後，慈禧重掌大權，緝捕維新黨人，桂伯華由上海潛回江西故鄉，匿居鄉間，歸向佛法。隨後親赴南京，從楊文會居士問學。桂伯華回到故鄉後，開始宣揚佛教。

1923 年，歐陽竟無在第四中山大學（現稱南京師範大學）做過一次震撼佛教界的講演「佛法非宗教、非哲學，而為今世所必需。」而是「佛陀對一切眾生至善圓滿的教育」。在康熙、雍正、乾隆的盛世時代，佛法依舊是教育。直到最近兩百多年，清朝中葉嘉慶以後至今，佛教確實已形成宗教。

釋淨空：「認識佛教」《十善業道經大意》「現代的佛教總共有五種形式同時存在第一種、釋迦牟尼佛的教育。這是傳統的佛教，現已很少見。第二種、宗教的佛教。……第四種、哲學的佛教。…」

慈舟大師　1877.9.19.～1958.1.6.　湖北隨縣人。

慈舟大師，示生於前清光緒三年，歲次於醜，九月十九日，湖北隨縣人。

慈舟大師，俗姓梁，父諱禮簡，法名真法，母黃氏，法名寂智，師幼年習儒，隨父母學佛，既長常懷出世之志，而以親老不克如願。

1902 年，25 歲，開始教讀，為儒師者十載，

1910 年，真法老居士西歸，師痛先父之早逝，感人生無常，爰再請出家于慈母，母泣告曰，汝父往生，汝侄林立，勿得更為老朽使汝不遂所願，汝出家可也。

1911 年，34 歲，拜別慈顏，妻室同時出塵，投本縣佛垣寺禮照元老和尚為剃度師，法名曰普海，慈舟其號。冬於漢陽歸元寺，大綸心經律師座下受具足戒，

1912 年，回剃度本寺，侍照老念佛，中華民國元年，在本縣天齊寺，結夏安居．遠赴揚州長生寺，親近元藏老法師，聽習楞嚴。冬赴鎮江金山江天寺，依止慈本禪師參究禪法。

1913 年，入月霞老法師在上海哈同花園創辦華嚴大學，至五年畢業，朝拜普陀、九華兩聖地。

六年春，侍月老於漢陽歸元寺，講楞嚴經，暨武昌中華大學，講起信論。

七年，應河南信陽賢首山之請，開講大乘起信論，是為師宏法之始，講畢與慕西法師結伴，朝禮五台。歸至北京，聽諦閑老法師講圓覺。

八年，靜修于武昌普度寺。

九年，於歸元寺聽德安老法師講觀經疏鈔，是年秋，於漢口九蓮寺輔了塵戒塵兩法師辦華嚴大學，是為師辦僧教育之始。

十二年春，住持漢口棲隱寺。是年夏，開辦明教學院，因戰事中輟。秋至上海
　　寶山寺講普賢行願品。冬複應常熟虞山興福寺惠宗和尚之請，籌備法界學院。
十三年，法界學院開學。
十四年，至河南開封講地藏經。
十五年，至安徽當塗講般若經。
十七年，積勞身弱多病，乃離學院赴蘇州靈岩山念佛靜養，靈岩為近代著名十
　　方專修淨土道場。秋，應鎮江竹林寺之請，創辦竹林佛學院，病體難支，
十八年，返回靈岩山。師應印光老法師、真達老和尚之請，接任靈岩住持。
十九年，師由山至漢口武昌兩佛教會各講起信論一部，講畢回山
二十年春，複應武昌洪山寶通寺之請，講圓覺經，更應該省佛教會之請，在武
　　昌抱冰堂，再講圓覺經，是年秋，福州鼓山虛雲禪師派人來鄂迎請，師不辭
　　山水同往鼓山，籌辦法界學院。
二十二年，法界學院式開學，講華嚴大經，
二十五年，于福州城內法海寺，再辦法界學苑。青島湛山寺倓虛老法師派人蒞
　　福堅請，遂同至青講演比丘戒相，提倡結夏安居，教風為之丕變。是年秋，
　　倓老法師同王湘汀居士等邀請，往持北平淨蓮寺，以南北遙遠，無法兼顧，
二十六年，，將福州法界學院遷移來平，二月初開講華嚴大經，
二十八年，常應本市廣濟寺、拈花寺、天津、濟南各處講演經論。
三十年春，師之開示錄出版，是為師之言教刊行化世之始。
三十一年，師結夏于安養精舍，為眾講演普賢行願品紀錄成冊出版。
三十二年，天津功德林請師講阿彌陀經，其講記即行刊出。
三十六年，師在極樂庵講盂蘭盆經，秋至天津居士林弘法，當地監獄講地藏經。
三十七年，率領隨從學僧數人赴閩北，至雙泉寺，閩北名剎，師結夏於此，講
　　四分戒本，及四諦要義，講解精審透闢，咸沾法益，論述記亦已問世。
三十八年春，應香港之請，至福州不果行。臺灣緇素曾函請來台，終以因緣不
　　足，未能來台。後應北京信徒之堅請，遂返北京，仍駐錫于安養精舍，不幸
　　于丁酉年彌陀誕辰，師竟舍報西歸。
1958年1月6日（農曆丁酉年十一月十七日）。世壽82歲，僧臘48載。茶毗
　　後靈骨舍利奉安蘇州靈岩塔院。

釋圓瑛　1878－1953.9.12. 福建古田縣人，

釋圓瑛，原名吳亨春，法名宏悟，別號韜光，臨
濟宗第四十代傳人，中國近代佛教領袖，中國佛
教協會首屆會長。
1878年，6歲，父母去世，18歲時，他考中了秀
　　才。19歲在福州鼓山湧泉寺拜增西上人為師傅
　　出家，後來到雪峰寺擔任僧眾。
1899年，到江蘇常州天寧寺講學。

1909 年，出任浙江鄞縣接待寺住持。

1929 年，圓瑛法師與太虛共同發起成立中國佛教會．

1934 年，在上海創辦圓明講堂。

1937 年，中日戰爭，圓瑛法師發起啟護國息災法會，號召全國佛教反抗並募款。

1953 年，中國佛教協會成立，他被推選為首任會長。

1953 年 9 月 12 日，圓寂於天童寺。

圓瑛法師著作有《發菩提心講義》《勸修念佛法門》《彌陀經要解講義》《楞嚴經綱》《大乘起信論》《金剛般若》《一吼堂詩集》《一吼堂文集》《圓瑛講演錄》《住持禪宗語錄》等

弘一法師　1880.9.23.~1942.10.13.　祖籍浙江平湖，生於天津河東地藏庵

（今河北區糧店街陸家胡同）。圓寂於福建泉州

俗姓李，名息，字叔同，學名文濤，又名成蹊、廣侯、息霜，號漱筒、法名演音、法號弘一，世稱弘一大師。學貫中西，藝專多科，我國著名的書畫篆刻家、裝幀設計師、音樂家、戲劇家、教育家、詩人、學者，南山律宗的第十一代世祖。

其父李筱樓，曾任吏部主事，後辭官經營鹽業與錢莊，為津門巨富。文濤 5 歲失父，13 歲知篆書，15 歲能詩，17 歲善治印，18 歲與茶商女俞氏成婚。戊戌變法失敗，避居滬上城南草堂，加入城南文社。22 歲入南洋公學，從蔡元培受業。課餘參加京劇演出，還為滬學會補習科作《祖國歌》，並編有《國學唱歌集》。

1905 年，留學日本，肄業於東京美術專科學校，主修油畫，兼攻鋼琴。歸國後執教於杭州等地，

1906 年 10 月 4 日本"國民新聞"曾刊登關于李叔同的訪問記以及肖像照片。

1911 年，學成歸國執教天津高等工業學堂、上海城東女學。

1912 年，加入"南社"詩社，組織文美會，主編《文美雜志》《太平洋報》。兼執教於浙江省立兩級師範學校（即第一師範學校）南京高等師範學堂兼課。

1914 年，在中國的美術教育中首次使用人體。本有改革社會的理想和抱負，但眼見當時中國社會腐敗黑暗，自己又無力改變現狀，遂悲觀厭世，

1918 年 8 月 19 日遁入杭州虎跑寺削髮為僧，皈依老和尚了悟門下，法名演音，號弘一，後又採用一音、一相、圈音、入玄等幾十個法號。

1928 年，弘一參加僧侶南下服務團，到泰國、新加坡等弘揚佛法。抵廈門，在南普陀寺下榻，旋即轉南安雪峰寺度歲。

1929 年 4 月間，取道福州赴溫州。10 月，弘一第二次入閩。先到廈門，後到泉州開元寺贊歌《三寶歌》譜曲。幫助整理古版佛經，厘訂六條凡例，編成目錄五輯，分禪宗部、律宗部等，每部再分甲種為全本，乙種為殘本。

1930 年 4 月，離寺雲遊江浙。

1932 年 10 月，弘一第三次入閩，足遍泉州、廈門、福州、漳州各大寺院，在永春普濟寺一住就是 573 天。在泉州開元寺尊勝院倡辦南山佛學苑。

1938 年 10 月，舉筆題詞「念佛不忘救國，救國必須念佛」，關心救國歷史文物。

1933 年 10 月，在泉州西郊潘山發現唐詩人韓偓的墓道《螺陽文獻》撰寫《香奩集辨偽》。

1936 年，在泉州請得日本大小乘經律萬餘卷，親自整理編成《佛學叢刊》四冊，以華嚴為境，四分律為行，導歸淨土為果。潛心圈點校注唐代道宣律祖所撰 “南山三大部”（《行事鈔》、《戒本疏》、《羯磨疏》）及宋代靈芝元照律師釋三大部的 “三記”（《資詩記》、《行宗記》、《濟緣記》）。佛教界尊他為近代重興南山律宗的第十一代祖師。

1942 年 10 月 13 日，弘一在大眾念佛聲中，安詳地往生，圓寂於泉州溫陵養老院，時年 63 歲。7 天後，在承天寺火化。遺骨分兩處建舍利塔，一在泉州清源山彌陀岩，一在當年落髮處杭州虎跑定慧寺。另建生西紀念塔於溫陵養老院過化亭。荼毗後獲舍利子一千八百粒，舍利塊有六百塊。

他的遺作有《四分律比丘戒相表記》《南山律在家備覽略篇》、《律學講錄三十三種合訂本》、《南山律苑文集》、《晚晴集》、《晚晴老人講演錄》、《弘一大師大全集》《四分律戒相表記》、《弘一大師遺著合編》、《清涼歌集》、《李息翁臨古法書》等。

釋太虛　1890.1.8.－1947.3.17. 出生於浙江海寧縣長安鎮，浙江崇德（今桐鄉）

釋太虛，俗名呂沛林，著名佛教僧人、哲學家。

父母早逝，從小跟隨外祖母生活，體弱多病，生活拮据。淦森曾跟隨篤信佛道的外婆到九華山、普陀山等名山古剎進香，

故對佛教素有好感。在小舅的指導下，沛林讀書識字，並曾在百貨商店當過學徒。

1904 年 5 月，沛林離開長安鎮，在吳江平望小九華寺剃度出家，法名「唯心」，後由師祖奘年立表字「太虛」。12 月，於寧波天童寺受戒。學習經論《法華經》《楞嚴經》等，也翻閱傳記，包括《指月錄》《高僧傳》《弘明集》等。由於太虛記憶力超常，口才出眾，眾名師對其多有屬意。

1907 年，往慈溪西方寺閱大藏經，閱《大般若經》有悟。

1908 年，結識革命僧人棲雲，開始與革命黨人來往。

1909 年，到南京就讀於楊仁山居士創辦的祇洹精舍。

1910 年，到廣州設佛學精舍講學，參與革命黨秘密集會。

1911 年 4 月，同盟會黃花崗起義失敗，避居《平民報》報館。

1912 年元旦，中華民國宣告成立。太虛成立佛教協進會。

　　1 月，抵達金山寺拜訪青權、知客霜亭等，討論協進會事宜。

1914 年至 1916 年間，太虛在浙江普陀山閉關於錫齡禪院，印光為其封關。出關後，赴日本、台灣和東南亞考察佛教，回國鼓吹佛教革新，創辦《覺社書》雜誌，後改名《海潮音》月刊。

1920 年，武漢講解心經，受到僧眾擁戴，成立漢口佛教會。

1921 年，受私立武昌中華大學之聘，講解哲學和因明學。

1922 年，任武昌佛學院院長，世界佛教聯合會任會長。

1928 年，出訪歐洲，傳播佛教教義。

1937 年，抗日戰爭爆發往東南亞向華僑募捐支持抗戰。

1943 年，和于斌、馮玉祥、白崇禧等人成立宗教聯誼會。抗戰勝利後，被國民政府授予宗教領袖勝利勳章。

1947 年 3 月 17 日，　腦溢血圓寂，葬於浙江奉化雪竇山。

智光　1889.5.25.～1963　江蘇泰縣人，出生于泰縣東南隅黃柯莊。

智光老和尚，俗姓孫。法名文覺，號智光，出家後法諱彌性，號以心，別號仁先。

1902 年，13 歲，依泰縣宏開寺道如和尚剃度出家。道如和尚的師父玉成老人，清季末年曾任泰州僧正司，是人所共仰的尊宿，玉成老人是智光的師祖。

1905 年，依寶華山皓月和尚受戒。

1906 年，讀揚州天甯寺佛教中學。

1908 年，入南京祇園精舍，與仁山、太虛二尊宿同學。

1912 年，智光大師與同學太虛、仁山等，在南京組織"佛教協進會"，太虛且晉謁孫大總統，頗受嘉許。

仁山與太虛同到金山寺開成立會之日，仁山大聲疾呼，要求諸山長老改革佛教，

撥出寺產設置僧學堂，培育僧伽人才。因此與金山保守派的青權、蔭屏、霜亭等發生衝突，仁山被毆受傷，青權、霜亭等被官方判刑，這就是近代佛教史上有名的「大鬧金山寺」事件。

智光法師任「儒釋初高小學」校長，辦了三個學期，經費枯拮，聲無息解散了。

1914 年，智光入學華嚴大學，智師第四度入學讀書，畢業後，智光隨月老到九華山東岩寺、宜興磬山寺等處，月老講經，著有《華嚴大綱》。

1917 年，月霞法師在杭州西湖玉泉寺入寂，得年 60 歲。恩師往生，智光痛失所依，深感悲悼。

1918 年，焦山定慧寺住持德竣老和尚，請名德遐山老法師講《楞嚴經》，智師聞訊到焦山聽講。德竣老和尚素聞智師說教興學，蜚聲大江南北，為之安置寮房，供應研讀經籍，照拂周到；講筵開始，遐山老法師請他講偏座，由此可見二老對智師的重視。經筵圓滿，常州天寧寺冶開尊宿，聘師為知客。天寧寺定例，每六十年傳戒一次，

1920 年，值 60 年一度戒期，求戒者近三千人，智師處理繁據法務，秩序井

1921 年，智師辭天寧寺職事，到泰縣北山寺掩關，關中專究華嚴宗義，三年之間，學力大進。

1923 年，複應鎮江焦山德竣老和尚之召，到定慧寺任監院職，並受焦山記別，改法名文覺，號智光，此時智光 35 歲。

定慧寺是江南古剎，古名普濟寺，首建于唐代宋代曾予重建，佛印己元禪師曾駐錫此寺，使之更為有名。清康熙朝，御賜「定慧寺」匾額，並加修建。寺中庋藏文物及名賢手跡至多，清高宗乾隆南巡，數度駐蹕焦山，留下不少的軼聞逸事。定慧寺原為禪寺，常住眾三百餘人，民國後，以講著名，與金山之禪、寶華之律，並稱為江南三大寺。焦山宗尚曹洞，兼行淨土，且時請名德宣講經論，並三年傳戒一次，所以宗、教、律三者並行。焦山傳戒，每期戒子，三、五百人不等，智師任監院後，為增進戒子對佛法的認識，在寺內成立「學戒堂」，以海雲堂為教室，于戒期圓滿後，為新戒講授基本佛法。這所「學戒堂」，就是他後來所創辦的「焦山佛學院」的前身。

1929 年，智光應香港何東爵士夫人何張蓮覺的禮請，兩度到香港講經。

1933 年 4 月，江蘇省佛教會召開全省代表大會，智光法師以理事身份與會。

1934 年，智光繼任定慧寺住持，他擘畫改革叢林制度，肅清積弊。創設「焦山佛學院」。智師自任主講。

1937 年，日寇侵華戰爭爆發後，

1938 年，日寇侵略軍自鎮江到了焦山，在定慧寺大肆搜查。日寇認為寺方私通重慶分子，把幾個逃兵身澆汽油活活燒死，並放火燒寺，損毀頗重，焦山佛學院因日寇的侵略之火而被迫停辦。

1939 年，時局稍為穩定下來，佛學院重新複課。

1945 年 8 月 14 日，日寇無條件投降，抗戰勝利。

1946 年 4 月，太虛大師隨政府復員返回南京，領導「中國佛教整理委員會」，

焦山佛學院由智光大師主持。8月6日，太虛大師抵焦山佛學院主持畢業典禮，智光法師熱烈接待太虛三十多年前的老同學，太虛大師並撰寫《焦山佛學院碑誌》，勒石紀念。

1948年，國共內戰日益激烈。

1949年，智光避亂上海慈雲寺沉香閣。4月上海亦岌岌可危。5月初，南亭法師始以黃金擠購得機票，奉智老乘機飛台。

　　初到臺北，智光寄寓十普寺，年逾花甲，遠適異鄉，寄籬十普寺，與南亭法師共住一間小房。時智光在大陸時，皈依弟子孫張清揚（孫立人將軍的夫人），見智老境遇淒滄，特邀集幾位有力教友，善心啟建「觀音七」，請智老主七。法會圓滿，收入了新臺幣七千餘圓，是30兩黃金的代價，全歸寺方。

1950年，南亭法師到台中慈航院講經妙然法師迎請智光到北投法藏寺得到改善。

1951年，南亭創設華嚴蓮社，迎請智光長期供養，講大乘諸經，發起華嚴供會，籌募獎學基金，皈依達數千人。法師平昔修持嚴謹，每冬個人"靜七"49日，數十年未間斷，但智光法師身體素弱，食睡甚少。

1952年，南亭法師在臺北新生南路創辦華嚴蓮社（後來遷濟南路），迎請智光到社供養，生活安定下來。老人駐社弘化，開講《法華》、金剛》諸大乘經典。

1953年，台南大仙寺傳戒，請智光擔任說戒阿闍黎。智光還應請到月眉山靈泉寺、台中寶覺寺等處傳戒。

1962年，智光身體素弱，食睡甚少，曾因病割治小腸疝氣，手術後時感左胸痛疼，翌年加劇。

1963年農曆癸卯歲2月19日，在臺北安祥入寂，壽75歲，僧臘62，戒臘58。遺作有《華嚴大綱》、《婦女學佛緣起》、《佛法僧寶》等書。

常惺法師　1896~？　江蘇省如皋縣人。

俗家姓朱，法名寂祥，字常惺，幼年喪父，賴母撫育成人，親為課讀，常惺聰明過人，性格沈靜，勤讀不懈。入塾受學《中庸》《大學》，輒憶誦不忘。

1908年，依自誠長老出家。自誠長老以常惺為可造之材，初未使落髮易服，就讀如皋省立師範。嗣法泰縣光孝寺安培和尚，法名優祥，自署雉水沙門。

1912年，如皋省立師範學校畢業。

1913年，考入月霞法師(1857~1917)在上海創設之華嚴大學。同學中，如慈舟、智光、靄亭、了塵、戒塵、持松等

1919年，任教常熟虞山興福寺「法界學院」，

1922年，任「安徽僧學校」校長。請得名僧度厄、蕙庭、覺三諸師任教。

1924年，回到江蘇泰縣光孝寺，為住持培安和尚傳法授記，成為培安的法子。

1925年，廈門南普陀寺閩南佛學院會泉任院長，常惺任副院長，蕙庭法師主講。

1927年，常惺辭去閩院教職，應雲南護法居士王九齡之邀到昆明講經。成立「雲南四眾念佛會」講《佛學概論》。是時中、法戰爭，惺師組救護隊服務傷患。

1928年，惺師取道廈門回到上海。

1929 年，杭州昭慶寺設立「僧師範講習所」，常惺法師主持教務。

1930 年，任北京東城新坊橋「柏林教理院」院長。時太虛法師自歐美弘化歸來，在柏林寺設立「世界佛學苑」，並將柏林教理院改為世苑的華日文系，將錫蘭留學團改為華英文系，推動世界佛教的中心。

1931 年，「九一八」事變，教理院經費受到影響停辦。江蘇省佛教會選常惺繼任住持，協助政府賑災，設置難民收容所，慘澹經營，撐了過去。

1932，惺師入主光孝寺，創設「光孝佛學研究社」，又受請兼任北京萬壽寺住持

1933，惺師為紀念他的法祖谷鳴老和尚，在光孝寺傳戒，受教廈門南普陀寺。

1934 年，惺師又請得時在普陀山慧濟寺閱藏的印順法師到閩院任教。

1936 年，常惺法師辭去南普陀寺住持及佛學院長職，在上海調養肺病。秋天回到泰縣講《維摩詰經》，出任中佛會秘書長。中國佛教會有太虛法師與圓瑛法師兩派，勢如水火。常惺法師調和兩派之間，舌敝唇焦，辛勞備至，致使舊有肺疾復發，醫療罔效．

1939 年元月 14 日圓寂，得年僅 44 歲。

常惺法師著作甚多，其中　以《佛學概論》最為佛教界所重視

釋印順　1906.3.12.－2005.6.4.　浙江杭州府海寧人（今屬嘉興）

釋印順，又稱印順導師、印順長老、印順法師，俗名張鹿芹，為太虛大師門徒，近代著名的佛教大思想家，解行並重的大修行僧，被譽為「玄奘以來第一人」。曾以《中國禪宗史》一書，獲頒日本大正大學的正式博士學位。畢生推行人間佛教，「為佛教，為眾生」。新竹市政府將曲溪里的南松橋，改稱為印順橋。

1925 年，發願：「為了佛法的信仰，真理的探求，我願意出家，到外地去修學。將來修學好了，宣揚純正的佛法。」

1930 年 10.11.於普陀山福泉庵禮清念老和尚為師落髮出家，法名印順，號盛正。

1931 年 2 二月，至廈門南普陀寺閩南佛學院求法。

1932 年，於佛頂山慧濟寺之閱藏樓閱藏三年。

1938 年，漢藏教理院講授中觀學。翻譯「菩提道次第廣論」「密宗道次第廣論」。

1941 年，四川合江創辦法王學院為導師、院長。因德學兼備，深受僧俗讚仰。

1947 年，主編《太虛大師全書》，全書至第二年四月編集完成。

1949 年，印順長老至香港，發行《佛法概論》。

1952 年，至日本參加世界佛教友誼會第二屆大會，回台灣，住在台北善導寺

1954 年，中國佛教會行文給各地佛教團體，指出《佛學概論》為中國共產黨宣傳，要求協助取締。此後，印順長老遭到警總與台灣情治單位的注意，被迫寫出自白書，自承錯誤，最終有驚無險，但從此印順導師行事更為低調。

1969 年，《中央日報》「《壇經》是否為六祖所說」，引起論辯的熱潮。

1970 年，沈家禎居士推動漢傳大乘佛教經典英譯。印順導師在台灣成立譯經院。

1971 年，寫成《中國禪宗史：從印度禪到中華禪》《精校敦煌本壇經》《原始佛教聖典之集成》出版，受到日本佛教學者牛場真玄的高度重視，譯成日文。

1973 年，榮獲日本大正大學授予博士學位。

2005 年 6 月 4 日 10 時 6 分，印順導師心包膜積水，血壓急速下降，圓寂，享壽
　　101 歲。6 月 6 日晨，法體由花蓮移到新竹青草湖的福嚴精舍。

　　6 月 9 日陳水扁總統頒發「總統褒揚令」：

　　佛國瑰寶、法門巨擘印順導師，德行醇謹，堅忍剛毅。早年潛心向佛，淹通
　　佛法；旋創辦佛學院，陶鑄菁莪，弘道安邦。曾多次遠赴海外講學，闡揚佛
　　教教義，屏斥怪力亂神，引緒傳薪，八紘向化。

釋靈源　1902－1988　浙江省台州府臨海縣人

釋靈源，俗姓傅，法名宏妙，字靈源，臨濟宗虛雲法師法脈。

父傅映庚，母謝美雲。母篤信佛教，幼年多病，出生不久，項上長一毒瘡，醫
生束手，母親誠心唸觀世音聖號，奇蹟式自癒。因此，自幼年起就在母親教導
下開始學習唸誦阿彌陀佛佛號及佛歌。

青年時對道家仙道頗有興趣，因閱讀《楞嚴經》而轉向佛教。

1922 年，畢業於浙江第六中學，同年結婚，在家鄉學校擔任教職。

1932 年，至廈門湧泉寺，跟隨慈舟法師，修補大藏經，決心出家。由虛雲法師
　　剃度，列為徒孫，並在湧泉寺受具足戒。學習《梵網經》《華嚴經》，虛雲
　　法師教導他禪淨雙修的法門。

1949 年，奉虛雲法師之命暫代南華寺住持。戰亂情勢太差，推讓南華寺住持，
　　交由本煥法師接任，靈源法師由南華赴廣州，轉赴香港，居大嶼山寶蓮寺。

1953 年，受南懷瑾居士、及基隆佛教講堂普觀法師邀請，經周至柔將軍之助，
　　來到台灣弘法。時南懷瑾在基隆佛教講堂講《楞嚴經》，建立十方大覺寺。

1988 年，圓寂於十方大覺寺

星雲法師　1927.8.19.(農曆七月廿二日)　生於江蘇江都，

星雲法師，俗名李國深，釋星雲，為臨濟正宗第 48 代
傳人，佛光山開山宗長。

1938 年，隨母至南京尋父，後於棲霞山寺禮志開上人剃
度出家，法名悟徹，號今覺，祖庭為宜興大覺寺，進入
棲霞律學院。

1941 年，在棲霞山寺乞受具足大戒。

1944 年，在常州天寧寺參學。

1945 年，進入焦山佛學院就讀。

1947 年，宜興白塔山大覺寺禮祖受命當家任白塔國民小
學校長

1948 年，任南京華藏寺監院《徐報》《霞光副刊》主編，創辦《怒濤月刊》。

1949 年，組織僧侶救護隊來到台灣，在中壢圓光寺修行，加入慈航法師創辦的台灣佛學院為學僧。七月星雲法師與台灣佛學院學僧遭到逮捕，被指稱為匪諜，下獄 23 天，據傳因私下與國民黨達成協議並獲得時任中國佛教會常務理事的國民黨國大代表李子寬和孫立人夫人孫張清揚等人擔保才出獄。加入中國國民黨。

1956 年，創辦佛教慈愛幼稚園。

1957 年，主編《覺世旬刊》。

1959 年，支援西藏佛教抗暴及佛誕節，首創花車遊行。

1961 年，擔任《今日佛教》發行人。

1962 年，接辦《覺世旬刊》組織編輯中英對照佛學叢書委員會。

1963 年，星雲法師與「中華民國佛教訪問團」訪問東南亞各國。
會晤泰皇蒲美蓬、印度總理尼赫魯、及菲律賓總統馬嘉柏果。
在印度要求釋放七百名被捕華人，並救出高雄漁船兩艘。

1964 年，與悟一、南亭法師共同創辦佛教智光商工職業學校。

1967 年，購得高雄縣大樹鄉麻竹園二十餘甲山坡地作為建佛光寺用地。
5 月 16 日破土，壽山佛學院遷移，更名為「東方佛教學院」。

1971 年，當選中日佛教關係促進會會長。

1972 年，制訂佛光山宗務委員會組織章程，成為有制度有組織的現代宗教團體。

1977 年，創建普門中學。

1978 年，獲美國洛杉磯東方大學榮譽哲學博士。榮膺「國際佛教促進會」會長。

1980 年，榮任中國文化大學研究所所長。

1981 年，應聘為東海大學哲學系教授。

1982 年，榮獲華夏參等獎章。

1984 年，於美國洛杉磯與達賴喇嘛四次會談。

1985 年，膺選美國佛洛杉磯教青年總會理事長、中華漢藏文化協會理事長、世界佛教青年會榮譽會長。

1985 年，禪位大弟子心平，「恪遵佛制，薪火相傳，以制度管理，以組織領導」。

1986 年，獲頒二等卿雲勳章與「功在黨國」匾額並獲高雄市市鑰成為榮譽市民。

1988 年，獲美國洛杉磯阿罕不拉市頒發榮譽市民證書及市鑰。

1989 年，應邀為美國加州州議會主持新年度開議灑淨祈福會。

1990 年，應邀在香港紅磡體育館佛學講座，持續 19 年至 2008 年。

1991 年，成立中華佛光協會（國際佛會中華總會）。

1991 年，創辦美國西來大學（University of the West）。

1992 年，國際佛光會世界總會在西來寺成立，洛杉磯蒙特利市長姜國梁宣布 5 月 16 日為「國際佛光日」。

1993 年，佛光大學人文社會學院於宜蘭礁溪舉行動土典禮。

1994 年，奧斯汀佛光山破土，市議員卡斯代表市長宣布 9 月 10 日為「奧斯汀佛光日」，並獲贈頒奧斯汀市金鑰匙。

1996 年，李登輝總統致贈「傳燈萬方」匾額。創設南華管理學院（南華大學）。
1997 年，創立佛光衛星電視台（2002 年更名為人間衛視）
　　　在義大利梵諦岡與天主教教宗若望保祿二世作世紀宗教對話
　　　榮獲中華民國內政及外交雙料壹等獎章。
　　　獲選加拿大 1470AM 中文電台陽光計畫選拔的十大偉人之一
1998 年，休士頓佛光山灑淨動土儀式，該市市長訂 6 月 20 日為「星雲大師日」。
　　　卸下國際佛光會中華總會總會長職務，移交新任會長吳伯雄
1999 年 8 月 30 日李登輝總統宣布農曆 4 月 8 日為國定〔佛誕節〕。
2000 年，創立《人間福報》報社，致力於媒體淨化運動。
2005 年，獲頒總統文化獎－菩提獎。
2006 年 12 月 16 日榮獲輔仁大學頒授名譽法學博士學位。
2008 年，6 月 13 日獲國立中山大學頒授名譽文學博士學位。
　　　捐資興建的江蘇揚州大明寺院內鑑真圖書館，佔地 100 畝，建築面積逾 1.6
　　　萬平方米，主體四坡頂主殿，廂房圍其四周，為仿唐式四合院，主殿與大
　　　明寺藏經樓為同一中軸線。
2009 年 4 月星雲法師與慈濟、法鼓山、華梵大學等台灣佛教界，及大陸各寺廟
　　　同步舉行對等〔世界佛教論壇〕。成立「星雲真善美新聞貢獻獎」，每項獎
　　　金 100 萬圓新台幣。
2010 年，患糖尿病，導致眼睛細胞鈣化，幾乎完全看不見。
　　　3 月 11 日，獲香港大學頒授名譽社會科學博士。
　　　3 月 22 日，獲聘南京大學中華文化研究院名譽院長暨客座教授
2012 年，在台灣省高雄縣鳳山佛光山上，建成〔佛陀紀念館〕，佛高 108 公尺，
　　　重 1,780 公噸，建築物一萬四千多平方公尺，地上五層，地下一層，觀音
　　　殿、金佛殿、玉佛殿、八塔天宮、石雕十八羅漢、八宗祖師、四聖諦正覺
　　　塔、地宮 48 間、功德碑牆、禮敬大廳等亭園樓閣，總面積共一百二十餘公
　　　頃，可謂為世界上最宏偉的佛寺。

聖嚴法師（張志德）1930.1.3.(農曆 12 月初四日)~2009.2.3.(農曆正月初九)

江蘇省南通縣狼山前的小娘港
出生。
俗名張志德，乳名保康、私塾
學名志德，其祖父張希凡、祖
母蔣氏，父親張選才、母親陳
氏。有六個兄弟姊妹，排行最
小，為其母陳氏於四十二歲時
產下，上有三個哥哥、三個姊
姊。禪宗曹洞宗的 50 傳人、臨

濟宗的 57 代傳人，為一佛學大師、教育家、佛教弘法大師。台灣法鼓山之創辦人，尊稱「聖嚴師父」。

1943 年，狼山廣教寺方丈找沙彌，由戴居士帶上狼山出家，法名常進。

1946 年，狼山為抗日的國軍駐防，聖年法師到上海大聖寺。

1947 年，離開上海大聖寺到上海的靜安寺佛學院，學《大乘起信論》《梵網菩薩戒經》《印度佛教史》《八宗綱要》《八識規矩頌》等。

1949 年，時值抗戰，烽火滿天，為了躲避戰亂，除了有錢的人可買機票、船票離開大陸，軍隊是通往台灣最容易的路。我身無積蓄，只有選擇投筆從戎從軍 5 月 19 日在上海外灘碼頭上船，兩天航程，在台灣高雄上岸，駐紮在新竹．

1950 年 6 月，以上士報務員，分發到台北縣金山鄉的海邊 339 師 1016 團團部，在金山、石門、小基隆沿海一帶住了兩年多，部隊整編以及升遷考試，到了高雄縣鳳山鎮陸軍第二軍團司令部任准尉軍官，那時是 1954 年 6 月。

在這段時間裡，陸續在《學僧天地》《雄獅》《當代青年》等期刊發表文章。

1953 年，參加中國文藝函授學校，選讀小說班，當時的老師有謝冰瑩、沈櫻、趙有培等當代著名的文藝作家六、七位。而這個時期創作的作品僅餘被刊於《文壇》雜誌的〈母親〉和〈父親〉兩個短篇，之後收錄於佛教文化服務處出版的《佛教文化與文學》。由於文筆鋒健，

1956 年，調到國防部，利用餘暇閱讀太虛大師「人成即佛成」及印順法師的「人間佛教」，寫了許多佛教的問題文章，成為日後對於佛學、佛教的主要理念。

1960 年 1 月，正式退伍，在靈源和尚的啟發下，決心再次出家。依太虛大師的學生止鐙朗東初老人(1907-1977)為剃度師，法脈字號「慧空聖嚴」。

東初老人是名剎曹洞宗創始人洞山良價下第 50 代傳人，一人傳承曹洞宗與臨濟宗兩支法門。

1961 年農曆 8 月，法師於基隆八堵的海會寺，依道源能信長老（1900-1988）座下，求受沙彌、比丘、菩薩的三壇護國千佛大戒，而被選為沙彌首。

1978 年 12 月 5 日，臨濟宗法脈的靈源和尚將法脈賜給聖嚴法師，其法脈字號為「知剛惟柔」，並給了一份法脈傳承譜《星燈集》，使其與鼓山湧泉寺臨濟宗派下法脈有了傳承關係，並同時成為臨濟義玄之下第五十七代傳人。

東初老人為承繼太虛大師遺志鼓吹「人間佛教」的建立，故與幾位佛教青年合辦了《人生》月刊，當法師投到東初老人座下時，正當《人生》的主編提出請辭的要求，故法師於是從投稿者而成為主編，前後一共為它服務了兩年。

1961 年秋天，受了三壇大戒之後，十月下旬回到北投中華佛教文化館，待了一個星期不到，便向東初老人辭行，也同時請辭《人生》月刊的編務。

然後法師來到高雄縣美濃鎮廣林里的「大雄山朝元寺」修持佛經、戒律，開始六年閉關。修讀了《四阿含經》《長阿含經》《中阿含經》《增一阿含經》、《雜阿含經》，奠定了日後戒律學的基礎。在《佛教文化與文學》發表了有關戒律學的文章〈優婆塞戒經讀後：如何成為理想的在家菩薩〉；

1962 年 3 月，發表〈弘一大師三十三種律學合刊讀後〉《戒律學綱要》，交給
　　星雲法師的佛教文化服務處發行。書分七章〈緒論〉〈皈依三寶〉〈五戒十
　　善〉〈八關戒齋〉〈沙彌十戒與式叉六法〉〈比丘比丘尼戒綱要〉、〈菩薩
　　戒綱要〉，成為國內外兩岸三地之間著名的戒律學教材。南京金陵翻印流通。
1964 年到 1966 年之間，陸陸續續寫了幾篇文章，《海潮音》《覺世》《香港佛教》
　　等佛教雜誌刊出，
1967 年，出版《基督教之研究》
　　本書的出現，獲得了宗教界正反兩極的反應，而對於基督教的基本教義派者，
　　更是極力地加以攻訐。此後關於宗教的專著論述先後出版：1968 年出版《比
　　較宗教學》、
1969 年 3 月 14 日，聖嚴法師，離開台北前往日本東京留學，時年 39 歲。在日
　　本最期年，依靠幫日本華僑誦經，以及擔任導遊而支應生活費。
　　8 月寫成《世界佛教通史》，為華文地區佛教教育課程所習用的教本。
1971 年，聖嚴法師碩士論文為「大乘止觀法門之研究」，內容大乘止觀法門的
　　基本思想。10 月將全書翻譯成中文，1979 年由東初出版社出版。
1972 至 1975 年間，沈家楨居士陸續從瑞士匯款給聖嚴法師，資助其留學，經朱
　　斐居士轉交。
1973 年，聖嚴法師於碩士畢業之後，選擇了蕅益大師做為博士論文研究生．
1975 年，聖嚴法師博士論文，經過立正大學 2 月 12 日嚴格審查通過，3 月 17
　　日獲頒「學位記」(即授予博士學位證書)。論文於 11 月 23 日在日本出版。
　　12 月 10 日，應邀前往美國弘法講學。
1977 年 12 月，聖嚴法師的剃度師東初老人在台灣圓寂，立刻回國料理後事，
　　並奉其遺命承繼道場，成了中華佛教文化館的負責人．
　　此後美國台灣兩地奔波，在紐約成立禪中心，編了一本《禪的體驗》發行兩
　　種英文的定期刊物：《Ch'an Magazine》(《禪雜誌》季刊)以及《Ch'an Newsletter》
　　(《禪通訊》月刊)。
1978 年，在台灣北投的中華佛教文化館以及農禪寺，舉行大專青年學生及一般
　　社會人士的禪修活動，陸續地出版關於禪的著作七種，包括《禪的生活》、
　　《拈花微笑》《禪與悟》等，成為國際知名禪師。
1989 年，購得台北縣金山鄉三界村土地，建設「法鼓山世界佛教教育園區」，
　　「提昇人的品質，建設人間淨土」創立漢傳佛教「法鼓宗」法脈傳承創辦人．
2006 年 9 月 2 日，傳位於現任方丈「果東法師」，自任「你可以不必自殺網」
　　代言人，勸告有意自殺的人：「多想兩分鐘，你可以不必自殺，還有許多的
　　活路可走」。
2006 年，聖嚴法師左腎惡性腫瘤開刀割除，右腎旋也嚴重鈣化，引發貧血必須
　　洗腎，住進台大醫院，固定每週洗腎三次，出院後，定期回台大追蹤治療。
2008 年 12 月 31 日，發現罹患泌尿道癌症，

2009 年 1 月 5 日入住臺大醫院治療。台大醫院建議換腎，但聖嚴法師堅持不換。
　法師說：「師父本身對生死有一定的看法，他的佛法觀念就是，色身敗壞是
　一個自然的結果，不用再去做額外的事情。師父也講過說，他已經那麼老了，
　換一個新的腎，其實是一種浪費。」
　2 月 3 日(農曆正月初九)下午四點，出院返回臺北縣金山鄉法鼓山世界佛教教
　育園區的途中圓寂（辭世），享壽 79 歲。
　法鼓山方丈果東法師代為宣讀聖嚴法師的十點遺言：
　「身後不發訃聞、不傳供、不築墓建塔、不立碑豎像、不撿堅固子。儀式以
　簡約為莊嚴，懇辭花及輓聯。並要確保法鼓山的法脈宗風，凡由他創立及負
　責的道場，舉凡道風的確保、人才的教育、互動的關懷及人事的安排，都應
　納入統一機制。國外的分支道場，則以禪風一致化、人事本土化為原則，以
　利純粹禪法之不墮，並使禪修在異文化社會推廣。」
　他留遺偈給弟子：『無事忙中老，空裡有哭笑；本來沒有我，生死皆可拋。』

證嚴法師　1937.5.11.~　　台灣台中清水鎮

釋證嚴，俗名王錦雲，法名證嚴，法號慧璋，出家前自號靜思，慈濟功德會的
會眾多尊稱其為證嚴上人，又因駐錫在花蓮，早期被稱為花蓮師父。又被稱為
臺灣的德蕾莎。慈濟基金會創辦人，皈依印順長老為師，秉持師命「為佛教，
為眾生」。2012 年，證嚴法師受馬來西亞檳城州元首封予拿督斯里勛銜。
釋證嚴，俗名王錦雲，法名證嚴，法號慧璋，出家前自號靜思，社會尊稱證嚴
上人，因駐錫花蓮，早期被稱為花蓮師父。又被稱為臺灣的德蕾莎。慈濟基金
會創辦人，皈依印順長老為師，秉持師命「為佛教，為眾生」．
1960 年，證嚴法師的父親因腦溢血過世。法師哀痛逾恆，至豐原寺，妙廣法師
　贈其「解結科儀」。法師為父做佛事前往慈雲寺拜《梁皇寶懺》，體會經文
　因緣果報，萌生出家之意，「扛天下人的菜籃」。
　接觸佛法後，閱讀《新約聖經》《舊約聖經》《四書》《法華經》將書置於
　靜思精舍。
　經當地慈雲寺出家師父引薦，前往新北市汐止靜修院，準備出家，三天後被
　母親尋回。證嚴法師後來又隨著慈雲寺修道法師再度離家，由臺中前往高雄，
　再轉臺東縣鹿野鄉。
　證嚴法師與修道法師在花蓮、臺東幾經波折，十分勞苦，先後移居鹿野王母
　廟、知本清覺寺、玉里玉泉寺、花蓮東淨寺、臺東佛教蓮社。寄住在佛教蓮
　社時，至信徒家中做客，在其府中見日文版《法華經大講座》，才發現法華
　三部中的《無量義經》及《觀普賢經》。閱讀無量義經時，看見「靜寂清澄，
　志玄虛漠，守之不動，億百千劫。無量法門，悉現在前，得大智慧，通達諸
　法。」三十二字，對無量義經產生濃厚興趣。
　後經許聰敏引薦，證嚴法師前往花蓮秀林鄉佳民村普明寺弘法，兩人就暫住
　許家。

1962 年，修道法師返回豐原，證嚴法師獨自留下；法師自行落髮，現沙彌尼相，許聰敏為之取法名「修參」。

1963 年，臺北臨濟寺開壇傳戒，因未先曾拜師，無法受戒。後購買《太虛大師全集》突然下雨。『獲印順導師應允拜師！』取法名『慧璋』，證嚴，是法名（戒名）。

1964 年秋，回到普明寺，和德慈、德昭、德融、德恩四位弟子在附近之地藏廟旁之小木屋安居、修行。證嚴法師「一不趕經懺，二不做法會，三不化緣」，手工製作毛衣、飼料袋、嬰兒鞋等自立更生。

1966 年，證嚴法為「一灘血」事件感傷，要求信徒每日竹筒存下當日菜錢五毛錢，日日發善念，並與法師一同手工製作嬰兒鞋，輾轉相傳，信眾日多，此便是慈濟人言傳之「竹筒歲月」。

並於農曆 3 月 24 日成立「佛教克難慈濟功德會」訂兩項規定：一、凡皈依者，必須要做『慈濟功德會』的成員．

二、凡皈依者必須實際負起『慈濟功德會』的救濟社會工作，不能徒託空言。法師向母親求助，捐資購下一甲五分的地，建「靜思精舍」。

1968 年起逐漸興建精舍、廂房、寮房、辦公室等，歷經十多次增建，成為全體慈濟人的心靈故鄉，成立「慈濟委員」、「慈誠」制度，成為慈濟發展最大動力，會員逐漸擴增。

1966 年，「一灘血」事件與「三修女」的來訪，推動醫療志業，創立慈濟功德會，此即慈濟基金會之前身。

1978 年，法師發現罹患心絞痛，深覺「人命在呼吸間」憂慮慈濟功德會沒有長久支持的資源，更感於臺灣後山地區需要療資源

1979 年，慈濟多次義診，「貧病相依」「因病而貧」，發起建立「佛教慈濟綜合醫院」。當時政府要員林洋港、宋長志、李登輝、吳水雲等人熱忱協助，解決諸多問題．

1984 年 4 月 24 日，慈濟醫院在花蓮在原花蓮農工牧場動工。

1986 年 8 月 17 日，慈濟醫院正式完工，立下免繳住院保證金之先例，聘請杜詩綿、曾文賓負責籌劃，並出任花蓮慈濟醫院長。

慈濟懷著「取之於當地，用之於當地」「頭頂別人的天，就要回饋當地」等理念，在全球各地推動四大志業八大法印．

證嚴法師開啟「慈濟宗」《靜思語》淨化人心，祥和社會，天下無災難，建設清新潔淨人間淨土，展開全世界災難救援工作。

證嚴法師，自幼過繼叔父為長女，就稱呼叔嬸為父母，隨著遷居豐原。其父經營劇院，家境小康；證嚴法師從旁協助，也分擔家務。證嚴法師事奉父母至孝，當地人喚為「孝女」。

證嚴法師現榮獲重要獎項與榮譽

1986 年，獲頒全國好人好事代表

1989 年，獲頒吳三連基金會社會、台美文教基金會社會服務獎

1991 年，大陸華中、華東水災嚴重，發起大陸賑災與國際賑災。獲頒菲律賓麥
　　格塞塞獎社會領袖獎（Ramon Magsaysay Award for Community Leadership）
1994 年獲頒世界國民外交協會（PTPI）「艾森豪國際和平獎章」（Eisenhower
Medallion）
1995 年，獲頒行政院文化建設委員會行政院文化獎
1998 年，獲頒非聯合國會員國家及民族組織(UNPO) 國際人權獎
2000 年，獲頒美國諾薇爾基金會（The Noel Foundation）人道精神終身成就獎
2001 年，獲頒中華文化復興運動總會第一屆總統文化獎太陽獎
2003 年，獲頒總統陳水扁頒贈二等景星勳章
2004 年，獲頒美國加州「美國亞裔聯盟」2004 年亞美人道關懷獎（2004 Asian
American Heritage Award for Humanitarian Service）
2004 年，獲頒中華民國一日誌工協會終身成就志工獎
2007 年，獲頒第 24 屆庭野平和財團（The Niwano Peace Foundation）庭野和平獎
　　（第 24 回庭野平和賞），於日本東京頒發
2011 年，獲頒獲時代雜誌(TIME)選為 2011 年年度全球百大最具影響力人物之一
2012 年，獲頒受馬來西亞檳城州元首封予拿督斯里勳銜。

媽祖

媽祖，姓林，名默，又稱默
娘，出生於宋太祖建隆元年
（或曰五代末年）福建路泉
州府莆田縣湄洲島（宋太宗
年間改為興化軍），一出生則不哭不鬧，因而取名為默，小名默娘。媽祖的生
卒年與家世，史料中有多種記載：
南宋廖鵬飛於紹興廿年（1150 年）所寫〈聖墩祖廟重建順濟廟記〉，謂「世傳
通天神女也。姓林氏，湄洲嶼人。初以巫祝為事，能預知人禍福……」據此，
媽祖生前是一個女巫。宣和五年（1123 年），「給事中路允迪出使高麗，道東海。
值風浪震盪，舳艫相衝者八，而覆溺者七。獨公所乘舟，有女神登檣竿為旋舞
狀，俄獲安濟……」船員說這是湄州女神顯靈，於是路允迪返國後上奏朝廷請
封，詔賜順濟廟額。

南宋李丑父《靈惠妃廟記》「妃林氏，生於莆之海上湄洲」。

南宋李俊甫《莆陽比事》「湄洲神女林氏，生而靈異」。

（明）張燮《東西洋考》「天妃世居莆之湄洲嶼，五代閩王林愿之第六女，母王氏。妃生於宋建隆元年三月二十三日。始生而變紫，有祥光，異香。幼時有異能、通悟秘法，預談休咎無不奇中。雍熙四年二十九日升化。」

（明）嚴從簡《殊域周咨錄》：「按天妃，莆田林氏都巡之季女。幼契玄機，預知禍福。宋元祐間遂有顯應，立祠於州里」。

（清）楊俊《湄州嶼志略》：「湄州在大海中。林氏林女，今號天妃者生於其上」。

（清）《長樂縣誌》：「相傳天后姓林，為莆田都巡簡孚之女，生於五代之末，少而能知人禍福。室處三十載而卒。航海遇風禱之，累著靈驗」。

《莆田九牧林氏族譜》記載媽祖是晉安郡王林祿的第二十二世孫女。

從南宋到清代，絕大多數史料公認天妃姓林，生於湄州嶼，自幼有異能。具體生日，只見於《東西洋考》，但早被全世界媽祖信徒奉為媽祖生辰，舉行慶典。媽祖是從中國閩越地區的巫覡信仰演化而來，在發展過程中吸收了其他民間信仰（千里眼順風耳）。納入儒家、佛教和道教的因素，最後逐漸從諸多海神中脫穎而出，成為閩台海洋文化及東亞海洋文化的重要元素。

自北宋開始神格化，被人稱為媽祖，建廟膜拜，復經宋高宗封為靈惠夫人，成為朝廷承認的神祇。媽祖信仰傳播到中國各地及東南亞等國家，均有天后宮或媽祖廟分布。

世人崇仰媽祖

臺灣

明清時期，中國東南沿海地區渡海來臺灣，海上活動頻繁，媽祖成為台灣海峽及臺灣陸地，最祈求保佑平安，信仰的神明之一。媽祖廟在臺灣就有 510 座，廟史可考者 39 座，明代建 2 座，清代建 37 座。

馬祖

《使琉球記》記載，宋朝福建湄洲的林默娘（人稱媽祖）28 歲時，因父兄駕船駛至閩江口海域，突遇巨風大浪，船毀人溺，默娘得知，飛身入海拯救父兄，因而罹難，遺體隨海漂至閩江口附近的小島（即今日馬祖列島的南竿島），為漁民打撈上岸，並就近將她葬在岸邊。湄洲鄉親不見默娘下落，認為她羽化昇天成仙，遂建湄洲媽祖廟作為紀念。馬祖人則認為，媽祖葬於現今馬祖南竿鄉馬祖天后宮宮內的靈穴石棺中，且興廟供奉

相傳至今。此島因而稱為媽祖島，爾後中華民國國軍進駐為顯陽剛去掉女字旁改稱為馬祖，馬祖之名遂使用至今，定為中華民國連江縣馬祖。

馬祖天后宮之鄰山設有媽祖宗教文化園區，園區中建有媽祖巨神像，於 2009 年
10 月完工成為全世高最高之石製之媽祖神像，高度有 28.8 公尺。

連江縣政府近來於每年農曆九月初九重陽節舉辦「媽祖在馬祖--昇天祭」，以
「媽祖在馬祖」作為招徠觀光客之口號與行動，也讓世人以此感念媽祖孝順慈
愛的精神。

日本

媽祖信仰在江戶時代之前已經傳入日本，茨城縣、長崎縣、青森縣、橫濱等
地均有媽祖廟，一些歷史較悠久的媽祖廟與日本傳統神道結合，成為「天妃
神社」，如弟橘比賣神社（弟橘比売神社）、弟橘姬神社（弟橘姬神社）等。
也有以日本神道儀式舉行的「天妃祭」。

琉球

琉球國時代由閩人三十六姓傳入媽祖信仰，較著名的媽祖廟有那霸天妃宮。

福建

媽祖像（福建省湄洲島）湄洲媽祖祖廟於天聖年間（公元 1023-1032 年）擴
建，日臻雄偉。明永樂年間（1403 年-1424 年），航海家鄭和曾兩次奉明成祖
聖旨來湄嶼主持御祭儀式並擴建廟宇。

在明朝永樂年間鄭和下西洋時期，隨著大量而不間斷的華人海外移民活動，
媽祖信仰的傳播範圍廣至東亞及東南亞各地港口（尤其是沿海地區）多可見
媽祖廟的蹤影，譬如日本長崎、橫濱的媽祖廟、澳門媽閣廟、馬來西亞吉隆
玻天后宮、菲律賓隆天宮、香港銅鑼灣天后廟。

媽祖的誕生地福建是媽祖信仰最盛的地方，僅在媽祖的家鄉莆田一地，就有
不下百座的媽祖廟，在民國以前，福建沿海各府縣，每縣都有幾十座媽祖廟，
如今，福建各地的媽祖廟數量仍十分龐大，香火旺盛。媽祖文化甚至深入到
內陸的閩西客家山區。福建的媽祖廟中有三座被列為中國全國重點文物保護
單位。

然而在文化大革命時期，媽祖信仰遭到嚴重的打擊，許多宮廟和神像被毀。
譬如媽祖信仰發源地湄州島上的廟宇和相關文物，就在文革中被摧毀殆盡，
包含分身大媽。只有少數廟宇如莆田文峰宮，在文革時將媽祖神像藏於郊區
的古井中，保住了神像。泉州天后宮則是因為曾被當作工廠使用，因此躲過
被摧毀的命運。改革開放後民間信仰逐漸恢復、加上兩岸交流和統戰因素，
媽祖信仰重新活絡。又因為媽祖信仰中獨特的「進香、刈火」習俗，台灣各
媽祖廟為求增加本身與祖廟的連結，紛紛前往湄州捐獻資金興建宮殿或牌樓
等建物，使湄州島上的媽祖宗教建築迅速增加。

廣東

廣東省內規模最大的天后宮在番禺南沙大角山東南，始建於明代。清朝乾隆
年間曾有一次大規模重建，二戰時遭到嚴重破壞。1994 年，由香港著名商人
霍英東帶頭捐資重建，1996 年建成。而珠江三角洲和潮汕地區亦有大量的媽
祖廟。

江蘇

南京天妃宮位於南京獅子山麓、長江之濱，建於明朝永樂五年。相傳鄭和下西洋遇險，受救於林默，返航歸來上奏永樂帝而後修建。

太倉瀏河天妃宮，又名「天妃靈慈宮」，俗稱「娘娘廟」。宮內立有《通番事蹟碑》，記述了鄭和下西洋的經過。

宿遷泗陽眾興天后宮，又稱天妃宮，位於眾興鎮驛馬 街西首，至今已有300多年的歷史。

蘇州崑山市天后宮由附近當地臺灣商人捐款，在因戰亂而損毀的慧聚寺重建而成；媽祖分香自臺灣史上最古的媽祖廟之一，鹿港天后宮。重建的崑山慧聚寺天后宮建築面積1000多平方米，建築及神像佈置均採用閩南、臺灣風格，為目前中國大陸最大的閩臺傳統木結構建築形式天后宮，完全建成後，將成為長江三角洲地區最大的媽祖廟。

浙江

杭州天妃宮的最早記載見自宋《夢粱錄》。在清代，分別在武林門、吳山三茅觀、孩兒巷有三座天妃宮。

寧波最早的天妃宮為寧波天妃宮，建立於宋紹熙二年（1191年），後於1950年毀於國軍轟炸。清代中晚期，寧波共有天后宮40餘座。目前存有的最著名的天后宮是位於江東區的慶安會館（又名甬東天后宮）和安瀾會館。

在浙江舟山、溫嶺、玉環、洞頭、南麂、蒼南等地，都有媽祖廟。

天津

天津娘娘宮舊時，天津新婚者時常至天津天后宮祭拜媽祖，以求早得子嗣。天津人心中的媽祖信仰功能與送子娘娘，有相當大的重疊。

山東

青島天后宮始建於明代成化三年，初稱「天妃宮」，是青島市區現存最古老的明清磚木結構建築群。道教廟會天后宮廟會，俗稱「青島大廟廟會」。

蓬萊境內的蓬萊閣，由龍王宮、子孫殿、彌陀寺、天后宮、三清殿、呂祖殿等古建築共同構成。

湖南

湖南芷江天后宮，在湖南芷江縣城舞水河西岸，建於清乾隆十三年（1765年）。

四川　清代乾隆年間伴隨閩粵移民四川天后宮在四川各地進行大規模修建。

山西　山西太谷縣媽祖廟建於清代。

安徽　安徽安慶天后宮亦建於乾隆年間。

香港：

媽祖在香港皆稱天后，而香港水上人則稱其為阿媽。香港各地皆有天后廟，其中以赤柱天后廟在香港島歷史最悠久，每年皆有不少市民聚集進香。香港境外，深圳南頭半島赤灣之上，亦有明代與鄭和有關的赤灣天后廟（明時為天妃宮），此廟在中華人民共和國成立前，有不少水上人前往參拜。

香港境內各大小天后廟，常以漂浮之說立廟，如在海岸拾到天后神主牌、木像等，人便就地立廟，奉為神明。這點與福建和臺灣等地天后廟不同，因為神主乃漂來的，各廟無遞屬關係。村與村間的天后，乃獨立個體。例如本村天后節慶，開神功戲，也會請附近村落之天后來觀看，而 82 年 3 月興建的港鐵港島線車站亦以「天后」命名。

澳門

媽祖在澳門亦相當多人信奉。最顯著的例子，澳門葡文名稱「Macau」，即是由「媽閣廟」一詞轉化而來。明朝稱 「阿媽港」。十六世紀葡萄牙人登陸澳門的地方就在媽閣廟傍，葡文 「Macau」（澳門）同「媽閣」。

泰國　籍貫廣東省華僑信奉「七聖媽（มาจ๊อโป๊）」曼谷設有多間七聖媽廟，

韓國

韓國正史《朝鮮王朝實錄》中韓國朝廷已經了解媽祖崇拜；從高麗末期到丙子胡亂之前，韓國使臣們多以沙門島瞻仰媽祖廟後抒發詩文，並祈航海平安。韓國學者比較媽祖及靈燈研究發現，媽祖信仰在韓國不限定漁業領域，而成為溝通漁村、農村和山村民眾的感情紐帶，也使在韓國的媽祖崇拜的神格從海上守護神逐漸發展爲萬能神。

越南　在越南南部安江省朱篤的朱婆廟，祭拜奉祀的就是媽祖娘娘

歷代褒封

宋徽宗到清咸豐皇帝，媽祖受各代皇帝褒封，由夫人、妃、天妃、直至「天后」。

一・宋朝
1. 宣和五年 1123 年，宋徽宗賜「順濟廟額」
2. 紹興二十六年 1156 年，宋高宗封「靈惠夫人」
3. 紹興三十年 1160 年，宋高宗加封「靈惠昭應夫人」
4. 乾道二年 1166 年，宋孝宗封「靈惠昭應崇福夫人」
5. 淳熙十二年 1184 年，宋孝宗封「靈慈昭應崇福善利夫人」
6. 紹熙三年 1192 年，宋光宗詔封「靈惠妃」
7. 慶元四年 1198 年，宋寧宗封「慈惠夫人」
8. 嘉定元年 1208 年，宋寧宗封「顯衛」
9. 嘉定十年 1217 年，宋寧宗封「靈惠助順顯衛英烈妃」
10. 嘉熙三年 1239 年，宋理宗封「靈惠助順嘉應英烈妃」
11. 寶祐二年 1254 年，宋理宗封「靈惠助順嘉應英烈協正妃」
12. 寶祐四年 1256 年，宋理宗封「靈惠協正嘉應慈濟妃」
13. 開慶元年 1259 年，宋理宗封「顯濟妃」
14. 景定三年 1262 年，宋理宗封「靈惠顯濟嘉應善慶妃」

二・元朝
15. 至元十五年 1278 年，元世祖封「護國明著靈惠協正善慶顯濟天妃」

16.至元十八年 1281 年，元世祖封「護國明著天妃」
17.至元二十六年 1289 年，元世祖封「護國顯佑明著天妃」
18.大德三年 1299 年，元成宗封「輔聖庇民明著天妃」
19.延佑元年 1314 年，元仁宗加封「護國庇民廣濟明著天妃」
20.天曆二年 1329 年，元文宗封「護國庇民廣濟福惠明著天妃」
21.至正十四年 1354 年，元惠宗（元順帝）封「輔國護聖庇民廣濟福惠明
著天妃」
三・明朝
22.洪武五年 1372 年，明太祖封「昭孝純正孚濟感應聖妃」
23.永樂七年 1409 年，明成祖封「護國庇民妙靈昭應弘仁普濟天妃」
四・清朝
24.康熙十九年 1680 年，清聖祖封「護國庇民妙靈昭應弘仁普濟天上聖母」
25.康熙二十三年 1684 年，清聖祖封「護國庇民妙靈昭應仁慈天后」
26.乾隆二年 1737 年，清高宗封「妙靈昭應宏仁普濟福佑群生天后」
27.嘉慶五年 1814 年，清仁宗封「護國庇民妙靈昭應弘仁普濟福佑群生誠
感咸孚顯神讚順垂慈篤祐天后」
28.道光十九年 1839 年，清宣宗封「護國庇民妙靈昭應宏仁普濟福佑群生
誠感咸孚顯神贊順垂慈篤祜安瀾利運澤覃海宇天后」
29.咸豐七年 1857 年，清文宗封「護國庇民妙靈昭應宏仁普濟福佑群生誠
感咸孚顯神贊順垂慈篤祜安瀾利運澤覃海宇恬波宣惠道流衍慶靖洋錫祉
恩周德溥衛漕保泰振武綏疆天后之神」

卅四、慈善家

何東　1862~1956　香港籍貫廣東寶安

何東爵士，KBE，JP（Sir Robert Hotung），本名啟東，字曉生。買辦、企業家、慈善家。母親華人，施娣，父親荷蘭猶太人何仕文（Charles Henry Maurice Bosman）(1839.8.29.~1892.11.10.)，生母為廣東寶安的施娣。何仕文於1859年抵港直至1873年離港，1888年入籍英國至1892年去世，何仕文只當了四年的英國人。何東父母並沒有結婚，由於何仕文的離開，何東自幼由母親獨力撫養，受中國文化薰陶，常常以中國人自居，自認廣東寶安人。幼年入讀私塾，稍長轉讀中央書院（今皇仁書院）。何東元配為麥秀英，平妻張蓮覺（原名張靜容，為麥秀英表妹）。另有妾侍周綺文，以及與他誕下私生子何佐芝的情人朱結第。

1859年，父親到香港從事「勞務輸出」，擁有「何仕文公司」（Bosman & Company）期間結識施娣。

1873年，香港生意難做，離開香港到英國倫敦發展。

1878年，何東學校畢業，任職廣東海關。兩年後，轉入渣甸洋行（Jardine, Matheson & Co.）任華人部初級助理員。

1883年，接替姐夫蔡昇南成為買辦，「香港火燭保險公司」及「廣東保險公司」的總買辦。何東自資成立「何東公司」（Ho Tung & Company）從事食糖的買賣，而胞弟何福及何甘棠亦加入怡和成為買辦。

1894年，何東昇任怡和洋行華總經理。

1898年，何東接濟逃亡的康有為，居住於自家宅邸紅行（Idlewild）。

1900年，以健康欠佳為由辭職，由其弟何福接任。全力發展自己事業，一般貿易外，還進軍航運及地產買賣。

1906 年，何東向香港總督會同行政局申請獲准在中環半山居住，成為自香港成為英國殖民地後，首位在太平山山頂居住的擁有中國血統的人士。

1922 年海員大罷工時期，在貿易及航運有切身利益的何東四出奔走調停，更私下承諾支付工人罷工期間的一半工資，工人在 3 月 6 日結束維期 53 日的大罷工。但據報何東其後並沒有兌現承諾，工人向「國際勞工會議」（International Labour Conference）投訴，事件最後不了了之。

1923 年，何東為平息中國內戰，奔走於大陸各地，會見地方軍閥。

1925 年，向英廷自薦出使中國，因中英關係惡化、省港大罷工被迫取消。

1928 年，接辦《工商日報》，並在上海、青島、東北及澳門皆有大量投資。

1956 年 4 月 26 日病逝香港壽 93。弔唁者有中華民國總統蔣介石、港督葛量洪。何東甚中國化，原信釋老。臨終前皈依基督教，由施玉麒牧師施洗。逝世後與元配麥秀英合葬跑馬地香港墳場。臨終前以 50 萬設立信託慈善基金（何東爵士慈善基金），多年來經投資滾存，已增值至近 5 億，所得利潤捐給慈善機構。

施乾　1899~1944　台灣新北市淡水人

施乾，台北工業學校（今台北科技大學）土木建築科畢業後，在台灣總督府上班，因為在萬華看見乞丐的慘狀，1922 年創設愛愛寮(今台北市私立愛愛院)，協助乞丐謀生。後來日本籍妻子清水照子(1909-2002)有感於施乾的愛心，遠渡重洋嫁予施乾。施乾不幸因腦溢血早逝，清水照子與其家人繼續在愛愛寮照顧孤苦無依大眾。

王貫英　1906~1998.12.15.　山東省人

王貫英，平民教育家，有「現代武訓」之譽。生前經常在臺北市拾荒，把所得的收入購書興學，所以外號「拾荒老人」。他的事跡除了在臺灣廣為人知以外，曾多次被媒體訪問，透過觀光客及衛星電視傳到其它地區。

1949 年，隨政府遷居於臺北市，之後一直以拾荒維生，並以拾荒所得購書捐書。

1976 年，成立貫英圖書館。

1997 年，成為了臺北市的榮譽市民。

1998 年 12 月 15 日凌晨，因為敗血症引發的心肺衰竭，於萬華區的私立仁濟醫院病逝，享年 92 歲。

王貫英的願景，是建立一所圖書館，回饋社會。向臺北市政府租借公有中正區中華路二段 301 巷之一號地下一樓，設立「貫英圖書館」。該館位於地下室，場地不適合繼續做為圖書館，同時為紀念王貫英無私無我的精神，台北市立圖書館將古亭圖書館，更名為「王貫英紀念圖書館」，將原「貫英圖書館」合併

入該館。王貫英紀念圖書館於 1999 年 12 月，由時任<u>臺北市市長馬英九</u>揭幕更名，以表彰王貫英的事蹟；館內設立王貫英紀念室，並於原館舍<u>金門街</u>大門處設立王貫英紀念園，展現出王貫英克勤克儉、勤勉踏實、平易近人等特性，供大眾緬懷。王貫英紀念室內展示有王貫英之獎狀、銅像、及原貫英圖書館書籍等文物。

周榮富　1909.2.1.~2002.10.26.　臺灣臺北新莊人

周榮富，臺灣知名慈善家，新北市新莊區榮富國小因其命名。

因家貧，十一歲方就讀小學（今新莊國小），並且半工半讀，兼售早餐，導致上學時常遲到，遭其導師徐曜棠責罰。後徐老師得知實情，愴然淚下，立即發動全校教員購買周榮富之早餐，又請校長朝會時公開表揚。

後考取成淵中學，畢業後，考入臺北第一商業銀行，因業績卓著，升職員、儲蓄部經理、第一銀行監察人。任內無呆帳，受「一銀模範人員」表揚。

事業有成，周榮富購買股票、物業，經營得法，而成巨富。

他篤信佛教淨土宗，熱心慈善，曾捐款興建新莊國小操場、「孫鳳堂」活動中心，以顯慈母「孫鳳」。捐建新莊國中大禮堂「金水堂」以彰嚴父「周金水」。

1984 年，捐新臺幣二千一百萬元創設「財團法人臺中縣私立榮富慈益基金會

1988 年，捐款新台幣五千萬元給臺北縣政府以在新莊中和街興建小學，縣府命
　　名為「榮富國小」，以示紀念。另對新莊關帝廟、佛教臺中蓮社、慈光圖書
　　館、慈光育幼院、菩提救濟院、明倫廣播社、明倫月刊社、國學啟蒙班、榮
　　富助念團以及臺中論語講習班等機關、公益團體都有捐助。

李建和　1911.4.3.~1971.9.2.　台灣台北瑞芳祖籍閩
南泉州安溪縣廣孝鄉

李建和，字子平，排行第六，么子，先祖因避太平軍遷台。

成淵中學畢業，專修國學多年，曾任台灣省議員，瑞三礦業董事，也經營瑞和、合成、文山、窩嶺等公司，與兄弟合營「海山煤礦」「建基煤礦」，台灣煤礦鉅子。

父親李百祿，長兄是創立「瑞三礦業」的李建興。

少年魁梧壯碩、豪闊多友，恣意游俠。長兄李建興冶礦頗效，立「瑞三礦業」，遂召建和同事。

1940 年，因得罪日本人，諸兄弟、職員數百人於瑞芳事件中，受誣叛亂罪被捕。
　　建興被判有期徒刑十二年。三兄李建炎等廿人歿於獄中；五兄李建川則因拷
　　打而失聰。父親李百祿聽聞消息，憂心如焚猝然辭世。日方允許建和、建川
　　可請假兩小時，參與父親葬禮。

1945 年，二次大戰結束，國民政府接收臺灣，李建和被釋放，立即投身礦業。
　　瑞三礦外，也經營了瑞和礦業、合成煤礦、文山煤礦、窗嶺煤礦等公司；同
　　時，建和亦與兄李建成、李建川合營海山煤礦、建基煤礦兩礦，並出任萬山
　　礦業公司董事長。
1947 年，二二八事件，李家被不軌官吏指為叛亂分子，險些被害。後白崇禧將
　　軍巡按臺灣，查明真相，李家才免於其難。
1950 年，李建和擔任首屆臨時台灣省議會議員、1954 年、1957 年當選連任；
1959 年，省議員改制民選，李建和又連續當選四屆省議員。
李建和熱心慈善：基隆、八堵到瑞芳的 102 號公路、瑞芳往平溪的新闢公路、
瑞芳車站的人行地下道等工程，李建和皆捐助三分之一工程費。李建和篤信神
佛，也布施了瑞芳祖師廟、新莊媽祖廟、木柵指南宮等寺廟大筆香油錢土地。
1971 年 9 月 2 日，李建和去世，享壽六十一歲。指南宮後山停車場（今貓纜指
南宮站前），有廟方所立的李建和紀念碑、銅像。

何英傑　1911.6.8.~2000.1.21.　香港人上海浦東出生

何英傑，人稱「何伯」，香港煙草有限公司創辦人及前董事長，他創辦慈善基
金會，參與慈善事務。
1925 年，進入家族的印刷廠當學徒，
1929 年，何伯與蔣素貞結婚，與妻子育有何琴珍及何關根等一子四女。
1931 年，創辦上海新亞印刷廠，抗日戰爭紙價上升令他賺到第一桶金。
1942 年，在上海創辦香煙廠，並創立香煙品牌「高樂」行銷。
1950 年，成立香港煙草有限公司，代理萬寶路等受歡迎香煙品牌。
1983 年，何英傑創辦「良友慈善基金會」，積極參與慈善事務．
1990 年，何伯開始將其業務交棒予其長孫何柱國，隱居於北角香港煙草公司總
　　部頂樓，至 2000 年病逝前為止。
1991 年，華東水災，他捐款一億港元予災民。
1994 年，成立何英傑基金會有限公司，捐出金額幫助香港普羅大眾及國內同胞，
　　何伯捐助大量金錢，卻從不求名，亦不會出任慈善機構的主席等職務，他會
　　每年定期向東華三院捐款。
2000 年 1 月 21 日逝世。
2001 年其長女何琴珍，疑因病厭世跳樓自殺身亡。其次孫何定國 1985 年移民加
拿大後，開始投資包括高爾夫球場、名牌車代理、飲料及食品生意。2002 年更
開始經營國龍航空。

葉由根　1911.8.18.~2009.3.17.　奧匈帝國斯洛伐克

葉由根神父（Rev. Fr. Istvan Jaschko, S.J. also known as Stephen Jaschko，匈牙利裔
天主教耶穌會神父、醫師與社服機構創辦人，被稱為台灣智障教育之父。

1927 年，16 歲就希望加入耶穌會。修習醫學，畢業於慕尼黑大學。

1936 年，奉主教召募，到中國傳教。先抵安徽學習中文。中文老師是一位前清秀才，根據匈牙利姓的發音取名葉由根，似乎預言他會由此生根，留在中國。後轉往河北傳教，原本學醫的葉由根在上海修完神學之後又回到屬於大名教區的河北（今河南）長垣縣，

1940 年，被祝聖成為神父。當時中國戰亂多年，傷患眾多，需要醫院。他取得醫師資格，

1949 年，透過紅十字會協助，開辦了一家有 100 床的醫院，為河北第一家如此規模的醫院。由於醫師人手嚴重不足，大膽啟用 6 名年輕人當助手；一邊看診、一邊教學，這 6 名學生後來在大陸都是正牌醫師。當時政權由中國共產黨取得，不歡迎外籍神職人員，葉神父在 1953 年遭醫院的副院長批鬥，以葉神父曾責打一名爬牆進入教會菜園的中國小孩為由入獄。但認識他的人都知道他從不打小孩。後來得知，該名副院長是因父親被共黨抓去，不得不批鬥葉神父，以求保護父親。葉神父特別表示，雖然有病患在醫院中不治，但沒有一位家屬在那時出來控訴他，否則他會有更大的災難，他因此非常感動。葉神父在被批鬥後被送到長垣縣鄉下勞改 3 年，天天餵牛、打麻繩。他說自己心情並不苦悶，因為：「天主在我們心裡」。

1955 年，出獄後，葉神父被中華人民共和國政府驅逐出境至香港，隨即轉往台灣。改革開放以後葉神父仍不能進入中國大陸。一直到 2000 年時葉神父才能回到長垣，與當時彌撒儀式的輔祭們見面，40 餘年的思念，終於得到安慰。在嘉義縣東石鄉與另一位曾經在大名教區服務過的匈牙利裔晁金明醫士合作開設貧民診所。葉神父說著匈牙利腔國語專門看診，晁修士在幕後負責配藥。由於完全免費，當時幫助翻譯的吳富美回憶，每天診所開張前，門前已排了上百人等候就醫。

1961 年，葉神父與在加拿大傳教的弟弟葉步磊神父、在美國耶穌聖心修女會的妹妹大葉（Hermine）修女，合力在台灣與國外募款募藥品，和晁修士一同開辦了鹿草「聖家醫院」。除了葉神父看病晁修士負責配藥之外，還聘請許多醫師駐診。後期因為醫師要求的薪水越來越高，葉神父曾經從匈牙利聘請教會醫師來鹿草，當時有位高醫師是心臟病權威，甚至遠從台南、高雄都有人來看病。該院設有八張床位，每天門診病患一百多名。當時葉神父除了免費看病，也拿向天主教會募來的錢接濟貧民；因為有的人不願接受，他就改買小豬，請民眾幫他將豬養大、賣了錢，再還他。雖然葉神父從來不打算把錢要回來，不過向他借小豬養的民眾後來都還了錢，讓他有能力幫助更多的人。葉神父因此讚嘆台灣人民有情有義有誠信。陸幼琴修女（前新店「耕莘醫院」院長、輔仁大學醫學院退休院長）於 1970 年應葉神父之邀，在聖家醫院當完全不支薪的外科醫師。當時的醫院設備相當簡陋，葉神父回匈牙利探親時只有一個陸醫師與一位護士，且村內只有一位助產士，所以她在「聖家醫院」服務的 14 個月內總共接生了 120 次。偶爾遇到產婦大量出血或是嬰兒手、腳

先出來的緊張狀況，就要趕快送到附近的大醫院就醫，所幸皆能化險為夷。她記得，鹿草鄉有一名被子女棄養瞎眼駝背的老人，神父讓出教堂一個房間給他住，每天為他送三餐、帶他散步，悉心奉養十數年如一日，直到過世。當時葉神父計畫回匈牙利探親，打包時，陸修女才發現他的內衣又黃又舊。後來還是教會幾個神父、修女掏腰包，才幫他買新的內衣內褲。後來因中美斷交，修會擔心陸修女的安危，要求她返回美國。1974 年葉神父前往新竹，「聖家醫院」就交給晁修士負責。由於晁修士是藥劑師無法看診，因此商請國軍野戰醫院的醫官來看診，讓鹿草鄉民持續擁有良好照顧。

1983 年左右，由於台灣經濟起飛，醫療服務資源漸增，市區、鄉鎮之間的交通也改善了，不常有病人上門，晁修士只好將「聖家醫院」關閉。

葉神父 1974 年調到在新竹市的「香山天主聖三堂」服務。因看到智障兒童乏人照顧，流落街頭，1975 年在新竹市水源街以 100 美元創辦「天主教仁愛啟智中心」收容與教育智障兒童。葉神父親自給院童餵飯，一口接一口，長達三年。1980 年聘請赴美得到特殊教育碩士的陳寶珠擔任教務組長，後來「天主教仁愛啟智中心」由別的神父接手。葉神父 1983 年在新竹縣關西鎮另外創設「華光智能發展中心」，請多年前曾經在嘉義貧民診所做過葉由根翻譯的吳富美擔任主任，由六名院生，增加到超過兩百名院生。華光不只收容養護重殘，且聘請專家施以特殊教育、職業訓練。項目包括農牧、手工藝、陶藝、簡易木工等等。葉神父認為他們之中或許只有少數人能走進就業市場，但這些訓練可以讓這些智障者們專注埋首於工作中得到滿足。二十年來，華光先後教養了一千多名智障或多重殘障者，而在提供教養之外，葉神父還鼓勵智障兒童的父母們站出來，爭取孩子應有的權利。在台灣尚未解嚴，民主運動仍被視為禁忌時，葉神父就曾以外籍神父身分，鼓勵家長、機構、團體，上書總統府、立法院、教育部、內政部以及台灣省政府請願，希望政府重視智障兒生存權及教育權，給智障者家庭更多的協助。葉神父獲得了政府善意的回應，全台各地啟智中心一個個成立。葉神父以類似法國托利方舟社區（en:L'Arche）的模式經營華光智能發展中心，讓身心障礙者自然生活在正常的一般社區中，因此華光中心一直以開放的教養方式，讓智障者在純樸的關西客家小鎮生活，並獲得鎮民的接納與愛護，與社區民眾打成一片。葉神父並募款籌建「華光福利山莊」，作為成年智障者安養院。

2001 年取得關西一塊土地，完成山莊的規劃，「由根山居」預定 2011 年完成。2009 年 3 月 9 日因肺炎入住新店耕莘醫院，3 月 16 日自行出院，3 月 17 日病逝於家中。大體捐贈輔仁大學醫學院。4 月 7 日舉行葉由根神父追思彌撒，由新竹教區李克勉主教主禮，單國璽樞機主教證道。中華民國總統馬英九親臨頒發褒揚令，表揚他對台灣無私奉獻。馬英九表示草創仁愛啟智中心與華光智能發展中心的葉由根神父，宏開台灣啟智教育之先河，今天明令褒揚是為政府緬懷耆碩的最高敬意．葉由根神父獲頒獎章：

一. 教宗頒發金質十字勳章

二. 1997 年 4 月 15 日中華民國總統李登輝親自頒授紫色大綬景星勳章以表
　彰他在中華民國犧牲奉獻六十餘年，積極推動社會福利工作，懸壺濟
　貧，對地區人民的醫療與服務所做的貢獻。
三. 全國好人好事八德獎
四. 1999 年立法院厚生會第九屆醫療奉獻獎。
五. 1999 年第七屆「吳尊賢愛心獎」。
六. 2000 年周大觀文教基金會第四屆全球熱愛生命獎章，譽為台灣史懷哲。
七. 2003 年靜宜大學俞明德校長頒贈榮譽博士學位[14]。
八. 總統華總二榮字第 09810020141 號令

田家炳　1919.11.20.~　廣東梅州大埔縣古野鎮銀灘村人

田家炳博士（Dr Ka Ping TIN）企業家、慈善家。
1935 年，輟學從商，建立，茶陽瓷土公司，成為越南最大
的瓷土供應商。
1937 年，年僅 18 歲就遠赴越南推銷家鄉瓷土，翌年成立
茶陽瓷土公司，成為越南最大的瓷土供應商。
1939 年，抗日戰爭，汕頭淪陷，瓷土運輸中斷，遂轉往印
尼，從事橡膠工業，並創立「超倫」、「南洋」兩間樹膠廠，
白手興家，業務鼎盛。
1958 年，因避印尼排華風潮及為兒女接受中華文化，舉家
定居香港。創立「田氏塑膠廠」，後成立「田氏化工」，專事生產塑膠薄膜
和人造皮革，協助香港的塑膠產品進入國際市場。
1968 年，成立「田氏化工有限公司」，逐步將生產業務由屯門轉換到元朗屏山。
開始籌劃將屯門土地改建工廠大廈。
1982 年，成立「田家炳基金會」，以「安老扶幼，興教育才，推廣文教，造福
人群，回饋社會，貢獻國家」為宗旨。
1984 年，在台灣捐款及會址一所，積極推動文化教育事業。
1990 年，先後在廣東東莞及廣州設廠擴充事業。以報效國家為己任專事捐辦慈
善公益事業，尤重教育，在全國兩岸四地均有獨資和襄資捐建善業。
1919 年，出生於廣東大埔。
1982 年，成立「田家炳基金會」，造福桑梓，推動國家發展。
1984 年，65 歲，將公司交給子女打理，其他的物業收益和個人財產 80%以上撥
予基金會作慈善捐資用途，自己全力肩負基金會的工作，並視為第二事業。
1992 年，在廣東省東莞市虎門鎮成立「東莞田氏化工廠有限公司」。
2000 年，在廣州黃埔區成立「廣州田氏塑膠有限公司」，生產 PVC 薄膜。
2001 年，出售居住 37 年的九龍塘大宅，得款 5600 萬港元全數撥作捐資教育用
途。自己租住面積約 130 平方米公寓樓，年逾 80 的老人毫不介意由有產變成
無產，由豪宅搬入小公寓。

2004 年，資助臺灣交通大學興建田家炳光電中心。美國洛杉磯的「美華道德教育協會」、台北世界語文教育學會、孔孟學會、張老師、臺北大埔同鄉會等。

2006 年，將 PVC 薄膜生產事業轉讓予同業繼續經營。

2007 年，捐助台灣師範大學，成立田家炳學苑。

2008 年，將人造革生產事業轉讓予同業繼續經營。

2009 年，將田家炳基金會交予社會賢達打理，退居不具投票權的榮譽主席。

2012 年，慶祝田家炳基金會 30 周年，特聯同香港教育學院舉辦教育論壇，邀請兩岸四地大學校長、學者、田家炳負責人，共同擘劃教育發展藍圖。

田家炳博士以報效國家為己任，專事捐辦慈善公益事業，尤重教育。田博士在全國兩岸四地均有獨資和襄資捐建善業，於大陸資助項目計有大學 80 餘所、中學 160 餘所、小學 30 餘所、師範專科學校、幼稚園近 20 所、鄉村學校圖書室超過 1650 間、醫院 30 間。

早在 60 及 70 年代，田博士出任香港博愛醫院、東華三院總理，後又資助興建仁愛堂總部大樓。他積極支持社會慈善事務，推動社會福利工作。他本著「取諸社會、用於社會」、「留財予子孫不如積德予後代」，

在其祖籍梅州市轄各市、縣（區）捐贈有關民生公益超過二百宗。在大埔縣境內建有 6 條道路、128 座橋樑及其他多項福國利民善業，受惠單位逾百。

在香港，捐資興辦的教育、老人、青少年、幼兒服務機構逾 20 個，對 9 所大學累計約有八千萬元捐款。另外，對多家慈善服務機構作固定年捐。田博士資助澳門大學設立「田家炳教育研究所」，開展兩岸四地教育研究，推動學術交流。田博士認為人生的最大價值在於奉獻，珍惜與青年學子交流對話，以他的人生經驗勉勵年青人自強不息。在香港，每年他都會到兩所田家炳中學與畢業班同學上「最後一課」，為即將離校參加高考的同學送上人生寄語。在出席內地大學、中學慶典時，會與學生座談並邀約會見獲「田家炳基金會獎學金」的學生，勉勵他們努力學習，珍惜機會，立志成才，將來事業有成後。此外，也資助其他有需要幫助的學生，繼續傳承捐助文化，造福他人。

「慈善工作是第二事業」

在眾多項目投資當中，田博士特別重視教育，資金多投放在經濟較差、地處偏遠、全無地緣、經濟和特別關係的地區。他強調「中國的希望在教育」，教育更是強國富民，提高人民素質的百年樹人大業，故多年來他一直竭盡全力，不分畛域，不圖回報地資助教育項目。

吳尊賢　1916.12.29.-1999.6.7.　台灣台南

1955，與吳三連、侯雨利、等籌組「台南紡織公司」，其後逐漸擴大投資，
1960，設立「環球水泥公司」，擔任常務董事兼總經理。
之後陸續參與籌設坤慶紡織、德興企業、臺灣針織、南帝化工、新和興海洋、環泥建設、南台技術學院、萬通銀行……等公司，被外界稱為「台南幫企業

集團」。一向堅持「勤儉誠信，穩健踏實」的行事準則，也是其事業的經營方針，樹立了值得信賴的企業風格。事業有成之際，積極投入文化、公益、體育事業，

1981年，本諸「取之社會、用之社會」的信念，捐資壹億元等值之股票，創立「吳尊賢文教公益基金會」，捐助慈善公益事業、體育活動、學術研究機構，培育優秀人才，表揚愛心人士，對改善社會風氣不遺餘力。

1998年，捐建約新臺幣兩億元興建「尊賢館」，作為臺灣大學邀請海外學人來台講學期間交誼、住宿及學術會議之用。「台大校園發展基金會」吳尊賢捐達四千多萬元。

1999年6月7日，心臟衰竭病逝於國泰醫院，享年八十四歲。

吳尊賢天性平和、修為到家、與人為善、樂天知命，臉上常是笑容。凡事達觀、心境樂觀、身體健康。畢生致力慈善事業，推動社會公益，為改善社會風氣而努力。

王永慶　1917.1.18.~2008.10.15. 台灣台北新店直潭人，祖籍福建安溪。

王永慶，弟王永在，出身於窮苦的茶農之家，曾祖父王天來、祖父王添泉，於清道光年間自福建省泉州府安溪因土地貧瘠不利農作而渡海來臺另覓出路，後仍操故里舊業，以茶為生。有八個兄弟姐妹，王家以前因為家境清寒養不起小孩，除了麼妹之外，其他三位妹妹全部都被送養，他努力工作籌錢，就是為了贖回妹妹，讓她們能以王家人的身分出嫁，甚至還賣鐵櫃換錢，就是要給妹妹當嫁妝。

1923年，6歲，父親王長庚身染重病，生活重擔全落在母親詹樣肩上，王永慶曾撰文回憶，母親除了張羅三餐，還要種菜、挑茶、賣茶，甚至連吃飯都是全家吃完以後才以菜屑殘湯裹腹，生活極其困頓。

1927年，10歲，祖父王添泉告誡「茶山是無根柢的，將來終究成為石頭山，依靠茶葉維生，註定失敗。」王永慶謹記在心。

1932年，15歲，新店公學校（新店國小）畢業，到茶園當雜工，一年後到嘉義一間米店當學徒。

1933年，16歲，用父親所借的200日圓（當時約普通人數十倍薪資）開了一家米店，弟弟王永成與王永在也南下嘉義幫忙，初期生意為了開發客原，挨家挨戶拜訪推銷，首開送米到府服務，比其他米店多出四個小時營業時間，以及當時農業技術不發達，米粒常有米糠、砂礫夾雜，為了保證自家品質，王永慶事先就將雜質篩選出來，還會幫忙客戶清洗米缸，因此之後生意越作越大，日後種種經營策略也自此時打下基礎。後來經營碾米廠，不料此時第二次世界大戰戰況吃緊，吃米必靠配給，王永慶也必須結束十年來米行生意。

米店結束營業後發展磚瓦廠、木材行等，其中戰後以木材的生意獲利最豐，甚至曾讓王永慶不惜冒險盜伐珍貴林木銷往日本，弟王永在曾因參與而入獄。

1954 年 7 月，在美國援助與國民政府計劃經濟的背景下，王永慶獲得了 79.8 萬美元的貸款，並配合政府規劃投資生產 PVC 塑膠粉，於同年籌設福懋塑膠公司。王永慶終其一生強調「追根究底、實事求是」態度經營企業。

1957 年 4 月，『福懋』開始生產 PVC，由每日僅 4 公噸的 PVC 廠起家，並將公司改名為『台灣塑膠公司』，開始一路向上游發展，並完成垂直整合的石化供應鏈，事業版圖也從石化擴及電子、醫療等範疇。台塑集團被譽為台灣經濟奇蹟的象徵，王永慶也被各界譽為「台灣的經營之神」。

第六套輕油裂解廠的設立為台塑發展的分水嶺，也是帶動台塑營收成倍增長的火車頭。六輕籌設過程一波三折，自申請到量產，前後耗費 30 年，每每絕處又逢生，由此可見王永慶堅忍不拔的毅力。王永慶自評「貧寒的家境，以及在惡劣條件下的創業經驗，使我年輕時就深刻體會到，先天環境的好壞不足喜，亦不足憂，成功的關鍵完全在於一己的努力」而塑膠和石化相關產業在帶動經濟發展和促進就業的同時亦對環境造成了嚴重的污染，而使王永慶成為備受人們爭議的人物。

王永慶長年熱心於慈善事業，為善不欲人知，創辦明志工專、長庚護專、與長庚大學，免費提供清寒原住民學生就讀，除免學雜費外並且提供膳宿與零用金，並且輔導就業。王永慶也長期透過旗下長庚醫院推動台灣器官捐贈，凡捐贈者醫療費用均有減免優惠，即使不在長庚醫院捐贈者也有喪葬補助金。此外，王永慶也捐款提供兩岸 1700 多位聽障人士安裝電子耳，近年來更捐資 30 億人民幣，推動在中國大陸興建一萬所希望小學。

2004 年王永慶、王永在兄弟，將持有的台塑三寶股票與股利，以雙親之名，設立公益信託基金，從事社會慈善事業照顧弱勢，並將遺產捐給公益信託基金，希望王家不分家，子子孫孫、長長遠遠對社會盡一份責任。

8 月 20 日，由王永慶先生捐資約 5500 多萬元的漳州市華陽體育館開始投建。2006 年，現今已成為漳州市的一個標誌性建築。

2008 年 5 月 12 日，中國四川發生汶川大地震，王永慶賑災慷慨解囊一億元人民幣來協助四川成都與汶川等地區的震後重建工作。

10 月 11 日因擔憂金融風暴對台灣產生的衝擊，偕同三房夫人李寶珠與女兒王瑞華前往美國視察公司生產線，在美東時間 10 月 15 日早上王永慶在紐澤西短丘市（Short Hills）的家裡被發現一睡不醒，送往附近聖巴拿伯醫院搶救無效，院方於上午 9 時 38 分宣告不治。

10 月 17 日早上 5 點 52 分，王永慶的遺體以及其家人搭乘長榮航空 BR031 班機返抵台灣。目前首選的墓園地點以在明志科技大學後方的私立長永紀念福園為第一優先，但由於長永紀念福園仍未完成且法律程序變更地目費時，台塑集團正在思考安厝的替代方案。新北市政府允諾全力協助治喪事

宜，但王永慶安葬事宜迫在眉睫，可能選擇的其他安厝方案，包括桃園縣
龜山鄉或是鄰近台北的陽明山王氏家族墓園等地。

11 月 8 日舉行告別式。蓋棺論定，王永慶是台灣名企業家、慈善家、台塑集
團創辦人，臺灣的「經營之神」。

何明德　1922.4.2.~1998.2.1.　台灣嘉義縣民雄鄉人

何明德，原名陳明德，為嘉邑行善團的創辦者，1995
年麥格塞塞獎得主。

父親名何獅，從小過繼陳家當養子，因此改姓陳。

瑞芳高工畢業，在嘉南水利會擔任公務員，收入增加，
改善了家計。22 歲時，與妻子李秋良結婚，婚後生有
二子三女。

何明德平日熱心公益，曾加入民防大隊擔任義警。54
歲時，接觸佛教，因宗教影響，獻身公益的熱心更加
強烈。

1969 年，其友人騎機車，遭遇路上坑洞不平而摔傷，何明德因此發願與友人在
晚上或假日時，義務修補道路坑洞。當時他們自稱為行善堂。

1971 年，嘉義縣中埔鄉有兩個學童，為了渡河到對岸上學，因河水暴漲，意外
身亡。何明德發動友人，義務為石弄村後坑仔建造了一條木製橋樑，名為惠
生橋。消息傳開之後，有許多地方人士，紛紛希望何明德可以去為他們鄉村
造橋。有許多人都志願加入他的造橋工作，擔任義工。此後改名為嘉邑行善
團。同年，何明德認祖歸宗，將姓由陳改回何。

嘉邑行善團當時不是一個正式的組織，只是一群自願參加的義工所組成。但
是他們的工作效率驚人，三十年間，修建了超過二百座橋樑。引起當時李登
輝總統及台灣省長宋楚瑜的注意，特別加以表揚。

1995 年，何明德獲得菲律賓麥格塞塞社區領袖獎。

1998 年 2 月 1 日，何明德先生積勞成疾，病逝於嘉義。

在何明德死後，參與嘉邑行善團，申請成立人民團體，並將嘉邑行善團註冊為
商標，由李崑山先生擔任創辦人兼第一任理事長。這個行為引起了何明德遺族
的不滿。

何明德的遺孀何李秋良女士與其兒女，為了繼承何明德遺志，另外成立了何明
德行善團，由其女兒陳美智負責。

余彭年　1922~　湖南漣源藍田鎮中人

余彭年，別名彭立珊，深圳彭年酒店創辦人，中國慈善家，2008 年累積捐款超過 30 億人民幣。

自幼家貧，做過記者，23 歲去上海打工。

1953 年，被人誣告係「逃亡地主」，坐 3 年牢監。

1958 年，由上海經澳門出走香港打工，之後做老細，搞房地產建築、酒店業、時鐘酒店等。

1980 年代，中國經濟改革開放，余彭年返深圳投資起彭年酒店、彭年廣場等。余彭年行善必定親力親為，因為 1982 年鉅款捐給家鄉醫療儀器、醫療中心，救護車，被人改裝成地方領導私家車，余彭年覺得好心痛。因此自資成立彭年光明行動，保證所有捐贈嘅錢都可以直接做好事。白內障患者一切交通費、住宿費、醫療費，都由余彭年負擔。

李嘉誠　1928.7.29.~　廣東潮州

李嘉誠爵士（Sir Ka-shing Li），大紫荊勳賢，香港企業家。父親李雲經為小學校長，祖父為清朝最後一屆秀才。

1940 年，抗日戰爭與家人逃難到香港。先在舅舅的手錶公司修手錶，後在茶樓工作，隨後成為手錶錶帶售貨員，當時僅 12 歲。

1941 年，日本佔領香港，母親與弟妹返回潮安，而父親則於該年秋天身故·

1945 年，17 歲為玩具推銷員，19 歲成為公司的總經理。

1950 年，他在香港以 7,000 美元成立長江塑膠廠

1958 年，營業額達到 1000 萬港幣，塑膠花拿下了他的第一桶金，成為了「塑膠花大王」，轉型投資地產。

1971 年，成立長江實業公司·收購持有希爾頓酒店（現長江集團中心）的美高企業及青洲英泥的控制性股權。

1979 年，李嘉誠從香港上海滙豐銀行收購 9,000 萬股，6.39 億，買入英資第二大洋行、市值約 60 億港元的和記黃埔的 22.4%的股權，成功控制和記黃埔。

1980 年，成為香港滙豐銀行非執行董事，

1980 年，大規模投身公益事業，作為大慈善家，至今捐款多達 50 多億港幣。

1981 年，撥港幣 1 億元創立汕頭大學，至今對大學的投資已過 33 億港元。

1987 年，他捐贈 5000 萬港元，建立 3 間老人院。同年向中國孔子基金會捐助 100 萬港幣，並捐 200 萬港幣，投資建造潮汕體育館。

1988 年，捐款 1200 萬港元興建兒童骨科醫院。並對香港腎臟基金、亞洲盲人基金、東華三院捐助 1 億港元。

1989 年，六四天安門事件，外資大舉撤資，李嘉誠反而大舉進軍中國大陸市場。把鴨脷洲發電廠重建為香港島大型屋苑，並命名為「海怡半島」。

1999 年，捐款 4 千萬港元予香港公開大學，香港公開大學於信德中心的持續及社區教育中心命名為李嘉誠專業進修學院。

2002 年，建立長江商學院，是中國第一所也是唯一一所實行教授治校的商學院。

2003 年，MBA 第一批學員入校，入學成績高居亞洲首位，現在北京、上海、廣州等地設立學校，目前是中國最著名的十大商學院之一。

2004 年，印度洋大地震，捐助 300 萬美元賑災。

2005 年，捐出港幣 10 億元，資助香港大學醫學院醫科學生及醫學研究用，香港大學校長徐立之將命名香港大學醫學院為「香港大學李嘉誠醫學院」。

2005 年 10，基金會與和記黃埔合共捐 50 萬美元予巴基斯坦地震災民。11 月，捐助加拿大多倫多聖米高醫院捐出 2500 萬元加幣興建以他命名的醫學教育大樓。大樓預計於 2009 年建成。

2007 年，捐助新加坡國立大學李光耀公共政策學院捐款 1 億新加坡幣。

2008 年，大陸汶川地震後，捐款 1 億 3000 萬元人民幣。

2009 年，捐助上海世博會中國館人民幣 1 億元。

2011 年，日本大地震發生，捐獻了 100 萬美元（即約總值 8100 萬日元）援助。

2012 年，《富比士》雜誌公佈的全球富豪排名，李嘉誠的淨資產總值高達 255 億美元，折合約 1990 億港元，排名第九。李嘉誠公開表示，長子李澤鉅將管理長和系全部資產，次子李澤楷則獲現金支持發展事業。

2013 年，《富比士》雜誌公佈的全球富豪排名，淨資產總值高達 310 億美元，折合約 2401 億港元，排名第八。

2014 年，《富比士》雜誌公佈淨資產應是至少 400 億美元。

孫越　1930.10.26.~　浙江省餘姚縣人

孫越，本名孫鉞，為台灣男演員、中華民國總統府國策顧問、知名志願工作者。

1943 年，志願從軍，中國青年軍 208 師

1949 年，隨軍到台灣，加入裝甲兵「水牛劇團」，開始演藝生涯。

1959 年，與其妻結婚，育有一子、一女（孫向瑩）。

1962 年，參演首部電影作品《白雲故鄉》，之後多扮演反派角色。

1969 年，首度參加公益活動──「送炭到泰北」「送炭到蘭嶼」等活動。此後，孫越獻身於傳播福音以及公益活動，不遺餘力。

1983 年，孫越毅然宣誓永遠奉獻擔任義工，並且規定自己一年中有八個月必須用於社會慈善工作。

1989 年 8 月 22 日，召開「只見公益，不見孫越」記者會，宣佈退出演藝界，
　　只從事義務性演出。
1992 年 10 月 22 日，中華社會福利聯合勸募協會，孫越當選勸募委員會召集人。
2000 年，《天下雜誌》孫越入選為「共生」類代表人物之一。
2007 年，孫越被檢驗出罹患肺腺癌第一期、慢性阻塞性肺病。肺腺癌手術後恢
　　復情況良好，並於數日之後出院。
2010 年，孫越獲頒第 47 屆金馬獎特別貢獻獎。
2011 年，榮獲總統馬英九贈勳、獲頒二等景星勳章。

萬祥玉

1958 年，台灣大學醫學完畢業，然後旅居美國行醫，
1969 年，在美國紐約大醫學院擔任教授，藍崗醫學中心婦產部家庭計劃科主任‧
　　引進腹腔鏡技術，事業有成‧萬祥玉與夫婿呂鳳岐成立「呂鳳基金會」，
2002 年，捐 500 美元給上海交通大學成立「文選醫學大樓」，
2008 年，又捐 500 萬美元建立「紐約大學婦女醫療中心」。她台大醫學院畢業，
　　考量女醫師難出頭，
2014 年 1 月 12 日，捐贈 300 萬美元給台灣大學醫學院，鼓勵提振更多女性投入
醫學進修研究。

楊清欽　1934.2.23.~2002.9.1.　台灣台中沙鹿人

楊清欽，台灣慈善企業家，原任味丹企業集團副會長‧
2002 年 9 月 1 日，前往俄羅斯旅遊時，因心臟病發逝世，享年 68 歲。國立中興
大學為他慈善事業貢獻偉大，設有「楊清欽獎學金」

王梁潔華　1934~　廣東省順德人香港出生

王梁潔華（Wong Leung Kit-Wah, Annie）係梁銶琚之女，鍾意藝術，擅長畫丹青，
嚮香港創立「梁潔華藝術基金會」，管理老公王澤生同阿爸慈善事業。梁潔華
博士畫展曾經嚮法國、美國、德國展出。

楊登魁　1939.8.6. ~2012.12.31　屏東縣新園鄉烏龍村

楊登魁，臺灣演藝界大亨，家中清苦，曾擦過皮鞋，拉
過三輪車，在舞廳當過服務生，加入過黑道曾因殺人而
入獄‧假釋出獄，成為西北幫角頭，在高雄市創辦有名
藍寶石大歌廳。

1985 年 1 月 9 日.台灣一清專案，以違反《懲治叛亂條例》被逮捕羈押，5 月 8 日被提報流氓，移送綠島岩灣監獄管訓。

1987 年 12 月 1 日岩灣監獄暴動，監獄受刑者決定以自殘手腳爭取<u>保外就醫</u>機會的方式，楊登魁自願被打斷手骨，在手部石膏處夾帶受刑人的自白書。

1988 年，楊登魁結束管訓，開始投入餐廳、證券、錄影帶、電影院等事業。

1989 年，投資電影《悲情城市》獲威尼斯影展金獅獎，得到行政院新聞局表揚。

1990 年，二清專案，楊登魁因涉嫌開設經營職業賭場，再度被提報為流氓，關進監獄管訓 2 個月，出獄後，進軍電視電台經營「巨登育樂股份有限公司」。

1993 年，投資電影《方世玉》，楊登魁淡出江湖。

1995 年 1 月 28 日《戒嚴時期人民受損權利回復條例》楊登魁以一清專案及二清專案未經合法審判就將他監禁為由，申請冤獄賠償。

2003 年 6 月，台北地方法院判決，楊登魁於一清專案期間被逮捕羈押 120 天，政府需賠償楊登魁新台幣 48 萬元。

2011 年 3 月 4 日，楊登魁斥資新台幣 15 億元，成立柏合麗娛樂傳媒集團。

2012 年 12 月 31 日 05:12　腦中風病逝，享壽 74 歲。

2013 年 1 月 9 日　追思會弔唁。

楊登魁幫助過不少藝人，扶貧濟弱，幫人改斜歸正，受過他好處的人，大有人在，因此，在他去世之時，哀傷悼祭送別的人很多。

廖榮吉　1940~　台灣台北市萬華人

廖榮吉，綽號「刈包吉」，慈善家，一位盛名的<u>刈包</u>小販。多年來在<u>農曆</u>過年期間在萬華免費舉辦「刈包吉盛宴」宴請街友、窮人、失業勞工等弱勢團體，還提供愛心麵，無限量供應。他的義行漸受到人們關注與敬仰。

廖榮吉幼年家庭貧困，兩歲父親去世，在農村從小就經常吃豆腐渣、番薯籤充腹，他體會到窮人孤苦無依的心情。成大以後，他在<u>台北市萬華</u>開了一家印刷廠，生意相當好還賺了不少錢，但隨著時代變遷技術進步，傳統印刷業獲利逐步下降，他只好關閉印刷廠，改在萬華街口販賣起刈包，成為一個小販。

1987 年，廖榮吉開始拿出以前開印刷廠時的積蓄和賣刈包的獲利，幾 10 萬元，在小年夜那天起，免費宴請窮苦無依的街友，讓他們好好的吃一頓。之後每年如果有錢，廖榮吉都會拿出 3、40 萬宴請街友，讓他差不多花掉畢生積蓄，他的善行感動一些人贊助他的活動，如 2009 年<u>副總統蕭萬長</u>、2012 年<u>總統馬英九</u>就曾拿錢贊助，藝人阿雅也數次襄助，使活動金額和規模逐漸擴大。

2012 年，廖榮吉的街友宴已舉辦 17 屆，曾經最長連續舉辦 8 天，隨著媒體報導，人數和規模也增加，廖榮吉個人奉獻的金額已增至百萬元以上，席開數百桌。對於有些人不是弱勢團體或窮人還跑來吃免錢，廖榮吉亦不介意，他只希望大家都能感受到溫暖。

楊受成　1943.3.2.~　廣東潮州人

香港商人、企業家，慈善家，父親為英皇公司創辦人楊成。

1942 年，楊受成父親楊成開設「成安記錶行」，為日後英皇集團業務奠定基石。

1964 年，九龍彌敦道「天文台錶行」，1966 年成功攞到勞力士錶同埋歐米茄代理權。發展成為多元化綜合企業英皇集團，包括金融、地產、鐘錶珠寶、影視、娛樂、酒店、傳媒、出版、傢俬、飲食等，並將業務擴展到中國、澳門、泰國、印尼、朝鮮、歐美各地。

1997 年，成立「英皇慈善基金」，推動香港與國內教育、醫療、文化、社區、環保、扶貧、扶幼重有扶老等等工作，幫助有需要的人。

2004 年，又成立「新報慈善基金」，發揮傳媒嘅影響力去籌募更多善款；

2008 年，用個人名義成立「楊受成慈善基金」，發展各種體育、教育文化活動。楊受成慈善活動有 1991 年「華東水災」、1998 年「湖北賑災」同埋捐款興建「東華三院楊成紀念長期護理院」、2004 年建「成龍、楊受成公益慈善基金保定兒童福利院」、2006 年開設「湖北慈善香港英皇關愛老人護養中心」同「成龍、楊受成公益慈善基金保定老年公寓」、2007 年夾埋「無國界社工」湖北開創善終服務，重獲得國家民政部中華慈善獎「最具影響力慈善項目提名獎」、2008 年捐助中國廣泛地區雪災同四川地震救災工作、2009 年同河北省順平縣民政局合作開咗「楊受成慈善基金（順平）老年服務中心」、2010 年同河北省雄縣民政局合作開設「楊受成慈善基金（雄州）老年服務中心」、青海地震同甘肅泥石流救災工作等等。2008 年北京奧運，概捐超過千萬人金牌鼓勵金。

楊受成在香港慈善活動有 2003 年「工商界關懷非典受難者基金」、2005 年嘅「攜手送暖到南亞慈善演唱會」2009 年嘅「行善精英慈善行」2010 年嘅「愛‧回味美食同樂宴」，受惠團體就包括有香港公益金、東華三院、香港世界宣明會、香港紅十字會、善寧會同埋聖雅各福群會等，有需要的人都得到幫助。

捐助國內教育基金，包括「中國司法部教育基金」「中國政法大學楊受成法學教育基金」「北京大學教育基金」「廈門教育基金」「復旦大學上海視覺藝術學院英皇表演藝術學院」。

李春平　1949~

李春平，慈善家。他繼承巨額遺產而發家。2006 年 5 月 8 日，世界紅十字日，中國紅十字會在「紅十字博愛周」啟動儀式上，授予李春平「中國紅十字慈善家」稱號，頒發中國紅十字博愛勳章、證書和「博愛」牌匾，並且聘請他為名譽理事。

郭台銘 1950.10.18.~ 晉城市澤州生於台灣板橋

郭台銘是家中長子。由於家境貧寒，1966年郭台銘進入台灣「中國海事專科學校」，靠半工半讀完成學業。服完兵役後，郭台銘在復興航運公司當業務員。

1974年，24歲的郭台銘遇到了一個創業機會：朋友告訴他，認識外商有一批塑膠零件的訂單，想找公司承接生產。郭台銘想，有現成的訂單，順勢辦一個這樣的廠，肯定賺錢。

郭台銘手裡有母親給他結婚用的20萬元台幣，他和幾個朋友又湊了10萬元，在臺北縣成立了"鴻海塑膠企業有限公司"，生產塑膠產品，招聘了15名員工，租來70平方米廠房開張。不料，公司剛剛成立，就遭遇了全球石油危機，原料價格大幅上揚，30萬元資金很快虧得精光。

1974年，郭台銘以母親標會的20萬元新台幣成立「鴻海塑膠企業有限公司」。

1975年，合夥朋友們「撤退」，郭台銘向岳父借了錢，獨自支撐著。承接製造電視機選台旋鈕生意。時間緊，任務重，為了保証准時交貨，郭台銘跑進大小模具工廠，拜託工人們幫忙趕工。

1977年，公司扭虧為盈，買來先進的日本模具機器，

1981年，鴻海接到美國跨國公司電子零件的訂單，改善設備和研發，訂單增加。

1982年，郭台銘終於有了屬於自己的廠房。又在深圳成立廣東深圳富士康精密組件廠、建立電鍍部門與沖壓廠。力行量大、低價競爭策略，迅速佔領市場。公司再度更名為"鴻海精密工業股份有限公司"，郭繼續投資1600萬元進

入計算機線纜裝配領域。

1985 年，在美國成立分公司開拓市場，創出「FOXCONN」品牌，成功打造出他的「連接器王國」，郭台銘率領鴻海和富士康進軍全球市場。

2005 年，鴻海集團總市值已突破一兆，郭台銘被喻為台灣業界的"成吉思汗"。

2006 年 10 月 24 日，群創掛牌上市，鴻海集團總市值為 2.25 兆台幣。台股大漲，截止 2007 年 1 月 3 日，郭台銘資產暴增 700 餘億台幣，總資產約 1,647 億元。"

郭台銘經營技倆

善用人才，把人才變將才，為公不私，勤儉但敢付出、經理級年收入 300 萬；敢花錢是為了公司進步，能用人，不怕幹部比自己強；敢衝衝，衝關就能獲得大報酬；作事獨裁霸氣，「順之者昌，逆之者亡」治軍嚴整，獨裁為公高層主管照樣罰站；他一天工作十五個小時，永遠都不知道疲倦。他的名言是：「走出實驗室，沒有高科技，隻有執行的紀律」；行事「三不原則」：不接受採訪、不參加公開活動、不任意拍照；老闆如此努力，鴻海的員工也是絲毫不敢懈怠。台灣科技界都稱郭台銘為"梟雄"，並以""來形容他。台灣的媒體更是感受到了郭台銘的"霸氣"。

前妻：林淑茹

林淑茹和郭台銘同為 1950 年出生，林淑如是個典型台灣姑娘，她個性溫存，善良堅韌。郭台銘和林淑茹的結合充滿了坎坷的經歷，當時郭台銘隻是個專科畢業的小夥子，家境不算好，學費是靠自己半工半讀賺來的，而林淑如則是富家千金，是臺北醫學院的校花，還是藥學系的高材生。

他們的愛情並不是一帆風順，當時不僅林淑如的父母不同意，就連郭台銘的家長也認為雙方門不當、戶不對，在雙方父母都不同意的情況下，郭台銘並沒有動搖，一直苦苦的追求著林淑如，就這樣經過了五年，雙方的父母終於感動於他們的愛情，答應了他們的婚事。

正是郭台銘和林淑如的相互扶持一起奮鬥，兩個人才最終一起成功，郭台銘也最終由一個窮小子成為台灣首富，創造出他的鴻海帝國。

就在郭台銘被《福佈斯》評為台灣首富的第二天，林淑如就去世了。郭台銘和林淑如佳話一直在流傳，而郭台銘疼老婆也是非常出名的，林淑如在去世前就擁有 13 億資產，郭台銘曾花費數億在捷克用林淑如的名字買了一座古堡送給林淑如。

現任妻子：曾馨瑩

2008 年 7 月 26 日郭台銘再婚，迎娶與他相差 24 歲的舞蹈老師曾馨瑩。兩人在 2007 年，鴻海宴會上結緣，當時曾馨瑩負責指導郭台銘與名模林志玲跳探戈舞。身家高達 1800 億新台幣、年屆 59 歲的郭台銘，堪稱台灣"鑽石王老五"。他和曾馨瑩在 2007 年的鴻海宴會上相識時，郭台銘還因為與名模林志玲跳舞而鬧出緋聞。其後曾馨瑩繼續幫郭台銘上舞蹈課，雙方感情漸深。戀情在 2007 年初曝光，兩人在 3 月被拍到同遊澳門的照片。郭台銘在 4 月時攜女友遊日本，也被拍下親密照。5 月初，郭台銘和女友赴成都大熊貓繁育研究基地參觀，認

養 3 對大熊貓。兩人抱著大熊貓公開讓記者拍照，似乎不再避諱戀情曝光。

曾馨瑩與郭台銘拍拖後，感到壓力很大，連父母在南投的老家都被狗仔隊偷拍。曾馨瑩個性溫柔體貼、健談，很有老人緣，因而深得郭媽媽歡心。郭台銘更是這樣形容她："我在她身上聞不到錢味，隻看到真善美！"

郭台銘的長女郭曉玲出嫁時，佩戴價值 3000 萬新台幣的珠寶，整場婚禮至少斥資 500 萬新台幣。據悉，曾馨瑩的婚紗由設計師黃淑琦與藝人賈永婕合作的 C.H Wedding 負責，C.H Wedding 的婚紗強調設計感與質感，價格也走高檔路線，許多政商名流都在這裡製作婚紗，該店推出的頂級訂制婚紗一套就要價 70 萬新台幣。郭台銘的婚宴也同劉嘉玲那樣保持高度神秘。

喜獲千金

台灣鴻海集團董事長郭台銘 4 月 30 日喜獲千金，他的太太曾馨瑩進行預定的剖腹產，生下一名小女嬰，體重 2854 公克，頭圍 33 公分，身長 50 公分，母女均安。郭台銘授權馬偕醫院公開小女嬰的小腳印，與關心的民眾分享喜訊。

妻子曾馨瑩 4 月要生產，女兒郭曉玲也已懷孕，真是雙喜臨門時，郭台銘得意地說這就叫"生生不息"，又當阿公當爸爸，讓他整個人都年輕起來。

郭台銘曾說，"我已經是兩個孫子的祖父了，我又當爸爸，你說這種心情喔，這個我覺得年輕化，我覺得生生不息。"

當時對於當時妻子所懷寶寶是男是女，郭台銘大賣關子，他說，"我自己也沒有確定，我太太也對我保密，也沒有確定，像我年齡大了，慢慢我想認為女生可能比較好一點，她將來還可以花點時間照顧我，陪我一下，撒嬌一下，雖然男生女生都一樣好，但我一定肯定會多生幾個。"

慈善事業

2003 年，富士康同深圳的醫院及台灣羅慧夫基金會共同啟動了"微笑工程"，為全國各地的兔唇兒童提供手術治療。2006 年，富士康基金會向中華骨髓庫捐贈 1 億餘元人民幣；同年，郭台銘為山西省殘疾人事業捐款 2000 萬元，並為太原市興建農村敬老院捐款 2000 萬元、為太原社會兒童福利院捐款 700 萬元，其時，郭台銘為其家鄉山西省的公益事業捐款達 2 億元。

2007 年，郭台銘又宣佈捐贈 3000 萬元人民幣投入慈善事業，推動富士康 2007 年度愛心工程。

郭台銘表示，退休後會將其 1/3 的財產捐出來用於慈善事業。

四川汶川地震發生後，郭台銘聞訊立即開始部署抗震救災工作，在集團員工中發起了'愛心凝聚'的倡議，為災區人民捐款。據不完全統計，富士康集團員工捐款 3，000 萬元，其中台籍員工捐款達 1，500 多萬元。同時，該集團決定捐款 3，000 萬元。郭台銘委託張整魁代表他及集團員工，向罹難的同胞表示深切悼念，向受災同胞表示親切慰問，向抗震救災的人們表示崇高敬意。

2007 年 5 月 20 日因健康原因辭去鴻准董事長職務，由原鴻准副總李翰明接任。

自從 3 年前郭台成罹患血癌，在北京治療，郭台銘特地買專機來回探視，花錢找骨髓捐贈者，甚至外傳連郭台銘女兒郭曉玲所訂婚期也是為了幫郭台成沖

喜,郭家人為了郭台成,幾乎花上百億新台幣,就是希望能救回一命。

郭台銘曾在農曆年前表示,2006 年是鴻海成長的一年,但因郭台成生病,郭台銘花了 30% 的時間待在北京,七個月內跑了 40 趟北京。另據台媒瞭解,郭台銘為了讓弟弟安心養病,過完除夕,他連同近 10 位家族成員一同搭乘專機飛往北京探視,一待將近 10 天。

郭台成稍早所住的特需病房位於醫院八樓,是經過特別改裝,管制嚴格。郭台銘日前也曾到醫院探視弟弟,在病房待了一個多小時。

2007 年 7 月 4 日郭台成在北京道培醫院去世,得年四十七歲。臨終前郭台銘抱著弟弟,告訴他"放心走吧,你的小孩,你的家人,我都會好好照顧。"

這是中國大陸第一本系統披露富士康經營秘笈的著述。本書揭開了關於富士康的種種迷團,讀者當可見微知著,一窺全球 500 強企業的成長真相。

富士康科技集團是台灣鴻海精密工業股份有限公司在大陸投資興辦的專業研發生產精密電氣連接器、精密線纜及組配、電腦機殼及准系統、電腦系統組裝、無線通訊關鍵零組件及組裝、光通訊元件、消費性電子、液晶顯示設備、半導體設備、合金材料等產品的高新科技企業。

自 1988 年在深圳地區投資建廠以來,經由集團總裁郭台銘先生對科技產業發展動態的前瞻性把握和果斷決策,以及富士康全體同仁的辛勤耕耘,集團規模迅速壯大,在中國大陸、中國台灣、日本、東南亞及美洲、歐洲等地擁有上百家子公司與製造基地,現有員工近 70 萬人。產品從當初單一的電氣連接器發展到今天廣泛涉足電腦、通訊、消費性電子等 3C 產業的多個領域。自 1991 年至今集團年均營業收入保持超過 60% 的復合成長率,已發展成為全球最大的電腦連接器、電腦准系統生產廠商,並連續七年入選美國《商業週刊》發佈的全球資訊技術公司 100 大排行榜,蟬聯 2002 年和 2003 年中國大陸出口 200jq 第一名,自 2001 年起一直穩居台灣最大民營製造商,2003 年度躋身為中國工業企業三 jq。集團傑出的營運績效和紮根大陸深耕科技的投資策略,深為國家與地方領導肯定:胡錦濤江澤民、溫家寶、李瑞環、尉健行、李長春、錢其琛等國家領導人多次蒞臨集團視察,給集團"紮根中國,運籌全球"以鉅力支持。

第一任妻子林淑蓉,生子

　　郭守正(長子):1976 年出生,配偶黃子容,

　　郭曉玲(長女):1978 年出生,與曹斯傑結婚。

第二任妻子曾馨瑩,畢業於臺灣藝術學院,2008 年 7 月 26 日結婚。

　　郭曉如(次女):2009.4.30. 馬偕醫院出生,名林淑如。

　　郭守善(次子):2010 年 11 月 19 日同在台北馬偕醫院出生。

胞弟郭台強:正崴精密董事長、中影董事長。

胞弟郭台成:前鴻準精密董事長,患血癌於 2007.7.4. 在北京逝世。郭台銘捐款數十億元興建血癌防治中心大樓。

陳樹菊 1951.~　　台灣雲林後遷台東

陳樹菊,一個偉大女性菜販慈善家,臺東仁愛國小畢業.家貧如洗,但終身行善.小時候一家八口,賴父親賣菜為生,母親難產沒有錢繳保證金,病中死亡,相繼二弟車禍去世,三弟 1969 年間患流行性感冒,缺錢就醫病故,悲慘的命運,接踵而至.

從此陳樹菊開始賣菜,挑起養家重任,將弟妹拉拔長大,犧牲自己,終身未嫁.坎坷往事,滿腹心酸,皈依台東市海山寺,長年吃素,稍有積蓄,即行行善,損獻慈善事業.

1993 年,父親病逝,將父親保險金及將自己賣菜錢湊足新台幣 100 萬元捐給佛光山佛光學院.

1997 年,捐新台幣 100 萬元給母校仁愛國小成立急難救助獎學金,回饋多年前受到學校的幫助.

2005 年,捐新台幣 450 萬元,給仁愛國小蓋圖書館.

十年來,在基督教「阿尼色弗兒童之家」認養三名孤兒,每年捐新台幣三萬六千元,另外曾捐給阿尼色弗一百萬元.

她目標希望能存一千萬元成立基金會,讓窮人有飯吃、看醫生.

她的善行,美國時代雜誌、讀者文摘等各報章雜誌,時有報導.

2010.5.4.美國時代雜誌在美國曼哈頓中城時代華納中心,為表彰陳樹菊的善行,為她設宴頒獎.

2012.8.31.陳樹菊接受菲律賓總統艾奎諾親臨頒給她「麥格塞塞獎」(Ramon Magsaysay Award)牌及獎金美五萬元.推崇陳樹菊展現出人性的光輝.陳樹菊把這個獎牌留獻給親人,獎金五萬美元捐獻給台東馬偕醫院作慈善事業.

2013.1.18.陳樹菊故鄉台灣雲林縣政府,為她表彰她的善行,頒發她獎金新台幣 30 萬元.陳樹菊將該獎金回饋捐給當地作慈善事業,自己分文未領.

新聞劉永毅為陳樹菊的善行感動,執筆為她寫《陳樹菊—不凡的慷慨》傳記,廣傳世人.

黃如論 1951.9.18.~　　福建連江馬鼻鎮辰山村人

黃如論,1986 至 1991 年其間旅居菲律賓,商人,主要從事房地產和旅遊業.

1991 年,回國,創辦世紀金源集團,出任董事局主席至今.

2005 年,「中國慈善家榜」數年名列榜首.在連江縣城關捐建黃如論中學.

陳發樹　1961.10.25.~　福建安溪縣祥華鄉人

陳發樹，企業家，新華都實業集團創辦人及董事長、武夷山旅遊股份副董事長、紫金礦業董事。分別為紫金礦業 15.61%股權、青島啤酒 9.1%、雲南白藥的第六、第三、第二大股東。

1982 年，陳發樹從林場販運木材到廈門。

1987 年，他和幾個弟弟一起為廈門一家雜貨店送貨

1988 年，將其盤下。

1995 年，在福州東街口開設了華都百貨公司，並成立華都集團。

1997 年，陳發樹與弟弟陳晉江分家並成立新華都集團。

2000 年，紫金礦業改制，新華都出資 4800 萬取得紫金礦業 33%股份。

2009 年，以自然人身分，用 16 億元收購了青島啤酒 9164 萬股 H 股，4 個月後，以 22 億元收購 6581 萬股雲南白藥股份。

2009 年，將個人持有的價值 83 億元個人流通股股票捐贈給新華都慈善基金。該基金是目前中國規模最大的民間慈善基金。

2012 年，在市場配售 3200 萬股青島啤酒 H 股，原持有約 9164.134 萬股青啤 H 股，佔青啤 H 股已發行股本約 13.99%，或佔全部已發行股本約 6.78%，陳發樹仍持有約 5,964.1 萬股青啤

陳光標　1968.7~　江蘇省宿遷市泗洪縣天崗湖鄉

陳光標，自稱陳低碳，南京大學商學院 EMBA，中國致公黨黨員，現任江蘇黃埔再生資源利用公司董事長。

陳光標出生正值中國文革政治混亂時期，父母靠種地生養 5 個孩子，在陳光標兩歲的時候，一個哥哥、一個姐姐因為家庭極度貧困，先後餓死，這給童年的陳光標帶來對飢餓的恐懼記憶，這種喚起陳光標「靠自己改變命運，一定要脫貧致富」的想法。

1978 年，10 歲的時候，開始靠賣水賺錢養家。

1991 年，22 歲的陳光標，離開家鄉去省城南京創業。

陳光標的理念：「財富如水。如果你有一杯水，你可以獨自享用；如果你有一桶水，可以存放家中；但如果你有一條河，就要學會與他人分享」。對富人的理解：「活在人們尊重中的慈善家，比孤獨死在存摺單上的守財奴，光榮、偉大」。

1998 年，30 歲開始慈善事業，截至 2010 年 10 月累計捐獻款物約 14 億元人民幣，尤其 2008 年汶川大地震後，出錢出力救災，被國務院總理溫家寶稱為「有良知、有感情、心繫災區的企業家」，被中國網民稱為「常山趙子龍」。

2007 年，全年共捐出 1.81 億人民幣，有了「中國首善」稱號。

他曾為臺灣莫拉克颱風受災民眾捐助 500 萬元人民幣。

他從事善行，每必高調大肆宣傳，期許能夠帶動更多的人一起加入慈善行業當中，但與古諺所云的「為善不欲人知」相違，他是在「沽名釣譽」，引發社會不少爭議，評價兩極。

李清友 1972.6.~ 陝西甯強漢源鎮亢家洞村人

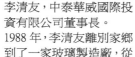

李清友，中泰華威國際投資有限公司董事長。

1988 年，李清友離別家鄉到了一家玻璃製造廠，從學徒工成長為副總經理；

1990 年李清友開始在江蘇、上海、杭州等地從事房地產開發事業；

1997 年，擔任香港天福國際集團有限公司董事長。

2006 年，在北京成立中泰華威國際投資有限公司，李清友先生擔任董事長兼總裁。投資慈善事業 7498.5 萬元。

2008 年，獲中華慈善獎”，在中華慈善大會上，胡錦濤主席出席並與公司董事長李清友親切

　　3 月 26 日，「雨露計畫　中泰華威行動」，承諾未來 5 年捐資 5.1 億元人民幣，作為中國農村扶貧開發的重點工作，累計轉移就業培訓貧困地區勞動力 300 多萬人，帶動 1000 多萬貧困人口告別貧困。

　　李清友還成立中國中泰華威扶貧基金會，將國外投資項目和國內的石油、煤炭等投資專案的所得，以及國外友人的捐贈用於中國的扶貧開發事業，以回報祖國的養育之恩。對醫療事業的慈善捐助是李清友先生捐助支援的重點。

　　3 月，為國家級貧困縣陝西甯強捐贈了 3960 萬元的醫療設備，同時還投資 68 萬元為甯強縣修築了一條 17 公里的村鎮公路。

　　5 月 12 日，汶川 8.0 級大地震，捐贈了 260 萬元的現金及帳篷、速食麵、醫療設備等物品。

　　7 月 25 日，李清友為貧困革命老區會昌捐贈了總價值 4138 萬元的醫療設備。

9 月 27 日，為湖南漢壽縣人民醫院捐贈了價值 1080 萬元的醫療設備。

10 月 28 日，為江西省全南縣和石城縣捐贈了價值 5168.6 萬元的醫療設備。

投入了 14674.6 萬元的資金用於抗震救災和扶貧等社會公益活動。

2009 年 3 月 15 日，健康扶貧辦公室帶著對老區人民的深情厚誼，向贛縣捐贈 67 台價值 1423.32 萬元的醫療設備。

沈芯菱　1989.11.~　臺灣雲林縣人

沈芯菱，國立清華大學畢業，台灣大學新聞研究所碩士研究生，長期擔任志工。《讀者文摘》評為「少女公益慈善家」，兩度榮獲中華民國政府頒授總統教育獎、全國傑出青年獎章、台灣十大傑出青年等多項殊榮，獲選為「台灣百年代表人物」，被《世界年鑑》《台灣名人錄》及中華民國教育部頒布之高中、國中、國小，共十本教科書列為青年典範。

祖父是是雲林縣的農民，父母親小學畢業後到台北學裁縫，中年時開設一間小型成衣家庭代工廠，沈芯菱五歲時，因匯率升值壓力，上游廠商倒債，母親不願積欠員工薪資，導致自己背負債務，轉以從事路邊攤販，在她有記憶以來，都是在幫忙吆喝叫賣的攤販中度過。 直到為了讓她上小學，才回雲林縣租鐵皮屋定居，她國小五年級在校接觸電腦，母親發覺她的電腦才華，四處借貸、變賣玉飾置入一部中古電腦，而沈芯菱是在圖書館學電腦的。沈芯菱運用電腦幫家中成衣代工廠成立網站，多年努力後終於脫離負債貧窮，穩定家計。

鍾德權

鍾德權，延續家庭理念，孝子捐車！在新北市坪林區出生、長大的男子鐘德傳，從小看父親為鄉里事務出錢出力，希望能延續父親的理念，替地方略盡棉薄之力，日前他聽朋友說起坪林分隊的救災勤務繁重，決定捐出 1 輛災情勘查車。坪林分隊指出，任職於台北市某出版社的鐘德傳，捐車時用的是其母鐘黃緞女士的名義，昨天捐車典禮時，也不願意發言，是非常低調的善心人士。

郭曉玲　晉城市澤州，生於台灣台北

郭曉玲，郭台銘和林淑如的女兒，加州大學柏克萊分校畢業，作風平民化，和丈夫曹斯傑的情事低調，但工作行事有乃父之風，被看好是接班人。兩個叔叔分別為郭台強和郭台成。目前擔任永齡教育慈善基金會的董事長，時常興辦與出席文藝與教育的慈善活動。

王琳達

王琳達，長年傾心教育事業，捐助中國教育發展基金會 1100 萬港幣，成立
"怡海教育專項基金"支持教育"公益之星"和"公益人物"獲獎者。

1992 年，到北京投資，簽訂了怡海花園住宅項目開發建設合同。主動墊支
6000 萬元，使西南四環路的建設得以提前啟動。

1995 年，怡海花園破土動工。在售房過程中，王琳達看到，很多買房人考
慮子女教育問題，有的家長為孩子的教育節衣縮食、幾代人擠居一室。她
深為所感，把怡海的經營思想明確為：以房地產業為龍頭，以基礎教育為
羽翼，推動地產業的發展，推動社區文化建設，推動地區經濟高速發展。
怡海公司主動為政府分憂，安排下崗職工就業，積極納稅。

2000 年至今，公司綜合納稅率在豐台區一直名列前茅，被評為北京市納稅 A
級企業、豐台區突出貢獻企業等。

2004 年，建立"怡海華夏精英獎"獎勵從怡海中學畢業考上大學的學生。

2007 年，王琳達個人發起並出資 1000 萬元，成立"怡海教育專項基金"，
對怡海在校學生、優秀教師、中國中西部優秀教師提供幫助。

2008 年，　南方特大雪災，請人從湘西土家族自治州買了 160 噸柑桔，運到
北京進行義賣，所得 96 萬善款全部捐給災區。捐贈物資及善款共有三千
余萬元。

5 月 12 日。四川汶川發生 8.0 級大地震，怡海集團三次組織全公司及各個
學校幾千人次為災區進行義捐，募集資金共計 11396 萬元，並為北川中學
學生捐贈 3350 套秋季校服及價值 20 余萬元的護膚品。

2008 年 9 月，怡海參與新北川中學的重建，出資 200 萬元組織香港大學、美
國麻省理工大學、哈佛大學、清華大學和同濟大學的建築設計師團隊為新
北川中學校舍進行規劃設計，2010 年 9 月 1 日交付使用。

2009 年 5 月 8 日，怡海集團集結全球華人華僑及全國人民組織發起《愛在
北川學子吟》圖書義賣活動，義賣所得善款用於援建北川中學。

匡俊英　生歿不詳　苗族

匡俊英：苗族，1998 年，匡俊英畢業于中央民族大學，2000 年在北京西郊開了萬國經典書城。

1998 年，分配到一家事業單位，不久，聰明的匡俊英發現了一個絕妙的商機。他發現大學生軍訓結束後，迷彩服、軍鞋往往直接就被扔了。於是，有心的匡俊英便把北京所有高校的軍訓服裝統一購進，然後轉賣給建築工地的工人，賺得了幾萬塊的創業資金。

2000 年的春天，匡俊英在北京的西郊成立了北京萬國經典書城。

2008 年，向各地工會"職工書屋"捐贈圖書已達 555 萬元。從書城創立到今天，匡俊英向社會捐贈的圖書累計已逾 6000 萬元。

2009 年，中國十大慈善家之一。本著"送書是為了更好地賣書"的理念，為實現兒時夢想，自主創業開設書屋，將書籍免費贈送到山南海北、大江兩岸，他用圖書搭建了自己的"慈善帝國"。

匡俊英向社會捐贈累計近 1.36 億元。2008 年，他累計捐贈 7658 萬元。2008 年，他的企業共捐贈圖書 1158 萬元，其中向各地工會"職工書屋"捐贈圖書達 555 萬元。

匡俊英書城裏的免費書籍開始流向各處：單位、個人、學校、工廠，還有監獄。他說："服刑人員確實缺少知識，缺少文化，才走上這種犯罪的道路，他們可以通過圖書去更多地瞭解外面的世界。"在匡俊英心中，書籍是拯救靈魂、引導人生之路的良醫。

對於貧困地區渴望讀書的人們，他向中國法律援助基金會 592 個國家級貧困縣司法局捐贈了 500 萬元的法律圖書。汶川地震後，他心系受災兒童，為了撫慰他們脆弱的心靈，他向災區捐贈了 100 萬元的圖書。

"整合圖書資源，傳播優秀文化，更廣闊、更準確地把圖書傳播到最需要的人群中去"。

匡俊英捐贈的圖書涉及哲學、法律、管理、勵志、科教等眾多門類，一年之內，匡俊英帶著他的書，還有滿腔的熱情，走過了寧夏、廣西、河南、貴州、河北……為那裏的職工送去精神食糧，為各地的"職工書屋"添磚加瓦。不

　　僅如此，他還向天津、甘肅、江蘇、湖北等省捐贈了 6500 萬元的醫療設備。

中國慈善家(資料待考)

卅五、社會名人

(一) 社會學家

鄭信　1734~1782　　廣東澄海市華富村，後僑居泰國

鄭信，是第一個在海外當皇帝的華人，為泰國吞武里王朝開國皇帝，歷史記載，鄭信父親鄭達(後改名鄭鏞)，年輕時遠去泰國謀生．

1734年，鄭信誕生，被大臣昭披耶節基收為義子．

1747年，13歲入宮成為泰國官侍衛，後任太守．

1764年，緬甸入侵，鄭信率軍抗敵，立下汗馬功勞，擊退緬軍，平定各地割據勢力，統一了國家，建立吞武里王朝．

1767年12月28日被擁戴為泰王，歷史上稱泰鄭皇，這是歷史上在海外當皇帝的人，鄭信在位15年，

1782年，亡故．

泰族立國共歷4個王朝50位皇帝，其中只有5位業精卓著者被諡為〔大帝〕，鄭信便是其中之一．

1950年泰國政府在曼谷市吞武里廣場中央建立〔鄭皇達信紀念碑〕供人瞻仰，規定每年12月28日(吞武里大帝)登基之日為〔鄭皇節〕，以示對這位民族英雄的懷念．

廣東澄海市華富村鄭氏宗祠一副對聯〔曾與帝王為手足，欣收天子作門生〕．這座老宅為鄭信的父親鄭達就出生在這裡，而鄭信的衣冠墓則在村外一個池塘旁，澄海市政府列為文物保護單位．

1998年泰國詩琳公主專程來到這裡拜謁鄭信衣冠墓，並將一頂絹製皇冠送給當地政府，隨同的泰國華僑還贈送了一尊鄭皇騎馬銅像，仿曼谷吞武里廣場上的巨型鄭皇銅像製成。

孫本文　1891~1979　　江蘇蘇州吳江人

孫本文，原名彬甫，號時哲，社會學家。

1915年，入國立北京大學哲學系，

1918年，畢業後任教國立南京高等師範學校（後改中央大學）。

1921年，赴美留學，

1923年，獲伊利諾大學社會學碩士學位，

1925年，獲紐約大學社會學博士學位。

1926年，回國，任上海大夏大學、復旦大學教授。

1928 年，組織成立東南社會學會，任理事長。又執教於國立中央大學，
1929 年，任教授，長期擔任社會學系主任，並曾任師範學院院長、教務長。
1930 年，發起成立中國社會學社，自任社長，又任教育部高等教育司司長。
1941 年，受聘為教育部部聘教授。
1952 年，南京大學社會學系因政治原因被撤銷，轉至地理系教統計學。
1962 年，在南京大學政治系、哲學系任教。曾任《江海學刊》編委。
1979 年 2 月，在南京去世。
孫本文勤於筆耕，著述豐富。《社會學上之文化論》《社會問題》《社會學 ABC》
《人口學 ABC》《文化與社會》《社會學的領域》《社會的文化基礎》《社會
變遷》《社會學大綱》《中國人口問題》《社會學原理》《社會學詞典》《中
國社會問題》《現代中國社會問題》《社會行政概論》《社會思想》《社會心
理學》《近代社會學發展史》《當代中國社會學》《社會調查方法和表格》等。

金岳霖　1895.7.14.~1984.10.19.　浙江省諸暨縣人出生於湖南長沙。

金岳霖，字龍蓀，社會學家、哲學家、邏輯學家。
1901 年，進入長沙明德學堂讀四書五經，接受傳統教育。
1907 年，進入美國教會創辦的雅禮大學預科。後考入清華
學堂（1912 年改名清華學校）。
1914 年，清華學校高等科畢業，同年官費留美，
1920 年，獲美國哥倫比亞大學的政治學博士學位。後到英
國學習，在倫敦大學經濟學院聽課。
1925 年，回國，清華大學聘請金岳霖講授邏輯學。是年秋，
創辦清華大學哲學系，任教授兼系主任。
1938 年，任西南聯大文學院心理學系教授、兼清華大學哲
學系主任。
1948 年，被選為第一屆中央研究院院士。
1949 年，任清華大學文學院院長。
1952 年，全國高校院系調整，全國 6 所大學哲學系合併為
北京大學哲學系，金岳霖歷任北京大學哲學系教授、系主
任，中國科學院哲學研究所副所長。
1955 年，被聘為中國科學院哲學社會科學部學部委員，9
月底，任哲學研究所副所長兼邏輯研究組組長。
1977 年，任中國社會科學院副所長、兼研究室主任。
1984 年，金岳霖在北京寓所逝世，享年 89 歲。
在歐洲留學時結識 Lilian Talor，後者隨後來到北京，與金同居。金終生未娶，
金岳霖從事哲學和邏輯學的教學、研究和組織領導工作，是最早把現代邏輯系
統地介紹到中國來的主要人物。他把西方哲學與中國哲學相結合，建立了獨特

的哲學體系，培養了一大批高素養的哲學和邏輯學專門人才。著有：《邏輯》、《論道》和《知識論》。出版有《金岳霖學術論文選》《金岳霖文集》等。

潘光旦

1899~1967　江蘇太倉直隸州寶山縣羅店鎮（今上海市寶山區）人

潘光旦，原名光，後署名光旦，又名保同，字仲昂，　社會學家和優生學家，對於優生學、教育制度、婚姻制度、家庭問題、娼妓制度、人才分布等等有研究。

1913 年，江蘇省政府咨送北京清華學校。

1922 年，畢業赴美留學，入達特茅斯學院，

1924 年，獲學士學位；同年入哥倫比亞大學研究院，獲理學碩士學位。對於譜諜學深感興趣。

返國後歷任上海吳淞國立自治學校、東吳大學、光華大學、暨南大學講師、社會系主任、文學院院長。中國優生學會會長等職務。

1927 年，與胡適、徐志摩等在上海籌設新月書店。

1929 年，任第 3 屆太平洋國際學會中國代表團代表。

1934 年，任清華大學社會系教授，後兼清華大學校務委員會委員。

1937 年，任長沙臨時大學教務長。

1938 年，臨時大學改為國立西南聯合大學，任教務長。

1941 年，參加中國民主政團同盟（即中國民主同盟之前身），任民盟中央常委。

1949 年，任中央人民政府文化教育委員會委員。任第 2～4 屆全國政協委員，後任中央民族學院專門教授。

1957 年，文化大革命，反右派鬥爭中被錯劃為右派分子，是人類學、民族學界著名五大右派(吳澤霖、潘光旦、黃現璠、吳文藻、費孝通)之一，因在土家族民族識別研究的成果而成為「破壞民族關係」的「罪名」。潘光旦和費孝通愛散步，傍晚時分，二人常到校門外散步，有些小學生爭相圍觀，呼叫著那個大胖子（費孝通）是右派人物，並向他們扔石塊。潘光旦文革時被抄家、批鬥，在醫院，潘光旦因膀胱及前列腺發炎成為危重的病人，卻無任何治療。

1967 年 6 月 10 日晚上，老保姆看到潘光旦情況不佳，急請隔壁的費孝通過來，潘光旦向費孝通索要止痛藥，費孝通沒有，他又要安眠藥，費孝通也沒有。隨後，費孝通將潘光旦擁入懷中，　潘光旦遂逐漸停止呼吸，費孝通哀嘆「日夕旁伺，無力拯援，淒風慘雨，徒呼奈何」。

1979 年，潘光旦右派問題獲得改正。

潘光旦一生學術涉及廣博，在性心理學、社會思想史、家庭制度、優生學、人才學、家譜學、民族歷史、教育思想等眾多領域都有很深的造詣。

楊開道　1899.6.7.~1981.7.23.　湖南新化人

楊開道，號導之，中國農村社會學家。

1920 年，考入南京高等師範學校農科（今南京農業大學），1924 年畢業。

1924 年，赴美留學，1925 年在愛荷華州立大學獲得碩士學位。

1927 年，在密西根大學獲得農村社會學博士學位。

1927 年，回國，先後在大夏大學、復旦大學、中央大學農學院任社會學教授，並在燕京大學社會學系任教授兼主任。

1930 年，建立燕京大學清河鎮試驗區，發起成立中國社會學社及鄉村建設運動。

1934 年，任燕京大學農村建設科主任。

1935 年，任燕京大學法學院院長。

1948 年，任國立上海商學院教授兼合作系主任。

1949 年，歷任武漢大學農學院院長、華中農學院（1985 年更名華中農業大學）籌委會主任和院長、湖北省圖書館館長等職。

著作有《農村社會學》《社會研究法》《社會學研究法》《社會學大綱》《農場管理學》《農場管理》《農業教育》《農村問題》《中國鄉約制度》《農村社會》。

黃現璠　1899.11.13.~1982.1.18.　廣西壯族自治區崇左扶綏渠舊鎮三合村

黃現璠，原名甘錦英，歷史學家、民族學家、教育家、社會活動家。民族學家。

1926 年，入北京師範大學預科，兩年後考入北師大史學系，王進入北師大研究所（後稱研究院）深造，師從陳垣（援庵）治考據學、錢玄同（中季）治音韻學、李建勛治教育學，以陳援庵、錢中季兩導師指導為多。

1932 年，兼任北師大教育研究會助理幹事，認為教育的重要意義在於人格的塑造，而知行合一為高尚人格形成的基礎。

1935 年，考入日本東京帝國大學大學院；同年 11 月，以商務印書館預支稿費（《唐代社會概略》、《宋代太學生救國運動》兩書）赴日（1936 年 1 月獲得廣西省留學官費），進入東京帝大研究院深造，師從日本東洋史名家和田清、加藤繁教授治中國史。

1937 年，從日本歸國，歷任廣西大學、中山大學、國立桂林師範學院、廣西師範學院（現廣西師範大學）等校史學教授，為中國壯族首位大學教授。曾先後兼任廣西教育研究所研究員、廣西大學訓導長、中文系主任、圖書館館長、廣西師範學院圖書館館長等職。

1943 年，組織「黔桂邊區考察團」，任團長；

1945 年，組織「黔南邊民考察團」，任團長，多次深入黔桂兩省少數民族地區展開廣泛的學術調查活動。

1949 年，中華人民共和國成立後，當選為第一屆中國人民對外文化協會理事，

1951 年，中央民族訪問團中南訪問團廣西分團副團長（團長費孝通）慰問調查。

1952 年，前往都安、東蘭、南丹；又到扶綏東羅、崇左、德保、靖西從事田野
　　調查，收集土司遺存文物史料、吳凌雲父子反清起義史料和儂智高起義史料。

1953 年，在廣西大學組建「桂西僮族自治區人民政府文教局歷史文物調查工作
　　組」，任組長。

1954 年，到貴縣調查了解壯族分布以及收集黃鼎鳳和太平天國史料。當選人大
　　代表、民族委員會委員。桂西僮族自治區人民政府委員、廣西省人民會委員。

1957 年，出席全國人大民族委員會在青島舉行的「全國民族工作座談會」。

1958 年，與費孝通、歐百川等被第一屆全國人民代表大會第五次會議罷免全國
　　人民代表大會民族委員會委員職務，從而被劃為右派。

　　文革期間，被紅衛兵扣以「學術上反攻倒算和死不悔改的大右派」等罪名，
　　遭批鬥、遊街、掛牌戴高帽示眾、掃廁所掃大街、毆打等遭遇。

1978 年，組織田野考察隊赴龍州、憑祥、寧明、崇左等縣收集史料實地考察。

1979 年，右派案件得以平反，擔任政協委員期間，為協助平反冤假錯案做了大
　　量工作。提出「中國民族歷史沒有奴隸社會」，他被視為「無奴派」導師。

1981 年，在桂林創辦「灕江業餘大學」，擔任校長。

1982 年 1 月 18 日下午 4 點 37 分，腦溢血病逝桂林市醫專附屬醫院。鑒於黃現
　　璠生前對廣西民族文化教育事業作出的貢獻，他的骨灰盒安置廣西革命陵園。
　　黃現璠反對「大民族中心主義」，主張世界各民族一律平等，倡導民族「文
　　明精神」和「科學態度」。他被民族學界尊奉為八桂學派創始人。

　　學術研究的鮮明風格，他主要表現為古史多重證法、新考據法、開拓性。遺
　　存實物、口述史料多種證據結合研究和考證中華民族古史及其文化新治史法。

黃華節　1901~?　廣東人

黃華節，社會學家、民俗學家、人類學家。筆名黃石、養初。

1923 年，前後曾到暹羅

1924-28 年，在廣州白鶴洞協和神科大學隨校長龔約翰博士（Dr.John S. Kunkle）
　　研究宗教史，並寫《神話研究》

1928 年，在香港《華僑日報》做編輯，與鍾敬文交往，與何玉梅結婚。

1929 年，何玉梅病逝。

1930 年，在燕京大學吳文藻教授手下研究，專攻宗教及民俗，並發表大量有關
　　民俗學的論述。著有《家族制度史》《婦女風俗史話》。

1949 年，隱居香港元朗東頭村，以賣文為生，文章多發表在台灣的學術性雜誌，
　　並以原名黃華節在台灣商務的《人人文庫》中出版《關公的人格與神格》和
　　《中國古今民間百戲》《端午禮俗史》。

吳文藻　1901.12.20.~1985.9.24. 江蘇江陰人

吳文藻，江蘇江陰人，中國著名社會學家、人類學家、民族學家。

1917 年考入清華學校。

1923 年畢業後赴美國留學，進入達特茅斯學院社會學系，獲學士學位後又進入紐約哥倫比亞大學研究院社會學系，獲博士學位，並榮獲了校方頒發的「最近十年內最優秀的外國留學生」獎狀。

1929 年 6 月與冰心（謝婉瑩）結婚，任燕京大學教授。

1938 年在雲南大學任教，1939 年創立社會學系。

1940 年在國防最高委員會參事室工作。

1953 年任中央民族學院教授。

1959 年後從事編譯工作。

1979 年被聘為中國社會學研究會顧問。

1985 年 9 月 24 日病逝，根據他的遺囑，沒有進行遺體告別儀式和追悼會。經冰心努力，中央民族大學從 1996 年開始設立吳文藻文化人類學獎學金以獎勵後進。吳文藻先生是中國社會學、人類學和民族學本土化、中國化的最早提倡者和積極實踐者。

著名學者費孝通、林耀華、黃華節、瞿同祖、黃迪、李有義、陳永齡均曾師從吳文藻。張海洋、關學君、龍平平和納日必力格則是其關門弟子。

夏道平　1907~1995.12.23.　湖北大冶縣人

夏道平，台灣著名經濟學家、政論家，家境殷實，自小聘請家庭教師至家中教導。他在杜星符的教導下，奠定良好的國學基礎。

1929 年，以同等學力考入武漢大學文學預科。二年後直升武漢大學經濟學系，　畢業後留教擔任助教。因為抗戰爆發，跟隨武漢大學遷到重慶。

1949 年，隨國民政府撤退，到達台北，與雷震創辦《自由中國》，撰寫偏激時　論文章，攻擊政府。

1957 年，詹紹啟從美國寄來雜《反資本主義心境》一書，極力主張《個人主義　與經濟秩序》《自由社會的經濟學》。

1960 年，政府查禁《自由中國》後，不再針對政治公開發言。在政治大學、東　海大學、輔仁大學、東吳大學、銘傳商專等校任教，傳布自由經濟理念。退　休後，至中華經濟研究院擔任特約研究員。

　夏道平晚年信奉基督教。

趙樸初　1907.11.5.~2000.5.21.　安徽省太湖縣人

趙樸初，中國社會活動家、宗教領袖、詩人、書法家、佛教居士。

中國佛教協會會長．

擔任中國作家協會理事，中日友好協會副會長、顧問，中國紅十字會名譽會長，中國人民爭取和平與裁軍協會副會長。

瞿同祖　1910.7.12.~2008.10.3.　湖南長沙人後遷上海

瞿同祖，字天貺，後改天況，名歷史學家，以法律史和社會史研究而著稱。

出身世家，祖父為晚清大學士瞿鴻禨。父瞿宣治先後任職於中國駐瑞士及荷蘭公使館，1923 年病逝於馬賽。叔父瞿兌之。

1924 年，到北京在瞿兌之家居住。就讀北京育英中學、匯文中學。

1928 年，母親在上海病逝。

1930 年，因成績優異，保送燕京大學，主修社會學。同學中有費孝通、林耀華和黃迪，四人同年出身，均受吳文藻指導，合稱「吳門四犬」。

1934 年，獲文學士後，繼續就讀燕京大學研究院，在吳文藻與楊開道指導下，研究中國社會史，

1936 年，以論文《中國封建社會》獲碩士學位。該書以社會學觀點和方法研究古代中國社會，獲得普遍關注。

1937 年，商務印書館出版，很快成為中國社會史研究領域的重要參考書。

1938 年，不屈就偽政權，隻身南下，在重慶任國民政府貿易委員會調查處處

1939 年，應吳文藻和費孝通之邀任教於雲南大學，由社會、政經、法律三系合聘為講師，後升為副教授、教授，開設了「中國經濟史」、「中國社會史」及「中國法制史」三門課程。

1944 年，在西南聯大社會系兼課，講授「中國社會史」。

1945 年，應魏特夫之邀赴美任哥倫比亞大學中國歷史研究室研究員，從事漢史研究。期間完成《漢代社會結構》。

1949 年，妻子趙曾玖攜子女離美回國。

1955 年，為哈佛大學東亞研究中心研究員，研究中國史，並開設「中國法律」課程。期間，完成《清代地方政府》一書，在西方漢學界有較大影響。

1962 年，任教加拿大不列顛哥倫比亞大學亞洲系，開設中國通史和古漢語課程。

1965 年，辭職回國。因文革，在北京住了一年，未安排工作，回原籍。妻子趙曾玖則任職於貴州省科委。

1971 年，在湖南文史館工作，妻子同年退休，兩人合譯《艾登回憶錄》。

1976 年，妻病故，借調到中國社會科學院近代史研究所，編譯《史迪威資料》。

1978 年，正式調入近代史所，任二級研究員。

1985 年，起享受終身不退休專家待遇。期間曾有寫作計劃，但未完成。

2008 年 10 月 3 日，在北京協和醫院逝世，享年 98 歲。

費孝通 1910.11.2.~2005.4.24. 蘇州吳江

費孝通，社會學家、人類學家、民族學家、社會活動家，中國社會學和人類學的奠基人之一。

1933 年，燕京大學畢業。

1935 年，清華大學研究生院社會學人類學系。

1936 年，英國倫敦經濟學院學習社會人類學，師從馬林諾夫斯基。

1938 年，英國倫敦大學博士學位，博士論文為《江村經濟》。

1938 年，回國任教雲南大學主持雲南和燕京大學合辦社會研究室

1940 年，1945 年任雲南大學社會學教授。

1945 年，參加中國民主同盟，投身於民主愛國運動。

1945 年，任西南聯大教授、副教務長。

1951 年，任中央民族訪問團中南訪問團代理團長。

1952 年，任中央民族學院副院長、中國科學院哲學社會科學委員。

1957 年，任中央民族學院人類學教授。

1978 年，任中國社會科學院民族研究所副所長。

1979 年，任中國社會學學會會長。

1980 年，任中國社會科學院社會學研究所所長。

1980 年，在美國丹佛獲國際應用人類學會馬林諾夫斯基名譽獎。

1981 年，在英國倫敦接受英國皇家人類學學會頒發赫胥黎獎章。

1982 年，任北京大學社會學系教授。

1982 年，英國倫敦大學經濟政治學院授予榮譽院士稱號。

1982 年，任中國社會科學院社會學所名譽所長。

1985 年，任北京大學社會學研究所所長。

1988 年，在美國紐約獲大英百科全書獎。

1993 年，在日本福岡獲福岡亞洲文化獎。

2005 年，在北京逝世，享年 95 歲。

吳尊賢 1916.12.29.-1999.6.7. 台灣台南

1955，與吳三連、侯雨利、等籌組「台南紡織公司」，其後逐漸擴大投資，

1960，設立「環球水泥公司」，擔任常務董事兼總經理。

之後陸續參與籌設坤慶紡織、德興企業、臺灣針織、南帝化工、新和興海洋、環泥建設、南台技術學院、萬通銀行……等公司，被外界稱為「台南幫企業集團」。一向堅持「勤儉誠信，穩健踏實」的行事準則，也是其事業的經營方針，樹立了值得信賴的企業風格。事業有成之際，積極投入文化、公益、體育事業，

1981 年，本諸「取之社會、用之社會」的信念，捐資壹億元等值之股票，創立「吳尊賢文教公益基金會」，捐助慈善公益事業、體育活動、學術研究機構，

　　培育優秀人才，表揚愛心人士，對改善社會風氣不遺餘力。

1998 年，捐建約新臺幣兩億元興建「尊賢館」，作為臺灣大學邀請海外學人來
　　台講學期間交誼、住宿及學術會議之用。「台大校園發展基金會」吳尊賢捐達
　　四千多萬元。

1999 年 6 月 7 日，心臟衰竭病逝於國泰醫院，享年 84 歲。

吳尊賢天性平和、修為到家、與人為善、樂天知命、臉上常是笑容。凡事達觀，
心境樂觀、身體健康。畢生致力慈善事業，推動社會公益，為改善社會風氣而
努力。

殷海光　1919.12.5.~1969.9.16.　湖北黃岡回龍山鎮的一個傳教士家庭

殷海光，國立台灣大學教授，台灣自由主義的開山人物、與啟蒙大師。

殷海光本名「殷福生」，抗日戰爭結束後踏入出版界時採用的筆名，

1932 年，13 歲，由其伯父辛亥革命志士殷子衡帶到武昌，入武昌中學念書。初
　　中時代，殷海光不是獨佔鰲頭的好學生，桀驁不馴，讀書非常任性，有幾科功
　　課不合格。伯父和父親認為他不堪造就，便強迫他在二年級中輟，送到食品店
　　當學徒。他苦挨八個月後受不了，逃回家復學讀書。

中學時期殷海光便迷上哲學，十六歲便於《東方雜誌》發表文章，受到當時哲
學大師金岳霖的影響。

1938 年，讀西南聯合大學哲學系，

1942 年，考入清華大學哲學研究所。

1945 年，投筆從戎，加入青年軍，八個月後因為不適應軍隊生活回到重慶。

1946 年，獲聘為中央日報主筆，並擔任金陵大學講師，講授「哲學與邏輯」課
　　程。在從事新聞工作的過程中，殷海光接觸到一般大眾所不清楚的真相，漸
　　漸產生對國民黨統治的疑慮，埋下日後他對其政權勇於批判的遠因。

1949 年，殷海光赴台灣擔任台大講師，先後開設課程有：邏輯、邏輯經驗論、
　　羅素哲學、理論語意學、科學的哲學、現代符號邏輯、歷史與科學等，並參
　　加在胡適、雷震、傅斯年等創辦的《自由中國》雜誌，為編輯之一。

1953 年，殷海光與夏君璐結婚。

1954 年，赴哈佛大學研究講學一年。一年後回台灣，在台大任教，另為《自由
　　中國》和香港《祖國週刊》撰寫政論文章，他堅持以筆的力量來對抗言論思
　　想禁制。

1956 年，夏君璐生下一女殷文麗。現母女二人生活在美國。

1960 年，中國民主黨組黨，認為組黨乃時勢所趨。殷海光與夏道平狠批時政，
　　《大江東流擋不住》最引人注目。雷震入獄後，《自由中國》被查禁，殷海
　　光大部分作品也成為禁書。殷被《中國季刊》圍勦，被指為「偽自由主義者」
　　「文字賣國者」「知識詐欺者」，甚至於指責他「從事煽動顛覆」。

1964 年，政府停止殷在國家長期發展科學補助金每月六十美元補助，又查禁他
　　的著作《中國文化的展望》出版，版稅收入因而中斷。

1965 年，殷海光《到奴役之路》寫道：世界上最剛強的人是敢於面對逆意的現
　　實真相的人，身臨這樣的真相而猶懷抱理想希望的人。

1966 年，殷海光演講《人生的意義》，非常受學生歡迎，7 月，受到政治壓力，
　　台灣大學不再續聘，殷海光轉任教育部委員。

1967 年，哈佛大學邀其前往研究中國近代思想，政府不允許其出境。生活起居
　　也受到監視。殷海光不堪身心雙重摺磨，是年罹患胃癌，堅持閱讀著作不輟。

1969 年，病逝，享年 49 歲。

　　殷海光深受羅素、波普和海耶克影響，一生著述甚多，其中最具影響的是翻
　　譯海耶克的《到奴役之路》以及德貝吾的《西方之未來》，著有《中國文化
　　的展望》上下兩冊、《政治與社會》上下兩冊、《殷海光全集》十八冊等。

金耀基　1935.2.14.~　浙江省天台縣人。

金耀基，台北市立成功高級中學畢業，「國立」台灣大學
法學士，「國立」政治大學政治學碩士，美國匹茲堡大學
哲學博士。曾任香港中文大學新亞書院院長、香港中文大
學副校長、校長。曾於英國劍橋大學、美國麻省理工學院、
德國海德堡大學等校訪問研究。現任香港中文大學社會學
講座教授。研究興趣主要為中國現代化及傳統在社會、文
化轉變中的角色。

1970 年 8 月，開始在香港中文大學任教，曾任中大新亞學
院院長，先後在英國劍橋大學，美國麻省理工學院和德國
海德堡大學從事研究訪問。

1994 年，當選中央研究院院士。

1995 年，被聘為「國統會」研究委員。香港中文大學副校
長，社會學講座教授。

著述包括《大學之理念》《從傳統到現代》《中國社會與
文化》《中國政治與文化》《中國現代化與知識分子》《劍
橋語絲》《海德堡語絲》《敦煌語絲》等。

吳幼堅　1947.4.25.~　廣東省恩平市

吳幼堅，女，父親吳有恆，曾任解放軍粵中縱隊司令員、廣州市委書記、廣東
省人大常委會副主任等職務，母親曾珍·

1936 年，加入中國共產黨，。

1960 年，就讀於廣東廣雅中學。高中畢業遭逢「文革」，

1968 年，作為知青赴粵北山區務農數年，後調任陽山縣文化局創作員。

1977 年，任交通部廣州航道局湛江工程處政工幹事。

1979 年，歷任《廣州文藝》雜誌校對、編輯、副主編。

1993 年，自行策劃、自費出版個人攝影集《這一株三色菫》。
1996 年，任《源流》雜誌副總編輯。
2004 年，吳幼堅的兒子鄭遠濤接受廣州電視台採訪，成為廣州第一位在電視上公開同性戀身份的人。
2005 年，吳幼堅與兒子一起接受南方電視台採訪，成為中國第一位在媒體上公開支持同性戀兒子的母親。辦博客，設信箱，開熱線公開支持同性戀群體。
2006 年，新浪博客，被廣大同性戀者及其父母稱為「吳媽媽」。
2008 年，成立中國首個以同性戀者及其親友為主體的民間組織同性戀親友會並任會長。在廣州、北京、上海舉辦全國性的同志父母懇談會。
　　吳幼堅開始致力於同性戀公益事業，擁有大批支持者，但也有人指責，他我行我素，吳幼堅至今仍然頗受爭議。

劉兆佳　1947.6.7.~　廣東東莞人
劉兆佳，畢業於聖保羅書院，1971 年畢業於香港大學，主修社會學及經濟學，獲社會科學學士（一級榮譽）銜。
1975 年，在美國明尼蘇達大學取得博士學位，回港後於香港中文大學任教。
1983 年，升為高級講師。1987 年擢升為教授，1990 年晉身講座教授。
1978 年，任香港中文大學社會研究中心副主任，
1982 年，兼任香港研究中心副主任，1984 年擢升為主任，
1990 年，起兼任香港亞太研究所副所長，
1993 年，為港事顧問，獲全國人大常委會委任為香港特區籌委會預委會委員，
1994 年，兼任社會學系主任。
1996 年，接續獲委任為香港特區籌委會委員，
2003 年，起獲委任中國人民政治協商會議全國委員會委員。
2002 年，出任香港特區政府中央政策組首席顧問。
2002 年，表示在集體負責制下，以維護政府的權威和政策，公開發言對自己設下「四不」政策，即不評論北京政策、不評論其他個別官員言論、不與政府唱對台戲及不反對特區政府政策。其言論作風的轉變，為部份學者所詬病。
2005 年，延任兩年至當屆政府任期完結，
2007 年，香港中文大學退休，獲任社會學講座教授。常撰文對政府政策作批評，
2012 年，隨當屆政府任期完結離任。

李銀河　1952.2.4.~　衡陽市衡山縣生於北京人
李銀河，中國社會學家，已故中國當代作家王小波的遺孀。
1974 年，就讀山西大學，畢業後曾在《光明日報》做編輯，後來轉到中國社會科學院進行科學研究。
1982 年，赴美國，

1988 年，獲美國匹茲堡大學社會學博士學位。在北京大學任教。

1992 年，中國社會科學院社會學所的研究員和教授。

1999 年，她被《亞洲周刊》評為中國 50 位最具影響力人物之一。

2003 年，她提出同性婚姻的立法提案。

2006 年，提出同性婚姻提案。

李銀河為中國社會學對於性、女性和同性戀的研究起了推動性的作用。同時也將西方對這些方面的研究和理論引入中國。支持中國繼續執行計劃生育政策。她的典型著作有《中國人的性愛與婚姻》《中國男同性戀群落透視》《生育與中國村落文化》《生育與村落文化》《性社會學》《中國婚姻家庭及其變遷》《中國女性的性與愛》《女性權力的崛起》《中國女性的感情與性》《同性戀亞文化》《婚姻法修改論爭》《性的問題》《農民流動與性別》《享受人生》《西方性學名著提要》。

由於李銀河同性戀的主張和反對基督教，有許多關於她的爭議。在一次李銀河面對基督徒對她同性戀主張的指責，放言「我不在乎保守宗教人士的詛咒。只有將他們的保守反動的觀點徹底剷除，中國才能進步。」李銀河與孫海英在同性戀問題上亦有過辯論，她又作：「他（孫海英）的言論令人想起上個世紀的希特勒」，孫海英回應了她。

張海洋　1955.5. ~　天津人

張海洋，民族學家、人類學家。

1982 年，畢業於吉林大學外語系英語專業；

1985 年，畢業於中央民族學院民族研究所，獲法學碩士學位；

1996 年，在中央民族大學民族學系獲法學博士學位；

1996-1997 年，為美國斯坦福大學人類學系富布賴特學者。

現任中央民族大學人類學教授、民族學與社會學學院副院長，中國少數民族研究中心副主任，民俗學研究中心主任，西部發展研究中心主任，國際人類學與民族學聯合會會員，教育部社會學科指導委員會委員，《中國學術年鑑》編委。同時為全球環境基金理事會 GEF 專案專家，涼山彝族婦女兒童發展中心董事。在多所高校擔任兼職教授。

張海洋著重研究：民族學、體質人類學、東西方文化比較、應用人類學、弱勢群體及少數民族權益保護、中國的多元文化與中國人的認同、中國的多元文化與和諧社會等。

著作有：《中國的文化多樣與中國人的認同》《東西方文化比較》《民族學》《體質人類學》，合著《中國民族學史》《民族學通論》等書。

關學君，1955.5.4.~　滿族出生於哈爾濱市

關學君（Garry Guan）畢業於北京大學歷史系、中央民族大學民族研究所。

1987 年，到美國進入匹茲堡大學攻讀，獲得人類學待位博士(ABD)學位。

1999 年，關學君加入美國國籍，正式成為美國公民。

　其後，關學君任亞特蘭大中國商會副會長、中華專業人士協會副會長、亞特蘭大東北同鄉會會長、北亞特蘭大國際扶輪北亞特蘭大扶輪社社長等職。此外，他還時常參加當地主流社區和亞裔社區的義工活動。

2010 年關學君以共和黨籍候選人的身份參選喬治亞州第五選區州參議員。結果他以 6322 票，35.3%的得票率敗給了成功連任的民主黨籍州參議員科特·湯普森（Curt Thompson）。

關學君的妻子王美君來自台灣，他們育有一子一女，分別是關增智和關增慧。

孫海英　1956.10.7.~　遼寧省瀋陽市人

1973 年，17 歲，去西藏當文藝兵。

1979 年，二次參軍入伍，進入福建軍區話劇團。

1985 年，轉業瀋陽話劇團成為職業演員，與該劇女主演呂麗萍結婚，熱心基督。

2002 年，演出《假裝沒感覺》拍攝紀錄片《心中的節日》。

2007 年，他痛罵同性戀者，聲稱同性戀「決不允許」「毀滅人類」「非常骯髒」「同性戀犯罪論」，立刻遭到多數知名學者反對，及社會活動人士均批評。

2011 年，「我正式提出申請將本人戶籍調入中國釣魚島，我渴望成為這個島上的居民，謹通過網際網路請求國家有關部門批准，申請人：孫海英、呂麗萍。」

陳健民　1959~

1983 年，畢業於香港中文大學崇基學院社會學系。大學時期活躍於學生運動，畢業後從事社區工作，為弱勢群體爭取權益。

1988 年，至美國耶魯大學留學，

1988 年，獲美國耶魯大學獎學金，並師從政治學家胡安·林茲（Juan Linz）與社會學家戴慧思（Deborah Davis）攻讀政治社會學及中國研究。

1990 年，獲社會學碩士學位，1991 年獲社會學哲學碩士學位，1995 年獲社會學哲學博士學位。

1993 年，陳健民始任教於香港中文大學社會學系，現為該系副教授，逸夫書院通識課程講師、香港中文大學亞太研究所管治研究計劃召集人及該校公民社會研究中心主任；中山大學社會學系客座教授、博士導師及公民社會中心理事長；中華民國國立政治大學第三部門研究中心研究員。熱愛教學的陳健民，憑藉風趣及深入淺出的教學方法，曾獲選 1999 年－2000 年度香港中文大學社會科學院傑出教學獎項，更多次獲選校內最受歡迎講師榮譽。

1995 年，獲博士學位。

1993 年，擔任教職至今，並於報刊撰文。

陳健民常在《明報》《民間》撰寫評論文章，就本土民主化問題撰文提出意見。

曾於香港電台時事節目中任客席主持。曾擔任香港電視網路獨立非執行董事。

2013 年，以「投放更多時間處理個人事務」為理由，辭去獨立非執董一職。

　　陳健民專長研究民主社會學課題，貪污腐敗問題，認為要改善中國的治理環境，政府、市場、公民社會三方需作出平衡發展，才能達致。表示「一個健全的民主制度必須要有民間社會的配合。」

　　在社會參與方面，陳健民曾出任廉政公署社區研究小組委員會成員、愛滋病顧問局促進社會接納愛滋病患者委員會、特區政府公共政策論壇成員等。數年前更與朱耀明牧師等人創辦民主發展網路，並擔任民主發展網路學者組召集人。

崔子恩　生歿不詳　黑龍江人

崔子恩，中國社會科學院研究生院畢業，文學碩士，在北京電影學院執教。

1991 年，崔子恩在北影電影文學系課堂上宣布了自己是同性戀的身份。

2002 年，國際同性戀人權委員會（IGLHRC）頒獎給崔子恩，他的文字、電影、書籍一度被中華人民共和國政府禁止傳播，但非正式渠道，仍然流通於社會。

2005 年，崔子恩在北京組織「大陸首屆同性戀文化節」，遭到中華人民共和國政府的強力鎮壓，活動被迫終止，但是崔子恩表示「這只是開始，沒有結束」。

（二）社會名人

洪門

洪門（Hongmen，又稱天地會，Tiandihui 或 Heaven and Earth Society）為清代的秘密組織，源於「漢留」五房之二房「金蘭郡」「三合會」「洪順堂」「洪軍」；1663 至 1680 年間「陳永華」主管「漢留」發展，上呈「復國之重於兩廣」計劃，實行重點發展二房「金蘭郡」「三合會」「洪順堂」，加稱「洪門」，對外稱天地會，以策動反清活動，引起清廷注意，後來演變成名稱不一的多個地下社團或會黨，並隨著華僑移民南洋而傳播東南  亞。亦有部分社團，曾經一度成了保護滿清皇帝的會黨。

1840 年代鴉片戰爭後，廣東幫會會眾借洪門之名反對地方政府。原本就是互不統屬、各有不同宗旨的社團，因為同一理由互動起來，對外界宣揚及吸引新會眾參與，實屬發動民變的社團組織，如像歷史上白蓮教所發動民間組織的社團民變一樣。中國革命黨亦為了推翻滿清需要而參與其中，及至 1911 年中華民國成立已後，不少三合會成員均有國軍身份。

1949 年後，香港三合會組織的兩大龍頭大佬皆有國軍將領軍階。有時史學家所謂的洪門一詞，代表了一切反清團體。

關於洪門的源流有十幾種說法，有鄭成功創立說、方以智創立說、康熙甲寅說、雍正甲寅說、乾隆二十六年萬雲龍首創說、臺灣藤牌兵創立天地會說、始於雍正初年說；以「萬」為姓，群雄再創立天地會說等等諸多說法。

洪門起源諸說中，以乾隆二十六年萬雲龍首創說最有文獻根據；鄭成功創立說則流傳最廣，但事迹均為傳說，無法確證；方以智創立說，依據為方以智晚年用號「木立」與傳世可確知天地會「木立斗世知天下」「木立斗世六十年，太子十三來結義」等一批切口（暗語）相符，但暗語無法明了其意，因此其實為猜測；至於其餘諸說，均以內容近似神話的荒誕傳說為據，可信度極低。

致公堂

致公堂（原名洪順堂）屬於洪門組織，成立於 1848 年。致公堂是洪門二房洪順堂的嫡系，現已成為洪門組織在美洲的統稱。而在南洋等地，洪門組織則多以義興會為名。主要領導包括黃三德、司徒美堂。

1904 年，孫中山於檀香山加入致公堂。

1911 年，孫中山在舊金山組織洪門籌餉局，令同盟會會員一律加入致公堂。

1915 年，因辛亥革命後同盟會改組為國民黨，加拿大致公堂中堅份子為保護洪門不至分裂，成立輔翼組織達權社，總部設在維多利亞，全加共有 16 個支社。

1925 年 10 月 10 日，在美國舊金山召開的五洲洪門懇親大會決定，成立中國致公黨，第一次代表大會選舉陳炯明為黨的總理。12 月陳炯明退居香港，中央黨部設於香港，陳炯明、唐繼堯被推舉為正副總理，現主要分佈於中國大陸。

1945 年 3 月 12 日，司徒美堂在「美國紐約」召開美洲洪門懇親大會，「南北美洲九國致公黨組織」均派代表出席，決議宣布美洲洪門致公總堂正式更名稱為中國洪門致公黨(美洲的致公黨)，司徒美堂被公舉為全美總部主席、古巴的朱家兆、加拿大的陳宜顯、墨西哥的甄顯蟻為副主席；本黨宗旨為統一海內外洪門組織，團結社會群眾，促進民主政治，安定世界和平。中國洪門致公黨(美洲的致公黨)與「中國大陸之(中國致公黨)」為兩個不同的組織。

1946 年 7 月，在中國上海召開的五洲洪門懇親大會決議於 9 月 1 日成立中國洪門民治黨，司徒美堂、趙昱為正副主席，中央黨部設於上海，現分佈在海外。

2010 年 5 月中由中國洪門「春寶山」集團「玄字旗」台灣「青黑山」洪門致公總堂龍頭蕭明英(圓寶)在台灣高雄市國軍英雄館忠誠廳召開洪門昆仲大會並共同決議成立中國洪門致公黨之政黨團體以為台灣全國人民謀福利。於辛亥革命 99 週年 2010 年中華「民國 99 年」之際，由台灣中國洪門「春寶山集團」昆仲及具共同理念之洪門菁英壹百單八將，為緬懷黃花崗 72 烈士及「先賢先烈」英勇犧牲奉獻的愛國情操，以延續國父孫中山先生未完成之遺志，今為完成中華民國國父洪門致公總堂雙花洪棍孫中山大佬遺志以三民主義復興中華，天下為公世界大同，在中華民國 99 年 5 月 21 日農曆為「4 月 8 日釋迦牟尼佛祖」萬壽日中午 11 點 15 分正式于中華民國領土台灣寶島上建立第一個以『洪門』正式名稱舉行中國洪門致公黨建黨成立大會，業經在台灣的中華民國內政部 99 年 6 月 2 日備案成立，中華民國內政部：政黨證字第 167 號。「宗旨」係以事謀國家進展為先，時以全民福祉為念發揚洪門之「忠義千秋」、「光明正大」、「公平正義」、「互助共濟」、「人道關懷，社會服務」的精神，結合民主政治理念之人民，來協助形成國民政治意志，促進國民政治參與為目的之洪門政黨。決議以中華民國國父孫中山先生為永遠總理、公舉台灣「青黑山五公總堂」之洪門致公總堂龍頭蕭明英為創黨主席」、台灣「中國洪門聯合總會」-榮譽總會長「春寶山大龍頭李鳳山」為永遠榮譽主席、特聘「忠義自強道德協會」-理事長徐天華大哥為本黨榮譽首席顧問團團長、「中國洪門聯合總會」總會長「太華太行山龍頭-陳寶元」為本黨榮譽首席顧問。有謂中華定鼎「致公總堂」乃是《海外華僑》「五洲洪門致公總堂」及洪門「各房昆仲」團結一心出錢出力才能使 國父孫中山先生推翻滿清政府建立了「亞洲」第一個民主共和國即中華民國成立的偉大事業！因此為感念中華民國在「台灣寶島」上安居樂業，實是中華民國國父孫中山先生與蔣介石先生及蔣經國先生

及海外華僑各國洪門致公總堂五房所屬昆仲為大功臣之一，因此成立此中國洪門致公黨以「紀念洪門五祖」精神並延續五洲洪門致公總堂孫中山大佬等先賢先烈暨全體昆仲之精神，並為廣大人民百姓服務。本中國洪門致公黨的「宗旨」係以事謀國家進展為先，時以全民福祉為念，任務係以推薦賢能候選人如立委.議員.鄉鎮區長.里長.村長等參加公職人員選舉，來積極致力人道保護、民權自由平等、積極服務人群、建設幸福社會、兩岸和平交流、促進經濟繁榮、實行三民主義復興中華、創造世界大同的目標。為國家、社會及民族盡一份心力，為兩岸及世界和平的發展作出貢獻，以完成中華民國國父洪門雙花洪棍孫中山先生的遺志而努力，最終實現中華民族和平統一

1946 年 7 月，在中國上海召開的五洲洪門懇親大會決議於 9 月 1 日成立民治黨中國洪門民治黨，司徒美堂、趙昱為正副主席，中央黨部設於上海，現主要分佈在海外。

義興會

義興會（義興公司）屬於洪門組織，與致公堂一樣，主要活動在海外，也是洪門組織在南洋、澳洲一帶的統稱（澳洲義興會後改名為致公堂）。

1820 年代起，在馬來亞柔佛州的天地會組織即開始使用義興公司（Ghee Hin Kongsi）這個名稱。1853 年在上海發動起義的小刀會當時對外也稱為義興公司。

美加華人過去亦稱美生會(Freemasonry) 為西洋義興會或西人洪門

洪門先賢、辛亥革命英雄

近代野史中，洪門是國父孫中山先生革命夥伴，參加過武昌起義及建國，先總統蔣公介石亦曾是清紅幫的一份子。

清朝晚年，朝政不彰。炎黃子孫在清朝滿族三百年統治下，人心思漢，有義之士紛紛拜入洪門，當時孫中山奔走革命，洪門青年，風仰景從孫中山的感召，各地起義大多都以洪門會為核心，洪門影響力日益壯大，先後參與發動過惠州之役、鎮南關之役及萍鄉、安慶、蕪湖諸役。

辛亥十月十日武昌起義，新軍工兵營首先發難，攻占楚望台，打開城門，迎新軍砲隊入城，攻占總督府衙門，歷經三晝夜血戰，革命終於成功、中華民國於焉建立，在這個偉大的革命，洪門之助，功不可沒。

民國成立，革命事業告一段落，洪門子弟解甲歸田，發展洪門社會事業，疏財仗義，倡辦學校，教育後代。抗日戰爭，洪門參與忠義救國軍諸戰役，以游擊戰殲殺日寇無數，八年抗日戰爭中，洪門子捨命赴難，出生入死，洪門人士不愧是革命抗日真英雄，名留史冊。

青　幫

青幫作為近代以來最重要的幫會組織，在二十世紀二十年代後迅速壯大並流氓化，與傳統的幫會發生裂變。二十年代前後，青幫無賴出現第一大亨黃金榮，他將收的徒眾分成兩大類，一類是"門徒"，專門招收的對象是社會下層的流氓無賴，這些人一般的要具紅帖開香堂，拜過"老頭子"後入幫。另一類，是"門生"，

這一類比較高檔，專門接收有身份地位之人，他們需由介紹人搭橋，欲入幫，先投上一個紅帖，封一份贄金——比門徒高一輩，隻需向黃金榮磕頭即可。門生也分檔次，低檔門生要磕頭；而高檔門生，隻要通過介紹人備瞭紅帖，包一份更高的贄金，向坐在關帝像前的"先生"三鞠躬就算入瞭門。以後，門生中若有人飛黃騰達，地位、名望超過先生，先生便把過去的帖子原封退還門生，表示彼此間不再是師生，而是平輩。這種既不要磕頭禮拜，又有遮蓋門徒秘密的"招生"方式，使黃金榮和青幫搜羅瞭不少"高檔"人物，為日後青幫的大發展奠定瞭穩定的基礎。後來，黃金榮對他的那套做法，又作瞭進一步的改善。他建立瞭"忠信社"，廢除瞭"站生"、"門徒"間的等級和稱呼，所有人，凡自願投入黃門的，隻要加入該社，繳納社費、辦理入社手續後，就成為門內人。此"忠信社"建立

後，青幫分子紛紛仿效。這些"社"的成員一律奉"社長"(指該社的直接管理者)或"董事長"為共主，社員之間相互平等，至少在名義上是這樣的。

青幫三大亨

青幫收徒儀式的演變，尤其是"社團"制度引入幫會制度中，盡管這種"社團"還不是完全的嚴格意義上的現代社團組織，但它仍然說明帶濃厚封建性的幫會組織，在現代資本主義城市生活影響下，自覺或被迫地適應環境，其組織結構發生瞭深刻的變化。這種變化反映瞭維系幫會內部團結的仿真血緣宗法制度的松動和蛻變。另一方面，這些社團的建立，固然可以彌補青幫不重視發展橫向聯系的缺點，為青幫的發展開辟瞭新的天地，但同時它又嚴重削弱瞭青幫內部最重要的縱向聯系，得失之間孰重孰輕，一段時間內難以預料。到瞭三十年代，這種制度的改革所帶來的實際效果是明顯並且巨大的，它使青幫從一個下層流氓的犯罪團夥變成瞭一個包含所謂"上層社會"的覆蓋面極其廣泛的社會團體，成為一個名副其實的黑社會組織。

本世紀二三十年代，上海社會無賴出現瞭一類被稱為"大亨"或"社會聞人"、"海上聞人"的人物，他們被歸入"黨政要人""工商巨子"等上流社會一檔中，實際上不過是幫會流氓首領的代名詞。

青幫會員證

幫會中出現超級流氓大亨是中國幫會史和流氓史上的重大事件，它意味著，幫會這個半殖民地半封建社會的怪胎，租界內帝國主義勢力和中國反動政權的畸形兒，終於得到反動當局的認可和社會的認同。從幫會的角度來看，它既是幫會的實力和影響力增強到一定程度的反映，又是幫會改變反抗當局的傳統，從秘密轉為公開，從非法轉為合法，活動方式逐步轉變的開端。

二三十年代，青幫無賴逐步形成瞭黃金榮、杜月笙、張嘯林三個大亨集團，他們的勢力也迅速擴張。三人建立起一個以"三大亨"為首領，以租界當局為靠山，以"大、小八股黨"和幫會流氓頭目為骨幹，擁有數百名職業打手，控制瞭上海達數萬傢煙館、賭臺、妓院，勢力伸展到全上海市每一個裏弄角落的超級流氓集團。這個集團依靠青幫體系維持其內部團結，擁有穩定的財源，影響所至上可改變當局的決策，下可決定普通百姓的生死。可算是空前絕後，獨一無二的畸形怪物。

青幫－內務事務

以青幫為核心的三大亨集團的壯大，是同上海租界當局的扶植、縱容分不開的。租界是近代中國殖民地化的突出表現，而上海又是中國租界最集中的地方，上海租界自建立之日起，就面臨嚴重的治安問題。外籍流氓和犯罪分子，把上海視為"冒險傢的樂園"，而本地居民的犯罪也日益增多，武裝搶劫及武裝綁票案則異乎尋常地高頻率發生，令租界當局頭痛異常。租界巡捕大部分為西洋人，但他們語言不通，地形不熟，不但無法破獲黑社會有組織的犯罪，甚至被一群"鄭傢木橋小癟三"弄得焦頭爛額。

"鄭傢木橋小癟三兒"是本世紀初活躍在上海南市地區的一群流氓無賴。他們在租界內屢屢生事，引起巡捕房注意，派英國巡捕收拾他們，但這夥人行動迅速，聚散無常，加之熟悉地形，租界巡捕束手無策。經過一番爭論，法國租界巡捕房決定增加招收新的華人巡捕，利用他們熟悉當地社會情況的長處，整頓治安。新增加華捕當即有後來成為青幫第一大亨的黃金榮。

黃金榮把"鄭傢木橋小癟三"中的骨幹分子或收作自己的徒弟，或拜把子結為把兄弟，然後以老頭子或兄弟的名義，不讓他們隨意搗亂破壞作為交換條件。黃金榮唆使他們到沿街店鋪去搗亂，然後自己出面彈壓。這樣一來，既樹立瞭黃金榮自己的威信，又可借機收取"保護費"，作為養活小癟三兒的資金，不久，黃金榮又把"聚寶茶樓"當作自己聯絡無賴流氓的中心，每天午前，他到茶樓坐上一坐，他的兄弟、徒弟紛紛前來問訊通報。一旦遇有大事，便同他的心腹商議，這些心腹後來結成以他為首的"大八股黨"。

黃金榮的才幹受到上司重視，他的忠誠受到法租界當局的賞識。適逢法國駐滬總領事帶著妻子到太湖遊玩，被湖匪綁架勒索贖買。法租界當局極為驚慌，要求黃金榮全力營救，黃金榮同杜月笙、張嘯林商量後，即派素與湖匪有聯系的手下幹將高鑫寶前去"拜山"，結果湖匪首分文不取，輕而易舉地交出一對法國肥票。

又有一次，法國天主教神甫姚主教攜帶幾箱銀洋從上海乘火車去天津，準備開設新的教堂，不料車到山東，被山東督軍張宗昌所部軍隊截住火車，綁走姚主教，不知藏匿到瞭何處。姚主教失蹤事件，在當時轟動國內外，法國領事更是一天發瞭幾道命令，限捕房火速破案。黃金榮一個偶然機會得知姚某下落及關押地

點，急忙一面派人攜款收買看守，一面親自率領十餘名便衣偵探，化裝成張部官兵，連夜趕到山東鄉下營救，將姚某平安救回上海(胡訓珉：《上海幫會簡史》)。

黃金榮的出色表演，使他受到租界當局的充分信任和倚重。第一次世界大戰後一段時間內，法國國內經濟困難，無力繼續供給上海租界當局經費，就責令其就地籌款，自行維持。黃金榮乘起獻策，建議當局開征「土捐」「煙槍捐」「賭捐」「軍士印花捐」等稅項，法租界當局一一采納，緩解一時之需，帶來巨大收益。為瞭獎賞黃金榮，除準許其組織公開賣鴉片、煙土外，後來還索性將「土捐」「煙槍捐」一並交給黃征收。雙方沆瀣一氣，均從中獲益不淺。

煙業同幫會的關系比較穩定，而且幫會一方作為搭檔的成分越來越少，保護者的成分越來越多。蔣介石政權對鴉片煙業實行"富禁於征"政策，任命杜月笙為全國禁煙委員，在各地設立禁煙查緝機關。杜月笙掌握瞭"禁煙"機關後，不但沒禁過一兩煙，相反，有瞭官帽護身，販毒的膽量也越來越大。他特請嗎啡大王陳坤元擔任經理和技術指導，雇傭工人 300 多人在上海建立嗎啡工廠，

後被特務機關發現，被查封並公開曝光，陳坤元遭通緝，當局揚言一定要徹底追查此案。杜月笙慌瞭手腳，急命陳坤元躲到大連避風，自己攜帶巨款趕到南京面見戴笠，結果不瞭瞭之。

在保護煙毒方面，杜月笙向來不遺餘力，甚至不惜冒同當局沖突的風險。一次，上海警備司令戴戟派特務把陳坤元扣押於公共租界新新公司樓上，準備不經巡捕房引渡，將陳秘密綁架押至警備司令部。不料，中途被一個認識陳的妓女發現並報告杜月笙。杜立即派出 9 名槍手沖進房間，將陳帶走，特務對之無可奈何。

青幫"三大亨"之一張嘯林以賭為生的賭棍的大量出現，是清末民初青幫大量湧入上海之後的事。這些人有自己的松散組織，外部人稱之為"翻戲黨"。青幫勢力進入租界巡捕房並且結成黨羽後，在上海出現瞭托庇於捕房的專門賭博場所的賭臺，這比"翻戲黨"流動遊記式的騙賭活動有瞭很大進展。開設賭臺的流氓，按其籍貫和賭博方式分為上海幫、廣東幫、紹興幫、寧波幫。1927 年前後，廣東幫賭棍梁培指示王寶善賄通法租界當局，在公館馬路投資 200 萬元，開設大賭場，由於服務十分周到，頓時把本地上海幫賭臺的顧客吸引過去，引起上海流氓不滿。他們聯合三大亨，要求法租界當局取締這兩大賭場。正爭訟時，恰逢楊阿毛槍殺西捕案發，公共租界捕房被激怒，遂下令將各賭臺封閉，不準再開。法租界廣東幫賭臺也受其影響，被迫關閉。上海第一批賭臺吸引的對象主要是有錢人子弟，一般貧民是進不瞭門的，所以危害還不很大，真正危害到下層的是後來勃興的"花會"賭博。

上海的"花會"，最先由陳世昌的門徒繆阿玉創辦。"總筒"設在勞合路，後為張延生接手。1921 年後，花會極盛，後改為劉良洪與鄭梅堂合夥經營，輪流掌總筒，每人兩天。依靠花會的龐大收入，這兩個巡捕出身的幫會分子更加不可一世，甚至常在軍工路上攔搶三鑫公司的鴉片，為此連杜月笙也向他低過頭，任意殺人，血案累累，無所不為，被人稱為"花會大王"、"良洪梅堂"。

青幫派系

杜月笙的開山兄長，「流氓大亨」黃金榮。其中又分為兩派，一是主幫，由浙東溫州、臺州人組成；一為客幫，由皖北、江北人組成，又稱巢湖幫。幫內有幫規儀式，有輩分區別，按輩分收徒，長期在運河漕運中保持封建行幫地位，要求其成員"幫喪助婚，濟困扶危"，從而贏得廣大糧船水手和下層群眾的擁護。後因漕糧改由海運，糧船水手大多失業，遂在上海、天津等地和長江下遊其他通商口岸流為遊民幫會，以"密記販鹽，或以偷稅為業"。其成員也日益復雜化，除破產農夫、失業手工業者和流氓無產者之外，不少被裁革的兵勇也加入其中，也有少數地主士紳參加，在社會下層聯系廣泛。辛亥革命時期，青幫在上海成立"中華共進會"。1913 年受雇於袁世凱，刺殺瞭宋教仁。1920～1930 年，其勢力迅速發展，有仁社、榮社、恒社、興中學會、江北幫五大派系，

主要人物有黃金榮、杜月笙、張嘯林，稱三大亨。一些青幫頭目勾結軍閥政客，廣收門徒，霸占一方，開設賭場妓院，販運毒品，綁票勒索，坐地分贓；有的利用搜刮來的巨額資財投資工商業。這些人氣焰囂張，橫行不法，為害地方。張嘯林的五十大壽、黃金

榮建造的黃傢花園（今上海桂林公園）落成和杜月笙修建杜氏傢祠，竟成為當時轟動上海的"盛典"。1927 年為蔣介石利用，參與四一二反革命大屠殺，將上海總工會委員長汪壽華騙到杜月笙傢中加以殺害，並指使流氓冒充工人，從租界出發向上海工人糾察隊發動進攻。抗日戰爭期間，日本特務機關也利用青幫組織進行漢奸活動。

青幫歷史

青幫又稱"清幫"或"安清幫"。近代重要秘密會社之一。明代羅祖教的支流。最初分佈在北直（今密雲一帶）、山東一帶。後由北直、山東沿運河發展到江蘇、浙江、江西等地。號稱"潘門"，亦稱"潘傢"。內分兩派。一是主幫，系浙東溫州、臺州人；一為客幫，系皖北、江北人，亦稱"巢湖幫"。從清初康雍至嘉道年間，其成員大都為運輸工人，主要為清政府承辦漕運，也有其他手工業工人，是以運輸工人為主體的下層社會的秘密團體。它按輩分收徒，長期在運河漕運中保持封建行幫的地位，要求其成員相互"幫喪助婚，濟困扶危"，從而團結瞭廣大糧船水手。後因漕糧改由海運，糧船水手大多失業，流為遊民，便"密行販鹽，或以偷稅為業"，出沒於皖北、江北，逐漸轉向太湖流域廣大腹地，旋又向上海發展，成為以販私鹽為主體的遊民無產者團體。成員有所變化，除破產農夫、失業手工業者和流氓無產者外，不少被裁革的兵勇也參加瞭這一組織。辛亥革命時，在上海設立"中華共進會"，曾受袁世凱利用，刺殺宋教仁。1927 年又受蔣介石豢養，參與四一二反革命大屠殺。抗日戰爭期間，日本特務機關利用青幫組織進行漢奸活動。1946 年，青幫又與軍統特務相勾結。（選自《中國近代史詞典》，上海辭書出版社 1982 年版。）

青幫是如何成長為舊中國最大黑幫的洪門開山，立即遭到清兵圍剿，進入戰爭狀態，廣泛發展勢力不可能，於是立刻變相創立白門，以神道設教，引人入彀，如白蓮教，紅燈照，紅槍會，大刀會，小刀會，天地會等皆屬之。在封建社會裏，這些組織極易發展。不過近代歷史，我們提到城市無產階級組成的地下社團時，通常提到"青紅幫"。現在我們提到"紅幫"實際上是"洪門"的訛傳，那"青幫"究竟是怎麼一回事？ 它又是怎麼來的呢？

曾被蔣介石拜為"老頭子"的黃金榮，也是青幫"三大亨"之一

洪門曾派翁乾潘到北京坐探清朝消息。翁為朝廷所獲，意志不堅定，降清後，另組"安清幫"。安清幫將組織中橫的關系變成縱的關系，便不是兄弟結義瞭，而是師徒相傳瞭。這個幫原定二十個字的輩分，如"清靜道德，文成佛法，人倫智慧，本來自信，元明興禮。"這二十個字以清始，最後到元明，可想見政

治意義。到瞭清末，二十個字用完瞭，又添瞭"大通悟學"四字，這是革命黨人給添的，據說是徐錫麟秋瑾所辦紹興大通武學的隱語。清亡後，幫重任又添後二十四代，即"萬象皈依，戒律傳寶，化渡心回，普門開放，廣照乾坤，帶法修行。"後又續二十四代，為"緒結峴計，山芮克勤，宣華轉忱，慶兆報魁，宜執應存，挽香同流。"

安清幫成立之後，清廷責成青幫幫忙護運軍糧，將杭州至北通州的運河分成一百二十段半，封翁乾潘的門徒一百二十八人及書童一人"門外少爺"為碼頭官。職級由四品都司——務品守備——六品千總。師徒世襲，每一段都有一個名稱。如江淮四，興武六等。碼頭官得收徒弟，年老時選擇一得意門生傳衣缽，召集徒子徒孫開大會，名為關山門，傳位於繼承人。老師關山門後，不得再收徒弟，如再收被揭發，香堂上打四十大板。繼承人就任碼頭官，開香堂收徒弟。其他徒弟，輩分再高也不能開堂收徒。

碼頭官雖有軍職，但其實不帶兵，隻是做朝廷的情報工作，所以收的徒弟多是下九流。

洪門視青幫為叛徒，碰見糧船就打。後經妥協，糧船碰到洪門阻攔，立即將船尾放下，表示卸尾而過。太平天國時，青幫被洪門殺瞭五十六個碼頭官，剩下 72 個半。海禁開通後，糧食由輪船直運天津，運河失去作用。青幫失去經濟基礎，有些青幫分子也投入反清。洪門和青幫的敵對關系也就無形消失。清朝亡後，青幫無清可安，碼頭官不復存在，對幫規無法約束，不傳衣缽，輩分高的也開香堂收門徒瞭。洪門青幫界限是非常明顯的，洪門諺語："由清轉洪，披紅掛彩；由洪轉清，剝皮抽筋。"

青幫－行政組織

清幫主要以四庵六部做為行政管理中樞，所謂的庵，是依祖師而立的講學堂與中央行政部門，相當於現在的府院，分別為朱寺庵、劉寺庵、黃寺庵、石室庵，這四個庵室，共通的部份便是羅祖教義傳授，其餘的則依祖師專長不同，而有所不同，朱寺庵的主講師為翁祖，講授的內容為禪學（臨濟宗派），以及武學（少林武學），此外下司轄兵部與刑部。劉寺庵主講師為錢祖，講授的則為經商交易之道與財務管理，並為工部之直轄主管機關。朱寺庵主講師為潘祖，傳授行運管理學論，教授古聖賢之道，且直接司轄史部與戶部。石寺庵則為小爺仙逝後創立，主講者為宿領幫，講授幫規，授予新進人員義氣千秋，及江湖禮節，可以說是職前訓練所，另為禮部之直轄主管機關。

六部指的是吏部、禮部、戶部、工部、兵部、刑部。　這六部最初的主管，現在已不可考：

吏部專門編纂幫中大小事務，編寫清幫史書，並將史書置於杭州傢廟藏經閣樓上，此外除暸史書的工作之外，亦負責抄經管理羅祖書籍與傢譜，然不幸的是咸豐四年太平天國之亂，杭州傢廟遭太平軍焚毀，以至於文件史料無存。

杜月笙 青幫"三大亨"之一

戶部則負責管理人員，是清幫相當重要的人事主管部門，舉凡拜帖進傢，人員晉升，各方師父，均需投書予戶部，由戶部詳列人員清冊之中，最後年終綜整後交予吏部，謄入傢譜。

禮部則主管規矩儀注之訂定與考核人員禮儀，並於每次開香堂時，主持規劃與邀請各方老大到場，同時亦負責審核人員進傢之三幫九代是否合乎規矩禮法，並於香堂設立時擔任執堂師一職。

工部則責於各項幫中工程，如造船，維修，後勤補給，香堂搭設等工作，是清幫效率挺高的工兵小組，所有各幫維修人員，均為工部管理，並接受一般民眾委任修船及其它建設工作。此外工部亦為清幫的基本會計部門，全幫所得計算與管理均為工部之責，清算後呈報劉寺庵。

兵部則為遇外敵時，統籌規劃作戰之部門；清幫弟子在外，難免與其他會社起些沖突，當沖突無法解決時，會先派出談判小組，這各幫的談判小組，歸兵部管理，當事情仍無法解決有可能發生戰爭時，談判小組會將問題回報與兵部，兵部則開始調動可用人力，實施戰鬥準備。香堂開設時，每香堂的左右護法，則由兵部派立。

刑部則為清幫的執法單位，當門下弟子犯有幫規時，各方師父會依情節輕重，回報予刑部，最後由刑部設立刑部香堂，對不肖弟子實行懲處。另外，不論開立何種香堂，門外與門內的巡堂師（內外刑堂），則由刑部派立。

清幫的輩分排行有青幫"三大亨"之一張嘯林

第一代清字輩指的是金純，號碧峰，明末南京麒麟門外金傢村人氏，乃棄官出傢的僧人。金純使用暸據說是達摩老祖定下的前後四十八字作為派系，於是他的法名，便叫做「清源」。

第二代靜字輩有羅清，甘泉省東鄉羅傢莊，萬歷三十年賜進士，天啟三年拜戶部尚書，出傢後法名"靜清"。陳瀛，字易水，道號靜海，東廣西林貴縣人。

第三代道字輩有陸飛，字羽飛，道號為道行，廣東娥素人氏。趙大官，字悟本，道號為道元，金陵霞邑人，明末進士，崇禎年曾任統兵之職。

第四代翁巖、錢堅、潘清三人乃德字輩，為紀念祖師，前三字"清、靜、道"清幫後代不再使用。

輩分稱呼

長輩的稱呼：不論何幫，大一輩者，本命師與眾已開法之師父，均以某師父稱之；未開法大一輩之長者，則不論男女，均稱為師叔；大二輩者不論為哪一幫頭及是否開法，均統稱為某師爺；大三輩者則不論何幫及是否開法，均稱為師太；大四輩則不論何幫及是否開法，統稱為太師太；大五輩本幫幾乎沒有，若真有那便稱為祖節。

平輩的稱呼：同參一師者稱為親同參，同一師爺之分系同輩，則稱為同參，引進或傳道幫頭之同輩弟子則稱為同山，其他非三幫九代幫頭之同輩，稱為平香。晚輩的稱呼：某師父的兒子，一律統稱為小老大；徒弟或是同輩的次子或兒女，則稱為少君，弟佬的兒女或徒弟，則稱為法孫；法孫的徒弟或兒女，則稱為少法孫；若還有以下，則稱為法將。

青幫－管制規劃

清門強調幫中倫理，任何一位欲進傢門人士，必先經過重重考核，一般而言，欲進傢學生得先拜帖，在拜帖中詳細寫明自己的傢世背景，職業工作與姓名八字，然後由三幫九代開設寄名香堂，經過香堂儀式洗禮之後，仍不能算是真正清幫內人，此時稱為一

腳門內一腳門外，師父會在這寄名後的三年內，勤加考核，這個階段稱為師訪徒三年，三年後必需由學生勤訪師父三年，讓師父考核其是否真有決心進傢，這個階段，稱為徒訪師三年，經過六年的考驗，確定學生的決心於品性後，師父則會開始教導其基本儀注，或委由石室庵教導，經過一年的學習，通過後，則師父會擇吉日，並報請戶部，由戶部開始做開設香堂之準備並通報四庵六部與學生之三幫九代，讓學生晉任小香。此時方成為正式的潘傢子孫。小香學生得學習待人處世應對進退之道，以及各庵堂所講授之基本課程。

小香階段經過三年考核，師父會考量學生的學習是否方向正確，是否忠於傢門，應對進退是否合宜，若一切合乎條件，則再報請戶部開設大香堂，戶部同樣會通報四庵六部與學生之三幫九代，擇吉日幫學生晉任大香，大香階段的弟子，可以稱為儲備師父，他們不僅得具備小香所學的技能與知識，主要得學習如何領幫帶眾，傳道傳法。

當師父認為，此大香弟子已備足能力，可以領幫率眾時，則會以相同程式，開設開法香堂，授予弟子鎮三鑰與六字真言，從此後，弟子已可獨當一面，接續祖師香火，收徒領幫，不論何字班輩，一見開法師父，即使是晚輩，亦不再以輩分稱其弟佬或稱徒孫，而直稱其為"某師父"。這是對幫中能獨當一面收徒領幫，延續香火者的尊重。

以現代而言，不一定得受到七年進傢的限制，古時所訂定的這種規矩，系因為訪師訪徒不易，路途太遙，或因為弟子師父工作忙碌之故，故而延長進傢時間，主要是讓師父徒弟皆能充份明瞭雙方情況。寄名香堂現在幾乎也不開設，僅以口頭寄名與接受拜帖後即算數，且現代交通便利，所以七年進傢，此規可守可不守。

青幫一般道認親

清幫人士來自五湖四海，要認清是否是自傢兄弟，須經由盤道條口確認。這與兵士站衛兵喊討口令辭的道理一樣。會有這樣的規矩，主要是為避免讓外人得知太多幫門中的秘密。清門於雍正四年，由三祖接皇榜並受師命立幫，及潘祖

執法行運五十一載後傳世至今，這期間雖受命於朝廷，然實際是為實現仗義江湖濟弱扶傾為目的。而清幫祖訓要記取根源不忘本，這從清幫三教合一，尊前提後的作法可以明瞭。此外，領幫祖師們，本就為天地會成員，因此每每設香堂，會先要求弟子們整襟，不忘前朝，溯本追源。

這樣做法難免為有心人士利用，若向朝庭進讒言，勢必對於幫會命脈造成莫大傷害。因此清幫要弟子們謹守秘密，並嚴守三談三不談原則（同道能談、香堂能談、告幫能談；茶館不談、酒肆不談、澡堂不談）。然而清幫自祖師創幫，由通州至杭州這段運河，共立幫頭一百二十八幫半，七十二個半碼頭，糧船亦有九千九百九十九隻半，幫眾數以萬計，要認清是否為自傢人實屬不易，況為廣招賢才，又立下三準三不準之規矩（準借不准偷、準打不準罵、準充不準賴），要確認是否真為自傢人，勢必得有一套明確繁雜的辨識之方，這個方法便稱為盤道條口。

經盤道後可確認身份，除瞭能確實嚴守幫中秘密不外泄於人，在亂世當道局勢不穩時，亦可做為情報交換前的確認工作。在近代史中，第二十三代的杜月笙運用幫中力量，為國民政府於抗日期間，做瞭不少的情報貢獻。幫中成員謹尊三露三不露（遇急、遇難、遇盤查露，外人、熟人、親人不露）原則。所謂「三分安清七分交情」，隻三分安清，便己足夠讓清幫弟兄渡過難關，這是清幫義氣相照相持共扶的原則。

至於盤道條口，均需師父親傳，不可外泄，例為幫中機密。

青幫十大幫規

一、不準欺師滅祖　　二、不準藐視前人
三、不準提閘放水　　四、不準引水代纖
五、不準江湖亂道　　六、不準擾亂幫規
七、不準扒灰盜攏　　八、不準奸盜邪淫
九、不準大小不尊　　十、不準代髮收人

十大戒律：

自古萬惡淫為源，凡事百善孝為先；
淫亂無度亂國法，傢中十戒淫居前。
幫中雖多英雄漢，慷慨好義其本善；
濟人之急救人危，打劫殺人幫中怨。
最下之人竊盜偷，上辱祖先下遺羞；
傢中俱是英俊土，焉能容此敗類徒。
四戒邪言並咒語，邪而不正多利己；
精神降殃泄己憤，咒己明怨皆不許。
調詞架訟耗財多，清傢敗產受折磨；
喪心之人莫甚此，報應昭彰實難活。
得人資財願人亡，毒藥暗殺昧天良；

昆蟲草木尤可惜，此等之人難進幫。
君子記恩不記仇，假公濟私無根由；
勸人積德行善事，假正欺人不可留。
休倚安清幫中人，持我之眾欺平民；
倚眾欺寡君須戒，欺壓良善罵名存。
三祖之意最為純，少者安之長者尊；欺騙幼小失祖義，少者焉能敬長尊。
飲酒容易亂精神，吸食毒品最傷身；安清雖不戒煙酒，終宜減免是為尊。

十要謹遵：

父母養育恩難言，骨肉情意重如山，自幼教育非容易，孝敬雙親禮當先。
凡事公益要熱心，傢裏義氣須長存，三祖傳留安清道，仁義禮智信要行。
崇祖拜師孝雙親，師傅教訓要謹遵，長幼有序人欽敬，當報尊長教育恩。
凡我同參為弟兄，友愛當效手足情，兄弟寬忍須和睦，安清義氣傳萬冬。
夫婦之間要和順，夫唱婦隨實堪欽，妻賢子孝傢庭樂，富貴榮華萬萬春。
和睦鄉裏勝遠親，近鄰老幼須同心，義氣聯合須久遠，百事不受小人侵。
交友有信意要純，誠實義氣卻長存，安清儀注牢牢記，周遊十方不受貧。
正心常常思己過，修身積善即成佛，陰騭善事要奉行，牢牢謹記惡莫作。
三祖傳留安清道，時行方便為緊要，義氣千秋傳萬古，吃虧容讓無窮妙。
老弱饑寒與貧苦，孤獨鰥寡身無主，濟老憐貧功德重，轉生來世必報補
青幫發展現況
上海斧頭幫
近代清幫主要分佈在臺灣，並成立有合法社團"中華安親會"，不少軍界、警界及演藝界人士屬於清幫弟子。在美國部份城市，清幫也有一定影響。
現在的清幫，因為幫頭甚少，有遲暮黃昏垂垂老矣之像。主要原因，乃在於傳承上出現問題，按照古式清幫規矩，師父收徒弟，必需師訪徒三年，徒訪師三年，學規矩儀注一年，總共七年時間，方可入會，在漕運時代，弟子的品性必需嚴加考核，通過層層考驗，才可正式進傢，經由試鏈後，方能上大香，最後開法收徒。然而，國共戰爭期間，許多前人限於時間空間問題，匆匆收徒，急於傳承香煙。很多開法師父，進傢甚至不到三年，連盤道認親之法都不甚明白，更不用論修行論道，親教徒弟。許多規矩法典，亦因戰亂之故，遺留大陸，所以造成師父不知道要教徒弟什麼，一般人也不知道進入清門可以學到什麼，自然無法光大門楣。現在清幫雖不用七年收徒，但至少還要查明從學者是否端正。清幫不論前代或現代，體制上其實很明白，混跡江湖乃至修行，前者稱為術士，後者為佛門釋傢。所謂術士，並非指江湖術士，而是指專心一意運用自己的技能與傢傳所學，立足於社會。入禪門者必先體驗萬象，明白人世間的生老病死苦之後，才能夠有所頓悟，方能入禪門潛心修身。即是清幫祖師訓示中的三門三鑰匙，要經過這三個階段的體會人生，才能體會出大智慧。所以先術再入禪，需循序漸進，不能一蹴而就，因此清幫甚至被其他幫會譏諷為老頭幫。

清幫因幫頭迥異，規矩儀注諸師傳承均有不同，無法統一，隔幫盤道條口對不上，師父間意見相左多，更有人質疑某幫頭一幫到底，無法團結，致使現在的清門弟子無所適從，難以昌盛。

青幫上海幫會

舊上海的三輪車夫多為斧頭幫成員

青幫在上海各幫會中稱雄數十年，另一重要原因是他們極善於在各派政治勢力之間縱橫迴旋。

辛亥革命後，國民黨人往來於上海，多利用幫會關系來掩護其活動，當時不少國民黨骨幹，本身即是幫會頭目，如陳其美等，不必有求於黃金榮，但到瞭 20 年代初，陳其美遇刺身亡，其他人或身份公開，遭軍警追捕，或專注於政治活動，同幫會關系疏遠，國民黨因此深感不便，這時，黃金榮的勢力蒸蒸日上，於是國民黨人便轉而與黃金榮聯系，以尋求其掩護。

當年蔣介石蟄伏上海，為瞭生計，曾找到虞洽卿。虞某人看在死去的陳其美的面子上，總算接濟瞭一些。但虞洽卿是個大忙人，又不願多掏腰包。蔣不得不放下前革命軍團長的架子，穿上舊西裝，同陳其美的侄子陳果夫一起做投機生意。1920 年 7 月，虞洽卿創辦上海證券交易所，介紹蔣介石到交易所當報行情"劃線"的小職員。交易所裏的商人，不少是流氓出身，慣於以少賴多，軟騙硬搶的事情常常發生。為瞭在交易所站住腳，蔣介石經人介紹引薦給黃金榮為門生，黃收下紅帖，另擇吉日，舉行儀式，由徐福生當傳道師，正式收納蔣介石為"門生"。

蔣介石自從拜黃金榮為「老頭子」以後，無人再敢來欺侮。不久，他開立恒泰號經紀行，當起炒賣股票的經紀人，為孫中山籌集經費。1921 年底，上海爆發金融風潮，恒泰號經紀行虧蝕嚴重，蔣本人負債達數千元，結果還是黃金榮出面代為了結，並資助蔣介石前往廣州投奔孫中山。

斧頭幫龍頭　王亞樵

幫會中曾有傳說，蔣介石得瞭錢，卻未去碼頭，而是先入賭場，把路費輸得一幹二淨，無奈隻好又回黃宅。因無顏再見老頭子，在門口苦苦徘徊，被"小八股黨"頭子葉焯三看見，問明原委，領他再見黃，獲 300 元作旅資。他們怕蔣光頭再去賭，講明由葉某代買船票，把蔣送上船後再把錢給他。

較晚出道的杜月笙、張嘯林也仿效黃金榮，在國民黨內尋找自己的支持者。這樣，幫會為自己編織瞭一張又一張保護網，逐步發展起來。

伴隨著幫會興盛的是幫會從事的各種事業的興旺，其中傳統的非法行業的興旺尤其令人矚目。我們把這些活動稱之為"黑色行業"，它包括煙、賭、娼和其他非法活動。

青幫大亨掌握的三鑫公司控制瞭數萬傢煙館和零售土行，形成龐大的集團。但黃金榮等並不親自過問煙館和土行的具體管理經營情況，它們均自負贏虧，三鑫公司隻管照月份收取保險費和各種捐稅。該公司是黃金榮、杜月笙、張嘯林等人的主要經濟來源，它像一個龐大的吸血鬼，從廣大的鴉片吸食者那裏源源不斷地吸取金錢來供給幫會分子揮霍，它還提供瞭大量資金幫助黃、杜等打入各行各業，以攫取更大的權力。

1926 年前後，劉、鄭二人由於分贓不均，終於決裂。先是鄭梅堂指使門徒在公共租界將劉良洪暗殺。劉妻及其門徒得兇耗後，立即全力反擊，13 天內，鄭梅堂被殺於虹口。這件"良洪梅堂互殺血案"當年轟動滬上。

幫會還染指娼妓業，其勾結有兩種情況。其一，是通過捕房和土霸的惡勢力對妓院和私娼加以保護，後來，上海幫會無賴有些頭目在發財後，獨資開設妓院。1931 年，大世界遊樂場老板楚九病死，大世界被黃金榮接管。黃勾結杜月笙和張嘯林，圍繞大世界迅速開辦一批賭場、妓院、旅館，形成瞭一個以大世界為中心的銷金窟。各類私娼也利用大世界拉生意。但大多數幫會頭目主要是充當妓院和私娼的保護人。當時上海四馬路和會樂裏聚集著上百傢妓院，每傢妓院都養瞭一至數名"龜瓜"，充當保鏢、打手，並幫助老鴇管理妓女，這些人和妓院老板都必須參加幫會。

幫會同妓院勾結的第二種途徑，是通過人口販子為妓院老鴇提供候補年輕的妓女。大凡操賣皮肉生涯的女子，由於倍受蹂躪，總是紅顏易逝，青春苦短。尤其下等妓女，受盡蹂躪，職業年齡更為有限。所以，妓院老板要時刻留心物色佳人，設法遞補。而能夠經常地、大量地為他們提供"貨色"的，主要是以販賣人口為生的幫會分子。幫會的人口販運，為妓院提供瞭新鮮血液，促進瞭賣淫業的興旺發達，也為幫會本身提供瞭新的發財機會。

幫會組織的犯罪活動有扒竊、碼頭幫派、冀霸等等。掛著「合法」的招牌，幹著煙、賭、娼等非法勾當的營生，可稱為"灰色"行業。

在中國，普通老百姓對青幫敬而遠之，法律上，也沒有合法地位，但青幫未必盡是「黑社會」組織。

第 22 字輩常玉青，出生於江蘇北部，曾為上海日本工廠的"工頭"。1932 年 5 月，"一·二八"事變後，常玉青與胡立夫在閘北組織親日"市民維持會"，胡被國民黨駐上海特工暗殺。常不敢滯留上海，遠遁大連。常玉青師傅曹幼珊是山東人，長期客居滬上，上海著名的青幫人物，1937 年 12 月返回上海，與日本浪人組織"黃道會"，暗殺抗日愛國人士。1938 年，常在南京設立"安清同盟會"。1946 年 5 月，以漢奸罪被處死刑。

司徒美堂　1868.4.3.~1955.5.6.　廣東省開平赤坎中股溜堤洲牛路里

司徒美堂，原名羨意，字基贊，著名旅美僑領，中國致公黨創始人。

1874 年，6 歲喪父，靠母親撫養。

1875 年起在私塾讀書 4 年，後輟學到新會縣當搓線香學徒。

1882 年，到美國打工，14 歲。最初在唐人街餐廳當廚師。

1885 年，加入華僑反清組織洪門致公堂。

1888 年，一個白人流氓到司徒美堂打工的餐館吃「霸王餐」，司徒美堂氣憤不過，三拳兩拳把那個流氓打死，被判了死刑。華僑及洪門人士立即湊錢營救，最後改判了十個月。

1895 年春，到美國軍艦「保魯磨」號當下級廚師。

1894 年冬，在波士頓成立「安良工商會」，簡稱「安良堂」，隸屬於致公堂總堂。其口號為「拗強扶弱，除暴安良」，司徒美堂本人被擁為「大佬」，尊稱為「叔父」。

1904 年，司徒美堂在波士頓會見了以「洪門大哥」身份出現在美國的孫中山，並擔任其保衛員兼廚師。同住 5 個月期間，孫中山得到了司徒美堂對其革命活動的支持。

1911 年 4 月，廣州黃花崗起義失敗，同盟會急需經費。司徒美堂將加拿大的多倫多、溫哥華、維多利亞三地的四所致公堂大樓典押，籌到所需款項 15 萬元。武昌起義後，司徒美堂通電孫中山支持其成為中華民國總統。

1924 年初，孫中山北伐時，亦得到司徒美堂的大力支持。

抗日戰爭爆發後，司徒美堂為了支持國內抗日，參與組織了「紐約華僑抗日救國籌餉總會」，積極發動華僑捐款。募捐的名目有多種，其中「額捐」（每人每月捐 15 美元）總額有 1400 萬美元，平均每個華僑捐出 670 到 1000 美元。

1941 年 6 月皖南事變後，司徒美堂通電蔣介石表示要「反對分裂、堅持團結；反對投降，堅持抗戰」。

12 月，周恩來等在八路軍重慶辦事處接待司徒美堂、徐宗漢等人。左起：司徒柱（司徒美堂長子）、董必武、司徒美堂、周恩來、徐宗漢、鄧穎超

1945 年初，洪門致公堂改稱「中國洪門致公黨」，司徒美堂被選為該黨全美總部的主席。抗日戰爭結束後，他回到中國，以致公黨的名義進行活動。

1948 年 10 月 26 日他返回美國，並在香港各大報刊發表《司徒美堂擁護中國共產黨召開新政協的聲明》，並以洪門老人身份號召洪門兄弟聲援中國致公黨。

1949 年 9 月 17 日，他回國參加中國人民政治協商籌備會第二次會議，時年 83 歲。9 月 30 日當選為中華人民共和國中央人民政府委員會委員。

1955 年 5 月 8 日下午，司徒美堂因腦溢血去世。享年 87 歲。

1986 年，在其家鄉開平建成了「司徒美堂紀念館」。

2008 年 2 月 27 號，司徒美堂的家業由兒子 Edward Soo, 和孫子 David Soo 及 Philip Soo 繼承，他們全部住在美國紐澤西州。

黃金榮　1868.12.14.~1953.5.10.蘇州人，祖籍浙江餘姚

黃金榮，又名黃錦鏞，與杜月笙、張嘯林並稱「上海三大亨」· 1884 年，在城隍廟萃華堂裱畫店當學徒。

1892 年，考入上海法租界老北門麥蘭巡捕房當探員·

1917 年，升督察長。開設舞廳、浴室、大舞台、大戲院

1920 年，與杜月笙、張嘯林合夥經營三鑫公司，壟斷鴉片買賣。革命時期曾極力保護孫中山、胡漢民、汪精衛等人。

1925 年，巡捕房退休，在漕河涇祠堂建造花園(桂林公園)。

1937 年，抗戰爆發，黃、杜、張曾支援淞滬抗日戰爭，上海淪陷後留在上海，裝瘋賣傻拒絕為日本人效力。

1949 年，81 歲，共產黨鎮壓反革命，黃金榮在《文匯報》《新聞報》刊登《自白書》「願向人民坦白悔過」「洗清個人歷史上的污點，重新做人」。

1953 年，病逝於上海，享壽 85 歲·

張嘯林　1877~1940. 浙江寧波人 1897 年移居杭州。

張嘯林，原名小林，後改名寅，於武備學堂肄業。移居上海後加入青幫，成為青幫頭·

張嘯林、黃金榮、杜月笙三人並稱為「上海三大亨」。

1937 年，日軍攻陷上海投敵，籌建偽浙江省政府，並擬出任偽省長。

1940 年，被貼身保鏢林懷部下，於上海華格臬路（今寧海西路）張公館被暗殺死亡·

杜月笙　1888.8.22.~1951.8.16.　上海市浦東

杜月笙，名鏞，號月笙，原名月生。綠林人士，悟字輩。四歲時父母相繼去世，由繼母和舅父撫養。十四歲即到上海十六鋪鴻元盛水果行當學徒，不久被開除，轉到潘源盛水果店當店員。

1911 年，加入八股黨販毒，得到上海法租界巡捕房探長頭目、黑社會青幫老大黃金榮賞識。

1925 年，與黃金榮、張嘯林開設「三鑫公司」，壟斷法租界鴉片提運，勢力日大，成為「上海三大亨」。擔任法租界商會總聯合會主席，兼納稅華人會監察。在上海三大亨中，有"黃金榮貪財，張嘯林善打，杜月笙會做人"的說法。杜月笙善於協調黑社會各派勢力之間的關系，善於處理與各派軍閥之間的關系，善斂財，會散財，他通過販賣鴉片、開設賭臺等活動，大量聚斂錢財，籠絡社會上政治要人、文人墨客到幫會骨幹，黎元洪的秘書長特撰一副對聯：「春申門下三千客，小杜城南五尺天」捧為「當代春申君」。杜月笙善收買人心，持續多年購買預防傳染病的藥水，送到浦東老傢，按戶免費發放。每逢上海及附近地區發生災害，他必定出面組織賑濟。他有時裝出維護工人利益的形象，出面調解勞資糾紛。給人一種溫文爾雅的形象。他附庸風雅，廣結名流，大學者章太炎、名士楊度、名律師秦聯奎都是他的座上客。由此，杜月笙的社會地位不斷提升。

1927 年 4 月，杜月笙與黃金榮、張嘯林組織中華共進會，為蔣介石鎮壓革命運動充當打手。4 月 11 日晚，他設計騙殺上海工人運動領袖汪壽華，隨後又指使流氓鎮壓工人糾察隊。他因此獲得蔣介石的支持。南京政府成立後，他擔任陸海空總司令部顧問，軍事委員會少將參議和行政院參議，雖是虛銜，但有助於提高社會地位。同年 9 月，任法租界公董局臨時華董顧問，

1929 年，任公董局華董，這是華人在法租界最高的位置。創辦中匯銀行，涉足上海金融業。通過結交金融界徐新六、陳光甫、唐壽民等著名人士，他的銀行業務頗為興旺。

1930 年，在家鄉買地五十畝，大興土木，起造杜傢祠堂，

1931 年 6 月 8 日，舉行家祀落成典禮和「奉主入祠」典禮。儀仗隊有五幹人之眾，自法租界杜公館出發，長達數裏，巡捕開道，鼓樂震天。杜祠開酒席三日，每日幹桌。包括蔣介石、淞滬警備司令熊式輝、上海市長張群等在內的黨國要人都送暸匾額。排場之大，靡費之巨，極一時之盛。

1932 年，杜月笙開始組織恒社，

1933 年 2 月 25 日，舉行開幕典禮。杜月笙自任名譽理事長。社名取"如月之恒"的典故，名義上是民間社團，以「進德修業，崇道尚義，互信互助，服務社會，效忠國傢」為宗旨，實際上是幫會組織。杜月笙借此廣收門徒，向社會各方面伸展勢力。恒社初成立時，有一百三十餘人，到 1937 年達五百二十餘人，國民黨上海市黨部、上海市社會局。新聞界、電影界等許多方面的人士都參加進來。1934 年，杜月笙任地方協會會長。

1934 年，任上海市地方協會長、紅十字會副會長、中國通商銀行董事長等職。

1937 年，抗日戰爭，動員恆社組織別動隊協助國軍作戰，幫助軍統網羅人才、收集情報，協助戴笠建立「人民行動委員會」，策劃暗殺漢奸張嘯林、傅筱庵，策反王克敏離間汪陣營。

上海淪陷後，11 月遷居香港。在香港，他利用幫會的關系，繼續開展抗日救亡工作，從事情報、策劃暗殺漢奸等活動。其中最著名的是，他在上海的門徒協助軍統特務刀劈瞭大漢奸、偽上海市長傅筱庵。杜月笙主持的上海敵後工作統一委員會采取各種辦法迫使上海資產階級的頭面人物虞洽卿等人離滬赴渝，制止瞭黃金榮公開出任偽職，並成功地策反高宗武、陶希聖脫離瞭汪精衞漢奸集團．將紅十字會組織設於香港柯士甸道自宅，捐款、運送物資等各種方式支援抗戰。

1940 年，他組織人民行動委員會，這是在國民黨支持下的中國各幫會的聯合機構，杜月笙為主要負責人，由此實際上成為中國幫會之總龍頭。

1941 年 12 月，太平洋戰爭爆發以後，杜月笙遷居重慶，建立恒社總社，向大後方發展勢力。他組織中華貿易信託公司、通濟公司等，與淪陷區交換物資，借此中飽私囊。

1945 年，抗戰勝利，返回上海，杜月笙收拾舊部，重整旗鼓。這時，由於租界已被收回，國民黨勢力可以公開活動，幫會的作用不再像以前那麼重要。

1946 年 12 月，上海參議會選舉議長，杜月笙經過多方活動，以最高票當選議長，但國民黨不太支持他，所以他當選後馬上辭職。此後，他致力於向工商、金融、交通、文化、教育、新聞等各業中發展勢力，擔任各種各樣的董事長、會長、常務董事、校董達六七十個。

1949 年，赴香港，任新界青山酒店董事、中國航聯保險公司香港分公司董事長。有云：杜月笙想去法國，希望蔣介石給他辦護照。老蔣說，護照可以辦，先交十五萬美元手續費。杜月笙仰天長嘆，才明白天下最狠的流氓原來不是他姓杜的。晚年，他拿出多年來別人寫給他的各種借款欠條，全部予以燒毀，並告誡後人不得追討餘債。其中光是王新衡就欠杜月笙五百根金條。杜月笙去世時，僅留下十萬現金，每個老婆各拿一萬，兒子一萬，未嫁的女兒六千，已經出嫁的四千。據其女杜美如說，杜月笙去世前說的最後一句話是「我沒希望了，你們還有希望，中國還有希望」。

1950 年，與京劇名角孟小冬在香港結婚。居港期間，患氣喘病．

1951 年 8 月 16 日病逝於香港，享年 62 歲。

1952 年 10 月安葬台北縣汐止鎮大尖山下。

蔣介石墓園題字「義節聿昭」

張群牌坊上題字「響聞永彰」。

何應欽挽聯：　憂國耿孤忠，不僅垂聲遊俠傳；首丘慰遺志，成同酹酒大招篇。

許世英挽聯：　班生投筆，卜式輸財，歷濟艱危昭史乘；范式憑棺，伯牙碎軫，忍教生死隔襟期。

杜月笙有五妻：元配沈月英、二房陳幗英、三房孫佩豪、四房姚玉蘭（姚谷香）、
五房孟小冬。八子三女：八子為維屏、維善、維藩、維翰、維垣、維寧、維新、
維嵩，三女為美如、美霞、美娟。

陳啟禮　1941.5.11.~2007.10.4.　江蘇高淳。

陳啟禮，綽號「鴨霸子」「旱鴨子」，父親陳鐘為法官，
母親蕭瑋則為書記官，
1949 年，國共內戰隨父母來台灣，住在眷村。
1952 年，加入黑社會幫派中和幫，開始黑社會的生活。
1956 年，中和幫分裂，創立竹林聯盟(竹聯幫)設五個分
支，陳啟禮是分支之一
陳啟禮曾因組織內矛盾另組「南強聯盟」，
1957 年，在竹聯幫與四海幫火併時，陳啟禮率領「青蛇」
兄弟重回竹聯幫。
1962 年，陳啟禮嶄露頭角，帶領「竹葉青」與黑社會幫
　派火拚，不斷擴張地盤。
1968 年，陳啟禮在「香港西餐廳事件」一舉成名，竹聯幫於陽明山召開會議，
　重新編制竹聯幫，陳啟禮在這時擔任總堂主(首腦)的職位。這段時間陳啟禮
　並於淡江大學取得工程學士學位。
1970 年，竹聯幫成員陳仁因盜領公款逃逸，被指為幕後指使者為陳啟禮
1972 年，遭捕入獄。竹聯幫內部極為不滿引來殺機。張如虹與其他兩名在警方
　面前將陳仁刺傷，張如虹跟陳啟禮打天下，是陳啟禮的右護法極冷血的殺將。
1976 年，陳啟禮出獄後，出馬統合內部混亂的竹聯幫。竹聯幫更加強大。
1983 年，創辦《美華報導》週刊，以報導台灣黑道內幕為主要賣點。
1984 年 10 月 15 日，陳啟禮、吳敦(總護法)、董桂森(忠堂堂主)在美國加州舊金
　山刺殺作家劉宜良（劉江南），劉宜良當場身亡；美國聯邦調查局隨即查出
　凶手為台灣竹聯幫份子陳啟禮、吳敦、以及董桂森。掌握陳啟禮為防萬一而
　錄製的一捲錄音帶，證實有中華民國政府情治人員介入此案。
　中華民國總統蔣經國聞訊後，乃於 1985 年 1 月 10 日下令逮捕情報局長汪希
　苓、副局長胡儀敏、處長陳虎門以作為代罪羔羊。陳啟禮及吳敦逃回國後，
　被政府以「一清專案」的名義逮捕。1 月 13 日，蔣經國函電宋美齡：
　江南案在台北三審定讞，陳啟禮、吳敦、汪希苓依殺人罪，判處無期徒刑，
　褫奪公權終身；董桂森則潛逃海外，在紐約因運送海洛英，被判二十年監禁，
　最後死於美國聯邦監獄的一次械鬥。
1990 年，劉宜良遺孀在美國控告中華民國政府獲得 145 萬美元的人道賠償金。
1991 年，陳啟禮刑滿(因故服刑六年即假釋出獄)獲釋後重返竹聯幫，
1996 年，因案再遭通緝，透過曾振農協助到柬埔寨首都金邊市。

1999 年，他說完全脫離了黑幫，公開展示隨身自衛槍械，被柬埔寨當局逮捕，被控以私藏槍枝罪而入獄一年一個月。中華民國護照遭到吊銷，陳啟禮後取得柬埔寨護照，得以自由出入香港治病。

2007 年，傳出患有胰臟癌赴香港治療，同年 10 月 4 日 9 時許病逝於香港九龍聖德肋撒醫院。11 月 7 日在台北市舉行喪禮，立法院長王金平擔任治喪委員會名譽主委，遺體火化。

張安樂　1948.3.12.~　江蘇南京

張安樂，黑社會組織竹聯幫創幫元老，擔任「總護法」，後成立中華統一促進黨，任黨總裁，主張一國兩制、和平統一。

臺灣師範大學附中、淡江大學歷史系、美國史丹佛大學、聖馬利學院、內華達大學拉斯維加斯分校會計學士與資訊管理學士。

1964 年，加入竹林聯盟所排之「字輩」，被取名為「白狼」。
1967 年，在淡水一帶成立竹聯幫的分支（淡竹）。

1970 年，「陳仁事件」陳啟禮多位大哥相繼入獄，群龍無首張安樂重整竹聯幫。
1975 年，竹聯幫內鬥，被砍成重傷住院，出院後張安樂離開台灣遠赴美國發展。
1979 年，在美國經營餐廳，同時進入美國的內華達大學與史丹福大學就讀。
1984 年，陳啟禮與吳敦來到美國，受國防部情報局長汪希苓中將之託，暗殺劉宜良（江南案）。返台後陳啟禮與吳敦因「一清專案」被捕，並且控以殺害劉宜良的罪名。張安樂不久被美國警方逮捕，以「販毒」罪名判處 15 年徒刑。
1990 年代，投資創立韜略集團。
1996 年，往大陸經商，離台期間遭台北地方法院檢察署以「違反《組織犯罪防制條例》」通緝。
2005 年 9 月 9 日，成立中華統一促進黨，擔任黨總裁，宣傳中國統一—國兩制。
2013 年 6 月 28 日宣稱回台灣，在上海召開「返台千人歡送會」。
2013 年 6 月 29 日，返台，結束長達 17 年的境外滯留返台，並宣傳其政治立場。
2014 年 3 月 19 日，晚間於 318 青年佔領立法院，張安樂突然現身現場。

周榕　? ~2013.8.8.　台灣新北市人

周榕，昵稱"周霸子"陸軍官校畢業，臺灣黑幫〔竹聯幫〕創幫元老，被視為竹聯幫精神領袖。

1981 年，臺灣為了治安，實施"一清專案"，搜捕黑社會中"大哥級"人物，關在綠島監獄管訓。

1991 年，因為監獄管訓不當，引起受刑人不滿而鬧監，造成多人死亡。周榕曾經服務軍旅，當時被推為談判代表，

居中和受刑人協調，化解一場流血衝突，讓暴動事件和平落幕。
周榕晚年淡出，改做生意。
2013 年 8 月 8 日上午 6 時 50 分，因肺腺癌病逝于臺北榮民總醫院，享年 72 歲。

吳敦　1949.11.29.~　台灣台北市出生

吳敦，前竹聯幫成員，綽號鬼見愁，曾任總護法，參與江南案。現為長宏影視
股份有限公司的老闆，製作過多部賣座電影及電視劇。
吳敦生長於公務員家庭，個性叛逆，曾遭台北角頭綁架勒索，14 歲即追隨陳啟
禮，加入竹聯幫。後來進入政工幹校（現國防大學政治作戰學院）第 19 期畢業。
1984 年，吳敦與陳啟禮和董桂森在美國槍殺劉宜良（筆名江南）。
劉宜良遺孀崔蓉芝女士至今表示此案「有凶手，無主謀」，後來吳敦曾透露，
當年他和陳啟禮及董桂森返台隔日即奉命向汪希苓報告，汪當場打電話向上級
報告已在美國制裁了江南。吳敦描述汪希苓報告時神色恭敬，不斷回答「是、
是、是」。吳敦說：「汪希苓若非向重要上級報告，不可能是這種神情」言下
之意，指蔣孝武是幕後黑手。
對於「江南案」，吳敦曾表示：「任何一個在那種教育之下成長的孩子，沒有
拒絕的能力和思考的判斷，所以當時我們去做的時候，我們很坦然，我們覺得
我們去做了一件應該做的事，沒有一點點內疚，沒有一點點覺得是不對的。」
吳敦與陳啟禮後來依「非法持有槍械、共同謀殺、非法結社」被判無期徒刑，
中間經過減刑，關了六年多出獄。
出獄後從事電影事業，陳啟禮的大哥周榕開設飛龍影業公司，吳敦擔任導演劉
家昌助手，在昌江影業公司擔任製片主任，製作過《聖戰千秋》等電影。
目前為長宏影視股份有限公司負責人，曾經成功將已故竹聯幫陳啟禮之子陳楚
河帶進演藝圈。目前正嘗試提拔從事校園黑幫活動的藝人陳凱倫之子陳銳，循
此模式來培養，他表示陳銳眼神堅定沒有邪氣，代表做事有毅力，年輕長得俊
俏，對陳銳有十足的信心。

董桂森　1951~1991.4.3.　祖籍四川省，

董桂森（1951 年－1991 年 4 月 3 日），台灣幫派竹聯幫成員，前忠堂堂主。
出身台中市水湳眷村的「陸光九村」的軍人世家，父親與哥哥都是職業軍人，
初中畢業後即考入士官學校，接受「忠黨愛國」思想，軍中退役後，開餐廳時
結識「竹聯幫」的重要人士，成為竹聯幫成員，擔任「忠堂」堂主。
1980 年，竹聯幫招兵買馬，董桂森將「冷麵殺手」劉煥榮及彭海忠等人招入旗
　下，聲勢大振。後來對持強鬥狠的生活漸感厭倦，於 1984 年八月飛美定居。
1984 年 10 月 15 日，與陳啟禮、吳敦在美國舊金山暗殺劉宜良，吳敦在劉宜良
　頭上打了一槍，董則在劉的肚子開了二槍，劉宜良當場死亡。美國聯邦調查
　局查出凶手為陳啟禮、吳敦、董桂森。董桂森潛逃海外，最後在巴西被捕，

引渡到美國。董桂森在美國高等法院庭訊中，向庭上宣讀「我的聲明」：「這不是個人的行為，也不是幫派的行為，而是政府的行為。」震驚海內外，並將「江南案」幕後黑手指向駐新加坡副代表蔣孝武。

1991 年 2 月 21 日，在美國賓州路易斯堡聯邦監獄被刺殺身亡。

董桂森在「我的聲明」中曾說：「我在竹聯幫做什麼呢？竹聯幫本來是台北一個區的學生幫派之一，其活動範圍多是學校及社區，我們不是出身貧民窟，父母是軍公教人員，他們希望我們好好讀書；我們沒有黑社會世家，不控制工會，也沒有龐大賭場，不搞妓院、販毒。我們會打架，那是為了面子或其他可笑的理由，我曾開過小賭局，包過秀，賺過一點錢，但不能使我致富，我們不是犯罪企業，沒有社會基礎，我沒殺過人，也沒下過牢。」

卅六、京劇名伶

京劇淵源

1876 年，京劇始見於《申報》，歷史上曾有皮黃、二黃、黃腔、京調、京戲、平劇、國劇等稱謂．

1790 年，安徽四大徽班進京後與北京劇壇的昆曲、漢劇、弋陽、亂彈等劇種經過五、六十年的融匯，京劇始衍變成中國最大戲曲劇種。

京劇是綜合性表演藝術。即唱（歌唱）、念（念白）、做（表演）、打（武打）、舞(舞蹈)為一體、通過表演技巧，刻劃人物，表達"喜、怒、哀、樂、驚、恐、悲"思想感情。角色可分為：生（男人）、旦（女人）、淨（男人）、醜（男、女人皆有）四大行當。人物有忠奸、美醜、善惡之分。形象鮮明、栩栩如生。

京劇角色分生、旦、淨、醜四大類。

生行：扮演男性角色，包括老生，主要扮演帝王及儒雅文弱的中老年人。

小生：主要扮演年青英俊的男性角色。

武生：主要扮演的勇猛戰將或是綠林英雄。

紅生：專指勾紅色臉譜的老生。

娃生：劇中的兒童的角色等幾大類，潔淨俊美。

旦行：是扮演各種不同年齡，不同性格、不同身份的角色。

青衣：端莊嫻雅的女子。

花旦：天真活潑的少女或性格潑辣的少婦。

武旦：扮演精通武藝的角色。

老旦：老年婦女。

彩旦：滑稽詼諧的喜劇性人物。

花衫：熔青衣、花旦、武旦、刀馬旦於一爐的全才演員稱為花衫等。

淨行：俗稱花臉，又叫花面。一般都是扮演男性角色。

武淨：悍戰將或神話中的靈仙妖怪等。

醜行：小花臉、三花臉。

文醜：伶俐風趣或陰險狡黠的角色。

武醜：精明幹練而風趣幽默的豪傑義士。

銅錘花臉（正淨）：莊嚴凝重的忠臣良將。

架子花臉（副淨）：綠林草莽英雄或權臣奸相等。

二花臉：扮演一些窮兇極惡之徒。

清末京劇名伶

時　　　　代	名　　　　　　　　　　　　伶
道光時三鼎甲	程長庚、張二奎、余三勝.
同光十三絕	郝蘭田、張勝奎、梅巧玲、劉趕三、余紫雲、程長庚、徐小香、時小福、楊鳴玉、盧勝奎、朱蓮芬、譚鑫培、楊月樓.
老生後三鼎甲	譚鑫培、汪桂芬、孫菊仙..
四大名旦	梅蘭芳、程硯秋、尚小雲、荀慧生.
四小名旦	李世芳、毛世來、張君秋、宋德珠.
1920 年代四大鬚生	余叔岩、高慶奎、言菊朋、馬連良.
1930 年代四大鬚生	余叔岩、言菊朋、馬連良、譚富英.
1940 年代四大鬚生	馬連良、譚富英、楊寶森、奚嘯伯.
譚門七傑	譚志道、譚鑫培、譚小培、譚富英、譚元壽、譚孝曾、譚正岩.

余叔岩 1890.11.28.~1943.519. 祖籍湖北在北京出生

余叔岩，原名余第棋，又名余叔言，早年藝名小小余三勝，中國京劇演員，工生行，師承譚鑫培。

祖父余三勝和父親余紫雲（小余三勝）都是京劇表演藝術家。

他的京劇聲腔藝術影響很大，世稱余派。他的學生是楊寶忠、譚富英、李少春、王少樓、陳少霖、孟小冬、吳少霞（彥衡）。

1943 年 5 月 19 日在北平去世。

梅蘭芳 1894.10.22.~1961.8.8. 江蘇泰州生於北京前門外李鐵拐斜街梅家老宅

梅蘭芳，名瀾，又名鶴鳴，小名裙子、群子，字畹華，別署綴玉軒主人，妻王明華、福芝芳，兒女梅葆琛、梅紹武、梅葆玥、梅葆玖。祖父是京城著名青衣花旦演員梅巧玲。

1897 年，4 歲，父亡，由京劇琴師的伯父梅雨田撫養，

1900 年，7 歲，踫上「八國聯軍」，家境貧困，梅雨田改行修錶.

1901 年，8 歲「言不出眾，貌不驚人」資質不高開始學戲．

1903 年，10 歲，名師吳菱仙調教下，學青衣花旦，開始登台。

1907 年，搭配葉春善「喜連成班」演出。

1909 年，觀摩著名藝人王鐘聲改良新戲，模仿演出，出神入化．

1910 年，梅蘭芳與王明華結婚，生下一雙兒女，但身體不好。

1913 年，在上海演出《穆柯寨》一舉成名形成〔梅派〕風格。

1915 年，唱、唸、做、打、舞，到劇本、服裝、道具做了改革

1919 年，他將劍舞、羽舞、花鐮舞等古典舞作了調整．首度訪日演出，引起轟動，評論「有此雙手，其餘女人的手盡可剁去」。

1921 年，梅蘭芳娶旦角演員福芝芳為妻。生九個小孩，但只有四個長大成人，分別是梅葆琛、梅葆珍、梅葆玥、梅葆玖。

1924 年，日本發生關東大地震，他為了賑災義演，而受邀再次赴日本演出，期間突患急性腸胃炎危及生命，為他治病日本醫生不肯收費，僅要求他給予一顆景泰藍袖扣。

1925 年，梅蘭芳與京劇名老生孟小冬同居，5 年後兩人分手。他的女兒梅葆玥唱老生，小兒子梅葆玖繼承梅派京劇藝術

1930 年，在美國西雅圖、芝加哥、華盛頓、紐約、舊金山、洛杉磯、聖地亞哥、檀香山等地巡迴演出 72 天，引起轟動，美國波摩拿學院、南加州大學分別授予梅蘭芳文學榮譽博士學位。

1932 年，梅蘭芳遷居上海。

1933 年，以戲劇為武器，編演「抗金兵」「生死恨」，鼓舞士氣，宣傳抗日．

1935 年，造訪蘇聯.

1938 年，抗日戰爭期間，梅蘭芳拒絕為日軍演出而「蓄鬍鬚」，遷居香港。八年斷絕經濟來源，靠著販賣字畫和獎盃維持家計和劇團生活。

1942 年，夏季返回上海，杜門謝客。

1944 年，作畫「春消息」，預示抗戰勝利為期不遠．

1945 年，梅蘭芳重新登台。

1951 年，遷北京定居護國寺街 1 號(梅蘭芳紀念館)出任中國戲曲研究院長．

1952 年，第二度訪問蘇聯演出。

1956 年，第三次訪問日本再次引發轟動．

1961 年，為紀念辛亥革命五十周年，他抱病病演出．8 月 8 日凌晨 5 時病逝。

梅蘭芳是中國京劇史上最具表演藝技術天才，文藝鼎盛人物，對中華文化和中國戲曲表演，有卓越的貢獻，個人神妙的精湛藝術，更具有高尚的品德。梅蘭芳與程硯秋、尚小雲、荀慧生並稱「四大名旦」在中國歷史上占有一席令人長相思念的地位。

周信芳 1895.1.28.~1975.3.5. 浙江寧波慈溪，出生江蘇清河（清江浦淮安市）

周信芳，名士楚字信芳，藝名「麒麟童」。老生麒派創始人。

出身梨園世家，六歲起學習京劇，七歲時在杭州登台演娃娃生，藝名「七齡童」傳單誤植為「麒麟童」。幼年時嗓音條件極好，由於演出繁重，變聲期後嗓音敗壞，顯得沙啞低沉。然而他能夠巧妙利用有限的自身條件，把不利因素轉化為自己的獨特的藝術風格，得以和馬連良並稱「南麒北馬」最全面兩位表演藝術大師。他曾到俄羅斯巡迴演出，亦曾編演《民國花》《宋教仁》《文天祥》《徽欽二帝》《明末遺恨》等新戲，以激發人們的愛國心，提高人們鬥志。

1960 年，他與當權派產生種種意見上的分歧，（新編古裝京劇《海瑞上疏》）更成為他的罪狀書。文化大革命中遭到清算，

1968 年 3 月 24 日被捕入獄；一年後被軟禁在家中·

1975 年，心臟病發逝世。死後始獲得平反，

1978 年 8 月 16 日在上海舉行了周信芳的國葬。骨灰供奉於上海龍華革命公墓，後與第二任妻子裴麗琳合葬。

1968 年，裴麗琳在先他而去，兒子周少麟被關在監獄裡 5 年。

尚小雲 1900.~1976.4.19. 河北南宮

尚小雲，原名尚德泉，字綺霞，京劇四大名旦之一。父親尚元照是漢籍旗人，在光緒年間任那（彥圖）王府管家。由於父親早逝，家境窘迫，母親將的尚小雲送到那王府當書童，在那王的建議下，進入戲班學武生，師承孫怡雲，又得益於王瑤卿，特色是字正腔圓，善於使用顫音。他的武功根底相當深厚，擅演刀馬旦，藝術上有「尚派」之稱。

1937 年，北平開辦「榮春社」科班，親自執教，

1938 年，學生達 200 多人。為堅持辦學，

1942 年，尚小雲將七所宅院出售，被譽為「典房辦學」。

1948 年，榮春社解散。

1949 年，參加中共為藝人辦的講習班，而後成立尚小雲劇團。

1957 年，陝西省戲曲學校成立，尚小雲受聘擔任藝術總指導。

1959 年，將自己珍藏的古代字畫、玉器共六十六件，無償捐獻給陝西省博物館。

1960 年，梅蘭芳、尚小雲、程硯秋、和荀慧生各劇團，統歸屬改為國家劇團。

1963 年，尚小雲的戶口被遷往西安。

1966 年，文革開始後，尚小雲被批鬥。

1974 年，尚小雲被宣布為「敵我矛盾，按人民內部矛盾處理」。

1976 年 3 月，因胃病住院。4 月 19 日，尚小雲在醫院辭世。
1980 年，尚小雲被平反，骨灰移入八寶山革命公墓。
其子尚長榮為著名京劇淨角，三次榮獲梅花獎，還獲得三次白玉蘭獎。

荀慧生 1900.1.5.~1968.12.26. 河北東光

荀慧生，字慧聲，號留香，藝名白牡丹，初名秉超，後改名秉彝，與余叔岩合
演《打漁殺家》起，改用荀慧生為名。中國「四大名旦」之一。
1907 年，家貧被父母賣予小桃紅梆子戲班學戲，後又被轉賣給河北梆子花旦老
藝人龐啟發（龐艷雲）。
1909 年，以「白牡丹」藝名隨龐啟發在冀東、冀中一帶農村集鎮廟會上演出。
1910 年，隨龐啟發進燕京，搭班演出梆子戲。
1911 年，去天津，曾與王鐘聲同台演出文明戲。民國後又到北京，跟李壽山等，
學習京劇，後拜王瑤卿，學習正工青衣。
1918 年，娶名伶吳巧福六女吳春生為妻。生子令香（程硯秋弟子，工青衣曾任
中國戲曲學院副院長）令文（曾習老生，任職於北京戲曲學校）。
1945 年，吳春生病故，
1946 年，與青島的富商之女北平輔仁大學女生荀派票友蘇昭信自由戀愛結合。
1949 年，兩人情感破裂分居，
1955 年，離婚。生子令言（黑龍江京劇院楊派老生）令友；生女令美，令蓉。
後又與張偉民結合，繼女荀令萊（原名張麗麗）。
1919 年，加入楊小樓的永勝社，隨楊小樓、尚小雲、譚小培赴上海演出，擔任
「刀馬旦」，引起轟動。因喜作畫，1924 年正式拜吳昌碩為師，也向齊白石、
陳半丁、傅抱石、李苦禪、王雪濤等名師求教。1925 年改藝名為荀慧生。
1949 年後，歷任京劇團團長，北京市戲曲研究所所長、中國戲曲家協會藝委會
副主任。文革時，荀慧生被批鬥，身掛「牛鬼蛇神」牌子，頭被剃成陰陽頭，
後被送到「沙河農場」勞改，因心臟病發併發急性肺炎而亡

馬連良 1901.2.28.~1966.12.16.

馬連良，回族，北京人，字溫如，中國著名京劇藝術家，
老生演員。民國時期京劇三大家之一。拿手戲目有《借
東風》《甘露寺》《青風亭》等。
父馬西園，是一茶館業主，與著名京劇演員譚小培熟
識。家庭的薰陶，使馬連良從小熱愛京劇藝術，希望在
藝術舞台上得到發展。
9 歲入北京喜連成科班，先從茹萊卿學武生，開蒙戲即
《石秀探庄》，後受業於葉春善、蔡容貴、蕭長華等老
生名家，並酷愛譚派、賈派藝術。蕭長華據孫派《雍良

關》，創作《借東風》一劇，傳授給他。馬連良努力研究，終使《借東風》成為響譽全國的名劇。23 歲自行組班扶風社，發展成為獨樹一幟的「馬派」表演風格，自 1920 年代至 1960 年代盛行不衰。

1940 年旅居香港，1950 年回大陸，出任北京京劇團團長．

1962 年兼任北京市戲曲學校校長。

1966 年 10 月文化大革命中被抄家與關進牛棚裡

1966 年 12 月 13 日因意外摔倒被送至北京阜外醫院，3 天後不治。1979 年 3 月 27 日北京市文化局恢復其名譽。

馬連良原配夫人王慧如，生五子二女：崇仁、崇義、崇禮、崇智、崇延，萍秋、莉；繼室陳慧璉，生二子二女：崇政、崇恩及靜敏、小曼。崇仁為京劇淨角，小曼為京劇旦角。

程硯秋 1904.1.1.~1958.3.9. 滿洲正黃旗人，

程硯秋，瓜爾佳氏，與榮祿同族。最早官名是承麟，硯秋恩師羅惇曧先生把「承」改為漢姓「程」。程硯秋最初藝名是菊儂．

1918 年改為艷秋，字玉霜、御霜、藝名程硯秋，取意「硯田勤耕秋為收」。「四大名旦」之一，青衣程派創始人。

家貧，6 歲經人介紹賣身入榮蝶仙門下學京劇，登台不久聲響鵲起，被羅癭公賞識。程聽從羅癭公的安排，分別拜師梅蘭芳及梅蘭芳的老師王瑤卿學習京劇。程嗓音不好，但是在王瑤卿的指點下，發展成了婉轉深沉的程派唱腔。

1920 年，梅蘭芳的原配夫人王明華，即是硯秋的師娘，向程硯秋介紹果湘琳（京劇藝人）之長女與之訂婚。

1921 年 2 月，羅癭公與梅家再次撮合，提親對象不是原來果家的長女，而是次女果秀英，程硯秋看了照片覺得很好。

1922 年，18 歲首次到上海演出，引起轟動。

1923 年 4 月 9 日，梅蘭芳、王明華夫婦為媒，舉行結婚聘禮儀式。26 日程、果二人舉行結婚典禮，羅癭公並為秀英更名作果素瑛。

1932 年 1 月，與焦菊隱赴法國考察戲劇。演出《亡蜀鑒》（川劇也有該劇，名為《江油關》）。抗日戰爭期間，他在北京通過義演為抗日捐款，並且拒絕為日本人唱戲，最終被迫害無法演出，回鄉務農。

1953 年，任中國戲曲研究院副院長，1954 年，當選為第一屆全國人大代表，

1958 年 3 月 9 日 20 時 20 分，程硯秋因患心肌梗塞於北京逝世。

孟小冬 1908.19.~1977.5.27. 上海

孟小冬，又名孟若蘭、孟令輝，出生於梨園世家，著名京劇女老生演員，有老生皇帝（冬皇）之譽，師承余叔岩，是余門惟一的女弟子。孟小冬的表演扮相英俊，嗓音蒼勁醇厚，高低寬窄咸宜，中氣充沛，滿宮滿調，且無雌音，被公認為「余派」主要傳人。北京大學教授吳小如曾說她是學余最成功的一位。

她的弟子有趙培鑫等，辜振甫在港工作時曾向她問藝。

1925 年 8 月孟小冬結識梅蘭芳，合演《游龍戲鳳》。

1927 年，孟小冬以兼祧的名義與梅蘭芳成婚。當時梅蘭芳已有一妻王明華，另一有平妻福芝芳。

1933 年，與梅蘭芳分手。

1949 年，春移民英屬香港。

1950 年，在香港與杜月笙結為夫婦，與杜月笙結婚後，徹底退出舞台。

1967 年，起移居台灣，

1977 年，在台北離世，享年 69 歲。

孟小冬安葬於台北縣樹林市淨律寺佛教公墓。墓碑由知名國畫家張大千題字「杜母孟太夫人墓」，墓旁有杜月笙女婿金元吉（杜美霞之夫）為伴‧

王少樓(一) 1911.11.8.~1967.1.2.

王少樓，京劇演員，工生行，拜師余叔岩。

1923 年，拜余叔言先生為師，是余門僅有的 7 個弟子（大弟子楊寶忠，還有陳少霖、吳少霞、譚富英、李少春和女弟子孟小冬）裡的第 2 個。

曾長期與程硯秋合作，也曾給荀慧生、尚小雲等配戲，並錄有大量京劇唱片。

嗓子壞掉以後，改教京劇，在北京戲曲學校培養了很多學生，安雲武、李崇善、李寶春等都是他培養的。

王少樓(二) 1918.1.13.~2003.5.13.

王少樓之名有二人，「江南一條腿」京劇名家，京劇演員，武生，拜師周信芳。四歲隨父王德山（梆子演員）學藝，曾拜周信芳為師。十一歲隨父在杭嘉湖一帶經常演出《落馬湖》、《獨木關》、《連環套》，已深得觀眾喜愛。十七歲開始在杭州掛牌演出，頭三天打炮戲為《長阪坡》、《挑滑車》、《惡虎村》，一炮打響。青年時候的王少樓作為五大頭牌進入上海大舞臺，當時演出的劇碼有《鐵公雞》《盜魂鈴》《金錢豹》《周喻歸天》《戰馬超》《十八羅漢收大鵬》《驅車戰將》《英雄走國記》《牛郎織女》《收姜維》等，並經常在南京、武漢、杭州、蘇州、無錫等地巡迴演出。

1950 年，成立共舞臺京劇團，有演員 200 多人，

1954 年，改為上海新華京劇團，王少樓任團長和主演。領導劇團編演了 23 本《水泊梁山》，在 50 年上海第一屆春節戲曲演唱競賽獲一等獎。解放後編演大量新戲有《九件衣》、《五虎平西》、《薛剛鬧花燈》、《忠王李秀成》、《張汶祥刺馬》、《黃飛虎反五關》、《岳飛》、《還我臺灣》，和現代戲《黎明的河邊》、《唱戲的人》等。
1957 年，演出《封神榜》，盛況空前。當年下半年去北京、天津、濟南巡迴演出，擴大了連臺本戲在北方的影響。
1964 年，編演《龍江頌》並主演支部書記鄭強。
1965 年，參加了華東區京劇現代戲會演，受到一致好評。
文化大革命開始後，王少樓深受迫害，抄家、批鬥、遊街，去吳淞「五七」幹校勞動。江青下令劇團解散，《龍江頌》劇本由上海京劇院接手。
1978 年，王少樓由豫園調入上海戲曲學校任教。參加拍攝電影《蓋叫天舞臺藝術》《一箭仇》。

章遏雲　1912~2004　祖籍廣東，在北京出生

章遏雲，京劇演員，工旦行，著有《章遏雲自傳》等書。
曾拜李寶琴、榮蝶仙（程硯秋的開蒙先生）、律佩芳、王瑤卿、尚小雲、梅蘭芳等先生學戲。早期學老生，唱過《武家坡》等戲，後改旦行。
她向梅磕頭拜師學的《霸王別姬》，曾與楊小樓、金少山、袁世海合演。
曾與楊寶森、馬連良、高慶奎、言菊朋、侯喜瑞、馬富祿、葉盛蘭、王又宸（譚鑫培的女婿）等合作演出。
1932 年，程硯秋解散戲班去歐洲（法國等）參訪，她請程的琴師穆鐵芬和鼓師杭子和到她的戲班工作，在穆鐵芬和杭子和指導下提高自己的京劇旦行程派藝術，後以程派藝術見知於世。
在上海被杜月笙收做乾女兒。
1949 年，遷居香港，
1954 年，拍了京劇電影《王寶釧》（卜萬蒼執導）。
1958 年，移民台灣。在台灣培養了許多學生，包括李麗華等人。
2004 年，在台灣台北市去世

張君秋　1920.10.14.~1997.5.27. 北京祖籍江蘇

張君秋，京劇演員，工旦行，從小跟李凌楓學京劇表演藝術，後來又拜師尚小雲和梅蘭芳。和李世芳、毛世來、宋德珠有四小名旦的稱號。長期與馬連良合作，在香港巡迴期間，與馬合拍彩色京劇電影《梅龍鎮》《漁夫恨》與俞振飛合拍彩色京劇電影《玉堂春》他的代表作《望江亭》《秦香蓮》被拍成彩色京劇電影。他的演唱風格被人稱為張腔。
顧正秋等多人是他的學生．

1990 年，張顧師徒 2 人同時在美國紐約得到亞洲傑出藝人終身藝術成就金獎。
他的兒子張學津、張學海工生行，分別拜師馬連良和周信芳。
兒子張學浩工生行、旦行，女兒張學敏工旦行.

顧正秋　　1929.10.5.~　　南京人

顧正秋，工旦行，原名丁祚華，又名丁蘭寶。
1939 年，乾媽顧劍秋將她改名顧小秋，送去民辦上海戲曲學校學戲，是第一屆
（也是唯一的一屆）正字科，改名顧正秋。
1944 年，在上海拜梅蘭芳為師。曾在上海參加馬連良劇團和譚富英劇團的公演，
與馬連良、譚富英合演，譚富英還收她做乾女兒。
1946 年，自組劇團，
1948 年，應邀到台灣表演，從此留居台灣。
1953 年，與任顯群「結婚」後(實為重婚，任顯群終身沒有與妻子章筠倩離婚)，
解散劇團，退出舞台，只在一些慈善義演登台。
1980 年，應華視邀請，復出拍攝 10 部電視京劇漢明妃、玉堂春、、硃痕記、
鎖麟囊、白蛇傳、新文姬歸漢、四郎探母、韓玉娘、王寶釧與薛平貴、汾河灣。
與周正榮、哈元章、馬元亮等合演。
1990 年，灌錄一套《顧正秋曲藝精華》專輯，得到行政院文化建設委員會獎助。
2003 年，獲得第 7 屆國家文藝獎

馬長禮　　1930~　　在北京出生

馬長禮，又名馬崇禮，馬連良養子，譚富英入室弟子，京劇演員，工生行，。
幼年入尚小雲辦的京劇科班榮春社學藝，長字科出身，跟劉盛通先生學戲。
1949 年，拜譚富英為師。
1954 年，馬連良收他做義子。
1976 年，獲派領銜主演《沙陀國》(《珠簾寨》)《文昭關》等傳統京劇電影。
1992 年，移民英屬香港，回歸後仍長住香港，有時回內地活動。
他的弟子有李軍 (京劇)、李樹建（豫劇）、沈利等多人，李寶春是他和王少樓
培養的北京戲曲學校學生，杜鎮傑是他的女婿．

李寶春　　1950~　　北京出生，祖籍河北霸縣，

李寶春，幼名李寶寶，曾用藝名李泳、李永孩，京劇演員，工老生，曾在台北
中國文化大學戲劇學系、國立台灣大學戲劇學系兼任副教授。
祖父李桂春（藝名小達子）是河北梆子和京劇演員，父親李少春拜師余叔岩、
周信芳、蓋叫天，兩代都是文武雙全（重唱工的文戲和重身段動作的武戲都很
能做）的老生演員，母親侯玉蘭是京劇旦行演員。
他青少年時考進馬連良擔任校長的北京市戲曲學校，師從馬連良、王少樓、馬

長禮等名師學唱老生，

1969 年，畢業，到革命現代京劇（京劇現代戲）《杜鵑山》劇組工作。

1980 年，代中期後移民美國，

1990 年，到台灣工作，直到現在。

1994 年 10 月 12 日晚上，在台灣國家音樂廳舉行「李寶春與兩岸國劇巨星：交響樂下唱皮黃」音樂會，胡炳旭指揮台灣國家交響樂團，京劇樂隊（胡琴、鼓等）來自北京中國京劇院（現在的中國國家京劇院）。

這場音樂會讓他成為史上第一個，配上大型西方管弦樂伴奏演唱京劇的台灣演員，台灣國家交響樂團則成為台灣史上第一個給京劇伴奏的愛樂管弦樂團。

1996 年，他錄製《一夜京戲》個人京劇唱腔音樂專輯，林鑫濤編曲，謝光榮打鼓，京劇胡琴（京胡）劉鐵山，京劇二胡（京二胡）王英奎。

1998 年，創辦台北新劇團

沈海蓉　1958.11.10.~

沈海蓉，原名沈蓉，京劇演員，幼年進中華民國海軍海光國劇隊附設海光劇藝實驗學校學習京劇表演藝術，曾任海光國劇隊演員。沈海蓉專攻刀馬旦行當，造型清麗絕俗、宜古宜今，演過四十多部電視連續劇。

1978 年，為中視基本演員。演出《江山萬里情》《狄四娘》開始走紅。

1979 年，獲第 20 屆中國文藝獎章（戲劇表演獎）國劇協會「梨園楷模」獎盾。

1984 年，《一剪梅》及 1992 年的《梅花烙》最為人津津樂道。

1986 年，拍攝古裝武俠劇《金劍鵰翎》時，不幸發生意外，鋼絲突然鬆脫，從高空墮下嚴重受傷，休養一年始複元，從此減少演出。

沈海蓉演過十多部電影，包括《金大班的最後一夜》《畫魂》《梁祝》等。

卅七、電影藝人

胡蝶　1907~1989.4.23.上海原籍廣東鶴山坡山水寨

村。

胡蝶，原名胡瑞華，民國時期著名電影女演員。父親在京奉鐵路上任職，9歲回到廣東進廣州培道學校讀書。

1924年16歲隨家人從廣州遷回上海，投考上海中華電影學校首屆學員，顯露才華。

1925年，參加電影演出，《戰功》《秋扇怨》《梁祝痛史》《鐵扇公主》等二十餘部古裝片。

1928年入明星影片公司，主演《白雲塔》《火燒紅蓮寺》《啼笑因緣》《空谷蘭》等影片。

1933年主演《歌女紅牡丹》《狂流》《姊妹花》《自由之花》《落霞孤鶩》《啼笑因緣》。

1934年中國電影皇后競選，兩年內「三連冠軍」。

1935年，參加蘇聯在莫斯科舉行國際影展，

1937年11月上海失守，胡蝶攜同家人避居香港。

1941年12月25日，香港政府駐港英軍向日本酒井隆中將投降。

1942年，胡蝶夫婦領著兩個年幼的兒女，跟隨游擊隊艱難跋涉達陪都重慶。到重慶不久，她成為戴笠他的情婦，沒有再拍電影。

1946年3月17日戴笠因空難喪生，胡蝶才獲得自由，遷居香港。

1946年，胡蝶為香港大中華公司拍攝了《某夫人》、《錦繡天堂》。

1949年，潘有聲逝世後，胡蝶停止拍片10年之久。

1959年，她應邵氏公司之請重下銀海，在香港、台灣先後拍攝了《街童》《兩個女性》《後門》等片。52歲的胡蝶躍登「亞洲影后」的寶座。

1966年，胡蝶參加了《明月幾時圓》、《塔里的女人》兩片拍攝之後，正式退出了影壇。在台灣住了幾年後，

1975年，移居加拿大溫哥華，

1989年，在溫哥華病逝。臨終前最後一句話是：「胡蝶要飛走了！」胡蝶有一女兒胡友松，為李宗仁第三任妻子。

邵逸夫　1907.11.19~2014.1.7. 寧波鎮海鎮，長居新新加坡．

邵逸夫，1907 年，出生于上海一個富有家庭，父親邵玉軒育有 5 男 3 女，邵逸夫在兄弟姐妹中排行第六，所以後來被香港影視圈尊稱為"六叔"。

1926 年，剛中學畢業的邵逸夫，應三哥邵仁枚之邀，南下新加坡，開始涉足電影業。後來，在餘芳璿的鼎力支持下，邵

1930 年，在新加坡成立"邵氏兄弟公司"。

1931 年，邵逸夫嘗試拍有聲電影，並到美國考察。

1932 年，邵氏兄弟攝製完成中國第一部有聲電影《白金龍》，開創了中國有聲電影的新紀元。

1937 年，30 歲，邵逸夫與黃美珍在新加坡舉行婚禮，育有兩男兩女。

1937 年，第二次世界大戰爆發，邵氏影院被被催毀殆盡，邵逸夫自己更因為"拍攝反日電影"被日子憲兵打得皮開肉綻，關進大牢。黃美珍一邊獨力支撐家業，一邊托關係找到原來在邵氏兄弟公司做事的日本人山本和中野，花重金請他們趕到日本憲兵部，替邵逸夫說話，才將他救出，邵氏被迫關門。

1957 年，成立邵氏兄弟(香港)有限公司。

1970 年，踏足當時發展迅猛的電視業，與無線電視（TVB）合作，培訓藝員。

1980 年，出任無線董事局主席。

2003 年，創立邵逸夫獎。

2011 年，正式退休。

2014 年 1 月 7 日，凌晨在家中離世，享壽 107 歲。

阮玲玉　1910.4.26.~1935.3.8. 原籍廣東中山，生於上海。

阮玲玉，原名阮鳳根，學名阮玉英，中國默片時代（1920—1930 年代）最著名女演員之一，24 歲的悲劇性早殤使她成為中國電影的一個標誌。

阮玲玉的父親在她 6 歲時病故，她與母親二人相依為命，在上海崇德女子中學就讀。

1926 年 16 歲，考入明星影片公司開始電影生涯。

1928 年轉入大中華百合影片公司，主演《情慾寶鑑》等 6 部電影。1930 年轉入聯華影業公司，主演《野草閒花》(飾演賣花女)一舉成名，一生共主演 29 部電影。讚譽她為中國的嘉寶、褒曼。

1935 年 3 月 8 日婦女節當天半夜兩點在上海新聞路沁園村住宅服安眠藥自殺，當時同居男友唐季珊發現，將她送到一個日本人的醫院，但夜間醫院沒有急診，

送到一家朋友鄒醫生的私人醫院，但醫院不願收留，隔日上午10時送往大醫院時，相隔6個多小時，最後搶救無效。一代影星殞落，年僅25歲。

國內外電影界人士和廣大觀眾均表哀痛和惋惜，各方唁電、輓聯不可勝數，遺體在上海萬國殯儀館舉行公祭。3月14日殯葬，有約20萬民眾到場弔唁，送葬隊伍長達3里。其墓地位於上海閘北聯義山莊。關於阮玲玉自殺，魯迅曾寫下《論人言可畏》指：「她的自殺，和新聞記者有關，也是真的。」

韓蘭根

韓蘭根、殷秀岑，是最老牌影星。兩人合演《王老五》被導演題為「一豬一猴」，難得碰頭，有此兩公可不發愁"，道出了他幽默詼諧的表演風格，殷秀岑與韓蘭根被喻為"中國式的勞萊與哈戴"。

《王老五》蔡楚生導演，女主角江青（藍蘋）1938年4月3日於上海新光大戲院首映。塑造上海灘的貧民生活。「王老五」後來成了大齡單身男性的代名詞。

《漁光曲》是蔡楚生執導，兩人合拍的黑白影片，1935年2月，《漁光曲》參加蘇聯電影工作者俱樂部為紀念蘇聯電影國有化15周年在莫斯科舉行的國際電影節，並穫得"榮譽獎"，成為中國第一部在國際上穫獎的影片。

殷秀岑　1911.6.13.~ 1979.3.3.　天津人

殷秀岑，中國最老牌電影演員，與韓蘭根同是當時有名諧星。

1930年，入北平聯華電影人材養成所，後任聯華影業公司演員。

1931年，開始與韓蘭根搭檔出演喜劇，處女作《故宮新怨》

1935年，在新華影片公司、中聯、華影等公司拍攝影片。

1949年，解放後任大喜話劇團團長。

1952年，到中央軍委總政評劇團，後入中國評劇團。

1957年，入長春電影製片廠任演員。

由於形體較胖，天生具有一定的喜劇演員素質，他與瘦形演員韓蘭根搭擋，拍攝了許多影片。他與韓蘭根、劉繼群配合默契，富有喜劇色彩的動作，成功地塑造了犯人的形象。

殷秀岑與韓蘭根拍攝過近兩百多部影片。韓蘭根瘦得像豆角，殷秀岑胖如圓水缸。一個精靈乖巧，一個憨態可掬。他們的表演滑稽而不庸俗，幽默而不低俗，時常令人笑得掉淚。

1949年，解放後，他參加了著名評劇《劉巧兒》的演出。

1954年，調入長影廠任演員，同時從事配音工作。

1956年，在影片《不拘小節的人》中扮演火車乘客。他的表演生動，惹人發笑，他是中國影壇不可多得的怪才，為喜劇電影的繁榮作出了自己的貢獻。

1979 年，逝世。

童月娟　1914.8.7.~2003.1.6.　江蘇杭州

童月娟，本名萬秀英，童月娟是她的藝名，另外，還有梁瑞英的別名。

1929 年，離開杭州往上海，接受戲劇訓練，參與平劇、話劇演出，幕後製作。

1930 年，在上海從事電影相關事業，隨後移民香港。

1931 年，製作並演出新劇《不愛江山愛美人》，廣獲好評，與李麗華、白光、阮玲玉同為電影女演員。

1933 年，她與知名電影監製張善琨結婚，跨界到電影幕後。

1934 年，童月娟、張善琨籌組上海新華影業公司，製作電影如《紅羊豪俠傳》《新桃花扇》《壯志凌雲》《青年進行曲》《雷雨》《王老虎搶親》《離恨天》《紅羊豪俠傳》，由童月娟主演，及擔任配角。

1937 年，中日戰爭爆發，帶領周曼華、李麗華、陳雲裳、陳娟娟等，參加日本或汪精衛政權轄下「東亞共榮」活動。但童月娟以「梁瑞英」假名，參與政府「反日」地下組織。

1946 年，國共內戰，童月娟與張善琨連袂前往香港發展，並在香港定居。

1947 年，童月娟與丈夫先重組香港永華影業、新華影業、長城影業。

1950 年，童月娟影業公司出了《蕩婦心》《血染海棠紅》《月兒彎彎照九州》《瓊樓恨》《王氏四俠》《一代妖姬》等反共或商業電影。

1953 年，每年組團往台灣參加勞軍、雙十國慶與「蔣總統誕辰」等紀念活動。

1957 年，張善琨去世，童月娟接手新華影業，出產《盲戀》《青城十九俠》《黑妞》《碧血黃花》等知名影片。

1969 年，台灣電影金馬獎中，獲得「特別製片獎」。

1973 年，淡出香港永華影業經營轉入政治界發展。

1980 年，為台灣第一位具有演藝背景的民意代表。

1981 年，當選中華民國監察院的僑選監察委員。

1993 年，辭去港九自由影劇協會主席，隨即移民加拿大。

1994 年，童月娟獲得「終身成就獎」。

2002 年，年邁她從加拿大返回上海，由親友照料。

2003 年，心臟病在上海博愛醫院去世，壽 89 歲。安葬台北陽明山張善琨墓園。該墓園是她於廿年前親自設計與規劃的。

陳燕燕　1916.1.12.~ 1999.5.7.　浙江寧波，滿族

陳燕燕，原名陳茜茜、陳倩倩，幼年隨父母遷居北平。有"南國乳燕，美麗的小鳥"之稱。

1930 年，14 歲的陳燕燕就讀北平聖心女中，演出《自殺合同》《南國之春》《大路》《家》《不了情》《奮鬥》

《三個摩登女性》《母性之光》《寒江落雁》《昨夜星辰》《三個摩登女性》，曾獲得金馬獎。1

1932年，演《南國之春》一舉成名。先後又拍攝了《奮鬥》《三個摩登女性》《母性之光》《寒江落雁》，成功地塑造了悲劇人物，引起轟動。

1936年，飾演《孤城烈女》《聯華交響曲》《慈母曲》《新舊時代》可愛的少女。

1938年，相繼主演《乞丐千金》、《琵琶記》、《杜十娘》等影片。

1942年後在中聯、華影主演《蝴蝶夫人》、《芳華虛度》、《情潮》等影片。

1945年，抗戰勝利，陳燕燕到北京拍《神出鬼沒》，與主演王豪愛戀同居。

1947年，主演《不了情》《天魔劫》，轟動一時。

1949年，夫妻成為南國影壇的佳侶。可是王豪的不忠，導致兩人分手。此後，陳燕燕獨身三十餘載，晚年一直和女兒生活在一起。

1952年，主演《戀歌》《兩地相思》《苦兒流浪記》、《鐵蹄下》等。

1961年，在臺灣拍攝的《音容劫》，獲亞洲影展最佳女配角獎。

1963年，入邵氏兄弟（香港）有限公司，拍攝《為誰辛苦 為誰忙》《藍與黑》。

1972年，息影。

1981年，她赴臺灣拍攝《大漢天威》。

1988年，演《昨夜星辰》慈母形象，受到觀眾的好評。陳燕燕與黃紹芬結婚，生有一女，不久兩人協議離婚。

1993年，獲第十三屆金馬獎紀念獎。

龔秋霞 1916.12.4.~2004.9.7. 上海市浜鎮人，家住大橋東塊靈龍街。

龔秋霞，原名龔莎莎、龔秋香。中國著名電影演員、歌星。有「銀嗓子」之稱（「金嗓子」是周璇，另外一位「銀嗓子」是姚莉）。與周璇、白虹、白光、姚莉、李香蘭、吳鶯音齊名，並稱為四十年代上海七大歌星。

1930年，在上海仁善女校讀書同時參加上海儉德會創辦的歌舞訓練班。

1933年，參加上海梅花歌舞團，成為該團台柱，與張仙琳、張琦、蔡一鳴、徐粲鶯並稱為「梅花五虎將」。在此期間她參與演出了一二十部話劇和歌劇，包括《鐵蹄下哀的性》《楊貴妃》《後台》《名優之死青春的悲》。

1936年，參拍文化影片公司攝製的影片《父母子女》，是她的第一部電影作品。胡心靈擔任電影編導，戀愛成為她的丈夫。

1937年，胡心靈成為明星影片公司編導，龔秋霞也就成了明星影片公司的演員。她主演《壓歲錢》而一舉成名。

1937年至1942年，主演電影《古塔奇案》，其中主唱插曲《秋水伊人》，在電影《薔薇處處開》中擔任主演主唱，演唱電影《浮雲掩月》的插曲《莫忘今宵》，這幾首歌傳很快就成了新潮經典歌曲而被傳唱一時，龔秋霞也成為一

　　名能歌善舞的影歌雙棲藝人。並且因與白楊、舒綉文、黃耐霜主演電影《四
　　千金》，而被人們稱為「大姐」。可以說她當時在中國的影壇和歌壇是紅極
　　一時的明星。

1945 年，她在上海蘭心大戲院與丈夫的妹妹胡蓉蓉合作，舉辦三場歌舞音樂會。
　　在會上演唱了《秋水伊人》《思鄉曲》《恨不相逢未嫁時》《春風野草》《薔
　　薇處處開》、《何處不相逢》、《莫負今宵》、《不變的心》、《是夢是真》
　　和《牧歌》其中很多是電影插曲。

1946 年，龔秋霞隨丈夫胡心靈去香港定居，加入大中華影片公司。

1948 年，她與白光合作主演了吳村編導的電影《柳浪聞鶯》。電影的 15 首插
　　曲中大部分由龔秋霞完成，其中獨唱 7 首，與白光合唱 3 首。

1949 年，在長城、鳳凰等影片公司拍攝將近六十餘部電影，較多扮演賢妻良母
　　型的角色，主要有《血染海棠紅》《花街》《兒女經》《寸草心》《中秋月》
　　《豆蔻年華》《雷雨》《三笑》。

1953年　　因為專註於電影工作，雖逐漸減少灌錄新唱片，

1967 年，龔秋霞與丈夫遷離至台灣台北郊區，此後在台灣和香港兩地從事電影
　　拍攝工作。因為在長城影片公司經常飾演母親角色，遂有「眾人母親」之稱。
　　她還曾擔任長城影片公司的「演員室主任」。

1980 年，參演浙江電影製片廠與香港長城公司合拍古裝故事片《胭脂》，這是
　　她參演的最後一部電影。

1993 年，以香港電影代表團成員身份，參加上海國際電影節。

2004 年 9 月 7 日，因心臟病在香港去世，享年 88 歲。

白楊　　1920.4.22.~1996.9.18.　　生於北京，湖南湘陰（今屬汨羅）人

　　　　白楊，原名楊成芳，中國電影表演藝術家，
　　　　1940 年代起，與張瑞芳、舒繡文和秦怡並稱為中國影劇界
　　　　四大名旦。
　　　　1931 年，11 歲入聯華影業公司北平五廠演員養成所學習表
　　　　演。
　　　　1934 年，參加中國旅行劇團，開始了職業演員的生涯。
　　　　1936 年，與明星影片公司簽約，與趙丹主演《十字街頭》，
　　　　一舉成名。作為那個年代最受歡迎的中國女演員，白楊也
　　　　得到了國際傳媒的矚目，英國《泰晤士報》稱其是中國的
　　「葛麗泰·嘉寶」。

1937 年，在重慶中央電影攝影場參加《中華兒女》《長空萬里》《青年中國》
　　等影片拍攝，主演《日出》《屈原》《法西斯細菌》等話劇，

1946 年，拍攝《八千里路雲和月》《一江春水向東流》該片成為中國藝術珍品。

1949 年，白楊任上海電影製片廠演員、導演、藝術委員會副主任，影協副主席。

1960 年，先後主演《團結起來到明天》《為了和平》《祝福》《冬梅》《金玉姬》和《春滿人間》等影片。在《祝福》中扮演祥林嫂，獲第十屆卡羅維發利國際電影節特別獎。著作有《電影表演技藝漫筆》、《電影表演探索》、《落入滿天霞》與《我的影劇生涯》等。

1962 年，被選為新中國二十二大電影明星。

文化大革命的爆發徹底改變了她的生活，數度被紅衛兵毆打得體無完膚。期間由於離開牛棚去探望突發高血壓的丈夫，白楊被扣上了「畏罪潛逃」的罪名，更被列為上海市革委會的十大要案之一。

1971 年，她才擺脫了五年生不如死的黑牢生涯。不久又被下放到五七幹校進行「再教育」。

1977 年，這個終於被平反的傳奇女星在《人民日報》上發表了《生命權利鬥爭》一文。以自己九死一生的經歷，控訴四人幫的罪惡，呼籲人們要為捍衛民主和法制而奮鬥。

1980 年，還在電視劇《灑向人間都是愛》中塑造了宋慶齡的形象。成為中國影壇上負有盛名，卓有成就的表演藝術家。

1996 年，去世，享年 76 歲。

白楊的一生，從坎坷中走向光輝，這與她從艱苦的逆境中生存，在成功後保持平凡的心態是分不開的。曾因《冬梅》一片的拍攝，同周恩來總理、陳毅同志促膝交談。她在《一江春水向東流》中代表了自我，在《祝福》中走向新的高度，在《冬梅》贏得真誠，無論戲中戲外，她都如此「優美」「自然」「含蓄」的將東方女性特有的美感，徹底地展示在舞台與銀幕上。她還著有表演藝術專著《電影表演技藝漫筆》、《電影表演探索》及詩文集《落入滿天霞》。

周曼華　1922~2013　上海浦東人

周曼華((Zhou Man Hua)，原名周桂英，活躍香港、臺灣的電影女星。

1937 年，15 歲客串演出《夜會》《女權》《母親的秘密》《新地獄》。

1948 年，演出《仇深似海》《自由天地》。

1949 年，移居香港參演《女人與老虎》《婦人心》《閨房樂》《新娘萬歲》《喜相逢》《女人世界》《鳳還巢》等 150 多齣電影，

1943 年，與已有妻室的「棉紗大王」在上海認識，

1944 年 12 月 18 日，周曼華與吳國璋於上海「麗都花園」結婚，參加的賓客有李麗華、童月娟、吳文超等人。

1961 年，周曼華向臺灣法院訴狀，謂當年年少無知，被誘姦後逼同居，要求判決婚姻關係無效。兩人育有女兒吳小華，周曼華付出新臺幣 15 萬元贍養費。

1962 年 6 月 11 日，住在九龍尖沙嘴加連威老道 39 號，凌晨 2 時接到住在九龍尖沙嘴柯士甸道 6 號 A 座地下的歐陽莎菲(錢舜英)的電話，她表示丈夫導演洪叔雲在 5 月 27 日(星期日)離家出走，遺下自己及六歲的兒子，聲音哽咽及

說了許多消極的說話，就掛線。周曼華感到不安到訪歐陽莎菲，果然發現歐陽莎菲服用一瓶安眠藥昏迷床上，送院急救脫險。

1962 年，到臺灣，嫁與張九蓁作繼室，張原配逝世，遺有大學、中學唸書兒女。1962 年 7 月 28 日(星期六)結婚。

1964 年，演出《狀元及第》後，周曼華告別影壇。

盧碧雲　1922.2.22.~　浙江吳興人出生於吉林

盧碧雲，從小就深受兄長盧志雲影響，喜愛戲劇，高中時期為校內話劇演員。高中畢業後，盧碧雲擔任家庭教師，在盧志雲介紹下以玩票心態演出話劇《拿破崙在後台》，演技大受肯定，最後瞞著父母加入上海蘭心劇團，在上海有「話劇皇后」之稱。

1944 年，因為父親反對，盧碧雲第一次退出演藝圈。

1945 年，抗戰勝利，演出《浮生六記》，轟動上海·與黃飛達結婚。盧碧雲婚後，主演《母與子》與《馬路英雄》。

1949 年，遷居臺灣新竹，曾在空軍大鵬話劇隊、復興劇團演戲。拍攝《天倫淚》時，盧碧雲的女兒摔傷了下巴，差點破相；盧碧雲相當自責，在演完《天倫淚》之後息影。

1964 年，復出·

1965 年，參演王引導演的電影《煙雨濛濛》，獲第 4 屆金馬獎最佳女配角獎

1969 年，她加入中國電視公司基本演員。

張徹　1923. 2.10.~2002.6.22.　祖籍浙江寧波，生於上海。

張徹，原名張易揚，父親是浙系軍閥。現代武俠電影鼻祖。

20 世紀 60 年代、70 年代，香港影壇最有影響力的人物之一。香港人把他稱為"香港電影一代梟雄"。他對香港電影所做的貢獻卓著，在香港電影的黃金時代，張徹的名字如雷貫耳，他導演的電影是票房的保證，他也當之無愧地成為邵氏公司的頭號招牌導演。

1940 年，重慶國立中央大學畢業。

1945 年，抗戰勝利後，張道藩提拔管理文化活動，接觸電影界人士。

1948 年，到台灣拍攝電影《阿里山風雲》，是台灣光復後第一部電影。之後為蔣經國延攬成其幕僚，為國防部總政治部簡任專員，軍階至上校。

1957 年，棄政再入影壇，到香港拍攝電影。

張徹是中國現代武打片一代宗師，武俠片的掌門人，發掘眾多武打巨星、武術指導、和名導演，如吳宇森、劉家良、狄龍、午馬、李修賢、姜大衛、王羽、陳觀泰、羅烈、陳惠敏、傅聲、狄威等人。

張徹培養出的弟子聲名海外，全球享譽，執導的主要作品有：《獨臂刀》《獨臂刀王》《新獨臂刀》《十三太保》《報仇》《馬永貞》《刺馬》。

2002 年 5 月 30 日，張徹因肺積水入香港將軍澳醫院。6 月 22 日清晨 7 時 30 分，因肺炎在該醫院病逝，享年 79 歲，沒有子女，遺孀為梁麗嫦。

胡金銓 1932.4.29.~1997.1.14. 出生於北京，籍貫河北邯鄲。

胡金銓 King Hu，電影導演，初中、高中就讀北平匯文中學。

1950 年離開北京到香港。入嘉華印刷廠當助理會計兼校對，與宋存壽同事。任廣告畫師，繪電影廣告。由蔣光超介紹入費穆主持之龍馬電影公司。

1958 年經李翰祥介紹入邵氏公司任演員，後兼任編劇及助導。1963 年在《梁山伯與祝英台》(李翰祥導演)中名義上任副導演，實際上是分擔李翰祥導演工作。

1964 年在李翰祥策劃下，他第一次執導黃梅調古裝《玉堂春》。

1965 年正式獨立執導《大地兒女》。

1966 年導演《大醉俠》，奠定作品風格，影響中國武俠片甚深。

1967 年執導《龍門客棧》《俠女》。

1975 年《俠女》獲得第二十八屆坎城影展最高技術委員會大獎，一躍成為國際知名導演。

1977 年拍攝《空山靈雨》和《山中傳奇》兩片，終以《山中傳奇》獲第十六屆金馬獎最佳導演、最佳美術設計獎。

1981 年嘗試拍攝時裝喜劇《終身大事》。

1992 年獲香港導演協會頒贈終身榮譽大獎。

1997 年 7 月開鏡《華工血淚史》前，卻在該年 1 月因心導管擴張手術失敗逝世，享年 65 歲。

歐陽莎菲　1923.9.9.~2010.8.3.

歐陽莎菲，本名錢舜英，電影演員，代表作為《天字第一號》《烽火萬里情》。

1944 年，《紅樓夢》中飾演襲人。移居香港後，曾參與電視劇的演出。

2010 年 8 月 3 日，晚上 7 時，因器官衰竭在美國鹽湖城病逝，享壽 86 歲。

蔣光超　1924~2000.12.15.　浙江奉化人

蔣光超，本名蔣德，藝人、諧星、喜劇演員。拜師馬連良與胡琴名師楊寶忠．

1950 年，移居香港。

1951 年，演出《花姑娘》《十三太保》《不了情》《藍與黑》加入電影懋公司
1969 年，轉至台灣發展。
1969 年，與孔蘭薰主持台灣電視公司（台視）益智節目《合家歡》。
1970 年，參演《你我他》《今宵今宵》。主唱中華電視公司（華視）電視劇《包
　青天》（儀銘主演版）的主題曲，亦被視為經典。後移居美國。

李麗華 1924.7.17.~　　出生於上海原籍河北

李麗華，歌星、電影演員，生於梨園世家，父為京劇
名伶李桂芳，母親為老旦張少泉。自幼拜師京劇名宿
穆鐵芬和章遏雲的門下學戲。
1940 年，16 歲進入上海藝華影片公司，同年主演電影
《三笑》一舉成名。後主演過《千里送京娘》等十七
部影片。
1942 年，在中聯、華影主演《春江遺恨》等影片。
1946 年，在文華影業公司主演喜劇片《假鳳虛凰》。
1948 年，在香港為長城、和龍馬等影片公司拍戲。
1953 年，演《小鳳仙》一舉成名，《故都春夢》和《揚
　子江風雲》榮膺金馬獎最佳女主角。
1973 年，息影與嚴俊結婚，移民美國。

李翰祥 1926.4.18.~1996.12.17. 農曆三月初七於遼寧葫蘆島出生，

李翰祥，外號「李黑」，香港電影名導演，曾在香港、台灣、中國大陸執導電影。
作品中以宮闈片、歷史片聞名，曾多次獲得亞洲影展、金馬獎等。
北平國立藝術專科學校畢業，在上海學戲劇電影。
1948 年赴香港，曾做美工、小演員等。
1954 年進入邵氏，拍攝《江山美人》《梁山伯與祝英台》成名．
1963 年在電懋老闆陸運濤支持下到台灣成立國聯電影．
1965 年以《西施》獲得金馬獎．
1983 年回中國大陸拍攝火燒圓明園、垂簾聽政、火龍聞名一時．
1996 年拍攝電視劇《火燒阿房宮》．12 月 17 日下午在電視廠內開會時突然心臟
　病發作，緊急送醫後搶救至晚上 9 時 45 分而離世。

關山，　遼寧瀋陽出生山東省德縣。

關山，本名關伯威，三歲時，商逢抗日戰爭四處逃難，以
流亡學生身份求學。
1947 年，返回故鄉就讀瀋陽省立第二中學。國共內戰爆發，
舉家經北京、廣西、廣州輾轉逃至香港。未幾，父母雙雙

去世，陸續以礦工、碼頭工人、海水浴場救生員等為生。

1952 年，進入「大華鐵工廠」負責車床工作五年。期間，因十分欣賞陶秦執導的〈人鬼戀〉

1954 年，加入影圈的念頭，無奈投考黃卓漢主持的「自由影業公司」未獲錄取。

1957 年，考入「長城影業公司」，獲派擔任〈阿Q正傳〉

1958 年，當主角，憑此榮膺「第十一屆瑞士羅迦諾國際電影節」最佳男主角銀帆獎，是中國影史上第一位擁有國際影帝頭銜的男星。不久，轉入同屬左派、由袁仰安主持的「新新影業公司」，作品包括：〈迷人的假期〉〈雙喜臨門〉

1959 年，相繼演〈漁光戀〉、〈名醫與名伶〉、〈一夜難忘〉、〈鍍金世界〉

1960 年，與同屬「新新」的女演員張冰茜結婚，

1962 年，長女關家慧（即關之琳）出生，還育有一子，惜於八〇年代初離異

1961 年，加盟「邵氏」，與林黛合作演〈不了情〉，相繼李麗華、葉楓、凌波等合作演出〈第二春〉〈楊乃武與小白菜〉〈山歌戀〉〈一毛錢〉〈紅伶淚〉〈玫瑰我愛你〉〈藍與黑〉〈烽火萬里情〉〈春蠶〉〈碧海晴天夜夜心〉〈我恨月常圓〉〈苦情花〉〈痴心的人〉〈一封情報百萬兵〉等。

1970 年，與好友袁仰安合組「華戀影業公司」，

1972 年，自組「關氏影業公司」。轉任配角，參與〈雲飄飄〉〈廣島二八〉〈情鎖〉〈片片楓葉片片情〉〈貂女〉〈花非花〉〈我的美麗與哀愁〉等．

1964 年，關山與「邵氏」發生合約糾紛．

1969 年，當年的合約糾紛已成昨日黃花，「邵氏」「放他走」。

關山與張冰茜離婚後，張冰茜和兒子移民美國，關之琳獨居香港。長居台灣的關山見到女兒，說他十分寂寞，本想博得同情，沒想到關之琳卻說：「老爸雖年紀不小，卻依然風流成性，感情生活多彩多姿，怎麼會寂寞呢？」

夷光　　　江蘇人出生上海

1949 年，與電影導演袁叢美結婚，演過兒女恩仇、長風萬里、她們夢醒時等片．

1966 年，與袁叢美仳離，退出影壇，遠嫁新加坡華僑．

王天林　1927.9.11.~2010.11.16.　浙江紹興人

王天林，人稱天林叔，香港著名電影導演、演員、電視劇監製，曾於香港無線電視出任監製。為知名導演王晶之父。

1935 年，到香港居住，經叔父王鵬翼引薦下，

1947 年，開始參與電影工作，曾擔任電影場記、錄音、助導等等崗位。

1950 年，第一套執導《峨嵋飛劍俠》《野玫瑰之戀》《教我如何不想她》《桃花江》《家有喜事》等電影劇。

1959 年，獲得第 7 屆亞洲影展最佳導演獎。他亦曾執導不少廈語片和潮語片。

1970 年，粵語片時代沒落，王天林曾有十七個月時間沒工作。

1973 年，加入無線電視任監製，製作民初劇和古裝劇。包括《啼笑姻緣》《書劍恩仇錄》《京華春夢》《萬水千山總是情》等。

1991 年，再度製作為暌違 34 年的《孔雀聽令 3》。

1992 年，淡出導演行列，只是間中於電影中客串演出。

2010 年 11 月 16 日晚上 8 時 30 分，於香港浸會醫院去世，享年 83 歲

李行　1930.7.7.~　　祖籍江蘇武進，出生於上海市

李行，本名李子達，台灣知名電影導演，其電影風格也深入台灣電影界。父親為天帝教復興第一代首任首席使者李玉階。

1948 年，就讀於蘇州國立社會教育學院藝術教育系戲劇組，國共內戰遷來台灣，進入台灣師範學院（今台灣師範大學）就讀。

1949 年 2 月，轉入台灣省立師範學院教育系，參加校內話劇演出。

1950 年，演出話劇《邊城曲》《黨人魂》《春滿人間》《永不分離》。

1953 年 7 月，服役退伍，演出《偷渡》（潘壘編導）《以身作則》。

1955 年與師大體育系同學王為瑾結婚。

1956 年 6 月 30 日，長子顯一出生。

以後他參加演出及導演，人們熟知者的影片，不勝枚舉，如《情報販子》《漢宮春秋》《辛亥革命》《兒心關不住》《街頭巷尾》《養鴨人家》啞女情深》《貞節牌坊》《還我河山》《玉觀音》《情人的眼淚》《母與女》《秋決》《風從哪裡來》《汪洋中的一條船》《小城故事》《龍的傳人》《唐山過台灣》。

1989.5.1.　籌組成立中華民國電影導演協會，被推選為首屆理事長。

1990 年，被推選為「台北金馬國際影展執行委員會」主席。

1994.1.16.　獲選為 1993 年最佳導演（中華民國電影導演協會）。

1995 年 10 月，擔任第二屆上海國際電影節評審委員。獲金馬終身成就獎。

1997 年 6 月 8 日，母親李過純華女士在南投逝世，享年 95 歲。

1998 年 8 月，擔任長春國際電影節評審委員。

2011 年 1 月 25 日 14 時，在中華民國總統府獲頒二等景星勳章

胡金銓　1932.4.29.~1997.1.14.　　出生於北京，籍貫河北邯鄲。

胡金銓(King Hu)，電影導演，書香門第。初中、高中就讀北平匯文中學。

1950 年，離開北京到香港。入嘉華印刷廠當助理會計兼校對，與宋存壽同事。任廣告畫師，繪電影廣告。由蔣光超介紹入費穆主持的龍馬電影公司。

1958 年，經李翰祥介紹入邵氏公司任演員，後兼任編劇及助導。

1963 年，在《梁山伯與祝英台》任副導演，分擔李翰祥的導演工作。

1964 年，編導《玉堂春》黃梅調古裝喜劇。

1965 年，執導抗戰片《大地兒女》，劇情卻迫於邵氏上層壓力大幅刪改。
1966 年，導演《大醉俠》，不僅奠定後來的作品風格，亦影響中國武俠片甚深。
1967 年，執導《龍門客棧》《俠女》至 1971 年方完成，並分成上下兩部放映。
1975 年，《俠女》獲得第二十八屆坎城影展最高技術委員會大獎，一躍成為國
　　際知名導演。同年攝製《忠烈圖》，企圖追求較前此武俠作品更高的意境
1977 年，赴韓拍攝《空山靈雨》和《山中傳奇》兩片，終以《山中傳奇》獲第
　　十六屆金馬獎最佳導演、最佳美術設計獎。除富於禪意的古裝片之外，也
1981 年，拍攝時裝喜劇《終身大事》。
1992 年，獲香港導演協會頒贈終身榮譽大獎。長年籌拍《華工血淚史》。
1997 年 1 月，因心導管擴張手術失敗逝世，享年 65 歲。

林黛　1934.12.26.－1964.7.17.　祖籍廣西省賓陽縣，在廣西南寧出生

林黛(Linda Lin Dai)，原名程月如，英文名
Linda，藝名「林黛」英文名字音譯，為李宗
仁的秘書程思遠的女兒，曾就讀廣西省藝術
專科學校音樂科，為香港著名國語電影女演
員，曾贏得四屆亞洲影展女主角獎殊榮，代
表作包括《貂蟬》、《不了情》、《千嬌百媚》、
《江山美人》等。

1949 年，隨家人來香港定居，父母後來離異，
1951 年，替著名攝影大師宗維賡拍攝一輯照片，其中一張放大擺在櫥窗內，被
　　星探看中，獲邀加入「長城電影製片有限公司」成為基本演員，惟未被重用
1952 年，林黛轉投「永華電影公司」，拍攝第一部作品《翠翠》
1953 年，一炮而紅，從此廣受觀眾青睞，更成為當時兩大電影公司電懋和邵氏
　　的爭奪對象。林黛扮相古今皆宜，先後替兩大電影公司拍過大量風格和形式
　　迥然不同的電影。其中《金蓮花》《貂蟬》《千嬌百媚》、及《不了情》幾部電
　　影，令她四度成為亞洲影后，鋒頭一時無兩。
1958 年，在美國紐約哥倫比亞大學短暫留學期間，邂逅前雲南省省長龍雲的五
　　公子龍繩勳．
1961.2.12. 兩人在九龍玫瑰堂舉行婚禮．
1963.4.6. 在紐約誕下兒子龍宗瀚。
1964.7.17. 她被發現在香港大坑道渣甸山花園大廈寓所開煤氣及仰藥自殺身
　　亡，終年 29 歲。林黛死訊傳出後，震驚全球華人社會，出殯之日，萬人空巷，
　　遺體安葬跑馬地天主教聖彌額爾墳場。
林黛拍電影所得到的版權，票房，與相關產品盈餘所得累積高達現在如同兩座
百貨商城的財產，都已經全數捐助程思遠的肝病基金會。

樂蒂　1937.8.29.~1968.12.27.　上海浦東四馬路迎春坊

樂蒂，本名奚重儀，有「古典美人」之譽。排行第六，故名「六弟」，家中的老么及遺腹女，上有大姊及三名兄長，其三哥雷震（原名奚重儉）演員，五姊因病早夭。父親奚兆年，原以男取名「重義」，樂蒂為女乃改成女性化的「重儀」。6 歲時遷住「天蟾舞台」居住。

「天蟾舞台」是上海四大舞台之首，京劇名伶如「四大名旦」梅蘭芳、程硯秋等常在此演出。樂蒂從小耳濡目染表演藝術，常模仿戲台花旦動作。11 歲，母親心臟病去世，由外祖母撫養，入「上海青年小學」「清心女子中學」。

1949 年，樂蒂讀「伊維英文學校」。家居於尖沙咀赫德道，與「長城電影製片公司」總經理袁仰安為鄰。

1952 年，中學畢業考入「長城」電影公司，月薪 200 港元，藝名「樂蒂」。拍首部作品《絕代佳人》。

1957 年，首次擔任《捉鬼記》任女主角。

1957 年，外借「鳳凰」拍攝《風塵尤物》，男主角是初戀情人高遠。

1958 年，約滿轉投「邵氏」公司，獲導演李翰祥賞識，拍《妙手回春》。

1960 年，樂蒂的《兒女英雄傳》成為香港及台灣的「年度十大賣座電影」；《倩女幽魂》獲選參加法國坎城影展，演技得到國際肯定，被譽為「最美麗的中國女明星」，《畸人艷婦》為她帶來「悲劇聖手」的雅號。

1961 年，外祖母不幸因病身故，《夏日的玫瑰》與陳厚合作。

1962 年，樂蒂與陳厚結婚，轟動一時；演出《紅樓夢》其中「黛玉葬花」贏得「古典美人」雅號。9 月 3 日誕生女兒，取名陳如德，小名「明明」。

1963 年，拍《梁山伯與祝英台》凌波演梁山伯，樂蒂演祝英台，榮膺「第 2 屆金馬獎最佳女主角」，連奪最佳女主角、最佳劇情片、最佳導演、最佳音樂、最佳剪接、最佳演員特別獎。再開拍《七仙女》託病辭演。

1964 年，樂蒂與邵氏合約期滿，轉投「電懋」（後改稱「國泰」），

1967 年，樂蒂不滿陳厚不忠，申請離婚，其後更捉姦在床，於 6 月 27 日離婚，4 月，樂蒂與兄長雷震及袁秋楓夫婦等人在國泰支持下合組「金鷹電影公司」，拍了《風塵客》及《太極門》兩部武俠電影。

1968 年，樂蒂宣佈不再拍武俠片。

1968 年 12 月 27 日，樂蒂被發現於九龍界限街住所內昏迷，送至醫院已返魂乏術，年僅 31 歲。12 月 30 日於九龍殯儀館出殯，下葬於長沙灣天主教墳場

王羽　1943.3.18.~　籍貫江蘇無錫，出生於上海。

王羽，原名王正權，台灣演員、導演、編劇，王羽學過空手道、太極拳。

1963 年，出道，成名作是《獨臂刀》。

1969 年，導演功夫電影《龍虎鬥》。和林翠結婚，生女藝人及歌手王馨平。

1981 年，發生天廚餐廳事件，王羽因得罪四海幫老大劉偉民，遭四海幫砍成重傷，事後委由陳啟禮出面協調暫時平息。

2007 年，王羽退出影圈後在台灣營商，頗為成功。

2011 年，與柯俊雄共同創立「台北市武術指導技藝從業人員職業工會」，王羽是工會的首屆理事長，柯俊雄則是榮譽理事．

2013 年，演《失魂》獲得第 15 屆台北電影節最佳男主角獎，並獲得第 50 屆金馬獎最佳男主角提名，演技被受金馬肯定。

張照堂　1943.11.17.~　台灣新北縣市。

1958 年，讀成功高中時參加攝影社，隨同社團指導老師鄭桑溪學習，四處拍照。

1961 年，進入台灣大學土木工程學系就讀，開始以攝影作品表現迷惘、抑鬱的實驗影像作品。

1965 年，與鄭桑溪共同舉辦「現代攝影雙人展」。

1966 年，參與《幼獅文藝》舉行、於台大傅鐘下舉行的「現代詩展」，以洛夫詩作〈石室之死亡〉第一章為主題發表攝影裝置作品，為台灣最早的觀念藝術作品之一。同一時期，在好友暨藝術家黃華成的鼓勵下，他以 8mm 實驗影片《日記》參與《劇場》季刊

1967 年，退伍，短暫從事廣告工作，

1968 年，中視新聞擔任攝影記者，在新聞部經理張繼高率領下，參與帶狀節目《新聞集錦》的拍攝製作，試圖將鄉土風情、民間習俗與西方音樂結

1969 年，參與「現代攝影九人展」，

1971 年，與九位攝影家（胡永、張國雄、周棟國、郭英聲、謝震基、葉政良、龍思良、凌明聲、莊靈）共組「V-10 視覺藝術群」，以排除傳統與沙龍攝影為宗旨，追求不守舊且現代前衛的攝影表現形式。

1974 年，舉辦「攝影告別展」，專注於拍攝《新聞集錦》《芬芳寶島》等節目。

1976 年，拍攝《六十分鐘》走訪台灣各地，逐漸重拾靜照攝影。

1980 年，他《古厝》《王船祭典》，獲得金馬獎最佳攝影與金鐘獎最佳攝影獎。

1981 年，獲得金鐘獎最佳文化節目獎。香港導演唐書璇於 1974 年邀請張照堂為電影《再見中國》掌鏡，張照堂參與的電影攝影有：《殺夫》《唐朝綺麗男》《我們的天空》《淡水最後列車》《矮人祭之歌》。

1990 年代，擔任紀錄片節目製作人，先後任職（公視籌委會）（超視），陸續參與並主持《歲月中國》（公視）、《臺灣視角》（公視）、《調查報告》（超視）、《對抗生命》（超視）、《生命告白》《世紀的容顏》企劃暨監製。

1997 年，任教國立台南藝術學院音像紀錄研究所，並擔任國立台南藝術大學音像媒體中心主任、音像藝術學院院長。

他攝影創作、紀錄片拍攝與教育工作外，另彙整編輯台灣攝影書籍《影像的追尋：臺灣攝影家寫實風貌》，介紹鄧南光、林壽鎰、張才等三十餘位前輩攝影家，建立起台灣寫實攝影的歷史系譜。內容涵蓋鄧南光、鄭桑溪、張照堂、王信、侯聰慧、劉振祥、張才、李鳴鵰、林權助、梁正居、高重黎、吳忠維、周慶輝。這兩套書對於台灣老攝影家與影像新秀的重視與突顯，承先啟後地豐富了台灣攝影史的面貌。

1999 年，張照堂獲得文建會第三屆「美術類」國家文藝獎，

2011 年，獲頒象徵國家最高文化榮譽獎項的第三十屆行政院文化獎，為台灣唯一獲得此兩項殊榮的攝影家。

2013 年，舉行個展，包括印樣、肖像系列、數碼相機及手機拍攝的組構影像系列、「現代詩畫展」、及「不定形展」等深具實驗性的裝置作品。在《藝術家》雜誌舉辦「十大公辦好展覽」裡，經評選為 2013 年度榜首。

歸亞蕾　1944.6.2.~　祖籍湖州，出生於湖南省長沙

1949 年，隨父母移居臺灣。國立臺灣藝術專科學校影劇科畢業。

1965 年，主演《煙雨濛濛》，時年 22 歲。

1966 年，《煙雨濛濛》獲得第四屆金馬獎最佳女演員。

1970 年，《家在台北》獲得亞太影展最佳女主角獎和第八屆金馬獎最佳女演員。

1978 年，《蒂蒂日記》，獲得第 15 屆金馬獎最佳女配角獎。

1991 年，歸亞蕾以中國電視公司連續劇《她的成長》首次獲得台灣廣播電視金鐘獎最佳女演員。

1993 年，《喜宴》獲得第 30 屆金馬獎最佳女配角獎，她第二次獲得配角獎。

1995 年，歸亞蕾轉往大陸發展，參演《女兒紅》，獲得最佳女主角獎。

2000 年，在大陸演出《橘子紅了》《麻辣婆媳》《大明宮詞》《漢武大帝》《香港傳奇-榮歸》等劇。

柯俊雄　1945.1.15.!　台灣高雄市人

柯俊雄，原名柯俊良，其前妻張美瑤亦是電影演員。。

2011 年，與王羽共同創立已籌備 1 年的「台北市武術指導技藝從業人員職業工會」，王羽是工會的首屆理事長，柯俊雄則是榮譽理事。

1968 以《寂寞的十七歲》獲第十四屆《亞洲影展》最佳男主角獎，為亞洲影展第一位台灣影帝。獲菲律賓狄倫夫人最佳男主角獎。

1975 以《英烈千秋》在第二十一屆《亞洲影展》再度獲獎，創下其事業的另一個高峰。

1981 導演《我的爺爺》並在其中演出，獲《巴拿馬國際影展》最佳男主角獎。

1999 以《一代梟雄 —— 曹操》獲得第三十六屆《金馬獎》最佳男主角獎。

1965 年，由中央電影製片廠（中影）著名導演白景瑞引介參與國語片表演。其演出轉捩點是 1967 年的作品《寂寞十七歲》，榮獲亞太影展最佳男主角，為華語演員之第一人。

1971 年，主演電影《杯酒高歌》。

柯俊雄演技精湛，能扮演愛國將領或流氓大亨，正反面角色皆能掌握得宜。但作品中仍以中華民國國軍愛國將領等形象最為令人印象深刻。1974 年《英烈千秋》一片，柯俊雄飾演棗宜會戰中犧牲的張自忠將軍，再度榮獲當年亞太影展最佳男主角。

1978 年，主演《黃埔軍魂》一片，亦獲得 1979 年金馬獎最佳男主角獎。

1976 年，《八百壯士》中飾演的四行倉庫守軍將領謝晉元團長，獲得金馬獎最具發揚民族精神特別獎（中影）。

1989 年，柯俊雄與成龍合作的電影《奇蹟》，是反派角色代表作。

1999 年，演出《一代梟雄曹操》，柯俊雄以反派演出榮登金馬影帝寶座，是從政前表演生涯的最高峰。

2011 年，復出於民視《廉政英雄》，這是暌違十多年的戲劇作品。

1990 年，已展現對政治的高度興趣。由於持有港英護照，柯俊雄曾於

1996 年，參加由中華人民共和國主導的香港臨時立法會選舉，並未成功。

2004 年，當選立法委員，有「柯大帥」之稱號，但問政表現較為不足。

2008 年，中華民國立法委員選舉，遂加入台灣農民黨，但仍於該年選舉中落敗，柯俊雄的立委生涯也因此終止。

沈殿霞　　1947.6.1.~2008.2.19　浙江寧波

沈殿霞，出身上海的菸草商人家庭，家中 9 名姊弟中排行第 6，乳名毛毛。暱稱「肥肥」、「肥姐」、「開心果」，一代綜藝巨星，香港無線電視的第一代藝人，尤擅於擔任現場直播節目司儀。她亦是著名藝人張學友及陳庭威的誼母。沈殿霞曾就讀上海市第三女子中學

1958 年，13 歲，時跟隨父母移居香港，

1960 年，15 歲，她決心做藝人，卻遭到父親反對。大慈善家何伯為她調停。最後她被香港邵氏電影公司招聘為電影《一樹桃花千朵紅》童星，開始演藝生涯。

1967 年，香港無線電視開台，沈殿霞主持「長壽」的綜藝節目《歡樂今宵》．

1970 年，代曾與汪明荃、王愛明及張德蘭組成「四朵金花」，在《歡樂今宵》與羅文在 1971 年組成「情侶合唱團」，在馬來西亞、泰國、美國、新加坡登台大受歡迎，

1974 年，沈殿霞與鄭少秋戀愛同居 11 年，生一女名鄭欣宜。

1983 年，沈殿霞還放棄自己的工作，陪鄭少秋到台灣宣傳「楚留香」，宛如經紀人一般的幫鄭少秋打理通告事務。傳出鄭少秋與官晶華相戀流言。兩人為此有所爭執，鄭少秋否認傳言，兩人結婚。

1985 年，鄭少秋和沈殿霞兩人在加拿大結婚。由於決定婚事倉促，來不及趕製婚紗，沈殿霞曾表示這是她一生的遺憾。懷孕後的沈殿霞在歡樂今宵的第 5000 次錄影結束後，到加拿大待產。鄭少秋也因為她的懷孕推掉後來由張國榮出演的電影胭脂扣。

1986 年，鄭少秋再次與婚前緋聞女友官晶華來往。

1987 年 5 月 30 日，沈剖腹誕下了女兒鄭欣宜。

1988 年，在女兒鄭欣宜年僅 8 個月大時，沈殿霞提出離婚。

1990 年，參演《肥趣電視台》《豪門》《鐵咀雞與扭紋柴》等劇集。

1994 年，沈加盟華僑娛樂電視廣播公司。

1996 年，她重返無線電視，主持《孝感動天》。

2002 年，《肥肥一家親》在新加坡奪得「最佳喜劇女演員」。

2006 年，因患糖尿病和高血壓停止演藝工作。9 月通膽管手術證實罹患肝腫瘤。

2007 年，無線電視頒授「萬千光輝演藝大獎」給沈殿霞（相當於終身成就獎）。
　10 月 11 日早上 10 時多，沈殿霞在九龍塘住所突然暈倒及昏迷，隨即由女兒鄭欣宜陪同，送往伊利沙伯醫院急症室救治，急救兩小時後，轉往瑪麗醫院。
　10 月 12 日，經留院一天搶救．
　11 月 26 日的凌晨三時多。救護車送肥姐往鏡湖醫院急症室[1]。

2008 年 1 月 21 日，其母親沈邱淡素以 95 歲高齡逝世。
　2 月 19 日早上 8 時 38 分，沈殿霞在瑪麗醫院病逝，享年 62 歲。
　2 月 24 日，遺體由女兒鄭欣宜乘國泰航空客機從香港往加拿大溫哥華，
　2 月 25 日，卑詩省議會默哀悼念，更為沈殿霞簽發「社區文化大使」褒揚狀。
　2 月 26 日，溫哥華市議會褒揚沈殿霞多年參與各種慈善活動社會各界的愛戴
　2 月 27 日，安葬在本那比市的科士蘭（Forest Lawn）墓園。
　3 月 2 日，在香港紅磡體育館舉行《肥姐我們永遠懷念您》追思會，會場容納 6,000 個座位。無線電視台不求任何贊助，自斥逾百萬港元製作追思會，全球直播，沒有廣告，免費提供直播訊號予海外各地，各種安排皆十分罕見。香港體育館因沈殿霞逝世，打破先例首次用作追思用途，而至今未有第二次。成為香港一次全港電視台同步直播節目。為紅磡海底隧道第一位通車乘客。
　6 月 1 日，訂為「肥肥日」「Fei Fei Day」

秦漢　1946.7.10.~　四川成都人，出生於上海，後來到香港，再轉去台灣。

秦漢，本名孫祥鐘，著名男演員，父親是抗日名將孫元良。母親是廣東人。
士林中學、開平高中。後來電影導演姚鳳磐再為他取新的藝名「秦漢」
1964 年，18 歲，加入國聯電影成為基本演員，藝名「康凱」拍了第一部電影《遠山含笑》，後來偶然機會，應邀演出電視劇《七色橋》。

1971 年，與邵喬茵結婚，育有一兒一女（孫詩雯、及孫國豪）。

1972 年，演出《母親三十歲》《窗外》《唐山五兄弟》時將藝名改為「孫戈」。

1972 年，秦漢拍電影《窗外》時，邂逅林青霞，二人除在戲裡當戀人，戲外林
　　青霞也愛上秦漢，但當時秦漢已結婚

1977 年，秦漢、林青霞二人合演電影《我是一片雲》，接著此劇另一男主角秦
　　祥林也加入這段戀情，（秦祥林）並一度與林青霞訂婚，不過林青霞後來還
　　是重返秦漢懷抱

秦漢先後獲得第 22 屆亞洲影展「最受歡迎的男明星」、《煙水寒》獲巴拿馬影
展最佳男主角獎、《汪洋中的一條船》獲第 15 屆金馬獎最佳男主角及亞太影展
最佳男主角獎、及亞洲影展「悲劇電影演技最感人男星獎」、大陸佛山杯影視
明星的特別獎、《庭院深深》獲法國第一屆金獅獎最佳男主角。

林懷民　1947.2.19.~　　台灣嘉義縣新港人，祖籍福建漳州龍溪

曾祖父林維朝清光緒十三年秀才。祖父林開泰為留學日
本的醫生，父親林金生，則為台灣首任嘉義縣縣長。他
為現代舞蹈表演團體雲門舞集創辦人，作家、舞蹈家與
編舞家。

1961 年，就讀台中一中。

1962 年，考進私立衛道中學高中部。

1965 年，考上國立政治大學法律系。

1966 年，從法律系轉到新聞系，開始習舞。曾師事旅美
舞蹈家黃忠良

1967 年，舞蹈家王仁璐引進現代舞大師瑪莎·葛蘭姆的技
巧，在中山堂舉辦台灣第一次現代舞蹈發表會，啟蒙了林懷民對於瑪莎·葛蘭姆
現代舞編舞理念喜好

1969 年，畢業後留學美國，唸密蘇里大學新聞系碩士班，正式在瑪莎·葛蘭姆以
及摩斯·康寧漢舞蹈學校研習現代舞。

1972 年，愛荷華大學英文系小說創作班畢業，獲藝術創作碩士學位。

1973 年，回台北創辦台灣第一個現代舞劇團「雲門舞集」。

1980 年，獲第六屆台灣國家文藝獎及第三屆吳三連文藝獎。

1983 年，創辦台灣國立藝術學院舞蹈系，為第一任系主任，研究所所長。

1983 年，獲第一屆世界十大傑出青年。

1993 年，出版「說舞」與「擦肩而過」兩書。

1996 年，獲紐約市政府文化局「亞洲藝術家終生成就獎」。

1996 年，赴奧地利葛拉茲歌劇院，導演歌劇「羅生門」

1997 年，獲香港演藝學院榮譽院士。

1999 年，獲頒「亞洲諾貝爾獎」之稱的麥格塞塞獎。在柬埔寨協助當地舞者組
構教案，推廣瀕臨失傳的古典舞。

2000 年，獲歐洲舞蹈雜誌選為「20 世紀編舞名家」。國際芭蕾雜誌「年度人物」。
2002 年，獲國立交通大學榮譽博士學位。
2005 年，獲選 Discovery 頻道台灣人物誌。
2005 年，上美國時代（TIME）雜誌的 2005 年亞洲英雄榜。
2006 年，獲國立臺灣大學榮譽博士學位。
2009 年，五月十二日，德國舞動國際舞蹈節頒給終身成就獎 。
2010 年，出版《高處眼亮 林懷民舞蹈歲月告白》
2013 年，獲美國舞蹈節終身成就獎、一等景星勳章。

鄭少秋　1947.2.24.~

鄭少秋(Adam Cheng)，原名鄭創世，暱稱秋官，香港名演員、歌手。
1967 年，主演首部電影《黑煞星》。
1970 年，加入 TVB，開始主演電視劇及發行個唱專輯。
1971 年，《華僑日報》評選為「十大電視明星」。
1976 年，主演《書劍恩仇錄》，轟動香港及東南亞；
1979 年，主演《楚留香》，風靡臺灣；
1993 年，主演《戲說乾隆》為大陸觀眾所熟知。
1992 年，演《大時代》中丁蟹一角，成為香港股市及經濟學界的獨特現象「丁
　蟹效應」，又稱「秋官效應」。他多次入選香港十大中文金曲，曾獲香港樂
　壇最高成就獎金針獎。因與沈殿霞離婚，為影視界及香港人所唾棄，

秦祥林　1948.5.19.~　　生於南京，祖籍湖北黃岡。

秦祥林(Charlie Chin)，香港電影演員。
1960 年，12 歲，到台灣求學，在復興劇校學習平劇。
1968 年，畢業後回香港，曾經在國泰電影公司、電懋電影公司演出。拍了一些
　武打片，但始終默默無聞。
1973 年，到台灣，主演《心有千千結》《婚姻大事》《雪花片片》才開始走紅，
　以《雪花片片》獲得第 20 屆亞洲影展演技優秀男主角獎。
1975 年，《長情萬縷》和《人在天涯》獲得最佳男主角。
1980 年 9 月 5 日，秦祥林與林青霞在美國舊金山宣布訂婚，
1984 年，由林青霞提出解除婚約。現在已經再婚並育有二子，居於美國洛杉磯。
　他曾與蕭芳芳維持了三年的婚姻。

甄珍　1948.7.17.~　原籍江蘇杭州

甄珍，本名章家珍，祖父章鴻春是中華民國陸軍騎兵學校中將校長，南京要塞
司令，駐日大使館首席武官等。父親章沛霖上校是中華民國國軍軍官，日本士

官學校畢業，曾任中華民國駐日本大使館的武官。母親張鳳琴年輕時在中國大陸曾是電影演員，妹妹則為 80 年代知名歌手銀霞。

1964 年，16 歲踏入影壇，活潑可愛，讓她贏得「小淘氣」稱號。

1955 年，隨家人由東京到台灣，就讀臺北市私立泰北中學。曾學習芭蕾舞。

1964 年，進入「國聯電影公司」之後，與演員江青、鈕方雨、李登惠、汪玲等人並列為當時台灣著名的「國聯五鳳」。

1967 年，與國聯電影公司解約。

1967 年，轉而加入中央電影公司，演了《天之驕女》

1971 年，主演《緹縈》獲第十七屆亞洲影展最佳女主角獎，演技受到肯定。
　　曾以《煙水寒》入圍第十五屆金馬獎最佳女主角。

1973 年，主演了《彩雲飛》《心有千千結》《海鷗飛處》

1974 年，與謝賢在香港註冊結婚。

1976 年，與謝賢協議分居。

1977 年，與謝賢簽字離婚。

1978 年，與劉家昌結婚，息影隨夫赴美國發展。

1982 年，在美國曾開有「甄珍大飯店」。

1983 年，重返影壇，在港、臺兩地拍戲。

1986 年，甄珍生下一子劉子千。

1988 年，在臺北開有「甄珍家」藝術風格的飯店。

2009 年 10 月 18 日，傳因胃部發現不明氣泡、疑似腫瘤住進台北榮民總醫院。

2010 年 2 月 26 日，在香港接受胃腫瘤切除手術。

2012 年 10 月 20 日，陪兒子劉子千上台灣中視的《萬秀豬王》。

2013 年 11 月 23 日，獲頒第 50 屆金馬獎「終身成就獎」。

張藝謀　1951.11.14.~　　陝西西安

張藝謀，是一位具有國際聲譽的中國著名電影導演．2008 年北京奧運會開幕式總導演。他亦是中國大陸第五代導演的代表人物之一，獲得過美國波士頓大學、耶魯大學榮譽博士稱號。他拍攝的電影多次獲得國際電影節大獎，也曾多次擔任國際電影節評委會及主席職務。早期他以拍攝中國傳統文化的電影著稱，藝術特點是細節的逼真和色彩浪漫的互相映照。

2002 年轉型執導的武俠巨制《英雄》開啟了中國大陸電影的「大片」時代。其電影風格勇於創新且涉及題材廣泛，每次上映都能引起國內輿論的高度關注。在電影人才的提攜上，張藝謀捧紅的「謀女郎」也是媒體和公眾聚焦的對象，鞏俐和章子怡都是其中的佼佼者。

林鳳嬌　1953.6.30.~　台北市郊葫蘆堵

林鳳嬌(Joan Lin)，香港演員成龍的妻子，曾紅極一時的女演員，金馬獎影后。

1965 年，12 歲，由於家境困苦，她還未中學畢業便投身社會謀生。

1972 年，19 歲，以在功夫片《潮州怒漢》中第一次演出。初出茅蘆的她，清秀的扮相和精湛的演技很快受到電影界的重視，逐漸成為紅極一時的明星。

1979 年，第 25 屆亞洲影展上，獲得演技最突出女主角獎。同年第 16 屆金馬獎上，以在《小城故事》中的精彩表演，她脫穎而出，榮獲最佳女主角獎。

1981 年，與成龍（本名陳港生）相識．

1982 年，在美國洛杉磯極其秘密地結婚，並育有一子房祖名。

婚後林鳳嬌按照成龍的意願隱居。成龍不顧家，長期頻繁持續與許多女藝人傳出緋聞，1999 年吳綺莉爆出私生女風波，該年 11 月 19 日誕下私生女吳卓林，林鳳嬌選擇原諒成龍。

2003 年，父親生日宴會上，成龍送上珍珠並吻謝林鳳嬌，使其正宮身份得以公開化，讓苦守 20 年的林鳳嬌終有名份。成龍並修改遺囑，身後所有家產將歸屬林鳳嬌。

成龍 1954.4.7.~　祖籍是山東臨淄出生於香港

成龍，原名陳港生、房仕龍、陳元龍、藝名成龍、陳元龍、元樓，自稱是唐朝宰相房玄齡後裔。成龍家族與房玄齡的族代關係不確定，和縣一支的鼻祖是房盛，在明太祖時期從揚州遷此，在和縣生活了逾 500 年，成龍在族譜中的名字為房仕龍，成龍的輩分，從明朝開始計算是為第 19 代。生父為澳籍華人房道龍，是一名中華民國退役軍人，妻子林鳳嬌，為臺灣演員，一子房祖名。

成龍六歲學習京劇，師父于占元的乾兒子，參與電影演出，李小龍突然逝世，武打片票房受到嚴重打擊而減產，成龍亦一度失業，靠做散工為生。

1960 年，香港開辦「中國戲劇研究學院」為得意門生．

1976 年，被電影人羅維看中，邀拍《新精武門》，取名成龍。

1978 年，吳思遠執導《蛇形刁手》《醉拳》取得空前成功。

隨後自導自演拍了《笑拳怪招》《師弟出馬》等動作電影。

1985 年，成龍憑著《警察故事》獲得香港電影金像獎最佳故事獎。1992 年，榮獲台灣金馬獎最佳男主角，

1993 年，憑《重案組》連莊金馬獎影帝。

1994 年，拍攝的《紅番區》《火拼時速》在美國上映，創下高票房紀錄．到目前為止，尚沒有其他亞洲演員領銜主演的電影能在國際達到同等成績。

李安　　1954.10.23.~　　臺灣屏東縣潮州鎮

李安，英文：Ang Lee，父親李昇，江西省德安縣烏石門村人，1949 年隨政府遷臺，教育家，母親則是李楊思莊。李安從小愛好文化、藝術、書法。父親擔任花蓮師專(後為國立花蓮師範學院，現為國立東華大學美崙校區)的校長，李安接受薰陶，轉學考進臺南一中（父親李昇曾先後擔任過兩校的校長）。考大學兩次落榜，後來專科進入國立臺灣藝專（今國立臺灣藝術大學）影劇科，1975 年畢業。

1979 年，遠赴美國就讀伊利諾大學香檳分校戲劇系，1980 年畢業，1981 年，紐約大學電影製作研究所(蒂施藝術學院)取得碩士學位。

1982 年，完成「蔭涼湖畔」獲得臺灣金穗獎最佳劇情短片獎。

引起威廉·莫里斯經紀公司（William Morris Agency）的注意。

妻子林惠嘉（Jane Lin）是分子生物學家。

李安以清新怡人獨特風格拍攝「推手」「喜宴」等影片，獲得優良獎項，旋獲美國奧斯卡金像獎、法國金首獎，成為世界名導演。

林青霞　1954.11.3.~　山東省青島市萊西（縣）市孫受鎮

林青霞(Brigitte Lin)，著名電影演員。

1971 年，畢業於臺北新北市立三重中學、金陵女中。

1990 年，憑藉電影《滾滾紅塵》獲得金馬獎最佳女主角。

1972 年，在臺北市西門町逛街時由星探發掘，出道臺灣所流行的瓊瑤愛情片中。

1973 年，林青霞憑藉《窗外》走紅。

1974 年到 1979 年，5 年時間拍攝了將近 50 部愛情文藝電影

1975 年，拍的《八百壯士》，奪得了亞太影展最佳女主角；

1981 年，復出拍攝《愛殺》並憑藉此片開始在商業片中轉型。

1983 年，轉往香港發展。林青霞的電影事業共有兩個高峰，主演了多部不同類型的電影(如：武俠片、喜劇片、驚悚片)，以此來磨練演技。

1990 年憑藉《滾滾紅塵》一片獲得台灣金馬獎最佳女主角。

　林青霞主演超過百部電影，主要包括《窗外》《我是一片雲》《新蜀山劍俠傳》《天山童姥》《警察故事》《刀馬旦》《新龍門客棧》《笑傲江湖之東

方不敗》《東方不敗一風雲再起》《白髮魔女傳》《刀劍笑》《重慶森林》
和《東邪西毒》等等。

1994 年 6 月 29 日，與香港富商邢李源結婚，其後退出影壇，隨夫居於香港，
1996 年 1 月 2 日，女兒邢愛林出生．

2001 年 6 月 10 日，女兒邢言愛出生。

2002 年 12 月 4 日凌晨 2 時，71 歲的母親麻蘭英因憂鬱症在台北市仁愛路四段
12 樓的寓所（仁愛雙星大樓）跳樓身亡後。

2006 年，林父因消化道疾病住進台北仁愛醫院，5 月 9 日花百萬新台幣租私人
飛機準備接送父親到外國治療卻未果，5 月 11 日中午 1 時許病逝。

周潤發　1955.5.18.~　出生於香港南丫島，自稱南丫島人，廣東寶安縣

周潤發,(Chow Yun fat)，周潤發父親周容允，母親陳麗芳，
母親是菜農和清潔工，父親在蜆殼石油公司運輸石油。童
年時要每天幫助母親拿小吃出售幫補家計．兄弟姊妹中排
行第三，姐姐周聰玲為香港著名攝影師。在「2008 年世界
傑出華人獎暨美國紐卡索大學榮譽博士」母親陳麗芳獲頒
「傑出華人母親獎」。

1965 年，10 歲，舉家搬到九龍區。曾於砵蘭街的左派旺角
勞工子弟民權學校、調景嶺右派鳴遠小學和西環的創興書
院就讀。為幫補家計而輟學，做過擦鞋小弟、辦公室助理、
郵包搬運工人、酒店服務生、照相機推銷員以及計程車司
機等。18 歲時，偶然在報紙上看到無線電視演員訓練班的
徵人廣告，與朋友一同去應徵，順利地被錄取。經過電視
台的訓練後，曾在《民間傳奇》《江湖小子》等連續劇飾演配角。

1970 年，於無線電視參演多套電視劇，後來參演電影。曾三次獲得香港電影金
像獎的最佳男主角獎，並兩次獲得臺灣金馬獎最佳男主角獎。

1976 年，演出《投胎人》《大江南北》《狂潮》《親情》《網中人》《火鳳凰》
大受觀眾歡迎。

1980 年，演電視連續劇《上海灘》讓他成為華人世界的明星，家喻戶曉，

1990 年，與成龍、周星馳被響為「雙周一成」，

1995 年，赴美國好萊塢發展。

1986 年，拍攝了《英雄本色》，此電影獲得空前成功，後參演黑幫為主題《江
湖情》《英雄好漢》《秋天的童話》《大丈夫日記》《龍虎風雲》賭神》。

1995 年，他拍了《和平飯店》之後，轉往好萊塢發展。拍《血仍未冷》（*The
Replacement Killers*），及《安娜與國王》觀眾反應平平。

2000 年，拍李安執導的《臥虎藏龍》，獲得奧斯卡最佳外語片殊榮。

2005 年，客串演出《獨自等待》。

2006 年，拍《滿城盡帶黃金甲》，又與鞏俐合演《滿城盡帶黃金甲》。

2007 年，演出《姨媽的後現代生活》。
2010 年，在《孔子：決戰春秋》飾演孔子。同年參演電影《諜海風雲》。
2011 年，參演《讓子彈飛》和《建黨偉業》。
周潤發有兩段婚姻，第一段與余安安的婚姻維持了 9 個月，與來自新加坡的現任妻子陳薈蓮的婚姻超過 20 年，兩人未有子女。

鍾楚紅　1960.2.16.~　　原籍廣東博羅，生於香港。

鍾楚紅，香港知名女演員。外號紅姑，坦列亞修女學校畢業。她的代表作品有《縱橫四海》《刀馬旦》《伴我闖天涯》等。
1979 年，參選香港小姐出道，當時只得第四名。得到電影公司垂青，踏足影壇，她首部電影作品是《碧水寒山奪命金》。
1984 年，鍾楚紅以《男與女》獲得香港電影金像獎最佳女主角。
1987 年，與周潤發合演的《秋天的童話》榮獲翌年香港電影金像獎最佳影片。

劉德華　1961.9.27.~　　香港

劉德華，香港演員兼歌手，
1990 年，獲封香港樂壇「四大天王」之一，　金氏世界紀錄大全中獲獎最多的香港歌手參演電影超過 140 部電影。
1999 年，獲得「香港十大傑出青年」的榮譽，
2000 年榮登「世界十大傑出青年」獲此殊榮少數香港藝
2006 年，香港演藝學院「表彰他在表演藝術方面的成就」授予劉德華榮譽院士稱號，成為少數獲此榮譽香港藝人
劉德華篤信佛教，法號「慧果」，熱心公益，時常參與慈善活動。
2008 年，劉德華獲香港特別行政區政府委任為太平紳士。
　與馬來西亞朱麗倩在拉斯維加斯註冊結婚．以兩人名捐款一萬元做善事。
2010 年，劉德華任中國殘疾人福利基金會理事，並擔任副理事長。獲頒第 12 屆「世界傑出華人獎」、同時獲頒加拿大紐賓士域藍仕橋大學榮譽博士學位
2011 年 5 月 9 日，朱麗倩在香港養和醫院產下一女，取名劉向蕙，英文名爲『Hanna』，古英文意指「優雅與歡欣的女神」。

張曼玉　1964.9.20.~　原籍上海，生於香港

張曼玉(Maggie Cheung)，香港著名電影演員，
1972 年，8 歲，全家移民英國肯特郡，曾在肯特郡讀中學。
夢想是成為髮型師，1981 年，16 歲，當過倫敦書店店員。
1982 年，17 歲，回香港探親時，在鬧市被星探看中，開始
任兼職廣告模特兒 1983 年，18 歲，參加「香港小姐」選美，
獲得亞軍及最上鏡小姐獎。同年，赴英國參加世界小姐選
美並進入前十五名，之後開始進入影視界。
1984 年，主演《畫出彩虹》《武林世家》《青蛙王子》《緣
分》《聖誕奇遇結良緣》《摩登仙履奇緣》等影片，她被
評論界譽為「最有前途的女星」。

1985 年·《警察故事》《警察故事續集》《警察故事 3 超級警察》《玫瑰的故
事》從躥紅最快的新人，到最受歡迎的女明星，張曼玉一路坦途。
1988 年，《旺角卡門》《養子不教誰之過》《東邪西毒》《花樣年華》開始吸
引眾多香港，這使得她佳作不斷。
1989 年，《三個女人的故事》，奪得其演藝生涯的第一個影后 —— 金馬影后·
1990 年，《不脫襪的人》《阮玲玉》演技轉折之路令人刮目相看。
1994 年，拍完《新同居時代》後，張曼玉淡出影壇。
1996 年，拍《迷離劫》《甜蜜蜜》張曼玉在華語影壇迎來了表演事業的高峰。
1997 年，為全球十大電影之一。
2000 年，在《花樣年華》中，張曼玉摩登懷舊的成熟美再次獲得一片喝彩。
2002 年，《英雄》張曼玉表示武打片並非她所擅長。
2004 年，《紐約時報》列入年度「最佳表演者」(*The Greatest Performers*) 名單。
2008 年 5 月，四川汶川地震，她捐款 200 萬人民幣。
2010 年，她被任命為聯合國兒童基金會（UNICEF）中國大使。
2012 年 10 月，她攜樂團在北京首次公開現場獻唱，引起現場轟動。
2013 年 5 月，金馬影展主席侯孝賢宣布由張曼玉擔任第 50 屆金馬獎 50 周年形

鞏俐　1965.12.31.~　山東濟南人生於遼寧瀋陽後入新加坡籍

1985 年，濟南二中畢業後考入中央
戲劇學院表演系，留校任話劇研究
所演員。
1988 年，她演出《紅高粱》《紅高
粱》一炮打響，登上《時代周刊》
封面。

1989 年，鞏俐演《秦俑》，鞏俐第一次提名香港電影金像獎最佳女主角。

1992 年，《秋菊打官司》確立了鞏俐在中國影壇的地位。隨後拍有《活著》《搖啊搖，搖到外婆橋》。

　張藝謀與鞏俐在事業和感情上是親密無間的伴侶，達到了兩人事業的巔峰。

　然而在交往 8 年、合作過 7 部電影之後，兩人最終還是分手。

　鞏俐隨後與香港英美煙草公司總裁黃和祥結婚。最近幾年主要在美國發展。

2006 年出演張藝謀執導的《滿城盡帶黃金甲》，這是十一年後的再度合作，憑藉此片獲得第 26 屆香港電影金像獎最佳女主角。因和新加坡籍商人黃和祥結婚，

2008 年 11 月 8 日，鞏俐加入新加坡籍。

淡出幾年之後，鞏俐以《藝伎回憶錄》回歸大銀幕，以影片中初桃一角獲得美國國家評論協會最佳女配角，並主演了《沉默的羔羊前傳》《邁阿密風雲》《諜海風雲》等好萊塢影片。

鞏俐還獲得聯合國教科文組織頒發的「促進和平藝術家」的稱號。

章子怡　1979.2.9.~　北京

1990 年，11 歲，進入北京舞蹈學院附中舞蹈科，學習 6 年的民間舞。

1996 年，考入中央戲劇學院戲劇表演系學習，後被著名導演張藝謀發掘．

1998 年，主演《我的父親母親》獲得百花獎最佳女演員入圍金雞獎最佳女演員。

2000 年，《臥虎藏龍》入圍金馬獎、金像獎、英國電影學院獎、洛杉磯影評人協會獎等電影獎項，並獲 2000 年柏林國際影展銀熊獎。

2002 年，出演張藝謀導演的武俠巨制《英雄》《十面埋伏》。

2005 年，《藝伎回憶錄》入圍美國電影金球獎最佳女主角獎、香港電影金像獎、影后殊榮。

2006 年，擔任坎城影展的評委，同年擔任第 78 屆美國奧斯卡金像獎頒獎嘉賓。

2007 年，傳聞稱章子怡通過香港「優秀人才入境計劃」成為香港居民。

2009 年，章子怡首任製片人，拍攝電影《非常完美》。

2010 年，「福布斯中國名人榜」中章子怡排列第 5 位。

2013 年，《一代宗師》獲得第 50 屆金馬獎最佳女主角獎。

王丹鳳　1925.8.23.－　原籍浙江寧波，出生於上海，

王丹鳳，原名王玉鳳，父親是旅店老闆，父母都喜好看戲。16 歲時，她陪同朋友舒麗娟去合眾影片公司看拍戲，被導演朱石麟看中，並且幫她改名「王丹鳳」，後出演多部電影。1948 年，王丹鳳去英屬香港。1949 年 7 月，香港選出滬港四大女星，王丹鳳與李麗華、周璇、白光並列。

1950 年，王丹鳳與陶金、劉瓊、韓非前往廣州演出。1951 年新年，王丹鳳與柳和清結婚。1951 年，王丹鳳回到上海，擔任上海電影製片廠的女演員。1958 年，毛澤東發起上山下鄉運動，王丹鳳下放到上海新橋公社勞動。1963 年，王丹鳳出演西安電影製片廠製片的《桃花扇》，在文化大革命中被封為「毒草」批鬥，而該片也被封為「十大毒草」，之後發配到奉賢五七幹校勞動改造。1978 年，鄧小平執政之後，實行改革開放，1989 年，柳和清從上海電影製片廠卸任，王丹鳳和丈夫柳和清去了英屬香港開辦「功德林上海素食館」。21 世紀初期，柳和清把餐館轉讓給朋友，兩人回上海，居住在上海陝南村。

唐國強　1952.5.4.-　　山東煙台

唐國強畢業於山東省青島第三十九中學（今中國海洋大學附屬中學）。

1970 年中學畢業後加入青島市話劇團，

1975 年進入八一電影製片廠，出演電影《南海風雲》的男主角，開始了其電影電視生涯。

唐國強曾在電視劇《三國演義》中飾演諸葛亮，《雍正王朝》中扮演雍正帝，《開國領袖毛澤東》、《長征》、《延安頌》和《東方》中飾演毛澤東。而在海峽兩岸電視劇工業大融和的環境下，他曾參演由台灣電視公司監製的劇集《包公出巡》。唐氏的演藝成就，頗得到兩岸三地的肯定。他早在 1993 年《三國演義》連續劇播出後，因為形神俱佳將諸葛亮演活，榮獲了「五個一工程」、「飛天」等大獎，也同時獲得了「中國十佳演員」、「全國首屆百佳電視工作者」等殊榮。隨後其主演的《雍正王朝》連續劇，在海內外獲得極大掌聲。同時唐國強也因為雍正皇帝一角，獲得了金鷹獎最佳男主角，同時也為《雍》劇得到了「金鷹獎」優秀電視劇、「飛天獎」長篇電視劇一等獎等榮譽。唐氏在書法造詣上亦有不錯表現。現為中國書法協會會員、東方九澤龍書畫研究學會主席。他在電視連續劇《三國演義》中書寫的《出師表》、在《雍正王朝》連續劇中的硃批、以及出演《長征》和《延安頌》時扮演毛澤東寫書法，都讓觀眾對其書法有深刻的印象。

劉勁　1963.12.7.－　四川省阿壩藏族羌族自治州

劉勁，畢業於中國人民解放軍藝術學院。因飾演周恩來而出名，他扮演周恩來角色 34 次之多，為妙為俏。曾因《宋家皇朝》電影中飾演張學良，而獲香港電影金像獎。實際上是在《宋家皇朝》中飾演宋查理的姜文，獲 1998 年香港電影金像獎最佳男配角獎。

劉勁，著名影視戲劇表演藝術家，畢業于解放軍藝術學院，享國務院政府特殊津貼。中國廣播電視協會演員委員會副會長、中國視協藝術家詩書畫學會副會長、中國電影表演藝術協會理事、中國綠化委綠色中國公益形象大使、國家海洋局海洋公益形象大使、全國消防公益形象大使、周總理故鄉淮安城市形象大使、中央電視臺全國戲劇電視小品大賽評委；被中宣部、人事部、中國文聯授予第二屆 "全國中青年德藝雙馨文藝工作者" 稱號；中國百佳電視藝術者榮譽稱號；授予 "中國電視劇產業 20 年突出貢獻演員 "稱號；被評為 "中國演藝界十大孝子" "中國演藝界十佳模範夫妻"、民政部關心下一代 "愛心使者榮譽稱號"。

田華　1928－　河北唐縣

田華，原名劉天花，父母為避免她傳染天花，取名劉天花。因演電影《白毛女》而家喻戶曉，在海外也頗有知名度。

1962 年，被選為「新中國二十二大明星」，

1981 年，提名金雞獎最佳女主角。

1940 年，參加晉察冀軍區政治部抗敵劇社兒童演劇隊，此後以田華為藝名。

1950 年，《白毛女》轟動全中國，並且參加多個海外影展放映，影片榮獲第六屆卡羅維·發利國際電影節特別榮譽獎。

1957 年，中華人民共和國文化部授予了田華金質獎章。而後在《黨的女兒》等一系列成功影片中塑造的女軍人形象亦大受歡迎。文革後，田華作品不斷，

1981 年，更憑藉《法庭內外》的表演提名金雞獎最佳女主角。

2005 年，被授予中國電影誕生 100 周年「國家有突出貢獻電影藝術家」稱號。

秦怡　1922.1.31.－，上海市人，祖籍江蘇高郵

秦怡，原名秦德和，電影、話劇、電視劇女演員。

秦怡於抗日戰爭 1938 年趕赴重慶，投入中國電影製片廠任為演員，在抗日戰爭期間演出多部話劇，與張瑞芳、白楊和舒綉文並稱為「四大名旦」。四旦中，秦怡尤其以美聞名於世。周恩來曾稱秦怡是「中國最美的女性」奧斯卡影后費·唐納薇評價秦怡「最具有鮮明東方風格和中國民族氣派的典型女性」。

1945 年，抗日戰爭結束才回到上海，繼續演出多部電影，其中與趙丹一同主演的《遙遠的愛》一片成為其電影成名作。

1949 年，進入上海電影製片廠擔任演員，演了《女籃五號》等多部電影。

2009 年，全國婦聯主辦第七屆中國十大女傑，秦怡與蔣敏、冼東妹、郭鳳蓮、李瑞英等人一同榮獲。現任上海電影（集團）有限公司藝術委員會顧問。

孫道臨　1921.12.18.－2007.12.28.　祖籍浙江嘉善，生於北京，居住於上海。

孫道臨，原名孫以亮。演員、配音員、導演、朗誦家。

1938 年考入燕京大學哲學系，受同學黃宗江的影響，在校期間參加了燕京劇社，出演了《雷雨》、《生死戀》等劇。

1941 年太平洋戰爭爆發，燕京大學及其劇社被迫關閉。一度以飼養奶牛為生。

1943 年，他先後在中國旅行劇團、上海國華劇社、北平南北劇社等做職業話劇演員。抗戰勝利後，他又返回燕京大學讀書，

1947 年畢業，在焦菊隱藝術館話劇隊演黃宗江的話劇《大團圓》。

1948 年應金山邀請赴上海從影，先後拍攝《大團圓》、《大雷雨》、《烏鴉與麻雀》等影片。上海戰役後，進入上海電影製片廠。在半個世紀中，他在近 30 部電影和電視劇中擔任過主角或重要角色。由於富於感情的嗓音，孫道臨曾在《王子復仇記》、《基督山恩仇記》、《白痴》等二十餘部外國影片配音，曾導演《詹天佑》。孫道臨亦於 1988 年與姜昆、侯耀文、王剛、薛飛共同主持中國中央電視台春節聯歡晚會。

2007 年 12 月 28 日上午，北京時間 8 點 58 分，因心臟病突發於上海華東醫院逝世，享年 86 歲。

胡錦濤、江澤民、溫家寶、曾慶紅、李長春、習近平、李克強、賀國強、王　剛、王兆國、劉雲山、李源潮、張高麗、李　鵬、喬　石、朱鎔基、李瑞環、尉健行、李嵐清、吳官正、華建敏、陳至立、丁關根、王太華、孫家正、胡振民、金炳華等通過各種方式表哀悼，向家屬表示慰問。

卅八、名歌星

周旋　1918.8.1.~1957.9.22.，上海人，生於常熟

周璇，先前名蘇璞，最後改名周小紅．

1930、1940 年代，在上海歌壇、影視，紅極一時，有「金嗓子」「歌后」美譽。

1921 年，被娘舅騙走．

1922 年，轉騙到上海周家，改名周小紅，險被騙入青樓．

1930 年，加入「明月砍舞劇社」學習聲樂、舞蹈、鋼琴等藝

1932 年，演出「特別快車」

1937 年，和嚴華訂婚，飾演「馬路天便」「女財神」

1938 年，在北平成婚，婚後夫妻勃谿，懷孕流產．

1939~1942 年間，主演孟姜女、三笑、西廂記、董小宛、蘇三豔、孟麗君、紅樓夢、天涯歌女、解語花、黑天堂、夜深沉、漁家女等片．灌製歌曲一百多首．

1941.7.23. 與嚴華離婚.拒唱漢奸歌曲.

1942 年，當選影后，夫妻失和，吞藥自殺不成．

1948 年，在香港與朱懷德同居，把辛苦賺來的錢財花光，旋兩人解除同居關係．

1952 年，與畫家締結良緣．

1957 年，患中暑性腦炎，於 9 月 22 日去世。

白光　1921.6.27.~1999.8.27.　生於北平

白光，原名史永芬，1940 至 1950 年代中國著名影星、歌星，藝名「白光」。因演出《蕩婦心》《一代妖姬》《玫瑰花開》而走紅，被稱為中國「一代妖姬」。白光還以其磁性的女低音風靡歌壇。

1950 年退出歌影壇，隱居馬來西亞吉隆坡。

1999 年 8 月 27 日因結腸癌在吉隆坡病逝。

1937 年白光到日本東京女子大學攻讀藝術系，在《東亞平和之道》中擔任女主角。

白光先後拍攝過 20 多部影片，唱歌別具魅力，成為上海歌壇的七大歌星之一(周璇、白虹、龔秋霞、姚莉、李香蘭、吳鶯音)。

1953 年，白光赴日本經商，失蹤 14 年，原來定居吉隆坡。

1994 年白光赴台參加「世界電影資料館珍藏影片特展」，展映的

1995 年應邀出席香港電台「十大中文金曲頒獎典禮」丰采依舊。

1969 年，白光在吉隆坡，遇到比她小 26 歲的忠實影迷顏良龍，二人長相廝守 30 年。

1999 年 8 月 27 日，白光因結腸癌病逝於吉隆坡，享年 79 歲。顏良龍遵照白光生前遺囑，遺體落葬在吉隆坡市郊富貴山莊墓地，落葬時僅有她的胞妹和夫家親屬參加。

姚莉　1922～

姚莉，原名姚秀雲，是上海灘時期知名女歌手之一，與周璇、白虹、白光、龔秋霞、李香蘭、吳鶯音等齊名，並稱為四十年代上海七大歌星。

1950 年移居香港。被譽為「銀嗓子」，金嗓子為周璇，而周璇亦是姚莉的偶像。主要代表歌曲有《得不到的愛情》《玫瑰玫瑰我愛你》《風雨交響曲》《秋的懷念》和《哪個不多情》等。

姚莉的哥哥姚敏是作曲家。

白嘉莉

名砍星，名電視主持人。遠嫁印尼木材巨商王雙安為妻。變成愛國華僑。

紫薇　1930.11.13.~1989.3.4.

紫薇，本名胡以衡，南京市人。著名歌星，台視《群星會》歌星之一，有「長青歌后」之稱。1987 年發現罹患癌症，1989 年 3 月 4 日過世。

凌波　1939~　廣東汕頭

凌波，本名黃裕君，幼年被賣至福建廈門當養女，改名「君海棠」。

1949 年，和養母逃難到香港。

1950 年，在香港以藝名「小娟」拍廈語片、閩南片。

1961 年，進入邵氏電影公司，幕後代唱如《鳳還巢》《紅樓夢》等多部黃梅調電影。初名沈雁，拍攝《紅娘》一片，飾演崔鶯鶯。

1965 年，在《紅樓夢》中，受李翰祥導演賞識，出演《梁山伯與祝英台》，反串梁山伯，一舉成名，榮獲金馬獎「最佳演員特別獎」，最佳演員特別獎。

1963 年，初次訪台，造成萬人空巷，推擠爭睹，**轟**動一時．
1964 年，以《花木蘭》獲亞太影展最佳女主角。
1967 年，以《烽火萬里情》正式獲得金馬獎最佳女主角獎。
1980 年，移居台灣，自組電影公司，拍攝《新紅樓夢》《金枝玉葉》《七世夫妻》
《金粉世家》《八千里路雲和月》等劇。
1988 年，移民加拿大。
2001 年，罹患乳癌，手術後復原良好。
2001 年至 2003 年期間，舉行多場「梁祝」音樂演唱會。

崔苔菁　1951.11.8.~　　祖籍山東青島，台灣台北出生

崔苔菁，曾是紅遍一時的<u>台灣女歌星</u>和<u>電視節目主持人</u>，被稱為「一代妖姬
1970 代，以性感的穿著、動感的舞蹈、嬌滴滴的聲音風靡全台，是當時雄霸一方的主持、歌唱、秀場及廣告代言等多棲超級巨星，可說是與<u>鄧麗君</u>、<u>鳳飛飛</u>並列的三大天后。
1971 年，20 歲，《翠笛銀箏》）主持人。她是第一屆<u>金曲獎</u>的主持人。
1976 年，與眼鏡公司少東須偉群結婚，放棄演藝事業。
2011 年，受到<u>金鐘獎</u>主辦單位邀請，頒發 100 年電視金鐘獎綜藝節目主持人獎。

鄧麗君　1953.1.29.~1995.5.8.　　河北人生於臺灣雲林褒忠鄉田洋村

鄧麗君，原名鄧麗筠，鄧麗君父親是軍人，隨軍來台，母親山東人，父親退役後，舉家遷到台東縣池上鄉。鄧麗君出生，原取名麗筠，意指「美麗的竹子」象徵美麗，志節高尚，「鄧麗君」是後來藝名。著名的愛國歌手，被譽爲永遠的軍中情人，有「十億個掌聲」的美名．在日本藝名泰勒莎鄧．
1959 年，父親軍中退役，開了一家雜貨店，經營不善，血本無歸，遷移台北發展．
1960 年，全家家居台北縣蘆州，就讀蘆州小學．在學校因歌喉表現突出，乃隨九三康樂隊至烏坵勞軍．
1964 年，參加歌唱比賽，一曲「訪英台」奪得冠軍，嶄露頭角，此後邀約不斷．
1966 年，就讀金陵女中，學校禁止學生在夜總會唱歌，因而輟學，獲邀在電視《群星會》演出，赴港登台，獲香港十大歌星獎。

1970 年，加入香港凱聲綜藝歌藝團，第一次唱歌即當選「白花油慈善皇后」，
　　開始赴泰國、馬來西亞、越南演唱，宣慰僑胞．
1973 年，與日本寶麗多唱片公司簽約，她的「海韻」「千言萬語」盛況空前．
1974 年，鄧麗君「空巷」一曲，獲日本多項獎．大放異彩．連續三年，譽滿東
　　瀛．「小城故事」「甜密密」「你怎麼說」等歌曲，在台灣、東南亞各地，造成
　　旋風，聲響日正中天．
1979 年，因在日本持假護照入境，被日本官方驅逐出境．隨即到美國留學，勤
　　讀英文，紐約林肯中心公演，創下華人歌星「亞洲頂尖歌手」，衣錦還鄉．
1980 年榮獲台灣金鐘獎．此時鄧麗君的歌曲在大陸曾一度被稱為「靡靡之音」
　　而被禁止，優美抒情的歌風，迅速溫暖了剛經歷文革的中國大陸人民．
　　然大陸流傳「白天聽老鄧，晚上聽小鄧」「只愛小鄧，不愛老鄧」等語．
1986 年，美國《時代》雜誌評為「世界七大女歌星」
1988 年，榮獲全日本「優秀歌星賞」及「有線音樂賞」。
1989 年，香港為紀念天安門六四紀念，舉行「民主歌聲獻中華」活動，鄧麗君
　　頭綁「民主萬歲」白布條，胸前掛著「反對軍事鎮壓」，充滿感情高歌「我的
　　家在山的那一邊」，激起群激奮，慈善募捐募得一千二百萬港幣，港民誇耀．
1995 年，榮獲香港金針獎
　　偕法國男友保羅前往泰國清邁渡假，5 月 8 日在清邁旅社，突然氣喘，送醫
　　不及遽逝．政府曾頒發褒揚令，靈柩上覆蓋青天白日黨旗和青天白日滿地紅
　　國旗。總統李登輝特頒「藝苑揚芬」輓額。國民黨並追贈「華夏一等獎章」。
　　當時台灣省長宋楚瑜擔任治喪委員會主委，行政院長連戰、國防部長蔣仲苓、
　　台北市長陳水扁等國家政要也親臨致哀。宋楚瑜並且為其墓園題名「筠園」，
　　備極哀榮，演藝界可說空前，絕無僅有。

鳳飛飛 1953.8.20..~2012.1.3.　桃園縣大溪鎮人

鳳飛飛，台灣一代歌后，國寶級歌手。本名林秋鸞，
享有高知名度的著名演藝人員。其演藝事業橫跨歌
手、演員與綜藝節目主持人，有「帽子歌后」美譽，
在華人歌壇具有舉足輕重的地位。
1980 年，27 歲嫁給香港旅遊商人趙宏琦．
1989 年，誕下一子。
2012 年 1 月 3 日，因肺癌在香港九龍聖德肋撒醫院逝
世，後長眠於桃園大溪鎮佛光山寶塔寺。
2013 年，獲得第 24 屆金曲獎及第 48 屆金鐘獎特別貢獻獎。

孔蘭薰　19745~

孔蘭薰，本名孔德坤，台灣 70 年代女歌手，孔子的第
76 代後人。

1961 年，16 歲，孔蘭薰就跟著康樂隊到處表演賺錢，
1962 年，17 歲，參加群星會演唱、勞軍，當時還被稱
作「軍人之花」。

孔蘭薰以《一朵小花》唱紅歌壇，也演過電影，《乞
丐與艷妓》《再回頭我也不要你》《合家歡》《超財
進寶》《香江花月夜》《花月良宵》紅極一時。

孔蘭薰結過兩次婚，後改嫁藝人劉長鳴，生下三女劉曉憶，劉長鳴有婚外情，
最後還是分道揚鑣。女兒劉沛醍（1976.7.2.~）2010 年憑藉著《我的爸爸是流氓》
榮獲第 45 屆電視金鐘獎 迷你劇集「最佳女配角獎」。

江蕙　1961.9.1.~　臺灣嘉義人，

江蕙，本名江淑惠，著名臺灣歌壇天后，以演唱臺語歌曲聞名，唱紅的歌曲無
數，為第一屆金曲獎女歌手的得主，連續四屆金曲獎獲得最佳台語女演唱人獎
得主，共獲十一座金曲獎，在台語歌壇地位及成就無人能及。

幼時窮苦，父親是布袋戲偶師傅，家中 4 個小孩中排第二，所以被暱稱為二姐，
與妹妹江淑娜在北投的飯店及臺北的酒家走唱，磨練出深厚的表演功力及精湛
的歌唱技巧，江蕙一直到 15 歲才小學畢業。而後經友人介紹到夜總會駐唱，改
名為「江惠」，直到出《還鄉》專輯，正式改名為「江蕙」。

1983 年，出道演唱，

2008 年，舉辦了她生平第一次的演唱會，名為「初登場」。

2010 年，江蕙「戲夢」演唱會共連開八場，打破台灣演唱會眾多紀錄。包括創
下在雙蛋（台北小巨蛋、高雄巨蛋）開最多場演唱會的歌手（共七場）

2013 年，舉行名為「鏡花水月」演唱會，轟動全台灣．網路售票系統大當機。

彭麗媛　1962.11.20.~　山東省鄆城縣黃堆集鄉彭庄村

彭麗媛，中華人民共和國主席、中央總書記、中央軍委
主席習近平之妻，著名女高音歌唱家、歌劇表演藝術家，
當代民族聲樂代表人，中國第一位民族聲樂碩士獲得
者。父親曾是鄆城縣文化館長，母親是鄆城縣豫劇團演
員，受母親影響，她在四、五歲的時候就能演唱豫劇。

1976 年，14 歲考入山東藝術學院的中專部，專攻民族聲
樂；

1980 年，參加北京文藝匯演，以歌曲《包楞調》和《我

的家鄉沂蒙山》震動了北京音樂界，加入中國人民解放軍。

考入中國音樂學院聲樂系，先後師從王音旋、和金鐵霖教授。

1982 年，春節聯歡晚會演唱『在希望的田野上』贏得觀眾喜愛。

1984 年，調「總政歌舞團」。

1985 年 7 月加入中國共產黨。成為一級演員，解放軍二級文職幹部，正軍級待遇，北京大學兼職教授，享受國務院「政府津貼」。

曾獲全國聶耳、星海聲樂金獎，及「梅花獎」

1986 年，榮獲民族唱法一等獎，多次代表國家出訪世界各地。

1987 年 9 月 1 日，彭麗媛在廈門與習近平結婚

1990 年 5 月，獲得碩士學位，成為中國第一位民族聲樂碩士。

2005 年 9 月，彭麗媛應聯合國成立 60 周年組委會邀請，在美國紐約林肯藝術中心演出中國歌劇《木蘭詩篇》獲林肯藝術中心藝術委員會頒發傑出藝術家獎。

2007 年 11 月授予「全國中青年德藝雙馨文藝工作者」榮譽稱號。

2011 年 6 月世界衛生組織任命為「結核病和愛滋病防治親善大使」又為音樂協會副主席。

2012 年 5 月　彭麗媛升任解放軍藝術學院院長，少將軍銜。

2013 年，彭麗媛以第一夫人名義，伴隨習近平訪問歐美各國時，表現突出。

父親彭龍坤，曾經是鄆城縣文化館館長，由於於台灣有親戚的關係，於文化大革命時期被判罰勞動改造，2009 年病逝。

母親為鄆城縣豫劇團主要戲曲演員。

大舅姓李，為退休教師，住在台灣嘉義。彭麗媛於 1997 年隨團訪問台灣時，曾經與他在台北市見面。

弟弟：彭蕾，1968 年出生。對越南自衛反擊戰時期，彭麗媛設法將其調離一線去三線去做了 67 軍 199 師的師部警衛員。

宋祖英 1966.8.13.~

湖南古丈縣　　宋祖英，苗族(一說瓦鄉族)，知名歌唱家，譽為「中國民歌天后」。

12 歲時父親去世，母親一人將 3 個兒女撫養成人。

1981 年 7 月，初中畢業，考入古丈縣劇團成為演員。

1984 年，湖南省湘西土家族苗族自治州歌舞團。

1985 年，考入中央民族學院音樂舞蹈系，中國音樂學院民族聲樂碩士，中華民族聲樂專業首設的博士學位。1987 年畢業。

1990 年，首次登上中國中央電視台春節聯歡晚會後，一舉成名。

1991 年，入中國人民解放軍海政歌舞團，為國家一級演員。

2005 年 7 月，出任海政歌舞團副團長。專業技術三級，

享受副軍級待遇。
第九屆全國人大代表、全國青聯及全國政協委員。

李穀一　1944.11.10.－　湖南長沙人

李穀一，原名李淇惠、李穀貽，1966 年改現名。中國著名女歌唱藝術家。歌聲輕巧甜美，圓潤流暢，有著濃鬱的民族風格與韻味，富有極強的藝術魅力和感召力，開創了一代歌風。

她不僅有豐富的舞蹈和戲曲藝術功底，而且又學習了西洋傳統發聲法，形成了中西合璧、獨樹一幟的現代新民歌演唱風格，開創了一代歌風。在 1980 年代，她是中國廣大觀眾最熟悉、最喜愛的歌唱家。

1979 年，演唱《鄉戀》引發軒然大波，這首大陸創作者原創的作品在中央電視台播出後，被戴上「低級」、「下流」的帽子，李谷一採用所謂「氣聲唱法」，被指責模仿鄧麗君。《人民日報》等媒體強力批判這首歌曲，李谷一因此蒙受巨大的壓力，「靡靡之音」也從這時起正式戴到了李谷一的頭上。

蔣大為　1947.1.22.-　天津人

從小酷愛美術，在中學時，學習了 8 年西洋畫，具有很深的繪畫功底。他刻苦學習書法，漢簡魏碑、顏柳歐趙，他無不師法而又無一泥古。又得當代書法名家指點，把對前人書藝的體會融入對現實生活的感受之中，用心用情，貫氣神韻，意念中逐漸達到詠墨相通，融為一體，無滯澀無矯氣無匠氣，渾厚奔放，剛柔相濟。他由‘牡丹之歌’一曲成名，以後一首首膾炙人口的好歌如《在那桃花盛開的地方》《駿馬賓士保邊疆》《敢問路在何方》《沿著社會主義大道奔前方》等，經他演唱紅遍了祖國的大江南北。他的歌在八十年代真可以說是獨領風騷、家喻戶曉。

1968 年赴烏蘭浩特插隊落戶，
1969 年他從內蒙調入吉林省森林員警文工團，
1970 年進入吉林省藝術學院學習聲樂，
1975 年中央民族歌舞團員，曾任中央民族歌舞團團長，
1984 年央視春晚，演唱《在那桃花盛開的地方》成名。
1985 年任中央民族歌舞團長。他對事業成功並不滿足，他願唱更多更好的歌。
1993 年他辭去團長的職務，全心投入藝術的創作和表演之中。

2009 年與張燕合唱《滿園春》。獲得第一屆中國金唱片獎被評為"中非藝術家"稱號,被授予民委突出貢獻專家稱號。移民前是國家一級演員,國務院特殊津貼獲得者,中國音樂家協會會員,擔任過中日友好協會理事。

三十年來他演唱《在那桃花盛開的地方》《牡丹之歌》《駿馬賓士保邊疆》《敢問路在何方》《北國之春》《沿著社會主義大道奔前方》等在海內外膾炙人口,廣為傳唱。曾多次在美國、加拿大、日本、德國、新加坡、泰國等國家和地區舉辦演唱會。九十年代,蔣大為的歌聲跨洋過海走向世界。他曾經訪問北美、東歐和東南亞的許多國家。在法國和日本還成功地舉行了他的個人演唱會。海外華僑評論他是中國當代民歌的代表人物;歐美的專家讚譽他為中國的帕瓦羅蒂……

韋唯(張菊霞)　1959.9.28.-　山東蘭陵縣向城鎮人

韋唯,本名張菊霞,父親山東省蘭陵縣向城鎮人,母親廣西壯族,生於內蒙古呼和浩特市,後遷廣西柳州。

被認為是當代中國最傑出的歌手之一。媒體稱他為「中國的惠妮休斯頓」、「中國的麥當娜」和「中國的席琳迪翁」等等。她常常獲邀代表中國出席參與一些國際性的活動。

1986 年出道並開始崛起,當年她在中央電視台青年歌手電筒視大獎賽中獲得專業組二等獎,在波蘭舉行的第 24 屆索波特國際歌曲大賽,她獲得「Miss Photo-category」稱號,這一切都帶給她更多參與演出的機會。

1999 年之後她旅居在瑞典。

2003 年回國,現與三個兒子定居在北京。

韓磊　1968.2.23－　蒙古族,內蒙古呼和浩特市人,

韓磊,又名森布爾,中國大陸知名歌手,現任內蒙古青聯名譽主席。

父親漢族,母親蒙古族,

1982 至 1988 年在中央音樂學院附中學習長號,與景崗山、汪峰為學長學弟關係。

1989 至 1991 年在內蒙古交響樂團任長號演奏員,1991 年 7 月參加在北京舉行的《新人新聲》大型演出,演唱《愛情飛蛾》,從此步入中國流行樂壇。

此後,韓磊演唱了大量影視劇主題曲,據其統計已達到七百餘首。

2001 年演唱《康熙王朝》主題曲《向天再借五百年》,有「帝王之聲」美譽。

2007 年 3 月 9 日,韓磊與王燕結婚,育有一子一女。

2009 年創建了自己的文化傳媒公司。

2013 年底參加《我是歌手》（2014 年開播），獲得總冠軍。 在我是歌手進行時，韓磊因為曾經是留守家中的農村孩子，更被正式封為<u>變形計</u>公益大使。

張也　　1968.-　湖南人

張也 14 歲時考入湖南省藝術學校學習戲曲，1991 年畢業於中國音樂學院聲樂系，曾師從中國著名聲樂教育家金鐵林教授。張也 1995 年聲樂碩士研究生畢業，現在中國音樂學院聲樂系擔任教師。

張也擅長演唱民族歌曲。她曾在《唐伯虎與沈九娘》中飾沈九娘，錄製過歌劇《洪湖赤衛隊》並主演韓英，還為多部電影和電視劇演唱過主題歌。

張也多次在中國各類聲樂大賽中獲獎。1988 年，初入歌壇的張也獲得全國青年歌手電筒視大獎賽第三名及全國優秀歌手邀請賽金獎。1995 年獲「金唱片獎」。她演唱的歌曲《多情東江水》獲第四屆 MTV 中國音樂電視大賽銀獎。在中央電視台舉辦的第五屆音樂電視大賽中，她演唱的歌曲《走進新時代》獲得金獎和最佳演唱獎。

張也的代表作有歌曲《走進新時代》、《祖國你好》、《萬事如意》、《秋歌》、《人間天堂》、《歡聚一堂》、《吉祥頌》、《金嗓子》等。

譚晶　　1977.9.11.-　山西省新絳縣人

譚晶，中國青年女歌唱家。一級演員，其夫為中國工程院院士鄧中翰，育一子。

1994 年考入中國音樂學院聲樂系，專業民族聲樂，1998 年畢業，隨即考入解放軍總政治部歌舞團，2006 年 7 月，於解放軍藝術學院畢業獲音樂學碩士學位。2000 年 8 月，於中央電視台第九屆比賽獲得金獎。2004 年 7 月 26 日舉辦「在和平年代」軍旅歌曲演唱會。2006 年 9 月 12 日，在奧地利維也納舉辦「譚晶維也納金色大廳獨唱音樂會」。2006 年 12 月 12 日，在卡達多哈亞洲運動會閉幕式演唱了歌曲《中國之約》。

2008 年 4 月，與群星合唱北京奧運會倒計時百日主題歌《北京歡迎你》。

北京奧運會開幕式，播放了譚晶演唱的《天空》作為放飛和平鴿的背景音樂。

北京奧運會閉幕式，現場演唱奧運歌曲《北京 北京 我愛北京》。

青島奧帆賽開幕式，她現場演唱了主題曲《愛的海洋》。

北京殘奧會開幕式，她與中國男高音范競馬現場合唱了殘奧運歌曲《讓我擁有你》，她成為唯一一位在北京奧運會開閉幕式又在北京殘奧會演唱的歌唱家。

2008 年年底榮獲第 19 屆中國十大傑出青年稱號。

2011 年 11 月 28 日在英國倫敦皇家阿爾伯特音樂廳舉辦「倫敦的約定」個人獨唱音樂會。

毛阿敏　1963.3.1.－壯族，生於中國上海

毛阿敏，1980 年代中國大陸流行樂壇天后級女歌唱家，代表作有《渴望》、《思念》、《綠葉對根的情意》等。原本她是工地工人，

1985 年入伍從軍，於南京軍區前線歌舞團當獨唱演員後開始歌唱生涯。

1987 年在南斯拉夫國際音樂節上以一首《綠葉對根的情意》獲表演三等獎，是首位在國際流行歌曲大賽中獲獎的中國流行歌手。而且自 1987 年開始，她先後在中央電視台的春節聯歡晚會中表演，所演唱的歌曲亦廣為流行，成為中國流行歌壇頂尖的實力派歌手。她以深情、婉轉、大氣的唱法，高貴、端莊的形象成為中國流行音樂的代表人物，她開創了中國流行歌曲的大歌時代，被公認為內地歌壇大姐大.

關牧村　遼寧瀋陽人，生於河南新鄉，滿族。

關牧村，全國青聯副主席，歌唱演員，中共黨員，碩士學歷。1987 年畢業於中央音樂學院聲樂歌劇系。1970 年後在天津當工人。1977 年後任天津歌舞團演員，天津歌舞劇院演員。1988 年被授予一級演員職稱。第七、八屆全國青聯副主席。歷任中國音樂家協會會員、天津市音樂家協會理事，全國青聯常委，天津市青聯副主席。是第七至九屆全國政協委員。先後獲中國首屆金唱片獎全國首屆青年歌手大賽二等獎等榮譽

80 年代最受歡迎的歌手之一　《吐魯番的葡萄熟了》等為其代表作。前夫愛慕虛榮，後與江泓結合，琴瑟和鳴。

戴玉強　1963.-　河北文安人

戴玉強，著名男高音歌唱家，北京大學歌劇研究院客座研究員，現為中國人民中國樂壇上升起的一顆耀眼的明星。早年學習土木工程，畢業于北京工業職業技術學院。1984 年從山西考入中央戲劇學院表演系歌劇班，1987 年~1989 年任

山西省歌舞劇院演員，1990 年考入總政歌舞劇團。1991 年
~1993 年在解放軍藝術學院音樂系進修學習。先后從師于顏
可婷、韓德章、馬秋華、金鐵霖、吳其輝等多位名師。。
其演唱的歌曲有《你是這樣的人》，《我像雪花天上來》，《喀
什葛爾女郎》，《又見西柏坡》等。

郭蘭英　1929.12.-　山西平遙縣

郭蘭英，著名女歌唱家，主演《秦香蓮》、《李
三娘挑水》、《二度梅》等一百多部傳統戲。她
先後在中央戲劇學院附屬歌舞劇院、中央實驗
歌劇院、中國歌劇舞劇院任主要演員，主演了
新歌劇《白毛女》、《劉胡蘭》、《春雷》、《紅
霞》、《小二黑結婚》、《竇娥冤》等。作為中國
藝術的使者，曾訪問了蘇聯、羅馬尼亞、波蘭、
捷克斯洛伐克、南斯拉夫、義大利、日本等 20
個國家，為中外文化交流作出了貢獻。郭蘭英於 1982 年告別舞臺，到中國音樂
學院任教。1986 年在廣東創辦郭蘭英藝術學校，任校長。1989 年榮獲首屆金唱
片獎。中央電視臺《防務新觀察》的主持人方靜據傳是郭蘭英的徒弟。

殷秀梅　1956.1.-　生於黑龍江鶴崗.,祖籍山東平陰

殷秀梅 ，女，大時代的著名女高音歌唱家。國家
一級演員、全國人大代表、全國青年聯合會常委、
全國婦聯執委、中國音樂家協會理事。1983 年畢
業於中央音樂學院歌劇系，師從著名男高音歌唱
家、聲樂教育家沈湘教授。曾主演歌劇《傷逝》中
的女主角，曾獲 "金唱片獎" "神州十二星
獎" "十大金曲獎" "影視歌曲獎" "新時期優
秀歌曲演唱獎" "廣播優秀歌曲四十年演唱
獎" "聽眾喜愛的歌唱演員" 美聲金獎（兩次）等
等。代表作有《我愛你，塞北的雪》《長江之歌》
《媽媽教我一支歌》《中國大舞臺》等。

閻維文　1957.8.－山西省太原。

閻維文歌唱家，總政歌舞團一級演員。出生於山西省太原。

閻維文 13 歲進入山西省歌舞團，15 歲時參軍。早年學習過九年舞蹈。閻維文曾師從於張曉、魏金榮、金鐵林、程志、李雙江 等學習聲樂，將民族唱法和西洋唱法融合在一起，形成了獨特的藝術風格。他曾為《末代皇帝》、《海燈法師》、《戰將》等多部電視連續劇和電視音樂片演唱了主題歌或插曲。

閻維文的代表作有歌曲《小白楊》、《說句心裡話》、《一、二、三、四歌》、《想家的時候》等。這幾首歌在軍隊中廣為傳唱，獲得了極大成功，閻維文也因此被稱為「戰士歌手」。

閻維文曾獲得第三屆全國青年歌手電筒視大獎賽專業組民族唱法一等獎、全軍文藝匯演演唱一等 獲、全國影視十佳歌手稱號、中央電視台音樂電視大賽金獎、軍旅歌曲大賽特殊貢獻獎、全軍文藝匯演特別貢獻獎等。目前擔任中國音協理事。 享受副軍級待遇。

生有一女閻晶晶生於 1986 年，女婿李禾禾為原中國外交部部長李肇星之子。

卅九、民俗技藝

太極拳

太極拳是中國武術的一種，歸類內家拳。太極

拳的起源和中國內家拳的發展有密切關係。拳雖小技，卻有深邃的中國古典哲學內涵，包含無極與太極、神與意、意與氣、氣與勁、動與靜、開與合、轉與承、徐與疾、正與隅、緊與松、里與外、軀與肢、敵與我……等等數之不盡的相對範疇。可以說，太極拳是中國古典思辨哲學在武術技擊的結晶之作。

太極拳初創於清朝初河南溫縣陳家溝，太極拳一名出現於何時，目前無確信的說法。武禹襄曾提出，王宗岳最早著《太極拳論》，是源起。但王氏所著錄拳理，與真正意義上的「太極拳」相去甚遠，假託「太極」古中國哲學名詞。

太極拳創自河南陳家溝，是目前可靠拳派傳承脈絡、考評有據的唯一源頭。現代所能見到的所有真正太極套路，都直接或間接改自陳式太極拳。除陳氏外，楊氏、吳氏、武氏、孫氏等所改創的套路皆為官方和太極拳家公認。自改革開放後，各種為商業目的等「草創」的所謂「太極拳」皆流於名字，而無其實。較早的源起，當推戚繼光長拳三十二式。至清初，陳家溝之陳王庭取長拳三十二式中的二十九式，並糅合當時流行的各種經典拳勢，創編出陳氏長拳一百零八式。後陳家各代精益求精，自陳長興時才將古明長拳風格的陳氏拳演化至真正的太極拳。河北人楊露禪師從陳長興，將太極套路帶出鄉敝，後簡化出楊氏太極拳，為太極拳的推廣做出了巨大的貢獻。太極套路架式

主要流行套路有陳式和楊氏。陳氏太極保持了拳術本意，習練難度較大；楊式太極相對簡化，偏重休養。

太極基本十三勢：掤、捋、擠、按，採、挒、肘、靠，進、退、顧、盼、定。包括八卦，拳打方向；五行，步法方向。

四正：掤、捋、擠、按。

四隅：採、挒、肘、靠。

五行：進、退、顧、盼、定。

太極常見招式：門派由 12 式到 108 式中常見招式：

十字手、抱球 / 懷中抱月、攬雀尾、白鶴亮翅、單鞭、攬扎衣、倒卷肱、雲手、野馬分鬃。

歷史上各大派之太極拳：

依據其練習的需要，極為多樣化，例如陳氏太極拳便有了老架、新架等等。由於再傳的後人的發揚，在原有拳架長年的實踐的基礎上，終必有了自己的看法，而形成的「支派」，在太極拳界也極為普遍。

陳氏太極拳：有老架、小架、新架等

楊氏太極拳：吳圖南式太極拳（楊少候小架）、王蘭亭太極拳(王蘭亭)、王氏太極（王壯弘）、鄭子太極（鄭曼青）、董式太極（董英傑）、田式（田兆麟）、熊式（熊養和）、府內派、老六路

吳氏太極拳：鄭式（鄭天熊）、常式（常遠亭）、吳圖南式（大架）由吳圖南太極拳大架經莫斐（吳圖南上世紀30年代弟子傳給其子莫韞龍）演變莫式太極拳（莫韞龍太極拳）及南國古典太極拳吳式太極南國門古典太極拳

武氏太極拳：郝式〔郝和（郝為真）〕

孫氏太極拳：傅式（傅振嵩）、沙式（沙國政）、顧式（顧汝章）流傳、簡化普及推廣、體育競賽化

中國國家新編套路發展

以楊式風格為主，吸收了陳、吳、武、孫多家太極的特點。主要有：八式、十六式、二十四式、三十二式、四十二式、四十八式、八十八式太極拳。

另外，針對不同的門派，又創編了楊氏四十式、陳氏五十六式、吳式四十五式、孫氏七十三式和武氏四十六式太極拳。

太極拳與日本

由碁（圍棋）、柔道、劍道、武術太極拳分段/級。考後有証書。現日本太極拳分五級三段，最高為三段。即五級、四級、三級、二級、一級、初段、二段、三段。武術太極拳24式太極拳須經筆試和實演。指導員、講師、審判也分級 。

高下	段/級	受驗資格	試 驗 內 容
高	三段	修習最少7年以上已取得2段者	套路試:２４式太極拳前半+ 太極拳推手基礎套路經由中央講師3名以上審查。
．	二段	修習最少5年以上已取得初段者	套路試:２４式太極拳・３２式太極劍
．	初段	修習最少3年以已取得1級者	套路試:２４式太極拳+ 筆試經由5名B級指導員以上審查。
．	一級	修習最少5年以已取得2級者	套路試:２４式太極拳+ 筆試經由1名B級指導員以上、加2名C級指導員以上審查。
．	二級	修習最少18個月以上已取得3級者	套路試:２４式太極拳後半
．	三級	修習最少12個月以上已取得4級者	套路試:２４式太極拳前半
．	四級	修習最少6個月以上	套路試:初級太極拳

高下	段/級	受驗資格	試　驗　內　容
		已取得 5	
低/入門	五級	修習最少 3 個月以上	套路試:入門太極拳

太極拳之成名

太極拳之揚名，主要是由清代的武學家楊露禪先生開始。他的傳奇故事得以廣泛流傳，打響太極拳之名氣。楊露禪學得了陳長興的拳法，而發揚光大。

楊露禪在家鄉永年教拳時稱為綿拳，從武禹襄帶出來的王宗岳太極拳論公開後，太極拳之名才出現。武汝清(武禹襄二哥-刑部四川司員外郎)介紹楊露禪到北京「小府張家」教拳。又受聘於王府政要教太極拳，因而楊家父子名聲遠揚。據說當時京城武藝高強者，向其挑戰，盡皆敗北，技驚群雄，尊稱為「楊無敵」。

太極拳起源

太極拳起源與始創人，有說源於張三丰，實為小說傳奇渲染，信口開河。

據民初唐豪考據，現代流行之太極拳應是由陳王廷所創的「陳家溝拳術」五路中長拳 108 勢衍演出來的諸多分枝。

據《陳氏拳械譜》陳王廷所造拳套有 5 路；長拳 13 勢頭路，長拳 108 勢一路、炮捶 1 路、紅拳 1 路。也有「金剛 18 拿法」等「散手」和「短打」。

唐豪往陳家溝考察，發現《陳氏家乘》陳王廷「長短句」中有「悶來時造拳」句和《陳氏家譜》陳王廷的「旁註」中有「陳氏拳手刀槍創造之人也」。因而斷定太極拳為陳王廷所創。

民初歷史

太極拳約可分為兩類，一是顧留馨的《太極拳研究》，一是吳圖南的《太極拳之研究》。前者力主太極拳乃明末清初河南陳家溝的陳王庭所創，後者認為有關太極拳的「記載」始於魏晉南北朝時期的程靈洗。

陳氏太極拳

陳氏太極拳，發源於河南省焦作是太極拳的一個重要分支和流派，原為陳家溝拳術，集長拳、炮拳、紅拳之術，有關陳氏太極拳的起源說法不一，而陳氏則堅持「陳氏太極拳」是當今各家太極拳的始祖。

根據武術史家唐豪考證，陳家溝拳術是源自明末清初河南省溫縣陳家溝人陳王廷（約 1600-1680），此後世代相傳，有傳子不傳女之說。故而，外人不得窺其貌，更難知其髓。一直到陳長興(1771-1853)傳拳與河北廣平府（今邯鄲永年）楊露禪(1799 年-1872 年)後，「陳家溝拳術」才被世人所見。唐豪進一步推斷，「陳家溝拳術」漸次衍變為當今之「陳氏太極拳」。但據楊氏、吳氏等其他太極名門的歷史傳承記載，陳長興的太極拳實乃蔣發所傳，但無確切根據。

陳氏太極之拳械

陳氏太極拳有大、小架之分，另新、老架之別。其它套路還包括器械和對練等。

陳氏太極拳老架

此二套路屬大架系列，為陳氏 14 世陳長興在家傳的拳架中所總結與編排的。老架以纏絲為軸心，貫穿於整個套路。古樸而無花架勢。一路拳以柔為主。一路拳為基礎練功拳。具備一路拳功底，進而可學二路拳。二路拳，亦稱炮捶，以剛為主。突出太極八門勁的四隅勁：采、列、肘、靠。有了一路拳的松，二路拳的松活彈抖，就能更好地發揮出來。

陳氏太極拳小架

此套路原被稱為新架。在陳發科所編之套路流傳之後，此套路逐稱為小架。小架為陳氏 14 世陳有本所創。此套路除去勁發於外的動作，把勁路涵於套路當中，蓄而待發。整套拳打起來溫文爾雅，有儒者風範。

陳氏太極拳新架

此二套路屬大架系列，為陳氏 17 世陳發科由老架編排而成，經其子陳照奎定型為新架，有纏絲螺旋的動作。在套路上以松活彈抖，節節貫穿，胸腰運化，轉關摺疊等特點獨樹一幟。陳氏太極也包含了許多器械套路，主要包括：單劍、雙劍、單刀、雙刀、雙鐧、搶、大刀、桿等等。

陳氏太極劍

陳氏太極劍，是在陳氏太極拳的基礎上發展起來的。劍的套路共 58 個動作，劍法多樣，有劈、刺、撩、掛；點、崩、雲、架；穿、提、掃、抹；帶、斬、截、托等。其特點是剛柔相濟，快慢相間，以身帶劍，靈活多變；運動路線纏綿曲折，風格別緻，有很高的強身健體的價值。

陳氏太極拳推手。

套路與推手互為體用。束身行為（約束身肢）與意識修為，通過推手能夠檢驗束身水平與意識修為的正確與否，兩者相輔相成，不可偏廢。如此循環往複，一生無有窮盡，不斷提高追求，情趣盡在其中，不亦樂乎。

陳氏太極拳的特點

纏繞摺疊，鬆活彈抖，快慢相間，剛柔相濟，連綿不斷，一氣呵成。如濤濤江河奔騰不息，氣勢恢弘，又似游龍戲水怡然自得。其核心就在於「自纏」。身纏、手纏、足纏、臂纏、腿纏，周身纏。故有陳氏太極拳乃「纏」法也之說。

陳氏太極拳之發展

現在太極拳各有程度不同的差異，亦有相似之處。這是陳氏一脈相傳的緣故。楊式太極拳就是指楊露蟬教授的太極拳。門徒眾多，就自立一派「楊式太極拳」。吳式太極拳是北京吳鑒全，他是旗人，後來以吳為姓，其父名全佑，跟楊露蟬的兒子楊班侯學的太極拳，吳鑒泉是跟其父學的，吳鑒泉於 1930 年在上海教太極拳，徒眾很多，就自立一派——吳式太極拳。孫祿堂是孫式太極拳，原學形意拳，後來跟郝如真學了一套太極拳，郝如真跟武禹襄學的太極拳，武跟河南溫縣趙堡街陳清平學的太極拳，陳清平是陳家 15 世祖，於道光年間遷到趙堡街的，距陳溝村五華里。

由陳氏太極拳衍化出了多種新的太極拳流派。

1. 由陳氏大架，陳長興傳楊露禪（楊氏太極拳）。又由楊露禪傳吳全佑(1834年-1902年)（吳氏太極拳）。
2. 由陳氏小架，陳青萍(1795年-1868年)傳武禹襄(1812年-1880年)（武氏太極拳）。由武禹襄傳李亦畬(1832年-1892年)，李亦畬傳郝為真（1849年-1920年）（又有稱武氏為郝氏太極拳）。郝為真傳孫祿堂（孫氏太極拳）。
3. 陳青萍傳和兆元（和氏太極拳）。
4. 陳青萍傳李景延（忽雷太極拳，此架鮮為人知。在台灣有杜毓澤一門傳承楊虎弟子陳名標系脈，稱之為「二套小架」，與王晉讓所傳楊虎弟子陳應德系，稱為太極拳小架二者）。

陳氏太極拳，遵陳鑫所著《太極拳圖說》為經典，其論述總在圖說之中，要孰知「木、火、土、金、水」五行相生相剋之理。

趙堡太極拳

明末萬曆二十三年(1596年)，蔣發向山西王林楨（王宗岳）學藝，功成之後在河南溫縣趙堡鎮擇人而授，是為趙堡太極拳第一代宗師。自此之後，太極拳便在趙堡鎮世代流傳。
宗師，據清雍正年間王柏青《太極秘術》及1935年杜元化《太極拳正宗》所述：
　　第一代 蔣發
　　第二代 邢喜槐(懷)
　　第三代 張楚臣
　　第四代 陳敬柏，王柏青
　　第五代 張宗禹
　　第六代 張彥
　　第七代 陳清平
　　第八代 和兆元、李景延、牛發虎、任長春、李作智、張敬芝
　　第九代 和慶喜、杜元化
　　第十代 侯春秀、鄭伯英、鄭悟清

從歷史上看，趙堡太極拳素有「拳不出村」之說。然其歷代不乏傳人，從學者亦眾，但流傳不廣，為世人所知不多。至民國時期，趙堡太極拳傳人始於西安等地向外傳播，逐漸走向全國，並跨出海外，傳播到全世界。
杜元化（杜育萬）《太極拳正宗》，「陳敬柏，人品端正。凡事可靠。所以將此術全盤授之。其後陳欲擴張此術。收門徒至八百餘。能得其一技之長者十六人。能得其大概者八人。能統其道者惟張宗禹一人。其後傳給其孫張彥。又傳給陳清平。清平傳給其子景陽。及本鎮其少師張應昌、和兆元、牛發虎、李景顏、李作智、任長春、張敬芝。歷代傳人很多，不能備載。
趙堡太極拳特點

1. 動作圓活。趙堡太極拳式式走立圓（立體圓），先以手領身，後以丹田帶動全身，要求身圈、手圈、腿圈三圈相合，周身上下一動皆動，身手足上下相隨，處處步隨身轉，體現出拳論上「一動無有不動」的特色。形體的「背絲扣」特點與其他太極拳以平圓為主有明顯的不同。正如古人所說：「差之毫釐謬以千里」。
1. 步伐輕靈。趙堡太極拳的步伐輕柔靈活，沒有「呆滯」之相，符合拳論「舉步輕靈神內斂」的要求。
2. 動分陰陽。趙堡太極拳在鍛鍊時要求每一個動作要分出虛實，在身體身體上充分表達和體現出太極拳的「陰陽」特色。
3. 柔蓄剛發。趙堡太極拳的鍛練過程中力求全身鬆柔，打通周身關節血脈，而後以柔促剛，剛柔並濟，「外柔內剛，捲之則柔，發之成剛，柔為長勁，剛為瞬間」。
4. 蓄轉丹田。趙堡太極拳的外形動作與丹田的轉動方向一致。在練習過程中由表及裏，由外帶內，帶動丹田轉動，久而久之功夫自然上身。

趙堡太極拳現今流傳有兩大支，分別是和兆元所創和氏架及李景延所創忽雷架，其中又以和氏架為大宗。各地傳人

中國：侯春秀、鄭悟清、鄭錫爵（一侯兩鄭）、劉瑞、宋蘊華、侯戰國、侯轉運、李隨成、劉瑞，閻存文，牛西京，鄭琛，和保國；陳國芳，山新樓，余穗，黎朝安，李小春；吳忍堂、王海洲、侯鑫、李澧（青島）、艾光明、吳江、張昱東、和定乾 和有祿。

香港：趙軍、紀昌秀、關榮光

臺灣：杜毓澤、王晉讓．

美國：彭文

吳氏太極拳

吳氏太極拳是太極拳的一種，亦稱「吳家太極拳」（其家族對之的稱呼）或「吳式太極拳」，主要從楊氏太極拳的拳式發展創新的。楊氏太極拳原有大架和小架之分，吳氏太極拳是在楊氏小架拳式基礎上逐步修訂的。

創辦人，吳鑑泉(1870--1942)，滿族人，本姓烏佳哈拉氏，中華民國成立後，隨漢人習俗，取漢姓「吳」（以「吳」與「烏」諧音），河北省大興縣人，自幼從其父全佑學太極拳。全佑(1834--1902)又在北京從楊露禪學拳。許禹生在《太極拳勢圖解》裏寫道：「當露禪先生充旗營教師時，得其真傳蓋三人：萬春、凌山、全佑是也；一勁剛、一善發人、一善柔化；或謂三人各得先生之一體，有筋骨皮之分。」

全佑任端王府（載漪）侍衛時先學楊露禪的大架，後又學楊班侯初改的小架互相吸收融化，傳至其子吳鑑泉時，又經數十年的融化和發展，遂形成柔化為主的一種緊湊、大小適中的拳術，即吳氏太極拳。吳氏太極拳共 108 式（不同的

招式分解可能有不同的計數），不僅在中國國內，而且在美國和東南亞一帶也頗爲盛行。

吳氏太極拳特色

吳氏太極拳以柔化著稱，動作輕鬆自然，連續不斷，拳式小巧靈活。拳架由開展而緊湊，緊湊中不顯拘謹。推手動作嚴密、細膩，守靜而不妄動，亦以柔化見長。吳氏太極拳內容如下：

(1)拳套(或稱套路)：傳統爲108式分慢架（或稱關節拳、方架）及快架（或稱圓拳、貫串拳、老架）吳氏五代孫吳光宇爲符合國際比賽制定54式套路。

(2)刀：傳統太極刀爲比較幼身之單刀，然吳氏之太極刀自吳鑑泉一代採用較闊身之鬼頭刀（或稱大刀）。據四代孫吳大新言，鬼頭刀之優點
　　一、刀背之突出點令作背刀動作時更能掌握身體對刀的感覺；
　　二、較有利加入左刀推刀之動作．
　　三、較重之鬼頭刀更能發揮以刀法鍛鍊發勁之目的。吳氏太極刀共108式，另有雙刀。

(3)劍：上海以馬岳樑主持之上海鑑泉太極拳社劍式爲兩路，分別稱乾坤、七星；香港以三世孫吳公儀主持之香港鑑泉太極拳社則合二路爲一路，共108式，招式基本相同，兩者皆另有雙劍。

(4)槍/桿：共兩路:24式槍長6尺，爲地上所用；13式槍爲13尺，爲馬上所用，亦可以槍鍛鍊發勁與身體之協調。

(5)內功/氣功：吳氏太極拳有關之氣功種類繁多，包括各種氣功、拳式定樁、及站禪等。

(6)推手：有四正、四隅、進退步、斜角步、連環步、俯仰、滾肘、中原、懶牛筋、九宮步、大履步及採浪花等。

吳家家族主要傳人：
　　第一代：吳全佑
　　第二代：吳鑑泉
　　第三代：吳公儀（吳鑑泉長子）、吳公藻（吳鑑泉次子）、吳英華（吳鑑泉長女）、馬岳梁（吳英華夫婿）
　　第四代：吳大揆（吳公儀長子）、吳大齊（吳公儀次子）、吳雁霞（吳公儀長女）、吳大新（吳公藻之子）、郭少炯（吳雁霞夫婿）、馬海龍、馬江虎、馬江豹、馬江熊、馬江麟等（馬岳樑子），此外，還有一位吳大政和吳燕霞，這兩人多不見於經傳。
　　第五代：吳光宇（吳大揆長子）、吳小鳳（吳大揆長女）
　　第六代：吳仲謙（吳光宇長子）、吳仲偉（吳光宇次子

陳王庭　生卒年不詳

陳王庭，字奏庭，陳家溝第九世，明末清初人。明末崇禎五年(公元1632年) 曾任「鄉兵守備」。明末武庠生。陳王庭在明亡後，隱居家鄉，讀書自娛，忙時

耕田，閒時「造拳」，以戚繼光「拳經三十二勢」長拳，加上（道家）「黃庭經」中的導引、吐納之術而成。陳家溝世代相傳之長拳，原有七套。為長拳一套共五路，分十三勢頭，二，三，四，五套路，砲捶一套，及老式洪拳一套。陳王庭創造了雙人推手和雙手沾桿的練習。此後，形成了陳家溝練拳的風氣。陳氏長拳之一路長拳，據近代武術史研究者唐豪推斷此乃太極拳之拳路種子，但此說與傳統的「張三丰創拳說」不同，故在學界與武術界一直有爭議。

陳長興　1771－1853，生於河南溫縣陳家溝。

陳長興，陳家溝 14 世，字雲亭，太極拳老架前身，由其父陳秉旺所傳。將祖傳長拳一路，一套（砲捶）稱為二路，精煉改良，形成後來人稱為太極拳之老架或大架。但據楊氏、吳氏等太極名門傳承說法，陳長興的太極拳乃蔣發所傳，但並無相關有力證據顯示此為事實，一般根據多來自清末或民初的拳家敘述，缺乏說服力，且此與一般武術演進歷程不符。據傳，蔣發為陳家之僕，陳氏自有拳術，陳長興斷無捨棄家傳武學，從僕役習武之理。明清一代，主僕之分嚴明，僕越俎代庖之事，發生機率微乎其微。遑論僅根據民初拳家說法，根本無法判定蔣發是否真有其人，此等蔣發傳拳言論不無疑問。陳長興站樁立身端正，落地生根，不偏不倚，穩如泰山，故人稱其為 "牌位大王"，無論由人怎樣，推、擠、拉、扯，其樁步絲毫不動。

陳長興先以保鏢為業，走鏢山東。

清道光年間，河北廣平府永年城西大街「泰和堂」東主，陳德瑚(陳家溝人)僱用陳長興護院，教店員武術，保店自衛，少年楊露禪、李伯魁，在此學得陳長興長拳，後來楊露禪隨陳長興再投保鏢行業。晚年，與子陳耕耘加盟北京「得勝鏢局」，留在京都設館授徒。有名弟子有，其子陳耕耘，宗姪陳花梅，陳懷遠，楊露禪(福魁)等。

陳清平　1795－1868　河南省溫縣陳氏第十五世祖。

陳清平趙堡太極拳第七代宗師。趙堡太極拳第七代傳人，太學士。

趙堡太極拳一向認為是蔣發始傳的第七代傳人，並非學於陳有本。陳氏太極拳硬將陳清平改為陳氏太極拳第七代傳人，多不認同。

陳清平的武藝是經北頭(村北)神手張彥教成的，師父是張彥，其所傳承為趙堡太極拳。而後所授弟子因為領悟不同，於教學上加入個人心得，於是有「忽雷架」「領落架」「騰挪架」「和氏架」等的分別，其實拳架仍與陳師所傳趙堡太極拳相同，當時未另立宗派。當時陳清平公開設武場，廣收門徒，名家輩出：陳辛莊村李景延所練之架被後人稱之為太極拳忽雷架。

河北廣平府武禹襄先隨其家業「太和堂」下陳家溝人學習陳氏拳，並與同鄉楊露禪研習拳架(未有證據武氏學習楊氏太極拳)，後至趙堡鎮隨陳清平學拳一

月，離別時陳師授予武氏傳鈔拳譜，於是得其精要，爾後武氏精研太極拳自成一家，創武家太極拳。

武家太極拳傳至形意拳及八卦拳高手孫祿堂，創孫家太極拳。

趙堡有兆元創和氏架 (亦稱和氏太極拳)。

其他計有：南頭有牛發虎，辛莊有任長春，南張羌村有李作智，西頭有張敬芝。陳清平打破趙堡太極世代單傳之門規，於趙堡鎮南廟公開授拳，廣收門徒，從學者眾多。陳公不管徒弟貴賤，皆分文不取。弟子從學後，拳理精華毫不藏私地傳給弟子，因而造就眾多著名弟子。

蔣發

蔣發，太極拳界極具爭議性人物。楊、吳、武、孫、趙堡五派太極門，分別視他為將太極傳與陳家溝第 14 世祖陳長興之祖師，和創立趙堡太極門的開宗掌門。民國初年，楊家太極楊澄甫著《太極拳體用全書》在自序中說：「先大父更詔之日，太極拳創自宋末張三丰，傳之者，為王宗岳、陳州同、張松溪、蔣發諸人相承不絕。陳長興師，乃蔣發惟一之弟子。」

武氏太極拳，源於『楊祿禪』。由武禹襄所創，禹襄之甥李亦畬 1867 年的《太極拳小序》載：「太極拳不知始自何人，其精微巧妙，王宗岳論詳且盡矣。後傳至河南陳家溝陳姓，神而明者，代不數人。我郡南關楊(露禪)某，愛而往學焉。--。僅能得其大概。素聞豫省懷慶府趙堡鎮，有陳姓名清平者，精於是技，…。」未見蔣發之名。

陳氏太極拳傳人陳鑫所著《陳氏太極拳圖說》中，載有《杜育萬述蔣發受山西師傳歌訣》一首。杜育萬為趙堡傳人。證明所謂之《杜育萬述蔣發受山西師傳歌訣》由趙堡傳出。陳鑫後來澄清由於錯誤引述，而否認蔣發此人。

唐豪的《王宗岳考》，證明王宗岳為山西人，清乾隆五十六年（1791 年）在洛陽，後至開封，乾隆六十年（1795 年）尚健在。未有提及蔣發之名。

近年，李派太極傳人公佈了其認為是陳長興所書，關於太極拳源流的一篇《序》，擇錄如下：... 王宗岳...武當派...,(陳長興)在蔣門下，學藝廿載，陳長興幼年，亦練少林外家拳棒。...有山右王宗岳，及江南甘鳳池。吾師(蔣發）從太夫子王宗岳學藝十載，盡得內家真傳，又得甘鳳池、張鳳儀二傳授，...。興從吾師，學習太極拳術各層功夫，並各般槍法、刀法、劍法，及內功練氣諸法。...即知河南溫州派，自蔣氏始。庶乎可報吾師門教誨深恩於萬一也。下署《 嘉慶 元年 菊月 溫州 陳長興 謹序》

據李派傳人稱，《陳序》由『楊祿禪』晚年傳下，未有提供佐證及來源。(見雍陽人《太極拳源流考證》體育文史·1988·4)

另有一說法，蔣發之父蔣把式把砲捶傳授給陳王庭，後蔣發從王宗岳學得武當內家太極拳而傳入陳家溝。傳說蔣把式曾經參加過李際遇的反抗明逼糧運動，後來又成為反清力量。引至清朝初期，禁止漢人習武。所以不可以洩露蔣氏身世云云。當地人稱蔣發為蔣把式，與此說中雲蔣把式為蔣發之父有異。

陳照丕(1893－1979)，字績甫，陳氏第 18 世，陳氏太極拳第 10 代傳人。所著《陳氏太極拳彙宗》「……奏庭公老年，繪一肖像，以蔣發侍立，用示後人，至今像存祠中。…」

楊露禪　1799－1872　河北永年人

楊露禪，名福魁，中國武術太極拳成名之關鍵、楊氏太極拳的奠基人物。

自幼好武，因家貧，迫於生計，在廣平府西關大街中藥舖「太和堂」中幹活。陳氏太極的陳長興商借陳德瑚大宅院中授徒。楊在陳氏師徒練拳時，在一旁觀看並私下練習。後被陳發現，令其徒輪番與楊比試，徒皆敗北，始讚嘆其為天賦異稟之武學奇才。當時太極拳禁傳外人，偷學拳更是武林大忌，然而陳長興果然是大格局的人物，不但沒有怪罪他偷學，反而大膽摒棄門戶之見和江湖禁忌，和陳德瑚商量，特准其在業餘時間正式學習陳家溝拳術。為陳長興所賞識，進而親自授拳，而卓然一家。以柔克剛、世稱無敵

楊露禪默默無名在北京，教授諸多王公貴族，其中以王府大總管王蘭亭為首位弟子，楊露禪是因為在一場宴會，無意中被人挑戰得勝而發跡的。

一宴會上楊露禪被安排在武師們的蓆中卑位。幾場比試之後，楊露禪皆以四兩撥千金之武技取勝。主人家看到此情，詫異萬分，只得將其移至尊位。

比武在北京消息傳開後，許多武術名家都遠道來和楊露禪比武，但無論各門各派，華北各省的名家，皆非楊的敵手，因此威震京城，世稱「楊無敵」。

楊露禪深得陳式太極拳精髓。武禹襄隨楊露禪習武。被武汝清（武禹襄二哥－刑部官員）推薦去北京授徒。

北京比武，被人稱為楊無敵．清朝王公貝勒慕名從學者開始變多，被聘為旗營武術教師。但他授拳時，鑑於王公大臣、貝勒貴族，考慮到他門身體虛弱保健，將陳式老架太極拳中高難度動作，適度改動，動作簡單柔和易練，時間長了，便形成了一種拳式，號稱「太極小架子」。後經其子（班侯及健侯）、孫（澄甫）修改，定型而成楊式太極拳，並發展成大小兩種套路。

這些太極拳套路特點是：姿勢舒展大方，速度緩勻，剛柔內含，輕沉兼有。而另一更為受群眾歡迎的原因是，具有強身健體的保健功效。

吳全佑　1834－1902，清朝旗人

吳全佑，滿姓烏佳哈拉，為吳氏太極拳（又稱吳家太極拳）的奠基者。全佑從學於有楊無敵之稱的楊露禪(1799 年-1872 年)，但因楊露禪弟子中有當時的王公貴胄，全佑不便與王公貴胄同輩，故楊露禪命全佑拜於其次子楊班侯門下，實際上則仍由楊露禪親自教授。當時在楊露禪門下最出色的弟子有三人，萬春得剛勁，凌山善發人，而全佑則長於柔化。其子吳鑑泉創立吳氏太極拳。

楊班侯　1837－1892，河北永年人

楊班侯，名鈺，楊式太極拳重要傳人，楊露禪次子。自小頑皮，父親楊露禪不許傳授拳藝，後來在武式太極拳始創者武禹襄所的學館習文，武禹襄見班侯「學文愚而學正智」，暗授班侯拳技，被父親楊露禪知曉，於是把太極拳術傾囊相授。楊班侯性情剛烈，常出手傷人，所以弟子不多，其徒有凌山、萬春、全佑、王茂齋、牛連元、教蓮堂、陳秀峰、張信義、李連芳、張印堂、李萬成等。

楊健侯　1839－1917　河北永年人

楊班侯、楊健侯為兄弟，楊露禪之子，後其技由其孫楊少侯、楊澄甫傳承。

楊澄甫以大架為本，最後定型為當今流行的「楊家太極大架」。楊家內部仍然有大、中、小和長拳的傳授，但是拳架招式是以楊澄甫定型的大架為主。而且這四個架勢並不是四套拳，只是一套拳的四種打法。

孫福全　1860－1933　河北省完縣東任家疃村(今屬望都縣)人

孫福全，字 祿堂 ，晚號涵齋。孫祿堂是形意拳、八卦掌、太極拳名家，孫氏太極拳 的創始人，以武技聞名，有虎頭少保、天下第一手的稱號。

高義盛　1866~1951　原籍山東無棣大山鄉大莊子移居河北天津縣楊村鎮。

高義盛，號德源，字壽山，武術家，精通八卦掌，為程派高氏八卦掌的創始者。最初拜董海川弟子宋長榮門下，三年時間只學到單換掌一式，後來拜程廷華門下，習藝兩年。八國聯軍之後，程廷華身亡，高義盛回山東，經周玉祥的介紹，拜尹福為師，多數時間高義盛都是向周玉祥請益拳術，與周玉祥習拳二十年。高義盛以教拳為生，在膠濟鐵路周村教授八卦掌法，遇見一名道士宋益人，遂與其子高岐山同拜其為師。宋益仁自稱學技於江西廣華山之道士畢澄霞，為董海川師弟，並說八卦掌原名周天術，其術有先天遊身掌與後天六十四纏連掌，有圓形及直線兩種練法。高義盛經他指導之後，武藝大進，宋益人隨後出外雲游，不知所終，只有傳下《周天術》一書給高義盛。

高義盛後來又回天津英租界教授八卦掌。其弟子吳孟俠曾隨韓慕俠學拳，並將韓慕俠介紹給高義盛認識。韓慕俠學拳於應天文，同是畢澄霞門下，兩人相互印證，認可雙方皆屬同門，於是自稱為廣華派八卦掌。但是八卦掌起源於畢澄霞的說法，語涉神奇，並沒有得到所有八卦掌門下的承認。

弟子有吳孟俠、張峻峰、吳兆峰、李元璋、邱鳳培、曲克章、李壯飛、趙石川、何可才等人。

劉百川　1870－1964，安徽六安縣十里溝人

劉百川，自幼習武，得楊澄雲秘傳小羅漢和羅漢神打。身手非凡，尤其擅長腿法。個性剛勇，體格鏢悍，魁梧健壯，中過武舉，中年走鏢關外。曾遊香港，以子母鴛鴦連環腿聞名，曾任孫中山保鏢。

1923 年，曾任國民黨第二次代表大會代表。

1928 年，南京舉行第一屆全國國術比賽，劉百川與杜心五以武會友，萬籟聲從此亦尊劉百川為師。

1929 年，杭州西湖舉辦全國武術擂台賽，楊澄甫、杜心五、吳鑒泉、劉百川、南拳名師蕭聘三等 37 人擔任了檢察委員。

「浙江省國術館」劉百川、蕭聘三等擔任教師。

1931 年，在浙江省國術館，楊澄甫說蕭聘三的拳術沒什麼用，導致黑虎拳蕭聘三及楊澄甫打鬥。都使出狠絕招式，楊蕭兩人都受傷，從此不再教武術。楊澄甫離開了國術館，由劉百川繼任教務長一職。

楊澄甫　1883－1936，生於北京，河北省永年縣人

楊澄甫，字兆清，楊氏太極拳的主要創編人。

1883 年，祖父楊露禪、伯父楊班侯、父親楊健侯，均為太極名家。資質聰穎，性情和順，並不甚喜拳技，年將弱冠，始從其父健侯學拳。日夜苦練揣摩，始悟其精妙，斷研練改進，形成當今太極拳的一種主要流派，即楊式大架子。

該拳架式舒展簡潔、結構嚴謹、身法中正、動作和順、剛柔內含、輕沉自然、形象工美。在練法上由鬆入柔，積柔成剛，剛柔相濟。澄甫曾說：「太極拳是柔中寓剛，棉里藏針的藝術」，「姿勢要中正圓滿，沉著松靜；動作要輕靈圓轉，純以神行」。民國初期，授拳於北京體育研究社。

1928 年，偕門人武匯川、董雲培等南下，巡迴授拳於南京、蘇州、上海、杭州、廣州、漢口等地。途經上海時參加上海市國術運動大會，作為名家參加表演。

1928 年，上海市第二次國術考試時，任評判員。

1929 年，南京中央國術館館長張之江聘請澄甫公為太極門門長，因事未能成行。

1930 年，任浙江國術館教務長。

1934 年．應廣州第一集團軍總司令部、廣西第四集團軍及公安局，教授拳術。

1936 年，因水土不服，染疾歸滬後謝世。

陳發科　1887－1957，河南溫縣人

陳發科，出生於太極拳世家，是太極拳九代。太極拳為陳王廷所創，但一直不為人所知。直到陳長興傳於楊露禪後，才被帶入北京，形成楊式太極拳 。而陳式太極拳 則是由陳發科於民國期間在北京發揚光大的。

武　術

柳森嚴　?~1951　湖南長沙人

柳森嚴，湖南自古民風剽悍武術史上是個十分具爭議性的人物，從小因為身體孱弱，拜在常寧縣清風道人門下，跟師傅去峨眉習武，十多年才回長沙。柳森嚴人長得雄姿英發，言談謙和，好吃又好玩，三教九流不管大人小孩子，都樂意跟他交朋友。他高興的時候，就教幾招散手防身的功夫。

柳森嚴，年年擺擂台，沒有一年輸過。實戰技擊，為湖南最有名的武術家，其他有神腿杜心五、「江南第一腳」劉百川、「拳王」王潤生等人．

柳森嚴的事蹟在今天已然不多聞，竟連他怎麼崛起的也不知道。高拜石在《新編古春風瑣樓記第四集》中的〈七槍不倒－湖南奇俠柳森嚴〉留下的具體事蹟多接近氣功或是特異功能，於武術較無關係。如水桶放定，只見柳森嚴凌空一拍，水花四濺，桶中之水竟在一掌之下，盡皆擊空。王老師又說，柳森嚴輕功極好，5、6公尺的高牆，柳森嚴助跑一陣，也就「跑」上去。

柳森嚴冬天一襲單衣，了不知寒；穿硬底皮鞋在石板路上跑，全無聲息；據一些人說，柳能於玻璃上打拳等。周毅庵離湘的那天，柳森嚴在其餞別席上露了一手，「他（柳森嚴）才慢慢的向著酒杯，吸了幾口氣，杯中的酒，漸漸地往上冒，大約湧出杯面二三，而他的嘴與杯之間的距離，約在二尺左右……他就席間取過竹筷，用兩指一夾，一雙變成四段……」

「**打雷台**」1933年湖南省長沙舉行第二屆國術擂臺比賽，柳森嚴與顧汝章交手一事，轟動全國。中國有句俗話『一山難容二虎』．顧汝章向來目無餘子，驕縱慣了。現在眼前這個毛頭小伙子，既是懂得點三腳貓，四門斗的武功，要不乘此機會折辱他一番，豈不是滅了自己的威風。「酒席散後就在花園子裏，表演了一手手搓石成灰。可是人家柳森嚴也不示弱，立刻在金魚池邊，露了一手吹氣成潭，把四五尺深的水，吹現碗口大小深洞，雖然未見高低，可是由此就種下這次比武的動機。這回擂臺比武，是全武行真刀真槍。

「比武擂臺設在長沙大操場，地方廣闊，可以容納一兩萬人。會場四周，布滿了帆布蓬帳，正中坐北朝南搭了一座主臺，臺高約有兩丈，長寬約有八丈見方，是比武場所。臺板是三寸多厚松木，上下場門，也分出將入相。正面兵器架上，十八般兵器，排列得繞眼晶光，正中長條案上擺滿銀盾銀匾錦旗鏡框。左右各設副臺一座，比主中略矮略小，左首臺是貴賓長官席。右首臺是裁判醫療大隊席。擂臺四周有六層看臺是買票入場的觀眾席。場內觀眾，還沒開擂，場子裏已經是人山人海。最令人扎眼的是場內和尚尼姑道士傷殘乞丐特別的多。也不知道他們是江港奇俠呵，還是故意前來矇事的。第一天揭幕，由何主席做了極短的開場白，名震全國武林前輩杜心五說了幾句話。就宣布擂臺開始。開場先由萬籟聲上臺表演。他把六尺長茶杯粗的鐵棍在胳膊上繞了三匝，擲在臺上，

吭哧一響，外行人也看得出，這是一場真正氣功表演，第二場好像等了半天，沒人上臺。於是墊了一場武術館的徒手對打，倒也一招一式，虎虎生風，讓人看得一清二白。接著是太極劍表演，梢子棒破單刀，空手入白刃，也都看得出個個身懷絕技，功力不凡。下午一開場少林劈拳對嶺南白鶴掌，以輕靈對雄渾，結果劈拳落敗。接著上來一位又胖又矮的漢子跟一位壯年武士對打，腳拳兼施，指掌並用之下，壯年一拳打在胖子肚腹，衹見胖子大口一張，一匹白練，直射壯年胸臉，壯年人立即倒在臺上。有些觀眾楞說胖子練有劍丸，所以壯年被擊昏倒，於是宣布暫停，經過詢問化驗結果，胖子所練的是水箭，比賽之前喝足涼水，打在肚內，緊急關頭，可以逕射傷人，水係涼水，並沒毒質，臺上臺下大家都受了一場虛驚。

顧汝章就登臺叫陣，柳森嚴不負眾望跟著上了擂臺。柳當天穿的是翠藍色長袍，雖然屬於中上體型，可是跟肌充肉緊的顧鐵掌一比，就顯得渺乎其小啦。我們距離擂臺，均有二三十丈遠，當時又沒有擴音器設備，衹見顧柳兩人說話沒說兩句，顧出其不意，驟發一掌，柳就像被擊倒地，柳的身體靈活、跳躍很快，跟著貼地橫掃一腿，一霎眼人影一晃，柳已跳下擂臺鑽入人羣，颺然而去。有人說柳的一腿，雖把顧汝章掃到臺下，柳森嚴一伸手，又把顧拉回臺上，彼此說了幾句場面話終場。顧汝章一拳，不能把柳制住，再打下去，顧汝章一定凶多吉少，非當場落敗不可，柳獲勝。柳森嚴招式犀利，頭腦也特別敏捷。這次打擂的目的，也不過是顯顯威風，露一手給大家看看而已。

柳森嚴長沙武術高手，骨傷科專家，曾創辦森濟醫院，醫術高明，不僅是拜師學藝而來，有部份應是家傳，曹中生（化龍池骨科傷家）回憶道：「我老家是新化的，我父親是個草藥醫師。長沙大火的時候，柳森嚴（）的父親柳體安逃難到我們那裡，住到我屋裡。長沙大火後，聽到日本沒打到長沙來，我就和柳體安來到了長沙。醫術不錯，不過收費上很古怪，窮人不收錢，而富人收天價。不過由於醫術好，很多有錢人也甘願花錢。

柳森嚴後來在長沙民主西街開了個骨科學習班，解放後，森濟醫院及骨科醫學班都沒辦了。

柳森嚴是湖南家喻戶曉的武術大家。當時武術界流傳著「北方柳森嚴、南方張禮泉」（張禮泉為白眉派創始人），由此可見柳森嚴的功夫（兩人均為峨嵋傳人）

柳森嚴最後被認為是國民黨中統特務，為當時政府所處決。據高拜石記載：「在 1951 年的夏天，被當地政府以『地方惡霸』的罪名，執行槍決，行刑之際，接連打了九槍，在放了第七槍之後，仍屹立不倒，子彈中身也沒有血流出來，到了第八槍，身子晃了一晃，倒地氣絕。」

黃大元　　直隸懷安縣李信屯人。

黃大元，字鼎三，清朝武狀元。

1858 年，武舉亞元，

1863 年，武會試中式會元，殿試一甲第一名，成武狀元，授官頭等侍衛。

張禮泉　1882-1964，廣東惠陽（東江）人

從小習武，拜當地的三位名師學武，初從林石習流氓拳（十字拳），後轉隨李義思習李家拳套器械。

1894 年，拜林耀桂父親林源為師習「龍形摩橋」。

1901 年，在新會江門設館，後在廣州安懷里設館授徒，先後受聘廣州警察教練所燕堂軍校、黃埔軍校為武術教官、東江遊擊支隊教練，國民政府武術教官．廣州解放，移居香港，於是白眉派正式進入香港。

白眉拳術祖師白眉上人，將自身於少林寺所學之武術，在四川峨嵋山上瀝心修練，而自創白眉拳術。白眉上人和師兄弟，五枚、馮道德、至善、苗顯合共五人，出身少林寺(清末民初小說內容)。

白眉上人在峨嵋山將武功傳受廣慧禪師，而後三祖竺拂雲禪師皆是出家人。出家眾因潛修佛法很少走出寺院，故白眉拳術無機緣傳出寺院之外。直到第四代祖師張禮泉宗師創立**白眉派**後白眉拳術才開始普傳。

白眉派相傳創自四川峨嵋山白眉道長，傳至張禮泉。張禮泉深得竺拂雲禪師真傳，曾挫多派拳師，功夫造詣已至化境，更被人譽為「東江之虎」。

張禮泉先後而跟隨了三個師父。將平生所學融會貫通，選其所傳之最好武術，保留原有之招式，但適當改良了身、手、腰、馬及發勁的方法。故此白眉一派之拳術，有「直步標指拳」、「九步推」、「十八摩橋」、「黐黏拳法」及「猛虎出林」，亦有李義所傳之「李家八卦拳」，石師所傳的「十字扣打」、「地煞」及羅浮山林合所傳五形拳之「鷹爪黏橋」及「龍形摩橋」。

張禮泉宗師亦加入革命行列。革命成功後民國期間，在廣東設館授徒，被譽為東江猛虎。當時武術界流傳著『南有張禮泉、北有孫玉峰』。抗日期間，曾擔任東江遊擊支隊的教練，後回到廣州任國民政府武術教官。因內戰爆發，宗師便遷居香港。白眉普傳於廣州、澳門、香港。因門下傳人移居海外，故白眉拳術現今亦傳到歐美各國。

白眉派東江拳路包括　直步拳、三門拳、十字扣打、四門八卦、鷹爪黏橋、九步推、十八摩橋（龍形）、猛虎出林（虎形）。

白眉派乃是南方之短打內家拳種，有拳詩曰「內家拳白眉，練就寸寸肌，雙眼炯炯明，身輕燕子飛」。白眉派拳術包涵「三形、四標、六勁、八式。」等要訣，三形　為身形角度，即：圓、扁、薄；四標為內勁，即：吞、吐、浮、沉；六勁為發勁身體配合，即：牙、頸、腰、背、手、腳；八式為拳術之手法，即：鞭、割、挽、　撞、彈、索、盤、衝。

白眉派拳術以步法和發關節勁為主，以修煉直勁、沉索勁、升勁為重心所在，其中又以升勁最為高深。馬步採用不丁不八，　訣曰「馬不丁不八、你不來我不發」，發拳由肘彈出，拳到位時才握緊，屬爆發勁，每拳六勁齊發，勁力源源不絕，發拳時咬牙和收緊脛肌，防頭部因發勁受傷，　練白眉拳尚要腰背吻合，

身似輪行，立如山獄，步似流水，頂平順項，溜臀收肛，不用蠻力，故有拳詩曰「似剛實柔，似柔實剛，剛柔並濟，連綿不斷」。

杜心五　1869－1953　杜心五出生於湖南張家界慈利縣江埡岩板田

杜心五，名慎魁，號儒俠，道號斗米觀居士，著名武術家，被萬籟聲稱為自然門的第二代宗師，清末時的革命黨員，曾擔任宋教仁、孫中山先生等人的保鏢。父親杜桂珍，曾任清軍都司。八歲時喪父，先後隨武士嚴克學南派拳術五戰拳、鷹爪、梅花樁，從道士于虎習長拳，人稱神腿。

1882 年，遇徐(短)老師祖走鏢習藝。去常德高等學堂。

1900 年，赴日本東京帝國大學農科。認識了宋教仁，兩人交識很厚。

1905 年，在覃振介紹加入同盟會，成為宋教仁、孫中山等人的保鏢。

1907 年，梁啟超在東京錦輝館演說，鼓吹君主立憲。和張濟，居正，蕭荔恆等齊聲喊打，會場大亂，梁乘機逃走，致使這次演說流產。

1910 年，隨孫中山奔走南洋，宣傳革命主張，募集革命資金。

1912 年 5 月，宋教仁任北京政府農林總長，杜心五任僉事。

收農大畢業生萬籟聲為武術門徒。

1913 年，宋教仁被刺，因不滿軍閥的黑暗統治，曾經一度離開政壇，閉門事佛。第二次國內革命失敗，心五在家裝瘋，人稱"杜癲"，至此閉門謝客，潛心學道。

1921 年，居北京西直門醫房大院 6 號，四川氣功師劉神仙到家傳授氣功和醫術。

1928 年秋，杭州舉行全國國術大賽，杜受聘為評判員，應邀表演了「走圓場」。

1935 年，杜住北京榆錢胡同。

1937 年，日軍侵華後，日軍誘杜心五任「華北自治政府」被他拒絕。後逃去上海，後到湖南長沙，杜心五在此創辦國術館，萬籟聲任館長。

1938 年，日軍犯湘長沙。杜與徒一起回到湖南慈利老家。

1939 年，政府遷重慶後，杜心五任「中國抗日群眾動員委員會」主任之職。

1941 年 3 月，離慈赴渝。

1942 年，辭職回鄉，在飯甑山建了一座「斗米觀」，行醫。

1949 年，中華人民共和國成立後，定居長沙。

1951 年，任湖南人民軍政委員會顧問、中南軍政委員會參事。湖南省政協委員。

1953 年 7 月 8 日於湖南長沙咯血而病逝。

顧汝章　1894－1952　出生於江蘇省阜寧，

顧汝章，近代中國著名武術大師。父親名為顧利之。他自幼隨父習武，後去山東隨嚴蘊齊學習少林拳和鐵砂掌達 10 餘年，精諸般武藝及汽車過腹、鐵錘貫頂等硬功絕技，尤精少林鐵砂掌，曾一掌擊碎 13 塊疊在一起的磚，也曾一掌擊碎馬頭，使馬立斃，故有「鐵砂掌顧汝章」之稱。

1938 年，日寇入侵，遷往貴陽，一直在華南地區傳授武術。

1952 年，在貴陽去世，死時身無餘財，家無長物

黃嘯俠 1900—1981，廣東番禺人

黃嘯俠，武術家，功夫教練。而家中國公安指定要識嘅《擒拿手》，就係黃嘯俠編創嘅一套拳法。

黃嘯俠師傅響中國武林界叫做「鐵臂鴛鴦手」。同東莞林蔭棠、惠陽林耀桂、合浦賴成已、惠州張禮泉一齊叫做廣東五虎將。

黃嘯俠師傅，曾經拜李恩、陳官伯為師，學蔡李佛，之後入廣州精武體育會，拜趙連和、陳鐵笙、王鳳崗為師，學北派武術，後到上海、香港、澳門，學西洋拳擊、劍擊、刺劈刀、射箭、捽跤、舉重、鐵沙掌咁

鄭曼青 1902.6.25.－1975.3.14.，浙江永嘉人，

鄭曼青，著名中醫師、畫家，楊澄甫弟子，精於太極拳，為鄭子太極拳創始人。詩書傳家，曾任國立藝術大學的教授，他非傳統的武人，卻有「五絕老人」稱譽，五絕所指的是詩、書、畫、中醫、和太極拳五種絕藝。

1929 年，在上海向太極拳大師楊澄甫學習楊家老架太極拳，為便於傳授學習，乃刪減老架的重覆招式，精簡為三十七式，名為：「鄭子簡易太極拳」。

1950 年，攜眷來台灣，在中山堂頂樓創設時中學社，後遷至台北市仁愛國小，2002 年，遷至台北市五常國中。

1975 年 3 月 14 日，逝於台北，

鄭曼青擅長內外科，處方以劑量多為其特色。為兼顧後天胃氣與先天之原氣，喜歡重用於白朮、骨碎補，每用至 1－2 兩，又喜用木蝴蝶以清降龍雷上升之火。

李小龍，1940.11.27.－1973.7.20. 生於舊金山唐人街

李小龍，本名李振藩，英文名：Bruce Jun Fan
Lee，武術家、導演、哲學家、截拳道創辦。

父親李海泉，為香港粵劇四大名丑之一，母親
何愛瑜，為香港富商何東爵士同母異父之弟何
甘棠之養女。兩姊李秋源、李秋鳳，兄李忠琛、
弟李振輝。妻蓮達艾米莉，為其生下一子李國
豪、和女兒李香凝。

1939 年，李小龍的父親李海泉偕妻及三個兒女
　　從香港遠赴舊金山唐人街演粵劇。

1940 年 11 月 27 日，李小龍在東華醫院（Chinese
　　Hospital）誕生，取名「震藩」「振藩」「細
　　鳳」。

1941 年，李小龍僅 3 個月在《金門女》中亮相。

1948 年，參加演出《富貴浮雲》《夢裡西施》
　　《樊梨花》《花開蝶滿枝》

1949 年，回香港入德信學校喇沙書院聖芳濟書院

1950 年，演《細路祥》《人之初》

1953 年，先後演出《苦海明燈》《慈母淚》《父　之過》《千萬人家》《危樓
　　春曉》《愛》《孤星血淚》《守得雲開見月明》《孤兒行》《兒女債》《詐
　　癲納福》《早知當初我唔嫁》《雷雨》《甜姐兒》。

1955 年，拜葉問為師，學習詠春拳。師兄黃淳樑習西洋拳。練洪拳、白鶴拳、
　　功力拳、蔡李佛、太極拳、譚腿、少林拳、戳腳、節拳等。

1957 年，奪得香港校際拳擊比賽少年組冠軍。

1959 年，到美國升學，邊讀書邊磨煉武術。

1960 年，演《人海孤鴻》《甜姐兒》《早知當初我唔嫁》演出極為出色，獲得
　　甚好影評。

1961 年，入西雅圖華盛頓大學，結識妻子琳達(Linda Lee Cadwell)。

1962 年 4 月，掛「振藩國術館」牌。

1964 年，美國加州長堤國際空手道錦標賽（Long Beach Karate Tournament）表演。

1966 年 4 月 30 日，演電視劇《青蜂俠》「加藤」《蝙蝠俠》《無敵鐵探長》
　　（Ironside）《新娘駕到》（Here Come the Brides）。

1967 年 7 月 9 日在洛杉磯振藩國術館（Bruce Lee Martial Arts Studio）開館授徒。

1968 年，參與《風流特務勇破迷魂陣》《春雨漫步》動作指導，舉重意外而脊
　　椎脫位，長期服用肌肉鬆弛劑，頭痛藥物。

1969 年，公映的電影《醜聞喋血》《血灑長街》

1970 年，獲鄒文懷邀請主演《無音簫》《唐山大兄》《精武門》《猛龍過江》
　　《龍爭虎鬥》《死亡遊戲》震撼了整個影壇。

1971 年，演拍《唐山大兄》

1972 年《精武門》《猛龍過江》成為世界級影星
1973 年 7 月 20 日，猝死於丁佩香港的家中．
1995 年，醫學界確認李小龍缺乏睡眠，壓力過大，誘發心臟和肺停止「癲癇猝死症」。

李鳳山　1950.4.~　河北省北平市，出生於台灣基隆市眷村

李鳳山，祖籍河北省北平市人，出生於台灣省基隆市眷村，為台灣著名武術及氣功大師，目前擔任中華民國氣功協會會長，創辦了梅門氣功。

李鳳山父親為河北人，從軍後跟隨國民政府撤退至台灣，為蔣緯國將軍下屬，曾帶領過國軍康樂隊、演技隊，後來還曾到過退輔會服務。因為父親職務調動，曾經舉家自基隆，轉調高雄縣鳳山市陸軍裝甲部隊，後再調回台北市克勤新村，自此居住台北。

因為家中對於道教及武術素有興趣，李鳳山自幼薰陶，跟隨父親學習導引術、吐納術。就學期間，曾經學習梅花拳。於國防部軍事情報局情報幹訓班 21 期畢業後，進入軍情局九一三工作隊，專職暗殺與情報工作。在總教官李達球的訓練下，學習到各派中國武術。

1987 年，陳履安擔任國科會主委，邀請李鳳山參與國科會氣功科學實驗，擔任實驗對象。李鳳山開始擁有知名度，曾經擔任國防部防身術教官、復興劇校國術指導老師、刑事警察局氣功教練。

1989 年，創立「梅門一氣流行養生學苑」，教授氣功及中華武術。剛開始，梅門氣功很少學生，後來藉由大家的資助與學習，不但研發了功法與心術，更在台北市創立了梅門一館。目前，以教授氣功與平用功為主。

2000 年獲頒中華武藝類薪傳獎。

2004 年，經創辦人梅爾(Richard Meyers)推薦，入選「世界武術名人堂」（World Wide Martial Arts Hall of Fame），獲頒「先鋒傳奇獎」。

圍　棋

吳清源　1914.6.12.（農曆五月十九日）~　祖籍福建閩侯出生於福建福州，後入籍日本

吳清源，本名吳泉，字清源。圍棋名家，「昭和棋聖」。七歲開始學棋，有「天才神童」之稱，被棋壇譽為「現代圍棋第一人」。

父親吳毅留學日本，吳清源七歲起跟爸爸學棋，青少年時，在中國棋壇已無敵手，當時北洋政府總理段祺瑞曾經請他到府下棋。

1927 年，日本井上孝平五段去北京與吳清源對弈大敗，對吳清源大加誇獎．日本圍棋界長老瀨越憲作七段即正式邀吳清源來日。吳清源 14 歲時，與母親及哥哥一起東渡，日本棋院以假定三段格進行正式的「段位認定」對局。

1932 年，日本圍棋的對局成績是 44 勝 5 敗 1 平，升為五段。

1933 年，參加「日本圍棋選手權戰」。

1938 年「本因坊」家元（名銜）年輕棋士只剩下木谷實和吳清源。

1939 年，「鎌倉十局」賽，吳清源 4 勝 6 負，吳清源升八段．

中日戰爭時期，吳清源為生活和信仰所驅使，顛沛流離於日本各地，完全脫離了棋藝生涯。

1947 年，吳清源八段進行「十番棋」5 勝 3 負 2 平

1948 年，對岩本薰的十番棋戰，5 勝 1 負將岩本降了格。

1949 年，吳清源升九段賽，8 勝 1 負 1 平，被日本棋院贈授九段。

1951 年，「十番棋」，吳清源 7 勝 2 負 1 平，將藤澤降為先相先。

1952 年，吳清源與藤澤庫之助再次進行十番棋，吳清源 5 勝 1 負。

1953 年，吳清源對坂田榮男的「十番棋」，吳清源 6 勝 2 負．

吳清源時年 50 歲，散步中被摩托車撞倒，頭部受重傷，從此再沒恢復腦力棋力．

晚年吳清源，潛心「21 世紀圍棋」的研究。

吳清源 1936 年入籍日本，1940 年間，曾改用名為「吳泉」。

1947 年，由於政治關係，恩師瀨越憲作代吳清源向日本棋院遞交了「辭呈」，不久後瀨越本人也辭職，吳失去日本國籍，於 1949 年恢復中華民國籍。直到 1968 年，吳清源因為參加本因坊戰被日本棋院以無籍為理由而拒絕才得知實情。此時，吳清源儼然已是當代無人可及大棋士，最後雙方和解。之後直到 1979 年，因為家人生活工作關係重入日本籍。

2014 年，逝世

林海峰　1942.5.6.~　祖籍浙江寧波寧鎮海，現居日本．

林海峰（日文平假名：りんかいほう），國共內戰時隨父母來台灣，其母 1947 年病死於喉結核病。父親林國珪，日本東京帝國大學畢業，在外交部任職。

1951.11.11. 年僅九歲，參加臺北中央日報舉辦之全國圍棋賽，首戰迎戰浙江同鄉何甫堂，大勝四十六目半，震撼全場．

1952.10.29. 林海峰在周至柔、朱之信的協助下去到日本，就讀大阪中華學校，另在京都吉田道場學棋。後又受同鄉徐永堂收養，轉籍至東京中華學校，並申請成功為日本棋院院生。

1955 年，初入段失敗給早瀨弘，但為當時棋院史上最年輕之入段者，引發日本棋界轟動。入段後六個月於「大手合」棋賽中又擊退資深棋士岡谷三男，晉陞二段，創下最快升上二段的日本記錄，卻父親林國珪因心臟病發去世，不久，林海峰成了吳清源一生中第一個徒弟。

1957.年 4 月，林海峰快速升至三段。

1959.5 月，以八勝二敗的「大手合」成績，從四段升至五段。

1960.11 月，以六勝二敗升上六段。

1962.11 月，升為七段。

1963 年，拿下亞軍高松宮獎，同年打進最高位之名人賽循環圈．

1964 年，打入本因坊賽循環圈。
1965 年，名人賽，林海峰以四勝二敗擊敗坂田榮男，一舉成名。
1966 年，林海峰、與吳清源返台，並蒙總統蔣中正及夫人蔣宋美齡接見。
1967 年，奪得九段頭銜·認識妻子王來弟，宣佈訂婚。
1971 年，表現逐漸走下坡趨勢，失去本因坊頭銜
1973 年，名人挑戰賽，保住頭銜，「二枚腰」的稱號在棋界傳開。
1974 年，曾有雙冠棋士之稱的林海峰成了無冠棋士。
1975 年，榮獲新聞棋第三的十段無冠棋士 9 頭銜，
1976 年，遭加藤正夫取代十段無冠棋士頭銜。
1977 年，林海峰看似恢復往日雄風，痛擊大竹英雄獲得名人，
1978 年，被大竹反撲失冠。
1983 年，林海峰重獲本因坊頭銜。
1988 年，首屆世界選手權之富士通盃的參賽權，仍有亞軍佳績。
1989 年，對武宮正樹二度敗北，仍為亞軍。
1990 年，林海峰遇上中國棋聖聶衛平，獲得勝利成為世界棋王。
1992 年至 1994 年，反倒接連敗給聶衛平、劉小光及馬曉春，
1994 年，林海峰敗給柳時薰六段，失去日本天元頭銜。
1996 年，林海峰參加了第三屆應氏盃，失去冠軍寶座。
2002 年，林海峰獲日本棋院頒名譽天元頭銜。
林海峰棋藝神速進步，為教導林海峰下棋的兄長林海濤的功勞·就讀台北女師
附小時，常與家人及圍棋名手對奕，棋力進步神速，棋風厚實均衡，韌性極強，
棋界稱他為「不死鳥」或「長青樹」。在日本棋界具有七大頭銜（棋聖、名人、
本因坊、王座、十段、天元、碁聖）。
育有一男兩女，長子為林敏浩，兩女分別名為林芳美、和林浩美，林敏浩就職
於半導體公司，林芳美和林浩美皆在電視台從事圍棋事業。
林海峰旅日多年，始終未加入日本國籍，現仍持中華民國護照。

相術風水堪輿

巫鹹

巫鹹，上古名醫、商王戊輔佐。一作巫戊，蔔辭稱鹹戊。以巫祝之方法愈疾，
反映當時巫術與醫道結合於一身的情況。據說他長於占星術，又發明筮蔔，
當是神權統治的代表人物。以巫祝之方法愈疾，反映當時巫術與醫道結合於
一身的情況。從太甲至太戊，中經七世，國勢漸衰。他與伊陟協力，整飭政
事，治國有績，使商朝一度中興。巫是擔任上帝與下帝之間媒介任務的人。

關于巫鹹其人，還有其他傳說。例如，傳說他是鼓的發明者；據說他是用筮（一種草）占卜的創始人；也有傳說他測定過恒星，是個占星家，被視為中國最早的天文學家。

《呂氏春秋》「巫彭作醫，巫鹹作筮」。

《楚辭》記有「巫鹹將夕降兮」。王逸注為「巫咸，古神巫也」。

在古代，巫是一個崇高的職業。相傳黃帝出戰時，要請巫鹹作筮。據說巫峽之名便來源于巫師巫鹹。

一作巫戊，傳說中之巫醫。唐堯時臣，「以鴻術為堯之醫，能祝延人之福，愈人之病，祝樹樹枯，祝鳥鳥墜」。

《尚書》記載，巫咸是商太戊帝身邊的一位賢臣。他的兒子巫賢，在太戊帝孫子祖乙登基後，任宰相，也有賢臣之譽。而甲骨文中有鹹戊。故有學者認為巫咸或即商王太戊之大臣。

《書?君奭》雲：「在祖乙時，則有若巫賢。」可知巫賢是商王祖乙時期擔任上帝與商王之間媒介任務的大巫。商王朝時，擔任上帝與下帝（商王）之間媒介任務的，除了巫，還有卜、史、祝。這些人勢力很大。國家政事大小，都要徵得他們的同意。如果他們不同意，即使其他統治者同意了，事情還是不好辦。這是因為他們要蔔問的至上神——天的權力太大，它可以支配人世間的一切。

朱建平　　生歿不詳，三國沛國（今安徽省）人

朱建平，精通相術，於街巷之間為人相面，效果非常靈驗，時有人與平原郡相士管公明並稱「朱」、「管」。

曹操當魏公時，聽聞了朱建平的事蹟，便召他為侍郎。曹丕又封他為五官將。曹丕宴請三十餘人共坐，曹丕問起自己能活多大歲數，朱建平說：「您的壽命是 80 歲，40 歲時會有小災難，希望您多加小心。」曹丕又令他為在座的眾賓一一看相。

朱建平預測靈驗，如：

夏侯威：「您遇上災厄，若能捱得過此厄，你的壽命可活到 70，而且仕途上更能到達公卿宰輔。」

應璩：「您的壽命是 62 歲，官做到常伯（皇帝的近臣），然有災難。您去世的前一年，會看見一隻白狗，只有您能看見，別人卻看不見。」

曹彪：「您將統領藩邦，57 歲時有刀兵之災。要妥善預防。」

226 年，曹丕 40 歲得重病。曹丕告訴身邊的人說：「建平所說的 80 歲，是把白天算一天、晚上也算一天罷，我的命快盡了。」不久，就駕崩了。

夏侯威在49歲時的確出任為兗州刺史，同時，他在那年的十二月上旬果然患了惡疾。夏侯威記起朱建平當年的批言，自以為難逃此厄，所以預先寫下遺囑及安排喪事。到了下旬，情況有所變化，病差不多好了，夏侯威認為自己已經渡過危難，在除夕黃昏，延請郡中官吏至其府中設筵擺酒，說到：「我的病痛已漸漸平穩，當明日雞鳴時，我便五十歲，朱建平說的忌諱，我必定可以渡過了。」但當筵席散去之後，夏侯威身上惡疾竟然再次發作，於當晚逝世。

應璩61歲時當了宮內省的侍中。後來有一次他果然獨自看見一隻白狗，別人都看不見。他知道自己來日無多，就抓緊時間吃喝玩樂，比預期的多過了一年，應璩63歲時去世。

曹彪封為楚王，57歲時與王凌通謀，反抗司馬懿，被賜死。

當年被相面的那些人的結果，都像朱建平說的那樣一一應驗。只有司空王昶、征北將軍程喜、中領軍王肅與實際情況有差別。王肅62歲時得了病，醫生都說治不好了，王肅的夫人問他有什麼遺言。王肅說：「建平曾說我會活到70多歲，官位至三公，現在都還沒達到，有什麼擔憂的呢！」可是王肅竟然死了。

朱建平也擅長相馬。一次，曹丕要外出，一匹馬從外面被牽進來，朱建平在路上碰到了，說：「從這匹馬的相來看，它今天就要死了。」曹丕要去騎馬，這匹馬被衣服的香味所驚擾，咬了曹丕的膝蓋，曹丕大怒，立刻就把馬殺了。

朱建平於黃初年間去世。

周宣　　樂安郡（今山東省博興縣）人。

周宣，表字孔和，三國時曹魏的術士，開始是郡吏，善於圓夢。給楊沛、劉楨圓夢。魏文帝時，任中郎，屬太史，給曹丕圓夢，險些阻止其賜死甄姬。魏明帝末年去世。

管輅　209~256　三國時平原郡人

管輅，字公明，以卜筮著名。根據文獻記載，管輅容貌醜，沒有威儀，愛喝酒。被後世的命相家奉為管先師，時有人與朱建平並稱「朱」、「管」；《稱謂雜記》管先師：君平家莫不祀「鬼」「管」；鬼為鬼谷，管先師則魏管輅也。

《三國志》記載，管輅有很多神奇事蹟。

管輅極有才華，被舉為秀才，出任官職，但始終沒能當上大一點的官。

孔子說，「敬鬼神而遠之」。管輅難得被政府重用，頂多是達官貴人請他看風水，預測一下禍福吉凶。管輅「無威儀而嗜酒」「人多愛而不敬」。

管輅89歲時，喜歡抬頭望天看星辰日月，「夜不肯寐」「大異之才」。

精通周易，天文地理，占卜看相，風水堪輿，無不精微。「體性寬大，多所含受；憎己不仇，愛己不褒，每欲以德報怨。」這種性格很完美，，管輅志向求「道」，道在中國哲學裡是指事物的本源。

管輅常說：「忠孝信義，人之根本，不可不厚。」所以他特別孝順父母，篤愛兄弟，也愛護士友，大家都稱他為神童。

當時信都縣令家的婦女都得了怪病，請來管輅說：「你家房子北堂的西頭，有兩個死男子的墳墓，一個男子拿著弓箭射胸部，所以心痛而不想吃飯；一個男子拿著長矛刺頭部，所以頭痛而驚恐不已。」把墳墓骸骨移走，「家中皆愈」。

管輅為最著名相士，預言大名士何晏不久即死。管輅回家把預言告訴說給舅舅，他舅聽了嚇得不得了。管輅說：「與死人語，何所畏邪！鄧颺行步，筋不束骨，脈不制肉，起立傾倚，若無手足，是鬼躁之相，將為風所收；何晏神情，魂不守舍，血不華色，精爽煙浮，容若槁木，這是鬼幽之相，將為火所燒。」年後高平陵之變，曹爽、何晏、鄧颺等人遭誅殺，夷滅三族。這時他舅舅才算服了。

管輅的父親管理利漕，利漕有郭恩三兄弟，都兩腳殘廢不能行動，請管輅幫他們卜筮。管輅卜卦「顯示你家有座墳墓，墳中有女鬼，過去飢荒時，你們為了幾升米的利益將她推下井，還用石頭打破她的頭，她的魂魄痛苦，自訴於天。」郭恩三兄弟哭泣服罪。

管輅雖然人醜，但才華出眾，他精通周易、天文、地理、風水禍福，精微神妙，誠如陳壽在《三國志》言「管輅之術筮，誠皆玄妙之殊巧，非常之絕技矣！」

蘇敬　1965~

蘇敬（Su Jing），著名國學應用專家，知名國學應用創新實踐者地理風水堪輿專家，畢業於北大國學、清華大學 EMBA。

蘇敬先生家中祖上代有潛研易卦、風水、命理，他自幼耳濡目染，秉承庭訓，並得到多位易學，國學大德高人真傳與點撥，把大易智慧，國學精粹運用到商業智慧實戰中，與客觀實踐相結合。在不斷的積累及自身的領悟中將祖傳及師傳諸類玄學，融匯貫通，發揚光大。是多家電視台、電台的節目主持及特邀嘉賓。並在《羊城晚報》設有專欄，為廣大讀者指點迷津。

蘇敬先生以「弘揚傳統姓名文化」為宗旨，創辦明正堂命理工作室，致力於精研我國傳統易學，服務於社會，經蘇敬先生指點，無論是個人和企業，都得到了長足的發展，受到廣大客戶的一致好評。在公益事業上，蘇敬先生也是盡其所能，熱心為盲人學校捐款，給予盲童關懷和教育。

近年來，蘇敬先生不斷致力於各類風水及易理的交流和探討。被邀出席中國建築風水文化與建築地產國際論壇和世界易經大會及廣東國際易學研討會。他一直以他博學深邃的易經智慧和執著追求，推動著易學風水、富貴風水、富貴姓名學、周易預測等國學傳統文化在大陸地區、港澳地區的普及和運用，以精湛的技藝進行布局點評、預測策劃、授課講座，得到眾多企業家，工商界人士的肯定和讚譽，被多家國內外著名企業，企業集團聘為常年風水顧問。

獨特星相家

星相家	專　　　　長
諸葛亮	三國劉備國師八陣圖
劉伯溫	明朱元璋國師
邵彥和	宋代大六壬學宗匠巨擘
邵　雍	北宋易學家創「先天學」
董其昌	明書畫大師風水格局
羅洪先	明代紫微斗數地理學家
蔣大鴻	清初三元地理宗師
李丞責	香港堪輿學家
邵偉華	中國命理及易學專家
韋千里	民國著名命理學家
袁樹珊	民國初學究岐黃尤精命理
陳鼎龍	書畫家易學家有手相著作
徐樂吾	民國初命界奇士
萬民英	三命通會星學大成作者
陳靖怡	台灣星座專家

四十、騎牆人

洪承疇　1593.10.16.~1665.4.3.　福建泉州南安英都良山村霞美人

洪承疇，字彥演，號亨九。

1616 年，進士，累官至陝西布政使參政，崇禎時官至兵部尚書、薊遼總督，後叛變降清，成為清朝首位漢人大學士。洪承疇建議「習漢文，曉漢語」，瞭解漢人禮俗，淡化滿漢之間的差異。對於清朝，洪承疇在朝廷的功勞極大，可以說除了多爾袞及范文程以外，再無他人。

《清史列傳》，清高宗認為：洪承疇身為明朝重臣，大節有虧，列為貳臣。

明思宗崇禎時，流寇大起，洪承疇首赴沙場，以卓越指揮解圍韓城，斬殺五百餘人。

1631 年，洪承疇嗜殺降軍，降卒見狀，紛紛拔木舉石，奮起反抗，突圍而出。民軍絕了投降之心。洪承疇授陝西三邊總督。

1634 年，任兵部尚書，兼督軍務，鎮壓農民起義。

1635 年，洪承疇圍剿李自成、張獻忠、高迎祥等起義軍卓有成效．專治西北。

1636 年，民軍連連失利。

1636 年，洪承疇受命專督關中，在臨潼破民軍。孫傳庭在子午谷大敗闖王高迎祥，高迎祥敗走被俘處死，李自成獲推繼任闖王，號稱「李闖」。張獻忠在南陽為左良玉擊敗，熊文燦理中原軍務後，招撫張獻忠等人。

1638 年，洪承疇大破李自成，明末農民起義轉入低潮。

1639 年，洪承疇為薊遼總督，繫東北邊防，防衛滿洲。

1640 年，清軍攻錦州及寧遠，洪承疇派兵出援，敗於塔山、杏山。

1641 年，洪承疇兵敗被俘至盛京，史稱松錦之戰。洪承疇被俘後為表示忠於明室，宣佈絕食，但不久投降，一說受美色所誘，一說為實現安邦之胸懷而不得已屈身。明廷以為洪承疇殉國，特賜祭十六壇，祭到第九壇的時候，又得到軍報，稱洪承疇已降清，北京嘩然。

清軍入關後，順治皇帝任命洪承疇為太子太保、兵部尚書兼都察院右都御史，入內院佐理軍務並授秘書院大學士，成為清朝首位漢人大學士。

1645 年，洪承疇竭力緩和滿漢矛盾，以撫為主，但也鎮壓屠殺大批忠於明王室義士，遭天下唾罵。

1647 年，洪承疇喪父回鄉守制。

1648 年，奉召返京，再次入內院佐理機務，攝政王多爾袞傾心任用。

1653 年，時年 61 歲，已任內翰林弘文院大學士、兵部尚書兼都察院右副都御史，佐理機務，兼任《大清太宗實錄》總裁官的洪承疇，又被任命為「太保

　　兼太子太師，經略湖廣、廣東、廣西、雲南、貴州五省，總督軍務兼理糧餉」，
　　「吏、兵二部不得掣肘，戶部不得稽遲」，「事後報聞」，出師征討南明永
　　曆政權。
1659 年，洪承疇以年老體衰、目疾加劇請求返回北京，
1660 年，奉旨回京，卻遭冷遇。
1661 年，順治帝逝世，清聖祖即位。洪承疇業已 69 歲，仍任大學士，於五月
　　疏乞休。朝廷幾經爭論，授以三等阿達哈哈番母（輕車都尉）世襲。
1665 年，洪承疇卒，年 73 歲。諡文襄。
乾隆四十一年十二月初三日一份詔書中，命國史館編纂《明季貳臣傳》。洪承
疇等出於「開創大一統之規模，自不得不加之錄用，以靖人心而明順逆。今事
後平情而論，若而人者，皆以勝國臣僚，乃遭際時艱，不能為其主臨危授命，
輒復畏死刑生，靦顏降附，豈得復謂之完人？」

張曾敡　1852~1920　直隸南皮（今屬河北）人。

張曾敡，字小帆，又字潤生、抑仲，號靜淵。
1871 年，進士。選庶吉士，授編修。歷官湖南、廣東知府，
除福建鹽法道。
1905 年，任浙江巡撫。
1907 年，捕獲革命黨人秋瑾，並將其處決，激起輿論譴責，
調江蘇巡撫，又改山西巡撫，最後託病辭官回籍。

陳炯明　1878.1.13.~1933.9.22.　廣東海豐人

陳炯明，字競存，綽號殘仔明，曾出任粵軍總司令、廣東省省
長、民國政府陸軍部總長兼內務部總長、及中國致公黨首
任總理。在廣東在任期間推動廣東省建設，及建立廣州
市。陳炯明政治上主張聯省自治。他反對北伐，並且因此
驅逐其曾經支持的孫中山。最後陳炯明被孫中山打敗，退
居香港。
1898 年中清朝秀才。
1906 年，入讀廣東法政學堂，與鄒魯同學，教員中有朱執
信、古應芬。在讀期間，曾領銜控告惠州知府陳召棠。
1908 年，畢業。回鄉倡辦海豐地方自治會，戒煙局。籌辦《海豐自治報》）。
1909 年，在上海加入同盟會，創辦《可報》支持革命黨。
1910 年，參與倪映典的庚戌新軍起義失敗。
1911 年 3 月的黃花崗起義起義中，陳炯明為敢死隊第四隊隊長。謀炸廣東水師
　　提督李准未中，或說臨陣脫逃[1]。之後陳居住避居香港九龍城南。

1912 年，中華民國成立後，孫中山重組中華革命黨，要求畫押宣誓效忠孫文個人，陳炯明認為不符合民主思想，並未參加。

1916 年，被中央政府封為「定威將軍」。

1917 年，陳炯明軍改編為「援閩護法粵軍」，設立籌餉局，在汕尾建立造彈廠等設施，並協助當地人修築道路。

1918 年，陳炯明駐福建時，蘇俄曾派人送列寧親筆信與陳炯明聯繫，並諮詢陳是否有合作的可能。陳指「民眾懂得有更好的共和政制，即不患再有反革命」。

1920 年，任廣東省長，桂系歡迎陳炯明主政，廣東人合資 60 萬支持陳，華僑捐獻飛機 12 架。陳炯明邀請孫中山、唐紹儀、伍廷芳回廣東。

1921 年，陳炯明主張「聯省自治」（民選議員和地方長官等），與孫中山的北伐、武力統一的主張衝突。孫中山下令陳炯明北伐，激化其與陳的矛盾。

1922 年，孫文執意北伐，陳炯明無法接受孫的條件，遂被罷黜，回惠州隱居。陳炯明部下葉舉出兵圍攻總統府，鳴炮警示孫文離開廣東。孫文轉移到到永豐艦（中山艦）還擊轟炸廣州後離開廣東，史稱「永豐艦事件」。

1923 年，孫文組成「討賊軍」，合擊陳炯明。陳炯明宣布下野。

1924 年，孫中山獲得蘇聯的支持，得到了大量較粵軍有優勢的武器。

1925 年，孫中山派蔣中正率黃埔軍校學生軍，打垮陳炯明部。陳炯明被迫解散軍隊，退居香港。晚年生活拮据，三餐不繼。九一八事變後，有日本人送他八萬元支票，陳炯明在支票上打叉退還。

1933 年，病逝香港，停屍家中一張行軍床上，連棺材也是母親備用的棺木。家中無錢下葬，靈柩存放於香港東華義莊。

1934 年，舊部發起募捐，包括有汪精衛、陳濟棠、蔣中正等人。4 月 3 日（農曆三月初一日，葬於惠州西湖旁紫薇山。

章士釗 1881.3.20.~1973.7.1.　湖南善化縣

1949 年國共和談破裂變節投向中共，臨陣逃亡香港六人之四

章士釗，字行嚴，筆名黃中黃、青桐、秋桐。

1901 年，入武昌兩湖書院，與黃興同學，共組華興會。

1903 年 5 月被聘為《蘇報》主筆。該報被查封後，又辦《民吁日報》「民不敢聲，惟有吁也」之意，與楊守仁、蔡元培、蔡鍔等在上海組織愛國協會。

1905 年，赴日本東京法政大學速成科留學。

1907 年，留學英國，研究邏輯學，並將此學傳入中國。清末中國始知所謂思想方法、演繹、歸納及形式論理與邏輯論理之分別。

　辛亥革命後曾加入中華民國北京政府袁世凱的政府，歷任廣東軍政府祕書
　長。五四運動時期任保守刊物《甲寅》雜誌主編。一生寫文用文言，反對白
　話文，並曾與胡適筆戰。

1909 年，章士釗與吳弱男在英國倫敦結婚，育三子：章可、章用、章因。

1920 年，資助毛澤東兩萬元，並組織赴法勤工儉學（鄧小平為成行的人員之一）
　後在段祺瑞政府任司法總長兼教育總長等職。

1922~1926 年間先後兩年四個月時間擔任國立北京農業大學校長。

1930 年，應張學良之聘，任東北大學文學院主任。九一八事變後到上海當律師。
　抗戰後任參政會參政員，勝利後回上海當律師。

1936 年，章士釗在上海當律師時因為一樁官司，收養當事人之女為養女取名章
　含之。章含之當過毛澤東的英文教師，是外交家喬冠華的繼妻．

1949 年 4 月 1 日李宗仁邀請與張治中等六人為和談代表赴北京參與國共和談。
　4 月 22 日和談破裂，章士釗、黃紹竑、邵力子、張治中、黃紹竑、李士蒸等
　人變節投向中共，留居北平，章士釗則去香港．
　6 月程潛派程星齡赴港，會晤章士釗。章士釗托程星齡帶信給程潛，轉達毛
　澤東對程潛倒戈起義的期待，和中共對陳明仁的熱誠態度，勸說程、陳轉向
　投入中共。

1949 年，章被推選全國政協委員，又任中央文史研究館館長。

1973 年，乘專機到香港和家人團聚（傳說身負毛澤東囑託的聯繫國共第三次合
　作事宜)

1973 年 7 月 1 日病逝香港，享年 92 歲。

程潛 1882~1968.4.5.湖南醴陵

程潛，字頌雲，出身耕讀世家，九歲入私塾，十六歲中秀才，入長沙嶽麓書院，
廿一歲以第一名成績考入湖南武備學堂。

1904 年，留學日本，結識黃興、宋教仁、李烈鈞等人，組成革命同志會。

1905 年，加入同盟會，又加入「鐵血丈夫團」。

1907 年，入日本陸軍士官學校炮科，

1908 年，由日本回國，到四川訓練新軍。

1910 年，任新式陸軍第十七鎮參謀官。

1911 年，辛亥革命到武昌協助黃興指揮反攻漢口失敗．轉往長沙。

1912 年，中華民國建國，任湖南軍事廳長。1920 年，廣州護法任陸軍次長，與陳烱明衝突中，支持孫中山．

1923 年，第三次護法，程在廣州軍政部講武學校，自任校長。

1925 年，孫中山逝世，廣州組織國民政府，程潛為政府委員之一。

1926 年，程潛任第六軍長陷南昌被孫傳芳反攻第六軍慘敗．

1927 年，寧漢分裂武漢方面要求程潛逮捕蔣中正，程未行事。程試圖調解無效．第六軍在南京被蔣中正包圍繳械收編。

　　寧漢合流，程潛與桂系李示仁合作，擊敗反蔣之唐生智。

1928 年，程與桂系衝突，被李宗仁扣留免去各職，程潛寓居上海。

1931 年，九一八事變後，各派系謀求和解，程潛被選為中央執委

1935 年，升二級陸軍上將，任總參謀長。

1937 年，七七事變，指揮平漢路抗日。

1938 年，任第一戰區司令長官、兼河南省主席．指揮蘭封會戰，6 月炸開封花園口黃河大堤，年底改任天水行營主任。

1940 年，任軍事委員會副總參謀總長。

1943 年，抗戰有功，獲頒青天白日勳章．

1944 年，代理參謀總長．

1945 年，抗戰勝利，任武漢行營主任，掌管華中軍政。

1947 年，在原籍湖南省醴陵縣當選為第一屆國民大會代表。

1948 年，參加副總統選舉落敗回湘，任湖南省主席。

1949 年 4 月國共和談失敗，共軍渡過長江．

　　8 月程潛在湖南宣佈接受中國共產黨和談協定。

　　先後擔任中共中央委員，軍委會副主席，人大副委員長，湖南省長、民革副主席等職。

1952 年 9 月，毛澤東在中南海接待他，親自操槳為程潛(中間戴帽)划船．

1966 年，文化大革命，周恩來特別保護，未受到衝擊。

1968 年 4 月 5 日，病逝北京。

邵力子 1882.12.7.~1967.12.25.　浙江紹興人

1949 年國共和談破裂，變節投向中共，臨陣叛離六人之一

邵力子，原名邵景泰，字仲輝，號鳳壽。中國共產黨發起人之一，曾任中國國民黨革命委員會中央常務委員，第一至三屆全國人大常委會委員，第二至四屆全國政協常務委員。

清末舉人，早年加入同盟會，上海震旦學院畢業，與柳亞子發起組織南社，提倡革新文學。

1920 年 8 月，和陳獨秀等人在上海發起成立中國共產主義小組，辦上海《民國日報》擔任總編輯。

1925 年，任黃埔軍校秘書長，參加國民黨改組工作。

1926 年，退出中國共產黨。

1927 年後，相繼擔任國民革命軍總司令部秘書長、中國公學校長、甘肅省政府主席、陝西省政府主席、中國國民黨中央宣傳部部長、駐蘇聯大使、國民參政會秘書長，主張國共合作。

1949 年，與張治中、黃紹竑、章士釗、李蒸、劉斐等六人作為國民政府和談代表，到北平與中共舉行談判，和談破裂，該六人不顧名節，竟一致臨陣叛離，留在北平，聲言投向中共。

中華人民共和國建國後，曾任政務、人大，政協委員。

　文革時邵力子遭到批鬥，向周恩來救授，受到特別保護。

1953 年，提出人口控制，和馬寅初合作提倡計劃生育。

1967 年 12 月 25 日在北京病逝。

陳儀 1883.5.3.~1950.6.18. 浙江紹興

陳儀，幼名毅，改名儀。字公俠，一字公洽，號退素。父親陳靜齋，母親王氏，育有 2 子 2 女。早年娶妻同鄉沈蕙。

陳儀早年接受私塾四書五經教育，入浙江求是書院。

1902 年，官費留學日本士官學校，在日本參加光復會．

1909 年，回中國。

1911 年，辛亥革命時，參加浙江獨立運動。

1912 年，任浙江都督府陸軍部長，兼陸軍小學校長。

1917 年，日本陸軍大學第一期畢業。在日期間，與日本教官的女兒古月好子結婚，回國後改名為陳月芳。

1920 年，陳儀回國，在上海經商。

1921 年，任浙軍師長．

1924 年，任浙軍第一師師長，協助孫傳芳驅走馮玉祥．

1925 年，打垮張宗昌，孫傳芳任命為徐州總司令。

1926 年，投向國民黨，任浙江省長．參加北伐，任 19 軍軍長。部隊倒戈，到歐洲考察，回國任兵工署署長，後轉任軍政部次長。

1929 年，任黃河水利委員會委員，軍政部兵工署長、常務次長，首都建設委員．

1931 年，升軍政部政務次長．

1934 年，閩變，調任福建省主席兼綏靖主任。

1935 年，陳儀曾留學日本，對其政情頗為瞭解，奉命到台灣考察。

1936 年，共產黨員胡允恭(邦憲)潛伏陳儀身邊 15 年，任泰寧縣、明溪縣縣長

1937 年，陸軍上將，兼福建綏靖主任．提《台灣考察報告》建議學習台灣經濟．

1940 年，驅趕肆意批評閩政的新加坡僑領陳嘉庚．

1941 年，免除福建省主席任行政院祕書長．與孔祥熙不合，改任訓練團教育長

1943 年，　開羅會議，建言戰後日本將台灣歸還中華民國。代理陸軍大學校長

1944 年 4 月「台灣調查委員會」陳儀任主任委員，提出《台灣接管計劃綱要》。

1945 年 8 月 29 日　陳儀為台灣省行政長官、兼警備總司令．

　　10.25. 代表政府接受日本台灣總督兼台灣軍司令官安藤利吉投降。

　　胡邦憲以中共特派員祕密身份到台灣行政長官公署，從事共黨地下活動

1947 年，「二二八事變」2 月 27 日專賣局葉得根、傅學通等查緝員，在臺北市
　　大稻埕太平町法主真君廟天馬茶房，看到林江邁寡婦煙販賣菸，走避不及，
　　強欲沒收私菸，林婦下跪哭求，葉得根以槍柄擊打林婦，以致林婦頭部流血，
　　圍觀民眾義憤包圍查緝員，傅學通逃跑至永樂町(今西寧北路)，情急開槍，
　　誤擊看熱鬧民眾陳文溪 20 歲中彈送醫，次日死亡，民情憤慨抗議，在長官公
　　署門口請願示威，衛兵開槍，造成民眾死傷。

　　2.28. 全台灣成混亂局面，陳儀向南京緊急求援，

　　3.8.　國軍 21 師在基隆登陸，展開血腥鎮壓，罹難眾多，白崇禧來台灣善後．

　　3.22. 陳儀被撤職，改任國民政府顧問。陳儀不滿，揚言國民黨注定失敗．

　　5.16.「台灣長官公署」，改制「台灣省政府」，魏道明任主席．

1948 年 8 月 6 日　湯恩伯推薦陳儀，任浙江省主席。中共指派陳矩孫、曾鏡冰、
　　吳克堅，策反陳儀，旋李濟深給陳儀親筆信，也參加勸說陳儀起義．

1949 年 1 月 30 日，陳儀見局勢惡化，國民黨前途堪憂，託外甥丁名楠送他親
　　筆寫信，轉交京滬杭警備總司令湯恩伯，企圖策動湯恩伯一同投中國共產黨。

　　恩伯弟台如握：茲丁名楠來滬，面陳一切，請予洽談．再舊屬胡邦憲(允恭)
　　擬來晉謁，請予延見．至胡經歷，囑由名楠奉告，並希台洽為荷！順頌刻安！

　　儀手啓　1 月 30 日　另附一紙片上，未具名，開列五條，內容如下：

　　甲．1. 釋放政治犯

　　　　2. 停止修築工事

　　　　3. 保護一切屬公財物，不得破壞．

　　乙．1. 按照民主主義原則，改編所屬部隊．

　　　　2. 取消戰犯名義，給予相當職位。

　　　　3. 開放長江渡口，迎接解放軍。．

　　出陳儀意料，湯恩伯將此事稟報蔣中正總統，陳儀是湯恩伯的恩師，有提
　　攜之恩，湯恩伯懇求蔣中正從輕量刑。

　　2 月 17 日，陳儀被免去浙江省主席職務，開始被軟禁。

　　23 日陳儀的住所即有警衛看守．毛森告訴陳儀，蔣總統要陳移居外地．

1950 年 2 月何應欽找陳儀女兒陳文瑛談話「你父親真是個老好人」「湯恩伯把
　　你父親給他的條子到處拿給人家看」『東南日報』登載著陳儀準備起義的

事…陳儀背叛了國民黨，與共產黨勾結，答庄共產黨提出的幾個條件，並提到共產黨人胡邦憲、丁名楠的名字。

4 月 28 日，陳儀押解到台灣囚禁於基隆，他開始「對任何人不再發一言一語，終日如老僧入定。」，蔣侍從室主任林蔚，勸他向蔣認錯，寫悔過書，蔣允許恢復其自由。但陳儀拒絕·「我何錯之有？他不高興，可以殺我，我已年過半百，死得了。悔過書我決不寫。」

5.19.，蔣中正手諭，「槍決可也」，指示台灣軍事法庭判決陳儀死刑。

6.18.，陳儀在臺北市馬場町被槍決·其時陳儀身著西裝，佩黑領帶，器宇軒昂，神色鎮定，視死如歸·抵達刑場時，陳儀對行刑劊子手表示「要擊要害，一槍斃命」。年 68 歲，死後由蔣鼎文打理一切·

陳儀伏法後，湯恩伯深感內疚，在自己臺北三峽寓所，如喪考妣，終宵繞室傍徨，復在私宅堂屋設靈堂，一連自書輓幛多幅」。

中共黨 10 屆三中全會肯定陳儀先生是「為中國人民的解放事業獻出生命的愛國人士。」

汪精衛 1883.5.4.~1944.11.10 祖籍安徽婺源廣東番禺三水遷至浙江紹興

汪精衛，名兆銘，字季新，號精衛。祖父汪雲，字縵卿，號曼亭，1822 年舉人，遂昌縣訓導，對當地教育事業頗有貢獻。父親汪琡（字省齋），做過縣府幕僚，以策士謀生。汪精衛 13 歲，父母相繼見背，跟同父異母的長兄汪兆鏞生活。幼年失恃，在「長兄為父，嫂為母」憂傷中過日子。汪精衛十個兄弟中排行第十，妻室為華僑巨富女陳璧君·

1901 年，中秀才，在水師提督李準的家庭教師·

1903 年，官費赴日本留學。

1905 年 7 月，加入同盟會，發表一系列文章，宣傳三民主義思想，痛斥康有爲、梁啓超等保皇謬論，受到孫的好評。

1906 年，隨孫中山赴南洋籌設同盟會分會，任南洋革命黨報《中興日報》主筆之一，與保皇黨的《南洋總彙報》論戰。

1907 年，隨孫赴南洋籌設同盟會分會，任南洋革命黨報《中興日報》主筆之一，與保皇黨的《南洋總彙報》進行論戰。

1908 年，在馬來亞檳城結識巨富陳耕基女兒陳璧君。在新加坡籌募革命經費。

1909 年，由南洋至日本，任《民報》主編。

1910 年 1 月，與黃興抵在北京開設守真照相館，策劃刺殺攝政王載沣，事洩被

捕，判處終生監禁。獄中賦詩「引刀成一快，不負少年頭」。

1911 年，武昌起義汪出獄，結識袁世凱。與楊度組織「國事共濟會」。

1912 年，南京臨時政府成立，力勸孫讓位袁，提出「不做官、不做議員、不嫖、不賭、不納妾、不吸鴉片」六不主義，與陳璧君舉辦結婚儀式同赴法國留學。

1913 年，「二次革命」孫中山召其回國。失敗後亡命法國。

1914 年，孫中山在日本建中華革命黨，由此孫中山和黃興分手。

1915 年，袁世凱稱帝回國參加「三次革命」。

1917 年，回國參加護法運動。

1919 年，在孫中山領導下，駐上海創辦《建設》雜誌。

1921 年，任廣東革命政府高等顧問、教育會會長。

1922 年，任國民黨本部參議，參加國民黨改組工作。

1923 年，孫中山籌備改組中國國民黨，汪精衛反對共產黨員加入國民黨。

1924 年，當選為中央執行委員，出任中央宣傳部長。隨孫北上入京，任秘書。

1925 年，任國民政府常務委員會主席兼軍事委員會主席、宣傳部長。宣佈「國民政府當前的首要任務是揮師北伐，統一中國」。

中山先生逝世後，廖、胡、汪都成為領袖人物。廖因左派關係，得不到國民黨右翼的支持。胡是民初「四督」之一，又是代帥，躍為國民政府主席，似乎順理成章；可是他對平定「劉楊叛亂」不力，得不到許崇智的支持，加上平日尖酸刻薄，好罵人，黨內惡感頗多，支持率也低。汪精衛在「一大」後支持「三大政策」，為人謙卑圓滑，長於調和，能左右逢源，既得左派支援，又避免右派的敵對，因而被推為廣東國民政府的主席。

1926 年，「中山艦事件」後，被迫辭職去香港轉赴法國。蔣介石被選為國民黨主席、軍事委員會主席，徹底取代了汪的位置。

1927 年 2 月，離法經莫斯科時，史達林專門接見。4 月歸國，與蔣介石爭權鬥爭。4 月 5 日，汪兆銘、陳獨秀發表聯合宣言，「漢寧分裂」，7 月 15 日在武漢實行「分共」，旋與蔣合流，隨後仍一直與蔣明爭暗鬥，蔣介石、和胡漢民均下野，汪精衛也於 9 月 13 日通電亦下野，陳璧君一起前往法國。

1929 年，回國，以「中國國民黨第二屆中央執監委員聯席會議」的名義發佈命令，對各路「護黨救國軍」發出委任狀和番號。

1931 年，汪精衛 5 月 28 日成立廣州國民政府，否認南京國民政府的合法性。「九一八」事變，蔣介石迫於形勢，將軟禁的胡漢民釋放，派蔡元培、張繼攜帶他寫給汪精衛的親筆信赴廣州議和。在南京召開四屆一中全會，重組國民政府，廣州政府隨即取消。

1932 年，蔣、汪再次合流。汪任行政院院長，提出「一面抵抗、一面交涉」對日方針，與日本簽訂《淞滬休戰協定》《塘沽協定》《何梅協定》。

1935 年 11 月 1 日，國民党在南京丁家橋中央党部開會，合影時有人開槍擊中汪精衛的左頰、左臂、和後背脊椎骨。張繼沉著敏捷地抱住刺客，張學良從旁邊飛起一腳踢掉刺客手中的槍，汪精衛的侍衛趁勢連開兩槍，刺客負傷被

捕。汪妻陳璧君疑心此事是蔣所策劃，事後調查，證實刺殺活動是由上海暗
殺大王王亞樵精心策劃，本來準備在會議期間暗殺蔣介石，由十九路軍排長
的孫鳳鳴執行，而陰差陽錯，汪精衛替蔣介石挨了三槍．

1938 年 12 月 18 日，汪精衛離渝出走，12 月 29 日發表豔電，走上賣國之道。
訂下「重光堂協約」，汪認為，與其抗戰而亡，不如求和苟存。

1939 年 5 月 31 日，汪精衛從上海飛赴日本談判。

1940 年，在南京成立偽國民政府，自任主席，當了漢奸。

1942 年，日本一直要求汪參加它對英、美的宣戰。汪的條件是廢除「1940 年的
基本條約」，最後得到了滿足。

1943 年 1 月 9 日，汪宣佈對盟國宣戰。但日本進一步要求其派兵參與太平洋戰
場時，汪卻找藉口拒絕了。

1944 年 11 月 10 日，在日本名古屋病死。死因卻至今眾說紛紜。有人說他是日
本人害死的，有人說他是蔣介石派人毒死的，日本作家上阪冬子訪問汪氏子
女後寫的書支持病死之說。一說是其妻陳璧君相信中醫，貼了中藥膏藥，卻
促使鉛毒擴散全身，才造成汪精衛病死。另一說則是汪精衛遭日本軍下毒謀
殺，但被汪精衛長女汪文惺、女婿何文傑斷然否認。何文傑表示汪精衛患的
是"多發性脊骨瘤腫"。真實情況成為民國史上的一樁疑案。汪精衛最終落
得個千夫所指、遺臭萬年的下場。

馬鴻賓　1884.9.14.~1960.10.21.　回族中國

甘肅河州人
馬鴻賓，字子寅，馬鴻
賓、馬步芳、馬鴻逵合稱
西北三馬。

1904 年，任叔父馬福祥侍
從．

1908 年，升任西寧礦務馬
隊隊官，

1910 年，到寧夏任騎兵營長。

1912 年，任寧夏新軍管帶，後任甘肅新軍司令。

1916 年，被北洋政府授予陸軍少將銜。

1920 年．晉陞為陸軍中將銜。

1921 年，任寧夏鎮守使兼新軍司令。

1925 年，任馮玉祥隸下的寧夏鎮守使。

1926 年，任國民軍第 22 師師長。

1927 年，任馮玉祥第 24 軍軍長。

1928 年，任國民政府軍事委員會委員。

1930 年，馮玉祥任命為寧夏省主席。

1931 年，蔣介石任命為國軍暫編第 7 師師長、甘肅省政府主席，發生雷馬事變。

1933 年，任廬山軍官訓練團副團長，同年 12 月任第 35 師師長。

1935 年，任西北剿匪總部第 4 縱隊司令兼第 35 師師長。

1936 年，被授予國民革命軍陸軍中將銜，馬家軍殲滅中國工農紅軍西路軍。

1937 年，任第 17 集團軍副總司令兼第 81 軍軍長。

1939 年，兼任第 17 集團軍副總司令。

1941 年，被蔣介石任命為綏西防守司令。

1943 年，傅作義部完全接替了綏西防務，遂率部撤回寧夏中寧縣進行休整。

1945 年，當選中國國民黨中央監察委員。

1946 年，任國民革命軍西北行營副主任。

1947 年，任陝甘寧邊區剿匪總司令部司令。

1948 年，任西北軍政長官公署副司令長官。

1949 年，馬鴻賓與其子馬惇靖、馬惇信率部於寧夏中衛宣布「和平起義」，加入中國人民解放軍，所部被改編為解放軍西北野戰軍獨立第 2 軍。馬鴻賓歷任寧夏省人民政府副主席、副省長、西北軍政委員會副主席、中華人民共和國國防委員會委員、中華人民共和國民族事務委員會委員等職。

1960 年，馬鴻賓在蘭州病逝。

龍雲 1884.11.19.~1962.6.27. 雲南昭通人

龍雲，字志舟，原名登雲。彝族人，彝名納吉鳥梯。早年參加過反清革命，1911 年加入滇軍，1914 年，雲南講武堂第 4 期畢業，入都督唐繼堯部，為唐所賞識，逐步提拔為侍衛隊長，至滇軍第五軍軍長。

1927 年，策動「二六政變」迫使唐繼堯下台，

1928 年，被國民政府任命為雲南省主席 17 年，被稱為「雲南王」。

1937 年，抗日戰爭，兼任陸軍副總司令，為抗戰勝利有巨大貢獻。

1938.12.19. 汪精衛、陶希聖等十餘人，乘坐龍雲包租專機，離開昆明飛抵越南。

1943～1945 年中共派華崗到雲南與龍雲聯絡，爭取支持，後因 1945 年 10 月蔣介石突然解除其武裝被軟禁而告終。

1944.2.5. 龍雲搶劫美國軍械，美國一度不發中國武器。龍雲加入民主同盟。

1945.10.3. 杜聿明部猛攻昆明，包圍五華山雲南省省政府試圖將龍雲從雲南王的地位上拉下來，10 月 6 日龍雲無奈之下飛赴重慶出任「軍事參議院院長」的虛職，雲南政權轉交盧漢手中。

1946 年 5 月政府還都南京，龍雲被軟禁任命為戰略顧問會副主任

1948.12.8.在陳納德等人幫助下，龍雲乘 C-47 運輸機從南京到達廣州，轉船抵達
　　香港，結束了三年兩個月的軟禁生活。
1949 年，從香港赴北京，加入中華人民共和國新政府，歷任國防委員會副主席、
　　政協常委、民革副主席、西南軍會副主席等職。
1956 年，訪蘇聯、羅馬尼亞、捷克斯洛伐克、南斯拉夫等國家。
龍雲主政期間予雲南境內知識份子批評中央的言論自由，給西南聯大提供了相
當程度的保護，直到其失勢下台‧炎黃雜誌《龍雲與民主堡壘西南聯大》裡面
專文寫道：當時雲南省主席龍雲對愛國民主運動持比較開明的態度。《劍橋中
華民國史 1912-1949》雲南省長龍雲雖然在戰時與中央政府合作，但也保護了學
術界」
具體幾次事件當中可見：
「1941 年 3 月上旬，蔣介石派康澤到昆明，要抓進步學生，遭到龍雲抵制，康
澤未能得逞，悻悻而去」
1942 年 1 月 7 日，西南聯大學生發起討孔遊行，龍雲又以「等因奉此」公文旅
行來應付，不採實際行動，康澤又一次悻悻而去
中華人民共和國建立後，在 1950 年鎮反運動中，其子龍繩曾為中共所殺。
1957 年反右運動中龍雲批評時事被劃為右派‧
1962 年在北京去世。文化大革命期間，他在石林上的題字也被刮掉。1980 年被
　　平反，其在石林上的題字又被放在石林上。

蔣光鼐　1887~1967　廣東東莞

蔣光鼐，字憬然，保定官校畢業，陸軍中將‧歷任連、營、團、師長、副軍長、
警備司令、京滬警備司令、福建省主席‧1932 年日軍犯上海，蔣率 19 路軍浴
血奮戰，躍為中國英雄‧其對共黨無敵意，閩變 1933 年同李濟深等人成立「中
華共和國」，與蘇區紅軍簽署協議‧在中央陸海空軍夾擊下，「中華共和國」
瓦解，第 19 路軍番號被撤銷，逃往香港‧內戰爆發去大陸，曾任紡織工業部長，
參加中共政治活動，文革時遭抄家整肅‧1967 年含恨逝於北京，終年 80 歲。

何遂　1888－1968‧1月　祖籍福建福清港頭鎮占陽村生於福建侯官（福州）

何遂，字敘甫，又作敘父、
敘圃等。中華民國軍事將
領，中華人民共和國政治人
物。
1904 年，何遂入福建武備學
堂，其間結識革命黨人林覺
民、方聲洞等，並參與反清
活動。

1907 年，入保定陸軍大學，並參加了中國同盟會。

1909 年，何遂畢業後赴廣西督練公所參謀處任籌略科長兼陸軍幹部學堂教

1910 年，何遂同耿毅、劉建藩、楊明遠等中國同盟會會員創建了中國同盟會廣西支部，何遂任參議。何遂編輯出版了《南報》。

1911 年，武昌起義爆發時，何遂任北洋第六鎮統制、革命黨人吳祿貞的參謀。吳祿貞籌劃舉行起義時遭到刺殺，何遂乃率第六鎮部分官兵發動起義，獲推戴為燕晉聯軍副都督。辛亥革命後，何遂眼見在山西沒有活動餘地，

1913 年，到日本考察軍事。

1915 年，歸國後，何遂應黎元洪之邀，出任陸軍大學戰術教官。雲南發起護國戰爭後，何遂潛赴山西大同，策動晉北鎮守使孔庚通電反袁世凱，何遂還替孔庚起草電文。後來孔庚遭閻錫山逮捕，何遂被山西警備司令胡謙陪送出境。

1916 年袁世凱死亡以後，北京政府派何遂、沈鴻烈等人到歐洲考察第一次世界大戰戰場，何遂親自查看了法比前線，並且遊歷了英國、美國等國。歸國後，何遂著《歐洲觀戰記》。

1917 年 7 月，何遂到廣東參加了孫中山組織的護法軍政府，任靖閩軍司令。後何遂奉命回福建，密謀炸死福建督軍李厚基，事泄，流亡日本。

1919 年，歸國。

1920 年，經孫岳引薦，何遂任曹錕的軍官教導團教育長。不久，何遂調孫岳部任參謀長。國民軍成立後，何遂歷任國民軍第三軍參謀長、第四師師長，並任北京政府航空署長、國民軍空軍司令。

1928 年，應李濟深之邀，何遂赴廣州任李濟深的總參議。同年 5 月，任黃埔軍校代校務（代理校長）。

1929 年，因蔣介石已經在南京另外設立了中央陸軍軍官學校，何遂辭職，赴西安任十七路軍總參議。

1932 年，何遂、朱慶瀾等人在北平組織了遼吉黑抗日義勇軍民眾後援會，何遂任副會長兼主任幹事。

1937 年，中共中央代表團抵達南京，時任國民政府立法院軍事委員會委員長的何遂由此結識了中共領導人周恩來、葉劍英等。

抗日戰爭期間，何遂任第一戰區高級幕僚室主任（第一戰區司令長官為程潛）。任內，他曾陪周恩來乘汽車自河南前線前往位於山西五台山的八路軍總部，會見了中共領導人朱德、彭德懷等。他曾調解過八路軍同閻錫山的矛盾，並通過軍令部次長林蔚的疏通，給八路軍增加了軍餉。皖南事變後，何遂獲知八路軍重慶辦事處經費困難，便到重慶曾家岩周公館面見董必武援以錢款。後來，董必武、葉劍英將延安生產的毛毯和衣料送給何遂作為回贈。第二次國共內戰中，何遂經常聯絡劉曉、張執一、劉長勝等中共領導人，協助他們的工作，並掩護身為中共黨員的子女和三兒媳繆希霞從事地下工作。

1947 年 4 月，何遂及兒子何康、吳石，中共中央華東局書記劉曉等人在上海錦江飯店見面，吳石正式加入中國共產黨。此後，吳石以何遂家為中轉站，經

常往返上海與福建,為中共送來很多重要情報。中華人民共和國成立前夕,吳石飛赴台灣,和中共漸失聯繫。

1949 年 8 月,女兒何嘉奉命與父親何遂一道赴台北,並與早在那裡潛伏的何遂次子何世平會合和吳石取得聯繫,在何遂影響下,吳石答應繼續為中共工作。中華人民共和國成立後,何遂任華東軍政委員會委員、華東軍政委員會司法部部長、華東軍政委員會政法委員會副主任。

1950 年 6 月 10 日被蔣介石處決。

1953 年,何遂遷居北京。何遂是第一、二、三屆全國人大代表、全國人大法案委員會委員。何遂還將收藏文物和圖書分別捐給故宮博物院、上海歷史博物館、南京博物院、天津圖書館,獲得了文化部頒發的褒獎狀。

1968 年 1 月,何遂逝世,享年 80 歲。

左世允　1889~1960　陝西長安人

左世允,保定官校畢業,陸軍中將。早期在陝西靖國軍,隨井岳秀、高隻成等人在與軍伐混戰,北伐成功,才歸順國軍。歷任排連營團旅師軍長。

1947 年,與共軍榆林作戰,傷亡慘重,對政府信心動搖,圖謀另謀出路。

1948 年 1 月 1 日,因守衛榆林有功,獲頒青天白日勳章。

1949 年 6 月 1 日,宣佈投入中共,中華人民共和國成立後,任陝西軍區副司令員、西安政協副主席等職。1900 年在西安逝世。

陳紹寬　1889.10.7.~1969.7.30.　福建福州倉山區城門鎮臚雷村人

Vice-Admiral Chen Shao-kwan
陳 紹 寬

陳紹寬,字厚甫,父親原是箍匠,後加入晚清海軍,擔任水手。1903 年,考入福州格致書院。

1905 年,赴上海,經薩鎮冰介紹,在江南水師學堂學習,

1908 年,畢業,到「通濟」練習艦見習,調任「鏡清」練習艦上尉駕駛大副。

1914 年,升海軍總司令部少校副官,駐上海。

1915 年,陳紹寬因奪回「肇和」艦有功,升「肇和」艦上校代理艦長。

1916 年,奉命赴歐洲考察海軍,

1917 年,參加英國海軍中第一次世界大戰格羅林戰役,被授予「歐戰紀念勳章」。

1918 年,為中國駐英公使館海軍武官。

1919 年,駐英海軍武官兼海軍留歐學生監督,任巴黎和會中國代表團專門委員,又任倫敦萬國海路會議中國代表及中國海軍留歐學生監督。10 月,奔喪回國。

1920 年,通濟號訓練艦上校艦長

1922 年,北洋政府海軍總司令部上校參謀長

1923 年，應瑞號巡洋艦少將艦長，

1926 年，北洋海軍第二艦隊少將司令

1927 年，陳紹寬歸附國民革命軍，以拱衛京畿有功，獲頒一等勳章和「中流砥柱」大勳旗。

1928 年，西徵結束，奉命回南京。任海軍署中將署長。

1932 年，升海軍部上將部長並為國防委員會委員、政務次長

1929 年，桂系戰爭，陳紹寬以「應瑞」旗艦護送蔣介石第二次西徵，任海軍部政務次長兼第二艦隊司令、中將海軍部長·兼江南造船所所長。

1934 年，創辦「海軍大學」，聘請日本海軍專家講課，引起 23 位艦長不滿，聯名控告陳紹寬親日被查處，憤而辭職。汪精衛慰留，陳紹寬才回部視事。

1937 年，赴英國參加英國國王喬治六世的加冕觀禮，並轉往德國考察。

7 月 7 日，抗日戰爭，回國組織「江陰阻塞線」，封閉長江下游水道。

1938 年，海軍上將總司令

1945 年 5 月，赴美國參加聯合國大會，9 月 9 日在南京參加日本投降受降儀式。

國共內戰，蔣介石令陳紹寬率「長治」艦赴山東堵擊共產黨軍隊。陳紹寬以「抗戰後海軍元氣尚未恢復，若再參加內戰，將傷國力婉拒。蔣介石認為陳紹寬抗令，免除陳紹寬職務。陳紹寬因此回鄉，閒居不出。

1949 年，蔣總統派朱紹良請陳紹寬赴台灣共襄國是，陳誓死相拒。

中華人民共和國成立，陳紹寬相繼出任華東軍政委員會委員、福建省政府副主席、副省長，民革中央副主席、人大代表。

陳紹寬曾獲頒青天白日勳章、二等寶鼎勳章、一等寶鼎勳章、二等雲麾勳章、光華甲種二等獎章、抗戰勝利勳章

1969 年，因患胃癌病逝，享年 80 歲

張治中 1890.10.27.~1969.4.10. 安徽省巢縣

1949 年，國共和談破裂，變節投向中共，臨陣叛離六人之二

1916 年，保定軍校 3 期步科畢業，任黃埔軍校任總隊隊長、團長、武漢分校教育長、陸軍官校教育長、武漢行營主任、師長。1933 年，閩變張任第四路軍指揮平亂後回到軍校。

1932 年，一二八事變任第五軍軍長，守上海任京滬警備司令。

1937 年，任第九集團軍司令、湖南省政府主席兼省保安司令。

1938 年 11 月 12 日，日軍進犯長沙，張治中電話命令指揮「長沙焚城」，大火延燒長達一個星期，造成巨大人命財產損失。歸罪警備司令酆悌、警察局長文

重孚、省警備旅二團團長徐昆等三人頂罪遭到槍斃。張治中在長沙人普遍印象中評價極差，有人做對聯和匾額譏諷厭惡他：

橫批為「張惶失措」．

上聯是「治績云何，兩大方案一把火（指文夕大火）」

下聯是「中心何忍，三顆人頭萬古冤（『中』指蔣中正）」

將橫批、上、下聯第一個字連起來，正好是萬惡昭彰的「張治中」。

1941 年，皖南事變，張治中代表國民黨與共產黨談判。

1945 年，日本投降，張治中與美國特使赫爾利一同飛到延安接毛澤東會談。

1946 年，美國特使馬歇爾、張治中、周恩來組成組成軍事調停三人小組。

　7 月兼任新疆省主席、西北軍政長官。

　張治中在新疆任內，逐漸親共，新疆政府內重要職員盡是共產黨員，如以屈武任迪化市長，劉孟純任省政府秘書長等。因此當時有人認為張治中為中共長期間諜。郭寄嶠、上官業佑等人，累向中央舉報，蔣介石亦密諭，注意張治中的行動。

1949 年，李宗仁代總統，派張治中、邵力子、章士釗、黃紹竑、李蒸、劉斐等六人為和談代表，談判破裂，張治中等無顧國家忠貞，變節屈膝向中共投降，留居北平，宣佈脫離國民黨。

　中華人民共和國成立，張治中先後曾任西北軍政委員會副主席、人大副委員長、民革副主席、和平解放台灣會主任等職。

　文化大革命張治中被抄家。在周恩來的護衛，毛澤東批准了一個「應予保護的名單」宋慶齡、郭沫若、章士釗、程潛、何香凝、傅作義、張治中、邵力子、蔣光鼐、蔡廷鍇、沙千里、張奚若、李宗仁。才倖免了直接人身迫害。

1969 年 4 月逝於北京，火化後葬於八寶山革命公墓。

李宗仁 1891.8.13.~1969.1.30. 廣西桂林

李宗仁，父親李培英是名教師，廣西陸軍速成學堂畢業，三妻：李秀文、郭德潔、胡友松．育有五子三女。

早年參加同盟會，廣西陸軍小學堂、陸軍速成學堂畢業。

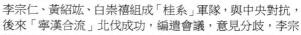

李宗仁、黃紹竑、白崇禧組成「桂系」軍隊，與中央對抗，後來「寧漢合流」北伐成功，編遣會議，意見分歧，李宗仁任軍事參議院長，掌控湖南，軟禁湖南程潛，任命何鍵、魯滌平主持湖南政務，但魯、何二人不和。

1929 年 3 月 21 日李宗仁、黃紹竑、白崇禧與中央意見分岐，逃往法屬安南（今越南）、香港。

1932 年團結抗日，李宗仁出任廣西綏靖主任，白崇禧任副主任，黃旭初任廣西省主席，形成廣西「李、白、黃」體制。

1937 年李宗仁擔任第五戰區司令長官。

1938 年李宗仁指揮臺兒莊會戰大勝，並化解張自忠與龐炳勛宿怨

1939 年指揮隨棗會戰、棗宜會戰、豫南會戰抗擊日軍。

1945 年任北平行轅主任

1948 年 3 月李宗仁以 1438 票對 1295 票孫科當選副總統。

1949 年 1 月 1 日蔣中正「引退」由李宗仁「代行」總統職權。

李於 1 月 21 日正式接任中華民國「代總統」。李上台後，蔣仍暗中操控，有職無權，行政院長孫科在蔣中正的支持下，將行政院內閣搬至廣州。孫科在李宗仁施壓下辭職，改由何應欽接任，然何應欽在李與蔣間無法自處而辭職，後由閻錫山接任。

4 月，李宗仁派張治中等六人往北平與共產黨和談，終告破裂。

4 月 20 日解放軍渡過長江，23 日南京失守，李宗仁飛往桂林．

5 月 8 日李飛廣州講話，表示「決心戡亂到底」。

10 月 1 日，中華人民共和國成立，13 日李宗仁飛往重慶。

11 月 16 日，李宗仁胃病復發，十二指腸出血，以治病為由轉往香港，中樞軍政大權交由閻錫山主持．20 日從南寧乘專機飛往香港。

12 月 5 日與夫人郭德潔、兒子、及隨從從香港飛往美國紐約。

19 日在紐約哥倫比亞大學醫院切除 3/4 隻胃，此後滯留在美長達 16 年。

1950 年 1 月 20 日，監察院致電之李宗仁，促請回國視事．李以身體有恙仍需調養為由複電婉拒，2 月 5 日國大代表胡鍾吾、劉宜達等人再electric電無結果．2 月 14 日國民黨中央非常委員會委員居正、于右任、張群、吳鐵城、朱家驊、陳立夫、何應欽、閻錫山、吳忠信等人聯名致電李氏，勸其回國，並稱若再不歸國將請總裁復職。

3 月 1 日，在各界勸進中，蔣中正正式宣告復行總統職權。

1954 年 國民大會審議 1952 年 1 月監察院通過的彈劾李宗仁案並舉行投票，同意彈劾票占 94.4%，符合了三分之二同意門檻，李宗仁副總統之職旋告罷免。李宗仁遭罷免後，已無可能去台。

在此前後，他曾加入第三勢力，1949 年他曾資助自由民主大同盟，並曾公開建議「台灣可成為美國之一個自治州」但乏人響應，後漸與中共熱絡聯繫。

1956.4~1965.6.十年間，李宗仁先後五次派程思遠到北京，會見中共總理周恩來。當時李宗仁曾將收藏之書畫（大部分為贗品）送回大陸，中共以十一萬美元購下，李對此十分滿意，並說「共產黨不簡單，是識貨的。」

1963 年中共周恩來指示，李宗仁歸附時間已到，宜「先向台灣當局打招呼，證明我方僅視李為愛國人士以免引起誤會。」

1965 年 7 月 20 日李宗仁偕妻郭德潔，祕密由紐約轉蘇黎世回到大陸，自干屈辱投入中共．周恩來、彭真、賀龍、郭沫若等 111 名政要親自接機。李在北

京機場發表聲明，有言：「十六年來，我以海外帶罪之身……一度在海外參
加推動所謂第三勢力，一誤再誤」云云。

歸附大陸後不久，李宗仁曾向周恩來建議「在北京天安門建蔣介石 xx 銅
像」，周將此事請示毛澤東，毛澤東對此大為不滿，稱「老蔣在北伐和抗戰
中的地位，還是無法動搖的……堂堂的李代總統怎麼會這麼蠢。」

1966 年 3 月 21 日妻郭德潔因乳腺癌在北京病逝，7 月 26 日，奉周恩來指示，
著名影星胡蝶之女、時年 27 歲的胡友松與當時已 76 歲的李宗仁完婚。

是年 8 月 31 日其宅遭北京紅衛兵抄家，理由是郭德潔涉嫌梅花黨案。9 月
15 日由周恩來安排避居三〇一醫院。

1969 年 1 月 30 日因肺氣腫在北京逝世。但據《李宗仁回憶錄》作者唐德剛表
示，據聞其是遭慢性中毒而死。

1978 年 11 月 9 日，時任中共中央組織部長的胡耀邦在中共中央黨校講話，談
到中共特工首腦康生的問題，其中提到李宗仁中毒致死的疑案時說：「我們肯定
了李宗仁是慢性中毒死亡……李宗仁到底死在誰的手中，康生有最大嫌疑。」
李宗仁死後葬於八寶山革命公墓。

陳公博　1892.10.19.－1946.6.3.　廣東省南海縣人，

陳公博，生於官宦之家，父親陳志美因鎮壓太平天國有
功，曾為廣西提督，「賞穿過黃馬褂」，後罷官居於廣州。
陳公博自幼弄槍習棒，曾獨自把幾個驕橫的八旗子弟打
傷。

1898 年，6 歲，開始閱讀《水滸傳》《三國演義》《西遊
記》《金瓶梅》等書。

1907 年，與父在家鄉組建「三點會」反清，失敗被囚。

1917 年，廣州法政專校畢業，轉北京大學哲學系。五四運
動思想新潮。

1920 年，北大畢業回廣州，接受社會主義，創辦新思維、
馬克思主義及社會主義《群報》陳獨秀受聘到廣州，與陳公博、譚平山等組
成共產黨廣州支部。

1921 年，中共在上海召開第一次全國代表大會，陳公博代表廣州出席。

1922 年 6 月，因支持陳炯明，留黨察看。陳宣佈退黨，到美國唸經濟。

1925 年，哥倫比亞大學碩士畢業回到廣州。加入國民黨，出任國立中山大學代
理校長。受汪精衛、廖仲愷重視，任黨部書記，國民政府廣東省工農廳長。

1926 年，當選中央執行委員，北伐作為蔣介石隨員北上。寧漢分裂時支持武漢
的汪精衛。寧漢合流後到廣州，聯合張發奎驅走李濟深，準備迎接汪主事。

1927 年 12 月，共產黨發動廣州暴動，陳公博受各方責難，逃到香港。

1928 年，提出改組國民黨主張，成為改組派的宣導者。九一八事變，國民黨內
謀求和解，蔣介石及汪精衛再度合作，汪任行政院長，陳亦任民眾訓練部、
實業部長等職。

1936 年 2 月，汪辭去行政院長，陳亦辭職。

1937 年，抗戰爆發，汪精衛與日本暗通款曲，圖謀不軌，

1940 年 3 月，到南京成立偽「國民政府」，陳公博任立法院長，後兼上海市長。

1944 年，汪精衛日本治病，陳公博代政府主席。汪死後，兼任行政院長、軍事
委員會委員長等職。

1945 年初，陳透過戴笠軍統向重慶暗相往來，庇護軍統行動。

　8 月 15 日，日本無條件投降，

　16 日，陳公博宣佈解散南京國民政府，期盼能得到重慶諒解，旋逃亡日本，
試圖在當地隱姓埋名。

　南京受降後，我國即向日本提出引渡要求，作為戰敗國的日本無法保護陳公
博，將其交出。陳被國軍傘兵押解回國，交由軍統看管。

1946 年 4 月，陳公博在蘇州獅子口江蘇高等法院受審，以通謀敵國罪成立，處
以死刑。

蔡廷鍇　1892~1968　廣東羅定

蔡廷鍇，字賢初，保定官校畢業，歷任營、團、旅、師長，19 路軍軍長、總指
揮。1949 年投入中共，韓戰時曾至朝鮮勞軍，文革時曾被批鬥，1968 逝於北京，
終年 76 歲。

吳奇偉　1893~1953　廣東大埔人

吳奇偉，保定官校、陸大將官班，歷任參謀長、團、旅、師、軍長、；指揮官、
第四戰區副司令、集團軍司令、湖南省主席等職。

1949 年 2 月，任廣東綏靖公署副主任。5 月 14 日在粵東投入中共，任廣東政協
委員。

1953 年，在北京病逝，享年 60 歲。

鄧寶珊　1894~1968，甘肅省天水市人。

鄧寶珊，原名鄧瑜，出身行伍，只念過私塾，但有文學
素養，品詩論畫，有「儒將」之稱。16 歲之時，在新疆
參加同盟會，17 歲參加伊犁起義。在陝西參加討伐袁世
凱。

1918 年，在陝西創立靖國軍，又參加馮玉祥的國民革命
軍，其任國民二軍第七師長共產黨人幹部，鄧小平即曾
受他賞識提拔，其他任職的共產黨員有葛霽雲、杜漢山、

　　楊曉初、柴宗孔、鄧鴻賓、楊春亮、周逸山、楊子實、孫祖、王建、黃展雲
　等多人。

1925 年，鄧寶珊接共產黨建議，在河南省陝州辦「軍官傳習所」，由共產黨員
　胡重差任所長，共產黨員張海如等任政治教官，並有三名蘇聯顧問。

1930 年，蔣馮閻中原大戰，鄧寶珊為馮玉祥第八方面軍總司令，馮大敗，鄧居
　上海，從事反蔣活動，長期保持同共產黨的友誼。

1932 年，應楊虎城之邀，任西安綏靖公署駐甘肅行署主任兼新一軍軍長。

1936 年，西安事變，他支持張學良與楊虎城的八項主張。在榆林擔任晉陝綏邊
　區總司令時，長期與共產黨勾結，在陝北種植販賣鴉片歛財，常與毛澤東、
　周恩來在延安會晤，接受特別禮遇招待。

1948 年，平津戰役，鄧寶珊當解放軍與北平傅作義之間的調停人，又當傅作義
　的全權代表，達成協議，北平開城投降，保住北京歷史文化都城。

1949 年，中華人民共和國成立，鄧寶珊歷任西北軍政委員會委員、國防委員會
　委員、甘肅省人民政府主席、省長、國民黨革命委員會常委，獲一級解放勳
　章。文化大革命時遭受衝擊，

1968 年，在北京吞食鴉片自盡，鄧寶珊的名字位列八寶山革命公墓。

吳石　1894.8.~1950.1. 福建福州倉山螺洲吳厝村

吳石，名萃文，字虞薰，號湛然。中華民國國軍將領、中國共產黨黨員，中國
共產黨潛伏在國民黨軍隊中的間諜。

1894 年生於福建省閩侯縣螺洲鎮。先就讀鄉間私塾，後轉讀福州開智小學。

1911 年 10 月，響應武昌起義報名參加福州北伐學生軍。同年底進武昌軍校就
讀。成績優異畢業後，

1914 年 8 月保送保定陸軍軍官學校（第 3 期）就讀，

1916 年 8 月畢業。

1929 年，吳石以福建省軍事參謀處處長身份，東渡日本留學，先在炮兵學校，1930 年，考入日本陸軍大學，畢業成績名列榜首。

1934 年，回國，參加研究日本及收集情報的機構，編成《日本作戰之判斷》名為《參二室藍皮本》。武漢會戰，蔣委員長每週召見吳石一次，諮詢嘉許。

吳仲禧在抗戰期間就已加入中共，他與吳石是忘年好友，立法委員何遂亦與中共關係密切。「七‧七事變」後，何遂把吳石介紹給周恩來等中共代表。抗戰結束後，吳石奉調南京，任國防部史政局長，並受吳仲禧之托，協助他調任國防部監察局監察官。這期間吳仲禧有時住在吳石家，吳石逐漸覺察到吳仲禧在進行秘密活動，但採取默許態度。

1942 年，調往抗日戰爭第四戰區。曾參加中國國民黨革命委員會。

1947 年 4 月，何遂及兒子何康、吳石，中國共產黨中央委員會上海局書記劉曉等人在上海錦江飯店見面，吳石正式加入中國共產黨。此後，吳石以何遂家為中轉站，經常往返上海與福建，為中國共產黨送來很多重要情報。徐蚌會戰前，中共地下黨員、國防部中將吳仲禧在吳石的幫助下，取得「淮海戰場形勢圖」，轉道上海將情報交給潘漢年。此外，吳石還讓「華中剿匪指揮部」情報科長胡宗憲多送一份《敵我雙方兵力位置圖》給吳仲禧參考。中華人民共和國成立前夕，吳石飛赴台灣號稱「密使一號」，和中國共產黨漸失聯繫。

1948 年 8 月 16 日，福州解放前一天，吳石從香港轉道去了台灣。

1949 年 8 月，女兒何嘉奉命與父親何遂一道赴台北，並與早在那裡潛伏的何遂次子何世平會合，和吳石取得聯繫。吳石為國防部參謀次長，抵臺後，便展開情報蒐集工作，與在臺灣中共女情報員朱諶之(化名朱楓)單獨聯繫，「兩條線、兩個人」另一吳石和蔡孝乾連絡‧

朱諶抵臺次日，吳石將她領進家中書房，打開保險箱，將一隻小圓鐵盒，鄭重地放到朱手裏說道：這盒裏裝的微縮膠捲全是絕密軍事情報，上面記錄完整的 《台灣戰區戰略防禦圖》無一不是國民黨軍隊頂級軍事機密。

1950.1.29.共碟蔡孝乾被捕叛變，造成其他 400 多名地下黨人被捕。

保密局從蔡孝乾的筆記本上查到吳石的名字。蔡孝乾也供出了吳石曾與朱諶之秘密會見多次。毛人鳳不敢怠慢，立即呈報蔣總統。

3 月 21 參謀總長周至柔馬上逮捕國防部參謀次長吳石中將、中共華東局特工朱諶之、吳石副官聶曦上校、臺軍聯勤總部第四兵站總監陳寶倉中將等四人審訊，在憲兵隊長王才金令下，執刑槍決。

6 月 10 日青年公園水門外馬場町刑場執行槍決吳石臨刑前簽寫遺書及絕筆詩天意茫茫未可窺，悠悠世事更難知。平生殫力唯忠善，如此收場亦太悲。

五十七年一夢中，聲名志業總成空。憑將一掬丹心在，泉下嗟堪對我翁。

1965 年，中華人民共和國追認吳石為革命烈士。

1973 年，毛澤東、周恩來確認吳石將軍為革命烈士。

1994 年，吳石的子女將「深海(吳石)」和他的妻子王碧奎的遺骸奉回大陸，由
何康主持安葬在北京福田公墓，緊鄰何遂夫婦的墓地。

由於中共台灣省工委書記(蔡孝乾)被捕叛變，供出了朱楓、吳石．受牽連的還
有吳石的妻子王碧奎、聶曦、陳寶倉、方克華、江愛訓、王正均等人。在多次
勸降未果的情況下，吳石、朱楓、陳寶倉、聶曦等人被台灣特別軍事法庭判處
死刑。吳石的夫人獲釋出獄，定居美國病逝．

黃紹竑 1895〜1966.8.31.　廣西容縣珊萃村人。

1949 年國共和談破裂變節投向中共，臨陣叛離六人之三
黃紹竑，號紹雄，字季寬．與李宗仁、白崇禧稱新桂系
三大巨頭。父黃玉梁前清舉人，七歲入私塾，機靈多變．
1909 年，入廣西陸軍第三中學。
1912 年，入武昌陸軍軍官預備學校，
1914 年，入保定陸軍軍官學校，
1916 年，回廣西陸軍任見習官。
1926 年，任廣西省主席，反蔣戰爭中屢次失利，威望大
受打擊，離開桂系投蔣。

1932 年，任國民政府委員，5 月 3 日任內政部長。

1934 年，任浙江省政府主席，

1936 年，任湖北省主席，抗戰後任第二戰區上將司令長官．

1942 年，轉任第三戰區司令長官。

1946 年，當選監察委員，旋當選副院長。

1949 年，代表到北平與中共談判破裂，變節投入中共，後任中共國務委員，政
協委員，民革常委、和平解放台灣副主任等職。

1957 年，黃紹竑曾被劃為右派分子。文革受到嚴重衝擊，兩次服毒不死．

1966 年 8 月 31 日在北京以剃刀刎頸自殺而死。

1980 年，平反恢復名譽。

傅作義 1895.6.27.~1974.4.19.　山西榮河縣(今萬榮縣)安昌村

傅作義，字宜生．曾讀私塾．遷城河東中學堂，太原陸軍
小學．北京第一陸軍中學．保定陸軍軍官校第五期
1909 年，與張金強結婚．
1920 年，少校團附．
1921 年，任營長，父傅慶泰逝世
1925 年，升第四師中將師長．

1927 年，升第三集團軍第五軍團總指揮，兼天津警備司令．
1929 年，任第 35 軍軍長、綏遠省主席．
1934 年，晉升陸軍二級上將．
1936 年，毛澤東致函傅作義：「先生北方領袖，愛國家豈肯後人？如能毅然抗
　　戰，弟等決為後援…」
1936、1937 年，相繼在大同，與周恩來、彭德懷會晤。
1938 年，接任第八戰區副司令長官．
1944 年，升任第十二戰區司令長官．
1945 年，任察哈爾省主席．旋任張垣綏靖主任、華北剿匪總司令．
1946 年 9 月，傅作義發表《致毛澤東的公開電》，公開「譴責中共發起內戰」。
1949 年，北平解放前，傅作義致函毛澤東：【毛澤東先生：我不願再打內戰了，
為了保衛北平的古跡，為了人民的生命財產免遭損壞，我願意接受毛主席的領
導，接受和談。請求派南漢宸先生來談判。我手下還有幾十萬軍隊，200 架飛
機。過去我幻想以蔣介石為中心來挽救國家于危亡，拯救人民于水火之中。現
在我已經認識到這種想法、做法，是徹底錯誤了。今後我決定要以毛主席和共
產黨為中心來達到救國救民的目的…】晉見毛澤東時開口第一句話【我有罪】。
1 月 14 日傅作義與林彪、羅榮桓、聶榮臻簽訂「會談紀要」，接受中共條件。
1 月 22 日傅作義率 25 萬大軍變節投入中共，31 日解放軍不費一槍一彈，和平
進入北平，毛澤東接見傅作義。爾後相繼擔任中共綏遠軍政委會主席、中央人
民政府委員、財經委員、國防委員會副主席、全國政協副主席．
1955 年，毛澤東親自授予一級解放勳章，奉派訪問瑞典、莫斯科．
1957 年，任中共水利部長．
1974.4.19. 在北京病逝。　其妻劉芸生，育一女傅冬菊、一子傅恆。

馮友蘭

　　　　　　1895.12.4.－1990.11.26.，河南南陽唐河縣祁儀鎮馮友蘭，字芝生，
河南南陽唐河縣人，中國哲學家哲學史家。
馮氏是當地望族，合族而居，有地千餘畝。祖父馮玉文，
字聖徵。父親馮臺異，字樹候，光緒二十四年戊戌科進士，
曾任唐河崇實書院山長。母親吳氏，名清芝，曾任唐河端
本女學學監。
1901 年，6 歲入家塾發蒙。
1904 年，因馮臺異任武昌方言學堂會計庶務，隨父遷居武
昌。
1907 年，馮臺異任湖北崇陽縣知縣，全家遷崇陽。
1908 年，馮臺異病故於崇陽，馮友蘭遂返回唐河就讀家塾。
1910 年，入唐河縣立高等小學預科。
1911 年，入開封中州公學中學班。
1912 年，轉入武昌中華學校，同年冬入上海中國公學大學預科。

1915 年，考入北京大學法科，入校後即改入文科中國哲學門，
1918 年，畢業，任教於開封中等技術學院。
1919 年，與友人創辦《心聲》月刊，同年考取公費留學資格，冬赴美國留學。
1920 年，入紐約哥倫比亞大學研究院哲學系，師從杜威。
1923 年，夏論文答辯通過。
1924 年，獲哥倫比亞大學哲學博士學位。取道加拿大歸國，初任中州大學哲學系教授兼文科主任、哲學系主任。
1925 年，擔任廣州中山大學教授兼哲學系主任。
1926 年，任燕京大學教授。
1928 年，轉任清華大學教授兼哲學系主任，翌年再兼任文學院院長。
1931 年和 1934 年出版《中國哲學史》推崇儒學在中國哲學史上獨尊和正統地位。
1934 年，出訪捷克及蘇聯，回國後分別就蘇聯見聞及歷史唯物主義作兩次演講，觸怒國民黨當局，遭逮捕審訊，不久即獲釋，不久即加入國民黨，
1935 年，當選中國國民黨第五次全國代表大會代表。
1937 年，中日戰爭，馮遂隨清華大學遷往長沙，又旋即再遷昆明，任職於西南聯大哲學系教授兼文學院院長。
1939 年，再次加入國民黨。居昆明期間，先後出版《新理學》《新事論》《新事訓》《新原人》《新原道》《新知言》，合稱「貞元六書」，繼續推崇儒家道統，發展鞏固其儒學思想，也切合當時國民黨新生活運動。任教西南聯大期間，馮與國民黨高層往來密切。
1942 年，數次前往重慶為國民黨幹部授課。
1943 年，以西南聯大黨部名義，致函蔣介石望其「收拾人心」，蔣閱信「為之動容，為之淚下」。
1945 年，中國國民黨第六次全國代表大會上馮被選為主席團成員。
1946 年，抗戰勝利，應美國賓夕法尼亞大學邀請，任客座教授一年出版《中國哲學簡史》。
1948 年，回國後仍擔任清華大學教授，哲學系主任和文學院院長，
　　　　當選中央研究院首任院士（人文及社會科學組）
1949 年 10 月 1 日中華人民共和國成立，10 月 5 日馮即致信毛澤東自稱「過去講封建哲學，幫了國民黨的忙，現在我決心改造思想，學習馬克思主義」，毛在回信認定了馮「過去犯過錯誤」，並告誡其「總以採取老實態度為宜」，馮遂向清華大學辭去院長和系主任職務，
1950 年，一被派往農村參加土改運動工作。
1952 年，被調至北京大學哲學系。多次檢討自己歷史問題數次公開表示新理學是「與馬列主義毛澤東思想為敵」，是「反人民」，是「要人一心一意擁護當時半封建半殖民地的社會和國民黨政權」，「我過去的著作都是沒有價值的」，並「對 40 年代所寫的幾本書懺悔」。
1955 年，參加批判胡適和梁漱溟的政治活動；

1962 年，向毛澤東獻詩「懷仁堂後百花香，浩蕩春風感棠芳」。由於馮友蘭在文革中阿諛權力，被稱為大陸四大無恥文人之一。

1966 年，「文革」開始，馮被抄家關入「牛棚」，

1968 年，離開「牛棚」。

1973 年，批林批孔運動中，馮友蘭出任四人幫掌握的「梁效」寫作班子顧問，「從舊營壘裏衝殺出來，給了孔丘一個回馬槍」，相繼發表《對於孔子的批判和對於我過去的尊孔思想的自我批判》和《復古與反覆古是兩條路線的鬥爭》等文章，均得《光明日報》全文轉載。後又著《論孔丘》一書，為江青集團效力。這些書文中，馮稱自己 1949 年以前的尊孔思想是「為大地主大資產傢，特別是為國民黨反動派的統治服務的」，1949 年以後則是「為劉少奇，林彪反革命的修正主義路線服務的」，認為自己能參加批孔運動是一種「更大的幸福」，一代儒學名家「竟以批孔鳴於時」。馮積極向江青靠攏，然 1976 年四人幫失勢，梁效寫作班子遭徹底清算，馮亦遭長時間關押審查。

1980 年，馮通過口述方式開始重寫《中國哲學史新編》，自稱是寫「自己在現有馬克思主義水平上所能見到的東西，直接寫我自己在現有的馬克思主義水平上對於中國哲學史和文化的理解和體會」，至 1989 年完成，馬克思主義和階級鬥爭觀念貫穿全書始終。

1990 年 11 月 26 日，馮友蘭病逝於北京友誼醫院，享年 95 歲

載戟　1895~1973　安徽旌德人

載戟，字孝恂，保定官校畢業，陸軍中將．歷任團旅師長、參謀長、淞滬警備司令、福建省民政廳長等職．

1932 年 10 月 31 日因「一二八」淞滬作戰有功，獲頒青天白日勳章．

1947 年，退役後，對國軍進行秘密策反．1949 年任中共華東軍政委員、華東行政委員、安徽省副省長、全國政協委員、民革中央委員等．

1973 年，病逝合肥，享壽 78 歲．

盧漢　1896~1974.5.　雲南

昭通炎山　盧漢，原名邦漢，字永衡，彝族人，陸軍二級上將。

1911 年，辛亥革命後，隨龍雲入滇軍並成為其下屬，龍、盧兩人私交甚篤、情同手足，傳言盧漢乃龍雲之異母兄弟，然為龍雲之子龍繩武所否認。

1912 年，盧漢以准尉被保送入雲南講武堂第四期步兵科學習。

1914 年，與龍雲表妹龍澤清結婚。

1937 年，任國民黨第六十軍軍長，全軍四萬餘人。

1938 年，參與台兒庄戰役，任第三十軍團司令．參與武漢會戰。

1939 年，參與長沙會戰。

1945 年，龍雲因遭蔣介石猜忌而下台，改盧漢接任雲南省主席；8 月日本無條件投降，盧漢率軍 20 萬人前往越南河內，於 9 月 28 日代表同盟國接受日軍第 38 軍司令土橋勇逸投降。

1948 年 7 月，昆明學生掀起「反飢餓、反內戰、反迫害」以及「反美扶日」運動，盧漢鎮壓逮捕數百人，製造「七一五」慘案。

1949.12.9.以雲南省主席身份變節倒戈，宣布雲南解放。

中華人民共和國成立，曾任政協委員、人大常委、雲南軍委等職。

1974 年 5 月，盧漢因病逝世。

錢壯飛　　1896 年生于浙江吳興(今湖州市)。

本名錢北秋，又名錢潮‧曾任國民黨特務頭子徐恩曾機要秘書的錢壯飛：「龍潭三杰」早年就讀于湖州中學，後考入北京醫專。

1925 年，加入中國共產黨。

1928 年，在上海考入國民黨特務頭子徐恩曾主辦的上海無線電訓練班後，日益得到徐的信任。1928 年秋，徐恩曾被蔣介石任命為上海無線電管理局局長後，就將錢壯飛留在身邊，擔任該局秘書。後任徐恩曾的私人秘書。所謂無線電訓練班和無線電管理局，實際上是國民黨的特務機構。

1929 年 12 月，徐恩曾正式出任南京國民黨中央組織部黨務調查科(中統前身)主任。就任前，他特意把原在上海無線電管理局的私人秘書錢壯飛也一塊兒帶了過去，並任命錢壯飛為機要秘書。

1931 年 4 月，中共中央特科負責人顧順章被捕叛變，國民黨武漢行營主任何成浚和特務機關連續向蔣介石、徐恩曾發出顧順章叛變的電報，但均被錢壯飛截獲。錢壯飛立即派人趕到上海向中共中央報警。周恩來、陳雲等領導采取緊急措施，才使得中 共中央領導人、中共江甦省委以及共產國際在滬機關全部迅速地安全轉移，使黨組織避免了一場特大災難，對保衛設在上海的中共中央機關的安全作出了重大貢獻。1931 年，錢壯飛進入中央甦區，任中央革命軍事委員會總參謀部第二局副局長。

1935 年，在紅軍長征南渡烏江時，遭敵機襲擊犧牲。全國解放後，周恩來曾經多次談到錢壯飛和李克農、胡底打進國民黨最高特務機關後對黨作出的巨大貢獻。

楚溪春　　1896~1966　　河北蠡縣人

楚溪春，原名河，字晴波‧保定官校、陸大特別班畢業，陸軍中將，歷任連長、參謀、軍長、察綏憲兵司令、河北省主席、瀋陽防守司令、平津會戰隨傅作義一起投入中共‧

1966 年文革時謝世‧享壽 70 歲‧金門 823 炮戰金門防衛副司令上將殉職趙家驤將軍乃楚女婿‧

孫蔚如　1896~1989　陝西西安人

孫蔚如，原名樹棠，以字行世，陝西陸軍測量學校畢業．歷任連、營、旅、師、軍、西安戒嚴司令、第四集團軍總司令、第六戰區司令長官、武漢行轅副主任．

1946 年，因抗戰有功，獲頒青天白日勳章．

1949 年，投戰結束，早即籌謀投入中共，在中共地下組織掩護下前往北京．擔任中共陝西省副主席、政協委員、國防委員．

1979 年，在北京逝世，享壽 83 歲

衛立煌　1897.2.16.~1960.1.17.　安徽合肥

衛立煌，字俊如，又字輝珊，妻韓權華．

1912 年，至和州（今安徽和縣）當兵．

1917 年，孫中山的衛隊充當衛士、排長．

1927 年，南京國民政府成立後任南京衛戍副司令　．

1929 年，任國民革命軍第四十五師師長．

1931 年，任第十四軍軍長．

1932 年，進攻蘇區攻佔金寨，蔣中正彰其功改金寨名立煌縣．

1935 年，被選為中國國民黨中央執行委員．

1937 年，抗日戰爭，任第二戰區副司令長官、第一戰區司令官，河南省主席．打著藍旗反藍旗，不斷向共產黨示好，「功在紅朝」．

1938 年，衛立煌從八路軍聘請趙榮聲(共產黨員)為少校秘書．

2 月 17 日，閻錫山、衛立煌、朱德在臨汾開會．隨後與彭德懷、羅瑞卿等多位共產黨人交談，衛立煌發覺「八路軍有一個特點，每個人講的話 90% 幾都是一樣的．長篇大論也不走樣。」

4 月 16 日，衛立煌由延水到延安，同毛澤東交談，毛表示：八路軍缺彈藥、醫藥、和夏服，希望衛幫忙解決，衛立煌當即答應．晚上延安晚會，毛澤東與衛立煌坐在一排觀看，有說有笑，顯得極為融洽．

4 月 17 日，衛立煌以第二戰區副司令長官兼前敵總指揮的身份手諭「即批發 18 集團軍步槍子彈 100 萬發、手榴彈 25 萬發、180 箱牛肉罐頭」．又撥「三個師的夏服、10 件日本呢大衣、10 枝日本新式馬、兩匹高大洋馬、50 部電話機、一部十門的電話總機、20 門的電話總機．」

旋著秘書趙榮聲(潛伏共諜 12 年)向延安探詢：「我能參加共產黨嗎？怎麼參加呢？」「你替我到延安去問問吧．」趙回答「去延安路太遠，我到西安八路軍辦事處問林伯渠吧？」

衛立煌指示成立「第二戰區前敵總指揮部戰地工作團」，學習八路軍的西北戰地服務團，擺脫國民黨軍隊政工系統，自己做政治工作．又指揮他的部隊「學

習八路軍分散獨立作戰的方法·」還說「要想戰勝日本救中國,恐怕只有學延安的辦法」。

1939 年,劉少奇帶了毛澤東的親筆介紹信及衛在延安所攝照片經過垣曲,和衛晤談,兩人談得甚為融洽·又鄧小平、楊尚昆經過河南澠池渡河經晉南到河北去,曾與衛立煌見過面·衛立煌又向他二人表示願意參加共產黨。

1943 年,任中國遠征軍司令長官,獲頒青天白日勳章。

1944 年,任中國遠征軍司令長官,因打通中印公路名揚中外。

1948 年,任東北剿匪總司令,瀋陽陷落,東北戰場幾乎全軍覆沒·
衛立煌與高級將領及家小,倉促從於瀋陽乘飛機逃離,途徑北平會見傅作義後至廣州,被蔣中正撤職軟禁於南京。

1949 年,中共佔領南京前夕,出走香港,在香港投資失敗。10 月 1 日中共建國,10 月 3 日,他發一封電報給毛澤東表示,「偉大領袖」「竭誠擁護」·

1955 年 3 月 15 日 他與周恩來取得連絡,以「告台灣袍澤書」為條件,從香港經廣州,秘密潛往北京·毛澤東談話:「衛立煌就是在香港做生意,賠了本才回來的,衛立煌這樣的人,大家都看不起,難道敵人會看得起他?」·後任中共國防委員會副主席,政協委員、人大代表、民革常委等職。被周恩來稱作「起義將領」

1960 年 1 月 7 日 罹患冠狀動脈硬化心臟病和肺炎,在北京逝世。中共悼詞:「衛立煌同志對於抗日是有功的,他當時的愛國行動是值得稱道的。」

劉多荃 1897~1985 遼寧鳳城人

劉多荃,字芳波,陸軍上將銜,從基做到中將師長,集團軍副總司令,綏靖公副主任·1935 年長城戰役有功,獲得青天日勳章·1948 年赴香港,1949 年通電投入中共,出任中共政務參事、政協委員等職·1985 年病逝北京,壽 81 歲。

周佛海 1897~1948.2.28.,湖南沅陵人,

周佛海,本名周福海,共產黨早期領導人,為建黨的中共一大代表之一,後成為國民黨高級官員, 汪精衛成立的南京國民政府的領導人之一,被視為漢奸。

周佛海留學日本 京都大學經濟系,此時接觸共產主義·1921 年,以日本留學生代表出席中國共產黨第一次全國代表會

1924 年,任國民黨中央宣傳部秘書,並退出中國共產黨。

　　寧漢分裂時，支持汪精衛為首的武漢政府．

1926 年，他曾擔任中央軍事政治學校武漢分校祕書長兼政治部主任。清黨後周佛海投靠蔣介石，

1927 年，任南京中央陸軍軍官學校總教官。

1929 年，中國國民黨第三次全國代表大會，任國民政府軍事委員會訓練總監部政治訓練處處長兼總司令部訓練主任。

1931 年，當選國民黨第四屆中央執行委員。

1935 年，任國民黨中央民眾訓練部部長。

1938 年 9 月，與汪精衛夫婦投向日本。

1940 年，汪精衛的南京偽政府成立，周佛海任南京偽行政院副院長，另外兼任財政部長、中央政治委員會秘書長、中央儲備銀行總裁、上海市長、上海保安司令、物資統制委員會委員長。

1939 年 12 月和 1940 年 11 月，兩次與日本簽訂賣國條約。

1940 年，暗中向重慶方面靠攏，周佛海 12 月 20 日的日記中，承認自己「對日本之觀察甚為錯誤，今事實表現足以證明抗戰派理論正確」。周佛海還同章正范一起商定今後如何同陳寶驊聯繫接洽事宜。

1942 年，周佛海正式向重慶國民政府秘密投誠自首「戴罪立功」。

　　8 月 12 日蔣總統密令，任命周佛海為軍事委員會上海行動總隊總指揮，負責維持上海市及滬杭一帶治安．實施重慶中央政府交付的任務：設立秘密電台向重慶中央供給有關日寇軍事情報；掩護及營救重慶中央地下工作人員；相機誅除汪精衛、李士群等。

1943 年，透過戴笠、杜月笙等人連絡重慶國民政府要求「戴罪立功」。

1945 年，日本投降後，汪偽政權解散，9 月 13 日蔣總統命令戴笠用飛機把周佛海、羅君強、丁默邨、楊醒華等人送往重慶，名曰移地關押，實則保護．

　　10 月 10 日 在輿論壓力下被認為是降日漢奸而被捕，

1946 年，由重慶押解至南京老虎橋監獄．法院判處死刑，經周妻楊淑慧活動，得蔣總統照顧，改判無期徒刑。

1948 年 2 月 28 日，周佛海因心臟病死於南京老虎橋監獄。享年 51 歲。

2011 年 10 月 8 日，公布《戴笠與抗戰》書中，證實周佛海在 1943 年被戴笠吸收進入軍統，成為國民黨政府在汪偽政權中的臥底。

劉斐　　1898~1983　湖南醴陵人

劉斐，字為章．江西講武堂、日本士官學校、日本陸軍大學畢業．善於交際，能言善道，對日軍觀察敏銳，判斷日軍行相當準確．歷任文書、錄士、排、連長、參謀、國防部參謀次長、第一廳長、軍令部次長．

潛伏在蔣介石委員長身邊，為國防部軍令部第一廳廳長、戰略顧問委員會委員、軍事委員會委員、國民黨候補中央執委　將軍事計劃傳給中共。

1949 年國共和談破裂，變節投向中共，臨陣叛離六人之六

　8 月在香港聯名通電脫離國民黨．文革時毛澤東挺身說：劉斐是淮海大會戰
　功臣，提供蔣介石兵團佈署計劃和行軍路線情報，讓共軍能主動截擊，逐步
　包圍蠶食杜聿明部第 2,12,13 等三個兵團，劉立下了大大的功勞．
　後來才知道，劉斐是個大匪諜，國共內戰，我方作戰命令，共方瞭如指掌，
　都是他提供給中共的，自然我軍每戰必敗。當時大家都認為劉為章十分可疑，
　「陳報蔣總統，蔣卻都聽不進去。」
　劉為章後來為國共和談代表，和談失敗，臨陣投向中共，當了中共水利部長，
　政協副主席、人大常委等要職，才澈底瞭解。六〇年代反右運動遭到清算，
　毛澤東為了保他，把當年的秘密給抖了出來：「你們不要以為國家對劉斐同
　志待他太好，你們不要把他整得太慘，其實今天我們能夠解放全國，劉斐同
　志是立下了大大的功勞的，因為他曾經冒了非常大的危險，勇敢的把國民黨
　所有的軍事作戰計畫，通通供給了我們，我們才能按原定計畫把國民黨打垮。」
1983 年，病逝北京，享壽 85 歲。

李士蒸　1949 年國共和談破裂投入中共，臨陣叛離六人之五

李克農　1898 年~1962.2.9.　安徽巢縣(今巢湖市)
1926 年，加入中國共產黨。
1929 年，根據周恩來的指示，化名李澤田以應考方式考入了上海無線電管理局。
　該局負責人徐恩曾對李克農觀察一段時間後，對李克農產生信任。不久，李
　克農便升任特務股股長。雖然徐恩曾對李克農很信任，但一個專供國民黨高
　級官員相互發電報使用的密碼本，絕不外傳。每次外出，徐恩曾都將其放在
　貼身口袋裡。一次，好色的徐恩曾從南京到上海開會時，李克農見其急著去
　找上海灘的美女，就用手指指其胸口，說：「不行、不行」徐主任，您帶著
　這個怎麼行?”徐恩曾覺得言之有理，當即從小褲裡掏出密碼本交給李克農，
　並囑咐他小心保管。徐恩曾走後，李克農立即將密碼本復制收藏。
　後來，就是用這個復制的密碼本，在關鍵時刻，幫助破譯了國民黨的絕密情
　報，保衛了中共中央的安全。
1931 年 4 月 25 日深夜，李克農收到錢壯飛派人從南京送來的中共中央特科負
　責人顧順章叛變投敵的密信後，急忙與黨中央取得聯系。可這天不是與陳賡
　接頭的日子。于是，在夜幕下，李克農行色匆匆，找了一處又一處，最後終
　于找到了陳賡。接著，兩人又一起找到周恩來，迅即對有關人員進行了轉移。
　新中國成立後，曾任外交部副部長、解放軍副總參謀長等職。是中共八屆中
　央委員。李克農這位中共情報、保衛戰線上的卓越領導人，雖然不是中央政
　治局委員，但卻可以列席中央政治局會議。毛澤東曾這樣評價李克農：“李克
　農是中國的大特務，只不過是共產黨的大特務。”
1955 年，這位從沒帶兵打過仗的開國功臣，被授予上將軍階。

1962 年 2 月 9 日病逝于北京。

王長江　1899~1978　河北博野人

王長江，字宗漢，保定官校九期，中央軍校高教班畢業。曾任河北民軍少將指揮官、天津水上公安局長、河北保定特務大隊長、警備旅長、中共抗日軍政大學第七分校長、中共開國大典閱兵副總指揮、山東軍區荷軍分區司令員等職。
1938 年，台兒莊戰役作戰有功，獲頒青天白勳章。
1948 年，在「民八事件」倒戈，投奔中共八路軍，中共建國後，被授大校軍銜。
1978 年，病逝，享年 79 歲。

董其武　1899~1978　山西河津人

董其武，太原學兵團、山西斌專業學校、陸大將官班畢業，陸軍中將。歷任排連營團旅師軍長，晉陝綏邊區副總司令、張家口警備總司令、西北軍政長官公署副長官。
1949 年初，傅作義「和平談判」投入中共，9 月 19 日董其武亦率綏遠軍政人員一起向共黨投降。中共酬予綏遠省政府主席、兵團司令、國防委員、政協委員，
1950 年韓戰任 23 兵團司令，入韓「抗美援朝」。
1955 年中共授予上將軍銜，
1989 年病逝北京，享壽 90 歲。

張炎　1902~1945　廣東吳川人

張炎，字光中，生於越南，歷任排、團、旅、師長，中共第四軍軍長、高雷人民抗日軍軍長。北伐時期，曾巨絕槍斃共產黨員，明目張膽與共黨合作，公開擁護中共。1945 年 2 月 張在圍剿下遁入廣西，仍遭逮捕，在廣西玉林監獄槍決，得年 43 歲。

余程萬　1902－1955，廣東台山白沙鎮漲村寧興村人

余程萬，號堅石，畢業於番禺師範學校、廣東鐵路專門學校、黃埔軍校第一期、陸軍大學特別班、北平中國大學、陸軍大學研究院。膽怯無能，狀貌短小。
1943.12.2.常德會戰，時任 74 軍 57 師師長，戰況緊急時，偷生怕死，置國家軍譽於不顧，棄守陣地偷逃，為日軍俘擄，後脫險到黃土嶺，薛岳將其解渝受審判刑 2 年，被囚四個月之後釋放，旋任 26 軍軍長。
1949 年，國共內戰末期，同李彌將軍一起被投入中共的雲南省主席盧漢逮捕，後來自己率領 26 軍投入中共，釋放後，避居香港。
1955 年在香港新界遭遇匪徒搶劫，中彈身亡。

陳明仁 1903.4.7.~1974.5.21.湖南醴陵人

陳明仁，字子良，曾就讀私塾、進新式學堂、長沙兌澤中學、黃埔軍校一期，陸軍中將．13 歲娶妻謝芳如。歷任排連營團旅師軍長、武漢警備司令、華中剿總司令、軍團司令、湖南省代理主席．

曾參加東征北伐、中原大戰、武漢會戰、桂南會戰、崑崙關戰役、遠征軍反攻滇西、打通中印出路．戰功彪雄，風動全國．

1947.5.22.~6.30.陳明仁四平戰役大勝，榮升第七兵團中將司令，獲青天白日勳章。後因縱兵搶劫糧食被陳誠撤職，閒居南京。

1948 年，白崇禧保舉出任華中剿匪副總司令兼 29 軍軍長、武漢警備司令，後任第一兵團司令長官、湖南省政府代理主席。

1949.8.4. 陳明仁與程潛接受中共和談條件，長沙「和平解放」，受到毛澤東和朱德接見與嘉勉，後任湖南軍區副司令員、解放軍第 21 兵團司令、第 55 軍軍長、湖南省臨時政府主席、中南軍政委員會委員等職。

同年，毛澤東請長沙起義之後的陳明仁在家中做客，毛澤東對他說：「我看林彪打仗就不如你喲！」

1955 年，中共授予上將軍銜、和一級解放勳章。

1968 年，因病離職休養．

1974 年 5 月 21 日，在北京病逝

何文鼎 1903~1968　陝西鏊屋人

何文鼎，黃埔一期，陸大將官班畢業，陸軍中將．歷任排連營團旅師軍長、集團軍司令、西安警備司令、陝西抗日義勇軍司令、延安警備司令．參與北伐、中原大戰、伊盟事變、綏包戰役、進攻延安等役．

1946 年 1 月 1 日，蒙古戡亂有功，獲頒青天白日勳章．

1949 年，內戰向共軍投誠，因其曾進軍攻擊延安，仍被視為戰犯，關進北京功德林戰犯管理所．

1961 年被特赦出獄，在西安剪刀工廠做工．1968 年煤氣中毒死於西安,年 65 歲．

李默庵 1904－2001 湖南長沙市

李默庵， 黃埔一期畢業，曾加入共產黨，黃埔生中第一個退出共產黨的。後升至國民革命軍陸軍中將。

1949 年和程潛、陳明仁等推動「湖南和平解放」．

旋因和陳明仁不和，遷居香港轉往美國。1980 年代返回中國，任政協委員，積極推動兩岸統一大業。

2001 年病逝

池峰城　1904~1955　河北景縣人

池峰城，字鎮峨，中央軍校高校班，陸大將官班畢業·曾任基層各單位官長，
河北代主席，華北剿總中紂參謀·
1938 年 6 月 7 日台兒莊戰役有功，獲頒青天白日勳章·
1949 年，率部於北平投入中共，中共同年又將其逮捕·
1955 年，死於北京監獄，得年 51 歲·

黃樵松　1905~1947　河南太康人

黃樵松，原名德全，號怡野，字道立·馮玉祥部學兵團、陸大將官班畢業，歷
任排、連、營、團、旅、師長，曾參加徐州、武漢、襄宜、鄂西、湘西等會戰·
1948 年，任 30 軍軍長時，準備投入中共，在太原市逮捕，在南京槍決·

羅廣文　1905~1956　四川忠縣人

日本士官學校、陸大將官班，歷任兵器教官、營、團、旅、師、軍長·重慶警
備司令
1943 年，參加常德會戰，1944 年任第 87 軍中將軍長，
1949 年 8 月兼任第 15 兵團司令官，12 月四川郫縣投入中共，任政協委員、山
東省農林廳長·1956 年 在濟南病逝，享年 51 歲·

謝和賡 1912 年　廣西桂林

謝和賡，曾任白崇禧機要秘書·
1933 年，在北平讀大學時，經宣俠父介紹加入中國共產黨。
回廣西老家，打入桂系軍閥上層，成了周恩來、董必武、葉劍英直接領導下的
　　"特密"地下黨員，代號"八一"。
抗戰爆發後，謝和賡被白崇禧任命為中校機要秘書，在武漢時，白崇禧讓謝和
　　賡寫一份《軍隊政治工作與群眾政治工作之關系》的講演稿·
1942 年，謝和賡被中共中央派往美國做秘密調研統戰工作。
1946 年，于美國國際事務研究所畢業。
1954 年，和妻子王瑩(著名演員、現代女作家)因 "共產" 嫌疑，被美國移民局
　　遞解出境。
1955 年，回到北京因 "鳴放" 提 "中南海應向老百姓開放" 意見
1957 年被打成「右派分子」下放到北大荒勞改。因周恩來和董必武相繼出面干
　　預，謝和賡一年後得以重返北京。
1967.7.1. "文 G" 開始後被捕入獄。
1975 年，周恩來得知謝和賡的情況，立即指示有關部門釋放謝和賡出獄治病。
　5 月 15 日謝和賡重見天日，後被平反，在外交部工作。

沈安娜　1915.11.~2010.6.16.　江蘇泰興人

1935年,參加共產黨,在共黨中央特科領導下周恩來創建的特殊的警衛部隊秘密從事情報工作,保衛中央領導機關安全,了解和掌握敵人動向,向蘇區提供情報,直屬中央軍委領導,陳賡、李克農、潘漢年等人都曾經是中央特科的領導.

沈安娜專修速記,憑著每分鐘200字的記錄速度和一手好字,在浙江省政府找到機要速記員工作,得到當時省政府主席朱家驊的信任。

名華明不久也來到杭州,在浙贛鐵路局任職,就近協助和指導沈安娜的工作。1935年,兩人結婚。

1937年,抗日戰爭爆發,浙江省政府輾轉西撤,與黨組織失去聯繫。

1938年,華明之暫留浙贛鐵路局,沈安娜辭去浙江省政府工作,去武漢找組織。在街頭偶遇華明之入黨介紹人魯自誠,在他的引見下,沈安娜在八路軍駐武漢辦事處,見到了周恩來、董必武。

朱家驊時任國民黨中央黨部秘書長,沈安娜利用曾是朱家驊"老部下"的關係,進入國民黨中央黨部繼續為共產黨做情報工作。朱家驊囑咐秘書為沈安娜辦理"特別入黨"並親任沈安娜的入黨介紹人之一。

1938年8月,國民黨機關開始陸續撤往重慶,遵照董必武的指示,沈安娜、華明之兩人也離開武漢來到重慶,並到機房街八路軍辦事處報到。

到重慶在國民黨中央黨部秘書處的機要處當機要速記,由於是朱家驊安排進中央黨部工作,又是朱家驊的"老部下"沈安娜深得機要處上下信任和器重.凡是國民黨中央黨、政、軍、特的高層會議,及蔣介石主持的會議,都是沈安娜擔任速記。因之沈安娜很容易獲得情報,源源不斷由丈夫華明之送出,送至周恩來等南方局領導的手中。沈安娜作事小心謹慎,從未出現差錯.

1942年,沈安娜和華明之直接領導徐仲航被捕,與組織聯繫切斷,重要情報送不出去.

1945年10月吳克堅代表南方局來到重慶,才再連絡上組織。

1949年5月上海解放,沈安娜地下情報工作才宣告結束。中共建立政權後沈安娜和丈夫進入國家安全部工作直至離休。

2010年6月16日,病逝北京,安葬北京八寶山公墓.

熊向暉　1919~　生于湖北武昌,祖籍安徽鳳陽。

曾任國民黨高級將領胡宗南機要秘書的:原名熊匯荃。

1936年12月,在清華大學秘密加入中國共產黨,同時系中華民族解放先鋒隊清華分隊負責人之一。

1937 年 12 月，遵照周恩來的指示，到國民黨胡宗南(時任第八戰區副司令長官，後任第一戰區司令長官)的部隊 "服務"，從事秘密情報工作。

1939 年 3 月，在國民黨中央陸軍軍官學校第七分校畢業後，至

1947 年 5 月，任胡宗南的侍從副官、機要秘書，成了胡宗南的親信，負責處理機密文電和日常事務，起草講話稿。

1943 年，熊向暉獲得了一份胡宗南為進攻陝北地區而作的戰略部署的情報，並立即報告了黨組織，黨中央向外界及時揭露了這個陰謀，使之破產。後來，毛澤東稱讚熊向暉，說他一人可以頂幾個師。

1947 年 7 月，熊向暉被胡宗南派赴美國留學後不久，知道了熊向暉的真實身份，氣得暴跳如雷。

1949 年 11 月，熊向暉接到周恩來的邀請，來到中南海勤政殿。當他走進勤政殿時，看見張治中、邵力子、劉斐等原國民黨高級官員也在里面。這些人見熊向暉走進來，親切地問："這不是熊老弟嗎?你也起義了?" 周恩來哈哈大笑，說："他可不是起義，他是歸隊。今天，我請你們大家來，一是和你們聚聚，談談心，二是向大家公開一個秘密。" 大家坐定後，周恩來指指熊向暉，說："他是 1936 年入黨的中共黨員，是我們派他到胡宗南那里去的……" 說完，周恩來爽朗地大笑。眾人大為驚訝。國民黨前國防部參謀次長劉斐說："怪不得胡宗南老打敗仗。" 周恩來看了熊向暉一眼，說："以後我們打算讓他搞外交工作……" 後來，熊向暉一直在外事戰線工作。聯合國恢復中華人民共和國的合法席位後，熊向暉隨喬冠華首次代表新中國出席聯合國大會。熊向暉擔任過外交部新聞司副司長、辦公廳副主任等職。

嚴僑　1920.1.1.~1974.7　福建省福州市倉山區蓋山鎮陽岐村

嚴僑是北京大學首任校長嚴復長孫，嚴琥之子，嚴倬雲和嚴停雲之兄，板橋林家林維讓之外孫，辜振甫、葉明勳為其妹夫，為中共地下黨員·

1950 年 8 月，以匪諜身份來台灣，住在台中市北區育才街 5 號，在台中一中任教。嗜酒，因為沒錢，而喝最劣質的米酒。嚴僑與學生李敖有交往，。

1953 年，深夜被拘捕，關押在火燒島。

2005 年，葉明勳隨著李敖拜訪中國，嚴僑由中國共產黨追認為「烈士」，已證實他的地下黨員身份

妻為板橋林家林熊祥之女林倩。育有三子，嚴僑被捕後，其妻接受李敖援助，投奔板橋林家、辜振甫、葉明勳等親戚，因其有「匪諜之妻」的身分，所以均受到「閉門拒見」之待遇。在走投無路之下，只得放下身段，幫人做麵包，而小孩全送入孤兒院裡生活。

郭汝瑰　1928.5.~　四川人

郭汝瑰，黃埔軍校畢業。

1928 年 5 月，在四川秘密加入共產黨，後去日本留學。歸國後，不滿中共不抗戰而追隨國民黨抗日，潛伏在蔣介石身邊。

1937 年，任 42 旅代旅長，參加淞滬會戰勇猛，深受蔣委員長賞識，視作「軍界精英」。其後，郭汝瑰兼任九戰區軍官訓練團校官大隊的大隊長，後又調到國防研究院任委員，專門培養「全能將校」；不久，中央訓練團長、副大隊長。

1945 年，抗戰勝利，郭汝瑰升中將，掌管全國各軍師編制、裝備的軍務署署長，兼國防研究院副院長，以軍政部代表身份，隨陸軍總司令何應欽前往芷江和南京，接受侵華日軍投降的儀式。

1947 年 3 月 19 日，南京「哭陵事件」，四百名國軍退役將校因「整編」而被迫「自謀生路」，即是郭汝瑰一手陰謀策劃造成。

　　3 月，郭汝瑰協同顧祝同指揮中原和山東等地的作戰時，他一直對蔣委員長隱瞞軍情，「劉鄧大軍」要向南躍進的戰略意圖，導致作出「集中兵力追殲」的錯誤決策，輕輕放過「劉鄧大軍」突出黃氾區直抵沙河。

1948 年，內戰期間，郭汝瑰升為國防部戰廳長，定期到蔣總統官邸匯報戰況，隨蔣到各戰區視察。國軍所有作戰計劃、部署和行動，郭汝瑰都瞭若指掌。徐蚌會戰，被中共俘擄的國軍將領杜聿明曾懷疑郭汝瑰，當面指斥郭汝瑰：「你郭小鬼一定是共諜，發佈的命令都是把我們往共軍包圍圈裡趕！」使精銳的第 74 師被全殲、杜聿明部隊陷入粟裕重圍，三個兵團逐步被殲滅．

　　郭汝瑰多次與董必武見面，還秘密接受中共黨員任廉儒的單線聯繫與指揮。大量生死攸關的情報，郭均及時送到毛澤東手中，如重點進攻山東計劃、徐州司令部兵力配置、大別山的調度計劃、解圍兗州計劃、長春計劃、雙堆集計劃、江防計劃、武漢、陝甘、西南等地區的兵力配備序列等等。發佈假情報，隱瞞共軍動向，使高峯作出錯誤判斷，製造混亂，動搖軍心。

　　政府遷台後，蔣總統曾痛心疾首的說：「沒有想到郭汝瑰是最大的共諜。」「為何自己如此信任之人，會做出如此悖逆之事」。「一諜臥底弄乾坤，兩軍勝負已先分。」

1949 年，率 72 軍在宜賓陣前叛逃投入中共．

　　中華人民共和國成立，郭汝瑰並沒有恢復他共產黨員黨籍。

1955 年，實行軍銜制時，未授予其軍銜，也沒有恢復其黨，只是任命他為川南行署副局長級別的「交通廳長」，後在鎮反中，誣陷他是國民黨潛伏下來的特務組長，廳長的職務也被罷免。而此後的肅反、反右、文革等運動，郭汝瑰一次也沒落下，勞動改造、文革批鬥、抄家遊街等是家常便飯。

1959 年，國共內戰中被俘的國民黨將領，大赦後大多數選擇前往台灣。後來寫《國民黨將領淮海戰役親歷記》時，仍然流露對郭汝瑰恨之入骨。

1978 年，郭汝瑰 71 歲，中共承認他不是國民黨特務，同意他重新加入共產黨。晚年他編寫了《中國軍事史》和《中國抗日戰爭正面作戰戰記》，披露了他隱密的歷史事實。

1997 年，郭汝瑰因車禍去世。他的子女後來評價父親：「他在軍事上是一個大學生，但在政治上卻是一名小學生。」證明郭汝瑰做人上而言，少了「誠」和「忠」，不得善終。

張憲義　1945~　台灣台中市人

國立台中第二高級中學畢業，

1963 年，中正理工學院的物理學系就讀，4 年後（1967 年）畢業。

1967 年，派任至中山科學研究院（中科院）籌備處任職。

1969 年，被選派到美國的田納西大學攻讀核子工程碩士及博士

1976 年，回台灣，進入中科院位於桃園縣龍潭鄉員樹林的核能研究所任職。

1984 年，升任該所上校副所長，從事秘密核武研發，被美國中央情報局吸收，從事間諜任務。

1988 年 1 月 12 日，張憲義偕同全家家人到桃園機場搭機到美國渡假。

1 月 12 日，滯美不歸，在美國政府的安排之下，在華盛頓特區居住。外界原認為是美方安排飛機讓張憲義從台中清泉崗機場逃亡，但之後據軍方表示，張憲義未持護照出境。將諸多台灣核武研發機密資料轉交美國政府，並參加秘密聽證會指證台灣核武已接近完成階段。

1 月 15 日，美國人員會同國際原子能總署突擊檢查中科院核研所，拆卸設施及帶走大量儀器設備，張憲義在美方協助下，至今仍居留美國。

叛逃事件三天後（1 月 15 日），美國會同國際原子能總署到台灣核研所突擊檢查，並要求核研所拆除與發展核武有關的所有設施。

事件之後，中華民國軍方將張憲義指責為「間諜」。張憲義遭到中華民國國防部發布通緝令追捕。張憲義原本被美國安排在華府居住，但住所被台灣核研所駐美專員查出來之後報知記者，讓記者去採訪。張憲義受到驚嚇後連夜搬家，目前可能居住在愛達荷州。張憲義曾傳真給《聯合報》，宣稱「我們已完成蔣公和蔣總統所交付的任務我們有能力，但絕不製造核子武器」。

朱諶之(朱楓)

吳石、朱楓(朱諶之)間諜案是 1949 年至 1950 年中華民國國民政府撤退到台灣初期轟動一時的諜報案件，因涉及人員的級別最高的是中華民國國防部中將參謀次長吳石和到台灣潛伏的中共黨員朱諶之（化名朱楓）而得名。

1949 年春，中國共產黨在東北和華北的軍事勝利，造成國民黨內悲觀情緒滋生，蔣介石下野和兩黨議和談判使得中華民國軍隊內思想混亂。吳石在那個時候與共產黨開始秘密接觸，並於 1949 年 6 月奉命前往台灣時，刻意將一對兒女留在了中國大陸。吳在路過香港時，正式接受了中共地下黨託付的任務。

中共華東局從事地下聯絡的女特工朱諶之於 1949 年 10 月奉命前往台灣。朱諶之早在 1945 年就加入了中國共產黨，並利用其公開的商人身份周旋於國民政府

財、軍、警各界的上層人物之間。朱諶之抵達台灣之後，很快就找到了國民政府國防部中將參謀次長吳石。朱諶之和吳石在台灣取得聯繫之後，吳石將一些重要軍事資料交給了朱諶之。朱諶之得手後向中國共產黨台灣省工作委員會書記蔡孝乾彙報了工作，隨後在吳石的安排下，乘坐中華民國空軍的飛機前往當時仍在國軍控制下的浙江定海，計劃從那裡乘船前往已經被共軍控制的上海。由於在大陸的失敗已成定局，中華民國為了鞏固它在台灣的政權，其偵查機關在島內加大了對共產黨諜報和特工人員的偵察搜捕。1949 年 10 月，國民黨保密局在一連串的案件中發現了中國共產黨台灣工委委員陳澤民，隨即將其逮捕。在審訊中，陳澤民最終招供。保密局依據其供詞，於 1950 年 1 月逮捕了中國共產黨台灣工委書記蔡孝乾。蔡孝乾是直接受命於中國共產黨高層而負責台灣工作、具有豐富革命鬥爭經驗的台灣省籍中共老黨員。一周之內蔡便向中華民國政府投誠，供出他所掌握的所有在台灣的中國共產黨地下黨員名單。蔡孝乾的叛變，導致島內 400 多名中國共產黨黨員被捕（當時據稱島內有共產黨員 900 多人），其中包括已經離開台灣到達浙江定海的朱諶之及其工作狀況。保密局獲供之後，立刻拘留了吳石，並通知定海方面逮捕朱諶之，押送回台灣。該案最後以台灣法庭在 1950 年 5 月 30 日宣判吳石、朱諶之等 6 名涉案人員死刑告終。另外四人是：吳石的副官聶曦、聯勤總部中將第四兵站總監陳寶倉、王正均、林志森等。六人於 6 月 10 日在台北馬場町刑場被執行槍斃。

1973 年，為了表彰吳石將軍為祖國統一大業做出的特殊貢獻，周恩來總理力排眾議，在毛澤東主席的支持下，由國務院追認吳石將軍為革命烈士。

1950 年 7 月，由時任上海市市長的陳毅簽署，上海市人民政府批准朱諶之同志為革命烈士。1983 年 4 月，中國共產黨中央委員會調查部作出，凡因由於對朱楓同志的誣衊而遭到牽連的親屬，在政治上應恢復他們的名譽和享受應有的政治權利。1990 年 6 月 29 日，朱楓烈士犧牲 40 週年紀念座談會「在京隆重舉行，會議由羅青長主持，他轉達了鄧穎超對朱先烈的懷念並對其後人表達親切慰問，2010 年 12 月 9 日，朱諶之烈士殉難 60 年後，她的骨灰終歸故土；2011 年 7 月 14 日，朱諶之烈士骨灰將安葬於浙江鎮海革命烈士陵園。

榮毅仁

榮毅仁，潛伏國民黨的中共地下黨員，10 月 26 日晚在北京病逝。享年 89 歲高齡．〔偉大的愛國主義、共產主義戰士〕榮毅仁是一個著名的大資本家，"共產主義戰士"，"白皮紅心"。"解放後"他把家產給中共共產，開始可能不是自願的，但是後來名利雙手，財產也還給他作為獎勵，也就會逐漸成為自願，從而成為一個共產黨員。

于學忠　山東蓬萊人

于學忠，字孝侯，陸軍二級上將，1936 年 12 月參與西安事變，後任軍事參議院副院長、總統府戰略顧問．1949 年，隱居四川鄉間，中共建國後，任政協委員、國防委員、河北省政府委員．1964 年逝於北京，享壽 75 歲。

鄧兆祥　1903~ 廣東高要人，

1914 年，入廣東黃埔海校 16 期．

1919 年，畢業，歷任槍砲長、航海長、副長等．

1930 年，入英國皇家海軍學院深造，

1937 年，抗日戰爭期間擔任佈雷大隊長，

1945 年，戰後先出任"長治"艦首任艦長，英國方面的挑選而奉派出任"重慶"艦艦長赴英接艦．

1949 年，鄧兆祥率"重慶"艦投入中共後，出任安東海軍學校校長，之後擔任北海艦隊副司令員，海軍副司令員．

1955 年，授中共海軍少將銜後升中將．

1965 年，加入共產黨，現任中共政協副主席．

1997 年，鄧小平逝去時，治喪委員名單中尚見到鄧兆祥列名其中．至於發動叛艦首謀的畢遠重後曾任海軍裝備論證中心副政委，王頤楨任艦艇學院副院長，曾祥福現任上海政協委員等。

林遵　1905~　福建福州人

1924 年進入煙台海軍學校後轉入馬尾海校,戰前曾在英國皇家海軍學院學習及至德國受潛艇訓練;抗戰期間在長江擔任第五佈雷大隊長,後奉派赴美率領美國援贈的「八艦」返國;他也曾擔任戰後赴南海各島巡視豎碑的艦隊指揮官,在近代中國海軍史上有一定的地位;但他最著名的「事蹟」卻是率領第二艦隊投入中共.

林遵的投入中共其實是早就有跡可循的,在 1948 年十月至 1949 年二月期間,中共地下黨員當時的"中國海軍"月刊社長郭壽生即曾三次會晤林遵,並取得他伺機率艦隊投入中共的承諾;但因林遵的憂柔寡斷,致有數艦趁機脫困逃出.

林遵在國府海軍時代已是一人之下萬人之上,他本期待投入中共後能更進一步當上中共新建海軍的最高領導人,但毛澤東可不如此想,立刻派了陸軍出身的張愛萍當華東海軍司令員,林遵只做了個掛名的副司令員;以後也只官至海軍學院副院長及東海艦隊少將副司令員等虛職,

1979 年七月十六日因癌症,病逝上海

劉建勝,毛郤非國共內戰時,時皆為軍艦艦長,臨陣叛變投入中共被發覺遭槍斃.

中共於 2013 年底,在北京西山國家紀念公園,建有〔無名英雄紀念廣場〕,紀念中共潛伏台灣從事諜報遭槍決的〔隱蔽戰線〕工作者,石壁上鎸刻 846 位中共情報員名字,同時鎸刻有毛澤東賦詩〔**驚濤拍孤島,碧波映天曉‧虎穴藏忠魂,曙光迎來早**〕‧陳列有聶曦,吳石,朱諶之,陳寶倉四座雕像‧

據中共官方媒體報導,1949 年前後,中共軍方曾秘密派遣 1,500 余名特務入臺.50 年代初,中共地下黨組織被國民黨破獲,遭大批抓捕,其中被國民黨當局公審處決的包括吳石、朱楓、陳寶倉、聶曦等 1,100 余人。中共軍方在 60 年後才建的北京西山紀念廣場的目的是為這批人。

現今臺灣連爆共諜案,對中共高調興建被國民黨處死的共諜紀念廣場,在臺灣引發關注。共諜在臺滲透無孔不入,藉由不肖軍警、政黨政客、兩岸宗教統戰、、來臺陸客、臺商、陸資、在臺共媒、臺灣黑道、兩岸文化統戰等等,都看到中共赤化臺灣的統戰部署。

前國安局長蔡得勝曾在立法院說,對岸確實對臺灣不少政要進行監聽動作,而且手法相當多元,只要對岸認定是個目標並值得監聽,就有可能。

國防部長嚴明日前也稱,中共正透過各種手段竊密蒐情。國軍將持續分析中共對臺可能威脅與影響,落實反情報及保密工作;未來也將完備情報系統蒐整及研析判斷能力,強化國家安全防護效能。

余樂醒　　湖南醴陵浦口人

余樂醒,本名增生,又字炳炎,曾用余成新、餘鳴三等名,早期中共黨員,赴法勤工儉學,讀化學與機械,能講法語,後又赴蘇聯莫斯科接受過 "格柏烏" (蘇聯國家政治保衛總局克格勃的前身) 情報工作訓練。

1901 年,考入湖南廣益中學。

1919 年,參加留法學生社會主義團體,成為馬克思主義旅歐學生中的一員。

1922 年,周恩來、趙世炎、李維漢等人發起成立 "中國少年共產黨" (後改稱旅歐中國共產主義青年團),余樂醒加入共產主義青年組織,成為團組織骨幹,擔任索米爾工業高等專科學校共青團書記。

1924 年,共青團旅歐支部在巴黎產生旅歐支部的執委會,並由周唯真、余樂醒、鄧小平組成書記局。

1925 年,余樂醒完成了在法國的學業,又到比利時和德國遊歷。當年 8 月,按照中共黨組織安排,他和蕭朴生、歐陽欽等 11 人參加第三批旅歐歸國團,於 8 月 10 日到達莫斯科,隨後留在蘇聯學習,進入軍事院校學習政治保衛專業。

1926 年,國內革命形勢高漲,余樂醒結束在蘇聯的學習,回到廣州參加革命。

1927 年，赴蘇聯莫斯科中山大學學習情報業務和秘密保衛工作，回國後任葉挺獨立團（後改編為第十一軍第 25 師 73 團）政治指導員、書記，周恩來之後共青團旅歐支部的負責人之一，林彪的救命恩人，他是南昌起義部隊指揮機關參謀團的成員，中國第一家汽車專門學校的創辦人。

余樂醒被安排在國民革命軍總政治部工作，並到黃埔軍校兼課。在黃埔，他結識湖南湘雅醫學院畢業的校醫沈景輝（沈醉的姐姐），兩人自由戀愛並結婚。

北伐前夕，余樂醒擔任葉挺獨立團中共黨總支書記，擔任全軍的先鋒，為第四軍贏得了"鐵軍"之名。

南昌武裝起義，余樂醒到前敵委員會陳毅軍事指揮機關參謀團，73 團七連連長林彪到團部報告：七連一個月的伙食費被勤務兵背跑了，團長黃浩聲盛怒要槍斃林彪，余樂醒和陳毅早在留法勤工儉學時極熟稔，急忙建議由陳毅來處理，陳毅以大戰在不宜輕易槍斃幹部，說服了團長，林彪這才保全了性命。

行軍至廣東潮汕，遭遇優勢國軍圍攻潰敗，余樂醒卻私拿部隊黃金逃逸。

1929 年，余樂醒受馮玉祥之邀，前往西北參加蘭州的建設工作，

1930 年，又接受楊虎城的任命，擔任陝西省機器局的副局長，連瑞琦為局長，主持軍火企業，生產槍炮、彈藥，但成效不彰。

1931 年，楊虎城撤換連瑞琦局長職務而由自己親兼，余樂醒也只好辭職回上海。

1932 年，蔣介石命戴笠籌建軍統特務組織。戴笠介紹余樂醒加入軍統組織，沈醉旋又轉介沈醉(余樂醒是沈醉的姐夫)等多名親屬加入。余樂醒對特工技術頗有研究，精通電訊、投毒、爆炸等，長期主管技術部門，在軍統局內有"化學博士"之稱。成為戴笠的智囊，變為復興社特務社核心骨幹

戴笠在浙江警官學校創辦了特務警員訓練班，班主任由戴笠擔任，副主任為余樂醒，負責實際主持訓練工作。

杭訓班教學的成功，讓余樂醒在特務機關中聲名鵲起，成為軍統最著名的"訓練專家"，更是被他訓練出來的特務學員視為導師。

1938 年 12 月 22 日，汪精衛、陶希聖、周佛海、管仲鳴等人在日諜機關一手策劃下潛離重慶，經昆明飛往越南河內。

蔣介石委員長聞訊十分震怒，他聲色俱厲地吼道：我要你立刻去河內，將汪逆的人頭拿來見我。否則，就把你自己的送來！"時夜色深人靜，重慶羅家灣軍統局本部會議室，燈火通明。軍統高級幹部，臉色鐵青。汪精衛的"豔電""汪逆竟然公開為日寇侵華辯護，並要和領袖以近衛聲明為根據，與日軍進行'和平之談判'。戴笠命令立即組成特別行動組，由軍統天津站兼北平區區長陳恭澍任組長，局本部主任余樂醒任副組長，組員王魯翹、岑家焯、魏春風、余鑒聲、張逢義、唐英杰、鄭邦國、陳布雲等『十八羅漢』，搭機秘密飛往河內。軍統河內站的阮小姐提供所需的有關情況，協助行動。

汪精衛叛逃河內後，搬進靠日本領事館的哥倫比亞路高朗街 27 號的一幢高級公寓中。有日本憲兵隊長特務日夜守護。

阮小姐提供最新情報："汪精衛特別愛吃鱸魚，就鱸魚飲日本清酒。""每天

早晨，汪宅的廚師丁福根都要去萊市場採買。如果能利用這個機會……”余樂醒興奮地說，“半路截住送貨人，偷樑換柱，神不知鬼不覺地送他上西天。”指派王魯翹等人擔任殺手，在夜晚潛入汪宅，結果誤殺汪精衛的秘書曾仲鳴。刺汪行動失敗，陳恭澍、余樂醒給戴笠發長電報，表示願受處分。戴笠接電後長歎一口氣，不無遺憾地說：“時機喪失，汪逆命不該絕啊！”遂下令行動組全部撤出河內，轉道香港返回重慶。他本人則回到重慶，見到蔣介石後即請求處罰。蔣介石雖很懊惱，但也沒有辦法，只是嘟噥著說：“該成的事沒有成，但你們也算盡力了。”

余樂醒被派到西南運輸處，擔任貴陽修車廠副廠長。沒多久，又被調到遵義軍統植物煉油廣任廠長。

戰時物價飛漲，煉油的原料又常常缺貨，余樂醒把資金買其他商品囤積，賺取盈餘，用來貼補生活。此事被檢舉到戴笠那裡，派沈醉去處理。

經過調查，顧及親情，予余樂醒撤職處分，關進在重慶的軍統監獄。轉押到軍統局的醫院，從監禁變為軟禁。戴笠飛機失事摔死，余樂醒才重獲自由。

1945年，任救濟總署上海汽車管理處當處長，正式脫離特務機關。

1949年，解放戰爭中，余樂醒與中共地下黨組織建立了聯繫，他掩護中共地下電臺。雖然他處處小心，還是被毛人鳳覺察到了他的活動。對這樣的“背叛”，毛人鳳當然不能容忍，於是派擔任上海警察局長的毛森去逮捕余樂醒，卻被毛森手下，原是余樂醒的學生提前洩漏消息，等到毛森帶人趕到愚園路余樂醒寓所時，已是人去樓空，室內的行李和圖書都不見蹤影。

上海解放後，中共第三野戰軍聯絡部部長陳同生，希望通過余樂醒的關係，策動沈醉起義，余樂醒寫了封信給沈醉，無法送達，回了上海。

1949年，大陸解放後，余樂醒被派到一家機械廠作工程師，在抗美援朝中，他負責生產的產品出現偷工減料行為，在“三反五反”運動中，因其歷史和現行問題，被捕入獄，後因心臟病死於監獄，結束了他曲折複雜的人生。

中共潛伏中華民國人員 (摘自維基百科)

年代	潛叛人員	概要
1937	劉仲華	時任第五戰區司令長官（李宗仁）部參議。後曾任北京市園林局局長、文革中被迫害致死
1938	趙榮聲	時任衛立煌少校秘書。後曾任《工人日報》文化生活組組長。
1939	閻又文	曾任傅作義秘書、華北剿匪總司令部政工處副處長，宣布北平和平協議。後曾任水利部部長。
1942	謝和賡	曾任白崇禧機要秘書。曾於1974年獲知妻子被文革時迫害致死消息而精神失常，後在周恩來營救下出獄。
	葛佩琦	時任東北保安長官司令部政治部少將督察。後曾任通縣師範、中國人民大學教授。
1945	牛化東	時任新編第十一旅副團長，率新編第十一旅於陝西安邊投入中共，後任陝甘寧晉綏聯軍新編第十一旅副旅長、三邊軍分區副司令員兼新編第十一旅副旅長、寧夏軍區參謀長、銀川軍分區司令員、寧夏軍區副司令員。1964年授少將軍銜。
1947	王啟明	時任陸軍總司令部作戰處科長，率部投入中共。後任晉冀魯豫野戰軍第四縱隊參謀長、第二野戰軍第五兵團第十四軍副軍長、雲南軍區副參謀長、昆明軍區副參謀長、雲南軍區副司令員、雲南省副省長、雲南省政協副主席。1955年授少將軍銜。
1948	韓練成	時任海南島防衛司令，四十六軍軍長。提供軍事情報使解放軍於萊蕪戰役一舉消滅李仙洲部隊6萬餘人，1955年授中將軍銜。
	何基灃	徐蚌會戰時任第33集團軍副司令，12月8日率第59軍全部，77軍大部在賈汪、台兒庄地區倒戈，使黃百韜兵團被圍殲。何基灃於1939年1月被中共豫鄂邊區特委批准為特別黨員。但中華書局《中華民國史》認為此人並非間諜，而是因為剋扣軍餉被查而臨陣倒戈。
	張克俠	徐蚌會戰時任第3綏靖區副司令，12月8日率第59軍全部，77軍大部在賈汪、台兒庄地區倒戈，使黃百韜兵團被圍殲。張克俠於1929年7月在上海經張存實和李翔梧介紹成為中共特別黨員，由周恩來直接領導。中華書局出版《中華民國史》認為此人並非間諜，而是因為剋扣軍餉被查而臨陣倒戈。
	王黎夫	徐蚌會戰期間，利用赴徐蚌前線視察的機會，匯總徐州剿總的糧草、被服存儲和補給情況，了解並推算出其中的軍力狀況，及時將情報交給中共。
1949	段伯宇	時任蔣中正侍從室少將高參，策劃傘兵第三團劉農投入中共，後曾任自然科學史研究室和中國科學院自然科學史研究所負責人、第六屆全國政協委員。

年代	潛叛人員	概　　要
	陳忠經	時任胡宗南部屬，使胡宗南屢戰屢敗、中共情報「後三傑」，後曾任對外文化聯絡局代局長，對外文委副主任、秘書長，現代國際關係研究所所長、中國藝術代表團團長、中共中央調查部副部長。1960 年曾經率領中國藝術代表團訪問拉丁美洲很多國家。
	申　健 (申振民)	時任胡宗南部屬，使胡宗南屢戰屢敗、中共情報「後三傑」。後曾任中國拉丁美洲友好協會副會長、第一任駐古巴大使。
	廖運周	時任 110 師師長，5 月 4 日，率 110 師投入中共、使黃維突圍計劃失敗。後曾任中國人民解放軍第四兵團第十四軍第四十二師師長、高級炮兵學校校長和黨委書記。1955 年授少將軍銜。
	劉　斐	時任軍令部第一廳廳長、戰略顧問委員會委員、軍事委員會委員、國民黨候補中央執委。將軍事計劃傳給中共，後在香港聯名通電脫離國民黨。
	熊向暉	時任胡宗南機要秘書，將胡宗南軍事命令傳給中共、使胡宗南屢戰屢敗、中共情報「後三傑」。1973 年末，曾任中共中央調查部副部長，1978 年後，曾任中共中央統戰部副部長。
	郭汝瑰	時任國防部作戰廳廳長、72 軍軍長，將孟良崮戰役軍事計劃傳給中共，使 74 師被全殲、制定徐蚌會戰作戰方案、率 72 軍在宜賓投入中共。
1950	吳　石	時任第十六集團軍中將副總司令，國防部中將參謀次長。到台灣後，利用職務，搜集軍事資料，轉交中共情報人員朱楓。3 月 1 日，被軍事法庭判處極刑；1950 年 6 月 10 日下午四時被槍決。1965 年，中華人民共和國宣布其為「革命烈士」
	聶　曦	陸軍上校，吳石副官,1950 年 6 月 10 日下午四時被槍決，時年 33 歲。
	陳寶倉	聯勤總部第四兵站中將總監，1950 年 6 月 10 日下午四時被槍決，1952 年被中共追認為革命烈士。
2000	劉岳龍	時任海軍蘇澳紹陽艦上士，受父親劉禎國及母親陳金葉唆使，於 2000.6. 至 2001.8.間，先後三次將職務上持有或偶然持有之軍機資料 28 件，交付其父攜至大陸，轉交中共官員。
	廖憲平	曾任軍事情報局少校，退休後在菲律賓因案入監，由中共國安部出錢保釋出獄，順勢吸收為特務。2000 年奉令返台，透過軍情局退休上校張祖馨同居女友宋琬玲協助，刺蒐香港民主派人士入出境台灣紀錄等資料。
2001	黃正安	時任國防部雄風作業室小組長及第二研究所技術推廣組技正，找上與中共軍方關係匪淺的大陸新娘林偉，企圖販賣該院研發之新型飛彈技術資料，以獲得鉅額金錢。
2002	王惠賢	曾任軍事情報局特別交通中心少校，退伍後到大陸任職，被上海市國安局特工人員恫嚇，2002 年間受到該局金姓女官員吸收，返台期間運用以往情幹班的關係，刺探收集國防機密，並且發展情報組織。

年代	潛叛人員	概要
	王宜宏	陸軍飛彈政戰軍官 2002 年攜妻子借赴曼谷休假期間投奔大陸
2003	袁曉風	曾任中華民國空軍戰管地勤中校。被退役中尉同學陳文仁買通，於 2002 年 6 月至 2007 年 5 月間，連續以使用隨身碟等方式，洩露 12 次空軍軍事機密(包含佈建、作戰情報等)予中共中央軍委會總參謀部二部(掌管情報)。2013 年 2 月 5 日，軍事法庭判處 12 個無期徒刑。2013 年 10 月，陳文仁判刑二十年，袁除 12 個無期徒刑外，另遭追繳洩漏國家機密所得 780 萬元新台幣。2014 年 1 月 10 日，袁曉風遭最高法院判處無期徒刑定讞.
	羅奇正	時任中華民國陸軍上校，前軍情局二組組長，連續洩漏佈建大陸情報人員名單、情治單位會議紀錄及報告等重大情報給中共情報當局。[35]2010 年 11 月 1 日，軍高檢、高檢署指揮調查局幹員將其逮捕，二審判處無期徒刑。
	柯政盛	前海軍中將司令。2003 年間經台商介紹，被中共總政治部聯絡部官員吸收，涉嫌洩密給中共情報單位，並利用過去軍中人脈為中共在台灣發展組織。[38]2013 年 4 月 17 日，罹患癌症交保。[38]9 月 30 日，判刑 14 個月。
2004	羅賢哲	時任中華民國陸軍少將，陸軍司令部通資處長。利用職務之便，搜集國軍資通電機密。2011 年 1 月 25 日，軍檢人員搜索羅員辦公室和寢室，搜出相關機密文件，軍檢署向高等軍事法院聲押獲准，現羈押桃園龜山軍事監獄。[40]2013 年 12 月，新聞媒體報導，中共提議以自 2006 年 6 月起在廣西被捕後監禁的軍情局第四處副處長朱恭訓，與上校組長徐昌國兩人交換羅賢哲，但此事已被中華民國國防部否認，並表示不會答應換俘
	陳筑藩	曾任中華民國憲兵司令部中將副司令，涉介紹國防部特種軍事情報室少校陳蜀龍給中共情報單位，亦曾洩漏赴中國大陸蒐集情報的台灣人員姓名給中共。2013 年 3 月 1 日，士林地檢署起訴。
	張全箴 曾能惇	兩員為軍情局退伍人員，被中共吸收，返台建立間諜網，接觸該局三名現役校級軍官，以提供大陸情資作誘餌，欲刺探蒐集該局派駐大陸人員資料、現職人員電子郵件。
	莊柏欣	中華民國陸軍少校，時任國防部電訊發展室特種電訊官。從 2004 年 4 月開始，陸續將台灣電展室電偵截獲訊息，以及相關破譯資料透過退役軍官黃耀中與蘇東宏等人轉交給中共。[45]2005 年 5 月 11 日，凌晨近四時逮台灣高等法院裁定收押禁見；2005 年 8 月 9 日，國防部高等軍事法院認為此事嚴重危害國家安全，判處莊柏欣無期徒刑並褫奪公權終身。
2006	陳蜀龍	曾任國防部特種情報室少校情報官，經陳筑藩介紹，認識上海國安局副局長王平、顧乃生、夏傳捷、瞿曉明等中共情治人員。被中共吸收後，以每筆人民幣 5000 元到 1 萬 5000 元不等的金額，洩漏在台法輪功人員活動等情資給中共；另曾透過陳筑藩交付中華民國戰力規劃、「玉山 08」演習」剪報資料、「五都選舉研析」、「選情變數」、「黃國樑黨部台

年代	潛叛人員	概要
		北市第11屆市議員選舉輔選報告」等資料給中共上海國安局副局長王平[47]；亦曾欺騙已退役之軍中同袍赴中國大陸會面，實際上卻將同袍行蹤透露給中共，因該員曾任台北駐日代表處秘書，使其被中共情治人員帶走盤問3天。2013年10月，陳蜀龍因洩密，使前軍中同袍失去人身自由部分，由於陳拒不認罪，台灣高等法院判處陳蜀龍8年徒刑；洩漏在台法輪功人員活動，與中華民國戰力規劃部分，由於陳蜀龍與陳筑藩已經坦承犯行，仍在偵辦中。
2009	錢經國	中華民國海軍上尉飛彈指導官，前將領之子。2009年開始洩漏國軍情報，後加入中國共產黨(2011年8月)並居中牽線介紹中共情報人員吸收台灣軍官。2012年10月29日，軍事檢察署起訴
	盧俊均	曾任國防部參謀本部飛彈司令部上尉。2005年退役，後至中國經商，於2009年時在廈門被中共第5辦公室(專司滲透)副主任劉偉揚(化名)吸收為間諜，兩人並選定錢經國為滲透對象，再由錢經國吸收張祉鑫。盧個人收取洩密報酬為美金1000元和人民幣2000元賄賂，盧、錢、張三人共同收取洩密報酬為人民幣三萬餘元，2013年10月17日被提起公訴。並因此案發現國防部作戰及計畫參謀次長室少將處長徐中華，意圖主動洩密給中共(偵辦中)。
	宋毅夫	10年前酒店小經紀，涉嫌持槍要脅女友，棄保潛逃大陸後，短短幾年，成了兩岸剝皮酒店詐騙集團首腦，出入以高級賓利轎車代步，多名大陸二奶，花大錢買通大陸軍方，還住進軍營，受到解放軍全天候保護，宋毅夫為了回報，竟指使手下小弟，利用服役時蒐集台灣軍情給大陸軍方，刑事局經過一年密查，才破獲這個共諜網。
2010	胡廣泰 廖益聰	任職海軍陸戰隊學校。廖益聰上校退伍後，因錢花完而被上海國安局吸收，與學長胡廣泰談好平分每月二萬人民幣費用，由胡接觸學生探陸戰隊要塞資訊。兩人最後在學生發現問的問題怪怪的，最終被告發。本案也是首例中華民國海軍陸戰隊在臺灣時期的遭共諜滲透案。
2011	張祉鑫	中華民國海軍海洋局政戰中校處長，洩漏國軍執行索馬利亞護漁任務的「靖洋專案」內容給中共諜報部門，後以現役軍人身分加入中國共產黨(2010年5月)，並間接協助間諜活動，一審被軍法法庭判處無期徒刑。2014年2月13日，轉移至一般法庭後，高雄高分院合議庭認為張祉鑫尚未交付機密資料即被捕，改判6年，並以150萬元諭令交保限制住居，全案仍可上訴。
2014		2014.5.《聯合報》報導，警方在2013年偵辦一宗兩岸聯手的詐騙集團案時，意外監聽到詐騙集團成員與國軍軍官的通話，事涉洩漏國軍軍事部與單位機密，立刻轉報高檢署偵辦，並有數名軍官被捕。新聞見報後，國防部透過發言人澄清，表示是國軍自己內部檢舉發現，且涉案的不是軍官，而是士兵，詳細細節不便透露。

年代	潛叛人員	概要
時間不明	錢壯飛等	錢壯飛、李克農、胡底三人，周恩來稱為「龍潭三傑」。周恩來曾說，如果沒有「龍潭三傑」我們這些人早就不存在了。
	陳士良	時任國防部中科院技士，與美籍華人許希哲、科技公司負責人葉文淵(本名葉裕鎮)等人，涉嫌為中共搜集中科院導彈及通訊機密數據。
	曾昭文陳穗瓊	曾員為軍情局離退文職人員，遭中共國安部門吸收，透過現職軍情局的舊識文職人員陳穗瓊刺探、蒐集機密資訊，並將軍機以傳真方式交給北京對口單位。
	白金養	時任軍事情報局少校，因沉迷於股市投機活動，導致積欠巨額債務，無法償還。2003 年元月赴泰旅遊，被中共國安部吸收，返台後為中共從事情蒐，發掘接觸路線。
	蔣XX	空軍北部區域作戰中心蔣姓資訊官，竟然將職務上熟悉的機密文件全都帶出來，進而轉給在大陸經商的叔叔，最高級的文件包括空軍的「強網系統」、「安宇計劃」，一直到愛國者飛彈攔截參數，據傳已全部轉交給大陸相關單位。
	鄭林峯蔡登漢	基隆地檢署偵辦國防部後備司令部退役中校鄭林峯、蔡登漢遭大陸情報單位吸收、刺蒐我軍情案，被依違反貪治污罪條例、國家安全法起訴。鄭、蔡原聽命前陸軍司令部情報署組長陳扶泓，以重金利誘現役軍人等方式，刺蒐軍演計畫、現役校級軍官個資後，轉售大陸情報單位牟利。而陳扶泓早在八十八年退役後隔年，即遭中共情報單位吸收刺蒐我軍情，此外，陳尚與多名現役少級軍官接觸，以為檢方掌握不少犯罪事證，並移送軍事檢察署追查。
	郝志雄	時任中華民國空軍 439 聯隊少校戰資官。2013 年 6 月被檢舉，涉嫌將 E-2K 空中預警機之軍事機密，透過空軍基地旁的卡拉OK店老闆萬宗琳，轉交給被中共諜報單位吸收的台商。9 月，郝與萬被聲請羈押禁見獲准。估計洩漏國防機密的報酬為新台幣 30 至 40 萬元間。[63]2014 年 4 月，高雄高分院宣判萬和郝有期徒刑 20 年和 15 年。

註：
潛伏於中華民國國軍中的中共間諜列表，是一份紀錄了中華民國政府認定，或曾被中國共產黨聲稱或承認，潛伏於中華民國國軍之中，為中共進行間諜行為的人物列表。
表列時間係以現今可查知時間為準，正確的間諜活動或洩漏機密時間可能早於或晚所歸類的年份。

國共內戰海軍叛變艦艇

1949 年 2 月 12 日　黃安

"黃安"艦為日本第二次大戰末期建造之海防艦第一號型(丙型):"海防第 81 號",舞鶴造船廠建造,於1944 年十二月十五日完工; "戰後由東京盟總分配賠償給中國於 1947 年八月卅日在青島接收,字號"接 22"後命名為"黃安".

中共對爭取"黃安"艦官兵投入中共所做的工作是多重的,不同的單位分別安插或運動了槍砲官劉增厚,艦務官鞠慶珍,槍砲士官長王子良與槍砲班長孫露山等人. 1949 年二月十二日是元宵節,艦長(劉廣超,為後任台灣海軍總司令劉廣凱的胞兄)上岸返家過節,晚間七點鐘各員會商後於 2030 發動叛變,由青島將軍艦開出於次日凌晨四點到達中共控制下的連雲港,隨艦官兵共有 65 人一起投入中共,這是國府海軍艦艇投入中共的第一艘.

本艦於三月十七及十八日被國府空軍派 B-25 轟炸機群炸沉於連雲港,中共後來將她撈起整修,並改名為"瀋陽"號服役,於 1980 年除役.

(上左圖)"黃安"艦叛艦投入中共抵連雲港後全體艦員在艦上留影,背景可見插滿了偽裝用的松樹枝. (上右圖)"黃安"艦叛艦主謀(自左起)王子良,鞠慶珍,劉增厚三人投入中共後留影.

(關於黃安艦)

2 月 13 日　掃　201

"掃"201"原為日本二次大戰末期由拖網漁船改裝之輔助掃雷艇: "掃海第 14 號",由日立造船所彥島廠建造,1943 年 5 月 14 日完工. 她與同級的"掃海 22 號","掃海 19 號"共三艘為戰後日本賠償中國的 34 艘軍艦之一,於 1947 年十月四日在青

島移交,接收字號:"接 32","接 33","接 34";接收後分別命名為:"掃 201","掃 202","掃 203".

隸屬於煙台巡防處的"掃 201"號於 1949 年二月十三日在山東長島被輪機兵萬成岐利用艇長蔣德下船未歸駕駛往煙台投入中共, 後改名"秋風"號在中共海軍服役到 1976 年除役.

(左圖)投入中共後的"掃 201 號"輔助掃雷艇已改名為"秋風". (右圖)1949 年 2 月 11 日,"掃 201 號"輔助掃雷艇在長山島投入中共時景,共軍上艦檢視艦艖裝備的一門 40 機砲.

(關於掃 201 艇)

2 月 22 日

"接 29"號艦是原日軍"(舊)測天"級輔助佈雷艇"黑島"號,做為日本第四批賠償艦於 1947 年十月四日在青島移交;本艦在接收後並未命名,1949 年二月廿二日本艦在青島大修時,代(副)艦長**劉建勝**與部份艇員欲率艦隨"黃安"艦投入中共但被攔截追回,艦體受創;代艦長等人被捕後被槍決. 本艦後於 1949 年二月被拖到基隆,1955 年除役,1960 年報廢拆解.

(左圖)"接 29"號艦. (右圖)投入中共失敗後被槍決的"接 29"號艦長劉建勝.

(關於接 29 號艦)

2 月 25 日 重慶

"重慶"艦是原英國海軍地中海艦隊的輕巡洋艦"Aurora"號,英國 Portsmouth Dockyard 建造於 1936 年八月廿日下水,1937 年十一月完工成軍. 1944 年英國提供該艦計劃援贈中國,從 1945 年起中國分三批派員赴英受訓預備接收此艦,但因戰爭結束後英國反悔,雙方談判折衝交涉多次最後終於達成協議;我方人員在滯留英國達兩年多後方在 1948 年五月十九日於英國樸資茅斯軍港接收,經 7,600 浬的航程而於同年八月八日返國. 本艦艦長為鄧兆祥上校(註),副長劉榮霖中校,輪機長陳昕中校.

"重慶"艦是當時中國最大,戰力最強的一艘軍艦,排水量達 5,270 噸,主砲為六門 6 吋砲,雖然在歐美日各強國的海軍中算不得什麼,但在中國已經是威力十足了.

但"重慶"艦在返國後只曾參加過錦西之役與營口葫蘆島撤退便發生了叛艦事件. 事實上"重慶"艦當年剛自英接艦回國時艦上官兵就人心十分浮動,開小差的非常多,加上桂永清不信任本艦福州籍的官兵常藉機找碴,為本艦的叛逃埋下伏筆.

而中共對"重慶" 艦官兵的工作則是同時建立了兩條彼此互相不知道的秘密路線,一條是王頤楨,畢遠重,武定國,陳鴻源等 27 名士兵的「士兵解放委員會」; 另一條是曾祥福,莫香傳,蔣樹德,王繼挺等 16 名官兵的組織;至於艦長鄧兆祥本來是不知情的.

1949年二月廿四日午夜"重慶"艦正泊於
上海吳淞口待命要開往江陰阻止中共
解放軍渡江,同時蔣樹德等人也在艦上
雷達室內開會計劃要在 26 日發動叛艦,
不料就在此時「士兵解放委員會」這一
批人卻搶先發起了行動,其他各人就順
勢一併加入. 0130 他們誘騙值更士兵繳
械拘禁,然後打開武器庫取得槍隻後佔
領艦上各重要部位切斷內外通訊,並扣
押了所有軍官關在後甲板下艙中,然後
由王頤楨等四名代表進入艦長室勸說
艦長鄧兆祥參加獲得鄧的首肯,並拿出
海圖指揮"重慶"艦於二月廿五日 0545 悄
悄駛出上海,經過 35 小時的航行於二月
廿六日上午七點鐘進入中共佔領下的
煙台港.

國府海軍方面於"重慶"艦叛逃三天後方
才發現,蔣介石聞訊後大為震怒,嚴令空
軍務必派機摧毀此艦. 三月三日上午"
重慶"艦即遭國府空軍第八大隊四架
B-24 重轟炸機襲擊但未命中;由於煙台
港太靠近國府空軍的勢力範圍,"重慶"
艦在三月四日 0630 奉中共中央命轉往
葫蘆島 3 號碼頭停泊並以樹枝漁網等
加以偽裝隱藏;艦上官兵除留下 100 多人
操作防空武器外其餘一律撤離上岸,中
共並調來兩個高射砲連在碼頭四週協
助防守.

(右圖)"重慶"艦被國府空軍猛烈轟炸中.
(右圖)"重慶"艦在葫蘆島被國府空軍轟
炸翻覆的空中攝影.

"重慶"艦躲入葫蘆島後國府空軍天天偵察卻遍尋不獲,三月十六日卻被一架C-47
運輸機發現(由副駕駛王金篤上尉發現的,因為他過去常在葫蘆島防波堤釣魚,只
有他看出防波堤竟比過去長出一截出來). 於是空軍第二軍區司令陳嘉尚立刻
令第八大隊派出七架 B-24 重轟炸機進駐青島滄口前進基地,十八日由陳嘉尚親

自帶隊出動四架以 500 磅和 1,000 磅炸彈轟炸但未獲戰果,十九日再出動七架仍然未能炸中;廿日又再出動四架並搭配一架 C-47 運輸機在附近低空盤旋觀測著彈點通知修正;但當第一,二架通過投彈時依然沒有命中,直到第三架才有一彈命中艦尾,第四架一彈命中煙囪後部在右舷炸出一個大洞並破壞了上層結構,造成起火並傾側不能動彈;中共為了保艦於是在三月廿日午夜開海底門將船沉於葫蘆島的防波堤旁,由於水淺致艦體尚有數公尺露出於水面. 這次空襲中艦上有史德基等 6 人被炸死,22 人受傷. 國府空軍共投擲了 40 噸的炸彈,"重慶"艦的叛逃最直接的後果就是英國政府下令收回"靈甫"艦的租借與取消兩艘潛艇的援贈.

"重慶"艦沉在水下整整兩年後到了 1951 年四月,中共在蘇聯專家的協助下開始打撈本艦. 首先將艦體稍微向外移以與堤岸保持一些距離,然後利用岸上的絞車慢慢將艦體拉正;之後派潛水伕進入艦內補漏及充氣排水,同時並在艦旁緊綁浮筒,於當年六月四日完全將"重慶" 艦打撈出水並用三艘拖船拖往大連檢修.

中共本來是打算修復本艦讓她繼續服役,一方面她仍是全中國最有威力的一艘戰艦,另一方面對中共來講她也具有高度的政治象徵意義 ;但蘇聯專家卻認為成本太高沒有修復的價值(蘇聯真正的目的是鼓吹組織所謂的「中蘇聯合艦隊」,由蘇聯派軍官艦員操作蘇式艦艇,對於中共想弄條自己的大軍艦一事完全沒有興趣). 由於蘇聯的不支持,中共亦無力修復她(估計要花一億人民幣的外匯);所以"重慶"艦便不得不遭到拆解的命運了!

(左圖)"重慶"艦在葫蘆島港內翻覆近景. (右圖)為中共試圖打撈

"重慶"艦的最後下場如下: 她的火砲儀器雷達部份做為海軍學校的教具,部份交

給蘇聯抵充打撈費用,汽輪主機則拆給了發電廠;剩下的空船殼於 1959 年十一月拖到上海交給上海打撈局做為水上倉庫,命名"黃河";1964 年又撥給天津渤海石油公司做為海上鑽油平台的宿舍船並改名為"北京",這個船殼直到 1990 年代初期才報廢解體,目前在北京的軍史館中尚藏有一塊"重慶"號的艦名銅牌以紀念這艘中國最後的巡洋艦.

(左圖)"重慶"號官兵拉起自製的白地紅星旗. (右圖)共軍代表蘇權與艦長鄧兆祥檢閱"重慶"艦儀隊,注意其為英國海軍陸戰隊式的制服.

(關於重慶艦)

4月4日 崑崙

"崑崙"艦原為日本之小型海岸運輸船,1919年英國建造,戰後由招商局接收,名"海浙"(後改"海吉");1948年七月一日由招商局移交給海軍做為"海閩"輪撞沉"伏波"艦的賠償;命名"崑崙",編號"312".

共黨對"崑崙"艦中校艦長沈彝懋的策反工作由周克進行,1949年四月四日當"崑崙"艦載運國庫黃金與海軍機校師生200多人由上海撤退往馬尾途中,在吳淞口一出海沈彝懋即召集艦上軍官開會宣佈要開往煙台投入中共,當時他的兒子沈勛與共黨人員都在場,但因副長褚廉方與輪機長張岑之反對並且施計在海上停機並將北方航線海圖全拋入水中;共黨人員見計不得逞便與沈子在閩江口跳水逃逸. 船到馬尾後沈艦長父子二人立刻被捕押送台灣在左營桃子園槍決(沈艦長另一就讀海官的兒子沈白後亦因故被槍決).

在四月十三日還有一艘招商局的"中-102"號商船(由戰車登陸艦改裝)被徵用軍運時,與艦上載運的傘兵部隊一同投入中共;這批人員後來成為中共建立傘兵部隊的骨幹

(關於崑崙艦)

4月23日 第二艦隊

惠安, 吉安, 安東, 永綏, 太原, 江犀, 楚同, 美盛, 聯光,

第一機動艇隊11艘&, 第三機動艇隊23艘, 第五巡防艇隊10艘

1949年四月底國府海軍海防第二艦隊多艘艦艇雲集在南京附近護衛京磯防範共軍渡江,當時各艦的駐地位置如下: "惠安","永修","永綏","永續","美盛","武陵","興安"等七艦與第一機動艇隊在南京;"威海","營口","楚觀","聯華","聯勝"等五艦與第三機動艇隊在鎮江;"永嘉","安東","太原","楚同","美亨"等五艦與第五巡防艇隊在蕪湖;"永定","吉安","江犀","聯光"等四艦在安慶;第二機動艇隊在湖口.

此外"英豪"艦因被共軍火砲擊燬在銅陵修理,"崇寧"號測量艇則在銅陵水道作業.(海防第二艦隊擁有如此多的艦艇,是為了防備中共渡江而將原屬江防艦隊的八艘軍艦撥交所致.)

廿一日夜共軍在荻港渡江,扼守要衝的江陰要塞司令戴戎光又叛變,整個艦隊馬上就要被合圍的共軍困在南京. 廿三日凌晨各艦聚集燕子磯江面錨泊,艦隊司令林遵少將(註)奉命上岸到南京海軍總部聽令,總司令桂永清要他帶領艦隊衝出重圍到上海,桂永清說只要林遵帶隊去上海,那怕只剩下一艘船也要保舉他當海軍副總司令,但林遵不置可否.

桂永清離開南京飛往上海後林遵亦回到"永嘉"艦上(他真正的旗艦是"惠安"),早上八點時分召集了十三位艦長齊聚該艦開會,以投票方式決定去向,結果十三票中有十票寫「不衝」,兩票寫「衝」,一票空白(兩票要衝的有人研判是"永修"艦

長桂宗炎與"永定"艦長劉德凱,寫空白票的可能是"永嘉"艦長陳慶 Kuen);林遵得
到投票結果並沒有立刻下決定就率司令部人員乘小艇回到他的旗艦"惠安"號.
艦長們雖然做出了投入中共的決議,但部份"永嘉"艦的官兵卻反對,於是利用林
遵遲疑不做決定的空檔用小艇在各艦之間進行串聯,由於時間有限總共只聯繫
到了四艘,其中"永修","永定","武陵"三艦同意隨"永嘉"行動,"吉安"艦長宋繼宏則
拒絕冒險. 於是當天下午 1700"永嘉"艦利用黑夜掩護起錨率領其它三艦悄悄開
航,由於林遵離開"永嘉"艦後司令旗並未降下,其它艦艇不知情的還以為司令改
變心意也跟隨上來.
橫在突圍各艦面前的是三道關卡:十二圩與三江營的共軍野戰砲陣地及剛叛變
的江陰要塞岸防巨砲,其中三江營的共軍砲兵在前幾天還把英國巡洋艦"倫敦"號
(HMS London)擊成重傷. 幸好由於夜色掩護加上江陰要塞官兵的放水,各艦沒受
到什麼損傷順利在第二天清晨抵達上海; 衝出的艦艇計有: "永嘉","永定","永修
","營口","楚觀","美樂","美亨","聯華","聯勝","聯榮","武陵"等;另外有"永續","威
海","興安" 等三艦途中被共軍砲火擊燬未能脫困.
主動投入中共的有: "惠安"(艦長吳建安),"吉安"(艦長宋繼宏),"安東"(艦長韓廷
楓),"永綏"(艦長邵侖),"太原"(艦長陳務篤),"江犀"(艦長張家保),"楚同"(艦長李寶
英),"美盛"(艦長易元方),"聯光"(艦長郭秉衡)等九艦. "英豪"與"崇寧"兩艦則被迫
留置未能撤出. 後來"永嘉"艦長陳慶 Kuen 還以率隊突圍的理由獲頒海軍的第一
枚青天白日勳章(根據中研院近史所 1998 年出版的"海軍人物訪問紀錄"口述歷
史書中當年"永嘉"艦通信官王業鈞對此事件的記錄顯示,陳當初的立場是有點動
搖的).
叛變投入中共的第二艦隊經派出砲艇與共軍方面接洽後,由中共第 35 軍政治聯
絡副部長張普生代表三野接收;各艦於廿七日晨駛離泊地靠泊下關碼頭,三分之
二人員離艦上岸,三分之一人員將艦艇開往采石磯至燕子磯一帶疏散以防國府
空軍來襲. 果然在第二天的廿八日及五月一, 二兩日大批國府空軍飛機來襲,共
擊燬或擊沉了五艘叛艦("惠安","永綏","楚同","吉安","太原");到了九月因空襲另
一艘叛艦"長治"號,"安東"亦連帶被擊沉(當初根據空軍的意見在廿三日叛變一
發生時即應派機轟炸,但海軍總部仍期待各艦能夠衝出致延誤了轟炸的時間,使
得各叛艦得以乘機疏散掩藏,增加了攻擊的困難.) 被擊沉各艦後來多半被中共
撈起修復重用,以下是該事件中投入中共與被擄各艦的介紹:
"惠安"艦為日本第二次大戰海防艦御藏型(甲型)"四阪",1947 年七月六日在上海
移交,字號"接 4"命名"惠安".第二艦隊叛變當時本艦是海防第二艦隊司令林遵的
座艦,艦長為吳建安中校. 本艦投入中共後於廿八日被空軍派 B-24 轟炸機炸沉
於南京上游大勝關水道左側水下右傾 23 度, 艦體因彈藥艙被擊中爆炸而嚴重受
損.

到了 1953 年十二月廿四日,中共航務工程總局第二工程隊以除泥夾抬方式將本艦撈起送上海整修,1955 年重新武裝成為中共之護衛艦仍名"惠安". "惠安"艦後來成為中共唯一的一艘訓練艦,直到 1990 年新的"鄭和"號訓練艦服役後方才除役. (一說"惠安"艦取代了 1954 年五月十八日被國府軍 4 架 F-47 戰機於浙江外海草鞋嶼附近擊沉的"瑞金"艦名,原"瑞金"號為一艘美製運輸艦所改裝的砲艦.) (關於惠安艦)

"吉安"也是日本賠償艦"海防第 85 號",為日本二次大戰建造之海防艦第一號型(丙型),1945 年五月卅一日完工. 戰後被分配為對中國賠償艦於 1947 年七月卅一日在在上海接收,字號"接 15"後命名為"吉安". 本艦投入中共後於四月廿八日亦被國府空軍 B-24 轟炸機炸沉於燕子磯,因受損太嚴重而未予修復. (關於吉安艦)

"安東"艦原為日本內河砲艦"安宅"號,原為日本第 11 戰隊(駐華內河砲艇隊)的旗艦,抗戰結束後本艦乘隙由上海吳淞口溜出意圖潛回日本,卻被在外海封鎖的美國軍艦發現押返上海,於 1945 年九月十七日交由中國海軍總司令陳紹寬接收成軍,命名為"安東". 第二艦隊叛變事件中本艦由艦長韓廷楓帶領投入中共,但於當年九月廿四日在蕪湖被國府空軍派往轟炸"長治"號未果的飛機炸沉. 本艦因受損嚴重而未予修復. (關於安東艦)

"永綏"是戰前上海江南造船廠建造的淺水砲艦,1929 年完工,第二艦隊叛變當時本艦艦長為邵侖,本艦投入中共後於九月廿四被國府空軍炸沉於荻港後,因受損嚴重而未予修復.

(關於永綏艦) (左圖)"永綏"艦投入中共後共軍代表陳士矩(穿陸軍制服者)登艦視

察, 右邊第一人即為率 25 艘軍艦投入中共的第二艦隊司令林遵. (右圖)中共的江防艦"涪江"(圖右靠碼頭那艘)即為原國府海軍的"江犀"艦.

"太原"艦為上海江南造船所建造,1927 年五月廿八日完工,原為美國海軍在華之內河淺水砲艇"威克"號("Wake", 更早名"關島"號"Guam") . 1941 年十二月七日美日宣戰時本艦被日本海軍派員接收改名"多多良",日本投降後於 1946 年由中國海軍自日軍手中接收改名"太原". 四月廿三日投入中共當時的艦長為陳務篤,卅

日本艦被國府空軍派機擊沉並造成五死四傷,因受損太嚴重而未予修復.(關於太原艦)

"江犀"原為日本駐華內河砲艇"伏見",戰後由中國海軍接收. 第二艦隊叛變投入中共當時的艦長為張家保. 本艦投入中共後於當年九月廿日遭國府空軍飛機炸傷,修復後重新命名為"涪江"並服役於中共解放海軍於 1960 年代除役.(關於江犀艦)

"楚同"艦是清末由湖廣總督張之洞向日本神戶川崎造船廠訂造之淺水砲艦,同批共有六艘即: "楚同","楚有","楚豫"與"楚豫","楚觀", '楚謙'. "楚同"艦在 1938 年"中山"艦被日機擊沉同時亦被炸重傷,但仍修復與"楚觀","楚謙"等三艦上朔長江扼守三峽保衛重慶. 1949 年四月廿三日第二艦隊叛變事件中投入中共,後被國府空軍派機炸沉;中共曾撈起重用於 1960 年除役.(關於楚同艦)

"美盛"艦為美國二次大戰建造的中型登陸艦(LSM),於第二艦隊叛變中突圍不成轉向駛回南京下關靠岸投入中共,後被中共改名"黃河". 另一艘同批投入中共的登陸艦艇"聯光"為美製步兵登陸艇(LCI).(關於美盛艦)(關於聯光艦)

還有三艘在突圍中被共軍砲火擊燬而被俘,就是與"吉安"艦同級的海防艦"威海",修理艦"興安"與民初老砲艦"永續". 其中"威海"是日本第二次大戰海防艦第二號型(丁型)"第 194 號",三菱長崎工廠廠建造於 1945 年三月十五日完工,1947 年七月六日在在上海接收,字號為"接 6"後改名"威海". "威海"艦後被中共修復加入其海軍服役;改名"濟南"編號"217".(關於楚同艦)

"興安"艦美軍二次大戰以戰車登陸艦"LST-455"號改造之修理艦,在美軍時代名為"ARL-41 Achille",1947 年九月在青島海訓團移交,命名 "興安". 1949 年本艦駐南京於第二艦隊叛變事件中突圍,因被北岸的共軍砲火擊中而坐底焚燬;後經中共打撈整修改名"U-891 大沽山"號繼續服役.(關於興安艦)

"永續"號砲艦是上海江南製造局於清末建造的兩艘砲艦之一(姐妹艦"永健");1911 年開工,因辛亥革命而造成進度延擱至 1918 年方才完工. 本艦在 1938 年十月廿一日被日機轟炸重傷擱淺湖北新堤而被日軍俘獲,拖往江南造船廠修復後在 1940 年五月廿二日移交給汪精衛政權海軍做為旗艦兼海軍官校練習艦用,改名為"海興". "永續"艦於戰後收回,於第二艦隊叛變事件中再被共軍砲火擊中擱淺而被俘,後被中共撈起重用於 1970 年除役. "永續"艦的二度死而復生真是世界海軍史上少見的特例!(關於永續艦)

在這次震驚中外的叛變行動中除了海防第二艦隊的九艘軍艦外,還有第一機動艇隊(砲艇 2,3,4,54,56 號;巡防艇 20 號;LCM/LCVP-301,311 ,312 號;快艇 101 號等11 艘),第五機動艇隊(砲艇 103,105,106 號;巡防艇 1,3,4,22,23,46 號;LCM/LCVP-303號等 10 艘),以及同一天在鎮江投入中共的第三機動艇隊(砲艇1,52,53,68,88,102,104 號;巡防艇 10,21,121,123

號,LCM/LCVP-32,302,305,306,308,313,314,317,318,708,713 號等 23 艘)一同投入中共;整個投入中共人數多達 1,271 人.

此外第二艦隊還有兩艘大型軍艦"信陽"及"逸仙"於廿二日在江陰就已被中共扣留,不過他們利用掛白旗詐降的戰術趁混亂脫逃至上海 (當時"逸仙"艦長為宋長志,白旗事件雖有人質疑但似未影響其仕途,後官至國防部長!)

5 月 1 日　永興

"永興"艦為戰後接收美援的「八艦」之一. 本級艦為美國二次大戰建造的"Admirable"級巡邏艦(PCE). 1946 年十二月本艦曾隨"太平","中基","中業"等艦遠赴南海接收西南沙群島,在各主要島嶼豎立國疆碑石並以各艦艦名重新為各島命名;其中將西沙群島中原名"武德"之島嶼以"永興"艦之名改為"永興礁"(該島現為中共所控制).

1949 年五月一日,本艦於駐地白茆沙口發生叛變,航海官陳萬邦(37 年班)與文書官朱季剛等三人控制了駕駛台並跑到艦長室要艦長陸維源中校表態脅迫將本艦開往東北投入中共,陸艦長用盤子丟向他們反被槍殺(同時被殺的還有兩名電訊

兵與兩名信號兵). 由於陸艦長平日頗受官兵愛戴,他的被殺引起官兵激憤結果雙方在艦上發生格鬥,三名叛艦者皆被兵擊斃而"永興"艦得以保全. 海軍為紀念此事於當年八月將本艦改名為"維源",副長彭廣莘因平亂有功昇任艦長.

在叛艦者的抽屜中發現

一份 36 與 37 年班同學在"中訓"艦開會的記錄,於是桂永清將這兩個年班的學生幾乎全部抓起來,造成海軍 36/37 年班全級被整肅的白色恐怖事件.左圖為"永興"艦上被打得像蜂窩的艙壁,右圖為被叛徒殺害的"永興"艦長陸維源中校 .

在五月十八日還有一艘海關的"A4 流星"號燈塔補給艦(由美國"Cohoes"級敷設艦改裝)於上海撤守時,因中共地下工作人員的策動而投入中共.

5 月 23 日　第二機動艇隊

砲艇 50, 60, 64, 65, 70 號

1949 年五月十四日由於共軍渡江武漢失守,漢口巡防處及所屬的第二機動艇隊 11 艘砲艇撤往湖南岳陽駐守洞庭湖地區. 23 日深夜衛兵交班時,叛變士兵張慎平等四人衝入指揮艇"64"號艙內殺死了漢口巡防處處長陳文惠中校

後,"50","60","64","65","70"等五艘砲艇一同駛回武漢投入中共.

6 月 26 日　英豪, 砲艇 9, 83, 107 號

1949 年六月廿日,淺水砲艦"英豪"號與"第 9","83","107"號三艘巡邏艇在大通投入中共. "英豪"原為英國海軍駐華淺水砲艦"Sandpiper"號; 1942 年三月當該艦駐泊在湖南長沙時,由英國政府宣佈將該艦贈予我國.

9 月 19 日　長 治

"長治"艦原為日軍內河砲艦"宇治"號,曾擔任駐華艦隊的旗艦;日本投降後由中國海軍總司令陳紹寬將軍在上海江南造船廠親自接收成軍,命名為"長治"號,首任艦長為後任重慶艦長投入中共的鄧兆祥,投入中共前的上一任艦長則為劉廣凱.

1947 到 48 年本艦都在北方支援營口,威海衛,秦皇島等地的戰事及協助撤退.

1949 年二月底在上海大修時中共派員與艦上軍士陳仁珊聯繫在艦上閩籍官兵中發展組織,最多時曾達 43 人. 到了九月當時上海已經失守,本艦奉派擔任吳淞口的封鎖任務;十九日凌晨 0205,潛伏份子 37 人趁大家熟睡之際發動叛變,艦長胡敬端中校(電雷一期,1937 年在上海率"史 102 號"魚雷艇突襲日本"出雲"號旗艦的艇長)及副長孔祥棟少校,航海官孫幼仁上尉,槍砲官王英章中尉等 11 名官兵被殺屍首拋江,打鬥中還引發艦上大火,最後"長治"艦被劫持駛往上海. 雖然中共立刻將她開往上游疏散並以漁網樹枝偽裝掩蔽,但仍在九月廿二日被國府空軍發現派機在安徽大通江面將其炸沉.

被國府空軍炸沉的"長治"艦,於打撈起來後覆蓋上偽裝網以防被再度空襲.

"長治"艦沉沒時是艙面向江心呈 90 度傾覆狀態,當年十二月中共開始打撈本艦,首先沖去內外積泥,利用岸上的絞車慢慢將艦體扶正, 然後封艙充氣排水,經過四個月的工作於 1950 年二月撈起進廠整修並重新命名為"八一"號;1950 年四月改名"南昌"擔任中共新成立的第六艦隊旗艦,編號"210";首任艦長即策動叛變的前"長治"代理副長郭成森少校. 1950 年"南昌"艦將主砲換裝為蘇聯驅逐艦上常見的 130 公釐單裝砲兩門,37 公釐砲六門. 本艦在多次台海戰役中都曾現身,直到 80 年代尚在東海艦隊服役.

10 月 18 日　美 頌

"美頌"艦為美國二次大戰建造的中型登陸艦(LSM),與在1949年的四月廿二日第二艦隊叛變中投入中共的"美盛"艦同級."美頌"艦於1949年九月由廣州駛來台灣的途中,在香港海面叛變,艦長毛卻非少校(電雷三期) 欲轉向駛往大陸投入中共;雙方在艦上各據艦尾互以槍砲猛烈射擊,歷經數小時的戰鬥終於制服了叛艦者押回左營槍決. 本艦至今尚服役於國府海軍艦隊中.

毛卻非為「美頌艦艦長」投入中共失敗遭逮捕被槍斃.

10月22日 舞 鳳, 砲艇38, 40號

"舞鳳"艦原為葡萄牙海軍用於澳門殖民地的"澳門"(Macau)號淺水砲艇,英國Yarrow廠1909年建造,排水量95噸. 1943年八月日本自葡國政府購進此艦改名"舞子"服役於廣東,1945年日本投降由中國海軍接收,仍服役於廣東海軍第四軍區. 1949年十月廿二日本艦在艦長李果率領下挾持"38號"與"40號"砲艇在廣州江門一同投入中共,後在中共海軍服役直至60年代. (這艘"舞鳳"艦並不是前清1910年完工的那艘,原來的"舞鳳"已於1937年九月廿五日被日本飛機炸沉於廣東磨刀門.)

"38"號砲艇被脅迫投入中共後竟然在第二年奇蹟似的奪得原艇逃脫駛向萬山群島後回台灣.

10月26日 聯 榮

"聯榮"艦為美國二次大戰建造的步兵登陸艇(LCI),與'聯光"號同級;第二艦隊叛變事件中"聯榮"號是突圍脫出的艦艇之一,但在十月廿六日於澳門海面卻再發生叛艦事件而投入中共,後被中共改名為"勇敢"號.

11月9日 光 國

"光國"號砲艇原為日本驅潛特務艇第一號型,戰後中國共接收有六艘本級艇即:"光中","光華","光民","光國","光富","光強"等. 其中 "光國"號為原日軍之"驅潛第223號"艇,由日本門司市自念組造船鐵工所建造,武器由佐世保海軍工廠裝配,於1944年十一月廿五日完工; 戰後在基隆港移交給中國海軍接收隸屬汕頭巡防處. "光國"號砲艇於1949年十一月九日由副長吳高遠率領艇員32人殺死上尉艇長袁福厚在福建南澳海面投入中共,後於當月底被國府空軍派機炸燬. 姐妹艇"光民"後亦留置大陸為中共所用,改名"先鋒"號曾參加萬山海戰.

11 月 29、30 日　江防艦隊：郝穴、永安、民權、永平、英德、英山、常德。
抗戰勝利後,國府以接收自日本駐華海軍投降,抗戰中期英美援贈與戰前國府遺
留的老舊內河淺水砲艦組成江防艦隊負責長江防務,但隨著勦共戰事的逆轉,艦
隊一路往上游撤退到了四川後等於是完全被困死在內陸,造成官兵心理上極大
的恐荒.
當時江防艦隊有包括旗艦"民權"號的五艘軍艦在重慶唐家沱,"永安"與"郝穴"兩
艦則在巫峽駐防 1949 年十一月廿八日"郝穴"艦的副長王內修等人蘊釀投入中共,
在爭取到艦長李世魯的同意,又聯繫了"永安"艦得到艦長聶錫禹的同意,兩艦人
員在廿九日凌晨將駐艦押運武器彈藥的陸軍 28 人繳械,然後啟碇順江東下到巴
東投入中共;途中遭到國府陸軍火砲與空軍軍機的追擊,造成 2 人死亡,20 餘人負
傷.
兩艦投入中共當天蔣介石總統正在重慶,他於中午緊急召見江防艦隊司令葉裕
和嚴令必需立即破壞船艦後匆匆飛離;但葉回到旗艦與參謀長程法侃商議後決
定不理蔣的命令而投入中共,於是在卅日晚,"民權","永平","常德","英德","英山"
等五艦與官兵共 400 名向共軍二野投降. 以下是各艦的簡介:
"民權"號砲艦是上海江南造船廠建造,1930 年五月完工,本艦是少數能隨國府撤
退到內地並保留全身至抗戰後的軍艦. 戰後本艦擔任江防艦隊旗艦,投入中共後
改名為"長江"在中共海軍繼續服役到 1982 年. 本艦在中共海軍史另有特殊意義,
因為 1953 年二月毛澤東曾搭乘本艦遊長江四天三夜,在艦上為中共海軍題了「為
了反對帝國主義的侵略,我們一定要建立強大的海軍」的建軍訓辭.
"民權"艦投入中共後共軍幹部接收情形.
"郝穴"艦原為日軍駐華之內河砲艇"鳥羽"號,日本戰敗後由中國接收,原將之命名
為"永濟",1948 年四月十七日因在湖北省郝穴鎮勦共有功改名"郝穴". "永安","永
平","常德"三艦亦為原日軍駐華內河砲艇"二見","熱海"與"勢多"號,日本戰敗後
由中國接收. "英德","英山"二艦原為英國海軍駐華之淺水砲艦,"英德"原名"Falco
原名"Gannet";1942 年三月因英日宣戰兩艦困守四川無法出海歸隊,由英國政府宣
佈將該兩艦贈予我國. 各艦在投入中共後服役於中共解放海軍除"民權"艦外皆
於 1960 年代除役.
12 月 4 日　砲艇 59, 69, 79
第二機動艇隊的五艘砲艇五月廿三日在岳陽殺死漢口巡防處長陳文惠投入中共
後,剩下的三艘砲艇"59","69","79"號繼續隨軍南撤;到了十二月四日退守廣東南
寧時亦皆投入中共.
12 月 7 日　同 心
抗戰前曾經是電雷學校練習艦的"同心"號運輸艦與艦上 80 名官兵 1949 年十二
月七日在四川雲陽投入共.

國共內戰海軍叛變艦艇

日　期	艦　名	地　點	艦艇數	官兵數	狀況	投入中共後艦名
2月12日	黃安	山東青島	1	65	成功	瀋陽
2月14日	掃201	山東長島	1	22	成功	秋風
2月22日	接29	山東青島			失敗	
2月25日	重慶	上海吳淞口	1	574	成功	(北京)
4月4日	崑崙	上海吳淞口			失敗	
4月23日	海防第二艦隊	南京笆斗山	15	1271	成功	
	惠安					瑞金
	吉安				國府空軍擊燬	-
	安東				國府空軍擊燬	-
	永綏				國府空軍擊燬	-
	太原				國府空軍擊燬	-
	江犀					涪江
	楚同				國府空軍擊燬	-
	美盛					黃河
	聯光				擊燬被俘	古田
	第一機動艇隊		11		擊燬被俘	
	第五巡防艇隊		10		擊燬被俘	
	威海					濟南
	興安					大沽山
	永績					?
4月23日	第三機動艇隊	江蘇鎮江	31	400	成功	
5月1日	永興	江蘇太倉			失敗	
5月23日	第二機動艇隊	湖南岳陽	5	59	成功	
6月26日	英豪 砲艇9,83,107	江蘇大通	4			
9月19日	長治	上海吳淞口	1	167	成功	南昌
10月18日	美頌	香港			失敗	
10月22日	舞鳳 砲艇38,40	廣東江門	3	46	成功	3-522號
10月26日	聯榮 砲艇25號	澳門	2	70	成功	勇敢

日　期	艦　名	地　點	艦艇數	官兵數	狀況	投入中共後艦名
11 月 9 日	光國	廣東南澳	1	32	成功	十月
11 月 29 日	永安 郝穴	四川巫峽	2	160	成功	珠江 湘江
11 月 30 日	江防艦隊 民權 永平 英德 英山 常德	四川重慶	5	400	成功	 長江 烏江 嫩江 怒江 閩江
12 月 4 日	第二機動艇隊	廣東南寧	3	3	成功	
12 月 7 日	同心	四川雲陽	1	80	成功	長江九號
	總　　　計		97 艘	3800 人		

2166 千秋人物

編後語

　　〔千秋人物〕，緣自個人撰編「中華民族紀元年表」，縱觀古今朝代變遷，皇帝臣王更遞，物換星移，變化無常。皇帝勤政愛民者有之，罪惡昭彰者亦頗有人在。尤見爭權奪利，搶奪皇位，不顧倫理骨肉親情，隋煬帝弒父，唐太宗李世民兄弟相殘，素稱忠臣王莽篡位，讀之，感慨甚多，不寒而慄。因之，冀期將古今顯要突出人物，薈萃簡述成篇，，提供世人瀏覽，善者從之，惡者棄之，知所警惕。

　　歷史是明鏡高懸，是非善惡，功過世事，一覽無遺。「光武中興」、「貞觀之治」、「文景盛世」，正己愛民，國泰民安，名留史冊。敗紀亂綱，貪贓枉法，物慾橫流君臣賊子，則污名永鑴，遺臭萬年。

　　當今社會，事事講求民主，民意為先，凡事皆由選舉產生。深入透視探討，古今對照，瑕疵繁多；今日所謂民主，勾心鬥角，奸詐、狡猾、抹黑，為求勝出，不擇手段，反目成仇，捏造是非，干戈相向，街頭如戰場，殿堂如煉獄，焦土灑赤血，廣場漫黑煙，黑白不分，是非不明，原本安定平靜祥和的社會，反弄得污煙瘴氣，雞犬不寧。回看歷史，反不如古時皇朝帝制，明君賢臣治國，百姓日出而作，日入而息，國泰民安的好。

　　每日打開報章、雜誌、電視，多是怵目驚心新聞，子弒父，兄弟相殘，夫婦互鬥，朋友廝殺，搶銀行、劫金店，男盜女娼，無一不是為了錢財、權勢、女色、利害衝突。尚古倫理道德，父慈子孝，孝悌忠信，敬老尊賢，長幼有序傳統美德，幾乎都泯滅不見了。善良風俗、價值觀被扭曲，浮誇不實言論，此皆濫用民主，誤導民心、道德規範，假冒謬誤〔民主〕之詞所造成。

　　〔千秋人物〕，旨在鑑古觀今，提供人們警覺，醒悟省

思，瞭解古聖先賢為人處事、修身、齊家、治國為人之道。資料皆擷自史書文物，報章雜誌，網路，及新聞訊息·唯古今歷史人物，浩瀚煙海，時代背景不同，執筆見解不一，對本書內容，或有不同看法，亦或有持相反意見者，唯期博觀約取，探討史學精神，放大眼光，超越文化思想隔閡，從不同角度看問題，求其真諦·

古聖先賢眾多，洛陽紙貴，只能以數具典型顯耀人物臚陳，無法一一翔實記載，只期啟發人們良知，從善如流，化暴戾為祥和，享受泰平歲月·

本書承蒙彭慎思博士作序，提供寶貴意見，九旬臺耄彭伯良宗長，代為廣搜史書，時賜教言，文史哲出版社社長彭正雄宗親，詞句修飾、排版，為編者拙作送次出版發行，股肱佐助，垂青厚愛，深為銘感，均此謹誌謝忱·

點滴心血，敝帚自珍，言不盡意，魯魚亥豕，遺誤漏錄，在所難免，殷期指教，儘量求其完美·編者丁卯，時年八八，長坐斗室，十指神功，日夕與電腦為伍，打字編纂，均一己之出·垂暮之年，油將盡，蕊將枯，不揣譾陋，趕撰此作，披肝瀝膽，竭盡心志，不周遺珠，盼示補綴，並共勉之。

彭建方 謹識

台北市和平東路 1 段 55 巷 1 衖 8 號 19 樓

cf.pen@msa.hinet.net
Tel： 02-2395-2231
2014 甲午歲仲夏

(左起 彭建方 彭慎思 彭正雄 彭伯良)

參考文獻

參　考　資　料	作　　者	出　版　社	出版時間
廿五史			
湖南文獻	湖南文獻(下圖) 社長　彭聖師 作者　彭建方 顧問　彭伯良	湖南文獻出版社	
傳記文學	傳記文學雜誌	傳記文學出版社	
中外雜誌	中外雜誌	中外雜誌出版社	
蔣公中正哀思錄	哀思錄編纂小組	裕台公司印製廠	1965.10.31.
中國近代史話集	左舜生	傳記文學出版社	1966.2.
黃克強先生傳記	陳維綸	中央文物供應社	1973.10.25.
黃克強先生年譜	李雲漢	國民黨黨史委員會	1973.10.25.
中國百美圖	易君左	大明王氏出版社	1975.12.
忠孝人物故事	王壽南	中華文化復興會	1979.5.
歷代名將傳	陳元素	中央文物供應社	1979.7.1.
中國歷史演義全集	呂撫	遠流出版社	1980.7.31.
黃帝紀年表	何畏	聯經出版公司	1983
生平略敍手稿	周觀濤		1984.7.31.
中國通史	陳捷先葉達雄林瑞翰	教育部空中教學會	1985
中華通史	章嶔	商務印書館	
中國將門列傳	將門文物出版社	將門文物出版社	1986.
中國國民黨與中華民國	國民黨黨史委員會	國民黨黨史委員會	1988
名將孫立人	艾思明	群倫出版社	1988.2.25.
中國歷史人物辭典	左秀靈　廖惠美	名山出版社	1989.1.
中國民族史人物辭典	高文德	中國社會科學出版社	1990.5.
蔣經國	小谷豪冶郎	中央日報出版部	1990.5.
中國皇帝要錄	鄒元初	百川出版社	1990.7.
楚漢相爭	柏楊	遠流出版社	1992.5.
努爾哈赤傳	閻崇年	文史哲出版社	1992.8.

參　考　資　料	作　　者	出　版　社	出版時間
中共地下黨現形記	傳記文學雜誌社	傳記文學出版社	1993.4.30.
李國鼎口述歷	康綠島	黎民文化事業公司	1993.12.
近代中國史綱	郭廷以	曉園出版社	1994
中國近史綱	黃大受		
中國近百年政治史	李劍農		
中國近代史	陳恭祿		
中國現代史	張玉法	東華書局	1995
新編中外歷史大系手冊	蒯世栖	社會科學文獻社	1995.
中國名人譜	沈平山		1996.1.
中國近代史話集	左舜生	傳記文學社	1996.8.1.
壯志未酬	王作榮	天下遠見出版公司	1999.3.10
古八德全書	周燕謀	能仁出版社	1999.9.
台灣史100件大事	李筱峰	玉山出版社	1999.10.
中國帝王皇后親王公主世系錄	柏楊	星光出版社	2000
台灣史小事典	吳密察	遠流出版公司	2000.3.20.
台灣史年表和台灣史辭典	吳密察黃盛璘黃智偉	遠流出版公司	2000.9.10.
中國歷史年表	柏楊	星光出版社	2001
遼瀋戰役透視	牟啓忠	祥和印刷公司	2001.1.
巨流河	齊邦媛	天下遠見出版公司	2001.1.15.
中國國民革命軍青年軍軍史	國防部史政編譯局	國防部史政編譯局	2001.10.12.
台灣史綱	黃大受	三民書局	2002.7.
國軍抗日戰史專輯	國防部史政編譯室	國防部史政編譯室	2005.8.
中國通史	戴逸、龔書鐸		2005
中國通史	胡明威	漢湘文化公司	2005.5.
黃埔十大名將	葉邦宗	德威國際文化公司	2005.10.
中國百位哲學家	黎建球	三民書局	2005.10.
中華彭氏源流譜	彭建方		2006
大清私密檔案全揭秘	聖燁郭湘齡彭惠倩	瑞昇文化事業公司	2006.5.
抗日名將潘裕昆	晏偉權　晏歡	香港文匯出版社	2006.9.
中國歷代大事年表		益群書店	2006.10.
國民黨十大上將祕密檔案	王曉華　張慶軍	靈活文化公司	2006.11

參　考　資　料	作　　者	出　版　社	出版時間
國民黨十大上將	王曉華　張慶軍	靈活文化事業公司	2006.11.
孫文革命思想發展史論	莊政	健琪印刷公司	2007.6.
甲午海戰	鴻鳴	中國文史出版社	2007.6.
中國抗日將領犧牲錄(1931~1945)	劉晨	團結出版社	2007.7.6.
中外歷史大事年表	趙厚洪李華周蓉	鳳凰出版社	2007.9.
影響中國歷史的重大事件	孫鐵	大地出版社	2007.11.
找尋真實的蔣介石	楊天石	香港三聯書店	2008.
自秦帝王壽夭錄	孫覺軒	商鼎文化出版社	2009.2.
自秦帝王壽夭錄	孫覺軒	商鼎文化出版社	2009.2.19.
台灣通史	高永謀	漢宇國際文化公司	2009.3.
張學良口述歷史	唐德剛	遠流出版社	2009.3.
大江大海	龍應台	天下遠見出版公司	2009.9.16.
大結局 43 名國民黨「戰犯」命運紀實	葉健君	湖南人民出版社	2010.1.
李宗仁回憶錄	李宗仁　唐德剛	遠流出版公司	2010.2.1.
中國人史綱	柏楊	遠流出版公司	2010.3
中國共產黨歷史	中共黨史研究室	中共黨史出版社	2010.3.
孫逸仙	法國人白吉爾著	時報文化出版公司	2010.6.21.
國家記憶	章東磐 晏歡 賈娟	山西人民出版社	2010.10.
找尋真實的蔣介石	楊天石	三聯書店(香港)	2010.10.
影響中國的 85 位名臣	高鵬	好讀出版公司	2010.112.1.
國民黨特務活動檔案大解密	馬振犢	靈活文化出版公司	2010.12.
歷史真相一本通	劉曉菲	華文出版社	2010.12.
宋美齡新傳	Hann ah Pakula 帕庫拉	遠流出版社	2011.2.
中國共產黨史	中共黨史研究室	中共黨史出版社	2011.2.
郝柏村解讀蔣公日記	郝柏村	天下文化出版公司	2011.6.
圖說民國百年	楊蓮福	博揚文化事業公司	2011.9.
圖說民國百年	楊蓮福	台灣閱覽室	2011.9.
青天白日勳章	祝康明	知兵堂出版社	2011.11.
用年表讀通中國歷史	雷敦淵 楊士明	城邦文化事業公司	2011.12.27.
巨流河	齊邦媛	天下遠見公司	2012.1.15.
中國通史全知道	邢群麟	華文出版社	2012.3.

參　考　資　料	作　者	出　版　社	出版時間
細說大漢、大明、大清大全集	于海娣	中國華僑出版社	2012.4.
父親與民國(白崇禧將軍身影集)	白先勇	時報文化公司	2012.5.21.
鄧小平改變中國	傅高義 Ezra F. Vogel	天下遠見出版公司	2012.5
中國佛教史	黃懺華	國家出版社	2012.6.
八年抗戰中的蔣介石紀實	何虎生	風雲時代出版社	2012.9.
中國近代史	徐中約	香港中文大學出版社	2013.
史明口述史	周易正	行人文化實驗室	2013.1.
中華民族紀年表	彭建方	文史哲出版社	2013.2.
「勿忘台灣」落花夢	張秀哲	衛城出版社	2013.2.27.
毛澤東鮮為人知的故事	張戎	開放出版社	2013.3.28.
毛澤東紀事	李新芝　鄭俊明	中央文獻出版社	2011.7.
郝柏村解讀蔣公八年抗戰日記	郝柏村	天下文化出版公司	2013.6.27.
中國傳奇人物 100	黃晟淳	好讀出版公司	2013.11.15.
中國大事年表	陳慶麒		
中國歷史年表	辛德勇　孟彥弘	中華書局	2014.7.
中國歷史表解	鄭繼孟		
史記的人物世界	林聰舜	三民書局	2009.7.
中國繪畫史	陳師曾	中華書局	2014.1.
太平輪	姎雯靜　陳郁婷	遠足文化事業公司	2015.1.
湖南青山彭氏敦睦譜	彭伯良		
中華民族源流炎黃姓氏簡易譜	彭伯良	文史哲出版社	2014.2.
湖南瀏陽長沙平江湘陰衡山縣志			

國家圖書館出版品預行編目資料

千秋人物 / 彭建方編撰. -- 初版 --臺北市：
文史哲, 民 104.08 印刷
　　　頁；　　公分
　　　ISBN 978-986-314-215-7 (全套：平裝)

1.中國史

610.5　　　　　　　　　　　　103015678

千 秋 人 物 (上下冊)

編　撰　者：彭　　　　建　　　　方
出　版　者：文　史　哲　出　版　社
　　　　　　http://www.lapen.com.tw
　　　　　　e-mail：lapen@ms74.hinet.net
登記證字號：行政院新聞局版臺業字五三三七號
發　行　人：彭　　　　正　　　　雄
發　行　所：文　史　哲　出　版　社
印　刷　者：文　史　哲　出　版　社
　　　　　　臺北市羅斯福路一段七十二巷四號
　　　　　　郵政劃撥帳號：一六一八○一七五
　　　　　　電話886-2-23511028・傳真886-2-23965656

實價新臺幣二二○○元

二○一四年（民一○三）九 月 初 版
二○一五年（民一○四）八月增訂再版